De Gruyter Studium

Konrad Stock

Einleitung in die Systematische Theologie

De Gruyter

ISBN 978-3-11-021800-8

e-ISBN 978-3-11-021801-5

Library of Congress Cataloging-in-Publication Data

Stock, Konrad.
Einleitung in die Systematische Theologie / Konrad Stock.
p. cm. -- (De Gruyter Studium)
Includes bibliographical references and index.
ISBN 978-3-11-021800-8 (pbk. 23 x 15,5 : alk. paper) 1. Theology, Doctrinal. 2. Religion and ethics. 3. Christian ethics. I. Title.
BT65.S755 2011
230--dc22

2011005526

Bibliografische Information der Deutschen Nationalbibliothek

Die Deutsche Nationalbibliothek verzeichnet diese Publikation in der Deutschen Nationalbibliografie; detaillierte bibliografische Daten sind im Internet über http://dnb.d-nb.de abrufbar.

Druck: Hubert & Co. GmbH & Co. KG, Göttingen
∞ Gedruckt auf säurefreiem Papier

Printed in Germany

www.degruyter.com

Umschlag: Kuppel der Kirche S. Lorenzo, Turin/Italien

„Sie sind uns nur vorausgegangen,
Und werden nicht hier nach Haus verlangen,
Wir holen sie ein auf jenen Höhn
Im Sonnenschein, der Tag ist schön."
Friedrich Rückert

Meiner Frau zugeeignet

Vorwort

Der christliche Glaube ist die Gewissheit der Wahrheit des Evangeliums von der Liebe Gottes des Schöpfers im Christus Jesus, unserm HERRN (Röm 8,39). Wer dieser Gewissheit teilhaftig wird, wird in die Gemeinschaft des Volkes Gottes integriert und findet hier – wie angefochten und wie fragmentarisch auch immer – zur Lebensform des Gottvertrauens, der Liebe und der Hoffnung. Als Mitglied dieser Gemeinschaft ist ein Mensch dazu berufen und bestimmt, die Wahrheit des Evangeliums auf individuelle Weise zu bezeugen und an der christlichen Verantwortung für die Lebensdienlichkeit der Institutionen der Gesellschaft mitzuwirken. Ich gehe davon aus, dass die Mitglieder der verschiedenen christlichen Gemeinden und Kirchengemeinschaften über diese elementaren Sätze verständigt sind.

In diesen elementaren Sätzen ist eine Antwort auf die Frage enthalten, auf welche Weise denn ein Mensch der Wahrheit des Evangeliums von Gottes Liebe im Christus Jesus unserm HERRN gewiss werde und gewiss bleiben könne. Die reformatorische Bewegung des 16. Jahrhunderts hat diese Frage damit beantwortet, dass sie die notwendigen Bedingungen benannte, unter denen diese Wahrheit das Innerste der Person – Herz, Mut und Sinn – ergreift. Zu diesen notwendigen Bedingungen gehört *zum einen* das ganze Gefüge der christlichen Überlieferung in ihren privaten wie in ihren öffentlichen Formen; zu ihnen gehört *zum andern* allerdings auch das unverfügbar-freie Wehen des göttlichen Geistes, der die Gewissheit dieser Wahrheit stiftet. Diese Bedingung ist die hinreichende Bedingung, zumal keine Macht der Welt diese Gewissheit erzwingen kann.

Über diese Antwort sind die Mitglieder der christlichen Gemeinden und Kirchengemeinschaften keineswegs verständigt. Es ist daher das dominierende Interesse und die Absicht der vorliegenden „Einleitung in die Systematische Theologie", auf diese Verständigung hinzuwirken. Sie setzt voraus, dass das Gefüge der christlichen Überlieferung – jedenfalls in den öffentlichen Situationen der Kommunikation des Evangeliums – der verantwortlichen Leitung bedarf. Und sie schließt an alle Darstellungen an, die vom Studium der Theologie die Kompetenz erwarten, die für die verantwortliche Leitung der Kommunikation des Evangeliums unabdingbar ist. Sie wird jedoch mit dem gebotenen Nachdruck zeigen, dass diese Kompetenz just auf der Fähigkeit des systematisch-theologischen Denkens beruht. Es ist nämlich das systematisch-theologische Denken, das den Wahrheitsgehalt der christlichen Überlieferung in seiner gegenwärtigen Lebensbedeutsamkeit *dem Verstehen* nahebringt. Wenn die Leitung der Kommunikation des Evangeliums nicht zum Verstehen anleitet (vgl. Apg 8,30f.), verkommt sie zum Gerede und zum Geschwätz.

Auch wenn die Wahrheit des Evangeliums denkbar einfach ist, so steht sie doch im Zentrum einer Anschauung des Lebens und der Wirklichkeit, für die wir große und komplexe Worte brauchen: Worte wie „Religion", „Offenbarung", „Gott", „Schöpfung", „Freiheit", „Sünde", „Gewissen", „Gnade", „Versöhnung", „Geist", „Gegenwart", „Reich Gottes", „Liebe", „Erziehung", „Wirtschaft", „Recht", „Wissenschaft", „Technik", „Verantwortung". Nur wer für sich selbst im Laufe des Lebens immer klarer und tiefer versteht, was diese großen Worte bedeuten, wird dazu fähig und dafür kompetent sein, die öffentliche Kommunikation des Evangeliums in der Kirche verantwortlich zu leiten. Nur wem sich im lebenslangen Studium der christlichen Anschauung des Lebens und der Wirklichkeit durch Gottes Geist die Wahrheit des Evangeliums erschließt, wird in der Lage sein, im Pfarramt und im Lehramt an Schulen und Universitäten, in der Erwachsenenbildung und in der Publizistik, in den Synoden und in den Landeskirchenämtern das *Verstehen* zu befördern, ohne das es schwerlich in der Kraft des Heiligen Geistes zur *Gewissheit des Glaubens* kommen wird. Nur wer für sich das Selbstbild findet, das die Ausübung eines theologischen Berufs in der gesellschaftlichen Lebenswelt dieser Gegenwart sachgemäß steuert, wird dem allgemeinen Priestertum aller Getauften und Glaubenden und so der *Freiheit eines Christenmenschen* hier und heute dienen können.

Es ist im Rahmen eines Studiums der Theologie an den Fakultäten und an den Kirchlichen Hochschulen und Seminaren nun eben die Disziplin der Systematischen Theologie, die im Zusammenhang der theologischen Disziplinen das selbständige Verstehen der christlichen Anschauung des Lebens und der Wirklichkeit ermöglicht.

An Einführungen in die Dogmatik bzw. in die Theologische Ethik herrscht derzeit kein Mangel. Die vorliegende „Einleitung in die Systematische Theologie" unterscheidet sich von anderen vergleichbaren Publikationen dadurch, dass sie die drei Subdisziplinen – Prinzipienlehre, Dogmatik und Theologische Ethik – konsequent aufeinander bezieht und miteinander verschränkt. Das ist deshalb unerlässlich, weil das Leben in der Freiheit eines Christenmenschen gar nicht anders zu führen ist als im Alltag der Institutionen der Privatheit und der Organisationen der Öffentlichkeit. Deshalb zielt das systematisch-theologische Denken darauf, die individuelle Selbstverantwortung vor Gott für die lebensdienliche Gestalt dieses Alltags zu erkunden, den die Mitglieder der Glaubensgemeinschaft mit Menschen anderer Lebensgewissheiten und anderer Bekenntnisse teilen.

Aus diesem Grunde wende ich mich mit der vorliegenden „Einleitung in die Systematische Theologie" nicht allein an die Studierenden der Theologie. Vielmehr erhoffe ich mir darüber hinaus auch Leserinnen und Leser in den verschiedenen Praxisfeldern theologischer Berufe, in den Synoden und in den Kirchenleitungen im engeren Sinne des Begriffs und schließlich in der Gelehrtenrepublik der wissenschaftlichen Theologie. Die Art und Weise, in der ich die großen Worte der christlichen Anschauung des Lebens und der Wirklichkeit einführe und bestimme, will insgesamt der Gesprächsfähigkeit der Glaubensgemeinschaft in der gesellschaftlichen Öffentlichkeit dienen – jener Gesprächsfähigkeit, mit der es weithin nicht zum Besten bestellt ist. – Der Einfachheit halber darf ich bitten, Zustimmung und Kritik an meine e-mail-Adresse zu richten: konrad_stock@freenet.de.

Wenn ich diese „Einleitung in die Systematische Theologie" nunmehr der Öffentlichkeit vorlegen kann, so habe ich vielfach zu danken.

Ich danke dem Kreis meiner Schülerinnen und Schüler – Frau Studienleiterin Dr. Melanie Beiner, Frau Michi Nagayama, Dr. Rainer Goltz, Prof. Dr. Bernd Harbeck-Pingel, Pfarrer Priv.-Doz. Dr. Kai Horstmann, Prof. Dr. Pan-Ho Kim, Prof. Dr. Michael Kuch, Pastor Dr. Ki-Seong Lee, Dr. André Munzinger, Prof. Dr. Michael Roth und Prof. Dr. Joachim Weber –, die die verschiedenen Themen und Kapitel des entstehenden Textes mit mir in konstruktiv-kritischem Geist durchgesprochen haben. Ich möchte die Gelegenheit dieses Vorworts auch dazu nutzen, dankbar meines früheren Assistenten Thomas Heußner zu gedenken, der am 18.12.2008 ganz unerwartet heimgegangen ist. Dankbar bin ich auch meinem alten Freund Pfarrer i. R. Dr. Reiner Strunk für alle Gespräche, die mir stets zur Klärung meiner Gedanken geholfen haben.

Ferner möchte ich an dieser Stelle meine Verbundenheit mit meinen Freunden und Kollegen Wilfried Härle, Eilert Herms und Reiner Preul bezeugen. Der Gedankenaustausch mit ihnen innerhalb und außerhalb des „Theologischen Arbeitskreises Pfullingen" durch Jahrzehnte hindurch hat meine eigenen Beiträge zur Systematischen Theologie stark geprägt. Ich freue mich darüber, dass ich mich auf die Studien Reiner Preuls über „Die soziale Gestalt des Glaubens" (Leipzig 2008) beziehen konnte und dass die „Ethik" Wilfried Härles in diesem Jahr im selben Verlag erscheint. Ebenso freue ich mich darauf, dass die „Dogmatik" Eilert Herms' demnächst erscheinen wird.

Ein besonderes Wort des Dankes richte ich an die Evangelische Kirche in Hessen und Nassau und an die Evangelische Kirche im Rheinland für die namhaften Druckkostenzuschüsse, die sie geleistet haben.

Mein Dank gilt dem Verlag Walter de Gruyter und insbesondere Herrn Cheflektor Dr. Albrecht Döhnert für die sorgfältige und kompetente Beratung und Betreuung bei der Fertigstellung des Manuskripts zum Satz.

Meinem Sohn Bastian Stock M.A. danke ich sehr herzlich dafür, dass er die Verantwortung für das Begriffsregister auf sich nahm.

Ich widme das Buch meiner Frau: in Liebe, in Dankbarkeit und im Gedenken an unsere früh heimgerufenen Kinder Christopher und Amrei.

Gießen, am Neujahrstag 2011 *Konrad Stock*

Inhalt

Vorwort . . . VII
Die Aufgabe . . . XVII

Teil I: Grundriss der Prinzipienlehre . . . 1

Einführung . . . 3

§ 1 Religion und Lebensführung . . . 8
1.1. Das Selbstbewusstsein der Person . . . 10
1.2. Die soziale Natur der Person . . . 16
1.3. Fazit . . . 22

§ 2 Das Offenbarungsgeschehen . . . 25
2.1. Die formalen Bestimmungen von „Offenbarung“ . . . 26
2.2. Die Ursprungssituation des christlichen Glaubens . . . 28
2.3. Das Offenbarungsgeschehen und das Offenbarungszeugnis . . . 29
2.4. Fazit . . . 32

§ 3 Das Offenbarungszeugnis als der Kanon aller Tradition . . . 34
3.1. Wort Gottes – Bibel – Heilige Schrift . . . 36
3.2. Die Heilige Schrift und die kirchliche Lehre . . . 41
3.3. Arbeit an der Bibel: Die Vergegenwärtigung der Heiligen Schrift . . . 43
3.4. Fazit . . . 45

§ 4 Die wissenschaftliche Form der Systematischen Theologie . . . 47

Teil II: Grundriss der Dogmatik . . . 51

Einführung . . . 53

§ 1 Begriff und Aufgabe der Dogmatik . . . 55
1.1. Der Gegenstand der Dogmatik . . . 55
1.2. Die Gliederung der Dogmatik . . . 59

§ 2 Der christliche Glaube an Gott . . . 62
2.1. Gott: Vom Namen Gottes zum Begriffswort „Gott“ . . . 63
2.2. Gott lebt . . . 66
2.2.1. Das Problem des Atheismus . . . 67
2.2.2. Der lebendige Gott . . . 69
2.3. Gottes Wesen und Gottes Eigenschaften . . . 73
2.4. Gottes Person-Sein . . . 77
2.5. Der dreieinige Gott . . . 81
2.5.1. Die Quelle der Trinitätslehre . . . 82
2.5.2. Offenbarungstrinität und Wesenstrinität . . . 84
2.6. Gottes Gnadenwahl . . . 88
2.7. Fazit . . . 91

§ 3 Der christliche Glaube an Gott den Schöpfer 93
3.1. Glaube und Wissen 97
3.1.1. Die Quelle des christlichen Glaubens an Gott den Schöpfer 98
3.1.2. Glaube und Wissen 102
3.1.3. Fazit 105
3.2. Gott der Schöpfer – Welt als Schöpfung 106
3.2.1. Gottes Allmacht: Grund der Existenz 107
3.2.2. Gottes Allwissenheit: Grund des Sinnes 109
3.2.3. Gottes Allgegenwart: Grund des Raums 111
3.2.4. Gottes Ewigkeit: Grund der Zeit 113
3.2.4.1. Die Erfahrung der Zeit 114
3.2.4.2. Gottes Ewigkeit 117
3.2.5. Fazit 118
3.3. Der Mensch als Gottes Ebenbild 121
3.3.1. Der Status der theologischen Lehre vom Menschen 122
3.3.2. Mensch-Sein als geschaffenes Person-Sein 125
3.3.2.1. Die geschaffene Person als individuelles Selbst 126
3.3.2.2. Die Bestimmtheit der geschaffenen Person für die geschaffene Person 131
3.3.2.2.1. Das Geschlechtsverhältnis 131
3.3.2.2.2. Das Verhältnis von Freiheit zu Freiheit 134
3.3.2.2.3. Die Institutionalität der Freiheit 137
3.3.2.3. Die Bestimmtheit der geschaffenen Person für Gott 140
3.4. Fazit: Die Ordnung der Schöpfung 142

§ 4 Der christliche Glaube an Gott den Versöhner 145
4.1. Das Phänomen Sünde. Grundformen der Sünde 147
4.1.1. Das Phänomen Scham 149
4.1.2. Kritik des Begriffs „Erbsünde“ 151
4.1.3. Das Begehren und die Begierde 153
4.1.4. Grundformen der Sünde 157
4.1.4.1. Die Sünde und die Laster 157
4.1.4.2. Die Sünde und die Angst 161
4.1.4.3. Die Sünde und die Gewalt 163
4.1.4.4. Fazit 165
4.1.5. Die Sündc, das Gesetz und das Gewissen 167
4.2. Jesus von Nazareth: Der Christus Gottes des Schöpfers 170
4.2.1. Christologie. Eine methodische Betrachtung 173
4.2.2. Die Frohbotschaft des Christus Jesus 178
4.2.3. Der Tod am Kreuz auf Golgatha 183
4.2.4. Ostern: Die Überwindung des Todesgeschicks 187
4.2.5. Die Würde des Erlösers 190
4.2.6. Fazit 192
4.3. Der Christus Jesus als das Urbild 195
4.3.1. Soteriologie. Eine methodische Betrachtung 197
4.3.2. Grundriss der Soteriologie 201
4.4. Fazit 209

§ 5 Der christliche Glaube an Gott den Vollender 212
5.1. Gottes Geist 214
5.2. Die Kommunikation des Evangeliums und die soziale Gestalt des Glaubens 216
5.2.1. Die Kommunikation des Evangeliums 218
5.2.1.1. Der Gottesdienst 218
5.2.1.2. Die Verkündigung 220
5.2.1.3. Die Taufe 224
5.2.1.3.1. Katechumenat und Taufe 225
5.2.1.3.2. Sinn und Bedeutung der Taufhandlung 226
5.2.1.3.3. Taufe und Glaube 227
5.2.1.3.4. Das Problem der Kindertaufe 228
5.2.1.4. Das Abendmahl 229
5.2.1.4.1. Das Abendmahl im apostolischen Kerygma . 231
5.2.1.4.2. Die reale Gegenwart des Christus Jesus 233
5.2.1.4.3. Taufe, Abendmahl und Glaube 239
5.2.2. Die Kirche als die soziale Gestalt des Glaubens 240
5.2.2.1. „Erfahrbare Kirche" 242
5.2.2.2. Das allgemeine Priestertum und das kirchliche Lehramt 246
5.2.2.2.1. Das allgemeine Priestertum 247
5.2.2.2.2. Das kirchliche Lehramt 248
5.2.2.3. Die Ordnung der Kirche 252
5.2.3. Die Kirche in der Gesellschaft 255
5.3. Die Hoffnung auf Gottes ewiges Reich 257
5.3.1. Die Aufgabe der Eschatologie 258
5.3.2. Geschichte und Eschatologie 262
5.3.3. Die Parusie des Christus Jesus in Herrlichkeit: Die Teilhabe an Gottes ewigem Leben 268
5.3.3.1. Der Tod und die Auferstehung zum ewigen Leben 268
5.3.3.2. Die Vollendung und das Gericht 273
5.3.3.3. Gottes ewiges Reich 276
5.3.3.4. Seligkeit 280
5.4. Fazit 282

Teil III: Grundriss der Theologischen Ethik 287

Einführung 289

§ 1 Begriff und Aufgabe der Theologischen Ethik 295
1.1. Das Ethos des Glaubens und die theologische Theorie. Zum Verhältnis von Dogmatik und Theologischer Ethik 295
1.2. Theologische Ethik und römisch-katholische Moraltheologie 298
1.3. Theologische Ethik und Philosophische Ethik 301
1.4. Die wissenschaftliche Form der Theologischen Ethik 304
1.5. Fazit 308

§ 2 Grundsätze der Theologischen Ethik . . . 309
2.1. Das sittliche Sein der Person . . . 310
2.2. Das Gute – die Güter – das Höchste Gut . . . 314
2.3. Barmherzigkeit – Gerechtigkeit – Solidarität – Subsidiarität . . . 323
2.4. Die Gesinnung. Zum Problem einer Gesinnungsethik . . . 326
2.5. Fazit . . . 330

§ 3 Pflichtgemäßes Handeln. Theologische Ethik als Pflichtenlehre . . . 332
3.1. Die Erfahrung des Verpflichtet-Seins . . . 333
3.2. Gottes Sittengesetz . . . 337
3.3. Kriterien pflichtgemäßen Handelns . . . 341
3.4. Fazit . . . 343

§ 4 Die handlungsfähige Person. Theologische Ethik als Tugendlehre . . . 346
4.1. Individuelle sittliche Kraft . . . 347
4.2. Zur Geschichte der Tugendlehre . . . 350
4.3. Die kardinalen Tugenden . . . 354
4.3.1. Klugheit . . . 355
4.3.2. Gerechtigkeit . . . 356
4.3.3. Tapferkeit . . . 357
4.3.4. Maß . . . 357
4.4. Fazit . . . 358

§ 5 Das Wirklich-Werden des Guten. Theologische Ethik als Güterlehre . . . 360
5.1. Das Ethos des Glaubens in der Familie, der Liebe, der Ehe und der Erziehung . . . 360
5.1.1. Die Familie . . . 362
5.1.2. „Liebe als Passion“ . . . 365
5.1.2.1. Sexualität und Sexus . . . 366
5.1.2.2. Sexus und Eros . . . 368
5.1.2.3. Eros und Agape . . . 371
5.1.2.4. Fazit . . . 373
5.1.3. Die Ehe und die Elternschaft . . . 374
5.1.4. Die Erziehung . . . 380
5.1.5. Fazit . . . 384
Zwischenbetrachtung: Das Leitbild der erstrebenswerten Ordnung der Gesellschaft in der Sicht des christlichen Glaubens . . . 385
5.2. Das Ethos des Glaubens im Subsystem der Wirtschaft . . . 388
5.2.1. Grundbegriffe der Ökonomie . . . 389
5.2.1.1. Bedarf und Bedürfnis . . . 389
5.2.1.2. Wirtschaft: Eine Definition . . . 390
5.2.1.3. Die wirtschaftliche Art des Nutzens . . . 390
5.2.1.4. Der Begriff Arbeit . . . 391
5.2.1.5. Der Markt, der Wettbewerb und die Ordnung des Marktes . . . 393
5.2.1.6. Das Eigentum . . . 394
5.2.2. Das Recht in der Wirtschaft . . . 397
5.2.3. Das Geld und die Stabilität des Geldwerts . . . 399
5.2.4. Soziale Sicherheit . . . 400

5.2.5. Gesichtspunkte ethischer Orientierung . . . 405
5.2.5.1. Individualethische Betrachtung . . . 407
5.2.5.2. Organisationsethische Betrachtung . . . 408
5.2.5.3. Sozialethische Betrachtung . . . 410
5.2.5.4. Fazit . . . 411
5.3. Das Ethos des Glaubens im Subsystem des Staates . . . 412
5.3.1. Macht – Gewalt – Herrschaft . . . 415
5.3.1.1. Macht . . . 416
5.3.1.2. Gewalt . . . 418
5.3.1.3. Herrschaft . . . 420
5.3.2. Der säkulare Staat . . . 421
5.3.2.1. Der theologische Begriff des säkularen Staates . . . 422
5.3.2.2. Die Religionsfreiheit . . . 424
5.3.3. Die Verfassung des säkularen Staates . . . 427
5.3.4. Das Recht des säkularen Staates . . . 432
5.3.4.1. Der Begriff Recht . . . 433
5.3.4.2. Die Moralität des Öffentlichen Rechts . . . 434
5.3.4.3. Das Strafrecht und die Rechtsstrafe . . . 435
5.3.4.4. Das Problem der Schulpolitik . . . 437
5.3.5. Die politische Willensbildung . . . 438
5.3.6. Gesichtspunkte ethischer Orientierung . . . 443
5.3.6.1. Individualethische Betrachtung . . . 444
5.3.6.2. Organisationsethische Betrachtung . . . 445
5.3.6.3. Sozialethische Betrachtung . . . 446
5.3.6.4. Fazit . . . 447
5.4. Das Ethos des Glaubens im Subsystem der Wissenschaft und der Technik . . . 448
5.4.1. Das Verhältnis von Wirtschaft, staatlichem Rechtssetzungsrecht, Wissen und religiös-weltanschaulicher Kommunikation . . . 450
5.4.2. Wissen und Handeln . . . 453
5.4.3. Wissenschaft als Institution und Organisation . . . 457
5.4.4. Technik als Institution und Organisation . . . 461
5.4.5. Gesichtspunkte ethischer Orientierung . . . 466
5.4.5.1. Individualethische Betrachtung . . . 468
5.4.5.2. Organisationsethische Betrachtung . . . 469
5.4.5.3. Sozialethische Betrachtung . . . 469
5.4.5.4. Fazit . . . 472

Schlussbetrachtung . . . 475

Abkürzungsverzeichnis . . . 481

Begriffsregister . . . 483

Die Aufgabe

Der christliche Glaube ist die Gewissheit der Wahrheit des Evangeliums von Gottes Liebe im Christus Jesus unserm HERRN (Röm 8, 39). Sofern diese Gewissheit Herz, Mut und Sinn eines Menschen ergreift, versetzt sie ihn in tiefes Gottvertrauen und integriert ihn in die Gemeinschaft der Schwestern und der Brüder *en Christo* (ἐν Χριστῷ). In dieser Gemeinschaft bilden sich die Fähigkeit der Liebe und die Kraft der Hoffnung, die in der Selbstverantwortung vor Gott konkret wird. Als Leben im Gottvertrauen, in der Liebe, in der Hoffnung und in der Selbstverantwortung vor Gott versteht sich die christliche Glaubensweise als das *gute Leben.*

Damit die Wahrheit des Evangeliums Herz, Mut und Sinn eines Menschen ergreife und in die Situation des guten Lebens versetze, ist nach der Erkenntnis der reformatorischen Bewegung eine zweifache notwendige Bedingung zu erfüllen. Martin Luther hat diese zweifache notwendige Bedingung mittels der Unterscheidung zwischen dem „äußeren Wort" und dem „inneren Wort", zwischen der „äußeren Klarheit" und der „inneren Klarheit" der Heiligen Schrift erfasst.

Diese Unterscheidung macht uns darauf aufmerksam, dass die Liebe, die Treue, die Gnade, die Gerechtigkeit Gottes des Schöpfers im Christus Jesus nur durch Gottes Heiligen Geist als Wahrheit für das eigene Leben erschlossen wird. Gleichwohl wird die Wahrheit des Evangeliums als Wahrheit für das eigene Leben nicht unmittelbar evident. Vielmehr nimmt Gottes Geist – der Geist der Wahrheit – für sein erleuchtendes Wirken die gesamte Fülle und die reiche Geschichte der menschlichen Offenbarungszeugnisse in Anspruch und in Dienst. Gottes Geist stiftet das „innere Wort" und die „innere Klarheit" der Heiligen Schrift so und nur so, dass er das „äußere Wort" der mündlichen, der bildlichen, der musikalischen und der meditativen Vergegenwärtigung ebenso wie die Mühe um das „äußere Wort" der Heiligen Schrift in unverfügbar-freier Weise gebraucht. Ist die Gewissheit der Wahrheit des Evangeliums hinreichend bedingt durch Gottes Geist, so ist sie doch notwendig bedingt durch die mannigfachen Formen und Gestalten der Kommunikation des Evangeliums. Diese sind das menschliche Werk, das dem Werk Gottes zu dienen bestimmt ist.

An der Kommunikation des Evangeliums partizipieren grundsätzlich alle, die an der Gewissheit der Wahrheit des Evangeliums Anteil haben. Gemäß der Einsicht in das *allgemeine Priestertum aller Getauften und Glaubenden* sind alle Mitglieder der Glaubensgemeinschaft dazu befugt und dazu aufgerufen. In allen möglichen alltäglichen Situationen – in der privaten Hausandacht wie im Gedankenaustausch zwischen Tür und Angel, in der Einübung der nächsten Generation in die christliche Sitte wie in den Gesprächen über die Ethosgestalt des Glaubens in der gesellschaftlichen Lebenswelt – geht die Besinnung auf den Wahrheitsgehalt des Evangeliums und auf seine orientierende und motivierende Kraft vonstatten. Diese Besinnung wird das christliche Gesamtleben der Einzelnen in der Sphäre der Privatheit wie in den öffentlichen Funktionsbereichen der Gesellschaft reflektiert und kritisch begleiten. In ihr beweist sich und bewährt sich die religiös-ethische Mündigkeit, die die Freiheit eines Christenmenschen auszeichnet.

Freilich ist die Kommunikation des Evangeliums in allen möglichen alltäglichen Situationen in der gegenwärtigen Gesamtlage der euro-amerikanischen Moderne einer zweifachen Herausforderung ausgesetzt. Diese betrifft das Innenverhältnis der Glaubensgemeinschaft in ihrer kirchlichen Ordnung und Verfassung; sie betrifft aber auch das Außenverhältnis, in dem sich die Mitglieder der kirchlich verfassten Glaubensgemeinschaft zu den Mitgliedern anderweitiger Religions- und Überzeugungsgemeinschaften in den Institutionen und in den Organisationen der Gesellschaft befinden. Je mehr wir uns auf unsere eigene Existenz besinnen, desto mehr entdecken wir, wie diese beiden Herausforderungen ineinander greifen.

Was das Innenverhältnis der Glaubensgemeinschaft anbelangt, so besteht die Herausforderung in einem exzessiven Traditionsabbruch, den jedenfalls die evangelischen Kirchengemeinschaften in der Bundesrepublik Deutschland seit geraumer Zeit erleiden. Ihm gilt es mit einem intensiven *Traditionsaufbruch* entgegenzutreten.[1] In diesem Traditionsaufbruch werden wir die überlieferten Sprach- und Denkformen des christlichen Glaubens, wie sie uns in der Heiligen Schrift – ebenso wie in ihrer Wirkungsgeschichte im kirchlichen Bekenntnis, in der Liturgie und im Gesangbuch, im Kirchenbau und in den mannigfachen Stilen der christlichen Kunstpraxis in alter und in neuer Zeit – begegnen, als Darstellung des menschlichen Offenbarungszeugnisses einladend und gewinnend dem Verstehen neu erschließen müssen. Die Aufgabe, den Reichtum und die Fülle der überlieferten Offenbarungszeugnisse dem gegenwärtigen Verstehen neu zu erschließen, wird sich erfüllen lassen, wenn die Mitglieder der Glaubensgemeinschaft in ihrer inneren Gesprächssituation das Leben des Glaubens jeweils als das Leben aus dem radikalen Vertrauen auf den Heilswillen dessen explizieren, der der schöpferische Grund und Ursprung aller Dinge ist. Wegen der Erfüllung dieser Aufgabe werden die Mitglieder der Glaubensgemeinschaft allerdings auch die Verständigung untereinander suchen über ihre spezifische Verantwortung für die lebensdienliche Ordnung der Gesellschaft und über die richtige Wahrnehmung ihrer sozialen Rollen und Funktionen in deren verschiedenen Subsystemen. Existieren sie doch alle in der ökonomischen, der politischen, der kulturellen und der technischen Sphäre der gesellschaftlichen Lebenswelt.

Was das Außenverhältnis der Glaubensgemeinschaft betrifft, so besteht die Herausforderung darin, dass die Öffentliche Meinung in den Gesellschaften der euro-amerikanischen Moderne die Suche des Glaubens nach seiner zeitgemäßen und situationsgerechten Ethosgestalt hier und heute ignoriert. Zwar ist den Religions- und Weltanschauungsgemeinschaften – und unter ihnen eben auch den Kirchen – das Menschen- und Grundrecht der Religionsfreiheit von Verfassungs wegen garantiert; aber in der gesellschaftlichen Öffentlichkeit dominiert die Ansicht, die religiös-weltanschauliche Überzeugung sei *Privatsache* und komme für die Lösung der Probleme in den Bereichen der Wirtschaft und der Politik, der Wissenschaft und der Technik nicht ernstlich in Betracht. Nach langer und erfolgreicher Vorbereitung durch das Dauerfeuer der Kirchen-, Christentums- und Religionskritik seit dem Deismus des 18. Jahrhunderts herrscht in den Funktionseliten – den geschichtlichen Katastrophen der neueren und der neuesten Zeit zum Trotz – das ungebrochene Vertrauen in die Leistungs- und Gestaltungskraft einer allgemeinen menschlichen Vernunft. Von der Suche des Glaubens nach seiner zeitgemäßen und situationsgerechten Ethosgestalt hier und heute nehmen die Diskurse in den Institutionen des Philosophierens keine Notiz.

In dieser Lage kommt es darauf an, dass das Evangelium in der Kommunikation des Evangeliums zwischen den Mitgliedern der Glaubensgemeinschaft *das Gegenüber* sei

---

[1] Vgl.: Traditionsaufbruch. Die Bedeutung der Pflege christlicher Institutionen für Gewißheit, Freiheit und Orientierung in der pluralistischen Gesellschaft. Hg. im Auftrag der Kirchenleitung der VELKD von DOROTHEA WENDEBOURG und REINHARD BRANDT, Hannover 2001.

und bleibe. Wie trägt die Glaubensgemeinschaft dafür Sorge, dass das Evangelium in der zweifachen Gesprächssituation, in der die Kommunikation des Evangeliums hier und heute vor sich geht, das Gegenüber sei und bleibe?

Von ihren Anfängen an trägt die Glaubensgemeinschaft für das Gegenüber-Sein des Evangeliums dadurch Sorge, dass sie das Amt der *öffentlichen Lehre* errichtet. Wem die Glaubensgemeinschaft das Amt der öffentlichen Lehre überträgt, übernimmt die Verantwortung dafür, dass jedenfalls in allen öffentlichen Situationen des „äußeren Wortes" das Evangelium der Kanon aller seiner Auslegung und aller seiner Vergegenwärtigung bleibe. Das Amt der öffentlichen Lehre versieht den Auftrag, die Glaubensgemeinschaft der Kirche in dieser ihrer zweifachen Gesprächssituation durch die regelmäßige *Erinnerung ans Evangelium* (vgl. 1Kor 15,1) zu leiten.

Nun haben sich in der Geschichte des Christentums – idealtypisch gesprochen – zwei Formen der Leitung der Glaubensgemeinschaft der Kirche in allen öffentlichen Situationen des „äußeren Wortes" entwickelt. Für die römisch-katholische Tradition des Christentums kommt die Verantwortung für die Leitung der Glaubensgemeinschaft in ihren jeweils aktuellen Herausforderungen den Trägern des bischöflichen und zuhöchst des päpstlichen Amtes zu. Für ihre Kompetenz, Fragen der Glaubens- und der Sittenlehre definitiv zu entscheiden, nehmen sie – wie wir noch sehen werden – diejenige formale Autorität in Anspruch, die in der Berufung der Apostel durch den Christus Jesus gründet. Demgegenüber verdankt sich der Anstoß der reformatorischen Bewegung der Erkenntnis Martin Luthers, dass die formale Autorität des kirchlichen Lehramts irrtümliche Auslegungen und fehlerhafte Vergegenwärtigungen des Evangeliums keineswegs verhindert, sondern vielmehr begünstigt habe. Es ist diese Erkenntnis, die die reformatorische Tradition des Christentums zu einer anders gearteten Form der öffentlichen Lehre verpflichtet, die das Gegenüber des Evangeliums in der Kommunikation des Evangeliums wahrt.

Die reformatorische Alternative zur formalen Autorität des kirchlichen Lehramts im Sinne der römisch-katholischen Tradition besteht in der *theologischen Kompetenz* derer, die zu Trägern eines kirchen- und gemeindeleitenden Amtes ordentlich berufen werden. Diese Kompetenz zu erwerben und in der Ausübung eines theologischen Berufs auf welchem Praxisfeld auch immer unter Beweis zu stellen, ist Sinn und Zweck des theologischen Studiums. Wir werden sehen, dass es just die Systematische Theologie ist, die für diesen Sinn und Zweck des theologischen Studiums die Schlüsselstellung innehat.

Dass und warum die im lebenslangen Studium der Theologie begründete theologische Kompetenz die reformatorische Alternative zur formalen Autorität des kirchlichen Lehramts nach römisch-katholischem Verständnis sei, zeigt uns die eingehende Beschäftigung mit Friedrich Schleiermachers „Kurzer Darstellung".[2] Darin hat Schleiermacher die Theologie als eine „positive Wissenschaft" (§ 1) charakterisiert und sie auf diese Weise in Beziehung gesetzt zu anderen wissenschaftlichen Fächern, die ihrerseits ein theoretisches Wissen für die kompetente Wahrnehmung einer praktischen Aufgabe vermitteln wollen, wie z. B. die Rechtswissenschaft, die Medizin und die Erziehungslehre. Als „positive Wissenschaft" eigener Art vermittelt nun die Theologie ein Wissen, das dazu befähigt, die religiöse Kommunikation der kirchlich verfassten Glaubensgemeinschaft verantwortlich zu leiten (§ 3). Und zwar dadurch, dass sie – die theologische Forschung und die theologische Lehre – eine *dreifache Kompetenz* verknüpft: eine Kompetenz, die durch „philoso-

---

2 FRIEDRICH SCHLEIERMACHER, KD². Nachweise aus diesem Werk sind im Folgenden im Text notiert. – Vgl. hierzu KONRAD STOCK, Die Theorie der christlichen Gewißheit. Eine enzyklopädische Orientierung, Tübingen 2005.

phische Theologie", eine Kompetenz, die durch „historische Theologie", und eine Kompetenz, die durch „praktische Theologie" erworben wird (§§ 21–31).

Die theologische Kompetenz umfasst *zuvörderst* jene Kompetenz, die durch die „philosophische Theologie" erworben wird, sofern sie nämlich sinnvoller- und notwendigerweise „ein Wissen um das Christentum" (§ 21) voraussetzt. Für die Fähigkeit, die religiöse Kommunikation der kirchlich verfassten Glaubensgemeinschaft verantwortlich zu leiten, ist das „Wissen um das Christentum" aus wenigstens zwei Gründen unumgänglich. Sie erfordert nämlich *erstens* das Verständnis dafür, dass auch das Christentum in seiner Geschichte und in seiner gegenwärtigen Lage in den Kreis der Phänomene gehört, die wir mit dem Begriffswort „Religion" bezeichnen. Und sie erfordert *zweitens* ein Verständnis für die Interdependenz, die zwischen einer Religion wie der Religion des Christentums und den verschiedenen Lebensbereichen oder Subsystemen einer Gesellschaft besteht. Die „philosophische Theologie" sucht nach dem reinen, kategorialen Wissen, ohne welches die Aufgabe eines theologischen Berufs in den Herausforderungen dieser unserer Gegenwart nicht begriffen werden kann.

Die theologische Kompetenz, die für die verantwortliche Leitung der Kommunikation des Evangeliums in allen öffentlichen Situationen erstrebenswert und vorzugswürdig ist, beruht *sodann* auf jenem Wissen, das in der „historischen Theologie" erworben wird (§ 26; 69–102). Unter den Oberbegriff der „historischen Theologie" subsumiert Schleiermacher die „exegetische Theologie" (§§ 103–148), die „Kirchengeschichte" (§§ 149–194) und schließlich die „geschichtliche Kenntnis von dem gegenwärtigen Zustande des Christentums" (§§ 195–250), die die „dogmatische Theologie" (§§ 196–231) und die „kirchliche Statistik" (§§ 232–250) umfasst.

Mit dieser Anordnung will Schleiermacher deutlich machen, dass die verantwortliche Leitung der Kommunikation des Evangeliums grundsätzlich in der jeweiligen geschichtlichen Gegenwart vor sich geht. In dieser jeweiligen geschichtlichen Gegenwart wird die öffentliche Lehre zwar prinzipiell die „Grundtatsache" (§ 80 Zusatz) des Christentums – seinen geschichtlichen Ursprung, wie ihn das kanonische Offenbarungszeugnis normativ bekundet – zur Geltung bringen; aber die sorgfältige und hingebungsvolle Mühe um den authentischen Sinngehalt des Kanons mit Hilfe einer exegetischen Methodenlehre wird jederzeit vermittelt sein mit der „geschichtlichen Kenntnis des gegenwärtigen Momentes" (§ 81). Und zwar deshalb, weil die geschichtliche Entwicklung des Christentums – sowohl in seinem Innenverhältnis als auch in seinem Außenverhältnis – Schwächen, Krankheiten und Irrwege erkennen lässt, die wir hier und heute auf dem Wege eines „besonnenen Einwirkens auf die weitere Fortbildung" (§ 69) zu beheben und zu überwinden trachten werden. Zwischen der Auslegung des kanonischen Offenbarungszeugnisses mit Hilfe einer exegetischen Methodenlehre und der behutsam-kritischen Vergegenwärtigung hier und jetzt besteht daher so etwas wie ein Regelkreis. Das durch die kirchen- und theologiegeschichtliche Tiefenschärfe belehrte systematisch-theologische Denken hat im Zusammenhang des theologischen Studiums deshalb die Schlüsselstellung inne, weil es der behutsam-kritischen Vergegenwärtigung des kanonischen Offenbarungszeugnisses dient. Es dient der „Zukunftsfähigkeit des christlichen Lebens"[3], die durch die Auslegung allein und durch das kirchen- und theologiegeschichtliche Interesse allein noch keineswegs ermöglicht ist.

---

[3] EILERT HERMS, Die Frage nach der Güte der Arbeit im Pfarramt vor dem Hintergrund der reformatorischen Sicht von Amt und Auftrag der Kirche, in: DERS., Kirche – Geschöpf und Werkzeug des Evangeliums, Tübingen 2010, 230–270; 233.

Schließlich gibt es nach Schleiermacher theologische Kompetenz, die für die verantwortliche Leitung der Kommunikation des Evangeliums hier und heute erstrebenswert und vorzugswürdig ist, nicht ohne jene Kompetenz, die durch „praktische Theologie" erworben wird (§ 25). Gemäß der reformatorischen Erkenntnis zielt alle öffentliche Lehre – alle öffentliche Auslegung und alle öffentliche Vergegenwärtigung – des Evangeliums darauf ab, die Mitglieder der Glaubensgemeinschaft „zur selbständigen Ausübung des Christentums"[4] zu befähigen. Auch dieser dritte Aspekt der theologischen Kompetenz bedarf eines theoretischen, freilich eines praxisbezogenen theoretischen Wissens. Dieses praxisbezogene theoretische Wissen wird darauf Rücksicht nehmen, dass alle religiöse Kommunikation Herz, Mut und Sinn der Person betrifft: ihr Selbstgefühl, ihre Gesinnung, ihr Gewissen. Die praktisch-theologischen Subdisziplinen werden deshalb Regeln der religiösen Kommunikation finden und einüben wollen, die es den Einzelnen nach menschlichem Ermessen möglich machen, je in ihrer Lebensgeschichte und für ihre Lebensführung am eigentümlichen Wesen des Christentums teilzuhaben und immer mehr Anteil zu gewinnen. Wie die praktische Theologie daher „die Krone des theologischen Studiums"[5] ist, so erwächst sie nicht nur aus dem Stamm der historischen, sondern vor allem auch aus der Wurzel in der philosophischen Theologie.

Wir haben uns in gedrängter Kürze die dreifache Gestalt der theologischen Kompetenz vor Augen geführt, wie Schleiermacher sie in seiner „Kurzen Darstellung" umrissen hatte. Inwiefern dürfen wir behaupten, dass diese dreifache Gestalt der theologischen Kompetenz tatsächlich die reformatorische Alternative zur formalen Autorität des kirchlichen Lehramts im römisch-katholischen Sinne sei?

Nun, wer im lebenslangen theologischen Studium die dreifache Gestalt der theologischen Kompetenz erwirbt, erwirbt eine *methodische Fähigkeit*. Es ist dies die methodische Fähigkeit, in allen öffentlichen Situationen der Kommunikation des Evangeliums hier und heute darüber zu wachen, dass das Evangelium selbst – das Christusgeschehen, das den Heilswillen Gottes des Schöpfers erschließt – in seinem authentischen Sinn vergegenwärtigt werde, damit es hier und heute durch Gottes Geist Glauben finde, Liebe erwecke, Hoffnung entzünde und so zum Leben in der Selbstverantwortung vor Gott bereit mache. Ist theologische Kompetenz in dieser dreifachen Gestalt eine lehr- und lernbare methodische Fähigkeit, so wird sie sich an *Regeln* orientieren, mit deren Hilfe die Aufgabe, in allen öffentlichen Situationen die Kommunikation des Evangeliums verantwortlich zu leiten, tatsächlich zu erfüllen ist. Diese Regeln beziehen sich zum einen auf die theoretische Wahrnehmung der Religion des Christentums und ihrer Funktion für die Lebensführung in der gegenwärtigen gesellschaftlichen Lebenswelt; sie beziehen sich zum andern auf das Verstehen des authentischen Sinnes des Evangeliums selbst; und sie beziehen sich schließlich auf die Formen der Gesprächsführung, die einem Menschen die Chance geben, die Wahrheit des Evangeliums als Wahrheit für das eigene Leben zu entdecken.

Wenn sich die theologische Kompetenz in ihrer dreifachen Gestalt an Regeln orientiert, ermöglicht und verlangt sie jederzeit die Suche nach Verständigung; und zwar nicht nur zwischen den Trägern des kirchlichen Lehr- und Leitungsamtes im engeren Sinne des Begriffs, sondern auch zwischen den Mitgliedern der theologischen Gelehrtenrepublik und vor allem zwischen den christlichen Laien in ihrem Gesamtleben in der privaten wie in der öffentlichen Sphäre ihrer Existenz. In dem methodisch geregelten

---

4 FRIEDRICH SCHLEIERMACHER, Die praktische Theologie nach den Grundsäzen der evangelischen Kirche, hg. von JACOB FRERICHS (SW I/13), Berlin 1850, 62.

5 FRIEDRICH SCHLEIERMACHER, KD^1 § 30.

Prozess der Verständigung über die befreiende Wahrheit des Evangeliums vom Heilswillen Gottes des Schöpfers, wie er sich im Christusgeschehen je und je durch Gottes Geist erschließt, liegt die reformatorische Alternative zur formalen Autorität der römisch-katholischen Tradition.

Ich lege hiermit eine „Einleitung in die Systematische Theologie" vor, die dazu beitragen möchte, die theologische Kompetenz zu erwerben, ohne die es die verantwortliche Leitung in den öffentlichen Situationen der Kommunikation des Evangeliums – sowohl im Innenverhältnis als auch im Außenverhältnis der Glaubensgemeinschaft – nicht wird geben können. Indem ich das prinzipientheoretische, das dogmatische und das ethische Wissen aufeinander beziehe und miteinander verknüpfe, nehme ich darauf Rücksicht, dass die Mitglieder der Glaubensgemeinschaft stets und zugleich in der privaten wie in der öffentlichen Sphäre ihrer Existenz – in Wirtschaft und in Politik, in Wissenschaft und Technik – das Leben in der Freiheit eines Christenmenschen werden führen wollen. Ich werbe damit für die Idee einer *öffentlichen Theologie*, die hoffentlich der Gesprächsfähigkeit der Kirche zugute kommen wird.

Teil I:
Grundriss der Prinzipienlehre

Einführung

Wir haben uns zuallererst mit der Aufgabe vertraut gemacht, die die Systematische Theologie im Zusammenhang des theologischen Studiums und in der Wahrnehmung eines kirchenleitenden Amtes in der Gemeinde wie im Unterricht, in der Erwachsenenbildung wie in der Synode, in der akademischen Forschung und Lehre wie in der kirchlichen Publizistik zu bewältigen hat. Wir haben uns dafür an Schleiermachers „Kurzer Darstellung des theologischen Studiums" orientiert; und indem wir diesen klassischen Text in den weiten Horizont des philosophisch-theologischen Lebenswerkes seines Autors einordneten, entdeckten wir in ihm die Idee der *öffentlichen Theologie*. Darunter verstehen wir die wissenschaftliche Bildung, die die Inhaber eines kirchen- und gemeindeleitenden Amtes welcher Art auch immer dazu befähigt und dazu tüchtig macht, die Mitglieder der Glaubensgemeinschaft der Kirche je an ihrem lebensweltlichen Ort zum Leben im Glauben, in der Liebe, in der Hoffnung und in der Selbstverantwortung vor Gott anzuleiten. Nur eine Systematische Theologie, die bei jedem ihrer Schritte auf die Einheit der Dogmatik und der Theologischen Ethik achtet, wird die Fähigkeit und wird die Kompetenz vermitteln, die für die wünschenswerte und vorzugswürdige Weise, einen theologischen Beruf auszuüben, nötig ist.

Wir verstehen die Systematische Theologie als die wissenschaftliche Form der Selbstbesinnung des Glaubens auf seinen Gegenstand, auf seinen Grund und schließlich auf seine lebenspraktische Gestalt in der Sphäre des Privaten wie in den öffentlichen Funktionsbereichen der Gesellschaft. Über die wissenschaftliche Form solcher Selbstbesinnung geben wir uns nun Rechenschaft in einem einleitenden Gedankengang, den wir *Prinzipienlehre* nennen.[1]

Im Zentrum der Prinzipienlehre wird natürlich die Antwort auf die Frage stehen, in welcher Weise uns – den Mitgliedern der Glaubensgemeinschaft – die Wirklichkeit des Glaubens nach reformatorischer Erkenntnis überhaupt gegeben ist. Unsere Antwort auf diese Frage wird daher Einsichten vorwegnehmen, die ihren genuinen Ort in der dogmatischen Beschreibung des Daseins der Kirche als der *creatura verbi divini* haben (s. u. S. 216ff.). Deshalb ist es gewiss richtig und wichtig, die Prinzipienlehre als den ersten Teil der Systematischen Theologie zu verstehen und zu praktizieren. In ihr suchen wir uns über den Erkenntnisweg zu verständigen, den die wissenschaftliche Form jener Selbstbesinnung des Glaubens einzuschlagen hat und der für die kompetente Ausübung eines theologischen Berufs auf welchem Praxisfeld auch immer maßgeblich sein wird. In diesem Sinne hat Karl Barth energisch formuliert: „Prolegomena zur Dogmatik sind nur möglich als ein *Teilstück der Dogmatik selber*"[2]; und er war der festen Überzeugung, mit der dogmatischen Konzentration auf den Gegenstand des Glaubens – das unverfügbar-freie Geschehen des Wortes Gottes – alle Ansätze zu einer vor- oder außerdogmatischen Begründung und Plausibilisierung des theologischen Erkenntnisweges ein für alle Mal abgewiesen zu haben.

---

[1] Zur Problemgeschichte der Prinzipienlehre, und zwar unter dem synonymen Titel „Prolegomena", vgl. den Überblick von MATTHIAS PETZOLDT, Art. Prolegomena in der evangelischen Dogmatik: RGG^4 6, 1686–1689 (Lit.).

[2] KARL BARTH, KD I/1, 41 (Kursivierung im Original gesperrt).

Dennoch: wenn wir uns im Zentrum der Prinzipienlehre über den Erkenntnisweg verständigen, auf welchem wir die Wirklichkeit des Glaubens darstellen werden, können wir die Frage nicht umgehen, welche Bedeutung und welche Funktion denn dem Glauben in seiner evangelischen Bestimmtheit für die Lebens- und Bildungsgeschichte der individuellen Person und für ihre Existenz in den personalen und sozialen Beziehungen zukomme. Diese Frage mag im Gegenüber zur wirkungsvollen Religions- und Kirchenkritik der euro-amerikanischen Moderne – von Voltaire über Ludwig Feuerbach bis hin zu Jean-Paul Sartre – und in der Auseinandersetzung mit den menschenfeindlichen und antichristlichen Ideologien des Bolschewismus, des Faschismus und des Nationalsozialismus eine Zeit lang uninteressant gewesen sein. Heute stellt sie sich jedoch mit neuer Dringlichkeit: *zum einen* in der Begegnung mit den Mitgliedern der verschiedenen Religionsgemeinschaften in der entstehenden Weltgesellschaft; *zum andern* in der Besinnung auf das Menschen- und Grundrecht der negativen wie vor allem der positiven Religionsfreiheit im Rahmen des demokratischen Verfassungsstaates (s. u. S. 424ff.). Indem sich die kirchlich verfasste Glaubensgemeinschaft auf den konsequenten religiös-weltanschaulichen Pluralismus einlässt, wird sie die Wirklichkeit des christlichen Glaubens als eine besondere geschichtliche Erscheinung verstehen, die in formaler Hinsicht mit der Existenz anderweitiger Überzeugungsgemeinschaften sehr wohl vergleichbar ist.

Die Antwort auf die Frage, inwiefern die Wirklichkeit des christlichen Glaubens mit der Existenz anderweitiger Überzeugungsgemeinschaften formal vergleichbar sei, kann nur mit Hilfe einer Theorie gegeben werden, die das Phänomen der *religiösen Erfahrung* zu erhellen sucht. Wir werden eine solche Theorie entwickeln unter der Überschrift: „Religion und Lebensführung" (§ 1). Unter dieser Überschrift werden wir mit einer Interpretation des Phänomens der *Frömmigkeit* einsetzen, wie es Friedrich Schleiermacher in der Einleitung zur „Glaubenslehre" im Rahmen der „Erklärung der Dogmatik" verstehen wollte. Wir werden sehen, dass nach dieser Interpretation die Frömmigkeit „die Basis aller kirchlichen Gemeinschaften ausmacht"[3]: der kirchlichen Gemeinschaften im religions- und im sozialtheoretischen Sinne des Begriffs, der die religiös-weltanschauliche Kommunikation als einen besonderen Lebensbereich der Gesellschaften der euro-amerikanischen Moderne charakterisiert.

Im Lichte dieser Interpretation wird sich uns zeigen, dass Religion im formalen Sinne des Begriffs eine notwendige Funktion für die Lebensführung der Person in der Sphäre der Privatheit wie in den Bereichen des öffentlichen Lebens besitzt. Eine Prinzipienlehre, die mit Karl Barth auf die Erkenntnis der Funktion der Religion im formalen Sinne verzichtet, wird die besondere Prägnanz übersehen, in der nun eben der christliche Glaube die Lebensführung der Person bestimmt. Es ist denn auch kein Zufall, dass die Schule Karl Barths keine theologische Konzeption hervorgebracht hat, welche die prägende Kraft der religiösen Überzeugung für die Ordnung und in der Ordnung des Sozialen zu verstehen lehrt.

Erst im Rahmen, erst im Lichte einer Deutung des Phänomens der Frömmigkeit wird die Prinzipienlehre die Selbstbesinnung des Glaubens auf seinen Gegenstand, auf seinen Grund und auf seine lebenspraktische Gestalt in wissenschaftlicher Form methodisch regulieren können. Sie wird die besondere geschichtliche Erscheinung der Religion des Christentums von ihrer ursprünglichen Konstitution her betrachten; und sie wird eine Antwort auf die Frage geben, auf welchem Wege und in welchem Zusammenhang sich die *Gewissheit des Glaubens* – die Gewissheit der Wahrheit des Evangeliums – in unserer lebensgeschichtlichen Gegenwart hier und heute ereignet. Wir suchen diesen Weg im

---

3 FRIEDRICH SCHLEIERMACHER, GL^2 § 3 L (I, 14).

Einklang mit den Einsichten der Reformation zu beschreiben, indem wir den sachlogischen Zusammenhang zwischen dem Offenbarungsgeschehen selbst, dem Offenbarungszeugnis der Heiligen Schrift und der Funktion des kirchlichen Lehramts und der kirchlichen Lehrbekenntnisse deutlich machen. Von der Darstellung dieses sachlogischen Zusammenhangs im Sinne und im Geist der reformatorischen Einsichten erhoffen wir uns einen klärenden und korrigierenden Effekt: und zwar nicht nur im Gegenüber zum Selbstverständnis des römischen Katholizismus, sondern auch im Verhältnis zu den Trends der Evangelikalen Bewegung, der Pfingstbewegung und des Fundamentalismus.

Zeichnet die Prinzipienlehre die ursprüngliche Konstitution des Glaubens als der Gewissheit der Wahrheit des Evangeliums nach, so wird sie zuallererst auf das Geschehen der Offenbarung als das *je gegenwärtige Geschehen* zu sprechen kommen (§ 2). Die Gemeinschaft des Glaubens ist sich – mit Martin Luthers Kleinem Katechismus gesagt – dessen wohl bewusst, dass sie „nicht aus eigener Vernunft noch Kraft an Jesum Christ, meinen Herrn, gläuben oder zu ihm kommen kann“[4]; sie wird vielmehr der Wahrheit, die dem Lebenszeugnis des Christus Jesus vom universalen und unbedingten Heilswillen Gottes des Schöpfers zu eigen ist, je in ihrer Gegenwart nicht anders als durch Gottes Geist – den Geist der Wahrheit (Joh 14,17) – gewiss. Die Prinzipienlehre wird daher – grundlegend für die ganze systematische Besinnung in Dogmatik wie in Theologischer Ethik – jenen Begriff des Offenbarungsgeschehens entwickeln, der das Erscheinen der Gnade und Wahrheit Gottes (Joh 1,14) für das geschaffene Person-Sein und dessen gemeinschaftsstiftende Kraft in der jeweiligen Gegenwart erfasst; sie wird also unsere Aufmerksamkeit auf die österlichen Ursprungssituationen des Glaubens richten, wie sie uns in den Selbstzeugnissen des Apostels Paulus am nächsten kommen (1Kor 15,8-11; Gal 1,11-16). In diesen österlichen Ursprungssituationen nämlich sind Gottes Gnade und Wahrheit und menschliche Gewissheit der Gnade und Wahrheit Gottes – „äußeres Wort“ und „inneres Wort“ – exemplarisch beieinander. In ihnen erweist sich der Gegenstand des Glaubens als der Grund des Glaubens.

Im Spektrum und in der Geschichte der alten und der neuen Religionen und Weltanschauungen profiliert sich die Religion des Christentums als diejenige Glaubensweise, die sich dem gegenwärtigen, dem dynamischen Offenbarungshandeln Gottes verdankt: jenem Offenbarungshandeln, welches das Leben mit Gott im Glauben, in der Liebe und in der Hoffnung auf Erfüllung und Vollendung jenseits des Todes und durch den Tod hindurch – wie angefochten und wie fragmentarisch auch immer – begründet (s. u. S. 28f.). Diese Glaubensweise hat ihren geschichtlichen Ursprung im Lebenszeugnis des Christus Jesus selbst. Dieser geschichtliche Ursprung ist nun aber den Menschen späterer Generationen und anderer kultureller Räume nicht anders zugänglich als in der Vielfalt der Offenbarungszeugnisse, deren kanonische Gestalt uns in der Heiligen Schrift des Alten und des Neuen Testaments in hebräischer und in griechischer Sprache gegeben ist. In der Prinzipienlehre werden wir uns daher Rechenschaft geben über die Autorität der biblischen Offenbarungszeugnisse für das Leben mit Gott je in unserer Gegenwart, auf die der Begriff der *Heiligen Schrift* hinweist. In diese Rechenschaft ist – zumal beim gegenwärtigen Stand des jüdisch-christlichen Dialogs „nach Auschwitz“[5] – die Besinnung auf das Verhältnis zwischen der Bibel Israels und der christlichen Bibel, zwischen Altem Testament und Neuem Testament, eingeschlossen (§ 3).

---

4 MARTIN LUTHER, Kleiner Katechismus (BSLK 501–541; 511,45-512,1).

5 Vgl. hierzu MICHAEL BEINTKER, Art. Judentum und Christentum VI. Kirche und Judentum in der Gegenwart: RGG^4 4, 635–637.

Nun bezeugt die pure Existenz des christlichen Doppel-Kanons der Bibel als der Heiligen Schrift des Alten und des Neuen Testaments das Werden und die Entwicklung christlicher Glaubensgemeinschaften, die sich in ihrer sozio-kulturellen Umwelt zu erhalten und ihre Lebensführung im Verhältnis zu ihren sozio-kulturellen Umwelt selbst zu bestimmen suchen. Eben diese Aufgabe – die christliche Glaubensgemeinschaft im Leben mit Gott zu erhalten und ihre Lebensführung im Verhältnis zu ihrer sozio-kulturellen Umwelt selbst zu steuern – ist nun von allem Anfang an nicht willkürlich und nicht beliebig gelöst worden. Die Lösung dieser Aufgabe orientierte sich und orientiert sich vielmehr an der Erkenntnis einer grundlegenden Regel. Über die Erkenntnis und die Praktizierung dieser grundlegenden Regel gab und gibt es allerdings herben Streit von nach wie vor kirchen- und konfessionstrennender Bedeutung, zu dem schon die Prinzipienlehre Stellung nehmen wird. Dieser Streit betrifft die Verfassung, die Befugnis und die Autorität eines kirchen- und gemeindeleitenden Amtes.

Nach dem Selbstverständnis der römisch-katholischen Tradition des Christentums wird die Aufgabe, die Glaubensgemeinschaft im Leben mit Gott zu erhalten und ihre Lebensführung im Verhältnis zu ihrer jeweiligen sozio-kulturellen Umwelt zu steuern, durch das Bischofsamt gelöst. Unter Berufung auf die Sendung der Apostel durch den Christus Jesus selbst (vgl. Apg 1,3–8) kommt den Inhabern des Bischofsamtes die Kompetenz zu, Gottes offenbarte Heilswahrheit den Menschen zum heilsnotwendigen Gehorsam vorzulegen, über die sachgemäße Auslegung der offenbarten Heilswahrheit zu wachen und gegebenenfalls kirchenrechtliche und disziplinäre Entscheidungen bis hin zum Ausschluss aus der Kirchengemeinschaft zu treffen. So will die pflichtgemäße Wahrnehmung des Bischofsamtes – das seinerseits in einem Gehorsamsverhältnis zum Inhaber des päpstlichen Amtes steht – nur sicherstellen, dass sich die Glaubensgemeinschaft in den Wandlungen, den Krisen und den Brüchen der realen Geschichte auf das *Heil der Seele* – auf das Erreichen der ewigen Bestimmung der Person – zubewegt.[6] Diesem Ziel ist nicht zuletzt auch die Entwicklung der katholischen Soziallehre seit der grundlegenden Enzyklika „Rerum novarum“ (1891) von Papst Leo XIII. verpflichtet.

Gegen die Grundentscheidung des römischen Katholizismus, die Leitung und die Steuerung der Glaubensgemeinschaft in die Hand des bischöflichen Amtes zu legen, erhob die reformatorische Bewegung geharnischten Protest. Dieser Protest bestritt nicht im Geringsten die Notwendigkeit, die Glaubensgemeinschaft in den Wandlungen, den Krisen und den Brüchen der privaten wie der öffentlichen Geschichte verantwortlich zu leiten und zu steuern. Er beruhte vielmehr auf der Einsicht, dass die Aufgabe der Leitung und der Steuerung der Glaubensgemeinschaft erstlich und letztlich durch die Autorität der Heiligen Schrift selbst und eben damit durch den unabschließbaren Prozess ihrer Auslegung und ihrer Vergegenwärtigung zu lösen ist. Mit dem Prinzip *sola scriptura* verbindet sich daher ein Verständnis des kirchlichen Lehramts, dessen originäres und verantwortliches Subjekt kraft des Priestertums aller Getauften und Glaubenden die Glaubensgemeinschaft als ganze bleibt; und es verbindet sich mit ihm die Verfahrensregel, die möglichen und die tatsächlichen Gegensätze und Konflikte in der Auslegung von Sinn und Bedeutung der biblischen Offenbarungszeugnisse zu versöhnen in der Suche nach größtmöglichen Konsensen, welche die erhellende und orientierende Kraft des Evangeliums in der jeweiligen Gegenwart artikulieren können.

Wir werden in der Prinzipienlehre nachdrücklich für diese Grundentscheidung plädieren; wobei wir uns darüber im Klaren sind, dass jedenfalls der deutschsprachige Pro-

---

6 Vgl. CIC (1983), Can. 1752.

testantismus diese Grundentscheidung bei weitem noch nicht konsequent genug beherzigt. Infolgedessen werden wir dazu ermutigen, in die Debatte über Regeln einzutreten, denen presbyteriale und synodale Beratungen und Verlautbarungen über die gegenwärtige Orientierungs- und Gestaltungskraft der christlichen Glaubensweise genügen sollten.

Wir wollen und wir können das Ergebnis einer solchen Debatte nicht vorwegnehmen. Ich bin allerdings der festen Überzeugung, dass die Debatte über Regeln, nach denen Kirchengemeinschaften reformatorischen Ursprungs konsensfähige Texte über die gegenwärtige Orientierungs- und Gestaltungskraft der christlichen Glaubensweise werden verabschieden können, angewiesen ist und bleibt auf die wissenschaftliche Form, die das systematisch-theologische Denken gegenüber anderen Sprach- und Denkformen in der religiösen Kommunikation der Kirche bestimmt.

Worin die wissenschaftliche Form des systematisch-theologischen Denkens in den Kirchengemeinschaften reformatorischen Ursprungs in ihrem ambivalenten Verhältnis zu ihrer gesellschaftlichen Lebenswelt bestehen könnte: das ist nun allerdings nicht nur zwischen den verschiedenen theologischen Richtungen kontrovers; es ist auch seit geraumer Zeit kein interessantes Thema des wissenschaftlichen Streits und wird auch von den presbyterialen und synodalen Gremien der evangelischen Kirchengemeinschaften selten nachgefragt.

In dieser Lage mündet der „Grundriss der Prinzipienlehre" in das Programm einer wissenschaftlichen Theologie, die den Mitgliedern der Glaubensgemeinschaft in ihren Gesprächssituationen im Innenverhältnis wie im Außenverhältnis durch eine konsistente und kohärente Begriffssprache zu helfen hofft. Mit den Mitteln dieser Begriffssprache suchen wir deutlich zu machen, dass wir die christliche Glaubensweise, die sich der Gewissheit der Wahrheit des Evangeliums verdankt, dann und nur dann angemessen darstellen können, wenn wir sie als konkrete, substantielle Sittlichkeit im vollständigen Sinne des Begriffs beschreiben (§ 4).[7] Diese konkrete, substantielle Sittlichkeit, die sich der Gewissheit der Wahrheit des Evangeliums wie angefochten und wie fragmentarisch auch immer verdankt, bündeln wir in die Leitidee eines Lebens in der Selbstverantwortung vor Gott. Diese Leitidee wird in der dogmatischen Besinnung auf den Wahrheitsgehalt des christlichen Glaubens an Gott den Versöhner begründet und im „Grundriss der Theologischen Ethik" ausführlich entfaltet werden.

---

7 Vgl. hierzu KONRAD STOCK, Art. Sitte/Sittlichkeit: TRE 31, 318–333 (Lit.); REINER PREUL, Art. Sittlichkeit: RGG^4 7, 1356–1358.

§ 1 Religion und Lebensführung[8]

Wir haben in dem vorstehenden Überblick die Aufgabe der dogmatischen wie der ethischen Besinnung auf den Wahrheitsgehalt des Glaubens an den Christus Jesus Gottes des Schöpfers in ersten Umrissen bestimmt. Wir sehen in der dogmatischen wie in der ethischen Besinnung das Zentrum jener wissenschaftlichen Bildung, welche die kompetente Wahrnehmung eines theologischen Berufs auf welchem Handlungsfeld auch immer möglich macht: jener beruflichen Leistung also, die zur Lebensführung in der Selbstverantwortung vor Gott anzuleiten und so die „selbständige Ausübung des Christentums"[9] möglich zu machen sucht.

Wir sind dabei der Definition gefolgt, die Friedrich Schleiermacher für die Theologie als „positive Wissenschaft" vorgeschlagen hat.[10] Es ist der große Vorzug dieser Definition, die verschiedenen Disziplinen des theologischen Fächer-Kanons in einen inneren sachlogischen Zusammenhang zu bringen. Dieser ergibt sich daraus, dass die verschiedenen Disziplinen des theologischen Fächer-Kanons samt und sonders der praktischen Berufsaufgabe zugeordnet sind, die religiöse Kommunikation der christlichen Glaubensgemeinschaft kompetent – und das schließt ein: auf größtmögliche Konsense hin – zu leiten. In dieser religiösen Kommunikation wird es stets darum gehen, unsere alltägliche Lebenspraxis hier und heute im Lichte des Evangeliums – in der jederzeit angefochtenen Gewissheit der Gnade und Wahrheit Gottes des schöpferischen Ursprungs unserer selbst und unserer Welt (vgl. Joh 1,14) – zu verstehen und zu gestalten. Das exegetische, das historische, das systematische und das praktische Wissen, das uns das lebenslange theologische Studium vermittelt und erschließt, findet in der kirchen- und gemeindeleitenden Praxis im weiten Sinne des Begriffs seine je individuelle Synthese.

Entgegen einem bequemen und weitverbreiteten und letzten Endes kontraproduktiven Vorurteil kommt nun dem systematischen Wissen der Dogmatik und der Theologischen Ethik im Spektrum der theologischen Fächer die zentrale Rolle zu. Das ist deshalb der Fall, weil schon das apostolische Kerygma der Heiligen Schrift und weil die Geschichte der Bekenntnisse und der Lehre die Wahrheit des Evangeliums in Gestalt von Glaubenssätzen formuliert: in Gestalt von Sätzen also, die den Lebenssinn entfalten, der in der Botschaft des Christus Jesus vom Kommen der Herrschaft Gottes des Schöpfers in

---

8 Eine frühere Darstellung dieses Themas habe ich gegeben in: KONRAD STOCK, Die Theorie der christlichen Gewißheit. Eine enzyklopädische Orientierung, Tübingen 2005, 41–68: Religion und Identität. – Vgl. zum Folgenden bes.: KEIJI NISHITANI, Was ist Religion?, Frankfurt a.M. 1986²; FALK WAGNER, Was ist Religion?, Gütersloh 1986; WOLFHART PANNENBERG, Systematische Theologie. Bd. I, Göttingen 1988, 3. Kap.: Die Wirklichkeit Gottes und der Götter in der Erfahrung der Religionen (133–205); REINER PREUL, So wahr mir Gott helfe! Religion in der modernen Gesellschaft, Darmstadt 2003; WILFRIED HÄRLE/REINER PREUL (Hg.), Religion. Begriff, Phänomen, Methode (MJTh XV), Marburg 2003; EILERT HERMS, Art. Religion V. Religion in der Gesellschaft: RGG⁴ 7, 286–295; GUNTHER WENZ, Religion (Studium Systematische Theologie Bd. 1), Göttingen 2005; ANDREAS FELDTKELLER, Warum denn Religion? Eine Begründung, Gütersloh 2006; HERMANN DEUSER, Religionsphilosophie, Berlin/New York 2009.

9 Vgl. FRIEDRICH SCHLEIERMACHER, Die praktische Theologie nach den Grundsäzen der evangelischen Kirche. Hg. von JACOB FRERICHS (SW I/13), Berlin1850, 62.

10 Vgl. FRIEDRICH SCHLEIERMACHER, KD² § 1.

ihm selbst beschlossen ist (s. u. S. 178ff.). Solche Glaubenssätze bringen ein Verstehen des Lebens und der Wirklichkeit zur Sprache – ein Verstehen, das als solches auch die Quelle und der Horizont der ethischen Urteilsbildung innerhalb der Gemeinschaft der Getauften und Glaubenden sein wird.

Was die Glaubenssätze in den Quellensprachen der Bibel und in den Denk- und Sprachformen der kirchlichen Lehrbekenntnisse artikulieren, bedarf nun allerdings über die regelmäßige Einübung und Wiederholung hinaus – im Lied und im Gebet, in der Erzählung und in der Lektüre, in der Liturgie und in der Meditation – der kontinuierlichen und konsequenten *Interpretation.* In den weiten Spielraum möglicher Interpretationen der Glaubenssätze, die uns in den Quellensprachen der Bibel und in den kirchlichen Lehrbekenntnissen begegnen, gehört auch die Interpretation, die wir in der Form des systematischen Wissens vollziehen. Von anderen möglichen Interpretationen unterscheidet sie sich dadurch, dass wir in ihr den *höchst möglichen Grad der Bestimmtheit* anstreben.[11] Diesen höchst möglichen Grad der Bestimmtheit der grundlegenden Glaubenssätze erwarten wir uns von einer Begriffssprache, die geeignet ist, den Wahrheitsgehalt und eben damit die Orientierungskraft des apostolischen Kerygmas der Heiligen Schrift und der kirchlichen Lehrbekenntnisse zu explizieren und mit Rücksicht auf neue Entscheidungssituationen zu vergegenwärtigen.

Die Aufgabe, ja die Pflicht der Explikation stellt sich *zum einen* in den mannigfachen Situationen des Gesprächs innerhalb der Glaubensgemeinschaft selbst in ihrer kirchlichen Ordnung und Verfassung. Hier nämlich stoßen wir aus vielerlei geschichtlichen Gründen auf erhebliche Differenzen hinsichtlich des Gegenstandes und des Grundes des Glaubens und auf erhebliche Konflikte hinsichtlich der lebenspraktischen Gestalt und des sozialen, des politischen, des kulturellen Engagements, zu dem die Botschaft des Evangeliums provoziert. Die systematische Begriffssprache will dazu befähigen, diese Differenzen und Konflikte bewusst zu machen und sie auf tragfähige Konsense hin zu überschreiten. Auch und gerade die Gespräche zwischen der römisch-katholischen Kirche und den verschiedenen Bünden der reformatorischen Kirchen über das Problem der Lehrverurteilungen und über Grund und Ziel einer sichtbaren Einheit der Kirche leiden immer noch gewaltig daran, dass es den beteiligten Gremien an systematischer Klarheit und Genauigkeit gebricht.

Die Aufgabe, ja die Pflicht der Explikation stellt sich *zum andern* in den mannigfachen Debatten in der gesellschaftlichen Öffentlichkeit. Hier wird ja nicht nur der Wahrheitsgehalt und die Orientierungskraft des christlichen Glaubens nach wie vor religionskritisch in Zweifel gezogen oder für obsolet erklärt; hier wird nicht nur nach Wegen der kulturellen Integration anderer religiöser Gemeinschaften gesucht; hier sind vor allem auch die Möglichkeiten und die Grenzen strittig, die angesichts der Überlebensprobleme unserer Gegenwart für die politische Willensbildung innerhalb der Gesellschaften bestehen. Die systematische Begriffssprache will die Mitglieder der Glaubensgemeinschaft und die Inhaber der kirchenleitenden Funktionen dazu befähigen, Grundsätze und Kriterien einer erstrebenswerten, einer vorzugswürdigen Ordnung des Zusammenlebens zu entwickeln und in den Debatten der Öffentlichkeit zur Geltung zu bringen.

In dieser Lage ist es Sinn und Ziel des systematischen Wissens im Ganzen des theologischen Studiums, den Wahrheitsgehalt des apostolischen Kerygmas der Heiligen Schrift, der christlichen Überlieferung und der kirchlichen Lehrbekenntnisse in einer Weise zu explizieren, die die erhellende Kraft des Evangeliums für das Leben und damit

---

[11] Vgl. FRIEDRICH SCHLEIERMACHER, GL^2 § 16 L (I, 107): „Dogmatische Sätze sind Glaubenssätze von der darstellend belehrenden Art, bei welchen der höchst mögliche Grad der Bestimmtheit bezweckt wird.“. Man beachte, dass der Begriff des dogmatischen Satzes hier den Begriff des ethischen Satzes einschließt!

zugleich die orientierende Kraft des Glaubens für die Beurteilung und für die Gestaltung der Lebensverhältnisse unserer geschichtlichen, sozialen Welt erkennen lässt. Es ist, wie wir vorwegnehmend sagen wollen, Sinn und Ziel des systematischen Wissens im Ganzen des theologischen Studiums, die Gemeinschaft mit Gott selbst als die ewige Bestimmung des Mensch-Seins zu entfalten: als den Inbegriff des Heilen, des Erfüllenden und des Vollkommenen, dem alle Lebensverhältnisse unserer geschichtlichen, sozialen Welt zu dienen haben. Anders formuliert: es ist Sinn und Ziel des systematischen Wissens im Ganzen des theologischen Studiums, das Leben im Glauben, in der Liebe, in der Hoffnung und in der Selbstverantwortung vor Gott als das Leitbild christlicher Existenz in dieser Zeit verständlich und anziehend zu machen.

Ich habe auf die beiden typischen Gesprächssituationen hingewiesen, in denen sich die religiöse Kommunikation der kirchlich verfassten Glaubensgemeinschaft hier und heute abspielt. In diesen beiden typischen Gesprächssituationen wird die systematische Begriffssprache es möglich machen, das Wesentliche des Christentums – in unserem Falle: das Wesentliche des evangelischen Christentums – im Kontext unserer gegenwärtigen gesellschaftlichen Lebenswelt immer klarer und immer deutlicher zu erfassen. Aus diesem Grunde ist die systematische Begriffssprache der Dogmatik und der Theologischen Ethik sinnvoller- und notwendigerweise bezogen auf eine Kategorienlehre, die das Wesentliche des evangelischen Christentums im Spektrum der Möglichkeiten religiöser Gemeinschaft überhaupt zu verstehen lehrt. Sie – die Dogmatik und die Theologische Ethik – sind daher bezogen auf eine Kategorienlehre, die *fundamentaltheologische* Bedeutung besitzt.

Eine solche Kategorienlehre will ein Doppeltes begreiflich machen. Sie will *erstens* zeigen, dass die Gewissheit des Glaubens an den Christus Gottes des Schöpfers eine besondere, eine geschichtlich kontingente, eine singuläre Bestimmtheit endlicher Freiheit oder endlicher Vernunft ist; sie will also die Struktur des *unmittelbaren Selbstbewusstseins* als die formale Bedingung auch der christlichen Glaubensweise freilegen (1.1.). Und sie will *zweitens* die spezifische Funktion erklären, die der religiösen Gemeinschaft im Zusammenhang des sozialen Lebens einer Gesellschaft – und zumal im Zusammenhang der hochkomplexen ausdifferenzierten Gesellschaften der euro-amerikanischen Moderne – zukommt; denn nur, wenn wir die spezifische Funktion der religiösen Gemeinschaft im Zusammenhang des sozialen Lebens einer Gesellschaft überhaupt begreifen, werden wir die Mitwirkung und die Mitbestimmung der christlich-religiösen Gemeinschaft sowohl in individualethischer als auch in sozialethischer Hinsicht deutlich machen können (1.2.). Unter der Überschrift „Religion und Lebensführung“ wollen wir die Bedingungen der Möglichkeit dafür untersuchen, dass die Gemeinschaft in der Gewissheit des Glaubens – die Gewissheitsgemeinschaft mit dem Christus Jesus selbst (s. u. S. 198ff.) – „Salz der Erde“ und „Licht der Welt“ (Mt 5,13.14) sein wird (1.3.).

1.1. Das Selbstbewusstsein der Person[12]

In seiner „Glaubenslehre“ hat Friedrich Schleiermacher den bahnbrechenden Versuch unternommen, die wesentlichen Themen der materialen Dogmatik im Sinne einer Be-

---

[12] Vgl. zum Folgenden: TILO WESCHE/KIRSTEN HUXEL/EILERT HERMS/JÜRGEN ZIEMER, Art. Selbst I.–V.: RGG^4 7, 1152–1156; GÜNTER FIGAL/DIETRICH KORSCH, Art. Selbstbewußtsein I.–III.: ebd. 1158–1162. Für die Interpretation der Theorie des Selbstbewusstseins bei Friedrich Schleiermacher verweise ich insbesondere auf EILERT HERMS, Philosophie und Theologie im Horizont des reflektierten Selbstbewußtseins, jetzt in: DERS., Menschsein im Werden. Studien zu Schleiermacher, Tübingen 2003 (= Studienausgabe 2006), 400–426.

schreibung des frommen Selbstbewusstseins der Person in der Glaubensgemeinschaft der Kirche zu rekonstruieren. Schleiermacher intendiert hier eine systematische Besinnung, welche den Gegenstand des Glaubens – Gottes Selbstmitteilung in der Person des Christus Jesus – genau und konsequent in seiner Gegebenheitsweise zur Sprache bringt. Für dieses Verfahren spricht das Argument, dass auch und gerade der Gegenstand des Glaubens in seiner Eigen-Art erschlossen sein muss, wenn er eine Gemeinschaft des Glaubens und wenn er deren Ausstrahlung in ihre jeweilige sozio-kulturelle Umwelt soll begründen können. Schleiermachers Verfahren zielt darauf, das Gottesverhältnis der Person als ein Verhältnis des *Gewiss-Seins* und des *Gewiss-Werdens* zu bestimmen.

Nun werden wir im „Grundriss der Dogmatik" Gründe dafür nennen, vom Aufbau der „Glaubenslehre" abzuweichen (s. u. S. 61). Dessen ungeachtet scheint mir Schleiermachers Grundentscheidung ohne Alternative zu sein, die Aussagen der systematischen Besinnung auf die Glaubenssätze zu beziehen, in denen jeweils „die Bestimmtheit des frommen Selbstbewußtseins als die innere Gewißheit bezeugt" wird.[13] Mit dem Begriff des frommen Selbstbewusstseins will Schleiermacher deutlich machen, dass uns der Gegenstand des Glaubens – Gottes Selbstmitteilung in der Person des Christus Jesus – in Sprach- und Denkformen begegnet, die stets ein innerstes Beteiligt- und Ergriffen-Sein zum Ausdruck bringen. In ihnen stellt sich uns ein Wahrheitsbewusstsein dar, in dem Objekt und Subjekt, Verstehen des Gegenstandes und Verstehen meiner selbst verbunden und vermittelt sind. Die Eigen-Art der Glaubenssätze, auf die sich die systematische Besinnung durchweg bezieht, wird uns nun durchsichtig werden, wenn wir sie in den Zusammenhang einer Deutung der Struktur des endlichen, des personalen Selbstbewusstseins überhaupt einzeichnen.

Schleiermacher hat die Deutung der Struktur des endlichen, des personalen Selbstbewusstseins unter der Überschrift „Zum Begriff der Kirche, Lehnsätze aus der Ethik" vorgetragen.[14] Seine Deutung geht von dem Leitsatz aus: „Die Frömmigkeit, welche die Basis aller kirchlichen Gemeinschaften ausmacht, ist rein für sich betrachtet weder ein Wissen noch ein Tun, sondern eine Bestimmtheit des Gefühls oder des unmittelbaren Selbstbewußtseins." (GL^2 § 3 [I, 14]). Versuchen wir, diesen Leitsatz zu verstehen.

Erstens: Im Kontext der „Erklärung der Dogmatik" im Ganzen zielt der Leitsatz des § 3 darauf ab, die in der Religionsgeschichte singuläre Existenz der christlichen Glaubensgemeinschaft zu thematisieren. Der Autor thematisiert sie in drei Schritten. Während die „Lehnsätze aus der Ethik" (§§ 3–6) die gemeinschaftsbildende Kraft der religiösen Überzeugung überhaupt beschreiben und diese stillschweigend in ein Verhältnis zu den anderen Formen der sozialen Kommunikation und Interaktion setzen, machen die „Lehnsätze aus der Religionsphilosophie" (§§ 7–10) auf die geschichtlichen Variationen aufmerksam, in denen uns die gemeinschaftsbildende Kraft der religiösen Überzeugung in ihren empirischen Quellen und Befunden zugänglich wird. Schließlich zeigen die „Lehnsätze aus der Apologetik" (§§ 11–14), dass die christliche Glaubensgemeinschaft – unerachtet ihrer mehr oder weniger tiefen inneren Gegensätze – konstituiert ist durch ihren geschichtlichen Ursprung: die „Erscheinung des Erlösers in der Geschichte", die „als göttliche Offenbarung weder etwas schlechthin Übernatürliches noch etwas schlechthin Übervernünftiges" ist (§ 13 L [I, 86]). Wenn Schleiermacher hier das eigentümliche Wesen des Christentums als „eine der teleologischen Richtung der Frömmigkeit angehörige monotheistische Glaubensweise" bestimmt (§ 11 L [I, 74]), so weist er seine Leser

13 FRIEDRICH SCHLEIERMACHER, GL^2 § 15,2 (I, 106).

14 FRIEDRICH SCHLEIERMACHER, GL^2 §§ 3–6 (I, 14–47). – Die Nachweise sind im Folgenden im Text notiert.

von vornherein auf die charakteristische Verknüpfung des dogmatischen und des ethischen Denkens hin; denn eben weil in der „Erscheinung des Erlösers in der Geschichte", welche die christliche Glaubensgemeinschaft konstituiert, letzten Endes auch die Hoffnung auf die „Vollendung der Kirche" im ewigen Reiche Gottes gründet (§§ 157–163 [II, 408–440]), gibt es die Möglichkeit und gibt es die Verpflichtung, die Wohlordnung der diesseitigen, der irdischen Lebensgüter anzustreben, wie dies die „Christliche Sitte" dann skizziert. Mit der „Erklärung der Dogmatik" in der Einleitung zur „Glaubenslehre" und damit implizit auch zur „Sittenlehre" verfolgt Schleiermacher also von vornherein die Absicht, die spezifische Ethosgestalt der christlichen Glaubensgemeinschaft je in ihrer gesellschaftlichen Umwelt verständlich zu machen.

Zweitens: Um nun die in der Religionsgeschichte singuläre Existenz der christlichen Glaubensgemeinschaft thematisieren zu können, setzt Schleiermacher ein mit einer Definition der „Frömmigkeit" als einer „Bestimmtheit des Gefühls oder des unmittelbaren Selbstbewußtseins" (I, 14): mit einer Definition, die er alsbald im § 4 entfalten wird (I, 23–30). Zwar sucht er hier das Wesen der Frömmigkeit im Rahmen der „Lehnsätze aus der Ethik" zu erkunden; aber er erinnert doch daran, dass alle diese Aussagen über das Wesen der Frömmigkeit „als ein Geliehenes aus der Seelenlehre" (I, 18) anzusehen sind. Die Ethik als die reine, die kategoriale Theorie des Sozialen, welche die spezifische Ethosgestalt der christlichen Glaubensgemeinschaft in ihrer gesellschaftlichen Umwelt erst begreiflich macht, bedarf also ganz offensichtlich einer theoretischen Besinnung auf die allgemeine – uns Menschen alle als leibhafte Freiheits- und Vernunftwesen auszeichnende – Verfassung des endlichen Geistes. Auf sie verweist der Autor mit dem Begriff der Psychologie.[15]

Mit der Erklärung der Frömmigkeit als einer „Bestimmtheit des Gefühls oder des unmittelbaren Selbstbewußtseins" (I, 14) und mit der Arbeit an der Psychologie greift Schleiermacher ein in die lebhafte und tiefe Debatte um eine Theorie des Selbstbewusstseins oder der Subjektivität, die sich für die Generation der Frühromantiker und für die maßgeblichen Denker des Deutschen Idealismus am transzendentalen Kritizismus Immanuel Kants entzündete. Wir können diese ungemein reiche und komplexe Debatte hier nicht darstellen. Wir wollen uns vielmehr darauf konzentrieren, vor ihrem Hintergrund die Deutung zu erfassen, mit deren Hilfe Schleiermacher selbst das Phänomen des Selbstbewusstseins erschließen will: jene Deutung, von der er allerdings sagt: „Zu diesen Sätzen kann die Zustimmung unbedingt gefordert werden, und keiner wird sie versagen, der einiger Selbstbeobachtung fähig ist …" (I, 25).

Drittens: Die erhellende Kraft des Leitsatzes beruht auf der Unterscheidung zwischen jenem Moment des Selbstbewusstseins, den Schleiermacher „Gefühl" oder „unmittelbares Selbstbewußtsein" nennt, und der Frömmigkeit als einer „Bestimmtheit des Gefühls oder des unmittelbaren Selbstbewußtseins". Keinesfalls behauptet der Autor, dass dem Gefühl oder dem unmittelbaren Selbstbewusstsein schon als solchem irgendeine inhaltliche Gestalt von Frömmigkeit zu eigen sei. Vielmehr können sich die mannigfachen inhaltlichen Gestalten von Frömmigkeit in der Geschichte religiöser Gemeinschaften und so in der je eigenen Lebensgeschichte nur unter der Bedingung bilden, dass das Moment des Gefühls oder des unmittelbaren Selbstbewusstseins in der Verfassung des personalen Selbstbewusstseins tatsächlich etwas Gegebenes bezeichnet.

---

[15] Zu Schleiermachers Psychologie vgl. insbesondere EILERT HERMS, Die Bedeutung der „Psychologie" für die Konzeption des Wissenschaftssystems beim späten Schleiermacher, jetzt in: DERS., Menschsein im Werden (wie Anm. 12), 173–199.

Dieses in der Verfassung des personalen Selbstbewusstseins tatsächlich Gegebene grenzt Schleiermacher ab gegen die Handelnsarten des Wissens und des Tuns – des „organisierenden Handelns" und des „erkennenden Handelns" (s. u. S. 17ff.) –, die wir im Verhältnis zu anderen Wesen unseresgleichen in der geschichtlichen, sozialen Welt vollziehen. In und mit dieser Abgrenzung sucht er die transzendentale Bedingung der Möglichkeit dafür zu verstehen, dass wir in diesem Verhältnis zueinander überhaupt sprachlich kommunizieren und praktisch interagieren wollen und können; und zwar als Wesen, die sich zu diesen Handelnsarten jeweils selbst bestimmen und über ihre Handlungsweisen je in der Gegenwart ihres Lebens so oder so entscheiden. Die transzendentale Bedingung der Möglichkeit zu handeln ist also das je individuelle Bewusstsein, *frei* bzw. *vernünftig zu sein.* Mit den Begriffsworten „Gefühl" oder „unmittelbares Selbstbewusstsein" will Schleiermacher die uns Menschen allen gegebene Bedingung der Möglichkeit erfassen, das Leben als ein Selbst, als ein verantwortliches Subjekt zu führen. An späteren Stellen spricht der Autor denn auch vom „Freiheitsgefühl" (I, 25.26.27.28).

Viertens: Ausdrücklich charakterisiert Schleiermacher jenes Moment des personalen Selbstbewusstseins, das er „Gefühl" nennt, als *unmittelbar.* Er bestreitet damit, dass die uns Menschen allen gegebene Bedingung der Möglichkeit freien und vernünftigen Handelns ihrerseits das Resultat eines reflektierenden Aktes oder einer ursprünglichen Tathandlung sei. Vielmehr meint das Gefühl, das im Unterschied zu einzelnen emotiven Empfindungen als „unmittelbares Selbstbewusstsein" zu verstehen ist, das Mit-sich-vertraut-Sein oder das Sich-erschlossen-Sein als freies, als vernünftiges, als handeln-könnendes und handeln-müssendes Wesen. Im Unterschied zu einzelnen emotiven Empfindungen wird das Gefühl, das Freiheitsgefühl ist, unmittelbar erlebt. Es ist „primäre Gewißheit".[16]

Nun erleben wir uns, indem wir uns als je individuelles Freiheitsgefühl erschlossen sind, zugleich in zweifacher Weise als von Anderem her *bestimmt.* Und es ist die Unterscheidung dieser zweifachen Weise, in der wir uns als von Anderem her bestimmt erleben, die den Weg zum Verstehen des Gefühls der Frömmigkeit und damit den Weg zur Erkenntnis der formalen Bedingung der Möglichkeit eines Offenbarungsgeschehens eröffnet.

Einerseits nämlich vollzieht sich unser Handeln-Können und Handeln-Müssen, zu dem wir wegen unseres je individuellen Freiheitsgefühls tatsächlich fähig sind, nicht anders als in einer „*Wechselwirkung*" (I, 26) mit Anderen, die wie wir selbst durch ein je individuelles Freiheitsgefühl ausgezeichnet sind. In unserer Lebensgeschichte erleben wir uns als bezogen auf die Akte der Selbstbestimmung und der Entscheidung, die andere vor uns, für uns, über uns und möglicherweise gegen uns treffen; und in entsprechender Weise erleben wir, dass andere von unseren Akten der Selbstbestimmung und der Entscheidung betroffen sind. Der Wechselwirkung mit Anderen verdanken wir es, dass unser Leben eine Geschichte, dass es ein Sein im Werden ist. Weil wir uns stets in dieser Wechselwirkung mit Anderen erleben, kann es das unmittelbare Selbstbewusstsein, das Freiheitsgefühl, nicht ohne mannigfache Bestimmtheiten geben. Das Freiheitsgefühl schließt, weil es wesentlich auf anderes Freiheitsgefühl bezogen ist, stets ein relatives *Abhängigkeitsgefühl* ein.[17] Dass sich das Leben in der Wechselwirkung mit Anderen nicht anders als in den „vollkommenen ethischen Formen", in den Strukturen der gesellschaftlichen Lebenswelt vollzieht, das werden wir im Horizont der ethischen Theorie uns

---

[16] EILERT HERMS, Art. Gewißheit II. Fundamentaltheologisch: RGG^4 3, 909–913; 909f.

[17] FRIEDRICH SCHLEIERMACHER, GL^2 § 4,2 (I, 26): „Demnach ist unser Selbstbewußtsein als Bewußtsein unseres Seins in der Welt oder unseres Zusammenseins mit der Welt, eine Reihe von geteiltem Freiheitsgefühl und Abhängigkeitsgefühl."

stets präsent halten müssen, zumal Schleiermacher selbst in der „Erklärung der Dogmatik" diesen grundlegend wichtigen Sachverhalt mit keiner Silbe erwähnt (s. u. S. 18ff.).

Andererseits: indem wir uns als freies, als vernünftiges, als handeln-könnendes und handeln-müssendes Wesen erschlossen sind, erleben wir diejenige Bestimmtheit unseres je individuellen Freiheitsgefühls, die von den mannigfachen Bestimmtheiten unserer Lebensgeschichte in einer sozialen Welt kategorial verschieden ist. Auf diese kategoriale Differenz zwischen den mannigfachen Gefühlen und dem Gefühl, das „Frömmigkeit" zu heißen verdient, will Schleiermacher hinaus, wenn er im Leitsatz des § 4 das „sich selbst gleiche Wesen der Frömmigkeit" darin sieht, „dass wir uns unsrer selbst als schlechthin abhängig, oder, was dasselbe sagen will, als in Beziehung mit Gott bewußt sind." (I, 23). Als schlechthin abhängig aber erleben wir uns insofern, als wir in unserem je individuellen Freiheitsgefühl – in unserer primären Gewissheit, ein handeln-könnendes und handeln-müssendes Wesen zu sein – zugleich dessen passive Konstitution erleben. Wir sind uns unausweichlich dessen gewiss, dass das je individuelle Freiheitsgefühl, das unser Leben in der Geschichte der Wechselwirkung mit Anderen ermöglicht, „von anderwärts her ist" (I, 28); und zwar von einer Instanz her, welche die Macht hat, uns selbst und unseresgleichen als handeln-könnendes und handeln-müssendes und deshalb als verantwortliches Wesen ins Dasein zu rufen und als solches dauern zu lassen. Indem wir uns in der primären Gewissheit unseres je individuellen, relativen Freiheitsgefühls schlechterdings als *gesetzt* erleben, ist darin das „*Woher* unseres empfänglichen und selbsttätigen Daseins" (I, 28) *mitgesetzt*.

Mit dem Begriffswort „Frömmigkeit" bezeichnet Schleiermacher also die Gewissheit einer Ursprungsbeziehung, wie wir sie im Verhältnis der Wechselwirkung mit Anderen in einer gemeinsamen geschichtlichen, sozialen Welt keinesfalls haben. Das sprachliche Zeichen und das entwickelte Begriffswort „Gott" verweist auf das Relat jener Gewissheit, welche die „Grundform aller Frömmigkeit" (I, 29) ist. Mit Hilfe dieses sprachlichen Zeichens und erst recht mit Hilfe dieses Begriffsworts benennen und entfalten wir jenen transzendenten Grund, auf den uns das je individuelle, relative Freiheitsgefühl als das uns schlechthin Gegebene verweist. Ausdrücklich bestreitet Schleiermacher, dass das Begriffswort „Gott" ein Wissen repräsentiere, welches die Gewissheit der Ursprungsbeziehung allererst hervorrufe (I, 29), wie er denn auch die Intention der Gottesbeweise als durch die Analyse des personalen Selbstbewusstseins überholt ansieht (§ 33 [I, 174–183]).

Fünftens: Sowohl der religionsgeschichtliche Vergleich (§§ 7–10) als auch die Bestimmung des eigentümlichen Wesens des Christentums (§§ 11–14) will zeigen, dass Frömmigkeit im Sinne der Gewissheit unserer Ursprungsbeziehung in mannigfachen geschichtlichen Gestaltungen begegnet (§ 7 [I, 47–51]; § 8 [I, 51–58]): also in expliziten Formen einer „Transzendenzgewißheit"[18], die wir im Gegensatz zu abstrakten funktionalen Theorien der Religion als harten Kern religiöser Gemeinschaften festhalten wollen. Nun können diese mannigfachen geschichtlichen Gestaltungen nicht etwa nur empirisch-deskriptiv nebeneinander gestellt werden; das eigentümliche Wesen des Christentums – die christliche, die durch den Christus Jesus selbst offenbare Transzendenzgewissheit – enthält vielmehr auch ein Kriterium, mit dessen Hilfe und in dessen Licht wir die geschichtlichen Gestaltungen der Frömmigkeit evaluativ bewerten und beurteilen.

Dieses Kriterium haftet an der Unterscheidung zwischen den beiden Weisen, in denen wir uns in der primären Gewissheit des je individuellen Freiheitsgefühls als von Anderem her bestimmt erleben (s. o. S. 13f.). Diese Unterscheidung zweier Weisen, in denen

[18] So EILERT HERMS, Art. Gewißheit II. (wie Anm. 16), 910.

wir uns selbst als handeln-könnendes und handeln-müssendes Wesen erschlossen sind, ist dann und nur dann richtig verstanden, wenn sie als Unterscheidung in Bezug auf das „Bezogensein" (I, 35), wenn sie als Unterscheidung in Bezug auf das „Zugleichsein" (I, 35) unseres relativen Freiheitsgefühls und unseres Gefühls, schlechthin abhängig zu sein, verstanden wird.[19] Deshalb wird es weder eine inhaltliche Gestaltung des Gefühls der Frömmigkeit geben können, die gegenüber unserem Leben in der Geschichte der Wechselwirkung mit Anderen isoliert sein würde; noch wird es eine Form unseres Lebens in der Geschichte der Wechselwirkung mit Anderen geben können, die ohne irgendeine inhaltliche Gestaltung des Gefühls der Frömmigkeit sein würde. Es ist mithin gerade das „Geliehene(.) aus der Seelenlehre" (I, 18), es ist gerade die Analyse der Bedingungen der Möglichkeit, ein individuelles Selbst und so ein verantwortliches Wesen zu sein, welche in den geschichtlichen Gestaltungen der Frömmigkeit das Zugleich von religiöser Überzeugung welcher Art auch immer und von ethischer Orientierung erkennen lässt.

Wir haben fünf Gedankenschritte hervorgehoben, in denen Schleiermacher in dem wahrlich nicht leicht zu lesenden Text der „Erklärung der Dogmatik" die Struktur des Selbstbewusstseins der Person thematisiert. Der Autor will mit seiner Deutung erreichen, dass auch und gerade die singuläre geschichtliche Erscheinungsweise des Christentums – die Eigen-Art des christlich-frommen Selbstbewusstseins im kommunikativen Prozess der christlichen Kirchengemeinschaft – im Lichte der Bedingung der Möglichkeit gesehen werde, die mit dem individuellen Freiheitsgefühl als solchem gegeben ist. Seine Darstellung hat das Ziel, seine Leser auf das „Zugleichsein" zweier zu unterscheidender Weisen aufmerksam zu machen, in denen wir mit der Gewissheit individueller Freiheit unausweichlich vertraut sind. Weil die primäre Gewissheit des individuellen Freiheitsgefühls das bewusste Leben in der Wechselwirkung mit Anderen stets fundiert, deshalb wird die Frömmigkeit als jeweils ausdrückliche Gestalt der Transzendenzgewissheit dem bewussten Leben in der Wechselwirkung mit Anderen stets Maß, Richtung und Motivation verleihen. Wegen ihrer Verwurzelung in der primären Gewissheit des individuellen Freiheitsgefühls ist Religion – verstanden als die jeweils ausdrückliche Gestalt der Transzendenzgewissheit – der *Horizont* des bewussten Lebens; übrigens auch dann, wenn sich diese Transzendenzgewissheit als Gewissheit einer uns verborgenen oder willkürlichen Transzendenz erweisen sollte.

Das höchst bedauerliche Manko dieses Textes besteht nun darin, dass der Autor die Eigen-Art des christlich-frommen Selbstbewusstseins im kommunikativen Prozess der christlichen Kirchengemeinschaft ohne erkennbare Einbindung und Rückbindung in die Kategorienlehre seiner (philosophischen) Ethik beschreibt. Die „Lehnsätze aus der Ethik" in der „Erklärung der Dogmatik" bleiben – gemessen an der Kategorienlehre der (philosophischen) Ethik – Fragment. Deshalb konnte sich das tragische Missverständnis bilden, als könne die Dogmatik sich auf die Darstellung der singulären christlichen Bestimmtheit des Gefühls der Frömmigkeit beschränken, ohne sich zugleich zur Lehre von der christlichen Ethosgestalt in der Geschichte der Wechselwirkung mit Anderen im Ganzen einer gesellschaftlichen Lebenswelt zu erweitern. Dieses Missverständnis wollen wir energisch korrigieren; und wir tun es, indem wir – und zwar im Anschluss an Eilert Herms – Schleiermachers Ideen zu einer reinen oder kategorialen Theorie des Sozialen aufnehmen und weiterführen.

---

[19] Schleiermacher thematisiert die Distinktion der beiden Weisen des Bestimmt-Seins im § 5 (I, 30–41) als Distinktion des „sinnlichen Selbstbewußtseins" und des „höheren Selbstbewußtseins" bzw. der „höchste(n) Stufe des menschlichen Selbstbewußtseins" (§ 5 L [I, 30]).

1.2. Die soziale Natur der Person

Wir suchen in der Prinzipienlehre eine grundsätzliche Verständigung über die wissenschaftliche Form, in der die Disziplin der Systematischen Theologie der Selbstbesinnung des Glaubens auf seinen Gegenstand, auf seinen Grund und schließlich auf seine lebenspraktische Gestalt sowohl in der Sphäre des Privaten als auch und erst recht in den Subsystemen der Gesellschaft dienen kann. Von dieser wissenschaftlichen Form erwarten wir uns die Kompetenz, mit der die Inhaber kirchen- und gemeindeleitender Funktionen ihre spezifische Aufgabe in der Kommunikation des Evangeliums erfüllen. Von ihr erwarten wir vor allem, dass sie dazu befähigt, die Kommunikation des Evangeliums unter den sozio-kulturellen Bedingungen der gegenwärtigen gesellschaftlichen Lebenswelt zu leiten. Eben dafür brauchen wir eine Systematische Theologie, die das Erkenntnisinteresse der Dogmatik und der Theologischen Ethik zu integrieren weiß.

Nun ist die Kommunikation des Evangeliums in der gegenwärtigen gesellschaftlichen Lebenswelt dann und nur dann kraft theologischer Kompetenz zu leiten, wenn diese Leitung sich an der Erkenntnis der sozialen Phänomene orientiert. Diese Erkenntnis wird – wie alle Erkenntnis – zweifacher Natur sein müssen. *Einerseits* wird sie empirische Erkenntnis der Regeln, der Gesetze, der Institutionen und der Organisationen einer Gesellschaft in einem bestimmten geschichtlichen Zeitraum sein – etwa der Gesellschaft der Bundesrepublik Deutschland; *andererseits* wird sie kategoriale Erkenntnis der Bedingungen sein, unter denen Gesellschaft überhaupt als ein Gefüge von Ordnungen des Zusammenlebens möglich und notwendig wird. Weil die Ethosgestalt, zu der die Mitglieder der Glaubensgemeinschaft in ihrer stets angefochtenen, stets suchenden und stets dem Zweifel ausgesetzten Wahrheitsgewissheit befähigt und verpflichtet sind, eine Lebensform in der Wahrnehmung personaler und sozialer Rollen und Funktionen ist, schließt die Aufgabe der Leitung stets die Leitung der Prozesse der ethischen Beratung und der ethischen Urteilsbildung ein. Diese Prozesse der ethischen Beratung und der ethischen Urteilsbildung bedürfen aber in allererster Linie eines Verstehens der Funktion, die einer religiösen Überzeugungsgemeinschaft wie der Glaubensgemeinschaft der Kirche in der Ordnung der personalen und der sozialen Beziehungen – in der Ordnung der Wechselwirkung leibhafter Freiheitswesen – tatsächlich zukommt.

Erst eine ausgeführte Systematische Theologie wird – und zwar im kritischen Gespräch mit den Sozialwissenschaften[20] – eine reine, eine kategoriale Theorie entwickeln können, die uns die realen Chancen des Erkennens und des Gestaltens bestimmen lässt, welche die Mitglieder der Glaubensgemeinschaft in der Sphäre des Privaten und in der Sphäre des öffentlichen Lebens ergreifen werden. In diesem kritischen Gespräch mit den Sozialwissenschaften wird eine Antwort auf die Frage zu suchen sein, wie wir die Konstitution der Regeln, der Gesetze, der Institutionen und der Organisationen erklären, deren Gefüge wir mit dem Begriffswort „Gesellschaft" bezeichnen. Von der Genauigkeit dieser Antwort hängt es letzten Endes ab, welche Beschreibungs- und Orientierungskraft kirchliche Verlautbarungen, Worte und Denkschriften besitzen, die sich aus gegebenem Anlass mit dem Dasein der Kirche für die Welt einer Gesellschaft befassen.[21]

---

20 Vgl. hierzu EILERT HERMS, Art. Gesellschaft I. Zum Begriff: RGG[4] 3, 825–828; RICHARD MÜNCH, Art. Gesellschaft V. Sozialwissenschaftlich: ebd. 833–835.

21 Vgl. zuletzt: Das rechte Wort zur rechten Zeit. Eine Denkschrift des Rates der Evangelischen Kirche in Deutschland zum Öffentlichkeitsauftrag der Kirche, Gütersloh 2008. So wichtig das in dieser Denkschrift entwickelte Leitbild der pluralismusfähigen Kirche ist, so unscharf ist ihr Begriff der sozialen Realität.

Zu den Pionieren einer reinen, einer kategorialen Theorie der Gesellschaft gehört ganz ohne Zweifel Friedrich Schleiermacher, der in der Ethik-Vorlesung des Wintersemesters 1812/13 – gehalten in der Philosophischen Fakultät der Berliner Universität – im Rahmen der Güterlehre eine Skizze „Von den vollkommenen ethischen Formen“ vorgetragen hat.[22] Auch wenn wir diese Skizze werden erheblich erweitern müssen, um die Lage und die Aufgabe der kirchlich verfassten Glaubensgemeinschaft in der gegenwärtigen Gesellschaft zu begreifen, bleibt sie doch nach wie vor lehrreich und inspirierend: vor allem deshalb, weil sie – sehr im Gegensatz zu Georg Friedrich Wilhelm Hegel – den Funktionsbereich des „Staates“ – des Gesetzes-Rechts und der Verwaltung – entschieden begrenzt.

Schleiermachers Skizze einer reinen, kategorialen Theorie der Gesellschaft steht unter der Überschrift „Das höchste Gut“. Der Autor geht hier von der Analyse der beiden Handelnsarten aus, in denen sich die Wechselwirkung leibhafter Freiheits- oder Vernunftwesen mit ihresgleichen – ihr Zusammenleben – vollzieht. Für diese beiden Handelnsarten prägt er die Begriffe „organisierende Funktion“ (35–52) und „erkennende Funktion“ (52–80) der Vernunft.[23] Diese beiden Funktionen sind als die beiden Interaktionsweisen zu verstehen, durch die leibhafte Freiheits- oder Vernunftwesen das Gut des selbstbewussten Lebens zu erhalten und in Richtung auf die ideale Zielgestalt des Höchsten Gutes zu vervollkommnen vermögen. Alle Ansätze zu einem reinen, kategorialen Bestimmen ethischer Formen gehen mithin aus von einem anthropologischen Grundgedanken: nämlich von der elementaren Einsicht in die interpersonale Verfassung des leibhaften Freiheits- oder Vernunftwesens „Mensch“, die uns am Werden und Entstehen menschlichen Lebens aus der Geschlechtsgemeinschaft eines Mannes und einer Frau und an der Aufgabe der Erziehung evident wird (vgl. 82f.).

Nun sind die beiden Interaktionsweisen des organisierenden Handelns und des erkennenden Handelns voneinander unterschieden und aufeinander bezogen. Unter der Interaktionsweise des organisierenden Handelns ist mit Schleiermacher alle Praxis zu verstehen, die das Naturgeschehen zu bearbeiten, zu beherrschen und in den Dienst des selbstbewussten Lebens zu nehmen sucht. Unter der Interaktionsweise des erkennenden Handelns ist mit Schleiermacher alle Praxis zu verstehen, die nicht nur das Naturgeschehen, sondern darüber hinaus auch die sozialen Verhältnisse im Umgang mit dem Naturgeschehen und deren Geschichte mit den Mitteln der Sprache in Erfahrung bringen will. Voneinander unterschieden sind die beiden Interaktionsweisen wegen ihrer differenten Gegenstandsgebiete; aufeinander bezogen sind sie, weil es sie nur als „Handeln der Vernunft“ (15), als ein vernünftiges bzw. ein freies In-der-Natur-Sein des Menschen gibt.

Der Begriff des „Handelns der Vernunft“ bedarf nun einer weiteren Erklärung, die für das reine, für das kategoriale Bestimmen der ethischen Formen von erheblicher Bedeutung ist. Was wir „Vernunft“ und was wir – in entsprechender Weise – „Freiheit“ nennen, ist nämlich sowohl ein Allgemeines oder ein Identisches als auch ein Individu-

---

22 FRIEDRICH SCHLEIERMACHER, Ethik (1812/13) mit späteren Fassungen der Einleitung, Güterlehre und Pflichtenlehre. Auf der Grundlage der Ausgabe von Otto Braun hg. und eingeleitet von HANS-JOACHIM BIRKNER (PhB 335), Hamburg 1981, 80–131. Nachweise aus diesem Werk sind im Folgenden im Text notiert. – Zur Interpretation vgl. insbesondere EILERT HERMS, Reich Gottes und menschliches Handeln, jetzt in: DERS., Menschsein im Werden (wie Anm. 12), 101–124.

23 In der letzten Fassung der Güterlehre verwendet Schleiermacher dafür die Begriffe „bildende Tätigkeit“ (275–293) und „bezeichnende Tätigkeit“ (293–296).

elles oder ein „Eigentümliches" (20). Darunter verstehen wir mit Schleiermacher die beiden Pole selbstbewusst-freier Lebensführung, die das gemeinsame Wesensmerkmal des Menschengeschlechts ist und die doch jeweils nur am Ort und in den Grenzen des Einzellebens stattfindet. Aus diesem Grunde bewegen sich die beiden Interaktionsweisen selbstbewusst-freier, vernunftbegabter Lebewesen in einer legitimen Bandbreite zwischen solchen Handlungen, die der allgemeinen Anerkennung bedürftig sind und die auf allgemeine Anerkennung zielen, und solchen Handlungen, die ganz und gar auf die individuelle oder eigentümliche Teilhabe an der vernunft- oder freiheitsbegabten Seinsweise des Menschen verweisen und die als solche ein zu respektierendes Grundrecht sind.

Das heißt im Einzelnen:
Die Interaktionsweise, die Schleiermacher „organisierende Funktion" der Vernunft nennt, ist in erster Linie das *Wirtschaften*: der Erwerb der Mittel für die selbstbewusstfreie Lebensführung. Weil die Produktion der Mittel für die selbstbewusst-freie Lebensführung stets die Sache individueller Arbeit ist, ist ihr Ertrag als Eigentum der Verfügung anderer individueller Instanzen entzogen: sie genießt die „Anerkennung" als die „Basis alles Rechts" (39). Weil in einer Gemeinschaft der Ertrag der individuellen Arbeit mit den Erträgen der individuellen Arbeit anderer zu tauschen ist (41f.), ist der Prozess des Wirtschaftens von vornherein als der Prozess der wechselseitigen Übertragung zu verstehen (42). Weil aber der Prozess der wechselseitigen Übertragung der Vertragstreue der Akteure bedarf, spielt er sich sinnvoller- und notwendigerweise ab im Funktionsbereich des Politischen und unter dessen Schutz (45). Die Interaktionsweise des Wirtschaftens erfordert von vornherein eine Form der politischen Willensbildung, die die Anerkennung als die „Basis alles Rechts" zu garantieren hat.

Die Interaktionsweise, die Schleiermacher die „erkennende Funktion" der Vernunft nennt, treffen wir an in allen Prozessen, die mit den Mitteln der gesprochenen Sprache Wissen von der Natur und vom geschichtlich-ethischen Leben erwerben, überliefern, um- und weiterbilden. Sie zielen ab auf eine allgemeine Bildung, die den Mitgliedern eines Gemeinwesens die Chance gibt, an allen sozialen Verhältnissen zu partizipieren. Das Allgemeine oder das Identische des freien Vernunftgebrauchs zeigt sich hier darin, dass die Prozesse des Wissens und der Mitteilung des Wissens – wenn auch gewiss durch epochale Umbrüche, Grundlagenkrisen und Innovationen hindurch – unbeschadet ihres stets hypothetischen Charakters auf allgemeine Zustimmung rechnen dürfen.

Von diesem Allgemeinen oder Identischen des freien Vernunftgebrauchs ist nun ein individuelles oder eigentümliches Erkennen zu unterscheiden, das keineswegs nach Analogie des Wissens auf allgemeine Zustimmung zu rechnen braucht. Es ist vom Allgemeinen oder vom Identischen des freien Vernunftgebrauchs dadurch unterschieden, dass es sich den kontingenten Erschließungssituationen verdankt, die – wie wir sehen werden (s. u. S. 26ff.) – den geschichtlichen Ursprung religiöser Überzeugungsgemeinschaften bilden, auch und in ausgezeichneter Weise den geschichtlichen Ursprung des Christentums. Wenn Schleiermacher dieses Erkennen unter den Pol des individuellen oder des eigentümlichen Erkennens subsumiert, so stellt er damit natürlich nicht dessen gemeinschaftsbildende Kraft in Frage. Individuell oder eigentümlich heißt dieses Erkennen vielmehr deshalb, weil es die primäre Gewissheit des je individuellen Freiheitsgefühls selbst und als solche expliziert. Es legt die Transzendenzgewissheit aus, die nach Schleiermachers Deutung darin *mitgesetzt* ist und die sich in der „in einem Einzelnen vorwaltenden Idee, welches der eigentliche Inhalt des Begriffs der Offenbarung ist" (121), erschließt.

Worin besteht nun der sozialtheoretische Ertrag, den wir aus der Analyse der beiden Interaktionsweisen – der organisierenden Funktion und der erkennenden Funktion der Vernunft leibhafter Freiheitswesen – gewinnen?

Erstens: Als leibhaftes Freiheitswesen, als vernunftbegabtes Naturwesen existiert der Mensch von vornherein in der Bezogenheit und in der Angewiesenheit auf seinesgleichen, die wir in unserer Interpretation der Theorie des Selbstbewusstseins mit dem Begriff der „Wechselwirkung" gekennzeichnet hatten (s. o. S. 13f.). Es charakterisiert die soziale Natur des Menschen, dass das Gut des uns gegebenen Lebens zu erhalten und es auf eine Zielgestalt des Höchsten Gutes hin zu vervollkommnen nur möglich ist in den Interaktionsweisen der organisierenden und der erkennenden Funktion der Vernunft. Diese Interaktionsweisen bedürfen freilich irgendeiner Ordnung; und zwar einer Ordnung, die auf *Dauer* angelegt ist und die aus diesem Grunde diese Interaktionsweisen zuverlässig erwarten lässt. Schleiermachers sozialtheoretische Skizze ist deshalb nach wie vor lehrreich und inspirierend, weil sie Gesellschaft als das Gefüge oder das System vier funktionsverschiedener und dennoch gleichursprünglicher Interaktionsweisen ihrer Mitglieder zu begreifen lehrt – und eben nicht als das selbständige Super-Subjekt, das über die Köpfe seiner Mitglieder hinweg schaltet und waltet. Dann und nur dann, wenn wir Gesellschaft als dieses Gefüge oder als dieses System begreifen, werden wir auch die ureigene Funktion der religiösen Überzeugungsgemeinschaften in der Gesellschaft sehen können. Das ist der ekklesiologische – das Dasein auch der christlich-religiösen Überzeugungsgemeinschaft der Kirche in der Gesellschaft und für die Gesellschaft betreffende – Ertrag einer reinen, einer kategorialen Theorie des Sozialen.

Zweitens: Schleiermachers Güterlehre aus dem Jahre 1812/13 zeichnet eine erste, gewiss fragmentarische Skizze des Gefüges oder des Systems der Ordnungen, von dem sich die Mitglieder einer Gesellschaft die Leistungen der beiden Interaktionsweisen – der organisierenden Funktion und der erkennenden Funktion der Vernunft – dauerhaft versprechen können. Sie beginnt mit einer Wesensbestimmung der Institution der Familie; denn die Familie gilt ihm sozialgeschichtlich als die primäre Institution, die jene vier funktionsverschiedenen und dennoch gleichursprünglichen Interaktionsweisen garantiert (32; 33; 81–93). An diese Wesensbestimmung der Institution der Familie schließen sich Grundbegriffe der Interaktionsweise der politischen Herrschaft an (94–107), die nicht nur auf die rechtliche Garantie des ökonomischen Prozesses (98–100), sondern auch auf Kriterien einer Staatsverfassung und ihrer sachgemäßen Reform hinweisen (101–102). Es folgen Grundbestimmungen über die Institution des Wissens und erste Anregungen zur Organisation des Wissens in Akademien, Schulen und Universitäten – Anregungen, die übrigens geleitet sind von der Idee der Selbstorganisation des allgemeinen oder des identischen Erkenntnisprozesses (107–117)!

Nun gibt es im Gefüge oder im System der Ordnungen, das im geschichtlichen Geschehen eine Gesellschaft konstituiert, über die Interaktionsweise des allgemeinen oder des identischen Erkennens und deren Institution hinaus auch diejenige Interaktionsweise, in der sich das individuelle oder eigentümliche Erkennen vollzieht. In dieser Interaktionsweise bildet sich die religiöse Überzeugung der Person und damit nichts Geringeres als das *Gesinnt-Sein*, das als die stete innerliche Grundhaltung der Person die Art ihres selbstbewusst-freien Vernunftgebrauchs geradezu fundiert. Auch diese Interaktionsweise bedarf einer Institution: einer Institution, in der der geschichtliche Ursprung einer Idee der expliziten Transzendenzgewissheit regelmäßig und dauerhaft kommuniziert wird. Wie in der „Erklärung der Dogmatik" in der Einleitung zur „Glaubenslehre" nennt Schleiermacher diese Institution „Kirche" (119–126). Eben die Kommunikation des frommen Selbstbewusstseins und seines Wahrheitsgehalts in dieser Institution ist für die Lebensführung der Person in allen ihren sozialen Interaktionsweisen von besonderem Gewicht; und zwar deshalb, weil sie und nur sie die Bezogenheit auf den Ursprung und damit auf das Ziel des selbstbewusst-freien Lebens zur Sprache bringt. Was in der Institution einer „Kirche" geschieht, ist diejenige Kommunikation des Lebenssinnes, die als solche das Ganze unseres Daseins in dieser Weltzeit betrifft.

Drittens: Wir übergehen hier Schleiermachers Ideen zur „freien Geselligkeit" (126–130) und schließen unsere Interpretation der sozialtheoretischen Skizze der „Güterlehre" ab, indem wir – im Vorblick auf den „Grundriss der Theologischen Ethik" – auf deren unabgegoltene Aktualität hinweisen.

Zunächst zeichnet sich Schleiermachers Skizze gegenüber dem Spektrum der sozialwissenschaftlichen Konzeptionen von Gesellschaft dadurch aus, dass sie der religiös-weltanschaulichen Kommunikation von Lebenssinn – und in ihrem Rahmen just der Kommunikation des Evangeliums in den kirchlichen Institutionen der christlichen Glaubensgemeinschaft – diejenige Funktion zuspricht, die von den anderen Interaktionsweisen einer sozialen Formation unter keinen Umständen zu ersetzen und unter keinen Umständen zu beherrschen ist: nämlich die Funktion der Gesinnungs- und damit der Gewissensbildung (s. u. S. 326ff.). Sie – diese Skizze – lehrt uns infolgedessen zu verstehen, dass sich die religiös-weltanschauliche Überzeugung der Person keineswegs darauf beschränkt, die Dinge des privaten Lebens in der Familie, der Ehe, der Liebe und der Freundschaft zu gestalten oder im diakonischen Engagement die Sorge für die Not des Nächsten zu tragen; sie trägt und prägt vielmehr das *Gesamtleben* der Person auch in ihrer ökonomischen, in ihrer politischen, in ihrer kulturellen und in ihrer technischen Existenz. Schleiermachers Skizze dient dem genauen und sorgfältigen Erfassen der Ethosgestalt als ganzer, die im christlich-frommen Selbstbewusstsein der Person – in ihrem jederzeit angefochtenen Glauben – verwurzelt ist.

Sodann: Indem wir auf der Linie von Schleiermachers Skizze Gesellschaft als das jeweilige Gefüge oder das System von Institutionen und von Organisationen begreifen, erreichen wir ein klares, ein orientierungskräftiges Modell für das Verhältnis und für die Beziehungen zwischen den Institutionen und den Organisationen – den Subsystemen oder den Funktionsbereichen – des sozialen Lebens.

Wir gehen nämlich *erstens* über das Modell hinaus, das in der Folge der Zwei-Reiche-Lehre in ihren reformatorischen Textgestalten auf das Verhältnis und auf die Beziehung von Staat und Kirche, von politischer Herrschaft und geistlicher Vollmacht fixiert ist. Wir interessieren uns darüber hinaus auch für das Verhältnis und für die Beziehung zwischen der Kirche und den Lebens- oder Funktionsbereichen der Ökonomie, der Wissenschaft, der Technik; und in der ausgeführten Systematischen Theologie wird schließlich auch nach dem Verhältnis und nach der Beziehung zwischen der Kirche und der Kunst, zwischen der Kirche und dem Sport, zwischen der Kirche und der Unterhaltung zu fragen sein – alles Themenfelder, die für die Textgestalten der reformatorischen Zwei-Reiche-Lehre und für deren Rezeptionsgeschichte ganz außerhalb des Blickes liegen.

Und *zweitens* widersprechen wir entschieden dem Modell jener Theorie des Sozialen, das den Staat – den Funktionsbereich politischer Herrschaft und effizienter Verwaltung – als das Organisationszentrum und als das Integrationszentrum der Gesellschaft betrachtet: wir widersprechen also dem Modell, das in dem Absolutismus der frühen Neuzeit seine Wurzel hat und das sich insbesondere durch Hegels Rechtsphilosophie und deren Lehre von der substantiellen Sittlichkeit im Staats- und Rechtsdenken bis heute wirkungsvoll verbreitet hat (s. u. S. 421ff.).[24] Schleiermachers Skizze regt demgegenüber ein Modell der Theorie des Sozialen an, das die Idee einer politischer Identität der Gesellschaft aus sachlichen Gründen – aus Gründen, die im Verstehen des Mensch-Seins liegen – erschüttert, zumal sie sich in der euro-amerikanischen Moderne tendenziell als totalitär erwiesen hat und noch erweist.

Schließlich ist Schleiermachers Skizze darin höchst aktuell, dass sie das Verhältnis und dass sie die Beziehungen zwischen den Funktionsbereichen oder den Subsystemen der Gesellschaft im Lichte der Idee des Höchsten Gutes zu verstehen sucht (s. u. S. 314ff.).[25] Diese Idee ist nicht nur nicht präsent in den sozialwissenschaftlichen Konzeptionen des Sozialen und in den prominenten philosophischen Theorien des Ethischen in dieser unserer Gegenwart; sondern sie ist nicht einmal vorhanden in den Denkschriften der Evangelischen Kirche in Deutschland über den Öffentlichkeitsauftrag der Kirche und in dem *mainstream* der deutschsprachigen evangelisch-theologischen Ethik. Demgegenüber will Schleiermachers Skizze ganz sachgemäß darauf hinaus, dass nur die Idee des Höchsten Gutes die „ganze Sittlichkeit" der Person – die Sittlichkeit ihrer privaten wie ihrer ökonomischen, ihrer politischen, ihrer kulturellen, ihrer technischen Existenz – zu orientieren und zu motivieren vermag (vgl. 22). Und zwar deshalb, weil die Idee des Höchsten Gutes die Zielgestalt einer Gesellschaft selbstbewusst-freier, leibhaft existierender Vernunftwesen bezeichnet: eine Zielgestalt, die doch nur in den pflichtgemäßen Interaktionsweisen hier und jetzt erstrebt und intendiert werden kann. Insofern ist die Idee des Höchsten Gutes nicht zu verwechseln mit dem alles und nichts sagenden Begriff der Utopie.

Wir werden im „Grundriss der Theologischen Ethik" Gründe dafür nennen, dass der christlich-fromme, der theologische Begriff des Höchsten Gutes entgegen Schleiermachers Ansicht in der Güterlehre der „philosophischen" Ethik mit dem Begriff der „ganzen Sittlichkeit" nicht zusammenfallen kann (s. u. S. 321ff.). Wir werden vielmehr ganz energisch die eschatische Perspektive des christlich-frommen Selbstbewusstseins – des angefochtenen und stets dem Zweifel ausgesetzten Glaubens – erneuern, das in dem Höchsten Guten der Person die erfüllte und vollendete Gestalt der Gemeinschaft mit Gott selbst jenseits des Todes und durch den Tod hindurch erblickt (s. u. S. 276ff.). Aus dieser Perspektive ergibt sich als die Zielgestalt der Interaktionsweisen des menschlichen Vernunftgebrauchs die Idee der *Wohlordnung* des Verhältnisses und der Beziehungen zwischen den Subsystemen oder den Funktionsbereichen der Gesellschaft. Mit dieser Idee macht jedenfalls die kirchlich verfasste Glaubensgemeinschaft aufmerksam auf den Inbegriff der notwendigen Bedingungen, die wir um willen jenes Höchsten Gutes hier und jetzt erstreben und intendieren.

---

[24] Vgl. GEORG WILHELM FRIEDRICH HEGEL, Grundlinien der Philosophie des Rechts. Hg. von JOHANNES HOFFMEISTER (PhB 124a), Hamburg 1967 = 1955[4], § 257: „Der Staat ist die Wirklichkeit der sittlichen Idee, – der sittliche Geist als der *offenbare*, sich selbst deutliche, substantielle Wille, der sich denkt und weiß und das, was er weiß und insofern er es weiß, vollführt." (207f.).

[25] Die unabgegoltene Aktualität der Skizze wird in der ausgeführten Theologischen Ethik vollends klar werden, wenn wir sie mit den philosophischen Theorien des Ethischen vergleichen, die auf die Integration des Glücks (im Sinne der philosophischen Lebenslehren der Antike) und des Wohlwollens hinaus wollen, ohne die Sozialität der individuellen Lebensführung wirklich ernst zu nehmen; vgl. etwa ROBERT SPAEMANN, Glück und Wohlwollen. Versuch über Ethik, Stuttgart 2009[5].

1.3. Fazit

Es ist die Aufgabe der Prinzipienlehre, die wissenschaftliche Form des systematisch-theologischen Denkens vorzustellen.[26] An diese wissenschaftliche Form knüpft sich die Erwartung, dass sie der konsistenten und kohärenten Interpretation der biblischen Quellensprachen und deren Wirkungs- und Rezeptionsgeschichte in den Sprachen der kirchlichen Lehrbekenntnisse, in den Liedern und Gebeten und nicht zuletzt im Formenreichtum der christlich-religiösen Kunstpraxis dienlich sei. Sie wird der Interpretation aller dieser Quellen des gelebten Glaubens deshalb dienlich sein, weil sie den Interpreten eine systematische Begriffssprache an die Hand gibt und ans Herz legt: eine Begriffssprache, die die Quellensprachen des gelebten Glaubens zu erschließen und für die neuen Herausforderungen und Entscheidungssituationen zu vergegenwärtigen hilft. So dient sie dem Verstehen des Gegenstandes, der in den Quellensprachen des gelebten Glaubens bezeugt wird, und so leitet sie die Diagnose der jeweiligen sozio-kulturellen Gegenwart, in der die Mitglieder der Glaubensgemeinschaft der Kirche hier und heute ihr Leben zu führen haben.

Wir haben auf die beiden typischen Gesprächssituationen hingewiesen, in denen sich die religiöse Kommunikation der kirchlich verfassten Glaubensgemeinschaft über den Gegenstand, über den Grund und über die Lebensform des Glaubens abspielt (s. o. S. XVIII). In diesen beiden typischen Gesprächssituationen will jeweils der tragfähige Lebenssinn und damit der Lebenshorizont expliziert werden, den uns das Zeugnis des Christus Jesus vom Kommen des Reiches Gottes in ihm selbst zum Heil aller Menschen (vgl. 1Tim 2,4; Tit 1,1) eröffnet. Wer immer nun in dieser religiösen Kommunikation eine leitende Funktion erstrebt und ausübt, wird dafür von der Kategorienlehre profitieren, die wir in diesem Paragraphen unter der Überschrift „Religion und Lebensführung" vorgetragen haben. Wir fassen sie in folgenden Punkten zusammen:

Erstens: Wenn die Dogmatik sich auf den Wahrheitsgehalt des christlichen Glaubens und wenn die Theologische Ethik sich auf dessen lebenspraktische Gestalt in einer Gesellschaft der euro-amerikanischen Moderne besinnt, so gilt diese Besinnung erstlich und letztlich dem Geschehen, durch das der Glaube als – stets angefochtene – *Gewissheit der Wahrheit des Evangeliums* begründet und erhalten wird. Sie gilt jenem Geschehen, das uns die Gottesgewissheit, wie sie der Christus Jesus selbst bezeugt, durch Gottes Geist auch uns erschließt: sie gilt dem Offenbarungsgeschehen in seiner ganzen lebens- und weltgeschichtlichen Tragweite (s. u. S. 28ff.). Nun teilt sich die Gewissheit der Wahrheit des Evangeliums solchen Lebewesen mit, die wegen der Verfassung ihres Inneren, ihres Geistes, ihres Selbstverhältnisses handeln-könnende und handeln-

---

26 Auf eine kohärente Bestimmung der wissenschaftlichen Form des systematisch-theologischen Denkens leistet ausdrücklich Verzicht KARL BARTH; vgl. bes. KD I/1, 291–305. Dieser Verzicht hat die Dogmatik und die Ethik des Barthianismus – und zwar nicht nur in Deutschland! – nachhaltig geprägt. Wohin dieser Verzicht führt, lässt sich am besten studieren bei FRIEDRICH-WILHELM MARQUARDT, Von Elend und Heimsuchung der Theologie. Prolegomena zur Dogmatik, München 1988, bes. 166–262. Marquardt trägt hier „Prolegomena zur Dogmatik als Evangelische Halacha" vor, ohne jemals das Phänomen des selbstbewusst-freien Handelns und die Aufgabe einer Ordnung der sozialen Interaktionsweisen zu bestimmen! Allerdings begegnet uns der Verzicht auf eine kohärente Bestimmung der wissenschaftlichen Form des systematisch-theologischen Denkens bedauerlicherweise auch bei Autoren, die sich der Theologie Martin Luthers verpflichtet wissen; vgl. WERNER ELERT, Der christliche Glaube. Grundlinien der lutherischen Dogmatik, Berlin 1940, 49–58; PAUL ALTHAUS, Die christliche Wahrheit. 1. Bd., Gütersloh 1947, 13ff.; GERHARD EBELING, Dogmatik des christlichen Glaubens. Bd. I, Tübingen 1987³, 43–53.

müssende Lebewesen sind – Lebewesen, die anders als die Pflanze und das Tier in Freiheit und deshalb in unaufhebbarer Verantwortlichkeit handeln.

Wir haben die Bedingung der Möglichkeit dieser unserer menschlichen Weise, am Leben zu sein, in einer Interpretation von Schleiermachers Analyse des Selbstbewusstseins der Person freigelegt. Diese Analyse ist für die gesamte Aufgabe des dogmatischen und des ethischen Denkens von grundlegender Bedeutung; denn sie lässt verstehen, dass die Glaubenssätze, welche die Dogmatik und die Theologische Ethik explizieren will, ihrerseits nichts anderes sein können als die sprachliche Darstellung einer inhaltlich bestimmten Transzendenzgewissheit. Diese Transzendenzgewissheit aber ist ihrerseits verankert in der primären, in der unmittelbaren Gewissheit des individuellen Freiheitsgefühls. Schleiermachers Analyse des Selbstbewusstseins der Person hat fundamentaltheologische Bedeutung.

Zweitens: Nun existiert die kirchlich verfasste und geordnete Glaubensgemeinschaft der Menschen, denen sich die Gottesgewissheit des Christus Jesus durch „Wort" und „Geist" je in ihrer Gegenwart erleuchtend und erhellend erschließt (s. u. S. 45ff.), in einer gesellschaftlichen Lebenswelt. Sie hat ihren vollen Anteil daran, die Aufgaben und die Probleme einer sozialen Formation zu bewältigen und deren Krisen und Konflikte mitzutragen und mitzuleiden. Sie nimmt an der Bewältigung dieser Aufgaben und Probleme und am Erleiden dieser Krisen und Konflikte teil im Lichte ihrer Sicht tragfähigen Lebenssinnes und in der geduldigen und zuversichtlichen Hoffnung auf die Vollendung des Lebens jenseits des Todes und durch den Tod hindurch. Wenn sie – die Mitglieder der Glaubensgemeinschaft – in ihrer religiösen Kommunikation Antwort auf die Frage suchen, nach welchen Grundsätzen und nach welchen Kriterien die Ordnung ihrer gesellschaftlichen Lebenswelt zu pflegen, zu gestalten und zu verändern ist, so bedürfen sie dafür einer reinen, einer kategorialen Theorie des Sozialen; sie bedürfen dafür eines Begriffs der erstrebenswerten, der vorzugswürdigen Ordnung der für das Mensch-Sein des Menschen notwendigen Interaktionsweisen.

Wir haben uns auch für diesen Begriff am Denken Friedrich Schleiermachers orientiert; nicht zuletzt deshalb, weil die gesamte deutschsprachige evangelische Theologie seither bis hin zu Ernst Troeltsch und Karl Barth, bis hin zu Rudolf Bultmann und Friedrich Gogarten, bis hin zu Dietrich Bonhoeffer und Gerhard Ebeling, bis hin zu Jürgen Moltmann und Trutz Rendtorff, bis hin zu Eberhard Jüngel und Oswald Bayer daran versagte, eine Theorie des Sozialen zu entwickeln, welche die Interdependenz der Subsysteme oder der Funktionsbereiche des gesellschaftlichen Lebens und zugleich die Schlüsselfunktion der religiösen Kommunikation verstehen lässt. Der Anschluss an Schleiermachers (philosophische) Ethik wird es uns möglich machen, die Funktion der kirchlich verfassten Glaubensgemeinschaft in der Welt und für die Welt der Gesellschaft angemessen zu bestimmen und auf diesem Wege den „Grundriss der Theologischen Ethik" auf eine Gesellschaftslehre zu beziehen, die fundamentaltheologisch ausgewiesen ist. Die Beiträge von Eilert Herms, die in Anlehnung an Schleiermachers (philosophische) Ethik eine solche Gesellschaftslehre begründen und entfalten, sind hier dankbar vorausgesetzt und aufgenommen.

Allerdings werden wir die Güterlehre der (philosophischen) Ethik Schleiermachers darin revidieren, dass wir zwischen dem normativen Begriff einer Wohlordnung der Lebensgüter und dem Höchsten Gut der vollendeten Gottesgemeinschaft unterscheiden und damit die eschatische Perspektive, die Hoffnungsgewissheit des hier und jetzt stets angefochtenen Glaubens zur Geltung bringen.

Drittens: Mit der Überschrift „Religion und Lebensführung" macht die Prinzipienlehre der Systematischen Theologie nicht nur auf höchst bedauerliche Mankos in der

Geschichte der neueren deutschsprachigen evangelischen Theologie aufmerksam; sie übt auch dezidierte Kritik am Zustand der sozialwissenschaftlichen Theorie des Sozialen und an den neuesten Beliebigkeiten in der philosophischen Theorie des Ethischen.[27] Gerade weil die Systematische Theologie die Glaubenssätze des gelebten Glaubens von den Bedingungen ihrer Möglichkeit im Selbstbewusstsein der Person her expliziert, wird sie auf eine Gesellschaftslehre dringen, die auch die Bildung und die Erneuerung der Strukturen eines Gemeinwesens aus den Interaktionsweisen der Person, der leibhaften Vernunft- und Freiheitswesen und damit aus der Gesinnungs- und Gewissensbildung deduziert. Und gerade weil die Systematische Theologie die Bildung und die Erneuerung der Strukturen eines Gemeinwesens als das große Thema der religiösen Kommunikation begreift, wird sie im Gegensatz zur Spielerei – genannt „Lebenskunst" – die Formen einer Lebensführung erkunden, in denen die Mitglieder der Glaubensgemeinschaft auch für „der Stadt Bestes" (Jer 29,7) Verantwortung vor Gott tragen.[28] So orientiert die fundamentaltheologische Skizze des inneren sachlogischen Zusammenhangs von „Religion" und „Lebensführung" das systematisch-theologische Denken, das die Glaubensgemeinschaft der Kirche hinsichtlich der politischen Willensbildung im weitesten Sinne des Wortes anzuleiten versteht.

---

[27] Mit der Überschrift „Religion und Lebensführung" spiele ich natürlich an auf die große Max-Weber-Interpretation von WOLFGANG SCHLUCHTER, Religion und Lebensführung, Bd. I.II, Frankfurt a.M. 1988.

[28] Vgl. hierzu ELISABETH GRÄB-SCHMIDT, Art. Lebensführung: RGG^4 5, 153–155.

§ 2 Das Offenbarungsgeschehen[29]

In der Geschichte der Religionskulturen und der Weltanschauungen zeichnet sich der christliche Glaube in allen seinen Traditionen und in allen seinen kommunikativen Formen dadurch aus, dass er begründet ist in der „Erscheinung des Erlösers in der Geschichte“[30]. Da es die Aufgabe der Systematischen Theologie in ihrem dogmatischen wie in ihrem ethischen Erkenntnisinteresse ist, den Gegenstand, den Grund und die praktische Gestalt des Glaubens in wissenschaftlicher Form zu explizieren, werden wir uns zuallererst besinnen auf die *Ursprungssituation*, der sich die – gewiss stets angefochtene und fragmentarische – Gewissheit des Glaubens seit eh und je und so auch in der Gegenwart unserer eigenen Lebensgeschichte verdankt.

Für diese Ursprungssituation verwendet schon das apostolische Kerygma der Heiligen Schrift in seinen Quellensprachen das weit gefächerte Wortfeld, für das sich im Deutschen die Übersetzung mit dem Begriffswort „Offenbarung“ eingebürgert hat. Indem die Prinzipienlehre eine Antwort auf die Frage einschließt, in welcher Weise uns – inmitten der Vielfalt der religiösen Erfahrungen – die Wirklichkeit des Glaubens an den Christus Jesus Gottes des Schöpfers gegeben ist, wird sie erklären müssen, worauf sich das Begriffswort „Offenbarung“ bezieht. Mit dieser Erklärung nehmen wir natürlich wesentliche Zusammenhänge der materialen Dogmatik und der Theologischen Ethik vorweg (s. u. S. 209ff.); weil sich jedoch in der Bestimmung der Ursprungssituation des Glaubens zwischen der römisch-katholischen und der reformatorischen Tradition des Christentums tiefe Gegensätze zeigen, die nach wie vor von kirchentrennender Bedeutung sind, hat die Besinnung auf das Offenbarungsgeschehen selbst fundamentaltheologischen Rang. Sie will die reformatorische Erkenntnis plausibel machen, dass das Offenbarungsgeschehen nichts Geringeres darstellt als das je gegenwärtige *fundamentum fidei*, das als solches auch das *fundamentum caritatis et spei* ist und das aus diesem Grunde auch die individuelle Lebensführung in der Selbstverantwortung vor Gott ermöglicht und gebietet. In ihm – im Offenbarungsgeschehen – erschließt sich uns Gottes Wesen als Gottes Liebe (Röm 5,5), als Gottes Gnade und als Gottes Wahrheit (Joh 1,14).

Um nun die reformatorische Erkenntnis von der gegenwartsprägenden Kraft des Offenbarungsgeschehens zu entfalten, beginnen wir mit der formalen Bestimmung des Offenbar-Werdens überhaupt (2.1.). Wir konzentrieren uns sodann auf die Bezeugung, die uns das apostolische Kerygma der Heiligen Schrift von der Ursprungssituation des Glaubens in den Erscheinungen des Gekreuzigten als des Auferstandenen gibt (2.2.). In einem dritten Schritt werden wir den tiefen Gegensatz beachten, der nach wie vor zwi-

---

[29] Vgl. zum Folgenden bes.: EILERT HERMS, Art. Offenbarung V. Theologiegeschichte und Dogmatik: TRE 25, 146–210 (Lit.!); DERS., Offenbarung, in: EILERT HERMS, Offenbarung und Glaube. Zur Bildung des christlichen Lebens, Tübingen 1992, 168–220; KONRAD STOCK, Die Theorie der christlichen Gewißheit (wie Anm. 8), 68ff.: Der Begriff des Offenbarungsgeschehens; WILFRIED HÄRLE, Dogmatik, Berlin/New York 2007[3], 81–110; CHRISTOPH SCHWÖBEL, Art. Offenbarung II. Religionsphilosophisch: RGG[4] 6, 463–467; DERS./JÜRGEN WERBICK, Art. Offenbarung V. Christentum: ebd. 473–481.

[30] FRIEDRICH SCHLEIERMACHER, GL[2] § 13 L (I, 86).

schen der römisch-katholischen Lehre vom Verhältnis zwischen der Offenbarung Gottes und der Kompetenz des bischöflichen Lehramts auf der einen Seite und dem reformatorischen Begriff der geistgewirkten Gewissheit des Glaubens auf der anderen Seite besteht (2.3.). Endlich fassen wir unsere Darstellung zusammen in einen Begriff des Offenbarungsgeschehens, der auf das fundamentale Missverständnis reagiert, das die Kirchen- und Christentumskritik in den Gesellschaften der euro-amerikanischen Moderne beherrscht (2.4.).

2.1. Die formalen Bestimmungen von „Offenbarung“

Wenn sich die Glaubensgemeinschaft der Kirche auf ihren Grund in einem Offenbarungsgeschehen beruft (vgl. Apg 2,1–4; Gal 1,12), so könnte dies den Verdacht erregen, sie nehme damit eine pure Setzung vor, die sich vor dem Forum der Vernunft nicht rechtfertigen könne und die die ethische und die politische Verständigung in einer Gesellschaft bedrohe oder gar unmöglich mache. Tatsächlich wollte die Offenbarungskritik der englischen und der französischen Aufklärung im 17. und im 18. Jahrhundert eine allgemein einsehbare religiöse Überzeugung verbreiten, die als solche auch das sittliche Handeln orientiert und die den Glauben an irgendwelche übervernünftige Wahrheiten durchaus entbehren kann. Das offenbarungskritische Pathos des Deismus – im Hamburg des 18. Jahrhunderts wirkungsvoll vertreten von Hermann Samuel Reimarus – lebt in den philosophischen Debatten über eine vernünftige Begründung des Moralischen bis in unsere Gegenwart fort. Deshalb hat die systematische Besinnung auf den Wahrheitsgehalt und auf die Lebensbedeutsamkeit des Glaubens das größte Interesse daran, jenen Verdacht zu entkräften. Und sie wird jenen Verdacht entkräften, indem sie nicht nur an die Selbstkritik der Vernunft im Denken Immanuel Kants, sondern vor allem auch an die Erkenntnis Friedrich Schleiermachers erinnert, dass jede religiöse Überzeugungsgemeinschaft von einem Offenbarungsgeschehen hervorgerufen werde.[31] Diese Erkenntnis wollen wir entfalten, indem wir überhaupt auf die Rolle und Funktion von *Erschließungssituationen* achten.[32]

Schon im normalen Alltag treten hin und wieder Situationen ein, denen wir einen offenbarenden Charakter zusprechen: so kann zum Beispiel der erschreckende Anblick einer vom saueren Regen schwer beschädigten Statue einem Menschen die Augen für die ökologische Krise der euro-amerikanischen Moderne öffnen und ihn dazu bewegen, auf seine individuelle Weise den Kampf gegen die Verschmutzung unserer natürlichen und kulturellen Umwelt aufzunehmen. Solche Situationen haben offenbarenden Charakter, weil uns in ihnen auf eine plötzliche, ungesuchte, schlechthin passive Weise eine lebensbedeutsame Einsicht zuteil wird, die uns zuvor verschlossen war. Solche lebensbedeutsamen Einsichten lassen sich formal vergleichen mit einem fruchtbaren Einfall oder einer Eingebung; und sie erweisen sich als effektiv wirksam in der Lebensführung ihrer Empfänger, weil sie ein neues Verstehen ihrer selbst und ihrer Welt begründen und dadurch auch ein Ziel der Lebenspraxis eröffnen, das nun die einzelnen Entscheidungen in der Wechselwirkung mit Anderen orientiert und motiviert. Schon der normale Alltag kennt Erschließungssituationen, in denen ein bestimmter Inhalt einem bestimmten Empfänger

---

31 FRIEDRICH SCHLEIERMACHER, GL^2 § 13 (I, 86–94).

32 Den Begriff der Erschließungssituation („disclosure situation“) hat geprägt IAN T. RAMSEY, Religious Language, London 1957.

in einer bestimmten Szene evident – und d. h.: als wahr gewiss – wird: mit der Folge, dass die Gewissheit des Wahr-Seins dieses bestimmten Inhalts die selbstbestimmte Handlungsweise eines Menschen prägen wird.

In einem formal vergleichbaren Sinne dürfen wir das Begriffswort „Offenbarung" für alle diejenigen Erschließungssituationen verwenden, von denen uns die Religionsphänomenologie reiche Kunde gibt.[33] Auch in ihnen sind sich die jeweiligen Empfänger dessen gewiss, dass sich ihnen eine lebensbedeutsame Einsicht auf schlechthin passive Weise erschließt. Im Unterschied jedoch zu solchen Einfällen und Eingebungen, die uns einzelne Sachverhalte des Alltags in einem neuen Lichte zeigen, beziehen sich religiöse Offenbarungen – wie wir an der Erzählung von der Berufung des Mose (Ex 3,1–12), aber auch an den Schlüsselszenen im Leben des Prinzen Gautama oder im Leben des Propheten Mohammed sehen – auf eine Anschauung des Lebens und der Wirklichkeit im Ganzen. Ihr Inhalt betrifft das Verhältnis, in welchem der transzendente schöpferische Grund des Lebens und der Wirklichkeit zu den Empfängern steht; und er mündet in den Auftrag, dieses Verhältnis zu verkündigen und mitzuteilen und dadurch einer Gemeinschaft die diesem Verhältnis entsprechende Weise des Lebens möglich zu machen. In religiösen Erschließungsereignissen wird – vermittelt durch ihre primären Empfänger – der *Sinn* oder der *Wille* jener verborgenen Macht offenbar, die Grund und Ursprung menschlichen Lebens in einer kontingenten Welt zu sein vermag. Mit der Erkenntnis dieses Sinnes oder dieses Willens ist daher stets eine Erkenntnis der *Bestimmung* – des Woraufhin und des Worumwillen – menschlichen Lebens verbunden. In jedem religiösen Erschließungsereignis gewinnt die primäre Gewissheit des individuellen Freiheitsgefühls die Form und die Kontur einer expliziten Transzendenzgewissheit (s. o. S. 14f.). Es wäre wohl die Sache einer aufgeklärten Erforschung der Religionskulturen, die jeweiligen Zusammenhänge zwischen der Form und der Kontur einer expliziten Transzendenzgewissheit auf der einen Seite und der Ordnung der familialen und sozialen Lebensverhältnisse auf der anderen Seite zu beschreiben.[34]

Stehen solche Erschließungsereignisse in einem formal vergleichbaren Sinne am Anfang der Traditionen der Religionsgeschichte, so unterscheiden sich die Religionskulturen voneinander durch die inhaltliche Bestimmtheit, die der Sinn oder der Wille der uns verborgenen Macht über den Ursprung unseres Daseins in einer kontingenten Welt gewinnt. Wenn wir im Rahmen der Prinzipienlehre die inhaltliche Bestimmtheit der Offenbarungssituation charakterisieren, die den geschichtlichen Ursprung des christlichen Glaubens bildet, so vergessen wir darüber nicht die formalen Entsprechungen, die zwischen den verschiedenen religiösen Traditionen hinsichtlich ihrer *passiven Konstitution* und hinsichtlich ihrer effektiven Wirksamkeit für die Lebensführung ihrer Empfänger im Alltag ihrer geschichtlichen, sozialen Welt bestehen. Erst die Erkenntnis, dass wir mit formalen Entsprechungen hinsichtlich der passiven Konstitution expliziter Transzendenzgewissheit rechnen dürfen, wird *in the long run* zur wechselseitigen Achtung zwischen den Religionskulturen führen. Erst der Vergleich mit den verschiedenen Gestalten einer expliziten Transzendenzgewissheit in der Geschichte der Religionskulturen lässt uns den singulären,

---

33 Vgl. zum Folgenden bes.: GERNOT WIESSNER, Art. Offenbarung I. Religionsphänomenologie: TRE 25, 109–117; JOHANN FIGL, Art. Offenbarung I. Religionswissenschaftlich: RGG^4 6, 461–463.

34 Ich verweise auf den Forschungsansatz von CLIFFORD GEERTZ, Religion als kulturelles System (1966), jetzt in: DERS., Dichte Beschreibung. Beiträge zum Verstehen kultureller Systeme, Frankfurt a.M. 1983, 44–95.

den normativen, den „letztgültigen" Charakter verstehen, der der Transzendenzgewissheit des Glaubens an den Christus Jesus Gottes des Schöpfers eignet.[35]

2.2. Die Ursprungssituation des christlichen Glaubens[36]

Die Lebensform des christlichen Glaubens – die stets angefochtene, von Zweifel und von Sorge bedrohte Gewissheit der Wahrheit des Evangeliums, die sich in der Liebe wie in der Hoffnung und im Kampf für die Wohlordnung der Gesellschaft manifestiert – ist eine geschichtliche Tatsache nach *Ostern*. Nicht nur der Sonntag als der „Tag des Herrn" (vgl. Apk 1,10), sondern auch das Osterfest als das Zentrum des österlichen Festkreises im Kirchenjahr erinnert regelmäßig an die Situationen, die die Jünger Jesu als Situationen der *Erscheinung* interpretierten (1Kor 15,5–8): als Situationen, in denen ihnen die Gewissheit zuteil wurde, dass der Gekreuzigte – „auferstanden von den Toten und der Erstling geworden unter denen, die da schlafen" (1Kor 15,20) – jenseits des Todes und durch den Tod hindurch mit seinem Lebenszeugnis in die dauernde und bleibende Gemeinschaft mit Gott selbst erhoben und erhöht ist (s. u. S. 192ff.). Die österlichen Szenen der Erscheinung des Gekreuzigten als des Auferstandenen und zur Rechten Gottes des Vaters Erhöhten (vgl. Mt 26,64) müssen wir als Szenen deuten, in denen das Christus-Sein Jesu von Nazareth den Jüngern *durch Gottes Geist* erschlossen wurde (Mk 8,29). Sie sind als solche zugleich pfingstliche Ereignisse (s. u. S. 216).

Die österlichen Offenbarungssituationen zeichnen sich nun dadurch aus, dass sie ihren Empfängern auf unverfügbare Weise die Wahrheit erschließen, die der Gottesgewissheit Jesu selbst zu eigen ist. Schon Jesu eigene Gottesgewissheit, wie sie in seinen Gleichnisreden, in seinen Zeichenhandlungen, in seiner Auslegung des Schöpferwillens und zuletzt in der Mahlgemeinschaft des Gründonnerstags zum Ausdruck kommt, ist passiv konstituiert (vgl. Lk 10,18.21–22). Sie hat zum Inhalt den radikalen Heils- und Gnadenwillen des Gottes Abrahams, Isaaks und Jakobs (Ex 3,15; 6,2–3), wie er durch Jesus selbst bezeugt und repräsentiert wird; und sie weist in eine Lebensführung ein, die rückhaltlos Ernst macht mit dem Ur- und Grundvertrauen in Gottes Macht über den Ursprung des Lebens und der Wirklichkeit und damit in die Dauer seines schöpferischen Waltens – auch durch die Not, die Krankheit und den Tod hindurch. Nirgends kommt die Haltung dieses Ur- und Grundvertrauens so klar und so paradox zur Sprache wie in den Worten der Bergpredigt: „Sorget nicht um euer Leben" (Mt 6,25–34). Wessen sich die Person in der primären Gewissheit ihres individuellen Freiheitsgefühls bewusst ist: hier ist es unüberbietbar prägnant artikuliert.

In den österlichen Offenbarungssituationen ist Jesu eigene Gottesgewissheit vorausgesetzt, kraft derer er sich selbst als den Zeugen, als den Repräsentanten, als den Diener der hier und jetzt kommenden Gottesherrschaft versteht. Allerdings erschließt sie sich ihren Empfängern erst durch die Erschütterung und die Verzweiflung hindurch, von der der Verrat des Judas (Mt 26,14ff.; 47–50), die Verleugnung des Petrus (Mt 26,69–75) und die Flucht der Jünger (Mt 26,56) Kunde geben. Die in den österlichen Offenbarungssituationen durch Gottes Geist begründete Gewissheit des Glaubens an den Christus Jesus umfasst nun die Gewissheit, die den Sinn und die Bedeutung des Leidens und des

35 Vgl. PAUL TILLICH, STh I, 158ff.

36 Vgl. zum Folgenden bes.: HORST BALZ, Art. Offenbarung IV. Neues Testament: TRE 25, 134–146; EILERT HERMS, Art. Gewißheit II. (wie Anm. 16), 911f.; WILFRIED HÄRLE, Dogmatik (wie Anm. 29), 89–96.

Todes am Kreuz von Golgatha betrifft: die Gewissheit, dass der Christus solches leiden musste, um zu seiner Herrlichkeit einzugehen (Lk 24,26). Sie umfasst die Gewissheit, dass Gott der Schöpfer selbst – auf dessen Gnade und Wahrheit wir in der erlebten Dauer unseres individuellen Freiheitsgefühls radikal verwiesen sind – in der Person des Christus Jesus das Syndrom von Sünde und Schuld, von Leid und Tod auf sich nimmt und an sich selbst erträgt (s. u. S. 183ff.). Damit ist diejenige *Verzeihung* proklamiert und zugesagt, verheißen und versprochen, ohne die es keine Fähigkeit zur Selbstverantwortung vor Gott wird geben können (s. u. S. 284f.). Indem sich in den österlichen Offenbarungssituationen ihren Empfängern Jesu Gottesgewissheit in dieser Tiefendimension durch Gottes Geist erschließt, werden sie ihrerseits zu Aposteln, zu primären Offenbarungszeugen berufen und bestellt: davon handelt der Missionsauftrag, wie ihn das Evangelium nach Matthäus (Mt 28,16–20) und das Evangelium nach Lukas (Lk 24,36–49) artikulieren. Im Übrigen erstreckt sich dieser Auftrag nicht etwa nur auf die freie mündliche Rede in den privaten wie in den öffentlichen Gesprächssituationen bloß als solche; er schließt vielmehr ausdrücklich die Feier des Mahls des HERRN (1Kor 11,20) und das Ritual der Taufe (Mt 28,19; Apg 2,38) als die elementaren leibhaften Worte ein, zu denen die freie mündliche Rede führen und von denen sie herkommen will.

Wir halten fest:
Mit dem Begriffswort „Offenbarung“ beziehen wir uns auf die *Berichte*, nach denen in den Situationen der österlichen Erscheinungen des Gekreuzigten als des Auferstandenen und zur Gemeinschaft mit Gottes ewigem Leben selbst Erhöhten der Glaube an den Christus Jesus durch Gottes Geist geweckt wurde (vgl. Apg 9,1–19; Gal 1,11–16). Wir ordnen diese Berichte in den Zusammenhang der Religionsgeschichte ein, in der uns eine überwältigende Fülle von religiösen Offenbarungen bezeugt ist. Wir verstehen diese Zeugnisse als Beschreibungen einer Erschließungssituation, in der die primäre Gewissheit des je individuellen Freiheitsgefühls zu expliziter Transzendenzgewissheit kommt: zu einer Transzendenzgewissheit, deren Funktion im Ganzen der familialen und sozialen Lebensverhältnisse im Einzelnen zu erforschen wäre.

Aus der überwältigenden Fülle religiöser Offenbarungen ragt das Offenbarungszeugnis, wie es das apostolische Kerygma des Neuen Testaments im Kontext des Alten Testaments formuliert, einsam hervor. Es setzt die Gottesgewissheit voraus, die sich dem Christus Jesus selbst erschlossen hatte und die seine Botschaft, seine Lebenspraxis und seinen Weg zum Tode am Kreuz auf Golgatha bestimmt. Es lässt uns allerdings auch nicht im Unklaren darüber, dass die österliche Ursprungssituation des Glaubens an den Christus Jesus die Erschütterung und die Verzweiflung überwinden muss, die Jesu Tod am Kreuz auf Golgatha provoziert. Weil die Gottesgewissheit des Glaubens kraft des Geistes Gottes Sinn und Bedeutung dieses Todes versteht, erweist sie sich als *radikale Transzendenzgewissheit.* Als solche öffnet sie nicht nur den Weg zum Bewusstsein der Sünde in uns selbst (Lk 24,46); sie ruft auch eine Lebensform der Suche nach wechselseitigen Anerkennungsverhältnissen im Ganzen des privaten wie des öffentlichen Lebens hervor, die dann das große Thema der Theologischen Ethik sein wird.

2.3. Das Offenbarungsgeschehen und das Offenbarungszeugnis

Wir haben uns darüber verständigt, dass das Begriffswort „Offenbarung“ im apostolischen Kerygma des Neuen Testaments die Ursprungssituationen des Glaubens bezeichnet: in den österlichen Szenen der Erscheinung des Gekreuzigten als des Auferstandenen und zur Gemeinschaft mit dem ewigen Leben Gottes Erhöhten erschließt sich die Wahrheit des

Evangeliums durch Gottes Geist. Indem sich darin für die Empfänger der Offenbarung *Gottes Selbsterschließung* ereignet[37], wird die Gewissheit der Wahrheit des Evangeliums für sie in unverfügbar-freier, in passiver Weise konstituiert; und sie – diese Gewissheit – ist es, die als solche ihr Leben mit Gott – ein Leben in dem rückhaltlosen Ur- und Grundvertrauen des Glaubens wie in der Liebe und in der Hoffnung – auch durch das Schuldbewusstsein, durch die Sorge, durch den Zweifel und durch die Angst des Todes hindurch ermöglicht, trägt und verlangt. Wie vor dem Hintergrund der alltäglichen Erschließungssituationen das religiöse Offenbarungsgeschehen stets und grundsätzlich ein Verstehen des Lebens und der Wirklichkeit stiftet, so bezeugt das apostolische Kerygma des Neuen Testaments im Kontext des Alten Testaments jenes göttliche Erschließungshandeln, das wir im Anschluss an die Pfingsterzählung der Apostelgeschichte die „Ausgießung des Heiligen Geistes" (Apg 2,14–21; vgl. Joh 3,1–5; Röm 5,5) nennen dürfen (s. u. S. 216).

Des wahren Gottes geschichtliche Selbsterschließung für uns Menschen alle – samt ihren notwendigen und hinreichenden Bedingungen – ist denn auch das einheitliche Thema unseres systematisch-theologischen Erkennen-Wollens, das für die sachgemäße Wahrnehmung eines theologischen Berufs schlechterdings grundlegend ist.

Es kommt nun alles darauf an zu sehen und zu verstehen, dass jene Konstitution der Gewissheit der Wahrheit des Evangeliums durch Gottes geschichtliche Selbsterschließung in der Kraft des göttlichen Geistes keineswegs beschränkt ist auf die österlichen Szenen der Erscheinung, die das apostolische Kerygma des Neuen Testaments bezeugen. Vielmehr zeigt sich darin eine *Ordnung*, die für die Lebensführung aus der Gewissheit des Glaubens in der Liebe und in der Hoffnung grundsätzlich in Geltung steht. Diese Ordnung betrifft das richtige Verhältnis zwischen dem Inbegriff der notwendigen Bedingungen und der hinreichenden Bedingung, die erfüllt sein muss, damit es über den Kreis der primären Offenbarungszeugen hinaus von Generation zu Generation jene Lebensführung aus der Gewissheit des Glaubens geben könne. Weil diese Ordnung nach wie vor zwischen der römisch-katholischen Tradition und der reformatorischen Tradition des Christentums zutiefst umstritten ist, wollen wir uns die Gegensätze, die noch immer einer Kirchengemeinschaft im Wege stehen, schon in der Prinzipienlehre vor Augen führen.[38]

Nach römisch-katholischer Lehre, wie sie seit dem Tridentinum in Auseinandersetzung mit der Bewegung der Reformation und dann im 19. Jahrhundert in Auseinandersetzung mit dem Rationalismus des neuzeitlichen Vernunftglaubens entfaltet wurde, bezeichnet das Begriffswort „Offenbarung" ursprünglich die Mitteilung der übernatürlichen Heilswahrheit Gottes durch den Christus Jesus selbst (vgl. Lk 10,16). Indem der Christus Jesus den ihm selbst offenbaren Heilswillen Gottes – das zentrale Dogma aller einzelnen Dogmen – seinen Jüngern mitteilt, gibt er ihnen Anteil an der Autorität der göttlichen Wahrheit und beruft sie eben damit zu Aposteln, die Gottes Heilswahrheit als den Gegenstand des Glaubens allen Menschen zur gehorsamen Anerkennung vorzulegen haben. Deshalb umfasst die Offenbarung die Errichtung eines kirchlichen Lehramts, das sich maßgeblich in der Heiligen Schrift wie in der mündlichen Glaubenstradition – wie zum Beispiel in der Siebenzahl der Sakramente, in der Marienverehrung und nicht zuletzt im Pflichtzölibat des Priestertums und in der Lehr- und Jurisdiktionsgewalt des

---

37 Wie ich mit WILFRIED HÄRLE, Dogmatik (wie Anm. 29), 83 sagen möchte. Allerdings umfasst der Begriff der Selbsterschließung Gottes, wie ich ihn verwende, stets das Erlebnis des Erleuchtet-Werdens durch den Geist der Wahrheit.

38 Vgl. zum Folgenden bes.: EILERT HERMS, Einheit der Christen in der Gemeinschaft der Kirchen. Die ökumenische Bewegung der römischen Kirche im Lichte der reformatorischen Theologie. Antwort auf den Rahner-Plan (KiKonf 24), Göttingen 1984, 47–94; 95–128; CHRISTOPH SCHWÖBEL/JÜRGEN WERBICK, Art. Offenbarung V. Christentum (wie Anm. 29).

Papstes – artikuliert. In diesem Lehramt folgen die Bischöfe und der Bischof der Bischöfe, der Papst, den Aposteln nach.[39]

Dem römisch-katholischen Selbstverständnis zufolge mutet es die tradierende Tätigkeit des kirchlichen Lehramts der menschlichen Vernunft zu, der vor- und ausgelegten Heilswahrheit vernünftigen und nicht etwa blinden oder erzwungenen Gehorsam – das *obsequium rationale* – zu leisten. Um dieses vernünftigen Gehorsams willen bemühen sich denn auch die pastorale Praxis und die fundamentaltheologische Theorie in ihrer römisch-katholischen Spielart darum, die Glaubwürdigkeit der biblischen wie der kirchlichen Lehrgestalten zu erweisen.

Allerdings lässt es das Lehramt durchaus im Unklaren, wie wir uns das richtige Verhältnis zwischen der tradierenden Tätigkeit der Kirche und dem vernünftigen Gehorsam des Glaubens zu denken haben. Während die Tradition der Heilswahrheit in der Geschichte der Kirche auf das Offenbarungsgeschehen als ein vollendetes und abgeschlossenes Ereignis blickt, wird der vernünftige Gehorsam des Glaubens als eine – der Wahrheit Gottes im Gewissen geschuldete – freie Entscheidung verstanden, die der Evidenz des Wahr-Seins dieser Wahrheit nicht bedarf. Die freie Entscheidung des Glaubens – und damit das Engagement der Liebe und die Geduld der Hoffnung – scheint geradezu die Gewissheit der Wahrheit des Evangeliums zu begründen, nicht aber auf die Selbsterschließung Gottes zu antworten, die sich in der Begegnung mit den überlieferten Gestalten des Offenbarungszeugnisses hier und heute je in meiner Lebensgeschichte ereignet. An dieser problematischen Pointe ändert der Wandel von einem „instruktionstheoretischen" zu einem „kommunikationstheoretischen" Verständnis des Begriffs der Offenbarung nichts.

Demgegenüber haben die theologischen Sprecher der Reformation – insbesondere Martin Luther – ein grundsätzlich anderes Verhältnis zwischen dem Inbegriff der notwendigen Bedingungen und der hinreichenden Bedingung für die Wahrheitsgewissheit entwickelt, die als solche das Ur- und Grundvertrauen des Glaubens wie die Liebe und die Hoffnung hervorruft. Diese Verhältnisbestimmung kommt in ebenso einfachen wie treffenden Worten in Luthers Kleinem und Großem Katechismus zum Ausdruck; und da diese Texte in zahlreichen Verfassungen und Ordnungen evangelischer Kirchengemeinschaften rezipiert sind, dürfen wir sie als die von Rechts wegen gültige Lehre schätzen, die die Ordnung zwischen dem menschlichen Offenbarungszeugnis und dem göttlichen Erschließungshandeln schriftgemäß bestimmen will. Sie macht Ernst mit der Verantwortung, die wir Menschen für die sach- und situationsgerechte Interpretation aller überlieferten Offenbarungszeugnisse tragen; sie macht ebenso Ernst mit der Erkenntnis, dass die Gewissheit der Wahrheit aller überlieferten Offenbarungszeugnisse letztlich unverfügbar-frei vom Geist der Wahrheit selbst – von Gottes Geist – gewährt wird. Luther hat sein Verständnis dieser Ordnung in die prägnante Formel gefasst: „Nam filii ecclesiae habent audire a verbo et credere a Deo. Verbum a matre, Spiritum a patre. Vox concregat nos ad ecclesiam, spiritus nos copulat deo."[40] So mündet alle Anstrengung und alle Mühe

---

[39] Vgl. hierzu PETER NEUNER, Art. Lehramt IV. Katholisch: RGG^4 5, 188–190.

[40] „Denn die Kinder der Kirche haben das Hören vom Wort und das Glauben von Gott. Das Wort von der Mutter, den Geist vom Vater. Die Rede führt uns zur Kirche, der Geist vereint uns mit Gott" (MARTIN LUTHER, Vorlesung über Jesajas 1527–1530 [WA 31/II: 1–585; 450,6]). – Ich habe immer wieder darauf hingewiesen, dass der reformatorische Begriff des „äußeren Wortes" sich keinesfalls auf sprachliche Kommunikation oder gar auf die Kanzelrede reduzieren lässt; er ist vielmehr für alle Formen des Offenbarungszeugnisses offen, insbesondere auch für die christlich-religiöse Kunst in den verschiedenen Kunstgattungen und für die Programme des Kirchenbaus. Vgl. zuletzt: KONRAD STOCK, Über die Idee einer theologischen Ästhetik, in: ELISABETH GRÄB-SCHMIDT/REINER PREUL (Hg.), Ästhetik (MJTh XXII), Leipzig 2010, 81–101.

um die sach- und situationsgerechte Interpretation der überlieferten Offenbarungszeugnisse in die demütige und vertrauensvolle Bitte: „Nun bitten wir den Heiligen Geist / um den rechten Glauben allermeist.“ (EG 124,1).

Wir werden diese Lehre als schriftgemäße Beschreibung des Verhältnisses zwischen dem Inbegriff der notwendigen Bedingungen und der hinreichenden Bedingung für das Entstehen und das Dauern der christlichen Gottes-, Selbst- und Weltgewissheit im „Grundriss der Dogmatik“ ausführlich entfalten und im „Grundriss der Theologischen Ethik“ stets voraussetzen. Sie hat insofern fundamentaltheologischen Rang im reformatorischen Sinne des Begriffs, als sie die Selbsterfahrung des Glaubens – eben „nicht aus eigener Vernunft noch Kraft“ in die Gewissheit der Wahrheit der Offenbarungszeugnisse zu gelangen – in den weiten Rahmen einbezieht, der mit der Konstitution der expliziten Transzendenzgewissheit überhaupt gegeben ist. Im Übrigen wahrt diese Lehre voll und ganz das römisch-katholische Anliegen, dass der der Heilswahrheit Gottes geschuldete Gehorsam, der allein in den Stand der Gnade und in das Leben in der Liebe und in der Hoffnung führt, nicht ohne und nicht außerhalb des ganzen tradierenden Tuns der Kirche zustande kommen wird. Es ist dringend zu hoffen, dass sich die künftigen Lehrgespräche zwischen der römisch-katholischen Kirche und den Kirchen der Reformation endlich mit dem nach wie vor bestehenden tiefen Gegensatz in der Bestimmung des richtigen Verhältnisses zwischen „Wort“ und „Geist“, zwischen „äußerem Wort“ und „innerem Wort“ beschäftigen werden.[41]

2.4. Fazit

Wir haben uns darum bemüht, den Sachverhalt des Offenbarungsgeschehens so zu entfalten, wie es den Einsichten der Reformation in die Ordnung des Verhältnisses zwischen „Wort“ und „Geist“, zwischen „Kirche“ und „Gott“, zwischen dem Inbegriff der notwendigen Bedingungen und der hinreichenden Bedingung menschlicher Wahrheitsgewissheit entspricht.

Zu diesem Zwecke gingen wir von der Erfahrung aus, dass es bereits im ganz normalen Alltag Erschließungssituationen gebe, die einem Menschen auf ganz ungesuchte und schlechthin passive Weise eine lebensbedeutsame Einsicht zuteil werden lassen. In einem formal vergleichbaren Sinne zeigt uns die Religionsphänomenologie die reiche Fülle von Schlüssel- und Berufungsszenen, in denen einem Empfänger eine explizite Transzendenzgewissheit widerfährt, die ihn auf die Funktion des Offenbarungszeugen verpflichtet und die ihn eine religiöse Überzeugungsgemeinschaft bilden lässt. Es wäre eine interessante und dringende Aufgabe der Religionsgeschichte, im Lichte einer reinen, einer kategorialen Theorie des Sozialen die Interdependenz zwischen der expliziten Transzendenzgewissheit und der Struktur der familialen und der sozialen Lebensverhältnisse in einer Religionskultur zu beschreiben (s. o. S. 20f.). Sie würde unseren fundamentaltheologischen Ansatz empirisch überprüfen und erhärten, demzufolge mit der expliziten Transzendenzgewissheit grundsätzlich eine Idee des Höchsten Gutes verbunden ist, die als solche die Sorge um die Güter des privaten wie des öffentlichen Lebens orientiert und motiviert.

---

41 Ein verheißungsvoller Anfang solcher Lehrgespräche liegt jetzt vor: EILERT HERMS/LOBUMIR ŽAK (Hg.), Grund und Gegenstand des Glaubens nach römisch-katholischer und evangelisch-lutherischer Lehre. Theologische Studien, Tübingen/Lateran University Press 2008.

Im Kontext der Geschichte religiöser Offenbarungssituationen verstehen wir die österlichen Erscheinungen des Gekreuzigten als des Auferstandenen. Wir haben sie als Ursprungssituationen der spezifisch christlichen Transzendenzgewissheit interpretiert, weil sich in ihnen und erst in ihnen die Wahrheit des Lebenszeugnisses des Christus Jesus vom Kommen der Herrschaft Gottes in ihm selbst in ihrer ganzen Tiefe – und zwar durch Gottes Geist, den Geist der Wahrheit selbst – erschloss. Sie sind Ereignisse der geschichtlichen Selbsterschließung Gottes, die ihre Empfänger mit der Funktion der Offenbarungszeugen betraut. Nach reformatorischer Erkenntnis ist damit auch die richtige Wahrnehmung des kirchlichen Amtes in einem theologischen Beruf vorgezeichnet (s. u. S. 248ff.).

Was nun das richtige Verhältnis zwischen Gottes geschichtlicher Selbsterschließung im je gegenwärtigen Wirken des Geistes und der Funktion des menschlichen Offenbarungszeugnisses anbelangt, so herrscht hier nach wie vor der wohl tiefste Gegensatz zwischen der römisch-katholischen und der reformatorischen Tradition des Christentums. Hoffentlich wird dieser Gegensatz künftig mehr als bisher zum privilegierten Thema der Lehrgespräche in ökumenischer Absicht werden. Es wäre aber wohl zu kurz gegriffen, wenn wir von diesen Lehrgesprächen und von der systematisch-theologischen Besinnung nur eine Verständigung über Grund und Gegenstand des Glaubens innerhalb der kirchlichen Öffentlichkeit erwarten würden. Tatsächlich hat das ökumenische Gespräch über Sinn und Bedeutung des Offenbarungsgeschehens auch und gerade für das rechte Wort der kirchlich verfassten Glaubensgemeinschaft in der gesellschaftlichen Öffentlichkeit eine enorme Tragweite.

In der gesellschaftlichen Öffentlichkeit der euro-amerikanischen Moderne hat die Kritik der Offenbarung nachhaltig gewirkt. Während die breite Masse der Leute sich von den Entertainern sowohl auf höchstem als auch und vor allem auf niedrigstem Niveau unterhalten lässt, erwarten die Eliten der verschiedenen Lebensbereiche Lebens- und Handlungsorientierung – wenn überhaupt – von einer philosophischen Theorie des Ethischen, die sich auf die Vernunft beruft (s. u. S. 301ff.). Die Mitglieder der Glaubensgemeinschaft der Kirche sind gut beraten, wenn sie im Lichte des hier entwickelten Konzepts des Offenbarungsgeschehens jener Kritik der Offenbarung entgegentreten und wenn sie gegenüber der philosophischen Theorie des Ethischen zeigen, dass alles pflichtgemäße Streben nach der Wohlordnung der Lebensverhältnisse einer Bildung der Gesinnung und des Gewissens bedarf, die sich letzten Endes Erschließungssituationen verdankt. Die ökumenische Besinnung auf den Grund und Gegenstand des Glaubens wird deshalb ausstrahlen können und ausstrahlen müssen in die Diskurse über „Moral als Preis der Moderne".[42] Hier wird sie dartun können und dartun müssen, dass die regelmäßige Erinnerung an die Ursprungssituationen einer Gewissheit über Ursprung, Sinn und Ziel des selbstbewusst-freien Lebens und der damit gegebenen Verantwortlichkeit des Menschen die Mitglieder einer Gesellschaft nicht heillos verfeindet, sondern vielmehr zueinander bringt. Theologische Kompetenz beweist sich und bewährt sich darin, diese sozialintegrative Pointe der Prinzipienlehre zur Geltung zu bringen.

---

[42] Vgl. OTFRIED HÖFFE, Moral als Preis der Moderne. Ein Versuch über Wissenschaft, Technik und Umwelt (stw 1046), Frankfurt a.M. 1993^2.

§ 3 Das Offenbarungszeugnis als der Kanon aller Tradition

Der christliche Glaube ist die Gewissheit der Wahrheit des Evangeliums „von der Liebe Gottes, die in Christus Jesus ist, unserm HERRN“ (Röm 8, 38f.; vgl. 2Kor 3,4). Er ist als solcher die radikale Gottesgewissheit, die die „Gottesfülle“ (Eph 3,19) – die Lebensform der Liebe, der Hoffnung, der Selbstverantwortung vor Gott in der Gestaltung des privaten und des öffentlichen Lebens – empfangen darf. In dieser Gewissheit wissen sich die Mitglieder der Glaubensgemeinschaft der Kirche aufgenommen und einbezogen in Jesu eigene Gottesgewissheit, die auf das Kommen – auf das unscheinbare Werden und Wachsen (Mk 4,26–29.30–32) – der Gottesherrschaft wartet: also auf jene Vollendungsgestalt des Schöpfer-Geschöpf-Verhältnisses jenseits des Todes und durch den Tod hindurch (Mk 14,25), auf die der Mensch als selbstbewusst-freies Wesen schon in der primären Gewissheit des individuellen Freiheitsgefühls und in deren Dauer schlechthin verwiesen ist (s. o. S. 12ff.; s. u. S. 127f.). Allerdings sind sich die Mitglieder der Glaubensgemeinschaft darüber im Klaren, dass sie in Jesu eigene Gottesgewissheit erst in den österlichen Offenbarungssituationen aufgenommen und einbezogen werden, in denen ihnen Gottes Geist Sinn und Bedeutung des Leidens und des Todes am Kreuz erschließt. Die radikale Gottesgewissheit des Glaubens ist in ihrem Zentrum und in ihrem harten Kern Gewissheit der Liebe Gottes des Schöpfers zu dem unter die Sünde verkauften Menschen (Röm 7,14), Gewissheit der Versöhnung (2Kor 5,19); deshalb schließt sie – wie wir noch zeigen werden (s. u. S. 147ff.) – das Bewusstsein der Sünde und das Bekenntnis zu den Erscheinungen der Sünde in der eigenen Lebensgeschichte ein.

Nun ist die durch Gottes Geist erschlossene und so begründete Gemeinschaft mit der Gottesgewissheit des Christus Jesus nicht unvermittelt. Schon Jesu eigene Gottesgewissheit erwächst aus der Begegnung mit der Gottesgewissheit Israels, die in der komplizierten Geschichte der Kanonbildung der Bibel Israels ihren Niederschlag gefunden hat.[43] Sie – Jesu Gottesgewissheit – hat die *Schrift* – die seinerzeit noch offene, noch unabgeschlossene Sammlung jener Schriften, die in der Glaubensgemeinschaft Israels als Urkunden der Willensoffenbarung Gottes und deshalb als *Heilige Schriften* in Geltung stehen – und den Gebrauch der Schrift im Gottesdienst zur notwendigen, wenn auch nicht zur hinreichenden Bedingung. Erst recht gibt es die Lebensform, die in der Gewissheit des Glaubens an Jesus als den Christus gründet, nicht anders als in der Begegnung mit den primären Offenbarungszeugen, deren freie, öffentliche, mündliche Verkündigung in einem wiederum komplizierten Prozess in die Sammlung jener Schriften mündet, die wir das *Neue Testament* nennen und die die Schrift der Bibel Israels – insbesondere in ihrer griechischen Übersetzung, der Septuaginta – als *Altes Testament* in ihren Kanon integriert (s. u. S. 36ff.).[44] Das apostolische Kerygma, das in den synoptischen

---

[43] Vgl. hierzu kurz und bündig GUNTHER WANKE, Art. Bibel I. Die Entstehung des Alten Testaments als Kanon: TRE 6, 1–8.

[44] Vgl. hierzu bes. WILHELM SCHNEEMELCHER, Art. Bibel III. Die Entstehung des Kanons des Neuen Testaments und der christlichen Bibel: TRE 6, 22–48. – Übrigens hat Martin Luther konsequent und nachdrücklich gezeigt, dass die freie öffentliche Rede, die mündliche Verkündigung – und zwar im Kontext der sakramentalen Handlungen der Taufe und des Herrenmahls – grundsätzlich als die primäre Gestalt des Offenbarungszeugnisses zu gelten hat, wohingegen

Evangelien und im Evangelium nach Johannes gewiss auch wesentliche Züge der authentischen Jesus-Botschaft überliefert, bezeugt uns nun den Gegenstand, den Grund und die Lebensform des Glaubens nur noch in der Gestalt von Texten. Es richtet damit sein Bewusstsein und seinen Anspruch, in seiner Aussageintention wahr zu sein, über den Kreis leibhaft anwesender Personen hinaus (vgl. Apg 2,14–41; 8,26–40) auf entfernte und auf zukünftige Rezipientenkreise. Der Übergang vom Medium der Oralität zum Medium der Literalität ist jetzt genau die Weise, in der die apostolischen Offenbarungszeugen den Missionsauftrag im Sinne von Mt 28,18–20 befolgen. Mit diesem Übergang ist darüber entschieden, dass es Gemeinschaft mit der Gottesgewissheit des Christus Jesus in der Geschichte des Christentums nur in der Form der Traditions- und Interpretationsgemeinschaft hinsichtlich der Bibel gibt: sie – die Bibel – ist aus diesem Grunde das „*Identitätszentrum des christlichen Kultus und zugleich des christlichen Lebens*“.[45]

Wir haben uns grundsätzlich über das richtige Verhältnis zwischen dem Offenbarungsgeschehen – der jeweils aktuellen, unverfügbar-freien Selbsterschließung Gottes – und dem Offenbarungszeugnis seiner Empfänger verständigt (s. o. S. 29ff.). Auf dem Boden dieser unserer Erkenntnis wenden wir uns nun der Frage zu, wie wir die Funktion des religionsgeschichtlich singulären Doppel-Kanons der Bibel des Alten und des Neuen Testaments für das Entstehen und Bestehen der Lebensform des Glaubens in der Glaubensgemeinschaft der Kirche – der Kirche in ihrer jeweiligen Kultur und Lebenswelt – bestimmen können.

Eine befriedigende Antwort auf diese Frage ist von erheblicher kritischer und selbstkritischer Tragweite. *Zum einen* deshalb, weil die Epoche der altprotestantischen Orthodoxie unter Berufung auf 2Tim 3,16 eine höchst problematische Lehre von der Inspiration der Heiligen Schrift entwickelt hatte: eine Lehre, die bis auf den heutigen Tag in manchen Milieus des Protestantismus – etwa im Fundamentalismus und in der Evangelikalen Bewegung – den Gebrauch der historisch-kritischen Methodenlehre in der Auslegung der biblischen Texte verhindert und die zuversichtliche Erwartung in das erleuchtende Wirken des Heiligen Geistes hemmt. *Zum andern* deshalb, weil die Missionsgeschichte in der Epoche des europäischen Kolonialismus mit der Verbreitung der Bibel – durch Bibelgesellschaften und durch Bibelübersetzungen – vielfach auch die Unterdrückung einheimischer kultureller Traditionen gestützt oder verbunden hatte.[46] Beide Ereignisse mit enormer Langzeitwirkung nötigen uns zu einer gründlichen Besinnung auf die Funktion der Bibel für die christliche Existenz: eine Besinnung, die für das Studium aller theologischer Disziplinen und für die richtige Wahrnehmung der Aufgaben eines theologischen Berufs schlechthin grundlegend ist.

Wir wollen deshalb in einem ersten Schritt erklären, worin genau der kanonische Charakter der Bibel als der Heiligen Schrift des Christentums, worin das „Schriftprinzip“

---

der Übergang zur schriftlichen Fixierung ein durch die Not der Häresie erzwungenes „Gebrechen des Geistes“ (WA 10 I/1; 626,15ff.) gewesen sei. Vgl. auch bes. WA 12; 259,8ff.: „Evangelion aber heißt nichts andres, denn ein Predigt und Geschrei von der Gnad und Barmherzigkeit Gottes, durch den Herrn Jesum Christum mit seinem Tod verdienet und erworben, und ist eigentlich nicht das, was in Büchern stehet und in Buchstaben verfasset wird, sondern mehr eine mündliche Predigt und lebendig Wort, und ein Stimm, die da in die ganze Welt erschallet und öffentlich wird ausgeschrien, daß mans überall höret …“. Die Stimme des Evangeliums zu sein – das ist demnach das *Sein der Kirche*.

45 EILERT HERMS, Erneuerung durch die Bibel. Über den Realismus unserer Erwartungen für die Kirche, in: DERS., Kirche für die Welt. Lage und Aufgabe der evangelischen Kirchen im vereinigten Deutschland, Tübingen 1995, 118–230; 137.

46 Vgl. hierzu R. S. SUGIRTHARAJAH, Art. Bibel VI. Missionswissenschaftlich: RGG[4] 1, 1438–1441.

– das Prinzip „sola scriptura“ – im reformatorischen Sinne besteht. Wir fragen nach dem sachgemäßen Verhältnis zwischen dem Worte Gottes, der Sammlung der biblischen Bücher und dem normativen Begriff der Heiligen Schrift und eben damit nach dem sachgemäßen Verhältnis zwischen dem Alten Testament und dem Neuen Testament (3.1.). In einem zweiten Schritt wollen wir bedenken, dass die präzise inhaltliche Autorität, die der Heiligen Schrift gegenüber der Verkündigung, dem Lehrbekenntnis, den Worten und Verlautbarungen der Kirche und nicht zuletzt auch gegenüber der überwältigenden Fülle der Glaubenszeugnisse aller Zeiten und Kulturen zukommt, insbesondere auch das Verhältnis zwischen dem Gesamtleben der Glaubensgemeinschaft und den Strukturen ihrer jeweiligen gesellschaftlichen Lebenswelt betrifft (3.2.). Schließlich gilt es noch zu zeigen, dass die Glaubensgemeinschaft der Kirche die Wahrheit des Evangeliums für ihre gegenwärtigen Entscheidungssituationen stets neu zu vergegenwärtigen hat und dafür auf methodische Regeln der Arbeit an der Bibel angewiesen ist, die allein zu konsensfähigen Interpretationen des *sensus literalis* führen werden (3.3.). In unserer Zusammenfassung halten wir den fundamentaltheologischen Rang fest, der dem wohlverstandenen Prinzip „sola scriptura“ beizumessen ist (3.4.).[47]

3.1. Wort Gottes – Bibel – Heilige Schrift

In der Prinzipienlehre geben wir uns Rechenschaft über die Gründe, aus denen die Glaubensgemeinschaft der Kirche in ihrem Verhältnis zu ihrer jeweiligen gesellschaftlichen Lebenswelt in der Bibel des Alten und des Neuen Testaments die Quelle und die Norm ihres Glaubens und seiner Lebensform besitzt. Wir setzen damit die Beschreibung des Erkenntnisweges der systematisch-theologischen Besinnung fort. In dieser Beschreibung suchen wir – nicht zuletzt durch die kirchen- und sozialgeschichtliche Lage provoziert – das richtige Verhältnis zu gewinnen zwischen dem literarischen Begriff der Bibel und dem normativen Begriff der Heiligen Schrift. Dieses richtige Verhältnis wird sich finden, wenn wir – wiederum im Vorgriff auf den „Grundriss der Dogmatik“ – die Relation zwischen dem literarischen Begriff der Bibel, dem normativen Begriff der Schrift und dem Begriff des *Wortes Gottes* als des einheitlichen Themas der Bibel, der Heiligen Schrift des Alten und des Neuen Testaments, betrachten.

In der griechischen Quellensprache des Neuen Testaments verweist das deutsche Syntagma „Wort Gottes“ – es geht wohl auf die Traditionsgeschichte der Prophetie zurück – auf alle sprachlichen Handlungen (Erzählungen, Gleichnisse, Berichte), die die „Umkehr“ (Mk 1,15), die „Erneuerung des Sinnes“ (Röm 12,2), das „Wollen des Reiches Gottes“[48], also die Gottesgewissheit des Glaubens und die ihr zu verdankende Lebensform im Selbst der Person möglich machen wollen (vgl. Lk 5,1; 8,11.21; Apg 8,14; 16,32. Wie auch der Begriff „Kerygma“ (vgl. Röm 16,25; 1Kor 1,21; 2,4; 15,14; Tit 1,3)

---

47 Vgl. zum Folgenden bes.: FRIEDRICH SCHLEIERMACHER, GL² §§ 128–132 (II, 284–308); GERHARD GLOEGE, Art. Bibel III. Dogmatisch: RGG³ 1, 1141–1147; CHRISTOPH SCHWÖBEL, Art. Bibel IV. Dogmatisch: RGG⁴ 1, 1426–1432; JOHANN ANSELM STEIGER, Art. Schriftprinzip: RGG⁴ 7, 1008–1010; EILERT HERMS, Erneuerung durch die Bibel (wie Anm. 45); DERS., Die Heilige Schrift als Kanon im „kanon tes paradoseos“, jetzt in: DERS., Kirche – Geschöpf und Werkzeug des Evangeliums, Tübingen 2010, 162–193; WILFRIED HÄRLE, Dogmatik (wie Anm. 29), 111–139; JOACHIM RINGLEBEN, Art. Wort Gottes IV. Systematisch-theologisch: TRE 36, 315–329; KONRAD STOCK, Die Theorie der christlichen Gewißheit (wie Anm. 8), 126–172: Exegetische Theologie.

48 FRIEDRICH SCHLEIERMACHER, GL² § 121 (II, 254).

bezeichnet das Syntagma „Wort Gottes" eine Gestalt, und zwar die genuine Gestalt des Offenbarungszeugnisses: die freie Rede in der privaten wie in der öffentlichen Gesprächssituation, die den Gesprächsteilnehmern das Evangelium – die Botschaft vom Versöhnungs- und Vollendungswillen Gottes des Schöpfers – zu ihrem Heil nahebringen möchte. Paulus hat diese freie Rede wegen dieses ihres Gegenstandes zugespitzt als das „Wort vom Kreuz" (1Kor 1,18) charakterisiert.

Aber nun kommt alles darauf an zu sehen und zu verstehen, dass das einheitliche Thema aller menschlichen Gottesworte in der Form der freien öffentlichen Rede, für die das Neue Testament das Syntagma „Wort Gottes" gebraucht – Gottes Versöhnungs- und Vollendungswille, wie er in den österlichen Erscheinungen des Gekreuzigten als des Auferstandenen den Offenbarungszeugen durch Gottes Geist evident wird – grundsätzlich in Beziehung steht zu jenem Wort, von dem der Prolog des Evangeliums nach Johannes sagt:

> „Im Anfang war das Wort, und das Wort war bei Gott, und Gott war das Wort. Dasselbe war im Anfang bei Gott." (Joh 1,1.2)

Der Prolog verwendet hier den Ausdruck „Wort" ganz offensichtlich in bewusster Rezeption der priesterschriftlichen Schöpfungserzählung (Gen 1,3–31) als eine metaphorische Bezeichnung für Gott selbst, für Gottes Leben und für Gottes Wirklichkeit.[49] Indem er Gott selbst, Gottes Leben, Gottes Wirklichkeit als „Wort" versteht – als schöpferisches Sprechen, Reden, Rufen –, gibt er der expliziten Transzendenzgewissheit Ausdruck, auf die der Mensch als selbstbewusst-freies Wesen in der primären Gewissheit seines je individuellen Freiheitsgefühls und in dessen Dauer verwiesen ist (s. o. S. 12ff.). Dem Prolog zufolge dürfen wir *Gott als Wort* verstehen, weil uns das Evangelium – der Inbegriff des apostolischen Offenbarungszeugnisses von Gottes Versöhnungs- und Vollendungswillen (Röm 1,1.16–17) und deshalb das „Wort Christi" (Kol 3,16) – durch Gottes Geist eben das Schöpfer-Geschöpf-Verhältnis erschließt, aus dem wir im Zusammenhang des physischen Weltgeschehens das je eigene Leben in individueller Freiheit und in individueller Vernunft kontinuierlich empfangen. Diese grundsätzliche Beziehung aller menschlichen Gottesworte – aller Gottesworte, die die Gewissheit des Glaubens an das Evangelium möglich machen wollen – und zugleich des offenbarenden Wirkens des Heiligen Geistes auf das Wort, das Gott selbst als der Grund und Ursprung des Geschaffenen ist, gilt es ganz ernst zu nehmen, wenn wir die Funktion der Bibel als der Heiligen Schrift des Christentums – der kirchlich verfassten Glaubensgemeinschaft in ihrem Auftrag für ihre Kultur und ihre gesellschaftliche Lebenswelt – bedenken wollen. Die kirchlich verfasste Glaubensgemeinschaft ist eben deshalb und nur deshalb „creatura verbi divini"[50], weil sie das Zusammenspiel des „äußeren Wortes" – des menschlichen Gotteswortes im Kerygma,

---

[49] Vgl. hierzu bes. EILERT HERMS, Gottes Wirklichkeit, jetzt in: DERS., Offenbarung und Glaube. Zur Bildung des christlichen Lebens, Tübingen 1992, 319–342; DERS., Grundprobleme der Gotteslehre, ebd. 343–371. – Diese Beziehung des Wortes Gottes in Gesetz und Evangelium auf Gottes schöpferisches Sprechen und auf Gottes ursprüngliches Wort bildet insbesondere die Achse des theologischen Denkens Martin Luthers; vgl. hierzu jetzt: ALBRECHT BEUTEL, In dem Anfang war das Wort. Studien zu Luthers Sprachverständnis (HUTh 27), Tübingen 2006, bes. 69–130; 210–234. Auf die Erkenntnis dieses ursprünglichen Wortes Gottes zielen auch die Überlegungen von OSWALD BAYER, Schöpfung als Anrede. Zu einer Hermeneutik der Schöpfung, Tübingen 1990^2. Dagegen ist diese Beziehung schon im Ansatz missachtet in der Lehre vom Wort Gottes bei KARL BARTH, KD I/1; I/2 – mit allen Konsequenzen für die Lehre von der Heiligen Schrift (KD I/2, 505–830) und für die Lehre von der Verkündigung der Kirche inklusive der Bestimmung der Dogmatik (KD I/2, 831–990).

[50] MARTIN LUTHER, WA 6; 565,1; WA 7; 721,10ff.

in der Predigt, im Unterricht, im Lied, im Gebet und ebenso in der Sprache der christlichen Kunstpraxis bis hin zur Sprache des Kirchenbaus – und des „inneren Wortes" in das radikale Ur- und Grundvertrauen in Gottes Schöpfer-Sein und damit in das Hören des Wortes versetzt, das Gott selbst ist (s. u. S. 118ff.).

Demgegenüber verwenden wir den Ausdruck „Bibel" als einen literarischen Begriff. Er bezeichnet das Ergebnis jenes langen Rezeptionsprozesses in der Zeit des frühen Christentums, der – beginnend mit der Sammlung der Paulusbriefe – schließlich zur Bildung des Kanons der 27 Schriften des Neuen Testaments und zur Integration des Kanons der Bibel Israels als Altes Testament geführt hat. Freilich ist in der Geschichte der Entstehung des Kanons von Anfang an die normative Funktion wirksam, die mit der Verlesung und Erklärung der biblischen Texte im Gottesdienst gegeben ist. Auf diese normative Funktion weist der Begriff der „Schrift" hin, den noch Paulus auf den Kanon der Glaubensgemeinschaft Israels bezogen hatte (Gal 3,8.22). Wie können wir die normative Funktion der Bibel als der „ganzen Heiligen Schrift des Alten und Neuen Testaments"[51] genauer bestimmen?

Nun – wenn wir die Bibel als die ganze Heilige Schrift des Alten und Neuen Testaments bezeichnen, so anerkennen und bejahen wir auf jeden Fall ihren Anspruch auf *Wahrheit.* Wegen ihrer Wahrheit schöpfen wir aus ihr als einer lebendigen Quelle „Gnade und Hilfe, Lehre und Trost"[52], und wegen ihrer Wahrheit genießt die Heilige Schrift des Alten und des Neuen Testaments im Leben der kirchlich verfassten Glaubensgemeinschaft Autorität.

Allerdings gilt es, die Wahrheit, welche die Bibel als die Heilige Schrift des Alten und Neuen Testaments zur Sprache bringt, und damit ihre Autorität sorgfältig zu charakterisieren, um jede Form des Biblizismus zu vermeiden und zu überwinden.[53] Der Anspruch auf Wahrheit, den die biblischen Texte mit Recht erheben und den die Glaubensgemeinschaft der Kirche bejaht und anerkennt, bezieht sich natürlich nicht auf ihr empirisches Wissen und auf ihr Erfassen empirischer Sachverhalte; ebenso wenig bezieht er sich auf solche partikularen Regeln des Rechts und der Moral, die – wie zum Beispiel das Eifersuchtsgesetz (Num 5,11–31) –, in der Kultusgemeinschaft Israels in Geltung stehen mochten. Auch die grandiosen apokalyptischen Visionen der Offenbarung des Johannes dürfen ihrer eigenen Aussageintention entsprechend keineswegs – wie dies in den verschiedenen Varianten des Chiliasmus mit außerordentlich breiter und nachhaltiger Wirksamkeit geschieht[54] – als Prognose zukünftiger geschichtlicher Ereignisse in dieser Weltzeit missverstanden werden. Der Biblizismus jeder Couleur verfehlt die Aussageintention der Schriften, die sich des Ansehens der Heiligen Schrift erfreuen.

Der Anspruch auf Wahrheit, den die biblischen Texte für ihre Darstellung erheben, bezieht sich vielmehr auf das Gottes-, Welt- und Selbstverständnis, auf das Verstehen des Lebens und der Wirklichkeit, das sie verbreiten wollen. Er gründet in dem Offenbarungsgeschehen, in dem Gott selbst als der schöpferische Grund und Ursprung aller Dinge die „Finsternis" (Joh 1,5) – die Entfremdung, das Verblendet-Sein hinsichtlich des Ursprungs und der Bestimmung des Menschen – überwindet. Die Glaubensgemeinschaft

---

51 „Biblia: das ist: Die gantze Heilige Schrifft: Deudsch" lautet der Titel der wirkungsmächtigen Übersetzung Martin Luthers, gedruckt zu Wittenberg 1545 durch Hans Lufft. Dementprechend lautet der Haupt-Titel des Revidierten Textes: „Die Bibel oder die ganze Heilige Schrift des Alten und Neuen Testaments".

52 So nach der Ordnung und Form des Hauptgottesdienstes der Evang.-Luth. Kirche in Bayern.

53 Vgl. hierzu HEINRICH KARPP, Art. Biblizismus: TRE 6,478–484; MANFRED MARQUARDT, Art. Biblizismus: RGG^4 1, 1553–1554.

54 Vgl. hierzu den Gesamtartikel „Chiliasmus": RGG^4 2, 136–144.

der Kirche anerkennt die Heilige Schrift als wahr, weil sie in ihrem Zentrum das Erschließungsgeschehen bezeugt, welches den Menschen in das wahre Gottes-, Welt- und Selbstverhältnis und damit in das *Leben aus der Wahrheit* versetzt. Eben wegen der Beziehung der Heiligen Schrift auf das Ereignis, in welchem Gottes Geist die Existenz des Christus Jesus als die Überwindung jener Entfremdung erschließt, ist das Schriftprinzip – das Prinzip „sola scriptura“ – nur die Folge des „solus Christus“. In diesem ihrem inhaltlichen Zentrum – in dem, was „Christum treibt“[55] – erinnert die Heilige Schrift die Glaubensgemeinschaft der Kirche von Generation zu Generation an ihren Ursprung im Offenbar-Werden des schöpferischen Wortes, das Gott selbst ist.

Nun verdanken wir den Bibelwissenschaften die wichtige Erkenntnis, dass die biblischen Bücher jenes Erschließungsgeschehen nicht etwa uniform, sondern vielmehr durchaus vielgestaltig bezeugen. Das apostolische Kerygma des Neuen Testaments begegnet uns in differenten Texten, die wir geradezu als hochreflektierte „Urformen der Theologie“ einschätzen dürfen.[56] Infolgedessen haben die großen Konzeptionen theologischen Denkens in der Bibel – die Theologie des Apostels Paulus, die Theologie der Evangelien nach Matthäus, nach Markus und nach Lukas und schließlich die Theologie der johanneischen Schule – sowohl die Frömmigkeit als auch die Lehre der verschiedenen Kirchengemeinschaften nachhaltig geprägt. Die bibelwissenschaftliche Erforschung der theologischen Variationsbreite des menschlichen Gotteswortes schon in der Heiligen Schrift selbst gewinnt aus diesem Grunde fundamentaltheologischen Rang: sie lehrt uns die *Einheit der Schrift* nicht anders als in der *Vielheit der Schriften* zu verstehen.[57] Gibt es die Einheit der Schrift – und damit die „Mitte der Schrift“ – nicht anders als in der Vielheit der Schriften, so gründet diese ihre Einheit in der Beziehung auf die Identität des Wortes, als das wir Gott selbst verstehen dürfen: sie gründet in der Beziehung auf die Identität des göttlichen Wesens und Waltens, das eben als schöpferischer Grund und Ursprung hier und heute das Leben aus der Wahrheit erschließt. Insofern stellt die so bestimmte Einheit der Schrift den Maßstab kirchlicher Gemeinschaft in wechselseitiger Anerkennung dar (s. u. S. 216f.).[58] Dass diese so bestimmte Einheit der Schrift durchaus als kritisches Prinzip fungiert, beweisen schon die Trennungen, die sich bereits in der Frühzeit des Christentums gegenüber der christlichen Gnosis, gegenüber Markion und gegenüber dem Montanismus vollzogen.

Wir haben den Anspruch auf Wahrheit und das Bewusstsein der Wahrheit, wie sie im Kanon der Heiligen Schrift zur Sprache kommt, damit begründet, dass die Situationen der österlichen Erscheinungen des Gekreuzigten als des Auferstandenen die Gottesgewissheit des Christus Jesus verifizieren und so ihre Empfänger in die Gemeinschaft mit dieser Gottesgewissheit versetzen. Indem wir uns an diesen Ursprungssituationen des christlichen Glaubens orientieren, werden wir auch das religionsgeschichtlich singuläre Verhältnis erkennen können, das zwischen dem Alten Testament und dem Neuen Testament besteht und das bereits das Neue Testament mit Hilfe des Begriffsworts „Verheißung“ charakterisiert (vgl. bes. Röm 4,13; 2Kor 1,20; Eph 3,6). Dieses Begriffswort wollen wir uns verständlich machen.

---

55 MARTIN LUTHER, WADB 7; 384,26. – In eben diesem Sinne spricht Luther auch von Christus als dem „Dominus ac Rex Scripturae“ (WA 40/I; 458,11.20.34).

56 Vgl. HERMANN SPIECKERMANN/HORST BALZ, Art. Theologie, Christliche II./1.: Urformen der Theologie in den biblischen Überlieferungen: TRE 33, 264–272.

57 Vgl. CHRISTOPH SCHWÖBEL, Art. Bibel IV. Dogmatisch (wie Anm. 47), 1428.

58 Mit allem Nachdruck hervorgehoben von EILERT HERMS, Erneuerung durch die Bibel (wie Anm. 45), 174–176.

Das religionsgeschichtlich singuläre Verhältnis zwischen dem Alten Testament und dem Neuen Testament wird uns schon daran deutlich, dass nicht nur Jesu eigene Verkündigung, sondern auch die freie öffentliche Rede der primären Offenbarungszeugen und deren schriftliche Fixierung die *Schrift* der frühjüdischen Kultgemeinde und deren Funktion im Gottesdienst zur notwendigen Bedingung ihrer Gottesgewissheit und damit ihrer Lebensführung hat. Das apostolische Kerygma setzt jenen offenen, seinerzeit noch unabgeschlossenen Kanon stets voraus, welcher dem regelmäßigen Eingedenken des Gottes Israels und so der regelmäßigen Vergewisserung der Identität des Volkes Gottes dient.

Nun gibt es aber – in Analogie zur Gottesgewissheit, die in Jesu eigener Verkündigung zur Sprache kommt – das apostolische Kerygma sowohl in der Gestalt der freien öffentlichen Rede als auch in seiner schriftlichen Fixierung nicht anders als aufgrund des österlichen Erschließungsgeschehens, das seine Empfänger die im Tod am Kreuz *vollbrachte* Gottesgewissheit Jesu (vgl. Joh 19,30) als wahr verstehen lässt. Wegen dieser hinreichenden Bedingung des Glaubens an Jesus als den Christus Gottes des Schöpfers entdeckt die christliche Gemeinde die Einheit von Identität und Differenz, auf die der Begriff „Altes Testament" verweist; und ihretwegen definiert sie sich selbst als das wahre Israel, das als Same Abrahams nunmehr Juden und Griechen umfasst (vgl. Röm 3,30; 9,6–9; Eph 2,11–21). Wir wollen diese Einheit von Identität und Differenz zwischen dem „Alten Testament" und dem „Neuen Testament" in der gebotenen Kürze erläutern.

Erstens: Indem die Gemeinschaft des Glaubens an Jesus als den Christus Gottes des Schöpfers den Kanon der frühjüdischen Kultgemeinde in ihrem Gottesdienst, in ihrem Unterricht und in ihrem theologischen Denken gebraucht, weiß sie sich in Übereinstimmung mit der Gottesgewissheit, von der die Glaubensgeschichte Israels und deren schriftliche Überlieferung zeugt. Sie ist der Überzeugung, dass sich in den Situationen der österlichen Erscheinungen, die Jesu Botschaft vom Kommen der Gottesherrschaft in ihm selbst verifizieren, die letztgültige Selbsterschließung des Gottes Abrahams, Isaaks und Jakobs ereignet. Der Gebrauch jenes Kanons ist und bleibt eine notwendige Bedingung für die Bildung der christlichen Existenz, weil jener Kanon Gottes Gottheit im Sinne des göttlichen Willens zur Gemeinschaft mit dem Ebenbilde Gottes (Gen 1,26f.) versteht und weil er damit – in tiefem Gegensatz zu den paganen Mythen und Kulten – die primäre Gewissheit des je individuellen Freiheitsgefühls radikal ernst nimmt (s. o. S. 12ff.). Der Gebrauch des Kanons der frühjüdischen Kultgemeinde ist und bleibt deshalb eine notwendige Bedingung für die Bildung der christlichen Existenz, weil er das Verantwortlich-Sein des personalen, des selbstbewusst-freien Daseins des Menschen vor Gott mit aller Klarheit expliziert. Als Schriftensammlung, die den *neuen Bund* (Mt 26,28; Mk 14,24; Lk 22,20; 1Kor 11,25; 2Kor 3,6) bezeugt, ist das „Neue Testament" insgesamt wie das „Alte Testament" Urkunde jenes Bundes, den Gott der schöpferische Grund und Ursprung mit dem Ebenbilde Gottes (Gen 9,6), mit dem menschlichen Geschlecht als solchem schließt (Gen 9,8–17).

Zweitens: Allerdings hat die Gemeinschaft des Glaubens an Jesus als den Christus Gottes des Schöpfers den Kanon der frühjüdischen Kultgemeinde durch die Schriftensammlung des „Neuen Testaments" tiefgreifend korrigiert. Diese Korrektur beruht auf der Erfahrung, dass erst die letztgültige Selbsterschließung des Gottes Abrahams, Isaaks und Jakobs, wie sie sich in den österlichen Erscheinungen des Gekreuzigten als des Auferstandenen ereignet und so Jesu eigene Gottesgewissheit verifiziert, den Menschen in die radikale Gottesgewissheit versetzt, der das *Leben aus der Wahrheit* – und damit in der Liebe und in der Hoffnung – zu verdanken ist. Es ist diese – in der gesamten „Einleitung in die Systematische Theologie" zu entfaltende – ursprüngliche Erfahrung, die den frühjüdischen Kanon in den neuen Sinn- und Verstehenshorizont fügt, den er selbst und als solcher nicht intendiert. Er gilt nun insgesamt als Dokument prophetischer Erwartung des göttlichen Versöhnungs- und Vollendungswillens: jenes Heilsgeschehens, welches – wenn auch in stets gefährdeter und gebrochener Weise – die „Umkehr", die „Erneuerung des Sinnes", das „Wollen des Reiches Gottes" und damit die Fähigkeit der Person zur Selbstverantwortung vor Gott begründet. Niemand hat diese tiefgreifende Korrektur schärfer formuliert als Paulus, wenn er von dem Gebrauch der Schrift in der frühjüdischen Kultgemeinde urteilt: „Denn bis zum heutigen Tag bleibt dieselbe Decke auf der Verlesung des Alten Testaments, und sie wird nicht aufgedeckt, weil sie [nur] in Christus abgetan wird" (2Kor 3,14). Das scharfe Urteil des ehemaligen Pharisäers (vgl. Phil 3,5) ist dann und nur dann erträglich, wenn wir es verstehen als die offenkundige Konsequenz der christlichen Gottesgewissheit: „Ist somit jemand in Christus, so ist er ein neues Geschöpf. Das Alte ist vergangen, siehe, es ist neu geworden." (2Kor 5,17).[59]

3.2. Die Heilige Schrift und die kirchliche Lehre

Wir haben die Gründe zu entfalten uns bemüht, aus denen die Glaubensgemeinschaft der Kirche die Bibel als die ganze Heilige Schrift des Alten und Neuen Testaments und damit als die notwendige Bedingung des Lebens in der Wahrheit hier und heute anerkennt und bejaht. Weil die Bibel in der Vielheit ihrer Schriften das Offenbar-Werden des schöpferischen Wortes Gottes bezeugt, dem die Glaubensgemeinschaft der Kirche aus Juden und Griechen ihr Dasein verdankt, ist und bleibt sie für das Ensemble der gottesdienstlichen Feiern, für die privaten Formen der Andacht und der Meditation, für die ethische Urteilsbildung und nicht zuletzt für die Entwicklung der kirchlichen Lehre und der theologischen Reflexion schlechthin das Gegenüber. Die Epitome der Konkordienformel aus dem Jahre 1577 hat die kanonische Funktion der Heiligen Schrift daher ganz richtig mit den Worten definiert, sie sei „die einige Regel und Richtschnur, nach welcher zugleich alle Lehren und Lehrer gerichtet und geurteilet werden sollen".[60] Diese Definition markiert nicht nur den nach wie vor herrschenden Gegensatz zwischen dem römisch-katholischen und dem reformatorischen Verständnis der kirchlichen Traditionstätigkeit[61]; sie verweist auch die kirchenrechtliche Geltung der Bekenntnisse und die Aufsicht der kirchenleitenden Instanzen im engeren Sinne des Begriffs über die Lehre im öffentlichen Leben der Kirche aus den genannten inhaltlichen Gründen auf die Autorität der Heiligen Schrift.[62] In der Geschichte der Prinzipienlehre wurde diese Definition im Spektrum der verschiedenen Schulen und Richtungen evangelischer Theologie denn auch stets beachtet.[63] Natürlich bedarf die Heilige Schrift in der Vielheit ihrer Schriften der kontinuierlichen Interpretation, und zwar nach Grundsätzen einer hermeneutischen

---

59 Nota bene: Das „Alte", das nach der Erkenntnis des Paulus „neu geworden" ist, ist keineswegs das Alte Testament als Urkunde der Gottesgewissheit Israels, sondern die Sünde – die Blindheit der selbstbewusst-freien Person für Gottes Schöpfer-Sein (Röm 5,12ff.).

60 BSLK 767,15–17. – Vgl. CHRISTOPH SCHWÖBEL, Fundament und Wirklichkeit des Glaubens als Begründung eines evangelischen Verständnisses von Lehrverantwortung, in: EILERT HERMS/LUBOMIR ŽAK (Hg.), Grund und Gegenstand des Glaubens (wie Anm. 41), 119–155.

61 Vgl. hierzu den Gesamtartikel „Tradition" I.–XI.: RGG[4] 8, 505–521 (Lit.).

62 Vgl. hierzu bes. die sorgfältige Darstellung von WILFRIED HÄRLE, Dogmatik. (wie Anm. 29), 140–159, sowie den Gesamtartikel „Bekenntnis" I.–VIII.: RGG[4] 1, 1246–1269.

63 Vgl. z. B. EMIL BRUNNER, Die christliche Lehre von Gott. Dogmatik. Bd. I, Zürich 1946, 3–118; WILFRIED JOEST, Dogmatik. Bd. 1: Die Wirklichkeit Gottes (UTB 1336), Göttingen 1989[3], 49–89.

Theorie, die sich auf die Regeln der religiösen Kommunikation bezieht: das große Thema der Praktischen Theologie.[64]

Allerdings gilt es diese Definition entschieden zu verdeutlichen, damit nicht nur ihr dogmatischer, sondern auch ihr sozialethischer Sinn erkennbar werde, den die Prinzipienlehre weithin und zum Schaden des systematisch-theologischen Denkens und seiner Rolle in Kirche und Gesellschaft übersieht.

Die kanonische Funktion der Heiligen Schrift für die Glaubenskommunikation der Kirche und für alle individuellen Andachts- und Meditationsformen erschöpft sich nämlich nicht in ihrem Zeugnis für das Offenbar-Werden des schöpferischen Wortes Gottes als des Grundes und des Gegenstandes des Glaubens. Hervorgegangen aus der freien, öffentlichen Rede der primären Offenbarungszeugen – hervorgegangen also aus ihrer Gemeinschaft in und mit der Gottesgewissheit des Christus Jesus selbst – verweisen die Schriften der Heiligen Schrift je auf ihren *Sitz im Leben* einer einzelnen Gemeinde und eines Kirchengebiets. Sie dokumentieren die Existenz einer Glaubensgemeinschaft, die sie in ihren gottesdienstlichen Feiern, in ihrem katechetischen Unterricht und in ihrem theologischen Denken gebraucht. Hier kommen nun nicht nur die Grundsätze und die Regeln der christlichen Ethosgestalt im Innenverhältnis der Gemeinde zur Sprache (vgl. Mt 5,1–7,28; Röm 13,8–10; 14,1–23; 1Kor 6,1–8); hier steht auch das Verhältnis der Gemeinde zu den Institutionen des sozialen Lebens insgesamt zur Diskussion. Auch und gerade in dieser letzteren Hinsicht beansprucht die Heilige Schrift als das vielstimmige Zeugnis des Offenbar-Werdens des schöpferischen Wortes Gottes kanonische und exemplarische Funktion. Wir können das Verhältnis zu den Institutionen des sozialen Lebens, das die Heilige Schrift der Glaubensgemeinschaft exemplarisch vorgibt, im Lichte der reinen, der kategorialen Theorie des Sozialen erfassen, wie wir sie oben im Anschluss an Friedrich Schleiermacher skizziert haben (s. o. S. 16ff.) und wie sie Eilert Herms weiter entwickelt hat.[65]

Wenn die verschiedenen Schriften der Heiligen Schrift auf die Gemeinden und auf die Kirchengebiete verweisen, in deren Gottesdienst, in deren katechetischem Unterricht und in deren theologischem Denken sie in Gebrauch sind, so dokumentieren sie die Existenz einer religiösen Überzeugungsgemeinschaft, die ihre Identität in ihrer Gottesgewissheit findet. Kraft dieser Identität versteht sie und gestaltet sie ihr Verhältnis zu den Funktionsbereichen des sozialen Lebens, insonderheit zum Funktionsbereich des Politischen. Während sie auf die Loyalität gegenüber der Ordnung der politischen Herrschaft ihrer Zeit bedacht ist (vgl. Röm 13,1–7; Tit 3,1), entzieht sie sich und widersetzt sie sich den Zumutungen des religiösen Stadtkults (vgl. Apg 19,23–40) und des religiösen Staatskults, der mit der Gottesgewissheit und der Gotteserkenntnis des Glaubens an den Christus Jesus unvereinbar ist. Sie tut damit den ungeheuer folgenreichen Schritt, die soziale Funktion politischer Herrschaft auf die Setzung und auf die Durchsetzung des Rechts zu begrenzen und demgegenüber die religiös-ethische Kommunikation – hier das regelmäßige

---

[64] Vgl. hierzu meine Ansätze in: KONRAD STOCK, Die Theorie der christlichen Gewißheit (wie Anm. 8), 152–167; 297–303; DERS., Geistgewirktes Verstehen, in: WILFRIED HÄRLE/REINER PREUL (Hg.), Verstehen über Grenzen hinweg (MJTh XVIII), Marburg 2006, 83–113. – Dass die zeitgenössische Praktische Theologie die sozialethische Intention der theologischen Hermeneutik bedauerlicherweise weithin außer Acht lässt, wird im „Grundriss der Theologischen Ethik" immer wieder kritisch vermerkt werden.

[65] Vgl. zum Folgenden bes. den grundlegenden Aufsatz von EILERT HERMS, Erneuerung durch die Bibel (wie Anm. 45): nicht zuletzt deshalb grundlegend, weil er die bahnbrechende Darstellung sozialtheoretisch korrigiert, die wir finden bei ERNST TROELTSCH, Die Soziallehren der christlichen Kirchen und Gruppen (UTB 1811/1812), Neudruck Tübingen 1994.

Eingedenken der „großen Taten Gottes" (Apg 2,11) im Gottesdienst, im Unterricht und in der theologischen Schule – als die notwendige Bedingung und als die selbständige Form zu pflegen, in der allein das Leben aus der Wahrheit sich erschließt.[66] Vorbereitet durch die Kultgemeinde des frühen Judentums dringt die religiöse Überzeugungsgemeinschaft der Kirche aus Juden und Griechen, von der die Heilige Schrift in der Vielheit ihrer Schriften Kunde gibt, zum Anspruch auf die Freiheit des Glaubens und des Gewissens *avant la lettre* vor (vgl. Gal 5,1; Phil 3,20). Von diesem Anspruch geht die reine, die kategoriale Theorie des Sozialen aus, die wir sowohl in der dogmatischen Lehre von der Kirche als auch im „Grundriss der Theologischen Ethik" verwenden werden.

Mit ihrem Anspruch auf die Freiheit des Glaubens und des Gewissens, die sie gegenüber der kultischen Verehrung des Kaisers des Imperium Romanum praktiziert, begründet die entstehende Gemeinschaft des Glaubens an den Christus Jesus die sachgemäße Unterscheidung zwischen jener Kommunikation, in der wir kraft des Geistes Gottes das richtige Verstehen unseres Lebens im Ganzen und damit das Anteilhaben an der „Wohnung Gottes" gewinnen (vgl. Eph 2,17–22), und unserer Mitwirkung an den Formen des privaten wie des öffentlichen Lebens. Auch wenn der Anspruch der entstehenden Glaubensgemeinschaft aus Juden und Griechen auf die Freiheit des Glaubens und des Gewissens erst im Zuge einer langfristigen und konfliktreichen Geschichte in den Verfassungen der euro-amerikanischen Moderne seine rechtliche Garantie erreicht, initiiert er doch eine spezifische Idee des Sozialen. Sie wird am Beginn der Frühen Neuzeit in der Lehre Martin Luthers von der Unterscheidung zwischen Gottes geistlicher und Gottes weltlicher Regierweise reflektiert (s. u. S. 322f.); und sie lässt sich konkretisieren in jener Theorie des Sozialen, die die Handlungsweise der Person in ihren familialen und sozialen Beziehungen von ihrer religiös-weltanschaulichen Überzeugung bestimmt sieht. Schon die Prinzipienlehre wird begründen, was die dogmatische wie die ethische Besinnung im Einzelnen über die prägende Kraft des Glaubens an den Christus Jesus Gottes des Schöpfers – also über die prägende Kraft des Offenbar-Werdens des schöpferischen Wortes Gottes für die Lebensführung der Person – sagen will.

3.3. Arbeit an der Bibel: Die Vergegenwärtigung der Heiligen Schrift

Wir haben uns darüber verständigt, dass die Heilige Schrift des Alten und Neuen Testaments in der Vielfalt ihrer einzelnen Schriften die Existenz einer religiösen Überzeugungsgemeinschaft dokumentiert, die zu ihrer Zeit den Anspruch auf die Freiheit des Glaubens und des Gewissens erhebt. Ist dieser Anspruch im Ergebnis einer komplizierten und konfliktreichen Geschichte hier und heute für die Gesellschaften der euro-amerikanischen Moderne von Verfassungs wegen garantiert, so ist damit auch den Mitgliedern der christlichen Glaubensgemeinschaft die Chance eröffnet, ihrem Glauben in der Ganzheit ihrer Lebensform – in der Liebe, in der Hoffnung, in der Selbstverantwortung vor Gott – zu leben (s. u. S. 209ff.). Um nun die Lebensform des Glaubens im Schicksal einer individuellen Lebensgeschichte zu erhalten und um in der Gemeinschaft des Glaubens Klarheit über die erstrebenswerte und vorzugswürdige Gestalt der gesellschaftlichen Lebenswelt zu finden, bedarf es jederzeit der kontinuierlichen und konsequenten *Vergegenwärtigung* der Heiligen Schrift. Nur in den mannigfachen Formen ihrer Vergegenwärtigung bleibt die Gewissheit der Wahrheit des Evangeliums im Zyklus unseres Lebens

---

66 EILERT HERMS, Erneuerung durch die Bibel (wie Anm. 45), 140, nennt dies „einen evolutionären Sprung in der Sozialgeschichte".

– und zumal in dessen Anfechtungen und Krisen – beständig; und nur in der stetigen Erschließung des Sinnes der biblischen Texte werden wir das Verstehen ihrer Bedeutung möglich und ihre normative und orientierende Kraft in den ethischen Debatten dieser Zeit geltend machen können. Keineswegs die Wiederholung ihres Wortlauts bloß als solche, sondern vielmehr erst dessen sorgfältige Interpretation nimmt die Bibel ernst als *portatives Vaterland*.[67] Zur richtigen und angemessenen Lösung der Aufgabe, die Botschaft der verschiedenen Schriften der Heiligen Schrift hier und heute zu vergegenwärtigen, leitet die Systematische Theologie in der Prinzipienlehre, in der Dogmatik und in der Ethik an.

Wir haben schon erwähnt, dass nach dem Selbstverständnis der römisch-katholischen Kirche die Aufgabe, die in der Heiligen Schrift bezeugte Offenbarungswahrheit zu vergegenwärtigen, dem Lehramt der Bischöfe und vor allem des Bischofs von Rom anvertraut ist, dessen Spruch denn auch zumal im Streit und im Konflikt autoritative Geltung in Anspruch nimmt (s. o. S. 31). Diesem Modell, die Glaubensgemeinschaft der Kirche in den Herausforderungen der Geschichte zu leiten und zu steuern, hatte die reformatorische Bewegung grundsätzlich widersprochen. Und zwar aus zwei Gründen.

Erstens entdecken die theologischen Sprecher der reformatorischen Bewegung auf eine geradezu umwerfend und bestürzend neue Weise den fundamentalen Sachverhalt, dass nach dem Offenbarungszeugnis der Heiligen Schrift das Offenbarungsgeschehen selbst – das dem Geiste Gottes zu verdankende Gewiss-Werden der Wahrheit des Evangeliums – der Grund des Gehorsams des Glaubens ist (vgl. Röm 1,5; 10,16). Diese Entdeckung hat nicht nur die anthropologische bzw. die psychologische Konsequenz, die menschliche Vernunft als ein Verhältnis von Nicht-Freiheit und Freiheit zu beschreiben (s. u. S. 131)[68]; sie zwingt auch dazu, die hermeneutischen Grundsätze der Auslegung der Heiligen Schrift tiefgreifend zu verändern und nur noch nach dem *literalen Sinn* anstatt nach einem *geistlichen Sinn* des Textes zu suchen. Weil nach der reformatorischen Erkenntnis allein Gottes Geist die individuelle Gewissheit der Wahrheit des Evangeliums und deren Lebensform begründet, ist die im Text der Heiligen Schrift bezeugte Wahrheit des Evangeliums allein auf methodischem – und d. h.: auf methodisch nachprüfbarem und kritikfähigem – Wege zu vergegenwärtigen.

Zweitens: Die Aufgabe, die Glaubensgemeinschaft der Kirche in den Herausforderungen der Geschichte zu leiten und zu steuern, ist nach dem reformatorischen Verständnis des *Priestertums aller Getauften und Glaubenden* grundsätzlich die Sache aller ihrer Mitglieder. Die Regeln einer nachprüfbaren und kritikfähigen Methode, die in den Schriften der Heiligen Schrift bezeugte Wahrheit hier und heute zu vergegenwärtigen, wollen der Urteils- und der Handlungsfähigkeit aller Mitglieder der kirchlich verfassten Glaubensgemeinschaft – und genau dadurch ihrer Verantwortung und ihrer Sorge für die Seele ihrer Zeitgenossen – dienen. Das reformatorische Modell, die Glaubensgemeinschaft der Kirche auf ihren geschichtlichen Wegen zu leiten und zu steuern, sieht dem-

---

67 Ich spiele an auf HEINRICH HEINE, Geständnisse (Historisch-kritische Gesamtausgabe der Werke [DHA, Düsseldorfer Heine-Ausgabe]. Hg. von MANFRED WINDFUHR), Bd. XV, 40ff.: „… jetzt würdige ich den Protestantismus ganz absonderlich ob der Verdienste, die er sich durch die Auffindung und Verbreitung des heiligen Buches erworben. Ich sage die Auffindung, denn die Juden, die dasselbe aus dem großen Brande des zweiten Tempels gerettet, und es im Exile gleichsam wie ein portatives Vaterland mit sich herumschleppten, das ganze Mittelalter hindurch, sie hielten diesen Schatz sorgsam verborgen in ihrem Ghetto, wo die deutschen Gelehrten, Vorgänger und Beginner der Reformazion, hinschlichen um Hebräisch zu lernen, um den Schlüssel zu der Truhe zu gewinnen, welche den Schatz barg."

68 Das ist das Thema der großen Auseinandersetzung, die MARTIN LUTHER in der Schrift „De servo arbitrio" (WA 18; 600–787) mit Erasmus von Rotterdam führt.

nach zwischen der Bitte um den Heiligen Geist und der Anwendung einer hermeneutischen Methode der Vergegenwärtigung einen inneren sachlogischen Zusammenhang. Er ist die Alternative zum römisch-katholischen Modell, die Offenbarungswahrheit kraft der formalen Autorität des bischöflichen und des päpstlichen Lehramts zu vergegenwärtigen.

Freilich zeichnet die geschichtliche Erforschung der aus der Reformation hervorgegangenen Kirchengemeinschaften ein überaus ernüchterndes Bild. Was jedenfalls den deutschen Protestantismus nach dem Ende des konfessionellen Zeitalters und des landesherrlichen Kirchenregiments anbelangt, so hat er verschiedene „sozialmoralische Milieus" (Rainer M. Lepsius) ausgebildet, die hier und heute nur unter großen Schwierigkeiten gemeinsame Antworten auf die Frage finden, wie die Glaubensgemeinschaft der Kirche in der Lage des religiös-weltanschaulichen Pluralismus die Zeichen der Zeit verstehen und wie sie die Lebensform des Glaubens in dieser Lage mit Aussicht auf einen nachhaltigen Konsens artikulieren könne. Es ist dafür ganz offensichtlich dringend, sich über die methodischen Regeln zu verständigen, die die Instanzen der kirchlichen Öffentlichkeit – insbesondere ihre Synoden, Gremien, Räte und Kammern – konsensfähige Aussagen über die erhellende und orientierende Kraft des Evangeliums in dieser unserer Gegenwart finden lassen.[69] Zu dieser notwendigen Verständigung über die methodischen Regeln, nach denen die Öffentlichkeit der evangelischen Kirchengemeinschaften solche konsensfähigen Aussagen wird finden können, will das systematisch-theologische Denken anleiten.

3.4. Fazit

Um den Erkenntnisweg der systematisch-theologischen Besinnung zu beschreiben, haben wir in konsequenter Orientierung an der Theorie des Verhältnisses von Religion und Lebensführung (s. o. S. 8ff.) und in entschiedener Rücksicht auf den Begriff des Offenbarungsgeschehens (s. o. S. 25ff.) die Lehre von der kanonischen Funktion der Heiligen Schrift im Leben der kirchlich verfassten Glaubensgemeinschaft entfaltet. Wir hatten dabei stets den fundamentaltheologischen Rang vor Augen, den die reformatorische Bewegung dem wohlverstandenen Prinzip „sola scriptura" zuerkannte. Diesen fundamentaltheologischen Rang wollen wir abschließend sichern.

Erstens: Die Bibel als die ganze Heilige Schrift des Alten und Neuen Testaments besitzt im Leben der kirchlich verfassten Glaubensgemeinschaft kanonische – also normative, exemplarische – Funktion, weil sie die Sammlung jener Schriften ist, die das vielgestaltige Verstehen der primären Offenbarungszeugen in der Form kohärenter Texte artikulieren. Sie ist als solche die schriftliche Darstellung jener Gottesgewissheit, die sich den Empfängern in den Situationen der österlichen Erscheinungen des Gekreuzigten als des Auferstandenen als wahr erschlossen hatte; übrigens auf hohem intellektuellen, historisch-narrativen und poetischen Niveau. Wir dürfen deshalb die Bibel – die ganze Heilige Schrift des Alten und des Neuen Testaments – als die literarische Sammlung der mensch-

[69] Vgl. hierzu bes. EILERT HERMS, Die Lehre im Leben der Kirche, jetzt in: DERS., Erfahrbare Kirche. Beiträge zur Ekklesiologie, Tübingen 1990, 119–156, sowie REINER PREUL, Kirchentheorie. Wesen, Gestalt und Funktionen der Evangelischen Kirche, Berlin/New York 1997, bes. § 11: Kirche und Kultur (268–329). – Es muss wohl trotz des oben berührten reformatorischen Widerspruchs gegen das römisch-katholische Modell der Vergegenwärtigung der Offenbarungswahrheit neidlos und neidvoll anerkannt werden, dass die jüngsten Enzykliken des Apostolischen Stuhls ein bisher unerreichtes Vorbild an Klarheit und Genauigkeit in der Darlegung der Glaubens- und der Sittenlehre darstellen!

lichen Gottesworte schätzen, die Gottes Selbsterschließung und in diesem Sinne *Gottes Wort* (Joh 1,14) zum Grund und Gegenstande haben. Gottes Selbsterschließung aber, die durch Gottes Geist in die Gemeinschaft mit der Gottesgewissheit des Christus Jesus und so ins Leben aus der Wahrheit versetzt: sie ereignet sich – wo und wann immer sie sich ereignet – in unaufhebbarer Bezogenheit auf Gottes schöpferisches Wort und damit auf die primäre Gewissheit des je individuellen Freiheitsgefühls, in der die endliche Person auf Gott als Grund und Ziel ihres geschichtlichen Daseins verwiesen ist.[70] Weil das zum Text gewordene „äußere Wort" der Heiligen Schrift durch Gottes Geist – durch Gottes „inneres Wort" – in das radikale Ur- und Grundvertrauen in Gottes Schöpfer-Sein versetzt (s. o. S. 31f.), widersprechen wir mit allem Nachdruck dem Bibelglauben des älteren und neueren Biblizismus als einem schweren Selbst-Missverständnis des protestantischen Christentums.

Zweitens: Als das zum Text gewordene Gotteswort der primären Offenbarungszeugen ist und bleibt die Heilige Schrift in der Vielheit ihrer Schriften das Gegenüber des geschichtlichen Lebens der kirchlich verfassten Glaubensgemeinschaft, weil sie für alle Formen der Verkündigung, der Seelsorge und der Lehre das Gegenüber der Selbsterschließung Gottes des Schöpfers repräsentiert. Gleichzeitig dokumentiert die Heilige Schrift die Existenz einer religiösen Überzeugungsgemeinschaft, die eben wegen der inhaltlichen Bestimmtheit ihrer Gottesgewissheit den Anspruch auf die Freiheit des Glaubens und des Gewissens im Ganzen einer Religionskultur erhebt. Sie gibt damit den Formen der Verkündigung, der Seelsorge und der Lehre den strikten Auftrag, die Verantwortung der Mitglieder der Glaubensgemeinschaft für die Struktur der sozialen Institutionen auch und gerade unter den Bedingungen einer ausdifferenzierten und hoch entwickelten Gesellschaft einzuschärfen.

Drittens: In den Geschicken eines individuellen Lebens und in den Epochen der realen Geschichte ist die Gewissheit der Wahrheit des Evangeliums dann und nur dann aufrecht zu erhalten, wenn diese Wahrheit, wie sie in den Schriften der Heiligen Schrift als Text begegnet, kontinuierlich und konsequent vergegenwärtigt wird. Während dem Selbstverständnis der römisch-katholischen Tradition zufolge dieser Auftrag in die Hände des bischöflichen und zuhöchst des päpstlichen Lehramts gelegt ist, ergibt sich aus der reformatorischen Entdeckung der Offenbarung als des Gegenstandes und des Grundes des Glaubens ein grundsätzlich anderes Modell der Vergegenwärtigung. Dieses Modell bedarf nun allerdings – auf der Basis des hermeneutischen Prinzips der Suche nach dem literalen Sinn der Schrift – methodischer Regeln, die es allen Mitgliedern der Glaubensgemeinschaft und insbesondere den Instanzen der kirchlichen Öffentlichkeit möglich machen, konsensfähige Aussagen über die erhellende und orientierende Kraft des Evangeliums in dieser unserer Gegenwart zu finden. Es ist nicht zuletzt Sinn und Zweck unserer Einleitung in das systematisch-theologische Denken, solche methodischen Regeln zu entdecken und zur Anerkennung zu bringen.

---

[70] Darin berührt sich unsere Darstellung mit dem Ansatz der existentialen Interpretation Rudolf Bultmanns; vgl. bes. RUDOLF BULTMANN, Das Problem der Hermeneutik, jetzt in: DERS., GV 2, 211–235; 232: „Im menschlichen Dasein ist ein existentielles Wissen um Gott lebendig als die Frage nach ‚Glück', nach ‚Heil', nach dem Sinn von Welt und Geschichte, als die Frage nach der Eigentlichkeit des eigenen Seins." Bultmann urteilt richtig – wenn auch unvollständig -, dass dieses Phänomen „der Sachbezug auf die Offenbarung (verstehe: der vergebenden Gnade Gottes)" und damit auch der Interpretation des Neuen Testaments sei. Bedauerlicherweise hat Bultmann von Schleiermachers Theorie des personalen Selbstbewusstseins zeitlebens keine Notiz genommen.

§ 4 Die wissenschaftliche Form der Systematischen Theologie

Am Ende unserer Beschreibung des Erkenntnisweges, den wir im „Grundriss der Dogmatik“ wie im „Grundriss der Theologischen Ethik“ begehen werden, ist es gewiss am Platze, in der gebotenen Kürze darzulegen, dass das systematisch-theologische Denken im Spektrum der theologischen Fächer einer wissenschaftlichen Form bedarf. Wir brauchen hier nicht einzutreten in die Diskussion der Frage, ob und in welcher Hinsicht die Theologie in ihren verschiedenen Disziplinen nach wie vor mit Recht in den Kreis der Wissenschaften gehöre, für deren Pflege die Gesellschaften der euro-amerikanischen Moderne teure Institutionen unterhalten.[71] Wir sind allerdings aufs Höchste von der Tatsache alarmiert, dass jedenfalls die deutschsprachige evangelische Theologie nach der Periode der lutherischen und der reformierten Orthodoxie keinen zusammenhängenden Diskurs über die Regeln führte, denen systematisch-theologische Sätze im Unterschied und im Verhältnis zu den Glaubenssätzen der Heiligen Schrift, der kirchlichen Lehre und der alltäglichen Glaubenskommunikation in Predigt, Unterricht und Seelsorge genügen sollten. In den Prinzipienlehren kommt dieses Thema nur selten oder gar nicht vor; und der aufwändige Entwurf einer „Wissenschaftstheorie der Theologie“ von Gerhard Sauter, der im Interesse einer kommunikativen Wahrheitsfindung theologische Dialogregeln entwickelt, hat diesen Diskurs – so scheint mir – deshalb nicht vorangebracht, weil er geleitet ist von einem reduzierten Begriff des Wesens des Christentums.[72]

Nun ist jedoch das systematisch-theologische Denken angewiesen auf die wissenschaftliche Form. Sie will es möglich machen, die Wahrheit des Evangeliums – den Gegenstand, den Grund und die Lebensform der christlichen Gewissheit – unter den Bedingungen der ausdifferenzierten, der hochentwickelten Gesellschaft hier und heute zu vergegenwärtigen, und zwar vor allem auch im kritischen Gespräch mit den Bezugswissenschaften der Theologie und mit den Funktionseliten der sozialen Lebensbereiche. Die folgenden – ich gebe zu: zugespitzten – Bemerkungen wollen dazu anregen, mehr als bisher eine konsensfähige Antwort auf die Frage zu suchen, wie sich die wissenschaftliche Form des systematisch-theologischen Denkens bestimmen lasse.[73]

Erstens: Das systematisch-theologische Denken bewegt sich dann und nur dann auf dem Niveau der wissenschaftlichen Form, wenn es in der Mega-Debatte über das Verhältnis von „Religion und Lebensführung“ eine begründete Position bezieht. Diese Position wird jenes Phänomen verstehen und beschreiben, das uns Menschen allen durch uns selbst, durch unser individuelles Selbst-Sein erfahrbar und erkennbar vorgegeben ist: das Phänomen der selbstbewusst-freien Weise, am Leben zu sein und dieses uns im Ganzen

---

[71] Die Diskussion dieser Frage gehört m. E. in den Zusammenhang der Theologischen Enzyklopädie (vgl. hierzu KONRAD STOCK, Die Theorie der christlichen Gewißheit [wie Anm. 8], 8–32) und wird im „Grundriss der Prinzipienlehre“ vorausgesetzt.

[72] Nämlich von dem Begriff des Wesens des Christentums, der es reduziert auf das „Reden von Gottes Handeln mit uns“. Vgl. GERHARD SAUTER, Grundzüge einer Wissenschaftstheorie der Theologie, in: DERS. u. a., Wissenschaftstheoretische Kritik der Theologie, München 1973, 211–332; 261.

[73] Vgl. zum Folgenden die treffenden Bemerkungen zum kirchlichen und zum wissenschaftlichen Wert dogmatischer Sätze bei FRIEDRICH SCHLEIERMACHER, GL^2 § 17 (I, 112–115).

des evolutiven Weltgeschehens gegebene und auferlegte Leben führen zu müssen. Will sich das systematisch-theologische Denken an dem Verstehen und Beschreiben jenes Phänomens orientieren, so wird es stets und gleichursprünglich die beiden Relationen ausdrücklich verknüpfen, die in der primären Gewissheit eines individuellen Freiheits- und Vernunftwesens miteinander gesetzt sind: die Bezogenheit eines individuellen Freiheits- und Vernunftwesens auf den transzendenten Grund und Ursprung seiner Existenz; und die Bezogenheit auf die gemeinsame Welt aller individuellen Freiheits- und Vernunftwesen, die der gemeinsamen Sorge für die Wohlordnung ihrer sozialen Beziehungen auf dieser Erde bedürftig ist. Nur die Orientierung am Phänomen des Selbst-Seins macht es im Rahmen der Mega-Debatte über das Verhältnis von „Religion und Lebensführung" möglich und notwendig, die Themengebiete der Dogmatik und der Ethik von vornherein in ihrem inneren sachlogischen Zusammenhang darzustellen.

Zweitens: Das systematisch-theologische Denken bewegt sich dann und nur dann auf dem Niveau der wissenschaftlichen Form, wenn es die je eigene Einsicht in die Wahrheit des christlichen Gottes-, Welt- und Selbstverständnisses zur Sprache bringt. Es wird die besondere Perspektive tragfähigen Lebenssinnes, die sich hier erschließt, einzeichnen in die vielfältigen Ausdrucksformen einer Transzendenzgewissheit in der Geschichte der Religionskulturen; und es wird demzufolge scharfe Meta-Kritik üben an den Ideen der euro-amerikanischen Aufklärung, soweit sie unter Berufung auf die erhellende Kraft der naturwüchsigen Vernunft Sinn und Bedeutung eines Offenbarungsgeschehens überhaupt in Zweifel zieht. Die wissenschaftliche Form, welche das systematisch-theologische Denken prägt, erweist sich in der Fähigkeit, die Religionskritik, die Offenbarungskritik und die Kirchenkritik der euro-amerikanischen Moderne mit guten Gründen als das Symptom eines schweren Irrtums der Vernunft über sich selbst zurückzuweisen und zu widerlegen. Und zwar mit dem begründeten und entfalteten Argument, dass diese Kritik das Phänomen des Selbst-Seins und damit die „Praxissituation"[74] der individuellen Freiheits- und Vernunftwesen in der gemeinsamen geschichtlichen, sozialen Welt auf dieser Erde verkennt.

Drittens: Das systematisch-theologische Denken bewegt sich dann und nur dann auf dem Niveau der wissenschaftlichen Form, wenn es die je eigene Einsicht in die Wahrheit des christlichen Gottes-, Welt- und Selbstverständnisses in einer konsistenten und kohärenten Begriffssprache entfaltet. Zwar ist dem systematisch-theologischen Denken die religiöse Rede vorgegeben, die uns in den Quellensprachen der Bibel und der kirchlichen Lehrbekenntnisse ebenso wie in der unermesslich reichen Fülle der Gebete und der Lieder, der Meditationen und der Predigten, der Liturgien und der Lebensordnungen in unserem Alltag begegnet: von der Sprache der Bilder und der Musik, der kirchlichen und der klösterlichen Architektur einmal ganz zu schweigen. Aber die Mitglieder der Glaubensgemeinschaft bedürfen in den beiden typischen Gesprächssituationen, in denen sie sich faktisch befinden (s. o. S. XVIII), einer Sprache „von der darstellend belehrenden Art"[75]: einer Sprache, die Sinn und Bedeutung der uns vorgegebenen religiösen Rede in der Vielfalt ihrer Ausdrucksformen als *Darstellung gegenwärtiger Gewissheit der Wahrheit des Evangeliums* zu interpretieren hilft. Wird sich die Theologie, wie sie hier und heute betrieben wird, über eine solche Begriffssprache verständigen wollen und verständigen können?

---

[74] So der präzise Begriff von EILERT HERMS, Die „Theologische Schule". Ihre Bedeutung für die Selbstgestaltung des evangelischen Christentums und seine sozialethische Praxis, jetzt in: DERS., Erfahrbare Kirche (wie Anm. 69), 156–189; 162ff. u. ö.

[75] FRIEDRICH SCHLEIERMACHER, GL^2 § 16 L (I, 107).

Konsistent und kohärent nenne ich eine solche Begriffssprache, wenn sie das christliche Dogma – durchaus vergleichbar den ethischen Religionskulturen und durchaus auf der Linie des Problembewusstseins, das die philosophische Theorie des Ethischen in der Antike auszeichnet (s. u. S. 301ff.) – als eine singuläre *Lebenslehre* präsentiert. Indem sie – diese Begriffssprache – das christliche Dogma, wie es in der religiösen Rede der Heiligen Schrift und in deren Traditionsgeschichte zur Sprache kommt, als eine singuläre Lebenslehre präsentiert, artikuliert sie deren Botschaft als die Antwort auf die Frage, unter welchen notwendigen und hinreichenden Bedingungen die Fähigkeit des Menschen – des individuellen Freiheits- oder Vernunftwesens – zur Selbstverantwortung vor Gott entstehen und bestehen kann: und zwar angesichts des Faktums des radikalen Bösen – der Sünde und der Sündenschuld –, das immer und überall unendliches Leid über uns bringt und an dem die sittliche Selbstmacht der Person scheitert.

Um die Antwort des christlichen Dogmas auf diese Frage zu artikulieren, wird die systematisch-theologische Begriffssprache immer wieder zurückkehren zum Phänomen des selbstbewusst-freien Lebens, mit dem wir Menschen alle durch uns selbst vertraut sind: sie wird also auszusprechen suchen, wie wir Menschen alle uns selbst in unserer Gegenwart, in unserem Handeln und Entscheiden auf mögliche zukünftige Gegenwart hin erleben. Sie wird im selbstbewusst-freien Streben nach möglicher zukünftiger Gegenwart jenes Gut erkennen, das uns allerdings erst im Offenbar-Werden des schöpferischen Wortes Gottes als Gottes Gabe und als Gottes Bestimmung zum Leben in der Teilhabe am Höchsten Gut erschlossen wird. Sie wird also anknüpfen an die *Theorie des Guten* und wird im Lichte dieser Theorie die kategoriale Unterscheidung zur Geltung bringen zwischen den Lebensgütern, die dem Gut des uns gegebenen Lebens in einer gemeinsamen gesellschaftlichen Lebenswelt zu dienen bestimmt sind, und dem Gut der Gemeinschaft mit Gott selbst, das uns zum Höchsten Gut und damit zur Erfüllung dessen werden wird, was wir in unserer erlebten Gegenwart erwarten.

Die systematisch-theologische Begriffssprache wird allerdings die Theorie des Guten, an die sie um der Interpretation des christlichen Dogmas als singulärer Lebenslehre willen anknüpft, in einem ganz entscheidenden Punkte korrigieren und konkretisieren. Sie nimmt nämlich unbestechlich Rücksicht auf die lebens- und weltgeschichtliche Erfahrung, dass wir Menschen alle die Lebensgüter zu gefährden und zu zerstören geneigt sind[76], soweit nicht die Gewissheit des in Wahrheit Höchsten Gutes – die Gewissheit, in der Wahrnehmung der menschlichen Praxissituation zur Gemeinschaft mit Gott selbst berufen und bestimmt zu sein und darin die Vollkommenheit des sterblichen Lebens zu finden – das Selbstgefühl, das Herz, die Gesinnung und damit das Gewissen der Person erfüllt. Die systematisch-theologische Begriffssprache wird daher in Korrektur und Konkretisierung der Theorie des Guten zeigen, dass die Fähigkeit des Menschen zur Selbstverantwortung vor Gott auf die Erfahrung der *Verzeihung* angewiesen bleibt[77] und der „Erscheinung des Erlösers in der Geschichte“ (s. o. S. 11) zutiefst bedürftig ist.

Viertens: Das systematisch-theologische Denken bewegt sich dann und nur dann auf dem Niveau der wissenschaftlichen Form, wenn die konsistente und kohärente Begriffssprache, in der es die je eigene Einsicht in die Wahrheit des christlichen Gottes-, Welt- und Selbstverständnisses entfaltet, konsequent sowohl die notwendigen als auch die hinreichenden Bedingungen vor Augen bringt, unter denen der Erlöser in der Ge-

---

76 Bekanntlich hat Sigmund Freud in der späten Phase seiner Theoriearbeit diese Erfahrung als das Zeichen eines Todestriebes interpretiert.

77 Vgl. hierzu die im philosophischen Diskurs einsamen Gedanken von ROBERT SPAEMANN, Glück und Wohlwollen. Versuch über Ethik, Stuttgart 2009^5, 239–254.

schichte eines individuellen Lebens und dementsprechend in der Geschichte der Kulturen erscheint (vgl. Phil 2,10f.; Kol 1,19f.).

Zu diesen notwendigen Bedingungen gehören nun auf jeden Fall die Institutionen, in denen die kirchlich verfasste Glaubensgemeinschaft sich um die Gottesgewissheit des Christus Jesus und um die darin ausgesprochene Verzeihung (vgl. Mk 14,22–24 parr.; 1Kor 11,23–25) sammelt. Die systematisch-theologische Begriffssprache, die die Theorie des Guten korrigiert und konkretisiert, wird daher zu zeigen haben, dass das Leben in der Selbstverantwortung vor Gott nicht anders als im Zusammenhang des Lebens der Kirche als einer Bildungsinstitution entstehen und bestehen wird.[78] Aber nun existiert die kirchlich verfasste Glaubensgemeinschaft – in welcher rechtlichen und organisatorischen Form auch immer – nicht nur im Gegenüber zu anderen sozialen Gestalten einer Lebenslehre; sie steht auch in Beziehung, ja womöglich in Interdependenz mit den Funktionsbereichen ihrer jeweiligen gesellschaftlichen Lebenswelt, zu deren Wohlordnung ihre Mitglieder im Lichte ihrer Lebenslehre beitragen werden.

Infolgedessen wird sich das systematisch-theologischen Denken dann und nur dann auf dem Niveau der wissenschaftlichen Form bewegen, wenn es sich auf die reine, auf die kategoriale Theorie des Sozialen bezieht, die auf dem Boden des Menschen- und des Grundrechts der Religionsfreiheit das Dasein der Kirche in der Gesellschaft und für die Gesellschaft erkennen lässt.

Wir kommen zum Schluss. Wir verstehen das systematisch-theologische Denken als die begriffssprachliche Entfaltung und Vergegenwärtigung jener singulären Lebenslehre, in die das christliche Dogma – prägnant zusammengefasst im Apostolischen und im Nicäno-Konstantinopolitanischen Credo – einweisen will. Indem es auf die Einheit des Dogmatischen und des Ethischen achtet, entwickelt und verteidigt es die kirchliche Glaubenslehre mit den gedanklichen Mitteln der Theorie konkreter, substantieller Sittlichkeit.[79]

---

78 Vgl. zum notwendigen Zusammenhang zwischen dem Prozess des Wirklich-Werdens des Guten und der theoretischen Beschreibung der Kirche als „Bildungsinstitution" bes. REINER PREUL, Kirchentheorie (wie Anm. 69), 140–152.

79 Vgl. hierzu FRIEDRICH SCHLEIERMACHER, GL[2] § 18,3 (I, 115): „Da nun jeder Glaubenssatz schon als solcher einen kirchlichen Wert hat und Glaubenssätze dogmatische werden, indem sie einen wissenschaftlichen Wert bekommen: so sind dogmatische Sätze desto vollkommner, je mehr die Wissenschaftlichkeit ihnen einen ausgezeichneten kirchlichen Wert gibt, und je mehr auch der wissenschaftliche Geist die Spuren davon trägt, aus dem kirchlichen Interesse hervorgegangen zu sein." – Mit diesen deutlichen Worten fasst Schleiermacher sein Programm wissenschaftlicher Theologie zusammen, dem Ernst Troeltsch zu Unrecht „Verkirchlichung" vorwirft. Das „große Programm aller wissenschaftlichen Theologie", das er gleichwohl bei Schleiermacher findet, hat Troeltsch selbst aus äußeren und vor allem aus inneren Gründen bedauerlicherweise weder fördern noch gar durchführen können. Vgl. ERNST TROELTSCH, Rückblick auf ein halbes Jahrhundert der theologischen Wissenschaft (1908), jetzt in: Theologie als Wissenschaft. Aufsätze und Thesen. Hg. und eingeleitet von GERHARD SAUTER (ThB 43), München 1971, 73–104; 103.

Teil II:
Grundriss der Dogmatik

Einführung

Wir haben uns im I. Teil dieser Einleitung mit den Grundfragen der *Prinzipienlehre* beschäftigt. Die Lehre von den Prinzipien des theologischen Erkennens will das richtige Verständnis für die Aufgabe zu wecken, die der Systematischen Theologie im Ganzen der verschiedenen theologischen Disziplinen zukommt; und sie will zugleich den inneren sachlogischen Zusammenhang begründen, der zwischen der Dogmatik und der Theologischen Ethik besteht. Weil die Prinzipienlehre in der Philosophischen Theologie verankert ist, verdanken wir ihr auch die Einsicht in die wissenschaftliche Form, welche die Systematische Theologie insgesamt gegenüber anderen Formen der Kommunikation und der Reflexion des christlichen Glaubens charakterisiert. Die Systematische Theologie sucht den Gehalt des christlichen Glaubens und der kirchlichen Glaubenslehre begrifflich-kategorial zu erfassen; und sie möchte eben dadurch alle, die eine leitende Funktion in den öffentlichen Kommunikationsweisen der Kirche in der Gesellschaft versehen, zur kompetenten Wahrnehmung ihres Berufs befähigen. Sie ersetzt nicht, wohl aber entfaltet und vertieft sie die übrigen Formen und Gattungen, welche die religiöse Zeichenpraxis in der Geschichte des Christentums gefunden hat. Und zwar deshalb, weil sie den ontologischen wie den lebenspraktischen Sinn bewusst macht, der der Symbolik des christlichen Glaubens und der kirchlichen Glaubenslehre innewohnt.

Es ist das besondere Anliegen der vorliegenden Einleitung, den inneren sachlogischen Zusammenhang der Dogmatik und der Ethik aufzuzeigen. Dieses besondere Anliegen empfängt seinen Impuls aus den theologischen Konzeptionen des Neuen Testaments, die im kritischen Rückgriff auf das Alte Testament die Einheit von Glaube und Liebe, von Glaubensgewissheit und Lebenspraxis zur Geltung bringen. Ihre Form des Offenbarungszeugnisses verlangt nach einer Gestalt der reflektierten Lehre – also nach einer Theorie –, welche diese Einheit von Glaube und Liebe, von Glaubensgewissheit und Lebenspraxis in der christlichen Erkenntnis der menschlichen Weise, am Leben zu sein, begründet: nämlich in der Erkenntnis des Menschen als eines leibhaften Vernunft- und Freiheitswesens, dem es aufgegeben ist, das ihm gegebene Leben in den Beziehungen zur Natur und zur geschichtlich-sozialen Welt in der Selbstverantwortung vor Gott zu führen. Der innere sachlogische Zusammenhang der Dogmatik und der Ethik hat darin seinen Grund, dass es dem Zeugnis der Heiligen Schrift zufolge der Offenbarung des Versöhnungs- und Vollendungswillens Gottes des Schöpfers bedarf, um den Menschen aus der Verfehlung dieser seiner Bestimmung zu befreien und ihn in die *herrliche Freiheit der Kinder Gottes* zu versetzen (Röm 8,21); es bedarf also – mit einem schönen alten Wort gesagt – der christlichen Frömmigkeit, damit die uns Menschen allen mit unserem Wesen gegebene Bestimmung jeweils in unserer eigenen Lebensgeschichte hier und jetzt wirklich werde. Insofern bildet die reflektierte Darstellung der Offenbarung der wahren Liebe Gottes (1Joh 4,9) das Scharnier, das das dogmatische wie das ethischen Denken aufeinander bezogen sein lässt. Und weil die Offenbarung der wahren Liebe Gottes im Prozess unserer Lebensgeschichte der regelmäßigen Erinnerung und Vergegenwärtigung bedarf, sind es just die gottesdienstlichen Institutionen, welche die Gabe der *Befreiung zur Freiheit* (Gal 5,1) und die Aufgabe der *Realisierung der Freiheit* (Gal 5,13) miteinander erlebbar und verstehbar machen (s. u. S. 218ff.).

Meine Darstellung will darauf hinaus, die gottesdienstlichen Institutionen als das Handlungsfeld zu schätzen, von dem die unterschiedlichen Erkenntniswege des dogmatischen wie des ethischen Denkens gemeinsam ausgehen.

§ 1 Begriff und Aufgabe der Dogmatik[1]

1.1. Der Gegenstand der Dogmatik[2]

Ich verwende in dieser „Einleitung“ den Begriff „Systematische Theologie“ als Oberbegriff, der die Teildisziplinen der „Dogmatik“ und der „Ethik“ zusammenfasst und der nicht zuletzt für den Grundriss einer künftigen und dringend nötigen theologischen Ästhetik offen ist. Ich widerspreche damit einem Verständnis, demzufolge sich die Aufgabe einer Systematischen Theologie auf die Dogmatik konzentriert[3]; aber auch einem Verständnis, demzufolge sich die Ethik – wenn auch im Sinne ethischer Theologie – von der Dogmatik emanzipiert.[4] Demgegenüber weist der Oberbegriff der Systematischen Theologie auf eine Einheit von Dogmatik, Ethik und Ästhetik hin, in deren Licht sich dann die Differenz und damit auch die wechselseitige Bezogenheit von Dogmatik, Ethik und Ästhetik bestimmen lassen. Auf diese Einheit werden wir hingewiesen, wenn wir zuvörderst Sinn und Bedeutung des Begriffs „Dogma“ zu klären suchen.

Das Dogma ist in Misskredit geraten. Die europäische Aufklärung hat es fertig gebracht, im Namen vernünftiger Einsicht im Bewusstsein einer gebildeten Öffentlichkeit das kirchliche Dogma als eine autoritäre, empirisch unbegründbare und unwiderlegbare Überzeugung von der Art des Vorurteils zu denunzieren und die Orientierung am kirchlichen Dogma als eine Sache engstirniger und verbohrter Köpfe hinzustellen, für die dann nur der Vorwurf des Dogmatismus passt. Die pejorative Verwendung des Ausdrucks „Dogma“, die sich bedauerlicherweise auch in der kirchlichen und theologischen Öffentlichkeit des deutschsprachigen Protestantismus findet, kann und muss entschieden zurückgewiesen werden, indem wir uns die Sprach- und Begriffsgeschichte in Erinnerung rufen.

---

1 Vgl. zum Folgenden: KONRAD STOCK, Die Theorie der christlichen Gewißheit. Eine enzyklopädische Orientierung, Tübingen 2005, 237–244.

2 Ich übernehme hier einen Abschnitt aus meinem Buch: Die Theorie der christlichen Gewißheit (wie Anm. 1), 213–218, mit freundlicher Genehmigung des Verlags Mohr Siebeck, Tübingen. – Vgl. auch: OTTO RITSCHL, Das Wort dogmaticus in der Geschichte des Sprachgebrauchs bis zum Aufkommen des Ausdrucks theologia dogmatica, in: Festgabe für D. Dr. Julius Kaftan, Tübingen 1920, 260ff.; MARTIN ELZE, Art. Dogma: HWP 2, 275–278; ULRICH WICKERT/CARL-HEINZ RATSCHOW, Art. Dogma II: TRE 9, 26–40; EILERT HERMS, Art. Dogma: RGG[4] 2, 895–899; DERS., Ganzheit als Geschick. Dogmatik als Begriff menschlicher Ganzheitserfahrung und Anleitung zu ihrer Wahrnehmung, in: VOLKER DREHSEN u. a. (Hg.), Der ‚ganze Mensch'. Perspektiven lebensgeschichtlicher Individualität (FS. Dietrich Rössler), Berlin/New York 1997 (APrTh 10), 369–406.

3 Für eine solche Konzentration der Systematischen Theologie auf die Dogmatik hat sich ausgesprochen WOLFHART PANNENBERG, Systematische Theologie. Bd. I, Göttingen 1988, 7.

4 Für die „Emanzipation der Ethik von der Dogmatik“ plädiert TRUTZ RENDTORFF, Ethik. Grundelemente, Methodologie und Konkretionen einer ethischen Theologie. Bd. I, Stuttgart/Berlin/Köln 1980, 20; sorgfältiger und umsichtiger ist seine Konzeption einer „ethischen Theologie“ dagegen entwickelt in der 2. Auflage dieses Werkes: Stuttgart/Berlin/Köln 1990, 37–59.

Der Ausdruck „Dogma" – „das, was als richtig erschienen ist" – ist älter als sein christlich-religiöser Gebrauch. In den philosophischen Schulen der Antike, insbesondere in der Stoa, charakterisiert er einen Zusammenhang von Lehren, die in einer Schule kraft der Autorität ihres Gründers in Geltung stehen und die den Anspruch erheben, die Stellung des Menschen in der Welt richtig zu deuten und dadurch eine Selbsterkenntnis zu ermöglichen, die den Weg zum *guten Leben* weist. Vor dem Hintergrund der Sorge um die *Eudaimonia* des Lebens ist das philosophische Dogma also eine Lebenslehre, die eine Gewissheit hinsichtlich des Guten einschließt. Sie appelliert an die sittliche Selbstmacht der Person, an ihre Fähigkeit zur Realisierung des Guten in den Tugenden.

Weil unter dem Dogma eine ethisch orientierende Lebenslehre zu verstehen ist, die auf einer Gewissheit des Guten beruht, bot sich dieser Begriff in seinem formalen Sinne nicht nur dem Judentum, sondern auch dem antiken Christentum an, um den Inbegriff der Glaubenslehre – des Evangeliums, des Bekenntnisses, der Überlieferung (vgl. 1Kor 11,23ff.; 15,1ff.) – in seiner Vergleichbarkeit mit den philosophischen Lebenslehren, aber auch in seiner Andersheit ihnen gegenüber zu kennzeichnen. Die Glaubenslehre suchte nämlich nicht nur die kategoriale Eigen-Art Gottes, sondern auch den Zusammenhang der göttlichen Handelnsarten in Schöpfung, Versöhnung und Vollendung zur Sprache zu bringen, die dem Menschen die Teilhabe am Wirklich-Werden des Guten und damit den Weg zur Erfüllung des je individuellen Lebens eröffnen.

Die theologische Besinnung auf den Inbegriff der Glaubenslehre hatte alsbald zu mannigfachen Auseinandersetzungen geführt. Deshalb kam das Moment der Entscheidung eines theologischen Streits durch eine Synode oder ein Konzil als weiteres definitorisches Merkmal eines Dogmas hinzu, für das dann auch der Begriff „Symbol" gebräuchlich wird.[5] Die verschiedenen Symbole und Canones bilden miteinander den harten Kern der *kirchlich festgestellten Lehre*, die jeweils aus gegebenem Anlass einen Aspekt des Offenbarungsgeschehens, wie es in den kanonischen Offenbarungszeugnissen der Heiligen Schrift zur Sprache kommt und im gelebten Glauben der kirchlichen Gemeinschaft präsent ist, zu formulieren und zu präzisieren suchen.[6] Deshalb steht die ausdrückliche und solenne kirchliche Lehre – wie das insbesondere Basilius von Caesarea eingeschärft hat – in einem sachlogischen Zusammenhang mit der gottesdienstlichen Liturgie, der Taufformel und den mannigfachen Formen der Anbetung Gottes.[7]

Die reformatorische Bewegung hat das altkirchliche Verständnis des Dogmas und seiner Funktion für die kirchlich verfasste Glaubensgemeinschaft rezipiert, wenn sie die maßgeblichen und verbindlichen Sätze kirchlicher Lehre als „articulus fidei" oder als „confessio" bezeichnet oder wenn sie zur Beilegung theologischer Kontroversen eine „Wiederholung und Erklärung etlicher Artikel Augsburgischer Confession" formuliert.[8]

---

5 In diesem Sinne rezipiert die Augsburgische Konfession das Symbolum Nicaenum bzw. das Symbolum Constantinopolitanum (BSLK 50–52), die Kanones der Synode von Karthago gegen Pelagius (BSLK 52–53) und das Symbolum Chalcedonense (BSLK 53–55).

6 Vgl. hierzu WILHELM SCHNEEMELCHER, Das Problem der Dogmengeschichte, in: ZThK 48, 1951, 63–89.

7 Vgl. dazu BASILIUS, De Spiritu sancto. Übersetzt und eingeleitet von HERMANN JOSEF SIEBEN, Freiburg i. Br. u. a. 1993; sowie die in der Alten Kirche aufgestellte Regel: „lex orandi – lex credendi".

8 So lautet der vollständige Titel der Konkordienformel: „Gründliche [Allgemeine], lautere, richtige und endliche Wiederholung und Erklärung etlicher Artikel Augsburgischer Confession, in welchen ein Zeither unter etlichen Theologen derselbigen zugetan Streit vorgefallen, nach Anleitung Gottes Worts und summarischen Inhalt unser christlichen Lehr beigelegt und vorglichen" (BSLK 735).

Sie sucht damit das kanonische Offenbarungszeugnis im Sinne einer normativen und exemplarischen Beschreibung des Weges zu dem in Wahrheit guten Leben teils verbindlich festzustellen, teils gegen missverständliche und missbräuchliche Entstellungen kritisch zur Geltung zu bringen. Sie nimmt für ihre Feststellungen einer verbindlichen kirchlichen Lehre zunächst *nur* eine kirchenrechtliche (kirchenordnungsmäßige) Funktion in Anspruch, die dazu dient, die öffentliche Kommunikation des Evangeliums zu regulieren. Allerdings kann sich die Lehr- und Bekenntnisbildung der reformatorischen Bewegung noch nicht von der religionsrechtlichen Funktion emanzipieren, die dem Dogma innerhalb des Corpus Christianum des Heiligen Römischen Reiches Deutscher Nation zugekommen war[9]; ja in den lutherischen wie in den reformierten Konfessionsgesellschaften des 17. und des 18. Jahrhunderts wird diese religionsrechtliche Funktion durchaus aufrecht erhalten.[10]

Demgegenüber ist nun aber zu bedenken, dass das genuine reformatorische Verständnis des kirchlichen Bekenntnisses und der kirchlichen Lehre sich innerhalb der Unterscheidung von „Wort" und „Geist", von „äußerer Klarheit" und „innerer Klarheit", von menschlichem Offenbarungszeugnis und geistgewirkter Wahrheitsgewissheit bewegt (s. o. S. 31f.). Im Lichte dieser Unterscheidung ist die Lehre, das Bekenntnis und in diesem Sinne eben auch das Dogma, wie es durch kirchliches Recht zustande kommt und in einer Kirchenordnung vorgeschrieben werden kann, bezogen auf die Interpretation der Heiligen Schrift in den öffentlichen Kommunikationssituationen der Glaubensgemeinschaft – also insbesondere im Gottesdienst und im Unterricht. Es hat verpflichtende Kraft für den öffentlichen Vollzug des kirchlichen Lehramts. Weil die regulative Funktion der Lehre, des Bekenntnisses und des Dogmas zu den notwendigen Bedingungen der Wahrheitsgewissheit des Glaubens (und damit des in Wahrheit guten Lebens in der Erkenntnis Gottes, in der Liebe und in der Hoffnung) gehört, kann das Dogma jedoch weder der direkte Grund und Gegenstand des Glaubens sein; noch kann es eine bestimmte und besondere, lebens- und geistesgeschichtlich variierende Form der Systematischen Theologie als seine einzig angemessene theoretische Entfaltung legitimieren. Ist die Gewissheit der Wahrheit des Evangeliums eine Bestimmtheit des menschlichen Gottesverhältnisses, so begründet sie eine Selbsterkenntnis, die zugleich die – dem Schöpfer-Sein Gottes entsprechende und daher wahre – Gottes- und Welterkenntnis einschließt, die aber gleichwohl wie alle anderen Aktionsformen menschlicher Handlungsfähigkeit fehlbar und verbesserlich ist. In diesem Sinne ist das Dogma allerdings „ein eschatologischer Begriff"[11].

Es ist daher geboten, zwischen der Wahrheitsgewissheit des Glaubens selbst und dem Inbegriff der gottesdienstlichen Form, der Lehre, des Bekenntnisses und des Dogmas, aber auch zwischen dem Inbegriff der gottesdienstlichen Form, der Lehre, des Bekenntnisses und des Dogmas in seiner kirchenordnungsmäßigen Funktion und den verschiedenen Möglichkeiten ihrer theoretischen Entfaltung in der dogmatischen wie in der ethischen Theorie zu unterscheiden. Die regulative Funktion des Dogmas gehört daher nur zu den notwendigen Begegnungsgestalten des Wortes Gottes im Sinne von

---

[9] Das zeigt etwa die Rolle, die Calvin beim Genfer Prozess gegen Michael Servet gespielt hatte, der wegen Häresie zum Tode auf dem Scheiterhaufen verurteilt wurde.

[10] Das zeigen besonders krass die Konflikte in den niederländischen Generalstaaten um die Kritik an der calvinistischen Prädestinationslehre, die Jacobus Arminius vorgetragen hatte.

[11] Vgl. KARL BARTH, Die christliche Dogmatik im Entwurf. 1. Bd.: Die Lehre vom Worte Gottes. Prolegomena zur christlichen Dogmatik, München 1927, 112.123; GERHARD SAUTER, Dogma – ein eschatologischer Begriff (1966), jetzt in: DERS., Erwartung und Erfahrung. Predigten, Vorträge und Aufsätze (ThB 47), München 1972, 16–46.

Joh 1,1-14. Es bleibt anzuerkennen, dass diese wohlverstandene Relativierung des Dogmas der religiösen und der theologischen Aufklärung geschuldet ist.

Es blieb der römisch-katholischen Tradition vorbehalten, unter dem Eindruck eines gefährlichen Bedroht-Seins durch den Zeitgeist der Moderne einen Begriff des Dogmas zu bekräftigen, der über die erwähnte kirchenrechtliche Funktion weit hinaus geht. Sie versteht unter dem Dogma den Inbegriff der heiligen Glaubenswahrheiten, die Gott selbst in Jesus Christus den Aposteln offenbart und damit der Kirche zur treuen Bewahrung und zur unverkürzten Vorlage an die Menschenwelt anvertraut. Sie nimmt damit nicht nur in Anspruch, dass die Glaubens- und die Sittenlehre, wie sie das bischöfliche Lehramt in der Kirche präsentiert, der Sache und dem Inhalt nach identisch ist mit der von Gott selbst offenbarten Wahrheit; sie spricht der Glaubens- wie der Sittenlehre und damit der Autorität der Kirche und des bischöflichen Lehramts auch den Charakter eines *Glaubensgrundes* zu, der dem Gewissen verbindlich und verpflichtend ist.[12] Die wohlverstandene dynamische Geschichtlichkeit des Dogmas, die das Lehramt in der Folge des II. Vatikanischen Konzils durchaus anerkennt[13], ändert noch nichts daran, dass die kirchlich vorgelegte Glaubens- und Sittenlehre die Einstimmung im Vollzug des Glaubens fordert, ohne sie doch realiter gewähren zu können. Von daher ist es auch zu erklären, dass die römisch-katholische Form der Fundamentaltheologie Gründe für die *Glaubwürdigkeit* der kirchlich vorgelegten Glaubens- und Sittenlehre geltend macht, dass sie aber mitnichten den Zusammenhang von „Wort“ und „Geist“, von „äußerer Klarheit“ und „innerer Klarheit“ zu entwickeln vermag (s. o. S. 30f.).

Wir halten fest:
Der primäre Gegenstand der Dogmatik ist nach reformatorischer Erkenntnis die Wahrheitsgewissheit des Glaubens, die im Zusammenhang der Kommunikation des Evangeliums durch Gottes Geist begründet und erhalten wird. Wie wir im „Grundriss der Prinzipienlehre“ zeigten, ist diese Definition prägnant genug, um den Gegenstand des Glaubens – das Evangelium von Jesus als dem Christus Gottes des Schöpfers – und dessen Gegebenheits- oder Erschlossenheitsweise zusammenzufassen. Was uns in der Geschichte des Christentums unter dem Begriff des Dogmas begegnet, ist daher keinesfalls als Gegenstand des Glaubens zu verstehen. Ihm kommt vielmehr – jedenfalls in den Situationen der christlichen Öffentlichkeit – im Zusammenhang mit den Glaubensartikeln und dem kirchlichen Lehrbekenntnis für die Auslegung und für die Vergegenwärtigung des Evangeliums eine regulative Funktion zu, auf die eine Kirchengemeinschaft in Konfliktfällen wird zurückgreifen können. Als Teil der Systematischen Theologie wird die Dogmatik in wissenschaftlicher Form entfalten, dass und in welcher Weise die Wahrheitsgewissheit des Glaubens – wie angefochten und wie fragmentarisch auch immer – eine Lebensform erzeugt, die dann im Einzelnen Thema der Theologischen Ethik ist. So führt die Systematische Theologie zurück zum alten philosophischen Sprachgebrauch.

---

12 Vgl. hierzu: Dogmatische Konstitution „Dei Filius“ (DH 3011), sowie die wegen ihres didaktischen Geschicks lehrreichen Ausführungen von WOLFGANG BEINERT, Dogmatik studieren. Einführung in dogmatisches Denken und Arbeiten, Regensburg 1985, 15–38.

13 Vgl.: Kongregation für die Glaubenslehre: Erklärung „Mysterium ecclesiae“ zur katholischen Lehre über die Kirche und ihre Verteidigung gegen einige Irrtümer von heute vom 15. Februar 1975, Trier 1975.

1.2. Die Gliederung der Dogmatik

Die Geschichte des theologischen Denkens kennt verschiedene Methoden, um die Frage nach dem Grund und nach dem Gegenstand der Systematischen Theologie in einer sachgemäßen Ordnung zu beantworten.[14] Im Rückblick auf diese verschiedenen Methoden legt es sich heutzutage nach meiner Einsicht nahe, in Zustimmung und in Kritik an das Prinzip der Konstruktion anzuknüpfen, das Schleiermachers „Glaubenslehre" bestimmt. Denn deren Konstruktionsprinzip will deutlich machen, dass die systematische Besinnung die gegenwartsbestimmende Macht der *Gnade Gottes* für die Gemeinschaft des Glaubens an den Christus Gottes des Schöpfers zum Thema hat. Weil die Gemeinschaft des Glaubens je in ihrer Gegenwart – und zwar in angefochtener, schuldbeladener und leidvoller Weise – des göttlichen Versöhnungs- und Vollendungswillens gewiss sein darf, ist die Darstellung der Gnade Gottes das organisierende Zentrum, das die verschiedenen Artikel des christlichen Glaubens und der kirchlichen Glaubenslehre zur Einheit einer Anschauung des Lebens in dieser Weltzeit zusammenschließt.

Das sei in der gebotenen Kürze gezeigt, und zwar in vier Punkten.
Erstens: Wir haben in der Prinzipienlehre die wichtige theoretische Anregung Schleiermachers aufgenommen, die Momente des personalen Selbstbewusstseins als solchen und der christlichen – der durch den Geist des Christus Jesus bestimmten – Gestalt des unmittelbaren Selbstbewusstseins in ihrem sachlogischen Zusammenhang zu betrachten (s. o. S. 14).

Die dogmatische Besinnung auf den Wahrheitsgehalt der christlichen Glaubenslehre und auf ihre Orientierungskraft wird infolgedessen ihren Schwerpunkt in der Antwort auf die Frage haben, in welcher Weise und unter welchen Bedingungen es in der Geschichte des Menschengeschlechts zu einer Form des gemeinschaftlichen Lebens kommen wird, in der das gemeinschaftliche Leben unter der Macht der Sünde – in der ihrer Bestimmung entfremdeten Gestalt des personalen Selbstbewusstseins – grundsätzlich und letztgültig durch das Erscheinen des Christus Jesus überwunden ist. Der Schwerpunkt der dogmatischen Besinnung wird also auf der Darstellung des gemeinschaftlichen Lebens liegen, das durch die Macht der Gnade und der Treue des Schöpfers, durch die Offenbarung der Gerechtigkeit Gottes (Röm 1,17), durch die Ausgießung des Heiligen Geistes (Apg 2,1-5) möglich und wirklich wird. Der Schwerpunkt der dogmatischen Besinnung wird deshalb auf der *Ekklesiologie* – auf der Lehre von der Existenz der Glaubensgemeinschaft der Kirche in der Welt und für die Welt – liegen (§ 5.1; 5.2). Die dogmatische Besinnung sucht hier die notwendigen und die hinreichenden Bedingungen zu beschreiben, die erfüllt sein müssen, damit es in der Gegenwart unserer Lebensgeschichte die individuelle Teilhabe an der erfahrbaren, an der sozialen, an der kommunikativen Gestalt des Christ-Seins in einer gesellschaftlichen Lebenswelt gibt.[15]

---

14 Zum Aufbau der Dogmatik vgl. bes. GERHARD EBELING, Dogmatik des christlichen Glaubens. Bd. I, Tübingen 1987[3], 61–76. – Freilich mangelt es in Ebelings Konzeption der Dogmatik bedauerlicherweise von Anfang an an einer Vermittlung mit dem Gebiet der Theologischen Ethik.

15 Hierin weiß ich mich verbunden mit der Konzeption, die vorgelegt hat WILFRIED HÄRLE, Dogmatik, Berlin/New York 2007[3], 168–192. Die Bestimmung der jeweils gegenwärtigen Lebenswelt als „Kontext des christlichen Glaubens" (168) scheint mir im Übrigen sehr viel überzeugender zu sein als die – mit manchen Schwierigkeiten und Widersprüchen belastete – Methode der Korrelation, die das Prinzip der Gliederung begründet bei PAUL TILLICH, STh I–III (vgl. hierzu auch FRANK MIEGE/ERICH FEIFEL, Art. Korrelation: RGG[4] 4, 1701–1704).

Die Lehre von der Existenz der Kirche in der gesellschaftlichen Lebenswelt ist nun sinnvoller- und notwendigerweise umschlossen von zwei Gedankengängen, die es einerseits mit dem *Grunde* und andererseits mit der *Tragweite* der Glaubensgemeinschaft in ihrer kirchlich verfassten Form zu tun haben.

Zunächst besinnen wir uns auf dasjenige Geschehen, dem die Kirche – die je gegenwärtig erfahrbare, soziale und kommunikative Gestalt des Christ-Seins in einer gesellschaftlichen Lebenswelt – ihre Existenz verdankt. Wir besinnen uns also auf die *Christologie* und auf die *Soteriologie* (§ 4.2; 4.3). In der Christologie wie in der Soteriologie vergegenwärtigen wir uns die Existenz des Menschen, der kraft seiner Einheit mit Gott das Haupt der Kirche, der Anfänger und Vollender des Glaubens, das fleischgewordene Wort Gottes des Schöpfers (Joh 1,14) ist: des Menschen, in dessen Lebenszeugnis und Lebenshingabe, in dessen personalem Selbstbewusstsein das gemeinschaftliche Leben unter der Macht der Sünde grundsätzlich und endgültig überwunden ist. Wir vergewissern uns des *Grundes*, dem die Gemeinschaft des Glaubens die Gewissheit schuldet, mit Gott versöhnt und zum selbstverantwortlich-freien Dienst an Gottes Offenbar-Werden für das Menschengeschlecht berufen zu sein. Wir zeigen, dass und inwiefern das Leben in der *Freiheit eines Christenmenschen* seinen Ursprung in der Gemeinschaft mit dem Christus Jesus selbst besitzt.

Zum andern aber nehmen wir das Faktum ernst, dass die Glaubensgemeinschaft der Kirche in der Welt, die sich der Selbstvergegenwärtigung des Christus Jesus in der Kraft des Geistes verdankt, in dieser Weltzeit in jeder Hinsicht angefochten ist. Sie steht in der Gefahr des Irrens und des Scheiterns; sie hat ihrer Schuld und ihrer Ohnmacht in der Geschichte eingedenk zu sein; und sie ist stets der Erfahrung des Sterbens und der Angst des Todes ausgesetzt. So geht sie ihrer Vollkommenheit erst entgegen, und es ist in dieser Weltzeit gerade nur die Hoffnung auf das ewige Vollendet-Sein, die sie aufrecht erhält (Röm 8,24). Deshalb mündet die dogmatische Besinnung mit Recht in eine *Eschatologie*, in der wir uns über den Sinn und über die Tragweite der eschatologischen Symbolik der Glaubenssprache Rechenschaft geben wollen (§ 5.3).

Zweitens: In einer Beschreibung des gemeinschaftlichen Lebens aus der Kraft der Gnade Gottes – der Existenz der Glaubensgemeinschaft der Kirche in der Welt und für die Welt –, das sich regelmäßig seines Grundes vergewissert und das sich in den Leiden und in den Anfechtungen dieser Zeit als ein Leben in der Hoffnung bewährt, ist nun allerdings auch einer *zeitlich-geschichtlichen Voraussetzung* zu gedenken, derer sich die Mitglieder der Glaubensgemeinschaft in ihrer individuellen Lebensführung stets bewusst sein werden. Wenn es nämlich der Offenbarung des göttlichen Versöhnungs- und Vollendungswillens bedarf, um den Menschen in die Entsprechung zu seiner schöpferischen Bestimmung zu versetzen, so werden wir zuvörderst deren Verfehlung in den Blick nehmen, in die wir Menschen alle unausweichlich verstrickt sind. Wir werden vom Wesen der *Sünde* und von ihren destruktiven Wirkungen in der geschichtlichen Existenz des Menschengeschlechts sprechen; und zwar so, dass wir das Wesen und die Wirkungen der Sünde aus der Perspektive des schöpferischen Willens Gottes zu verstehen suchen. Deshalb verbindet sich die Lehre vom Wesen und von den Wirkungen der Sünde mit der Lehre von der Erkennbarkeit der Sünde, wie sie im Rahmen der Frage nach dem Wesen des göttlichen Gesetzes und nach seiner Funktion in der Erfahrung des Gewissens vorzutragen ist (§ 4.1).

– Zum religions- und sozialtheoretischen Anspruch der Konzeption der Lebenswelt vgl.: MARTIN SCHUCK, Konfession und Lebenswelt. Protestantische Identitätsbildung vor dem Hintergrund der Debatte um die Globalisierung, in: WILFRIED HÄRLE/MATTHIAS HEESCH/REINER PREUL (Hg.), Befreiende Wahrheit. FS. Eilert Herms (MThSt 60), Marburg 2000, 491–506.

Drittens: Sowohl die Gewissheit des Glaubens und die in ihr erschlossene Erfahrung des getrösteten Gewissens als auch das Leben unter der Gewalt der Sünde und in der Erfahrung des göttlichen Gesetzes sind nun allerdings kontingente geschichtliche Ereignisse. Sie sind möglich und sind wirklich nur für Wesen von der Seinsart des Menschen als des leibhaften Vernunft- und Freiheitswesens. Deshalb bedürfen wir eines Gedankenganges, in dem wir eine Antwort auf die Frage suchen, durch welche Bedingungen diese kontingenten geschichtlichen Ereignisse – und zwar in ihrer Einbettung in die Sphäre des ungeheuren Weltgeschehens – ihrerseits ermöglicht sind. Es ist die Lehre vom christlichen Glauben an Gott den Schöpfer, die auf diese Frage eine Antwort gibt – eine Antwort, die in der Theorie des personalen Selbstbewusstseins, der leibhaften, der geschaffenen Freiheit ihre Pointe hat (§ 3). Indem die Dogmatik diese Antwort entfaltet, bestimmt sie auch den Status dieser Lehre in durchgeklärter Weise. Sie leitet dazu an, die Lehre vom christlichen Glauben an Gott den Schöpfer als eine transzendentale Theorie zu begreifen, und nicht etwa als ein Gefüge von Aussagen, die eine historische Form des religionskulturellen mythischen Denkens erneuern oder empirische Beobachtungen mitteilen wollen. Insofern führt die Lehre vom christlichen Glauben an Gott den Schöpfer mit Recht zum anthropologischen Grundbegriff der *Gottebenbildlichkeit der Person*.

Viertens: Wir haben die Besinnung auf die Gegenwart eines gemeinschaftlichen Lebens, das durch die Selbstvergegenwärtigung des Christus Jesus in der Kraft des Heiligen Geistes ausgezeichnet ist, den Schwerpunkt der dogmatischen Reflexion genannt. Und wir sahen, dass die Gewissheit des göttlichen Versöhnungswillens, die in dieser Selbstvergegenwärtigung gründet, eine eschatische Tragweite über den Tod hinaus und durch den Tod hindurch besitzt. Sie weitet sich in dieser unserer Gegenwart zur Hoffnung auf die *kommende Welt* (Hebr 2,5), auf die *Herrlichkeit* und auf die *Seligkeit* (Hebr 2,10), auf die *Ruhe* (Hebr 3,19) und auf die *zukünftigen Güter* (Hebr 9,11): alles Annäherungen an das Vollendet-Sein unseres geschichtlichen Lebens, das jeder vorwegnehmenden Erfahrung entzogen ist. Deutlicher als Schleiermacher – und natürlich deutlicher als Karl Barth – werden wir daher betonen, dass jenes eschatische Vollendet-Sein unseres geschichtlichen Lebens schon Gottes Sinn und Ziel in Gottes schöpferischem Wirken ist: der ursprüngliche Entwurf, der Gottes schöpferischem Wirken seine Richtung gibt.

Aus diesem Grunde werden wir der Anordnung der Gotteslehre in Schleiermachers „Glaubenslehre" nicht folgen.[16] Zwar gibt diese Anordnung den verschiedenen Aspekten der christlichen Frömmigkeit als den Aspekten des christlichen Gottesverhältnisses Raum; aber sie hat keinen systematischen Ort für die Beantwortung der Frage, wie das Relat „Gott" in den verschiedenen Aspekten des christlichen Gottesverhältnisses selbst zu verstehen ist. Wir werden daher die Lehre von Gott in einem eigenen Paragraphen an den Anfang der materialen Dogmatik stellen (§ 2). In ihm suchen wir die Erkenntnis des göttlichen Waltens, wie sie in der Gemeinschaft des christlichen Glaubens ausgebildet ist, in spezifisch theo-logischen Aussagen zu begründen: nämlich in solchen Aussagen, die um das Geheimnis einer ursprünglichen göttlichen Selbstbestimmung kreisen, kraft derer Gott sich in ein treues, ein unbedingtes, ein bleibendes Verhältnis zur Welt und zum Menschen setzt. Wir suchen also Gottes Selbst-Sein zu erfassen, wie es der Gemeinschaft des Glaubens durch Gottes letztgültige Offenbarung erschlossen ist; und wir suchen Gottes Selbst-Sein so zu bestimmen, dass es Grund der *Erwählung* sein kann.

---

16 Vgl. hierzu bes. FRIEDRICH SCHLEIERMACHER, GL^2 § 31 (I, 165–167).

§ 2 Der christliche Glaube an Gott

„Niemand hat Gott je gesehen“ (Joh 1,18; vgl. Ex 33,20; 1Tim 6,16). Wie kann es dann überhaupt Glauben an Gott, Liebe zu Gott, Hoffnung auf Gott, Erkenntnis Gottes, Verantwortung vor Gott geben? Wie kann es dann über die Beschreibung des unmittelbaren Selbstbewusstseins und des Gefühls der schlechthinnigen Abhängigkeit hinaus inhaltliche Aussagen geben, die Gottes Wesen und Gottes Handeln *bezeichnen*? Wie kommt die Heilige Schrift dazu, von Gottes Macht und von Gottes Liebe, von Gottes Bund mit Israel und von Gottes Reich zu sprechen? Wie kommen die Psalmen dazu, Gebete der Bitte und der Klage und des Hymnus zu formulieren, die Gott mit „Du“ anreden? Wie kommt das Hiobbuch, wie kommt die Prophetie dazu, Dialoge mit dem göttlichen Wesen zu führen? Inwiefern ist Gott erkennbar und inwiefern kann Gottes Sinn in der Zeichenpraxis der biblischen Religion zur Sprache kommen? Inwiefern ist und bleibt uns Gottes Wirklichkeit nicht schlechthin in einem großen Schweigen verborgen?[1]

Wir haben in der Prinzipienlehre den Versuch unternommen, auf solche Fragen eine Antwort zu geben, indem wir auf die Situationen der religiösen *Offenbarung* achteten, die sich in aller Religionsgeschichte und nicht zuletzt auch in der Glaubensgeschichte Israels finden (s. o. S. 28ff.). Wir haben sie gedeutet als Erschließungsereignisse, in denen die primäre Gewissheit des individuellen Freiheitsgefühls der Person zu einer expliziten Transzendenzgewissheit gelangt. In den Zusammenhang solcher Erschließungsereignisse haben wir die Ursprungssituationen des Glaubens an Jesus als den Christus Gottes gestellt, von denen das apostolische Kerygma des Neuen Testaments berichtet und auf die sich der Sache nach die Tradition der Lehre und des Bekenntnisses, der individuellen Glaubenssprache und der Kunstpraxis in der Geschichte des Christentums bezieht. In diesen Ursprungssituationen wird die Gottesgewissheit des christlichen Glaubens in ihrem singulären, in ihrem normativen, in ihrem „letztgültigen“ Charakter (Paul Tillich) begründet. In ihnen wird Gott in seinem Wesen – in den „Tiefen der Gottheit“ (1Kor 2,10) – erkennbar und wird Gott von sich selbst her in seinem Sinn und Ziel erkannt; und zwar so, dass die Empfänger dieser Offenbarung sich selbst zu Zeugen dieser Offenbarung berufen wissen. Wessen der Glaube gewiss ist, worauf sich die Liebe und die Hoffnung des Glaubens richtet, was im Leben der Glaubensgemeinschaft an Erkenntnis Gottes zu gewinnen ist und worauf sich unsere je eigene Verantwortung bezieht: dies alles geht nicht aus der Schlussfolgerung der theoretischen oder der praktischen Vernunft hervor, sondern verdankt sich geschichtlichen Ereignissen, in denen Gottes transzendente Majestät sich selbst unter den Verstehensbedingungen eines endlichen Wesens erschließt. Im Rahmen der Religionsgeschichte solcher Ereignisse ist es die besondere Bewandtnis der österlichen Erscheinungen des Gekreuzigten als des Auferstandenen, die ursprüngliche Situation zu sein, in der Gottes Wesen und Gottes Wollen in letztgültiger Weise offenbar wird (s. u. S. 189ff.). Deshalb fährt Joh 1,18 mit Recht fort: „der eingeborene Sohn, der in des Vaters Schoß ist, der hat ihn uns verkündigt.“

---

[1] Vgl. hierzu RALF STOLINA, Niemand hat Gott je gesehen. Traktat über negative Theologie (TBT 108), Berlin/New York 2000; DERS., Art. Negative Theologie: RGG^4 6, 170–173.

Wir setzen diese Einsicht der Prinzipienlehre, die die Erkenntnis der christlichen Gottesgewissheit in den normativ-kritischen Zusammenhang mit den Ereignissen der Offenbarung in der Geschichte der Religionskulturen bringt, im Folgenden voraus.

Unter dieser Voraussetzung sucht die Lehre von Gott eine Antwort zu finden auf fünf Teilfragen:

Erstens, was ist überhaupt Sinn und Bedeutung des sprachlichen Zeichens, des Wortes „Gott" (2.1.)?

Zweitens, wie können wir Gottes Sein als lebendiges Sein verstehen – zumal angesichts der Tatsache, dass Gottes Sein nicht nur in der Gottvergessenheit des Alltags, sondern auch im ausdrücklichen Argument der verschiedenen Wege des Atheismus geleugnet wird (2.2.)?

Drittens, welchen Sinn und welche Bedeutung hat die religiöse Sprache des Glaubens, die in mannigfacher und überschwänglicher Weise Eigenschaften des göttlichen Wesens zu bezeichnen sucht (2.3.)?

Viertens, wie ist Gott selbst, wie ist das göttliche Wesen in sich selbst verfasst, wenn anders es in seiner Tiefe eine Wahl, eine Entscheidung zugunsten seines Zusammen-Seins mit einer geschaffenen, mit einer endlichen Welt trifft und zu treffen frei ist (2.4.–2.5.)?

Fünftens, wie können wir verstehen und entfalten, was es mit der „Wahl der Gnade" (Röm 11,5) auf sich hat (2.6.)?

Indem wir uns diesen Teilfragen der Lehre von Gott zuwenden, suchen wir jene Wirklichkeit zu erkennen, die unser aller *ultimate concern* ist, weil sie uns inmitten aller Anfechtungen tragfähigen Lebenssinn gewährt und so ein Leben in beständigem Glauben, in engagierter Liebe und in zuversichtlicher Hoffnung werden, sein und dauern lässt. Wir werden uns – wie überhaupt in dieser „Einleitung" – darum bemühen, eine Sprachgestalt zu pflegen, die der Gottesgewissheit von Frauen und von Männern in entsprechender Weise gerecht wird. Zugleich sind wir dessen eingedenk, dass die diskursive Rede von Gott, die Gottes Geheimnis in zeitlicher Reihenfolge umkreist, nur einen Notbehelf darstellt; in Wahrheit erörtern wir Aspekte der transzendenten Majestät Gottes, deren jeder auf alle anderen verweist und deren jeder alle anderen impliziert. Sie sind in Wahrheit kopräsent.[2]

2.1. Gott: Vom Namen Gottes zum Begriffswort „Gott"

Der christliche Glaube, dessen Wahrheitsgehalt und dessen Orientierungskraft wir in der Systematischen Theologie im Ganzen zu entfalten suchen, ist in allen seinen Aspekten *Glaube an Gott*. Er steht als solcher in einem besonderen Verhältnis zum Gottesglauben und zur Gotteserkenntnis Israels, wie sie die Bibel Israels und deren eigene Überlieferungsgeschichte in Talmud und Midrasch dokumentiert.[3] Der christliche Glaube setzt die

---

2 Vgl. zum Folgenden bes. den Gesamtartikel „Gott I.–VIII": TRE 13, 601–708; darin bes. INGE LØNNING, Art. Gott VIII. Neuzeit/Systematisch-theologisch: ebd. 668–708 (Lit.!); CHRISTOPH SCHWÖBEL/NIELS HENRIK GREGERSEN, Art. Gott V. Dogmatisch: RGG^4 3, 1113–1127; EBERHARD JÜNGEL, Gott als Geheimnis der Welt. Zur Begründung der Theologie des Gekreuzigten im Streit zwischen Theismus und Atheismus, Tübingen 2010^8; INGOLF U. DALFERTH, Gott. Philosophisch-theologische Denkversuche, Tübingen 1992.

3 Zum Gottesglauben und zur Gotteserkenntnis der Bibel Israels vgl. in Kürze: WERNER H. SCHMIDT, Art. Gott II. Altes Testament: TRE 13, 608–626; OTTO KAISER, Art. Gott II.

Geschichte der Gottesbezeugungen in Israel voraus; zugleich geht er über sie in ganz bestimmter Weise hinaus, weil ihm in Gottes letztgültiger Offenbarung der Gott Israels in seiner Wahrheit erschlossen ist (vgl. Hebr 1,1). Dieses besondere Verhältnis zum Gottesglauben und zur Gotteserkenntnis Israels kommt darin zum Ausdruck, dass sich der christliche Glaube an Gott eben als Glaube an den dreieinigen und dreifaltigen Gott versteht; und zwar deshalb, weil er teil hat an der Gottesgewissheit und an dem Gottesverhältnis des Christus Jesus, wie es ihm im Lebenszusammenhang der Kirche in der Kraft des Heiligen Geistes evident wird. Wir haben dieses Thema bereits in der Prinzipienlehre berührt (s. o. S. 28f.).

Was aber ist Sinn und Bedeutung des sprachlichen Zeichens, des Wortes „Gott“? Wie kommt der christliche Glaube – im Einklang mit der Glaubensweise Israels und nicht zuletzt auch in einer bestimmten Entsprechung zum Gottesverständnis des Islam[4] – dazu zu behaupten, dass dieses Wort ein sinnvoller Ausdruck sei, der etwas uns Gegebenes verstehen lasse, und nicht etwa ein leeres Nonsens-Wort wie „Abrakadabra“?[5]

Religionsgeschichtlich gesehen ist das Wort „Gott“ ein Gattungsbegriff, der die im Kult einer religiösen Gemeinschaft verehrten Gottheiten oder Numina als Klasse übermenschlicher Mächte zusammenfasst. Ist das Wort „Gott“ ein Gattungsbegriff, so bedürfen die einzelnen Gottheiten eines Eigennamens; denn es ist der Name, der die Kommunikation mit der Gottheit im Opfer und im Gebet, im Mythos und im Ritual ermöglicht und der die Gottheiten voneinander unterscheiden lässt. Erst die Kombination von Eigenname und Gattungsbegriff – also die Prädikation: X ist (ein) Gott – gestattet es, das in einer „Erschließungssituation“ (Ian T. Ramsey) erscheinende Gegenüber als ein göttliches Wesen zu verstehen.

In diesem Sinne trägt auch der Gott Israels für einen langen Zeitraum einen Eigennamen, der sich in dem schwer deutbaren Tetragramm JHWH verbirgt (vgl. Ex 3,14).[6] Die Prädikation „JHWH ist Gott“ (vgl. Ps 118,27) oder „Ich, JHWH, bin dein Gott“ (Ex 20,2) lässt erkennen, dass das sprachliche Zeichen „Gott“ in seinem Sinn – als Denotat – schon verstanden sein muss, wenn es das in einer Erschließungssituation erscheinende Gegenüber des Gottes Israels bezeichnen soll. Wenn das sprachliche Zeichen „Gott“ in der Geschichte der verschiedenen Sprachen auf eine Ursprungsmacht verweist, die Leben gibt, Schutz gewährt und Gerechtigkeit gebietet, so verbindet sich mit ihm das religiöse Vorverständnis, das auch die Erkenntnis JHWHs als des Gottes Israels möglich macht. Wir haben uns in der Prinzipienlehre klar gemacht, dass dieses religiöse Vorverständnis die primäre Gewissheit expliziert, die im individuellen Freiheitsgefühl des Menschen als leibhafter Person schon als solchem präsent ist (s. o. S. 12ff.).

Freilich hat es mit der Prädikation „JHWH ist Gott“ eine eigene Bewandtnis. Auch dieser Name wird einer religiösen Gemeinschaft zur Kommunikation mit ihrem Gott

---

Altes Testament: RGG[4] 3, 1100–1104. Zum Gottesverständnis des Judentums vgl. CLEMENS THOMA, Art. Gott III. Judentum: TRE 13, 626–645; HANS-JÜRGEN BECKER/GEROLD NECKER, Art. Gott IX. Judentum: RGG[4] 3, 1134–1138 (hier bes. wichtig die Hinweise auf Hermann Cohen, Franz Rosenzweig, Martin Buber, Hans Jonas und Emmanuel Lévinas).

4 Vgl. hierzu ROTRAUDT WIELANDT, Art. Gott X. Islam: RGG[4] 3, 1138–1141.

5 Vgl. zum Folgenden bes.: GERHARD EBELING, Dogmatik des christlichen Glaubens. Bd. I, Tübingen 1987[3], 182–191; KARL RAHNER, Grundkurs des Glaubens. Einführung in den Begriff des Christentums, Freiburg – Basel – Wien 1982[12], 54–61; WOLFHART PANNENBERG, Systematische Theologie. Bd. I, Göttingen 1988, 73–83; EILERT HERMS, Gottes Wirklichkeit, jetzt in: DERS., Offenbarung und Glaube. Zur Bildung des christlichen Lebens, Tübingen 1992, 319–342; WILFRIED HÄRLE, Dogmatik, Berlin/New York 2007[3], 207–212: Der Begriff „Gott“.

6 Vgl. ERNST AXEL KNAUF, Art. JHWH: RGG[4] 4, 504–505.

gegeben, und zwar mit dem Anspruch auf Ausschließlichkeit im Sinne der Monolatrie (Ex 20,2).[7] Es bedurfte erst einer langen, dramatischen und konfliktreichen Glaubensgeschichte, ehe über diese Einzigartigkeit hinaus – vermutlich erst in der Prophetie Deuterojesajas und in ihrer Folge seit der Gründung des zweiten Tempels – die *Einzigkeit* des Gottes Israels entdeckt und eingeschärft wurde. Hat man den Eigennamen JHWH mehr und mehr aus frommer Scheu vermieden, so repräsentiert nun das Wort „Name" (שֵׁם [*schem*]) bzw. das Wort „HERR" (אָדוֹן [*adon*]) den Anspruch, dass dem Gott Israels jene Einzigkeit zukomme, die die Existenz anderer Gottheiten überhaupt ausschließt und sie als Nichtse qualifiziert (vgl. Jes 44,6-8; 45,5-7). Es tritt nun an die Stelle des Eigennamens JHWH der Begriff „Gott" im Sinne jener einzigen welttranszendenten Macht, die über Israel hinaus alle geschaffene Wirklichkeit zu bestimmen – und d. h.: zu begründen, zu richten und zu retten – vermag (Jes 44,24-28). Infolgedessen gewinnt der Begriff „Gott" schon in der Bibel Israels (vgl. Ps 22,2) und dann erst recht in der Geschichte der christlichen Glaubenslehre und der christlichen Frömmigkeit selbst die Funktion des Eigennamens, der im Hymnus, im Lobpreis und in der Klage angerufen wird, ebenso wie er im schriftgelehrten Denken und Erzählen bedacht wird. Begriff und Name repräsentieren nunmehr ein und dieselbe Wirklichkeit: jene Wirklichkeit, die Grund von Sein und Sinn zu sein vermag und eben deshalb geradezu *als Wort* zu verstehen ist (Joh 1,1; s. o. S. 37f.).

Von jener einzigen welttranszendenten Macht, die der Begriff „Gott" bezeichnet und nicht allein für Israel, sondern für alle Völker des Menschengeschlechts zu ihrem Heil und ihrem Frieden zugänglich macht (vgl. bes. Mi 4,1-5), weiß Jesus als der Christus Gottes sich berufen und bevollmächtigt, wenn er das Kommen des Reiches Gottes auf Erden in ihm selbst verkündigt (Mt 6,10). In Jesu Christi Lebenszeugnis kommt die Vertrautheit mit Gottes welttranszendenter Macht und ihrem Gnadenwillen zum Ausdruck, die sich in der Anrede *Abba* äußert (Mk 14,36; vgl. Röm 8,15; Gal 4,6) und in die das Vaterunser (Mt 6,9-13; Lk 11,2-4) die Gemeinschaft des Glaubens einweist. In dieser Vertrautheit mit Gottes welttranszendenter Macht und ihrem Gnadenwillen, von der die Gottesgewissheit und das Gottesverhältnis Jesu Christi zeugt, deutet sich jene Differenzierung der Einzigkeit des göttlichen Wesens an, die für das Gottesverständnis des christlichen Glaubens grundlegend wichtig geworden ist. Diese Differenzierung sprengt nicht nur, sondern konkretisiert auch den Begriff des „Einen" und des „Einzigen", wie dies die Entwicklung der Trinitätslehre zeigen wird.

Das bedeutet aber: Gottes Einheit und Einzigkeit unterscheidet sich im Sinne des christlichen Glaubens durchaus von dem abstrakten Monotheismus, zu dem die Glaubensgeschichte Israels gelangt – um von dem abstrakten Monotheismus des Islam ganz zu schweigen. Das zeigt sich eben daran, dass die christliche Rede von Gott und zu Gott Gottes *trinitarische Namen* verwendet, wenn sie denn authentisch sein und bleiben will.[8] Die eine und einzige Gottheit Gottes, die eben deshalb auf das geschaffene Universum und in diesem auf das Ganze des Menschengeschlechts bezogen ist, erschließt sich in der konkreten Weise, die wir mit den Namen des Vaters und des Sohnes und des Heiligen Geistes bezeichnen: „Der trinitarische Name Gottes ist die Abbreviatur der einen Geschichte Gottes, in der sich der eine Gott im Geist durch den Sohn als der Vater vergegenwärtigt."[9] So wird in den trinitarischen Namen Gottes der Sinn des Begriffsworts

---

7 Vgl. WERNER H. SCHMIDT, Alttestamentlicher Glaube, Neukirchen Vluyn 2004[9], 78 143.

8 Vgl. zum Folgenden CHRISTOPH SCHWÖBEL, Art. Gott V. Dogmatisch 1. Problemgeschichte: RGG[4] 3, 1113–1126; 1120–1121.

9 CHRISTOPH SCHWÖBEL (wie Anm. 8), 1121.

„Gott“ hinsichtlich seiner Bedeutung konkret bestimmt. Das wird in unserer trinitätstheologischen Überlegung (s. u. S. 81ff.) noch zu zeigen sein.

Halten wir fest:
Erstens: Mit der Verwendung des Wortes „Gott“ ist der christliche Glaube nicht nur auf die Glaubensgeschichte Israels bezogen, welche die Einzigkeit der welttranszendenten Majestät entdeckt; er ist darüber hinaus auch auf die Geschichte der religiösen Kulturen und ihrer Zeichenpraxis bezogen, in der erst der Eigenname die Kommunikation mit einem gottheitlichen Wesen möglich macht. In dieser Geschichte wird die primäre Gewissheit, wie sie uns als individuelles Freiheitsgefühl präsent ist, in mannigfachen Variationen zu expliziter Bestimmtheit gebracht. Wo immer das Wort „Gott“ begegnet, verweist es auf eine mehr oder weniger begrenzte Transzendenzgewissheit, die sich sogar – so im Osiris-Mythos der Religion des Alten und des Neuen ägyptischen Reiches – die Ohnmacht und den Tod gottheitlicher Wesen vorstellen kann.

Zweitens: Wenn die Sprache des christlichen Glaubens, die Sprache der kirchlichen Lehre und der theologischen Reflexion das Wort „Gott“ verwendet, versteht sie darunter mit dem metaphysischen Gottesdenken des griechischen Philosophierens und mit der Glaubensgeschichte Israels den *einzigen* Ursprung und das *einzige* Ziel des in das Ganze des Weltgeschehens eingebetteten menschlichen Daseins: sie artikuliert die explizite Transzendenzgewissheit, die uns in den verschiedenen Religionskulturen begegnet, in radikaler Weise. Mit der Glaubensgeschichte Israels ist die Sprache des christlichen Glaubens darin einig, dass diesem einzigen Ursprung und diesem einzigen Ziel des Weltgeschehens sinnvoller- und notwendigerweise ein selbstbewusster Charakter eignet; daher fungiert der Ausdruck „Gott“ – wie gerade das Gebet zeigt[10] – zugleich als Begriff und als Name. Anders als die Glaubensgeschichte Israels – und anders als das metaphysische Gottesdenken – folgt die Sprache des christlichen Glaubens der Erkenntnis, dass Gottes Person-Sein oder Gottes Selbstbewusstsein nicht anders denn als dreieiniges und dreifaltiges Person- oder Selbstbewusstsein zu denken ist (s. u. S. 84ff.). In dieser Erkenntnis kommt – wie wir immer wieder sehen werden – die präzise und konkrete Einsicht in die Eigen-Art des Höchsten Gutes für den Menschen und in dessen geschichtliche Selbsterschließung zum Ausdruck; und es ist diese Einsicht, die letzten Endes auch die Grundsätze und die Kriterien der theologisch-ethischen Urteilsbildung prägen und bestimmen wird (s. u. S. 314ff.).

2.2. Gott lebt[11]

Das Leben der Glaubensgemeinschaft, in dem die Mitglieder des Leibes Christi oder des Volkes Gottes in dieser Weltzeit ihr je eigenes Leben in selbstbestimmter Verantwortung und in schon jetzt erfüllender Freude führen, ist ein Leben *im Angesicht des lebendigen Gottes* (vgl. 2Kön 19,4; Ps 42,3; 84,3). Dass der wahre Gott lebe, dass Gott in seiner

---

[10] Vgl. hierzu zuletzt: REINER PREUL, Die Anrede Gottes im Gebet, in: WILFRIED HÄRLE/ REINER PREUL (Hg.), Personalität Gottes (MJTh XIX), Leipzig 2007, 99–122; CHRISTIANE TIETZ, Was heißt: Gott erhört Gebet?, in: ZThK 106 (2009), 327–344.

[11] Vgl. zum Folgenden bes.: PAUL TILLICH, STh I, 280–290; CARL HEINZ RATSCHOW, Gott existiert. Eine dogmatische Studie, Berlin 1968[2]; GERHARD EBELING, Dogmatik des christlichen Glaubens. Bd. I (wie Anm. 5), 79–110; TRAUGOTT KOCH, Mit Gott leben. Eine Besinnung auf den Glauben, Tübingen 1989; WILFRIED HÄRLE, Dogmatik (wie Anm. 5), 269–282.

unendlichen Gottheit lebendiges Sein sei, ist daher ein erster fundamentaler Satz, der den Wahrheitsgehalt der christlichen Frömmigkeit und der kirchlichen Glaubenslehre kennzeichnet.[12] Dass der wahre Gott nicht ein Produkt menschlicher Hände und nicht ein Projekt menschlicher Illusionen, sondern vielmehr selbst „die Quelle des Lebens" (Ps 36,10), unendliches und ewiges Leben sei, ist denn auch bereits ein Satz der Überlieferungsgeschichte der Heiligen Schrift, den vornehmlich die Botschaft der Prophetie gebildet hat (vgl. Jer 2,13 u. ö.). Eben als Manifestation des lebendigen Gottes versteht die Glaubensgemeinschaft der Kirche Gottes schöpferisches, Gottes richtendes, Gottes versöhnendes und Gottes vollendendes Handeln: jenes Handeln, kraft dessen zuletzt auch das Todesgeschick überwunden sein wird (Röm 4,17; 1Kor 15,20). Es ist aus diesem Grunde für die systematisch-theologische Besinnung auf den Wahrheitsgehalt und auf die Orientierungskraft des christlichen Glaubens unabweisbar zu erklären, was genau die christliche Gottesgewissheit mit dem Gedanken des lebendigen Gottes und dementsprechend mit dem Leitbild des Lebens im Angesicht des lebendigen Gottes meint. Diese Erklärung wird sich – zumal angesichts der Provokation seitens des neuzeitlichen Atheismus – darauf konzentrieren, die Wahrheit des Glaubens an den lebendigen Gott im Lichte des Verstehens des Phänomens des Lebens zu entfalten.

2.2.1. Das Problem des Atheismus

Wenn es zum Gehalt der christlichen Frömmigkeit und zur Orientierungskraft der jederzeit angefochtenen und fragmentarischen Glaubensgewissheit gehört, das selbstbewusstfreie Leben im Angesicht des lebendigen Gottes zu leben und in der Selbstverantwortung vor ihm zu führen, so ist dies nicht über jeden Zweifel erhaben.[13] War und ist der Zweifel am göttlichen Leben und an Gottes Heilssinn – zumal in den Erfahrungen eines sinnwidrigen Leids, das die in dieser Weltzeit unbeantwortbare Frage nach Gottes eigener Verantwortung aufzuwerfen zwingt (Hi 38,1-42,6) – vielleicht seit eh und je ein dunkler Unterton der jüdischen wie der christlichen Existenz, so tritt er doch in der europäischen Neuzeit – neben anderen Wegen der Abkehr von der christlichen Anschauung des Lebens und der Wirklichkeit – mit früher ungekannter Schärfe in einem prinzipiellen und konsequenten Atheismus hervor. Die theologische Kompetenz, zu der das Studium der Systematischen Theologie beizutragen hat, bewährt sich hier und heute zuallererst in der Auseinandersetzung mit dem theoretischen Atheismus der Religionskritik ebenso wie in der Diagnose einer vielgestaltigen Gottvergessenheit, in der sich – wie Hegel scharfsichtig sah – das „Grundgefühl der neuen Zeit: Gott ist tot" kundtut.[14] In dieser neuen Zeit – der Zeit der Wissenschaft, der Technik, der Industrialisierung und nicht zuletzt des umfangreichen Versicherungswesens: mithin der Modernisierung aller Lebensverhältnisse – scheint sich der Zweifel an Gottes Leben geradezu zu erledigen,

---

[12] Vgl. schon JOHANN GERHARD, Loci theologici (1610), hg. von FRANZ (HERMANN REINHOLD VON) FRANK, Leipzig 1885², locus II, § 159: „Deus ex se et sua natura vivit, unde vita est Deo essentialis, imo Deus est ipsa vita, reliquorum viventium vita est accidentalis et participata." („Gott lebt aus sich selbst und aus seiner Natur; daher ist es für Gott wesentlich zu leben, ja Gott ist das Leben selbst, wohingegen das Leben aller übrigen lebendigen Wesen ein kontingentes und ihnen zugeteiltes Leben ist.").

[13] Vgl. MELANIE BEINER, Art. Zweifel I. Systematisch-theologisch: TRE 36, 767–772.

[14] GEORG WILHELM FRIEDRICH HEGEL, Glauben und Wissen (1802), jetzt in: DERS., Ges. Werke. Bd. 4: Jenaer kritische Schriften. Hg. von HARTMUT BUCHNER und OTTO PÖGGELER, Hamburg 1968, 413.

weil die Gottlosigkeit für zahlreiche Zeitgenossen ihre selbstverständliche Signatur ist. Martin Buber sprach vom Zeitalter der Gottesfinsternis[15], und Wolfgang Janke spricht von der „präzisierten Welt".[16]

Es ist hier nicht der Ort, die vielgestaltigen Beiträge zum theoretischen wie zum praktischen Atheismus in der Neuzeit historisch und systematisch zu sichten.[17] Wir wollen uns vielmehr auf die Frage konzentrieren, wie der christliche Glaube unter dem Vorzeichen des Menschen- und des Grundrechts der Religionsfreiheit den Erscheinungen des Atheismus begegnen, wie er sich mit diesen Erscheinungen auseinandersetzen kann. Denn die Erscheinungen des Atheismus erweisen sich nach wie vor als schwieriges Erbe und als wirkungsvolle Bildungsmacht in den euro-amerikanischen Gesellschaften, und unter den effektvollen Parolen der „Gottesvergiftung" (Tilmann Moser) und des „Gotteswahns" (Richard Dawkins) sammeln sie sich neu. Welches Verfahren können wir in einem kritischen Dialog, in einem öffentlich zu führenden Streit verwenden?

Nun, für den kritischen Dialog, für den öffentlich zu führenden Streit mit der Lebens- und Weltanschauung der verschiedenen Atheismen empfiehlt sich bestimmt nicht der Weg der *Gottesbeweise*. Die verschiedenen Varianten der Gottesbeweise – der kosmologische, der ontologische, der ethiko-theologische – wollen Gottes Dasein jedenfalls als denkmöglich, wenn nicht sogar als denknotwendig demonstrieren.[18] Indem sie aber Gottes Dasein demonstrieren wollen, setzen sie inhaltliche Einsichten in Gottes Wesen und in Gottes Handeln – Einsichten in Gottes Schöpfermacht, in Gottes Vollkommenheit, in Gottes Heiligkeit – voraus: Einsichten, die doch nicht auf dem Weg des schlussfolgernden Denkens zu gewinnen sind. Mögen wir diese Beweisverfahren auch würdigen als Wege der Erhebung des endlichen Geistes zum Unendlichen und Einen, so haben sie doch keinen zwingenden und überführenden Beweiswert. Die Atheismen haben dafür nur ein Schulterzucken.

Für den kritischen Dialog und für den öffentlich zu führenden Streit mit der Lebens- und Weltanschauung der verschiedenen Atheismen empfiehlt sich ebenso wenig das Verfahren, das wir in Karl Barths Theologie des Wortes Gottes und in Dietrich Bonhoeffers Projekt einer Theologie der mündig gewordenen Welt entdecken. Während Barth sich gegenüber den Atheismen auf das unvordenkliche Faktum des Offenbarungsgeschehens beruft[19], verzichtet Bonhoeffer auf jede Kritik des säkularen Zeitgeists und sucht nach einer neuen Gestalt der Kirche, ihrer Botschaft und ihrer Existenzform, unter den Bedingungen der Religionslosigkeit.[20] Beide Verfahren geben uns keinen Rat an die Hand, wie wir diskursiv mit den verschiedenen Positionen des Atheismus angemessen umgehen können.

---

15 MARTIN BUBER, Gottesfinsternis, Zürich 1953.

16 WOLFGANG JANKE, Kritik der präzisierten Welt, Freiburg i.Br./München 1999.

17 Zur Analyse des neuzeitlichen Atheismus vgl.: WOLFHART PANNENBERG, Typen des Atheismus und ihre theologische Bedeutung, jetzt in: DERS.: Grundfragen systematischer Theologie. Ges. Aufsätze, Göttingen 1967, 347–360; HUBERTUS G. HUBBELING/WOLFGANG MÜLLER-LAUTER, Art. Atheismus I. II.: TRE 4, 349–436 (Lit.); JOHANN FIGL/WALTER R. DIETZ/JOHN CLAYTON/ JÜRGEN HENKYS/BERT HOEDEMAKER, Art. Atheismus I.–V.: RGG^4 1, 873–881 (Lit.).

18 Vgl. hierzu PAUL HELM/MARKUS MÜHLING-SCHLAPKOHL/ULRICH RUDOLPH, Art. Gottesbeweise I.–III.: RGG^4 3, 1165–1173. In der Gegenwart vertritt das Argument der Gottesbeweise bes. RICHARD SWINBURNE, Die Existenz Gottes (engl. 1979), dt. Stuttgart 1987.

19 Vgl. bes. KARL BARTH, KD I/2, 350–353.

20 Vgl. DIETRICH BONHOEFFER, Widerstand und Ergebung. Briefe und Aufzeichnungen aus der Haft, jetzt in: DBW 8, Gütersloh 1998, bes. 403.408: „Wie dieses religionslose Christentum aussieht, darüber denke ich nun viel nach…".

Gestehen wir es ruhig: die Gleichgültigkeit für Gott und für die göttlichen Dinge, die eines Menschen alltägliche Lebensführung prägen mag, wird durch den Diskurs schwerlich zu erschüttern sein. Für den kritischen Dialog und für den öffentlich zu führenden Streit jedoch greifen wir auf die Einsichten der Prinzipienlehre zurück. Sie machen es uns möglich, im Anschluss an die grundlegende Erkenntnis Friedrich Schleiermachers zwischen der primären Gewissheit des individuellen Freiheitsgefühls und den Erscheinungen der Religionsgeschichte zu unterscheiden, in deren Kontext sich das Offenbarungsgeschehen hervorhebt, das die Grundtatsache des Christentums bildet (s. o. S. 28f.). Mag man auch Sinn und Bedeutung der Erscheinungen der Religionsgeschichte und in ihrem Zusammenhang Sinn und Bedeutung des Offenbarungsgeschehens nicht wahr haben wollen, das die Grundtatsache des Christentums bildet: kann man deshalb auch erfolgreich bestreiten, dass in unserem individuellen Freiheitsgefühl die Gewissheit einer Ursprungsbeziehung – also Transzendenzgewissheit – mitgesetzt ist?

Wir argumentieren, dass es selbstwidersprüchlich wäre, die in unserem individuellen Freiheitsgefühl mitgesetzte Ursprungsbeziehung zu bestreiten. Die verschiedenen Spielarten eines prinzipiellen und konsequenten Atheismus wollen offensichtlich das Verhältnis von unmittelbarem Selbstbewusstsein und vermitteltem Selbstbewusstsein nicht begreifen. Einmal ganz abgesehen davon, dass sie samt und sonders Verfahren des beweisenden Wissens und somit spiegelbildlich verkehrte Gegenbeweise sind, verkennen sie die Selbstgewissheit, in der wir uns für unser Leben in der Wechselwirkung mit Anderen – für dessen Interaktionsweisen in den Ordnungen und Strukturen einer sozialen Formation – *uns selbst gegeben* sind von einer Macht über den Ursprung und eben damit von einer Macht über Sinn und Ziel des Lebens. Insofern dürfen wir auch gegenüber den prinzipiellen und konsequenten Atheismen nach wie vor dem Urteil Schleiermachers folgen, dass die angemessene Deutung des unmittelbaren Selbstbewusstseins recht verstanden die Beweise für das Dasein Gottes ersetze – so gewiss die Beweise für das Dasein Gottes denkwürdige Argumentationen für das Zusammen-Sein von Gott und Welt, von Transzendenz und Immanenz bilden, wie es im Horizont des Offenbarungsgeschehens und seiner Geschichte erschlossen ist.[21] Im Übrigen wird jede Überprüfung der atheistischen Gegenbeweis-Verfahren – wie sie sich insbesondere in den Texten Ludwig Feuerbachs, Karl Marx', Friedrich Nietzsches, Sigmund Freuds und Jean-Paul Sartres finden – zu dem Ergebnis kommen, dass deren Schlüsse alles andere als zwingend und überzeugend sind. Indem wir ihre Texte unsererseits metakritisch mit guten Gründen als unbewiesene Behauptungen einschätzen, hindert uns nichts daran, Sinn und Bedeutung der Gewissheit des Glaubens freizulegen, dass Gottes Sein lebendiges Sein sei.

2.2.2. Der lebendige Gott

Dass der wahre Gott lebe, dass Gott in seiner unendlichen Gottheit lebendiges Sein sei, ist der erste fundamentale Satz, der den Gehalt des apostolischen Kerygmas der Heiligen Schrift, der kirchlichen Glaubenslehre, der christlichen Frömmigkeit und ihrer Lebenspraxis charakterisiert (vgl. Mt 22,32 parr.). Wo sich dieser erste fundamentale Satz im Kult einer christlichen Glaubensgemeinschaft, in der Interpretation der kirchlichen Glaubenslehre und demzufolge in der theologischen Reflexion verflüchtigt[22], verliert der christliche Glaube seine besondere orientierende und motivierende Kraft und seine kriti-

21 Vgl. FRIEDRICH SCHLEIERMACHER, GL^2 § 33 (I,174–180).

22 Vgl. GABRIEL VAHANIAN, The Death of God. The Culture of Our Post-Christian Era, New York 1967^4 – das Buch, welches die Bewegung der Death-of-God-Theology inspirierte.

sche Zeitgenossenschaft. Wir werden uns deshalb darum bemühen, Sinn und Bedeutung der Formel „Der lebendige Gott" zu erhellen. Damit bestimmen wir implizit auch das Verhältnis, in dem das christliche Verständnis der Gottheit Gottes zum Gottesverständnis des Judentums und zum Gottesverständnis des Islam steht. Auch tragen wir damit dem außerordentlichen Interesse Rechnung, welches das Thema „Leben" in der gegenwärtigen Situation der modernen Gesellschaften findet und die sog. Lebenswissenschaften geradezu als neue Leitwissenschaft zu etablieren und zu finanzieren hilft.

Verstehen wir in der Gemeinschaft des christlichen Glaubens Gott als den lebendigen Gott, so lassen wir uns – wie in allen anderen Benennungen und in allen symbolischen oder metaphorischen Bezeichnungen Gottes – von einem *Vorverständnis* leiten. Dieses Vorverständnis ist uns nirgend anders als in der Selbsterfahrung des individuellen Person-Seins – des individuellen Freiheitsgefühls – erschlossen (s. o. S. 12ff.). Insofern greifen wir an dieser Stelle auf die fundamentale Anthropologie vor, die in den Zusammenhang der Sätze über das Menschenbild des christlichen Glaubens gehört, das uns in allen Teilen dieses „Grundrisses der Dogmatik" begegnen wird (s. u. S. 126ff.).

Freilich scheint es einfacher zu sein, die kritischen Grenzziehungen anzugeben als den positiven Gehalt dieser Formel zu entfalten.

Die kritische Differenz, die wir hier geltend machen wollen, betrifft das Gottesdenken der abendländischen Metaphysik seit ihrer Begründung durch Sokrates; sie betrifft also diejenige Theologie, die in kritischem Anschluss an die Dialektik und an die Ethik Platons vor allem in der Ersten Philosophie von Aristoteles entworfen wurde. Diese philosophische Theologie sucht ein Prinzip aller Wirklichkeit zu erfassen, die wir erleben und gestalten: sei es im Sinne der Idee des Guten, sei es im Sinne des selbst unbewegten Bewegenden, welches im Denken des Denkens alle Bewegungen bewegt, sei es im Sinne des Einen. Das metaphysische Gottesdenken, wie es uns vom antiken Philosophieren an bis hin zu Spinoza begegnet, sucht einen Begriff Gottes zu bilden, dessen Gegenstand das Andere der Zeit in zeitloser Ewigkeit ist.[23]

Wollen wir demgegenüber die Gottesgewissheit und das Gottesverständnis des christlichen Glaubens denkend entfalten, so bestreiten wir keineswegs den prinzipiellen, den überseienden Charakter, den wir Gottes lebendiger Gottheit zusprechen; würden wir nämlich diesen prinzipiellen, diesen überseienden Charakter bestreiten, so würden wir unter der Hand Gottes lebendige Gottheit im Sinne einer einzelnen Gottheit neben und unter anderen Gottheiten missverstehen und den kritischen Sinn der Einzigkeit Gottes verfehlen (s. o. S. 65f.). Vielmehr dient die Formel „Der lebendige Gott" dazu, den prinzipiellen, den überseienden Charakter des metaphysischen Gottesdenkens zu konkretisieren und zu radikalisieren. Sie will uns zu verstehen geben, dass Gottes Leben in eminenter Weise *Leben in ewiger Handlungsgegenwart* ist.

Das zeigt sich, wenn wir uns das Phänomen des Lebens vor Augen führen.[24]

„Leben" ist – gewiss nicht nur im Deutschen – ein Begriffswort, mit dessen Hilfe wir das Phänomen des Lebens nicht nur benennen, sondern auch verstehen und erkennen wollen. Nun können wir das Phänomen des Lebens nur unter der Bedingung verstehen

---

[23] Zur Interpretation des philosophischen Gottesdenkens der Antike ist nach wie vor heranzuziehen die glanzvolle Abhandlung von WOLFHART PANNENBERG, Die Aufnahme des philosophischen Gottesbegriffs als dogmatisches Problem der frühchristlichen Theologie, jetzt in: DERS., Grundfragen systematischer Theologie (wie Anm. 17), 296–349.

[24] Vgl. zum Folgenden bes. die Beiträge in: WILFRIED HÄRLE/REINER PREUL (Hg.), Leben (MJTh IX), Marburg 1997; EILERT HERMS, Leben. Wahrnehmen, Verstehen, Gestalten, in: WILFRIED HÄRLE/REINER PREUL (Hg.), Ethik und Recht (MJTh XIV), Marburg 2002, 93–119.

und erkennen wollen, dass es uns irgendwie erschlossen ist bzw. dass wir mit ihm in irgendeiner Weise unmittelbar vertraut sind und deshalb unser sprachlich gebundenes Denken auf es richten können. Tatsächlich ist uns das Phänomen des Lebens erschlossen bzw. in unmittelbarer Weise vertraut, weil wir selbst menschliche und d. h. personale, selbstbewusst-freie Lebewesen sind. Als solchen menschlichen und d. h. personalen, selbstbewusst-freien Lebewesen ist uns das Phänomen des Lebens gegeben, indem wir es vor allem sprachlich gebundenen Denken – aber für unser sprachlich gebundenes Denken – *fühlen* oder *erleben*.

In unserem Fühlen oder Erleben sind wir mit dem Phänomen des Lebens in zweifacher Weise vertraut. Einerseits zeigt sich uns in unserer jeweiligen Gegenwart das Phänomen des Lebens in einer einzelnen Erscheinung: in dieser Rose, in diesem Kirschbaum, in diesem Schmetterling, in diesem Löwen. Andererseits aber zeigt sich uns das Phänomen des Lebens in dieser einzelnen Erscheinung nur zugleich mit einem Allgemeinen, das als solches den Inbegriff der dauernden Bedingungen, den Möglichkeitsraum einer einzelnen Erscheinung ausmacht.[25] Zu diesem Inbegriff der dauernden Bedingungen, zu diesem Möglichkeitsraum der einzelnen Erscheinungen gehört auf jeden Fall der generative Zusammenhang in einer Ordnung von – sei es pflanzlichen, sei es tierischen – Organismen; zu ihnen gehört aber auch die Weise, in der die einzelnen Erscheinungen im Zusammenhang je ihrer Ordnung von Organismen am Leben sind: so nämlich, dass sie sich im Zeitraum ihres Wachsens bis hin zu ihrem Verblühen und Altern und Verenden in ihrer Existenz erhalten. Und sie erhalten sich in ihrer Existenz, indem sie Übergänge aus ihrem gegenwärtigen Jetzt in ein zukünftiges Jetzt vollziehen. Das Phänomen des Lebens zeigt sich uns in Werdeprozessen, die den Ordnungen der Organismen – im Unterschied zu den Prozessen des Anorganischen – aufgegeben sind und die als ihre Möglichkeitsbedingung *Raum* und *Zeit* voraussetzen.

Das gilt nun in besonderer Weise von den Werdeprozessen der menschlichen Weise, am Leben zu sein. Zwar ist die menschliche Weise, am Leben zu sein, selbst von organismischer Art und hat insofern teil an den Werdeprozessen, die allen Ordnungen der Organismen aufgegeben sind; aber sie – die menschliche Weise, am Leben zu sein – konkretisiert sich in den selbstbewusst-freien Entscheidungen, die das angemessene Wahrnehmen des Lebensphänomens und das angemessene praktische Gestalten des Lebensphänomens betreffen. Sie – die menschliche Weise, am Leben zu sein – hat daher zu ihrer Möglichkeitsbedingung Zeiterfahrung oder Zeitbewusstsein. Zeiterfahrung oder Zeitbewusstsein aber ist – wie wir noch sehen werden (s. u. S. 114ff.) – im Kern Gegenwartsbewusstsein. Und da sich die selbstbewusst-freien Entscheidungen nicht anders denn in der intersubjektiven Sphäre des Verhältnisses zwischen menschlichen und d. h. personalen, selbstbewusst-freien Wesen abspielen (s. o. S. 16ff.), bewegen sie sich in jenem Raum, den wir den Raum der *Geschichte* nennen.

Der menschlichen Weise, am Leben zu sein, ist also eine höhere und weitergehende Bedingung ihrer Möglichkeit gegeben, als dies für Wesen der anorganischen und der organischen Sphäre des Wirklichen der Fall ist. Sie ist in ihrem Wahrnehmen, Verstehen, Erkennen und Gestalten des Lebensphänomens ursprünglich *aufeinander* bezogen und wird nicht anders sich vollziehen können als in der selbstbewusst-freien Wechselwirkung miteinander. An diese höhere und weitergehende Bedingung ihrer Möglichkeit denken wir, wenn wir die menschliche Weise, am Leben zu sein, als Lebensführung bezeichnen (s. o. S. 22ff.). Das Leben führen heißt: den eigenen Werdeprozess, in dem ich je mich

[25] Vgl. EILERT HERMS, Leben (wie Anm. 24), 111f.

selbst erlebe, im Verhältnis zu dem Werdeprozess, in dem sich Andere erleben, selbstbewusst und selbstverantwortlich zu verstehen und zu gestalten – und zwar im Horizont einer Anschauung des Lebens im Gesamtzusammenhang der Welt im Ganzen.

Wir haben eine kurze Besinnung auf die Art und Weise vorgelegt, in der das Phänomen des Lebens sich uns Menschen zeigt. Diese Besinnung hat zum Resultat, dass sich uns das Leben als *geschaffenes Leben* zeigt. Es zeigt sich uns als Leben, dem die Bedingungen der Möglichkeit des Werdens – sei es in unbewusster, sei es in bewusster Form – vorgegeben sind. Dürfen wir unsere Erkenntnis des Phänomens des geschaffenen Lebens verwenden, um darüber hinaus die Weise eines *schöpferischen Lebens* zu bestimmen, dessen Sinn und Intention uns in den Offenbarungssituationen begegnet, die uns die Gnade, die Wahrheit, die Liebe Gottes erschließen?

Auf diese Frage antwortet die Dogmatik, die ja das Wahrheitsbewusstsein der Heiligen Schrift, der kirchlichen Lehre und der christlichen Frömmigkeit zu entfalten sucht, mit einer sprach- und erkenntniskritischen Figur, die die kategoriale Differenz zwischen Gott und Welt, zwischen Schöpfer und Schöpfung beachtet.

Einerseits werden wir, wenn wir Gottes Leben verstehen wollen, alle diejenigen Bestimmungen negieren, mit denen wir das komplexe Phänomen des natürlichen, des leibhaft gelebten Lebens in dieser Weltzeit zu erfassen trachten. Diese Bestimmungen zeigen uns, dass alle Werdeprozesse in dieser Weltzeit, die wir nach ihrer physischen und biotischen Seite beobachten können, Bedingungen der Möglichkeit unterworfen sind, ohne die sie gar nicht existieren könnten. Die Heilige Schrift, die Traditionen der kirchlichen Lehre und die christliche Frömmigkeit sprechen dem Leben Gottes diese Bestimmungen ab.

Andererseits aber verweist unser Verstehen des Lebensphänomens in dieser Weltzeit durchaus auf eine genaue, auf eine univoke Bestimmung, die wir Gott zusprechen dürfen. Der Satz: „Gottes Sein ist Leben“ oder der Satz: „Gottes Sein ist Werden“ bezeichnet demnach Gottes Sein als Leben in ewiger Gegenwart, und zwar als Leben in ewiger Handlungsgegenwart. In Gottes ewiger Handlungsgegenwart fällt die Entscheidung über Gottes Zusammen-Sein mit der Schöpfung. Mit dieser Entscheidung ist nicht nur über den ursprünglichen Anfang eines Werdeprozesses der Welt entschieden, zu dessen Gestaltung die geschaffenen Wesen je nach ihrer Art beitragen; mit dieser Entscheidung ist auch über die Richtung und über das Ziel entschieden, zu welchem jener Werdeprozess der Welt bestimmt ist. Der Satz: „Gottes Sein ist Leben“ oder der Satz: „Gottes Sein ist Werden“ will daher sagen, dass die Heilige Schrift, die Traditionen der kirchliche Lehre und so die christliche Frömmigkeit Gottes Sein nicht anders verstehen können denn als von Anfang an auf jene Richtung und auf jenes Ziel ausgerichtet, das wir in den verschiedenen eschatologischen Bildern, Symbolen und Metaphern als ewige Gemeinschaft aller geschaffenen Wesen mit Gott selbst intendieren. Diese Ausrichtung auf ein Ziel des kosmischen Werdeprozesses nennen wir Gottes Intention oder Gottes Sinn. Dass der kosmische Werdeprozess sich uns als ein gerichtetes Kontinuum zeigt, ist also nicht der pure Zufall, sondern ist begründet im Leben Gottes.

Wenn die Heilige Schrift in der Doppelgestalt des Alten und des Neuen Testaments und wenn die Sprache des Glaubens, des Gebets und der Meditation Gott den *lebendigen Gott* nennt, so hat sie mit dieser Bestimmung Gottes zugleich das Ziel vor Augen, dem Gottes schöpferisches, Gottes richtendes, Gottes versöhnendes und Gottes vollendendes Handeln die Welt entgegenführt und das in der Gemeinschaft des Glaubens und der Frömmigkeit nur als Leben, als wahres und als ewiges Leben bezeichnet werden kann (Joh 14,19). Wir treffen mit dem Satz „Gott lebt“ also eine ontologische Aussage. Mit dieser ontologischen Aussage weisen wir hin auf den schöpferischen Grund und Ursprung dafür, dass den Phänomenen des Lebens und insonderheit der menschlichen, der selbstbewusst-freien Weise, am Leben zu sein, eine *Erwartung des Guten* eignet (vgl. Ps 104,27f.), die vom Leben Gottes Dauer, Zukunft und Verlässlichkeit auch und gerade an den Grenzen, in den Nöten, in den Aporien des geschaffenen Lebens erhofft (vgl. Ps. 23,4; 104,29.30). Auf diese teleologische Pointe der Gewissheit des Glaubens, dass Gott lebt, kommen wir in unserer Interpretation des Höchsten Gutes (s. u. S. 317ff.) und in der Entfaltung der Hoffnungsgewissheit des Glaubens (s. u. S. 276ff.) zurück.

2.3. Gottes Wesen und Gottes Eigenschaften

In der Gewissheit des Glaubens an das Evangelium von der „Liebe Gottes, die in Christus Jesus ist, unserm HERRN" (Röm 8,38f.), und in der Erfahrung seiner befreienden Kraft ist – wie wir gesehen haben – der Glaube an Gott, das individuelle Gottesverhältnis der Person in Anbetung und Dank, Bitte und Fürbitte, Kontemplation und Aktion schon immer mitgesetzt. Um nun den Glauben an Gott und um das individuelle Gottesverhältnis der Person zur Sprache zu bringen und mitzuteilen, bietet bereits die Heilige Schrift als die kanonische Gestalt der primären Offenbarungszeugnisse eine Fülle von Näherbestimmungen der Gottheit Gottes. Sie reichen von poetischen Bildern (vgl. Hos 14,5-7), Metaphern (vgl. Ps 84,12) und Symbolen (vgl. Ps 103,13) bis hin zu Prädikationen, die Gott verschiedene *Eigenschaften* zusprechen. Wird Gottes geschichtliche Selbsterschließung unter den Bedingungen der „Finsternis" (Joh 1,5) – der Blindheit des Menschengeschlechts für Gottes schöpferische Gegenwart – in der Fülle der biblischen Gottesrede bezeugt, so wird in ihr nicht allein Gottes schöpferisches Walten erschlossen, sondern auch Gottes Heiligkeit (vgl. Jes 5,3), Gottes Eifer (vgl. Ex 20,5), Gottes Gerechtigkeit (vgl. Röm 1,17), Gottes Langmut (vgl. Röm 3,25), Gottes Geduld (vgl. 1Pt 3,20), Gottes Barmherzigkeit (vgl. Lk 1,50), Gottes Treue (vgl. Ex 34,6), Gottes Macht (vgl. Röm 9,22), Gottes Liebe (vgl. Röm 5,5), Gottes Ewigkeit (vgl. Röm 1,20). Dem Geheimnis des göttlichen Lebens und Waltens, dessen wir uns in der Situation des angefochtenen Glaubens bewusst sind, wird offensichtlich nur die Vielfalt dieser Eigenschaften gerecht. Mag dies der christlichen Frömmigkeit ganz selbstverständlich sein, so ist es doch die systematisch-theologische Aufgabe, den Status dieser Eigenschaften und ihr Verhältnis zur Einzigkeit des göttlichen Lebens genauer zu betrachten.

Beginnen wir damit, uns das Problem zu vergegenwärtigen.[26]

In unserer alltäglichen Kommunikation verwenden wir zahlreiche Eigenschaftswörter (Attribute, Adjektive), die wir auch in die Form einer elementaren Aussage bringen können: „X ist p". Als Satzsubjekt einer solchen Aussage können Ereignisse oder Individuen des Naturgeschehens, technische Artefakte, Geschichten, ästhetische Erscheinungen oder eben auch Personen und Gemeinschaften fungieren. In jedem Fall bezeichnet das Eigenschaftswort (das Attribut, das Adjektiv) die Art und Weise, in der ein Satzsubjekt für uns erscheint, zu einer bestimmten Wirkung gelangt oder gar ein

---

[26] Vgl. zum Folgenden bes.: KARL BARTH, KD II/1, 362–393; EMIL BRUNNER, Die christliche Lehre von Gott. Dogmatik Bd. I, Zürich 1946, 255–322; PAUL TILLICH, STh I, 311–332; GERHARD EBELING, Dogmatik des christlichen Glaubens. Bd. I (wie Anm. 5), 235–244; WOLFHART PANNENBERG, Systematische Theologie. Bd. I (wie Anm. 5), 389–401; WOLF KRÖTKE, Gottes Klarheiten, Tübingen 2001; WILFRIED HÄRLE, Dogmatik (wie Anm. 5), 236–269; CHRISTOPH SCHWÖBEL, Art. Gott V. Dogmatisch 2. Systematisch-theologisch (wie Anm. 8), 1119–1126; OSWALD BAYER, Art. Eigenschaften Gottes V. Christentum: RGG[4] 2, 1139–1142.

Ziel verfolgt. Indem wir ein Satzsubjekt mit Hilfe eines Eigenschaftswortes prädizieren, heben wir Aspekte seiner Wirkungs-, seiner Leidens- oder seiner Handlungsweise hervor, die uns in irgendeiner Hinsicht als bedeutungsvoll erscheinen und uns in irgendeiner Hinsicht angehen. Eigenschaftsworte bezeichnen auf jeden Fall eine erwartbare Wirkungs- oder Leidens- oder Handlungsmöglichkeit. Insofern impliziert die elementare Aussage „X ist p" – etwa die Aussage: „Dieses Gewitter ist heftig" – stets eine Verbalkonstruktion, die sich auf diese erwartbare Wirkungs-, Leidens- oder Handlungsmöglichkeit bezieht.

Was diese Aussage für das Gebiet des Naturgeschehens deutlich machen möchte, das lässt sich unschwer auf das Gebiet des ethischen, des geschichtlichen Geschehens übertragen; etwa in der Aussage: „Amrei ist depressiv". In der erwartbaren Wirkungs-, Leidens- oder Handlungsmöglichkeit, auf die die Eigenschaftswörter unserer Sprache verweisen, ist uns stets etwas von dem präsent, was die Identität eines Seienden in seinem Werden oder in seiner Geschichte ausmacht und uns zum praktischen Verstehen aufruft. Mit Hilfe unserer Eigenschaftswörter erschließen wir uns Aspekte seines *Wesens*.

Was aber ist unter dem Begriffswort „Wesen", was ist unter dem Wesen einer Sache oder einer Person genauer zu verstehen?[27] Bedeutet das Wesen – etwa im Sinne Platons – soviel wie eine allgemeine Form, eine als unveränderlich zu denkende Idee, an deren typischer Struktur alle ihre einzelnen Erscheinungen teilhaben, so wie die mannigfachen Gewitter als Manifestationen eines einheitlichen Modells des Gewitterhaften zu bestimmen wären? Oder bedeutet das Wesen – etwa auf der Linie des Aristoteles – die individuelle Form einer einzelnen Erscheinung, so dass kein Gewitter einem anderen Gewitter gleicht und das Wort „Gewitter" nichts anderes als eine Benennung darstellt, die wiederholte gleichartige Ereignisse für uns zusammenfasst? Oder bedeutet das Wesen – etwa im Anschluss an Edmund Husserl – das Etwas, das wir in seinen verschiedenen Erscheinungen sehr wohl als das Selbe fühlen und erleben, um es daraufhin von anderem – etwa vom Sturm oder vom Orkan – zu unterscheiden und in seiner Besonderheit zu bestimmen?

Offensichtlich ist das Begriffswort „Wesen" für unsere Erfahrung von Wirklichkeit wichtig und unerlässlich, um etwas, was sich uns jeweils in individueller Weise zeigt, eben als Dasselbe zu denken und mit ihm als mit Demselben umzugehen. Das schließt nicht aus, sondern vielmehr ein, dass sich das Wesen in einem Werde- und Wandlungsprozess befindet: Gewitter waren nicht schon immer und überall, und sie werden auch nicht immer und überall sein. Sobald sie aber und solange sie existieren, zeigen sie sich uns in einer endlichen Vielzahl von Wirkungsweisen, die wir als Eigenschaften bezeichnen können. In ihnen spiegeln sich die relative Dauer, die Stetigkeit und die Verlässlichkeit des Gegenstandes unserer Erfahrung wider, der dennoch seinerseits im Werden und im Wandel begriffen ist. Sobald Gewitter und solange sie existieren, zeigen sie sich aufgrund einer ihnen vorgegebenen Regel des Geschehens als ihrem Wesen nach verschieden von Stürmen oder von Orkanen.

Was lehrt uns diese kurze Untersuchung des Verhältnisses von Wesen und Eigenschaft? Gilt sie in entsprechender Weise auch für das personale Dasein des Menschen? Und können wir sie etwa übertragen auf das Verhältnis, in dem wir Gottes Wesen und Gottes Eigenschaften thematisieren?

Nun – was das personale, das leibhafte Dasein des Menschen anbelangt, so müssen wir offensichtlich unterscheiden zwischen solchen Eigenschaften, die bestimmte techni-

---

[27] Vgl. hierzu in Kürze FRIEDERIKE RESE/JOHANNES ZACHHUBER, Art. Wesen I. Philosophisch – II. Religionsphilosophisch: RGG^4 8, 1481–1483.

sche Fertigkeiten ermöglichen oder aber behindern, und solchen Eigenschaften, die in ethischer Hinsicht vorzugswürdig oder aber verwerflich sind. Eigenschaften wie der Wuchs oder die Kraft eines Körpers ermöglichen oder aber behindern die Fertigkeit eines Menschen im Umgang mit einer technischen Aufgabe – etwa dem Bewegen oder Tragen einer schweren Last. Eigenschaften wie der Mut oder der Scharfsinn einer individuellen Person dagegen befähigen dazu, im Horizont eines ethisch zu bewertenden Ziels Entscheidungen zu treffen und auszuführen. Insofern kommt in Eigenschaften, die wir in ethischer Hinsicht bewerten, eine *Gesinnung* zum Ausdruck, die uns etwas von dem individuellen Wesen einer Person verstehen lässt.[28] Ethische Eigenschaften der leibhaften Person weisen uns hin auf die verschiedenen Züge eines in seiner Bildung begriffenen *Charakters*. Wir pflegen sie voneinander zu unterscheiden und miteinander in Beziehung zu bringen unter der Voraussetzung, dass der leibhaften Person eine Regel des Geschehens nicht nur vorgegeben, sondern *aufgegeben* ist (s. u. S. 143).

Lässt sich nun das Verhältnis von Wesen und Eigenschaften, wie wir es in verschiedener Weise in der Erfahrung der physischen, der technischen und der ethischen Sphäre der Welt antreffen, auch auf die Weise übertragen, in der sich Gottes Leben vollzieht?

Um auf diese Frage eine befriedigende Antwort zu finden, erinnern wir uns zuallererst an das, was wir uns zu Beginn der Lehre vom christlichen Glauben an Gott über die Grenzen menschlicher Gotteserkenntnis klar gemacht hatten (s. o. S. 62). Was uns die Prophetie Deutero-Jesajas lehrt – „meine Gedanken sind nicht eure Gedanken, und eure Wege sind nicht meine Wege, spricht der HERR“ (Jes 55,8) –, bringt einen notwendigen Gedanken auch des christlichen Gottesbewusstseins zur Sprache. Dieser Gedanke hat mit prinzipieller Skepsis oder gar mit prinzipiellem Agnostizismus natürlich nichts zu tun. Wohl aber macht er darauf aufmerksam, dass Gottes verborgenes, Gottes unerforschliches Wesen deshalb und nur deshalb für uns zu erkennen ist, weil es aus der Verborgenheit hervortritt und sich *von sich selbst her* in seiner kategorialen Eigen-Art erschließt. Diese Bedingung, die – wie wir noch zeigen werden (s. u. S. 120) – „seit der Schöpfung der Welt“ (Röm 1,19) gegeben ist, wird in letztgültiger Weise erfüllt kraft des je gegenwärtigen Offenbar-Werdens der Gottheit Gottes „im Angesicht Christi“ (2Kor 4,6) und dessen eschatischer Tendenz. Sie wird erfüllt im „Geist der Wahrheit“ (Joh 14,17).

Erleuchtet durch den Geist der Wahrheit ist es dem Gottesbewusstsein des christlichen Glaubens aus diesem Grunde gewiss, dass Gottes Leben und Walten auf die Gemeinschaft mit dem Ebenbilde Gottes ausgerichtet ist. Diese Gemeinschaft mit Gottes Leben und Walten ist für Gottes Ebenbild ein Gut, und zwar in kategorialer Unterscheidung zu allen Lebensgütern das *Höchste Gut.* Sie – diese Gemeinschaft – ist deshalb als das Höchste Gut zu verstehen, weil sie die Gemeinschaft mit dem Grund und Ursprung alles Guten, weil sie die Gemeinschaft mit Gottes eigener und wesentlicher Gutheit ist. Thomas von Aquino hat die Bestimmung des Wesens Gottes als der eigenen und wesentlichen Gutheit Gottes richtig definiert wie folgt: „Sic ergo oportet quod, cum bonum sit in Deo sicut in prima causa omnium non univoca, quod sit in eo excellentissimo modo. Et propter hoc dicitur summum bonum.“[29] In den je gegenwärtigen Augenblicken der Erscheinungen des Gekreuzigten als des Auferstandenen verstehen wir Gottes Gemein-

---

28 Die deutsche Umgangssprache erlaubt es daher, vom fröhlichen oder vom aufgeräumten oder vom schwermütigen oder vom zornigen Wesen einer Person zu sprechen. Das individuelle Wesen der leibhaften Person hat daher auch die Bedeutung von *Gemüt*.

29 THOMAS VON AQUINO, STh I q 6 a 2c („So also ist es angebracht zu sagen, dass das Gute – da es in Gott als in dem ersten nicht univoken Grunde aller Dinge ist – in Gott in überragender Hinsicht ist. Und deshalb nennen wir Gott das Höchste Gut.“).

schaftswillen – Gottes geschichtliche Selbsterschließung als Höchstes Gut für Gottes Ebenbild, auf das wir in der primären Gewissheit unseres individuellen Freiheitsgefühls immer schon verwiesen sind – als Gottes Wesen.[30]

Allerdings: wenn wir das Begriffswort „Wesen" verwenden, um Gottes Gemeinschaftswillen als Gottes Identität zu denken, dann werden wir die kategoriale Differenz beachten, die zwischen Gottes Wesen und den Erscheinungen eines Wesens in der geschaffenen natürlichen, technischen und geschichtlichen Welt besteht. In ihr – in der geschaffenen natürlichen, technischen und geschichtlichen Welt – verweist das Begriffswort „Wesen" stets auf einen Raum der Möglichkeit, in dem sich vielerlei einzelne Ereignisse, Prozesse und Entscheidungen abspielen können. Indem wir demgegenüber Gottes Gemeinschaftswillen als Gottes Wesen prädizieren, sprengen wir das Verhältnis zwischen dem Allgemeinen und dem Besonderen, zwischen dem Einen und dem Vielen, wie es sich unserer Welterfahrung zeigt. Wird uns im Zeugnis der primären Offenbarungszeugen und in der Kraft des Geistes, der es uns verstehen und ergreifen lässt, Gottes Gemeinschaftswille in letztgültiger Weise als Gottes Wesen offenbar, so werden wir zu der Erkenntnis gebracht, dass Gott in einzigartiger Weise *sein Wesen ist.*

Im Lichte dieser Erkenntnis werden wir erklären und vergegenwärtigen können, was die biblische Sprache zumal des Alten Testaments – und darin insbesondere die Poesie der Psalmen – und was die Sprache der christlichen Frömmigkeit in überwältigender Fülle an Eigenschaften Gottes findet und erfindet. Sie bezeichnen samt und sonders die verschiedenen Weisen, in denen Gottes Gemeinschaftswille wirklich wird.[31]

Nun hat das systematisch-theologische Denken in seiner Geschichte gerne unterschieden zwischen solchen Eigenschaften, die als „metaphysische" oder „immanente" Eigenschaften Gott allein zukommen, und solchen Eigenschaften, die als „transeunte" oder „personale" Eigenschaften durch Gottes Offenbar-Werden in der Gemeinschaft des Glaubens auch auf uns Menschen übertragen werden. Tatsächlich werden wir jedoch im ganzen „Grundriss der Dogmatik" sehen, dass diese beiden Typen der göttlichen Eigenschaften miteinander konvergieren. Indem wir uns auf Gottes schöpferisches Walten besinnen, wie es uns in der Situation des angefochtenen, des fragmentarischen Glaubens bewusst wird, entdecken wir ja Gottes schöpferische Eigenschaften: Gottes Allmacht (vgl. Gen 17,1; 28,3; Hi 40,2; Ps 91,1; Apk 4,8), Gottes Allgegenwart (vgl. Jer 23,24), Gottes Allwissenheit (vgl. Ps 139,1ff.), Gottes Ewigkeit (vgl. Ps 90,2). Wir entdecken also jene Handlungsweisen, kraft derer Gott der Grund und Ursprung des Weltgeschehens und in ihm der menschlichen Existenz zu sein vermag (s. u. S. 106ff.). Und indem wir uns auf Gottes versöhnendes und vollendendes Walten besinnen, entdecken wir ja Gottes segnende, heilende und heiligende Eigenschaften, kraft derer Gott den Widerspruch der Sünde und das Leid der Endlichkeit erträgt und überwindet.

---

30 Vgl. bes. MARTIN LUTHER, Großer Katechismus (Auslegung des 1. Gebots): „Was heißt ein Gott haben oder was ist Gott? Antwort: Ein Gott heißet das, dazu man sich versehen soll alles Guten und Zuflucht haben in allen Nöten." (BSLK 560, 10–12). „Darümb will er uns von allem andern abwenden, das außer ihm ist, und zu sich ziehen, weil er das einige ewige Gut ist." (BSLK 563, 10–13). Diese Erkenntnis begegnet uns in vielen Liedern des Gesangbuchs; etwa in dem Lied von JOHANN JAKOB SCHÜTZ: „Sei Lob und Ehr dem höchsten Gut, dem Vater aller Güte" (EG 326).

31 Vgl. hierzu bes. WOLFHART PANNENBERG, Systematische Theologie. Bd. I (wie Anm. 5), 389–401. – Wir werden demgegenüber in der Darstellung der Trinitätslehre von den drei grundlegenden *Handelnsarten* sprechen, in denen Gottes Wesen für uns manifest wird (s. u. S. 81ff.).

Indem der Glaube an den Christus Jesus durch Gottes Geist des göttlichen Gemeinschaftswillens als des Wesens Gottes gewiss wird, wird er sich immer wieder neu den inneren sachlogischen Zusammenhang zwischen den beiden Typen göttlicher Eigenschaften vergegenwärtigen. Gottes Wesen zeigt sich eben darin, dass uns das letztgültige Offenbar-Werden des schöpferischen Wortes Gottes je in der Gegenwart unseres Lebens die Bestimmung zur Gemeinschaft mit Gott erfassen und ergreifen lässt. Wird die Bestimmung zur Gemeinschaft mit Gott, wie sie im Zeugnis der primären Offenbarungsempfänger als Sinn und Ziel unserer geschaffenen Existenz begegnet, durch Gottes Geist erfasst und ergriffen, so kommt der dergestalt begründete Glaube nicht allein zur Erkenntnis der „ewigen Kraft und Gottheit" Gottes und ihrer schöpferischen Eigenschaften (Röm 1,20); er gewinnt auch – allerdings in stets gefährdeter und fragmentarischer Weise – Anteil an den Eigenschaften, vermöge derer Gott jene Bestimmung des Menschen zur Gemeinschaft mit Gott in der Sendung des Christus Jesus (vgl. Gal 4,4) vollendet. Selten ist diese Selbsterfahrung, die dem Leben in der Christusgemeinschaft gewährt wird, deutlicher ausgesprochen worden als in dem Wort des Evangeliums nach Johannes: „Wer an mich glaubt, wie die Schrift sagt, von des Leibe werden Ströme lebendigen Wassers fließen." (Joh 7,38).

2.4. Gottes Person-Sein[32]

Wir haben uns bisher darum bemüht, Gottes Gottheit – wie sie uns ursprünglich in der freien mündlichen Rede der primären Offenbarungsempfänger leibhaft bezeugt und durch den „Geist der Wahrheit" (Joh 14,17) zur Gewissheit des Glaubens wird – in ihrer *Einzigkeit* zu verstehen (vgl. Dtn 6,4). Deshalb haben wir damit begonnen, Sinn und Bedeutung des Ausdrucks „Gott" zu entfalten (2.1.) und zu zeigen, dass Gott lebt (2.2.). Weil Gott in seinem göttlichen Leben sich – wie dem Glauben bewusst ist – zur Gemeinschaft mit dem Ebenbilde Gottes bestimmt, gibt es trotz der Unerforschlichkeit der Wege und Gedanken Gottes (vgl. Röm 11,33) für uns Erkenntnis dessen, *was Gott ist* und *wie Gott ist*: nämlich des Wesens und der Eigenschaften Gottes (2.3.). Im Lichte dieser Erkenntnis ist es für das Leben des Glaubens in der Gemeinschaft des Glaubens wesentlich, sich im Gebet, im Lied, im inneren Dialog, in der Klage, im Bekenntnis der Schuld an Gott zu wenden und Gott darin als *personales Gegenüber* zu erleben, das uns hört und Antwort gibt. In den praktischen Situationen der Rede zu Gott erfüllt es sich, worauf wir Menschen alle in der primären Gewissheit des individuellen Freiheitsgefühls verwiesen sind (s. o. S. 12ff.).

Nun war und ist es allerdings strittig, ob und in welchem Sinne wir Gottes Wesen, zu dem wir uns in den praktischen Situationen der Rede zu Gott – dem *„Ernstfall der Frömmigkeit und der religiösen Sprache"*[33] – erheben, mit Hilfe des Begriffsworts „Person" denken können. Die Quellensprachen der Bibel haben für dieses Begriffswort kein

---

[32] Vgl. hierzu bes.: FALK WAGNER, Der Gedanke der Persönlichkeit Gottes bei Fichte und Hegel, Gütersloh 1971; GERHARD EBELING, Dogmatik des christlichen Glaubens. Bd. I (wie Anm. 5), 224–229; HEINRICH OTT, Wirklichkeit und Glaube. Bd. 2: Der persönliche Gott, Göttingen 1969; WILFRIED HÄRLE/REINER PREUL (Hg.), Personalität Gottes (MJTh XIX), Leipzig 2007 (mit Beiträgen von NOTGER SLENCZKA, FRIEDHELM HARTENSTEIN, HARTMUT ROSENAU, MICHAEL MOXTER und REINER PREUL); MARTIN LEINER, Art. Personalität Gottes: RGG^4 6, 1133–1135.

[33] REINER PREUL, Die Anrede Gottes im Gebet (wie Anm. 32), 99–122; 110 (Kursivierung im Original).

Äquivalent, obschon das Syntagma „Gottes Angesicht“ (vgl. Ps 27,7-9) ihm nahekommt. Gewiss bringen sie mit ihren symbolischen, mit ihren metaphorischen, mit ihren poetischen Benennungen eine Transzendenzgewissheit zur Sprache, die ganz und gar von Gottes souveräner Handlungsmacht ergriffen ist. Und gewiss weist insbesondere das Buch des Psalters die Gemeinschaft des Glaubens und in ihr alle Einzelnen in die Grundsituation des dialogischen Verhältnisses zu Gott ein: „Zu dir, o HERR, erhebe ich meine Seele, deiner harre ich allezeit, mein Gott“ (Ps 25,1; vgl. Ps 138,1-3). Namentlich jüdische Denker – Hermann Cohen, Martin Buber, Franz Rosenzweig – haben von der Gebetssprache der Psalmen den Impuls empfangen, dieses dialogische Verhältnis als das Grundverhältnis der Begegnung zwischen „Ich“ und „Du“ zu deuten, außerhalb dessen es nur die jeweilige Ich-Einsamkeit geben könne.[34] Demgegenüber übten einflussreiche philosophische Autoren in der euro-amerikanischen Moderne massive Kritik an dem Verfahren, Gottes Wesen mit Hilfe des Begriffsworts „Person“ zu erschließen: so etwa Baruch de Spinoza mit der Konzeption der apersonalen Natur, Johann Gottlieb Fichte mit der Lehre vom absoluten Sein der Liebe und Alfred North Whitehead mit der Lehre von Gottes aktueller Entität. Dass die weitverbreitete Bewegung der modernen Esoterik sich dem Gedanken des Person-Seins überhaupt verschließt, werden wir als eine alarmierende Erscheinung mit enormer Langzeitwirkung diagnostizieren.

Die dogmatische Besinnung auf das Wesen Gottes, das uns in der Weise eines personalen Gegenübers begegnet und mit dem wir in der Grundsituation des Gebets vertraut sind, bedarf daher einer fundamentaltheologischen Erhellung jenes Phänomens, das wir mit Hilfe des Begriffsworts „Person“ verstehen wollen. In dieser fundamentaltheologischen Erhellung suchen wir zu zeigen, dass das Begriffswort „Person“ eben jene relationale Struktur meint, die Gottes Person-Sein und das Person-Sein des Menschen in entsprechender Weise – im Unterschied zu Seiendem von nicht-personaler Art – auszeichnet. Wir wollen die drei wesentlichen Aspekte dieser relationalen Struktur beleuchten: den Aspekt der relativen Selbständigkeit, den Aspekt des Bezogen-Seins auf anderes Person-Sein und den Aspekt des Verantwortlich-Seins. Damit schlagen wir denn auch die Brücke zur Analyse des personalen Selbstbewusstseins, die wir im „Grundriss der Prinzipienlehre“ vorgetragen hatten (s. o. S. 10ff.).[35]

Erstens: In unserer Erfahrung von Gegenwart erleben wir uns selbst und erleben wir andere als Person in *relativer Selbständigkeit*. Wir suchen uns nach einer Phase der symbiotischen Beziehung zur Mutter im Laufe unserer frühkindlichen Entwicklung durch die Behauptung unseres Eigenwillens von andern abzugrenzen und andern gegenüber zu behaupten. Und indem wir alle Situationen unseres im Wachsen und im Werden begriffenen Lebens *für uns selbst* erleben und *durch uns selbst* entscheiden, fühlen wir uns als je individuelles Ich, das sein Erleben und sein Handeln letztlich an niemanden delegieren kann. Boethius hat diesen Aspekt des Person-Seins ganz zu Recht als „naturae rationabilis individua substantia“ definiert.[36]

Zweitens: Freilich reicht diese Definition nicht aus, um das Phänomen des Person-Seins vollständig und angemessen zu erfassen. In unserer Erfahrung von Gegenwart sind wir nämlich damit vertraut, dass wir in dieser relativen Selbständigkeit stets *auf anderes*

---

34 Vgl. hierzu die Hinweise bei MARTIN LEINER, Art. Personalismus: RGG[4] 6, 1130–1133.

35 Zur Begriffs- und Theoriegeschichte von „Person“ vgl. KONRAD STOCK, Art. Person II. Theologisch: TRE 28, 225–231 (Lit.); sowie EILERT HERMS, Art. Person IV. Dogmatisch; Person V. Ethisch: RGG[4] 6, 1123–1129, dessen Gliederung ich folge.

36 BOETHIUS, Contra Eutychen et Nestorium, 1–3 („Person ist die einzelne [individuelle] Substanz des vernunftbegabten Seins“).

Person-Sein in dessen relativer Selbständigkeit bezogen sind. Dieses Bezogen-Sein auf anderes Person-Sein hat offensichtlich einen zweifachen Charakter.

Einerseits zeigt es sich als das Bezogen-Sein auf andere Wesen von der Seinsart des leibhaften Person-Seins. Diese Form des leibhaften Person-Seins beginnt mit dem Gezeugt- und Geboren-Werden; und sie reicht vom Leben in der Familie über den Aufbau der unübertragbaren Beziehungen des erwachsenen Lebens in der Freundschaft, in der Liebe, in der Ehe und in der Elternschaft bis hin zur Übernahme der übertragbaren Beziehungen oder Rollen im Beruf. Schon in der Sphäre des leibhaften Person-Seins gibt es die relative Selbständigkeit, in der wir für uns selbst und durch uns selbst erleben und entscheiden, nicht anders als im Zusammenhang des wechselseitigen Seins von anderen her und für andere.

Andererseits aber sind wir uns – die wir unsere relative Selbständigkeit nicht anders erleben und gebrauchen können als im Zusammenhang des wechselseitigen Seins von anderen her und für andere – in der primären Gewissheit des je individuellen Freiheitsgefühls des Bezogen-Seins auf jenen Grund und Ursprung bewusst, dem wir die relationale Struktur des leibhaften Person-Seins überhaupt verdanken und der sie uns auch dauerhaft gewährt (s. o. S. 14f.). Dem christlichen Glauben ist – im Kontext der Glaubensgeschichte Israels – dieser Aspekt des leibhaften Person-Seins als das personale *Sein von Gott her* erschlossen. Und es ist eben dieser Aspekt, der es ermöglicht und gebietet, die poetischen, die symbolischen, die metaphorischen Bezeichnungen des göttlichen Wesens, wie sie die Quellensprachen der Heiligen Schrift finden und erfinden, mit Hilfe des Begriffsworts „Person" zu präzisieren und zu denken.[37]

Drittens: Bevor wir unseren Blick von dem Aspekt des leibhaften Person-Seins als des Seins von Gott her auf Gottes Person-Sein selbst richten, wollen wir uns dem dritten Aspekt des leibhaften Person-Seins, dem Aspekt des Verantwortlich-Seins, zuwenden. In unserer Erfahrung von Gegenwart sind wir uns dessen bewusst, dass die Art und Weise, in der wir uns selbst erleben und entscheiden im wechselseitigen Bezogen-Sein auf anderes Person-Sein, grundsätzlich uns selbst und niemandem sonst zuzurechnen ist. Die relationale Struktur, die der genaue Begriff des Person-Seins intendiert, schließt deshalb das Verantwortlich-Sein der Person in ihrem Sein für anderes Person-Sein und von anderem Person-Sein her wesentlich ein, wie es für Wesen der nicht-personalen Seinsart – für Sterne, Gewitter, Pflanzen und Tiere – bestimmt nicht anzunehmen ist. Deshalb nötigt die Erfahrung des Verantwortlich-Seins, die wir akut in der Erfahrung des Gewissens machen, zur Frage nach dem Grund und nach den Bedingungen ihrer Möglichkeit: wir haben diese Frage in unserer Analyse des personalen Selbstbewusstseins zu beantworten gesucht (s. o. S. 10ff.).

Wir haben uns das Begriffswort „Person" auf einem fundamentaltheologischen Wege dadurch erschlossen, dass wir das Phänomen des endlichen, des leibhaften Person-Seins verstehen wollten, wie es uns selbst in unserer Erfahrung von Gegenwart vertraut ist. Auf diesem Wege haben wir – im Anschluss an die Theoriegeschichte des Person-Begriffs – jene drei wesentlichen Aspekte beleuchtet, mit deren Hilfe uns der Unterschied zwischen nicht-personalem Sein und personalem Sein deutlich wird. Aber nun fragt es sich natürlich, ob wir gute Gründe dafür haben, auch das Wesen des lebendigen Gottes, wie es uns in Gottes Handelnsarten begegnet, im Sinne und im Lichte des Person-Begriffs zu charakterisieren. Zwar sind wir uns in der Grundsituation des Gebets ebenso wie in der Feier des Gottesdienstes ausdrücklich dessen bewusst, *vor Gott* – vor

[37] Dieser Aspekt des Person-Seins ist zum ersten Mal gezeigt worden von Richard von St. Viktor (gest. 1173).

Gott als personalem Gegenüber – *zu stehen*; aber wir haben auch Anlass, das Missverständnis auszuräumen, Gott sei eine leibhafte individuelle Person wie wir und dann wohl gar noch männlichen oder weiblichen Geschlechts. Wir wollen deshalb prüfen, ob und in welcher Weise wir die drei Aspekte, die uns das Phänomen des eigenen Person-Seins erschlossen, auch und gerade dem Wesen des lebendigen Gottes zusprechen können, und zwar in überragendem und eminentem Sinn.

Erstens: Nach der Gottesgewissheit des Christus Jesus, die sich den primären Offenbarungszeugen in den Situationen der österlichen Erscheinungen durch Gottes Geist in ihrer ganzen Tiefe erschloss, kommt dem Wesen des lebendigen Gottes Selbständigkeit in absolutem Sinne zu. Indem sich der Glaube in der Gemeinschaft des Glaubens als von Gott geschaffen und zur Gemeinschaft mit Gottes Leben als dem Höchsten Gut bestimmt versteht, kann er Gott nicht anders denn als den ewigen Grund und Ursprung bekennen, der in allen seinen Handelnsarten von sich selbst her auf die Gemeinschaft mit dem Ebenbilde Gottes ausgerichtet ist. Dieses Ausgerichtet-Sein unterliegt nicht etwa einer überlegenen Bedingung oder einer höheren Notwendigkeit, der Gottes Leben seinerseits – wie etwa die Götter des olympischen Pantheons dem Schicksal – unterworfen wäre. Vielmehr begegnet uns in Gottes Handlungsarten das schlechthin freie, souveräne, selbstherrliche Wesen, das sich – wie wir noch zeigen werden (s. u. S. 88ff.) – im ursprünglichen Akt der Erwählung zur Gemeinschaft mit dem Ebenbilde Gottes selbst bestimmt. Wann immer und wo immer wir in der Gemeinschaft des Glaubens vor Gott zu stehen uns bewusst sind, sind wir dieses ursprünglichen Aktes der Erwählung eingedenk, der alle Handelnsarten des göttlichen Wesens beharrlich durchwaltet (vgl. Röm 11,34-35).

Zweitens: Nach der Gottesgewissheit des Christus Jesus, die sich den primären Offenbarungszeugen in den Situationen der österlichen Erscheinungen durch Gottes Geist in ihrer ganzen Tiefe erschloss, kommt dem Wesen des lebendigen Gottes zwar nicht das Sein von anderem her, wohl aber das *Sein für andere* im überragenden und eminenten Sinne zu. Gottes Sein für andere manifestiert sich schon in dem Kontinuum, in dem der Schöpfer und Erhalter dem Geschaffenen Dasein, Leben und Freiheit gewährt (vgl. Ps 104). Gottes Sein für andere manifestiert sich darüber hinaus in all den Handlungsweisen, die die Sünde – das Unheil des Verblendungszusammenhangs – und die Krankheit heilen (vgl. Ps 103,3.4) und die im Tod des Christus Jesus für die Sünder (Röm 5,8) zur Erfüllung kommen. Gottes Sein für andere manifestiert sich schließlich in der absoluten Zukunft des neuen Himmels und der neuen Erde (Apk 21,1), in der das namenlose Leid, das uns in dieser Weltzeit ängstet, überwunden ist (Apk 21,3.4).

Drittens: Nach der Gottesgewissheit des Christus Jesus, die sich den primären Offenbarungszeugen in den Situationen der österlichen Erscheinungen durch Gottes Geist in ihrer ganzen Tiefe erschloss, kommt dem Wesen des lebendigen Gottes letzten Endes auch – und zwar im überragenden und im eminenten Sinne – diejenige Selbstbezüglichkeit zu, ohne die wir das selbständig-freie Sein für andere nicht zu denken vermögen. Die nicht-personalen Deutungen des Wesens Gottes scheitern samt und sonders daran, jene göttliche Verheißung einer vollendeten Gemeinschaft mit Gott selbst zu erkennen, derer der angefochtene Glaube in der Glaubensgemeinschaft der Kirche gewiss sein darf. Es ist gerade diese Selbstbezüglichkeit und diese Innerlichkeit, derentwegen wir Gott in der Grundsituation des Gebets und in der Feier des Gottesdienstes als das *personale Gegenüber* erleben, das uns hört und Antwort gibt.

Wir halten fest:
Wir gewinnen einen angemessenen Begriff des personalen Lebens, indem wir darauf achten, wie uns in unserer Erfahrung von Gegenwart das Person-Sein als Phänomen

erschlossen ist. Es ist uns erschlossen als das komplexe Gefüge, in welchem wir als relativ selbständige, leibhafte, selbstbewusst-freie Wesen *füreinander* existieren, die als solche im Verhältnis zueinander handeln können und handeln müssen und die infolgedessen für ihr Handeln im Verhältnis zueinander undelegierbar verantwortlich sind. Der „Grundriss der Theologischen Ethik" wird die Reichweite dieses Verantwortlich-Seins – zwar nicht vollständig, wohl aber exemplarisch – entfalten.

Im Lichte des Begriffs der Person, den wir aus unserer Erfahrung von Gegenwart erschlossen haben, dürfen wir Gottes lebendiges Wesen, wie wir es in den elementaren Situationen des Gottesdienstes und des Gebets erleben, als personales Gegenüber verstehen und damit die Kritik am Gedanken des göttlichen Person-Seins entschieden zurückweisen. Wir übersehen dabei keineswegs die kategoriale Eigen-Art des göttlichen Person-Seins. Weil uns Gottes lebendiges Wesen gemäß dem Zeugnis der primären Offenbarungsempfänger in den Situationen der österlichen Erscheinungen letztgültig in der Weise des Person-Seins – nämlich als „Gott für uns" (Röm 8,31) – begegnet, ist es angemessen, Gott diejenige Selbstbezüglichkeit zuzusprechen, kraft derer Gott selbst *für andere ist*. Den besonderen Charakter jener Selbstbezüglichkeit, kraft derer Gott *für uns* sein kann und *für uns* sein will, sucht das Bekenntnis zu dem dreieinigen Gott zu ermessen. Ihm wenden wir uns jetzt zu.

2.5. Der dreieinige Gott[38]

Wir haben uns darauf besonnen, dass sich das Leben des Glaubens in der Glaubensgemeinschaft der Kirche – das christlich-fromme Selbstbewusstsein in seiner jederzeit angefochtenen und fragmentarischen Gestalt – in den elementaren Situationen des Gebets und des Gottesdienstes zu Gottes wahrer Gottheit erhebt. Hier werden wir immer wieder dessen gewiss, dass Gottes lebendiges Wesen, wie es uns in den menschlichen Gottesworten des Evangeliums bezeugt und durch den Geist der Wahrheit selbst erschlossen wird, uns als das personale Gegenüber begegnet, das uns hört und das uns Antwort gibt. Wenn Gott uns hier als dieses personale Gegenüber begegnet, dann ist es angebracht, den Grund dafür und die Bedingung dafür aufzusuchen, dass Gott uns tatsächlich begegnen will und begegnen kann. Im Ausgang von der Analyse des personalen Selbstbewusstseins haben wir diesen Grund und diese Bedingung in der Selbstbezüglichkeit, in der Innerlichkeit, im Selbst-Sein des göttlichen Wesens erblickt.

Es ist die legitime und die notwendige Intention der Trinitätslehre, die Selbstbezüglichkeit, die Innerlichkeit, das Selbst-Sein des göttlichen Wesens zu verstehen. Sie nimmt die ehrwürdigen liturgischen Formeln auf, nach denen der christliche Gottesdienst beginnt „im Namen Gottes des Vaters und des Sohnes und des Heiligen Geistes", wie ja auch die heilige Taufe „im Namen Gottes des Vaters und des Sohnes und des Heiligen Geistes" gespendet wird. Um diese Intention plausibel zu machen, achten wir

[38] Vgl. zum Folgenden bes.: KARL BARTH, KD I/1, §§ 8–12 (311–514); JÜRGEN MOLTMANN, Trinität und Reich Gottes. Zur Gotteslehre, München 1980; WOLFHART PANNENBERG, Systematische Theologie. Bd. I (wie Anm. 5), 283–364: Der trinitarische Gott; WILFRIED HÄRLE/ REINER PREUL (Hg.), Trinität (MJTh X), Marburg 1998 (mit Beiträgen von HARTMUT ROSENAU, THOMAS KRÜGER, CHRISTOPH MARKSCHIES, HERMANN DEUSER und CHRISTOPH SCHWÖBEL); WILFRIED HÄRLE, Dogmatik (wie Anm. 5), 384–405; MICHAEL WELKER/ MIROSLAV VOLF (Hg.), Der lebendige Gott als Trinität. Jürgen Moltmann zum 80. Geburtstag, Gütersloh 2006.

in einem ersten Schritt auf die Quelle der Trinitätslehre (2.5.1). In einem zweiten Schritt suchen wir zu zeigen, dass die Trinitätslehre – die in ihrer Entstehungsgeschichte mit der Lehre von der „Ökonomie“ der Handlungsweisen Gottes einsetzt – aus guten Gründen Aussagen wagen darf über die innere relationale Verfassung des göttlichen Wesens, welches „*zuvor in sich selber*“[39] Gott der Vater, Gott der Sohn und Gott der Heilige Geist ist (2.5.2.).

2.5.1. Die Quelle der Trinitätslehre

Die kirchliche Lehre, dass Gottes eines und einziges Wesen nicht anders denn in den drei Personen Gottes des Vaters, Gottes des Sohnes und Gottes des Heiligen Geistes wirklich und wirksam sei, begegnet uns expressis verbis zum ersten Mal in dem *Bekenntnis*, das zunächst auf dem Konzil von Nicäa 325 und sodann auf dem Konzil von Konstantinopel 381 verabschiedet worden war.[40] Diesem Bekenntnis gingen – im Anschluss an die triadische Taufformel Mt 28,19 – ernste und schwere theologische Debatten voraus, die das Verhältnis zwischen der Gottheit des einen und einzigen Gottes, der Gottheit des Christus Jesus und der Gottheit des Heiligen Geistes zu verstehen suchten. Über diese Debatten sind wir durch die theologie- und dogmengeschichtlichen Forschungen unterrichtet.[41]

Nun unterscheidet sich das Bekenntnis des Glaubens zu dem dreieinigen Gott von anderen Inhalten des christlich-frommen Selbstbewusstseins dadurch, dass ihm jedenfalls eine explizite Begründung in den Darstellungen des apostolischen Kerygmas im Doppel-Kanon der Heiligen Schrift offensichtlich fehlt. Zwar finden wir im Neuen Testament nicht wenige Texte, welche die Relationen zwischen Gott, dem Christus Jesus als dem Sohne Gottes und dem Geiste Gottes zur Sprache bringen (vgl. Mk 1,10f.; Lk 10,21f.; Joh 7,39; 14,16.26; 20,21f.; Apg 20,28; Röm 8,3f.; 1Kor 12,4-6 u. ö.); zwar wendet sich die Glaubensgemeinschaft in ihrem Gottesdienst und in ihrem Gebet an den in die Gemeinschaft mit Gottes ewigem Leben erhöhten HERRN (vgl. Joh 14,14; 20,28; 1Kor 16,22; 2Kor 12,8f.) und integriert ihn in die Anbetung, die allein Gott gebührt (vgl. Phil 2,9-11; Apk 5,13); aber diese Lehrbildung und diese Form der Frömmigkeit bewegt sich doch grundsätzlich im Rahmen der Erkenntnis des einen und des einzigen Wesens Gottes, wie sie sich in der Glaubensgeschichte Israels gebildet hatte, und sprengt diesen Rahmen nicht (s. o. S. 65).[42]

Insofern überschreiten das Bekenntnis des Glaubens zu dem dreieinigen Gott und dessen Entfaltung in der Geschichte des theologischen Denkens bei weitem die sprachlichen Gestalten, die das Neue Testament für jene Relationen zwischen Gott, dem Christus Jesus und dem Geiste Gottes fand. Deshalb ist es unumgänglich, eine Antwort auf die Frage zu suchen, aus welcher Quelle dieses Bekenntnis sich denn speise. Eine Antwort

---

[39] KARL BARTH, KD I/1, 404.419.470.

[40] Der Text findet sich in lateinischer, deutscher und griechischer Sprache in: BSLK 26–27; vgl. auch: CA I (BSLK 50f.).

[41] Vgl. die Überblicke von ADOLF MARTIN RITTER/HERMANN STINGLHAMMER/CHRISTOPH SCHWÖBEL, Art. Trinitätslehre I.–IV.: TRE 34, 91–121, und von BERND OBERDORFER, Art. Trinität/Trinitätslehre III. Dogmengeschichtlich: RGG^4 8, 602–612; sowie bes. CHRISTOPH MARKSCHIES, Alta trinità beata. Ges. Studien zur altkirchlichen Trinitätstheologie, Tübingen 2000.

[42] Vgl. hierzu zuletzt HANS-JOACHIM ECKSTEIN, Die Anfänge trinitarischer Rede von Gott im Neuen Testament, in: MICHAEL WELKER/MIROSLAV VOLF (Hg.), Der lebendige Gott als Trinität (wie Anm. 38), 85–113.

auf diese Frage ist nicht zuletzt auch deshalb dringlich, weil die radikale Kritik der Trinitätslehre im Namen der absoluten Einzigkeit Gottes[43] zu zeigen fordert, welches Interesse denn das christlich-fromme Selbstbewusstsein am Bekenntnis zu Gottes dreieinigem Wesen haben könne.[44] Um auf diese Frage eine Antwort geben zu können, greifen wir auf Einsichten zurück, die wir in der Prinzipienlehre gefunden hatten (s. o. S. 28f.).

Wir haben den Doppel-Kanon der Heiligen Schrift des Alten und Neuen Testaments als die Schriftensammlung charakterisiert, die in der Vielheit ihrer Texte das mündliche, lebendige, leibhafte Wort – das Kerygma – der primären Offenbarungszeugen bewahrt, welches in kritischer Beziehung auf den Kanon der frühjüdischen Kultgemeinde die universale Reichweite und die Gültigkeit des *Neuen Bundes* (vgl. Mt 26,28 parr.; 1Kor 11,25) proklamiert. Die Ursprungssituationen dieser Texte sind daher die Situationen der österlichen Erscheinungen, in denen den primären Offenbarungszeugen die Wahrheit jener Gottesgewissheit des Christus Jesus – auch und gerade angesichts des Leidens und des Todes am Kreuz auf Golgatha – durch Gottes Geist in ihrer Tiefe erschlossen wurde.

In diesem Erschließungsgeschehen ist – wie wir gesehen haben – eine doppelte Bedingung erfüllt. In ihm ist *erstens* Jesu ureigene Gottesgewissheit in der Erinnerung präsent, die sich in seinem Selbstverständnis als vollmächtiger Zeuge und als Diener der die Gegenwart bestimmenden Gottesherrschaft artikuliert (vgl. Mt 11,27; Lk 12,8) und die für die Empfänger jener Offenbarung zweifellos den Status eines „äußeren Wortes" besitzt. In ihm ist aber *zweitens* die erleuchtende Kraft des Geistes präsent, welche die Wahrheit jener Gottesgewissheit und ihre befreiende Macht nicht etwa trotz, sondern vielmehr gerade wegen des Leidens und des Todes am Kreuz auf Golgatha erfassen und ergreifen lässt.

So manifestiert sich in den österlichen Ursprungssituationen der christlichen Gottesgewissheit den Offenbarungsempfängern die Einheit und die Einzigkeit des göttlichen Wesens nicht anders als im Vereint-Sein des Christus Jesus mit dem „Vater in den Himmeln" (Mt 6,9) jenseits des Todes und durch den Tod hindurch, wie es ihnen durch das „innere Wort" des Geistes evident wird. Wir sind daher berechtigt und verpflichtet, die verschiedenen Situationen der österlichen Erscheinung des Gekreuzigten als des Auferstandenen als die Quelle schon der Ansätze des Neuen Testaments zu einem Verständnis der singulären Gemeinschaft zwischen dem einen und einzigen Wesen Gottes, der im Tode am Kreuz auf Golgatha vollendeten Lebenshingabe des Christus Jesus (vgl. Joh 19,30) und der erleuchtenden und verklärenden Kraft des göttlichen Geistes zu sehen. Das trinitarische Bekenntnis und dessen Entfaltung in der Geschichte des theologischen Denkens haben von diesem Grunde her den Charakter eines legitimen, eines notwendigen Interpretaments, welches jene Ansätze in ihrer Vielheit und in ihrer Offenheit in eine gewisse Kohärenz zu bringen strebt. Wir wollen diese Kohärenz erreichen, indem wir im Folgenden das Geheimnis, welches der dreieinige Gott für uns ist und bleibt, konsequent im Lichte des Offenbarungsgeschehens zu denken suchen, in dem es auch für uns zum Gegenstand und Grund der Glaubensgewissheit wird.

---

43 Sie wurde zum ersten Mal artikuliert von MICHAEL SERVET, De trinitatis erroribus libri septem, 1531.

44 Diese elementare Frage ist in ebenso kühner wie unabgegoltener Weise diskutiert worden von FRIEDRICH SCHLEIERMACHER, GL^2 §§ 170–172 (II, 458–473); vgl. dazu jetzt EILERT HERMS, Schleiermachers Umgang mit der Trinitätslehre, in: MICHAEL WELKER/MIROSLAV VOLF (Hg.), Der lebendige Gott als Trinität (wie Anm. 38), 123–154.

2.5.2. Offenbarungstrinität und Wesenstrinität[45]

Wir haben eine Antwort auf die Frage gesucht, aus welcher Quelle sich das trinitarische Bekenntnis der Kirche und die explizite theologische Trinitätslehre speise. Diese Quelle ist uns – wie wir gesehen haben – in den Ursprungssituationen des Glaubens in den österlichen Erscheinungen des Christus Jesus gegeben. In ihnen wird den primären Offenbarungszeugen die Gemeinschaft Gottes des Vaters und des Christus Jesus als des Sohnes Gottes des Vaters durch Gottes Geist als der Grund des Glaubens, der Liebe und der Hoffnung evident. Die triadischen Sprach- und Denkformen, die die Texte des Neuen Testaments im Kontext des Alten Testaments bewahren, repräsentieren die ersten Anfänge und die ersten Ansätze, Gottes *Offenbarungstrinität* zu verstehen. Was ist damit gemeint?

Nun, wir sind in der Erinnerung an jene Ursprungssituationen des Glaubens berechtigt und verpflichtet, Gottes eines und einziges lebendiges Wesen in den grundlegenden *Handelnsarten* wahrzunehmen, in denen es sich manifestiert. Gottes eines und einziges lebendiges Wesen manifestiert sich schon seit jeher in der schöpferischen Handelnsart, kraft derer Gott einer Welt im Werden und in ihr dem menschlichen Geschlecht Dasein, Richtung und Dauer gewährt. Gottes eines und einziges lebendiges Wesen manifestiert sich darüber hinaus in der Handelnsart der Versöhnung, kraft derer Gott die Blindheit des Menschengeschlechts für Gottes Schöpfer-Sein und ebenso das Leid der Endlichkeit auf sich nimmt und an sich selbst erträgt. Gottes eines und einziges lebendiges Wesen manifestiert sich schließlich in der Handelnsart der Vollendung, kraft derer Gott das apostolische „Wort von der Versöhnung“ (2Kor 5,19) durch Gottes Geist die Einzelnen in der Gemeinschaft des Glaubens erfassen und ergreifen lässt und eben auf diese Weise hier und jetzt das Leben in der zuversichtlichen Hoffnung auf Gottes ewiges Reich (Mk 14,25) jenseits des Todes und durch den Tod hindurch begründet.

Mit dem Begriff der Offenbarungstrinität meinen wir also die innere Einheit jener Handelnsarten des einen und einzigen göttlichen Wesens, durch die Gott jenen ursprünglichen Gemeinschaftswillen mit dem Ebenbilde Gottes (s. u. S. 88ff.) realisiert. Wir nehmen damit die Intention der Lehre von Gottes „ökonomischer Trinität“ auf, die von der *Ökonomie* des göttlichen Handelns spricht. Nach dieser Lehre ist es dem christlich-frommen Selbstbewusstsein in der Gemeinschaft der Kirche als wahr gewiss, dass Gott selbst das Leben der geschaffenen, der leibhaften, der selbstbewusst-freien Person aus ihrer Sünde und Entfremdung zur Teilhabe am Höchsten Gut des Reiches Gottes und des ewigen Lebens führt.[46] Im Blick auf diese Ökonomie hatte schon die Alte Kirche zu Recht den Grundsatz aufgestellt: „Opera trinitatis ad extra sunt indivisa“. Nach diesem Grundsatz gehören Gottes *Handelnsarten*, die im Verhältnis zum Inbegriff des Geschaffenen – als schöpferisches, als versöhnendes und als vollendendes Handeln – durchaus unterscheidbar sind, als Handelnsarten *Gottes* in unteilbarer und in unauflöslicher Einheit zusammen. Indem uns in der erhellenden Kraft des Heiligen Geistes das Wort des Evangeliums von der Versöhnung in die Wahrheit leitet, bringt Gott der Schöpfer den Inbegriff des Geschaffenen zu der von allem Anfang an vorhergesehenen Vollendung. Weil uns Gott selbst in der Ökonomie seiner Handelnsarten eben in drei-

45 Nach WOLFHART PANNENBERG, Systematische Theologie. Bd. I (wie Anm. 5), 317 Anm. 112, geht die Unterscheidung zwischen *trinitas oeconomica* und *trinitas essentialis* zurück auf JOHANN AUGUST URLSPERGER, Vier Versuche einer genaueren Bestimmung des Geheimnisses Gottes des Vaters und Christi, 1769–1774.

46 Den Begriff der *oikonomia* führte Irenäus von Lyon im Anschluss an Eph 1,10; 3,2.9 in die theologische Sprache ein.

facher Weise begegnet, dürfen wir Gottes ökonomische Trinität auch als Gottes *Dreifaltigkeit* bezeichnen.[47]

Jedoch: Wäre die christliche Lehre vom Glauben an Gott nicht wohlberaten, an dieser Stelle stehen zu bleiben? Kann es über die Gewissheit des Glaubens hinaus, in der Ökonomie des göttlichen Handelns und ihres eschatischen Zieles zu existieren, noch eine andere und tiefere Erkenntnis Gottes geben? Genügt es nicht, dem Grundgedanken der Theologie des Sabellius zu folgen, dass der eine und einzige Gott eben in der dreifachen Weise des schöpferischen, des versöhnenden und des erleuchtenden Handelns und auf keine andere Weise zu erfahren sei? Ist eine Lehre von Gottes immanenter oder wesentlicher Trinität nicht unerschwinglich für den endlichen Geist?

Es war Friedrich Schleiermacher, der sich diesen Fragen in radikaler Weise stellte.[48]

Erstens: Schleiermacher sah die Trinitätslehre nicht etwa als Anhang, wie oft zu Unrecht behauptet wird, sondern als den „Schlußstein der christlichen Lehre" an.[49] Nach seiner Ansicht hat die Trinitätslehre die Funktion des Schlusssteins, weil sie den zweifachen Gehalt des christlichen Bewusstseins der Gnade zusammenfasst: des Bewusstseins der „Vereinigung des göttlichen Wesens mit der menschlichen Natur" (458) sowohl in der Person des Christus Jesus als auch im Gemeingeist der kirchlich geordneten Glaubensgemeinschaft. Die Trinitätslehre ist als Lehre von der Ökonomie des schöpferischen Handelns Gottes in der Person des Christus Jesus und in der Mitteilung des Heiligen Geistes unumgänglich, sofern sie nur als Ausdruck des christlich-frommen Selbstbewusstseins gelesen wird.

Zweitens: Anders verhält es sich nach Schleiermacher mit den Aussagen über die Wesenstrinität, also über die *Theo-Logie* im engeren und im prägnanten Sinne des Ausdrucks. Sie hat nämlich keine Quelle in der Art und Weise, in der Gott für die Glaubensgemeinschaft der Kirche erschlossen ist; sie stellt vielmehr eine – gewiss wohl begründete, aber doch problematische – „Verknüpfung" dar von reflexiven Aussagen über Gottes ewiges Wesen und über dessen interne Unterscheidungen vor und über allen seinen Handelnsarten. Abgesehen davon, dass die tradierten Gestalten der Trinitätslehre eine radikale Kritik verdienen, ist es vor allem der intendierte Überstieg in die transzendente Sphäre der Gottheit Gottes vor und über ihrer geschichtlichen Selbsterschließung, der als spekulativer Akt und nicht als Aussage des Glaubens zu bewerten ist.

Drittens: Gleichwohl versteht sich diese Kritik an den tradierten Gestalten der Lehre von Gottes Wesenstrinität nicht als deren definitive Ablehnung. Schleiermacher wünscht vielmehr zu einer „auf die ersten Anfänge zurückgehende(n) Umgestaltung" (469) beizutragen, die dieser Lehre noch bevorsteht und die ihre berechtigte Intention zur Geltung bringt. Schleiermachers Kritik gibt uns also auf, nach einer Form zu suchen, in der das „Sein Gottes an und für sich" (469) oder die Absolutheit des einen und einzigen göttlichen Wesens angemessener zu denken ist, als dies in der bisherigen Geschichte der Trinitätslehre der Fall gewesen war.

Jedoch: Auf welchem Wege wäre denn die Identität und die Differenz, in der Gottes Sein an und für sich geschieht, als der Gedanke des Glaubens zu denken – als der Gedanke des Glaubens, der mit Recht zum kirchlichen Bekenntnis, zur liturgischen Feier

---

[47] Eindringlich und klar sprechen davon die Gesangbuchlieder zum Trinitatisfest: EG 138–140!

[48] FRIEDRICH SCHLEIERMACHER, GL^2 §§ 170–172 (II, 458–473); DERS., Über den Gegensatz zwischen der Sabellianischen und der Athanasianischen Vorstellung von der Trinität, jetzt in: MARTIN TETZ (Hg.), Friedrich Schleiermacher und die Trinitätslehre (Texte zur Kirchen- und Theologiegeschichte Heft 11), Gütersloh 1969, 37–94.

[49] FRIEDRICH SCHLEIERMACHER, GL^2 § 170,1 (II, 459). Die weiteren Belege sind im Text notiert.

und zur theologischen Erkenntnis des dreieinigen Gottes führt? Auf welchem Wege können wir Gottes Sein an und für sich als Gottes dreieiniges Sein verstehen – als Gottes lebendiges Sein, das sich weder mit dem Prinzip des unaussprechlich Einen noch mit der Vorstellung dreier voneinander unterschiedener Gottheiten vergleichen lässt? Wie sind die Einheit und die Einzigkeit des göttlichen Wesens mit dessen interner Differenz zu vermitteln? Wie ist es zu verstehen, dass die Ökonomie der göttlichen Handelnsarten im Verhältnis zum Inbegriff des Geschaffenen ihren realen Grund im Sein Gottes an und für sich besitzt?

Wir suchen diesen Weg zu finden, indem wir uns darauf besinnen, in welcher Weise wir in der Erfahrung der Manifestationen des einen und einzigen göttlichen Wesens für uns und mit uns in dieser Weltzeit und in dieser unserer Lebensgeschichte jeweils auf einen *ewigen Grund* verwiesen sind.[50]

In der Gewissheit des Glaubens sind wir uns – wie wir gesehen haben – der verschiedenen Handelnsarten Gottes für uns und mit uns bewusst. In ihrer Ökonomie vollzieht sich ein identisches, ein einheitliches göttliches Wollen und Sprechen *in der Zeit* mit einer identischen, einheitlichen eschatischen Intention, der Intention einer ewigen Vollendung der Gemeinschaft Gottes mit Gottes Ebenbild. Als wir uns Rechenschaft gaben über Sinn und Bedeutung des Begriffs des göttlichen Person-Seins (s. o. S. 77ff.), suchten wir Gottes Handelnsarten, derer wir uns in der Gewissheit des Glaubens als der Manifestationen des göttlichen Wesens bewusst sind, als Handelnsarten zu verstehen, in denen Gott einer *ursprünglichen Entscheidung* treu ist und treu bleibt.

Nennen wir diese ursprüngliche Entscheidung Gottes Gnadenwahl (s. u. S. 88ff.).

Gemäß dieser ursprünglichen Entscheidung Gottes ist unser aller Dasein – das Dasein der geschaffenen Person, die in der primären Gewissheit ihres individuellen Freiheitsgefühls auf jene wahre Gottesgewissheit verwiesen ist, die ihr in der Gemeinschaft des Christus Jesus kraft des göttlichen Geistes in der Kirche zuteil wird – involviert in deren Vollbringen. Gottes ursprüngliche Entscheidung, wie sie uns in der Gewissheit der Wahrheit des Evangeliums erschlossen ist, fällt nun aber in der *Ewigkeit als der Zeit Gottes* (s. u. S. 117ff.). In der Ewigkeit als der Zeit Gottes trifft Gott die ursprüngliche Entscheidung, inmitten einer Welt im Werden Gemeinschaft mit dem Ebenbilde Gottes zu suchen und zu finden. Indem wir uns in der Gemeinschaft der Kirche durch Gottes Geist in die Gottesgewissheit des Christus Jesus versetzt finden, wird uns jene ursprüngliche Entscheidung evident als unser *ewiger Grund.*

Nun können wir von Gottes ursprünglicher Entscheidung für die Gemeinschaft mit dem Ebenbilde Gottes in einer geschaffenen Welt und für deren eschatisches Ziel nur unter der Bedingung sprechen, dass Gottes Wesen das ursprünglich entscheidungsfähige Wesen ist. Ist Gottes Wesen aber das ursprünglich entscheidungsfähige Wesen, so kommt ihm jene Selbstbezüglichkeit, jene Innerlichkeit, jenes Selbst-Sein zu, das wir als die Bedingung und als den Grund des personalen Lebens im Unterschied zum nichtpersonalen Dasein erkannten. Diese Selbstbezüglichkeit, diese Innerlichkeit, dieses Selbst-Sein des einen und einzigen göttlichen Wesens ist nun aber ihrerseits – wie es bereits die altkirchliche Formel *„mia ousia – treis hypostaseis* (μία οὐσία – τρεῖς ὑποστάσεις)" intendierte – *als ein Gefüge von Relationen* zu bestimmen. Die Einheit und die Einzigkeit des göttlichen Wesens ist eben nicht als ein Viertes zu verstehen, das neben oder gar über den Relaten des göttlichen Wesens existieren würde; sie ist vielmehr *in sich selbst und als solche relational verfasst.* Wir können diese interne relationale Verfassung

---

50 Vgl. JOHANN ANDREAS ROTHE, „Ich habe nun den Grund gefunden, der meinen Anker ewig hält" (EG 354,1).

des einen und einzigen göttlichen Wesens verstehen, wenn wir darauf achten, dass jene ursprüngliche göttliche Entscheidung primär als Gottes Entscheidung *über sich selbst* zu denken ist.

Infolgedessen sucht die dogmatische Besinnung auf den Wahrheitsgehalt des Glaubens und der Glaubenslehre eine angemessene Begriffssprache zu finden, die uns die interne relationale Verfassung des einen und einzigen göttlichen Wesens zu deuten hilft, welche die religiöse Sprache des Glaubens mit den trinitarischen Namen „Vater“, „Sohn“ und „Heiliger Geist“ benennt. Diese Namen meinen die Relate der relationalen Verfassung des göttlichen Wesens, die als solche jeweils die Aspekte des göttlichen Person-Seins sind. Die Namen „Vater“, „Sohn“ und „Geist“ weisen uns auf die drei Aspekte jener Selbstbezüglichkeit und jenes Selbstverhältnisses hin, in der der eine und der einzige Gott lebendig ist.[51]

Ist nämlich Gott dazu bereit und dazu fähig, in der Ewigkeit als der Zeit Gottes über sich selbst in seinem Verhältnis zum Anderen des Ebenbildes Gottes in einer Welt im Werden zu bestimmen, so ist es angemessen und so ist es folgerichtig zu sagen, dass Gott im eminenten Sinne *sich selbst erschlossen* sei. Gott ist von Ewigkeit zu Ewigkeit sich selbst erschlossen als Gott, der in sich selbst und durch sich selbst *frei ist zu bestimmen*; Gott ist von Ewigkeit zu Ewigkeit sich selbst erschlossen als Gott, dessen Sein ein *Füreinander-Sein* ist; Gott ist von Ewigkeit zu Ewigkeit sich selbst erschlossen als das absolute Gut *des freien Füreinander-Seins*.

In diesem Sinne dürfen wir die Namen „Vater“, „Sohn“ und „Geist“ als die selbst personalen Aspekte des Person-Seins verstehen, kraft dessen Gott sich dem Ebenbilde Gottes als *Gott selbst* manifestiert. Sie bezeichnen das eine und einzige lebendige Wesen Gottes als das ursprüngliche *Sein in Beziehung*, welches sich in den Handelnsarten des schöpferischen, des versöhnenden und des vollendenden Wirkens für Gottes Ebenbild vergegenwärtigt. In dieser Prägnanz bildet der christliche Begriff des dreieinigen Gottes einen notwendigen und wesentlichen Inhalt des christlich-frommen Selbstbewusstseins, so gewiss dessen systematisch-theologische Interpretation einen weiten Spielraum wird in Anspruch nehmen dürfen. Die ausgeführte Systematische Theologie wird zeigen müssen, dass das dreieinige Wesen Gottes als das Sein in Beziehung des „Vaters“, des „Sohnes“ und des „Geistes“ in einem logischen, nicht jedoch in einem ontologischen Sinne früher ist als Gottes ursprüngliche Entscheidung, die ihrem Sinn und Ziel entgegengeht.

Halten wir fest:
Der christliche Glaube an Gott ist Glaube an den dreieinigen Gott. Zwar hinterlassen uns die Texte der Heiligen Schrift des Alten und Neuen Testaments allenfalls Anfänge und Ansätze trinitarischer Rede von Gott; aber sie verweisen doch genau auf jene Quelle, aus der sich schon das trinitarische Bekenntnis des antiken Christentums und sodann die Geschichte der theologischen Theoriebildung speist. Wir sehen diese Quelle in den Ursprungssituationen der österlichen Erscheinungen, in welchen den primären Offenbarungszeugen durch Gottes Geist das Vereint-Sein des Christus Jesus mit Gott selbst – dem „Vater in den Himmeln“ (Mt 6,9) – jenseits des Todes und durch den Tod hindurch evident wird. Insofern dürfen wir in diesen Ursprungssituationen jeweils den genuinen Ort erkennen, an dem die Stimme aus der Wolke spricht: „Dies ist mein lieber Sohn, an welchem ich Wohlgefallen habe“ (Mt 17,5 parr.).

---

[51] Vgl. zum Folgenden die Ansätze von EILERT HERMS, Art. Dogmatik II. Systematisch: RGG^4 2, 905–915; 908; ferner DERS., Schleiermachers Umgang mit der Trinitätslehre (wie Anm. 38), 142–154.

Indem die Gemeinschaft des Glaubens das Zeugnis der primären Offenbarungszeugen von der tatsächlichen Bewandtnis jener Ursprungssituationen wiederum durch Gottes Geist als wahr und als verlässlich rezipiert, erschließt sich ihr jene Gottesgewissheit, auf die wir Menschen alle im individuellen Freiheitsgefühl verwiesen sind (s. o. S. 12f.). Diese Gottesgewissheit hat zum Inhalt jene *Ökonomie*, in der sich Gott vermöge der grundlegenden Handelnsarten des schöpferischen, des versöhnenden und des vollendenden Wirkens dem Ebenbilde Gottes von sich selbst her vergegenwärtigt. Die Anfänge und die Ansätze trinitarischer Rede von Gott in den Texten der Heiligen Schrift symbolisieren den inneren, den notwendigen, den folgerichtigen Zusammenhang dieser drei Handelnsarten, in deren Wirksamkeit die Mitglieder der Glaubensgemeinschaft sich selbst – und damit die Bestimmtheit ihres individuellen Freiheitsgefühls – verstehen. Sie bringen Gottes Offenbarungstrinität zur Sprache (vgl. Mt 28,19).

Indem sich die Gemeinschaft des Glaubens in jenem inneren, notwendigen, folgerichtigen Zusammenhang des schöpferischen, des versöhnenden und des vollendenden Wirkens Gottes versteht, das die primäre Gewissheit ihres individuellen Freiheitsgefühls heilsam neu bestimmt, drängt sich ihr die Frage auf, wie Gottes Selbst-Sein denn zu denken sei, das ihr in jenem Zusammenhang zu ihrem Heil und Frieden begegnet. Sie antwortet auf diese Frage, indem sie Gottes Selbst-Sein als das *Sein in Beziehung* versteht, das als solches in eminentem Sinne personalen Charakter trägt. Die trinitarischen Namen Gottes des Vaters, Gottes des Sohnes und Gottes des Heiligen Geistes symbolisieren daher Gottes eines und einziges Wesen, das sich von Ewigkeit zu Ewigkeit für die Gemeinschaft mit dem Ebenbilde Gottes öffnet.

2.6. Gottes Gnadenwahl[52]

Wir haben uns in unserem bisherigen Gedankengang darum bemüht, das Verständnis des göttlichen Wesens zu entfalten, wie es dem christlich-frommen Selbstbewusstsein – dem angefochtenen und stets fragmentarischen Glauben in der Glaubensgemeinschaft der Kirche – durch Gottes Wort und Gottes Geist erschlossen ist. Wir zeigten, dass und wie dem christlichen Glauben Gott als der dreieinige Gott erschlossen ist, dessen trinitarische Namen Gottes Selbst-Sein als Sein in Beziehung symbolisieren. Eben als Sein in Beziehung – als Gott der Vater, als Gott der Sohn, als Gott der Heilige Geist – ist Gott von Ewigkeit zu Ewigkeit für die Gemeinschaft mit dem Ebenbilde Gottes in einer Welt im Werden entschlossen. Dieses ursprünglichen Entschlusses, dieser ewigen Selbstbestimmung Gottes zur Gemeinschaft mit dem Ebenbilde Gottes in einer Welt im Werden ist sich der christliche Glaube an Gott bewusst, wenn er sich und indem er sich auf den ewigen Grund der Glaubensgemeinschaft besinnt, die in ihrer Geschichte und die in ihrem Verhältnis zu ihrer jeweiligen gesellschaftlichen Lebenswelt aller Versuchungen und aller Krisen zum Trotz vom „Wollen des Reiches Gottes“[53] beseelt ist (Eph 1,4). Es ist daher angebracht, am Ende unserer Darstellung des christlichen Glaubens an Gott Sinn und Bedeutung der *Gnadenwahl* (vgl. Röm 11,5) verständlich zu

---

52 Ich folge hier dem Vorbild Karl Barths, der die Erwählungslehre als integrierenden Bestandteil der Gotteslehre vortrug (KD II/2, §§ 32–35), allerdings ohne die christologische „Engführung“, mit der Barth die Geschichte zumal der reformierten Erwählungslehre berichtigen wollte.

53 FRIEDRICH SCHLEIERMACHER, GL^2 § 116,3 (II, 219.220).

machen, der wir ursprünglich und letztlich das Leben in der Christusgemeinschaft verdanken.

Das apostolische Kerygma des Neuen Testaments verwendet für den Sachverhalt, dem wir uns zuwenden, im Kontext des Alten Testaments das Wortfeld „erwählen", „Erwählung", „die Erwählten". Namentlich der Apostel Paulus bezeichnet mit Hilfe dieses Wortfelds einen gewichtigen Aspekt der Wirklichkeit des Glaubens (vgl. bes. 1Thess 2,12; 1Kor 1,26-29; Röm 8,33.35). Hat doch Paulus selbst den Urheber des Erschließungsgeschehens, das ihm vor Damaskus zuteil geworden war, als den Gott angesprochen, der ihn von Mutterleibe an „ausgesondert" und ihn durch seine Gnade „berufen" habe (Gal 1,15). Offensichtlich findet Paulus in der unverfügbar-freien Weise, in der er hier in seiner individuellen Lebensgeschichte der Wahrheit des Evangeliums inne wurde, das allgemeine Grundmuster für das Entstehen und Bestehen der christlichen Gottesgewissheit vor. Dem korrespondiert das Wortfeld „Verstockung", das den tiefsten Grund der Weigerung Israels bezeichnet, sich dem apostolischen Kerygma zu öffnen (Röm 9,18; 11,7).[54] Paulus greift hier das zentrale Thema auf, dem bereits das theologische Nachdenken über das Geschick des Volkes Gottes in der Bibel Israels gilt[55]; und er sieht es nun im Lichte und im Kontext der Erwählungsgewissheit Israels als die Aufgabe des Volkes Gottes „aus Juden und Griechen" (Röm 3,29) an, ein Leben in der Praxis des „vernünftigen Gottesdienstes" (Röm 12,1) zu führen. Indem er die Entscheidung zwischen dem Verstehen-Können und dem Nicht-Verstehen-Können des „Wortes vom Kreuz" (1Kor 1,18) in Gottes Gnadenwahl verankert sieht, bringt er die schwierige und verwickelte Geschichte der Prädestinationslehre in Gang.[56]

Erst eine ausgeführte Systematische Theologie wird die Gewissheit des Glaubens in der Glaubensgemeinschaft der Kirche, ihr Entstehen und Bestehen der Gnadenwahl Gottes zu verdanken, angemessen entfalten können. Wir wollen uns an dieser Stelle jetzt damit begnügen, im Rückgriff auf den „Grundriss der Prinzipienlehre" eine Antwort auf die Frage zu suchen, inwiefern der ewigen Selbstbestimmung des göttlichen Wesens zur Gemeinschaft mit dem Ebenbilde Gottes (Eph 1,4) eine Realisierung in der Zeit entspricht. Dafür orientieren wir uns an unserer Rechenschaft über die Konstitution des Glaubens, dem es ja gewiss ist, „nicht aus eigener Vernunft noch Kraft"[57] an den Christus Jesus, unseren HERRN, glauben und auf ihn das daseinsbestimmende Ur- und Grundvertrauen setzen zu können.

Christlicher Glaube an Gott – Gewissheit der Wahrheit des Evangeliums von der Liebe Gottes im Christus Jesus (vgl. Röm 8,39) – und dessen Lebensform entsteht und besteht offensichtlich im Gefüge der notwendigen und der hinreichenden Bedingungen: in der selbstbewussten Verantwortung der menschlichen Gottesworte in allen möglichen Formen der religiösen Kommunikation *und* in der unverfügbar-freien Weise ihres Gewiss-Werdens, ihres Erfassens und Ergreifens durch den „Geist der Wahrheit" (Joh 15,26) selbst. In diesem Bedingungsverhältnis wird die menschliche Verantwortung für die angemessene, die situationsgerechte Gestalt des Überlieferns und des Vergegenwärtigens der Heilsbotschaft einschließlich ihrer äußeren sozio-kulturellen Regeln ganz

---

54 NB: Die „Verstockung" (Röm 9,18) schließt keineswegs die „Verstoßung" (Röm 11,1) ein!

55 Vgl. hierzu KLAUS SEYBOLD, Art. Erwählung I. Altes Testament: RGG^4 2, 1478–1481 (Lit.).

56 Vgl. hierzu die Überblicke von TRAUGOTT KOCH, Art. Erwählung IV. Dogmatisch: TRE 10, 197–205, sowie von CHRISTIAN LINK, Art. Erwählung III. Dogmatisch: RGG^4 2, 1482–1489 Vgl. auch GÜNTER RÖHSER/CHRISTIAN LINK/ULRICH RUDOLPH, Art. Prädestination: RGG^4 6, 1524–1533.

57 MARTIN LUTHER, Kleiner Katechismus: Der dritte Artikel von der Heiligung (BSLK 511,46f.).

ernst genommen; zugleich aber steht sie – die menschliche Verantwortung für das „äußere Wort“ in seiner „äußeren Klarheit“ – ganz und gar unter dem Vorbehalt des „inneren Wortes“, das allein das „äußere Wort“ in seiner „äußeren Klarheit“ zur Evidenz und damit zur „inneren Klarheit“ und zu deren Wirksamkeit gelangen lässt. Indem wir uns auf die Konstitution der christlichen Gottesgewissheit und ihrer Lebensform besinnen, entdecken wir die Selbstbindung, die Gott in Gottes ewiger Selbstbestimmung zur Gemeinschaft mit dem Ebenbilde Gottes eingeht. Diese Selbstbindung dürfen wir als das – schon in der Heiligen Schrift des Alten und des Neuen Testaments angelegte – zentrale Sachthema betrachten, an dem sich die Geschichte der kirchlichen und der theologischen Prädestinationslehre auf ihren Wegen und Irrwegen abgearbeitet hat. Georg Neumark hat dieses zentrale Sachthema auf den poetischen Begriff gebracht: „Gott, der uns sich hat auserwählt“ (EG 369,3).

Wenn wir die ewige Selbstbestimmung zur Gemeinschaft mit dem Ebenbilde Gottes, in der das göttliche Wesen als das Sein in Beziehung von Ewigkeit zu Ewigkeit lebt und regiert, in einem metaphorischen Sinne als die Wahl der Gnade verstehen, so achten wir damit auf die „trinitarische Struktur“, die dem christlichen Verständnis jener Gottesgewissheit eingeschrieben ist und auf die uns schon das individuelle Freiheitsgefühl des personalen Selbstbewusstseins verweist.[58] Wir ehren und wir respektieren mit dieser metaphorischen Benennung den unbezweifelbaren Sachverhalt, dass Gott nur durch Gott erkannt, dass wahre Gottesgewissheit – und zumal die radikale Gottesgewissheit des „Wortes vom Kreuz“ (1Kor 1,18) – nur durch Gottes Geist gegeben wird. Gleichzeitig aber sind wir dessen eingedenk, dass Gottes Geist nicht anders als in der Gemeinschaft mit den mannigfachen Formen des menschlichen „Dienstes der Versöhnung“ (2Kor 5,18) zur Wirksamkeit gelangt.[59] So gewiss in Gottes ewiger Selbstbestimmung jedes zeitlich-geschichtliche Ereignis der göttlichen Selbsterschließung gründet, so gewiss ist in Gottes ewiger Selbstbestimmung das fehlbare, das problematische, das konfliktgeladene Tun des Menschen – bis hin zu dessen Scheitern und Versagen – jederzeit im Blick.

In Gottes Gnadenwahl, in Gottes ewiger Selbstbestimmung gründet jedoch nicht nur und nicht allein jene Gemeinschaft, die nach Gottes Willen zwischen dem menschlichen Dienst der Versöhnung und der göttlichen Weise seiner Verwendung besteht. Vielmehr gründet in Gottes Gnadenwahl, in Gottes ewiger Selbstbestimmung bereits diejenige Gemeinschaft, die nach Gottes Willen zwischen Gottes schöpferischem Walten durch Gottes schöpferisches Wort (vgl. Gen 1,3) und den eigenen Wirkungs- und Handlungsweisen des Geschaffenen besteht. Dieser Form des Mit-Wirkens und Mit-Handelns geschaffener Instanzen mit Gottes schöpferischem Walten durch Gottes schöpferisches Wort werden wir uns vor allem bewusst, wenn wir des göttlichen Segens gedenken, der mit der Geschlechtsgemeinschaft des Mannes und der Frau und ihrer verantwortlichen

---

58 Vgl. WILFRIED HÄRLE, Das christliche Verständnis von Wahrheit und Gewißheit aus reformatorischer Sicht, in: EILERT HERMS/LUBOMIR ŽAK (Hg.), Grund und Gegenstand des Glaubens nach römisch-katholischer und evangelisch-lutherischer Lehre. Theologische Studien, Tübingen/Lateran University Press 2008, 185–213;197.

59 In dieser Erkenntnis konvergieren Schleiermachers Interpretation des Lehrstücks von der Erwählung (GL² §§ 117–120 [II, 220–248]) und Karl Barths Lehre von der Bestimmung des Erwählten (KD II/2, § 35,3 [453–498; bes. 456ff.461.464]), was Barth bedauerlicherweise – wie überhaupt so auch hier – missachtete. Zur Kritik an Barths Erwählungslehre verweise ich nach wie vor auf meine Habilitationsschrift: KONRAD STOCK, Anthropologie der Verheißung. Karl Barths Lehre vom Menschen als dogmatisches Problem (BevTh 86), München 1980, bes. 44–94.

Gestaltung verknüpft ist (vgl. Gen 1,28ff.). Schon das Zeugen und Gebären menschlichen Lebens und die Sorge für die Lebensgüter dieser Weltzeit bis hin zu deren nachhaltiger ökonomischer, politischer und kultureller Ordnung versteht der christliche Glaube an Gott als den Zusammenhang menschlichen Begehrens, Strebens, Wollens und Interagierens, den Gottes ewige Gnadenwahl für das Wirklich-Werden des Guten in Dienst nimmt. Von dem Verstehen dieses schöpferischen Gemeinschaftswillens wird jede theologische Schöpfungsethik auszugehen haben.[60]

Schließlich erstreckt sich Gottes Gnadenwahl, Gottes ewige Selbstbestimmung zur Gemeinschaft mit dem Ebenbilde Gottes auf jenen Sinn und jenes Ziel, dem Gottes schöpferischer und dem Gottes versöhnender Gemeinschaftswille entgegengeht: auf die Vollendung jener Gemeinschaft zwischen dem göttlichen und dem menschlichen Tun im Walten Gottes als schöpferischer und als versöhnender Gott. Gottes Gnadenwahl, Gottes ewige Selbstbestimmung zur Gemeinschaft mit dem Ebenbilde Gottes richtet sich auf jene absolute Zukunft jenseits des Todes und durch den Tod hindurch, die wir mit Hilfe der eschatologischen Metaphern als das Anteil-Haben an Gottes ewigem Leben und so als die tatsächliche Erfahrung des Höchsten Gutes symbolisieren. Die Lehre von der Hoffnungsgewissheit des christlichen Glaubens kommt auf dieses Moment in Gottes Gnadenwahl zurück.

2.7. Fazit

Der christliche Glaube ist in allen seinen Aspekten Glaube an Gott. Die dogmatische Besinnung auf den Wahrheitsgehalt des Glaubens beginnt aus diesem Grunde notwendigerweise mit dem Versuch, Sinn und Bedeutung des Begriffsworts „Gott" zu verstehen und zu vergegenwärtigen, und zwar so, wie es in den österlichen Situationen der letztgültigen Selbsterschließung Gottes bestimmbar wurde.

Die dogmatische Besinnung auf den Wahrheitsgehalt des christlichen Glaubens an Gott setzt die Einsicht der „Prinzipienlehre" voraus, dass das Selbstbewusstsein der Person in der primären Gewissheit des individuellen Freiheitsgefühls Transzendenzgewissheit im formalen Sinne des Begriffs einschließe (s. o. S. 14). Insofern gehört der christliche Glaube an Gott in den Zusammenhang der Religionsgeschichte, in der der Mensch das Wesen und die innerste Gesinnung der transzendenten Macht des Ursprungs zu erkennen und zu verehren sucht. Verwurzelt in der Glaubensgeschichte Israels, ist dem christlichen Glauben die Einzigkeit des göttlichen Wesens gewiss, die er in den trinitarischen Namen Gottes des Vaters, des Sohnes und des Heiligen Geistes konkretisiert.

Verweist das Begriffswort „Gott" im Sprachgebrauch des christlichen Glaubens zuallererst auf die Einzigkeit des göttlichen Wesens, so unterscheidet sich die Einzigkeit des göttlichen Wesens allerdings von Grundbegriffen einer reflektierten Weltanschauung wie z. B. vom Grundbegriff „Natur" oder „Evolution". Im Gegensatz zu solchen Grundbegriffen erweist sich der eine und einzige Gott, zu dem sich der christliche Glaube erhebt, in seiner geschichtlichen Selbsterschließung als lebendiges Sein, als Leben in ewiger Handlungsgegenwart.

---

[60] Vgl. hierzu schon MARTIN LUTHER, Großer Katechismus: Auslegung des 4. Gebots (BSLK 586–605); sowie zuletzt MARTIN HONECKER, Schöpfung als Thema und Problem der Ethik, jetzt in: DERS., Wege evangelischer Ethik. Positionen und Kontexte (Studien zur theologischen Ethik 96), Freiburg Schweiz 2002, 132–146.

Um Gottes Leben in ewiger Handlungsgegenwart, dessen Fülle die Sprache des Glaubens mit den mannigfachen Bezeichnungen der Eigenschaften des göttlichen Wesens erfassen möchte, genauer zu verstehen, entwickeln wir den Gedanken des göttlichen Person-Seins. Wir haben drei Momente des Person-Seins aufgefunden, die miteinander das komplexe Gefüge des *freien Füreinander-Seins* bezeichnen. Dieser Gedanke des göttlichen Person-Seins führt nicht nur zum Ansatz einer Lehre von Gottes wesentlicher Trinität; er macht es auch möglich, den genuinen Sinn der Lehre von Gottes Gnadenwahl zu achten, die ursprünglich und endlich einer Selbstbestimmung Gottes zur Gemeinschaft mit dem Ebenbilde Gottes Ausdruck gibt.

§ 3 Der christliche Glaube an Gott den Schöpfer

Wir haben im § 2 dieses „Grundrisses der Dogmatik" das Gottesverständnis des christlichen Glaubens skizziert. Wir suchten dem Geheimnis nachzudenken, in dem uns Gottes Gottheit verborgen ist und dem nun dennoch nachzudenken ist, weil uns in den Ereignissen letztgültiger Offenbarung Gottes eines und einziges lebendiges Wesen als Gottes Gemeinschaftswille – als Gottes ewige Selbstbestimmung zur Gemeinschaft mit dem Ebenbilde Gottes – erkennbar und erschlossen ist. Wir setzten voraus, dass der jederzeit angefochtene Glaube – die individuelle Teilhabe am Wahrheitsbewusstsein der Glaubensgemeinschaft – nichts ist ohne seinen Gegenstand und seinen Grund. Und wir zeigten, dass sich Gott in der geistgewirkten Erschließung der Offenbarungszeugnisse, die uns im Raum der Kirche begegnen, als das Höchste Gut des *freien Füreinander-Seins* selbst vergegenwärtigt.

Ist es dem christlichen Glauben als wahr gewiss, dass Gott die ewige Selbstbestimmung zur Gemeinschaft mit dem Ebenbilde Gottes realisiert, so ist es ihm – dem christlichen Glauben – eben damit auch als wahr gewiss, dass die Wirklichkeit, in der er sich selbst findet, Gottes Wirklichkeit ist. Der „Grundriss der Dogmatik" wird deshalb die verschiedenen Aspekte darzustellen haben, unter denen der Gemeinschaft des Glaubens Gottes Wirklichkeit erschlossen ist: sie wird den komplexen Zusammenhang verfolgen, der zwischen dem Geschaffen-Sein der Wirklichkeit, dem Versöhnt-Sein des Menschen in der Existenz des Christus Jesus und dem Vollendet-Werden der Wirklichkeit im Reiche Gottes jenseits des Todes und durch den Tod hindurch besteht. Das Leben des Glaubens in der Glaubensgemeinschaft der Kirche hat seinen Ort und seine Geschichte just in der Wirklichkeit, wie sie die dogmatische Besinnung unter diesen drei Aspekten als Wirklichkeit Gottes betrachtet. Insofern umgreift der „Grundriss der Dogmatik" die ethische Besinnung, die sich der Ethosgestalt des christlichen Glaubens an Gott in der Sphäre des Privaten wie in der Sphäre des öffentlichen Lebens widmet.[1]

Unter dem Titel „Der christliche Glaube an Gott den Schöpfer" wenden wir uns jetzt dem ersten Aspekt der Wirklichkeit Gottes zu, derer wir in den Ereignissen der letztgültigen Offenbarung hier und heute in unserer Lebensgeschichte gewiss werden: wir wenden uns dem Weltgeschehen zu als dem von Gott geschaffenen Geschehenszusammenhang, in dem es menschliches Person-Sein und dessen Geschichte geben kann und gibt. Wir interessieren uns nicht für das Weltbild bloß als solches, das in der Religionskultur des Alten Israel herrscht und das bis in das späte europäische Mittelalter ausstrahlt. Indem wir zwischen dem Sachverhalt eines Weltbilds und dem Sachverhalt einer Welt- oder Lebensanschauung strikt unterscheiden[2], wollen wir Schritt für Schritt zeigen, dass

---

[1] Die Aufgabe, die dem christlichen Glauben eigentümliche Anschauung der Wirklichkeit als „Wirklichkeit Gottes" darzustellen, bleibt bedauerlicherweise ungelöst im Büchlein von MICHAEL WELKER, Schöpfung und Wirklichkeit (Neukirchener Beiträge zur Systematischen Theologie, Bd. 13), Neukirchen-Vluyn 1995.

[2] Zur Unterscheidung von Weltbild und Welt- oder Lebensanschauung vgl. MICHAEL MOXTER, Art. Welt/Weltanschauung/Weltbild III/1. Weltanschauung: Dogmatisch und Philosophisch: TRE 35, 544–555.

der christliche Glaube an Gott den Schöpfer eben jene Anschauung der Welt und des menschlichen In-der-Welt-Seins ist, die das personale Selbstbewusstsein als die reine, stets und beständig gewährte *Gabe* Gottes des Schöpfers versteht: die Gabe, die als solche das *Gebot*, die Aufgabe der Selbstverantwortung im Verhältnis der Personen zueinander wie im Verhältnis zu Gott in sich schließt (s. u. S. 142ff.).

Beginnen wir damit, uns über die genuine Funktion der Lehre von der Schöpfung im Ganzen der kirchlichen Glaubenslehre und der Systematischen Theologie zu verständigen.[3]

Das deutsche Wortfeld „schaffen"/„Schöpfer"/„Schöpfung"/„Geschöpf"/„Geschaffenes" übersetzt das hebräische Wort ברא (*bara*) (Gen 1,1) bzw. das griechische Wortfeld κτίζειν/κτίσις/κτίστης (*ktizein/ktisis/ktistäs*). Es gibt aufgrund der biblischen Schöpfungszeugnisse – insbesondere im Anschluss an die Schöpfungserzählungen innerhalb der sog. Urgeschichte (Gen 1,1-2,4a; Gen 2,4b-25) und an die Schöpfungspsalmen – der Überzeugung Ausdruck, dass die uns erfahrbare Wirklichkeit nicht aus sich selbst und durch sich selbst besteht, sondern sich der schöpferischen Machtvollkommenheit Gottes verdankt. Diese Überzeugung ist eine *ontologische* Überzeugung: eine Überzeugung, die das Sein des welthaft Seienden und dessen Bestimmung oder dessen Woraufhin zum Gegenstande hat. Fragen wir nach der Funktion der Schöpfungslehre im Ganzen der Systematischen Theologie, so fragen wir, aus welchem Grunde und in welcher Absicht der christliche Glaube, das christlich-fromme Selbstbewusstsein – in Analogie zum Judentum und zum Islam – sinnvoller- und notwendigerweise das Erleben des Geschaffen-Werdens und des Geschaffen-Seins einschließt, das sich in dieser ontologischen Überzeugung verdichtet. Finden wir auf diese Frage eine befriedigende Antwort, so werden wir auch für das spätestens seit Nikolaus Kopernikus, Johannes Kepler und Galileo Galilei schwelende Problem eine Lösung finden, wie sich die Wahrheitsgewissheit des Glaubens an Gott den Schöpfer und die einzelwissenschaftliche (physikalische, biologische, chemische, anthropologische) Forschung und Theoriebildung, wie sich „Weltanschauung" und „Weltbild" zueinander verhalten.

Es ist nicht ratsam, die Antwort auf die Frage nach der Funktion des biblischen Schöpfungszeugnisses und der kirchlichen Schöpfungslehre im Ganzen der Systematischen Theologie in der Form tiefsinniger Meditationen über die biblischen Schöpfungserzählungen[4] oder gar in biblizistischer Weise zu geben. Nach allem, was wir dazu in der Prinzipienlehre ausgeführt haben, suchen wir vielmehr eine Begriffssprache, die es uns ermöglicht, die ontologische Überzeugung, die dem christlichen Glauben an Gott den Schöpfer eingeschrieben ist, in wissenschaftlicher Form zu entfalten (s. o. S. 47ff.).

Was heißt das?
Die christliche Frömmigkeit ist eine inhaltlich bestimmte Glaubensweise, die sich der Gewissheit der Wahrheit des Evangeliums – und damit der Gewissheit der radikalen Liebe, der Barmherzigkeit, der Treue Gottes – verdankt. In ihr ist „immer schon vorausgesetzt und ist also auch darin mitenthalten"[5] ein Verstehen des natürlichen Weltgesche-

---

3 Der folgende Gedankengang präzisiert die Ortsbestimmung, die FRIEDRICH SCHLEIERMACHER der Schöpfungslehre im Ganzen der Glaubenslehre gab (GL^2 §§ 32–61 [I, 171–337]). Übrigens hatte bereits die Dogmatik der lutherischen Orthodoxie, soweit sie der analytischen Methode folgte, die Lehre von der Schöpfung in einem heilsgeschichtlichen Sinne bestimmt, indem sie sie innerhalb der Lehre von Gott als dem Ziel der Theologie entfaltete. Vgl. CARL HEINZ RATSCHOW, Lutherische Dogmatik zwischen Reformation und Aufklärung, Teil II, Gütersloh 1966.

4 So verfährt DIETRICH BONHOEFFER, Schöpfung und Fall. Theologische Auslegung von Genesis 1 bis 3, jetzt in: DBW (3. Band), München 1989; und vor allem KARL BARTH, KD III/1.

5 FRIEDRICH SCHLEIERMACHER, GL^2 § 32 L (I, 171).

hens und der vernünftigen, der selbstbewusst-freien menschlichen Lebensform, das in anderen Glaubensweisen und zumal in anderen reflektierten philosophischen Welt- und Lebensanschauungen schwerlich eine Entsprechung hat: man stelle nur einmal Vergleiche mit der buddhistischen oder der hinduistischen Glaubensweise, mit dem sozialen Darwinismus oder mit der reflektierten Welt- und Lebensanschauung Arthur Schopenhauers und Friedrich Nietzsches an.

Dem christlichen Glauben oder der christlichen Frömmigkeit ist die Wirklichkeit der Welt in einer bestimmten und spezifischen Weise *erschlossen*. Sie ist uns hier erschlossen als Inbegriff von Gegenständen möglicher Erfahrung, auf die wir in und mit unserer faktisch notwendigen Existenz in ihrem Austausch mit anderen faktisch notwendigen Existenzen bezogen sind. Sie ist uns hier erschlossen als Inbegriff von Gegenständen möglicher Erfahrung, den wir in unserer jeweiligen Gegenwart zu erkennen und zu gestalten haben, und zwar im Interesse unseres geschichtlichen Weges zu dem von Gott gegebenen Ziel des Glaubenslebens. Sie ist uns hier erschlossen als unser „In-der-Welt-Sein" (Martin Heidegger), das uns durch Gottes schöpferisches Wollen, Walten, Reden und Rufen gegeben und uns zum Leben in selbstbewusst-freier Verantwortung aufgegeben ist. Insofern bildet das In-der-Welt-Sein des Menschen die *Voraussetzung* dafür, dass das Evangelium – das Evangelium von der Vergebung der Sünden (Mt 26,28), von der Rechtfertigung der Sünder (Röm 4,25; 5,18), von der Versöhnung Gottes mit der Welt im Christus Jesus (2Kor 5,19) – seinen realen Sitz im Leben hat und dass es um seiner Überlieferung und um seiner Ausbreitung willen die Mitwirkung der Glaubensgemeinschaft in Anspruch nimmt. Bezieht es sich doch – kritisch und befreiend – auf die abgründige Tatsache, dass Gottes Schöpfer-Sein vom Ebenbilde Gottes verachtet und verkannt wird (Röm 1,19-23; Joh 1,10), wie das Bewusstsein der Sünde und der Schuld sehr wohl weiß (s. u. S. 147ff.).

Nun ist uns diese Voraussetzung – diese Bedingung der Möglichkeit eines Lebens im Glauben, in der Liebe, in der Hoffnung und damit in der Selbstverantwortung vor Gott – nicht etwa erst durch das biblische Schöpfungszeugnis oder durch die kirchliche Schöpfungslehre, sondern ursprünglich *durch uns selbst* erschlossen. Und zwar in der Leibhaftigkeit des menschlichen Person-Seins in der jeweiligen Gegenwart im Hier und Jetzt. Sie – diese Voraussetzung, diese Bedingung der Möglichkeit eines Lebens im Glauben, in der Liebe, in der Hoffnung und damit in der Selbstverantwortung vor Gott – ist uns in zweifacher Weise erschlossen.

Einerseits erleben wir uns in einer Welt im Werden und Vergehen: in Prozessen, die nach bestimmten Regeln und Gesetzen Wandlungen, Veränderungen, Krisen und Schicksale mit sich bringen und so aus jeweils Möglichem in Wirkliches übergehen.

Andererseits erleben wir, dass wir in dieser Welt im Werden und Vergehen nicht anders existieren können als im Gebrauche unserer Selbstbestimmung – unserer Freiheit –, kraft derer wir in sprachlichen, in praktischen und in darstellenden Interaktionen mit Andern das uns gegebene Leben führen müssen. Wir erleben also, dass wir selbst nicht anders am Leben sein und bleiben können, als indem wir selbst Übergänge aus Möglichem in Wirkliches frei vollziehen. Wir erleben uns – eingebettet in das Werden, in den Wandel, in das Vergehen des Naturgeschehens und bedingt durch den Naturzusammenhang, durch Luft und Licht, Wasser und Wärme, Schwerkraft und genetische Codierung – in der primären Gewissheit des je individuellen Freiheitsgefühls, das uns zur Existenz in Selbstbestimmung geradezu nötigt und verpflichtet (s. o. S. 12f.; s. u. S. 126ff.).

Auch und gerade in der Situation des angefochtenen Glaubens sind wir unserer selbst in dieser zweifachen Weise inne. Wir stehen damit allerdings vor dem Faktum, dass weder diese Welt im Werden und Vergehen nach bestimmten Regeln und Gesetzen noch wir selbst mit unserer Bestimmung zur Selbstbestimmung der faktisch notwendige

Grund des Daseins sind. Wir finden uns in der primären Gewissheit des je individuellen Freiheitsgefühls vielmehr verwiesen auf den Grund, der diese Welt im Werden und Vergehen und in ihr uns selbst mit unserer Bestimmung zur Selbstbestimmung nach seinem souveränen Willen entstehen, sein und dauern lässt, um sie zu seinem ursprünglichen Ziel zu führen.

Der christliche Glaube an Gott den Schöpfer und das biblisch-kirchliche Schöpfungszeugnis haben an dieser Grunderfahrung Anhalt und wären ohne Anhalt an dieser Grunderfahrung nichtig. Was uns in dieser Grunderfahrung durch uns selbst erschlossen ist – die Kontingenz und damit die faktische Notwendigkeit des menschlichen Person-Seins im universalen Zusammenhang dieser Welt –, wird in der Gottesgewissheit des christlichen Glaubens in einer ganz bestimmten Hinsicht ausgelegt. Wir können diese Auslegung durchaus als Antwort auf die Frage bezeichnen, die mit dem menschlichen, dem leibhaften Person-Sein schon als solchem gegeben ist. Indem dem christlichen Glauben an Gott den Schöpfer im Kontext der Glaubensgeschichte Israels diese Antwort offenbar wird, versteht er Sinn und Bestimmung des je eigenen leibhaften Person-Seins, in welchem Gottes schöpferisches Wollen, Walten, Reden und Rufen manifest wird: „Ich gläube, daß mich Gott geschaffen hat sampt allen Kreaturn…“.[6] Es ist – wie dies die ausgeführte Systematische Theologie wird zeigen müssen – das unveräußerliche Recht der Natürlichen Theologie, die Selbstpräsenz des göttlichen Wesens schon in dieser Grunderfahrung namhaft zu machen.[7]

Jedoch: mit diesen Bestimmungen ist der besondere Wahrheitsgehalt des christlichen Glaubens an Gott den Schöpfer im Ganzen des christlichen Glaubens und der kirchlichen Glaubenslehre noch keineswegs vollständig charakterisiert. Wir müssen uns vielmehr darauf besinnen, dass die christliche Glaubensweise – die Gewissheit der Wahrheit des Evangeliums – die Selbsterfahrung des Gewissens und das Gefühl des unausweichlichen Schuldig-Werdens und Schuldig-Seins einschließt. In dieser Selbsterfahrung werden wir jederzeit der spontanen Impulse gewahr, die Bestimmtheit des geschaffenen Person-Seins füreinander und für Gott zu verkennen und zu verleugnen und die Fähigkeiten des individuellen Selbst zu missbrauchen (vgl. Ps 51,6.7). Auch und gerade in der Situation des angefochtenen Glaubens finden wir uns noch in der *Entfremdung* vor, die das Thema der Lehre von der Sünde sein wird (s. u. S. 147ff.); auch und gerade in der Situation des angefochtenen Glaubens bedrängt uns das Leid der Endlichkeit und des Todes, welches das Menschengeschlecht überhaupt nach der Antwort des Allmächtigen (vgl. Hi 31,35) verlangen lässt.

Wenn wir die Selbsterfahrung des Gewissens und wenn wir die Klage über das Leid der Endlichkeit und des Todes ernst nehmen, gewinnt der christliche Glaube an Gott den Schöpfer seine entscheidende Funktion im Ganzen eines Lebens in der Freiheit eines Christenmenschen. Der christliche Glaube an Gott den Schöpfer entspringt nämlich – wie wir noch sehen werden (s. u. S. 98ff.) – den österlichen Erschließungsereignissen, in denen Jesu Lebenszeugnis für das Kommen der Gottesherrschaft in ihm selbst den primären Offenbarungsempfängern durch Gottes Geist als wahr gewiss wird und als

---

6 MARTIN LUTHER, Kleiner Katechismus: Auslegung des ersten Artikels (BSLK 510,33f.).

7 Dieses unveräußerliche Recht der Natürlichen Theologie wird gründlich verkannt und im Ansatz verfehlt von CHRISTIAN LINK, Die Welt als Gleichnis. Studien zum Problem der natürlichen Theologie (BevTh 73), München 1976. Link sucht die Traditionen der Natürlichen Theologie zu überwinden durch ein Modell von „Welterfahrung und Glaube“ (313–337), ohne die – geschaffenen! – Bedingungen der Möglichkeit von Erfahrung überhaupt auch nur zu erwähnen! Die törichte Entgegensetzung von Natürlicher Theologie und Theologie der Offenbarung im Sinne Karl Barths wird dadurch nicht im Geringsten aufgehoben.

wahr erkannt wird. In diesen österlichen Erschließungsereignissen wird der Versöhnungswille Gottes des Schöpfers offenbar, der die Entfremdung des individuellen Selbst von seiner Bestimmtheit füreinander und für Gott überwindet; in ihnen wird zugleich der Vollendungswille Gottes des Schöpfers und Versöhners offenbar, der jenseits des Todes und durch den Tod hindurch die Verheißung erfüllt, die in und mit dem geschaffenen Person-Sein gegeben ist (Apk 21,4). Durch Gottes Geist in die Christusgemeinschaft integriert, entdeckt der Glaube in der Glaubensgemeinschaft der Kirche – und zwar im Kontext der Glaubensgeschichte Israels – Sinn und Ziel des göttlichen Schöpfer-Seins, kraft dessen es die Welt und in ihr das geschaffene Person-Sein des Menschen mit faktischer Notwendigkeit gibt.[8]

Um nun den Wahrheitsgehalt des christlichen Glaubens an Gott den Schöpfer zu entfalten, wollen wir in einem ersten Schritt nach der Quelle dieses Glaubens sehen und das Verhältnis von Glaube und Wissen charakterisieren (3.1.). In einem zweiten Schritt suchen wir Gottes Schöpfer-Sein im Lichte der schöpferischen Eigenschaften der Allmacht, der Allwissenheit, der Allgegenwart und der Ewigkeit Gottes zu bestimmen (3.2.), bevor wir uns dem Mensch-Sein als dem geschaffenen Person-Sein zuwenden (3.3.). Wir fassen unsere Gedanken in einem „Fazit“ zusammen, welches das *Mandat* Gottes des Schöpfers skizziert, das für die Ethosgestalt des christlichen Glaubens und damit für die gesamte Systematische Theologie von vielfach verkannter und dennoch grundlegender Bedeutung ist (3.4.).

3.1. Glaube und Wissen

Die Gewissheit der Wahrheit des Evangeliums und deren Ethosgestalt im Leben der Liebe, der Hoffnung und der Selbstverantwortung vor Gott setzt voraus und schließt notwendigerweise ein den christlichen Glauben an Gott den Schöpfer. Im Unterschied und im Gegensatz zu anderen Gestalten eines Schöpfungsglaubens in der Geschichte der Religionen[9] und erst recht im Unterschied und im Gegensatz zur reflektierten Suche nach dem Prinzip eines ersten unbewegten Bewegenden zeichnet sich der christliche Glaube an Gott den Schöpfer dadurch aus, dass er sich auf den dreieinigen und dreifaltigen Gott bezieht (s. o. S. 81ff.). Er ist sich – in welcher angefochtenen und fragmentarischen Gestalt auch immer – nicht nur dessen gewiss, dass Gott kraft seiner ewigen Selbstbestimmung zur Gemeinschaft mit dem Ebenbilde Gottes die reine Gabe des menschlichen Person-Seins im Kosmos einer Welt im Werden auch angesichts der Sünde der Entfremdung und des Leids der Endlichkeit beständig sein und dauern lässt (Gen 8,22; Ps 148,1-6); er erlebt auch in der Tiefe des individuellen Freiheitsgefühls, dass Gott eben durch seinen Versöhnungswillen (2Kor 5,19) die Bestimmung des menschlichen Lebens zur Gemeinschaft mit ihm selbst als dessen Höchstes Gut vollendet (Apk 21,1-5). Diesen Zusammenhang hat bereits das Neue Testament in einigen Spitzensätzen zur Sprache gebracht, die von der *Schöpfungsmittlerschaft* des Christus Jesus handeln (s. u. S. 102).

---

8 Vgl. hierzu JÜRGEN MOLTMANN, Gott in der Schöpfung. Ökologische Schöpfungslehre, München 1985, 277f.; WOLFHART PANNENBERG, Systematische Theologie. Bd. II, Göttingen 1991,163–201: Schöpfung und Eschatologie.

9 Vgl. hierzu GREGOR AHN, Art. Schöpfer/Schöpfung I. Religionsgeschichtlich: TRE 30, 250–258 (Lit.); RICHARD FRIEDLI, Art. Schöpfung I. Religionsgeschichtlich: RGG^4 7, 967–970.

Der christliche Glaube an Gott den Schöpfer ist sich mithin des schöpferischen Handelns Gottes grundsätzlich nur im Zusammenhang des versöhnenden und des vollendenden Handelns Gottes gewiss. In diesem Zusammenhang impliziert er allerdings kosmologische Einsichten und kosmologische Aussagen, die die natürlichen Bedingungen der Möglichkeit des menschlichen Person-Seins zum Thema haben, ebenso wie er das Verstehen des menschlichen Person-Seins selbst impliziert.

Die systematisch-theologische Entfaltung des christlichen Glaubens an Gott den Schöpfer wird daher sowohl die natürlichen Bedingungen der Möglichkeit des menschlichen Person-Seins als auch die Bestimmung des menschlichen Person-Seins zur Selbstverantwortung in der Gemeinschaft mit Gott darzustellen haben. Man löst die Aufgabe der systematisch-theologischen Entfaltung des christlichen Glaubens an Gott den Schöpfer nur unzureichend, wenn man sich – womöglich unter dem Stichwort einer „Theologie der Natur" – auf die Erkenntnis jener natürlichen Bedingungen der Möglichkeit des menschlichen Person-Seins beschränkt[10]; man löst diese Aufgabe allerdings ebenso unzureichend, wenn man sich auf das Verständnis des menschlichen Person-Seins konzentriert und die natürlichen Bedingungen der Möglichkeit des menschlichen Person-Seins kleinmütig oder großzügig den Naturwissenschaften und deren Theorie überlässt.[11] Indem wir in den Grenzen eines „Grundrisses der Dogmatik" sowohl das kosmologische als auch das anthropologische Thema in Angriff nehmen wollen, suchen wir der Glaubensgemeinschaft der Kirche und den Inhabern der verschiedenen kirchenleitenden Funktionen zu zeigen, wie wir in der neuzeitlichen Gesprächssituation an der Wahrheit des christlichen Glaubens an Gott den Schöpfer beharrlich und entschieden festzuhalten vermögen.

Um dieses Ziel zu erreichen, sehen wir zunächst nach der Quelle des christlichen Glaubens an Gott den Schöpfer (3.1.1.). Das angemessene Verstehen dieses Glaubens wird es uns dann möglich machen, das Verhältnis von Glaube und Wissen richtig zu bestimmen (3.1.2.). Wir fassen schließlich unsere Gedanken in einem kurzen Fazit zusammen (3.1.3.).

3.1.1. Die Quelle des christlichen Glaubens an Gott den Schöpfer[12]

Die Überlieferungen des christlichen Glaubens an Gott den Schöpfer in der Geschichte des Christentums[13] und die kirchlich festgestellte Lehre – wie sie sich etwa im apostolischen und im nicäno-konstantinopolitanischen Credo, im Kleinen und im Großen Katechismus Martin Luthers und im Heidelberger Katechismus findet[14] – berufen sich natür-

---

[10] Das ist das Problem der Darstellung von CHRISTIAN LINK, Schöpfung. Schöpfungstheologie angesichts der Herausforderungen des 20. Jahrhunderts (HST 7/1.2), Gütersloh 1991.

[11] Das ist das Problem der Darstellung von KARL BARTH, KD III/1; KD III/2, aber doch auch der Darstellung von GERHARD EBELING, Dogmatik des christlichen Glaubens. Bd. I, Tübingen 1987^3.

[12] Zur Geschichte der christlichen Schöpfungslehre vgl. bes. GERHARD MAY, Schöpfung aus dem Nichts. Die Entstehung der Lehre von der creatio ex nihilo (AKG 48), Berlin 1978; LEO SCHEFFCZYK, Schöpfung und Vorsehung (HDG II/2a), Freiburg i.Br. 1963; JOHANNES VON LÜPKE, Art. Schöpfer/Schöpfung VII. Reformation bis Neuzeit: TRE 30, 305–326 (Lit.).

[13] NB: bis hin zu ihrer Wirkungsgeschichte in der Kunstpraxis! Man denke nur an Joseph Haydns Oratorium „Die Schöpfung"! Vgl. ferner HANS GEORG THÜMMEL, Art. Schöpfung X. Kunsthistorisch: RGG^4 7, 987–989.

[14] BSLK 21–27; 510–511; 647–650; Heidelberger Katechismus (Frage 26–28).

lich auf die Quelle des biblischen Schöpfungszeugnisses.[15] Sie berufen sich auf den Doppel-Kanon der Heiligen Schrift, dessen neutestamentlicher Teil das Schöpfungszeugnis des Alten Testaments – des Kanons der frühjüdischen Kultgemeinschaft – notwendigerweise voraussetzt, aber auch entscheidend transformiert (s. u. S. 101f.). Freilich stellt das Schöpfungszeugnis des Alten Testaments seinerseits ein hochkomplexes Gebilde dar, das in Israels Glaubensgeschichte wichtige Wandlungen erfahren hat. Deshalb bedarf die These Martin Luthers und Johannes Calvins, der Schöpfungsglaube und das Bekenntnis zu Gott dem Schöpfer ergebe sich allein aus dem Studium der Heiligen Schrift – und damit aus der Neuheit der Gesinnung, die wir dem geistgewirkten Verstehen des Evangeliums und dem geistgeleiteten Gebrauch der Sakramente zu verdanken haben –, einer sorgfältigen Korrektur.[16] Sie wird uns zeigen, dass der christliche Schöpfungsglaube oder die christliche Schöpfungsfrömmigkeit eine unüberbietbare Perspektive auf die Kontingenz der Welt darstellt und in gewisser Weise das Wesen des Christentums überhaupt zum Ausdruck bringt.

Die verschiedenen Texte, in denen uns das Schöpfungszeugnis der Bibel Israels begegnet – die vorexilischen Psalmen, die Prophetie Deutero-Jesajas, die priesterschriftliche und die jahwistische Urgeschichte und schließlich die Weisheit (insbesondere bei Jesus Sirach) – teilen mit zahlreichen Religionskulturen den Wesenszug, die ätiologische Funktion des mythischen Denkens zu bearbeiten. Dessen ätiologische Funktion besteht darin, ein Gründungsgeschehen zu erzählen und gegebenenfalls ein Gründungsgeschehen im Kult zu wiederholen, welches die Lebensordnung eines Gemeinwesens und damit die Lebensbedingungen der individuellen Person in ihm errichtet hat. Ein solches Gründungsgeschehen hat zu seinem dunklen Hintergrund die Erfahrung des Ungeheuren oder des Chaotischen in der Lebenswelt einer Gemeinschaft; und so erzählt der Mythos von der uranfänglichen und regelmäßig zu wiederholenden Zeit, in der gottheitliche Mächte der Gemeinschaft ihrer Verehrer angesichts des Ungeheuren und des Chaotischen Lebensmöglichkeit und Schutz gewähren, um dafür Opfergaben zu empfangen. Im mythischen Verständnis des Lebens und der Wirklichkeit symbolisiert das Begriffswort „Schöpfung“ stets eine den gottheitlichen Mächten zu verdankende lebensdienliche Ordnung des Friedens und der Gerechtigkeit. Es schließt insofern eine ethisch-politische Vision ein, und es legitimiert damit das Königtum als die allein angemessene Institution politischer Herrschaft über ein religiös verfasstes Gemeinwesen.

Nach Hermann Spieckermann sind die vorexilischen JHWH-Königs-Psalmen als die frühesten Zeugnisse des biblischen Schöpfungsdenkens anzusehen.[17] Sie bekunden die Überzeugung, dass JHWH allein – im Sinne des 1. Gebots – die schöpferische Herrschaft über Israel innehat, die sich zumal im Schutz vor den Bedrohungen in Natur und Geschichte erweist. Diese Überzeugung schien durch das Chaos der Ereignisse von 587 v. Chr. endgültig widerlegt und unwiederbringlich zerstört zu sein. Es bedurfte der Prophetie Deutero-Jesajas, jene scheinbar widerlegte und zerstörte Überzeugung neu zum Leuchten zu bringen. Ja, Deutero-Jesajas Prophetie fasst diese Überzeugung unter Aufnahme von

---

15 Vgl. hierzu bes. REINHARD G. KRATZ/HERMANN SPIECKERMANN, Art. Schöpfer/Schöpfung II. Altes Testament: TRE 30, 258–283; CILLIERS BREYTENBACH, Art. Schöpfer/Schöpfung III. Neues Testament: ebd. 283–292.

16 Vgl. hierzu DAVID LÖFGREN, Die Theologie der Schöpfung bei Luther (FKDG 10), Göttingen 1960; SUSAN E. SCHREINER, The Theater of his Glory. Nature and Natural Order in the Thought of John Calvin (SHTh 3), Durham N. C. 1983, CHRISTIAN LINK, Schöpfung (wie Anm. 10), 27–80; 120–178.

17 Vgl. HERMANN SPIECKERMANN, Heilsgegenwart. Eine Theologie der Psalmen (FRLANT 148), Tübingen 1989.

Motiven der persischen Königsideologie radikal im Lichte der Gewissheit, dass JHWH nicht allein die schöpferische Herrschaft über Israel, sondern auch über das Weltgeschehen und über die Geschichte der Völker ausübe. Deshalb wird der „Heilige Israels", der die Heimkehr aus dem Exil in Freuden und in Frieden will (vgl. Jes 55,12), zugleich „aller Welt Gott" (Jes 54,5) genannt.

Die Gottesgewissheit, die die Prophetie Deutero-Jesajas bezeugt, ermöglichte und verlangte eine theologische Reflexion und Explikation, welche das Wesen und die Eigen-Art des göttlichen Schaffens zu entfalten hatte. Sie liegt uns in der priesterschriftlichen Urgeschichte (Gen 1,1-2,4a) vor. Deren Text erzählt Gottes schöpferisches Sprechen und Gottes schöpferisches Handeln in der Ordnung eines *Sechstagewerks* nach, das einmündet in den siebenten Tag, den Tag des göttlichen Ruhens. Dieser Text hat in der Frömmigkeits- und Theologiegeschichte des Christentums eine überhaupt nicht abzuschätzende Bedeutung und Wirksamkeit erlangt, schien er doch mit der Autorität der Offenbarungsurkunde die Synthese von Glaube und Erfahrung vorzuzeichnen. Tatsächlich entwirft er jedoch in vorbildlicher und beispielgebender Weise einen Begriff der *Welt*, der der Gottesgewissheit des christlichen Glaubens angemessen ist. Dieser Begriff der Welt skizziert im kritischen Rückgriff auf die Weltbilder der altorientalischen Religionskulturen wesentliche Merkmale der Verfassung der Welt, die sich auch im Gespräch mit den neuzeitlichen Wissenschaften sehr wohl begründen und bewähren lassen.[18] Angesichts des biblischen Begriffs der Welt und seiner Tragweite ist die exegetische Meinung, die priesterschriftliche Urgeschichte präsentiere uns „eine eigentümliche Mischung von Naturkunde und Theologie"[19], harmlos und naiv zu nennen.

Die Schöpfungserzählung der Priesterschrift gibt der Gewissheit des Glaubens Ausdruck, dass Gott im Anfang – schöpferisch sprechend und schöpferisch handelnd – „die Himmel und die Erde" (Gen 1,1: Überschrift), das *All*, ins Dasein ruft. Ihre Darstellung zielt von vornherein auf das Werk des sechsten Tages, auf das schöpferische Gewähren der Existenz des Bildes Gottes, auf das leibhafte, geschlechtlich differenzierte Person-Sein des Menschen.[20]

Eben in diesem Zusammenhang und nur in diesem Zusammenhang teilt die Schöpfungserzählung der Priesterschrift ihre Erkenntnis der notwendigen Bedingungen mit, unter denen menschliches Leben als Leben aus der Kraft des personalen Selbstbewusstseins und eben damit in der Bestimmung zur Selbstbestimmung allererst möglich ist. Ihrer Einsicht zufolge ist die Existenz des Bildes Gottes – das leibhafte, geschlechtlich differenzierte Person-Sein des Menschen – notwendig bedingt durch alle jene „präpersonalen" Prozesse und Geschehensweisen, von denen in Gen 1,3-26 anschaulich die Rede ist.[21] Alle jene präpersonalen Prozesse und Geschehensweisen sind nach dieser ihrer

[18] Vgl. zum Folgenden bes. EILERT HERMS, Art. Welt III. Dogmatisch: RGG^4 8, 1393–1400; Welt IV. Ethisch: ebd. 1400–1401; sowie DIRK EVERS, Raum – Materie – Zeit, Tübingen 2000.

[19] So REINHARD G. KRATZ/HERMANN SPIECKERMANN, Art. Schöpfer/Schöpfung II. Altes Testament (wie Anm. 15), 270, nach JULIUS WELLHAUSEN, Prolegomena zur Geschichte Israels, Berlin 1905^6 (Nachdruck 1981), 296f.

[20] Ich plädiere also dafür, die hebräische Ausdrucksweise in Gen 1,27 nicht etwa nur – wie vielfach behauptet – im Sinne der damit gegebenen *Bestimmung* aufzufassen, sondern sie im Deutschen – dem Hebräischen genau entsprechend – im Sinne einer Seinsaussage zu lesen: „Gott schuf den Menschen *als* sein Bild". Nur weil Gottes schöpferische Person den Menschen *als* Gottes Bild konstituiert, gibt es die Bestimmung, dem durch Gott gewährten Sein in der eigenen Lebensgeschichte gerecht zu werden.

[21] So EILERT HERMS, Art. Welt III. Dogmatisch (wie Anm. 18), 1396.

Einsicht deshalb notwendig, weil sie die Leibhaftigkeit des menschlichen Person-Seins möglich machen, die Medium und Fundament des personalen Selbstbewusstseins ist (s. u. S. 127f.). Und indem sie – alle jene präpersonalen Prozesse und Geschehensweisen – die Leibhaftigkeit des menschlichen Person-Seins möglich machen, bedingen sie auf jeden Fall das kulturelle Zusammenleben der Gesellschaft in ihrem geschichtlichen Verlauf und in ihren geschichtlichen Krisen und Konflikten. Die anschauliche Beschreibung dieser Bedingungen transformiert das mythische Gründungsgeschehen „im Anfang" in die Erkenntnis ihrer zuverlässigen und erwartbaren Dauer, die Gott – „solange die Erde steht" (Gen 8,22) – und die nur Gott gewährt. Nur in dieser Hinsicht – als die von Gott dem Schöpfer gewährten universalen Bedingungen der Existenz des Bildes Gottes – kommen sie für den biblischen Begriff der Welt in Betracht. Darin dürfen wir im Übrigen eine bemerkenswerte Übereinstimmung mit den naturphilosophischen Untersuchungen der griechischen Denker vor Sokrates – der sog. Vorsokratiker – entdecken.

Wir haben den Versuch gewagt, in wenigen Sätzen das Schöpfungsdenken der Bibel Israels zu charakterisieren, das in der Gottesgewissheit Jesu und dementsprechend in der österlichen Gewissheit der Wahrheit des Evangeliums vorausgesetzt und mitenthalten ist. Inwiefern schließt der christliche Glaube an Gott den Schöpfer ein Verstehen des Lebens und der Wirklichkeit ein, das dieses Schöpfungsdenken radikal vertieft? Im Rückgriff auf den „Grundriss der Prinzipienlehre" suchen wir auf diese Frage eine Antwort.

Die Antwort, die wir suchen, wird gefunden in der Erinnerung an die Offenbarungssituationen, die wir in den österlichen Szenen der Erscheinung des Gekreuzigten als des Auferstandenen und ihrer geistgewirkten Interpretation erkannten. In diesen Offenbarungssituationen wird das Lebenszeugnis des Christus Jesus – die Nähe des Reiches oder der Herrschaft Gottes des Schöpfers in ihm selbst (Mt 3,2; Mk 1,15) – gerade angesichts des Todes am Kreuz auf Golgatha in seiner Wahrheit aufgedeckt. Zwar appelliert der Christus Jesus in seinem Lebenszeugnis an die Wahrnehmung der schöpferischen Güte Gottes, die die notwendigen Bedingungen des personalen Selbstbewusstseins frei gewährt und die Bedürfnisse des leibhaften Person-Seins zu befriedigen weiß (Mt 6,25-32); aber er richtet doch den Blick darüber hinaus auf das Ziel des Reiches Gottes, dem das Volk Gottes, dem das Menschengeschlecht und dem insofern alle jene präpersonalen Prozesse und Geschehensweisen, die das leibhafte Person-Sein und dessen Bestimmung bedingen, erst noch entgegengehen (Mt 6,33). Er kündigt jene absolute Zukunft der vollendeten Gemeinschaft Gottes mit dem Ebenbilde Gottes an, in der Gottes schöpferisches Wollen, Walten, Reden und Rufen zur Ruhe kommt (vgl. Gen 2,2.3); und er erschließt diese absolute Zukunft der Welt und des menschlichen In-der-Welt-Seins – jenseits des Vergehens der Himmel und der Erde (Mk 13,31) – insonderheit angesichts der pharisäischen und schriftgelehrten Ungewissheit über Gottes unbedingten, barmherzigen Versöhnungswillen (Mt 20,15; Lk 1,78), angesichts des Leids unheilbarer Krankheit und bitterster Armut und im Protest gegen menschliche Gewaltbereitschaft und gegen menschliche Heuchelei. In diesem Lebenszeugnis ist das göttliche Ziel mit der Welt und damit der Sinn des schöpferischen Wollens, Waltens, Redens und Rufens – das Himmelreich, das Reich Gottes – „nahe herbeigekommen" (Mt 3,2; vgl. Mk 1,15).

Für die primären Zeugen der letztgültigen Selbsterschließung Gottes ist das Lebenszeugnis des Christus Jesus in den Erscheinungen des Gekreuzigten als des Auferstandenen durch Gottes Geist in seiner Wahrheit offenbar geworden. Aus diesem Grunde gelangt bereits der Apostel Paulus zu der Erkenntnis des Christus Jesus als des HERRN, „durch welchen alle Dinge sind und wir durch ihn" (1Kor 8,6; vgl. Joh 1,3.10; Kol 1,15-17; Hebr 1,3; Apk 3,14).

Erst eine ausgeführte Systematische Theologie wird Sinn und Bedeutung der Erkenntnis der „Schöpfungsmittlerschaft Christi" voll verständlich machen können.[22] Im Vorgriff darauf dürfen wir hier sagen, dass uns die österlichen Erschließungsereignisse in und mit der Gewissheit des göttlichen Versöhnungs- und Vollendungswillens *Gottes Schöpfungssinn* offenbaren, auf den wir in der primären Gewissheit des individuellen Freiheitsgefühls schon verwiesen sind. Gottes Schöpfungssinn aber hat zum Inhalt, unter den notwendigen Bedingungen der präpersonalen Prozesse und Geschehensweisen den Menschen als das leibhafte, geschlechtlich differenzierte personale Lebewesen ins Dasein zu rufen, um mit ihm – und zwar auch und gerade in seiner Fehlbarkeit, in seiner Todverfallenheit, in seinem Hang zum radikalen Bösen – in Gemeinschaft zu sein und zu bleiben und ihm zum Höchsten Gut zu werden.

Gottes schöpferisches Wollen, Walten, Reden und Rufen ereignet sich mithin *innerhalb* dieses Schöpfungssinnes, in dessen Perspektive und in dessen Licht. Die christologische Betrachtung wird dann zeigen, dass jene österlichen Erschließungsereignisse das im Tod am Kreuz auf Golgatha vollendete Lebenszeugnis Jesu von Nazareth verstehen lassen als die „Fleischwerdung" – die Inkarnation – jenes göttlichen Schöpfungssinnes in der Geschichte (s. u. S. 195).

3.1.2. Glaube und Wissen

Im christlich-frommen Selbstbewusstsein – im jederzeit angefochtenen und fragmentarischen Glauben an Gottes wahre Liebe, die „im Christus Jesus ist, unserm HERRN" (Röm 8,39) – ist der christliche Glaube an Gott den Schöpfer stets vorausgesetzt und mitenthalten. Er versteht das Sein des welthaft Seienden – die ungeheuere Welt der präpersonalen Prozesse und Geschehensweisen ebenso wie das leibhafte, geschlechtlich differenzierte Person-Sein des Menschen, das dieses Weltgeschehen zur notwendigen Bedingung hat – als „gewährtes Sein, verdanktes Sein, zum Danken Anlaß gebendes Sein", das „durch den Schöpfungsakt ins Sein gerufen"[23] und auf die „Erscheinung des Erlösers in der Geschichte"[24] und auf deren Vollendung in der Parusie des Christus Jesus hin dauerhaft im Sein gehalten und erhalten wird (Röm 4,17; 1Kor 15,22.23).

Nun schließt der christliche – der in der geistvermittelten Begegnung mit dem Christus Jesus radikal vertiefte – Glaube an Gott den Schöpfer ein Verstehen der notwendigen Bedingungen ein, unter denen hier und jetzt das Ethos des Glaubens in der Glaubensgemeinschaft der Kirche in ihrem Dasein für ihre jeweilige Gesellschaft allererst möglich ist und wirklich werden kann. Indem wir über das bloße Dass des Glaubens an Gott den Schöpfer hinaus diese notwendigen Bedingungen zu verstehen und zu artikulieren suchen, erheben wir einen Wahrheitsanspruch von universaler Reichweite. Soll doch die sprachliche Gestalt, in der wir diese notwendigen Bedingungen zum Ausdruck bringen, den christlichen Begriff der Welt und das christliche Verstehen des Mensch-Seins überhaupt entfalten. Deshalb wird die dogmatische Besinnung auf den Wahrheitsgehalt des christlichen Glaubens an Gott den Schöpfer eine Antwort auf die Frage suchen, in welchem Verhältnis wohl die Sätze des Glaubens und der kirchlichen Glau-

---

22 Vgl. hierzu bes. WOLFHART PANNENBERG, Grundzüge der Christologie, Gütersloh 1976^5, 406–413; WOLFGANG SCHOBERTH, „Es ist alles durch ihn und zu ihm geschaffen" (Kol 1,16). Zum Sinn der Lehre von der Schöpfungsmittlerschaft Christi, in: KONRAD STOCK (Hg.), Zeit und Schöpfung (VWGTh 12), Gütersloh 1997, 143–170.

23 So GERHARD EBELING, Dogmatik des christlichen Glaubens. Bd. I (wie Anm. 11), 221.

24 FRIEDRICH SCHLEIERMACHER, GL^2 § 13 L (I, 86).

benslehre zum alltäglichen Erfahrungswissen und zu dessen wissenschaftlicher Untersuchung und Erweiterung stehen. Dieses Verhältnis ist – nach manchen Krisen und Konflikten in der Geschichte der Erfahrungswissenschaften, die sich zum Beispiel mit den Namen Galileo Galilei und Charles Darwin verbinden – das große Thema intensiver Dialoge.[25] Wir konzentrieren uns – im Rückgriff auf den „Grundriss der Prinzipienlehre" und im Vorgriff auf den „Grundriss der Theologischen Ethik" – auf die folgenden Gesichtspunkte.

Erstens: Um das Verhältnis zwischen dem Begriff der Welt und dem Verständnis des Mensch-Seins im christlichen Glauben an Gott den Schöpfer und dem sei es alltäglichen, sei es wissenschaftlichen Erfahrungswissen angemessen zu bestimmen, wollen wir zuallererst den Begriff des Erfahrungswissens klären. Mit dem Begriffswort „Wissen" bezeichnen wir die kommunikative und interaktive Weise, in der wir im Medium der Sprache und mit Hilfe technischer Apparate die Gegenstände unserer Erfahrung zu benennen, zu erklären und zu untersuchen trachten. Wir können diese Gegenstände benennen, erklären und untersuchen, weil sie uns und sofern sie uns unmittelbar als Phänomene oder aber in vermittelter Weise in Berichten und in Texten über Phänomene gegeben sind. Sind sie uns unmittelbar als Phänomene oder mittelbar in Texten und Berichten über Phänomene für unser Erleben, Empfinden und Verstehen gegeben, so erscheinen sie uns jeweils mit dem unerschütterlichen Anspruch, in unseren kognitiven Akten *als sie selbst* erfasst zu werden.

Wollen wir die Gegenstände unserer Erfahrung diesem Anspruch gemäß als sie selbst erfassen, so bedarf es dafür einer zweifachen, in sich notwendigerweise verbundenen Anstrengung. *Einerseits* richtet sich unsere Aufmerksamkeit stets auf einzelne Ereignisse in ihrem Zusammenhang mit anderen einzelnen Ereignissen des natürlichen und des geschichtlichen Geschehens. *Andererseits* aber sind uns solche einzelnen Ereignisse nur als besondere Fälle eines Allgemeinen und in der Folge einer wie auch immer zu bestimmenden Regel- und Gesetzmäßigkeit gegeben. Wollen wir die Gegenstände unserer Erfahrung ihrem Anspruch nach als sie selbst erfassen, so werden wir daher empirische Beobachtungen und kategoriale Bestimmungen miteinander zu verknüpfen. Es liegt in der Natur des Erfahrungswissens, dass der Prozess des kommunikativen und interaktiven Erfassens seiner Gegenstände in dieser Weltzeit unabschließbar ist.

Was der Prozess des Erfahrungswissens im Zusammenspiel von empirischen und von kategorialen Aussagen erbringt, das ist nun aber – mit Eilert Herms gesagt – *technisch orientierendes Wissen*.[26] Unter den Begriff des technisch orientierenden Wissens fallen auch die großen Theorien, die die physische Evolution des Alls bzw. die chemisch-biotische Evolution der Artenvielfalt zu erklären suchen – wie die Quantentheorie, die Spezielle und die Allgemeine Relativitätstheorie Albert Einsteins oder die Kritische Evolutionstheorie –, in denen sich das wissenschaftliche Weltbild dieser Zeit bis auf weiteres zusammenfasst.[27] Sie fallen deshalb unter den Begriff des technisch orientierenden Wissens, weil sie – gebunden an die Institutionen des Wissens und der Wissenschaft

---

[25] Vgl. hierzu den informativen Artikel von ANTJE JACKELÉN, Art. Naturwissenschaften V. Naturwissenschaften und Religion: RGG[4] 6, 150–152 (Lit.).

[26] Die Unterscheidung zwischen dem technisch orientierenden Wissen und dem ethisch orientierenden Wissen hat Eilert Herms vielfach eingeführt und erläutert; vgl. z. B. EILERT HERMS, Gesellschaft gestalten. Beiträge zur evangelischen Sozialethik, Tübingen 1991, Vorwort (XXff.).

[27] Zur Kritischen Evolutionstheorie vgl.: ULRICH H. J. KÖRTNER, Schöpfung und Autopoiesis. Zur Auseinandersetzung der Theologie mit dem Programm der Kritischen Evolutionstheorie, in: KONRAD STOCK (Hg.), Zeit und Schöpfung (wie Anm. 22), 114–142.

sowie an deren ökonomische Nutzung und an deren politische Organisation – der Erhaltung des menschlichen Lebens in seinen natürlichen Lebensbedingungen zu dienen bestimmt sind. Sie sind darin ein atemberaubendes Beispiel für die unausweichliche Zumutung eines technischen Umgangs mit der Welt, wie sie die priesterschriftliche Schöpfungserzählung mit dem klaren Auftrag an den Menschen formuliert: „... und füllet die Erde und machet sie euch untertan und herrschet über die Fische im Meer und über die Vögel unter dem Himmel und über das Vieh und über alles Getier, das auf Erden kriecht" (Gen 1,28). Seit eh und je ist das Wissen, das die uns gegebenen Phänomene um der Erhaltung des menschlichen Lebens willen in Erfahrung zu bringen sucht, ein *Werk des Menschen*; eine Antwort auf die Frage, wie wir die Verfassung, die Bestimmung und damit den Grund und Ursprung der Welt und des menschlichen In-der-Welt-Seins verstehen wollen, erwarten wir von diesem Wissen nicht.

Zweitens: Während das alltägliche Erfahrungswissen und dessen wissenschaftliche Untersuchung und Vertiefung als Werk des Menschen dazu dient, das menschliche Leben in seinen natürlichen Lebensbedingungen zu erhalten, haben die Sätze, die den Wahrheitsgehalt des christlichen Glaubens an Gott den Schöpfer zur Sprache bringen wollen, wie die dogmatische Besinnung überhaupt eine *ethisch orientierende* Funktion. Sie beziehen sich auf das *Werk Gottes* (vgl. Röm 1,20). Gottes schöpferisches Wollen, Walten, Reden und Rufen aber ist uns darin ursprünglich offenbar, dass es die notwendigen Bedingungen dauerhaft gewährt, denen wir Menschen alle – und denen je ich selbst – das individuelle Selbst-Sein verdanken und die uns eben damit faktisch auferlegt sind. Die theologische Lehre vom Menschen wird diese uns Menschen allen gewährten und eben damit auferlegten notwendigen Bedingungen mit Hilfe und im Lichte des Begriffs „Person" entfalten (s. u. S. 125ff.). Weil uns jedoch das menschliche Person-Sein als leibhaftes, als geschlechtlich differenziertes Person-Sein gegeben ist, überschreitet das dogmatische Erkenntnisinteresse die Grenzen der theologischen Lehre vom Menschen und sucht nach einem Begriff der Welt, der die notwendigen Bedingungen für das Erscheinen menschlichen Lebens im Naturzusammenhang formuliert (s. u. S. 106ff.). Als leibhaftes, als geschlechtlich differenziertes Lebewesen ist das menschliche Person-Sein eben eingebettet und eingebunden in das Weltgeschehen im Ganzen und als Ganzes.

Dieser Begriff der Welt, der die durch Gottes schöpferisches Reden und Handeln gewährten notwendigen Bedingungen für das Erscheinen menschlichen Lebens und für dessen Geschichte formuliert, ist keinesfalls das Resultat wissenschaftlicher – wohl gar naturwissenschaftlicher – Erfahrung. Er führt vielmehr zu jenen transzendentalen Sachverhalten, die wir im Blick auf die Existenz des Existierenden, dessen Erkennbarkeit, dessen Räumlichkeit und dessen Zeitlichkeit erörtern werden. Diese transzendentalen Sachverhalte benennen ihrerseits auch die Bedingungen, unter denen sich der unendliche Prozess der Erfahrungswissens in seinen technisch-ökonomischen Absichten abspielt. Die priesterschriftliche Schöpfungserzählung hat diese Perspektive des christlichen Glaubens auf die Welt, die durch Gottes Schöpfung die *Welt des Menschen* ist, beispielhaft und mustergültig sehen lassen.[28]

---

[28] Vgl. EILERT HERMS, Art. Welt III. Dogmatisch (wie Anm. 18), 1395. – Im Vorwort zu KD III/1 schrieb KARL BARTH die viel kommentierten und viel kritisierten Sätze: „Die Naturwissenschaft hat freien Raum jenseits dessen, was die Theologie als Werk des Schöpfers zu beschreiben hat. Und die Theologie darf und muß sich da frei bewegen, wo eine Naturwissenschaft, die nur das und nicht heimlich eine heidnische Gnosis und Religionslehre ist, ihre gegebene Grenze hat." Diese Sätze scheinen mir durchaus in Ordnung zu sein. Umgekehrt muss dann aber auch nachdrücklich gesagt werden, dass der christliche Glaube an Gott den Schöpfer kein Erfahrungswissen einschließt und dass das in der biblischen Überlieferung

3.1.3. Fazit

Erstens: Der christliche Glaube an Gott den Schöpfer hat – wie die kirchliche Schöpfungslehre und wie die jeweils aktuelle Verkündigung und wissenschaftlich-theologische Forschung – seine Quelle in den Ursprungssituationen des Glaubens, im geistgewirkten Verstehen der österlichen Erscheinungen des Gekreuzigten als des Auferstandenen. In diesen Ursprungssituationen werden die Zeugen des österlichen Offenbarungsgeschehens der Wahrheit inne, die der Botschaft des Christus Jesus von der Nähe der zukünftigen Gottesherrschaft in ihm selbst eignet (vgl. Lk 15,1-32). In dieser Botschaft – in diesem Evangelium – wird das Schöpfungsdenken der Glaubensgeschichte Israels, wie es besonders durch das Schöpfungszeugnis der Prophetie Deutero-Jesajas und dann vor allem durch die priesterschriftliche Urgeschichte geprägt war, zugleich vorausgesetzt und radikal vertieft. Es wird vorausgesetzt, insofern als es Gottes schöpferische Gabe des menschlichen Person-Seins innerhalb des Zusammenhangs der Welt – des Inbegriffs der notwendigen Bedingungen für die Leibhaftigkeit und für die geschlechtliche Differenz des menschlichen Person-Seins – zu verstehen lehrt; und es wird radikal vertieft, insofern als die Botschaft des Christus Jesus von der Nähe der zukünftigen Gottesherrschaft in ihm selbst Gottes Schöpfungssinn erschließt. Der christliche Glaube an Gott den Schöpfer ist – im Kontext der Glaubensgeschichte Israels – aus diesen Gründen keineswegs ein Resultat des schlussfolgernden oder des beweisenden Wissens, sondern ein wesentliches Element des christlich-frommen Selbstbewusstseins und ein wesentlicher Gegenstand der Glaubenslehre.[29]

Zweitens: Der christliche Glaube an Gott den Schöpfer lässt sich beileibe nicht reduzieren auf das bloße Dass des göttlichen Gebens und Gewährens des geschaffenen Person-Seins unter den notwendigen Bedingungen der Welt, wie es der Wortlaut der Auslegung des apostolischen Credo in Luthers Kleinem Katechismus nahezulegen scheint. Der christliche Glaube an Gott sucht vielmehr diese notwendigen Bedingungen, die ihren Grund im schöpferischen Wollen, Walten, Reden und Rufen Gottes haben, auch sprachlich und gedanklich zu artikulieren. Damit stellt sich der Gemeinschaft des Glaubens in ihrer kirchlichen Verfassung und damit stellt sich den Inhabern kirchenleitender Funktionen die Aufgabe, das Verhältnis zwischen den Sätzen des Glaubens und dem alltäglichen bzw. dem wissenschaftlichen Erfahrungswissen angemessen zu bestimmen; nicht zuletzt deshalb, weil in der gesellschaftlichen – in der medial vermittelten – Öffentlichkeit der euro-amerikanischen Moderne der Eindruck herrscht, es gebe einen ausschließenden Gegensatz zwischen den Sätzen des Glaubens über Gottes schöpferisches Wollen, Walten, Reden und Rufen und den Intentionen des Erfahrungswissens, das uns in technischer Hinsicht orientiert.

Diesem Eindruck kann die Gemeinschaft des Glaubens nur entgegentreten und entgegenwirken durch die sachgerechte dogmatische Besinnung auf den Wahrheitswert der Glaubenssätze, die sich auf Gottes schöpferisches Wollen, Walten, Reden und Rufen beziehen. Diese Sätze unterscheiden sich natürlich – wie die Gemeinschaft des Glaubens sehr wohl wissen kann und hoffentlich immer klarer zu verstehen lernt – von den mehr oder weniger hypothetischen Aussagen über die Gegenstände möglicher Erfahrung, die

---

gesammelte Erfahrungswissen keinesfalls den transzendentalen Status der Lehre vom Glauben an Gott den Schöpfer besitzt. Das verkannte Martin Luther, als er die astronomische Hypothese von Nikolaus Kopernikus unter Berufung auf Jos 10,12-13 abtun wollte; und das verkennt auf irreparable Art und Weise der „Kreationismus".

[29] Das betont mit dem ihm eigenen Nachdruck auch KARL BARTH, KD III/1, 1–3.

wir in einem grundsätzlich unabschließbaren Prozess prüfen, beweisen und verwerfen können. Im Unterschied zu diesen Aussagen thematisieren die Sätze, in denen der christliche Glaube an Gott den Schöpfer im Kontext der Glaubensgeschichte Israels zur Sprache kommt, die notwendigen Bedingungen, unter denen es das menschliche, das leibhafte, das geschlechlich differenzierte Person-Sein überhaupt gibt und geben kann. Sie thematisieren Gottes Werk, das letzten Endes den Prozess des menschlichen Erfahrungswissens sowohl ermöglicht als auch fordert. Die Lehre von der Schöpfung kann daher, wie Friedrich Schleiermacher in unmissverständlicher Klarheit dargetan hat[30], nur noch als „transzendentale Theorie über die wesentliche Verfassung von welthaftem Sein als Möglichkeitsbedingung für alles innerweltliche Geschehen und über die – eben nicht innerweltliche oder ‚autopoietische', sondern transzendente – Konstitution dieser Verfassung"[31] zur Darstellung gelangen. Sie zielt als solche auf die Lehre vom Menschen, auf die theologische Theorie des endlichen Geistes, dem es bestimmt und dem es auferlegt ist, Gottes Ebenbild zu sein.

3.2. Gott der Schöpfer – Welt als Schöpfung

In unserem bisherigen Gedankengang haben wir die Quelle des christlichen Glaubens an Gott den Schöpfer betrachtet und das Verhältnis zwischen der Gewissheit des Glaubens und dem allein durch *trial and error* vorankommenden Erfahrungswissen genauer bestimmt. Nun wenden wir uns der Aufgabe zu, den Wahrheitsgehalt des christlichen Glaubens an Gott den Schöpfer zu entfalten. Wir suchen insbesondere zu zeigen, dass und in welcher Weise sich das biblische Zeugnis von Gottes schöpferischem Handeln *als* Gottes schöpferischem Sprechen und Rufen in transzendentale Aussagen über die Bedingungen übertragen lässt, unter denen das komplexe Geschehen dieser Welt und des menschlichen Person-Seins in ihr überhaupt möglich ist. Dabei wollen wir uns darum bemühen, das „Interesse der Frömmigkeit"[32] konsequent zur Geltung zu bringen; freilich so, dass dieses Interesse über die poetisch-ästhetische Symbolisierung hinaus (vgl. bes. Ps 104) als Interesse am Verstehen der uns erschlossenen Wirklichkeit deutlich wird.

Wir sind uns in der Situation des angefochtenen Glaubens – des christlich-frommen Selbstbewusstseins – dessen gewiss, dass wir selbst wie alle leibhaft-personalen Wesen unseresgleichen und wie die Wirklichkeit des Weltgeschehens überhaupt begründet sind von jener transzendenten Macht, deren Schöpferwille und deren Schöpferwalten schlechthin den Anfang zu setzen vermag (Gen 1,1; vgl. Ps 96,10; 148,6). Wenn die Bibel Israels dafür das singuläre Verbum ברא (*bara*) verwendet, so hat sie ein Gespür für diesen analogielosen Sachverhalt. Sie bezeichnet mit diesem Verbum die „Relation der Existenzbegründung"[33], welche das *Existieren von etwas überhaupt als begründet und deshalb als abhängig von jenem Grund* zum Ausdruck bringt. Es gilt nun, diese elementare Erklärung Schritt für Schritt zu interpretieren.

---

30 FRIEDRICH SCHLEIERMACHER, GL² §§ 32–61 (I, 169–337).

31 EILERT HERMS, Schleiermachers Eschatologie nach der zweiten Auflage der Glaubenslehre, jetzt in: DERS., Menschsein im Werden. Studien zu Schleiermacher, Tübingen 2003 (= Studienausgabe 2006), 125–149; 126 Anm. 3.

32 FRIEDRICH SCHLEIERMACHER, GL² § 47 L (I, 234).

33 EILERT HERMS, Grundprobleme der Gotteslehre, in: DERS., Offenbarung und Glaube. Zur Bildung des christlichen Lebens, Tübingen 1992, 342–371; 351; vgl. auch WILFRIED HÄRLE, Dogmatik, Berlin/New York 2007³, 409–424.

Zu diesem Zwecke wollen wir zunächst die Relation der Existenzbegründung selbst und als solche klären, um daraufhin das Merkmal der Erkennbarkeit oder der Bestimmbarkeit des Existierenden zu erläutern; daran schließen sich Gedanken über die Räumlichkeit und über die Zeitlichkeit des Existierenden an. Mit diesen vier Aspekten der Relation der Existenzbegründung suchen wir die Weise des göttlichen Schöpfer-Seins zu verstehen. Wir folgen darin dem Vorbild der Dogmatik Schleiermachers, der Gottes Schöpfer-Sein mittels der schöpferischen Eigenschaften des göttlichen Wesens – nämlich der Allmacht (3.2.1.), der Allwissenheit (3.2.2.), der Allgegenwart (3.2.3.) und der Ewigkeit Gottes (3.2.4.) – interpretiert. Abschließend werden wir unsere Darstellung in einem kurzen Fazit zusammenfassen (3.2.5.).

3.2.1. Gottes Allmacht: Grund der Existenz[34]

Dem christlich-frommen Selbstbewusstsein – dem jederzeit angefochtenen und fragmentarischen Glauben an die befreiende Wahrheit des Evangeliums (vgl. Röm 1,16) – ist es kraft des Heiligen Geistes gewiss, dass uns im Lebenszeugnis des Christus Jesus bis hin zum Tode am Kreuz auf Golgatha das schöpferische Wort begegnet, dem das All der welthaften Wirklichkeit Existenz und Leben verdankt (vgl. Joh 1,1-4.14). Indem der Glaube in der Gemeinschaft der Glaubenden des göttlichen Versöhnungs- und Vollendungswillens gewiss wird, wird ihm Sinn und Ziel jenes ursprünglichen weltkonstitutiven Willens offenbar, auf den bereits das individuelle Freiheitsgefühl des personalen Selbstbewusstseins verwiesen ist (s. o. S. 13f.). Wir suchen einen ersten Aspekt jenes ursprünglichen weltkonstitutiven Willens, jener Relation der Existenzbegründung zu verstehen, den wir im Anschluss an die biblische Ausdrucksweise Gottes *schöpferische Allmacht* nennen (vgl. Gen 17,1; 28,3; 43,14; 49,25; Hi 40,1; Apk 1,8; 4,8).

Unter den Eigenschaften des göttlichen Wesens ist Gottes schöpferische Allmacht – und zwar schon im Doppel-Kanon der Heiligen Schrift selbst, nämlich im Buche Hiob – ernstem Zweifel ausgesetzt. Dietrich Bonhoeffer hat diesen Zweifel – allerdings ohne Rücksicht auf den Wahrheitsgehalt des christlichen Glaubens an Gott den Schöpfer – bis zur Rede von Gottes Ohnmacht zugespitzt.[35] Deshalb kommt es jetzt darauf an zu zeigen, dass die Relation der Existenzbegründung, derer sich der christliche Glaube bewusst ist, ganz mit Recht das Bekenntnis zum allmächtigen Gott[36] und das Lob des allmächtigen Gottes in sich schließt (vgl. Ps 148). Dann und nur dann, wenn die Sprach- und Denkform der „Theologie des Kreuzes“ die Weise bedenkt, in der dem christlich-frommen Selbstbewusstsein zufolge der allmächtige Gott die Blindheit der Sünde für Gottes Schöpfer-Sein und Schöpfungssinn überwindet, wird von Gottes Ohnmacht und von Gottes Schwäche authentisch die Rede sein.

Das Attribut „allmächtig“ hat Sinn und Bedeutung innerhalb des Wortfelds „Macht“ (s. u. S. 416ff.). Im Gegensatz zur berühmten Definition Max Webers wollen wir darunter überhaupt die Möglichkeit und die Chance zu handeln verstehen: die Möglichkeit und

---

[34] Vgl. zum Folgenden bes.: THOMAS VON AQUINO, STh I q 25: De divina potentia; FRIEDRICH SCHLEIERMACHER, GL^2 § 54 (I, 278–289); KARL BARTH, KD II/1, 587–685; WOLFHART PANNENBERG, Systematische Theologie. Bd. I, Göttingen 1988, 449–456.

[35] Vgl. DIETRICH BONHOEFFER, Widerstand und Ergebung. Briefe und Aufzeichnungen aus der Haft, jetzt in: DBW (8. Bd.), Gütersloh 1998, 534: „Gott läßt sich aus der Welt herausdrängen ans Kreuz, Gott ist ohnmächtig und schwach in der Welt und gerade so und nur so ist er bei uns und hilft uns.“

[36] Vgl. das Symbolum Apostolicum (BSLK 21), das Symbolum Nicaeno-Constantinopolitanum (BSLK 26f.) sowie CA I (BSLK 50f.).

die Chance einer personalen Instanz, ihren Willen, ihr Vorhaben, ihr Ziel mit den geeigneten Mitteln zu erreichen und zu verwirklichen. Anders als die Kraft einer physischen Masse, anders als die Kraft eines Löwen erweist sich die Macht einer personalen Instanz als Ausdruck ihrer selbstbewusst-freien Weise zu sein. Anders auch als die pure Gewalt, mit der wir irgendeine Absicht auch gegen den Willen eines Andern erzwingen, erweist sich die Macht einer personalen Instanz in ihrer Fähigkeit, an ihr Ziel langfristig und beharrlich auf verschiedenen Wegen zu gelangen. Indem wir uns auf das Phänomen der Macht besinnen, finden wir Zugang zu der biblischen Ausdrucksweise, die Gottes schöpferisches Sprechen und Rufen als Manifestation der göttlichen Allmacht versteht. Wir heben drei Gesichtspunkte hervor.

Erstens: Mit Friedrich Schleiermacher achten wir zuallererst auf das Verhältnis zwischen Gottes schöpferischer Allmacht und dem Ganzen des „Naturzusammenhangs".[37] Das ist schon deshalb angebracht, weil wir selbst als Glieder der Glaubensgemeinschaft und als Interpreten ihrer Tradition, ihres Bekenntnisses und ihrer Lehre im Ganzen des Naturzusammenhangs existieren, ja ihm selbst entstammen. Dieses Ganze des Naturzusammenhangs stellt sich uns heute als ein Prozessgeschehen dar, in welchem jeweils komplexere Strukturen aus jeweils einfacheren Strukturen hervorgehen; und zwar in innovativer und diskontinuierlicher Weise, die nicht zwingend aus früheren Zuständen abzuleiten sind.[38] Der Begriff des Naturzusammenhangs kann also nicht allein durch die Kategorie der allgemeinen Kausalität definiert werden; er orientiert vielmehr auch Erklärungen, die die spontanen Übergänge aus Früherem in Späteres verstehen wollen. Dennoch besteht zwischen Gottes schöpferischer Allmacht und dem spontanen und überraschenden Werden der geschaffenen Wirklichkeit eine grundsätzliche kategoriale Differenz. Wenn uns der Naturzusammenhang als „emergente Evolution" (C. Lloyd Morgan) erscheint, so tritt er doch nicht an die Stelle der schöpferischen Allmacht Gottes, sondern empfängt von ihr kontinuierlich die Bedingung seiner Möglichkeit zu existieren.

Zweitens: Mit dem Bekenntnis des Glaubens zum allmächtigen Gott und mit dem Lob des allmächtigen Gottes stellen wir die Eigenbewegung und die Eigenaktivität der Wirklichkeit, die sich dem schöpferischen Sprechen und Rufen Gottes verdankt, nicht in Abrede. Schon das natürliche Weltgeschehen vollzieht sich ja in ständigen Prozessen des Übergehens aus Möglichem in Verwirklichtes, in denen je nach dem Grad der Komplexität *relative Selbständigkeit* herrscht. Erst recht sind wir uns selbst – als Wesen, die in ihrem personalen Selbstbewusstsein durch individuelles Freiheitsgefühl ausgezeichnet sind – in unserer Möglichkeit zu wählen und zu entscheiden erschlossen. Indem wir Gottes Allmacht auf den Aspekt der Existenzbegründung beziehen, sprechen wir der Wirklichkeit, die sich dem schöpferischen Sprechen und Rufen Gottes verdankt, ihr relativ selbständiges Existieren gerade zu.[39]

Das relativ selbständige Existieren, die Eigenbewegung und die Eigenaktivität des Geschaffenen tragen übrigens in gewissem Sinne selbst schöpferischen Charakter. Kreative Prozesse, die unerwartet Neues hervorbringen, spielen sich überall und immer wieder in der uns erfahrbaren Wirklichkeit ab. Zu ihnen rechnen wir nicht nur die großen technischen Erfindungen, sondern auch die bahnbrechenden wissenschaftlichen Ent-

---

37 Vgl. FRIEDRICH SCHLEIERMACHER, GL^2 § 54,2 (I, 280–282).

38 Vgl. PHILIP HEFNER/DIRK EVERS/MARTIN LEINER, Art. Emergenz I.–III.: RGG^4 2, 1254–1255.

39 Vgl. WOLFHART PANNENBERG, Systematische Theologie. Bd. I (wie Anm. 34), 454: „Der Akt der Schöpfung zielt auf das *selbständige* Dasein der Geschöpfe."

deckungen, die genialen Produktionen aller Künste und den Reichtum der bedeutenden philosophischen Gesamtwerke. Schöpferischen Charakter dürfen wir aber auch der Zeugung und der Geburt neuen Lebens und der Regeneration der Gattungen und der Arten zusprechen. Gottes schöpferische Allmacht schließt so etwas wie Gottes Alleinwirksamkeit gerade aus; die destruktiven Erscheinungen kreativer Prozesse im Weltgeschehen – vom bösartigen Tumor bis zur Atombombe – würden uns sonst an Gottes Gnade und Wahrheit (vgl. Ps 117,2) verzweifeln lassen.

Drittens: In der Gewissheit der Wahrheit des Evangeliums ist der Gemeinschaft des Glaubens Gottes Gnadenwahl erschlossen (s. o. S. 88ff.). Sie ist sich damit jener ursprünglichen Entscheidung, jener ewigen Selbstbestimmung bewusst, kraft derer der dreieinige Gott sich selbst zur Gemeinschaft mit dem Ebenbilde Gottes in einer Welt im Werden bestimmt. In dieser ursprünglichen, in dieser ewigen und beständigen Entscheidung ist Gottes schöpferisches Sprechen und Rufen der „Anfang" und das „Erste" jenes göttlichen Wollens, das in der Vollendung und Erfüllung der Gemeinschaft mit dem Ebenbilde Gottes zur Ruhe kommt (vgl. Gen 2,2). Es ist im Übrigen just dieses Verständnis der göttlichen Gnadenwahl, das es der Gemeinschaft des Glaubens möglich macht, die Idee eines blinden und richtungslosen Grundes der Wirklichkeit – wie sie etwa bei Arthur Schopenhauer, bei Friedrich Nietzsche und bei Sigmund Freud konzipiert ist – als verfehlt und letzten Endes als inhuman zu durchschauen.

Da wir die Relation der Existenzbegründung im Verständnis der göttlichen Gnadenwahl verankern, braucht uns die Frage nach dem Verhältnis von Gottes Können und Gottes Wollen nicht zu beschweren, die die Geschichte des systematisch-theologischen Denkens immer wieder irritierte.[40] Ist uns nämlich Gottes Gnadenwahl als der ursprüngliche Grund für den Zusammenhang von Gottes schöpferischem, Gottes versöhnendem und Gottes vollendendem Handeln erschlossen, so dürfen wir auf Gottes zielstrebiges Wollen vertrauen, auch dann und gerade dann, wenn es uns schlechthin verborgen ist (vgl. Hi 31,5-40; Ps 22,1-9; Jes 55,8). Wir verstehen darum Gottes schöpferische Allmacht nicht in dem abstrakten Sinne eines Wählen-Könnens zwischen unendlichen Möglichkeiten, sondern als die Macht, jene Erwählung auch – und zwar unter Einschluss der relativen Selbständigkeit des Existierenden und dessen Eigenbewegung – zu verwirklichen.

3.2.2. Gottes Allwissenheit: Grund des Sinnes[41]

Der christliche Glaube an Gott den Schöpfer, der in der Gewissheit der Wahrheit des Evangeliums und in der Erfahrung ihrer befreienden Kraft stets vorausgesetzt und mitenthalten ist, lässt sich nun keineswegs auf die Relation der Existenzbegründung bloß als solche reduzieren. Der christliche Glaube an Gott den Schöpfer bestimmt vielmehr das allgemein-menschliche Erleben, dass uns das Existierende nicht etwa als schlechthin dunkel und stumm, sondern als hell und sprechend erscheint. Auf dieses wesentliche Merkmal des Existierenden beziehen wir die biblische Erkenntnis, dass Gottes Schöpferwille und Gottes Schöpferwalten sich eben als *schöpferisches Sprechen* oder *Rufen* vollziehe (vgl. Gen 1,3; Röm 4,17) (s. o. S. 100ff.).

---

[40] Vgl. hierzu ausführlich KARL BARTH, KD II/1, bes. 589–610.

[41] Vgl. hierzu bes.: THOMAS VON AQUINO, STh I q 14; q 16; q 22; FRIEDRICH SCHLEIERMACHER, GL[2] § 55 (I, 289–301); KARL BARTH, KD II/1, bes. 610–661; WOLFHART PANNENBERG, Systematische Theologie. Bd. I (wie Anm. 34), 401ff.

Nach dieser Erkenntnis zeigt sich uns das Existierende nicht anders denn als Dieses oder Jenes. Was uns in Wechselwirkung mit Anderem, was uns in Ursache-Wirkungs-Zusammenhängen, was uns in Mittel-Zweck-Beziehungen erscheint, weist seine besondere und einzelne Eigen-Art stets in einem Raum des Allgemeinen auf. Das Existierende begegnet uns demnach als Inbegriff von Sachverhalten, die uns verstehbar und erkennbar sind und die wir daraufhin im Medium der Sprache bezeichnen und in technischer und ethischer Hinsicht gestalten können. Das Existierende begegnet uns – wie wir bereits im „Grundriss der Prinzipienlehre" zeigten (s. o. S. 37) – nicht anders denn *als* das Wort, das sich dem schöpferischen Sprechen oder Rufen Gottes verdankt. Es begegnet uns als sinnhaft, als bestimmbar, als gelichtet. Nur aus diesem Grunde ist es jeweils der Gegenstand des Wissens, das wir in Formen der Synthese von empirischen Aussagen und kategorialen Aussagen zu erwerben und zu überliefern suchen (s. o. S. 102ff.).

Mit dem Attribut der schöpferischen Allwissenheit des göttlichen Wesens denken wir daran, dass Gott der Schöpfer mit der Relation der Existenzbegründung zugleich die Relation zwischen den Gegenständen unserer Erfahrung und dem verstehenden Erfassen derselben begründet. Diesen Moment des göttlichen Schöpfer-Seins nennen wir mit Schleiermacher die „schlechthinnige Geistigkeit der göttlichen Allmacht".[42] Was heißt das?

Gehen wir am besten von der unbestreitbaren Tatsache aus, dass wir Menschen alle zu den Gegenständen unserer Erfahrung in dieser Welt ebenso wie auch zu uns selbst in einer *Wahrheitsbeziehung* stehen. Diese Wahrheitsbeziehung könnte es nicht geben, wenn uns nicht jene intelligible Fähigkeit gegeben wäre, die wir mit dem Begriffswort „Vernunft" oder mit dem Begriffswort „Geist" bezeichnen. Sie ist die Bedingung der Möglichkeit dafür, dass wir uns in praktischer Absicht in der Form der Sprache miteinander über die Gegenstände unserer Erfahrung verständigen, dass wir synthetische Aussagen bilden und mit ihnen etwas behaupten, begründen und beweisen, aber auch bestreiten und in Frage stellen können. Indem uns die Gegenstände unserer Erfahrung – und zugleich die Fähigkeiten des Erfahrens – als Phänomene gegeben sind, sind sie offen für unsere vernünftige, für unsere geistige Kommunikation und Interaktion. Sie sind offen für die Relation der Wahrheit.[43]

In der Kommunikation und Interaktion zwischen Wesen, die der Vernunft oder des Geistes teilhaftig sind, kann nun allerdings nicht Willkür oder Beliebigkeit oder gar Gewalt herrschen. Also bedarf sie eines Kriteriums, mit dessen Hilfe wir zwischen richtigen und falschen, zwischen wahren und unwahren Aussagen über die Gegenstände unserer Erfahrung unterscheiden können. Wir haben dieses Kriterium in dem Eigen-Sinn und in der Eigen-Art der zu verstehenden Gegenstände unserer Erfahrung erblickt (s. o. S. 103). Diesen Eigen-Sinn und diese Eigen-Art – also ihre Identität oder ihr Wesen, das durchaus im Werden oder in der Geschichte steht – sehen wir im Glauben an Gott den Schöpfer begründet in Gottes schöpferischer Allwissenheit.

Unter Gottes schöpferischer Allwissenheit verstehen wir demnach jenes vollkommene Wissen, kraft dessen die Gegenstände unserer Erfahrung ursprünglich und eigent-

---

42 FRIEDRICH SCHLEIERMACHER, GL^2 § 55 L (I, 289).

43 Vgl. hierzu bes. INGEBORG SCHÜSSLER, Art. Wahrheit/Wahrhaftigkeit IV. Philosophisch: TRE 35, 347–363; EILERT HERMS, Art. Wahrheit/Wahrhaftigkeit V. Systematisch-theologisch: ebd. 363–378; sowie den Gesamtartikel „Wahrheit": RGG^4 8, 1245–1259; WILFRIED HÄRLE/REINER PREUL (Hg.), Wahrheit (MJTh XXI), Leipzig 2009 (mit Beiträgen von HEIKO SCHULZ, ANDREAS FELDTKELLER, THOMAS KRÜGER, WILFRIED HÄRLE und PETER DABROCK).

lich Gegenstände des göttlichen Wissens sind: Gegenstände der Vernunft Gottes, der Weisheit Gottes, des Geistes Gottes (vgl. Gen 1,2; Spr 8,22-31). Als Gegenstände des göttlichen Wissens – der Vernunft Gottes, der Weisheit Gottes, des Geistes Gottes – sind und werden die Gegenstände unserer Erfahrung konstituiert als *für uns* bestimmbar und als *für uns* sinnhaft. Mit diesem Grund im göttlichen Wissen werden unsere oft so schwierigen und oft so problematischen Verstehens- und Erkenntnisprozesse natürlich nicht unter der Hand mit dem göttlichen Wissen selbst und als solchem identisch gesetzt[44]; wohl aber werden sie auf jenes göttliche Wissen bezogen, das sie allererst ermöglicht und das deshalb letzten Endes auch als Prüfstein ihres Wahrheitswerts fungiert.

3.2.3. Gottes Allgegenwart: Grund des Raums[45]

Dem christlich-frommen Selbstbewusstsein – dem jederzeit angefochtenen und fragmentarischen Glauben an die befreiende Wahrheit des Evangeliums (Röm 1,16) – ist es kraft des Heiligen Geistes gewiss, dass uns im Lebenszeugnis des Christus Jesus bis hin zum Tode am Kreuz auf Golgatha Gottes schöpferisches Wort begegnet, dem das All der welthaften Wirklichkeit Existenz und Leben verdankt (vgl. Joh 1,1-4.14). Wir haben uns bisher darum bemüht, dies Verdankt-Sein unter dem Aspekt der Allmacht Gottes und unter dem Aspekt der göttlichen Allwissenheit zu verstehen. Wir haben damit die Relation der Existenzbegründung bloß als solche zeigen wollen; und wir haben uns zugleich zu Bewusstsein gebracht, dass uns das All der welthaften Wirklichkeit als sinnhaft, als bestimmbar, als gelichtet erscheint. Indem wir Gott die schöpferischen Eigenschaften der Allmacht und der Allwissenheit zusprechen, erkennen wir in Gottes weltkonstitutivem Wollen den Grund dafür, dass wir überhaupt dazu imstande und dazu bestimmt sind, etwas als etwas sprachlich zu bezeichnen und in verantwortlicher Weise mit ihm umzugehen.

Nun sind uns die Gegenstände unserer Erfahrung, die sprachlich zu bezeichnen und praktisch zu gestalten wir uns befähigt und beauftragt wissen, nicht anders als in ihrer *Räumlichkeit* und in ihrer *Zeitlichkeit* gegeben. Was immer wir im jeweiligen Moment unserer Lebensgegenwart in Kommunikation und Interaktion mit anderen symbolisieren und organisieren, erscheint uns – wie diese Lebensgegenwart selbst – im Raum und in der Zeit. Die Existenz des Existierenden im Raum und in der Zeit ist geradezu die Bedingung der Möglichkeit dessen, dass uns die Gegenstände unserer Erfahrung in einem inneren sachlogischen Zusammenhang gegeben sind. Sie sind uns gegeben in der Weise des Werdens, des Sich-Entwickelns, des Prozedierens, das wir – wie schwerlich zu

---

44 Immerhin war für den evangelischen Astronomen und Philosophen Johannes Kepler die Deutung der Bahnen der damals bekannten 6 Planeten Erkenntnis des göttlichen Schöpferplans; vgl. JÜRGEN HÜBNER, Die Theologie Johannes Keplers zwischen Orthodoxie und Naturwissenschaft (BHTh 50), Tübingen 1975. Auch Isaac Newton war der Überzeugung, dass die von ihm entdeckten Naturgesetze die Weise des göttlichen Handelns beschreiben, durch die das Universum geschaffen und gelenkt wird. Jedenfalls ist hier der Ort, das Verständnis der Naturgesetze in den christlichen Glauben an Gott den Schöpfer einzuzeichnen; vgl. hierzu bes. WOLFHART PANNENBERG, Kontingenz und Naturgesetz, in: A. M. KLAUS MÜLLER/ WOLFHART PANNENBERG, Erwägungen zu einer Theologie der Natur, Gütersloh 1970, 33–80.

45 Vgl. zum Folgenden bes.: FRIEDRICH SCHLEIERMACHER, GL[2] § 53 (I, 272–278); KARL BARTH, KD II/1, 518–551; ANDREAS HÜTTEMANN/LUCO VAN DEN BROM, Art. Raum I.–III.: RGG[4] 7, 62–65; OTTO FRIEDRICH BOLLNOW, Mensch und Raum, Stuttgart 1994[7]; WOLFHART PANNENBERG, Systematische Theologie. Bd. II (wie Anm. 8), 105–110; JÜRGEN MOLTMANN, Gott in der Schöpfung (wie Anm. 8), 153–166.

bestreiten ist – in einem *Richtungssinn* erleben. Deshalb suchen wir jetzt eine Antwort auf die Frage, wie wir die Konstitution des Raumes und die Konstitution der Zeit verstehen können. Und wir beantworten diese Frage, indem wir Gottes Allgegenwart als den schöpferischen Grund des Raumes und Gottes Ewigkeit als den schöpferischen Grund der Zeit betrachten.

Wir gehen aus von unserem alltäglichen Erleben der Räumlichkeit des Existierenden. Dieses Verfahren legt sich nahe auch angesichts der mathematischen und der geometrischen Theorien, welche die Homogenität des Raums zu demonstrieren suchen.[46]

Die Räumlichkeit des Existierenden ist uns vermöge der Sinnlichkeit des eigenen geschlechtlich differenzierten Leibes gegeben, die uns die Gegenstände unserer Erfahrung in ihrer räumlichen Dimension wahrnehmen, vorstellen und auf uns selbst beziehen lässt. Der eigene Leib bindet uns in unserer jeweiligen Lebensgegenwart jeweils jetzt an einen bestimmten Ort. Indem wir uns vermöge unseres eigenen Leibes jeweils jetzt an einem bestimmten Ort befinden, bewegen wir uns in einer räumlichen Relation: sowohl zu den Erscheinungen des Naturgeschehens, zu den materiellen Dingen und zu den Tieren unserer Umwelt als auch zu den anderen leibhaften Wesen in unseren jeweiligen kommunikativen und interaktiven Handlungen. Wir können nicht zu gleicher Zeit denselben Ort einnehmen wie andere leibhafte Wesen, materielle Dinge, Tiere oder Naturerscheinungen. Räumlich zeigen sich uns die physischen und die organischen Körper insofern, als sie mit den drei Dimensionen der Länge, der Breite und der Höhe (bzw. der Tiefe) aneinander grenzen. Ihre Räumlichkeit ist mithin selbst nichts Existierendes; sie ist identisch mit der Ausdehnung der Körper und insofern – mit Kant zu reden – „die subjektive Bedingung der Sinnlichkeit, unter der allein uns äußere Anschauung möglich ist".[47]

Aber es wäre doch zu kurz gegriffen, wenn wir die Räumlichkeit des Existierenden ausschließlich im quantitativen Sinne der Ausdehnung definieren würden, in der sich uns die Gegenstände unserer Erfahrung zeigen. Indem wir vom alltäglichen Erleben der Räumlichkeit des Existierenden ausgehen, werden wir darauf aufmerksam, dass unsere Lebensgegenwart sich jeweils jetzt in einzelnen Räumen abspielt: in Wohnräumen, in Schulräumen, in Fabrikhallen, in Konzertsälen, in Kirchenräumen, in Städten, in Landschaften und letzten Endes im ungeheuren und potentiell unendlichen Weltraum. In diesen Räumen unserer jeweiligen Lebensgegenwart nehmen die einzelnen Gegenstände unserer Erfahrung und erst recht die anderen leibhaft-personalen Wesen je ihre vielfachen, ihre mannigfaltigen Teilräume ein, in denen sie miteinander koexistieren, kommunizieren und interagieren. Mit dem Begriffswort „Raum" dürfen wir daher den Inbegriff der Relationen bezeichnen, die zwischen individuellen Ereignissen und zwischen individuellen leibhaft-personalen Wesen zur selben Zeit bestehen. Zwar ist der Raum weder ein einzelner Gegenstand noch eine Klasse von Gegenständen unserer Erfahrung; aber er ist die Bedingung der Möglichkeit jedenfalls der personalen Beziehungen im weitesten Sinne des Wortes, und er hat als solcher *Realität*.[48]

Ist diese Realität durch uns – durch die uns gegebene Form aller äußeren Anschauung – konstituiert?

---

46 Vgl. hierzu CARL FRIEDRICH VON WEIZSÄCKER, Zeit und Wissen (dtv 4643), München 1995, bes. 1115ff.

47 IMMANUEL KANT, KrV B 42.

48 Vgl. hierzu bes. WOLFHART PANNENBERG, Systematische Theologie. Bd. II (wie Anm. 8), 105–110. Nach Pannenberg geht dieses Verständnis des Raums zurück auf Augustin und insbesondere auf Gottfried Wilhelm Leibniz, der es im Gespräch mit Samuel Clarke gegen die Lehre Isaac Newtons vom absoluten Raum entwickelt. Vgl. ferner LUCO VAN DEN BROM, Art. Raum II. III. (wie Anm. 45), 64.65.

Wäre das der Fall, dann wäre es ganz unbegreiflich, dass es bereits vor dem Erscheinen und außerhalb des Erscheinens des Menschen auf dieser Erde Räume gegeben hätte und geben würde, in denen Existierendes sich zur selben Zeit in Wechselwirkungen befindet. Nun hat es diese Räume gegeben und nun gibt es diese Räume, die die Bedingung der Möglichkeit aller Wechselwirkungen schon vor den personalen Beziehungen im weitesten Sinne des Wortes sind (s. o. S. 100f.). Deshalb ist es angemessen, den schöpferischen Grund und Ursprung unserer selbst und unserer Welt auch als den schöpferischen Grund und Ursprung aller Raumbeziehungen zu verstehen: das ist Sinn und Bedeutung der göttlichen Allgegenwart.

Wenn sich der christliche Glaube an Gott den Schöpfer im Kontext der Glaubensgeschichte Israels zum Gedanken der göttlichen Allgegenwart erhebt (vgl. Ps 139,7-10), so liegt ihm natürlich jede Lokalisierung des göttlichen Wesens an allen möglichen Örtern fern. Ebenso fern liegt ihm die Meinung, dass Gottes Allgegenwart identisch sei mit einem leeren oder absoluten Raum, in dem sich alle möglichen Gegenstände unserer Erfahrung bewegen würden. Wir verstehen vielmehr die Eigenschaft der göttlichen Allgegenwart als eine konsequente Konkretion der göttlichen Allmacht und der göttlichen Allwissenheit. Schon unser Versuch, Gottes Allmacht und Gottes Allwissenheit zu verstehen, beruhte ja auf der Erkenntnis, dass sich Gottes Wesen in eminenter Weise durch Selbst-Sein, durch Innerlichkeit, durch Selbstbezüglichkeit – also durch Vernunft, durch Weisheit, durch Geist – auszeichnet. Gottes Allgegenwart ist folglich Gottes schöpferische Weise, die Räumlichkeit des Existierenden und damit die Beziehungsräume aller Wechselwirkungen zu setzen. Gottes Allgegenwart konstituiert den Raum als jenen transzendentalen Sachverhalt, der unsere Erfahrung des Zugleich-Seins und des Miteinander-Seins des Existierenden allererst möglich macht. Wir werden übrigens auf dieses Verständnis der schöpferischen Allgegenwart Gottes zurückkommen, wenn wir uns im Zusammenhang der Lehre von der Glaubensgemeinschaft der Kirche der Gegenwart des Christus Jesus im Heiligen Abendmahl widmen (s. u. S. 238).

3.2.4. Gottes Ewigkeit: Grund der Zeit[49]

Dem christlich-frommen Selbstbewusstsein – dem jederzeit angefochtenen und fragmentarischen Glauben an die befreiende Wahrheit des Evangeliums (Röm 1,16) – ist im Kontext der Glaubensgeschichte Israels Gottes Schöpfer-Sein und damit das Geschaffen-Werden der Welt erschlossen. Was der menschlichen, der leibhaft existierenden Person in der Gewissheit des Glaubens an Gott den Schöpfer gewiss ist, das haben wir in unserem bisherigen Gedankengang im Hinblick auf die schöpferischen Eigenschaften der Allmacht, der Allwissenheit und der Allgegenwart Gottes zu verstehen gesucht. Im Lichte dieser Eigenschaften des göttlichen Wesens haben wir jeweils den schöpferischen, den konstituierenden Grund dafür bedacht, dass es für unsere Erfahrung den Inbegriff des

[49] Vgl. zum folgenden bes.: AUGUSTIN, Confessiones XI; FRIEDRICH SCHLEIERMACHER, GL² § 52 (I, 267–272); KARL BARTH, KD II/1, 685–722; PETER BIERI, Zeit und Zeiterfahrung, Frankfurt a.M. 1972; JÜRGEN MOLTMANN, Gott in der Schöpfung (wie Anm. 8), 116–150; WOLFHART PANNENBERG, Systematische Theologie. Bd. I (wie Anm. 34), 433–443; MICHAEL THEUNISSEN, Negative Theologie der Zeit (stw 938), Frankfurt a.M. 1991; KAREN GLOY/JÜRGEN MOHN/HANS-PETER MATHYS/KURT ERLEMANN/EILERT HERMS/HANS-MARTIN GUTMANN, Art. Zeit I.–VI.: TRE 36, 504–554 (Lit.!); EBERHARD JÜNGEL, Art. Ewigkeit II. Philosophisch/religionsphilosophisch; Ewigkeit III. Dogmatisch: RGG⁴ 2, 1772–1776; CHRISTOPH SCHWÖBEL, Art. Zeit/Zeitvorstellungen V. Religionsphilosophisch, dogmatisch und ethisch: RGG⁴ 8, 1810–1816.

Existierenden gibt, das uns als verstehbar, als bestimmbar, als gelichtet erscheint und das sich uns nicht anders als in räumlichen Beziehungen zeigt. Wir haben damit universale Bedingungen entfaltet, unter denen das Weltgeschehen als solches möglich ist und unter denen folglich auch das menschliche Person-Sein – das Sein des Ebenbildes Gottes (s. u. S. 121ff.) – steht. Wir haben transzendentale Sachverhalte erkannt, auf die wir in dem individuellen Freiheitsgefühl des personalen Selbstbewusstseins als solchem stets verwiesen sind (s. o. S. 12ff.).

Nun erleben wir den Inbegriff des Existierenden, das wir in seinen räumlichen Beziehungen zu symbolisieren und zu organisieren fähig und beauftragt sind, nicht anders als in seiner *Zeitlichkeit*. Wir suchen deshalb eine Antwort auf die Frage, wie wir die Zeitlichkeit des Weltgeschehens denken können; und wir werden diese Frage beantworten, indem wir dem Offenbarungszeugnis der Heiligen Schrift und der Überlieferung des Glaubens gemäß Gottes *Ewigkeit* als schöpferischen Grund und Ursprung der Zeit interpretieren (vgl. Ex 15,18; Ps 45,7; 93,2; 145,13; Röm 1,20; 16,26).

3.2.4.1. Die Erfahrung der Zeit

Wie wir vorhin von unserem alltäglichen Erleben der Räumlichkeit des Existierenden ausgingen, so gehen wir im Folgenden von unserem alltäglichen Erleben der Zeitlichkeit des Existierenden aus. Beide Weisen unseres alltäglichen Erlebens konvergieren jedenfalls insofern, als das Begriffswort „Zeit" wie das Begriffswort „Raum" weder einen einzelnen Gegenstand noch eine Klasse – eine Art oder eine Gattung – von Gegenständen unserer Erfahrung bezeichnet. Wie ist uns dann gegeben und erschlossen, was wir mit dem Begriffswort „Zeit" bezeichnen?

Prima vista erleben wir Zeit, indem wir sie im Rahmen eines kulturell geprägten und deshalb variablen Kalenders zählen, messen und berechnen: „Grundlage aller Zeitrechnungen sind der Wechsel von Tag und Nacht durch die tägliche Erdumdrehung, der Lauf der Erde um die Sonne, durch die das Jahr bestimmt wird, und der Lauf des Mondes um die Erde, wodurch sich die Dauer eines Monats ergibt."[50] Im Lichte des rhythmischen Wechsels von Tag und Nacht, im Lichte der verschiedenen Jahreszeiten, im Lichte der Folge von Wachen und Schlafen erleben wir das Existierende jeweils jetzt – in seiner Relation zum jeweils eigenen Leib und damit in Relation zur Lebenszeit der leibhaften Person – in seinem Werden und Sich-Entwickeln, in seinem Reifen, Altern und Vergehen. Geprägt von dieser unerschütterlichen Erfahrung sprach Michael Theunissen von der „Herrschaft der Zeit".[51]

Aber nun ist uns die wie immer auch gezählte, gemessene und berechnete Zeit, in der sich uns das Existierende in seinem Werden, Sich-Entwickeln, Reifen, Altern und Vergehen zeigt, nicht anders als für unser Zeitgefühl, für unser Zeitbewusstsein erschlossen. Vermöge dieses unseres Zeitgefühls, vermöge dieses unseres Zeitbewusstseins erleben wir den Wechsel von Tag und Nacht, den Lauf der Erde um die Sonne und den Lauf des Mondes um die Erde und alles, was darin geschieht, nicht anders als in unserer *Gegenwart*. Wir erleben Gegenwart als „Grundform der Zeit".[52] Alle unsere Aussagen

---

50 KARL-HEINZ GOLZIO, Art. Zeitrechnung I. Religionsgeschichtlich: TRE 36, 583–588; 583.

51 MICHAEL THEUNISSEN, Negative Theologie der Zeit (wie Anm. 49), 38–44.

52 Vgl. KARL BARTH, KD III/2, 636–643; 638: „die Gegenwart scheint so etwas wie die Grundform unserer Zeit überhaupt zu sein." – Allerdings entfaltet Barth diese These – sie stellt die einzige phänomenologische Analyse in der gesamten „Kirchlichen Dogmatik" dar – ohne irgendeine Rücksicht auf das Zeitgefühl oder das Zeitbewusstsein der Person!

über und alle unsere Einwirkungen auf die Zeitlichkeit des Existierenden sind möglich unter der Bedingung, dass sie uns je in unserer Gegenwart – jeweils jetzt! – gegenwärtig werden kann. Und sie – die Zeitlichkeit des Existierenden – kann uns gegenwärtig werden, weil wir uns selbst gegenwärtig sind als Wesen, die jeweils jetzt über sich selbst zu bestimmen haben. Indem wir Zeit in der Grundform der Gegenwart und nie anders erleben, sind wir uns unseres personalen Selbstbewusstseins, unserer *Selbstpräsenz*, als der notwendigen Bedingung gewiss, unter der uns überhaupt etwas angeht und angehen kann (s. o. S. 10ff.).

Wir erleben Gegenwart als Grundform der Zeit. Diese Einsicht ruft nach einer Antwort auf drei Fragen: Wie ist das Verhältnis von gegenwärtiger Gegenwart, vergangener Gegenwart und zukünftiger Gegenwart zu verstehen? Wie ist der eigentümliche Richtungssinn der Zeit zu charakterisieren, mit dem wir je in unserer Gegenwart vertraut sind? Und inwiefern sind wir in unserem Zeitgefühl, in unserem Zeitbewusstsein, in unserer Erfahrung der Zeit verwiesen auf den Grund und Ursprung der Zeit, den wir in Gottes Ewigkeit erkennen?

Erstens: Was immer uns in unserer jeweiligen Gegenwart – in einer Szene oder einer Situation – begegnet, hat den Charakter des *Möglichen*. Möglich soll heißen: weder schlechthin notwendig noch schlechthin selbstwidersprüchlich. Ereignisse des Naturgeschehens wie Begebenheiten in unserer gemeinsamen Geschichte sind wirklich, insofern sie im Raum eines Möglichen wirklich werden. In unserer gegenwärtigen Gegenwart erleben wir das Wirklich-Werden von Möglichem; und zwar durchaus in einer geregelten Form. Wir können diese geregelte Form zu verstehen suchen – etwa unter dem Leitgedanken der naturgesetzlichen Regeln oder unter dem Leitgedanken der grammatischen Ordnung der Sprache oder unter dem Leitgedanken des Rechts und des Ethos. Erleben wir das Wirklich-Werden von Möglichem in unserer gegenwärtigen Gegenwart in dieser geregelten Form, so erleben wir uns selbst in einer unausweichlichen Situation des sprachlichen Handelns und des praktischen Handelns. Kraft unseres sprachlichen und unseres praktischen Handelns wirken wir in unserer gegenwärtigen Gegenwart am Wirklich-Werden des Möglichen mit. Was wir in unserer gegenwärtigen Gegenwart erleben, sind kontingente Übergänge des Möglichen ins Verwirklichte.[53] Indem wir diese kontingenten Übergänge erleben, wissen wir uns in unserer gegenwärtigen Gegenwart zugleich bezogen auf die kontingenten Übergänge des Möglichen ins Verwirklichte, die andere zeitbewusste Wesen unseresgleichen jeweils in ihrer gegenwärtigen Gegenwart vollziehen. In unserer gegenwärtigen Gegenwart als der Grundform der Zeit erleben wir *Kopräsenz*.

Im Lichte unserer Beschreibung der gegenwärtigen Gegenwart gewinnen wir nun auch den adäquaten Zugang zu den Modi, den Ekstasen, den Dimensionen der Vergangenheit und der Zukunft, auf die uns auch das Temporalsystem der Sprache verweist.

In unserer gegenwärtigen Gegenwart vermögen wir uns nämlich zu *erinnern* an Übergänge des Möglichen ins Verwirklichte, die in vergangener Gegenwart schon geschehen sind und ohne die es keinesfalls den gegenwärtigen Übergang des Möglichen ins Verwirklichte geben könnte. Und ebenso *erwarten* wir in gegenwärtiger Gegenwart Übergänge des Möglichen ins Noch-nicht-Verwirklichte in zukünftiger Gegenwart: Übergänge, auf die wir möglicherweise Einfluss nehmen können kraft der sprachlichen und der praktischen Handlungen, für die wir uns in unserer gegenwärtigen Gegenwart entscheiden. Wenn wir das Phänomen des Zeitgefühls oder des Zeitbewusstseins aus-

---

[53] Vgl. EILERT HERMS, Art. Zeit (wie Anm. 49), 539.

führlicher entfalten als es hier geschehen kann, werden wir natürlich auch auf die kommunikativen und auf die interaktiven Züge des Erinnerns und des Erwartens aufmerksam werden: wir werden die Intersubjektivität des Zeitgefühls oder des Zeitbewusstseins entdecken, die die gemeinsame Erforschung vergangener Geschichte und die gemeinsame Planung zukünftiger Geschichte möglich macht.

Es dürfte sich im Übrigen auch zeigen lassen, dass sich die Differenz zwischen *früherer Zeit* und *späterer Zeit* in die Unterscheidung zwischen *vergangener Gegenwart* und *zukünftiger Gegenwart* integrieren lässt.

Zweitens: Wir haben den Versuch gewagt, die Modi, die Ekstasen, die Dimensionen der Vergangenheit und der Zukunft aus der Perspektive des stets gegenwärtigen Zeitgefühls oder Zeitbewusstseins abzuleiten. Dieser Versuch bedarf noch einer wichtigen Ergänzung, die die Erfahrung der Zeit als bewegter und als irreversibel gerichteter Zeit betrifft.

In unserem je gegenwärtigen Zeitgefühl oder Zeitbewusstsein steht die Zeit jedenfalls nicht still. Vielmehr erleben wir die Zeit in unserer jeweiligen Gegenwart in einer eigentümlichen Bewegung. *Einerseits* erleben wir, indem wir je in unserer Gegenwart Übergänge aus dem Möglichen ins Verwirklichte vollziehen und damit zukünftige Situationen unserer selbst intendieren, das stetige – manchmal, wie in der Langeweile, langsame, manchmal, wie in der Kurzweil, schnelle – Vergehen der Zeit. *Andererseits* aber erleben wir, indem wir je in unserer Gegenwart das Gut des uns gegebenen Lebens erhalten, verteidigen und vervollkommnen wollen, die Zeit als die Bedingung, unter der allein wir Pläne schmieden, Zwecke setzen, Ziele verfolgen und in alledem Gutes erstreben können. Wir sind uns je in unserer Gegenwart eines Richtungssinnes der Zeit bewusst.

Beide Momente – die Zeit, die wir als vergehende Zeit erleben, und die Zeit, die wir als gerichtete Zeit erleben – prägen unser Zeitgefühl oder unser Zeitbewusstsein unausweichlich als das Gefühl oder als das Bewusstsein der *Endlichkeit*. Insofern ist in unserem Zeitgefühl, in unserem Zeitbewusstsein, das uns das praktische Verstehen des Existierenden in seiner Eigen-Art und in seinen räumlichen Beziehungen allererst möglich macht, stets das Todesbewusstsein mitgesetzt (vgl. Ps 90,1-12). Wegen dieses Todesbewusstseins erleben wir unsere je gegenwärtige Gegenwart in tiefer Ambivalenz zwischen der Erwartung der notwendigen und der erfreulichen Lebensgüter und der Angst und der Sorge, sie zu verlieren. Unsere Erfahrung der Zeit ist die Erfahrung unseres *Seins zum Tode*.[54]

Drittens: Nun suchen wir noch eine Antwort auf die dritte der vorhin aufgeworfenen Fragen: Inwiefern sind wir in der Erfahrung der gegenwärtigen Gegenwart als der Grundform der Zeit verwiesen auf den schöpferischen Grund und Ursprung der Zeit, den wir in Gottes Ewigkeit erkennen?

Dem menschlichen Person-Sein, dessen Selbstpräsenz als solche zeitlich verfasst ist, erschließt sich der Inbegriff des Existierenden zu guter Letzt nicht anders als in dessen Zeitlichkeit. Indem es uns in unserer jeweiligen Gegenwart – in unserer Lebensführung und in unserer Lebensgeschichte, in Wirtschaft und politischer Herrschaft, in Wissenschaft und Technik – stets um das praktische Verstehen des Existierenden geht, erleben wir in und mit der eigenen Zeitlichkeit die Zeitlichkeit des Existierenden als solchen. Die Relation der Existenzbegründung, deren verschiedenen Aspekten wir hier nachgehen, schließt also jedenfalls die Zeit als diejenige Bedingung ein, unter der für uns das praktische Verstehen des Existierenden allererst möglich ist.

---

[54] Vgl. MARTIN HEIDEGGER, Sein und Zeit, Tübingen 1960^9, 235–267: Das mögliche Ganzsein des Daseins und das Sein zum Tode.

In der Gewissheit des Glaubens an Gott den Schöpfer werden wir diese Bedingung unserer Welt- und Selbsterfahrung weder als schlechthin notwendig noch als selbstwidersprüchlich denken können. Sie ist mithin eine uns gegebene, eine kontingente, eine mögliche Bedingung. Deshalb ist es wohl angemessen zu sagen, dass sich diese Bedingung unserer Welt- und Selbsterfahrung ihrerseits einem Übergang aus Möglichem in Verwirklichtes verdankt. Dies umso mehr, als wir in unserer gegenwärtigen Gegenwart Kunde von Übergängen aus Möglichem in Verwirklichtes haben, die sich – wie etwa die Entstehung organischen Lebens auf der Erde – gänzlich vor und außerhalb der menschlichen, der endlichen Zeiterfahrung vollzogen. Unsere Erfahrung der Zeit als Bedingung unserer Welt- und Selbsterfahrung verweist also auf einen Grund und Ursprung, der in sich selbst zeitlich verfasst ist; und zwar deshalb, weil sein Wollen und sein Wählen Mögliches in seiner Gegenwart verwirklicht. Diese eigentümliche zeitliche Verfassung des göttlichen Wesens nennen wir Gottes Ewigkeit.

3.2.4.2. Gottes Ewigkeit

Im Kontext der Gottesgewissheit, wie sie sich der Glaubensgeschichte Israels erschloss, ist sich das christlich-fromme Selbstbewusstsein gemäß dem Offenbarungszeugnis der apostolischen Verkündigung der Ewigkeit des göttlichen Lebens gewiss: Gott ist *ewiger Gott* (vgl. Röm 1,20; 16,26).

Wir sind in unserem bisherigen Gedankengang dem methodischen Vorbild des Thomas von Aquino gefolgt, nach dem wir nur durch die Erkenntnis der Zeit zur Erkenntnis der Ewigkeit kommen.[55] Nun zeigt uns die Geschichte der philosophischen wie der theologischen Erkenntniswege, dass dieses Verfahren durchaus gegensätzliche Ergebnisse erbringt. Platon hatte das Attribut des Ewigen als eine Bestimmung der Idee des Schönen gedacht, die er in der weiteren Entwicklung seiner Lehre zur Idee des Guten konkretisiert.[56] Damit bestimmt er das Sein der Idee als immerseiend, als schlechthin bleibend und als schlechthin vollkommen in kategorialer Differenz zu allen sinnlich wahrnehmbaren Erscheinungen in der Zeit. Als Attribut des Seins der Idee markiert das Attribut des Ewigen eben die kategoriale Differenz zwischen dem, was sich allein dem Denken erschließt, und dem, was in die Sphäre des Werdens, der Bewegung, der Veränderung fällt. Wenn Schleiermacher in der „Glaubenslehre" Gottes Ewigkeit als die „schlechthin zeitlose Ursächlichkeit Gottes" definiert[57], so hält er an der kategorialen Differenz von Zeit und Ewigkeit entschieden fest.

Nun haben wir jedoch gesehen, dass wir in unserer Zeiterfahrung verwiesen sind auf einen Grund und Ursprung, der diese unsere Zeiterfahrung als notwendige Bedingung unseres Lebens in dieser Welt *ermöglicht.* Ist diese unsere Zeiterfahrung für uns ermöglicht, ist sie die kontingente Gabe, so legt es sich wohl nahe, dem Grund und Ursprung unserer Zeiterfahrung das Attribut des Ewigen im Sinne des lebendigen Selbst-Seins zuzusprechen (s. o. S. 69ff.). Dem christlichen Glauben an Gott, wie wir ihn in der Gotteslehre im engeren Sinne des Begriffs entfaltet hatten, ist es als wahr gewiss, dass Gott nicht anders als in *ursprünglicher Selbstpräsenz* lebendig ist. Wir dürfen daher Gottes ursprüngliche Selbstpräsenz – wie dies bereits Boethius erkann-

---

55 THOMAS VON AQUINO, STh I q 10 a 1c: „in cognitionem aeternitatis oportet nos venire per tempus." („Es kann nicht anders sein, als dass wir durch das Zeitbewusstsein zur Erkenntnis der Ewigkeit gelangen").

56 PLATON, Symp. 211b.

57 FRIEDRICH SCHLEIERMACHER, GL² § 52 L (I, 267).

te[58] – als schöpferische Gegenwart, als Gegenwart im eminenten Sinne denken. Sie ist die Gegenwart, in der Gott Mögliches – alles, was nicht kraft göttlicher Notwendigkeit existiert – wirklich werden lässt. Indem wir im Blick auf unsere Zeiterfahrung die Gegenwart als Grundform der Zeit charakterisieren, verstehen wir das Attribut des Ewigen als die präzise Bestimmung der ursprünglichen *Zeit Gottes*.

Indem wir Gottes Ewigkeit als Gottes ursprüngliche Zeit verstehen, ziehen wir zwei wichtige Konsequenzen.

Erstens: Als Gottes ursprüngliche Zeit ist Gottes Ewigkeit der Grund und Ursprung, aus welchem alle Übergänge aus Möglichem in Verwirklichtes hervorgehen, die insgesamt das Geschehen der Welt ausmachen. Sie – Gottes Ewigkeit – ist jenes absolute Zeitbewusstsein, ohne die es alle die Übergänge aus Möglichem in Verwirklichtes nicht geben würde, die sich schon vor dem und außerhalb des menschlichen Zeitbewusstseins ereignen. Insofern nennen wir sie mit Fug und Recht *zeitigende Zeit*. In der Wahrheitsgewissheit des Glaubens denken wir Gottes zeitigende Zeit als die schlechthin notwendige Bedingung, unter der alle Prozesse des Werdens und Entstehens, des Vergehens und schließlich auch des Auferstehens aus dem Tode und durch den Tod hindurch möglich sind. Eben deshalb richtet sich die Hoffnung des Glaubens auf die ewige Gemeinschaft mit Gottes ewigem Leben, und die Schöpfungslehre weist voraus auf die Lehre von der Vollendung. Denn Gottes schöpferische Ewigkeit – und sie allein – vermag zuletzt auch den Übergang zu bewirken aus dem zeitlichen Tod der Person und aus dem Zu-Nichts-Werden des Universums in die Unverweslichkeit und in die Unsterblichkeit (1Kor 15,53; s. u. S. 272f.).

Zweitens: Als Gottes ursprüngliche Zeit ist Gottes Ewigkeit jene Eigenschaft des göttlichen Wesens, die in besonderer Weise dessen Selbstbezüglichkeit, dessen Innerlichkeit, dessen Selbst-Sein entspricht. Nun trifft Gott – wie dem Glauben als wahr gewiss ist (vgl. Eph 1,4) – vermöge dieses Selbst-Seins die Gnadenwahl zugunsten der Gemeinschaft mit dem Ebenbilde Gottes, deren Vollendung und Erfüllung eben der Sinn und das Ziel der Handelnsarten Gottes in Schöpfung, Versöhnung und Erlösung ist (s. o. S. 88ff.). Dem Leben und Walten des dreieinigen Gottes eignet daher eine unwiderstehliche Zielstrebigkeit. Von dieser Zielstrebigkeit des göttlichen Lebens und Waltens zeugt der irreversible Richtungssinn, in welchem unser Zeitgefühl oder unser Zeitbewusstsein das Geschehen der Welt und des eigenen Lebens zwischen seinem diesseitigen Anfang und seinem diesseitigen Ende wahrnimmt.

3.2.5. Fazit

Die Lebensform, die Ethosgestalt des christlichen Glaubens, die gebildet und geweckt wird durch die Kommunikation des Evangeliums in ihren mannigfachen Weisen *und* durch die erleuchtende Kraft des Heiligen Geistes, setzt voraus und schließt in sich den Glauben an Gott den Schöpfer der Welt und nur in diesem Zusammenhang den Glauben, „dass mich Gott geschaffen hat."[59] Indem uns die Kommunikation des Evangeliums im Kontext der Glaubensgeschichte Israels und indem uns die erleuchtende Kraft des Heiligen Geistes in das radikale Ur- und Grundvertrauen in Gottes Gnade und Wahrheit (vgl. Ps 117,2) versetzt, kommt ein Prozess des Denkens in Gang, der den

---

58 BOETHIUS, De consolatione philosophiae, V,6: „aeternitas… est interminabilis vitae tota simul et perfecta possessio" („Ewigkeit… ist zugleich das ganze und vollkommene Innehaben unbegrenzbaren Lebens").

59 MARTIN LUTHER, Kleiner Katechismus (BSLK 510,33).

Wahrheitsgehalt des biblischen Zeugnisses und des Bekenntnisses zu Gottes schöpferischem Walten ergründen möchte. Seit den Anfängen christlicher Theologie in den Schulen des 2. Jahrhunderts interessiert man sich in diesem Denkprozess just für die ontologischen Sachverhalte, wie sie das biblische Zeugnis und wie sie das Bekenntnis des Glaubens zur Sprache bringt. So gilt das „Interesse der Frömmigkeit“[60] der Relation der Existenzbegründung, für die bereits die Bibel Israels das singuläre Verbum ברא *(bara)* verwendet. Sie findet in der christlichen Frömmigkeit – in der Meditation, im Kirchenlied, in der Lektüre des „Buches der Natur“ – und in der religiösen Kunstpraxis einen überwältigenden Widerhall.

Wir haben Gottes Schöpfer-Sein nicht in der poetisch-ästhetischen Sprachform, sondern in der „darstellend belehrenden Art“[61] zu erkennen gesucht. Wir haben vier Aspekte thematisiert, unter denen uns das Geschehen der Welt faktisch erscheint, und wir haben diese vier Aspekte von ihrem Grunde in den schöpferischen Eigenschaften des göttlichen Wesens her entwickelt. Erst eine ausgeführte Systematische Theologie wird *en détail* zeigen können, dass und in welcher Weise das Denken des Glaubens damit in berechtigten und in begründeten Widerspruch tritt zu jener Anschauung des Lebens und der Wirklichkeit, nach der die Welt sich selbst erschafft und dann wohl auch sich selbst vernichtet.

Der christliche Glaube an Gott den Schöpfer lässt sich mit Hilfe und im Lichte des Begriffs der Relation der Existenzbegründung entfalten. Mit Hilfe und im Lichte dieses Begriffs achten wir zuallererst darauf, dass uns in unserer alltäglichen Lebensführung und in unserer Lebensgeschichte ein Inbegriff des Existierenden begegnet, den wir mit dem Begriffswort „Welt“ benennen. Nun sind wir uns im Ausgang von unserem individuellen Freiheitsgefühl dessen gewiss, dass das Geschehen der Welt als Ganzes und dass die Existenz des menschlichen Person-Seins in ihm sich einem Übergang aus Möglichem in Verwirklichtes verdankt, der nicht schlechthin notwendig ist. Ist dieser Übergang nicht schlechthin notwendig, so ist er frei gewählt. Dies freie Gewählt-Sein gibt dem Weltgeschehen als ganzem den Charakter unaufhebbarer *Kontingenz,* für den die theologische Begriffssprache mit Recht den Ausdruck *creatio ex nihilo* gefunden hat.[62] Im Glauben an Gott den Schöpfer sehen wir in der unaufhebbaren Kontingenz des Weltgeschehens als ganzen das Walten der schöpferischen Allmacht Gottes.

Nun ist uns der Inbegriff des Existierenden – die Gegenstände möglicher Erfahrung einschließlich unserer selbst als Subjekte möglicher Erfahrung – sinnhaft, bestimmbar, erkennbar präsent. Er steht den mannigfachen Sprachen offen, in denen wir als die Subjekte möglicher Erfahrung Wahrheit intendieren. Er ist für uns gelichtet, insofern er uns in seinem Eigen-Sinn und in seiner Eigen-Art für unser praktisches Verstehen und Gestalten gegeben ist, das sich in Wirtschaft und in politischer Herrschaft, in Wissenschaft und Technik und nicht zuletzt im Leben der Kunst vollzieht. Im Glauben an Gott den Schöpfer erkennen wir die Sinnhaftigkeit des Existierenden an als gegründet in Gottes schöpferischer Allwissenheit: in Gottes Weisheit, in Gottes Vernunft, in Gottes Geist.

Der Inbegriff des Existierenden, der uns in seinem Eigen-Sinn und in seiner Eigen-Art für unser praktisches Verstehen und Gestalten gegeben ist, erscheint uns nun in unserer jeweiligen Gegenwart nicht anders als im Raum und in der Zeit.

---

60 FRIEDRICH SCHLEIERMACHER, GL^2 § 47 L (I, 234).

61 FRIEDRICH SCHLEIERMACHER, GL^2 § 16 L (I, 107).

62 Vgl. hierzu WALTER GROSS/CHRISTIAN LINK, Art. Creatio ex nihilo I. II.: RGG^4 2, 485–489; HANS POSER/HERMANN DEUSER, Art. Kontingenz I. II.: TRE 19, 544–559 (Lit.); EILERT HERMS, Art. Kontingenz IV. Systematisch-theologisch: RGG^4 4, 1647–1650.

Wenn uns der Inbegriff des Existierenden im Raum erscheint, so reduzieren wir die Räumlichkeit des Existierenden nicht etwa auf die Ausdehnung der physischen und der organischen Körper; wir achten vielmehr auf die räumlichen Relationen, die zwischen individuellen Ereignissen und insbesondere zwischen individuellen Personen zur selben Zeit – also simultan – bestehen. Indem wir uns auf diese räumlichen Relationen bezogen wissen, vermögen wir die Wechselwirkungen zu erfassen, die unsere eigene leibhafte Existenz bedingen und bestimmen. Gleichzeitig sehen wir die räumlichen Relationen als den jeweiligen Raum der Begegnung an, in dem wir miteinander kommunizieren und interagieren. Im Glauben an Gott den Schöpfer verstehen wir die Räumlichkeit des Existierenden als die schöpferische Gabe, die es uns möglich macht und die es uns aufgibt, miteinander und aufeinander zu wirken. In dieser kontingent gewährten Gabe ist Gottes schöpferische Allgegenwart präsent.

Der christliche Glaube an Gott den Schöpfer ist sich schließlich der Ewigkeit des schöpferischen Sprechens und Rufens gewiss, kraft dessen Gott das Weltgeschehen und in ihm das menschliche Person-Sein sein und dauern lässt. Wir haben uns den Weg zum Verstehen der schöpferischen Ewigkeit Gottes gebahnt, indem wir uns auf unsere Erfahrung der Zeit besannen und darin Gegenwart als Grundform der Zeit erkannten. Wir sehen in der Gegenwart die Grundform der Zeit, weil unser Zeitgefühl oder unser Zeitbewusstsein, wie es im individuellen Freiheitsgefühl mitgesetzt ist, jeweils Übergänge des Möglichen ins Verwirklichte wahrnimmt: Übergänge, die wir erleben und die wir vollziehen. Insofern ist unser Zeitgefühl oder unser Zeitbewusstsein geradezu das Kernstück aller Bedingungen, unter denen uns Welt- und Selbsterfahrung möglich ist. Es ist „die Form des inneren Sinnes“.[63]

Nun sind wir in der primären Gewissheit des individuellen Freiheitsgefühls auf jeden Fall damit vertraut, dass diese „Form des inneren Sinnes“ ihrerseits nicht schlechthin notwendig ist. Ist sie nicht schlechthin notwendig und doch wirklich, so verdankt sie sich einem Übergang aus Möglichem ins Verwirklichte, der sie für uns konstituiert und für uns wirklich werden lässt. Wenn wir den Grund und Ursprung unserer Erfahrung der Zeit mit dem Attribut des Ewigen bezeichnen, so sprechen wir dem schöpferischen Sprechen und Rufen des göttlichen Wesens nicht etwa Zeitlosigkeit, sondern vielmehr eine ursprüngliche zeitliche Verfassung zu. Gottes Ewigkeit ist Gottes ursprüngliche Zeit, insofern sie Gegenwart im eminenten Sinne, Ausdrucksweise des lebendigen Selbst-Seins ist.

Wir haben Gottes Schöpfer-Sein als den schöpferischen Grund und Ursprung der Existenz, der Sinnhaftigkeit, der Räumlichkeit und der Zeitlichkeit des Existierenden zu denken gesucht. Wir haben damit Gottes Schöpfer-Sein als Grund und Ursprung *transzendentaler Sachverhalte* bestimmt, die die Bedingungen der Möglichkeit dafür setzen, dass es eine Welt im Werden, eine Welt im Kontinuum gibt. Der christliche Glaube an Gott den Schöpfer konkretisiert sich – sofern er über das ebenso schlichte wie radikale Ur- und Grundvertrauen hinausgehen darf – in der Erkenntnis dieser transzendentalen Sachverhalte. Ihm ist – inmitten aller Anfechtung und inmitten aller Fraglichkeit – als wahr gewiss, dass Gott der Schöpfer in der Existenz, in der Sinnhaftigkeit, in der Räumlichkeit und in der Zeitlichkeit des Existierenden seit jeher *offenbar* ist (Röm 1,19-20). In diesen transzendentalen Sachverhalten ereignet sich das Reden und Rufen Gottes des Schöpfers „an die Kreatur durch die Kreatur“.[64] Und Gottes Ebenbild,

---

[63] IMMANUEL KANT, KrV A33/B 49.

[64] Ich spiele an auf die berühmte Formulierung Johann Georg Hamanns, die eingehend interpretiert wird von OSWALD BAYER, Schöpfung als „Rede an die Kreatur durch die Kreatur“. Die

das in der primären Gewissheit des individuellen Freiheitsgefühls mit Gottes schöpferischem Reden und Rufen vertraut ist, ist gefragt, ob es Gottes schöpferisches Reden und Rufen wirklich *hört*.

3.3. Der Mensch als Gottes Ebenbild[65]

Der christliche Glaube ist die Gewissheit der befreienden Wahrheit des Evangeliums „von der Liebe Gottes, die in Christus Jesus ist, unserm HERRN" (Röm 8,39). In dieser Gewissheit wissen sich die Mitglieder der Glaubensgemeinschaft in deren kirchlicher Ordnung und Verfassung in die Gemeinschaft mit dem Christus Jesus selbst integriert und ihrem Sündig-Sein zum Trotz mit Gott dem Schöpfer versöhnt, von Gott dem Schöpfer gerecht gemacht (Röm 4,25), geheiligt (Röm 1,7) und mit der Gabe des ewigen Lebens in der vollendeten und erfüllenden Gemeinschaft mit Gott beschenkt (Joh 5,24; Röm 5,23). Indem sich ihnen diese Gewissheit durch menschliches Offenbarungszeugnis und durch das Wehen des göttliches Geistes (vgl. Joh 3,8) erschließt, entdecken sie nicht nur die Tiefe und die Radikalität der Sünde (s. u. S. 147ff.), sondern verstehen sie auch die unverwechselbare Eigen-Art und die Bestimmtheit ihres eigenen Lebens im Ganzen des ungeheuren Weltgeschehens, das Gott der Schöpfer schafft, erhält, lenkt und regiert.

Wir bezeichnen die unverwechselbare Eigen-Art und die damit gegebene Bestimmtheit der menschlichen Weise, am Leben zu sein, mit dem Begriff des geschaffenen Person-Seins. Mit Hilfe und im Lichte dieses Begriffs sehen wir die unverwechselbare Eigen-Art der menschlichen Weise, am Leben zu sein, in der primären Gewissheit des je individuellen Freiheitsgefühls begründet. Ihretwegen existieren wir – wenn wir hier von den Grenzsituationen der frühen Mutter-Kind-Symbiose, der Bewusstlosigkeit und der schweren Krankheit absehen dürfen – in der Notwendigkeit, über uns selbst in unserem Verhältnis zu den anderen menschlichen Wesen und in unserem Verhältnis zu Gott dem schöpferischen Grund und Ursprung bestimmen zu müssen. In diesen Grenzen unterliegen wir einem unaufhebbaren Verantwortlich-Sein.

Der unverwechselbaren Eigen-Art der menschlichen Weise, am Leben zu sein und das Leben führen zu müssen, wie sie nach der Gewissheit des christlichen Glaubens im Kontext der Glaubensgeschichte Israels und nach dem biblischen Zeugnis von Gott dem Schöpfer gewollt und damit in ihrer Bestimmtheit begründet ist, wenden wir uns nun in der folgenden Skizze einer Theologischen Anthropologie zu.

Die Schöpfungserzählung der Priesterschrift hat für die Eigen-Art der menschlichen Weise, am Leben zu sein und das Leben führen zu müssen, den mehrdeutigen Ausdruck „Bild Gottes" gebraucht (Gen 1,26f.). Dieser mehrdeutige Ausdruck war und ist der

Frage nach dem Schlüssel zum Buch der Natur und Geschichte, jetzt in: DERS., Schöpfung als Anrede. Zu einer Hermeneutik der Schöpfung, Tübingen 1990², 9–32. Zwar sieht Bayer in Hamanns Aphorismen wichtige Impulse für die „Suche nach einer sachgemäßen Gestalt christlicher Schöpfungslehre" (29); aber er beschränkt sich bedauerlicherweise auf des Schöpfers Rede an die Kreatur durch die Kreatur im Mahl des HERRN (29ff.) und lässt die transzendentalen Sachverhalte, die ich im Text entwickelt habe, gänzlich außer Acht.

65 Vgl. zum Folgenden bes.: WOLFHART PANNENBERG, Systematische Theologie. Bd. II (wie Anm. 8), 209–266; JACOB JERVELL/HENRI CROUZEL/JOHANN MAIER/ALBRECHT PETERS, Art. Bild Gottes I.–IV.: TRE 6, 491–515; TRAUGOTT KOCH, Art. Mensch VIII. 19. und 20. Jahrhundert: TRE 22, 530–548; Art. Mensch IX. Systematisch-theologisch: ebd. 548–567 (Lit.!); WILFRIED HÄRLE, Art. Mensch VII. Dogmatisch und Ethisch 1. Problemgeschichtlich und systematisch: RGG⁴ 5, 1066–1072.

biblische Leitbegriff, an den sich das christliche Verständnis des Mensch-Seins in der religiösen Kommunikation der Kirche hier und heute und dementsprechend in der systematisch-theologischen Glaubenslehre anschließt. Um diesen Leitbegriff in einer kohärenten Begriffssprache zu entfalten und um auf diese Weise das *Phänomen des Mensch-Seins* darzulegen, so wie er es intendiert, beginnen wir mit einer Rechenschaft über den Status der theologischen Lehre vom Menschen (3.3.1.). Im Lichte dieser Rechenschaft werden wir sodann – im Rückgriff auf den „Grundriss der Prinzipienlehre" (s. o. S. 10ff.) – das Mensch-Sein als geschaffenes Person-Sein betrachten, das nicht nur zur Gemeinschaft mit seinesgleichen, sondern auch zur Gemeinschaft mit Gott selbst bestimmt ist (3.3.2.). Schließlich werden wir unsere Darstellung des christlichen Glaubens an Gott den Schöpfer in ein Fazit bündeln, das die Brücke zur dogmatischen Besinnung auf den christlichen Glauben an Gott den Versöhner schlagen wird (3.4.).

3.3.1. Der Status der theologischen Lehre vom Menschen

Wir Menschen alle kommen nicht umhin, uns selbst zu verstehen. Wir kommen deshalb nicht umhin, uns selbst zu verstehen, weil wir das uns gegebene Leben und dessen Entwicklung und Geschichte nicht nur erleben und erleiden, sondern es zu führen und in kultureller und sozialer Wechselwirkung mit anderen zu gestalten haben. Nun ist zwar das Verstehen unserer selbst letzten Endes stets individuell; aber das individuelle Sich-Verstehen erwächst doch aus der teilnehmenden Erfahrung und aus der Übernahme eines Selbstverständnisses, wie wir es in der Geschichte der Religionskulturen und der philosophischen Lebenslehren, in der Geschichte der Künste und der Wissenschaften vorfinden. Auch die Gewissheit des christlichen Glaubens schließt ein individuelles Sich-Verstehen ein, das sich – wie wir im „Grundriss der Prinzipienlehre" zeigten – dem Gefüge der Bedingungen des „äußeren Wortes" und des „inneren Wortes" verdankt (s. o. S. 31f.). Insofern könnte man das systematisch-theologische Denken insgesamt, das sich der begrifflich-kategorialen Entfaltung des christlichen Selbstverständnisses widmet, als theologische Lehre vom Menschen charakterisieren, wie dies zum Beispiel Friedrich Gogarten dezidiert getan hat.[66]

Demgegenüber gibt es jedoch gute Gründe dafür, die Aufgabe einer theologischen Lehre vom Menschen auf die Beantwortung der Frage einzugrenzen, in welcher Weise sich dem christlichen Glauben an Gott den Schöpfer das Phänomen des Mensch-Seins zeigt, das uns wie allen Menschen in und mit der Gegenwart des eigenen Lebens – des Lebens in leibhaft bedingter Freiheit – schon erschlossen ist.[67] Eben in dieser Begrenzung sucht die theologische Lehre vom Menschen zu erkennen, wovon wir Menschen alle in den Erscheinungsformen der Sünde entfremdet sind und woran wir in den tatsächlichen Konflikten unserer geschichtlichen Existenz schuldig werden; eben in dieser Begrenzung sucht die theologische Lehre vom Menschen aber auch zu ermessen, wohin uns die Gewissheit der Wahrheit des Evangeliums in der Gemeinschaft der Kirche tatsächlich führt: nämlich in das Leben, das der unverwechselbaren Eigen-Art des Mensch-Seins und der ihm auferlegten Bestimmung *realiter* – wenn auch in zutiefst angefochte-

---

66 Vgl. FRIEDRICH GOGARTEN, Das Problem einer theologischen Anthropologie, in: ZZ 7 (1929), 493–511.

67 So verfahren auch EMIL BRUNNER, Der Mensch im Widerspruch. Die christliche Lehre vom wahren und vom wirklichen Menschen, Berlin 1937; KARL BARTH, KD III/2; GERHARD EBELING, Dogmatik des christlichen Glaubens. Bd. I (wie Anm. 11), 376–414; JÜRGEN MOLTMANN, Gott in der Schöpfung (wie Anm. 8), 223–278.

ner und problematischer Weise – entspricht. Insofern geht die theologische Lehre vom Menschen einem Sachverhalt nach, ohne den weder das Bewusstsein der Sünde noch das Bewusstsein der Versöhnung und die Hoffnung auf die Vollendung und Erfüllung des göttlichen Wollens, Waltens, Redens und Rufens in der Ewigkeit des ewigen Lebens angemessen zu entfalten ist. Die theologische Lehre vom Menschen besitzt daher im Ganzen der dogmatischen wie der ethischen Besinnung eine Schlüsselfunktion, die in der religiösen Kommunikation der Kirche – jedenfalls der evangelischen Kirchen in Deutschland wie in den aktuellen Debatten der Sozialethik und der Praktischen Theologie – zu deren Nachteil vielfach übersehen wird.

Wir haben von der theologischen Lehre vom Menschen, wie wir sie hier entwickeln wollen, bereits in der „Prinzipienlehre" (s. o. S. 10ff.) und in der Lehre von Gottes Schöpfer-Sein (s. o. S. 118ff.) Gebrauch gemacht. Wenn wir sie nun in konzentrierter Form zusammenfassen, so spitzen wir sie zu auf die Beschreibung der verschiedenen Aspekte des geschaffenen Person-Seins und der Bestimmung zur Gemeinschaft mit Gott selbst, die ihm damit gegeben ist. In dieser Konzentration geht es auch der theologischen Lehre vom Menschen – entsprechend den bisher entwickelten Gedanken über die universalen Bedingungen des Weltgeschehens als solchen – um einen transzendentalen Sachverhalt. Darunter verstehen wir den Inbegriff der Bedingungen, in denen Gottes schöpferisches Wirken das Mensch-Sein innerhalb der universalen Bedingungen des Weltgeschehens als solchen und auf dem Boden dieser Erde (vgl. Gen 2,7) sein und werden lässt und eben so ermöglicht.[68]

Bevor wir daran gehen, die unverwechselbare Eigen-Art des Mensch-Seins mit Hilfe und im Lichte des Begriffs des geschaffenen Person-Seins Schritt für Schritt zu entfalten, suchen wir eine Antwort zu finden auf zwei naheliegende Fragen. Die erste dieser Fragen hat es mit dem Verhältnis zu tun, in dem die theologische Lehre vom Menschen im Ganzen einer Systematischen Theologie zu den anthropologischen Sprach- und Denkformen der Bibel steht. Die zweite dieser Fragen hat es mit dem Verhältnis zwischen der theologischen Lehre vom Menschen im Ganzen einer Systematischen Theologie und dem Projekt der „Anthropologie" zu tun, die seit den ersten Ansätzen in der frühen Neuzeit zu einer interfakultären Mega-Disziplin geworden ist.

Erstens: Die theologische Lehre vom Menschen lässt sich nicht einfach aus den anthropologischen Sprach- und Denkformen ableiten, die wir in den biblischen Überlieferungen lesen können. Zwar stellt die Heilige Schrift als die kanonische Gestalt des christlichen Offenbarungszeugnisses – namentlich in den beiden Schöpfungserzählungen der Urgeschichte, dann vor allem in der Theologie des Psalters, in der Theologie des Paulus und in der Theologie des Johannes-Evangeliums – die maßgebliche Quelle auch für das Menschenbild des christlichen Glaubens dar.[69] Aber die anthropologischen Sprach- und Denkformen der Bibel und erst recht ihre vielfältigen anthropologischen Konzeptionen bedürfen ihrerseits einer sorgfältigen Interpretation – und d. h.: einer Sachexegese –, damit sie in der religiösen Kommunikation der Glaubensgemeinschaft hier und heute und in der öffentlichen Verantwortung der Kirche für die Gesellschaft erhellend und orientierend sein können.

---

[68] In diesem Sinne handelt FRIEDRICH SCHLEIERMACHER, GL^2 §§ 60–61 (I, 321–337), von der „ursprünglichen Vollkommenheit des Menschen".

[69] Vgl. hierzu RAINER ALBERTZ, Art. Mensch II. Altes Testament: TRE 22, 464–474; HARALD HEGERMANN, Art. Mensch IV. Neues Testament: ebd. 481–493; BERND JANOWSKI, Art. Mensch IV. Altes Testament: RGG^4 5, 1057–1058; HERMANN LICHTENBERGER, Art. Mensch V. Neues Testament: ebd. 1058–1061.

Die systematische Begriffssprache, die wir im Folgenden entwickeln, will der Interpretation der biblischen Texte in der religiösen Kommunikation der Glaubensgemeinschaft hier und heute und in der öffentlichen Verantwortung der Kirche für die Gesellschaft dienen. Sie geht aus diesem Grunde davon aus, dass uns der Wahrheitsgehalt des christlichen Glaubens an Gott den Schöpfer in den verschiedenen Situationen des letztgültigen Offenbarungsgeschehens erschlossen ist (s. o. S. 98ff.). In ihnen wird die Wahrheit der Gottesgewissheit Jesu evident, die – im Kontext der Glaubensgeschichte Israels – nicht allein das Mensch-Sein als Geschaffen-Sein (Mt 6,25-32), sondern auch den *Dienst Gottes* als Sinn und Bestimmung des Geschaffen-Seins versteht (Mt 6,24). Wie das Mensch-Sein selbst und als solches verfasst sein muss, damit es diesem seinem Sinn und dieser seiner Bestimmung auch entsprechen könne, hat vor allem der Apostel Paulus aufgezeigt, dessen Denken eben deshalb für die weitere Geschichte der theologischen Lehre vom Menschen von ausschlaggebender Bedeutung wurde.[70]

Die systematische Begriffssprache, die wir im Folgenden entwickeln, will die anthropologischen Sprach- und Denkformen der Bibel im Lichte dieses Zusammenhangs von Aussagen über das Wesen des Mensch-Seins und Aussagen über dessen Sinn und dessen Bestimmung verdeutlichen. Sie orientiert sich dafür – wie wir das bereits in der Lehre vom christlichen Glauben an Gott getan haben (s. o. S. 77ff.) – am Leitbegriff des Person-Seins, der das komplexe Gefüge der Relationen zwischen dem geschaffenen Selbst-Sein, dem wechselseitigen Sein für anderes geschaffenes Selbst-Sein und dem Sein für Gott bezeichnet. Indem wir im Lichte dieses Leitbegriffs das Phänomen des Mensch-Seins zu erhellen suchen, beschreiben wir die transzendentale Bedingung, welche die unverwechselbare Eigen-Art der menschlichen Weise, am Leben zu sein, konstituiert. Damit können wir auch das Verhältnis zwischen der theologischen Lehre vom Menschen und der interfakultären Mega-Disziplin bestimmen, die sich „Anthropologie" nennt.

Zweitens: Der christliche Glaube an Gott den Schöpfer und die systematisch-theologische Besinnung auf dessen Wahrheitsgehalt stehen mit dem Interesse am Verstehen des Mensch-Seins und an der Erkenntnis seines Sinnes und seiner Bestimmung in einer Welt im Werden beileibe nicht allein. In allen Religionskulturen finden wir Deutungen der menschlichen Existenz, die nicht nur ihren Grund und Ursprung, sondern auch ihr endgültiges Ziel thematisieren und die vor allem kreisen um das Verstehen der Geschlechtsdifferenz und um die Auseinandersetzung mit dem Geschick des Schuldig-Werdens, der Krankheit und des Todes.[71]

Die Deutungen der menschlichen Existenz im Lichte einer wie auch immer symbolisierten religiösen Transzendenzgewissheit werden aufgenommen, kritisch umgestaltet und fortgebildet in den Lebenslehren der philosophischen Schulen seit ihren Anfängen in der griechischen Antike; insbesondere seit Sokrates. Diese philosophischen Schulen wollen im Interesse der Eudaimonia des Lebens anleiten zum Leben aus der praktischen Vernunft, und sie geraten aus diesem Grunde in ein spannungsvolles Verhältnis zur Erkenntnis des Höchsten Gutes für den Menschen, wie sie der christliche Glaube im Kontext der Glaubensgeschichte Israels artikuliert (s. u. S. 320). Dieses spannungsvolle

---

70 Vgl. hierzu die noch immer grundlegende Darstellung von RUDOLF BULTMANN, Theologie des Neuen Testaments, Tübingen 1961^4, 193–226.

71 Vgl. hierzu bes. ANDREAS FELDTKELLER, Die notwendige Integration von „Innen" und „Außen" in der Methodologie der Religionsbeschreibung, in: WILFRIED HÄRLE/REINER PREUL (Hg.), Religion. Begriff, Phänomen, Methode (MJTh XV), Marburg 2003, 15–41; HANS WISSMANN, Art. Mensch I. Religionsgeschichtlich: TRE 22, 458–464; ANDREAS GRÜNSCHLOSS, Art. Mensch II. Religionswissenschaftlich: RGG^4 5, 1052–1054.

Verhältnis von antiker und biblischer Lebenslehre beginnt sich seit der Periode der Renaissance aufzulösen, deren maßgebliche Vordenker dem Projekt der unbegrenzten Selbst- und Weltherstellung des Menschen das Wort reden: einem Projekt, das nicht nur die Ausdrucksformen der religiösen, sondern auch die der philosophischen Transzendenzgewissheit kappt.

Im Anschluss an das neuerwachte Interesse an der wissenschaftlichen Medizin formiert sich in der frühen europäischen Neuzeit unter dem Leitbegriff „Anthropologie" eine eigentümliche wissenschaftliche Mega-Disziplin, die in ihrer Geschichte empirische Befunde, therapeutische Konzepte und kategoriale bzw. ethische Ideen miteinander verknüpft.[72] Diese Disziplin hat sich inzwischen in zahlreiche Humanwissenschaften ausdifferenziert, in denen allerdings der Trend zu einem konsequent behavioristischen und naturalistischen Menschenbild im Wachsen begriffen ist. Die aktuellen Beiträge zur Physiologie des menschlichen Gehirns sind des Zeuge.

Diese Gesamtlage stellt die theologische Lehre vom Menschen vor eine außerordentliche Herausforderung.[73] Wir haben ihren transzendentalen Charakter unterstrichen, der sie von allen möglichen empirischen Untersuchungen und Feldforschungen – etwa in Anknüpfung an die „Anthropologie in pragmatischer Hinsicht" von Immanuel Kant[74] – unterscheidet. Dieser ihr transzendentaler Charakter schließt es aus, die theologische Lehre vom Menschen – die besonnene Entfaltung der biblischen Metapher „Bild Gottes" – direkt auf diese oder jene Hypothese auf dem Gebiete der Erfahrungswissenschaften vom Menschen zu beziehen. Vielmehr bezeichnet die theologische Lehre vom Menschen den Grund dafür, dass es uns überhaupt möglich ist, auf dem Gebiete der Erfahrungswissenschaften vom Menschen Hypothesen zu bilden. Wir haben in der Lehre vom christlichen Glauben an Gott den Schöpfer diesen Grund darin gesehen, dass uns der Inbegriff des Existierenden unter den Bedingungen des Raumes und der Zeit erkennbar für das selbstbewusst-freie Erkennen und Gestalten vorgegeben ist (s. o. S. 118ff.). Indem die Theologische Anthropologie im Ganzen des dogmatischen und ethischen Denkens die mannigfachen biblischen Deutungen des Mensch-Seins im Lichte des Begriffs des geschaffenen Person-Seins interpretiert, versteht sie nicht zuletzt auch die Erfahrungswissenschaften vom Menschen – und zwar in ihrer institutionellen Ordnung und in ihrer organisatorischen Planung und Entwicklung – als eines unter den uns Menschen möglichen und aufgegebenen *Werken des Menschen*, die die Gewissheit des Glaubens an Gottes schöpferisches Wollen, Walten, Reden und Rufen weder ersetzen noch erschüttern können.

3.3.2. Mensch-Sein als geschaffenes Person-Sein

Wir haben uns in einem ersten Schritt über den Status der theologischen Lehre vom Menschen verständigt. Im großen Rahmen der Lehre vom christlichen Glauben an Gott

---

72 Vgl. hierzu insbesondere die Forschungen von ODO MARQUARD, Art. Anthropologie: HWP I, 362–374; DERS., Über einige Beziehungen zwischen Ästhetik und Therapie in der Philosophie des neunzehnten Jahrhunderts, jetzt in: DERS., Schwierigkeiten mit der Geschichtsphilosophie. Aufsätze (stw 394), Frankfurt a.M. 1973, 85–106; DERS., Zur Geschichte des philosophischen Begriffs „Anthropologie" seit dem Ende des achtzehnten Jahrhunderts: ebd. 122–144.

73 Dieser Herausforderung hat sich in eindrucksvoller Weise gestellt WOLFHART PANNENBERG, Anthropologie in theologischer Perspektive, Göttingen 1983.

74 IMMANUEL KANT, Anthropologie in pragmatischer Hinsicht (1798), in: IMMANUEL KANT, Werke in sechs Bänden. Hg. von WILHELM WEISCHEDEL, Bd. VI: Schriften zur Anthropologie, Geschichtsphilosophie, Politik und Pädagogik, Darmstadt 1975, 395–690.

den Schöpfer will die Theologische Anthropologie im Besonderen die Art und Weise beschreiben, in der der christliche Glaube das Phänomen des Mensch-Seins versteht und zu verstehen einlädt. Sie will durch diese ihre Beschreibung die Mitglieder der Glaubensgemeinschaft dazu rüsten und dazu befähigen, in ihrer Lebensführung in der privaten wie in der öffentlichen Sphäre ihrer Existenz dem Phänomen des Mensch-Seins als des geschaffenen Person-Seins praktisch gerecht zu werden; und sie will die Inhaber kirchenleitender Funktionen und die repräsentativen Sprecher der Kirche in der gesellschaftlichen Öffentlichkeit in ihrem Kampf für die Würde des menschlichen Lebens von seinem Anfang bis zu seinem Ende in dieser Weltzeit stützen und beraten. Das christliche, das theologische Verständnis des Mensch-Seins als des geschaffenen Person-Seins hat für die ethische Urteilsbildung normativen Sinn.

Wir haben schon in der „Prinzipienlehre“ (s. o. S. 10ff.), in der Lehre vom christlichen Glauben an Gott (s. o. S. 77ff.) und in der Lehre vom christlichen Glauben an Gott den Schöpfer (s. o. S. 118ff.) wesentliche Aspekte des geschaffenen Person-Seins erörtert. Wir wollen diese Aspekte nun zusammenführen und erweitern, damit wir das Gefüge der Relationen vollständig vor Augen bringen, auf das uns der Begriff der Person verweist.

Wir werden daher *erstens* zeigen, dass das geschaffene Person-Sein ausgezeichnet ist durch die primäre Gewissheit des individuellen Freiheitsgefühls, vermöge dessen es – das geschaffene Person-Sein – in der jeweiligen Gegenwart des Lebens Entscheidungen über sich selbst trifft; und zwar genau über das leibhafte Leben, das uns nicht anders als in der geschlechtlichen Differenz des männlichen und des weiblichen Leibes gegeben ist (3.3.2.1.).

Wir werden *zweitens* zeigen, dass das geschaffene Person-Sein in seiner jeweiligen individuellen Eigen-Art nicht anders sein kann als in den typischen Formen des Für-Einander-Seins, unter denen wir das Geschlechtsverhältnis, den kommunikativen Sinn der geschaffenen Freiheit und deren institutionelle Form beleuchten (3.3.2.2.).

Endlich wollen wir auf die Bestimmung zur Gemeinschaft mit Gott achten, auf die hin der christliche Glaube das Mensch-Sein als geschaffenes Person-Sein versteht (3.3.2.3.).

3.3.2.1. Die geschaffene Person als individuelles Selbst

Den Mitgliedern der kirchlich verfassten und geordneten Glaubensgemeinschaft ist es als wahr gewiss, dass die Kommunikation des Evangeliums kraft der erschließenden und erleuchtenden Macht des Heiligen Geistes das Sein in der Gemeinschaft mit dem Christus Jesus selbst begründet, in der ein Mensch – in einer stets angefochtenen und problematischen Weise – in seinem Innersten zur Übereinstimmung mit dem Willen Gottes des Schöpfers gelangt (s. u. S. 209ff.). Insofern schließt der christliche Glaube – das christlich-fromme Selbstbewusstsein – ein Verstehen des Mensch-Seins ein, das eben wegen seiner eigentümlichen Verfassung zum Leben in der Selbstverantwortung vor Gott in der privaten wie in der öffentlichen Sphäre des irdischen Zusammen-Lebens bestimmt ist. Wir suchen deshalb zuallererst eine Antwort auf die Frage, wie wir das individuelle Selbst-Sein als solches deuten können, so wie wir es an uns selbst und durch uns selbst erleben und wie wir es mit allen Wesen von der Seinsart des Menschen teilen.

Wir heben drei Gesichtspunkte hervor: *erstens* die primäre Gewissheit des je individuellen Freiheitsgefühls; *zweitens* die Leibhaftigkeit des individuellen Selbst-Seins; und *drittens* das dynamische Gefüge der personalen Selbsttätigkeit im inneren Zusammenhang des Fühlens, Denkens und Wollens.[75]

Erstens: Das unmittelbare Selbstbewusstsein der endlichen Person ermöglicht es, die uns Menschen allen vorgegebene Bedingung des Verantwortlich-Seins überhaupt erleben, benennen, erfassen und praktizieren können. Wir haben diesen Grundbegriff einer Theorie des Selbstbewusstseins mit Hilfe und im Lichte des Begriffs der primären Gewissheit des je individuellen Freiheitsgefühls schon erläutert und kommen jetzt darauf zurück (s. o. S. 12ff.). Wir sind in der primären Gewissheit des je individuellen Freiheitsgefühls damit vertraut, dass wir jeweils hier und jetzt – in der jeweiligen Gegenwart unseres Lebens – eine Wahl oder eine Entscheidung sprachlich-symbolisierender und praktisch-organisierender Art zu treffen haben, durch die wir für uns Mögliches verwirklichen. Insofern erleben wir in der primären Gewissheit des individuellen Freiheitsgefühls *Zeit*: und zwar in ihrer Grundform als je gegenwärtige Gegenwart (s. o. S. 114f.).

Indem wir kraft der primären Gewissheit des individuellen Freiheitsgefühls jeweils hier und jetzt eine einzelne Wahl oder eine einzelne Entscheidung über unser eigenes Leben treffen, existieren wir von den vergangenen Gegenwarten her, in denen wir frühere Wahlen oder frühere Entscheidungen über unser eigenes Leben trafen. Sie sind uns – wenigstens grundsätzlich und immer wieder vom Vergessen, vom Verdrängen, vom Verschweigen bedroht – in der Erinnerung präsent. Und wenn wir jeweils hier und jetzt eine einzelne Wahl oder eine einzelne Entscheidung über unser eigenes Leben treffen, existieren wir auf zukünftige Gegenwarten hin, von denen wir uns – wie schon in den vergangenen Gegenwarten – *Gutes* erwarten und erhoffen.

Die primäre Gewissheit des individuellen Freiheitsgefühls, in der wir uns als verantwortliches Subjekt unseres Wählens oder unseres Entscheidens erschlossen sind, hat also zeitlichen Charakter. Sie ist Gewissheit unseres Uns-gegenwärtig-Seins oder unserer Selbstpräsenz. In ihr können wir uns des Gutes gewiss sein, das uns in und mit unserer Selbstpräsenz in endlicher, begrenzter und bedingter Dauer schon gewährt ist; in ihr sind wir jedoch auch dessen gewahr, dass die zukünftige Dauer und Stetigkeit unserer Selbstpräsenz beileibe nicht in unserer Macht, sondern allein in der Macht des Grundes und des Ursprungs unserer Selbstpräsenz liegt. Deshalb erstreben wir das Mögliche, das wir in unserer jeweiligen Gegenwart hier und jetzt durch unser Wählen und Entscheiden verwirklichen wollen, als das Gut, von dem wir uns die Erhaltung und die Erfüllung unserer Gegenwart erwarten und erhoffen. Im zeitlichen Charakter unseres individuellen Freiheitsgefühls machen wir die Erfahrung eines Grundaffekts oder eines *Lebenstriebs*. Für diesen Grundaffekt, für diesen Lebenstrieb verwendet schon die biblische Sprache die Metapher „Herz“ (vgl. nur Mt 6,21; Joh 16,22; Röm 5,5; Eph 3,17); und namentlich Luthers erfahrungsgesättigte theologische Sprache hat diesen Sachverhalt genauestens beschrieben.[76]

Zweitens: Nun ist die menschliche Weise, das Leben in der jeweiligen Gegenwart im Aus-Sein auf Gutes und auf Erfüllendes zu führen, unwiderruflich an den je individuellen Organismus einer männlichen oder weiblichen Körpergestalt gebunden. Dieser

[75] Vgl. zum Folgenden bes. EILERT HERMS, Das christliche Verständnis vom Menschen in den Herausforderungen der Gegenwart, jetzt in: DERS., Zusammenleben im Widerstreit der Weltanschauungen. Beiträge zur Sozialethik, Tübingen 2007, 1–24.

[76] Vgl. hierzu bes. HANS WALTER WOLFF, Anthropologie des Alten Testaments, München 1994^6; BIRGIT STOLT, Martin Luthers Rhetorik des Herzens (UTB 2141), Tübingen 2000; JOHANNES VON LÜPKE, Art. Herz: RGG^4 3, 1695–1697; sowie EILERT HERMS, Art. Intention/Intentionalität II. Ethisch: RGG^4 4, 188–189.

individuelle Organismus – gezeugt und geboren, im Werden und im Wachsen, aber auch im Altern und zuletzt im Sterben begriffen – ist je *mein Leib*, der *eigene Leib*.[77] Was immer wir in unserer Gegenwart hier und jetzt erleben und erleiden, um daraufhin mit dem Erlebten und Erlittenen sprechend, denkend, handelnd und gestaltend umzugehen, geschieht im Medium des eigenen Leibes. Wir sind durch unseren eigenen Leib nicht nur ins Ganze des physischen Weltgeschehens verflochten, sondern wir nehmen auch durch unseren eigenen Leib je in unserer Gegenwart unseren Raum im Verhältnis zu anderer Leibhaftigkeit und somit im Ganzen der sozialen, geschichtlichen Welt ein. Insofern dürfen wir den Leib der endlichen Person nicht nur als unhintergehbares Medium ihres selbstbewusst-freien Wählens und Entscheidens in ihrer jeweiligen Gegenwart betrachten, sondern auch als das jeweils individuelle Fundament – als das Natur-Sein der Person in ihrem Selbstverhältnis, in ihren privaten wie in ihren öffentlichen Beziehungen und schließlich auch in ihrem Gottesverhältnis –, dessen Wohl und Wehe von allen einzelnen Wahlen und Entscheidungen in unserer jeweiligen Gegenwart nachhaltig mitbetroffen wird.

Drittens: Indem wir uns in unserer jeweiligen Gegenwart in unserer männlichen oder weiblichen Leibhaftigkeit selbst erleben, erleben wir uns in den Formen der seelischen, der geistigen *Selbsttätigkeit*, in denen wir uns für andere Wesen von der Seinsart des menschlichen Person-Seins und für dessen schöpferischen Grund und Ursprung darstellen.[78] Diese verschiedenen Formen der seelischen, der geistigen Selbsttätigkeit wollen wir hier als die wesentlichen Aspekte begreifen, in denen sich der Grundaffekt, der Lebenstrieb, das Lebensinteresse des Herzens tatsächlich realisiert. Es ist die Sache einer theoretischen Psychologie als eines integrierenden Teils der theologischen Lehre vom menschlichen Person-Sein, im kritischen Gespräch mit den herrschenden Psychologien unserer Zeit die Formen der seelischen, der geistigen Selbsttätigkeit in ihrem inneren Zusammenhang zu beschreiben; es ist darüber hinaus auch ihre Sache, die unüberwindliche Abhängigkeit der seelischen, der geistigen Selbsttätigkeit von der tatsächlichen Bestimmtheit aufzuzeigen, die uns in der Tiefe unseres Grundaffekts, unseres Lebenstriebs, unseres Lebensinteresses prägt. Für die Entwicklung einer Tiefenpsychologie, die sich als integrierender Teil der theologischen Lehre vom menschlichen Person-Sein artikuliert und die für alle Subdisziplinen der Praktischen Theologie von Bedeutung ist, kann ich hier nur werben.

Um nun die seelische, die geistige Selbsttätigkeit der Person zu verstehen, suchen wir nach dem adäquaten Ausdruck für den inneren Zusammenhang des *Fühlens*, des *Denkens* und des *Wollens*.[79] Anders als dies das überlieferte Modell der seelisch-geistigen Vermögen meint, erleben wir doch wohl ein stetes In- und Miteinander von Fühlen, Denken und Wollen. Dieses von uns erlebte stete In- und Miteinander von Fühlen, Denken und Wollen legt es nahe, mit dem Begriffswort „Seele“ oder mit dem Be-

---

77 Vgl. hierzu bes. HEINZ-HORST SCHREY, Art. Leib/Leiblichkeit: TRE 20, 638–643 (Lit.); ROBERT JEWETT/JOACHIM RINGLEBEN/KIRSTEN HUXEL, Art. Leib/Leiblichkeit I.–III.: RGG^4 5, 215–221; EILERT HERMS, „Füllet die Erde und machet sie euch untertan und herrschet…“. Das dominium terrae und die Leibhaftigkeit des Menschen, in: DERS., Gesellschaft gestalten. Beiträge zur evangelischen Sozialethik, Tübingen 1991, 25–43.

78 Es darf hier offen bleiben, ob zwischen der Semantik des Begriffs des Geistes und der Semantik des Begriffs der Seele eine Differenz besteht und wie wir diese Differenz erfassen können.

79 Vgl. hierzu KONRAD STOCK, Art. Seele VI. Theologisch: TRE 30, 759–773 (Lit.); sowie jetzt die wichtige Abhandlung von KIRSTEN HUXEL, Ontologie des seelischen Lebens. Ein Beitrag zur theologischen Anthropologie im Anschluß an Hume, Kant, Schleiermacher und Dilthey (Religion in Philosophy and Theology 15), Tübingen 2004, bes. 361–374.

griffswort „Geist“ das sich entwickelnde dynamische Gefüge zu bezeichnen, das davon inspiriert und davon motiviert wird, was der Person in ihrem Innersten, in ihrem Herzen, als das erstrebenswerte und das vorzugswürdige Woraufhin und Worumwillen ihres Lebens gewiss ist.

Im Ganzen dieses sich entwickelnden dynamischen Gefüges von Fühlen, Denken und Wollen kommt nun eben dem Fühlen für das Denken und das Wollen, das dann in unsere einzelnen Wahlen und unsere einzelnen Entscheidungen mündet, eine elementare Funktion zu.[80] Während wir alle Ereignisse und alle Situationen, die uns irgendwie betreffen – angefangen vom Hungergefühl bis hin zur Lektüre der Heiligen Schrift – zuallererst vermittels unserer Sinne und d. h. empfindend rezipieren, verstehen wir unter den Gefühlen diejenigen Selbstbetroffenheiten, die uns das Lebensfördernde oder das Lebensmindernde solcher Ereignisse und Situationen indizieren. Wir werden in den einzelnen Gefühlen (Affekten, Emotionen) der Anziehungskraft oder aber der Abstoßungskraft gewahr, welche die uns betreffenden Ereignisse oder Situationen für uns selbst besitzen. Wir erleben in den einzelnen Gefühlen die Anmutungsqualität der uns erscheinenden Phänomene, die uns entweder Glück und Lust oder aber Unglück und Unlust bescheren. Aus diesem Grunde eignet den Gefühlen eine so starke Energie und eine so große Wucht.

Nun zeigt es sich jedoch, dass unsere einzelnen Gefühle – Freude und Trauer, Mitleid und Wut – im Laufe unserer Lebensgeschichte variieren. Das hat wohl darin seinen Grund, dass jener Grundaffekt, jener Lebenstrieb des Herzens, der in der Zeitlichkeit der unmittelbaren Selbstgewissheit und ihres Freiheitsgefühls wurzelt, in unserer Lebensgeschichte verschieden bestimmbar ist und tatsächlich auch verschieden bestimmt wird. Diese jeweilige Bestimmtheit hängt davon ab, was uns als die konkrete Gewissheit des Guten – und damit des in Wahrheit erstrebenswerten und erfüllenden Lebensziels – offenbar wird und ob sie uns offenbar wird. Je nach der Art und je nach dem Gehalt jener konkreten Gewissheit des Guten als eines erstrebenswerten und erfüllenden Lebensziels entzündet sich ein Lebensinteresse, das dann die einzelnen Stimmungen, Gefühle, Affekte, Emotionen hervorruft. Sie indizieren uns im Lichte der konkreten Gewissheit des Guten die Anmutungsqualität jener Ereignisse und jener Situationen, die uns zu unseren selbstbewusst-freien Entscheidungen in unserer jeweiligen Gegenwart hier und jetzt bewegt. Die einzelnen Gefühle, Affekte, Emotionen spiegeln die Dominanz eines konkreten Grundaffekts oder eines konkreten Lebensinteresses wider und sind als solche letzten Endes nur zu beherrschen oder gar zu überwinden, indem der jeweilige konkrete Grundaffekt, das jeweilige konkrete Lebensinteresse beherrscht oder gar überwunden wird. Dass das apostolische Kerygma des Neuen Testaments im Kontext des Alten Testaments die Freude als die Frucht des Geistes – und damit als die Frucht der Wahrheitsgewissheit des Glaubens – versteht (vgl. bes. Gal 5,22), hat Anhalt an der hier beschriebenen Struktur der seelisch-geistigen Selbsttätigkeit.[81]

---

[80] Vgl. hierzu KONRAD STOCK, Grundlegung der protestantischen Tugendlehre, Gütersloh 1995, 40–54; DERS., Gottes wahre Liebe. Theologische Phänomenologie der Liebe, Tübingen 2000, 118–127: Die interne Struktur des Seelischen; DERS., Art. Gefühl V. Ethisch: RGG[4] 3, 536f. – Die elementare Funktion des Gefühls hat beschrieben WOLFHART PANNENBERG, Anthropologie in theologischer Perspektive (wie Anm. 73), 237–258, allerdings ohne die Bestimmtheit des Gefühls durch die konkrete Gewissheit (oder Ungewissheit) des Guten zu beachten.

[81] Vgl. hierzu KONRAD STOCK, Grundlegung der protestantischen Tugendlehre (wie Anm. 80), 146–159.

Halten wir fest:
Der christliche Glaube an Gott den Schöpfer schließt eine ganz bestimmte Sicht des Mensch-Seins ein, die wir hier im Anschluss an die mehrdeutige biblische Metapher „Bild Gottes“ mit Hilfe und im Lichte des Begriffs des geschaffenen Person-Seins entfalten. Dieser Begriff lässt uns das Mensch-Sein als ein relationales Phänomen verstehen. Bevor wir dazu übergehen, das Für-einander-Sein der geschaffenen Person in ihrer Relation zu ihresgleichen und ihre Bestimmung zur Gemeinschaft mit Gott dem Schöpfer selbst zu betrachten, wollen wir unsere Erkenntnis des individuellen Selbst-Seins kurz zusammenfassen und deren Tragweite für das Ganze der dogmatischen wie der ethischen Besinnung auf den Wahrheitsgehalt des christlichen Glaubens und der kirchlichen Glaubenslehre deutlich machen.

Wir haben die Eigen-Art des individuellen Selbst-Seins im Relationsgefüge des geschaffenen Person-Seins, wie wir sie an uns selbst und mit uns selbst erleben, unter drei Gesichtspunkten aufgezeigt.

Erstens haben wir darauf geachtet, dass sich das individuelle Selbst-Sein der geschaffenen Person der Möglichkeit verdankt, je in der gegenwärtigen Gegenwart – im Rückgriff auf vergangene Gegenwart, die in der Erinnerung präsent ist, und im Vorgriff auf zukünftige Gegenwart, die in der Erwartung oder gar in der Hoffnung präsent ist – eine Wahl oder eine Entscheidung zu treffen, in der Mögliches verwirklicht wird. Diese Wahl oder diese Entscheidung wird stets bedingt sein und bestimmt sein von einer konkreten Gewissheit des Guten und Erfüllenden; und diese konkrete Gewissheit des Guten und Erfüllenden antwortet auf das Begehren, auf den Lebenstrieb, auf die Intentionalität, die dem individuellen Freiheitsgefühl als solchem – das sich je in der gegenwärtigen Gegenwart in grundsätzlichen wie in einzelnen Wahlakten oder Entscheidungen realisiert – innewohnt. Die in der biblischen Sprache gebrauchte Metapher „Herz“ verweist genau auf jenen Grundaffekt, dessen konkrete Prägung unserer Lebensführung und unserer Lebensgeschichte ihre Richtung gibt.

Zweitens: Nun gibt es das Gefühl des individuellen Frei-Seins für die geschaffene Person nicht anders als im Medium ihrer männlichen oder weiblichen Körpergestalt. Als dieses Medium ist der geschlechtlich differenzierte Organismus je mein eigener Leib, in dem ich mich in den Formen der seelischen, der geistigen Selbsttätigkeit – symbolisierend, organisierend – für andere darstelle. Wir werden die Leibhaftigkeit, die das Verhältnis zwischen individuellen Freiheits- oder Vernunftwesen ermöglicht und bedingt, vor allem auch als sexuale Leibhaftigkeit betrachten, zumal repräsentative Beiträge zum systematisch-theologischen Denken das Phänomen der Sexualität keines Blickes würdigen.[82]

Drittens: Indem sich das individuelle Selbst im Medium der männlichen oder weiblichen Leibhaftigkeit für andere in den Formen der seelischen, der geistigen Selbsttätigkeit darstellt, bewegt es sich in dem dynamischen Gefüge von Fühlen, Denken und Wollen. In diesem Gefüge kommt dem Fühlen eine elementare Funktion zu; und zwar deshalb, weil uns die einzelnen Gefühle, Stimmungen, Affekte, Emotionen Indiz der Lust oder der Unlust sind, die ein Ereignis oder eine Folge von Ereignissen in uns hervorruft. Wenn ein Ereignis oder eine Folge von Ereignissen in uns Gefühle der Lust oder der Unlust hervorruft, so hat das seinen Grund in der konkreten Gewissheit des Guten

[82] So kommt GERHARD EBELING, Dogmatik des christlichen Glaubens. Bd. I (wie Anm. 11), im Rahmen der theologischen Lehre vom Menschen überhaupt nicht auf die Sexualität des geschaffenen Person-Seins zu sprechen, während WOLFHART PANNENBERG, Systematische Theologie. Bd. II (wie Anm. 8), sie wenigstens an einer Stelle (155f.) erwähnt!

und Erfüllenden, die uns in der Tiefe unseres Herzens – des Grundaffekts, des Lebenstriebs, der Intentionalität – beherrscht.[83]

Wir haben damit eine fundamentalanthropologische Einsicht in die Verfassung des individuellen Selbst-Seins formuliert, die sich präzise der Besinnung auf die Konstitution der Glaubensgewissheit durch „äußeres Wort" und „inneres Wort" verdankt (s. o. S. 31f.; s. u. S. 242ff.). Diese Einsicht ist für unsere dogmatische wie ethische Rechenschaft vom Wahrheitsgehalt des christlichen Glaubens und der kirchlichen Glaubenslehre von größter Tragweite. Sie – diese Einsicht – lässt uns nämlich verstehen und verständlich machen, dass die geistgewirkte Gewissheit der Wahrheit des Evangeliums tatsächlich das Herz des Menschen befreit (Joh 8,32) und erneuert (Röm 12,2), weil sich ihr das Höchste Gut und eben damit die angemessene Ordnung der erstrebenswerten und der vorzugswürdigen Lebensgüter erschließt (vgl. Ps 25,13). In dieser fundamentalanthropologischen Einsicht dürfen wir die entscheidende Pointe der Lehre von der Unfreiheit des Willensvermögens bei Martin Luther erblicken[84]; und die Mitglieder der kirchlich verfassten und geordneten Glaubensgemeinschaft und insbesondere die Inhaber kirchenleitender Funktionen im engeren wie im weiten Sinne sind wohl beraten, wenn sie diese Einsicht in den anstehenden Debatten über die Willensfreiheit des Menschen und über die ethische Bildung und Erziehung mit Nachdruck und mit Leidenschaft zur Geltung bringen.

3.3.2.2. Die Bestimmtheit der geschaffenen Person für die geschaffene Person

Der christliche Glaube an Gott den Schöpfer schließt – wie wir gesehen haben – nicht nur ein ganz bestimmtes, ein ganz eigentümliches Verstehen der universalen Bedingungen einer Welt im Werden, sondern auch ein ebenso bestimmtes und eigentümliches Verstehen des Mensch-Seins in der Welt im Werden ein. Dieses dem christlichen Glauben eingezeichnete Verstehen des Mensch-Seins suchen wir in der Theologischen Anthropologie in begrifflich-kategorialer Weise als das geschaffene Person-Sein zu erfassen, das wir im Sinne eines komplexen Gefüges von Relationen deuten. Nachdem wir dies komplexe Gefüge von Relationen im Hinblick auf das Relat des individuellen Selbst-Seins betrachtet haben, wenden wir uns jetzt der Relation zwischen uns Menschen zu und konzentrieren uns auf drei Aspekte dieser Relation: auf das Geschlechtsverhältnis (3.3.2.2.1.); auf das Verhältnis von Freiheit zu Freiheit (3.3.2.2.2.); und schließlich auf die notwendige Koordination des personalen Lebens in den Institutionen (3.3.2.2.3.).

3.3.2.2.1. Das Geschlechtsverhältnis[85]

Für unsere systematisch-theologische Besinnung auf den Wahrheitsgehalt des christlichen Glaubens und der kirchlichen Glaubenslehre in dieser unserer gegenwärtigen gesellschaftlichen Lebenswelt verdient die Sexualität des menschlichen Lebens besondere

---

83 Vgl. hierzu KONRAD STOCK, Art. Lust/Unlust: RGG^4 5, 556–557.

84 Vgl. bes. MARTIN LUTHER, De servo arbitrio/Vom unfreien Willensvermögen (1525), jetzt in: LDStA Bd. 1, Leipzig 2006, 219–661 (Übersetzung von ATHINA LEXUTT); vgl. hierzu MELANIE BEINER, Intentionalität und Geschöpflichkeit. Die Bedeutung von Martin Luthers Schrift „Vom unfreien Willen" für die theologische Anthropologie (MThSt 66), Marburg 2000. – Bedauerlicherweise ist JÜRGEN MOLTMANN, Gott in der Schöpfung (wie Anm. 8), 223–247; 261–273, in seinem Eifer für die „soziale Gottebenbildlichkeit" auf diese Tiefendimension der reformatorischen Lehre vom Menschen überhaupt nicht eingegangen.

85 Vgl. zum Folgenden KONRAD STOCK, Gottes wahre Liebe (wie Anm. 80), bes. Kap. VII: Die Innigkeit der Liebe und die Leidenschaft (279–313).

Aufmerksamkeit. Geht es hier doch um das dramatische Verhältnis von Sexus und Eros, von Intimität und Liebe, von Leidenschaft und Recht, das in der religiösen Kommunikation der kirchlich verfassten Glaubensgemeinschaft weithin immer noch verdrängt und verschwiegen wird. Im Vorgriff auf den „Grundriss der Theologischen Ethik", in dem wir das Ethos des Glaubens in der Familie, in der Liebe, in der Ehe und in der Elternschaft bedenken werden (s. u. S. 360ff.), suchen wir deshalb im Folgenden wesentliche Merkmale der Geschlechtlichkeit des Mensch-Seins zu verstehen. Wir wollen damit auch dem Öffentlichkeitsauftrag der Kirche dienen in einer Zeit, in der „die irdische Religion der Liebe"[86] zahlreichen Zeitgenossinnen und Zeitgenossen den Sinn der Familie, der Liebe, der Ehe und der Elternschaft für das Wirklich-Werden des Höchsten Gutes zu verdunkeln droht.

Wir lesen in Gen 2,24.25 die bedeutungsvollen Sätze: „Darum wird ein Mann seinen Vater und seine Mutter verlassen und an seinem Weibe hangen, und sie werden sein *ein* Fleisch. Und sie waren beide nackt, der männliche Mensch und der weibliche Mensch, und schämten sich nicht." Die jahwistische Schöpfungserzählung macht ausdrücklich aufmerksam auf die von Gott dem Schöpfer gewollte, bejahte und geschaffene Sexualität des menschlichen Person-Seins. Sie redet nicht von einer „Paradieses-Ehe", sondern sie bietet mit Hilfe einer tiefsinnigen mythischen Vorstellung eine Ätiologie des Triebes und der Sehnsucht nach dem „Ein-Fleisch-Sein" zwischen einem Mann und einer Frau. Wir wollen uns diesen Trieb, diese Sehnsucht unter drei Aspekten erschließen.

Erstens: Wie die priesterschriftliche Schöpfungserzählung (Gen 1,26.27) spricht auch die jahwistische Schöpfungserzählung ganz ohne Zweifel von der *ursprünglichen Gleichheit* des männlichen und des weiblichen Menschen.[87] In der Kulturgeschichte des Geschlechterverhältnisses und im Diskurs über die Geschlechtscharaktere wurde diese Sicht – im Christentum vermutlich unter dem Eindruck der Erzählung vom „Sündenfall" (Gen 3,1-24) – bis in die jüngste Zeit hinein verkannt. An die Stelle der Idee ursprünglicher Gleichheit war zunächst die These von der sei es schöpfungsbedingten sei es geschichtsbedingten Subordination der Frau getreten, bevor der Diskurs der Aufklärung über die Geschlechtscharaktere – gewiss in emanzipativer Absicht! – die Idee der Polarität der männlichen Person-Seins und des weiblichen Person-Seins vertrat. Freilich führt auch diese Idee in die Irre. Denn sie schreibt dem weiblichen Person-Sein vornehmlich die Wesenszüge des Natürlichen, des Privaten, des Emotiven und des Passiven zu, während sie dem männlichen Person-Sein die Wesenszüge des Vernünftigen, des Öffentlichen und des Aktiven zuordnet und damit den männlichen wie den weiblichen Geschlechtscharakter des Menschen unzulässig einschränkt.

Angemessen erscheint mir demgegenüber ganz allein der Gedanke, dass zwischen dem männlichen Person-Sein und dem weiblichen Person-Sein das Verhältnis der *Ähnlichkeit* oder der *Analogie* bestehe[88]; denn dieser Gedanke lässt uns verstehen, dass wir das Leben und die Wirklichkeit sowohl in geschlechtsunspezifischer als auch in geschlechtsspezifischer Weise erleben und gestalten. Indem wir die Sexualität des männlichen und des weiblichen Person-Seins in diesem analogen Sinne wahrnehmen, vermei-

---

[86] Vgl. ULRICH BECK/ELISABETH BECK-GERNSHEIM, Das ganz normale Chaos der Liebe (st 1725), Frankfurt a.M. 1990, bes. Kap. VI: Die irdische Religion der Liebe (222–266).

[87] Vgl. zum Folgenden KONRAD STOCK, Gottes wahre Liebe (wie Anm. 80), 286–291.

[88] Vgl. hierzu ADRIANA CAVARERO, Ansätze zu einer Theorie der Geschlechterdifferenz, in: DIOTOMA. Philosophinnengruppe aus Verona, Der Mensch ist zwei. Das Denken der Geschlechterdifferenz, Wien 1993², 65–102; ANNEMARIE PIEPER, Aufstand des stillgelegten Geschlechts. Einführung in die feministische Ethik, Freiburg-Basel-Wien 1993, 178ff.

den wir es, die sexuale Differenz auf die Geschlechtsorganisation des männlichen und des weiblichen Leibes zu reduzieren; wir werden vielmehr darauf aufmerksam, dass das geschaffene Person-Sein selbst und eben damit die Weise der sprachlichen und der praktischen Lebensführung in der Sphäre des Privaten wie in der Sphäre des Öffentlichen geschlechtlich im prägnanten Sinne des Wortes bestimmt ist. Nicht zuletzt werden wir im Lichte dieser Einsicht auch die Unterschiede achten und anerkennen können, die zwischen den männlichen und den weiblichen Formen des Glaubens – des christlich frommen Selbstbewusstseins – und der Weitergabe des Glaubens bestehen mögen.

Zweitens: Die jahwistische Schöpfungserzählung spricht ihrer Intention nach unverblümt das Aneinander-Hangen, die wechselseitige Anziehungskraft der Geschlechter füreinander an. Sie spielt in einer Gegenwart, in der die erregende Nacktheit des männlichen und des weiblichen Leibes ohne irgendein Gefühl der Scham Genuss und Glück bedeutet. Sie denkt nicht an die rechtliche Institution der Ehe, sondern an das Verlangen nach *Intimität* (s. u. S. 366ff.).

Günter Dux hat das Begriffswort „Intimität" zum Schlüssel einer umfangreichen Theorie der Liebe gemacht. Er möchte zeigen, dass das erotische Begehren sich keineswegs im Triebziel des sexuellen Geschehens – in sexueller Lust und in orgastischer Potenz – erschöpft; er sieht es vielmehr einbezogen und eingebettet in die Erwartung, in der alltäglichen Nähe des Mannes oder der Frau die Intimität zu finden, die wir als Kind in der Nähe der Mutter und des Vaters erlebten und die wir als Erwachsene in den Pflichten unserer kulturellen Existenz brauchen. Deshalb spricht Dux vom *Junktim* zwischen Sexualität und Intimität.[89]

Nun ist nach Dux der männliche und der weibliche Organismus innerhalb des Junktims von Sexualität und Intimität darauf aus, im sexuellen Geschehen sinnfreie Körperlichkeit zu erleben und sich auf diese Weise von Zeit zu Zeit von den Notwendigkeiten der kulturellen Existenz zu entlasten.[90] Diese Hypothese ist natürlich aus der Perspektive des christlichen Glaubens überaus problematisch. Sie verkennt nämlich die besondere Bewandtnis der menschlichen Körpergestalt, je mein eigener Leib – das Medium und das Fundament aller seelischen und geistigen Selbsttätigkeit im Verhältnis zu meinesgleichen und im Verhältnis zu Gott – zu sein (s. o. S. 127f.). Gemäß der Art und Weise, in der der christliche Glaube an Gott den Schöpfer das individuelle Selbst-Sein der geschaffenen Person versteht, können der männliche und der weibliche Organismus gar kein sinnfreies Eigen-Leben führen. Auch und gerade in der Innigkeit der Liebe und ihrer Leidenschaft ist je mein eigener Leib das Medium, in dem allein sich das Verlangen nach Intimität und das Gewähren von Intimität mitteilen und darstellen kann.

Drittens: Während sich das Verlangen nach Intimität in mannigfachen Facetten konkretisieren mag, tut die Sehnsucht nach der Intimität der Liebe einen entscheidenden Sprung darüber hinaus (s. u. S. 368ff.). In der Sehnsucht nach der Intimität der Liebe hoffen wir auf das wechselseitige „radikale Wohlgefallen" (Eilert Herms), das zwischen Liebenden schwingt. Dies wechselseitige radikale Wohlgefallen zwischen Liebenden bildet sich, wenn uns in der leibhaften Ausdrucksgestalt – im Blick und in der Stimme, in den Gebärden und in den Bewegungen – jeweils das individuelle Wesen des anderen Mannes, der anderen Frau offenbar wird, das in uns die Hoffnung auf das Gut einer

---

[89] Vgl. GÜNTER DUX, Geschlecht und Gesellschaft. Warum wir lieben. Die romantische Liebe nach dem Verlust der Welt, Frankfurt a.M. 1994. Zur notwendigen Auseinandersetzung mit dieser Theorie der Liebe vgl. KONRAD STOCK, Gottes wahre Liebe (wie Anm. 80), 294–299.

[90] GÜNTER DUX, Geschlecht und Gesellschaft (wie Anm. 89), 71.

gemeinsamen Lebensgeschichte weckt. Dies Offenbar-Werden des individuellen Wesens in leibhafter Ausdrucksgestalt stellt geradezu die Bedingung dafür dar, das je eigene individuelle Wesen in leibhafter Ausdrucksgestalt zu offenbaren; und so erfüllt sich die Hoffnung auf das Gut einer gemeinsamen Lebensgeschichte eben darin, dass das je eigene individuelle Wesen in der Begegnung mit dem individuellen Wesen des anderen Mannes, der anderen Frau zu sich kommt.[91]

Daher bewegt sich die Erfahrung der Liebe wesentlich in den Formen des Liebesgesprächs. In den Formen des Liebesgesprächs dürfen nicht nur die erlebten und erlittenen Krisen und Brüche unseres Lebensweges zur Sprache kommen, sondern auch und vor allem die gemeinsam geteilte Selbstverantwortung vor Gott für die private wie für die öffentliche Sphäre des Lebens. Schleiermacher hat daher mit Recht das Phänomen der Liebe darin gesehen, dass „die Wollust der Liebe… durch [ihre] innige Verwebung in das Geistige ganz neue Eigenschaften erhält."[92] Im Lichte dieser Beschreibung der Liebe ist es dann auch sonnenklar, dass das gegenseitige Geben und Gewähren sexueller Lust – der christliche Glaube an Gott den Schöpfer wird das gegenüber den sexuellen Obsessionen dieser Gegenwart nicht müde werden zu betonen – nicht anders denn als *Zeichen der Liebe* zu verstehen ist.[93]

3.3.2.2.2. Das Verhältnis von Freiheit zu Freiheit

Mit der Gewissheit des Glaubens – mit dem christlich-frommen Selbstbewusstsein – wird der Person eine besondere und eigentümliche Erfahrung von *Freiheit* eröffnet. Indem das Offenbarungszeugnis in der religiösen Kommunikation der Glaubensgemeinschaft durch Gottes Geist in seinem Sinn und in seiner Bedeutung erschlossen wird, begegnet uns das Evangelium als die befreiende Wahrheit; und alle Formen, in denen seine befreiende Wahrheit regelmäßig erinnert, wiederholt und so vergegenwärtigt wird, machen es möglich, ein Leben in der Freiheit eines Christenmenschen zu führen.[94] Mit vollem Recht hat namentlich Paulus das Begriffswort „Freiheit" gebraucht, um das Sein der Person in der Gemeinschaft mit dem Christus Jesus selbst zu charakterisieren (vgl. Röm 6,20; 8,21; 1Kor 7,22; 2Kor 3,17; Gal 2,4; 5,1.13). Denn in der Gemeinschaft mit dem Christus Jesus selbst wird der Person die Wahrheit über Gottes Wesen, Wollen und Walten und damit ihre Bestimmung offenbar; und indem ihr diese ihre Bestimmung offenbar wird, wird ihr trotz des Bewusstseins ihrer Sünde (Röm 7,14), trotz ihrer Zweifel und trotz ihrer Todesangst der tragende Lebenssinn erschlossen, der Zuversicht, Hoffnung und Selbstbejahung gewährt. Nach wie vor ist es angebracht, im aggressiven Gegensatz zu allen strengen, zwingenden und unterdrückenden Tendenzen in der Christentumsgeschichte das Evangelium als das Evangelium der Freiheit zu proklamieren (s. u. S. 204f.).

Nun ist in der befreienden Wahrheit, die uns in der Glaubensgemeinschaft der Kirche durch menschliches Gotteswort und durch Gottes Geist erschlossen wird, das Frei-

---

91 „Dieß ist das Geheimniß der Liebe, daß sie solche verbindet, deren jedes für sich seyn könnte und doch nicht ist, und nicht seyn kann ohne das andere": FRIEDRICH WILHELM JOSEPH VON SCHELLING, Philosophische Untersuchungen über das Wesen der menschlichen Freiheit und die damit zusammenhängenden Gegenstände (1809), in: Sämmtliche Werke. Hg. von KARL FRIEDRICH AUGUST SCHELLING, I/7, Stuttgart/Augsburg 1860, 408. – Ich merke ausdrücklich an, dass diese Bestimmung des Geheimnisses der Liebe offen ist für die homosexuelle Liebe.

92 FRIEDRICH SCHLEIERMACHER, Vertraute Briefe über Lucinde: KGA I/3, 139–216; 164.

93 Vgl. KONRAD STOCK, Die Liebe und ihr Zeichen, jetzt in: DERS., Die Gegenwart des Guten. Schriften zur Theologie (MThSt 96), Marburg 2006, 55–74.

94 Vgl. KONRAD STOCK, Befreiende Wahrheit. Gedanken zur Vergebung der Sünden, jetzt in: DERS., Die Gegenwart des Guten (wie Anm. 93), 122–130.

Sein der geschaffenen Person vorausgesetzt und mitenthalten (s. o. S. 127). Aus diesem Grunde ist die Aufgabe, die befreiende Wahrheit des Evangeliums in den verschiedenen Formen der religiösen Kommunikation in der Kirche für die Gesellschaft zu bezeugen, dann und nur dann angemessen zu lösen, wenn wir uns am Phänomen der Freiheit selbst orientieren. Wir knüpfen dafür an die Darstellung des individuellen Selbst-Seins an (s. o. S. 126ff.) und ergänzen sie im Blick auf den kommunikativen und interaktiven Sinn des Phänomens der Freiheit. Übrigens wird daraus für die Praxis eines theologischen Berufs auf welchem Handlungsfeld auch immer die Regel abzuleiten sein, dass das Evangelium ohne die Einsichten der theologischen Lehre vom Menschen schwerlich angemessen zu vergegenwärtigen ist. Bedauerlicherweise hat man diese Regel in dem Impulspapier „Kirche der Freiheit" nicht ernst genug genommen.[95]

Mit dem Phänomen, das wir mit dem Begriffswort „Freiheit" bezeichnen, sind wir *durch uns selbst* vertraut. Indem wir uns jeweils hier und jetzt in unserer Gegenwart erleben, sind wir uns in der primären Gewissheit des individuellen Freiheitsgefühls der Tatsache bewusst, dass wir je nach dem Maße unserer Entwicklung gar nicht anders können als Entscheidungen zu treffen und damit über uns selbst zu bestimmen. Jeweils jetzt und hier in bestimmter Gegenwart zu sein – das impliziert Freiheit im Sinne von Entscheidungs- und von Handlungsfreiheit. Je mehr wir im Verlauf der Kindheits- und der Jugendgeschichte in den Stand gebildeter und entwickelter Handlungsfähigkeit gelangen, desto mehr erleben wir uns als in verschiedener und begrenzter Weise *machtvoll* (s. u. S. 416ff.).[96]

Nun wissen wir uns in dem Hier und Jetzt unserer erlebten Gegenwart bezogen auf die jeweils andere geschaffene Person, der wir in *ihrer* jeweiligen Entscheidungs- und Handlungsfreiheit begegnen. Wir erleben, erleiden und gestalten eine Lebensgeschichte, in der wir wechselseitig von anderen her und für andere da sind und eben darin Freiheit als Phänomen der Wechselwirkung erkennen. Das Begriffswort „Freiheit" wäre unterbestimmt, wenn es nichts anderes als die Grenze, nichts anderes als die relative Selbständigkeit und Unverfügbarkeit des menschlichen Person-Seins bezeichnen würde. Vielmehr ist die Bildung der je eigenen Handlungsfähigkeit grundsätzlich bezogen auf die Handlungsfähigkeit der jeweils Anderen in der privaten wie in der öffentlichen Sphäre unserer Lebensgegenwart. Wir werden deshalb das Begriffswort „Freiheit" dann und nur dann sachgemäß verwenden, wenn wir mit ihm einen fundamentalen Aspekt der Relation zwischen personalen Wesen bezeichnen: „Wir verstehen Freiheit als kommunikative Freiheit."[97]

Freilich bedarf der Begriff der kommunikativen Freiheit einer zweifachen Präzisierung.

Erstens: Als fundamentalen Aspekt der Relation zwischen geschaffenen Personen gibt es die kommunikative Freiheit nicht etwa in unmittelbaren *face-to-face*-Beziehun-

---

95 Vgl.: KIRCHENAMT DER EVANGELISCHEN KIRCHE IN DEUTSCHLAND (Hg.), Kirche der Freiheit. Perspektiven für die Evangelische Kirche im 21. Jahrhundert. Ein Impulspapier des Rates der EKD, 2006.

96 Dass Macht im Unterschied zu Gewalt zuallererst als „Implikat und Vollzug von Freiheit" zu begreifen sei, zeigt nachdrücklich MICHAEL KUCH, Wissen – Freiheit – Macht. Kategoriale, dogmatische und (sozial-)ethische Bestimmungen zur begrifflichen Struktur des Handelns (MThSt 31), Marburg 1991.

97 WOLFGANG HUBER, Freiheit und Institution. Sozialethik als Ethik kommunikativer Freiheit, jetzt in: DERS., Folgen christlicher Freiheit. Ethik und Theorie der Kirche im Horizont der Barmer Theologischen Erklärung, Neukirchen-Vluyn 1983, 113–127; 119, in Aufnahme von MICHAEL THEUNISSEN, Sein und Schein. Die kritische Funktion der Hegelschen Logik, Frankfurt a.M. 1978, 37ff.; 433ff.

gen, sondern nur in der Teilhabe und in der Teilnahme an den verschiedenen Formen und Regeln des sprachlichen und des praktischen Handelns. Wir hatten schon im „Grundriss der Prinzipienlehre“ im kritischen Anschluss an Schleiermachers Güterlehre die soziale Natur des menschlichen, des geschaffenen Person-Seins skizziert (s. o. S. 16ff.), und wir werden diese Skizze in den folgenden Gedanken über die notwendigen Institutionen der Freiheit aufgreifen und weiterführen (s. u. S. 137ff.). Indem wir den Begriff der kommunikativen Freiheit im Sinne der Teilhabe und der Teilnahme an den Formen und Regeln des sprachlichen und des praktischen Handelns entfalten, weisen wir die Lehre von den Schöpfungsordnungen, wie sie das konservative Luthertum des 19. und des 20. Jahrhunderts entwickelt hatte, entschieden zurück; zugleich nehmen wir die „Institutionalität als Struktur sozialen Lebens“[98] ernst, die uns in und mit dem kommunikativen Charakter der Freiheit aufgegeben ist. Der „Grundriss der Theologischen Ethik“ wird daher das Ethos des Glaubens als Ethos in der Sphäre des Privaten wie in den Funktionsbereichen des öffentlichen Lebens entfalten: als Ethos, das sich in der verantwortlichen Gestaltung und Mitgestaltung jener Institutionalität realisiert, die uns in und mit dem kommunikativen Charakter der Freiheit als solchem aufgegeben ist.

Zweitens: Wir würden das Phänomen der menschlichen, der geschaffenen Freiheit allerdings verfehlen, wenn wir es nach dem Modell der rationalen Vorzugswahl charakterisieren würden. Die menschliche, die geschaffene Freiheit realisiert sich vielmehr in Entscheidungen „*im Lichte von…*“: sie realisiert sich in Entscheidungen im Lichte einer uns vorschwebenden Sicht und Bestimmtheit des Guten (s. o. S. 17ff.).[99] Nur die im Augenblick einer Entscheidung uns vorschwebende Sicht und Bestimmtheit des Guten, nur dieses Woraufhin unseres Freiheitsgebrauchs versetzt uns in die Lage, Entscheidungen über uns selbst in unserem Zusammensein mit anderen unseresgleichen sehenden Auges und nicht etwa blind oder willkürlich oder beliebig zu treffen. Deshalb wirft unsere Beschreibung des Phänomens der menschlichen, der geschaffenen Freiheit die Frage auf, unter welchen Bedingungen sich uns das in Wahrheit Gute erschließt, so wie es dem geschaffenen Person-Sein entspricht.

Über die sachgemäße Antwort auf diese Frage hat Martin Luther in „De servo arbitrio“ das große Streitgespräch mit Erasmus von Rotterdam geführt.[100] Der Kerngedanke dieses zentralen Textes der reformatorischen Theologie behauptet keineswegs, dass es überhaupt keine menschliche, keine geschaffene Freiheit des Wählens und Entscheidens gebe; er behauptet vielmehr, dass es der Evidenz des in Wahrheit Guten bedürfe, damit die menschliche, die geschaffene Freiheit sich im Lichte jenes Woraufhin realisieren könne, das ihr in Gottes Gnadenwahl, in Gottes Selbstbestimmung zur Gemeinschaft mit dem Ebenbilde Gottes ursprünglich gegeben ist. Die menschliche, die geschaffene Freiheit ist schlechthin abhängig davon, dass Gott selbst ihr dieses Woraufhin als Höchstes Gut offenbart. Das Evangelium der Freiheit hat befreiende Kraft, weil es uns die Sicht und die Bestimmtheit des in Wahrheit Guten entdecken und ergreifen lässt, auf die wir schon in der primären Gewissheit des individuellen Freiheitsgefühls verwiesen sind (s. o. S. 12ff.). Unsere dogmatische und unsere ethische Besinnung auf den Wahrheitsgehalt des christlichen Glaubens und der kirchlichen Glaubenslehre wird immer wieder an den fundamentalanthropologischen Sachverhalt anknüpfen, den unsere Beschreibung des Phänomens der Freiheit zu erhellen sucht.

---

98 Vgl. DIETZ LANGE, Schöpfungslehre und Ethik, in: ZThK 91 (1994), 157–188; 170.

99 Vgl. KONRAD STOCK, Grundlegung der protestantischen Tugendlehre (wie Anm. 80), 63–86.

100 MARTIN LUTHER, De servo arbitrio/Vom unfreien Willensvermögen (wie Anm. 84), 219–661.

3.3.2.2.3. Die Institutionalität der Freiheit

In der Situation des Glaubens in der Glaubensgemeinschaft der Kirche sind wir schon immer damit vertraut, dass die Gewissheit der Wahrheit des Evangeliums und die in ihr begründete Lebensform und Lebensführung eine *institutionelle Ordnung* zur notwendigen Bedingung hat. Die Aufgabe, eine institutionelle Ordnung als notwendige Bedingung für die Wahrheitsgewissheit des Glaubens zu entwickeln, erstreckt sich auf die beiden Teil-Aufgaben, deren inneren sachlogischen Zusammenhang wir schon im „Grundriss der Prinzipienlehre“ besprochen hatten (s. o. S. 20f.). Sie – diese Aufgabe – konkretisiert sich *zum einen* in der kirchlichen Ordnung, in der wir das kanonische Offenbarungszeugnis der Heiligen Schrift überliefern, auslegen und vergegenwärtigen; *zum andern* aber in der weltlichen Ordnung der Sphäre des Privaten und der öffentlichen Funktionsbereiche, die der Erhaltung, dem Schutz und der Sicherheit des uns Menschen allen vorgegebenen, leibhaften, geschlechtlich differenzierten Person-Seins zu dienen bestimmt sind.

Schon Martin Luther hat daher den Urstand – den *status integritatis* des Mensch-Seins – in der gottesdienstlichen Versammlung um Gottes schöpferisches Wort und in der Pflege der Ökonomie des Hauses erblickt. Erst unter den Bedingungen der Sünde bedarf es dann der Ordnung des Politischen im engeren Sinne des Begriffs, die Luther immer wieder – jedoch, wie wir noch sehen werden, nicht grundsätzlich – von dem Aspekt der strafbewehrten Sanktion her bestimmt.[101]

Die reformatorische Unterscheidung der beiden Stände innerhalb des *status integritatis* gibt uns Anlass, wenigstens in groben Strichen aufzuzeigen, dass es für die Geschichte der Institutionen und für die ethische Verantwortung für die lebensdienliche Gestalt der Institutionen fundamentalanthropologische Gründe gibt. Diesen Gründen geht die theologische Lehre vom Menschen nach.

Die Handlungs- und Entscheidungsfreiheit, die uns mit dem leibhaften Person-Sein gegeben ist, kann sich – wie wir gesehen haben (s. o. S. 19ff.) – nicht anders realisieren als in der Teilhabe und in der Teilnahme an der sprachlichen Kommunikation und an der praktischen Interaktion. Die Gegenwart hier und jetzt, in der wir Entscheidungen über uns selbst in unserem Verhältnis zu anderen treffen, ist eine mit Vielen geteilte, eine gemeinsame Gegenwart. Sie bedarf daher mit faktischer Notwendigkeit bestimmter Formen der *Koordination.*[102] Solche Formen der Koordination der vielen einzelnen Entscheidungen sind nicht erst deshalb faktisch notwendig, weil unter den Bedingungen der Entfremdung und der Sünde der menschlichen Gewaltbereitschaft gewehrt werden muss; sie sind vielmehr schon deshalb faktisch notwendig, weil wir Menschen unsere Kommunikationen wie unsere Interaktionen unter den Bedingungen der uns gegebenen Zeit und des uns gegebenen Raums vollziehen. Die faktische Notwendigkeit, die Handlungs- und Entscheidungsfreiheit der geschaffenen, der leibhaften Person zu koordinieren, begründet die Aufgabe, institutionelle Ordnungen zu entwickeln.

Mit dem Begriffswort „Institution“ suchen wir den Sachverhalt zu erfassen, dass das menschliche Handeln der verschiedenen „auf Dauer gestellten Geregeltheiten“ des Handelns bedürftig ist.[103] Solche Geregeltheiten geben uns *Erwartungssicherheit* und dienen

---

[101] Vgl. MARTIN LUTHER, Vom Abendmahl Christi. Bekenntnis (1528): WA 26; 262–509. Vgl. hierzu bes. REINHARD SCHWARZ, Luthers Lehre von den Drei Ständen und die drei Dimensionen der Ethik, in: LuJ 45 (1978), 15–34.

[102] Einfaches Beispiel: weil nicht alle Teilnehmer eines Gottesdienstes nach dem Segen den Kirchenraum gleichzeitig verlassen können, bedarf es dazu einer Ordnung des Nacheinander!

[103] EILERT HERMS, Art. Institution: ESL (NA 2001), 748–752; 750; vgl. DERS., Art. Institution III. Theologisch: RGG^4 4, 177–178; HEINZ EDUARD TÖDT, Art. Institution: TRE 16, 206–220.

letzten Endes – aus der Sicht des christlichen Glaubens gesprochen – unter dem Schutz des Menschen- und des Grundrechts der Religionsfreiheit der Teilnahme und der Teilhabe an der Kommunikation des Evangeliums und damit dem Weg zum Leben in der Wahrheit, die befreit.

Die Lehre von den Schöpfungsordnungen, wie sie das konservative Luthertum des 19. und des 20. Jahrhunderts entwickelt hatte, sah diese auf Dauer gestellten Geregeltheiten im Wollen Gottes des Schöpfers selbst begründet und deshalb den verschiedenen geschichtlichen Entwürfen einer institutionellen Ordnung als verpflichtend vorgegeben (s. o. S. 136). In dieser Form hält diese Lehre der theologischen Kritik nicht stand. Es gilt vielmehr zu unterscheiden zwischen Gottes schöpferischem Reden und Rufen, das dem geschaffenen Person-Sein in einer Welt im Werden die Verantwortung für die Erhaltung des selbstbewusst-freien Lebens auferlegt, und der Übernahme dieser Verantwortung, wie sie sich in der menschlichen Konstitution einer institutionellen Ordnung konkretisiert. Das „Mandat" (Dietrich Bonhoeffer), wie es in Gottes schöpferischem Reden und Rufen selbst begründet ist, wird im „Grundriss der Theologischen Ethik" ausführlich zu entfalten sein.[104] Im Vorgriff darauf konzentrieren wir uns hier auf die Beantwortung der Frage, wie wir das Begriffswort „Institution" definieren und welche Wirkung wir der institutionellen Ordnung der Glaubensgemeinschaft für die institutionelle Gestalt des menschlichen Zusammenlebens zuerkennen dürfen.[105]

Erstens: Wie Eilert Herms gezeigt hat, bezieht sich das Begriffswort „Institution" auf drei zu unterscheidende (und eben damit auch zu verknüpfende) Sachverhalte.

Zunächst verstehen wir unter dem Begriff der Institution das allgemeine Medium, in dem sich alle Kommunion mit Gottes schöpferischer Person und alle Kommunikation und Interaktion zwischen leibhaften, geschaffenen Personen vollzieht: die *Sprache*. Ohne Sprache wären die verschiedenen Weisen menschlicher Kommunion mit Gott und menschlicher Kommunikation und Interaktion miteinander undenkbar; ohne Sprache wäre jeder Versuch der Verständigung sinnlos. Sprache sucht die Phänomene zu bezeichnen, die uns in unserem In-der-Welt-Sein zu erleben und eben damit zu verstehen und zu gestalten gegeben sind (vgl. Gen 2,20). Insofern ist das menschliche, das geschaffene Person-Sein geradezu gleichursprünglich mit der Gabe, der Möglichkeit des Sprechens und des Hörens in der Ordnung der verschiedenen syntaktischen und grammatikalischen Regeln in der unglaublichen Vielfalt der menschlichen Sprachsysteme.

Sodann: Im Medium der Sprache vollzieht sich die Evolution der Institutionen, die wir als jeweils geschichtlich bedingte und bestimmte Ordnungen des Zusammenlebens verstehen dürfen, die der Erhaltung personaler Lebensgegenwart zu dienen bestimmt sind. In der Geschichte dieser Evolution – von der archaischen Familie bis hin zur offenen Gesellschaft der euro-amerikanischen Moderne – wurden zumal die Institutionen des sozialen Lebens in hohem Maße ausdifferenziert; und zwar durch programmatisch gestaltete und durch konsequent geplante Organisation. Allerdings wirft die soziale Organisation der Institutionen der Wirtschaft und des Rechts, der Wissenschaft und der Technik mehr und mehr die bedrängende Frage auf, von welchen Instanzen wir die nachhaltige Entwicklung lebensdienlicher Regeln überhaupt erwarten können. Auf diese Frage wird

---

[104] Vgl. DIETRICH BONHOEFFER, Ethik, jetzt in: DBW (6. Bd.), Gütersloh 1998^2, bes. 392–398. – Wenn ich mich hier auf Bonhoeffers Begriffswort „Mandat" im Sinne einer begründeten Alternative zur Konzeption der Lehre von den Schöpfungsordnungen beziehe, so übernehme ich damit natürlich keineswegs dessen im Einzelnen problematische Beschreibung und Entfaltung.

[105] Vgl. zum Folgenden bes. HARTMUT ROSENAU, Art. Schöpfungsordnung: TRE 30, 356–358 (Lit.); EILERT HERMS, Art. Schöpfungsordnung I. II.: RGG^4 7, 990–992.

der „Grundriss der Theologischen Ethik“ – insbesondere die Ethik in Gestalt der Güterlehre – eine Antwort zu geben suchen.

Schließlich greifen wir zurück auf unsere Erkenntnis, dass sich die Handlungs- und Entscheidungsfreiheit der Person in ihrer jeweiligen Gegenwart stets im Lichte einer Sicht des Guten und des Erstrebenswerten vollzieht. Das gilt nicht nur für die einzelnen Entscheidungen – wie etwa für die Wahl eines Berufs –, sondern auch und gerade für die Regeln der sozialen Organisation. Deshalb wird die Form, die wir der Koordination der vielen einzelnen Entscheidungen in den verschiedenen Leistungs- und Funktionsbereichen einer Gesellschaft geben wollen – etwa in der Kundgabe unseres politischen Willens in der Wahl der Parlamente oder in der Ausarbeitung des Gesetzes-Rechts –, abhängen von den Gewohnheiten, den Grundsätzen und den Interessen, die die Mitglieder der Gesellschaft zur Teilnahme an den Institutionen des sozialen Lebens bewegen und befähigen. Hier herrscht aus fundamentalanthropologischen Gründen eine „Wechselbeeinflussung“.[106] Sie gibt der Kommunikation des Evangeliums in der institutionellen Ordnung der Kirche – und damit der Praxis eines theologischen Berufs – ihren grundsätzlichen sozialethischen Sinn.

Zweitens: Wir haben die faktische Notwendigkeit der Institutionen für die Lebensführung der geschaffenen, der leibhaften Person in der Sphäre des Privaten wie in der Sphäre des öffentlichen Lebens aufgezeigt. Mit Rücksicht darauf verstehen wir die Institutionalität als einen Wesenszug der kommunikativen Freiheit. Nun erinnert uns Luthers Ständelehre daran, dass auch und gerade die religiöse Kommunikation der Glaubensgemeinschaft und damit die Kommunion des Glaubens mit Gott selbst einer spezifischen Ordnung bedarf (s. o. S. 29ff.; s. u. S. 248ff.).[107] Es ist dies die Ordnung, die im Offenbarungsgeschehen selbst begründet ist: im Offenbar-Werden der Wahrheit, die dem Lebenszeugnis des Christus Jesus eignet und die die Bestimmung des Menschen zur Gemeinschaft mit Gott selbst als Höchstes Gut erschließt. Indem uns diese Wahrheit und damit die Bestimmung des Menschen zur Gemeinschaft mit Gott selbst als Höchstes Gut in den Erscheinungen des Gekreuzigten als des Auferstandenen durch Gottes Geist erschlossen wird, erkennen wir in der Glaubensgemeinschaft der Kirche die uns gestellte Aufgabe, das Offenbarungsgeschehen zu bezeugen und in den Ordnungen der Kirche in seinem Sinn und in seiner Bedeutung zu begehen, zu überliefern, auszulegen und zu vergegenwärtigen. In der geistgewirkten Gewissheit der Wahrheit des Evangeliums entdeckt sich die Person als zur Mitwirkung am Geschehen der Offenbarung und als zur Mit-Verantwortung für das Geschehen der Offenbarung berufen und bestimmt, wie dies die reformatorische Lehre vom Priestertum aller Glaubenden und Getauften deutlich macht (s. u. S. 247f.).

Die Aufgabe, in den geeigneten institutionellen Formen am Offenbar-Werden der befreienden Wahrheit des Evangeliums verantwortlich mitzuwirken, setzt voraus und schließt nun ein die Aufgabe, an der Konstitution – an der Pflege, an der Kritik, an der Reform – der institutionellen Ordnung einer Gesellschaft verantwortlich mitzuwirken. Indem die Mitglieder der Glaubensgemeinschaft in ihrer kirchlichen Ordnung und Verfassung ihre spezifische Verantwortung für das Offenbar-Werden der befreienden Wahrheit des Evangeliums entdecken, gewinnen sie Prinzipien und Kriterien, mit deren Hilfe und in deren Licht sie ihre spezifische Verantwortung für die lebensdienliche Gestalt der

---

106 EILERT HERMS, Art. Institution (wie Anm. 103), 750.

107 Vgl. MARTIN LUTHER, Predigt zur Weihe der Torgauer Schloss-Kapelle: WA 49; 588,1ff.; und dazu REINER PREUL, Kirchentheorie. Wesen, Gestalt und Funktionen der Evangelischen Kirche, Berlin/New York 1997, 98–103.

Ordnung des Zusammenlebens in einer Gesellschaft übernehmen werden. In dem Maße, in dem es einer Kirchengesellschaft gelingt, in ihrer religiösen Kommunikation Konsense über die Prinzipien und Kriterien der Selbsterhaltung der Gesellschaft und über deren Sinn und Ziel zu erreichen, wird sie die elementare *Diakonie* erbringen, die sie ihrer jeweiligen gesellschaftlichen Lebenswelt schuldig ist (Jer 29,7).

3.3.2.3. Die Bestimmtheit der geschaffenen Person für Gott

Der christliche Glaube an Gott den Schöpfer schließt eine inhaltlich bestimmte Anschauung dessen ein, was uns Menschen allen im individuellen Freiheitsgefühl als solchem unmittelbar gewiss ist. Diese Anschauung ist – ich wiederhole es – klar und deutlich geprägt durch das österliche Offenbarungsgeschehen: durch das geistgewirkte Verstehen der Erscheinungen des Gekreuzigten als des Auferstandenen und zur Rechten Gottes Erhöhten (s. o. S. 101f.). In diesem geistgewirkten Verstehen nämlich entdeckt die Glaubensgemeinschaft der Kirche – und zwar im Kontext der Glaubensgeschichte Israels –, dass Gott der Schöpfer eben durch Gottes versöhnendes und vollendendes Handeln dem Menschengeschlecht seine ursprüngliche Bestimmung *aufschließt* (vgl. EG 27,6): das Leben in ewiger Gemeinschaft mit Gott selbst – das Leben in vollkommener Erkenntnis Gottes und in vollkommener Liebe zu Gott – und also das Höchste Gut, das für das geschaffene Person-Sein überhaupt denkbar ist.

Wir haben in unserem bisherigen Gedankengang im Ausgang von der biblischen Metapher „Bild Gottes“ das Mensch-Sein in zweifacher Hinsicht als geschaffenes Person-Sein bestimmt. Wir haben *erstens* die Eigen-Art des individuellen Selbst-Seins beschrieben, wie sie sich uns in der unmittelbaren Gewissheit des individuellen, leibhaft bedingten Freiheitsgefühls zeigt: jenes Freiheitsgefühls, kraft dessen wir in unserer jeweiligen Gegenwart hier und jetzt verantwortliches Subjekt unserer Entscheidungen sind. Und wir haben *zweitens* die Bestimmtheit beachtet, in der wir eben wegen der Eigen-Art des individuellen Selbst-Seins miteinander und füreinander in einer Welt im Werden da sind: das Geschlechtsverhältnis, das Verhältnis von Freiheit zu Freiheit und die faktisch notwendige Aufgabe seiner institutionellen Ordnung.

Wir haben diese Bedingungen der Möglichkeit einer selbstverantwortlichen Lebensführung als *geschaffene Bedingungen* bezeichnet. Das ist beileibe keine Selbstverständlichkeit. Dem christlichen Glauben an Gott den Schöpfer ist es nämlich – im Gegensatz zu den naturalistischen, den evolutionären, den agnostischen Überzeugungen dieser unserer Epoche, aber doch wohl auch im Gegensatz zur Lebens- und Weltanschauung des Buddhismus und ihrer Rezeption im Denken Arthur Schopenhauers – als wahr gewiss, dass diese Bedingungen der Möglichkeit einer selbstverantwortlichen Lebensführung ihren Grund und Ursprung in Gottes schöpferischem Wollen, Walten, Reden und Rufen haben. Indem sie uns von diesem Grund und Ursprung gegeben sind, verstehen wir sie als *Bestimmtheit* – und zwar als die Bestimmtheit, die Gottes Selbstbestimmung zur Gemeinschaft mit dem Ebenbilde Gottes entspricht. Inwiefern ist es uns in der Glaubensgemeinschaft der Kirche – in der Situation des angefochtenen Glaubens, im christlich-frommen Selbstbewusstsein – als wahr gewiss, dass das leibhafte Person-Sein des Menschen für Gottes „ewge Treu und Gnade“ (EG 361,3) geschaffen ist?

Wir heben folgende Gesichtspunkte hervor, die für die spätere dogmatische Besinnung auf das Bewusstsein der Versöhnung wie für die ethische Besinnung auf die Ethosgestalt des Glaubens in der Sphäre des privaten wie des öffentlichen Lebens von ausschlaggebender Bedeutung sind.

Erstens: Verstehen wir in der Gewissheit des Glaubens an den Christus Gottes des Schöpfers das eigene leibhafte Person-Sein in seiner Relation auf anderes leibhaftes Person-Sein als von Gott geschaffen, so verstehen wir es in seiner faktischen Notwendigkeit. Zwar ist uns in der primären Gewissheit unseres je individuellen Freiheitsgefühls der kontingente Charakter des eigenen Daseins in einer Welt im Werden – das Zufällige des je eigenen leibhaften Person-Seins in schicksalhafter Relation auf anderes leibhaftes Person-Sein – durchaus vertraut; aber das tiefe Vertraut-Sein mit der Kontingenz des eigenen Daseins widerspricht in keinster Weise dem Grundgefühl, dass uns das selbstbewusst-freie Wählen von Möglichkeiten je in unserer Gegenwart – und zwar in unserer Relation zu anderen geschaffenen Freiheitswesen – schlechthin vorgegeben und geradezu „aufgenötigt"[108] ist. Der christliche Glaube an Gott den Schöpfer versteht die faktische Notwendigkeit, mit der wir in der Tiefe unseres individuellen Freiheitsgefühls vertraut sind, als das Geschaffen-Sein und folgerichtig als das Erhalten-Werden, das Grund und Ursprung des menschlichen Person-Seins ist. Eben darin sieht die Glaubensgemeinschaft in ihrer Lehre und in ihrer theologischen Reflexion die *Würde des Menschen* begründet, „die sich der Verfügung und dem Zugriff durch andere entzieht."[109]

Zweitens: Indem der christliche Glaube an Gott den Schöpfer das menschliche Person-Sein als von Gott geschaffen und in seiner relativen Dauer fort und fort erhalten versteht, versteht er es in seiner Bestimmtheit zur Kooperation mit Gott.[110] Diese Bestimmtheit zur Kooperation mit Gott erstreckt sich zum einen auf die gesamte kommunikative und interaktive Praxis, in der wir – in der privaten wir in der öffentlichen Sphäre unseres Lebens – der Erhaltung menschlichen Lebens im Naturzusammenhang dieser Erde dienen; und sie erstreckt sich zum andern auf alle Gestalten des „äußeren Wortes" – nicht etwa nur im Gottesdienst und in der Verkündigung, sondern auch im Unterricht, in der Erziehung, im Bildungswesen und schließlich in der Diakonie der solidarischen Hilfe –, in denen wir dem „inneren Wort" des Offenbarungsgeschehens hier und heute dienen (s. o. S. 31f.). So eröffnet das Verstehen des geschaffenen Person-Seins in seinem Eigen-Sinn und in seiner Eigen-Art den gesamten „Spielraum"[111] unserer Lebensführung im Geschlechtsverhältnis und in der Beziehung von Freiheit zu Freiheit in ihren faktisch notwendigen institutionellen Formen.

---

108 So EILERT HERMS, Der Mensch – geschaffene, leibhafte, zu versöhnter und vollendeter Gemeinschaft mit ihrem Schöpfer bestimmte Person, jetzt in: DERS., Zusammenleben im Widerstreit der Weltanschauungen (wie Anm. 75), 25–46; 39, im Anschluss an MARTIN LUTHER, De servo arbitrio/Von der Unfreiheit des Willensvermögens (wie Anm. 84), 254/255.

109 WILFRIED HÄRLE, Art. Mensch VII. Dogmatisch und ethisch: RGG^4 5, 1066–1072; 1070. – Übrigens suchte EMIL BRUNNER, Der Mensch im Widerspruch (wie Anm. 67), 86ff., diesen Aspekt des Bezogenseins der geschaffenen Person auf Gottes schöpferische Person – freilich ohne hinreichende begriffliche Klarheit – als das Moment der *formalen Imago Dei*, als das *verantwortliche Sein* des Menschen zu erfassen, was von KARL BARTH, KD III/2, 153–157, mit verständnislosen Argumenten abgelehnt wurde.

110 Vgl. EILERT HERMS, Der Mensch – geschaffene, leibhafte, zu versöhnter und vollendeter Gemeinschaft mit ihrem Schöpfer bestimmte Person (wie Anm. 75), 43–46, im Anschluss an MARTIN LUTHER, De servo arbitrio/Von der Unfreiheit des Willensvermögens (wie Anm. 84), 571ff.; 573: „Auch der gewordene und geschaffene Mensch tut oder unternimmt nichts, um Geschöpf zu bleiben. Sondern beides [verstehe: das Geschaffen-Werden und das Geschaffen-Sein] geschieht einzig durch den Willen der allmächtigen Kraft und Güte Gottes, der uns ohne uns erschafft und erhält, aber nicht in uns wirkt ohne uns, die er dazu geschaffen und errettet hat, dass er in uns wirke und wir mit ihm zusammenwirken."

111 EILERT HERMS, Der Mensch – geschaffene, leibhafte, zu versöhnter und vollendeter Gemeinschaft mit ihrem Schöpfer bestimmte Person (wie Anm. 75), 44.

3.4. Fazit: Die Ordnung der Schöpfung

Wir haben uns darum bemüht, den Wahrheitsgehalt des christlichen Glaubens an Gott den Schöpfer in kohärenter Weise begrifflich-kategorial zu entfalten. Diese unsere Darstellungsweise zielt darauf ab, die Mitglieder der Glaubensgemeinschaft der Kirche in ihrer doppelten Gesprächssituation zu beraten und zu ermutigen (s. o. S. XVIII): *zum einen* in der internen Situation des Gesprächs, in der das biblische Schöpfungszeugnis, die poetische und die meditative Form der Frömmigkeit und schließlich die kirchliche Lehre um der Gewissheit des Glaubens willen immer wieder neu erschlossen und erklärt werden muss; *zum andern* in der externen Situation des Gesprächs mit jenen Zeitgenossinnen und Zeitgenossen, denen der christliche Glaube an Gott den Schöpfer aus Gründen ihrer Weltanschauung wie aus Gründen ihrer wissenschaftlichen Meinung anscheinend nichts mehr zu sagen hat. Bevor wir dazu übergehen, im „Grundriss der Dogmatik" den christlichen Glauben an Gott den Versöhner und den christlichen Glauben an Gott den Vollender zu entwickeln, wollen wir unseren Gedankengang zusammenfassen und ihn zuspitzen auf die Beantwortung der Frage, welches Selbstverständnis uns der christliche Glaube an Gott den Schöpfer nahelegt. Die Beantwortung dieser Frage wird den ethisch-normativen Sinn des christlichen Glaubens an Gott den Schöpfer unterstreichen, wie er im christlich-frommen Selbstbewusstsein stets und notwendig vorausgesetzt und mitenthalten ist.

Erstens: Der christliche Glaube an Gott den Schöpfer versteht die Wirklichkeit als Gottes Wirklichkeit. Ist es uns in der Christusgemeinschaft durch Gottes Geist als wahr gewiss, dass sich das ungeheure Weltgeschehen und innerhalb desselben unser eigenes Leben und Geschick dem schöpferischen Wollen, Walten, Reden und Rufen Gottes verdankt, so ist es uns als wahr gewiss, dass diese Wirklichkeit nicht schlechthin, sondern nur faktisch notwendig ist. Sie hat als solche ihren ewigen Grund in Gottes Urentscheidung, in der sich Gott zur Gemeinschaft mit dem Ebenbilde Gottes bestimmt (s. o. S. 88ff.). Was die Sintfluterzählung der Urgeschichte immerhin als Möglichkeit andeutet (Gen 6,1-7), geschieht nicht: wie Noah findet die Welt und findet das menschliche In-der-Welt-Sein „Gnade vor dem HERRN" (Gen 6,8). Kraft der Bestimmung Gottes über sich selbst zur Gemeinschaft mit dem Ebenbilde Gottes impliziert Schöpfung Erhaltung und Bewahrung – ja geradezu Errettung vor dem Verderben – auf die Realisierung des göttlichen Versöhnungs- und Vollendungswillens hin.[112]

Zweitens: Indem der christliche Glaube an Gott den Schöpfer die Wirklichkeit als Gottes Wirklichkeit versteht, ist ihm in Gottes Wirklichkeit ihr treuer und beständiger Grund und Ursprung tatsächlich selbst erschlossen. Das biblische Schöpfungszeugnis, die Tradition der Frömmigkeit im Gebet wie in den Morgen- und den Abendliedern des Gesangbuchs, die mannigfachen Gestalten der kirchlichen Lehre: alle diese Denk- und Sprachformen haben – weit entfernt davon, bloß vorwissenschaftliche Meinungen oder illusionäre Wünsche zu artikulieren – Anhalt an Gottes Wirklichkeit. In ihrem harten Kern und in ihrem genauen Inhalt bezeichnen sie die *transzendentalen Sachverhalte*, die wir als die notwendigen geschaffenen Bedingungen des menschlichen In-der-Welt-Seins interpretierten. In der Existenz des Existierenden, das uns im Raum und in der Zeit für unser Erkennen und Gestalten faktisch gegeben ist, ist uns Gott selbst als dessen schöpferischer Grund offenbar. Eine Darstellung des christlichen Glaubens an Gott den Schöpfer, die Gottes Offenbar-Sein im „Werk" der Schöpfung (vgl. Röm 1,20) übersieht, verkennt den eigentümlichen Charakter des schöpferischen Redens und Rufens.

---

[112] In einer vollständigen Systematischen Theologie ist das Verhältnis von Schöpfung und Erhaltung, Bewahrung und Errettung vor dem Verderben natürlich ausführlich zu erörtern.

Drittens: Dem christlichen Glauben an Gott den Schöpfer ist es als wahr gewiss, dass Gottes Wesen in Gottes schöpferischem Wort dem Menschen seit jeher zugewandt ist (vgl. Ps 19,1-6). Aus diesem Grunde schließt die Lebensform des Glaubens – das Ethos der Liebe, der Hoffnung, der Selbstverantwortung vor Gott – das jeweils individuelle Sich-Verstehen ein, dessen allgemeine Wesenszüge wir im Anschluss an die biblische Metapher „Bild Gottes" zu erkennen suchten. Diese Metapher bezeichnet das menschliche Person-Sein als das geschaffene Person-Sein im Sinne eines komplexen Gefüges von Relationen.

Um dies komplexe Gefüge von Relationen näher zu bestimmen, gingen wir von der elementaren Tatsache der primären Gewissheit des je individuellen Freiheitsgefühls aus. In ihr sind wir uns selbst erschlossen, und zwar so, dass wir das eigene leibhafte Leben in unserer jeweiligen Gegenwart im Hier und Jetzt durch unsere sprachlichen und praktischen Handlungen und Entscheidungen zu erhalten, zu verteidigen und zu vervollkommnen haben. In dieser Selbstgewissheit wissen wir uns bezogen auf das *Du* – auf das andere leibhafte Person-Sein und auf dessen primäre Gewissheit des je individuellen Freiheitsgefühls: wir haben auf die Wechselwirkung zwischen Wesen von der Seinsart des geschaffenen Person-Seins unter den Gesichtspunkten des Geschlechtsverhältnisses und der institutionellen Ordnung der Freiheit geachtet.

In der primären Gewissheit des je individuellen Freiheitsgefühls sind wir uns allerdings darüber hinaus dessen bewusst, dass wir das menschliche Person-Sein, das uns das Leben in dieser Wechselwirkung ermöglicht und zugleich auferlegt, keiner apersonalen oder präpersonalen Instanz verdanken. Wir sind daher darauf verwiesen, dass der selbst personale Grund und Ursprung unseres Lebens in dieser Wechselwirkung sich uns in seinem Schöpfungssinn erschließt; und dies ist es, was in den Ursprungssituationen des Glaubens im Kontext der Glaubensgeschichte Israels geschieht. In ihnen wird die Bestimmtheit der geschaffenen Person für Gott – für Gottes schöpferisches, für Gottes versöhnendes und schließlich für Gottes vollendendes Handeln – und deren faktische Notwendigkeit offenbar.

Viertens: Dem christlichen Glauben an Gott den Schöpfer ist es aus allen diesen Gründen als wahr gewiss, dass dem geschaffenen Person-Sein das Mandat Gottes des Schöpfers zur selbstverantwortlichen Mitwirkung nicht allein an der Erhaltung des Menschengeschlechts in seinen Naturbedingungen, sondern auch und vor allem an der religiös-weltanschaulichen Kommunikation über die lebensdienliche Ordnung der Güter und über das in Wahrheit Höchste Gut aufgetragen ist.[113] Es ist der normativ-ethische Sinn des christlichen Glaubens an Gott den Schöpfer, diesen Auftrag an- und wahrzunehmen; und es ist die Sache der Seelsorge, welche die Glaubensgemeinschaft der Kirche in und mit ihrer jeweiligen Gesellschaft üben wird, diesen normativ-ethischen Sinn des menschlichen Person-Seins geduldig und beharrlich einzuschärfen.

---

[113] KARL BARTH, KD III/4, 51–127, stellte diesen Aspekt des Mandats Gottes des Schöpfers unter dem Titel „Freiheit vor Gott" an den Anfang der Schöpfungsethik der „Kirchlichen Dogmatik", und zwar in der Besinnung auf das Bekennen (79–95). Bedauerlicherweise hat Barth es jedoch unterlassen, seine Darstellung der Lehre von der Versöhnung (KD IV/1–3) auf diese seine Interpretation des Mandats Gottes des Schöpfers zu beziehen, was sich vor allem an der Ortsbestimmung und an der Ausführung der Lehre von der Sünde zeigt. Die in jeder Hinsicht maßlose Form, die Barth der Lehre von der Versöhnung meinte geben zu sollen, macht das ganze Missverhältnis zwischen der Lehre von Gottes schöpferischem Handeln und der Lehre von Gottes versöhnendem Handeln offenkundig, das die „Kirchliche Dogmatik" beherrscht und das den rechten wie den linken Barthianismus in die Irre führte.

Fünftens: Ein letzter Gedanke mag die Brücke schlagen zur Darstellung des christlichen Glaubens an Gott den Versöhner. Wir haben immer wieder nachdrücklich betont, dass der christliche Glaube an Gott den Schöpfer im christlich-frommen Selbstbewusstsein – in der Gewissheit der Wahrheit des Evangeliums von der Liebe Gottes im Christus Jesus, unserm HERRN (Röm 8,39) – vorausgesetzt und mitenthalten ist, wie Friedrich Schleiermacher formuliert. In dieser Ausdrucksweise kommt zur Sprache das Bewusstsein der Sünde, der Entfremdung und des Schuldig-Werdens, das uns Gottes Schöpfer-Sein verachten und verkennen lässt (Röm 1,18-21) und das uns folgerichtig das Versagen und das Scheitern an jenem Mandat Gottes des Schöpfers indiziert, auf das wir in und mit der primären Gewissheit des individuellen Freiheitsgefühls verwiesen sind. In der Gewissheit der Wahrheit des Evangeliums ist es eingeschlossen, dass sich die ethische Erkenntnis und dass sich die lebenspraktische Wahrnehmung dieses göttlichen Mandats nicht im geringsten von selbst versteht. Dessen ethische Erkenntnis und dessen lebenspraktische Wahrnehmung in den Institutionen des privaten wie des öffentlichen Lebens bedarf vielmehr des Bewusstseins der Verzeihung, der Versöhnung, der Rechtfertigung. Dieses Bewusstsein ist – wie wir noch zeigen werden (s. u. S. 203ff.) – nach reformatorischem Verständnis geradezu die Bedingung dafür, dass sich im Herzen, im Lebenstrieb, in der Intentionalität der Person jene *Gesinnung* bildet, die das Mandat Gottes des Schöpfers, das der primären Gewissheit des individuellen Freiheitsgefühls Sinn und Richtung gibt, mit Freude erfüllt (vgl. Ps 19,8ff.). Indem die Systematische Theologie den Wahrheitsgehalt des christlichen Glaubens in der religiösen Kommunikation der Kirche für ihre jeweilige Gesellschaft zu entfalten sucht, will sie letzten Endes diese Freude möglich machen.

§ 4 Der christliche Glaube an Gott den Versöhner

In der Situation des angefochtenen Glaubens – des christlich-frommen Selbstbewusstseins – sind die Mitglieder der Glaubensgemeinschaft der Kirche unter Gottes Vorsehung und in der Kraft des Heiligen Geistes dazu bereit und dazu in der Lage, ein Leben in der Selbstverantwortung vor Gott zu führen. Indem die Systematische Theologie den Wahrheitsgehalt des christlichen Glaubens und der kirchlichen Glaubenslehre in wissenschaftlicher Form expliziert, zielt sie genau auf die jeweilige Gegenwart im Hier und Jetzt, in der es darum geht, die Selbstverantwortung vor Gott tatsächlich wahrzunehmen, zu der der Mensch als das geschaffene Freiheits- und Vernunftwesen berufen und bestimmt ist (s. o. S. 142ff.). Insofern wird die dogmatische Besinnung ihrem Schwerpunkt nach die notwendigen Bedingungen beschreiben, die erfüllt sein müssen, damit die Einzelnen als Glieder der kirchlich verfassten und geordneten Glaubensgemeinschaft dieser Berufung und Bestimmung in ihrer privaten wie in ihrer öffentlichen Lebenspraxis realiter gerecht zu werden vermögen. Der „Grundriss der Dogmatik" will in diesem seinem Schwerpunkt zeigen, dass das Zusammenspiel von menschlichem Offenbarungszeugnis und göttlichem Geist – von „äußerem Wort" und „innerem Wort" – jenen *Gemeingeist* der christlichen Glaubensgemeinschaft entstehen und bestehen lässt, kraft dessen es im Kontext der gesellschaftlichen Lebenswelt die Freiheit eines Christenmenschen wird geben können (s. o. S. 30f.; s. u. S. 199).[1] Aus diesem Grunde kommt ihr nicht allein für die Theologische Ethik, sondern auch für alle anderen theologischen Disziplinen, die der Ausübung kirchen- und gemeindeleitender Funktionen dienen wollen, eine gar nicht zu überschätzende orientierende Bedeutung zu.

Die Lebensführung in der Selbstverantwortung vor Gott versteht sich nicht von selbst, und sie erfreut sich in der Lage eines von Verfassungs wegen legitimen religiös-weltanschaulichen Pluralismus keineswegs der allgemeinen Akzeptanz und Resonanz. Wir sind uns vielmehr, sofern wir durch menschliches Offenbarungszeugnis und durch Gottes Geist an der befreienden Wahrheit des Evangeliums partizipieren, dessen bewusst, dass diese Form der menschlichen Lebensführung sich einer *geschichtlichen Tatsache* verdankt: der Tatsache des Lebenszeugnisses des Christus Jesus von Gottes wahrer Liebe in ihm selbst und dessen Offenbar-Werden in den österlichen Ereignissen, in den Erscheinungen des Gekreuzigten als des Auferstandenen, die die Torheit des Wortes vom Kreuz (vgl. 1Kor 1,18) in seinem genuinen Sinn verstehen lassen. Im Gemeingeist der christlichen Glaubensgemeinschaft wissen wir uns durch den Christus Jesus, unseren HERRN (Röm 1,3), in die Teilhabe an dieser Wahrheit versetzt. Von diesem Versetzt-Werden in die Teilhabe an der befreienden Wahrheit des Evangeliums von Gottes wahrer Liebe und unerschütterlicher Treue (1Kor 1,9; 2Kor 1,18) handelt die christologische und die soteriologische Erörterung des vorliegenden Kapitels.

Dass sich die besondere christliche Form einer menschlichen Lebensführung der geschichtlichen Tatsache des Lebenszeugnisses des Christus Jesus verdankt, das hat nun

---

[1] Vgl. FRIEDRICH SCHLEIERMACHER, GL^2 § 121 (II, 248–254); vgl. hierzu KONRAD STOCK, Gemeingeist, jetzt in: DERS., Die Gegenwart des Guten. Schriften zur Theologie (MThSt 96), Marburg 2006, 225–238.

allerdings in der Lebensgeschichte und in der Selbsterfahrung eines jeden Menschen eine *Voraussetzung*, die wir zuerst in den Blick nehmen müssen. Für diese Voraussetzung hat der Glaube, wie er in der Heiligen Schrift zur Sprache kommt und in der Lehrgeschichte der Kirche beschrieben und entfaltet wird, neben anderen Synonymen das Begriffswort „Sünde“ geprägt. Wie viele andere Religionskulturen[2] ist sich auch die christliche Glaubensgemeinschaft aus Juden und Griechen (vgl. Röm 3,9) einer tiefen Entfremdung bewusst, die unser aller Lebensgeschichte und unser aller Selbsterfahrung zeichnet; anders aber als die meisten Religionskulturen, anders auch als die philosophischen Lebenslehren bis hin zu den gegenwärtigen psychotherapeutischen Schulen ist sich die christliche Glaubensgemeinschaft aus Juden und Griechen – belehrt von der Gerichtsbotschaft der Prophetie Israels – dessen bewusst, dass diese tiefe Entfremdung von Gottes Schöpfer-Sein und eben damit vom Mandat Gottes des Schöpfers für uns und für die Kraft unseres vernünftigen Wollens unaufhebbar ist.[3] Es ist diese tiefe Entfremdung, die – wie wir uns in der Aufrichtigkeit des Gewissens sagen müssen – auch das Leben des Glaubens, der Liebe und der Hoffnung in der Selbstverantwortung vor Gott ein Leben in tiefer Anfechtung sein und bleiben lässt.[4]

Aus diesen Gründen beginnen wir die Lehre vom christlichen Glauben an Gott den Versöhner mit dem Versuch, jenes Phänomen eines jeden menschlichen Lebens zu verstehen, das wir „Sünde“ nennen und an dessen Grundformen uns die Universalität und die Radikalität dieses Phänomens deutlich wird.[5] Wir werden dieses Phänomen im Lichte unseres Begriffs der Ordnung der Schöpfung erschließen (s. o. S. 142ff.), wenn anders der Mensch in den Grundformen der Sünde eben Gottes Schöpfungssinn – und damit das ihm auferlegte Mandat Gottes des Schöpfers – verfehlt. Insgesamt wird es unsere Aufgabe sein zu zeigen, dass das Bewusstsein der Sünde als ein lebensgeschichtlicher Prozess des sittlichen *Ernstes* zu denken ist, der das Bewusstsein der göttlichen Gnade im Christus Jesus und die in diesem Bewusstsein gegründete Freiheit des Christenmenschen in dieser Weltzeit bis zum Tode begleitet. Insofern beziehen wir uns mit der Lehre vom Sündig-

---

2 Vgl. hierzu DOROTHEA SITZLER-OSING, Art. Sünde I. Religionsgeschichtlich: TRE 32, 360–364 (Lit.); KLAUS HOCK, Art. Sünde/Schuld und Vergebung II. Religionswissenschaftlich: RGG^4 7, 1869–1871.

3 Dies ist die soteriologische Pointe der Lehre Martin Luthers von der Unfreiheit des Willensvermögens im Verhältnis zu Gott in der Streitschrift gegen Erasmus von Rotterdam „De servo arbitrio“ (1525). Diese Streitschrift ist jetzt bequem zugänglich in: MARTIN LUTHER, Lateinisch-deutsche Studienausgabe (LDStA), Bd. 1: Der Mensch vor Gott. Unter Mitarbeit von MICHAEL BEYER hg. und eingeleitet von WILFRIED HÄRLE, Leipzig 2006, 219–661 (Übersetzung: ATHINA LEXUTT).

4 Diese peinliche Erfahrung gab bereits in frühchristlicher Zeit dazu Anlass, die Möglichkeit einer zweiten Buße und schließlich das Sakrament der Buße einzurichten, das die Beichte und die Absolution umfasst.

5 Wir treten damit in entschiedenen Gegensatz zur Versöhnungslehre Karl Barths, die zuerst die verschiedenen Momente des Versöhnungsgeschehens entfaltet, um erst daraufhin im Spiegel des Versöhnungsgeschehens das Phänomen der Sünde zu erschließen. Zwar bringt Barth auf seine Weise die biblisch-theologische Einsicht zur Geltung, dass sich das Phänomen der Sünde letztlich nur im Kontext der radikalen Gottesgewissheit des Christus Jesus verstehen lasse; aber er verstrickt sich in einen unentrinnbaren Zirkel der Argumentation, weil sich die Sünde dieser Darstellung zufolge als der Widerspruch des Sünders gegen die Gnade der Versöhnung Gottes richtet und weil auf diese Weise ihr Charakter als Entfremdung von Gottes Schöpfungssinn verkannt wird. Infolgedessen ist das Phänomen der Sünde für Barth das Thema einer biblisch-theologischen Lehre und kommt als Erfahrung der Schuld und des Konflikts im Gewissen der Person nicht ernsthaft in Betracht; vgl. KARL BARTH, KD IV/1, 395–573; IV/2, 423–564; IV/3, 499–541.

Sein der Person auf Martin Luthers berühmte Formel: „simul iustus et peccator"[6] – eine Formel, die mit Recht der tiefen Ambivalenz der praktischen Vernunft auch und gerade in der Lebensführung aus der Kraft des Glaubens Rechnung trägt (4.1).

Jedoch: das Phänomen der Sünde ist uns in seiner Radikalität und Universalität nicht unmittelbar erschlossen. Gemäß der Selbstbesinnung, die der christliche Glaube auf seinen Grund und seinen Gegenstand sucht, ist uns das Phänomen der Sünde in seiner Tiefe und in seinem Ernst erschlossen in den österlichen Offenbarungssituationen, in den Erscheinungen des Gekreuzigten als des Auferstandenen und in die Gemeinschaft mit Gottes ewigem Leben Erhöhten. Es ist uns in seiner Tiefe und in seinem Ernst erschlossen durch Gottes geschichtliche Selbsterschließung in der Existenz des Christus Jesus: in dessen Lebenszeugnis für das Nahen der Gottesherrschaft in ihm selbst, das sich zumal in der Gemeinschaft mit den „Zöllnern und Sündern" (Mk 2,15; Lk 7,34. 36-50; 15,2; 19,7) konkretisiert und das im Tod am Kreuz auf Golgatha *vollbracht* ist (Joh 19,30). Es ist uns also in seiner Tiefe und in seinem Ernst nicht anders denn im Rahmen und im Lichte des Versöhnungsgeschehens erschlossen. Aus diesem Grunde werden wir im Zentrum dieses Kapitels eine Antwort auf die Frage suchen, wie wir das Lebenszeugnis des Christus Jesus für Gottes Versöhnungswillen und Versöhnungswirken zu verstehen haben (4.2.) und warum die Gemeinschaft mit dem Christus Jesus – wie sie im Sakrament der heiligen Taufe begründet und im Sakrament des heiligen Abendmahls erhalten wird – die Macht der Sünde überwindet und das Leben in der Erneuerung des Sinnes (vgl. Röm 12,2) hervorruft (4.3.).

4.1. Das Phänomen Sünde. Grundformen der Sünde[7]

Das deutsche Begriffswort „Sünde" bedarf in der heutigen kulturellen Gesamtlage des Christentums einer besonders sorgfältigen Erläuterung.

Dabei sollten diejenigen Stimmen, die das Begriffswort „Sünde" entweder überhaupt für sinnlos halten oder die es nur noch in einem niedlichen und trivialen Sinne verwenden – etwa für verbotenes Naschen oder für den Eintrag in die Verkehrssünderkartei – oder die das Menschenbild des christlichen Glaubens überhaupt wegen seiner Sensibilität für die dunklen, die schrecklichen, die bösen Seiten des Mensch-Seins angreifen, unsere geringste Sorge sein.

---

6 MARTIN LUTHER, WA 56; 286,27–30 (der aus Glauben gerechte Mensch ist „zugleich gerecht und sündig"). – Für die genaue Interpretation dieser Formel sind nach wie vor grundlegend: RUDOLF HERMANN, Luthers These „Gerecht und Sünder zugleich", Gütersloh 1960²; WILFRIED JOEST, Gesetz und Freiheit. Das Problem des Tertius usus legis bei Luther und die neutestamentliche Parainese, Göttingen 1961³, 55–82.

7 Vgl. zum Folgenden bes.: FRIEDRICH SCHLEIERMACHER, GL² §§ 65–85 (I, 353–459); PAUL TILLICH, STh II, 25–87; GERHARD EBELING, Dogmatik des christlichen Glaubens. Bd. I, Tübingen 1987³, 356–375; WOLFHART PANNENBERG, Anthropologie in theologischer Perspektive, Göttingen 1983, 77–150; DERS., Systematische Theologie. Bd. II, Göttingen 1991, 266–314; CHRISTINE AXT-PISCALAR, Art. Sünde VII. Reformation und Neuzeit: TRE 32, 400–436 (Lit.!); WILFRIED HÄRLE, Dogmatik, Berlin/New York 2007³, 456–492; CHRISTOF GESTRICH, Die Wiederkehr des Glanzes in der Welt. Die christliche Lehre von der Sünde und ihrer Vergebung in gegenwärtiger Verantwortung, Tübingen 1996²; DERS., Peccatum – Studien zur Sündenlehre, Tübingen 2003; WILFRIED HÄRLE/REINER PREUL (Hg.), Sünde (MJTh XX), Leipzig 2008 (mit Beiträgen von HARTMUT ROSENAU, MICHAEL WOLTER, VOLKER LEPPIN, ELISABETH GRÄB-SCHMIDT und WALTER SPARN). – Erstaunlicherweise fehlt eine Lehre von der Sünde in: JÜRGEN MOLTMANN, Der Weg Jesu Christi. Christologie in messianischen Dimensionen, München 1989.

Nun kennt zwar die Geschichte des Christentums auch asketische, pietistische und puritanische Erziehungs- und Lebensstile, die den Mitgliedern der Glaubensgemeinschaft ein geradezu maßloses Schuldbewusstsein vor allem auch in sexueller Hinsicht nahebrachten – die Religionskritik im Banne Friedrich Nietzsches und Sigmund Freuds hat diese Erziehungs- und Lebensstile mit schärfsten Worten als menschenverachtend und als selbstaggressiv entlarven wollen.[8]

Aber das Begriffswort „Sünde" appelliert doch – wie die synonymen „Disqualifikationsbegriffe" der biblischen Quellensprachen[9] – an eine Erfahrung, die es in aller Geschichte gibt und gegen die menschliche Gesellschaften stets Vorkehrungen getroffen haben: es appelliert an die Erfahrung, dass wir Menschen alle – anders als das Tier – geneigt sind, einander *Schaden* oder *Leid* zuzufügen: sei es in dem begrenzten und beschränkten Sinne alltäglicher Konflikte, sei es in der Form deliktischer Handlungen, sei es im monströsen Stil der technisch-industriellen Kriege, der massenhaften organisierten Verbrechen und der Völkermorde, die gerade die neueste Zeit – die Zeit der euroamerikanischen Moderne! – gesehen hat. Das Begriffswort „Sünde" appelliert an eine Erfahrung, die seit Aischylos die großen Darstellungen der tragischen Schuld auf die Bühne bringt und die zumal in William Shakespeares Tragödien schmerzhaft und ergreifend Ausdruck findet. Es appelliert schließlich an die Erfahrung, die in der Glaubensgeschichte Israels zur Einrichtung und zur detaillierten theologischen Begründung eines Sühnekults geführt hat, der in der Religionsgeschichte ohne Beispiel ist. „Daß die Welt im Argen liege, ist eine Klage, die so alt ist als die Geschichte…".[10] Wer diesem Satz in Kenntnis der entsetzenerregenden Gräuel zumal des 19. und des 20. Jahrhunderts, für die der Name *Auschwitz* symbolischen Charakter gewann, die Zustimmung versagt, dem ist nicht zu helfen. An diesem Satz prallt alle Religionskritik ab.

Ernste und einsichtige Zeitgenossinnen und Zeitgenossen werden deshalb durchaus zugeben, dass das menschliche Zusammenleben im Innenverhältnis der Gesellschaft von fahrlässigen und von vorsätzlichen Verschuldungen bedroht ist und dass die Koexistenz souveräner Staaten in aller Geschichte gefährdet ist vom Streben nach Eroberung und Unterwerfung ebenso wie vom Austrag der ökonomisch-politischen Interessensgegensätze mit Waffengewalt. Sie werden durchaus zugeben, dass im Innenverhältnis der Gesellschaft die Institution der Judikative im Allgemeinen und das Strafrecht und der Strafvollzug im Besonderen dieser Bedrohung zu wehren haben und dass die Koexistenz souveräner Staaten eines wirksamen Völkerrechts bedarf. Sie werden schließlich durchaus zugeben, dass jeder Schuldvorwurf im strafrechtlichen Sinne ein moralisches Unwerturteil, eine moralische Missbilligung, impliziert. Schon die gesprochene Sprache enthält ja Wörter, die ein Tun als in sich selbst verwerflich charakterisieren (wie z. B. morden; vergewaltigen; schänden; missbrauchen; stehlen; betrügen; lügen; beleidigen).

Das biblische, das theologische Begriffswort „Sünde" bedarf nun aber deshalb einer besonders sorgfältigen Erklärung, weil es nicht allein einzelne destruktive Triebimpulse, einzelne Regel- oder Normverstöße, einzelne Konflikte, einzelne deliktische Handlungen oder Handlungsgefüge disqualifiziert. Würden wir Sinn und Bedeutung des Begriffs der Sünde darauf beschränken, so würden wir uns im Horizont einer geschichtlich gegebenen Gestalt des Rechts und der Moral bewegen. Demgegenüber macht die jahwistische Erzählung vom sog. „Sündenfall" (Gen 2,16-17; 3,1-19) und dann vor allem die singula-

---

8 Vgl. hierzu bes. den *best-seller* von TILMANN MOSER, Gottesvergiftung, Frankfurt a.M. 1976.

9 Vgl. ROLF P. KNIERIM, Art. Sünde II. Altes Testament: TRE 32, 365–372; 365.

10 IMMANUEL KANT, Die Religion innerhalb der Grenzen der bloßen Vernunft. Hg. von KARL VORLÄNDER (PhB 45), Hamburg 1956, 17.

rische Verwendung des Begriffs der Sünde in der Theologie des Paulus und des Evangeliums nach Johannes auf eine Tiefendimension aufmerksam, welche die einzelnen destruktiven Triebimpulse, die einzelnen Regel- und Normverstöße, die einzelnen Konflikte, die einzelnen deliktischen Handlungen oder Handlungsgefüge – ja sogar solche Gestalten des Rechts und der Moral, die ihrerseits ein Unwerturteil wie etwa ein Unwerturteil über Sklaverei auf sich ziehen – allererst hervorruft, ermöglicht und bedingt.[11] Wir suchen also die „Wurzel der Sünde“[12], wir suchen den stets wirksamen *Grund* dafür zu verstehen, dass unsere individuelle Lebensgeschichte in ihrer Verstrickung in das Leben einer Gesellschaft zum Bösen geneigt ist – „das Dichten und Trachten des menschlichen Herzens ist böse von Jugend auf“ (Gen 8,21) – und dass die Geneigtheit zum Bösen unbeherrschbar ist (vgl. Gen 4,7).

Um nun das Phänomen der Sünde im Sinne eines stets wirksamen Grundes und eines unbeherrschbaren Motivs verfehlter Entscheidungen und Handlungen zu erschließen, beginnen wir mit einer Analyse des Phänomens der Scham (4.1.1.). Sodann achten wir auf das Problem, das den tradierten Begriff der Erbsünde belastet, und plädieren dafür, dieses Problem nach dem Vorbild Friedrich Schleiermachers und Søren Kierkegaards im Lichte einer Theorie des personalen Selbstbewusstseins zu lösen (4.1.2.). In diesem Rahmen legen wir das Phänomen der Sünde mittels der Unterscheidung von Begehren und Begierde frei (4.1.3.) und knüpfen daran die Beschreibung der Grundformen der Sünde an – nämlich des Lasters, der Angst und der Gewaltbereitschaft (4.1.4.). Schließlich beleuchten wir das Phänomen des Gewissens, weil es sich dabei um diejenige Erfahrung handelt, in der die geschaffene Person unter dem Eindruck des Wortes Gottes als Gesetz ihrer tiefen Entfremdung von Gottes Schöpfungssinn, von dem Mandat Gottes des Schöpfers, und damit ihrer *Selbstverfehlung* inne wird (4.1.5). Insgesamt zielt die angemessene Erhellung des Phänomens der Sünde darauf ab, die Tragweite und die befreiende Kraft des Versöhnungsgeschehens zu verstehen, das nach Luther nichts Geringeres als die *Befreiung des Gewissens* mit sich bringt[13] und eben deshalb ein Leben in der Selbstverantwortung vor Gott begründet, weil es die Person dazu befähigt, sich mit ihrem eigenen „Hange zum Bösen“[14] auszusöhnen. Dankbar verweisen wir in diesem Zusammenhang auf die inspirierende Lektüre, die Paul Ricœur in philosophischer Absicht dem biblischen Mythos vom Sündenfall gewidmet hat, den er mit vollem Recht in den Kontext der symbolischen Rede vom *Ende des Bösen* rückt.[15]

4.1.1. Das Phänomen Scham[16]

Nach dem tiefsinnigen Text der jahwistischen Paradies-Erzählung folgt auf das verbotene Essen vom Baum der Erkenntnis des Guten und Bösen die Entdeckung der Scham: „Da wurden ihrer beider Augen aufgetan, und sie wurden gewahr, daß sie nackt wa-

---

[11] Diese Tiefendimension hat eingehend interpretiert PAUL RICŒUR, Symbolik des Bösen. Phänomenologie der Schuld II, Freiburg i.Br./München 1971, bes. 265–317: Der Adamsmythos und die „eschatologische“ Anschauung der Geschichte.

[12] Vgl. WILFRIED HÄRLE, Dogmatik (wie Anm. 7), 466–480.

[13] Vgl. MARTIN LUTHER, WA 39/I; 387,2.

[14] IMMANUEL KANT, Die Religion innerhalb der Grenzen der bloßen Vernunft (wie Anm. 10), 28ff.

[15] Vgl. PAUL RICŒUR, Symbolik des Bösen. Phänomenologie der Schuld II (wie Anm. 11), 297–317.

[16] Ich orientiere mich für den folgenden Gedankengang an MATTHIAS HEESCH, Art. Scham: TRE 30, 65–72 (Lit.), und an KIRSTEN HUXEL, Art. Scham II. Ethisch: RGG[4] 7, 862–863.

ren…" (Gen 3,7). Bevor im Dialog Gottes des HERRN mit dem männlichen und mit dem weiblichen Menschen auch nur im Ansatz ein Schuldbewusstsein zur Sprache kommt, äußert sich das Gefühl der Scham als das Motiv, die jetzt erst ins Auge fallende Nacktheit des männlichen und des weiblichen Körpers zu verbergen. Die Erzählung macht auf ihre Weise auf ein Phänomen aufmerksam, das in aller Geschichte und in jeder Lebensgegenwart geschaffener Personen älter ist als die Erfahrung des Gewissens. Versuchen wir, im Übergang zur Lehre von der Sünde dieses Phänomen zu verstehen.

Das Gefühl der Scham scheint in der Tat an der Scheu zu haften, die Nacktheit des eigenen Körpers zu präsentieren und die – gleichwohl anziehende – Nacktheit des anderen Körpers in den Blick zu nehmen. Freilich reicht das Gefühl der Scham weit über das Motiv hinaus, die sinnliche Beobachtung des nackten Körpers und seiner Geschlechtsorgane nach Möglichkeit zu vermeiden. Wir schämen uns vielmehr darüber hinaus für vielerlei: für Armut oder für Suchtverhalten, für Unordnung oder für Unansehnlichkeit, für Dummheit oder für Jähzorn, für Impotenz oder für Frigidität – für alles also, was uns das Ansehen in den Augen anderer und damit das Gesicht verlieren lässt und umgekehrt. Das Gefühl der Scham zeigt sich uns also in einer bestimmten Differenziertheit. Diese Differenziertheit wollen wir in der gebotenen Kürze beschreiben.

Das Gefühl der Scham schließt stets eine bestimmte Selbstwahrnehmung ein. Es setzt das Sich-als-Ich-Fühlen, das individuelle Freiheitsgefühl der geschaffenen Person voraus, die – wie wir gesehen haben (s. o. S. 126ff.) – in ihrem Selbst-Sein für das verantwortliche Sein für anderes geschaffenes Selbst-Sein und für Gott bestimmt ist. In dem „Wofür" des Sich-Schämens kommt nun an den Tag, wie sehr sich die Person von ihrem Ansehen in den Augen anderer abhängig weiß. Sie sucht die Bloßstellung zu vermeiden, die in diesem oder jenem Fehl und in diesem oder jenem Versagen gründet. Ihr Sich-als-Ich-Fühlen, ihr individuelles Freiheitsgefühl ist von jener *Fragilität* gezeichnet, die anzeigt, dass die primäre Gewissheit, die die Bedingung der Möglichkeit aller selbstbewusst-freier Kommunikation und Interaktion ist, der expliziten Gottesgewissheit durchaus noch entbehrt. Insofern gibt das Gefühl der Scham unmittelbar zu verspüren, dass die Person die ihr gegebene Bestimmtheit nicht unmittelbar von sich aus realisieren kann, sondern sie vielmehr zu verfehlen droht.

Nun ist das Gefühl der Scham offensichtlich wechselseitig. Eine Gesellschaft – wie groß und wie organisiert auch immer sie sei – lebt geradezu davon, dass ihre Mitglieder einander Beschämung ersparen und ihre Bloßstellung vermeiden wollen. Mit Recht hat Matthias Heesch daran erinnert, daß Friedrich Schleiermacher das Schamgefühl über den primären sexuellen Kontext hinaus auf den Aufbau und auf die Bewahrung von Kommunikation und Interaktion überhaupt bezogen hat. In der wechselseitigen Wahrnehmung der Mitglieder einer Gemeinschaft fragiler Individuen hat das Gefühl der Scham die soziale Funktion, einander ein Minimum an Integrität zu gewähren. So ist es mit dem Füreinander der leibhaft und geschlechtlich existierenden Person gleichursprünglich und kann keineswegs – wie Sigmund Freud gemeint hat – aus einer menschlichen Neigung zur Autoaggression abgeleitet werden.[17]

In diesen beiden Hinsichten geht das Gefühl der Scham der Erfahrung und dem Bewusstsein der Sünde und des Schuldig-Werdens voraus und bleibt der Untergrund aller Selbstbestimmung, die ihre Bestimmung verfehlt. Erst und gerade eine entfaltete Theorie

---

[17] Vgl. MATTHIAS HEESCH, Art. Scham (wie Anm. 16), 68f. – Freuds Hypothese gehört in den Zusammenhang seiner Theorie der Aggression, die als unbewiesen gilt (s. u. S. 164). Dagegen finden wir eine persontheoretische Deutung der Scham bereits bei MAX SCHELER, Über Scham und Schamgefühl, in: DERS., Schriften aus dem Nachlaß I, Berlin 1933, 55–148.

der Scham als dieses Untergrundes aller Selbstbestimmung, die ihre Bestimmung verfehlt, wird dann auch die Tragweite des paulinischen Bekenntnisses ermessen lassen: „Ich schäme mich des Evangeliums von Christus nicht…" (Röm 1,16); denn das Evangelium bezeugt ja die Präsenz jenes Lebens, in welchem mit der Fragilität der menschlichen Existenz auch die Gefahr der wechselseitigen Beschämung gebannt ist. Sich des Evangeliums von Christus zu schämen – wofür der schmachvolle und entehrende Tod des Christus Jesus am Kreuz als dessen harter Kern wahrhaftig allen Anlass gäbe –, würde daher nichts Geringeres bedeuten als den Verzicht darauf, sich in den Grenzen der eigenen Selbstverantwortung für die Bewahrung und für die Vervollkommnung der fragilen menschlichen Existenz einzusetzen.

4.1.2. Kritik des Begriffs „Erbsünde"

Unsere gegenwärtige Aufgabe, im Rahmen einer Lehre vom Glauben an Gott den Versöhner das Phänomen der Sünde und damit die Versöhnungsbedürftigkeit des Menschen zu erschließen, ist durch die biblischen Gestalten einer Lehre von der Sünde und durch deren Wirkungsgeschichte nicht nur ermöglicht und gefordert, sondern auch erschwert. Ganz ohne Zweifel ist es dem kanonischen Offenbarungszeugnis der Heiligen Schrift darum zu tun, zuallererst die *Radikalität* und *Universalität* der Sünde als eine jeden Menschen bestimmende Macht zur Geltung zu bringen – als eine Macht also, die nicht etwa nur die Mitglieder des Volkes Gottes, sondern auch die Völkerwelt beherrscht (vgl. bes. Röm 1,18ff.). Diese Intention verbirgt sich in der tiefsinnigen jahwistischen Erzählung vom „Sündenfall", die in die göttliche Erkenntnis und damit in die Definition der Sünde mündet: „Siehe, der Mensch ist geworden wie unsereiner und weiß, was gut und böse ist." (Gen 3,22a)!

Freilich: die jahwistische Erzählung, die eine Ätiologie der Lebensmühe und des Brudermords geben will – die Erzählung von Kain und Abel (Gen 4,1-16) als des ersten und für uns alle typischen geschichtlichen Ereignisses folgt ihr auf dem Fuße –, suggeriert die geschichtliche Anfangssituation eines *status integritatis*, in der ein individuelles erstes Paar das göttliche Gebot (Gen 2,16.17) übertritt und damit nicht allein für sich, sondern auch für das Menschengeschlecht im Ganzen die Situation eines *status corruptionis* verschuldet. Es entspricht der narrativen Strategie des Autors, einen für das Menschengeschlecht als Ganzes typischen existentiellen Sachverhalt – die Bosheit des Dichtens und Trachtens des menschlichen Herzens (vgl. Gen 6,5; 8,21) – im Bilde einer geschichtlichen Anfangssituation zur Darstellung zu bringen.

Diese narrative Strategie wurde in der Wirkungs- und Rezeptionsgeschichte des tiefsinnigen Textes lange verkannt: nicht nur in der paulinischen Adam-Christus-Typologie (Röm 5,12-21), sondern vor allem auch in der Sündenlehre Augustins. Dieser kommt für die Erfahrung der Sünde im Lichte des Glaubens und für die kirchlich-theologische Verkündigungs- und Lehrgeschichte deshalb eine Schlüsselstellung zu, weil sie – zugespitzt in der Auseinandersetzung mit der Lehre von Pelagius – eine Definition der *Ursünde* als *superbia*, als hochmütige Auflehnung gegen Gott, mit der bereits vor Augustin entwickelten Vorstellung einer *Erbsünde* verbindet, die „von Adam durch die geschlechtliche Zeugung als *tradux peccati* auf seine Nachkommen übertragen"[18] und die im gleichen Sinne als Schuld (als *reatus*) zugerechnet wird wie Adams und wie Evas Ungehorsam. Augustins Modell bestimmte die scholastischen Debatten über das Verhältnis von Sünde und Willensfreiheit nicht weniger als die reformatorische Rechtferti-

---

18 PIER FRANCO BEATRICE, Art. Sünde V. Alte Kirche: TRE 32, 389–395; 393.

gungslehre[19] und das „Decretum de peccato originali“ des Trienter Konzils.[20] Es schien geeignet zu sein, die Radikalität wie die Universalität des menschlichen Sündig-Seins zu verstehen, dessen Erfahrung in der Gewissheit des göttlichen Versöhnungswillens und Versöhnungswirkens stets vorausgesetzt und mitenthalten ist.

Die theologische Aufklärung in Deutschland – die Neologie und der theologische Rationalismus – hat diesen Schein unwiederbringlich und mit Recht zerstört. Vorbereitet durch die Kritik, die bereits Fausto Sozzini vorgetragen hatte, wiesen Theologen wie Johann Gottlieb Töllner, Johann Friedrich Wilhelm Jerusalem und Franz Volkmar Reinhard die tradierte Vorstellung von der Erbsünde mit dem Argument zurück, dass doch ein Schuldvorwurf dann und nur dann zulässig sei, wenn eine Tat einem Täter kraft der freien Entscheidung seines eigenen Willens zugeschrieben werden könne.

Freilich führte die Kritik der theologischen Aufklärung an der überlieferten Vorstellung von der Erbsünde nun ihrerseits zu dem problematischen Ergebnis, dass die kirchlich-religiöse Kommunikation des Evangeliums nur noch von individuellen Tatsünden und nicht mehr von dem Sündig-Sein der leibhaft und geschlechtlich existierenden Person zu reden vermochte.[21] Sie verblieb damit bewusst im Horizont der Moralität, und sie drohte auch mit ihrer Lehrer- und Vorbild-Christologie die ganze Tragweite des Versöhnungsgeschehens aus den Augen zu verlieren, wie es uns zentral in der gottesdienstlichen Begehung des Evangeliums und besonders im Vollzug der Sakramente begegnet.

Zur Ehre der theologischen Aufklärung muss allerdings gesagt werden, dass sie – die sich gegenüber den Lehrformen der Orthodoxie der religiösen Mündigkeit und der individuellen Frömmigkeit verpflichtet wusste – natürlich die moralische Vervollkommnung des Menschen an die Begegnung mit der geschichtlichen Gestalt des Christus Jesus band, die sie eindringlich und gewinnend zu vergegenwärtigen suchte. Anders verhält es sich dagegen mit der geistigen Elite im Zeitalter des Sturms und Drangs, der Empfindsamkeit und der Klassik. Autoren wie Gotthold Ephraim Lessing, Johann Wolfgang von Goethe, Friedrich von Schiller oder Friedrich Hölderlin haben sehr wohl ein Gespür dafür, dass das Menschengeschlecht – zumal in der Epoche der beginnenden Modernisierung aller Lebensverhältnisse und der Kräfte dieser grundlegenden Entfremdung – der moralischen Bildung oder Erziehung bedürftig sei; jedoch sie suchen diese moralische Bildung und Erziehung in der Hinwendung zur Antike, in der vernünftigen Einsicht, in der moralischen Anstalt des Theaters oder in der Stiftung einer poetischen Religion, und sie verweigern sich auf das Entschiedenste der Anerkennung derjenigen Ambivalenz, die Immanuel Kant immerhin auf den Begriff des „Hanges zum Bösen“ gebracht hatte.[22] Die Religions- und Christentumskritik, die sich hier anbahnt, lebt geradezu von der Verkennung des Bösen, und diese Verkennung des Bösen hat in der realen Geschichte der Epoche furchtbare Folgen gehabt.

In dieser Lage – sie ist nach wie vor unsere Lage – ist es mit der bloßen Ausschaltung der Erbsünden-Lehre natürlich nicht getan; vielmehr ist es der dogmatischen Besinnung aufgegeben, deren wohlverstandene Intention – das Faktum der unbegreiflichen und unausweichlichen Allgemeinheit der Sünde zu verstehen, das alle aktualen Formen der mise-

19 Wichtige Quellen der Lehrbekenntnisse der lutherischen Reformation: CA II (BSLK 53,2–8); CA XIX (BSLK 75,2–6); ApolCA II (BSLK 148,13; 149,12f.); FC I (BSLK 770,32f.); SD I (BSLK 852,11f.). Zum Verständnis der Sünde in der reformierten Reformation vgl. bes. JOHANNES CALVIN, Inst. 1559, II,1,1–3; 1,4; 1,6; 1,8.

20 DH 1510–1516.

21 Auf dieses problematische Ergebnis weist eindringlich hin WOLFHART PANNENBERG, Systematische Theologie. Bd. II (wie Anm. 7), 268ff.

22 Vgl. IMMANUEL KANT, Die Religion innerhalb der Grenzen der bloßen Vernunft (wie Anm. 10), 28ff.

rablen Gesinnung, der Laster, der Untaten und der Straftaten bedingt – in klarer und vertiefter Weise zur Sprache zu bringen und eben dadurch eine spezifische Aufklärung über die *condition humaine* zu leisten. Dies wird uns möglich sein, indem wir jene Allgemeinheit der Sünde auf dem Boden der Person-Theorie Friedrich Schleiermachers und Søren Kierkegaards zur Darstellung bringen und damit auch die tiefen Einsichten Augustins und Luthers in das Wesen oder vielmehr in das Unwesen der Sünde festhalten.[23]

4.1.3. Das Begehren und die Begierde

Der angefochtene Glaube – das christlich-fromme Selbstbewusstsein – schließt in dieser Weltzeit stets das *Bewusstsein der Sünde* ein: sonst bedürfte das Leben des Glaubens in der Gemeinschaft der Glaubenden und im Gemeingeist der Kirche ja nicht des regelmäßig wiederholten Zuspruchs des Evangeliums; es bedürfte sonst nicht der liturgischen Formen der Beichte und des seelsorglichen Gesprächs; es bedürfte sonst nicht der herzlichen Bitte um die Vergebung unserer Schuld, die wir im Vaterunser vor Gott bringen; und es bedürfte sonst nicht des fortwährenden geschichtlichen Gedenkens, in dem die Glaubensgemeinschaft der Kirche in der Gesellschaft und für die Gesellschaft die epochalen Fehlentwicklungen und Fehlentscheidungen der euro-amerikanischen Moderne präsent hält, die – wie die Urkatastrophe des 1. Weltkriegs – unermessliches Leid und lang andauernde Traumatisierung, Hass und Verfeindung zur Folge haben. Im Widerspruch zur leichtfertigen und leichtsinnigen Kritik am christlich-religiösen Bewusstsein der Sünde will die dogmatische Besinnung daher zeigen, dass die Erfahrung des Gewissens ein Symptom der seelischen Reife und Gesundheit und dass das Gefühl der Reue ein lösendes und heilsames Gefühl ist.[24]

Ist es uns in der Christusgemeinschaft – im Glauben an den Christus Jesus Gottes des Schöpfers – durch Gottes Geist als wahr gewiss, dass unsere je individuelle Verstrickung in die Geschichte der Sünde des Menschengeschlechts vergeben und verziehen und aufgehoben ist, so kommt nun alles darauf an, jenen stets wirksamen Grund und jenes unbeherrschbare Motiv genauer zu verstehen, das wir als die berechtigte Intention der mythischen Darstellungsweise eines „Sündenfalls" erkannten.

Der Apostel Paulus hatte in seiner Auseinandersetzung mit der sog. judaistischen Mission um die bleibende Gültigkeit der Tora – des Inbegriffs der sittlichen Regeln und Normen der frühjüdischen Kultgemeinschaft, wie sie die Endgestalt des Kanons der Bibel Israels formuliert[25] – die These vertreten, es sei die notwendige heilsgeschichtliche Funktion des Gesetzes, das Wesen der Sünde erkennbar zu machen (vgl. bes. Gal 2,15-4,20; Röm 7,7). Er verstand unter dem Begriffswort „Gesetz" den Inbegriff der Willensoffenbarung JHWHs an Gottes Volk, die freilich in dem allen Menschen ins Herz geschriebenen Sittengesetz ihre reale Entsprechung hat (Röm 2,15). Ihre mannigfachen Konkretionen fasst er zusammen in den schlichten Satz: „begehre nicht!" (Röm 7,7 im Anschluss an Ex 20,17).

---

23 Vgl. zum Folgenden bes. die bedeutende Darstellung bei WOLFHART PANNENBERG, Systematische Theologie. Bd. II (wie Anm. 7), 274–290; 290–303.

24 Zu dem – in der gegenwärtigen Kommunikation des Evangeliums jedenfalls in den evangelischen Kirchen bedauerlicherweise weithin vergessenen – hochwichtigen Thema der Reue vgl. den informativen Artikel von KIRSTEN HUXEL, Art. Reue: RGG[4] 7, 467–470 (Lit.), die auch auf die Funktion der tätigen Reue im Zivil- und im Strafrecht der Bundesrepublik Deutschland hinweist.

25 Vgl. zur Entstehungsgeschichte der Tora ECKART OTTO, Art. Gesetz II. Altes Testament: RGG[4] 3, 845–848.

Paulus konzentriert hier alle möglichen präskriptiven Bestimmungen des Gesetzes – sowohl die gebietenden als auch die verbietenden – darauf, die *Begierde* als diejenige unwillkürliche Lebenstendenz zu charakterisieren, die die Gesinnung der Person (Röm 8,5a.6a) und infolgedessen ihr Handeln (Röm 7,17) prägt. Sie – die Begierde – müsste das Verderben und den Tod zur Folge haben (Röm 6,21), wenn sie nicht durch Gottes letztgültige Selbsterschließung im Christus Jesus und eben deshalb durch die neue Lebenstendenz (Röm 6,23; 8,5b.6b) überwunden würde, die in der geistgewirkten Gewissheit des Versöhnt-Seins mit Gott gründet. Die präskriptive Form des Gesetzes hat nach Paulus – jetzt, „da aber die Zeit erfüllet ward" (Gal 4,4) – keineswegs mehr die orientierende Funktion, die jüdische Lebensform bis ins Detail der Reinheits-, Kleidungs- und Speisevorschriften als das Höchste Gut des Lebens in der Übereinstimmung mit JHWHs Gemeinschaftswillen zu ordnen; sie hat vielmehr die heilsgeschichtlich-kritische Funktion, das Phänomen entdecken zu lassen, das dem jeweils aktuellen Tun des Bösen (Röm 7,19b) *zugrunde liegt*. Die präskriptive Form des Gesetzes ist nur die Folge einer tieferen evaluativen Erkenntnis: der Erkenntnis, *dass die Begierde böse ist*! Just wegen dieser tieferen evaluativen Erkenntnis steht denn auch die präskriptive Form des Gesetzes im Dienste der Gerechtigkeit des Glaubens und der Gotteskindschaft (Gal 3,24-26), die nunmehr durch das menschliche Offenbarungszeugnis und durch Gottes Geist für die Gemeinschaft aus Juden und Griechen konstituiert ist.

Aus welchen Gründen aber ist die Erkenntnis, dass die Begierde böse sei, wahr? Wie lässt sich das Phänomen, das der Apostel Paulus mit dem disqualifizierenden Begriffswort „Begierde" benennt, erhellen?[26]

Wir suchen diese Frage zu beantworten mit Hilfe und im Lichte des Begriffs des menschlichen, des leibhaften Person-Seins, den wir im Rahmen unserer Darstellung des christlichen Glaubens an Gott den Schöpfer entwickelten (s. o. S. 125ff.). Auf diesem Wege werden wir erkennen, dass die Begierde, wie sie Paulus als das unbeherrschbare Motiv und als den stets wirksamen Grund aller aktuellen Übertretungen des göttlichen Willens benennt, in einem *ursprünglichen Begehren* wurzelt, welches der fundamentale Wesenszug des geschaffenen Person-Seins ist. Die Einsicht in die Struktur des ursprünglichen Begehrens wird es uns möglich machen, an das Verständnis der Sünde im Sinne des „peccatum radicale" bei Augustin, bei Luther, bei Melanchthon und bei Calvin anzuknüpfen und es im Lichte unserer Analyse des unmittelbaren Selbstbewusstseins zu präzisieren.[27] Methodisch gesprochen werden wir das Bewusstsein der Sünde, das in der Wahrheitsgewissheit des Glaubens vorausgesetzt und mitenthalten ist, dann und nur dann in seiner Eigen-Art verstehen und verständlich machen können, wenn wir es im Zusammenhang fundamentalanthropologischer Aussagen deuten.

Wir werden deshalb, um das Phänomen der Begierde zu verstehen, in einem ersten Schritt unsere fundamentalanthropologische Einsicht in das Moment des ursprünglichen Begehrens wiederholen, um daraufhin in einem zweiten Schritt die Begierde als das Begehren des Bösen unter dem Schein des Guten zu bestimmen.[28]

---

[26] Zur Interpretation ist nach wie vor unentbehrlich RUDOLF BULTMANN, Theologie des Neuen Testaments, Tübingen 1961^4, 239–246.

[27] Vgl. bes. MARTIN LUTHER, nach dem die Erbsünde („peccatum originale") geradezu als „peccatum radicale" (WA 56; 277,12) und als „incurvitas in seipsum" (WA 18; 710ff.) zu verstehen ist.

[28] Die Unterscheidung zwischen dem ursprünglichen Begehren und der – dieses Begehren pervertierenden – ungemäßigten Begierde hatte bereits AUGUSTIN in seiner Schrift „De libero arbitrio" entwickelt; vgl. die Nachweise bei WOLFHART PANNENBERG, Systematische Theologie. Bd. II (wie Anm. 7), 278 Anm. 225.

Erstens: Wir haben das Phänomen des geschaffenen Person-Seins mit Hilfe und im Lichte eines Begriffs der Relation entfaltet – genauer: mit Hilfe und im Lichte eines komplexen Gefüges von Relationen. Wir haben das geschaffene Person-Sein zunächst im Hinblick auf das individuelle Selbst betrachtet, das sein Leben im Medium und auf dem Fundament des geschlechtlich differenzierten Leibes in den Formen der seelischen, der geistigen Selbsttätigkeit zu führen genötigt ist. Wir haben aber im selben Atemzug auf die Bestimmtheit geachtet, in der sich das individuelle Selbst – beginnend mit der Zeit der Mutter-Kind-Dyade – in seinen wechselseitigen Beziehungen zu anderem individuellen Selbst befindet; und schließlich haben wir gezeigt, dass das individuelle Selbst in seinen wechselseitigen Beziehungen zu anderem individuellen Selbst mit faktischer Notwendigkeit für Gott bestimmt ist und deshalb in der Gottesgemeinschaft – im Zusammen-Wirken mit dem Wirken Gottes – das Höchste Gut seiner fragilen, fehlbaren und sterblichen Existenz finden wird. Verankert im Naturzusammenhang des ungeheuren Universums und durch den eigenen Leib notwendigerweise in den Austausch mit der Erde – mit ihrer Atmosphäre, mit dem Leben der Pflanze und des Tieres – eingebunden, ist es der geschaffenen Person auferlegt und zugemutet, der *Ordnung der Schöpfung* – dem Mandat Gottes des Schöpfers – zu gehorchen.

Wir können die uns Menschen allen vorgegebene Bedingung des geschaffenen Person-Seins – wie wir weiterhin gezeigt haben – überhaupt erfassen, verstehen und erkennen kraft des unmittelbaren Selbstbewusstseins oder der primären Gewissheit des je individuellen Freiheitsgefühls. Indem wir die primäre Gewissheit des je individuellen Freiheitsgefühls thematisieren, thematisieren wir im selben Atemzug das Leben in der jeweiligen Gegenwart im Hier und Jetzt. In dieser jeweiligen Gegenwart im Hier und Jetzt suchen wir das Gut des uns gegebenen Lebens zu erhalten, zu verteidigen und zu vervollkommnen, indem wir in der sprachlichen Kommunikation und in der praktischen Interaktion mit unseren Mit-Subjekten Mögliches verwirklichen. Aus diesem Grunde bedachten wir den unmittelbaren Zusammenhang zwischen dem individuellen Freiheitsgefühl, das uns im Interesse des uns gegebenen Lebens sprachlich zu kommunizieren und praktisch zu interagieren antreibt, und der Erfahrung der Zeit der Gegenwart.

In der Erfahrung der Zeit der Gegenwart sind wir damit vertraut, dass das je individuelle Freiheitsgefühl uns dazu antreibt, das uns gegebene Leben in der sprachlichen Kommunikation und in der praktischen Interaktion mit unseren Mit-Subjekten als Gut zu erhalten, zu verteidigen und zu vervollkommnen. In der Erfahrung der Zeit der Gegenwart sind wir jedoch auch damit vertraut, dass das je individuelle Freiheitsgefühl die Dauer und die Stetigkeit dieses Guts und die wirkliche Erfüllung dieses Lebenstriebs nicht garantieren, sondern nur erwarten und erhoffen kann. In der Erfahrung der Zeit der Gegenwart ist sich das individuelle Freiheitsgefühl dessen gewiss, dass eben die Dauer, die Stetigkeit, die wirkliche Erfüllung dieses Lebenstriebs letzten Endes in der Macht und in dem Sinn jener ursprünglichen Instanz gründet, die uns im Ganzen des Naturzusammenhangs das Dasein in individueller Freiheit, in individueller Vernunft gewährt. So intendiert das individuelle Freiheitsgefühl in der Erfahrung der Zeit der Gegenwart die Dauer, die Stetigkeit, die Erfüllung des Lebens; allerdings ist es zugleich darauf verwiesen, dass allein die ursprüngliche Instanz, die ihm die selbstbewusst-freie Weise des Daseins in Wechselwirkung mit anderem individuellen Freiheitsgefühl gewährt, ihm auch die Dauer, die Stetigkeit, die Erfüllung des Lebens gewähren wird.

Wir haben damit den Versuch gewagt, den Lebenstrieb, den Grundaffekt, die Intentionalität des Menschen in den Rahmen einzuzeichnen, den uns die Besinnung auf das personale Selbstbewusstsein eröffnet. Ohne weitere theorie- und theologiegeschichtliche Nachweise machen wir uns auf dieser Basis dafür stark, dass wir die biblische Erkenntnis der Universalität und Radikalität der Sünde dann und nur dann verstehen und verständlich machen können, wenn wir sie *ermöglicht* finden in den notwendigen, den transzendentalen Bedingungen, die das individuelle Freiheitsgefühl und dessen Bestimmtheit für anderes individuelles Freiheitsgefühl und für Gott allererst möglich machen. Dass das Wesen und dass die Grundformen der Sünde in ihrer menschheitlichen Allgemeinheit durch Gottes schöpferisches Wollen, Walten, Reden und Rufen ermöglicht und doch nicht verwirklicht sind: das ist die denkwürdige, die sachgemäße Aussageintention, die schon die jahwistische Erzählung vom Paradies und vom Sündenfall vertritt.[29] Sie sagt in ihrer Denk- und Ausdrucksweise: alle Disqualifikationsbegriffe für Böses setzen voraus und beziehen sich auf Gutes, das als solches dennoch unzerstörbar ist und bleibt.

Zweitens: Die Analyse des ursprünglichen Begehrens erschließt uns nun das Phänomen, das Paulus mit dem griechischen Begriffswort ἐπιθυμία (*epithymia*) bzw. mit der Metapher „Fleisch" (vgl. Röm 8,5) und das die kirchlich-theologische Lehr- und Theoriesprache mit dem Ausdruck „Konkupiszenz" kennzeichnet. Zeigt sich uns die Sünde im singularischen Sinne als *Begierde*, so zeigt sie sich in jener Perversion, die das dem menschlichen Person-Sein eigentümliche ursprüngliche Begehren verkehrt und die deshalb die Lebensgeschichte und die Lebensführung der Person in den tiefen Widerspruch zu ihrer Bestimmung und damit in die tiefe Entfremdung von dem komplexen Gefüge der Relationen des verantwortlichen Für-andere-Seins treibt.

Als Perversion des ursprünglichen Begehrens scheint sich auch die Begierde auf das Gut des uns gegebenen Lebens zu richten: auf dessen Dauer, Stetigkeit und wirkliche Erfüllung. Tatsächlich aber strebt die Begierde nach der Dauer, der Stetigkeit, der wirklichen Erfüllung des uns gegebenen Lebens auf eine abstrakte, selbstsüchtige Weise. Sie sucht die Dauer, die Stetigkeit, die wirkliche Erfüllung des uns gegebenen Lebens im Widerspruch zum Leben der Mit-Subjekte durchzusetzen; und sie erwartet und erhofft jene Dauer, jene Stetigkeit, jene wirkliche Erfüllung vom Inbegriff der materialen Lebensgüter oder vom Ruhm und von der Ehre und keinesfalls vom schöpferischen Grund und Ursprung aller Dinge selbst.

Als Perversion des ursprünglichen Begehrens bestimmt die Begierde durchaus nicht nur den Lebenstrieb, den Grundaffekt, die Intentionalität des individuellen Selbst bloß als solchen; sie dominiert vielmehr auch soziale Subjekte – ökonomische Subjekte wie z. B. Unternehmungen, politische Subjekte wie z. B. Staaten – in ihrem wechselseitigen „Kampf auf Leben und Tod"[30], auf den wir unter dem Gesichtspunkt der Gewaltbereitschaft noch zu sprechen kommen werden (s. u. S. 163ff.).

Als Perversion des ursprünglichen Begehrens manifestiert sich die Begierde in jenem eigentümlichen „Zug ins Unendliche…, der es verständlich macht, wie das Ich sich selber an die Stelle des wahrhaft Unendlichen und Absoluten setzen kann".[31] Die individuelle Lebensgeschichte, die sich in den Kampf der sozialen Subjekte gegeneinander verstrickt findet, und die sozialen Subjekte, die sich die individuellen Lebensgeschichten ihrer Mitglieder unterwerfen, demonstrieren in der Geschichte des Menschengeschlechts

---

29 PAUL TILLICH, STh II, 41ff. 46ff., hat diesen Sachverhalt immer wieder als den „Übergang vom essentiellen zum existentiellen Sein" (45) thematisiert und die Aussageintention dieses Gedankens in der „Beschreibung der gegenseitigen Durchdringung von moralischen und tragischen Elementen in der menschlichen Situation" (46) gesehen.

30 So GEORG WILHELM FRIEDRICH HEGEL, Phänomenologie des Geistes. Hg. von JOHANNES HOFFMEISTER (PhB 144), Hamburg 1952^{6}, 144.

31 WOLFHART PANNENBERG, Systematische Theologie. Bd. II (wie Anm. 7), 284.

jenen Größenwahn, von dem die jahwistische Paradies-Erzählung die Schlange sagen lässt: „ihr werdet sein wie Gott und wissen, was gut und böse ist“ (Gen 3,5).

Als Perversion des ursprünglichen Begehrens strebt die Begierde also durchaus nach dem Guten. Sie sucht dies Gute allerdings in der abstrakten Weise durchzusetzen, die der Bestimmtheit des Menschen zum Sein füreinander und für Gott zutiefst widerspricht. Sie ist damit – wie Georg Wilhelm Friedrich Hegel richtig erkannte –, „die *Willkür*, die *eigene Besonderheit* über das Allgemeine zum Prinzipe zu machen, und sie durch Handeln zu realisieren – *böse* zu sein.“[32] Als diese Willkür begehrt die Begierde *das Böse unter dem Schein des Guten.*[33]

Dieses einheitliche Wesen, auf welches das Begriffswort „Sünde“ verweist, wollen wir nun in seinen verschiedenen Grundformen in den Blick nehmen.

4.1.4. Grundformen der Sünde

4.1.4.1. Die Sünde und die Laster[34]

Unter den verschiedenen Manifestationen der Sünde verdienen die Laster unsere besondere Aufmerksamkeit: hat doch die deutschsprachige evangelische Theologie ebenso wie die öffentliche Kommunikation des evangelischen Christentums dieses Phänomen weithin aus den Augen verloren. Als Gegenbegriff zu „Tugend“ ist „Laster“ ein Klassenbegriff für sittlich problematische oder verwerfliche *Haltungen*, also für destruktive Bestimmtheiten der personalen Entscheidungs- und Handlungsfähigkeit. Im Unterschied zu Entscheidungen und Handlungen, die in sich selbst verwerflich sind – dafür kennt das abendländische Christentum den Ausdruck „Todsünde“ – bezeichnet man solche Haltungen als „Wurzel“- oder „Hauptsünden“ (gelegentlich auch als „Kopfsünden“), weil sie als habituelle Bestimmtheiten des Grundaffekts der Begierde geeignet sind, die Person zu in sich selbst verwerflichen Entscheidungen und Handlungen zu verleiten. Das Phänomen des Lasters und der Laster tritt uns in unwillkürlichen Bereitschaften entgegen, auch dann und gerade dann, wenn wir uns nicht in deliktische oder in moralisch verwerfliche Handlungen verstricken. Diesen Sachverhalt zu erkennen und öffentlich zu thematisieren, gehört zu den notwendigen Bedingungen der Vergegenwärtigung des Evangeliums, an denen es im gegenwärtigen deutschsprachigen Protestantismus weithin mangelt.

Das Offenbarungszeugnis des Neuen Testaments kommt auf das Phänomen des Lasters und der Laster – bereits von der Gerichtsbotschaft der Prophetie Israels belehrt – in freiem Anschluss an die frühjüdische Zwei-Wege-Lehre wie an die hellenistische Diatribe zu sprechen (vgl. bes. Röm 1,28ff.; Gal 5,19ff.). Diese letztere nimmt Motive auf, die

---

32 GEORG WILHELM FRIEDRICH HEGEL, Grundlinien der Philosophie des Rechts. Hg. von JOHANNES HOFFMEISTER (PhB 124a), Hamburg 1967 = 1955⁴, § 139 (124). – AXEL HONNETH, Von der Begierde zur Anerkennung. Hegels Begründung des Selbstbewußtseins, jetzt in: DERS., Das Ich im Wir. Studien zur Anerkennungstheorie (stw 1959), Berlin 2010, 15–32, hat dem Verhältnis von Begierde und Selbstbewusstsein in Hegels „Phänomenologie des Geistes“ eine eindringliche Interpretation gewidmet. Bedauerlicherweise lässt der Autor – wie der *mainstream* des gegenwärtigen Philosophierens – den biblischen Hintergrund des Verhältnisses von Begierde und Selbstbewusstsein völlig außer Acht, der dem philosophischen Theologen Hegel zeitlebens gegenwärtig war.

33 Vgl. hierzu bereits KONRAD STOCK, Gottes wahre Liebe. Theologische Phänomenologie der Liebe, Tübingen 2000, 127–140.

34 Im Folgenden stütze ich mich auf: KONRAD STOCK, Art. Laster: RGG^4 5, 85–89 (Lit.); DERS., Laster – der „vielnamige Frevel“. Eine theologische Erinnerung an ein vergessenes Problem, jetzt in: Die Gegenwart des Guten (wie Anm.1), 165–177.

wir bereits in Platons Rede von der „Vielnamigkeit" des Frevels finden[35]: sie kombiniert ein Schema von vier Kardinallastern (Unbesonnenheit; Zügellosigkeit; Ungerechtigkeit; Feigheit) mit den vier Hauptaffekten (Trauer; Furcht; Begierde; Lust), um damit diejenige Lebensweise zu bestimmen, die durch die sittlich-praktische Vernunft zur Lebensweise in den vier Kardinaltugenden (s. u. S. 354ff.) verwandelt werden soll.

Die christliche Rezeption der stoischen Beschreibung dessen, was durch sittlich-praktische Vernunft überwunden werden soll, hat zur Ausbildung einer förmlichen „Acht-Laster-Lehre" geführt, die Gregor der Große systematisch entwickelt und damit der kirchlichen Beichtpraxis und der wissenschaftlichen Theologie der mittelalterlichen Scholastik erschlossen hatte. Gregor stellte hier – einen Grundgedanken Augustins aufgreifend – den Hochmut als die fundamentale Wurzel dem Gefüge der Laster voran, das er insgesamt in eitler Ruhmsucht, in Neid, in Rachsucht, in böser Traurigkeit, in Habsucht, in Völlerei und in Unzucht fand. Damit prägte er ein Grundmuster, dessen erhellende Kraft Thomas von Aquino in der speziellen Moraltheologie der Summa Theologiae auf eine immer noch bedeutsame und lesenswerte Weise entfaltete.[36]

Werfen wir auf diese Beschreibung einen kurzen Blick!
Thomas findet den Zugang zur Interpretation des Lasters und der Laster – wie übrigens schon Augustin – über die positive Einschätzung des ursprünglichen Begehrens als des elementaren Strebevermögens („amor"), das die geschaffene Person auf das Gute, auf das Gut-Sein des Seienden, ausgerichtet sein lässt. Das für die geschaffene Person erstrebenswerte Gute ist nach Thomas vor allem das „spirituale bonum" ihrer Bestimmung zur Gottesgemeinschaft in der Erkenntnis Gottes und in der Liebe zu Gott, aber auch das „bonum commune" einer sozialen Gemeinschaft, die sich auf dem Weg zu ewiger Gottesgemeinschaft befindet. Dem Urstand der geschaffenen Person entspricht die Hinordnung der zeitlichen Güter einer sozialen Gemeinschaft auf das bleibende Gut der Gottesgemeinschaft des ewigen Lebens. Im Lichte dieser Ordnung des Guten erscheint nun die Sünde als der „affectus inordinatus"[37], als diejenige Verkehrung des Begehrens, die Ewiges und Zeitliches vertauscht und deshalb Zeitlichem ein ewiges Gewicht und eine unbedingte Bedeutung beimisst. Die Sünde der geschaffenen Person ereignet sich als Abwendung und als Abgewandt-Sein von dem Guten des göttlichen Gemeinschaftswillens, und es ist genau diese Abwendung und dieses Abgewandt-Sein, das sich in den Lastern manifestiert.

Versuchen wir, die thomanische Deutung des Lasters und der Laster als eine Erscheinung der Sünde in der Lebensgeschichte und in der Lebensführung der Person in den Rahmen unserer Analyse des personalen Selbstbewusstseins einzuzeichnen.

Wir hatten ja gesehen, dass die geschaffene Person in der primären Gewissheit des individuellen Freiheitsgefühls die Zeit der Gegenwart erlebt (s. o. S. 114ff.). In dieser ihrer jeweiligen Gegenwart sucht sie das Gut des ihr gegebenen Lebens zu erhalten, zu verteidigen und zu vervollkommnen, indem sie in der sprachlichen Kommunikation und in der praktischen Interaktion mit ihren Mit-Subjekten Mögliches verwirklicht. In ihrem Lebenstrieb, in ihrem Grundaffekt, in ihrer Intentionalität ist sie allerdings mit einem „Nicht" vertraut: mit einem Bedürfnis, einem Hunger, einem Mangel, den wir im Spek-

---

35 PLATON, Phaidr. 237d/238a.

36 Die allgemeine Analyse des Phänomens des Lasters findet sich in der „Prima Secundae" (THOMAS VON AQUINO, STh 1–2 q 22–48; q 71–89); die spezielle Analyse der einzelnen Laster zieht sich durch die gesamte „Secunda Secundae" (STh 2–2) hindurch.

37 THOMAS VON AQUINO, STh 1–2 q 71 a 1 ad 3.

trum der formalen wie der materialen Güter verstehen werden (s. u. S. 314ff.). Es ist das ursprüngliche Begehren, dieses „Nicht“, dieses Bedürfnis, diesen Hunger, diesen Mangel zu befriedigen und zu stillen. Unter der Macht der Begierde, die Böses unter dem Schein des Guten intendiert, verkehrt sich dies ursprüngliche Begehren in unwillkürliche Bereitschaften, in unwillkürliche Haltungen, die samt und sonders „das abstrakte Selbstinteresse und seine rücksichtslos eigennützigen Ziele“[38] verraten.

Dieses abstrakte, unreife, ungebildete Selbstinteresse indiziert auf jeden Fall, dass sich die Ordnung der Schöpfung – die Bestimmung des Menschen zur Gemeinschaft mit Gott und das darin begründete Mandat Gottes des Schöpfers – der Person noch nicht erschloss und noch nicht Inhalt ihres Wahrheitsbewusstseins und ihres Lebenssinnes wurde. Insofern dürfen wir von einem *Nichtglauben* sprechen.[39] Weil und solange sich die Bestimmung des Menschen als des Ebenbildes Gottes zur Gemeinschaft mit Gott nicht in ihrem Sinn und in ihrer Tragweite erschließt, manifestiert sich die Begierde in den verschiedenen Lastern, unter denen wir nun exemplarisch die Verzweiflung, den Neid, die Maßlosigkeit und die Unfähigkeit zu lieben beleuchten wollen.

Erstens: Weil und solange einem Menschen die Ordnung der Schöpfung verschlossen ist, manifestiert sich diese Verschlossenheit in der Intentionalität der Person als *Verzweiflung*. Søren Kierkegaard hat der Verzweiflung in der Schrift „Die Krankheit zum Tode“ eine eindringliche Analyse gewidmet.[40] Anders als die Trauer und anders als die Depression sieht Kierkegaard die Verzweiflung als eine ganz alltägliche und normale Bestimmtheit eines individuellen Selbstgefühls an. Mit Michael Theunissen können wir den Grundgedanken der Analyse der Verzweiflung auf die Formel bringen: „Wir wollen unmittelbar nicht sein, was wir sind“.[41] Diese alltägliche Verzweiflung stellt sich nicht etwa erst in Grenzsituationen ein, in denen uns ein Scheitern, eine unheilbare Krankheit oder eine definitive Behinderung klar wird; sie ist vielmehr das „*Sich-selbst-nicht-annehmen-Wollen*“, das die Beziehung auf die Bezogenheiten des geschaffenen Person-Seins – auf dessen Bestimmtheit – verweigert. So nimmt die alltägliche Verzweiflung das Gut nicht wahr, das uns in und mit unserem je individuellen Selbst in seiner Bestimmtheit füreinander und für Gott gegeben ist; und sie hat kein Interesse daran, dieses Gut auch unter bedrohlichen äußeren Umständen zu bewahren und im Lichte des Ziels ewiger Vollendung zu vervollkommnen. Von diesem verzweifelten Nicht-selbst-sein-Wollen her gibt es nicht nur Übergänge in die Verstimmungen der Langeweile, des

---

[38] So EILERT HERMS, Private Vices – Public Benefits? Eine alte These im Lichte der Neuen Institutionen-Ökonomik, jetzt in: DERS., Die Wirtschaft des Menschen. Beiträge zur Wirtschaftsethik, Tübingen 2004, 178–197; 185. – „Abstraktes Selbstinteresse“ bestimmt natürlich nicht nur individuelle, sondern auch soziale Subjekte wie etwa Unternehmen oder Staaten, und zwar stets dann, wenn es den Institutionen der Bildung – in der privaten Sphäre der Familie wie in der öffentlichen Sphäre der Schule, der Publizistik, der Kunst und der Kirche – misslingt, ein Interesse am Gemeinwohl nicht nur innerhalb einer Gesellschaft, sondern auch zwischen den Gesellschaften zu wecken. Das Bedingungsverhältnis zwischen dem Selbstinteresse der individuellen Person und den Institutionen der privaten wie der öffentlichen Sphäre ihres Zusammenlebens wird das zentrale Thema des „Grundrisses der Theologischen Ethik“ sein.

[39] Vgl. HEIKO SCHULZ, Art. Unglaube: RGG[4] 8, 741–744. – Ich nehme hier den Gedanken Martin Luthers auf, dass das Wesen der Sünde im Unglauben bestehe (vgl. MARTIN LUTHER, WA 39/I; 84,16–23). Vgl. auch CA II (BSLK 52f.).

[40] SØREN KIERKEGAARD, Die Krankheit zum Tode, in: DERS., Die Krankheit zum Tode – Furcht und Zittern – Die Wiederholung – Der Begriff der Angst. Hg. von HERMANN DIEM und WALTER REST, Köln und Olten 1956[2], 23–177.

[41] Vgl. MICHAEL THEUNISSEN, Der Begriff Verzweiflung. Korrekturen an Kierkegaard, Frankfurt a.M. 1993[2], 18.

Überdrusses und des Ekels; auch die historische Verzweiflung über das Scheitern der geschichtsphilosophischen und der politischen Utopien des 19. und des 20. Jahrhunderts dürfte als Spielart der Verzweiflung aufzufassen sein, die Kierkegaard beschrieb.[42]

Zweitens: Weil und solange einem Menschen die Ordnung der Schöpfung verschlossen ist, manifestiert sich diese Verschlossenheit in der Intentionalität der Person als *Neid*.[43] Das verzweifelte Nicht-selbst-sein-Wollen, welches das Gut des eigenen Person-Seins nicht zu schätzen weiß, nimmt auch das Gut der gemeinsamen Lebensgeschichte und Lebensführung individueller Personen nicht ernst. Nun sind in jeder Gestalt sozialer Ordnung die Lebenschancen, die Handlungsfähigkeiten und die Besitztümer ungleich verteilt. Insofern prägt ein ständiges, ein unausgesprochenes und stillschweigendes Vergleichen das gemeinsame Leben. Dieses Vergleichen führt jedoch zu nichts. Es entbindet keine Handlungsinitiativen, sondern es erzeugt nichts anderes als die „Traurigkeit über das Gut anderer".[44]

Drittens: Weil und solange einem Menschen die Ordnung der Schöpfung verschlossen ist, manifestiert sich diese Verschlossenheit in der Intentionalität der Person als *Maßlosigkeit* und als Unfähigkeit zu vernünftiger Selbstbegrenzung. Darin besteht die Korrespondenz zwischen den Lastern der eitlen Ruhmsucht und der Rachsucht einerseits, der Habsucht, dem Geiz und der prahlerischen Verschwendung andererseits. Sie verkehren und verfälschen sämtlich die Intentionen, die an sich selbst ethisch durchaus gerechtfertigt sind. So wird in der eitlen Ruhmsucht das Verlangen nach Achtung und nach Anerkennung in den Drang verkehrt, Lob und Resonanz zu finden wegen nichtiger Dinge und bei Nichtswürdigen[45]; und so wird in der Rachsucht der an sich berechtigte und begründete maßvolle Zorn verkehrt in die Lust an der Erniedrigung und an dem Leid des Anderen. So wird in der Habsucht, im Geiz und in der prahlerischen Verschwendung die Aufgabe, den Lebensunterhalt zu erwirtschaften, in ein Desinteresse an der allgemeinen und nachhaltigen wirtschaftlichen Entwicklung verkehrt, im Einklang mit dem bloß privaten Genuss des Reichtums; und so wird in entsprechender Weise in der Völlerei die Lust an den gemeinsamen Freuden des Gaumens und an der Tischgemeinschaft zu einem unersättlichen Fressen und Verschlingen.

Viertens: Weil und solange einem Menschen die Ordnung der Schöpfung verschlossen ist, manifestiert sich diese Verschlossenheit in der Intentionalität der Person als Unfähigkeit zur geschlechtlich fundierten Liebe und zum Eingehen einer Lebensgemeinschaft. Unter der Macht der Begierde erfriert das ursprüngliche Begehren nach Intimität in der Kälte, die die Abscheu vor dem männlichen oder dem weiblichen Leib des anderen Menschen erzeugt; und die Lust zu berühren und berührt zu werden verflüchtigt sich in den Illusionen der Pornographie.

So beweist das Gefüge der verschiedenen Laster, wird es nur im Rahmen eines angemessenen Begriffs des geschaffenen Person-Seins interpretiert, jenes „Sich-selbst-nicht-annehmen-Wollen", in dem die Person das Beziehungsgefüge der Ordnung der Schöpfung verfehlt.

---

42 Vgl. bes. LUDGER HEIDBRINK, Melancholie und Moderne. Zur Kritik der historischen Verzweiflung, München 1994. Zur Meta-Kritik dieser Kritik siehe KONRAD STOCK, Lob der Melancholie, in: HEINRICH ASSEL/HANS-CHRISTOPH ASKANI (Hg.), Sprachgewinn (FS. Günter Bader), Münster 2008, 140–148.

43 Vgl. den Überblick von KARL-HEINZ NUSSER, Art. Neid: TRE 24, 246–254; ferner HELMUT SCHOECK, Der Neid. Eine Theorie der Gesellschaft, Freiburg i.Br. 1966.

44 THOMAS VON AQUINO, STh 2–2 q 158 a 1c.

45 Vgl. THOMAS VON AQUINO, STh 2–2 q 132 a 1c.

4.1.4.2. Die Sünde und die Angst

Wir haben uns das Laster und die Laster als eine der Grundformen der Sünde vor Augen geführt. Im Gegensatz zu den humanwissenschaftlichen Beiträgen zur Einsicht in das Phänomen des Lasters ist es uns darum zu tun, im Licht des theologischen Verstehens den inneren sachlogischen Zusammenhang zwischen den verschiedenen Lastern aufzuzeigen. Gibt es für sie ein gemeinsames Merkmal, so besteht es in der unwillkürlichen, in der *vorwillentlichen Bereitschaft*, sich selbst unmittelbar nicht anzunehmen – nämlich sich nicht als das geschaffene Freiheits- und Vernunftwesen in seiner bleibenden und unaufhebbaren Bestimmtheit für die Gemeinschaft aller geschaffenen Freiheits- und Vernunftwesen und für die Gemeinschaft mit Gottes schöpferischer Person anzunehmen. Wie in der Begierde ist uns in den Lastern die Grundsituation des geschaffenen Person-Seins verkehrt und verstellt; und die Begierde ist in den verschiedenen Lastern dann und auch dann latent vorhanden, wenn sie zu keinerlei Entscheidung führen sollten.

Freilich: mit der Analyse der Begierde und mit der Analyse des Lasters und der Laster ist das Phänomen der Sünde noch nicht vollständig beschrieben. Zu den schmerzlichen und schrecklichen Erfahrungen, die wir in unserer jeweiligen Lebensgegenwart zu machen haben, gehört vielmehr auch die *Angst*. „In der Welt habt ihr Angst" – sagt der Christus Jesus nach dem Evangelium des Johannes (16,33). Um die Angst als eine Grundform der Sünde und um zugleich den Zuspruch und den Trost des Christus Jesus zu verstehen – „aber seid getrost, ich habe die Welt überwunden" –, gilt es nun, den Grundriss einer Phänomenologie der Angst zu skizzieren.[46]

Was wir mit dem Begriffswort „Angst" bezeichnen, ist uns aus eigenem Erleben vertraut. Allen Lebewesen vergleichbar, die sich selbst durch das Gehirn und durch das zentrale Nervensystem zu steuern vermögen, indiziert uns das Gefühl der Angst eine Bedrohung unserer selbst, die unwillkürlich auch komplexe Angst-Reaktionen des Organismus auslöst. Nun gibt es aber Bedrohungen unserer selbst, denen wir uns durchaus gewachsen zeigen oder denen gegenüber wir uns Widerstand und Kampf zutrauen können: nennen wir dies die Erfahrung der *Furcht*.[47] Demgegenüber nehmen wir in der Angst eine solche Bedrohung unserer selbst wahr, die mit dem Gefühl der Ohnmacht und der Unfähigkeit zu Widerstand und Kampf verbunden ist. Situationen der Angst überfallen uns als ausweglos. Sie lähmen uns und grenzen deshalb an das Gefühl der Verzweiflung und der Hoffnungslosigkeit. In ihnen verspüren wir *existentielle Angst*.

Um nun die von uns allen erlebte Angst als das Gefühl einer ausweglosen Bedrohung unserer selbst zu verstehen, genügt es nicht, die vielfältigen realen Angstobjekte aufzuzählen oder gar die krankhaften Erscheinungen der Angst, die Phobien, zu charakterisieren. Eine Beschreibung des vielfältigen „Wovor" der Angst – vor der erotischen Leidenschaft, vor dem Altern, vor dem Verlust der Ehre, vor dem sozialen Nichts, vor

---

46 Vgl. zum Folgenden bes.: PAUL TILLICH, Der Mut zum Sein (am. 1952), Stuttgart 1953, 29–64 (= GW 11, 13–139); WOLFHART PANNENBERG, Systematische Theologie. Bd. II (wie Anm. 7), 286–288; KIRSTEN HUXEL, Das Phänomen Angst. Eine Studie zur theologischen Anthropologie, in: NZSTh 47 (2005), 35–57.

47 Zur Unterscheidung von Furcht und Angst vgl. SØREN KIERKEGAARD, Der Begriff der Angst (wie Anm. 40), 445–640. – Auch die Furcht für andere und anderes und die Angst um andere und um anderes ist nach dem Maße unserer Handlungsmacht oder -ohnmacht zu unterscheiden.

dem Tode – impliziert vielmehr stets eine Anschauung des Lebens und der Wirklichkeit und ein Bild des Mensch-Seins im Ganzen des Lebens und der Wirklichkeit. Das ließe sich wohl zeigen an den wichtigsten Beiträgen zur Analytik der Angst: an Søren Kierkegaards Beschreibung der Angst als „Schwindel der Freiheit“[48], an Martin Heideggers Deutung der Angst als derjenigen existenzialen Seinsweise, an der dem Dasein seine „Geworfenheit“ aufgeht[49], und schließlich an Fritz Riemanns tiefenpsychologischer Theorie, welche die individuellen Ängste auf dem Hintergrund einer Lehre von den zwei Antinomien des Lebens interpretiert.[50]

Die Aufgabe, in kritischer Beziehung auf die neuere Theoriegeschichte die Angst als Grundform der Sünde zu erhellen, scheint mir in der Systematischen wie in der Praktischen Theologie noch nicht befriedigend gelöst zu sein. Ihre Lösung kann nur gelingen, wenn wir auch hier von unserer Darstellung des Menschen als des Ebenbildes Gottes ausgehen, das zur Gemeinschaft mit Gott selbst bestimmt und dem aus diesem Grunde das verantwortliche Person-Sein auferlegt ist (s. o. S. 142ff.). Dies verantwortliche Person-Sein gründet – wie wir gesehen haben – in Gottes Gnadenwahl, in Gottes Selbstbestimmung zur Gemeinschaft mit dem Lebewesen, das innerhalb dieser ungeheuren Welt im Werden zum Leben in vernunftgemäßer Selbstbestimmung bestimmt ist und deshalb Dauer und Stetigkeit auch in den Grenzsituationen des Lebens erwarten und erhoffen darf. Nicht in der Furcht, wohl aber im Gefühl der existentiellen Angst wird uns das verantwortliche Person-Sein als die uns vorgegebene und bleibende Bedingung unseres individuellen Selbst schlechthin verdunkelt und erschüttert. Wen das Gefühl existentieller Angst ergreift, versagt unwillkürlich vor der Zumutung, „daß ihm dieser Wurf der Zuversicht auf seinen Schöpfer aufgegeben ist“.[51]

Wie die Begierde und wie die mannigfachen Laster lässt uns mithin auch die Angst einen wichtigen Aspekt des Phänomens der Sünde verstehen. Zwar können diese Grundformen der Sünde dazu treiben und dazu motivieren, Entscheidungen zu treffen und Handlungen zu vollziehen, die in sich selbst im Lichte der Ordnung der Schöpfung verwerflich sind. Aber auch unabhängig von solchen Entscheidungen und unabhängig von solchen Handlungen sind sie in der primären Gewissheit des individuellen Freiheitsgefühls latent vorhanden und lauern vor der Tür (vgl. Gen 4,7). Nur wenn es der dogmatischen Besinnung gelingt, dieses Verwurzelt-Sein der Grundformen der Sünde im unmittelbaren Selbstgefühl der Person freizulegen, wird sie der Vergegenwärtigung des Evangeliums – des Evangeliums vom Versöhnungswillen Gottes des Schöpfers im Christus Jesus und im Geist der Wahrheit – in der zweifachen Gesprächssituation der kirchlich verfassten Glaubensgemeinschaft hier und heute dienen können (s. o. S. XVIII); sie wird in dieser zweifachen Gesprächssituation im Gegensatz zu allen Träumen von sittlicher Selbstmacht und von Lebenskunst mit guten Gründen zeigen können, dass das geschaffene Person-Sein des Menschen der Versöhnung mit Gott dem Schöpfer und der Vollendung durch Gott den Schöpfer jenseits des Todes und durch den Tod hindurch zutiefst bedürftig ist.

---

48 Søren Kierkegaard, Der Begriff der Angst (wie Anm. 40), 512: „So ist die Angst der Schwindel der Freiheit…“.

49 Vgl. Martin Heidegger, Sein und Zeit, Tübingen 1960[9], 184–191.

50 Vgl. Fritz Riemann, Grundformen der Angst. Eine tiefenpsychologische Studie, München/Basel 1973[8].

51 Karl Barth, KD III/2, 198 (im Original gesperrt).

4.1.4.3. Die Sünde und die Gewalt[52]

Es gehört zu den schrecklichsten Erkenntnissen einer gewissenhaften Betrachtung der eigenen Lebensgeschichte und einer gewissenhaften Geschichtsschreibung, auf die Gewaltbereitschaft des eigenen Lebens – ganz überwiegend des Manneslebens, aber durchaus auch des Frauenlebens – und auf die vielfältigen Gestalten der Gewalt in aller Geschichte aufmerksam werden zu müssen.

Ohne Zweifel gibt es das: die ganze Bandbreite einzelner Formen der Androhung und der Ausübung physischen Zwanges, die den jeweils Schwächeren gegen seinen Willen zu handeln zwingt, und die ganze Fülle der Schädigungen an Leib und Leben, die letztlich auf die Vergewaltigung und auf die Tötung des jeweils Schwächeren zielen. Ohne Zweifel gibt es aber auch die vitalistische Verherrlichung der Gewalt als einer „Urerscheinung des Lebens" (Georges Sorel) und die revolutionäre Rechtfertigung der Gewalt im Namen der sozialen Utopien.

Dass die geschaffene Person ihresgleichen bewusst und absichtsvoll zu vergewaltigen und zu töten, dass sie sich aber auch an nackter Gewalt theoretisch, praktisch und ästhetisch zu begeistern vermag – dieses grauenhafte Faktum muss in einer Lehre von der Sünde eigens zur Sprache kommen[53], wenn anders der Versöhnungs- und Vollendungswille Gottes schon in dieser Weltzeit zur Gewaltbegrenzung und zum Gewaltverzicht motiviert und wenn anders die christlichen Glaubensgemeinschaften und ihre Theologische Ethik sich heute für die rechtsstaatliche Bändigung von Gewalt engagieren. Weil die Theologische Ethik an ihrem Ort das Problem des Gewaltmonopols des politischen Souveräns und dessen Grenzen zu diskutieren und weil die seelsorgliche Beratung und der Religionsunterricht die Erfahrung alltäglicher Gewalt zu thematisieren hat, ist Gewalt ein Gegenstand der Lehre von den Grundformen der Sünde. Ja, gerade die Systematische Theologie ist dazu aufgerufen, die Erklärungsmodelle für die aggressiven Phänomene in den verschiedenen Humanwissenschaften im Lichte ihrer eigenen Prinzipienlehre kritisch zu sichten.

Wie können wir das Phänomen der Gewalt und der menschlichen Gewaltbereitschaft verstehen?

Wir nähern uns diesem Phänomen am besten dadurch an, dass wir – in stillschweigender Auseinandersetzung mit der Forschungsliteratur[54] – drei typische Muster gewaltbereiten Sprechens und gewalttätigen Handelns unterscheiden.

Es liegt *zunächst* auf der Hand, dass wir Menschen zu sprachlicher und zu praktischer Gewalt neigen, wenn uns ein Angriff, eine Enttäuschung, eine Frustration widerfährt: sei es, dass wir uns für eine Kränkung oder für eine Beleidigung rächen wollen, sei es, dass wir uns gegen manifeste Gewalt zur Wehr setzen, sei es, dass wir gegen Strukturen einer sozialen Situation aufbegehren, die – wie z. B. im Getto, im Slum, im Gefäng-

---

[52] Vgl. zum Folgenden bes.: WOLFGANG LIENEMANN, Gewalt und Gewaltverzicht. Studien zur abendländischen Vorgeschichte der gegenwärtigen Wahrnehmung von Gewalt, München 1982; HEINZ-HORST SCHREY/MANFRED MOSER, Art. Gewalt/Gewaltlosigkeit: TRE 13, 168–184 (Lit.)

[53] Bedauerlicherweise kommt dieses Faktum in bedeutenden Dogmatiken der deutschsprachigen evangelischen Theologie des 20. Jahrhunderts – etwa in der „Kirchlichen Dogmatik" Karls Barths, in der „Systematischen Theologie" Paul Tillichs, in der „Dogmatik des christlichen Glaubens" von Gerhard Ebeling oder in der „Systematischen Theologie" Wolfhart Pannenbergs – überhaupt nicht oder nur ganz am Rande vor.

[54] Vgl. bes.: ERICH FROMM, Anatomie der menschlichen Destruktivität (am. 1973), dt. Stuttgart 1974^2; HANS-JÜRGEN FRAAS, Art. Aggression: RGG^4 1, 183–184.

nis, im Lager – die Teilhabe an der Sphäre des öffentlichen Lebens der Gesellschaft verhindern und Ausschließung und politisch-ökonomische oder kulturelle Unterdrückung erleben lassen. Zu diesem Typus ist wohl auch die Gewaltbereitschaft aus sozialer Anomie zu rechnen – Indiz dafür, dass der Aufbau personaler Identität und damit personaler Verantwortungsfähigkeit gescheitert ist.[55]

Darüber hinaus ist Gewalt erstaunlicherweise aber auch mit dem Erleben sexueller Erregung verbunden. Wie immer es mit der Genese dieses Typus in der psychosexuellen Entwicklung der Person bestellt sein mag: es kann sadistische Lust bereiten, in der Phantasie oder in der Realität dem anderen Schmerz zuzufügen, und es kann masochistische Lust bereiten, Schmerz zu erleben und zu erleiden. Die theologische Lehre von den Grundformen der Sünde wird diese perversen Erscheinungen nicht übersehen dürfen, ihre Interpretation im Sinne eines Todes- und Destruktionstriebs aber in Zweifel ziehen müssen.[56]

Schließlich begegnet uns Gewalt in organisierter Form als Waffengewalt. In aller bisherigen Geschichte suchten politisch verfasste Subjekte durch Krieg ihren Einfluss und ihre Dominanz im Außenverhältnis zu anderen politisch verfassten Subjekten zu erweitern und zu sichern. Demgegenüber ist es die besondere historische Erfahrung der Moderne seit der Französischen Revolution, weltanschaulich begründete Diktaturen zu sehen, welche die legalen Gewaltmittel des politischen Systems zur Durchsetzung eines politischen Willens über das Ganze einer Gesellschaft missbrauchen und eine Schreckensherrschaft des Staates inszenieren. Von dieser Form des Gewaltgebrauchs ist noch einmal die Gewaltanwendung zu unterscheiden, die wir unter den Begriff des Terrors subsumieren. Weil die organisierte Form der Waffengewalt existentielle Angst erzeugt, verbindet sich die Analyse der Gewalt zwangsläufig mit der Analyse der Angst.

Gewalt als Grundform der Sünde begegnet uns also in verschiedenen Erscheinungen, die sich nicht ohne weiteres aufeinander zurückführen lassen. Wenn es zwischen ihnen dennoch etwas Gemeinsames gibt, so wird dies Gemeinsame in der unwillkürlichen Bereitschaft zu suchen sein, die Position der Größe und der Überlegenheit zu wollen und zu behaupten, und zwar gerade mit der *ultima ratio* der Gewalt. Wir dürfen daher – wie Hannah Arendt[57] – jedes Denken, Sprechen und Handeln als gewaltbereit und als gewaltsam verstehen, das die Mittel des physischen Zwingens, Drohens und Vernichtens mit dem Ziel der eigenen Größe und Überlegenheit einsetzt und die elementare Achtung und Anerkennung des andern als andern verweigert. Die angemessene Form des Kampfes gegen die verschiedenen Erscheinungen von Gewalt wird dann das beherrschende Thema der Theologischen Ethik des Politischen sein müssen; und sie wird darin nicht nur das rechtsstaatlich geordnete Gewaltmonopol begründen, sondern auch die befriedende Kraft des Glaubens – des christlich-frommen Selbstbewusstseins – in den Bildungsinstitutionen der Kirche für die Überwindung des Gewaltmusters in der Sphäre des privaten wie in der Sphäre des öffentlichen Lebens und vor allem zwischen den Gesellschaften deutlich machen.

---

55 Vgl. hierzu die Theorie von JOHN DOLLARD u. a., Frustration und Aggression (am. 1939), Weinheim 1971³.

56 Vgl. hierzu die Theorie von SIGMUND FREUD, Jenseits des Lustprinzips (1920), zit. nach: DERS., Studienausgabe Bd. III: Psychologie des Unbewußten (hg. von ALEXANDER MITSCHERLICH, ANGELA RICHARDS, JAMES STRACHEY), Frankfurt a.M. 1975, 213–272; DERS., Das ökonomische Problem des Masochismus (1924), ebd., 339–354. – Dass Freuds Idee des Todes- oder Destruktionstriebs unbewiesen sei, ist bekanntlich der Ausgangspunkt für die Deutung der Aggressivität bei KONRAD LORENZ, Das sogenannte Böse, Wien 1971²⁹.

57 Vgl. HANNAH ARENDT, Macht und Gewalt (am. 1970), München 1971², bes. 8. Auch Arendt lehnt von hier aus revolutionäre Gewalt grundsätzlich und entschieden ab.

4.1.4.4. Fazit

Wir haben den Versuch gewagt, das abgründige Wesen oder vielmehr das Unwesen der Sünde freizulegen, wie es uns in der Situation des angefochtenen Glaubens – des christlich-frommen Selbstbewusstseins – zu verstehen gegeben ist. Wir ließen uns leiten von der kühnen Definition des Apostels Paulus, der von der zentralen Bestimmung der Tora – „begehre nicht" – auf die Begierde als das wesentliche Merkmal einer Lebensführung schloss, die dem Willen und dem Walten der schöpferischen Person Gottes unwillkürlich widerstrebt und sich dieses Widerstreben zurechnen lassen muss.

Solche Begierde hat zur Bedingung ihrer Möglichkeit jenen Lebenstrieb, jene Intentionalität, jenen Grundaffekt der geschaffenen Person, den wir als das *ursprüngliche Begehren* charakterisieren dürfen. Das Begriffswort „Begierde" bezeichnet demnach die destruktive, die abstrakte, die ungebildete Bestimmtheit einer Lebenstendenz oder eines Lebensinteresses, das doch von seinem Ursprung her auf Gutes und Erfüllendes aus ist. Die Lebenstendenz oder das Lebensinteresse der Begierde strebt faktisch nach etwas als Gutem und Erfüllendem, was nach der Ordnung der Schöpfung von Gottes wegen als solches nicht in Frage kommt und nicht in Frage kommen kann. Die Sünde ist ihrem Wesen oder vielmehr ihrem Unwesen nach das perverse Begehren nach Bösem unter dem Schein des Guten, und sie gewinnt von daher ihre unwiderstehliche Macht: sie herrscht zum Tode (vgl. Röm 5,21).

Nun zeigt sich die Lebenstendenz oder das Lebensinteresse der Begierde nicht sofort und nicht in jedem Fall in der tatsächlichen Verletzung oder Übertretung moralisch-rechtlicher Regeln bzw. in deliktischen Handlungen, die einer individuellen Person oder einem sozialen Subjekt zuzurechnen sind. In aller Geschichte ist es ja eine der Funktionen des strafbewehrten Rechts, solche Handlungen nach Möglichkeit zu unterbinden (s. u. S. 433f.). Wir wissen aber aus Erfahrung, dass die Funktion des strafbewehrten Rechts beileibe nicht hinreicht, die Begierde selbst als die Wurzel der Sünde und die Erscheinungsformen der Sünde – das Laster, die Angst und die Bereitschaft zur Gewalt – zu überwinden. Die Begierde als die Wurzel der Sünde und deren Erscheinungsformen sind vielmehr – ermöglicht durch die Verfassung der primären Gewissheit des individuellen Freiheitsgefühls oder des unmittelbaren Selbstbewusstseins der Person – schweigend und unbewusst präsent, jederzeit bereit, zur willentlichen Entscheidung und Handlung zu werden.

Und weil die Verfassung der primären Gewissheit des individuellen Freiheitsgefühls oder des unmittelbaren Selbstbewusstseins der Person als Möglichkeit der Begierde und ihrer Grund- und Erscheinungsformen ein Allgemeines ist, dürfen wir mit Friedrich Schleiermacher von der „Gesamttat und Gesamtschuld des ganzen Geschlechtes"[58] und dürfen wir mit Albrecht Ritschl vom „Reich der Sünde"[59] sprechen. Je sorgfältiger wir dem polymorphen Phänomen der Sünde auf den Grund gehen, desto verständlicher wird uns der mythische Gedanke des *Sündenfalls*, der die Sünde des Menschengeschlechts und die Sünde der individuellen Person zusammensieht (Röm 5,19).

Wir kommen zum Ziel unserer Interpretation, indem wir uns auf den Gedanken Friedrich Schleiermachers beziehen, der „die Sünde als einen positiven Widerstreit des Fleisches gegen den Geist" begreifen will.[60] Wir schließen uns an diesen Gedanken an,

---

58 FRIEDRICH SCHLEIERMACHER, GL^2 § 73,6 (I, 398).

59 ALBRECHT RITSCHL, Die christliche Lehre von der Rechtfertigung und Versöhnung. 3. Bd.: Die positive Entwickelung der Lehre, Bonn 1888^3, 317–332.

60 FRIEDRICH SCHLEIERMACHER, GL^2 § 66 L (I, 355). – Zu Schleiermachers Lehre von der Sünde vgl. bes. CHRISTINE AXT-PISCALAR, Ohnmächtige Freiheit. Studien zum Verhältnis von Subjektivität und Sünde bei August Tholuck, Julius Müller, Søren Kierkegaard und Friedrich Schleiermacher (BHTh 94), Tübingen 1996.

ohne ihn hier *en détail* zu entfalten, weil er die christliche Lehre von der Sünde und vom Bewusstsein der Sünde von vornherein in das Licht des göttlichen Versöhnungs- und Vollendungswillens rückt. Schleiermachers Gedanke hat deshalb eine so große und atemberaubende Tragweite, weil er die Vergebung und die Überwindung der Sünde in der individuellen Lebensgeschichte und die Wirksamkeit der Glaubensgemeinschaft und ihres Gemeingeistes auf ihre jeweilige Gesellschaft miteinander verknüpft und damit die Wechselwirkung zwischen der psychischen Struktur der Person und der sozialen Struktur ihrer geschichtlichen Welt betont. Oder anders formuliert: die dogmatische Besinnung auf die Sünde und auf das Bewusstsein der Sünde zielt von vornherein auf die Aufgabe der Theologischen Ethik, dem „Wirklich-Werden des Guten" vor- und nachzudenken.[61]

Mit dem Begriffswort „Geist" spielt Schleiermacher im Kontext der „Glaubenslehre" natürlich auf das Lehrstück „Von der Mitteilung des Heiligen Geistes" an, das der Entstehung der Kirche – der Gemeinschaft des Glaubens mit dem Christus Jesus – kraft ihrer ewigen Erwählung und kraft ihrer Begründung in dieser Weltzeit gewidmet ist.[62] Erst in diesem Lehrstück werden die notwendigen und hinreichenden Bedingungen dafür expliziert, dass die individuelle Person in die Teilhabe an der Gottesgemeinschaft des Christus Jesus selbst versetzt und dadurch des Bewusstseins der Erlösung teilhaftig wird. Es ist demnach die besondere Wirksamkeit des Heiligen Geistes, die individuelle Person in ihrer Zugehörigkeit zur Kirche aus ihrer je eigenen „Abwendung von Gott"[63] zu befreien und in ihr die „freie Entwicklung des Gottesbewußtseins" oder das „Erwachen des Gottesbewußtseins"[64] – das Ziel des göttlichen Schöpferwillens und des göttlichen Schöpferwaltens – zu begründen.

Jedoch: in Schleiermachers Sprachgebrauch korrespondiert das Begriffswort „Geist" auch dem Begriffswort „Vernunft". In dieser Korrespondenz bezieht es sich auf den persontheoretischen, ja auf den ontologischen Sachverhalt, dass das, was uns Menschen zu erleben, zu verstehen und zu gestalten gegeben ist, gerade auch die Möglichkeit und die Aufgabe des Erlebens, des Verstehens und des Gestaltens selbst und damit die innere Struktur des Selbstbewusstseins umfasst. Als endlichem Geist ist es der individuellen Person in ihrer Gemeinschaft und in ihrer Wechselwirkung mit der je anderen individuellen Person aufgegeben, sich dem Inbegriff des Natürlichen und des Geschichtlichen – also der „Phänomensphäre" insgesamt[65] – in seiner Eigen-Art anzunähern und zu öffnen und darin dem unendlichen Geist und der schöpferischen Vernunft zu begegnen.

Vor diesem Hintergrunde ist es zu sehen, wenn Schleiermacher die Sünde als eine „durch die Selbständigkeit der sinnlichen Funktion (verstehe: der Vernunft oder des Geistes) verursachte Hemmung der bestimmenden Kraft des Geistes"[66] erklären will. Mit der metaphorischen Bestimmung „Fleisch" meint Schleiermacher offensichtlich diejenige Lebenstendenz und dasjenige Lebensinteresse, das sich der Bestimmung des endlichen Geistes und der endlichen Vernunft zur Begegnung mit dem unendlichen Geist und

---

[61] Vgl. zum Folgenden: EILERT HERMS, Das Wirklichwerden des Guten: Das Kommen des Reiches Gottes. Zum Verhältnis von Güterlehre und ontologischem Fundament der Ethik, in: WILFRIED HÄRLE/REINER PREUL (Hg.), Reich Gottes (MJTh XI), Marburg 1999, 85–102; sowie KONRAD STOCK, Gemeingeist, jetzt in: DERS., Die Gegenwart des Guten (wie Anm. 1), 225–238.

[62] FRIEDRICH SCHLEIERMACHER, GL^2 §§ 121–125 (II, 248–273) im Kontext der §§ 116–120 (II, 217–248).

[63] FRIEDRICH SCHLEIERMACHER, GL^2 § 63 L (I, 344).

[64] FRIEDRICH SCHLEIERMACHER, GL^2 § 65,2 (I, 359).

[65] Vgl. EILERT HERMS, Schleiermachers Erbe, jetzt in: DERS., Menschsein im Werden. Studien zu Schleiermacher, Tübingen 2003 (= Studienausgabe 2006), 200–226; 201.

[66] FRIEDRICH SCHLEIERMACHER, GL^2 § 66,2 (I, 357).

mit der schöpferischen Vernunft im gemeinsamen Verstehen und Gestalten der Welt verweigert. Wenn man gegen Schleiermachers Sündenlehre einwenden kann, dass sie die Grundformen der Sünde nicht deutlich genug in ihrer Krassheit und in ihrer Grausamkeit zur Sprache bringe, so gibt sie doch einer spezifischen Erscheinung der Sünde Raum, die wir um der Tragweite des Evangeliums willen nicht übersehen dürfen: ihrer Gestalt als der rein immanenten Anschauung des Lebens, die sich mit der Lust dieser Welt begnügt[67] und an der zielgerichteten Reform aller Lebensverhältnisse im Horizont des Reiches Gottes – also an den wahrhaft guten Werken, deren Gestalt die Theologische Ethik in der Güterlehre bedenkt – nur ein gleichgültiges Desinteresse hat.

4.1.5. Die Sünde, das Gesetz und das Gewissen[68]

Es entspricht der Eigenart des christlichen Glaubens und es entspricht dem Gemeingeist der christlichen Glaubensgemeinschaft in ihrer jeweiligen gesellschaftlichen Lebenswelt, dass die individuelle Gewissheit der Wahrheit des Evangeliums in dieser Weltzeit stets angefochten ist; das christlich-fromme Selbstbewusstsein schließt stets das Bewusstsein der Sünde, das Bewusstsein tiefer Entfremdung von Gottes schöpferischem Willen ein. Wir haben in unserem bisherigen Gedankengang zu erhellen gesucht, wie sich uns das Phänomen der Sünde zeigt und welche Grundformen der Sünde zu unterscheiden sind – auch dann und gerade dann, wenn sie durch die Institutionen des strafbewehrten Rechts daran gehindert werden sollten, zur Tat und zur Untat zu werden. In der Genese der Gewissheit des Glaubens an den Christus Jesus Gottes des Schöpfers und im lebensgeschichtlichen Aufbau verantwortlicher Handlungsfähigkeit ist demnach das Sündig-Sein der Person als der stets wirksame Grund ihres Schuldig-Werdens und ihres Schuldig-Seins vorausgesetzt.[69] Aber die geschichtliche Erfahrung lehrt, dass es bestimmter Bedingungen bedarf, damit es im Selbstgefühl der Person zu jener seelischen Not und Bedürftigkeit komme, die sie die Gewissheit der Wahrheit des Evangeliums und in ihr die immer wieder aktuelle Befreiung von der Sünde als der unheimlichen Macht der Entfremdung suchen lässt. Um diese Bedingungen genauer zu verstehen, wenden wir uns am Ende der Lehre von der Sünde dem normativen Bewusstsein und dem Phänomen des Gewissens zu.

Mit dem Begriffswort „Gewissen" benennen wir einen Wesenszug des menschlichen Person-Seins, den wir wohl in aller Geschichte annehmen dürfen, auch wenn die Deutlichkeit und Schärfe, die die Erfahrung des Gewissens in der christlich-religiösen Anschauung des Lebens und der Wirklichkeit gewonnen hat, sich besonderen Institutionen der Gewissensbildung verdanken mag, die nicht überall und nicht zu allen Zeiten gegeben sind.

Schon Seneca hatte zwischen dem guten Gewissen und dem schlechten Gewissen unterschieden.[70] Diese Unterscheidung gibt zu erkennen, dass die Erfahrung des Gewissens in einer zweifachen Hinsicht zu beschreiben ist.

Erstens bezieht sich die Erfahrung des Gewissens auf ein normatives Bewusstsein – also auf das Wissen um die Geltung einer Norm, einer Regel, einer präskriptiven Aussage, die Anerkennung und Befolgung verlangt und mit Recht verlangen kann.[71]

---

[67] Vgl. FRIEDRICH SCHLEIERMACHER, GL^2 § 66,1 (I, 355f.).

[68] Vgl. zum Folgenden bes.: JÜRGEN-GERHARD BLÜHDORN/MICHAEL WOLTER/FRIEDHELM KRÜGER/ADAM WEYER/HANS-GÜNTER HEIMBROCK, Art. Gewissen I.–V.: TRE 13, 192–241 (Lit.); WILFRIED HÄRLE, Art. Gewissen IV. Dogmatisch und ethisch: RGG^4 3, 902–906.

[69] Nach MARTIN LUTHER ist daher mit dem „peccatum remanens" zu rechnen, das auch nach dem Empfang der Taufgnade bestehen bleibt (WA 10/I; 508,6–20), selbst wenn es daraufhin zum „peccatum regnatum" wird (WA 8; 94,2ff.).

[70] SENECA, ep. XII, 9; XLIII, 5.

Zweitens aber stellt sich die Erfahrung des Gewissens ein als ein Urteil über die Übereinstimmung unseres Begehrens, Erwägens, Planens, Wollens und Handelns mit derjenigen Norm oder Regel, deren verpflichtender Charakter uns bewusst ist. Ohne Beziehung auf ein normatives Bewusstsein könnten wir nicht vom Urteil des Gewissens sprechen. Ohne dass das Gewissen sich dieses Urteil selbst spricht, wäre der verpflichtende Charakter solcher normativer Regeln noch nicht anerkannt. In der Erfahrung des Gewissens wacht und urteilt die Person jeweils selbst darüber, ob und inwieweit eine begründete normative Regel in ihrer Lebensführung faktische Bindungskraft entfaltet oder nicht. Insofern ist der von Sigmund Freud eingeführte Terminus „Über-Ich" ganz passend.

Nun fragt es sich, worin der verpflichtende Charakter solcher normativer Regeln, derer sich die Person bewusst ist, seinerseits seinen Grund habe. Dieser verpflichtende Charakter kann ja nur in einer Autorität begründet sein, die die Macht und die Fähigkeit hat, normative Regeln für die Person zu setzen und den Anspruch auf ihre Anerkennung und Befolgung aufzustellen. In der Beziehung auf den verpflichtenden Charakter normativer Regeln bezieht sich das Gewissen stets auf die Autorität derjenigen Instanz, welcher die Macht und die Fähigkeit der Regelsetzung zukommt. Im Urteil des Gewissens ist das Urteil dieser Instanz impliziert. Das „forum internum" erlebt sich stillschweigend oder ausdrücklich in der Beziehung auf das „forum externum" der regelsetzenden Autorität.

Von dem „forum externum" einer regelsetzenden Autorität dürfen wir indes dann und nur dann sprechen, wenn diese ihrerseits personalen Charakter hat und deshalb als Subjekt eines fremden, eines autoritativen, eines überlegenen Willens in Betracht kommt. Kategorien, die etwas in der Sphäre der Phänomene bezeichnen – wie z. B. Natur, Geschichte, Fortschritt –, bezeichnen jedenfalls keine Subjekte eines Willens und können darum auch kein Urteil fällen, das sich dem Gewissen auch erschließt. Nun könnte zwar die jeweilige Gesellschaft als „forum externum" einer regelsetzenden Autorität fungieren, die in der Tat in ihrem Rechtssystem normative Regeln setzt und durchsetzt; aber die jeweilige Gesellschaft vermag mit ihrem Rechtssystem das normative Bewusstsein oder die Gesinnung der Person nicht zu binden; und sie ist ihrerseits beileibe nicht davor gefeit – wie die geschichtliche Erfahrung leidvoll und erschreckend beweist[72] –, unter dem Schein des Rechts Unrecht zu setzen und durchzusetzen. Insofern wird es geradezu ein Wesensmerkmal eines reifen Gewissens sein, dem Gehorsamsanspruch einer regelsetzenden Autorität jedenfalls dann Widerstand zu leisten, wenn er höheres Recht verletzt.[73]

Dieses höhere Recht nun gründet nach der biblischen Anschauung des Lebens und der Wirklichkeit, die wir hier entfalten, in der Autorität jener Instanz, die allein Ursprung des Lebens und der Wirklichkeit zu sein vermag: in der Autorität des göttlichen Schöpferwillens, wie er der Ordnung der Schöpfung (s. o. S. 142ff.) zugrunde liegt. Denn die Ordnung der Schöpfung schließt, wie wir gesehen haben, jene *Bestimmung des Menschen* ein, im Vertrauen auf die Treue und Beständigkeit Gottes des Schöpfers das Leben individueller Selbstverantwortung in der Mitwirkung mit Gottes Wirken zu führen – und zwar in dessen beiden Reichen und Regierweisen: in der Erhaltung und Erneuerung aller Lebens- und Bildungsbedingungen und in der Überlieferung und Weitergabe der befrei-

---

71 Vgl. hierzu jetzt EILERT HERMS, Art. Normen III. Begründung/Rechtfertigung von Normen: RGG[4] 6, 388–390.

72 Eine der erschreckendsten geschichtlichen Erfahrungen dieser Art beschreibt ALEXANDER SOLSCHENIZYN, Der Archipel GULAG, dt. Bern 1974.

73 Diesen Fall diskutiert DIETRICH BONHOEFFER, Ethik (jetzt in: DBW 6 [Gütersloh 1998[2]]), 276–283.

enden Wahrheit, welche die notwendige Bedingung für die Revolution der Gesinnung durch Gottes Geist darstellt.

Die Ordnung der Schöpfung schließt für die individuelle Person in ihrer privaten wie in ihrer öffentlichen Sphäre den Auftrag und die Zumutung ein, kraft eigener Einsicht den schöpferischen Willen Gottes *als Inbegriff des Guten* zu verstehen, zu ehren, zu bejahen und zu verwirklichen. Vor aller sprachlichen Formulierung dessen, was uns im Laufe der Geschichte als Gottes schöpferischer Wille erkennbar ist, muss dies als Inbegriff des *von Natur aus Rechten* gelten. In der Erfahrung des Gewissens, die sich in der Geschichte des Offenbar-Werdens Gottes bildet, ist somit das „forum externum" identisch mit dem Leben der schöpferischen Person Gottes; und alle möglichen normativen Ansprüche unterliegen deren Kriterium und deren Urteil. In der Erfahrung des Gewissens weiß sich die Person – wie Luther sagte – in zugespitzter Weise *„coram Deo"*.[74] Ihre Verantwortung ist Verantwortung *vor Gott.*

Wir kommen zum springenden Punkt.[75] Der Situation des angefochtenen Glaubens oder des christlich-frommen Selbstbewusstseins entsprechend, wie sie den Gemeingeist der Glaubensgemeinschaft bestimmt, ist das Bewusstsein der Sünde in ihren verschiedenen Grundformen als das Bewusstsein der Verfehlung des schöpferischen Willens Gottes stets präsent, auch wenn es hier in diesem Rahmen zum Verschwinden bestimmt ist. Das Bewusstsein der Sünde in ihren verschiedenen Grundformen hat nun aber seinen psychologisch bestimmbaren Ort im Gewissen der Person in seiner Beziehung auf das normative Bewusstsein oder auf die Gesinnung. Das Gewissen gibt uns nämlich zu verstehen, dass wir dem schöpferischen Willen Gottes mit unserem eigenen Wollen faktisch nicht entsprechen können: und zwar nicht etwa deshalb nicht, weil wir keine Einsicht hätten in den normativen Gehalt und in den verpflichtenden Charakter des göttlichen Schöpferwillens, sondern vielmehr deshalb nicht, weil diese Einsicht als solche unser eigenes Wollen noch nicht zu motivieren vermag. Im Gewissen erleben wir die *Diskrepanz* zwischen dem Wollen Gottes und dem eigenen Wollen, das an die Grundformen der Sünde gefesselt ist. Diese Diskrepanz bewusst zu machen und präsent zu halten, ist nach Martin Luther die „theologische Funktion" des Wortes Gottes als Gesetz.[76]

Luthers Auslegung der theologischen Funktion des Wortes Gottes als Gesetz orientierte sich vor allem an der Beschreibung, die der Apostel Paulus von der Rolle der Tora im Hinblick auf die Gewissheit der Wahrheit des Evangeliums und auf ihre befreiende Kraft in den Kapiteln 1–7 des Briefs an die Gemeinde zu Rom gegeben hatte. Sie endet mit dem Satz: „Ich elender Mensch! Wer wird mich erlösen von dem Leibe dieses Todes? Ich danke Gott durch Jesus Christus, unsern HERRN." (Röm 7,24f.). Mit

---

74 Es ist die Sache einer vollständigen Erhellung des Phänomens des Gewissens, im Lichte dieser Einsicht auf die bedeutende Analyse des Gewissens bei MARTIN HEIDEGGER, Sein und Zeit (wie Anm. 49), 267 – 301, einzugehen und sie kritisch zu würdigen.

75 Eine vollständig ausgeführte Systematische Theologie hat an dieser Stelle, an der die Analytik der Sünde übergeht in die Darstellung des Christusgeschehens und seiner Tragweite, die Frage nach der sachgemäßen Zuordnung von „Gesetz" und „Evangelium" zu beantworten, die im Zentrum der reformatorischen Theologie Martin Luthers steht.

76 Vgl. bes. MARTIN LUTHER, WA 40/1; 481,4. Vgl. hierzu PAUL ALTHAUS, Die Theologie Martin Luthers, Gütersloh 1962, 218–238; GERHARD EBELING, Luther. Einführung in sein Denken, Tübingen 1964, 120–136; 137–156; RUDOLF MAU, Art. Gesetz V. Reformationszeit: TRE 13, 82–90 (Lit.); OSWALD BAYER, Martin Luther. Eine Vergegenwärtigung, Tübingen 2007^3. – Diese „theologische Funktion" des Gesetzes ist übrigens nach Luther Gottes *opus alienum* und damit Erscheinungsweise des *Zornes Gottes*. Vgl. hierzu jetzt STEFAN VOLKMANN, Der Zorn Gottes. Studien zur Rede vom Zorn Gottes in der evangelischen Theologie (MThSt 81), Marburg 2004.

diesem Satz schlägt Paulus die Brücke zum Bewusstsein der Versöhnung und zur Erfüllung des im Gesetz zur Sprache gebrachten Willens Gottes in der Liebe (Röm 13,8). Diesem Themenkreis wenden wir uns jetzt zu.

4.2. Jesus von Nazareth: Der Christus Gottes des Schöpfers[77]

Der christliche Glaube, der in der Liebe, in der Hoffnung und in der Selbstverantwortung der Person vor Gott wirksam ist (vgl. Gal 5,6), ist seinem Wesen nach die Gewissheit der Wahrheit des Evangeliums. Mit dem Ausdruck „Evangelium" meinen wir den Inhalt und Gegenstand des Glaubens – nämlich Gottes wahre Liebe, den Versöhnungs- und Vollendungswillen Gottes des Schöpfers, der auch und gerade für den unter die Macht der Sünde verkauften Menschen (vgl. Röm 7,14) gültig ist und gültig bleibt; und wir meinen damit zugleich diejenige Kraft, die Gottes Versöhnungs- und Vollendungswille entfaltet, indem er offenbar und so zum Grund des Glaubens wird (vgl. Röm 1,16.17).[78] Mit dem Ausdruck „Evangelium" meinen wir also den Inbegriff der mannigfachen Glaubens- und Lebenszeugnisse, die uns den Versöhnungs- und Vollendungswillen Gottes des Schöpfers vergegenwärtigen und deshalb in der Situation des angefochtenen Gewissens jederzeit Trost, Mut, Rat und Hilfe zusprechen. Martin Luther hat den tröstenden und ermutigenden Charakter aller Mitteilungsformen des Evangeliums gerne und grundsätzlich in den Begriff der *Verheißung* gefasst.

Mit dem Inhalt und dem Gegenstand des Glaubens – dem Evangelium, das identisch ist mit der Selbstverkündigung des Christus Jesus (4.2.2.–4.2.5.) – und mit der heilsamen Verwandlung des menschlichen Selbstverständnisses und Selbstverhältnisses, die die Gewissheit des Glaubens – als Gemeinschaft mit der Gottesgewissheit des Christus Jesus – mit sich bringt (4.3.), ist unsere dogmatische Besinnung nun beschäftigt.

Bevor wir uns jedoch auf das Verhältnis zwischen dem Grund und Gegenstand des Glaubens und der Eigen-Art des Glaubens als der *Gewissheit* einlassen, im Christus Jesus und allein im Christus Jesus mit Gott dem Schöpfer versöhnt zu sein, schicken wir eine methodische Betrachtung voraus. Sie will in der gebotenen Kürze eine befriedigende Antwort auf die Frage geben, die uns die historisch-kritische Erforschung der Heiligen Schrift des Alten und des Neuen Testaments und ihre Rezeption in der theologischen wie erst recht in der anti-theologischen Aufklärung des 18. Jahrhunderts stellt: es ist die Frage, ob der Name Jesus von Nazareth eine – aus welchen Gründen auch immer

---

77 Vgl. zum Folgenden bes.: FRIEDRICH SCHLEIERMACHER, GL^2 §§ 91–105 (II, 29–147); ALBRECHT RITSCHL, Die christliche Lehre von der Rechtfertigung und Versöhnung. 3. Bd. (wie Anm. 59), 364–455; FRIEDRICH GOGARTEN, Die Verkündigung Jesu Christi. Grundlagen und Aufgaben, Heidelberg 1948; KARL BARTH, KD IV/1–IV/3; WOLFHART PANNENBERG, Grundzüge der Christologie, Gütersloh 1976^5; DERS., Systematische Theologie. Bd. II (wie Anm. 7), 315–511; GERHARD EBELING, Dogmatik des christlichen Glaubens. Bd. II, Tübingen 1989^3, 46–476; CARL HEINZ RATSCHOW, Jesus Christus (HST 5), Gütersloh 1982; EDUARD SCHWEIZER, Art. Jesus Christus I. Neues Testament: TRE 16, 671–726; JÜRGEN MOLTMANN, Der Weg Jesu Christi. Christologie in messianischen Dimensionen (wie Anm. 7); DIETZ LANGE, Glaubenslehre. Bd. II, Tübingen 2001, 1–130; 131–184; WILFRIED HÄRLE, Dogmatik (wie Anm. 7), 303–356; ULRICH KÜHN, Christologie (UTB 2393), Göttingen 2003. – Zur Christologie in der gegenwärtigen römisch-katholischen Theologie vgl. bes. PETER HÜNERMANN, Jesus Christus. Gottes Wort in der Zeit, Münster 1997^2.

78 Wir setzen als bekannt voraus, dass dies Sinn und Bedeutung des paulinischen Begriffs „Gerechtigkeit Gottes" (Röm 1,17; 3,26) ist.

– bedeutsame, gewichtige und interessante *individuelle Person* in ihrer religionskulturellen Lebenswelt bloß als solche benennt oder ob er die *Lebenseinheit* bezeichnet, die zwischen Jesus von Nazareth und dem Sohn, dem Wort, dem Schöpfungssinn Gottes selbst besteht (4.2.1.). Nur wenn diese methodische Betrachtung Hand und Fuß hat, wird es uns gelingen, die scheinbar ausschließende Alternative zwischen der Inkarnation des schöpferischen Wortes Gottes (Joh 1,14) und seiner Entäußerung in Knechtsgestalt (Phil 2,7) einerseits und der Fixierung auf den irdischen, auf den *historischen* Jesus mit Aussicht auf Erfolg zu überwinden.

Dem Glauben in der Glaubensgemeinschaft der Kirche ist es als wahr gewiss: „In keinem andern ist das Heil, ist auch kein andrer Name unter dem Himmel den Menschen gegeben, darin wir sollen selig werden" (Apg 4,12). Wenn wir angesichts des Bewusstseins der Sünde in der Erfahrung des Gewissens in der christologischen und in der soteriologischen Skizze dieses Kapitels mit dem Freimut des Petrus vor dem Hohen Rat vom Heil und von der Seligkeit sprechen, die wir der Gemeinschaft mit dem Christus Jesus verdanken, so greifen wir de facto voraus auf unsere Darstellung des christlichen Glaubens an Gott den Vollender (§ 5). Denn die Erneuerung des Sinnes (vgl. Röm 12,2) in der Begegnung mit dem Christus Jesus hier und heute ereignet sich nicht anders als in der jeweiligen Gegenwart, in der die Kommunikation des Evangeliums in Wort und Sakrament als Zentrum der gesamten kirchlich-religiösen Zeichenpraxis geschieht und auf die erleuchtende Macht des göttlichen Geistes wartet.

Es ist insofern von besonderem methodischen und sachlichem Gewicht, sich in der dogmatischen Besinnung und dementsprechend in der Praxis des theologischen Berufs wie in der Suche nach Konsensen in den kirchenleitenden Gremien und Instanzen der grundsätzlichen Verschränkung bewusst zu sein, die zwischen dem Verstehen der Person des Christus Jesus selbst – dem Gegenstand der Christologie im engeren Sinne des Begriffs –, dem Gedächtnis der Gemeinschaft mit dem Christus Jesus – dem Gegenstand der Soteriologie im engeren Sinne des Begriffs – und der erfahrbaren Kirche – dem Gegenstand der Ekklesiologie im engeren Sinne des Begriffs – besteht. Wir werden diese Verschränkung in Form einer besonderen methodischen Reflexion zur Sprache bringen (s. u. S. 197ff.); und wir werben eindringlich dafür, sich angesichts massiver Missverständnisse um das angemessene Verständnis dieser Verschränkung zu bemühen. In der Besinnung des Glaubens auf sein eigenes Wesen – auf seinen Grund und Gegenstand – kommt nämlich unzweifelhaft heraus, dass die Erneuerung des Sinnes, die die Person der Gemeinschaft mit dem Christus Jesus selbst verdankt, durch Gottes Geist nirgends sonst als im Zusammenhang der Glaubensgemeinschaft der Kirche zustande kommt. Wenn es in Zukunft Fortschritte im ökumenischen Dialog zwischen dem römischen Katholizismus, der orthodoxen Tradition und den Kirchengemeinschaften der Reformation soll geben können, wird dieses Phänomen des Glaubens im Zentrum der Gespräche stehen müssen.

Bevor wir nun die dogmatische Besinnung auf den christlichen Glauben an Gott den Versöhner – auch im Blick auf die verwickelte und heftig umstrittene Lehrgeschichte vor allem in der abendländischen Christenheit – in Angriff nehmen, sei eine kleine Vorüberlegung eingeschaltet, die den tiefen Ernst und die enorme Tragweite der ganzen dogmatischen Rechenschaft und ihrer ethischen Pointe deutlich machen wird.

Diese Vorüberlegung schließt an unsere frühere Beobachtung an, dass alle ernsten und einsichtigen Zeitgenossen keinen Zweifel haben werden an der Tatsache des Bösen in aller Geschichte und an dem furchtbaren Elend und dem großen Leid, das sie über uns alle bringt (s. o. S. 147ff.). Aus dem stets wirksamen Grund der Begierde und aus den Grundformen der Sünde erwachsend, wirkt sich das Böse aus in konkreter *Schuld*. Wie es die Erzählung von Kain und Abel exemplarisch beschreibt (Gen 4,3-8), sind in aller

Geschichte seither Ströme von Blut geflossen – Blut, dessen Stimme „schreit zu mir von der Erde“ (Gen 4,10). Auch die Institutionen der Rechtsordnung, auch eine internationale Strafgerichtsbarkeit machen nichts ungeschehen. Geschehenes ist überhaupt nicht ungeschehen zu machen. Es wirkt sich vielmehr in den langsamen und langfristigen Tun-Ergehen-Zusammenhängen der Geschichtsprozesse aus, in die wir Menschen alle verstrickt sind. Jede gewissenhafte Geschichtsschreibung weiß davon zu berichten.

Gibt es dennoch Bedingungen, unter denen Geschehenes ungeschehen zu machen wäre und aufgehoben und getilgt werden könnte (vgl. Ps 51,3; Jes 43,25)? Gibt es Bedingungen, unter denen das Beziehungsgefüge einer Ordnung der Schöpfung – seiner Beschädigung und Gefährdung zum Trotz – zu neuem Leben erweckt werden könnte? Gibt es Bedingungen, unter denen echte Reue empfunden wird und wechselseitige Anerkennung zustande kommt, weil diejenige *Sühne* geleistet ist, auf die sich die Lebensbewegung der Reue und der wechselseitigen Anerkennung allererst stützen wird?[79]

Ralf Stroh hat mit Recht darauf aufmerksam gemacht, dass der christliche Glaube an die Wahrheit des Evangeliums sich in der Auseinandersetzung befindet mit zwei Typen einer Lebens- und Weltanschauung, die diese Fragen je auf ihre Weise vehement verneinen. *Entweder* man bestreitet die Tiefe der menschlichen Entfremdung von der durch Gott den Schöpfer vorgegebenen Bestimmung und sieht es als die Sache der sittlichen Selbstmacht und der praktischen Vernunft an, die affektiven Leidenschaften durch freie Einsicht in das Gute zu bändigen – für diesen Typus mag der alte und der neue Stoizismus stehen, der damit freilich die Schuld in der Geschichte und die geschichtlichen Verhängnisse leugnen muss.[80] *Oder* man bestreitet überhaupt die Möglichkeit, die Gründe und Motive für konkrete Schuld aufzuheben und zu tilgen und damit das Beziehungsgefüge einer Ordnung der Schöpfung wirklich werden zu lassen – für diesen Typus mag der metaphysische Pessimismus stehen, wie Arthur Schopenhauer ihn prinzipiell vertrat.[81]

Der christliche Glaube an die befreiende Wahrheit des Evangeliums kann sich diesen beiden Typen – in ihnen spiegeln sich der menschliche Hochmut und die menschliche Verzweiflung angesichts des göttlichen Gesetzes – nur entgegenstellen. Und wer immer innerhalb der christlichen Glaubensgemeinschaft in ihren kirchlich verfassten Formen meint, die überlieferte Sprache des Evangeliums von solchen Elementen reinigen zu sollen, die den göttlichen Versöhnungswillen und das göttliche Versöhnungswirken just auf das „Blut Jesu“ (1Joh 1,7), auf „sein eigen Blut“ (Apg 20,28), auf das „Blut an seinem Kreuz“ (Kol 1,20) beziehen, muss jedenfalls wissen, in welcher Gesellschaft eines objektiven Zynismus er sich bewegt.

Diesem objektiven Zynismus, diesen Anschauungen des Hochmuts und der Verzweiflung gegenüber sagen wir:

Der christliche Glaube – das christlich-fromme Selbstbewusstsein – ist sich der Wahrheit dessen gewiss, dass Gott der Schöpfer selbst die tiefe Entfremdung der Sünde und damit alles, was *aus Sünde* geschehen ist und geschieht, vergibt: also aufhebt, tilgt, kraftlos und ungeschehen macht. Der christliche Glaube – das christlich-fromme Selbstbewusstsein – versteht das im Tod am Kreuz auf Golgatha vollbrachte Leben Jesu von Nazareth in dessen Lebenseinheit mit dem Sohn, dem Wort, dem Schöpfungssinn Gottes als das Geschehen, in welchem Gott der schöpferische Grund und Ursprung

---

[79] Vgl. zum Folgenden RALF STROH, Art. Sühne IV. Ethisch: RGG^4 7, 1847–1848.

[80] Dass dieser Typus in den Gesellschaften der Europäischen Union dominiert, beweist das übergroße Standbild des Justus Lipsius in Brüssel.

[81] Vgl. ARTHUR SCHOPENHAUER, Die Welt als Wille und Vorstellung (1819).

selbst die Verantwortung für das Sündig-Sein des Menschen auf sich nimmt (2Kor 5,21); und er erkennt das Ziel, das Woraufhin und Worumwillen dieser schöpferischen Vergebung darin, das Leben in der Selbstverantwortung vor Gott und damit die Bestimmtheit der Person zum Sein füreinander und zum Sein für Gott zu geschichtlicher Wirksamkeit zu erwecken (vgl. 2Kor 5,17). Verwurzelt in der symbolischen Rede der Prophetie Israels und der Apokalyptik vom *Ende des Bösen* vertraut der Glaube in der Gewissheitsgemeinschaft mit dem Christus Jesus auf Gottes eigenes Verantwortlich-Sein, das in und mit der Gnadenwahl zur Gemeinschaft mit dem Ebenbilde Gottes gesetzt ist (s. o. S. 88ff.).

4.2.1. Christologie. Eine methodische Betrachtung[82]

In der kirchlich verfassten Glaubensgemeinschaft ist der Glaube – das christlich-fromme Selbstbewusstsein der Person – kraft des evangelischen Glaubenszeugnisses und kraft des erleuchtenden Wirkens des Heiligen Geistes der *Gnade Gottes des Schöpfers* (vgl. Joh 1,16), des *Friedens mit Gott* (vgl. Röm 5,1), der *Versöhnung Gottes mit der Welt* (vgl. 2Kor 5,19) gewiss. Diese Gewissheit bildet sich in der – wie auch immer vermittelten – Begegnung mit dem Menschen, in dessen Existenz nach dem Zeugnis der Heiligen Schrift das Wort, „das im Anfang bei Gott" war (Joh 1,2), Fleisch wurde (Joh 1,14), und dessen Person in geheimnisvoller Weise die Person des „Immanuel", des mit uns seienden Gottes selbst ist (Mt 1,23): sie bildet sich also, wann immer sie sich bildet, in der Begegnung mit Jesus von Nazareth als dem Christus Gottes, dem Sohne Gottes, dem HERRN und dem Heiland, in welchem die Verheißungen der Glaubensgeschichte Israels auf eine freilich paradoxe und offensichtlich Anstoß und Entsetzen erregende Art und Weise in Erfüllung begriffen sind (vgl. Mt 2,6; Röm 4,16; Gal 3,29). Der dogmatischen Besinnung in ethischer Absicht ist es daher aufgetragen, die Wahrheit dieses biblischen Zeugnisses zu erschließen und die Lehrgeschichte der Christologie und der Soteriologie noch einmal kritisch zu sichten. Es versteht sich von selbst, dass die vorliegende „Einleitung" diese gewaltige Aufgabe nur mit ersten vorbereitenden Gedanken in Angriff nehmen kann.

Nun ist eine plausible und konsensfähige Lösung dieser gewaltigen Aufgabe in der Öffentlichkeit jedenfalls des gegenwärtigen deutschsprachigen Protestantismus seit geraumer Zeit recht schwierig. Warum? Dafür gibt es verschiedene Gründe, auf die eine dogmatische Besinnung in ethischer Absicht Rücksicht nehmen muss. Wir heben nur die folgenden Gründe hervor.[83]

Erstens: Das apostolische Kerygma des Neuen Testaments kennt keine einheitliche christologische und soteriologische Lehr- und Bekenntnisbildung. Mit dem Abschluss des christlichen Kanons setzen vielmehr heftige und komplizierte Debatten ein, die im Interesse eines angemessenen Heilsverständnisses um eine Antwort auf die christologi-

---

82 Vgl. zum Folgenden bes. auch die eindringliche Darstellung von KARL RAHNER, Grundkurs des Glaubens. Einführung in den Begriff des Christentums, Freiburg Basel Wien 1982[12], 180–312 (darin bes. 279–286: Inhalt, bleibende Gültigkeit und Grenzen der klassischen Christologie und Soteriologie); WOLFHART PANNENBERG, Systematische Theologie. Bd. II (wie Anm. 7), 316–336: Die Methode der Christologie; CHRISTIAN DANZ/MICHAEL MURRMANN-KAHL (Hg.), Zwischen historischem Jesus und dogmatischem Christus. Zum Stand der Christologie im 21. Jahrhundert (DoMo 1), Tübingen 2010[2].

83 Eine ausgeführte und vollständige Systematische Theologie hat natürlich auch auf den christologischen und soteriologischen Diskurs in der römisch-katholischen Kirche, in der orthodoxen Tradition und in der anglikanischen Kirchengemeinschaft zu achten.

sche Grundfrage ringen: Wer ist Jesus? Und wie ist es zu denken und zu verstehen, dass uns in der Existenz Jesu von Nazareth das Wort des schöpferischen Gottes, des „Gott mit uns", selbst begegnet?[84]

Aus mannigfachen Motiven kommt es auf dem Konzil von Chalkedon im Jahre 451 über diese Grundfrage zu einer definitiven Entscheidung, die eine Synthese zwischen den hervorragenden Trends der alexandrinischen und der antiochenischen Christologie herbeiführen möchte und die als solche zugleich reichsrechtlichen und damit religionspolitischen Charakter hat.[85] Diese Entscheidung prägt – auch wenn sie im spätantiken Christentum keineswegs zu allgemeiner Anerkennung gebracht werden konnte – die Christus-Frömmigkeit und das christologische Denken bis hin zum ethischen Rationalismus des Deismus und der Aufklärungstheologie. Das Bekenntnis des Glaubens zu Jesus von Nazareth, dem Christus Gottes des Schöpfers, und damit die Gewissheit der Wahrheit des Evangeliums – wie strittig die theologische Entfaltung namentlich der Gnaden- und der Rechtfertigungslehre im Einzelnen auch sein mag – bewegt sich in dieser langen kirchengeschichtlichen Epoche in den Bahnen der sog. *Zwei-Naturen-Christologie*. Diese theologische Reflexionsgestalt sucht die Existenz des Christus Jesus als Existenz in der Einheit der schöpferischen Person Gottes und des geschaffenen Person-Seins des Menschen überhaupt zu verstehen. Christlicher Glaube – Glaube an das Evangelium, wie es uns im Worte Gottes, das im Christus Jesus Fleisch wird, begegnet – kann in dieser Epoche der Christentumsgeschichte nur im Rahmen der öffentlichen Anerkennung der christologischen Lehre leben, die von Rechts wegen in der Kirche in Geltung steht. Diese Fixierung der Christus-Frömmigkeit und des Christusglaubens auf die kirchlich festgestellte Lehre – also auf die Reflexionsgestalt des Glaubens an den Christus Jesus – ist nicht nur in der wissenschaftlichen Theologie des römischen Katholizismus, sondern auch in nicht wenigen Tendenzen des gegenwärtigen deutschsprachigen Protestantismus nach wie vor intakt.[86]

Zweitens: Gegen das christologische Modell der *Inkarnation* formiert sich in der Christentumsgeschichte der europäischen Neuzeit leidenschaftlicher Widerspruch.[87] Er wird zum ersten Male greifbar in der Abhandlung von Hermann Samuel Reimarus: „Von dem Zwecke Jesu und seiner Jünger". Diese Abhandlung – wir verdanken ihre Veröffentlichung Gotthold Ephraim Lessing, nachdem Reimarus selbst sie aus Furcht vor sozialer Ächtung nicht zu publizieren wagte – steht im Zusammenhang der historisch-literarischen Kritik der biblischen Überlieferung und gibt den Anstoß für die geradezu uferlose „*Leben-Jesu-Forschung*" bis hin zum Jesus-Roman des 19. Jahrhunderts.[88]

Hinter dieser Abhandlung steckt die religionstheoretisch abgestützte Entscheidung, die Heilige Schrift konsequent als historische Quelle und gar nicht mehr als das ursprüngliche Offenbarungszeugnis zu analysieren. Diese Analyse stößt nun auf die unbe-

---

84 Über diese Debatten unterrichtet in gebotener Kürze ROWAN WILLIAMS, Art. Jesus Christus II. Alte Kirche: TRE 16, 726–745; DERS., Art. Christologie II. Dogmengeschichtlich. 1. Alte Kirche: RGG^4 2, 289–299.

85 Text (griechisch und lateinisch): DH 300–303.

86 Das gilt insbesondere auch von der Christologie in der Kirchlichen Dogmatik Karl Barths und im Barthianismus!

87 Vgl. GERHARD EBELING, Die Frage nach dem historischen Jesus und das Problem der Christologie, jetzt in: DERS., Wort und Glaube, Tübingen 1962^2, 300–318; 301 Anm. 4: „Die neuzeitliche Jesus-Forschung ist weithin geradezu in der Absicht betrieben worden, auf diese Weise die Christologie zu erledigen."

88 Ihre klassische Darstellung: ALBERT SCHWEITZER, Geschichte der Leben-Jesu-Forschung (UTB 1302), Tübingen 1993^9.

streitbare Differenz, die zwischen Jesu eigener Botschaft vom Kommen des Reiches Gottes in ihm selbst – wie sie vor allem in den synoptischen Evangelien überliefert ist – und dem apostolischen Kerygma von dem aus dem Tode am Kreuz auf Golgatha zur Rechten Gottes erhöhten HERRN besteht (vgl. Röm 1,4). Wie immer nun die Geschichte der Leben-Jesu-Forschung Jesu Lebensgeschichte im Einzelnen zu schreiben sucht: stets geht sie mit naiver und unhinterfragter Selbstverständlichkeit davon aus, dass der Name Jesus nur die *individuelle Person* des Wanderpredigers aus Galiläa bezeichne, der man nach ihrem Tode aus letztlich unbegreiflichen Gründen eine moralische Bedeutung zuerkennen dürfe.[89]

Während das christologische Modell der Inkarnation die konkrete Einheit der Person des ewigen Wortes Gottes mit dem menschlichen Person-Sein als solchem zu denken sucht, spricht das Modell des historischen Jesus in aller Unbekümmertheit vom Wanderprediger aus Nazareth. Wer diesem Modell folgt, muss die klassischen Reflexionsgestalten des Christusglaubens und der Christusfrömmigkeit für einen spekulativen Irrweg halten.

Drittens: In seiner „Geschichte der Leben-Jesu-Forschung“ hat Albert Schweitzer nicht nur das Scheitern aller bisherigen Jesus-Biographie nachweisen wollen; er hat auch Jesu „ethische Eschatologie“, sein „Hoffen und Wollen einer ethischen Weltvollendung“, als eine – allerdings nicht als die einzige – Hilfe zur Entbindung unserer sittlichen Kräfte je in unserer Gegenwart aufgefasst.[90] Insoweit folgte doch auch er dem offenbarungs- und dem dogmenkritischen Modell des liberalen Protestantismus, der den Weg des spätantiken Christentums zum christologischen Lehrbekenntnis des Konzils von Chalkedon als einen Irrweg und als eine Fehlentwicklung betrachtet. Der Frage, was es zu bedeuten habe, dass uns Jesu Botschaft vom Nahe-Kommen der Gottesherrschaft in ihm selbst nur im Zusammenhang des apostolischen Kerygmas in ihrer authentischen Gestalt überliefert ist, war Schweitzer zeitlebens aus dem Weg gegangen.[91]

Übrigens steht das Bild, das Schweitzer selbst von Jesus als dem sittlichen Ideal der ethischen Weltvollendung zeichnet, in einem bisher wenig diskutierten Zusammenhang mit dem Gegensatz von theoretischer und praktischer Vernunft, wie ihn Immanuel Kant in der „Kritik der reinen Vernunft“ und in der „Kritik der praktischen Vernunft“ behauptet hatte. Schweitzer – der kundige Interpret der Religionsphilosophie Kants[92] – hat bedauerlicherweise nicht gesehen, dass seine strikte Ablehnung des ontologischen Gehalts der Botschaft Jesu in der naiven Meinung gründet, dieser Gegensatz sei stichhaltig. Wir haben diesen Gegensatz in unserer Lehre vom christlichen Glauben an Gott den Schöpfer stillschweigend zurückgewiesen (s. o. S. 118ff.), und wir werden diesen Gegensatz dementsprechend auch im Rahmen des „Grundrisses der Theologischen Ethik“ zurückweisen.

Nun hatte bereits Martin Kähler dem Modell des historischen Jesus entschieden widersprochen in der kleinen Studie aus dem Jahre 1892: „Der sogenannte historische Jesus und der geschichtliche, biblische Christus“.[93] Diese Studie präludiert die ausge-

---

89 Das ist insbesondere auch der Fall bei Albert Schweitzer selbst.

90 ALBERT SCHWEITZER, Geschichte der Leben-Jesu-Forschung (wie Anm. 88), 626.

91 Insoweit ist doch auch das überschwängliche Lob zurückzuweisen, das ALBERT SCHWEITZER der Leben-Jesu-Forschung zollte: „eine einzigartig große Wahrhaftigkeitstat, eines der bedeutendsten Ereignisse in dem geistigen Gesamtleben der Menschheit“ (Geschichte der Leben-Jesu-Forschung [wie Anm. 88], 621).

92 Vgl. ALBERT SCHWEITZER, Die Religionsphilosophie Kants, Tübingen 1899 (= Hildesheim 1974).

93 MARTIN KÄHLER, Der sogenannte historische Jesus und der geschichtliche, biblische Christus (ThB 2), München 1969^4.

dehnten und weitverzweigten Debatten, die vor allem in der deutschsprachigen evangelischen Theologie des 20. Jahrhunderts über das Verhältnis zwischen dem „irdischen Jesus" und dem „kerygmatischen Christus" geführt wurden.[94] In diesen Debatten war nun freilich eine Konzeption so gut wie gar nicht präsent, die wie keine andere geeignet ist, den scheinbar unversöhnlichen Gegensatz zwischen dem Modell der Inkarnation und dem Modell des historischen Jesus zu überwinden: die christologische Konzeption in Friedrich Schleiermachers „Glaubenslehre". Sie sei hier mit wenigen Worten in Erinnerung gerufen.[95]

Zunächst: Schleiermacher hatte erkannt, dass der Widerspruch gegen das Modell der Inkarnation, der das Projekt der Leben-Jesu-Forschung hervorgerufen hatte, seinerseits auf wackeligen Füßen steht: nämlich auf der Kritik des Offenbarungsgeschehens überhaupt im Namen der natürlichen Vernunft. Deshalb griff Schleiermacher die Selbstkritik der Vernunft im transzendentalen Denken Immanuel Kants auf; und er radikalisierte sie, indem er das Geschehen der Offenbarung als konstitutiv für die Entstehung und die Bildung einer Anschauung des Lebens und der Wirklichkeit überhaupt zu verstehen lehrte.[96] Infolgedessen hat es der christliche Glaube – das christlich-fromme Selbstbewusstsein – nicht mit der individuellen Person Jesu von Nazareth bloß als solcher zu tun, sondern mit ihrem Sein und Dasein *für* die Selbstmitteilung Gottes, des Ursprungs und des Ziels von Leben und Wirklichkeit, an das selbstbewusst-freie Vernunftwesen.

Sodann: Schleiermacher suchte das Verhältnis zwischen Sätzen, „welche unmittelbare Ausdrücke unseres christlichen Selbstbewußtseins sind" (§ 91,2 [II, 31]), und Sätzen der kirchlichen Lehrbildung und der theologischen Reflexionsgestalten von Grund auf neu zu bestimmen. Die Sätze der kirchlichen Lehrgeschichte und der theologischen Reflexionsgestalten werden keineswegs – wie in der Geschichte der Leben-Jesu-Forschung bis hin zu Albert Schweitzer – als nicht mehr zeitgemäßer Ballast über Bord geworfen; sie werden vielmehr konsequent und kritisch auf die Art und Weise bezogen, in der der Christus Jesus als der Erlöser in der Gemeinschaft des Glaubens und so im christlich-frommen Selbstbewusstsein der Person gegenwärtig ist. Harter Kern und zentraler Gegenstand jeder christologisch-soteriologischen Lehre – auch und gerade schon im Neuen Testament – ist demnach die „eigentümliche Tätigkeit und die ausschließliche Würde des Erlösers" (§ 92 L [II, 31]), wie sie dem christlich-frommen Selbstbewusstsein als das Sein und Dasein Jesu Christi *für* die Selbstmitteilung Gottes an das menschliche Geschlecht schon erschlossen ist.

Schließlich erfährt das Modell der Inkarnation vor diesem Hintergrunde eine radikale Wandlung. Schleiermacher entfaltet nämlich die Grundformel der klassischen christo-

---

94 Vgl. bes. RUDOLF BULTMANN, Das Verhältnis der urchristlichen Christusbotschaft zum historischen Jesus, jetzt in: DERS., Exegetica, Tübingen 1967, 445–469; ERNST KÄSEMANN, Das Problem des historischen Jesus, jetzt in: DERS., Exegetische Versuche und Besinnungen. Bd. I, Göttingen 1960, 187–214; ERNST FUCHS, Die Frage nach dem historischen Jesus, jetzt in: DERS., Zur Frage nach dem historischen Jesus. Ges. Aufsätze, Bd. 2, Tübingen 1965², 143–167; GERHARD EBELING, Jesus und Glaube, jetzt in: DERS., Wort und Glaube (wie Anm. 87), 203–254.

95 Zur Christologie Schleiermachers vgl. bes. DIETZ LANGE, Historischer Jesus oder mythischer Christus. Untersuchungen zu dem Gegensatz zwischen Friedrich Schleiermacher und David Friedrich Strauß, Gütersloh 1975, 21–172; BERND-HOLGER JANSSEN, Die Inkarnation und das Werden der Menschheit. Eine Interpretation der Weihnachtspredigten Friedrich Schleiermachers im Zusammenhang mit seinem philosophisch-theologischen System (MThSt 79), Marburg 2003. – Nachweise sind im Folgenden im Text notiert.

96 Vgl. hierzu bes. EILERT HERMS, Art. Offenbarung V. Theologiegeschichte und Dogmatik: TRE 25, 146–210; 178–180.

logischen Lehre – Jesus Christus „wahrer Gott" und „wahrer Mensch" – im Lichte der grundsätzlichen Frage: wie kann es überhaupt ein Selbst-Sein geben, das als solches ein „Im-anderen-Selbst-Sein" ist, oder wie kann es „Lebenseinheit" – und gar „Lebenseinheit" zwischen der Person Gottes selbst und der geschaffenen Person – geben?

Diese Frage hat zur Voraussetzung ein Verständnis von Person-Sein, demzufolge das Begriffswort „Person-Sein" grundsätzlich das Beziehungsgefüge meint, das uns durch Gottes schöpferisches Wollen und Walten als Bedingung unseres je eigenen Person-Seins vorgegeben ist (s. o. S. 125ff.). Das Moment „wahrer Mensch" in der klassischen christologischen Grundformel bezeichnet dann die „Gleichheit" oder die „Selbigkeit" (§ 94 L [II, 43]), die zwischen jedem menschlichen Person-Sein und dem Person-Sein des Erlösers besteht; das Moment „wahrer Gott" hingegen bezeichnet dann die Differenz zwischen dem in der Sünde und im Bewusstsein der Sünde gehemmten Gottesbewusstsein und der „stetige(n) Kräftigkeit seines Gottesbewußtseins" (§ 94 L [II, 43]). Denn eben diese stetige Kräftigkeit seines – des Erlösers – Gottesbewusstseins ist „ein eigentliches Sein Gottes in ihm" (ebd.), weil und sofern Person-Sein sich überhaupt als das „Im-anderen-Sein" konkretisiert. *Einheit* muss demnach zur Sprache kommen als die Willensgemeinschaft des Erlösers mit Gott, die von niemandem sonst als von Gott selbst ermöglicht, begründet, gestiftet und erhalten wird. Der irdische Jesus wird daher nicht erst, sondern ist von Ewigkeit her und so von Anfang an der Christus Gottes des Schöpfers. Nach Schleiermacher besteht die Einheit Gottes und des Menschen Jesus von Nazareth darin und nur darin, dass Jesu individuelles Person-Sein nur möglich und nur wirklich ist kraft eines schöpferischen göttlichen Aktes.

Blicken wir zurück![97]

Die dogmatische Besinnung auf den Glauben an das Evangelium (Phil 1,27) – auf das christlich-fromme Selbstbewusstsein – in ethischer Absicht steht an zentraler Stelle vor der Aufgabe, dem Geheimnis (1Tim 3,16) gerecht zu werden, das uns in der Existenz des Christus Jesus begegnet: ist doch in ihm da und geht doch von ihm aus „die Selbsttätigkeit des neuen Gesamtlebens"[98], welche das Gesamtleben der Sünde und des der Sünde geschuldeten Leids und Elends zu tilgen, aufzuheben und ungeschehen zu machen bestimmt ist. Der Inhalt und Gegenstand des Glaubens oder des christlich-frommen Selbstbewusstseins ruft daher hervor „die große Freude, die allem Volk widerfahren wird" (Lk 2,10).

Wir haben in aller Kürze die kirchlich-theologische Lage charakterisiert, in der wir heute das Geheimnis der Existenz des Christus Jesus und damit den Grund und Ursprung solcher Freude bedenken. An dieser Lage haben wir zwei Bewegungen besonders hervorgehoben. Wir haben *erstens* gezeigt, wie die klassische Zwei-Naturen-Christologie im Zuge der historisch-kritischen Methode der Bibelwissenschaften und unter dem Bann der aufgeklärten Offenbarungskritik von dem Interesse an der individuellen Person des guten Menschen aus Nazareth als solcher her in Zweifel gezogen wird. Und wir haben *zweitens* auf das große und unausgeschöpfte Potential aufmerksam gemacht, das dem christologischen Denken Friedrich Schleiermachers zu eigen ist; denn hier wird ein Modell der Inkarnation entfaltet, das Jesu individuelle Existenz als möglich und als wirklich versteht kraft eines von Ewigkeit her entworfenen schöpferischen Aktes Gottes.

---

97 Vgl. zum Folgenden auch WOLFHART PANNENBERG, Systematische Theologie. Bd. II (wie Anm. 7), 316–336: Die Methode der Christologie.

98 FRIEDRICH SCHLEIERMACHER, GL^2 § 93 L (II, 34).

Eine Kritik des christologischen Denkens Schleiermachers kann hier nur implizit gegeben werden.[99] Dessen unausgeschöpftes Potential sehe ich darin, dass es – darin der Konstruktion der literarischen Gattung „Evangelium" selbst vergleichbar – von der Christus-Frömmigkeit ausgeht, die in den österlichen Szenen der Erscheinung des Gekreuzigten als des Auferstandenen und zur Rechten Gottes Erhöhten ihren Ursprung hat. Wie immer wir uns dem Geheimnis der Existenz des Christus Jesus nähern wollen: es ist bestimmbar geworden und es ist bestimmbar aufgrund seines Offenbar-Werdens, so wie es dem Paulus auf dem Wege nach Damaskus widerfuhr (Gal 1,16). Ohne solches Offenbar-Werden gibt es keine authentische Christus-Liebe (Joh 14,21), sondern nur die interessante Vielzahl der ästhetischen[100], der utopischen[101] oder der moralischen[102] Jesus-Bilder.

Die österlichen Szenen der Erscheinung des Gekreuzigten als des Auferstandenen und zur Rechten Gottes Erhöhten bilden mithin die eine und einzige Ursprungssituation des Evangeliums des Neuen Testaments, des *Kerygmas* in seinen mannigfachen Gestalten (s. o. S. 28ff.).[103] Sie bilden den Ausgangs- und den Zielpunkt des Weges, der zur Erkenntnis der Einheit der schöpferischen Person Gottes und des menschlichen Person-Seins in der Existenz des Christus Jesus führt.[104] Auf diesem Wege gehen wir nun jedoch – anders als Schleiermacher, vielmehr der neuesten Diskussionslage entsprechend – so vor, dass wir in gebotener Kürze die drei wesentlichen Themen der im Neuen Testament bezeugten Christus-Erkenntnis darstellen: die Botschaft Jesu vom Nahe-Sein des Reiches Gottes des Schöpfers in ihm selbst (4.2.2.); Jesu Tod am Kreuz auf Golgatha (4.2.3.); und die Frage nach Sinn und Bedeutung von „Auferstehung" (4.2.4.). Erst danach werden wir in einer Zusammenfassung versuchen, die Lebenseinheit zwischen der Person des schöpferischen Wortes Gottes und der Person Jesu von Nazareth zu verstehen (4.2.5.).

4.2.2. Die Frohbotschaft des Christus Jesus

„Reich Gottes" oder „Herrschaft Gottes" ist das beherrschende Thema und der Leitbegriff der Frohbotschaft des Wanderpredigers aus Nazareth, soweit die Exegese sie im theologischen Rahmen der Evangelien nach Matthäus, nach Markus und nach Lukas mit Hilfe literarischer Kritik der Quellen noch zu rekonstruieren vermag.[105] Von einer anerkannten und befriedigenden Erklärung dieses Leitbegriffs kann jedoch keine Rede sein.

Ernst Fuchs und Gerhard Ebeling hatten die quellensprachliche Gestalt des Lebenszeugnisses Jesu im Interesse der gegenwärtigen Verkündigung und des gegenwärtigen christlich-frommen Selbstbewusstseins mit den Mitteln der existentialen Interpretation

---

99 Sie hätte die Konsequenzen zu ziehen aus der Anordnung der Lehre von Gott, die ich o. S. 61 vorgeschlagen habe.

100 Vgl. etwa EDOUARD MANET, Die Verspottung Christi (1865); PAUL GAUGUIN, Selbstporträt mit gelbem Christus (1889/90); und dazu bes. OSKAR BÄTSCHMANN, Der verletzte Künstler. Über Ausstellung und Aggression, in: Gießener Universitätsblätter 1/23, 1990, 13–26.

101 Siehe ERNST BLOCH, Das Prinzip Hoffnung, Frankfurt a.M. 1959, 1482–1504: „Stifter aus dem Geist Mosis und des Exodus, völlig zusammenfallend mit seiner Frohbotschaft: Jesus, Apokalypse, Reich."

102 Vgl. ADOLF HOLL, Jesus in schlechter Gesellschaft, Stuttgart 2002[3]; HANNA WOLFF, Jesus der Mann, Stuttgart 1977[3].

103 Vgl. GERD SCHUNACK/IAN A. MCFARLAND, Art. Kerygma: RGG[4] 4, 935–938.

104 Vgl. hierzu bes. WOLFHART PANNENBERG, Grundzüge der Christologie (wie Anm. 77), § 3: Die Auferweckung Jesu als Grund seiner Einheit mit Gott (47–112).

105 Vgl. jetzt bes. JÜRGEN BECKER, Jesus von Nazaret, Berlin/New York 1996; sowie zuletzt WOLFGANG STEGEMANN, Jesus und seine Zeit (Bibl. Enzyklopädie, Bd. 10), Stuttgart 2010, bes. 296–353: Jesu Ankündigung der nahen Herrschaft Gottes.

erschließen wollen.[106] Von dieser hermeneutischen Konzeption hat sich die Exegese inzwischen weit entfernt. Freilich ist von einer weiterführenden Diskussion der Frage, wie die quellensprachliche Gestalt der Jesus-Botschaft mit den Mitteln einer kohärenten Begriffssprache dem Verstehen nahe zu bringen wäre, weit und breit nichts in Sicht. Mit einer bloßen Paraphrase kann es jedoch nicht getan sein. Es ist vielmehr die Pflicht der systematischen Besinnung auf den Wahrheitsgehalt des Glaubens, eine Interpretationssprache zu finden, die Sinn und Bedeutung der Jesus-Botschaft dem heutigen Verstehen zu erschließen vermag. Heben wir nur das Wichtigste hervor![107]

Erstens: Der Leitbegriff „Reich Gottes" oder „Herrschaft Gottes" gehört ganz offensichtlich in das semantische Feld des *Königtums*.[108] Er nimmt ein wesentliches Motiv der Gottesgewissheit Israels auf. Dieses Motiv ist dem altorientalischen Glauben an das Königtum der einen oder der obersten Gottheit im Himmel zu verdanken, welches die königliche Funktion des politischen Herrschers begründet und legitimiert, dem göttlichen Königtum im Himmel entsprechend die Erscheinungen des Chaotischen in seinem Reich zu bändigen und zu bezwingen. Indem die Jerusalemer Tempel-Theologie in der frühen und der mittleren Periode des Königtums dieses Motiv rezipiert, spricht sie dem jeweiligen Herrscher genau die irdische Ausübung der königlichen Funktion zu, die der Gottesgewissheit Israels gemäß JHWH und letzten Endes JHWH allein zukommt. Dass die politische Geschichte in Israel und in Juda der Idee des Königtums Gottes keineswegs entspricht, muss freilich offen eingestanden werden.[109]

Nun fügen die Zeugnisse der Gottesgewissheit Israels JHWHs königliche Funktion in der jeweiligen Gegenwart hier und jetzt offensichtlich in die umfassende Anschauung des Lebens und der Wirklichkeit ein, die sich auf das ursprüngliche Geschehen der Schöpfung und auf das zukünftige eschatische Geschehen eines vollkommenen Herrschens von Generation zu Generation über den gesamten Erdkreis bezieht. Wenn Gottes Königtum in der jeweiligen Gegenwart hier und jetzt in Gottes schöpferischem Wollen und Walten verankert wird (vgl. Ps 24,1.7; 93,1 u. ö.), so können wir dies sehr gut nachvollziehen im Lichte unserer Darstellung des christlichen Glaubens an Gott den Schöpfer (s. o. S. 118ff.). Denn – wie wir gesehen haben – Gottes schöpferisches Wollen und Walten bringt die notwendigen, die transzendentalen Bedingungen dafür dauerhaft hervor, dass es im ungeheuren Naturzusammenhang der präpersonalen Prozesse und Entwicklungen die Möglichkeit und Wirklichkeit geschichtlichen, sozialen Geschehens gibt. Und ebenso gut können wir begreifen, dass sich die Gottesgewissheit Israels auf jene Zeit ausrichtet, in der das Chaotische der Geschichte – ihre Konflikte und Katastrophen, ihr Leid und ihr Geschrei – überwunden sein wird. Die eschatologische Erwartung, die sich auf Gottes Königtum richtet (vgl. Ps 47,9; 145–150; Jes 52,7), formuliert einen genuinen Mythos vom Ende des Bösen. Sie schließt natürlich die schöpferisch gewährte Dauer jener notwendigen, jener transzendentalen Bedingungen des menschlichen Person-

---

106 Vgl. ERNST FUCHS, Das Zeitverständnis Jesu, jetzt in: DERS., Zur Frage nach dem historischen Jesus (wie Anm. 94), 304–376; GERHARD EBELING, Dogmatik des christlichen Glaubens. Bd. II (wie Anm. 77), 409–473.

107 Vgl. zum Folgenden bes. WILFRIED HÄRLE, Die Basileia-Verkündigung Jesu als implizite Gotteslehre, in: DERS./REINER PREUL (Hg.), Reich Gottes (MJTh XI), Marburg 1999, 11–30; EILERT HERMS, Art. Gewißheit II. Fundamentaltheologisch: RGG[4] 3, 909–913. – Einen früheren Versuch habe ich vorgelegt in: KONRAD STOCK, Gottes wahre Liebe (wie Anm. 33), 160–172.

108 Vgl. zum Folgenden BERND JANOWSKI, Art. Königtum Gottes im Alten Testament: RGG[4] 4, 1591–1593.

109 Vgl. hierzu HERMANN MICHAEL NIEMANN, Art. Königtum in Israel: RGG[4] 4, 1593–1597.

Seins ein. Bereits aus diesem Grunde ist ihre moralphilosophische Interpretation im Sinne Albert Schweitzers ebenso wenig zu halten wie ihre existentiale Interpretation im Sinne von Ernst Fuchs und von Gerhard Ebeling.

Zweitens: Wenn Jesu Frohbotschaft vom Nahen des Reiches oder des Königtums Gottes im Zentrum seines Lebenszeugnisses steht, so setzt sie die in Israels Glaubensgeschichte gewachsene Erwartung eines endgültigen, eines heilsamen Offenbar-Werdens des Königtums Gottes notwendig voraus. Wir dürfen diese Erwartung interpretieren als die Erwartung der *Vollendungsgestalt* des Volkes Gottes. Sie hat zum Inhalt eine Ordnung der Dinge, in der Gottes Name geheiligt wird und Gottes Wille auch auf Erden geschieht, in der die Sünde in ihren Grundformen vergeben und getilgt, das Leid der Unterdrückung, der Krankheit und der Armut geheilt und schließlich auch der zeitliche Tod schöpferisch überwunden ist. Sie richtet sich auf das Geschehen des – jeder denkbaren Erfahrung hier und jetzt doch noch verborgenen und entzogenen – Vollendungswillens Gottes, und zwar auch über Israel hinaus.[110] Es selbst zu erleben, in ihm leibhaft präsent zu sein, an ihm als an dem Höchsten Gut zu partizipieren – das meinen die schönen metaphorischen Wendungen wie: „zu Tische liegen“ im Reiche Gottes (Lk 13,29) oder „Eingehen“ in das Reich Gottes (vgl. Mk 10,15) oder in das „Leben“ (Mt 19,17).

Freilich werfen diese schönen metaphorischen Wendungen die alles entscheidende Frage auf, was wir unter dem „Zu-Tische-Liegen“ im Reiche Gottes und unter dem „Eingehen“ in das Reich Gottes genau verstehen können und unter welchen Bedingungen es überhaupt möglich sein und werden kann. Sie – diese schönen metaphorischen Wendungen – meinen offensichtlich diejenige Lebensgewissheit, kraft derer wir das göttliche, das schöpferische Gewähren unserer – der menschlichen – Lebensgegenwart tatsächlich erleben und die uns eben damit aufgegebene und auferlegte Bestimmung tatsächlich annehmen und anerkennen. Indem sich diese Lebensgewissheit im Selbst der Person bildet und indem sie als solche das Erleben, das Sprechen und das Tun im Verhältnis zu Gott wie im Verhältnis zur Gemeinschaft der Personen prägt, ist jene Vollendungsgestalt des Volkes Gottes nahe herbeigekommen (Mk 1,15).

In diesem Sinne steht das Leitmotiv der Frohbotschaft Jesu allerdings in einem tiefen Gegensatz zu den Erwartungen des politischen Messianismus im antiken Judentum, die sich auf die Erneuerung und auf die immerwährende Regierung des davidischen Königtums beziehen. Die Gottesgewissheit Jesu, wie sie in seinem Lebenszeugnis Sprache und Gestalt gewinnt, schließt jedenfalls messianische Ansprüche aus.[111] Das wird für das Verständnis der Würde des Erlösers, wie es die Übertragung des Christus-Titels und wie sie die Darstellung der Passionsgeschichte – Jesus als der *König der Demut, der Sanftmut und der Niedrigkeit* (vgl. Mt 21,5; Mk 15,26. 32; Joh 19,15; Apk 17,14; 19,16) – intendiert, noch zu bedenken sein.

Drittens: Jesu Frohbotschaft hat die Gottesgewissheit Israels, die sich in der Erwartung der kommenden Vollendungsgestalt des Volkes Gottes konkretisiert, zur notwendigen Voraussetzung. Unter dem dramatischen Eindruck eines im selbst zuteil gewordenen Erschließungsgeschehens (vgl. Lk 10,18) wird diese Gottesgewissheit nun radikal vertieft. In ihm – in diesem Erschließungsgeschehen – gewinnt Jesus die Gewissheit, dazu berufen und dazu gesandt zu sein, mit seinem Lebenszeugnis jenem „Zu-Tische-Liegen“

---

110 Vgl. Lk 13,29f.! Das Motiv der Völkerwallfahrt zum Zion verleiht der Zukunftserwartung Israels eine universale Reichweite.

111 Vgl. hierzu in Kürze: ERNST-JOACHIM WASCHKE, Art. Messias/Messianismus: RGG^4 5, 1144–1146; MARTIN KARRER, Art. Messias/Messianismus IV. Christentum 1. Neues Testament: ebd. 1150–1153.

im Reiche Gottes, jenem „Eingehen“ in das Reich Gottes zu dienen. Nach seiner Selbstgewissheit und nach seinem Selbstverständnis ist er dazu da, jene Lebensgewissheit im Selbst der Person zu bezeugen und zu bringen, in der die Vollendungsgestalt des Volkes Gottes hier und jetzt im Anfangen und im Werden begriffen ist. Wenn nämlich der Vollendungswille Gottes des Schöpfers ganz wesentlich das *Annehmen* – das Einverständnis und die radikale Hingabe an Gottes schöpferisches Wollen und Walten – impliziert, bedarf es eines vollmächtigen Zeugen, der dieses Annehmen zu wecken sucht. Und zwar gerade bei den „Zöllnern und Sündern“ (Lk 7,34 par. Mt 11,19; Lk 15,1-10.11-32)! Indem Jesus die Autorität in Anspruch nimmt, zu jener Lebensgewissheit des Einverständnisses und der radikalen Hingabe an Gottes schöpferisches Wollen und Walten aufzurufen, versteht er sich in singulärer Weise als „Sohn“ (Mt 11,27; 24,36; Mk 13,32; Lk 10,21.22) und existiert er in dem Sohnesverhältnis zu *Gott dem Vater*.[112]

Viertens: Im Lichte der Selbstgewissheit und des Selbstverständnisses Jesu vermögen wir nun das eigenartige Verhältnis der Aussagen über die Zukunft und über die Gegenwart des Reiches oder der Herrschaft Gottes zu verstehen. Es entspricht der Erwartung der Glaubensgeschichte Israels, dass das Reich oder die Herrschaft Gottes – die Vollendungsgestalt des Volkes Gottes, die zu guter Letzt die Völker der Erde einbeziehen wird – ausschließlich als Gottes eigenes Werk erwartet und insofern nur ein Gegenstand der Hoffnung ist (vgl. noch Mt 6,10; 7,21; 10,23; Mk 14,25; Lk 13,28f.). Demgegenüber ist es Jesu Grundgewissheit, selbst für das Kommen des Reiches oder der Herrschaft Gottes und damit für das In-Erfüllung-Gehen und das Sich-Ereignen jener Hoffnung in der eigenen Lebensgegenwart verantwortlich zu sein (vgl. Lk 10,9; 10,23; 11,20; 16,16; 17,20f.). Mit seinen Gleichnissen, mit seinen Heilungen, mit seinen Mahlgemeinschaften und mit seiner Sündenvergebung hat die Vollendungsgestalt des Volkes Gottes einen bestimmten Anfang in dieser Weltzeit für alle, die ihm zu trauen und zu glauben vermögen – wenn auch in einer unscheinbaren Weise (Mk 4,30-32; Lk 13,18-21). Jesu Existenz trägt darum ganz und gar den Charakter des Freudenboten (Jes 40,2; 52,7), und sie erweckt Freude (Lk 15,4-7; 8-10; 11-32) – auch wenn die unheimliche Möglichkeit des Sich-Verschließens und des Verschlossen-Seins nicht verschwiegen wird (Mt 22,1-10; Lk 10,10-12.13-15; 13,28f.; 14,16-24).

Das besagt nun aber nichts Geringeres als dies:
Gottes Vollendungswille mit dem Volke Gottes – und letzten Endes mit den Völkern dieser Erde – realisiert sich keineswegs vorbei an „Herz und Mund und Tat und Leben“[113] der geschaffenen Person; er geschieht vielmehr nicht anders als indem er das geschaffene Person-Sein eines Menschen – und damit dessen Lebenstrieb und Lebensinteresse, das sich in seinem *Werk*, in seiner sprachlichen und praktischen Kompetenz darstellt – in Anspruch und in Dienst nimmt. Die Parole einer angeblichen „Wiederentdeckung des eschatologischen Charakters des Reiches Gottes“ in Jesu Frohbotschaft, wie sie Johannes Weiß gegenüber der Ideengeschichte des Reiches Gottes von Immanuel Kant bis zu Albrecht Ritschl vertreten wollte und wie sie dann die frühe Dialektische Theologie aufgenommen hatte[114], verfehlt Jesu Selbstzeugnis auf das Gründlichste. Nach

---

112 Das geht nicht nur aus dem Gebrauch des Ausdrucks „Sohn“, sondern vor allem auch aus den „Amen-Worten“ und aus dem normativen Wissen um den göttlichen Schöpferwillen hervor!

113 Vgl. JOHANN SEBASTIAN BACH, Kantate „Herz und Mund und Tat und Leben“ (BWV 147).

114 Vgl CHRISTIAN WALTHER, Typen des Reich-Gottes-Verständnisses. Studien zur Eschatologie und Ethik im 19. Jahrhundert (FGLP 10/XX), München 1961, 156–167, in seiner Analyse von JOHANNES WEISS, Die Predigt Jesu vom Reiche Gottes (1898), Göttingen 1900^2.

Jesu Selbstzeugnis geschieht Gottes Vollendungswille in der Gemeinschaft mit ihm selbst in der Gegenwart seines Lebens und Wirkens. In der Gemeinschaft mit Jesu Leben und Wirken ist Gottes Vollendungswille im Anfang und im Werden. Dessen eschatische, dessen transzendente Zukunft wird die *Frucht* (vgl. Mk 4,29) des Lebens und Wirkens Jesu, sie wird die Zukunft seiner Gegenwart sein.

Fünftens: Aus diesem Grunde stiftet Jesus durch das Lebenszeugnis für das Nahen der Vollendungsgestalt des Volkes Gottes eine *Gemeinschaft*: eine Gemeinschaft, die Männer und Frauen, Gesunde und Kranke, Zöllner und Sünder integriert. Er erwählt nicht nur den Kreis der *Zwölf* (Mt 11,1; Mk 3,14; 6,7) als Repräsentanten des Volkes Gottes in seiner Ganzheit; er ruft auch dazu auf, ihm in seiner hauslosen Existenz *nachzufolgen* (vgl. bes. Mk 10,21) und in der Bewegung seiner Jüngerinnen und Jünger dabei zu sein. Offenkundig schließt die menschliche Verantwortung für Gottes Vollendungswillen – wie Jesus sie praktiziert – es ein, eine soziale und kommunikative Form zu finden, die andere in die Praxis der Verantwortung für die Realisierung des göttlichen Vollendungswillens einbezieht.

Wir halten fest:
Eine angemessene Erklärung der Frohbotschaft Jesu, deren authentischen Grundriss wir im Kontext der kerygmatischen Theologie der synoptischen Evangelien finden, darf sich nicht mit einer bloßen Wiederholung ihrer quellensprachlichen Gestalt begnügen. Sie muss vielmehr im Interesse der gegenwärtigen Kommunikation des Evangeliums in den verschiedenen Medien der Kirche in der Gesellschaft und für die Gesellschaft eine Begriffssprache suchen, die dem semantischen Gehalt der Botschaft Jesu gerecht wird. Wir haben den Versuch gewagt, diesen semantischen Gehalt als Darstellung der radikal vertieften Gottesgewissheit zu entfalten, die Jesus offenbar in einer dramatischen Erschließungssituation zuteil wurde und die ihn als vollmächtigen Zeugen in Anspruch nimmt.

Jesu Gottesgewissheit hat die Gottesgewissheit Israels zur notwendigen Voraussetzung, die mit den Mitteln des Motivs des Königtums Gottes die Vollendungsgestalt des Volkes Gottes erwartet, in der das Wollen und Walten Gottes des Schöpfers – das schöpferische Gewähren des zur Verantwortung vor Gott bestimmten leibhaften Person-Seins – zum Ziele kommt. Israels Gottesgewissheit wird im Lichte jener dramatischen Erschließungssituation insofern radikal vertieft, als jene Vollendungsgestalt des Volkes Gottes nicht erst für eine unbestimmte und mit der gegenwärtigen Gegenwart jedenfalls unvermittelten Zukunft zu erwarten ist. Vielmehr ist die Vollendungsgestalt des Volkes Gottes schon jetzt in dieser gegenwärtigen Gegenwart im Anheben und im Werden, wenn Jesus sie als Möglichkeit in seinen Gleichnissen und seinen Heilungen, in seinen Mahlgemeinschaften und in der Praxis der Sündenvergebung verwirklicht. So ist er der Gewissheit, dazu berufen und bestimmt zu sein, die Vollendungsgestalt des Volkes Gottes zu *bringen*.[115] Kraft dieser Gewissheit versteht er sich als den „Sohn" Gottes des Vaters, der in den Himmeln ist (Mt 6, 9). An diese Selbstgewissheit und an dieses Selbstverständnis schließen sich die Christus-Bekenntnisse der primären Empfänger der österlichen Offenbarungen an (vgl. Joh 20,17.28; Apg 9,5).

---

[115] Vgl. DIETER LÜHRMANN, Liebet eure Feinde (Lk 6,27-36/Mt 5,39-48), in: ZThK 69 (1972), 412–438; 436: „Gott wird nicht nur verkündigt, sondern Gott wird *gebracht*."; MICHAEL WOLTER, „Was heisset nu Gottes reich?", in: ZNW 86 (1995), 5–19; 14: „Demgegenüber nimmt Jesus für sich in Anspruch, nicht nur der eschatologische Heilsbote der Gottesherrschaft zu sein, sondern er identifiziert auch sein eigenes Wirken als Bestandteil ihrer irdischen Durchsetzung.". – Dass Jesus die Gottesherrschaft *bringe*, dürfte wohl die angemessenere Beschreibung seiner Intention sein.

4.2.3. Der Tod am Kreuz auf Golgatha[116]

Der christliche Glaube – das christlich-fromme Selbstbewusstsein, das in der Liebe, in der Hoffnung und in der Selbstverantwortung vor Gott zur Wirkung kommt –, ist seinem Wesen nach Gewissheit der Wahrheit des Evangeliums von der Liebe Gottes im Christus Jesus, unserm HERRN (vgl. Röm 8,39). Ihm ist als wahr gewiss, dass Gottes schöpferisches Wollen und Walten, das im Naturzusammenhang des ungeheuren Weltgeschehens das menschliche Person-Sein mit der Bestimmtheit des Füreinander-Seins und des Für-Gott-Seins werden und dauern lässt (s. o. S. 142ff.), schon jetzt in dieser gegenwärtigen Gegenwart seinem ursprünglichen Ziel entgegengeht. Es geht diesem ursprünglichen Ziel in dieser gegenwärtigen Gegenwart entgegen, indem es Jesu Gottesgewissheit – wie wir sie zu verstehen suchten – zum dominierenden und orientierenden Gehalt des menschlichen Selbstbewusstseins werden lässt. Es – Gottes schöpferisches Wollen und Walten – ruft also in die *Nachfolge*: in das Leben, das in seinem Grundmotiv und in seinen Grundentscheidungen an der Gottesgewissheit Jesu Anteil gewinnt (vgl. Mk 1,16-20 parr.; 2,13-14 parr.; Lk 5,1-11).[117] Der christliche Glaube lebt – wie angefochten und wie fragmentarisch auch immer – in der Gewissheitsgemeinschaft mit dem Christus Jesus selbst.

Nun lastet auf dem Leben in der Gewissheitsgemeinschaft mit dem Christus Jesus der Tod am Kreuz auf Golgatha nach wie vor als eine schwere Krise. Soweit wir wissen, kam es auf Betreiben des jüdischen Synhedriums, des obersten Gerichtshofs zu Jerusalem, zur Überstellung, zur Verurteilung und zur Hinrichtung Jesu nach römischem Recht unter dem Prokurator Pontius Pilatus.[118] Die Vollstreckung der grausamen, entehrenden und schmachvollen Todesstrafe – vermutlich wegen Aufruhrs – hatte bereits den Kreis der Zwölf in tiefste Zweifel gestürzt und in die Flucht getrieben (vgl. Mt 26,56; Mk 14,52). Die Zweifel und die Flucht der Jünger, von den synoptischen Evangelien ausdrücklich festgehalten, sind freilich alles andere als ein sonderbares Ereignis nur am Anfang der Geschichte des Christentums. Wenn der Apostel Paulus die Predigt, die „den gekreuzigten Christus" verkündigt, „den Juden ein Ärgernis und den Griechen eine Torheit" nennt (1Kor 1,23), so hebt er damit nachgerade das typische Alleinstellungsmerkmal der christlichen Symbolik unter den mannigfachen Religionskulturen hervor. Die Bildgeschichte der christlichen Ikonographie[119], die Sprache der Passionslieder und der Passionsandachten und schließlich die Bildungsgeschichte des christlichen Lebens spiegeln das dauernde Ringen um Sinn und Bedeutung des Todes am Kreuz auf Golgatha wider. Die dogmatische Besinnung auf den Wahrheitsgehalt des christlichen Glaubens an Gott den Versöhner ist hier zu besonderer Sorgfalt gerufen.

---

[116] Vgl. zum Folgenden bes. WOLFHART PANNENBERG, Systematische Theologie. Bd. II (wie Anm. 7); GERHARD EBELING, Dogmatik des christlichen Glaubens. Bd. II (wie Anm. 77), 149–253; WILFRIED HÄRLE, Dogmatik (wie Anm. 7). 321–335.

[117] Vgl. hierzu DAVID SIM/ULRICH KÖPF/HANS G. ULRICH, Art. Nachfolge Christi I.–III.: RGG[4] 6, 4–11.

[118] Vgl. dazu eingehend WOLFHART PANNENBERG, Systematische Theologie. Bd. II (wie Anm. 7), 379–382, der eindrucksvoll auf die Möglichkeit hinweist, dass das jüdische Gericht „in gutem Glauben" gehandelt habe (382); ferner HEINZ-WOLFGANG KUHN, Art. Kreuz II. Neues Testament und frühe Kirche (bis vor Justin): TRE 19, 713–725; JENS-WILHELM TAEGER, Art. Kreuz III. Kreuz und Kreuzigung Christi im Neuen Testament: RGG[4] 4, 1746f.

[119] Vgl. TRE 19, Tafel 1–16; HANS GEORG THÜMMEL, Art. Kreuz VIII. Ikonographisch (Reformationszeit bis zur Gegenwart): ebd. 768–774; ULRICH KÖPF, Art. Kreuz/Kreuz Christi IV. Das Kreuz in der Kirchengeschichte: RGG[4] 4, 1747–1751.

Für die dogmatische Besinnung auf den Wahrheitsgehalt des christlichen Glaubens an Gott den Versöhner ist es grundsätzlich wichtig, eine begründete Antwort auf die Frage geben zu können, wo das apostolische Kerygma – das dem Tod des Christus Jesus am Kreuz auf Golgatha in der Vielfalt seiner Denk- und Ausdrucksformen eine für uns Menschen alle heilsame Bewandtnis zuschreibt – seinen Grund und Ursprung hat.

Wir haben diese Frage schon im „Grundriss der Prinzipienlehre" (s. o. S. 28f.) damit beantwortet, dass wir an die österlichen Ursprungssituationen des Glaubens erinnerten. In ihnen – in den Erscheinungen des Gekreuzigten als des Auferstandenen und in die ewige Lebenseinheit mit Gott selbst Erhöhten – leuchtet den primären Empfängern dieser Offenbarung *durch Gottes Geist* die Wahrheit und die Zuverlässigkeit des Lebenszeugnisses ein, in welchem Jesus seine gegenwärtige Gegenwart just als das Nahe-Kommen, als das Anheben, als das Werden der Vollendungsgestalt des Volkes Gottes in ihm selbst zur Sprache und zur Erfahrung bringt (s. o. S. 178ff.). In diesen österlichen Ursprungssituationen des Glaubens wird es den primären Empfängern der Offenbarung als wahr gewiss, dass sich Jesu Gottesgewissheit – weit entfernt, eine Selbst-Täuschung und ein Selbst-Betrug gewesen zu sein – im „Gehorsam bis zum Tode, ja zum Tode am Kreuz" (Phil 2,8) geradezu vollendet (Joh 19,30).

Die dogmatische Besinnung wird der Kommunikation des Evangeliums in der zweifachen Gesprächssituation der Kirche hier und jetzt in der Gesellschaft und für die Gesellschaft (s. o. S. XVIII) helfen können, wenn sie plausibel macht, dass die primären Offenbarungsempfänger zu den vielfältigen Deutungen des Todes am Kreuz auf Golgatha gelangen, indem sie ihn – belehrt durch Gottes Geist – als das *Martyrium* verstehen, das just dem Menschen auferlegt ist, der sich als „Sohn" Gottes des Vaters in den Himmeln weiß. „Ostern" ist Grund und Ursprung des „Karfreitags", wie der „Karfreitag" das Ziel des Weges nach Jerusalem, des Letzten Mahles (Mt 26,20-29 parr.) und der Betrübnis in Gethsemane (Mt 26,30-46) ist. Nach der lukanischen Legende ist es der auferstandene, der erhöhte, der verklärte Christus Jesus selbst, der den beiden trauernden Jüngern durch die Auslegung der Schriften die Notwendigkeit des Todes am Kreuz auf Golgatha als die Notwendigkeit von Gottes wegen erschließt: „Mußte nicht Christus solches leiden und zu seiner Herrlichkeit eingehen?" (Lk 24,13-35; 26).

Im Kontext des Alten Testaments umfasst das apostolische Kerygma des Neuen Testaments eine Vielzahl von soteriologischen Konzeptionen, die die Notwendigkeit des Todes Jesu am Kreuz auf Golgatha im Lichte der österlichen Erscheinungen als Notwendigkeit von Gottes wegen entfalten. Sie wagen auf verschiedenen Wegen den Versuch, dieser Notwendigkeit auf den Grund zu gehen. Sie bilden den Kanon und das Kriterium der kirchlichen Überlieferungs- und Lehrgeschichte, die bis auf diesen Tag in Wort und Sakrament „des HERRN Tod verkündigt, bis daß er kommt" (1Kor 11,26). Lapidar leitet der Apostel Paulus dazu an, in Anspielung auf Ps 118,6 die Vielzahl der soteriologischen Konzeptionen des Neuen Testaments als vielgestaltige Antwort auf die schlichte Frage zu lesen: „Ist Gott für uns, wer mag wider uns sein?" (Röm 8,31).

Jedoch: Bevor wir uns darum bemühen, dem Für-uns-Sein Gottes in der Existenz des Christus Jesus auf die Spur zu kommen, müssen wir uns mit der Frage auseinandersetzen, ob und inwiefern wir in der Gewissheitsgemeinschaft mit dem Christus Jesus, die der Geist der Offenbarung stiftet, die Passion des Menschen, der sich als „Sohn" des Vaters in den Himmeln weiß, als die Entäußerung und die Erniedrigung des dreieinigen und dreifaltigen göttlichen Wesens selbst verstehen können (vgl. Phil 2,7.8).

Diese Frage ist schwerlich von der Hand zu weisen, wenn wir alle jene Zeugnisse des apostolischen Kerygmas verstehen wollen, die die Existenz des Christus Jesus verankern in der *Fleischwerdung* des schöpferischen Wortes, das als solches Grund und

Ursprung des geschaffenen Person-Seins – dessen Erschlossen- oder Gelichtet-Seins – ist (Joh 1,1-5; s. o. S. 101). Jedenfalls hat sich die christologische Debatte im antiken Christentum dieser Frage ausdrücklich gestellt.[120] Diese Debatte suchte gegenüber dem Axiom der antiken philosophischen Theologie – die Gottheit sei ihrem Wesen nach ewig, immerseiend, unveränderlich und deshalb auch unfähig zu leiden – auf verschiedenen Wegen darzulegen, dass der schöpferische Logos Gottes sehr wohl das Subjekt sein könne, das in seiner Lebenseinheit mit der Existenz eines menschlichen Wesens auch des Leidens und des Sterbens fähig sei. In dieser Debatte formierte sich eine „theopaschitische Christologie", die das Bekenntnis von Chalkedon entscheidend präzisierte.[121] Namentlich Martin Luther hat im Konflikt um das angemessene Verstehen des heiligen Abendmahls gegenüber Ulrich Zwingli energisch – und volkstümlich! – auf dem Bekenntnis des Glaubens bestanden, dass dem schöpferischen Logos Gottes alles widerfahre, was dem Menschen Jesus von Nazareth widerfährt: „Denn yn der warheit/ist Gottes son fur uns gecreutzigt/das ist/die person/die Gott ist."[122]

Freilich birgt die sprachliche und gedankliche Form dieses Bekenntnisses des Glaubens tiefe fundamentaltheologische und dogmatische Probleme in sich, die wir erst im Ganzen einer ausgeführten Systematischen Theologie werden erörtern können.[123] Die vorliegende „Einleitung" wird sich darauf konzentrieren dürfen, eine Antwort auf die Frage zu suchen, warum es für die Gottesgewissheit des Glaubens und für das Leben des Glaubens in der Glaubensgemeinschaft der Kirche so bedeutsam ist, im Gehorsam des Christus Jesus „bis zum Tode, ja zum Tode am Kreuz" (Phil 2,8) die reale, die freie Teilnahme des göttlichen Wesens an Schuld und Leid des Menschengeschlechts zu entdecken.[124]

Warum?

Wir haben davon gesprochen, dass die dogmatische Besinnung auf den Wahrheitsgehalt des christlichen Glaubens an Gott den Versöhner der Tatsache des Bösen in aller Geschichte und des ungeheuren Leids und Elends eingedenk sein wird, das den sozialen und den individuellen Subjekten menschlicher Schuld zuzurechnen ist (s. o. S. 147ff.). Sie – die dogmatische Besinnung – ist im Gegensatz zu solchen Anschauungen des Lebens und der Wirklichkeit, die sich in objektivem Zynismus so oder so mit dem Geschehenen abfinden, zutiefst bewegt von der Frage, ob es Bedingungen gebe, unter denen das Geschehene ungeschehen zu machen wäre. Diese Frage ist umso brennender, als jedenfalls das christlich-fromme Selbstbewusstsein um die Radikalität und um die Universalität der menschlichen Blindheit für Gottes Schöpfer-Sein weiß, die in dieser Weltzeit unaufhebbar ist und deren künftige Möglichkeiten uns wohl erschauern und erschrecken lassen können

---

120 Vgl. zum Folgenden bes. WERNER ELERT, Der Ausgang der altkirchlichen Christologie. Eine Untersuchung über Theodor von Pharan und seine Zeit als Einführung in die alte Dogmengeschichte, Berlin 1957, 71–132: Der leidende Christus, Bild und Dogma.

121 Vgl. dazu in Kürze ADOLF MARTIN RITTER, Art. Theopaschitischer Streit: RGG[4] 8, 334.

122 MARTIN LUTHER, Vom Abendmahl Christi. Bekenntnis (1528): BoA 3, 352–515; 391, 35–38.

123 Vgl. EBERHARD JÜNGEL, Vom Tode des lebendigen Gottes. Ein Plakat, jetzt in: DERS., Unterwegs zur Sache. Theologische Bemerkungen, München 1972, 105–125; JÜRGEN MOLTMANN, Der gekreuzigte Gott. Das Kreuz Christi als Grund und Kritik christlicher Theologie, München 1972; EBERHARD JÜNGEL, Gott als Geheimnis der Welt. Zur Begründung der Theologie des Gekreuzigten im Streit zwischen Theismus und Atheismus, Tübingen 2010[8], bes. 55–137; OSWALD BAYER, Art. Kreuz IX. Dogmatisch: TRE 19, 774–779; NOTGER SLENCZKA, Art. Kreuz/Kreuz Christi V. Dogmatisch: RGG[4] 4, 1751–1753.

124 Vgl. hierzu bes. die wichtigen Gedanken bei PAUL TILLICH, STh II, 186–189: „Prinzipien für eine künftige Lehre von der Versöhnung".

(s. o. S. 167ff.). Letzten Endes steckt in dieser Frage – ob es Bedingungen gebe, unter denen das Geschehene ungeschehen zu machen wäre – die Frage, ob in Gottes Urentscheidung zur Gemeinschaft mit dem Ebenbilde Gottes auch die Bereitschaft eingeschlossen sei, die Verantwortung für die menschliche Entfremdung vom Mandat Gottes des Schöpfers und für das Leid der Endlichkeit auf sich zu nehmen. Hier rührt die dogmatische Besinnung an die schweren Dinge, die mit dem Problem einer *Theodizee* zu tun haben.[125]

Die Gewissheit des christlichen Glaubens an Gott den Versöhner, die wir hier entfalten, knüpft an diese Frage an und versteht sich selbst als Antwort auf diese Frage. In den österlichen Ursprungssituationen des Glaubens wird den primären Offenbarungsempfängern nicht nur klar, dass Jesu Tod am Kreuz auf Golgatha – ganz im Widerspruch zur Intention des jüdischen Synhedriums und der römischen Gewaltherrschaft – das Martyrium des Zeugen für das Nahe-Kommen des Reiches oder der Herrschaft Gottes des Schöpfers ist; ihnen wird ineins damit auch klar, dass das Leidens- und Todesgeschick des Christus Jesus die Weise ist, in der Gott selbst das Böse und das Leid auf sich nimmt und an sich selbst erträgt. „Siehe, das ist Gottes Lamm, welches der Welt Sünde trägt!" (Joh 1,29).

Wenn das Evangelium nach Johannes von der Fleischwerdung des schöpferischen Wortes spricht und wenn der Apostel Paulus von der Entäußerung und der Erniedrigung der göttlichen Gestalt spricht, so ist hier offensichtlich von der *Versöhnungsgemeinschaft* die Rede, in der sich Gottes schöpferisches Wort das Martyrium des Christus Jesus zu eigen macht. Um es mit Paul Tillich zu sagen: „Gottes versöhnendes Handeln muß verstanden werden als seine Teilnahme an der existentiellen Entfremdung und ihren selbstzerstörerischen Folgen. Er kann diese Folgen nicht einfach aufheben, denn sie gehören zu seiner Gerechtigkeit, aber er kann sie auf sich nehmen und ihnen dadurch einen anderen Sinn geben. An dieser Stelle sind wir im Herzen der Lehre von der Versöhnung und von Gottes Beziehung zu Mensch und Welt."[126]

Was die Gemeinschaft des Glaubens in ihrer kirchlichen Form und Verfassung am Karfreitag im Gottesdienst und in der Feier des heiligen Abendmahls begeht, das ist genau die Versöhnungsgemeinschaft, welche die Intention der Gemeinschaft Gottes des Schöpfers mit dem Ebenbilde Gottes unter den Bedingungen des menschlichen Sündig-Seins und des Leids der Endlichkeit aufrecht erhält, bewahrt und rettet. Sie – die gottesdienstliche Erinnerung des Todes am Kreuz auf Golgatha und die Feier des heiligen Abendmahls – hat den lebenspraktischen Sinn, das Leben des Glaubens immer wieder als das Einbezogen- und das Integriert-Sein in jene Versöhnungsgemeinschaft bewusst zu machen; und sie proklamiert die ganze Reichweite des göttlichen Versöhnungswillens (vgl. 2Kor 5,19), die uns Menschen alle in der tiefsten Solidarität des Schuldig-Werdens und des Leidens situiert. Weil wir im Gottesdienst des Karfreitags und in der Feier des heiligen Abendmahls jene Versöhnungsgemeinschaft begehen, entspringt hier auch die religiöse und die theologische Kritik an allen Deutungen des Todes am Kreuz auf Golgatha, die ihn im Sinne einer Satisfaktion und einer Kompensation verstehen und missverstehen. Da wir die Rezeptions- und Wirkungsgeschichte dieser Deutungen und da wir die Sprachbilder und die Bildprogramme der christlichen Passionsfrömmigkeit nicht zum Verschwinden bringen können, ist der kritische Umgang mit ihnen ein Merkmal aufgeklärten Glaubens. In der Predigt und im Unterricht, in der Seelsorge und im öffentlichen Diskurs zu diesem kritischen Verstehen anzuleiten, ist eine hochnotwendige Aufgabe in den theologischen Berufen und in den kirchenleitenden Funktionen.

---

125 Vgl. hierzu WALTER SPARN, Art. Theodizee V. Dogmengeschichtlich: RGG^4 8, 228–231; Art. Theodizee VI. Dogmatisch: ebd. 231–235.

126 PAUL TILLICH, STh II, 188.

4.2.4. Ostern: Die Überwindung des Todesgeschicks[127]

Das Bekenntnis: „Gott hat Jesus von den Toten auferweckt“ (Röm 10,9; vgl. Röm 6,4) ist das Urbekenntnis des christlichen Glaubens. Es bringt die Gewissheit zum sprachlichen und zum gedanklichen Ausdruck, die den primären Offenbarungszeugen – allen voran wohl dem Petrus (vgl. 1Kor 15,5) – in den österlichen Erscheinungen *durch Gottes Geist* erschlossen wurde. Wir dürfen uns die österlichen Erscheinungen – möglicherweise tatsächlich zum ersten Mal „am dritten Tage nach der Schrift“ (1Kor 15,4), am „Tag des HERRN“ – wohl als Christophanien und damit als Offenbarungssituationen denken, von denen allerdings nur der Apostel Paulus eine autobiographische Kunde gibt (Gal 1,12.15-16). In ihnen wird den primären Offenbarungszeugen als wahr gewiss, dass der Gekreuzigte jenseits des Todes und durch den Tod hindurch in die ewige Lebenseinheit mit Gott selbst erhoben und entrückt ist (vgl. Apg 1,9-11). Im Lichte dieser Gewissheit beginnen sie nicht nur, den Tod des Christus Jesus am Kreuz auf Golgatha in seiner wahren und in seiner heilsamen Bewandtnis zu begreifen (s. o. S. 186); im Lichte dieser Gewissheit überwinden sie auch ihre Zweifel an der Wahrheit des Lebenszeugnisses Jesu vom Nahe-Kommen des Reiches Gottes und stellen diese Wahrheit in der narrativen Form der Evangelien dar.

Das christliche Urbekenntnis ist sprachlicher und gedanklicher Ausdruck der Gewissheit des göttlichen *Sieges über den Tod* (1Kor 15,57). Wo immer dieses Urbekenntnis als Nukleus des „äußeren Wortes“ und der „äußeren Klarheit“ der Heiligen Schrift durch Gottes Geist zum „inneren Wort“ und zur „inneren Klarheit“ im individuellen Freiheitsgefühl der Person wird, wird die Paradoxie des Todes des Christus Jesus am Kreuz auf Golgatha aufgehoben. Ohne die immer wieder von neuem zu erbittende und zu erhoffende Aufhebung der Paradoxie des Todes des Christus Jesus am Kreuz auf Golgatha dürfte es schwerlich die authentische Freiheit eines Christenmenschen geben.

Das christliche Urbekenntnis, das die Gewissheit des göttlichen Sieges über den Tod artikuliert, setzt notwendigerweise voraus die apokalyptische Hoffnung auf die zukünftige schöpferische Überwindung des Todesgeschicks, wie sie uns zweifelsfrei in Dan 12,1-4 begegnet.[128] Aus Mk 12,18-27 parr. und dann vor allem aus den Erzählungen vom Letzten Mahl (Mt 26,29 parr.) geht wohl klar hervor, dass bereits Jesu Lebenszeugnis vom Nahe-Kommen des Reiches Gottes in ihm selbst diese Hoffnung eingeschlossen hatte. Mit Hilfe und im Lichte dieser Hoffnung, die in notgedrungen metaphorischer Weise das schöpferische Handeln Gottes im Verhältnis zum Todesgeschick des Menschen charakterisiert, interpretieren die primären Offenbarungszeugen einen Sachverhalt, der alle Erfahrungsmöglichkeiten in dieser Weltzeit sprengt. Indem ihnen hier das Todesgeschick des Menschen überhaupt als zeitlich, als begrenzt, als befristet erscheint, bringen sie den eschatischen Sachverhalt schlechthin zur Sprache: „Nun aber *ist* Christus auferstanden und der Erstling geworden unter denen, die da schlafen.“ (1Kor 15,20).

---

127 Vgl. zum Folgenden bes.: JÜRGEN MOLTMANN, Theologie der Hoffnung. Untersuchungen zur Begründung und zu den Konsequenzen einer christlichen Eschatologie (BevTh 38), München 1964, 125–209; DERS., Der Weg Jesu Christi (wie Anm. 7), 235–296; WOLFHART PANNENBERG, Grundzüge der Christologie (wie Anm. 77), 47–112; DERS., Systematische Theologie. Bd. II (wie Anm. 7), 385–405; GERHARD EBELING, Dogmatik des christlichen Glaubens. Bd. II (wie Anm. 77), 279–360; JOACHIM RINGLEBEN, Wahrhaft auferstanden. Zur Begründung des Theologie des lebendigen Gottes, Tübingen 1998.

128 Vgl. ERNST-JOACHIM WASCHKE, Art. Auferstehung I. Auferstehung der Toten 2. Altes Testament: RGG^4 1, 915–916.

Die dogmatische Besinnung auf den Wahrheitsgehalt des Glaubens, den das christliche Urbekenntnis im Kontext der frühjüdisch-apokalyptischen Hoffnung auf Gott artikuliert, ist angesichts der Erosion der Auferstehungserwartung in den Gesellschaften der euro-amerikanischen Moderne besonders dringlich.[129] Wir heben folgende Gesichtspunkte hervor.

Erstens: Im Kontext der frühjüdisch-apokalyptischen Hoffnung auf Gott deutet das christliche Urbekenntnis der primären Offenbarungszeugen die österlichen Erscheinungen des Gekreuzigten als das Indiz des göttlichen Vollendungswillens und Vollendungswirkens, das nun seinen Anfang nimmt (vgl. Röm 13,11f.). Seiner genuinen Intention gemäß gibt es mitnichten die Beobachtung eines singulären Ereignisses innerhalb der Sphäre der beobachtbaren Phänomene wieder; es bezeichnet vielmehr das Geschehen, das dem Ziel des schöpferischen Wollens und Waltens, Redens und Rufens entspricht: der vollendeten Gemeinschaft Gottes mit dem Ebenbilde Gottes jenseits des Todes und durch den Tod hindurch. Paulus hat darum mit Recht den inneren Zusammenhang des vollendenden und des schöpferischen Wirkens Gottes als ein wesentliches Merkmal jener Gottesgewissheit aufgezeigt, in der die Heilige Schrift des Alten und des Neuen Testaments konvergiert (Röm 4,17).

Rudolf Bultmanns kritische Frage, was genau der Gegenstand des christlichen Urbekenntnisses sei, hatte die erregteste Debatte in der Kirche und in der Theologie des 20. Jahrhunderts ausgelöst.[130] Allerdings war in dieser Debatte ebenso strittig wie unklar, auf welche Weise des Wirklichen sich das christliche Urbekenntnis denn überhaupt beziehe.

Bultmanns berechtigte Frage lässt sich befriedigend dann und nur dann beantworten, wenn die Antwort – wie wir das bereits in unserer Interpretation der Frohbotschaft des Christus Jesus getan haben (s. o. S. 179f.) – auf die Einsichten des christlichen Glaubens an Gott den Schöpfer zurückgreift. Diesen Einsichten zufolge bezeichnet der Modalbegriff des Wirklichen den Inbegriff dessen, was durch Gottes schöpferisches Wollen, Walten, Reden und Rufen – durch das Gewähren der notwendigen, der transzendentalen Bedingungen erkennbaren Existierens in Raum und Zeit – ermöglicht ist (s. o. S. 118ff.).

Nun zählt zu den jedenfalls dem Lebendigen und damit auch dem geschaffenen Person-Sein gewährten und auferlegten Bedingungen des Existierens die Begrenztheit, die Sterblichkeit und damit das Todesgeschick (Ps 90,3). Deshalb wird uns in den österlichen Erscheinungen diejenige Weise des Wirklichen jenseits des Todes und durch den Tod hindurch erschlossen, die Gott als schöpferischer Grund und Ursprung des Wirklichen und die nur Gott ermöglicht. Das christliche Urbekenntnis artikuliert die Gewissheit des Glaubens, dass die Vollendung des begrenzten, des sterblichen, des dem Tode preisgegebenen Lebens in der ewigen Gemeinschaft mit Gott ihrerseits eine Weise des Wirklichen sei. Deshalb „ist die Auferstehung Jesu selber Antizipation der endzeitlichen Auferstehung der Toten“[131], die uns in der systematischen Besinnung auf den christlichen Glauben an Gott den Vollender noch beschäftigen wird (s. u. S. 268ff.). Eben von dieser Weise des Wirklichen spricht der 1. Brief des Johannes in einfachsten Worten:

---

129 Vgl. die Hinweise bei FRIEDRICH WINTZER, Art. Auferstehung III. Praktisch-theologisch: TRE 4, 529–547; 538ff.

130 Vgl. RUDOLF BULTMANN, Neues Testament und Mythologie, in: DERS., Offenbarung und Heilsgeschehen, München 1941, 27–61. Über diese Debatte berichtete souverän GÜNTHER BORNKAMM, Die Theologie Rudolf Bultmanns in der neueren Diskussion, jetzt in: DERS., Geschichte und Glaube. Erster Teil, Ges. Aufsätze Bd. III (BevTh 48), München 1968, 173–275.

131 WOLFHART PANNENBERG, Systematische Theologie. Bd. III, Göttingen 1993, 651.

„Und es ist noch nicht erschienen, was wir sein werden. Wir wissen aber, wenn es erscheinen wird, daß wir ihm gleich sein werden" (1Joh 3,2).

Zweitens: Das christliche Urbekenntnis der primären Offenbarungszeugen, das den Erschließungssituationen der österlichen Erscheinungen antwortet, gibt einem *Wiedererkennen* Ausdruck. In ihnen wird den primären Offenbarungszeugen als wahr gewiss, dass niemand anderer als der Christus Jesus, der um seiner Frohbotschaft willen in das Martyrium des Todes am Kreuz auf Golgatha ging, in die ewige Lebenseinheit mit Gott selbst erhoben ist (vgl. Phil 2,9). Weist das sprachliche Feld der Termen „Auferweckung" oder „Auferstehung" auf das vollendende Wirken Gottes des Schöpfers hin, so wahrt und so errettet der Gott, „der da lebendig macht die Toten" (Röm 4,17), die individuelle Identität der Person in ihren Beziehungen zu ihresgleichen und zu ihrem schöpferischen Grund und Ursprung. Gott wahrt und Gott errettet die Person aus ihrem Leid nicht nur, sondern auch in ihrem *Werk*.

Um dieser Identität willen schließt das Urbekenntnis der primären Offenbarungszeugen sinnvoller- und notwendigerweise die Leibhaftigkeit des Auferstehungslebens in der ewigen Lebenseinheit mit Gott selbst ein. Denn wir können – wie wir in der systematischen Besinnung auf den christlichen Glauben an Gott den Schöpfer sahen – den menschlichen Organismus nur als Leib, als Medium und Fundament des geschaffenen Freiheits- und Vernunftwesens und seiner Bestimmung verstehen (s. o. S. 128). Gibt es wegen dieser medialen und fundamentalen Funktion der menschlichen Leibhaftigkeit unsere Lebensgeschichte im Verhältnis zu Gott selbst und im Verhältnis zueinander und füreinander nicht anders als in leibhaften Vermittlungen, so trifft der wohl von Paulus geprägte Begriff des *geistlichen Leibes* (1Kor 15,44.46) genau das Richtige. Wir dürfen diesen Begriff verwenden, um mit seiner Hilfe und in seinem Lichte die schöpferische Auferweckung des Gekreuzigten als die Erhebung und als die Verklärung seines geschichtlichen Werkes in Gott – in den transphänomenalen Grund und Ursprung der gesamten welthaften Sphäre der Phänomene – zu verstehen. Von diesem Aspekt des christlichen Urbekenntnisses wird die Rede von der Gegenwart des Christus Jesus in der Gewissheitsgemeinschaft der Glaubenden mit ihm – und insonderheit in der Feier des heiligen Abendmahls – ausgehen können.[132]

Drittens: Das christliche Urbekenntnis der primären Offenbarungszeugen setzt zwar den Kontext der frühjüdisch-apokalyptischen Hoffnung auf Gott sinnvoller- und notwendigerweise voraus; aber es führt alsbald zu einer Umformung, zu einer radikalen Vertiefung der Gottesgewissheit Israels, die schließlich die Trennungsprozesse zwischen dem frühen Judentum und dem frühen Christentum auslöst.[133] Und zwar dadurch, dass das christliche Urbekenntnis zwischen dem einen und einzigen göttlichen Wesen und der im Tode am Kreuz auf Golgatha vollbrachten Lebensgeschichte Jesu von Nazareth eine einzigartige *Würde-Relation* entdeckt und proklamiert, die für die jüdische Kultgemeinschaft unerträglich war und ist.

Wir wollen uns die Umformung, die radikale Vertiefung der Gottesgewissheit Israels nach drei Gesichtspunkten vergegenwärtigen.

Zunächst: Das christliche Urbekenntnis will zum Ausdruck bringen, dass Gottes Vollendungswollen und Vollendungswirken in der Auferweckung des Gekreuzigten dem Glauben in der Glaubensgemeinschaft der Kirche die einzigartige Einheit zwischen Gottes einem und einzigen Wesen und der humanen Existenz des Christus Jesus offenbart.

---

[132] Von der Debatte über die Frage, welches Gewicht den Traditionen vom leeren Grab zukomme, dürfen wir hier absehen.

[133] Vgl. auch WOLFHART PANNENBERG, Systematische Theologie. Bd. II (wie Anm. 77), 391ff.

Indem es dem Glauben immer wieder neu als wahr gewiss wird, dass der Christus Jesus – und dass damit seine Lebensgeschichte und sein Lebenszeugnis – jenseits des Todes am Kreuz auf Golgatha und durch den Tod hindurch *zur Rechten Gottes* erhöht ist (vgl. Mt 26,64 parr.), wird ihm immer wieder neu die Lebenseinheit zwischen Gottes göttlichem Person-Sein und Jesu menschlichem Person-Sein gewiss. Das christliche Urbekenntnis generiert den unerhörten Reichtum und die staunenswerte Vielfalt der christologischen Lehr- und Bekenntnisbildung im apostolischen Kerygma des Neuen Testaments, die die Gewissheit dieser Lebenseinheit artikuliert. Es ist das einheitliche Thema dieser christologischen Lehr- und Bekenntnisbildung, in mannigfachen Denk- und Sprachformen die Gegenwart des göttlichen Gnadenwillens unter den Bedingungen der Sünde und der Todesangst zu bezeugen. Indem der zur Rechten Gottes Erhöhte Gottes Gnadenwillen von sich selbst her vergegenwärtigt, ist ihm – wie das Evangelium nach Matthäus proklamiert – „gegeben alle Gewalt im Himmel und auf Erden“ (Mt 28,18).

Sodann: Das christliche Urbekenntnis ruft die christologische Lehr- und Bekenntnisbildung im apostolischen Kerygma des Neuen Testaments hervor, die die Gewissheit der Lebenseinheit zwischen Gottes göttlichem Person-Sein und Jesu menschlichem Person-Sein zur Sprache bringen will. Indem dem Glauben in der Glaubensgemeinschaft der Kirche durch Gottes Geist dieses Urbekenntnis als wahr gewiss wird, wird ihm die ganze Tragweite des Todes am Kreuz auf Golgatha bewusst. Gibt es nämlich Jesu menschliches Person-Sein, dessen Geschichte im Tod am Kreuz auf Golgatha vollbracht ist, nicht anders als in der Lebenseinheit mit Gottes göttlichem Person-Sein, so eignet diesem Tod ein Heilssinn deshalb und nur deshalb, weil Gott selbst das Leid der Sünde auf sich nimmt und an sich selbst erträgt (Joh 1,29; s. o. S. 186). Wie immer wir in unserer gegenwärtigen Kommunikation des Evangeliums hier und jetzt die Gegenwart des zur Rechten Gottes Erhöhten denken wollen: wir können sie nur denken als die Vergegenwärtigung jener *Versöhnungsgemeinschaft*, die Sinn und Intention des Opferkults aufhebt und nur noch in metaphorischer Weise vom Opfer sprechen lässt.[134]

Schließlich überschreitet das christliche Urbekenntnis die Reichweite der frühjüdisch-apokalyptischen Hoffnung auf Gott entschieden dadurch, dass es den göttlichen Sieg über den Tod nicht etwa – wie die Prophetie Daniels (vgl. Dan 12,1.2) – auf Israel beschränkt. Vielmehr sieht es die Auferweckung des Gekreuzigten, derer die primären Offenbarungszeugen in den österlichen Erscheinungen durch Gottes Geist gewiss werden, im Horizont des Wollens und des Waltens Gottes des Schöpfers. Indem es das Todesgeschick, wie es uns Menschen allen mit dem leibhaften Person-Sein auferlegt ist, als begrenzt und als befristet proklamiert, begründet es die Hoffnung auf Vollendung, die den Menschen aller Zeiten und aller Räume gilt (s. u. S. 257ff.). In dieser Hoffnung hält sich der angefochtene Glaube – das christlich-fromme Selbstbewusstsein – genau an der Verheißung fest, die schon in der Bestimmtheit des leibhaften Person-Seins füreinander und für Gott gegeben ist und auf die wir Menschen alle im individuellen Freiheitsgefühl verwiesen sind (s. o. S. 142ff.).

4.2.5. Die Würde des Erlösers

Der angefochtene Glaube, das christlich-fromme Selbstbewusstsein ist sich – wo immer und wie immer es durch Gottes Wort und Gottes Geist entsteht und besteht – der Wahrheit des Evangeliums gewiss: der frohen Botschaft von Gottes Versöhnungs- und

134 Vgl. hierzu INGOLF U. DALFERTH, Sühnopfer. Die Heilsbedeutung des Todes Jesu, in: DERS., Der auferweckte Gekreuzigte. Zur Grammatik der Christologie, Tübingen 1994, 237–315.

Vollendungswillen mit uns Menschen allen, die wir – in unserer von der Ordnung der Schöpfung entfremdeten Situation – dem Leid der Sünde und der Angst des Todes ausgeliefert sind. In der dogmatischen Besinnung auf die Wahrheit dieses Evangeliums, die Inhalt und Gegenstand des apostolischen Kerygmas, der kirchlichen Überlieferungsgeschichte im Reichtum ihrer Formen und aller sachgemäßen Verkündigung hier und heute ist, haben wir der Person des Menschen gedacht, dem wir ursprünglich diese Wahrheit verdanken: Jesu von Nazareth als des Christus Gottes des Schöpfers. Wir haben vor dem Hintergrund einer methodischen Betrachtung des Themas der Christologie das Lebenszeugnis des geschichtlichen Jesus für das Nahe-Kommen des Reiches Gottes in ihm selbst zu verstehen gesucht, um daraufhin die Tragweite des Todes am Kreuz auf Golgatha so zu begreifen, wie sie den primären Offenbarungszeugen in den Erscheinungen des Gekreuzigten als des Auferstandenen und zur Rechten Gottes Erhöhten durch Gottes Geist erschlossen wurde. Und wir hatten die Tatsache ernst genommen, dass diese Ursprungssituationen des Glaubens den Anlass dazu boten, im Kontext des Alten Testaments Ur- und Frühformen der Christologie zu entwickeln, die mehr und mehr eine singuläre Gemeinschaft, ja eine Lebenseinheit zwischen Gottes göttlichem Person-Sein und Jesu menschlichem Person-Sein artikulieren.

Die Intention des apostolischen Kerygmas, im Lichte der österlichen Erscheinungen diese Lebenseinheit zu bezeugen – und zwar als diejenige Lebenseinheit, die das Sein des Christus Jesus „bei euch alle Tage bis an der Welt Ende“ (Mt 28,20) ermöglicht und begründet –, suchen wir jetzt mit- und nachzuvollziehen. Wir suchen damit jenes Geheimnis zu verstehen, das die schlichte Sprache des Weihnachtsliedes zum Ausdruck bringen will: „Gott wird Mensch, dir, Mensch zugute“ (EG 36,2).

Die altkirchliche Zwei-Naturen-Christologie, die nach langen und schweren Auseinandersetzungen auf dem Konzil von Chalkedon zur maßgeblichen dogmatischen Formulierung gebracht wurde, hatte der Intention des apostolischen Kerygmas dadurch entsprechen wollen, dass sie die Person des Christus Jesus in ihrer Wesenseinheit mit Gott und zugleich in ihrer Wesenseinheit mit uns Menschen allen zu denken unternahm. Ihrem Versuch, das Geheimnis der Person des Christus Jesus mit Hilfe und im Lichte eines Begriffs der Wesenseinheit zu bestimmen, meinte die neuzeitliche Leben-Jesu-Forschung und ihre Jesulogie den Boden entziehen zu können, indem sie sich allein für das Gottesverhältnis und für die Gottesgewissheit des guten Menschen aus Nazareth und für dessen moralische Funktion interessierte. Wenn Friedrich Schleiermacher die Begriffssprache der altkirchlichen Zwei-Naturen-Lehre einer gründlichen Kritik unterzog, so hielt er doch die Intention des apostolischen Kerygmas fest. Zwar sagt der Leitsatz des § 100: „Der Erlöser nimmt die Gläubigen in die Kräftigkeit seines Gottesbewußtseins auf, und dies ist seine erlösende Tätigkeit“; aber dieses Taterzeugen kann doch „immer nur die Tat seiner durch das Sein Gottes in ihm bedingten Unsündlichkeit und Vollkommenheit sein“.[135]

Wir haben bereits angedeutet, dass Schleiermachers Ausdrucksweise – „das Sein Gottes in ihm“ – ihrerseits der Kritik und der Korrektur bedürftig ist (s. o. S. 176f.).

Diese Kritik und diese Korrektur macht von den Einsichten Gebrauch, die wir im Rahmen unserer Darstellung des christlichen Glaubens an Gott gewonnen hatten (s. o. S. 77f.).

---

[135] FRIEDRICH SCHLEIERMACHER, GL^2 § 100 (II, 90). – Vgl. auch § 100,2: „Geht aber alle Tätigkeit des Erlösers von dem Sein Gottes in ihm aus, und war auch bei der Entstehung der Person des Erlösers die schöpferische göttliche Tätigkeit, die sich als das Sein Gottes in ihm befestigte, das einzig Tätige: so läßt sich auch alle Tätigkeit des Erlösers als eine Fortsetzung jener personbildenden göttlichen Einwirkung auf die menschliche Natur ansehen.“ (II, 92).

Wir hatten dort gezeigt, dass es durchaus angemessen ist, den Begriff des Person-Seins im eminenten Sinne auf Gottes eines und einziges Wesen zu beziehen. Indem wir den Begriff des Person-Seins im eminenten Sinne auf Gottes eines und einziges Wesen beziehen, heben wir nicht nur Gottes absolutes Selbständig-Sein, sondern auch Gottes Sein für andere – Gottes Andersheit – und vor allem Gottes Selbstbezüglichkeit hervor, vermöge derer Gott die Wahl der Gnade für die Gemeinschaft mit dem Ebenbilde Gottes trifft. Im Vorgriff auf die künftige Entfaltung der Trinitätslehre dürfen wir daher wohl sagen, dass Gottes göttliches Person-Sein nicht anders als in wechselseitiger Beziehung und in gegenseitigem Füreinander-Sein lebt. Es gibt es nur als das *Im-Anderen-Sein*.

Mit Hilfe und im Lichte des Begriffs des göttlichen Person-Seins dürfen wir die überaus zurückhaltende Ausdrucksweise Schleiermachers konkretisieren und von der Lebenseinheit zwischen Gottes göttlichem Person-Sein und dem menschlichen Person-Sein Jesu von Nazareth sprechen. In dieser Lebenseinheit ist Jesus von Nazareth *für* den Versöhnungs- und Vollendungswillen Gottes des Schöpfers da, wie uns auch umgekehrt der Versöhnungs- und Vollendungswille Gottes des Schöpfers nirgends sonst als im Geschick Jesu von Nazareth begegnet. Diese Lebenseinheit meinen wir, wenn wir vom Christus Jesus sprechen und wenn wir uns auf die Vielzahl jener Hoheitstitel beziehen, mit denen schon das apostolische Kerygma des Neuen Testaments im Kontext der Glaubensgeschichte Israels die singuläre Würderelation – die Einheit des Sohnes mit dem Vater im Geist – charakterisiert.

4.2.6. Fazit

Der dogmatischen Besinnung auf den Wahrheitsgehalt des Glaubens an den Christus Jesus (vgl. Röm 3,22) ist es aufgegeben, in Treue zum apostolischen Kerygma des Neuen Testaments und im Respekt vor den überwältigenden Traditionen der Christusfrömmigkeit und der Christussymbolik[136] eine Antwort auf die Frage zu finden, „wer Christus heute für uns eigentlich ist“.[137] Wie das systematisch-theologische Denken überhaupt bewegt sich die gesuchte Antwort – die „Christologie“ im präzisen Sinne des Begriffs – in der zweifachen Gesprächssituation, die das Leben der Glaubensgemeinschaft der Kirche im Kontext ihrer gesellschaftlichen Lebenswelt bestimmt. Wir können diese zweifache Gesprächssituation nicht einmal andeutungsweise skizzieren; doch sei für eine Systematische Theologie, die sich um die Besinnung auf den Wahrheitsgehalt des Glaubens an den Christus Jesus in wissenschaftlicher Form bemüht, das Folgende hervorgehoben.

Die Gestalt Jesu von Nazareth bewegt, begeistert, fasziniert zahlreiche Zeitgenossinnen und Zeitgenossen, die sich mit ihren religiös-weltanschaulichen Überzeugungen eher in kritischer Distanz oder in vornehmer Ignoranz gegenüber der Glaubensgemeinschaft der Kirche befinden. Das zeigen nicht nur die Jesus-Darstellungen in der neueren Literatur und in den audiovisuellen Medien[138], sondern vor allem auch die Christusbilder

---

[136] Vgl. ULRICH KÖPF, Art. Jesus Christus II. Jesus Christus in der Geschichte des Christentums 1. Frömmigkeitsgeschichte: RGG^4 4, 470–473; MARCO FRENSCHKOWSKI, Art. Christussymbole: RGG^4 2, 340–343.

[137] Vgl. DIETRICH BONHOEFFER, Widerstand und Ergebung. Briefe und Aufzeichnungen aus der Haft, jetzt in: DBW (8. Bd.), Gütersloh 1998, 305 (Brief an Eberhard Bethge vom 30.4.1944).

[138] Vgl. KARL-JOSEF KUSCHEL, Jesus in der deutschsprachigen Gegenwartsliteratur (Ökumenische Theologie Bd. 1), Zürich – Köln/Gütersloh 1978^2; WOLF-DANIEL HARTWICH/ERIC J.

in der Bildenden Kunst zumal des 20. Jahrhunderts.[139] Freilich hat es oft den Anschein, als diene die Gestalt Jesu von Nazareth als Projektionsfläche, die die Proteste und die Ängste, die Sehnsüchte und die Erschütterungen der Menschen hier und heute auf sich zieht. Wolf-Daniel Hartwich sagt von der Literatur: Sie „nähert sich so einer negativen Christologie, welche die Abwesenheit des Heils in der Moderne zum Gegenstand macht."[140] Der „große Schmerzensmann" (EG 87,1) symbolisiert nur noch die Gräuel, die sinnlosen Opfer und die Ohnmacht einer ganzen sozio-kulturellen Epoche. Dass er die Treue Gottes des Schöpfers in Gottes bleibender Gemeinschaft mit dem Ebenbilde Gottes verkörpern könnte, scheint Allzuvielen in dieser Epoche ganz undenkbar und unvorstellbar geworden zu sein.

Die Kommunikation des Evangeliums in der Glaubensgemeinschaft der Kirche ist von den Tendenzen einer negativen Christologie möglicherweise tiefer beeinflusst als wir zugestehen wollen. Zwar tun die Predigt und der Unterricht, das seelsorgliche Gespräch und die Erwachsenenbildung gewiss das Beste, um das Evangelium von Christus verständlich zu machen als „eine Kraft Gottes, die da selig macht alle, die daran glauben, die Juden vornehmlich und auch die Griechen" (Röm 1,16); aber der Zweifel daran ist nicht von der Hand zu weisen, ob es uns mit der nötigen Klarheit gelingt, die Kräftigkeit des Gottesbewusstseins, in die uns die Begegnung mit dem Christus Jesus im Geist der Wahrheit versetzt, mit Friedrich Schleiermacher und über ihn hinaus just im *Sein Gottes in ihm* zu begründen. Doch wenn uns diese Klarheit fehlt: wie wollen wir dann nach innen und nach außen plausibel machen, dass der Glaube an den Christus Jesus eben das „Wollen des Reiches Gottes"[141] hervorruft, das sich in der Liebe, in der Hoffnung und in der Selbstverantwortung vor Gott für das Wirklich-Werden des Guten äußert?

In dieser Lage halten wir als das Ergebnis unserer dogmatischen Besinnung auf den Wahrheitsgehalt des Glaubens an den Christus Jesus Gottes des Schöpfers, wie er uns in der Kommunikation des Evangeliums durch Gottes Geist erschlossen wird, das Folgende fest.

Erstens: Der geistgewirkte Glaube an den Christus Jesus Gottes des Schöpfers – das christlich-fromme Selbstbewusstsein – setzt de facto voraus und schließt in dieser Weltzeit stets das Bewusstsein der Sünde und die Angst des Todes ein. Zwar mag das Bewusstsein der Sünde und die Angst des Todes im Laufe einer individuellen Lebensgeschichte mehr oder weniger stark ausgeprägt sein; doch ohne irgendein Gefühl für die entfremdete Situation des Menschengeschlechts in der Erfahrung des Gewissens und ohne die Sehnsucht nach dem Ganzen, dem Heilen, dem Vollkommenen des Lebens dürfte es kaum möglich sein, den Ruf des Christus Jesus in die Umkehr (vgl. Mk 1,15) zu hören und zu verstehen. Es sind im Übrigen die Institutionen des Rechts in allen Kulturen, es sind die großen Geschichtserzählungen und es sind nicht zuletzt die Anstrengungen der philosophischen Theorie des Ethischen, die uns das Böse und das namenlose Leid in aller Geschichte vor Augen führen, selbst wenn man es verschweigen und verdrängen wollte.

Zweitens: Der geistgewirkte Glaube an den Christus Jesus Gottes des Schöpfers ergibt sich – wie die Darstellung der synoptischen Evangelien zeigt – noch nicht aus der

---

ZIOLKOWSKI/KLAUSPETER BLASER, Art. Jesus Christus VI. Jesus Christus in künstlerischer Darstellung 3. Literatur: RGG^4 4, 496–500; THOMAS DÖRKEN-KUCHARZ, 4. Audiovisuelle Medien: ebd. 500–502.

139 Vgl. hierzu ALEX STOCK, Art. Christusbilder: RGG^4 2, 326–339.

140 WOLF-DANIEL HARTWICH (wie Anm. 138), 498.

141 FRIEDRICH SCHLEIERMACHER, GL^2 § 116,3 (II, 220).

Begegnung mit der Frohbotschaft Jesu von Nazareth vom Nahe-Kommen des Reiches Gottes – der Vollendungsgestalt der Gemeinschaft Gottes des Schöpfers mit dem Ebenbilde Gottes – in ihm selbst. Vielmehr entsteht er in den singulären Offenbarungssituationen der österlichen Erscheinungen, in denen sich den Offenbarungszeugen durch Gottes Geist die Auferstehung des Gekreuzigten und dessen Erhöhung zur Rechten Gottes erschließt. In diesen Offenbarungssituationen wird es den Offenbarungszeugen – zuerst wohl dem Petrus (vgl. 1Kor 15,5) und zuletzt dem Paulus (vgl. 1Kor 15,8; Gal 1,12.15f.) – als wahr gewiss, dass die im Tode am Kreuz auf Golgatha begrenzte und vollendete Lebenszeit und Lebensgeschichte Jesu durch den Tod hindurch in die Gemeinschaft mit Gottes ewigem Leben erhoben ist. Insofern bilden die Offenbarungssituationen der österlichen Erscheinungen den Nukleus der geschichtlichen, der letztgültigen Selbsterschließung Gottes.

Drittens: Es wird den Offenbarungszeugen in den Offenbarungssituationen der österlichen Erscheinungen durch Gottes Geist nicht nur als wahr gewiss, dass Jesu Frohbotschaft vom Nahe-Kommen des Reiches Gottes in ihm selbst – wie sie die literarische Gattung der Evangelien in theologischer Verschiedenheit überliefert – die Wahrheit sagt; es wird ihnen auch als wahr gewiss, dass Jesu Tod am Kreuz auf Golgatha in Wirklichkeit *unser Tod* ist: das Leidens- und das Todesgeschick, in dem Gott selbst das Leid, das Böse, die Entfremdung des Menschengeschlechts auf sich nimmt und an sich selbst erträgt. Indem ihnen im Lichte der österlichen Erscheinungen des Gekreuzigten als des Auferstandenen und zur Rechten Gottes Erhöhten Sinn und Bedeutung seines Leidens- und Todesgeschicks aufgeht, verstehen sie es als Ereignis der Selbsterniedrigung des schöpferischen Wortes Gottes „bis zum Tode, ja zum Tode am Kreuz" (Phil 2,7.8). Im Gegensatz zum Gottesdenken des antiken Philosophierens und vielleicht doch auch in kritischer Differenz zur Gottesgewissheit Israels erweist sich hier das Höchste – Gottes eines und einziges Wesen – in der Entäußerung „bis zum bittern Schmerz des Todes und der Schmach des Missetäters".[142] Sie – diese Entäußerung – dementiert nicht etwa, sondern sie bekräftigt den Gemeinschaftswillen, der das Verhältnis der unendlichen Ursprungsmacht zum Inbegriff des Endlichen – und so auch je zu unserer eigenen Schuld und zu unserem eigenen Leid – charakterisiert. Sie ist Symbol und Unterpfand des Versöhnungs- und des Vollendungswillens Gottes des Schöpfers.

Viertens: Der geistgewirkte Glaube an den Christus Jesus Gottes des Schöpfers, wie er sich in den Offenbarungssituationen der österlichen Erscheinungen ursprünglich bildet, wird sich alsbald – die Ur- und Frühformen christologischer Hoheitstitel im apostolischen Kerygma des Neuen Testaments bezeugen es – der Lebenseinheit zwischen Gottes göttlichem Person-Sein und dem menschlichen Person-Sein Jesu von Nazareth bewusst; der ungläubige Thomas bricht in der Begegnung mit dem Auferstandenen in das Bekenntnis aus: „Mein HERR und mein Gott!" (Joh 20,28). Diesem Bekenntnis schwebt es vor, die Lebenseinheit zwischen Gottes göttlichem Person-Sein und Jesu menschlichem Person-Sein im Sinne eines wechselseitigen *Im-Andern-Sein* zu bestimmen. Wir sehen den Begriff des wechselseitigen Im-Andern-Seins als eine Chiffre an, die die Intention der altkirchlichen Zwei-Naturen-Christologie klar genug zur Geltung bringt und die nun dennoch der Vertiefung und der Entfaltung fähig und bedürftig ist.

Im Vorgriff darauf sei gesagt: Wir werden die Lebenseinheit zwischen Gottes göttlichem Person-Sein und Jesu menschlichem Person-Sein dann und nur dann angemessen

---

[142] GEORG WILHELM FRIEDRICH HEGEL, Vorlesungen über die Philosophie der Religion. Hg. von GEORG LASSON. 2. Band, Halbband 2: Die absolute Religion (PhB 61), Hamburg 1966, 163.

verstehen und erfassen können, wenn wir sie auf der Linie von Joh 1,1-18 als die Lebenseinheit zwischen Gottes schöpferischem Wort und Jesu zeitlich-geschichtlicher Existenz zu denken suchen. Es ist nämlich – wie wir gesehen haben (s. o. S. 143) – dem christlichen Glauben an Gott den Schöpfer als wahr gewiss, dass Gottes eines und einziges Wesen, das uns Geheimnis ist und bleibt, in Gottes schöpferischem Wort seit jeher offenbar und so dem Menschen – uns Menschen allen – seit jeher zugewandt ist. Ist uns kraft dieses schöpferischen Zugewandt-Seins im Ganzen dieses ungeheuren Universums das leibhafte Person-Sein gewährt und auferlegt, so ist es der existentielle Ort im Ganzen dieses ungeheuren Universums, an welchem Gott Mensch wird: „Den aller Welt Kreis nie beschloß,/der liegt in Marien Schoß;/er ist ein Kindlein worden klein,/der alle Ding erhält allein./Kyrieleis." (EG 23,3).[143]

Im Lichte dieser Sicht des leibhaften Person-Seins – die dessen Genitalität und dessen Generativität natürlich einschließt (s. o. S. 131ff.) – haben die Verehrung und das Lob *Unserer lieben Frau* – natürlich ohne ausgefeilte Mariologie – im evangelischen Glauben an den Christus Gottes des Schöpfers ihren legitimen Platz.[144]

4.3. Der Christus Jesus als das Urbild

In der kirchlich verfassten Gemeinschaft des Glaubens ist der Christus Jesus dem christlich-frommen Selbstbewusstsein im Gefüge der notwendigen Bedingungen – des „äußeren Wortes" in Gestalt des apostolischen Kerygmas der Heiligen Schrift, seiner mannigfachen Überlieferung in der Geschichte der christlichen Zeichenpraxis und seiner aktuellen Interpretation, sowie des „inneren Wortes", in dem Gottes Wahrheit lebenstragendes Vertrauen findet – als Inbegriff des *Evangeliums* (Röm 1,16) erschlossen. Er ist uns hier erschlossen als der brüderliche Mensch, der dem der Gewalt der Sünde und der Angst des Todes ausgesetzten Menschengeschlecht die befreiende Wahrheit über den Ursprung und das Ziel des Lebens in dieser Weltzeit und damit die Gemeinschaft mit Gott selbst als wahrhaft Höchstes Gut – als Höchstes Gut des Lebenstriebs und Lebensinteresses – offenbart.

Wir haben in unserer bisherigen Betrachtung den Versuch gewagt, die Eigen-Art dieses Menschen zu verstehen: nämlich als die Person, die in der Lebenseinheit mit dem schöpferischen Logos Gottes selbst existiert und in der unaufhebbaren Relation zu diesem schöpferischen Logos der *Sohn* Gottes des Vaters ist. Wir haben eine „Christologie" skizziert, die – in den Ursprungssituationen des Glaubens in den österlichen Erscheinungen des Gekreuzigten als des Auferstandenen und zur Rechten Gottes Erhöhten begründet – die eigentümliche *Würde des Erlösers* eben im Sohnesverhältnis des Christus Jesus zu Gott dem Vater erblickt. Es ist dem christlichen Glauben durch Gottes Geist als wahr gewiss, dass diese eigentümliche Würde des Erlösers sich zuhöchst in der Passionsge-

---

[143] KARL RAHNER, Grundkurs des Glaubens (wie Anm. 82), 223, hat den inneren Zusammenhang zwischen Gottes schöpferischem Wort und Gottes fleischgewordenem Wort so formuliert: „Von einer solchen Position aus wäre das christliche Dogma von der Inkarnation des ewigen Logos erreichbar. Wenn Gott selbst Mensch ist und es in Ewigkeit bleibt; wenn alle Theologie darum in Ewigkeit Anthropologie bleibt; wenn es dem Menschen verwehrt ist, gering von sich zu denken, da er dann ja gering von Gott dächte, und wenn dieser Gott das unaufhebbare Geheimnis bleibt, dann ist der Mensch in Ewigkeit das ausgesagte Geheimnis Gottes, das in Ewigkeit am Geheimnis seines Grundes teilhat."

[144] Vgl. hierzu MARTIN LUTHER, Auslegung des Magnificat: WA 7; 544–604; ANDRÉ BIRMELÉ, Art. Mariologie II. Systematisch-theologisch 3. Evangelisch: RGG^4 5, 828.

schichte und in dem schmachvollen und entehrenden Tod am Kreuz auf Golgatha bewährt: im Tod für andere, im Tod für uns (vgl. Röm 5,8). Im Tod am Kreuz auf Golgatha erfüllt sich und vollendet sich das Leben, das der Versöhnung und das der Vollendung des seiner Bestimmtheit entfremdeten Menschengeschlechts gewidmet ist. Um es mit Martin Kähler zu sagen: die „Christologie" im präzisen Sinne des Begriffs hat durchaus den Charakter der „Soterologie".[145]

Nun zeigt das apostolische Kerygma der Heiligen Schrift in mannigfacher Weise und nun verkündigt die kirchliche Überlieferungsgeschichte – in Wort und Bild, in Musik und Architektur – und ihre jeweils aktuelle Vergegenwärtigung hier und heute in ihrem innersten Kerne dies: dass der Christus Jesus Gottes des Schöpfers die befreiende Wahrheit, die er bringt, tatsächlich *mitteilt*. Es ist uns in der Glaubensgemeinschaft der Kirche als wahr gewiss: „Es ist das Heil uns kommen her von Gnad und lauter Güte" (EG 342,1). Es ist das Heil uns kommen her, indem der Christus Jesus Gottes des Schöpfers „das Prinzip der Sünde und des Todes"[146] für uns aufhebt und überwindet. Im Kontext der Glaubensgeschichte Israels beschreibt die Glaubenslehre einen spezifischen *Heilsweg*, der sich von anderen Beschreibungen eines Heilswegs in den religiösen Traditionen des Menschengeschlechts nicht nur unterscheiden, sondern sich mit ihnen auch vergleichen lässt.[147] Dieser Heilsweg, den der Christus Jesus Gottes des Schöpfers bahnt (vgl. Jes 40,1-5), ist Gegenstand der *Soteriologie.*[148] Ihr wenden wir uns nun zu.

Bevor wir die dogmatische Besinnung auf den Wahrheitsgehalt des Glaubens an den Christus Jesus Gottes des Schöpfers in Angriff nehmen, bedarf es allerdings einer kurzen methodischen Reflexion. Sie will die notwendige Verschränkung deutlich machen, die faktisch zwischen unseren Aussagen über das christliche Verständnis des Heilswegs und unseren Aussagen über das Wesen, die Struktur und die Funktionen der Kirche – zwischen der „Soteriologie" und der „Ekklesiologie" – besteht. Es gibt den Heilsweg, den die Einzelnen im Glauben, in der Liebe und in der Hoffnung gehen, nämlich nicht anders denn als den gemeinschaftlichen Weg der Kirche je in ihrer gesellschaftlichen Lebenswelt. Die Dynamik, die das Evangelium entfaltet (vgl. Röm 1,16), nimmt die Mitglieder der Glaubensgemeinschaft in Anspruch; und es ist die besondere Aufgabe und die besondere Verantwortung des ordinierten Amtes in der Kirche, für die notwendigen Bedingungen Sorge zu tragen, unter denen sich den Einzelnen der Heilsweg ihres Lebens tatsächlich erschließt. Diese faktisch notwendige Verschränkung zwischen unseren Aussagen über das Heil, das uns Menschen allen in der Begegnung mit dem Christus Jesus gewährt ist, und unseren Aussagen über das Wesen, die Struktur und die Funktionen der Kirche sei im Folgenden erläutert, und zwar unter zwei Gesichtspunkten.

---

145 Vgl. MARTIN KÄHLER, Die Wissenschaft der christlichen Lehre von dem evangelischen Grundartikel aus im Abrisse dargestellt, Leipzig 1905^3 (= NA 1966), 325–343.

146 Vgl. die Übersetzung von Röm 8,2 bei MICHAEL WOLTER, Die Rede von der Sünde im Neuen Testament, in: WILFRIED HÄRLE/REINER PREUL (Hg.), Sünde (wie Anm. 7), 15–44; 42.

147 Vgl. hierzu in Kürze GÜNTER LANCZKOWSKI, Art. Heil und Erlösung I. Religionsgeschichtlich: TRE 14, 605–609.

148 Vgl. zum Folgenden bes.: MARTIN KÄHLER, Die Wissenschaft der christlichen Lehre (wie Anm. 145), 343–380; 381–439; MARTIN SEILS, Art. Heil und Erlösung IV. Dogmatisch: TRE 14, 622–637 (Lit.); JÜRGEN ROLOFF, Art. Erlöser II. Neues Testament: RGG^4 2, 1436–1440; COLIN GUNTON, Art. Erlösung/Soteriologie VII. Dogmatisch: ebd. 1453–1456; JOACHIM ZEHNER, Art. Heil I. Religionsphilosophisch: RGG^4 3, 1522–1523; DERS., Art. Heil III. Dogmatisch: ebd. 1524–1526; Art. Heil IV. Ethisch: ebd. 1526–152; WOLFHART PANNENBERG, Systematische Theologie. Bd. III, Göttingen 1993, 155–265: Die fundamentalen Heilswirkungen des Geistes im einzelnen Christen.

4.3.1. Soteriologie. Eine methodische Betrachtung[149]

Erstens: Der Glaube ist sich in der Glaubensgemeinschaft der Kirche – durchaus vergleichbar mit anderen Beschreibungen eines Heilswegs in den religiösen Traditionen des Menschengeschlechts und von ihnen dennoch radikal verschieden – dessen gewiss, dass einem Menschen in der Begegnung mit dem Christus Jesus Gottes des Schöpfers – in der Begegnung mit dem „Heiland", wie Martin Luther unübertrefflich schön übersetzt (Lk 2,11) – *Heil* widerfährt (vgl. Lk 19,9). Unter dem biblischen Begriffswort „Heil", wie es das apostolische Kerygma des Neuen Testaments im Kontext der Glaubensgeschichte Israels verwendet, dürfen wir die Situation eines Menschen verstehen, der in das Heile, in das Ganze, in das Vollkommene des Lebens gelangt und darin die Erfüllung genießt, die dem Lebenstrieb, dem Aus-Sein-auf, der Intentionalität des geschaffenen Person-Seins Ruhe und Frieden gewährt (s. o. S. 127) und eben damit unvergleichliche und bleibende Freude hervorruft (vgl. Mt 2,10; Lk 2,10; Joh 3,29; 1Thess 1,6).

Es ist der Inbegriff der *Gnade Gottes*, dem Menschen, der doch faktisch der Gewalt der Sünde und der Angst des Todes preisgegeben ist, just die Situation des Heilen, des Ganzen, des Vollkommenen zu gewähren, in der der Lebenstrieb, das Aus-Sein-auf, die Intentionalität des geschaffenen Person-Seins wahre und wirkliche Erfüllung findet. Gottes Versöhnungswollen und Versöhnungswirken, wie es sich im Christus Jesus realisiert, hält angesichts der Gewalt der Sünde und der Angst des Todes jene ursprüngliche Wahl der Gnade fest, in der das göttliche Wesen sich zur Gemeinschaft mit dem Ebenbilde Gottes bestimmt (s. o. S. 88ff.). Dieser Gnade gewiss zu werden: dies und nur dies ermöglicht und begründet die Erfahrung des Heilen, des Ganzen, des Vollkommenen, in welcher die Person in ihrer Lebensführung – wie angefochten, wie fragmentarisch, wie zweifelhaft auch immer – zum Sinn und zur Bestimmung ihres geschaffenen Person-Seins gelangt. Wir werden die verschiedenen Beschreibungsweisen des Heilswegs im apostolischen Kerygma des Neuen Testaments und wir werden die Grundzüge der Soteriologie dann und nur dann angemessen interpretieren und in der zweifachen Gesprächssituation der Kirche in ihrer Gesellschaft hier und heute vergegenwärtigen können, wenn wir das Heil, das sie verkünden, konsequent als die Konkretion der Gnade verstehen, in der Gott der Schöpfer der Gemeinschaft mit dem Ebenbilde Gottes – und eben damit dem Mandat, das dem geschaffenen Person-Sein auferlegt ist – treu bleibt. Was wir mit dem Begriffswort „Gnade" bezeichnen, ist das Ereignis und ist die Geschichte der *Treue Gottes* (vgl. 1Kor 1,9; 1Thess 5,24; 2Thess 3,3; Hebr 2,17; 1Joh 1,9; Apk 1,5).[150]

Die zentrale, die alles entscheidende Frage lautet mithin: Wie werde ich der mir geltenden Gnade Gottes gewiss? Wie wird Gottes Gnade im Gesamtleben des Menschengeschlechts wirksam?[151]

Die verschiedenen Beschreibungsweisen des christlichen Heilswegs schon im apostolischen Kerygma des Neuen Testaments und die überaus verwickelte und streitbefangene Geschichte der kirchlich-theologischen Gnadenlehre kreisen genau um diese Fra-

---

[149] Vgl. zum Folgenden bes. FRIEDRICH SCHLEIERMACHER, GL² § 106 (II, 147–150); § 126 (II, 274–278); dazu CHRISTIANE BRAUNGART, Mitteilung durch Darstellung. Schleiermachers Verständnis der Heilsvermittlung (MThSt 48), Marburg 1998, 165–247; 247–282.

[150] Vgl. hierzu den Gesamtartikel „Gnade" I.–V.: TRE 13, 459–511; sowie den Gesamtartikel „Gnade/Gnade Gottes": RGG⁴ 3, 1022–1038.

[151] Es ist das besondere Verdienst von Eilert Herms, diese Frage als die bewegende und treibende Frage in der Entwicklung von Luthers reformatorischem Denken erkannt und formuliert zu haben; vgl. EILERT HERMS, Luthers Auslegung des Dritten Artikels, Tübingen 1987.

ge.[152] Erst eine ausgeführte Systematische Theologie wird – angesichts der Vielfalt der biblischer Beschreibungsweisen und angesichts der tiefgehenden Differenzen und Konflikte in der Christentumsgeschichte – begründen und entfalten können, dass diese Frage eine plausible Antwort findet, wenn wir uns schlicht auf die „Gewißheitsgemeinschaft mit Jesus selbst"[153] konzentrieren.

Die Gewissheitsgemeinschaft mit dem Christus Jesus Gottes des Schöpfers gibt es nun – wenn es sie denn gibt – jedenfalls nicht mehr in der direkten Weise der geschichtlichen Begegnung mit dem Wanderprediger aus Galiläa. Vielmehr gibt es sie – wenn es sie denn gibt – nur noch in der Zeit der österlichen Erscheinungen, in denen der Gekreuzigte sich den primären Offenbarungszeugen als der Auferstandene, als der zur Rechten Gottes Erhöhte im Geiste Gottes selbst vergegenwärtigt. Es gibt in dieser Zeit Gewissheitsgemeinschaft mit dem Christus Jesus Gottes des Schöpfers – wenn es sie denn gibt – nur noch in jener *indirekten Weise*, in der der Christus Jesus als der Auferstandene, als der zur Rechten Gottes Erhöhte, als der aus Gottes ewigem Leben allen Zeiten Gegenwärtige das Zeugnis und Verständnis der primären Offenbarungszeugen in Anspruch nimmt: „Wer euch hört, der hört mich; und wer euch verachtet, der verachtet mich" (Lk 10,16).

Im Spektrum der verschiedenen Beschreibungen eines Heilswegs in den religiösen Traditionen des Menschengeschlechts ist es demnach das unterscheidend Christliche, die Situation des Heilen, des Ganzen, des Vollkommenen jener Gewissheitsgemeinschaft zu verdanken, die der auferstandene, der erhöhte, der uns aus Gottes ewigem Leben je und je gegenwärtige Christus Jesus selber stiftet. Er stiftet sie just in der Handelnsordnung, die wir im „Grundriss der Prinzipienlehre" als die Ordnung des Offenbarungsgeschehens erkannten (s. o. S. 29ff.). Er stiftet sie demnach nicht anders als indem uns Gottes Geist das Zeugnis der primären Offenbarungszeugen – den Inbegriff des apostolischen Kerygmas und seiner Überlieferungs- und Rezeptionsgeschichte, nicht nur im Gespräch und in der Meditation, sondern auch im Bild, in der Musik und nicht zuletzt im Stil des Kirchenbaus – im Innersten der Person, in ihrem Herzen und in ihrem individuellen Freiheitsgefühl als wahr verstehen und ergreifen lässt. Das Sein des Christus Jesus als des HERRN (vgl. 1Kor 11,23.26; Phil 2,11) und seine befreiende Herrschaft[154] teilt sich indirekt in jener Handelnsordnung mit, in der die Selbstverantwortung aller Offenbarungszeugen ihren legitimen Spielraum findet.

Die soteriologische Besinnung, die die Gewissheitsgemeinschaft der Person mit dem Christus Jesus Gottes des Schöpfers als die notwendige und hinreichende Bedingung der Erfahrung des Heilen, des Ganzen, des Vollkommenen bedenkt, macht daher faktisch immer schon Gebrauch von jenen Einsichten, die den Grund, das Wesen und die Struktur der kirchlichen Gemeinschaft zwischen den Brüdern und den Schwestern betreffen, denen die befreiende Wahrheit des Evangeliums kraft des Geistes Jesu Christi selbst präsent ist.

Zweitens: Indem der Christus Jesus Gottes des Schöpfers einem Menschen nach der Ordnung des Offenbarungsgeschehens die Wahrheit des Evangeliums erschließt, integriert er ihn zugleich in die Gemeinschaft der Brüder und Schwestern: in die Gemein-

---

[152] Vgl. hierzu bes. OTTO HERMANN PESCH/ALBRECHT PETERS, Einführung in die Lehre von Gnade und Rechtfertigung, Darmstadt 1981.

[153] EILERT HERMS, Das Evangelium der Freiheit. Die Bedeutung der Kirche für die Demokratie, in: Handreichung für den kirchlichen Dienst. Amtsblatt der Evang.-Luth. Landeskirche Sachsens (Jahrgang 2007 – Nr. 23), B 37–B 48; B 37.

[154] Vgl. MARTIN LUTHER, Kleiner Katechismus: Auslegung des 2. Artikels (BSLK 511, 23–38).

schaft der *Kinder* – der Söhne und der Töchter Gottes –, die auf eine wie immer auch vorläufige, angefochtene und stets kritik- und korrekturbedürftige Art und Weise an der Situation des Heilen, des Ganzen, des Vollkommenen schon Anteil haben (vgl. Joh 1,12; Röm 8,16.17.21; 9,8; Eph 5,1; 1Joh 3,1.2). Die Geistesgegenwart des Christus Jesus ist ihr Grund und ist ihr Fundament (vgl. 1Kor 3,11).[155] Wir werden deshalb in der „Ekklesiologie“ – in der Lehre von der Glaubensgemeinschaft der Kirche – den Versuch unternehmen, die Vollzüge und die Strukturen genauer zu bestimmen, die für die Gemeinschaft der Söhne und der Töchter Gottes im „Leib Christi“ wesentlich sind (vgl. Röm 12,4.5).

An dieser Stelle kommt es freilich ganz entscheidend darauf an zu verstehen, dass die sachgemäße Beschreibung der Gemeinschaft des Leibes Christi auf die Beschreibung eines *Gesamtlebens* hinaus will. Die zwei wesentlichen Aspekte dieses Gesamtlebens seien bereits hier hervorgehoben.

Einerseits begründet die Integration der individuellen Person in die Gemeinschaft des Glaubens die grundsätzliche Verantwortlichkeit für deren innere Kommunikation und für deren sachgemäße Lebensform. Sie begründet also das *allgemeine Priestertum aller Getauften und Glaubenden* (s. u. S. 247ff.). Darunter verstehen wir den Auftrag, die Befugnis und das Recht, für das Leben der Glaubensgemeinschaft je eine besondere Sorge zu übernehmen.

Und *andererseits* begründet die Integration der individuellen Person in die Gemeinschaft des Glaubens die grundsätzliche Verantwortlichkeit für deren Verhältnis zu ihrer gesellschaftlichen Lebenswelt. Sie begründet die grundsätzliche Verantwortlichkeit für den Auftrag, die befreiende Wahrheit des Evangeliums auch und gerade auf den öffentlichen Foren der Gesellschaft situationsgerecht zur Sprache zu bringen. Und sie begründet die grundsätzliche Verantwortlichkeit für den Auftrag, an der lebensdienlichen Gestaltung der gesellschaftlichen Lebenswelt mitzuwirken, in der die Gemeinschaft des Glaubens jeweils existiert.

Wie die Geistesgegenwart des Christus Jesus die Gemeinschaft des Glaubens als die Gemeinschaft eines „Aufeinanderwirkens“ in ihrem Innenverhältnis konstituiert, so konstituiert sie die Gemeinschaft des Glaubens als die Gemeinschaft eines „Miteinanderwirkens“ in den ökonomischen, den politischen, den wissenschaftlich-technischen und schließlich auch den kulturellen Lebensverhältnissen ihrer Epoche. Insofern führt die Ekklesiologie – verstanden als die systematische Besinnung auf den Grund, das Wesen und die Struktur der kirchlich verfassten Gemeinschaft der Söhne und der Töchter Gottes – von sich aus und ganz folgerichtig zu den Grundfragen, auf die die Theologische Ethik Antworten zu geben sucht. Dieser innere sachlogische Zusammenhang zwischen der Ekklesiologie und der Theologischen Ethik bildet im Übrigen den theoretischen Rahmen der Kirchengeschichte, wie denn auch die Kirchengeschichte gut beraten ist, wenn sie sich in ihrer Forschung und in ihrer Lehre an diesem theoretischen Rahmen orientiert.[156]

Halten wir fest:
Im Unterschied zu anderen Glaubensweisen versteht sich der christliche Glaube – das christlich-fromme Selbstbewusstsein – wie angefochten und wie problematisch auch immer als das Leben in der Gewissheitsgemeinschaft mit dem Christus Jesus selbst (vgl.

---

[155] Vgl. hierzu KONRAD STOCK, Zur Rechten Gottes, in: GÜNTER THOMAS/ANDREAS SCHÜLE (Hg.), Gegenwart des lebendigen Christus (FS. Michael Welker), Leipzig 2007, 261–269.

[156] Vgl. hierzu KONRAD STOCK, Die Theorie der christlichen Gewißheit. Eine enzyklopädische Orientierung, Tübingen 2005, 192–210.

2Kor 5,17; Gal 5,6). In der Gewissheitsgemeinschaft mit dem Christus Jesus selbst ist „das Prinzip der Sünde und des Todes" (Röm 8,2) aufgehoben und überwunden. Indem wir die Gewissheitsgemeinschaft mit dem Christus Jesus in dessen indirekter Selbstmitteilung, in dessen Gegenwart im Geiste Gottes selbst begründet und getragen finden, verankern wir die Erfahrung des Heilen, des Ganzen, des Vollkommenen in der *aufnehmenden Tätigkeit* des Christus Jesus, die uns nicht anders als in der Handelnsordnung des Offenbarungsgeschehens erreicht und angeht.[157] Die tiefen Differenzen und die schweren Konflikte, die namentlich die abendländische Christentumsgeschichte hinsichtlich der angemessenen Gestalt der Soteriologie und hinsichtlich der praktischen Frömmigkeit erlebte und erlitt, werden das Thema verheißungsvoller Lehrgespräche werden können, wenn wir die Soteriologie – die Lehre von Rechtfertigung und Heiligung, von Wiedergeburt und Nachfolge – insgesamt aus der Besinnung auf die „Wirksamkeit Christi"[158] entfalten.

Zugleich versetzt der christliche Glaube – das christlich-fromme Selbstbewusstsein – die Person in die „Gewißheitsgemeinschaft mit allen Brüdern und Schwestern"[159]. Deren religiöse Kommunikation und die in ihr stattfindenden Prozesse der Tradition und Interpretation des Evangeliums sind der institutionelle Ort und das Instrument, welches der aufnehmenden Tätigkeit des Christus Jesus zu dienen bestimmt ist. Insofern handelt die Ekklesiologie – die systematische Beschreibung des Grundes, des Wesens und der Struktur der Kirche – von den notwendigen Bedingungen, die erfüllt sein müssen, damit der Christus Jesus selbst sich dem individuellen Freiheitsgefühl, dem Herzen und Gewissen der Person und ihrem Lebensinteresse an der Erfahrung des Heilen, des Ganzen, des Vollkommenen vergegenwärtige.

Im Anschluss an die Kritik, die Ernst Troeltsch an der dogmatischen Konzeption der Glaubenslehre Schleiermachers übte, erhebt man gegen die Verschränkung zwischen der Gewissheitsgemeinschaft mit dem Christus Jesus selbst und der Gewissheitsgemeinschaft mit den Brüdern und Schwestern im Glauben, in der Liebe und in der Hoffnung den Einwand, hier komme es zu einer problematischen „Verkirchlichung" des christlichen Glaubens, des christlich-frommen Selbstbewusstseins.[160]

Dieser Einwand führt in die Irre. Vielmehr gilt es zu begreifen, dass unsere Beschreibung der Erfahrung des Heilen, des Ganzen, des Vollkommenen und unsere Beschreibung des Wesens, der Struktur und der Funktion der Kirche – Sätze der Soteriologie und Sätze der Ekklesiologie – sich nach einer bestimmten Ordnung wechselseitig implizieren. Widerfährt uns in der Gemeinschaft mit dem Christus Jesus – allen Erfahrungen des Bösen, des Zweifels und der Angst zum Trotz – das Heil des getrösteten Gewissens, des radikalen Gottvertrauens, des Lebens in der Liebe und in der Hoffnung, so widerfährt uns dies nicht anders als in den Formen, in denen die Kirche die befreiende Wahrheit des Evangeliums begeht und feiert, tradiert und interpretiert. Und bilden sich in der Gemeinschaft mit allen Brüdern und Schwestern immer wieder die Impulse und die Initiativen, die geschichtlichen Lebensbedingungen eines Gemeinwesens verantwortlich mitzuprägen und mitzugestalten, so gingen und so gehen sie – die Kirchengeschichtsschreibung zeigt dies kritisch-konstruktiv – hervor aus dem gemeinschaftlichen Interesse an der Wohlordnung der sozialen Realität. Wenn Paul Gerhardts Passionslied „O Haupt voll Blut und Wunden,/voll Schmerz und voller Hohn" (EG 85) im Leben nur noch als

---

157 Vgl. hierzu FRIEDRICH SCHLEIERMACHER, GL^2 § 100 L (II, 90); § 101 L (II, 97).

158 FRIEDRICH SCHLEIERMACHER, GL^2 § 101,1 (II, 97).

159 EILERT HERMS, Das Evangelium der Freiheit (wie Anm. 152), B 37.

160 Vgl. oben S. 50.

die Hintergrundsmusik eines Video-Clips vorkommt, ist die Religion der Freiheit eines Christenmenschen im Verschwinden begriffen. Diesem überaus machtvollen Trend in der Kultur der gegenwärtigen Gesellschaft wird die Kirche nur als die *Kirche der Freiheit* im emphatischen Sinne des Begriffs wehren können.[161]

Die Besinnung auf die Bedingungen, unter denen ich der mir geltenden Gnade Gottes gewiss werde und unter denen Gottes Gnade im Gesamtleben des Menschengeschlechts wirksam wird, führte uns zu der These, dass die Sätze der Soteriologie und die Sätze der Ekklesiologie sich nach einer bestimmten Ordnung wechselseitig implizieren. Diese These weist bereits voraus auf den Auftrag des *ministerium verbi divini* und damit auf die wohlverstandene Funktion der theologischen Berufe im Sinne der reformatorischen Grundeinsicht (s. u. S. 248ff.). In ihrem Sinne ist es die wohlverstandene Funktion der theologischen Berufe, in der jeweiligen praktischen Kommunikationssituation inmitten aller Anfechtung das Heil des getrösteten Gewissens, des radikalen Gottvertrauens, des Lebens in der Liebe und in der Hoffnung zu vergegenwärtigen, das die befreiende Wahrheit des Evangeliums für alle mit sich bringt, die sich von ihr berühren und bestimmen lassen. Insofern leitet die systematische Betrachtung des Verhältnisses von Sätzen der Soteriologie und Sätzen der Ekklesiologie über zur Grundlegung einer Praktische Theologie.[162] Es wäre überaus wünschenswert, wenn es in Zukunft mehr als bisher interdisziplinäre Gespräche über die Grundlegung einer Praktischen Theologie geben würde.

Eine letzte Bemerkung. Unsere Einsicht in das Verhältnis der wechselseitigen Implikation, das zwischen den Sätzen der Soteriologie und den Sätzen der Ekklesiologie waltet, hat schließlich ganz erhebliche Konsequenzen für die Besinnung auf den Gegenstand und auf den Grund der christlichen Hoffnung und damit auf die „Eschatologie". Wir ordnen ja die Eschatologie dem 3. Glaubensartikel und damit den Aussagen über das Leben in der „Lebensgemeinschaft mit Christo"[163] und über das darin begründete Leben in der Lebensgemeinschaft des Glaubens, der Liebe und der Hoffnung zu. Es ist dieser Zusammenhang, der uns dazu berechtigt und verpflichtet, die Eschatologie – jedenfalls in ihrer Mitte! – als Lehre von der christlichen Hoffnung zu entfalten. Was wir in der Gewissheit der befreienden Wahrheit des Evangeliums erhoffen, ist eben nichts Geringeres als die Erfüllung und die Realisierung des göttlichen, des schöpferischen Vollendungswillens, der die Fragmente unserer irdischen Existenz (vgl. 1Kor 13,12) zum Ganzen fügen wird.

4.3.2. Grundriss der Soteriologie

Wir gaben uns in unserer methodischen Betrachtung Rechenschaft über die Art und Weise, in der ich selbst der Gnade Gottes, die mir gilt, gewiss werde und in der die Gnade Gottes dementsprechend im Gesamtleben des Menschengeschlechts wirksam wird. Ich werde der Gnade Gottes, die mir gilt, dadurch gewiss, und Gottes Gnade wird dementsprechend im Gesamtleben des Menschengeschlechts dadurch wirksam, dass die Glaubensgemeinschaft in ihrer wie auch immer gestalteten kirchlichen Verfassung die Proexistenz des Christus Jesus Gottes des Schöpfers verstehbar und erfahrbar jeweils

---

[161] Insoweit ist der Intention des Impulspapiers der EKD: Kirche der Freiheit. Perspektiven für die evangelische Kirche im 21. Jahrhundert (2006), zuzustimmen.

[162] Vgl. hierzu KONRAD STOCK, Die Theorie der christlichen Gewißheit (wie Anm. 155), 275–308.

[163] FRIEDRICH SCHLEIERMACHER, GL^2 § 93,5 (II, 42).

hier und jetzt vergegenwärtigt und dass Gottes Geist – der Geist der Wahrheit – diese Vergegenwärtigung bejahen, erfassen und ergreifen lässt. Wenn sich gemäß der Ordnung des Offenbarungsgeschehens – im Zusammenspiel zwischen menschlicher Verkündigung, Lehre, Sitte und Gesprächskultur und göttlicher Erleuchtung – die Gewissheitsgemeinschaft mit dem Christus Jesus selbst ereignet, ereignet sich im Leben eines Menschen die entscheidende Wende, die das Gottesverhältnis und zugleich das Selbstverhältnis und das Weltverhältnis der Person betrifft. Auch wenn das christlich-fromme Selbstbewusstsein die andauernde Gewalt der Sünde in ihren mannigfachen Erscheinungsformen und die Angst des Todes immer noch an sich erleben wird, wird es – wie angefochten und wie fragmentarisch auch immer – in der Gewissheitsgemeinschaft mit dem Christus Jesus selbst des Heils – der Situation des Heilen, des Ganzen, des Vollkommenen – teilhaftig.

Auf die Teilhabe an dem Heil – an der Situation des Heilen, des Ganzen, des Vollkommenen –, die der Christus Jesus Gottes des Schöpfers gewährt, achten wir nun in einem Grundriss der *Soteriologie.* Wir wollen uns in ihm darauf besinnen, dass sich die Teilhabe an diesem Heil in der Gewissheit des Glaubens, im Leben in der Ordnung der Liebe und in der Zuversicht der Hoffnung realiter erleben lässt (vgl. 1Kor 13,13). Wer die Teilhabe an diesem Heil realiter erlebt, wird schließlich auch zur Selbstverantwortung vor Gott für die Sphäre des privaten und für die Wohlordnung des öffentlichen Lebens bereit und fähig werden. Wenn wir den christlichen Heilsweg als das – gewiss angefochtene und gewiss fragmentarische – gegenwärtige Erleben des Heilen, des Ganzen, des Vollkommenen beschreiben, das uns der Christus Jesus Gottes des Schöpfers in der Glaubensgemeinschaft der Kirche gewährt, betreten wir bereits die Brücke zwischen den Gebieten der Dogmatik und der Theologischen Ethik. Die Glaubensgemeinschaft der Kirche und zumal ihre berufenen Sprecher und gewählten Repräsentanten dürfen nur nicht zu schüchtern und zu kleinlaut sein, um die Größe und die Weite der apostolischen Deutung unserer Gegenwart zu ermessen: „Siehe, jetzt ist die angenehme Zeit, jetzt ist der Tag des Heils!“ (2Kor 6,2).

Allerdings steht die systematische Besinnung auf die Teilhabe an dem Heil, die der Christus Jesus Gottes des Schöpfers hier und heute gewährt, angesichts der Geschichte der kirchlichen Glaubenslehre und der christlichen Frömmigkeitspraxis nach wie vor vor einer riesengroßen Herausforderung. Trotz intensiver ökumenischer Gespräche ist der tiefe Lehrgegensatz namentlich zwischen dem römischen Katholizismus und den der Reformation verpflichteten Kirchengemeinschaften bei weitem noch nicht überwunden. Dieser Lehrgegensatz ist umso gravierender zu nehmen, als er jeweils guten Glaubens mit dem apostolischen Kerygma der Heiligen Schrift selbst begründet wird. Eine ausgeführte Systematische Theologie wird diesen nach wie vor bestehenden Lehrgegensatz durchdenken und ihren Beitrag zu seiner Überwindung leisten wollen.

Die vorliegende „Einleitung“ unternimmt statt dessen den Versuch, im Anschluss an die Grundentscheidungen der lutherischen wie der reformierten Reformation die Existenz des Glaubens als Existenz *en Christo* (ἐν Χριστῷ) (2Kor 5,17; vgl. Gal 2,20) plausibel zu machen.[164] Diese schlichte Formel ist hervorragend dazu geeignet, die verschiedenen biblischen Konzeptionen eines Lebens im Heilen, im Ganzen, im Vollkommenen – die synoptischen Konzeptionen der Umkehr und der Nachfolge, die paulinische Konzeption der Rechtfertigung, die johanneische Konzeption der Wiedergeburt und des

[164] Vgl. GERHARD SAUTER, Art. Rechtfertigung IV. Das 16. Jahrhundert: TRE 28, 315–328; DERS. (Hg.), Rechtfertigung als Grundbegriff evangelischer Theologie (ThB 78), München 1989.

Lebens aus der Wahrheit – als verschiedene Beschreibungen eines identischen Sachverhalts zu würdigen. Sie – diese schlichte Formel – bringt nicht nur das *extra nos* zur Geltung, das nach Martin Luthers Ausdrucksweise das Ereignis der letztgültigen Selbsterschließung Gottes in Gnade und in Wahrheit, in Liebe und in Treue charakterisiert; sie weist auch auf die effektive Kraft und Wirksamkeit hin, die die Begegnung mit dem Christus Jesus Gottes des Schöpfers in der Lebensgeschichte eines Menschen – *in nobis* – entfaltet, weil ihm darin Gottes Gnade und Wahrheit, Gottes Liebe und Treue tatsächlich erschlossen wird und bleibt.

Um diese schlichte Formel angemessen zu entfalten, heben wir im Folgenden drei Gesichtspunkte hervor. Mit ihnen wollen wir das Heil, das die Gewissheitsgemeinschaft mit dem Christus Jesus selbst gewährt, als jenes „Grunderlebnis" charakterisieren, das wir nach Martin Kählers Worten dem Innewohnen des Geistes Christi verdanken: „Das neue Leben inmitten des alten Lebens entsteht, indem der Geist Christi durch stetige Innewirkung zur tragenden und bestimmenden Macht des persönlichen Lebens wird."[165] Wir hoffen damit anzuleiten zur sachgemäßen Interpretation des biblischen Offenbarungszeugnisses und der reformatorischen Lehrbekenntnisse, die in der zweifachen Gesprächssituation der Kirche in der Gesellschaft alles andere als selbstverständlich ist.[166]

Erstens: Wenn wir in dieser zweifachen Gesprächssituation die christliche Existenz als Existenz *en Christo* (ἐν Χριστῷ) und deshalb als Erfahrung des Heilen, des Ganzen, des Vollkommenen verstehen und verständlich machen wollen, müssen wir uns zuallererst an dem Begriff des frommen Selbstbewusstseins orientieren, den wir im „Grundriss der Prinzipienlehre" im Anschluss an Schleiermachers Theorie entwickelt hatten (s. o. S. 10ff.). Dieser Begriff ist deshalb wichtig, weil er das unmittelbare Lebensgefühl – das individuelle Freiheitsgefühl – als jenen seelischen Ort begreiflich macht, an dem sich eines Menschen Sinn und Gesinnt-Sein bildet und entscheidet. Im Lichte des Begriffs des frommen Selbstbewusstseins gesprochen bildet sich die christliche Existenz als Existenz *en Christo* zwar keineswegs außerhalb der Kommunikation des Evangeliums – der Kommunikation des Evangeliums in ihrem ganzen Umfang: im Gottesdienst, in der Verkündigung, im Unterricht, im seelsorglichen Gespräch, in der Kirchenmusik und in der christlichen Kunstpraxis –; aber sie geht nicht etwa aus den Akten der Anerkennung oder des frei-willentlichen Gehorsams gegenüber den Sätzen der biblisch-kirchlichen Heils- und Gnadenlehre bloß als solchen hervor. Sie bildet sich vielmehr – sofern sie sich denn bildet – dann und nur dann, wenn uns in der Vermittlung der gesamten christlichen Zeichenpraxis jene schöpferische Transzendenz begegnet, auf welche die geschaffene Person in der Tiefe ihres individuellen Freiheitsgefühls bezogen ist. Sie bildet sich – sofern sie sich denn bildet – dann und nur dann, wenn es als wahr gewiss wird, dass in der Existenz des Christus Jesus der transzendente Grund und Ursprung aller Dinge in seiner ewigen Gnade, in seiner wahren Liebe offenbar wird. Der ewigen Gnade und der wahren Liebe des transzendenten Grundes und Ursprungs aller Dinge gewiss zu werden und gewiss zu bleiben: darin besteht der *Friede mit Gott* (Röm 5,1), die Teilhabe an dem Höchsten Gut, über welches hinaus für das geschaffene Person-Sein nichts Größeres zu erwarten ist.

Zweitens: Als Existenz *en Christo* ist die christliche Existenz die Weise einer inhaltlich bestimmten Selbstgewissheit. Sie ist jene Selbstgewissheit, in der die individuelle Person ihrer Bestimmtheit zum Leben im freien und verantwortlichen Für-Einander-Sein

---

165 MARTIN KÄHLER, Die Wissenschaft der christlichen Lehre (wie Anm. 145), 525f.; zum Ausdruck „Grunderlebnis" vgl. ebd. 110f.; 115; 119.

166 Vgl. zum Folgenden bes. PAUL TILLICH, STh II, 189–194.

und eben damit ihrer Bestimmtheit zum Leben mit Gott selbst inne wird, um derentwillen ihr das geschaffene Person-Sein gewährt und aufgenötigt ist (s. o. S. 142ff.). Allerdings schließt die Existenz *en Christo* – das Leben in der Gewissheitsgemeinschaft mit dem Christus Jesus Gottes des Schöpfers – stets das Erleben des Gegensatzes zwischen dem Bewusstsein der Sünde und dem Bewusstsein der Gnade Gottes ein.[167] Es ist beileibe nicht an dem, dass das Bewusstsein der Sünde etwa nur behauptet und ohne irgendeinen Anhalt an der geschichtlichen Erfahrung des Menschengeschlechts gelehrt oder womöglich – wie dies Friedrich Nietzsche meinte – dem Ressentiment der niedrigen Gesinnung geschuldet werde. Vielmehr berufen wir uns auf die Analyse der Grund- und Erscheinungsformen der Sünde (s. o. S. 153ff.), wenn wir das Bewusstsein der Sünde als bleibenden Wesenszug des menschlichen Lebens in der Situation der Entfremdung betrachten, der in der *Erfahrung des Gewissens* durchaus erlebt, empfunden und erlitten wird. Wenn wir das Leben in der Gewissheitsgemeinschaft mit dem Christus Jesus selbst als das Erleben jenes Gegensatzes charakterisieren, so beziehen wir die jeweils neue Auslegung und Vergegenwärtigung des Evangeliums auf jenes *Gesetz* im sittlich-religiösen, im theologischen Sinne des Begriffs, das mit dem schöpferischen Gemeinschaftswillen Gottes identisch ist (s. o. S. 167ff.). In der Erfahrung des Gewissens tritt die Verpflichtungskraft des göttlichen Gemeinschaftswillens hervor.

Ist die christliche Existenz als Existenz *en Christo* stets und in jedem Moment der Lebensgeschichte auf die Erfahrung des Gewissens bezogen, so ist sie grundsätzlich in doppelter Hinsicht zu beschreiben, die für die Kommunikation des Evangeliums in ihrem ganzen Umfang und für das Erleben der Situation des Heilen, des Ganzen, des Vollkommenen wesentlich ist.

Einerseits sind wir in der Gewissheitsgemeinschaft mit dem Christus Jesus selbst der bleibenden Verstrickung unseres Lebens in die Gewalt der Sünde und in die Angst des Todes eingedenk. Die Interpretation des Phänomens des Gewissens hat uns ja gezeigt, wie dessen anklagende Funktion bezogen ist auf Erinnerung, die uns die höchstpersönliche Geneigtheit zum Bösen und die das höchstpersönliche Scheitern und Versagen gegenüber Gottes schöpferischem Wollen und Walten gegenwärtig hält. Und je mehr die Erinnerung die Grenzen der individuellen Lebensgeschichte überschreitet und die Interdependenzen der Geschichte sozialer Subjekte in den Blick nimmt, desto mehr wird die Erfahrung des Gewissens von tiefem Erschrecken und Entsetzen gezeichnet sein. In der Gewissheitsgemeinschaft mit dem Christus Jesus selbst wird die von der geschichtlichen Erinnerung gespeiste Erfahrung des Gewissens nicht verdrängt, sondern je und je anerkannt und aktualisiert. Insofern haben die verschiedenen Formen, im seelsorglichen Gespräch oder im Rahmen der gottesdienstlichen Feier das Bewusstsein der Sünde zu artikulieren und das eigene Schuldig-Werden zu bekennen, in der Teilhabe an dem Heil, das der Christus Jesus Gottes des Schöpfers hier und heute gewährt, ihre notwendige Funktion. Schließlich lehrt die seelsorgliche und die therapeutische Praxis, dass es ohne die Annahme des Gewissensurteils keine Erfahrung der Freiheit des Gewissens und kein Erleben des Friedens mit Gott wird geben können.

Andererseits: In der Gewissheitsgemeinschaft mit dem Christus Jesus selbst sind wir ja dessen gewiss, dass Gott selbst „der Welt Sünde trägt“ (Joh 1,29). Trägt aber Gott selbst die Sünde der Welt und all ihr Elend und all ihr Leid, so trägt Gott der Schöpfer als Gott der Versöhner unsere je eigene Verstrickung in den Zusammenhang des Bösen, die uns die Erfahrung des Gewissens in der Erinnerung präsent hält. Von Gott getragen,

---

167 Vgl. hierzu FRIEDRICH SCHLEIERMACHER, GL[2] §§ 62–169: „Entwicklung der Tatsachen des frommen Selbstbewußtseins, wie sie durch den Gegensatz bestimmt sind“.

ist diese Verstrickung in den Zusammenhang des Bösen geschehen und dennoch ungeschehen, real und dennoch getilgt, wirksam und dennoch aufgehoben. Die Gottesgewissheit, die sich uns in der Gewissheitsgemeinschaft mit dem Christus Jesus erschließt, ist somit in ihrem harten Kern die Gewissheit des *göttlichen Für-uns-Seins* (Röm 8,31). Als die Gewissheit der Vergebung, der Verzeihung und der bedingungslosen Anerkennung ist sie die Quelle der Bejahung dessen, „daß man bejaht ist“[168]; nämlich bejaht ist von dem schöpferischen Grund und Ursprung aller Dinge, der seinem schöpferischen Gemeinschaftswillen in der Form des Versöhnungswillens und des Versöhnungswirkens treu bleibt. Indem Luther die überlieferten Gestalten der Lehre von Gottes rechtfertigender Gnade mit Rücksicht auf die eigene Lebensgeschichte und mit phänomenologischer Klarheit auf die Erfahrung des Gewissens bezog, beschrieb er die christliche Existenz mit vollem Recht als Existenz in der *Freiheit des Gewissens*.[169]

Bevor wir nun das Grunderlebnis, in dem uns die Gewissheitsgemeinschaft mit dem Christus Jesus selbst – vermittelt durch den ganzen Umfang des „äußeren Wortes“ in der Glaubensgemeinschaft der Kirche – das Heil gewährt, unter einem dritten Gesichtspunkt betrachten, halten wir Eines mit allem Nachdruck fest:

Indem uns jenes Grunderlebnis – die Gewissheit des göttlichen Für-uns-Seins – zuteil wird, wird die Bestimmtheit der Person zum Leben im freien und verantwortlichen Füreinander-Sein und eben damit ihre Bestimmtheit zum Leben mit Gott und für Gott erschlossen (s. o. S. 142ff.). Auch wenn es wahr ist, dass die Mitglieder der Glaubensgemeinschaft der Kirche in dieser Weltzeit jenen Gegensatz zwischen dem Bewusstsein der Sünde und dem Bewusstsein der Gnade Gottes niemals werden überwinden können, wird ihnen im Erleben dieses Gegensatzes doch der *Schöpfungssinn* bewusst, der ihnen mit dem Wesen und der Verfassung des geschaffenen Person-Sein sowohl gegeben als auch aufgenötigt ist (s. o. S. 101f.). Indem ihnen *en Christo* der Schöpfungssinn des selbstbewusst-freien, des zur Selbstbestimmung bestimmten leibhaften Lebens erschlossen wird, wird ihnen nichts Geringeres als das in Wahrheit Gute erschlossen, welches dem menschlichen Lebenstrieb und Lebensinteresse Erfüllung und Genüge gibt. Die sachgemäße Besinnung auf das Grunderlebnis der christlichen Existenz als Existenz *en Christo* erreicht ihr Ziel dann und nur dann, wenn sie sich stets und grundsätzlich auf dem Niveau der großartigen Einsicht Martin Luthers bewegt: „Denn durch diese Erkenntnis (verstehe: die geistgewirkte Erkenntnis des Glaubens an den Christus Jesus als Spiegel des väterlichen Herzens) kriegen wir Lust und Liebe zu allen Gepoten Gottes“.[170] Um es im Widerspruch zu mannigfachen eklatanten Missverständnissen des christlichen Heilswegs innerhalb und außerhalb der Glaubensgemeinschaft der Kirche im Anschluss an Schleiermacher zu sagen: Wenn der Erlöser die Gläubigen „in die Kräftigkeit seines Gottesbewußtseins“ und in die „Gemeinschaft seiner ungetrübten Seligkeit“ aufnimmt, so begründet und bewirkt er jene Einheit des sinnlich bestimmten Selbstbewusstseins und des höheren Selbstbewusstseins, die das „Gepräge der Freude“ an sich hat.[171]

Drittens: Von hier aus wollen wir nun die Existenz *en Christo* – der schlichten Trias folgend, mit der der Apostel Paulus das Bleibende zusammenfasst (1Kor 13,13) – als die

---

168 PAUL TILLICH, STh II, 192.

169 Vgl. hierzu KONRAD STOCK, Luther und die Freiheit, jetzt in: DERS., Die Gegenwart des Guten (wie Anm. 1), 109–121.

170 MARTIN LUTHER, Großer Katechismus: Auslegung des 3. Artikels (BSLK 661,35ff.). – NIKOLAUS HERMAN hat den Schöpfungssinn des weihnachtlichen Geschehens ebenso schlicht wie weitreichend formuliert: „Heut schließt er wieder auf die Tür/zum schönen Paradeis“ (EG 27,6).

171 FRIEDRICH SCHLEIERMACHER, GL^2 § 100 L (II, 90); § 101 L (II, 97); § 5,4 (36–39; 38).

Situation des Glaubens, des Liebens und des Hoffens entfalten. Wir werden sehen, dass das Grunderlebnis der christlichen Existenz – das Gewiss-Werden und das Gewiss-Bleiben des göttlichen Für-uns-Seins – diejenige Lebensform hervorruft, in der das Glauben, das Lieben und das Hoffen zusammenklingen.

Zunächst: Wir haben die christliche Existenz als Existenz in der Gewissheitsgemeinschaft mit dem Christus Jesus selbst beschrieben. In ihr wird die Person – vermittelt durch das vielgestaltige Offenbarungszeugnis der Kirche in ihrer Geschichte – durch Gottes Geist der Gnade, der Liebe, der Treue und damit der Beständigkeit des schöpferischen Gemeinschaftswillens Gottes gewiss, der ihr im Raum und in der Zeit des Menschengeschlechts zugewandt ist und bleibt. Dieser Gewissheit entspricht das *Glauben* als das radikale Ur- und Grundvertrauen, das sich ganz und gar und nur auf Gott – auf Gottes schöpferischen Gemeinschaftswillen – verlässt. Martin Luther hat daher mit Recht zwischen dem Verstehen Gottes und der Art und Weise des Glaubens einen intimen sachlogischen Zusammenhang erkannt: „Denn die zwei gehören zuhaufe, Glaube und Gott."[172]

Diesen Zusammenhang können wir womöglich noch genauer und noch tiefer erfassen, wenn wir ihn im Lichte und mit Hilfe eines vollständigen Begriffs des geschaffenen Person-Seins interpretieren (s. o. S. 125ff.). Glaube und Gott gehören deshalb zusammen, weil das geschaffene Person-Sein in seiner Wechselwirkung mit seinesgleichen ursprünglich und endlich bezogen ist auf Gottes schöpferisches Reden und Rufen, Geben und Fordern, ohne das es gar nicht wäre und das ihm – dem geschaffenen Person-Sein – in ihm selbst und seinesgleichen begegnet. Dem geschaffenen Person-Sein ist in seiner Wechselwirkung mit seinesgleichen *zugemutet*, seinen Lebenstrieb, sein Aus-Sein-auf, sein Lebensinteresse auf das Sein mit Gott und für Gott zu richten und darin das Höchste Gut zu genießen. Luthers Auslegung des 1. Gebots leitet im Kontext des Großen Katechismus dazu an, die Gewissheitsgemeinschaft mit dem Christus Jesus selbst just als die Weise und den Weg zu verstehen, auf welchem das geschaffene Person-Sein zu seiner „Eigentlichkeit" (Rudolf Bultmann) gelangt. Alles, was Luthers Riesenwerk über das Verhältnis zwischen der Verheißung, die im mündlichen wie im sakramentalen Wort des Evangeliums ergeht, und dem Vertrauen in diese Verheißung ausführt, muss gelesen werden als die Beschreibung jener Umkehr, die die Person in die Situation des Glaubens, in die „herzliche Zuversicht alles Guten"[173] versetzt.

Sodann: Wie die Gewissheitsgemeinschaft mit dem Christus Jesus selbst – das Gewiss-Werden und Gewiss-Bleiben der radikalen Liebe Gottes – einen Menschen in die Situation des Glaubens als des wagemutigen Ur- und Grundvertrauens auf Gott versetzt,

---

[172] MARTIN LUTHER, Großer Katechismus: Auslegung des 1. Gebots (BSLK 560,21f.). Dieser lapidare Satz fasst Luthers Versuch zusammen, den Ausdruck „Gott" einzuführen und zu bestimmen: „Ein Gott heißet das, dazu man sich versehen soll alles Guten und Zuflucht haben in allen Nöten. Also daß ein Gott haben nichts anders ist, denn ihm von Herzen trauen und gläuben..." (560,10–16). Man beachte, dass gemäß der Einleitung in die Auslegung des Credo jener Glaube, der im Apostolischen Glaubensbekenntnis zur Sprache kommt, just die notwendigen Bedingungen artikuliert, die erfüllt sein müssen, damit die ursprüngliche Relation von Glaube und Gott wirklich werde (646,6–12). – Vgl. hierzu und zum Folgenden: GERHARD EBELING, „Was heißt ein Gott haben oder was ist Gott?". Bemerkungen zu Luthers Auslegung des ersten Gebots im Großen Katechismus, in: DERS., Wort und Glaube. 2. Bd.: Beiträge zur Fundamentaltheologie und zur Lehre von Gott, Tübingen 1969, 287–304.

[173] MARTIN LUTHER, Großer Katechismus (BSLK 571, 44f.); vgl. auch 563,13 (Gott „das einige ewige Gut"); 565,34ff. („also daß Gott... alleine der ist, von dem man alles Guts empfähet und alles Unglücks los wird").

so versetzt sie in die Situation des *Liebens*. Liebe ist geradezu der Grundbegriff, mit dessen Hilfe das apostolische Kerygma des Neuen Testaments im Kontext des Alten Testaments – allerdings in kritischer Konzentration – die Ethosgestalt bezeichnet, die sich der Gewissheit der Wahrheit des Evangeliums verdankt. Das Licht dieser Gewissheit lässt nämlich das Liebenswerte und das Liebenswürdige – sowohl des anderen als auch des eigenen Selbst-Seins – darin sehen, dass es für die Gemeinschaft Gottes mit Gottes Ebenbild geschaffen und bestimmt ist. Lieben heißt die Lebensform, die das andere wie das eigene Selbst-Sein radikal bejaht. Lieben heißt die Lebensform, die sich auf dem Grunde dieses radikalen Ja im Wohlwollen, im Tun des Guten konkretisiert. Lieben heißt die Lebensform, die auf dem Grunde dieses radikalen Ja im Wohlwollen, im Tun des Guten die Gemeinschaft mit schlechthin allen Wesen sucht, die Menschenantlitz tragen. Lieben ist der Name jener universalen Ethosgestalt, die die in aller Geschichte wirksame Feindschaft welcher Art auch immer aufzuheben und zu überwinden trachtet.[174]

Das neutestamentliche Offenbarungszeugnis kommt in verschiedener Hinsicht auf das Leben in der Ordnung der Liebe zu sprechen. Die synoptischen Evangelien stellen das Doppelgebot der Liebe ins Zentrum ihrer Darstellung der Botschaft des Christus Jesus (Mk 12,28-31; Mt 22,34-40; Lk 10,25-28.29-37); für die Theologie des Paulus gilt die Liebe, die nach 1Kor 13 überhaupt der „höchste Weg" ist, in ihrer Entsprechung zu Gottes eigener, ursprünglicher und wahrer Liebe (Röm 5,8) als die Erfüllung und als die Realisierung des schöpferischen Gotteswillens (Röm 13,10; Gal 5,14); und nach dem Zeugnis der johanneischen Schule führt die Liebe, in der der Vater und der Sohn eins sind, die Gemeinschaft des Glaubens in das wahre Leben und in das volle Genüge (Joh 10,10). Ohne Zweifel sieht das apostolische Kerygma des Neuen Testaments in der Liebe zu Gott, in der Liebe zueinander und in der liebenden Annahme seiner selbst den Inbegriff des guten Lebens, der als solcher die Eudaimonia der philosophischen Lebenslehren nicht etwa ausschließt, sondern vielmehr integriert.[175] Die Fähigkeit und die Kraft des Liebens ist nach Paulus die „Frucht" (Gal 5,22): also die entscheidende und heilsame Gabe, die Gottes Geist selbst – die geistgewirkte Evidenz der befreienden Wahrheit des Evangeliums – mit sich bringt und verbreitet (Gal 5,6.16), indem er auf diesem und auf keinem anderen Weg die faktische Unfähigkeit zur universalen Liebe unter der Gewalt der Sünde und der Angst des Todes überwindet.

Wir werden die biblische Beschreibung des Liebens als der Frucht des göttlichen Geistes angemessen interpretieren und sachgemäß auf die gegenwärtige Lage der Kirche in der ausdifferenzierten, hochentwickelten Gesellschaft übertragen können, wenn wir darauf achten, dass das durch Gottes schöpferischen Gemeinschaftswillen Liebenswerte und Liebenswürdige uns in verschiedener Hinsicht begegnet.

Das Lieben hat zuallererst diakonischen Charakter: es zeigt sich im helfenden Handeln, in der Fürsorge für die überfallenen, die leidenden, die kranken, die gefangenen, die rechtlosen, die hungernden und dürstenden Nächsten – in den Werken der *Barmherzigkeit* (vgl. Mt 25,31-46; Lk 10,29-37).[176] Das Lieben zeigt sich darüber hinaus in

---

[174] Vgl. zum Folgenden: KONRAD STOCK, Gottes wahre Liebe (wie Anm. 33), 195–278; DERS., Art. Liebe III. Dogmatisch: RGG^4 5, 338–342; DERS., Art. Liebe Gottes und Liebe zu Gott III. Christentum: ebd., 353–356; DERS., Art. Selbstliebe: RGG^4 7, 1168–1169; EILERT HERMS, Art. Liebe VI. Ethisch: RGG^4 5, 345–347.

[175] Vgl. hierzu KONRAD STOCK, Art. Eros III. Eros und Agape (caritas): RGG^4 2, 1467–1468.

[176] Vgl. hierzu THEODOR STROHM, Art. Helfen/Hilfe: RGG^4 3, 1606–1607; DERS., Art. Liebestätigkeit II.: RGG^4 5, 364–366.

der Kraft und in der Fähigkeit, Differenzen des Ethos auszuhalten und die Bindung des Gewissens um der Einheit der Glaubensgemeinschaft willen strikt zu achten (vgl. 1Kor 14,1-4). Das Lieben gilt nicht nur dem nahen Nächsten – dem Anderen in der Glaubensgemeinschaft der Kirche (vgl. Röm 12,9-16) – und es gilt nicht nur dem fernen Nächsten – dem Anderen in der gesellschaftlichen Lebenswelt in welchen Regionen der Erde auch immer (vgl. Röm 12,17-18)[177] –, sondern es gilt auch ausdrücklich dem Feind (vgl. Mt 5,43-48; Röm 12,19-21).[178]

Allerdings: Das Lieben, das die Frucht des Geistes – der Evidenz der Wahrheit des Evangeliums – ist, lässt sich keineswegs beschränken auf die Werke der Barmherzigkeit und auf die Sensibilität für ethisch-kulturelle Differenzen. Das Wohlwollen und das Tun des Guten, das dem liebenden Gesinnt-Sein entspringt, konkretisiert sich vielmehr auch in der Verantwortung und in der Sorge für das Gemeinwohl einer Gesellschaft, das zu dem Inbegriff der notwendigen Bedingungen gehört, unter denen sich durch Gottes Geist die Wahrheit des Evangeliums – und damit die Fähigkeit und die Kraft des Liebens – erschließt. Es war namentlich Luthers Lehre von der weltlichen und der geistlichen Regierweise Gottes, die das Lieben als Motiv und als Beweggrund und zugleich als inhaltlich bestimmte Grund-Norm aller kommunikativer und interaktiver Handlungen bestimmte: „Nächstenliebe stellt sich für L.(uther) dar als Gemeinschaftswille in den verschiedenen Lebenssphären."[179] Der „Grundriss der Theologischen Ethik" wird auf dieser Linie – zumal in seiner Güterlehre – zu einer Form der ethischen Urteilsbildung anleiten, die den ökonomischen, den rechtlich-politischen und den wissenschaftlich-technischen Sachverstand prinzipiell auf den – gewiss umstrittenen – gemeinen Nutzen ausrichtet, der nichts Geringeres als die Rahmenbedingung eines guten Lebens bildet.

Das Lieben, das die Frucht des Geistes – der Evidenz der Wahrheit des Evangeliums – ist, hat *last but not least* die Gestalt der Gottesliebe, die in den synoptischen Evangelien ausdrücklich als das „vornehmste Gebot" (Mk 12,29) bezeichnet wird. Das Doppelgebot der Liebe macht uns klar, dass sich das Lieben, das sich der Begegnung mit dem Christus Jesus selbst verdankt, nicht etwa in den mannigfachen spontanen Initiativen oder in den organisierten Unternehmungen des helfenden Handelns und auch nicht in der Verantwortung und in der Sorge für die gemeinwohldienliche Verfassung einer Gesellschaft erschöpft. In der Gestalt der Gottesliebe hat das Lieben vielmehr *kontemplativen* Charakter. Es äußert sich in den sei es einsamen, sei es gemeinschaftlichen Formen der Andacht, der Meditation und des gesprochenen oder des gesungenen Gotteslobs. In diesen Formen sind wir ganz und gar dem schöpferischen Grund und Ursprung aller Dinge zugewandt, dem wir uns selbst und alle Wesen unseresgleichen verdanken. Indem wir uns inmitten der Erfahrung der Sünde, des Leids der Endlichkeit und der Angst des Todes zu Gott dem schöpferischen Grund und Ursprung aller Dinge erheben, vermögen wir wie fragmentarisch auch immer die Anziehungskraft zu empfinden, die von der Gemeinschaft mit Gott selbst als dem Höchsten Gut des Menschen ausgeht; und so eröffnet die dogmatische Besinnung auf die Erfahrung des Heilen, des Ganzen, des Vollkommenen den Weg zum Nachdenken über das Gebet und über die *praxis pietatis*.

Schließlich: Wie die Gewissheitsgemeinschaft mit dem Christus Jesus selbst – das Gewiss-Werden und Gewiss-Bleiben der radikalen Liebe Gottes – einen Menschen in die Situation des Glaubens und des Liebens versetzt, so versetzt sie ihn gleichursprünglich in

---

177 Vgl. hierzu ULRICH H. J. KÖRTNER, Art. Fernstenliebe: RGG^4 3, 83f.

178 Vgl. hierzu JÜRGEN MOHN/ECKART OTTO/GERD THEISSEN/ULRICH H. J. KÖRTNER, Art. Feind/Feindesliebe: RGG^4 3, 57–60.

179 REINHARD SCHWARZ, Art. Luther, Martin II. Theologie: RGG^4 5, 573–588; 583.

die Situation des *Hoffens*.[180] Das ist deshalb der Fall, weil Gottes Geist – der Grund der Evidenz der Wahrheit des Evangeliums – die Zeiterfahrung der Person und damit das Verhältnis ihrer gegenwärtigen Zeit zur zukünftigen Zeit radikal verändert. Indem uns nämlich in der Gewissheitsgemeinschaft mit dem Christus Jesus selbst die eigene Gegenwart als die Gegenwart erschlossen wird, in der das Reich Gottes des Schöpfers – die Vollendungsgestalt der Gemeinschaft Gottes mit Gottes Ebenbild jenseits des Todes und durch den Tod hindurch – im Werden ist, wird die Ambivalenz menschlicher Zukunftserwartung berichtigt und geklärt, von der die Alltagssprache und das Sprichwort Kunde gibt. Das Hoffen, das wie das Glauben und das Lieben die Frucht des Geistes ist, ist in seinem harten Kern *Gotteshoffnung*, Hoffnung auf Gott. Es richtet sich auf jenes Höchste Gut, auf das wir Menschen alle in unserem Lebenstrieb, in unserem Lebensinteresse verwiesen sind und dessen christliche Bestimmtheit im Spektrum der eschatischen Symbole zur Sprache kommt (s. u. S. 257ff.).

Indem der angefochtene Glaube – das christlich-fromme Selbstbewusstsein – in seiner jeweiligen Gegenwart auf Gott und nur auf Gott zu hoffen wagt (vgl. Ps 37,5; EG 361,1), vertraut er in dem ganzen Kreis der Lebensführung in der Privatheit wie in der Öffentlichkeit in zweifacher Hinsicht auf Gottes schöpferische, auf Gottes segensreiche Möglichkeiten.

Er hofft darauf, dass Gott das Werk des Menschen – die vielgestaltigen Entscheidungen und Handlungsweisen, durch die wir jeweils hier und jetzt in Ehe und Familie, in Liebe und in Freundschaft, in ökonomischer und in politischer, in wissenschaftlicher und in technischer Verantwortung Mögliches wirklich werden lassen – zum Guten wende und es vor der Vergeblichkeit bewahre (vgl. Apk 14,13). Und er hofft darauf, dass Gott das Offenbarungszeugnis, welches der Glaubensgemeinschaft der Kirche in den mündlichen Formen der Predigt und des Unterrichts, der Seelsorge und der Beratung ebenso wie in der sakramentalen Gestalt der Taufe und des Abendmahls anvertraut ist, von Generation zu Generation zur Wirkung kommen lasse (vgl. Röm 15,24). Die Gotteshoffnung, die auf nichts Geringeres als auf die *fruitio Dei* – auf den Genuss des Höchsten Guts der ewigen Gemeinschaft mit Gott selbst – gerichtet ist, schließt ausdrücklich die Hoffnung aufs Gelingen unserer menschlichen Werke und auf die *besseren Zeiten* (Philipp Jakob Spener) ein. Und es ist letzten Endes nur die Gotteshoffnung, die die utopischen Ideale eines weltweiten Friedens und einer globalen Gerechtigkeit vor jenem Umschlag in Gewalt bewahrt, welcher das blutige Siegel der Moderne ist.

4.4. Fazit

Wir haben den Versuch gewagt, den Heilsweg zu beschreiben, den der Christus Jesus Gottes des Schöpfers dem Menschengeschlecht bahnt. Stillschweigend haben wir uns auf die Tatsache bezogen, dass so gut wie alle Religionskulturen Heilswege beschreiben; ebenso stillschweigend haben wir uns abgegrenzt von den verschiedenen Typen der neuzeitlichen Religions- und Offenbarungskritik, die es mit unvermindert starkem Wirkungsgrad der sittlichen Selbstmacht des Menschen zutrauen, die Bereitschaft zum Bösen und die Erscheinungsformen des Bösen ebenso wie die Angst des Todes auf politische, auf pädagogische, auf therapeutische Weise zu überwinden. Damit die evangelischen

---

180 Vgl. zum Folgenden bes. FRIEDRICH KÜMMEL/HANS WEDER/GERHARD SAUTER, Art. Hoffnung I.–III.: TRE 15, 480–498; ULRICH BERNER/OTTO KAISER/ANDRIE DU TOIT/FRIEDRICH BEISSER/MICHAEL MOXTER, Art. Hoffnung I.–V.: RGG^4 3, 1822–1828;

Kirchen in der Bundesrepublik Deutschland und damit die Mitglieder der Glaubensgemeinschaft im religiös-weltanschaulichen Pluralismus des Verfassungsstaats die Gewissheit des Glaubens mutiger und überzeugender als in der letzten Zeit in den verschiedenen Öffentlichkeiten bekennen, erklären und verteidigen können, sucht die dogmatische Besinnung das „Wort der Versöhnung" (2Kor 5,19) zu verstehen und verständlich zu machen. Wir fassen sie wie folgt zusammen:

Erstens: Der angefochtene Glaube – das christlich-fromme Selbstbewusstsein – setzt voraus und schließt noch immer ein das Bewusstsein der Sünde. Wir haben das Phänomen der Sünde und die Grund- und Erscheinungsformen der Sünde so erschlossen, wie sie der Selbsterfahrung der Mitglieder der Glaubensgemeinschaft erschlossen sind. Wenn das kanonische Offenbarungszeugnis der Heiligen Schrift diese Selbsterfahrung mit Hilfe zahlreicher Disqualifikationsbegriffe und vor allem mit der tiefsinnigen Erzählung vom „Sündenfall" (Gen 3,1-24) in ihrer menschheitlichen Reichweite beschreibt, so lenkt es unsere Aufmerksamkeit auf die *Wurzel der Sünde*. Wir haben diese Wurzel der Sünde, die allen Grund- und Erscheinungsformen der Sünde Nahrung gibt, im Lichte des Begriffs der Begierde zu verstehen gesucht. Was immer wir an Grund- und Erscheinungsformen der Sünde erleben und erleiden, zeigt uns die Macht der Begierde als der „*Willkür*, die *eigene Besonderheit* über das Allgemeine zum Prinzipe zu machen, und sie durch Handeln zu realisieren – böse zu sein".[181] Schärfer und realistischer als Hegel werden wir sagen, dass die Macht der Begierde die Entfremdung von Gottes schöpferischem Wollen, Walten, Reden und Rufen, dass sie die Blindheit für Gottes Schöpfer-Sein indiziert. Wenn die Glaubensgemeinschaft der Kirche in den medial vermittelten Öffentlichkeiten der gegenwärtigen gesellschaftlichen Lebenswelt diese düstere Tiefendimension des Evangeliums nicht mehr adäquat zur Sprache bringen kann, wird sie die größte Mühe haben, das Evangelium selbst gewinnend und erhellend darzulegen als die „Kraft Gottes, die da selig macht alle, die daran glauben" (Röm 1,16).

Zweitens: Der angefochtene Glaube – das christlich-fromme Selbstbewusstsein – existiert in der Gewissheitsgemeinschaft mit dem Christus Jesus selbst und gelangt in ihr – wie fragmentarisch auch immer – schon jetzt in dieser Weltzeit zur Erfahrung des Heilen, des Ganzen, des Vollkommenen. Nun entsteht und nun besteht das Leben des Glaubens in der Gewissheitsgemeinschaft mit dem Christus Jesus selbst dann und nur dann, wenn uns der Christus Jesus in den wesentlichen Vollzügen der Kommunikation des Evangeliums *durch Gottes Geist* begegnet. Wenn er uns hier und jetzt im „äußeren Wort" und im „inneren Wort", in der „äußeren Klarheit" und in der „inneren Klarheit" der Heiligen Schrift begegnet, so begegnet er uns nicht mehr als der „historische" Wanderprediger aus Nazareth, mit dem das jüdische Synhedrium und mit dem der römische Prokurator kurzen Prozess gemacht hatte (vgl. 2Kor 5,16). Er begegnet uns vielmehr als der, der den primären Offenbarungsempfängern in den österlichen Erschließungssituationen erschien. Indem die primären Offenbarungsempfänger die Situationen der Erscheinung durch Gottes Geist in ihrem Sinn und ihrer Bedeutung als die Indizien der Auferstehung des Gekreuzigten und der schöpferischen Überwindung des menschlichen Todesgeschicks erkannten, wurde ihnen die Wahrheit des Lebenszeugnisses Jesu vom Nahe-Kommen des Reiches Gottes des Schöpfers in ihm selbst evident; und zwar als Wahrheit eines Lebenszeugnisses für Gott, das sich im Tode am Kreuz auf Golgatha vollendete.

---

[181] GEORG WILHELM FRIEDRICH HEGEL, Grundlinien der Philosophie des Rechts (wie Anm. 32), § 139 (124).

Dem angefochtenen Glauben – dem christlich-frommen Selbstbewusstsein – begegnet der Christus Jesus deshalb nicht anders als in seiner *Lebenseinheit mit Gott selbst*, wie sie die christologische Bekenntnis- und Begriffsbildung des apostolischen Kerygmas alsbald zu buchstabieren suchte und wie sie dann zur Quelle jenes Gottesverständnisses wurde, das Gottes eines und einziges Wesen gerade in der Einheit der trinitarischen Namen Gottes zu erkennen hofft. Dann und nur dann, wenn wir die christologische Bekenntnis- und Begriffsbildung des apostolischen Kerygmas und wenn wir die vorsichtigen Ansätze zur trinitarischen Rede von Gott im Neuen Testament auf die Entdeckung der Lebenseinheit des Christus Jesus mit Gott selbst in den österlichen Erscheinungen zurückbeziehen, werden wir deren lebenspraktischen Sinn verstehen und verständlich machen können, den zumal die Advents- und Weihnachtslieder des Gesangbuchs einfühlsam und ergreifend bezeugen.

Drittens: Wir haben in methodischer Hinsicht gezeigt, dass die Gewissheitsgemeinschaft mit dem Christus Jesus Gottes des Schöpfers, die die Blindheit der Sünde für Gottes Schöpfer-Sein überwindet, nicht außerhalb der Glaubensgemeinschaft der erfahrbaren Kirche entstehen und bestehen wird. Insofern greift die dogmatische Besinnung, die die Begegnung mit dem Christus Jesus als das Grunderlebnis der Befreiung „zur herrlichen Freiheit der Kinder Gottes“ (Röm 8,21) entfalten möchte, auf die Beschreibung der Kommunikation des Evangeliums unter der verantwortlichen Leitung des kirchlichen Lehramts und auf deren eschatische Tragweite vor (s. u. S. 216ff.). Dann und nur dann, wenn der ganze Inbegriff des „äußeren Wortes“, in dem sich die Lehrfreiheit und die theologische Kompetenz der ordinierten Amtsträger beweisen und bewähren wird, kraft des „inneren Wortes“ des göttlichen Geistes die jeweils eigene Lebenserfahrung trifft, macht der angefochtene Glaube – das christlich-fromme Selbstbewusstsein – die Erfahrung des Heilen, des Ganzen, des Vollkommenen, die der Christus Jesus „mit sich bringt“ (EG 1,1). Nachdrücklich legen wir den Mitgliedern der Glaubensgemeinschaft und ihren kirchlichen Institutionen und Organisationen ans Herz, diese Erfahrung des Heilen, des Ganzen, des Vollkommenen – wir haben sie konkretisiert in der Beschreibung des Glaubens, des Liebens und des Hoffens – als die gewiss fragmentarische Erfahrung des Überwunden-Werdens der Blindheit der Sünde für Gottes Schöpfer-Sein zu bekennen, zu deuten und zu verteidigen.

§ 5 Der christliche Glaube an Gott den Vollender

Der christliche Glaube – das christlich-fromme Selbstbewusstsein – ist in seinem harten Kern Gewissheit der Wahrheit des Evangeliums. Er entsteht und er besteht, wann immer der Christus Jesus Gottes des Schöpfers einem Menschen in der Kraft des Heiligen Geistes das Evangelium, das er selbst ist – das Wort von der Versöhnung (2Kor 5,19) –, nahebringt und es zur lebenstragenden Gewissheit werden lässt. Diese Gewissheit vereint einen Menschen mit dem Christus Jesus selbst und mit den anderen Getauften und Glaubenden zur *Gemeinschaft der Heiligen*, zur κοινωνία (*koinonia*) (1Kor 1,9; Phil 1,5), in der das Gebot der Liebe in vielgestaltiger Weise in Erfüllung geht; und sie entzündet die brennende Hoffnung, in und mit dieser Gemeinschaft zur ewigen Gemeinschaft mit Gott selbst und darin zur Vollendung des Lebens in dieser Weltzeit jenseits des Todes und durch den Tod hindurch zu gelangen. Begründet in der Evidenz des Evangeliums, prägt der Glaube an den Christus Jesus – an Gottes Versöhnungs- und Vollendungswillen, den er bezeugt und den er realisiert – die personale Identität der Person in ihrer unvertretbar-einmaligen Geschichte. Er hat als solcher orientierende und motivierende Kraft.

Nun ist es die geschichtliche Erfahrung des Christentums von seinen allerersten Anfängen an, dass das Evangelium – das Wort von der Versöhnung, das apostolische Kerygma – nicht anders begegnet als in der sozialen Gestalt, für die wir schon bisher das Begriffswort „Kirche" gebrauchten. Unter diesem Begriffswort verstehen wir das soziale Gebilde, das sich uns in unserer physisch-sozialen Umwelt als ein bestimmtes *Kommunikationssystem* zeigt. Als dieses Kommunikationssystem ist die Kirche *erfahrbar*; und es gehört zum Auftrag christlicher Existenz, dieses Kommunikationssystem aufrecht zu erhalten, zu pflegen und immer wieder im Lichte und nach der Norm der Heiligen Schrift zu reformieren. Denn das Kommunikationssystem der Kirche stellt die notwendigen Bedingungen dafür bereit, dass es kraft des erleuchtenden Wirkens Gottes des Heiligen Geistes zur individuellen Lebensführung in der Gewissheit des Glaubens komme.

Über den Grund, das Wesen und die sachgemäße Struktur des Kommunikationssystems der Kirche – über die „Ekklesiologie" – denken wir im Folgenden nach.

Die dogmatische Besinnung wird dieses Thema in einen umfassenden Zusammenhang einordnen. Um diesen umfassenden Zusammenhang zu skizzieren, greifen wir auf die Einsichten der Prinzipienlehre zurück (s. o. S. 16ff.).

Als ein bestimmtes soziales Gebilde ist die Kirche – in welcher organisatorischen Form auch immer sie existiert – stets ein Teilsystem einer Gesellschaft. Sie ist ein Teilsystem einer Gesellschaft, weil alle ihr Mitglieder Mitglieder einer Gesellschaft sind und weil alle ihre Mitglieder – wie eingeschränkt oder wie repräsentativ auch immer – an den Funktionen partizipieren, die für die Lebensführung in der jeweiligen Gegenwart notwendig sind: nämlich an der ökonomischen Funktion der Produktion und des Erwerbs der Mittel zum Leben im weitesten Sinne; an der politischen Funktion, die Sicherheit einer Gesellschaft zu gewährleisten und in ihr Herrschaft durch Recht auszuüben; und an der kulturellen Funktion, das tradierte Wissen von Natur und Geschichte zu überliefern, zu erweitern, zu vertiefen und für die Lösung technischer Probleme anzuwenden.

Nun ist das soziale Gebilde der Kirche – im Unterschied und im Verhältnis zu den erwähnten Teilsystemen – der besondere Fall desjenigen Teilsystems einer Gesellschaft, das der ethischen Orientierung des Lebens dient, die wir der Antwort auf die Frage nach dem *Sinn des Lebens* verdanken, wie sie die Religionen und die Weltanschauungen zu geben suchen. Auch wenn die konkrete Verantwortung der Mitglieder der Kirche in den verschiedenen Bereichen ihrer jeweiligen Gesellschaft der besondere Gegenstand der Theologischen Ethik ist, wird schon die Ekklesiologie das Verhältnis von Kirche und Gesellschaft thematisieren. Und zwar in dreifacher Hinsicht:

Erstens gibt es das soziale Gebilde der Kirche – wie immer es organisiert sein mag – nur in seinem „Zusammensein mit der Welt".[1] Unter dem Begriffswort „Welt" verstehen wir hier nicht den Inbegriff des Geschaffenen als solchen – das Weltgeschehen unter Gottes Weltregierung –, sondern „diese Welt" im Sinne des neutestamentlichen Terminus αἰών (*aion*) (Röm 12,2): also die Mitglieder, die Mächte und die Kräfte einer Gesellschaft, sofern sie der Wahrheit des Evangeliums von Gottes Versöhnungs- und Vollendungswillen nicht oder noch nicht teilhaftig sind oder ihr sogar mit Gewalt und mit viel List widerstehen. Weil das soziale Gebilde der Kirche noch nicht im Schauen, sondern im Glauben existiert (vgl. 2Kor 5,7), wird es nicht nur von den großen epochalen Trends des geschichtlichen Lebens beeinflusst und bedroht, sondern ist auch verstrickt in dessen katastrophale Verheerungen und Zerstörungen: in die Verfolgung des Judentums, in den Kolonialismus, in den Rassismus, in den Nationalismus, in den Imperialismus. In diesem seinen Zusammensein mit dieser Welt ist das soziale Gebilde der Kirche unausweichlich das soziale Gebilde sündiger – für Gottes Schöpfer-Sein blinder – Menschen, die eben nur als solche der Gnade des Versöhnungs- und Vollendungswillens Gottes des Schöpfers teilhaftig sind.

Zweitens: Das soziale Gebilde der Kirche hat aus diesem Grunde einen spezifischen Auftrag, eine spezifische Verantwortung für diese Welt, für die jeweilige Gesellschaft, in der es existiert. Wir können diesen spezifischen Auftrag, diese spezifische Verantwortung ermessen, wenn wir uns vor Augen halten, dass die Kommunikation des Evangeliums nichts Geringeres intendiert als die „Erneuerung des Sinnes" (vgl. Röm 12,2): die vertrauensvolle Hingabe der Person an den Heilswillen Gottes des Schöpfers, die sich in den Grund- und in den Einzelentscheidungen einer Lebensgeschichte bewährt. Sie – diese Kommunikation – zielt auf eine Bestimmtheit des Selbstbewusstseins, auf eine Bildung des Herzens, des Gemüts und der Gesinnung, die der Person ihren inneren Halt, ihre Festigkeit und ihre reflektierte Handlungsfähigkeit verleiht. Eben dieser innere Halt, diese Festigkeit und diese reflektierte Handlungsfähigkeit wird sich aber nicht nur in der Gestaltung des privaten Lebens in Ehe und Familie, in Liebe und Freundschaft beweisen und bewähren, sondern auch und erst recht in der Mitwirkung und in der Mitgestaltung des öffentlichen Lebens: dort also, wo die Glaubenden mit Nichtglaubenden und mit Andersglaubenden kommunizieren und interagieren. Weil das soziale Gebilde der Kirche der geschichtliche Ort ist, an dem wir Menschen kraft des göttlichen Geistes zur Gewissheit der Wahrheit des Evangeliums gelangen, nimmt es – insoweit faktisch mit anderen Kultus- und Weltanschauungsgemeinschaften vergleichbar – die Verantwortung für die Gesellschaft als ganze wahr. Es ist auf allen seinen Systemebenen dazu da, dem Praktisch-Werden des Glaubens im guten Werk der geschichtlich-sozialen Existenz der Glaubenden – die als solche auch die Liebenden und die Hoffenden sind – zu dienen.[2]

Drittens: Nun ist das Leben, das wir kraft des göttlichen Geistes in der Teilnahme an der Kommunikation des Evangeliums in der erfahrbaren sozialen Gestalt der Kirche – im allgemeinen Priestertum aller Getauften und Glaubenden (s. u. S. 247f.) – führen, in jeder

---

1 FRIEDRICH SCHLEIERMACHER, GL[2] (II, 274).

2 Vgl. hierzu REINER PREUL, Der Wandel der Kommunikationsbedingungen des Evangeliums seit der Reformation als Problem der Praktischen Theologie, in: DERS., Luther und die Praktische Theologie. Beiträge zum kirchlichen Handeln in der Gegenwart (MThSt 25), Marburg 1989, 8–24.

Hinsicht angefochten, fragmentarisch und von Vergeblichkeit bedroht (vgl. Ps 90,10; Gal 4,11). Zwar macht es die Erfahrung des Heilen, des Ganzen, des Vollkommenen (s. o. S. 201ff.); aber es ist sich auch der Grenzen der Kräfte und der Fähigkeiten und schließlich des früher oder später bevorstehenden Todes bewusst, wie es auch stets mit dem Tod der Angehörigen, der geliebten und der bedeutungsvollen Anderen wird leben müssen. Nicht allein dies; das Leben in der Freiheit eines Christenmenschen wird empört, erschüttert und bedrückt sein über die wissentlichen und willentlichen Verletzungen und Gefährdungen der *Würde des Menschen* hier und jetzt in dieser entstehenden Weltgesellschaft, und es wird sich engagieren in den Initiativen, den Projekten, den Organisationen, die den Hunger und das Elend, die Unbildung und die Ausbeutung bekämpfen und besiegen wollen.

Das Leben in der Glaubensgemeinschaft der Kirche, das durch Gottes Gnade die Erfahrung des Ganzen, des Heilen, des Vollkommenen macht, macht also zugleich die Erfahrung des Unvollkommenen. Es leidet an der andauernden Ambivalenz des Bösen und des Guten, des Unsittlichen und des Sittlichen; und es bleibt dem Schwinden der Kräfte und der Angst des Todes ausgesetzt. Deshalb wird die Kommunikation des Evangeliums in der erfahrbaren Kirche die *Hoffnung des Glaubens* – die Gotteshoffnung – stark zu machen suchen; sie wird zeigen, dass das ursprüngliche Begehren, der Lebenstrieb, das Lebensinteresse an der Teilhabe am Guten seine dauernde und bleibende Erfüllung findet jenseits des Todes und durch den Tod hindurch in der unangefochtenen und unbedrohten Gemeinschaft mit Gottes ewigem Leben. Die dogmatische Besinnung auf den Grund und auf den Gegenstand der christlichen Hoffnung – die „Eschatologie“ im präzisen Sinne des Begriffs – wird daher den „Grundriss der Dogmatik“ schließen und zugleich die Brücke bauen zum „Grundriss der Theologischen Ethik“.

Damit ist der Gang des vorliegenden Kapitels vorgezeichnet. Wir beginnen damit, in der gebotenen Kürze Sinn und Bedeutung der biblischen Rede von Gottes Geist zu entfalten (5.1.). Daran schließt sich die Beschreibung der wesentlichen Vollzüge an, in denen die Kommunikation des Evangeliums in der sozialen Gestalt der erfahrbaren Kirche vor sich geht (5.2.). Endlich werden wir die Antwort auf die Frage zu geben suchen, wie der Glaube das Leid der Endlichkeit überwindet in der Hoffnung auf Gottes ewiges Reich (5.3.).

5.1. Gottes Geist[3]

Wir hatten schon im „Grundriss der Prinzipienlehre“ einen Begriff der *Offenbarung* entwickelt, der das Entstehen und Bestehen tragfähigen Lebenssinnes zum Gegenstande hat (s. o. S. 28f.). Wir sprachen insbesondere von jenen Ursprungssituationen der christlichen Gewissheit – von jenen österlichen Situationen –, in denen den primären Offenbarungs-

---

[3] Vgl. zum Folgenden bes.: FRIEDRICH SCHLEIERMACHER, GL[2] §§ 121–125 (II, 248–273); PAUL TILLICH, STh III, 134–190; GERHARD EBELING, Dogmatik des christlichen Glaubens. Bd. III, Tübingen 1993[3], 61–124: Heiliger Geist und Menschengeist; JÜRGEN MOLTMANN, Der Geist des Lebens. Eine ganzheitliche Pneumatologie, München 1991, 303–324; WOLFHART PANNENBERG, Systematische Theologie. Bd. III, Göttingen 1993, 13–113; WILFRIED HÄRLE, Dogmatik, Berlin/New York 2007[3], 357–383; WOLF-DIETER HAUSCHILD, Art. Geist/Heiliger Geist/Geistesgaben IV. Dogmengeschichtlich: TRE 12, 196–217; ECKHARD LESSING, Art. Geist/Heiliger Geist/Geistesgaben V. Dogmatisch und ethisch: ebd. 218–237; BERNHARD TAURECK, Art. Geist/Heiliger Geist/Geistesgaben VII. Der philosophische Geistbegriff: ebd. 242–254. – Der folgende Text hat nicht zuletzt die Absicht, die an den reformatorischen Einsichten in das Verhältnis von „äußerem Wort“ und „innerem Wort“ vorbeigehende Beschreibung der Kraft des Heiligen Geistes zu korrigieren, die vorgelegt hat MICHAEL WELKER, Gottes Geist. Theologie des Heiligen Geistes, Neukirchen-Vluyn 1992.

zeugen die Auferstehung des Gekreuzigten und damit die befreiende Wahrheit des Evangeliums evident wurde. Wir nahmen ihr Zeugnis ernst, dass ihnen nur Gott selbst und Gott allein die befreiende Wahrheit des Evangeliums erschlossen habe und erschließe; und wir suchen nun in der dogmatischen Besinnung ihre Erkenntnis zu entfalten, dass der Gott, der Menschen in die Gewissheit der befreienden Wahrheit des Evangeliums führt und sie in ihr erhält und leitet, *Gott der Heilige Geist* ist.[4] Dabei wird es heute – nicht zuletzt im Interesse des ökumenischen Gesprächs mit der römisch-katholischen Kirche über den Grund und Gegenstand des Glaubens – darauf ankommen, die vertiefte Einsicht zu vergegenwärtigen, die die reformatorische Bewegung und die vor allem Martin Luther in das Wirken Gottes im Geist der Wahrheit gewonnen hatte. Diese Einsicht ist im Übrigen im deutschsprachigen Protestantismus der Gegenwart alles andere als Gemeingut.[5]

Mit dem deutschen Ausdruck „Geist (Gottes)"/„Heiliger Geist" übersetzen wir das griechische Wort πνεῦμα (ἅγιον) (*pneuma [hagion]*), das sprachliche Äquivalent zum hebräischen Terminus רוּחַ (*ruach*). Mit diesen Benennungen beziehen sich die biblischen Sprachen in analoger Weise auf Gottes Sein und auf das Sein des Menschen. Es leidet keinen Zweifel, dass jedenfalls das Neue Testament den Ausdruck πνεῦμα (*pneuma*) an nicht wenigen Belegstellen für einen Aspekt des menschlichen Person-Seins, des menschlichen Selbstbewusstseins und des menschlichen Selbstverhältnisses verwendet.[6] Im Rahmen des biblischen Offenbarungszeugnisses vom erleuchtenden Wirken des göttlichen Geistes ist also ein anthropologischer Sachverhalt vorausgesetzt und mitenthalten. In der Besinnung auf uns selbst entdecken wir, dass wir nicht nur Naturwesen sind, sondern dass wir uns – eingebettet in den Naturzusammenhang – Anderem – eben dem Naturgeschehen und darüber hinaus dem geschichtlichen Geschehen – mit Aufmerksamkeit, mit Neugier und in Freiheit zuzuwenden vermögen. Namentlich die Sprache als die Basis aller unserer Verstehens- und Entscheidungsprozesse erweist sich als das Indiz des *Intelligiblen*, kraft dessen wir um alle unsere Erfahrungen, um unsere Passionen und Aktionen, wissen. Benennen wir diesen Aspekt des menschlichen Person-Seins im Gefolge des biblischen Sprachgebrauchs als „Geist", so meinen wir damit diejenige Weise da zu sein, die sich in der freien, in der intelligiblen Gerichtetheit auf Anderes zeigt. Insofern nötigt eine vollständige Interpretation des biblischen Sprachgebrauchs und der theologischen Lehre vom Menschen dazu, sich auf den philosophischen Begriff des Geistes und auf dessen Theoriegeschichte einzulassen.[7]

In der Situation des angefochtenen Glaubens – des christlich-frommen Selbstbewusstseins – ist mithin das Selbstverständnis der Person vorausgesetzt, in jener freien, intelligiblen Weise auf Anderes gerichtet und für Anderes offen zu sein, die wir mit dem Begriffswort „Geist" bezeichnen. Als solches dient es nun dazu, dasjenige Moment des göttlichen Lebens zu erleben und zu erkennen, das sich in den Ursprungssituationen der Gewissheit des Glaubens von sich selbst her mitteilt. „Geist" oder „Heiliger Geist": das ist Gott selbst, sofern Gott in der Weise des göttlichen Lebens nicht mehr nur auf sich selbst, sondern darüber hinaus auch auf Anderes gerichtet und für Anderes offen ist.

---

4 Vgl. MARTIN LUTHER, Kleiner Katechismus (BSLK 512, 2–7): „... sondern der heilige Geist hat mich durchs Evangelion berufen, mit seinen Gaben erleuchtet, im rechten Glauben geheiliget und erhalten, gleichwie er die ganze Christenheit auf Erden berüft, sammlet, erleucht, heiliget und bei Jesu Christo erhält im rechten einigen Glauben ...".

5 Vgl. zum Folgenden auch KONRAD STOCK, Gemeingeist, jetzt in: DERS., Die Gegenwart des Guten. Schriften zur Theologie (MThSt 96), Marburg 2006, 225–238.

6 Vgl. nur: Mt 5,3; 26,41; Mk 2,8; 8,12; Lk 1,80; Joh 11,33; 13,21; Röm 1,9; 8,10.16; 1Kor 2,11; Gal 6,18; 1Thess 5,23. – Das wollte nicht wahr haben KARL BARTH, KD III/2, 414–439.

7 Vgl. BERNHARD TAURECK (wie Anm. 3), sowie WOLFHART PANNENBERG, Anthropologie in theologischer Perspektive, Göttingen 1983, 501–517.

Wenn es in der Gemeinschaft des Glaubens, der Hoffnung und der Liebe in ihrem Gegenüber zu den Mächten und den Kräften dieser Welt (vgl. Röm 12,2) und in ihrer Mitwirkung an den Gestaltungsaufgaben einer Gesellschaft einen „Gemeingeist" gibt, so verdankt er sich jenem Ursprung, der ein Moment des ewigen göttlichen Lebens ist.[8]

Dieses Andere aber, auf das Gott als Geist, als Heiliger Geist gerichtet und für das er offen ist, ist jene eschatische Situation einer ewigen Vollendung, auf die schon Gottes schöpferisches Wollen und Wirken und erst recht Gottes versöhnendes Wollen und Wirken bezogen ist. An dieser ewigen Vollendung Anteil zu gewinnen, ist die von Gott gegebene Bestimmung des Menschengeschlechts, ja der Schöpfungswirklichkeit überhaupt; und den Zeugen der österlichen Offenbarungssituationen widerfährt nichts Geringeres als dies, zum Werkzeug, zur Mitwirkung, zur Mitverantwortung für den Gang des göttlichen Geistes berufen zu werden (vgl. bes. 1Kor 3,6-9). Als dieser Geist, als Heiliger Geist wird Gott in den österlichen Ursprungssituationen der Gewissheit des Glaubens offenbar; und indem er dergestalt offenbar wird, gewinnt er und bestimmt er den Geist der Offenbarungszeugen (vgl. bes. Röm 1,9; 1Kor 7,40). Indem das apostolische Kerygma dieses Geschehen sprachlich mitteilt und zum Ausdruck bringt, greift es legitimerweise die prophetischen Verheißungen und Weissagungen auf, die von der endzeitlichen und endgeschichtlichen Ausgießung des Geistes JHWHs handeln (Joh 3,1-2; vgl. Apg 2,1-21; Röm 5,5). Gottes Geist, der den Geist der Offenbarungszeugen gewinnt oder in ihm „wohnt" (Röm 8,9) und eben dadurch deren Selbst-Sein, deren Selbstbewusstsein und deren Selbstbestimmung heilsam neu bestimmt, ist Gottes Weise, das Wirken und das Werk der Offenbarungszeugen in Gottes eschatische Tendenz einzubeziehen.

Nun richtet sich die Hoffnung, die wir der Gewissheit des Glaubens verdanken, auf diejenige Situation einer ewigen Vollendung, die als solche das Vollendet-Sein des Weltgeschehens einschließt, über dessen schöpferische Begründung wir im Rahmen der Besinnung auf den christlichen Glauben an Gott den Schöpfer sprachen (s. o. S. 118ff.). Diese schöpferische Begründung eines universalen Weltgeschehens aber – seines Daseins und seiner unumkehrbaren Richtung – ist ihrerseits das Wirken und das Werk des Geistes. Wir dürfen deshalb sagen, dass der Geist, der das Wirken und das Werk der Offenbarungszeugen in Gottes eschatische Tendenz einbezieht, eben der Geist ist, der schon das universale Weltgeschehen schöpferisch begründet.[9]

5.2. Die Kommunikation des Evangeliums und die soziale Gestalt des Glaubens[10]

Wir haben in unserem bisherigen Gedankengang immer wieder den Ausdruck „Evangelium" als den prägnanten und zusammenfassenden Begriff für den Heilswillen Gottes

---

8 Das wäre in Auseinandersetzung mit der Lehre vom Gemeingeist bei FRIEDRICH SCHLEIERMACHER, GL^2 §§ 121–122 (II, 248–259), zu zeigen.

9 Ich nehme damit eine Einsicht auf, die WOLFHART PANNENBERG, Systematische Theologie. Bd. III (wie Anm. 3), 13f., vertritt.

10 Die Formel „Kommunikation des Evangeliums" ist wohl zu verdanken ERNST LANGE, Kommunikation des Evangeliums, jetzt in: DERS., Kirche für die Welt. Aufsätze (hg. von RÜDIGER SCHLOZ), München/Gelnhausen 1981, 101–129. – Vgl. zum Folgenden bes. WILFRIED HÄRLE, Art. Kirche VII. Dogmatisch: TRE 18, 277–317; DERS., Dogmatik (wie Anm. 3), 569–599; REINER PREUL, Kirchentheorie. Wesen, Gestalt und Funktionen der Evangelischen Kirche, Berlin/New York 1997, 153–177; DERS., Kommunikation des Evangeliums unter den Bedingungen der Mediengesellschaft, in: DERS., Die soziale Gestalt des Glaubens. Aufsätze zur Kirchentheorie (MThSt 102), Leipzig 2008, 65–103.

des Schöpfers verwendet – für jenen Heilswillen, der gerade angesichts der Gewalt der Sünde und der Angst des Todes im Christus Jesus *Fleisch* wird (Joh 1,14) und dessen Dynamis den Menschen und die Schöpfungswirklichkeit insgesamt zu ihrem Ziel, zu ihrer Vollkommenheit, zu ihrem Eschaton gelangen lässt (vgl. Röm 1,16.17). Ist der Glaube die durch Gottes Geist hervorgerufene Gewissheit der Wahrheit dieses Evangeliums – die Gewissheit, die sich in der Liebe, in der Hoffnung, in der Selbstverantwortung vor Gott als wirksam und als energisch erweist –, so ist sie – diese Gewissheit – offensichtlich auf eine spezifische Kommunikation angewiesen, in der das Evangelium als der *Inhalt und Gegenstand* der Glaubensgewissheit begegnen und so zu ihrem *Grunde* werden kann. Die Kirche ist das System dieser Kommunikation.

Die vielgestaltige Urform dieser Kommunikation findet sich im apostolischen Kerygma der Heiligen Schrift.[11] Wie es die Gewissheitsgemeinschaft seiner Zeugen mit dem Christus Jesus selbst artikuliert, so intendiert es von vornherein und von allem Anfang an eine jeweilige Gemeinschaft – zu Jerusalem, zu Antiochien, zu Damaskus, zu Thessalonich, zu Korinth, zu Rom –, die als Gemeinschaft leibhafter Personen in ihrer jeweiligen gesellschaftlichen Umwelt erkennbar in Erscheinung tritt: als die „Kirche Gottes" (1Kor 1,2); als das „Volk Gottes" (Hb 4,9); als der „Leib Christi" (1Kor 12,2); als der „Tempel Gottes" (1Kor 3,16; 2Kor 6,16) oder als der „Tempel des Heiligen Geistes" (1Kor 6,19). Diese Gemeinschaft weiß sich durch den Geist des Evangeliums, durch den Geist der Wahrheit – durch den *Parakleten* (Joh 14,17) – geradezu geschaffen; und sie vertraut darauf, dass dieser Geist der Wahrheit sie in allen Risiken und Gefahren lenke, trage, erhalte und bewahre, die ihr in der Geschichte ihres Zusammen-Seins mit dieser Welt erwachsen werden.

Wir wollen im Folgenden die wesentlichen Formen der Kommunikation des Evangeliums beschreiben (5.2.1.): nämlich den Gottesdienst (5.2.1.1.), in dessen Rahmen wir vor allem die mündliche Verkündigung (5.2.1.2.) sowie die symbolische Begehung des Evangeliums in der Taufe (5.2.1.3.) und im Abendmahl (5.2.1.4.) hervorheben werden. Aus der Besinnung auf die wesentlichen Formen der Kommunikation des Evangeliums erwächst die Frage, wie wir die Kirche als die soziale Gestalt des Glaubens sachgemäß bestimmen können (5.2.2.). Indem wir uns in der gebotenen Kürze die Funktion der Kirche in der Gesellschaft und für die Gesellschaft vergegenwärtigen (5.2.3.), leiten wir über zur Darstellung der Hoffnung des Glaubens auf Gottes ewiges Reich (5.3.).

Unsere Beschreibung der wesentlichen Formen der Kommunikation des Evangeliums ist einem *ökumenischen Interesse* verpflichtet. Sie möchte nicht nur die wechselseitige Anerkennung der reformatorischen Traditionen lutherischer und reformierter Prägung befördern, wie sie die Leuenberger Konkordie dokumentiert; sie möchte mit ihrer Verhältnisbestimmung zwischen den verschiedenen Gestalten eines „äußeren Wortes" und dem Ereignis des „inneren Wortes" auch zum Gespräch mit der römisch-katholischen Tradition über das angemessene Verständnis des kirchlichen Lehramts und der Kirchenleitung beitragen. Insgesamt ist es unser Ziel, die Kommunikation des Evangeliums als die typisch christliche Initiation in die Erfahrung des Heilen, des Ganzen, des Vollkommenen verständlich machen, die – in der Differenz zwischen Glauben und Schauen, zwischen Weg und Heimat, zwischen Kampf und Überwindung – dem Heilswillen Gottes des Schöpfers hier und jetzt entspricht.

---

[11] Wir heben als einen besonders bemerkenswerten Fall des apostolischen Kerygmas die synoptischen Evangelien und ihre Theologie hervor, die ihre Darstellung des Evangeliums in die Überlieferung der Botschaft des Christus Jesus selbst einzeichnen.

5.2.1. Die Kommunikation des Evangeliums

5.2.1.1. Der Gottesdienst[12]

Der Ausdruck „Gottesdienst" geht auf die deutsche Übersetzung des lateinischen Ausdrucks „cultus (deorum)" zurück. Er hat sprachliche und sachliche Parallelen in den meisten religiösen Traditionen, die wir kennen. In deren Zentrum stehen Begehungen, Feiern und Feste, in denen Zelebranten stellvertretend für eine religiöse Gemeinschaft rituelle oder kultische Handlungen vollziehen. In ihnen wird die Anschauung des Lebens und der Wirklichkeit wiederholt, die sich der religiösen Gemeinschaft als maßgeblich erwiesen hat und die angesichts der Lebensgefahr und angesichts des Risikos der Verfehlung und des Schuldig-Werdens erneut bekräftigt und vergegenwärtigt wird. Insofern zielt das rituelle bzw. das kultische Handeln auf die „Aufrechterhaltung der göttlich gesetzten Ordnung"[13]; und seine Variationen in der Religionsgeschichte ergeben sich aus der Geschichte des Verstehens dessen, was als die göttlich gesetzte Ordnung in Geltung steht. In der Zulassung zum Kult und in der Teilnahme am Kult zeigen sich übrigens auch die sozialen Differenzen, die in einer Gesellschaft herrschen.

In der Religionsgeschichte des Gottesdienstes stellt das Verständnis des Gottesdienstes und dementsprechend die Ordnung des Gottesdienstes, wie ihn die christliche Glaubensgemeinschaft in ihrer weitverzweigten Geschichte beging und begeht, eine Innovation allerersten Ranges dar. Sie entspricht, wie wir im Einzelnen darlegen wollen, dem innovativen Charakter des Evangeliums selbst aufs Genaueste; sie steht zu ihm – wie Eilert Herms gezeigt hat – in einem „*mimetischen*" Verhältnis.[14] Das geht hervor aus der Festlegung der Zeit des Gottesdienstes und damit aus dem Bewandtnisgefüge, das diese Festlegung als gültig anerkannte.

Die Zeit des christlichen Gottesdienstes ist aus gewichtigem Grunde ursprünglich die Zeit der vorgerückten Nacht, die Zeit der Morgenfrühe am ersten Tag der jüdischen Woche.[15] Mit der Wahl dieser Zeit erinnert die Gemeinschaft des Glaubens an das Datum, an dem der Gekreuzigte den Osterzeugen – zuerst dem Petrus – als der Auferstandene und in Gottes ewiges Leben Erhöhte erscheint; und indem sie regelmäßig dieses Ereignisses gedenkt, feiert sie von Woche zu Woche ein Osterfest. Die Zeitbestimmung des christlichen Gottesdienstes gibt der Gewissheit Ausdruck, dass das Evangelium vom Heilswillen Gottes des Schöpfers wahr ist; und sie weist darauf hin, dass sich die Identität der Mitglieder der Glaubensgemeinschaft in der Geschichte ihres Zusammen-Seins mit dieser Welt ganz wesentlich aus der regelmäßigen Vergegenwärtigung des Evangeliums speist, das in den österlichen Ursprungssituationen des Glaubens evident wurde.

---

[12] Vgl. zum Folgenden bes.: PETER BRUNNER, Zur Lehre vom Gottesdienst der im Namen Jesu versammelten Gemeinde. Leiturgia, Bd. I, Kassel 1954, 83–361; WERNER JETTER, Symbol und Ritual. Anthropologische Elemente im Gottesdienst, Göttingen 1978; RALF STROH, Schleiermachers Gottesdiensttheorie. Studien zur Rekonstruktion ihres enzyklopädischen Rahmens im Ausgang von „Kurzer Darstellung" und „Philosophischer Ethik" (TBT 87), Berlin/New York 1997; PETER CORNEHL, Art. Gottesdienst VIII. Evangelischer Gottesdienst von der Reformation bis zur Gegenwart: TRE 14, 54–85.

[13] GÜNTER LANCZKOWSKI, Art. Gottesdienst I. Religionsgeschichtlich: TRE 14, 1–5; 1.

[14] Vgl. EILERT HERMS, Überlegungen zum Wesen des Gottesdienstes, jetzt in: DERS., Kirche für die Welt. Lage und Aufgabe der evangelischen Kirchen im vereinigten Deutschland, Tübingen 1995, 318–348; 324.

[15] Vgl. REINHARD STAATS, Die Sonntagnachtgottesdienste der christlichen Frühzeit, in: ZNW 66 (1975), 242–261.

Mit der Zeitbestimmung des christlichen Gottesdienstes – die Morgenfrühe zum ersten Tag der Woche – verweist die Gemeinschaft des Glaubens auf ihre Ursprungssituation. Dieser ihrer Ursprungssituation – dem Ereignis der Erfahrung der Gegenwart des Gekreuzigten in der Zeit aus der Ewigkeit des göttlichen Lebens heraus – entspricht sie in der Mahlgemeinschaft der „Erscheinungsmahle“ (vgl. Lk 24,28-31; Joh 21,12f.; Apg 10,41).[16] Mit ihnen setzt sie – nach dem Verrat des Judas, nach der Verleugnung des Petrus, nach der Flucht der Jünger! – die Mahlgemeinschaft fort, in die der Christus Jesus sie aufgenommen hatte (vgl. Mk 2,15 parr.; 2,18.19a parr.; 6,35-44 parr.; Lk 14,1.12-15) und die im Abschiedsmahl am Gründonnerstag im Ausblick auf die Mahlgemeinschaft in der zukünftigen Ewigkeit des Reiches Gottes (Mk 14,25) bekräftigt worden war. Im „Mahl des HERRN“ (1Kor 11,20) wird diese Mahlgemeinschaft regelmäßig wiederholt. Sie ist der „Situationskern“[17] des christlichen Gottesdienstes.

Das apostolische Kerygma lässt mithin eine Grundentscheidung erkennen, die für das Verständnis des Wesens des christlichen Gottesdienstes und folglich auch für alle Fragen seiner praktisch-liturgischen Ordnung maßgeblich ist. Geschieht im christlichen Gottesdienst in der Treue zu dieser Grundentscheidung die regelmäßige Einkehr in die Ursprungssituation der Glaubensgewissheit, so steht die Feier des Herrenmahls – der Eucharistie – von Rechts wegen in seinem Zentrum. Ihr ist die ganze Liturgie, ihr ist insbesondere die gottesdienstliche Predigt in ihren verschiedenen Formen, ihr ist die Anrufung Gottes im Lied und im Gebet, ihr ist schließlich die zuversichtliche Bitte des Segens für das Leben im Alltag dieser Welt zugeordnet. Indem die Feier des Herrenmahls von Rechts wegen im Zentrum des christlichen Gottesdienstes steht, erschließt sie das lebensnotwendige und lebenstragende Vertrauen in die Gegenwart des „zur Rechten Gottes“ Erhöhten in unserer jeweiligen Lebensgegenwart.[18] Aus diesem Vertrauen wird die Erwartung erwachsen, dass unsere Lebensgeschichte unter allen Umständen – auch durch das Lebensleid und durch die Lebenshärte, auch durch die Risiken des Scheiterns und des Schuldig-Werdens und schließlich auch durch den Tod hindurch – der zukünftigen Ewigkeit, der vollkommenen Gemeinschaft mit dem Christus Jesus selbst, entgegengeht (vgl. EG 147,1).

Wegen dieses Bewandtnisgefüges hat der christliche Gottesdienst sinnvoller- und notwendigerweise den Charakter einer *Institution*.[19] Wo immer sich die Gemeinschaft des Glaubens zur Mahlgemeinschaft mit dem Christus Gottes des Schöpfers selbst versammelt, dürfen die Teilnehmer in doppelter Hinsicht auf den unverfügbar-freien Beistand des göttlichen Geistes hoffen. Sie dürfen ihre Lebensgeschichte als ihren je individuellen Weg zur ewigen Vollendung und Vervollkommnung ihrer Existenz verstehen; und es ist eben dieses Sich-Verstehen – dieses Einstimmen in das *Sursum corda* der Abendmahls-Liturgie –, das den Alltag in den Organisationen des gesellschaftlichen Lebens transzendiert und heilsam relativiert (vgl. 1Kor 7,29-31). Sie dürfen aber auch erwarten, dass ihre regelmäßige Einkehr in die Ursprungssituation der Glaubensgewissheit ihre liebende Zuwendung zu dieser Welt, ihre Solidarität namentlich mit den Armen und den Schwachen ihrer Gesellschaft und ihre Selbstverantwortung für deren lebens-

---

16 Vgl. hierzu OSCAR CULLMANN, Die Bedeutung des Abendmahls im Urchristentum, in: DERS., Vorträge und Aufsätze, Tübingen 1966, 505–523.

17 EILERT HERMS, Überlegungen zum Wesen des Gottesdienstes (wie Anm. 14), 328.

18 Vgl. hierzu KONRAD STOCK, Zur Rechten Gottes, in: GÜNTER THOMAS/ANDREAS SCHÜLE (Hg.), Gegenwart des lebendigen Christus (FS. Michael Welker), Leipzig 2007, 261–269.

19 Zum Begriff der Kirche als „Institution in der modernen Gesellschaft“ vgl. bes. REINER PREUL, Kirchentheorie (wie Anm. 10), § 7 (128–177).

dienliche Ordnung beflügeln werde. Eben wegen ihres Zentrums in der Mahlgemeinschaft mit dem Christus Gottes des Schöpfers selbst in dieser Weltzeit erweist sich die Institution des christlichen Gottesdienstes als das Zentrum des Ensembles der verschiedenen Institutionen des kirchlichen Lebens überhaupt. Kraft des Beistands des göttlichen Geistes wird es hier zur Begründung der „Freiheit eines Christenmenschen" (Martin Luther) oder der „eschatologischen Existenz" des Glaubens (Rudolf Bultmann) kommen.

Wir halten fest:
In der Kommunikation des Evangeliums kommt dem christlichen Gottesdienst grundlegende Bedeutung zu. Wir haben sie aus seiner ursprünglichen Zeitbestimmung in der Morgenfrühe zum ersten Tag der jüdischen Woche entwickelt. Diese Zeitbestimmung ließ uns die apostolische Grundentscheidung verstehen, der österlichen Erscheinung des Gekreuzigten als des Auferstandenen und zur Rechten Gottes Erhöhten – in ihr wurden die österlichen Offenbarungszeugen der Wahrheit des Evangeliums gewiss – in der Form einer regelmäßig wiederholten Mahlgemeinschaft zu entsprechen, welche die Mahlgemeinschaften in Jesu irdischer Lebensgeschichte und insbesondere das Mahl des Gründonnerstags aufnimmt und fortsetzt. Für die Geschichte des christlichen Gottesdienstes ist diese Grundentscheidung maßgeblich: stellt sie doch die *Regel* auf, nach welcher sich der Christus Jesus als der, der die befreiende Wahrheit des Evangeliums in diese Welt bringt, selbst vergegenwärtigt und in der Dynamis des göttlichen Geistes bei uns bleibt (vgl. Lk 24,29).[20] Weil und sofern die Mahlgemeinschaft mit dem erhöhten HERRN das Zentrum der liturgischen Ordnung des Gottesdienstes bildet, wird sich der christliche Gottesdienst immer wieder neu als das kultische „Identitätszentrum"[21] einer Lebensführung erweisen, die inmitten aller Anfechtung durch Leid, Schuld und Tod aus dem wagenden Vertrauen auf den Heilswillen Gottes des Schöpfers erwächst. Die Kultkritik, die damit nicht zuletzt gegenüber den säkularen Kulten unserer jetzigen gesellschaftlichen Gegenwart – wie z. B. gegenüber den Bayreuther Festspielen oder gegenüber dem Zeremoniell der Olympischen Spiele – verbunden ist, liegt wohl auf der Hand.

5.2.1.2. Die Verkündigung[22]

Der christliche Glaube – das christlich-fromme Selbstbewusstsein – entsteht und besteht inmitten aller Anfechtungen, Zweifel und Lebenskrisen kraft des göttlichen Geistes in der Kommunikation des Evangeliums, die die Blindheit der Sünde für Gottes Schöpfer-Sein überwindet. Nachdem wir die gottesdienstliche Mahlgemeinschaft mit dem Christus Jesus als das zentrale Ereignis dieser Kommunikation erkannten, achten wir nun auf deren wesentlichen Vollzüge im System der erfahrbaren Kirche. Wir suchen hier auf unsere Weise zu beschreiben, was die Tradition der Dogmatik im Anschluss an CA V gerne die *Heils-* oder *Gnadenmittel* nannte: die menschliche Bezeugung des Evangeliums in Gestalt der mündlichen Verkündigung und der symbolischen Zeichenhandlungen

---

[20] Vgl. EILERT HERMS, Überlegungen zum Wesen des Gottesdienstes (wie Anm. 14), 324 u.ö.

[21] EILERT HERMS, ebd. 332.

[22] Vgl. zum Folgenden bes.: KARL BARTH, KD I/1, § 3 (47–89); § 4,1 (89–101); FRIEDRICH GOGARTEN, Die Verkündigung Jesu Christi (HUTh 2), Tübingen 1965²; GERHARD EBELING, Theologie und Verkündigung (HUTh 1), Tübingen 1962; EBERHARD WINKLER, Kommunikation und Verkündigung, Berlin 1977; ULRICH H. J. KÖRTNER, Theologie des Wortes Gottes, Göttingen 2001; DERS./PETER WIDMANN/EBERHARD WINKLER, Art. Verkündigung I.–III.: RGG⁴ 8, 1024–1028.

der Taufe und des Abendmahls.[23] Der Eigenart und dem Charakter der mündlichen Verkündigung (Röm 10,17) gilt jetzt unsere Aufmerksamkeit.

Indem wir das Entstehen und Bestehen des Glaubens – des christlich-frommen Selbstbewusstseins – in den Zusammenhang der Kommunikation des Evangeliums einordnen, nehmen wir – im Vergleich mit CA V – eine wichtige Präzisierung des Begriffs der mündlichen Verkündigung vor. Diese Präzisierung will verständlich machen, dass die Kommunikation des Evangeliums das allgemeine Lebenselement des christlichen Traditionsprozesses ist, an dem grundsätzlich alle Mitglieder der Glaubensgemeinschaft in ihren individuellen Lebenssituationen beteiligt sind. Demgegenüber sind es die Situationen der christlichen Öffentlichkeit, die auf die Formen einer Kirchen- und Gemeindeleitung und in ihrem Rahmen auf die qualifizierte Verantwortung für die Katechese, für die gottesdienstliche Predigt und für das seelsorgliche Gespräch – also auf das ordinierte Amt und dessen theologische Kompetenz – angewiesen sind (s. u. S. 248ff.). Den prinzipiellen Sinn der mündlichen Verkündigung in der Kommunikation des Evangeliums gilt es nun zuvörderst begreiflich zu machen.

Jede religiöse Anschauung des Lebens, seines Sinnes und seiner Bestimmung in der Welt, beruht auf Gemeinschaft und führt zur Gemeinschaft in Prozessen der Überlieferung. In der Vielfalt der geschichtlichen Erscheinungen von Religion zeichnet sich jedenfalls die christlich-religiöse Anschauung des Lebens und der Wirklichkeit dadurch aus, dass sie ihre Ursprungssituation – das Lebenszeugnis des Christus Jesus vom Kommen des Reiches oder der Herrschaft Gottes in ihm selbst, wie es in den Erscheinungen des Gekreuzigten als des Auferstandenen durch Gottes Geist als wahr zu verstehen gegeben wurde, – in steter und regelmäßiger *Erinnerung* gegenwärtig hält. In dieser Erinnerung ist jener Mensch präsent, der – als der Sohn des Vaters – in der festen Gewissheit des gnädigen und zielstrebigen Willens Gottes des Schöpfers mit dem Volke Gottes existiert und von Gottes gnädigem und zielstrebigem Willen in seiner Botschaft wie in seinem heilenden, seinem vergebenden, seinem integrierenden Handeln Zeugnis ablegt „bis zum Tode am Kreuz" (Phil 2,8), um aus diesem Tode errettet und erhöht zu werden (Phil 2,9). Indem diese bestimmte Erinnerung inmitten der alltäglichen Kommunikationen und Interaktionen lebendig wird und lebendig bleibt, vermag sie je und je ein Leben in der *Zuversicht* auf solche göttliche Hilfe und Errettung zu begründen und ein selbstbewusst-freies Handeln aus der Empfindung tiefer Dankbarkeit und Freude zu entbinden.[24] Wo immer es in der Geschichte des Christentums Glauben gibt, gibt es ihn im Sinne dieser Erfahrung; und wo immer es Gemeinschaft des Glaubens gibt, gibt es sie in der Kommunikation über diese Erfahrung. Von ihr ist christliche Existenz getragen und geprägt.

Indem wir die Kommunikation des Evangeliums im Alltag unserer geschichtlich-sozialen Existenz auf dieses bestimmte Verhältnis von Erinnerung und Zuversicht, von Gedenken und Vertrauen beziehen, gewinnen wir den angemessenen Zugang zum Begriff der mündlichen Verkündigung auch in den Situationen der christlichen Öffentlichkeit: in den Formen der gottesdienstlichen Predigt, der katechetischen Unterweisung, des Unterrichts und des seelsorglichen Gesprächs. Zwar sind diese Formen jeweils der besondere Gegenstand der praktisch-theologischen Subdisziplinen der Homiletik, der Katechetik, der Religionspädagogik und der Poimenik; aber die Arbeit in diesen Subdiszipli-

---

[23] Vgl. CA V: Vom Predigtamt (BSLK 57f.).

[24] Vgl. bes. HK, 3. Teil: Von der Dankbarkeit; sowie EILERT HERMS, Begeisternde Erinnerung, in: DERS., Theorie für die Praxis – Beiträge zur Theologie, München 1982, 365–375; KONRAD STOCK, Grundlegung der protestantischen Tugendlehre, Gütersloh 1995, bes. 146–159.

nen und ihre Anwendung in den einzelnen Situationen der Praxis wird hoffentlich davon profitieren, wenn wir uns ihrem Gegenstand auf einem systematischen Wege nähern wollen. Ja mehr: die praktisch-theologischen Diskurse setzen wohlverstanden einen angemessenen Begriff der mündlichen Verkündigung voraus (vgl. Röm 10,17) und haben an ihm ihr Kriterium.

Erstens: Wir dürfen uns zuvörderst auf die Einsicht der Prinzipienlehre beziehen, dass das apostolische Kerygma des Neuen Testaments im Kontext der ganzen Heiligen Schrift das kanonische Paradigma des Evangeliums enthält (s. o. S. 34ff.). Es gibt in pluriformer und in jeweils situationsgemäßer Weise der Gewissheit der Wahrheit des Evangeliums sprachlichen und gedanklichen Ausdruck. Es legt von dieser Wahrheit Zeugnis ab, indem es sie – die ja ursprünglich die Wahrheit der Selbstverkündigung des Christus Jesus ist – erinnernd und beschreibend für eine interessierte Hörer- und Leserschaft vergegenwärtigt und dabei stets die individuelle Wahrheitsbeziehung oder das individuelle Wahrheitsbewusstsein eines Autors merken lässt (vgl. Röm 8,38f.). Die Wahrheit des Evangeliums begegnet uns daher – nach der Phase der mündlichen Lehr- und Traditionsbildung – als *Text*; sie begegnet uns in der Form der schriftlichen Handlungen, die das Werk eines Autors ist, dem das zu bezeugende Evangelium durch Gottes Geist selbst als wahr gewiss geworden ist. Anders gesagt: die Wahrheit des Evangeliums begegnet uns – nach der Phase der mündlichen Lehr- und Traditionsbildung – in Gestalt der „äußeren Klarheit“ der Heiligen Schrift, deren Semantik bzw. deren propositionaler Gehalt stets pragmatisch auf die Situation einer interessierten Hörer- und Leserschaft bezogen ist.[25]

Zweitens: In der Geschichte des Christentums begegnet die Wahrheit des Evangeliums in einer überwältigenden Fülle: in Riten und Gebräuchen, in Liedern und Gebeten, in Predigten und Reflexionen und nicht zuletzt im Reichtum der künstlerischen Ausdrucksgestalten und der Programme des Kirchenbaus. Die Fülle und der Reichtum aller dieser Überlieferungen bedarf aus diesem Grunde eines Kanons, der gegenüber dieser Wirkungs- und Rezeptionsgeschichte das ursprüngliche Verstehen der geschichtlichen Selbsterschließung Gottes repräsentiert. Die mündliche Verkündigung in den verschiedenen Situationen der christlichen Öffentlichkeit hat daher grundsätzlich den Charakter der *Interpretation* des apostolischen Kerygmas im Kontext der gesamten biblischen Überlieferung: einer Interpretation, die notfalls auch die kritische Auseinandersetzung mit problematischen und verkehrten Darstellungen der Wahrheit des Evangeliums führt.

Nach der Phase der mündlichen Lehr- und Traditionsbildung bezieht sich diese Interpretation nun eben auf den Text der Schrift als Werk eines – sei es namentlich bekannten, sei es unbekannten – Autors. Es ist die Sache solcher Interpretation, je in ihrer Situation die Kommunikationsabsicht des Autors zu erschließen und zu vergegenwärtigen und eben dadurch den Mitgliedern einer leibhaft versammelten Gemeinde die Kommunikation mit dem Autor eines Textes über den Gegenstand zu ermöglichen, der ihm als wahr gewiss geworden ist und als wahr vor Augen steht. Als Interpretation des apostolischen Kerygmas im Kontext der gesamten biblischen Überlieferung will die mündliche Verkündigung die Glaubenslehre oder das Glaubensbekenntnis (vgl. Röm 10,9) nicht etwa bloß dem Wortlaut nach wiederholen; sie will vielmehr einweisen in das geistgewirkte Verstehen der Sache, die einen Autor – über dessen Verkündigungsgespräche hinaus – zum Werk der Textverfassung trieb. Als Interpreten suchen wir den Dialog mit dem Autor eines biblischen Textes zu eröffnen. Der Begriff der Verkündigung ist daher we-

---

25 Vgl. hierzu zuletzt WILFRIED HÄRLE, Tradition und Schrift als Thema des interkonfessionellen Dialogs heute aus evangelischer Sicht, jetzt in: DERS., Spurensuche nach Gott. Studien zur Fundamentaltheologie und Gotteslehre, Berlin/New York 2008, 147–163.

sentlich in einem kommunikativen Sinne zu fassen. Er ist von sich aus offen für eine hermeneutische Theorie, und er verlangt eine hermeneutische Theorie.[26]

Drittens: Als Interpretation des apostolischen Kerygmas im Kontext der gesamten biblischen Überlieferung zielen die verschiedenen Formen der mündlichen Verkündigung auf die Verständigung und auf das Einverständnis zwischen den Teilnehmern einer Praxissituation. Diese Verständigung und dieses Einverständnis wird die mündliche Verkündigung als eine Gestalt des „äußeren Wortes" zu erreichen suchen in wenigstens drei Hinsichten:

Die mündliche Verkündigung wird sich – *zunächst* – bemühen um die Verständigung und um das Einverständnis hinsichtlich des Allgemeinen, das uns als einheitlicher Gegenstand und Inhalt des Evangeliums in seinen verschiedenen kanonischen Zeugnissen begegnet: nämlich des Offenbar-Werdens der heilsamen Gnade Gottes des Schöpfers und ihrer auf das Vollendet-Sein des Lebens in ewiger Gottesgemeinschaft ausgerichteten eschatischen Tendenz im Christus Jesus für Gottes Volk aus „Juden" und „Griechen" (vgl. Röm 1,16; 10,12). Sie wird sich dafür engagieren, das wagende Vertrauen der Person auf dieses Offenbar-Werden zu erwecken, das aus der Gewalt der Sünde, aus der Angst des Todes und aus dem Leid der Endlichkeit zu befreien vermag. Sie wird stets deutlich machen wollen, dass dieses Allgemeine – das Offenbar-Werden der heilsamen Gnade Gottes des Schöpfers im Christus Jesus – nicht anders zu erfassen und zu verstehen ist denn als die Erfüllung jenes Wortes der Verheißung, das der Gott Israels dem Abraham und seinen Kindern gab (vgl. Röm 9,6-9). Und sie wird zeigen, dass der Glaube – jenes wagende Vertrauen auf Gottes heilsame Gnade – in die Erfüllung des Willens Gottes und damit in die Selbstverantwortung eines Lebens in allen seinen personalen und sozialen Beziehungen führt. Sie wird, kurz gesagt, die biblische Anschauung des Lebens und der Wirklichkeit in ihrer Eigen-Art und darum auch in ihrem präzisen Gegensatz und Widerspruch zu den mannigfachen Weltanschauungen im Pluralismus dieser Zeit erschließen. Von der mündlichen Verkündigung in der christlichen Öffentlichkeit ist ein Bewusstsein vom *Wesen des Christentums* – ein Bewusstsein vom christlichen Leben vor Gott und mit Gott in dieser Weltzeit und in ihren Aufgaben und Verpflichtungen – zu erwarten (s. o. S. 41ff.; vgl. Röm 10,8-10).[27]

Die mündliche Verkündigung hat es jedoch – *sodann* – stets mit der individuellen Lebensgeschichte eines Menschen zu tun: mit dessen Leid und Sorge, mit dessen Angst und Schuld, aber auch mit dessen Sehnsüchten, Hoffnungen und Freuden und nicht zuletzt mit dessen praktischen Zielsetzungen und Engagements. Sie wird das Allgemeine, das uns in den verschiedenen kanonischen Zeugnissen begegnet, stets als den Horizont zur Sprache bringen, in dem die individuelle Person die Ereignisse ihrer individuellen Lebensgeschichte zu verstehen vermag; sie wird aber auch die Motive, die Intentionen und die Grundentscheidungen, die einen Menschen in der Gestaltung seines Lebens bewegen, im Lichte dieses Allgemeinen zu klären suchen. Die mündliche Verkündigung wird in ihren verschiedenen Formen das apostolische Kerygma im Ganzen der bibischen Überlieferung interpretieren mit dem Ziel, die reife und realistische Selbstbestimmung der Person hier und heute zu befördern.

---

[26] Vgl. hierzu KONRAD STOCK, Die Theorie der christlichen Gewißheit. Eine enzyklopädische Orientierung, Tübingen 2005, 133–152: Text und Auslegung; DERS., Geistgewirktes Verstehen, in: WILFRIED HÄRLE/REINER PREUL (Hg.), Verstehen über Grenzen hinweg (MJTh XVIII), Marburg 2006, 83–113.

[27] Vgl. hierzu RUDOLF BULTMANN, Das Befremdliche des christlichen Glaubens, jetzt in: DERS., GV III, 197–212; WILFRIED HÄRLE, Das Wesentliche am Christentum aus evangelischer Sicht, in: DERS., Spurensuche nach Gott (wie Anm. 25), 1–11; DERS., „Wesen des Christentums" – Was ist das?, ebd. 12–22.

Schließlich ist die sachgemäße Interpretation des apostolischen Kerygmas im Kontext der gesamten biblischen Überlieferung angewiesen auf ein reflektiertes und aufgeklärtes Gegenwartsbewusstsein. Sie vollzieht sich nirgends anders als im Kontext der gesellschaftlichen Lebenswelt, in der die Mitglieder der Glaubensgemeinschaft je ihr Leben zu führen haben. Sie wird daher eine Verständigung und ein Einverständnis darüber zu erreichen streben, wie die Mitglieder der Glaubensgemeinschaft die allgemeine Lage ihres engeren oder weiteren Gemeinwesens – und letztlich ihrer Gesellschaft in der entstehenden Weltgesellschaft – sehen, verstehen und beurteilen wollen.

So zielt Verkündigung in allen ihren Formen und Varianten auf die Verständigung zwischen den Teilnehmern einer Praxissituation über die Lebensbedeutsamkeit des Evangeliums: auf eine Verständigung, die letzten Endes nur durch Gottes Geist hervorgerufen wird.

5.2.1.3. Die Taufe[28]

In der Situation des angefochtenen Glaubens – des christlich-frommen Selbstbewusstseins – sind wir damit vertraut, dass die Situation des Heilen, des Ganzen, des Vollkommenen in der Gewissheitsgemeinschaft mit dem Christus Jesus selbst über die mündliche Verkündigung in der Katechese, im Unterricht, in der Predigt und im seelsorglichen Gespräch hinaus übersprachlicher Symbolhandlungen bedarf. Unter diesen übersprachlichen Symbolhandlungen widmen wir uns hier – der reformatorischen Kritik an der Siebenzahl der Sakramente in der römisch-katholischen Tradition eingedenk[29] – der Taufe und dem Abendmahl.

Zwar hat die christliche Taufe in der prophetischen Symbolhandlung des Täufers Johannes – in der Bußtaufe am Jordan (Mk 1,4) – ihr geschichtliches Vorbild; aber als das Sakrament der Initiation in die Gewissheitsgemeinschaft mit dem Christus Jesus und als der Rechtsakt der Aufnahme in die Kirche hat sie doch ihre eigene Begründung. Das apostolische Kerygma des Neuen Testaments legitimiert denn auch die christliche Taufpraxis, die sehr früh geübt worden zu sein scheint, mit dem ausdrücklichen Missions- und Taufbefehl des Christus Jesus, des Auferstandenen und in Gottes Ewigkeit Erhöhten, selbst (Mt 28,19f.). Dieser Missions- und Taufbefehl bildet nicht nur den Ursprung einer überaus reichen Liturgiegeschichte, sondern auch den Ausgangspunkt einer kontroversen Lehr- und Theologiegeschichte der Taufe.[30]

---

28 Vgl. zum Folgenden bes.: FRIEDRICH SCHLEIERMACHER, GL^2 §§ 136–138 (II, 318–340); CARL HEINZ RATSCHOW, Die eine christliche Taufe, Gütersloh 1972; JÜRGEN MOLTMANN, Kirche in der Kraft des Geistes, München 1975, 252–268; GERHARD EBELING, Dogmatik des christlichen Glaubens. Bd. III (wie Anm. 3), 326f.; WOLFHART PANNENBERG, Systematische Theologie. Bd. III (wie Anm. 3), 268–314; WILFRIED HÄRLE, Dogmatik (wie Anm. 3), 547–557. – Eine Lehre von der Taufe fehlt übrigens bei PAUL TILLICH, STh III!

29 Zum allgemeinen Begriff des Sakraments vgl. bes. GUNTHER WENZ, Einführung in die evangelische Sakramentenlehre, Darmstadt 1988; DERS. Art. Sakramente I. Kirchengeschichtlich II. Systematisch-theologisch: TRE 29, 663–695; GERHARD EBELING, Dogmatik des christlichen Glaubens. Bd. III (wie Anm. 3), 295–325; WOLFHART PANNENBERG, Systematische Theologie. Bd. III (wie Anm. 3), 369–404; MARTIN VETTER, Zeichen deuten auf Gott. Der zeichentheoretische Beitrag von Charles S. Peirce zur Theologie der Sakramente (MThSt 52), Marburg 1999.

30 Vgl. hierzu bes. UDO SCHNELLE, Art. Taufe II. Neues Testament: TRE 32, 663–674; EDWARD J. YARNOLD, Art. Taufe III. Alte Kirche: ebd. 674–696; JÖRG ULRICH, Art. Taufe IV. Mittelalter: ebd. 697–701; KARL-HEINZ ZUR MÜHLEN, Art. Taufe V. Reformationszeit: ebd. 701–710; BRYAN D. SPINKS, Art. Taufe VI. Neuzeit: ebd. 710–719.

Um nun Sinn und Bedeutung der Taufe im größeren Zusammenhang des kommunikativen Systems der Kirche zu entfalten, rufen wir uns in Erinnerung, dass die Gewissheitsgemeinschaft mit dem Christus Jesus in jeder menschlichen Lebensgeschichte eine „Wiedergeburt“ (vgl. Joh 3,3ff.; 1Pt 1,3.23) oder eine reale „Umkehr“ (vgl. Mt 4,17; Mk 1,14f.; Apg 2,38) bewirkt (s. o. S. 201ff.). Ihr geht die Phase eines Selbstverständnisses voraus, das von der Dominanz der Sünde und des Sündenbewusstseins, von der Erfahrung der Lebens- und der Todesangst und von der Unfreiheit für das in Wahrheit Höchste Gut geprägt und deshalb weit entfernt ist von dem „Wollen des Reiches Gottes“[31]. Weil wir in unserem Werde- und Bildungsprozess zunächst von dieser Art des Selbstverständnisses bestimmt sind, bedürfen wir der Begegnung mit dem Menschen, in dessen Existenz der Heilswille Gottes des Schöpfers wirksam ist. In die Gemeinschaft mit diesem Menschen aufgenommen zu sein und aufgenommen zu bleiben, versetzt die Person in die „Neuheit des Lebens“ (Röm 6,4): in die alles tragende und alles erwartende Gewissheit, nunmehr „unter der Gnade“ (Röm 6,14) und auf deren zukünftige Erfüllung und Vollendung hin zu leben. In dieser geistgewirkten Gewissheit der Wahrheit des Evangeliums (s. o. S. 211ff.) gründet die christlich-religiöse Identität der Person; und die biblische Weise, von einer „Wiedergeburt“ oder von einer „Umkehr“ zu reden, bezieht sich genau auf das komplexe Geschehen, in dem die geistgewirkte Gewissheit dieser Wahrheit tatsächlich zustande kommt. Alle Fehlwege der christlichen Frömmigkeits-, Lehr- und Theoriegeschichte hinsichtlich der Taufe hängen damit zusammen, dass man ihre Bedeutung für das Zustandekommen geistgewirkter Gewissheit nicht angemessen erfasste und erfasst.

Im Folgenden wollen wir uns auf drei Aspekte der Taufe konzentrieren: auf das Verhältnis von Katechumenat und Taufe (5.2.1.3.1.), auf Sinn und Bedeutung der Taufhandlung (5.2.1.3.2.) und endlich auf das Verhältnis von Taufe und Glaube (5.2.1.3.3.). Einige wenige Bemerkungen zum Problem der Kindertaufe werden die dogmatische Besinnung auf die Taufe beschließen (5.2.1.3.4.).

5.2.1.3.1. Katechumenat und Taufe[32]

Der Christus Jesus – der Mensch, in dem der Heilswille Gottes des Schöpfers wirksam wird – begegnet uns ursprünglich in den mannigfachen Formen und Gestalten der christlichen Überlieferung, die ihren Kanon im apostolischen Kerygma des Neuen Testaments im Kontext des Alten Testaments besitzen (s. o. S. 34ff.). Deshalb geht in der frühchristlichen Taufpraxis der Taufhandlung selbst mit Recht der *Katechumenat* voraus: ein oft jahrelanger Unterricht, der Sinn und Bedeutung der Taufhandlung in den größeren Zusammenhang der christlichen Anschauung des Lebens und der Wirklichkeit stellt. Der Katechumenat war und – wie wir im Blick auf die Geschichte der christlichen Taufpraxis namentlich im Banne des Kolonialismus mit schmerzhafter Kritik und tiefer Betroffenheit werden sagen müssen – ist mit seiner pädagogisch-didaktischen Intention ein notwendiges Formmerkmal des Rituals der Taufe. Er zählt zu den notwendigen Bedingungen dafür, dass ein Mensch den Gegenstandsbezug der Taufhandlung – ihre Sache – verstehen und bejahen und seine Taufe als den Anfang der „Neuheit des Lebens“ (Röm 6,4) begreifen und ergreifen kann. Für die Beantwortung der Frage, ob es für die Praxis der Kindertaufe eine theologische Begründung gebe und wie das Verhältnis zwi-

31 FRIEDRICH SCHLEIERMACHER, GL^2 § 116,3 (II, 220).

32 Vgl. zum Folgenden bes. GEORG KRETSCHMAR/KARL HAUSCHILDT, Art. Katechumenat/Katechumenen: TRE 18, 1–14.

schen der Taufe und der Konfirmation zu bestimmen sei, kommt daher der pädagogisch-didaktischen Institution des Katechumenats nach wie vor erhebliches Gewicht zu.

5.2.1.3.2. Sinn und Bedeutung der Taufhandlung[33]

Wir wenden uns der zweiten Frage zu: der Frage nämlich, wie wir Sinn und Bedeutung der Taufhandlung für den Übergang aus dem Selbstbewusstsein unter der Sünde und der Lebens- und Todesangst in das versöhnte und erlöste Selbstbewusstsein der „Neuheit des Lebens" (Röm 6,4) und ihrer endgültigen Vollendung interpretieren können.

Die Taufhandlung – ob sie nun in der Form des Untertauchens im lebendigen Wasser (vgl. Did 7,1) oder in der Form des Besprengens oder Übergießens, die an die Ausgießung des Heiligen Geistes erinnert, oder in der Form des Durchschreitens praktiziert wird, wie sie die Tauforte der frühen Christenheit nahelegen, – kommt stets im Zusammenhang einer Taufliturgie vor. Sie ist kein stummes, sondern ein sprechendes und interpretiertes Ritual. Sie ist allerdings im Kontext der liturgischen Sprache und der Interpretation eben eine symbolische Handlung, die als solche auf einen symbolisierten Gegenstand verweist. Die Antwort auf die Frage, worin der Sinn und die Bedeutung der Taufhandlung bestehe, wird die Beziehung zwischen der symbolischen Handlung und dem symbolisierten Gegenstand – der Sache der Taufhandlung – explizit entfalten, die in der Taufliturgie schon immer zur Sprache kommt.

Am tiefsten hat wohl der Apostel Paulus die Beziehung zwischen der symbolischen Handlung der Taufe und ihrem symbolisierten Gegenstand beschrieben. Welche Form der Taufpraxis auch immer er selbst erlebt und gekannt haben mag: sie verweist nach Röm 6, 2-14 auf die Bewandtnis, die dem Tode des Christus Jesus am Kreuz auf Golgatha im Lichte der österlichen Erscheinungen des Gekreuzigten als des Auferstandenen und in Gottes ewiges Leben Erhöhten zukommt (s. o. S. 192ff.). In diesem Lichte aber, im Lichte des geistgewirkten Verstehens der österlichen Offenbarungszeugen kommt ihm – dem Tod des Christus Jesus – die Bewandtnis zu, der Tod der Sünde (Röm 6,2) und die Kreuzigung des „alten Menschen" (Röm 6,6) zu sein. Mit diesen beiden metaphorischen Bestimmungen sucht der Apostel Paulus deutlich zu machen, dass das Alte – die Blindheit des personalen Selbstbewusstseins für Gottes Schöpfer-Sein, die Erscheinungen der Sünde und die Angst des Todes – in der im Tod am Kreuz auf Golgatha vollendeten Hingabe des Christus Jesus an Gottes schöpferischen Heilswillen ein für alle Mal getragen ist. Indem in den österlichen Erschließungsereignissen der Tod des Christus Jesus am Kreuz auf Golgatha im metaphorischen Sinne als der Tod der Sünde und als die Kreuzigung des alten Menschen verstehbar wird, beginnt die Freiheit des Gewissens und die in ihr begründete Erfahrung des Heilen, des Ganzen, des Vollkommenen. Dass dieses Grunderlebnis (s. o. S. 203) in dieser Weltzeit zutiefst angefochten, fragmentarisch und bedroht ist, werden wir wohl schärfer sehen als der Apostel Paulus selbst.

Nach Paulus ist der symbolisierte Gegenstand der Taufhandlung offensichtlich die Lebenswende, die einem Menschen in der Gemeinschaft mit dem Christus Jesus Gottes des Schöpfers zuteil wird. Die symbolische Handlung der Taufe weist jedenfalls in den Formen des Untertauchens und des Durchschreitens auf diese Lebenswende hin. Nicht das Element des Wassers bloß als solches, sondern genau die Form des Untertauchens oder des Durchschreitens ist deren symbolisches Zeichen.

---

[33] Vgl. hierzu bes.: MARTIN LUTHER, Kleiner Katechismus: BSLK 501–541; 515–517; 535–541; DERS., Großer Katechismus: BSLK 691–707; JOHANNES CALVIN, Inst. 1559, IV,15.

Die Taufhandlung steht mithin in einem „mimetischen Verhältnis“[34] zu dem Passamysterium[35], das in den österlichen Situationen der Erscheinung offenbar und verstehbar wurde. Da sie ihrem Wesen nach in selbstbewusst-freier Weise begehrt wird, hat sie gewiss auch den Charakter eines Bekenntnisses im Sinne Ulrich Zwinglis und liegt der Mitgliedschaft in einer verfassten Kirche zugrunde; vor allem aber bezeichnet sie jenes „Siegel“ (2Kor 1,22) oder jenes Gepräge, das die Person in der Gemeinschaft mit dem Christus Jesus selbst empfängt. Wegen dieses mimetischen Verhältnisses zur Ursprungssituation der Glaubensgewissheit dürfen wir der Taufhandlung, sofern sie nur im Kontext der Taufliturgie und ihrer sprachlichen Erklärung vollzogen wird, sakramentalen Charakter zusprechen. In diesem Kontext und nur in diesem Kontext ist sie „verbum visibile“: ein sinnfälliges und erfahrbares symbolisches Zeichen eines innerlichen, eines verstehbaren Sachverhalts.[36]

5.2.1.3.3. Taufe und Glaube

Als die symbolische Zeichenhandlung, die in sinnfälliger und erfahrbarer Weise einen innerlichen und verstehbaren Gegenstand vergegenwärtigt, bedarf die Taufe der individuellen Annahme und Bejahung im Leben der Person, um wirksam zu sein und wirksam zu werden. Wie die Sprechakte der Verkündigung – die Katechese, der Unterricht, die gottesdienstliche Predigt, das seelsorgliche Gespräch – und wie die Kunstformen des Glaubens – das Lied und die Kirchenmusik, die Dichtung und die Bilder, die Kirchenarchitektur und die Plastik – zielt sie auf die Gewissheit der Wahrheit des Evangeliums, die in die Gewissheitsgemeinschaft mit dem Christus Jesus selbst und eben damit in die leibhafte Gemeinschaft der erfahrbaren Kirche integriert. Aus diesem Grunde hat bereits das apostolische Kerygma des Neuen Testaments die Taufe auf den Namen des Christus Jesus (vgl. Apg 2,38; 22,16; 1Kor 6,11) mit der Taufe durch Gottes Geist (1Kor 12,13) bzw. mit der Verheißung der Gabe des Heiligen Geistes (Apg 2,38) verknüpft.

Freilich zeigt die Geschichte der christlichen Taufe bis auf diesen Tag, dass die Art und Weise dieser Verknüpfung nur im Rahmen der Prinzipienlehre und der Fundamentaltheologie angemessen zu bestimmen ist. Gehört die Taufhandlung im Kontext der Verkündigung und im Kontext der Taufliturgie zu den notwendigen Bedingungen der Wahrheitsgewissheit des Glaubens, wie dies der reformatorischen Einsicht Martin Luthers und doch wohl auch der Tauflehre Friedrich Schleiermachers[37] entspricht? Oder haben wir im Sinne der Bewegung des Täufertums mit einer selbstbewusst-freien Entscheidung eines mündigen Menschen zu rechnen, die sich in der Taufe als dem Beginn des Lebens in der Nachfolge des Christus Jesus bekundet?[38] Oder geht die „Taufe mit dem Heiligen Geist“ im Sinne von Karl Barths später Tauflehre dem verbindlichen Bekenntnisakt der Taufe mit Wasser, welcher der Taufe mit dem Heiligen Geist auf menschliche Weise antwortet, sachlogisch voraus?[39]

---

34 EILERT HERMS, Überlegungen zum Wesen des Gottesdienstes (wie Anm. 14), 324.

35 Vgl. ANNE HUNT, Art. Passamysterium: RGG^4 6, 971–973.

36 Daher betont Martin Luther nachdrücklich die unaufhebbare Einheit von Taufhandlung und Wort Gottes: der Glaube glaubt, „daß die Taufe sei, darin eitel Seligkeit und Leben ist, nicht durchs Wasser, wie gnug gesagt, sondern dadurch, daß es mit Gottes Wort und Ordnung verleibet ist und sein Name darin klebet“ (BSLK 696,36ff.). – Vgl hierzu jetzt auch BENEDIKT KRANEMANN/GOTTHARD FUCHS/JOACHIM HAKE (Hg.), Wiederkehr der Rituale. Zum Beispiel die Taufe, Stuttgart 2004.

37 FRIEDRICH SCHLEIERMACHER, GL^2, bes. § 136,1 (II, 319); § 136,4 (II, 324.325).

38 Zu dieser Ansicht neigt JÜRGEN MOLTMANN, Kirche in der Kraft des Geistes (wie Anm. 28), 266ff.

39 KARL BARTH, KD IV/4 Frg. – Vgl. bes. Barths Kommentar zur Tauflehre Zwinglis (141–142).

Wir hatten schon in der Prinzipienlehre die Gründe dafür entwickelt, dass die Wahrheitsgewissheit des Glaubens – das Inne-Sein der befreienden Wahrheit des Evangeliums, das die Blindheit der Sünde für Gottes Schöpfer-Sein überwindet – nicht in menschlicher Macht und Entscheidungsfreiheit steht, sondern sich dem erleuchtenden Wirken des göttlichen Geistes verdankt (s. o. S. 31f.). Aus diesen Gründen kann von einer Wirksamkeit der Taufhandlung als solcher *ex opere operato* nicht die Rede sein. Zwar ist die Lebenswende – die „Wiedergeburt", das Leben in der „Umkehr" – die Intention der Taufhandlung im Kontext des Katechumenats und der Taufliturgie; aber diese Intention erfüllt sich erst unter der hinreichenden Bedingung, dass einem Menschen die Wahrheit ihres Gegenstandes tatsächlich auch erschlossen wird. Das wagende Vertrauen in Gottes Zielstrebigkeit und Zuverlässigkeit, das Leben in der Liebe und in der Hoffnung und schließlich die Selbstverantwortung vor Gott ereignen sich – wie dem Glauben gewiss ist – dann und nur dann, wenn Gottes Geist das Evangelium des Christus Jesus offenbar und inmitten aller Anfechtung glaubwürdig und liebenswürdig macht. Wenn Karl Barth im Anschluss an 1Kor 12,13 von der „Taufe mit dem Heiligen Geist" als der „Begründung des christlichen Lebens" spricht, so bringt er eine Einsicht der reformatorischen Bewegung – einschließlich ihrer Kritik der römisch-katholischen Lehre vom Verhältnis zwischen der Taufgnade und dem Bußsakrament – zur Geltung, die wir aus prinzipientheoretischen, aus fundamentaltheologischen Gründen als richtig anerkennen.[40]

Im Widerspruch zu Barths Neo-Zwinglianismus halten wir allerdings daran fest, dass der Taufe mit dem Heiligen Geist als der Begründung individueller Wahrheitsgewissheit die sakramental zu verstehende Taufhandlung im Kontext des Katechumenats und der Taufliturgie notwendig vorangeht. In ihr ist das Passamysterium – der Übergang des Christus Jesus aus dem für uns getragenen Leid des Todes in die Herrlichkeit (vgl. Lk 24,26) – und damit der Inbegriff des Evangeliums *gegenwärtig*: allerdings in verborgener, in interpretationsbedürftiger, in riskanter Weise. Wie die Formen der sprachlichen Kommunikation und wie das Abendmahl zählt auch die Taufhandlung zu den „Offenbarungszeichen"[41], in welchen sich der Christus Jesus selbst vergegenwärtigt. Als solches will sie ernst genommen, gewürdigt und gepflegt werden. Sie gehört mithin in die Kategorie des „äußeren Wortes" und der „äußeren Klarheit" der Heiligen Schrift, die dazu da ist, uns zum „inneren Wort" und zur „inneren Klarheit" zu werden. Wie auf der sprachlichen Kommunikation und wie auf dem Abendmahl liegt auf der Taufhandlung die „Verheißung" des Christus Jesus, dass mit der Aufnahme der Person in die Gemeinschaft seiner Gottesgewissheit und mit der ihr entsprechenden Aufnahme in die Glaubensgemeinschaft der verfassten Kirche „die Seligkeit des Menschen beginne".[42]

5.2.1.3.4. Das Problem der Kindertaufe[43]

Wir haben den Zusammenhang zwischen dem Taufunterricht, dem Taufgottesdienst und der Begründung des christlichen Lebens in der Glaubensgemeinschaft einer rechtlich geordneten Kirche erörtert. Stillschweigend rechneten wir mit einem Täufling, der sein Taufbegehren selbst zu artikulieren weiß. Nun hat sich etwa seit dem Beginn des

---

[40] Barths Gedanke verdient auch dann Zustimmung, wenn man dem Missverständnis der Wirklichkeit des Glaubens widerspricht, das die gesamte „Kirchliche Dogmatik" beherrscht.

[41] Vgl. MARTIN LUTHER, WA 20; 727,20; WA 23; 157,30. – Vgl. hierzu KONRAD STOCK, Zur Rechten Gottes (wie Anm. 18), 261–269.

[42] FRIEDRICH SCHLEIERMACHER, GL^2 § 136,1 (II, 319).

[43] Vgl. zum Folgenden bes. PETER CORNEHL, Taufe VIII. Praktisch-theologisch: TRE 32, 734–741 (Lit.).

3. Jahrhunderts aus mancherlei Motiven die kirchliche Sitte entwickelt, unmündige Kinder, ja sogar Neugeborene und Säuglinge zu taufen. Auch wenn diese Sitte in unserer kulturellen Gegenwart in eine erhebliche Krise geraten ist, erfreut sie sich doch nach wie vor großer Beliebtheit: nimmt sie doch die Empfindungen, die Sorgen und die Hoffnungen auf, die eine Familie für das Leben ihrer Kinder in einer tief gefährdeten Welt hegt. Ist diese Sitte im Lichte einer dogmatischen Besinnung in ethischer Absicht zu rechtfertigen?

Sie ist zu rechtfertigen, wenn sie einbezogen wird in die vielfältigen Ansätze der Gegenwart zu einer „*integrative(n) Taufpraxis*, die den Zusammenhang zwischen Taufe und Lebensgeschichte bedenkt und Gemeinde baut im Bezugsfeld von Taufe und Eucharistie."[44] Zu solcher integrativer Taufpraxis gehören nicht nur die katechetisch-didaktischen Impulse, die dem elementaren Verstehen der in der Taufliturgie maßgeblich gedeuteten Taufhandlung dienen wollen; zu ihr gehört vor allem auch die regelmäßige Erinnerung an die Taufe in allen gottesdienstlichen und in allen seelsorglichen Situationen. Ist dem angefochtenen Glauben – dem christlich-frommen Selbstbewusstsein – doch gewiss, dass die Taufe als der sinnfällige, als der erlebbare, als der interpretierte Ritus die Verheißung trägt, in die Lebensgemeinschaft mit dem Christus Jesus selbst aufgenommen zu sein und zu bleiben. Weil der Glaube die Gewissheit ist, die dieser sinnfälligen, erlebbaren, interpretierten Verheißung Antwort gibt, ist die Taufhandlung tatsächlich der Anfang einer Lebensgeschichte der „Wiedergeburt" und der „Umkehr", die nach dem Ziel der ewigen Vollendung strebt, in der der Lebenstrieb des endlichen, des geschaffenen Person-Seins seine Erfüllung, seine Freude und seinen Frieden findet. Insofern ist das Ganze einer solchen Lebensgeschichte sachgemäß als steter „reditus ad baptismum", als „Wiedergang und Zutreten zur Taufe" zu begreifen.[45]

5.2.1.4. Das Abendmahl[46]

In der Situation des angefochtenen Glaubens – des christlich-frommen Selbstbewusstseins – sind wir damit vertraut, dass uns das Evangelium vom Heilswillen Gottes des Schöpfers (Röm 1,2.16) auch in Gestalt einer *Mahlgemeinschaft* begegnet. Indem eine zum Gottesdienst versammelte Gemeinde die symbolische Zeichenhandlung einer Mahlgemeinschaft vollzieht, wiederholt sie diejenige Mahlgemeinschaft, in der die Zeugen der österlichen Erscheinungen des Christus Jesus die Auferstehung des Gekreuzigten mit dem in Gottes Ewigkeit erhöhten HERRN zu feiern und zu begehen sich bewusst waren. Wir haben die feierliche Begehung dieser Mahlgemeinschaft als den „situativen Kern" des Gottesdienstes erkannt (s. o. S. 218ff.). Wir stehen nun vor der Aufgabe, die Kommunikation des Evangeliums in der sakramentalen Gestalt des Abendmahls verständlich zu machen, so wie sie für die Kirchen der reformatorischen Bewegung grundlegend ist.

---

44 PETER CORNEHL (wie Anm. 43), 738.

45 So MARTIN LUTHER, Großer Katechismus: BSLK 706,23f.; 27; vgl. auch JOHANNES CALVIN, Inst. 1559, IV, 15, 3.

46 Vgl. zum Folgenden bes.: FRIEDRICH SCHLEIERMACHER, GL² §§ 139–142 (II, 340–363); JÜRGEN MOLTMANN, Kirche in der Kraft des Geistes (wie Anm. 28), 268–286; WOLFHART PANNENBERG, Systematische Theologie. Bd. III (wie Anm. 3), 314–369; MICHAEL WELKER, Was geht vor beim Abendmahl?, Stuttgart 1999; WILFRIED HÄRLE, Dogmatik (wie Anm. 3), 558–567. Auffallen muss die Kürze, in der ebenso wie die Taufe das Abendmahl behandelt wird bei GERHARD EBELING, Dogmatik des christlichen Glaubens. Bd. III (wie Anm. 3), 315–325.327ff., während eine Lehre vom Abendmahl überhaupt entfällt bei PAUL TILLICH, STh III.

Eine angemessene Lösung dieser Aufgabe hat es noch immer mit erheblichen Schwierigkeiten zu tun.

Sie ist *erstens* mit der Tatsache konfrontiert, dass die reformatorische Bewegung – durchaus einig in der entschiedenen Kritik am Verständnis und an der Praxis der Messe im lateinischen Christentum des hohen und vor allem des späten Mittelalters – etwa seit 1524 in einen fundamentalen Dissens hinsichtlich der angemessenen Deutung des Abendmahls geraten war: in einen Dissens, der schließlich in die Aufhebung der Kirchengemeinschaft zwischen der Wittenberger und der Schweizer Linie der Reformation mündete. Erst der Leuenberger Konkordie konnte es im 20. Jahrhundert – vorbereitet durch die „Arnoldshainer Thesen" – gelingen, diese Aufhebung rückgängig zu machen und die Gemeinschaft der reformatorischen Kirchen in Europa neu zu erklären; und zwar deshalb, weil sie die gegensätzlichen Lehrbekenntnisse auf die gemeinsame Sprache des Glaubens an das Evangelium hin zu relativieren vermochte.[47] Die Leuenberger Konkordie stellt das Paradigma einer Kirchengemeinschaft in reformatorischer Perspektive dar, weil sie die kirchenrechtliche Gültigkeit der verschiedenen konfessionellen Lehrbekenntnisse und deren dogmatische Entfaltung auf die gemeinsame reformatorische Einsicht in das Offenbarungshandeln Gottes des Schöpfers im Christus Jesus durch den Heiligen Geist bezieht. Diese Einsicht öffnet die Tür zur Abendmahlsgemeinschaft zwischen den Gliedern der unterzeichnenden Kirchen.

Zweitens: Die systematische Beschreibung dessen, worum es in der symbolischen Zeichenhandlung der Mahlgemeinschaft geht, bewegt sich im Kontext der Lehrgespräche, die seit geraumer Zeit und auf verschiedenen Ebenen zwischen der römisch-katholischen Kirche und den Kirchen der Reformation gepflogen werden.[48] In diesen Lehrgesprächen ist die Position der römisch-katholischen Seite dankenswerterweise glasklar: dann und nur dann, wenn ein geweihter Priester den Vorsitz in der Feier der Messe inne hat und die Wandlungsworte spricht, wird das *Geheimnis des Glaubens* – die reale Gegenwart des Christus Jesus – gültig vollzogen. Folgerichtig ist denn auch die Teilnahme an der Messe – die Kommunion – dann und nur dann gestattet, wenn die Teilnehmer die römisch-katholische Lehre hinsichtlich der realen Gegenwart des Christus Jesus einschließlich der Lehre von der zentralen Kirchengewalt des Papstes anerkennen. Der Gemeinschaft am Tisch des HERRN, nach der zahlreiche Christinnen und Christen in den konfessionell verschiedenen Kirchengemeinschaften verlangen, ist damit ein schwer zu beseitigender Riegel vorgeschoben.

In dieser Lage ist es für die dogmatische Besinnung in ethischer Absicht nicht damit getan, im Respekt vor den Bestimmungen der Leuenberger Konkordie über die Gegenwart des Christus Jesus in der gottesdienstlichen Mahlgemeinschaft – etwa auf der Linie des lutherischen Lehrbekenntnisses – nachzudenken; sie hat vielmehr auch den grundlegenden Lehrgegensatz zu beachten, wie er zwischen der römisch-katholischen Deutung der Messe und der evangelischen Beschreibung des Abendmahls nach wie vor besteht.

---

[47] Textausgabe: WENZEL LOHFF (Hg.), Die Konkordie reformatorischer Kirchen in Europa: Leuenberger Konkordie, Frankfurt a.M. 1985. Vgl. auch DERS., Art. Leuenberger Konkordie: TRE 21, 33–36.

[48] Vgl. hierzu bes. ULRICH KÜHN, Art. Abendmahl IV. Das Abendmahlsgespräch in der ökumenischen Theologie der Gegenwart: TRE 1, 145–212. Zur Kritik dieser Lehrgespräche und ihrer bisherigen Ergebnisse vgl. bes. EILERT HERMS, Überlegungen zum Dokument „Das Herrenmahl", jetzt in: DERS., Von der Glaubenseinheit zur Kirchengemeinschaft II (MThSt 68), Marburg 2003, 35–52; Das Abendmahl für alle Getauften. Eine Fallstudie zur realen ökumenischen Bewegung der Vereinigten Evangelisch-Lutherischen Kirche Deutschlands, jetzt in: ebd., 187–222.

Insofern weist die Betrachtung des Abendmahls sachlogisch voraus auf das Nachdenken über das ordinierte Amt; und das Nachdenken über das ordinierte Amt ist in der Betrachtung des Abendmahls implizit und explizit vorausgesetzt. So eignet auch der Lehre vom Abendmahl ein fundamentaltheologischer Rang, der uns auf die Grundsätze der Prinzipienlehre verweist (s. o. S. 30ff.).

Insgesamt suchen wir zu zeigen, dass die gottesdienstliche Mahlgemeinschaft mit dem in Gottes Ewigkeit erhöhten HERRN das Leben des Glaubens – die „Freiheit eines Christenmenschen" oder die „eschatologische Existenz" – deshalb trägt und belebt, weil sie uns die befreiende Wahrheit des Evangeliums in einer sinnfälligen Zeichenhandlung regelmäßig *erleben* lässt.

Wir setzen ein mit einer kurzen Analyse dessen, was das apostolische Kerygma des Neuen Testaments hinsichtlich der Abendmahlsfeier zu verstehen gibt (5.2.1.4.1.). Daran wird sich eine Antwort auf die Frage anschließen, in welchem Sinne der Christus Jesus in der gottesdienstlichen Mahlgemeinschaft – im gemeinsamen Essen des Brotes und im gemeinsamen Trinken aus dem Kelch (vgl. 1Kor 11,26) – *gegenwärtig* sein will und sein kann und was diese seine Gegenwart bewirkt (5.2.1.4.2.). Endlich wollen wir in aller Kürze andeuten, worin wir im Vergleich zu den anderen Formen der Kommunikation des Evangeliums die besondere symbolträchtige Kraft der Abendmahlsfeier sehen dürfen (5.2.1.4.3.). Dass wir die römisch-katholische Lehre zurückweisen, welche die Gültigkeit der Messe an die sakramentale Weihe des Priesters bindet, der in ihr den Vorsitz führt, werden wir begründen mit der reformatorischen Sicht des Verhältnisses von allgemeinem Priestertum und ordiniertem Amt (s. u. S. 246ff.).

5.2.1.4.1. Das Abendmahl im apostolischen Kerygma

Das apostolische Kerygma des Neuen Testaments bezeugt, dass die Glaubensgemeinschaft aus Juden und Griechen (vgl. Röm 3,29f.) von Anfang an im Rahmen ihres Gottesdienstes das Abendmahl gefeiert hat. Sie verstand das Abendmahl – wie uns die exegetische Forschung zeigt[49] – von Anfang an als ein „sakramentales Mahl" oder als ein „Kultmahl" und nicht etwa als ein „Gemeinschaftsmahl" bloß als solches: sie verstand es als die regelmäßige Wiederholung jenes historisch schwer zu greifenden Erscheinungsmahls, jener Mahlgemeinschaft des in Gottes Ewigkeit erhöhten HERRN mit den Zeugen der österlichen Erscheinungen (s. o. S. 219). In dieser ursprünglichen Mahlgemeinschaft ist nicht nur die Erinnerung an die Mahlgemeinschaften des Christus Jesus mit den Jüngerinnen und Jüngern wie mit den „Zöllnern und Sündern" präsent; in ihr ist vor allem auch die Erinnerung an das letzte Mahl des Gründonnerstags aufgehoben, das in der Ahnung des gewaltsamen Todes in der Erwartung des ewigen Reiches Gottes im Bilde einer universalen Mahlgemeinschaft – also im Bilde einer Situation des Erfüllt- und des Vollendet-Seins des göttlichen Heilswillens (Mt 26,29; Mk 14,25; Lk 22,18) – begangen wird. Nicht in den Deute- oder Einsetzungsworten als solchen (Mt 26,26-28; Mk 14,22-24; Lk 22,19-20; 1Kor 11,23-25), sondern in der Praxis jener ursprünglichen Mahlgemeinschaft stoßen wir auf den Grund des religionsgeschichtlich singulären Rituals des Abendmahls.

Aus gegebenem Anlass hat der Apostel Paulus die Praxis jener ursprünglichen Mahlgemeinschaft – die Deute- oder Einsetzungsworte, die er selbst überliefert, in ganz bestimmter Weise zuspitzend – wohl am eindringlichsten interpretiert (1Kor 10,16.17).

---

[49] Vgl. JENS SCHRÖTER, Das Abendmahl. Frühchristliche Deutungen und Impulse für die Gegenwart, Stuttgart 2006.

In dieser Passage setzt Paulus die Ebene der symbolischen Zeichenhandlung – das Trinken aus dem einen gesegneten Kelch und das Essen des einen gebrochenen und geteilten Brotes – in Beziehung zur symbolisierten Realität – zum Blut des Christus und zum Leib des Christus. Wie in den synoptischen Erzählungen vom letzten Mahl am Gründonnerstag schließt auch hier die einheitliche Szene einer Mahlgemeinschaft tatsächlich zwei symbolische Zeichenhandlungen zusammen, die miteinander jeweils *ein und dasselbe* bezeichnen: nämlich die leibhafte Person des Christus Jesus, der den primären Offenbarungszeugen im Lichte der österlichen Erscheinungen des Auferstandenen und in Gottes Ewigkeit Erhöhten als für uns in den Tod am Kreuz auf Golgatha gegangen bewusst ist. Insofern wird in jeder gottesdienstlichen Mahlgemeinschaft dieser im Lichte der österlichen Erscheinungen zu verstehende Tod – das Passah-Mysterium – *verkündigt* (1Kor 11,26).

Doch wie ist die Beziehung zwischen der zweifachen symbolischen Zeichenhandlung und der symbolisierten Realität genauer zu erfassen?

Offensichtlich sucht Paulus diese Beziehung mittels des Begriffs der *Teilhabe* (κοινωνία) zu erschließen (1Kor 10,16.17b). Die Verwendung dieses Begriffs setzt – wie wir dies auch bei der Analyse der Taufhandlung gesehen haben – voraus, dass die zweifache symbolische Zeichenhandlung der gottesdienstlichen Mahlgemeinschaft in einem liturgischen Rahmen vor sich geht, der das Ritual des Trinkens aus dem einen gesegneten Kelch und des Essens des einen gebrochenen und geteilten Brotes in seiner Bewandtnis zu verstehen gibt. In diesem liturgischen Rahmen und nur in ihm gewinnt die Praktik des Essens und des Trinkens um der Erhaltung dieses leibhaften irdischen Lebens willen überhaupt erst den Charakter einer symbolischen Zeichenhandlung.

Was symbolisiert sie? Sie symbolisiert eben die Teilhabe am Blut des Christus wie in entsprechender Weise die Teilhabe am Leib des Christus. Unter dem Blut des Christus wie unter dem Leib des Christus aber ist jeweils die Existenz des Menschen zu verstehen, dessen Lebenszeugnis für das Kommen des Reiches Gottes in ihm selbst bis hin zum Tode am Kreuz auf Golgatha in den Situationen des österlichen Offenbar-Werdens durch Gottes Geist als wahr bekräftigt und anerkannt ist. Unter dem Blut des Christus wie unter dem Leib des Christus ist demnach die Existenz des Menschen zu verstehen, der andere in die Gemeinschaft dieses seines Lebenszeugnisses aufnimmt und ihnen an ihr Anteil gewährt. Im Kontext des liturgischen Rahmens symbolisiert die zweifache symbolische Zeichenhandlung des Trinkens aus dem einen Kelch und des Essens des einen gebrochenen und geteilten Brotes die Gnade der versöhnten Gemeinschaft mit Gott dem Schöpfer selbst, die hier den Teilnehmern der Mahlfeier als die Gabe des wahren und des ewigen Lebens zugeeignet wird.

Nun ist die Gabe des wahren und des ewigen Lebens ihrem Wesen nach eine und dieselbe. Aus diesem Grunde legt Paulus größten Wert darauf zu unterstreichen, dass das Trinken aus dem einen Kelch und das Essen des einen gebrochenen und geteilten Brotes im Kontext der liturgisch interpretierten Zeichenhandlung die Einheit der Vielen konstituiert und sie zur Einheit eines geschichtlichen Subjekts zusammenschließt. Natürlich hebt die Konstitution der Einheit eines geschichtlichen Subjekts die tatsächliche Verschiedenheit und Einzelnheit der Einzelnen in ihrer personalen Identität nicht auf. Wohl aber gilt, dass die Teilhabe an der versöhnten Gemeinschaft mit Gott dem Schöpfer selbst, wie sie der Christus Jesus begründet und eröffnet, die Liebe im Sinne grundsätzlicher Gleichheit und wechselseitiger Anerkennung der Mitglieder dieser Gemeinschaft ermöglicht und erfordert. Insofern ist die gottesdienstliche Mahlgemeinschaft, in der man die „geistliche Speise" isst und den „geistlichen Trank" trinkt (1Kor 10,3.4; vgl. Joh 6,51), das Zentrum einer Lebensform, die sich auch in mannigfachen Gemeinschaftsmahlen, vor allem aber in der gemeinsamen Sorge um das *Brot für die Welt* – um die elementaren Lebens- und Überlebensbedingungen des Menschengeschlechts – manifestiert. Als der „situative Kern" des Gottesdienstes (s. o. S. 218ff.) hat das sakramentale Mahl im Innenverhältnis der Gemeinde wie im Dasein der Kirche für die Welt ethosprägende Kraft.

Wir haben uns in der gebotenen Kürze das Abendmahlsverständnis des apostolischen Kerygmas anhand seiner Entfaltung in einer wichtigen Passage des ersten Briefs des Paulus an die Gemeinde zu Korinth vor Augen geführt. In der Frömmigkeits-, in der Liturgie- wie in der Lehrgeschichte namentlich des lateinischen Christentums hat dieses Abendmahlsverständnis immer wieder auch zu Dissens und zu Streit bis hin – in völligem Widerspruch zu seiner genuinen Intention – zur Aufhebung der Kirchengemeinschaft geführt. Hier war und ist vor allem strittig die Antwort auf die Frage, ob und in welchem Sinne das Trinken aus dem einen Kelch und das Essen des einen gebrochenen und geteilten Brotes und der „Empfang des Anteils an Leib und Blut … in ein und demselben Akt vollkommen zusammen (fällt)."[50] Die Antwort auf diese Frage führt – wie dies bereits die wichtigen Lehrbekenntnisse selbst andeuten – in das Gebiet der fundamentaltheologischen Explikation. Ihr wenden wir uns nun zu.

5.2.1.4.2. Die reale Gegenwart des Christus Jesus

Feiert die Gemeinschaft des Glaubens das Abendmahl nach dem kanonischen Vorbild des apostolischen Kerygmas als „sakramentales Mahl" oder als „Kultmahl" (s. o. S. 231), so ist ihr die Beziehung zwischen der zweifachen symbolischen Zeichenhandlung und der symbolisierten Realität der Teilhabe an der Existenz des Christus Jesus offensichtlich als wahr gewiss. Für den Charakter dieser Beziehung hat sich bereits in der Epoche des antiken Christentums auf sei es naive sei es reflektierte Weise der Begriff der *Wandlung* (μεταβολή [*metabolä*]; *conversio*) eingebürgert. Wir wollen uns im Folgenden auf drei Lehrgestalten einlassen, die diesen Begriff in maßgeblicher und wirkungsvoller Weise zu explizieren suchten. Sie werden uns zeigen, dass das theoretische Erkennen dessen, was in der gottesdienstlichen Mahlgemeinschaft geschieht, stets eine Anschauung der Beziehung von Unendlichkeit und Endlichkeit, von Ewigkeit und Zeit, von Transzendenz und Immanenz einschließt. Die detaillierte Entfaltung dieser Anschauung muss freilich der ausgeführten Systematischen Theologie vorbehalten bleiben.

Erstens: Nach römisch-katholischer Lehre ereignet sich in der Feier der Messe, sofern der geweihte Priester in ihr den Vorsitz inne hat und – an Christi Statt – die Deute- oder Einsetzungsworte spricht, die substantielle Wandlung des Brotes und des Weins in den Leib des Christus und in das Blut des Christus. Die kirchliche Lehre von der Transsubstantiation der eucharistischen Gaben durch Gottes Kraft – sie wurde auf dem IV. Laterankonzil 1215 zum Dogma erhoben und durch das Tridentinum bestätigt[51] – ist maßgeblich von Thomas von Aquino in größerem Zusammenhang begründet worden.[52] Diese Begründung bewegt sich einerseits im Rahmen einer kosmologischen Voraussetzung, die wir noch in den Abendmahlslehren der reformierten Reformation antreffen werden; und sie macht andererseits Gebrauch von kategorialen Bestimmungen, die im Rahmen der Metaphysik des Aristoteles plausibel sind.

---

[50] WERNER ELERT, Der christliche Glaube, Berlin 1940, 456.
[51] Siehe DH 802 sowie DH 1642.
[52] Ich interpretiere im Folgenden THOMAS VON AQUINO, STh III q 75 a 1–a 5.

Thomas geht davon aus, dass es von Rechts wegen gültige kirchliche Lehre sei, nach der Konsekration der eucharistischen Gaben des Brotes und des Weins die reale Gegenwart des Christus Jesus glaubend zu anerkennen, zu verehren und zu empfangen. Nun scheint dieser Lehre ein kosmologisches Bedenken entgegenzustehen; denn nach dem frommen Weltbild des antiken und des mittelalterlichen Christentums befindet sich der auferstandene und zur Rechten Gottes erhöhte HERR bleibend in der himmlischen Spitze des Weltgebäudes – im *Empyreum* – und hat als solcher keineswegs Anteil an der schöpferischen Allgegenwart des göttlichen Wesens. Unter dieser kosmologischen Voraussetzung kann die Wahrheit der von Rechts wegen gültigen kirchlichen Lehre dann und nur dann erwiesen werden, wenn man annimmt, dass der auferstandene und erhöhte HERR in jeder gültigen sakramentalen Feier als er selbst – als menschliches Wesen, wenn auch in seiner überirdischen Ewigkeitsgestalt – gegenwärtig ist. Ist er aber darin als er selbst gegenwärtig, so können die sinnfälligen Zeichen oder Elemente des Brotes und des Weins nicht in ihrer *Substanz* – in ihrem eigenen Wesen oder in ihrer Eigenbewandtnis – bestehen bleiben. Vielmehr kann man ihnen nur noch den ontologischen Status des Zeichens oder des akzidentellen Seins zuerkennen.

Nach Thomas ist es selbstredend Gottes gottheitliche, schöpferische Kraft, die solche Wandlung bewirkt. Dennoch ist die Frage zu stellen, in welchem Sinne das Geheimnis des Glaubens denkmöglich sei. Auf diese Frage entwickelt Thomas eine Antwort, die – wie gesagt – Gebrauch macht von kategorialen Bestimmungen der Metaphysik des Aristoteles: der Unterscheidung von substantiellem und akzidentellem Sein sowie der Unterscheidung von Stoff (Materie) und Form. Mit Hilfe dieser kategorialen Bestimmungen sucht er zu zeigen, worin sich die Wandlung in der gültigen sakramentalen Feier von anderen Wandlungsprozessen im Rahmen des Naturgeschehens und nach den Regeln des Naturgeschehens unterscheidet. Während nämlich Wandlungsprozesse im Rahmen des Naturgeschehens und nach den Regeln des Naturgeschehens die Wandlung einer Form bewirken – wie z. B. ein Feuer die Form eines Baumes zu verändern vermag –, verhält es sich mit der Wandlung der eucharistischen Gaben des Brotes und des Weins ganz anders. Hier nämlich bewirkt Gottes schöpferische Kraft, die uns die Gnade des Heilsgeschehens im Christus Jesus gegenwärtig macht, dass ein natürliches, geschaffenes Seiendes selbst und als solches in seinem substantiellem Sein – eben in seinem eigenen Wesen oder in seiner Eigenbewandtnis – in das substantielle Sein des Christus Jesus und in dessen Eigenbewandtnis gewandelt wird, in dem uns Gottes ewiger Heilswille hier und jetzt begegnet. Im Verhältnis zu diesem substantiellen Sein, wie es der Glaube zu anerkennen, zu verehren und zu empfangen hat, kommt den eucharistischen Gaben des Brotes und des Weins *nur noch* der Charakter des akzidentellen Seins oder eben des Zeichen-Seins zu. Es ist ein kühner ontologischer Gedanke, dass es Bedingungen gebe, unter denen Seiendes nur noch den Status des Zeichen-Seins besitzt.

An der römisch-katholischen Lehre von der wesentlichen Wandlung der eucharistischen Gaben und an deren theoretischer Begründung übte die reformatorische Bewegung – veranlasst durch die damaligen Missbräuche in der Praxis des Messopfers – massive Kritik. Allerdings zog diese Kritik gegensätzliche Deutungen dessen nach sich, was in der gottesdienstlichen Mahlgemeinschaft geschieht. Diese gegensätzlichen Deutungen wurden in den Lehrbekenntnissen und in den theologischen Begründungen so vertieft, dass die Gemeinschaft der reformatorischen Kirchen durch Jahrhunderte hindurch auf eine geradezu tragische Weise aufgehoben wurde. Wir vergegenwärtigen uns diesen Gegensatz anhand der Positionen Huldrych Zwinglis und Martin Luthers.

Zweitens: Zwingli hat die ausgereifte Gestalt seiner Abendmahlslehre im „Kommentar über die wahre und falsche Religion" (1525) veröffentlicht.[53] Sie ist entschieden der Zielsetzung verpflichtet, den Tod des Christus Jesus für uns als das Zentrum des Heilsgeschehens verständlich zu machen, wie es uns im Evangelium begegnet. Auf dieses Heilsgeschehen – auf diesen Grund der Vergebung der Sünden – ist nach Zwingli die Gewissheit des Glaubens und das Leben des Glaubens bezogen. Hervorgerufen durch die erleuchtende Macht des Geistes Gottes, weiß sich der Glaube genährt von dem *Brot des Lebens*, das der menschgewordene Sohn des ewigen Gottes selber ist (Joh 6,35.48.51). Nachdrücklich plädiert Zwingli dafür, dass die Brotrede des Evangeliums nach Johannes grundsätzlich vom Verhältnis des Glaubens zum Christus Jesus handle und nicht etwa von dem besonderen Auftrag, den die Gemeinschaft des Glaubens mit der eucharistischen Mahlgemeinschaft zu erfüllen hat.

Diesen besonderen Auftrag sieht Zwingli in der paulinischen Bestimmung angezeigt, dass die gottesdienstliche Mahlgemeinschaft „des HERRN Tod (verkündigt), bis daß er kommt" (1Kor 11,26). Analog zur sprachlichen Verkündigung ereignet sich im Abendmahl der Dank, die Kundgebung der Freude und das Gedenken, welches der Gemeinde das Heilsgeschehen regelmäßig vergegenwärtigt und auf diese Weise ihre individuellen Glieder in den Leib Christi verwandelt. Im Begriff dieser Vergegenwärtigung im Geist der Gemeinde liegt nach Zwingli die sachgemäße Alternative zur römisch-katholischen Lehre von der Transsubstantiation der eucharistischen Gaben vor.

Weil die Feier des Abendmahls zu den Formen gehört, in denen die Gemeinde ihrem Auftrag gerecht wird, das Heilsgeschehen und damit den Grund ihrer Existenz regelmäßig zu vergegenwärtigen, spricht sich Zwingli vehement für die symbolische – genauer: für die übertragene, die signifikative – Auffassung der Deute- oder Einsetzungsworte aus.[54] Sie will dazu helfen, sorgfältig zu unterscheiden zwischen dem Gottesverhältnis des Glaubens als dem Verhältnis zu dem unsichtbaren Gott – dem Gott, der Geist ist (vgl. Joh 4,24) – und der leibhaft-sinnfälligen Zeichenhandlung, die als solche nie und nimmer Gegenstand des Glaubens sein kann. In der leibhaft-sinnfälligen Zeichenhandlung kann das Heilsgeschehen selbst, das sie bezeugt, unmöglich anwesend sein.

Dafür macht Zwingli letztlich Gründe geltend, die von der Prämisse einer unendlichen qualitativen Differenz zwischen dem Sein Gottes als Geist und der Sphäre des Sinnlichen und des Sichtbaren der Schöpfungswirklichkeit ausgehen. Wenn diese Differenz stichhaltig ist, dann kann allerdings auch von der realen Gegenwart des Christus Jesus in der zweifachen symbolischen Zeichenhandlung keine Rede sein. Ja, es muss unter dieser Prämisse überhaupt undeutlich werden, ob dem Bekenntnis des Glaubens zur Fleischwerdung des Wortes Gottes im Christus Jesus (Joh 1,14) Wahrheit zukomme. Wir werden sehen und verstehen, dass Luthers erbitterte Auseinandersetzung mit der Zwinglischen Lehrgestalt sich gegen eine ontologische Prämisse richtete, welche die Selbstvergegenwärtigung des erhöhten HERRN – nämlich des Menschen, der in der Einheit mit dem Sein Gottes existiert – undenkbar macht.

Drittens: Luther hat von Anfang an die sakramentale Handlung als eine besondere Gestalt der Verheißung verstanden, die uns in der befreienden Wahrheit des Evangeli-

---

53 Kommentar Huldrych Zwinglis über die wahre und falsche Religion, deutsch in: Zwingli-Hauptschriften, Bd. 10: Zwingli, der Theologe. 2. Teil, übersetzt und hg. von FRITZ BLANKE, Zürich 1963, 58–103. – Vgl. zum Folgenden bes.: VOLKER LEPPIN, Art. Zwingli, Ulrich (1484–1531): TRE 36, 793–809 (Lit.).

54 Sie wurde bekanntlich vorgeschlagen von Cornelis Hoen.

ums begegnet.[55] Wie die mündliche Verkündigung hat auch die sakramentale Handlung die Zusage der Sündenvergebung zum Inhalt und zum Gegenstand, die im Tode des Christus Jesus für uns ihren Grund hat; und wie die mündliche Verkündigung richtet sich auch die sakramentale Handlung an den Glauben, an das wagende Vertrauen der Person auf Gottes gerechtmachende und zurechtbringende Gerechtigkeit (vgl. Röm 3,22). Weil dieser Zusammenhang von Verheißung und Glaube den Kern der Deute- oder Einsetzungsworte bildet, will Luthers Lehre vom Abendmahl nichts anderes sein als deren sachgemäße Interpretation. Diese Interpretation entdeckt in ihnen das schöpferische göttliche Tat-Wort, das letztlich nur mit der Sprache des schöpferischen Wollens und Waltens Gottes zu vergleichen ist (vgl. Gen 1,3). Kraft dieses Tat-Worts ist der Christus Jesus in jedem Brot und in jedem Kelch der sakramentalen Handlung – wo immer und wann immer sie stattfinden mag – gegenwärtig.

Die Kontroverse mit Zwingli und den Seinen hat Luther dazu geführt, über die Interpretation der Deute- oder Einsetzungsworte hinaus eine Begründung zu entwickeln, die ihrerseits ganz und gar fundamentaltheologischen Charakter hat. Diese Begründung will das Ereignis der Gegenwart des Christus Jesus in jedem Brot und in jedem Kelch der sakramentalen Handlung – das als solches Gegenstand des Glaubens ist und bleibt – denkbar und verstehbar machen, indem sie zwischen drei Möglichkeiten unterscheidet, an einem bestimmten Ort – an einem Raumzeitpunkt – gegenwärtig zu sein.

Während die erste Möglichkeit darin zu sehen ist, dass Dinge oder Erscheinungen der geschaffenen Natur im Raum koexistieren und einander Raum nehmen und geben müssen – wie beispielsweise der Bauer und sein Wams, die Bauerntochter und ihr Dirndl –, besteht die zweite Möglichkeit darin, dass etwas Grenzen innerhalb der geschaffenen Natur überschreitet bzw. zu ein und derselben Zeit in verschiedenen Situationen aufgenommen wird.

Für diese zweite Möglichkeit nimmt Luther schon Phänomene unserer sinnlichen Wahrnehmung in Anspruch – etwa den Gesichtssinn oder die Wahrnehmung von Klängen und von Strahlungen; und in die Klasse dieser Möglichkeit fällt auch die Gegenwart des erhöhten HERRN in jedem Brot und in jedem Kelch der sakramentalen Handlung. Gibt es nämlich die Überschreitung von Grenzen bzw. die relative Gleichzeitigkeit von Ereignissen schon in der Sphäre des sinnlichen Bewusstseins, so gibt es sie erst recht in der Sphäre, in der uns Gottes Versöhnungswille und damit Gottes gnädiger und treuer Sinn mit uns Menschen allen begegnet.

Darüber hinaus aber ist schließlich noch mit jener Möglichkeit zu rechnen, nach der der schöpferische Grund des Weltgeschehens dem Weltgeschehen insgesamt gegenwärtig, also *allgegenwärtig* ist. Und diese dritte Möglichkeit ist derart ernst und genau zu nehmen, dass sie das fromme Weltbild des antiken und des mittelalterlichen Christentums sprengt: was dieses unter dem „Himmel" – dem Thron Gottes über der geschaffenen Welt – verstand, muss auf die Allgegenwart des göttlichen Wesens übertragen werden, in der es der geschaffenen Welt allezeit nahe sein kann und nahe ist.

Aus allen diesen Überlegungen geht hervor, dass die reale Gegenwart des Christus Jesus zwar nicht für die Vernunft bloß als solche, wohl aber für die Vernunft des Glaubens unbezweifelbar gewiss ist.

Luthers Lehre von der realen Gegenwart des Christus Jesus in jedem Brot und in jedem Kelch der sakramentalen Handlung hat mithin ihre Pointe in dem Begriff der

---

55 Ich interpretiere im Folgenden: MARTIN LUTHER, Vom Abendmahl Christi, Bekenntnis (1528): BoA 3, 394–403 (= WA 26; 326–338). – Vgl. zum Folgenden bes.: PAUL ALTHAUS, Die Theologie Martin Luthers, Gütersloh 1962, 318–338.

„sakramentalen Einheit" von Brot und Leib Christi, von Wein und Blut Christi.[56] Dieser Begriff bezeichnet die Gabe des Abendmahls im Sinne der Einheit der zweifachen symbolischen Zeichenhandlung und der in ihr präsenten Realität: der Proexistenz des Christus Jesus. Weil dieser Begriff der sakramentalen Einheit die Gabe des Abendmahls nach Luthers Einsicht angemessen bezeichnet, geschieht im Abendmahl das reale Austeilen, Nehmen und Empfangen des Christus Jesus selbst, so gewiss uns dessen heilsame Proexistenz nicht mehr und nie mehr in ihrer irdischen Leibhaftigkeit gegenwärtig wird. Dass diese Gabe auch und gerade dem Unglauben – wenn auch zum Gericht und zum Unheil – zuteil wird: auch diese letzte Konsequenz ist im Lehrbekenntnis des lutherischen Kirchentums rezipiert worden.[57]

Viertens: Schon Friedrich Schleiermacher hat festgestellt, dass es der evangelischen Kirche schwer falle, im Gegenüber zur römisch-katholischen Lehre von der Transsubstantiation wie auch im Gegenüber zu der „überverständigen Dürftigkeit" einer signifikativen Deutung im Sinne Zwinglis eine „gemeinsame kirchliche Lehre" hinsichtlich der Verbindung zwischen der sakramentalen Handlung und der Gemeinschaft mit dem Christus Jesus selbst zu entwickeln.[58] Die „Konkordie reformatorischer Kirchen in Europa" vom 16. März 1973 hat aus diesem Grunde unterschieden zwischen der Sprachform des Glaubens, der die Selbstvergegenwärtigung des Christus Jesus in der Mahlgemeinschaft der Gemeinde bekennt, und dem „Interesse an der Art der Gegenwart Christi im Abendmahl, das von dieser Handlung absieht".[59] Wir dürfen es dahingestellt sein lassen, ob dieses Interesse tatsächlich – wie die Konkordie befürchtet – „Gefahr (läuft), den Sinn des Abendmahls zu verdunkeln." Es will ja schließlich das Bekenntnis des Glaubens zur Selbstvergegenwärtigung des Christus Jesus in der Mahlgemeinschaft der Gemeinde in den Horizont unseres Verstehens von *Gegenwart* rücken, das sowohl räumliche als auch zeitliche Aspekte umfasst. Die Konkordie meint allerdings mit vollem Recht, dass die Kirchengemeinschaft nicht abhängig sein dürfe von einem fundamentaltheologischen Konsens im Verstehen von Gegenwart. Vielmehr erlaubt es und gebietet es die „Übereinstimmung der Kirchen" hinsichtlich der Selbstvergegenwärtigung des Christus Jesus in der Mahlgemeinschaft der Gemeinde, gegebenenfalls auch divergierende Ideen über das Verstehen von Gegenwart zu denken. Die Kirchengemeinschaft ist offen für den freien Diskurs der theologischen Wissenschaft, und sie ist auf ihn angewiesen.

Deshalb dürfen wir die Frage stellen: Wie können wir das Bekenntnis des Glaubens zur „Gegenwart des auferstandenen Herrn unter uns" in der Feier der gottesdienstlichen Mahlgemeinschaft verstehen und entfalten? Wie und in welchem Sinne können wir von der Gegenwart dessen, der jenseits des Todes und durch den Tod hindurch an der Ewig-

---

56 Vgl. bes. MARTIN LUTHER, Vom Abendmahl Christi (wie Anm. 54), BoA 3, 462 (= WA 26; 445): hier bringt Luther die sakramentale Einheit drastisch zur Sprache als „fleischsbrod odder leibsbrod" bzw. als „Blutswein".

57 Vgl. Konkordienformel: Epitome, VII. Vom heiligen Abendmahl Christi (BSLK 796–803; 799).

58 FRIEDRICH SCHLEIERMACHER, GL^2 § 140,4 (II, 355).

59 „Im Abendmahl schenkt sich der auferstandene Jesus Christus in seinem für alle dahingegebenen Leib und Blut durch sein verheißendes Wort mit Brot und Wein. Er gewährt uns dadurch Vergebung der Sünden und befreit uns zu einem neuen Leben aus Glauben. Er läßt uns neu erfahren, daß wir Glieder an seinem Leibe sind. Er stärkt uns zum Dienst an den Menschen. Wenn wir das Abendmahl feiern, verkündigen wir den Tod Christi, durch den Gott die Welt mit sich selbst versöhnt hat. Wir bekennen die Gegenwart des auferstandenen Herrn unter uns. In der Freude darüber, daß der Herr zu uns gekommen ist, warten wir auf seine Zukunft in Herrlichkeit." (WENZEL LOHFF [wie Anm. 47], 16 und 19).

keit des ewigen Gottes Anteil hat, „in Brot und Wein“ vernünftig sprechen? Was genau heißt „Realpräsenz“?[60]

Eine angemessene Antwort auf diese Fragen muss ausgehen von einer Besinnung auf die Art und Weise, in der wir jeweils hier und jetzt Gegenwart erleben, also von einer Besinnung auf das menschliche Zeitbewusstsein (s. o. S. 114ff.). Unter dem Ausdruck „Gegenwart“ wollen wir hier die kontinuierliche Zeit des Jetzt verstehen, in der wir die Phänomene des natürlichen wie des geschichtlichen Geschehens, die sich uns zeigen, zu bezeichnen und zu erkennen, aber auch praktisch und ästhetisch zu gestalten suchen. Und zwar in Kommunikation und in Interaktion mit anderen, die je in ihrer kontinuierlichen Zeit des Jetzt auf die Wahrnehmung der Phänomene bezogen sind.

Nun werden sich uns die Phänomene des natürlichen wie des geschichtlichen Geschehens nur unter der Bedingung zeigen können, daß wir *uns selbst gegenwärtig sind.* Wir sind uns selbst gegenwärtig, indem wir Vergangenes – verwirklichte Möglichkeiten – im Gedächtnis festhalten oder uns absichtlich in Erinnerung rufen können, um aufgrund dessen zukünftige – hier und jetzt zur Wahl anstehende – Möglichkeiten zu erfassen und kraft einer Entscheidung wirklich werden zu lassen. Indem wir uns in diesem Sinne selbst gegenwärtig sind, erleben wir uns in relativer Freiheit. Allerdings sind wir uns auch dessen bewusst, dass uns das Uns-selbst-gegenwärtig-Sein gegeben und gewährt ist: gegeben und gewährt von jener ursprünglichen Macht, die als solche von unserem Uns-selbst-gegenwärtig-Sein und von allen Phänomenen, die sich uns darin zeigen können, kategorial verschieden ist. Im Widerspruch zu anderweitigen Anschauungen des Lebens und der Wirklichkeit – etwa einer naturalistischen! – meint jedenfalls der christliche Glaube, die Erfahrung von Gegenwart formaliter allein auf diese Weise beschreiben zu können und beschreiben zu sollen.

Wenn der christliche Glaube unsere Erfahrung von Gegenwart in dieser Bezogenheit auf die ursprüngliche Macht beschreibt, die sie allererst sein lässt, so ist ihm – vorbereitet durch die Gotteserkenntnis in der Glaubensgeschichte Israels – das Wesen jener ursprünglichen Macht als die Macht Gottes des Schöpfers erschlossen. Sie – die ursprüngliche Macht Gottes des Schöpfers – vermag dem Weltgeschehen und innerhalb des Weltgeschehens dem individuellen menschlichen Leben deshalb Sein und Dauer zu gewähren, weil sie selbst personal verfasst ist (s. o. S. 77ff.). Ihr eignet in eminenter und in absoluter Weise ein Sich-gegenwärtig-Sein: ein Sich-gegenwärtig-Sein, in welchem Gott der Schöpfer die schöpferische Wahl zugunsten des geschaffenen Seins zu treffen vermag. Wir nennen dieses Sich-gegenwärtig-Sein die *Ewigkeit* des göttlichen Lebens (s. o. S. 117f.). Sie ist der Grund dafür, dass Gott der Schöpfer dem Weltgeschehen und innerhalb des Weltgeschehens dem individuellen menschlichen Leben *allgegenwärtig* ist.

Nun wurde in den Ursprungssituationen des Glaubens – in den österlichen Erscheinungen des Gekreuzigten als des Auferstandenen und Erhöhten – noch eine zweite Weise des göttlichen Sich-gegenwärtig-Seins offenbar. Hier erschließt sich nämlich den Offenbarungszeugen jene Einheit, die zwischen Gottes schöpferischem Sich-gegenwärtig-Sein und Jesu geschaffenem Sich-gegenwärtig-Sein besteht: jene Einheit von Gottes Ewigkeit – Gottes ewigem Sich-gegenwärtig-Sein – und der Zeitlichkeit des Christus Jesus – seines geschaffenen Sich-gegenwärtig-Seins – zugunsten der Versöhnung der Welt mit Gott (2Kor 5,19) und zu deren Vollendung. Indem sie – die primären Offenbarungszeugen – in jenen Ursprungssituationen kraft des göttlichen Geistes diese Einheit entdecken, entdecken sie, dass der „zur Rechten Gottes, des allmächtigen Vaters“

[60] Vgl. zum Folgenden KONRAD STOCK, Zur Rechten Gottes (wie Anm. 18), 261–269.

erhöhte HERR sich selbst als das „Wort der Versöhnung" (2Kor 5,19) in allen möglichen Situationen zu vergegenwärtigen vermag, in denen wir uns gegenwärtig sind. Und das ist deshalb möglich, weil sein geschaffenes Sich-gegenwärtig-Sein im Tode nicht zugrunde geht, sondern jenseits des Todes und durch den Tod hindurch in der Einheit mit Gottes ewigem und als solchem schöpferischen Sich-gegenwärtig-Sein bewahrt wird. Aus der Ewigkeit des göttlichen Gnadenwillens kann der erhöhte HERR erscheinen.

Daher ist die gottesdienstliche Mahlgemeinschaft in ihrer stiftungsgemäßen liturgischen Ordnung als eine zeitliche Situation zu begreifen, in der der erhöhte HERR selbst als das „Wort der Versöhnung" (2Kor 5,19) und der Vollendung aus der Ewigkeit des göttlichen Gnadenwillens je und je erscheinen will. In, mit und unter der zweifachen symbolischen Zeichenhandlung des Trinkens aus dem einen gesegneten Kelch und des Essens von dem einen geteilten und gebrochenen Brot ereignet sich – wo und wann immer sie vor sich geht – die Mahlgemeinschaft der versammelten Gemeinde mit dem Christus Jesus selbst.[61] Diese Mahlgemeinschaft erinnert an das letzte Mahl des Christus Jesus mit seinen Jüngern am Gründonnerstag (1Kor 11,23); und sie weist die hier und jetzt versammelte Gemeinde über jedes irdisch-geschichtliche Hier und Jetzt hinaus auf die Mahlgemeinschaft des Reiches Gottes (vgl. Mk 14,25; 1Kor 11,26), die wir jenseits des Todes und durch den Tod hindurch zuversichtlich erhoffen dürfen:

„Anbetung dir!
Einst feiern wir
das große Abendmahl mit dir."[62]

5.2.1.4.3. Taufe, Abendmahl und Glaube[63]

Wie die mündliche Verkündigung und wie die Taufe ist auch das Abendmahl eine Gestalt der Kommunikation des Evangeliums. Wie die Taufe vollzieht es sich in einer liturgischen Ordnung und Feier, die über die Deute- oder Einsetzungsworte hinaus das Ganze seiner Bewandtnis hören, schmecken und sehen lässt. Und wie die Taufe ist es sinnvoller- und notwendigerweise Thema eines katechetischen Unterrichts, der es dem Verstehen zu erschließen sucht. Die zweifache symbolische Zeichenhandlung der Mahlgemeinschaft ist als solche eine Interpretation des Evangeliums, und sie bedarf daher der Interpretation.

Wie alle Gestalten der Kommunikation des Evangeliums gehört das Abendmahl nach reformatorischer Einsicht zu den notwendigen Bedingungen, unter denen die Person der Gewissheitsgemeinschaft mit dem Christus Jesus selbst teilhaftig wird. Es ist wie die mündliche Verkündigung und wie die Taufe „äußeres Wort": eine äußere Begegnungsweise des Heilswillens Gottes des Schöpfers, der auf die Versöhnung und auf die Vollendung des Menschen ausgerichtet ist. Weil es ein Element des apostolischen Kerygmas und der in ihm präsenten Interpretation des Evangeliums ist, gibt es auf seine Weise der „äußeren Klarheit" der Heiligen Schrift Ausdruck. In seiner besonderen Eigenart ist es daher darauf angewiesen, kraft des erleuchtenden Wirkens Gottes des Heiligen Geistes der Person zum „inneren Wort" zu werden, welches allein – als hinreichende Bedingung – die Botschaft des Evangeliums als wahr, als zuverlässig und als tragfähig zu verstehen und zu lieben lehrt. Was Luther im Großen Katechismus über „Kraft und

61 Dieser Satz intendiert eine Synthese zwischen dem Anliegen der Abendmahlslehre Martin Luthers und dem Anliegen der Abendmahlslehre Johannes Calvins.

62 FRIEDRICH GOTTLIEB KLOPSTOCK, EG 220.

63 Die Lehre von der Buße und der Beichte – also vom „Amt der Schlüssel" – bleibt der ausgeführten Systematischen Theologie vorbehalten.

Nutz" des Abendmahls ausführt[64], muss im Horizont der prinzipientheoretischen Unterscheidung zwischen menschlichem Offenbarungszeugnis und göttlicher Erleuchtung gelesen werden (s. o. S. 32f.).

In diesem Zusammenhang erhebt sich nun die Frage, ob und wie wir die besondere Eigenart des Abendmahls als eine äußere Begegnungsweise des Evangeliums in ihrer bestimmten und unverwechselbaren Prägnanz bestimmen können. Diese Frage kann eine sachgemäße Antwort finden, wenn wir noch einmal zurückgehen zum geschichtlichen Ursprung des Abendmahls in jener Mahlgemeinschaft, in der die ersten Zeugen der österlichen Offenbarung den in Gottes Ewigkeit erhöhten HERRN als gegenwärtig erlebten und in der das letzte Mahl des Christus Jesus mit seinen Jüngern am Gründonnerstag aufgehoben war. In dieser ursprünglichen Mahlgemeinschaft finden sich die ersten Zeugen der österlichen Offenbarung neu – nämlich über den Bruch des Verrats, der Verleugnung und der Flucht hinweg – in die Gewissheitsgemeinschaft mit dem Christus Jesus integriert; und zwar in der symbolträchtigen Weise, die jeder Tischgemeinschaft – und zumal einer festlichen! – zukommt. Jede Tischgemeinschaft integriert die Gäste, die zu ihr geladen sind. Sie stiftet eine Atmosphäre, in der die Gäste sich wechselseitig anzuerkennen vermögen; und zwar daraufhin und deshalb, weil sie sich zuvor durch die Einladung des Gastgebers anerkannt wissen dürfen. In solcher Atmosphäre wird Anerkennung nicht nur gefordert oder beredet, sondern in affektiver Weise empfunden und erlebt. So herrscht in ihr der Friede.

Die regelmäßige Wiederholung der ursprünglichen Mahlgemeinschaft des erhöhten HERRN mit den Zeugen der österlichen Offenbarung in der Abendmahlsfeier der Gemeinde macht also Gebrauch von der Bewandtnis, die wir mit jeder Tischgemeinschaft – und zumal mit einer festlichen! – verbinden. Sie – die Abendmahlsfeier – lässt jenen Frieden erleben, der über den Frieden einer geselligen Atmosphäre hinaus Menschen in ihren angefochtenen und widersprüchlichen Lebensgeschichten – in der Erfahrung ihres Gewissens, in ihrer Sorge und in ihrer Angst des Todes – immer wieder zur Gemeinschaft mit dem Christus Jesus selbst zusammenschließt (vgl. Phil 4,7). Und indem sie diesen Frieden erleben lässt, stärkt sie und ermutigt sie die Gemeinde und jedes ihrer Glieder für das Leben in der Liebe, in der Hoffnung und in der individuellen Selbstverantwortung vor Gott. Sie erweitert ihr immer wieder den Horizont, indem sie sie mit der weltweiten Christenheit in ihrer jeweiligen geschichtlich-sozialen Situation verbindet; und sie lässt sie das Erfüllt- und Vollendet-Sein der irdischen Existenz jenseits des Todes und durch den Tod hindurch – die Mahlgemeinschaft des Reiches Gottes (vgl. Mk 14,25) – zuversichtlich erhoffen.

5.2.2. Die Kirche als die soziale Gestalt des Glaubens

Dem angefochtenen Glauben – dem christlich-frommen Selbstbewusstsein – ist es als wahr gewiss, dass Gottes geschichtliche Selbsterschließung im Christus Jesus durch den Heiligen Geist jene Gemeinschaft Gottes mit Gottes Ebenbild begründet, die schon die ursprüngliche Intention des schöpferischen Redens und Rufens ist und die in der absoluten Zukunft des ewigen Lebens jenseits des Todes und durch den Tod hindurch ihre Vollendung und Erfüllung finden wird.

Gottes geschichtliche Selbsterschließung ereignet sich – wie wir immer wieder zeigten – in den österlichen Situationen der Erscheinung des Gekreuzigten als des Aufer-

---

64 MARTIN LUTHER, Großer Katechismus: BSLK 711, 30ff.

standenen und zur Einheit mit dem Leben Gottes Erhöhten, in denen Gottes Geist die primären Offenbarungsempfänger das im Tode am Kreuz auf Golgatha vollbrachte Lebenszeugnis Jesu als wahr, als zuverlässig, als vertrauenswürdig verstehen und ergreifen lässt; und sie ereignet sich in ihrer menschheitlichen und weltgeschichtlichen Tragweite immer dann – aber auch nur dann –, wenn das Zeugnis der primären Offenbarungsempfänger von Gottes wahrer Liebe, Barmherzigkeit und Treue über die Grenzen der Sprachen, der Kulturen, der sozialen Gegensätze und der realen Feindschaften hinweg verbreitet und vergegenwärtigt wird. Wie Gottes geschichtliche Selbsterschließung die Gemeinschaft des Glaubens stiftet, so nimmt sie ihr Denken, Handeln und Leiden um jener menschheitlichen und weltgeschichtlichen Tragweite willen von Generation zu Generation in Anspruch. Die Glaubensgemeinschaft ist ihrem Wesen nach von ihrem Grund und Ursprung her „Geschöpf und Werkzeug des Evangeliums“[65], die dem Werk des Geistes dient. Genau darin ist und bleibt sie *Kirche für die Welt.*

Wir haben in unserem bisherigen Gedankengang die wesentlichen Vollzüge der Kommunikation des Evangeliums beschrieben. Im Gottesdienst, in den vielfältigen Formen der mündlichen Verkündigung und in den übersprachlichen Symbolhandlungen der Taufe und des Abendmahls nimmt die Glaubensgemeinschaft wo und wann auch immer die menschliche Verantwortung dafür wahr, dass Gottes Geist das Lebenszeugnis Jesu – wie es im Tode am Kreuz auf Golgatha vollbracht ist – in seiner lebenstragenden Bedeutung verstehen und ergreifen lässt. Indem sie diese ihre menschliche Verantwortung wahrnimmt, bemüht sie sich um die notwendigen Bedingungen, unter denen Gottes Geist selbst und Gottes Geist allein das Wesen und die Erscheinungsformen der Sünde – die Blindheit des Menschen für Gottes Schöpfer-Sein – überwindet. Indem sie diese ihre menschliche Verantwortung wahrnimmt, bemüht sie sich um die notwendigen Bedingungen dafür, dass Gottes Geist einen Menschen in die Gemeinschaft mit dem Christus Jesus integriert und in ihr wie angefochten und wie fragmentarisch auch immer die Erfahrung des Heilen, des Ganzen, des Vollkommenen machen lässt (s. o. S. 201ff.). Als Gegenstand menschlicher Verantwortung ist die Kommunikation des Evangeliums selbst ein Element der Ethosgestalt des Glaubens, deren Darstellung einen integrierenden Bestandteil der ausgeführten Systematischen Theologie wird bilden müssen.[66]

Wenn wir uns auf die Kommunikation des Evangeliums besinnen, gewinnen wir das richtige Verständnis für das Verhältnis, in dem die Glaubensgemeinschaft als die – durch Gottes Geist begründete und erhaltene – Gemeinschaft mit dem Christus Jesus selbst und die Kirche als soziales Gebilde – also: die „verborgene“, die „unsichtbare“ Kirche und die „sichtbare“ Kirche – zueinander stehen. Dieses Verhältnis wäre von Grund auf missverstanden, wenn man die mannigfachen Formen des „äußeren Wortes“ – bis hin zur Sprache der Frömmigkeit, bis hin zur Kunstpraxis in der Geschichte des Christentums, bis hin zu den Programmen des Kirchenbaus – als irrelevant für das Entstehen und Bestehen der Gemeinschaft mit dem Christus Jesus selbst bewerten würde. Vielmehr gilt es

---

65 Vgl. hierzu jetzt die Beiträge von EILERT HERMS, Kirche – Geschöpf und Werkzeug des Evangeliums, Tübingen 2010.

66 Daher ist das Handeln der Kirche mit Recht ein Gegenstand der Theologischen Ethik, z. B. bei EMIL BRUNNER, Das Gebot und die Ordnungen. Entwurf einer protestantisch-theologischen Ethik, Tübingen 1932, 508–551, und bei MARTIN HONECKER, Grundriß der Sozialethik, Berlin/New York 1995, 627–707; nicht jedoch bei WILHELM HERRMANN, Ethik, Tübingen 1904^3, bei DIETZ LANGE, Ethik in evangelischer Perspektive, Göttingen 1992, und – natürlich – bei TRUTZ RENDTORFF, Ethik. Grundelemente, Methodologie und Konkretionen einer ethischen Theologie, Bd. 2, Stuttgart/Berlin/Köln (1981) 1991^2.

zu sehen und zu beherzigen, dass die Kommunikation des Evangeliums in ihren wesentlichen Vollzügen den Nukleus der *erfahrbaren Kirche* bildet, deren Struktur und deren Ordnung dem „inneren Wort" – dem Wirken des Heiligen Geistes in dessen menschheitlicher und weltgeschichtlicher Tragweite – zu dienen bestimmt ist (s. u. S. 252ff.).

Um diese Zusammenhänge darzustellen, beginnen wir mit der Erklärung des Begriffs der erfahrbaren Kirche (5.2.2.1.). Im Lichte und mit Hilfe des Begriffs der erfahrbaren Kirche erschließen wir sodann Sinn und Bedeutung der metaphorischen Redeweise vom allgemeinen Priestertum aller Getauften und Glaubenden und suchen daraufhin die Funktion des kirchlichen Lehramts auf der Linie der reformatorischen Einsichten zu bestimmen (5.2.2.2.). Schließlich werfen wir einen Blick auf die Prinzipien, denen die Ordnung einer Kirchengemeinschaft nach menschlichem Recht folgen wird (5.2.2.3.). Damit schlagen wir die Brücke zu den notgedrungen fragmentarischen Gedanken, die das Dasein der Kirche in der Gesellschaft und für die Gesellschaft betreffen (5.2.3.).

5.2.2.1. „Erfahrbare Kirche"[67]

Dem christlich-frommen Selbstbewusstsein – dem angefochtenen und ach so fragmentarischen Glauben – ist es als wahr gewiss, dass das Evangelium von Jesus als dem Christus Gottes des Schöpfers einen zutiefst befreienden Charakter hat, weil es die Blindheit des Herzens und Gewissens für Gottes Schöpfer-Sein und damit für das Mandat Gottes des Schöpfers überwindet. In Christus und mit Christus kraft des göttlichen Geistes in die Gemeinschaft Gottes mit Gottes Ebenbild integriert, erlebt und erleidet die Person eine lebenslange Wandlung, die ihre tiefsten Motive, Ziele, Lebensinteressen ausrichtet auf das „Wollen des Reiches Gottes"[68], auf das in Wahrheit Höchste Gut.

Nun sind wir darauf aufmerksam geworden, dass die Begegnung mit dem Christus Jesus Gottes des Schöpfers, in der wir diese lebenslange Wandlung erleben und erleiden, nirgends sonst als in dem sozialen Gebilde der Kirche vor sich geht. Wer immer der befreienden Wahrheit des Evangeliums durch Gottes Geist gewiss wird, hat Anteil an der Kirche als der sozialen Gestalt des Glaubens und ist dazu berufen und bestimmt, an ihrem Dasein für die Welt teilzunehmen.[69] Die dogmatische Besinnung wird daher die Struktur der Kirche verständlich machen wollen, die sich aus ihrem Grund und Ursprung und damit aus ihrem Wesen ergibt. Im Übrigen ist der religiöse, der theologische Begriff der Kirche, den wir hier entwickeln, nicht nur für die Theorie der ethischen Urteilsbildung, sondern auch für die besondere Disziplin des Kirchenrechts vorauszusetzen.[70]

Wir hatten schon im „Grundriss der Prinzipienlehre" gezeigt, dass nach der reformatorischen Einsicht in das kanonische Offenbarungszeugnis der Heiligen Schrift die Gewissheit der Wahrheit des Evangeliums – jener Wahrheit, die die Blindheit für Gottes Schöpfer-Sein überwindet – als ein *je gegenwärtiges Geschehen* zu beschreiben ist (s. o. S. 29ff.). Sie – diese Gewissheit – wird zustande kommen und wird dauern dann und nur dann, wenn Gottes Geist die öffentliche Kommunikation des Evangeliums in ihren we-

67 Vgl. zum Folgenden bes.: EILERT HERMS, Erfahrbare Kirche. Beiträge zur Ekklesiologie, Tübingen 1990; CHRISTOPH SCHWÖBEL, Kirche als Communio, in: WILFRIED HÄRLE/REINER PREUL (Hg.), Kirche (MJTh VIII), Marburg 1996, 11–46.

68 FRIEDRICH SCHLEIERMACHER, GL^2 § 116,3 (II, 220).

69 Vgl. hierzu jetzt bes. REINER PREUL, Die soziale Gestalt des Glaubens. Aufsätze zur Kirchentheorie (MThSt 102), Leipzig 2008.

70 Vgl. hierzu: KONRAD STOCK, Die Theorie der christlichen Gewißheit (wie Anm. 26), 303–308; sowie zuletzt MARTIN HONECKER, Recht in der Kirche des Evangeliums (Jus ecclesiasticum 85), Tübingen 2008.

sentlichen Vollzügen selbst als wahr erschließt und als tragfähig erleben lässt. Zwar werden wir das Zusammen-Wirken des „äußeren Wortes" und des „inneren Wortes" – der „äußeren Klarheit" und der „inneren Klarheit" des Kanons der Heiligen Schrift – nicht im Sinne eines Synergismus missverstehen; aber wir werden doch in jeder Hinsicht ernst nehmen, dass Gottes Geist die menschliche Verantwortung für die öffentliche Kommunikation des Evangeliums ermöglicht und verlangt. Das Zusammen-Wirken zwischen dem schöpferischen Person-Sein und dem geschaffenen Person-Sein, ja das Zusammen-Wirken zwischen dem schöpferischen Person-Sein und dem Naturzusammenhang des Weltgeschehens hatte sich im Übrigen schon in der Lehre vom christlichen Glauben an Gott den Schöpfer als ein *essential* der christlichen Anschauung des Lebens und der Wirklichkeit erwiesen (s. o. S. 142ff.).[71]

Für die reale geschichtliche Existenz der christlich-religiösen Glaubensgemeinschaft in ihren verschiedenen nicht nur, sondern auch in ihren gegensätzlichen konfessionellen Traditionen ist dies Zusammen-Wirken offensichtlich *konstitutiv*. Es bleibe hier dahingestellt, ob die verschiedenen, die gegensätzlichen konfessionellen Traditionen in ihrem Selbstverständnis und in ihrer Lehre diesem Zusammen-Wirken tatsächlich genügend Rechnung tragen.

Im Gottesdienst, in der mündlichen Verkündigung, in der Taufe, im Abendmahl, in den verschiedenen Formen des Unterrichts und schließlich in der Seelsorge suchen wir die Anschauung des Lebens und der Wirklichkeit zu bezeugen, zu bedenken, zu vergegenwärtigen, in der wir mit den Teilnehmern dieser Szenen grundsätzlich verbunden sind. Wir suchen die gemeinsame Anschauung des Lebens und der Wirklichkeit – das Leben und die Wirklichkeit *als* das Nahe-Kommen des Reiches Gottes des Schöpfers – regelmäßig in Erinnerung zu rufen als diejenige Anschauung, in der die Blindheit der Sünde für Gottes Schöpfer-Sein überwunden ist und die sich deshalb konkretisiert in der Achtung des Andern, in der Liebe, in der Hoffnung für die Welt und in der Diakonie an der Welt.

Die Kommunikation des Evangeliums in ihren wesentlichen Vollzügen hat demnach ihren Sitz im Leben in einer singulären *Erfahrung von Gemeinschaft*. Diese Erfahrung von Gemeinschaft ist – im Verhältnis und im Unterschied zur Erfahrung von Gemeinschaft in der Sphäre des privaten wie in der Sphäre des öffentlichen Lebens – deshalb singulär, weil sie sich dem je gegenwärtigen Wesen und Wirken des Geistes Gottes verdankt.[72] Die Kommunikation des Evangeliums ermöglicht die Erfahrung von Gemeinschaft, die in der Gewissheit des Heilswillens Gottes des Schöpfers ihren Grund und Ursprung hat und die deshalb die schöpfungsgemäße Gleichheit aller menschlichen Wesen vor Gott zu realisieren trachtet; und die Erfahrung der Gemeinschaft, die in der Gewissheit des Heilswillens Gottes des Schöpfers ihren Grund und Ursprung hat, verlangt nach einer strukturellen und organisatorischen Form, die den *Gemeingeist* der Glaubensgemeinschaft – ihr Aufeinander-Wirken und ihr Miteinander-Wirken – fördert.

Um diese singuläre Erfahrung von Gemeinschaft genauer zu bestimmen, wie sie in der durch Gottes Geist gewirkten Gewissheit des Heilswillens Gottes des Schöpfers gründet, nehmen wir den Begriff der *Mitgliedschaft* auf: ein Begriffswort, das in den

---

71 Vgl. hierzu MARTIN LUTHER, De servo arbitrio: WA 18; 753,20–754,21 (jetzt in: MARTIN LUTHER, Lateinisch-deutsche Studienausgabe [LDStA], Bd. 1: Der Mensch vor Gott. Unter Mitarbeit von MICHAEL BEYER hg. und eingeleitet von WILFRIED HÄRLE, Leipzig 2006, 568–571 [Übersetzung von ATHINA LEXUTT]); und dazu MARTIN SEILS, Der Gedanke vom Zusammenwirken Gottes und des Menschen in Luthers Theologie, Berlin/Gütersloh 1962.

72 PAUL TILLICH, STh III, 176–190, sprach deshalb von der „Geistgemeinschaft".

Sozialwissenschaften erhebliche Bedeutung erlangte.[73] In der Verwendung dieses Begriffs für die Erfahrung christlicher Glaubensgemeinschaft wird sich im Übrigen auch zeigen, dass und in welcher Weise diese Erfahrung die Grenzlinien zwischen den konfessionell und kirchenrechtlich bestimmten Kirchengemeinschaften relativiert.

Wir folgen der reformatorischen Einsicht in das apostolische Kerygma der Heiligen Schrift, wenn wir die Kirche als die soziale Gestalt oder die soziale Verfassung der Lebensform des Glaubens bezeichnen. Wir können diese soziale Gestalt, diese soziale Verfassung angemessen bestimmen, wenn wir die Gewissheit der Wahrheit des Evangeliums vom Heilswillen Gottes des Schöpfers im Christus Jesus – jene Wahrheitsgewissheit, kraft derer die Blindheit für Gottes Schöpfer-Sein überwunden wird – als die *Begründung einer Mitgliedschaft eigener Art* verstehen.

Im Unterschied zu anderen Mitgliedschaften im Alltag eines sozialen Systems – etwa zur zwingenden Mitgliedschaft im politischen System der Gesellschaft oder zur freiwilligen Mitgliedschaft in einem Wander-, Sport- oder Heimatverein – wird die kirchliche Mitgliedschaft offensichtlich dadurch begründet, dass der göttliche Geist der Wahrheit letztlich unverfügbar einem Menschen die Kommunikation des Evangeliums als wahr und als verlässlich erschließt. Insofern ist es der göttliche Geist der Wahrheit, der eines Menschen Mitgliedschaft in der Gemeinschaft des Glaubens hervorruft und eben dadurch auch die Wahrnehmung dieser Mitgliedschaft – bis hin zu ihrer finanziellen Seite – verlangt. Im Übrigen gibt die Erkenntnis dieser Regel das Kriterium für die Erforschung und für die Bewertung der kirchen- und der missionsgeschichtlichen Wege und Fehlwege in der Ausbreitung des Christentums an die Hand.

Im Unterschied zu anderen Mitgliedschaften im Ganzen eines sozialen Systems – und erst recht im Unterschied zu Mitgliedschaften in anderweitigen religiös-weltanschaulichen Verbänden wie z. B. in der „Anthroposophischen Gesellschaft“ oder im „Humanistischen Verband Deutschlands“[74] – bezieht sich die Mitgliedschaft in der Kirche auf die Anschauung des Lebens und der Wirklichkeit als *Gottes Wirklichkeit* (s. o. S. 106f.). Wenn Gottes Geist die Kommunikation des Evangeliums als wahr erschließt und just auf diese Weise die Blindheit für Gottes Schöpfer-Sein überwindet, realisiert er im Spektrum des Religionssystems einer Gesellschaft jene Gemeinschaft, zu der wir Menschen alle als leibhafte Freiheits- und Vernunftwesen berufen und bestimmt sind (s. o. S. 125ff.). Indem wir diese Anschauung des Lebens und der Wirklichkeit mit anderen teilen, suchen wir uns mit ihnen über diese Anschauung des Lebens und der Wirklichkeit zu *verständigen*. Die Kirche ist erfahrbar als der unabgeschlossene und unabschließbare Prozess der Verständigung zwischen ihren Mitgliedern über die Wahrheit, die der Geist der Wahrheit selbst erschließt. In diesem Prozess der Verständigung spielen übrigens – unter den Bedingungen einer Mediengesellschaft – der christliche Buchhandel und die christliche Publizistik eine herausragende Rolle, die mehr als bisher der kritischen Begleitung und Beratung seitens der Systematischen Theologie bedarf.[75]

---

[73] Ich verdanke die Anregung hierzu dem grundlegenden Text von EILERT HERMS, Religion und Organisation. Die gesamtgesellschaftliche Funktion von Kirche aus der Sicht der evangelischen Theologie, jetzt in: DERS., Erfahrbare Kirche (wie Anm. 66), 49–79. – Vgl. ferner REINER PREUL, Kirchentheorie (wie Anm. 10): Kirche als Organisation (204–241); FRIEDRICH SCHWEITZER, Art. Organisation: RGG[4] 6, 641–643.

[74] Vgl. hierzu HANS MICHAEL HEINIG, Art. Weltanschauungsgemeinschaft (Juristisch): EStL (NA 2006), 2683–2685; REINHARD HEMPELMANN, Art. Weltanschauungsgemeinschaft (Theologisch): ebd. 2685–2692.

[75] Vgl. hierzu REINER PREUL, Kommunikation des Evangeliums unter den Bedingungen der Mediengesellschaft (wie Anm. 68), 65–103; KARIN ACHTELSTETTER/GERHARD MEIER-

Nun ist dieser unabgeschlossene und unabschließbare Prozess der Verständigung über die Wahrheit, die der Geist der Wahrheit selbst erschließt, beileibe nicht beschränkt auf das, was Dietrich Bonhoeffer das „Letzte“ nannte. Vielmehr bezieht er sich sinnvoller- und notwendigerweise auf alles, was nach Dietrich Bonhoeffer unter den Begriff des „Vorletzten“ fällt: auf die individuelle Selbstverantwortung vor Gott für die lebensdienliche Gestalt des Lebens in der Sphäre des Privaten wie in den Regeln und Strukturen des öffentlichen Lebens.[76] Die Mitgliedschaft in der Kirche, die wir letztlich und unverfügbar dem göttlichen Geist der Wahrheit verdanken, manifestiert sich in der ethischen Orientierung des Lebens, die den Umgang mit allen Bedürfnissen des leibhaften Person-Seins in allen Funktionsbereichen einer Gesellschaft berührt. Insofern ist die Glaubensgemeinschaft der Kirche als Gemeinschaft hinsichtlich des „Letzten“ – jedenfalls unter der verfassungsmäßigen Geltung des Menschen- und des Grundrechts der Religionsfreiheit – zugleich eine Ethosgemeinschaft und eine Gemeinschaft der ethischen Reflexion.

Mitgliedschaft in der Kirche hat nach alledem ihren Grund in der geistgewirkten Gewissheit der Wahrheit des Evangeliums, die die Blindheit für Gottes Schöpfer-Sein wie fragmentarisch und wie angefochten auch immer überwindet. Im Lichte dieser Definition können wir nun die reformatorische Einsicht in das Verhältnis zwischen der „unsichtbaren“ oder der „verborgenen“ Kirche und der „sichtbaren“, der an den *notae ecclesiae* erkennbaren Kirche fruchtbar machen.[77] Man würde diese Einsicht gröblich missverstehen, wenn man sie – mit Kant zu reden – im Sinne eines ausschließenden Gegensatzes zwischen dem „Begriff eines ethischen gemeinen Wesens“ und der „auf willkürlichen Vorschriften“ beruhenden „gottesdienstlichen Religion“ verstehen würde.[78] Zwar ist die Gemeinschaft des Glaubens – als Gemeinschaft in der Gewissheit und im Ethos des Glaubens – in der Tat „unsichtbar“ oder „verborgen“, weil sie sich letzten Endes der erhellenden Kraft des Geistes der Wahrheit verdankt; aber als Gemeinschaft in der Gewissheit und im Ethos des Glaubens bedarf die Glaubensgemeinschaft der sachgemäßen Ordnung ihrer religiösen Kommunikation, die „sichtbarer“ Gegenstand der menschlichen Verantwortung ist. Die „unsichtbare“, die „verborgene“ Gemeinschaft in der Gewissheit und im Ethos des Glaubens ermöglicht und verlangt daher die Sorge für die „sichtbare“ Kirche in allen ihren Lebensäußerungen bis hin zu ihrer Rechtsgestalt, die unter die Kompetenz der Kirchengesetzgebung fällt.

Ist die erfahrbare Kirche die religiöse Kommunikation, in der sich ihre Mitglieder über die Wahrheit und damit über die Lebensdienlichkeit des Evangeliums zu verständi-

---

REUTTI/MATTHIAS PÖHLMANN, Art. Publizistik/Presse III. Evangelische Publizistik und Presse: TRE 27, 704–718; MICHAEL SCHMOLKE, Art. Publizistik/Presse IV. Katholische Publizistik und Presse: ebd. 718–722; MANFRED BAUMOTTE/CHARLES H. LIPPY, Art. Buchhandel, christlicher: RGG[4] 1, 1819–1823; REINHARD SCHMIDT-ROST, Art. Presse/Medien III. Evangelische kirchliche Presse/Medien: RGG[4] 6,1628–1630; MARKUS RIES, Art. Presse/Medien III. Katholische kirchliche Presse/Medien: ebd. 1630–1631; REINHARD SCHMIDT-ROST, Art. Publizistik, christliche: ebd. 1822.

76 Zu dieser Einsicht hat sich Bonhoeffer auf dem Weg von der „Nachfolge“ (DIETRICH BONHOEFFER, Nachfolge [DBW 4], München 1994[2]) zur „Ethik“ (DIETRICH BONHOEFFER, Ethik [DBW 6], Gütersloh 1998[2]) mühsam durchgerungen.

77 Vgl. hierzu bes. MARTIN LUTHER, Von dem Papsttum zu Rom wider den hochberühmten Romanisten zu Leipzig (1520): WA 6; 285–324; bes. 296,37–297,19; sowie die Interpretation dieses Textes bei WILFRIED HÄRLE, Creatura Evangelii. Die Konstitution der Kirche durch Gottes Offenbarung nach lutherischer Lehre, in: DERS., Christlicher Glaube in unserer Lebenswelt. Studien zur Ekklesiologie und Ethik, Leipzig 2007, 79–98.

78 IMMANUEL KANT, Die Religion innerhalb der Grenzen der bloßen Vernunft (1798). Hg. von KARL VORLÄNDER (PhB 45), Hamburg 1961 (=1956[6]), 105ff.; 115.

gen suchen, so liegt das Kriterium einer sachgemäßen Ordnung darin und nur darin, dass das Evangelium – das fleischgewordene Wort der Gnade, das die Blindheit für Gottes Schöpfer-Sein überwindet (vgl. Joh 1,14-17) – das *Gegenüber* dieser religiösen Kommunikation ist und bleibt. Um der „unsichtbaren", um der „verborgenen" Gemeinschaft in der Gewissheit und in der Ethosgestalt des Glaubens willen, die letztlich nur durch Gottes Geist gestiftet wird, bedarf die „sichtbare" Kirche eines Gefüges von Institutionen, die dieses Gegenüber in allen Vollzügen der Kommunikation des Evangeliums kritisch zur Geltung bringen. Auf dieses Gefüge von Institutionen zielt CA V mit den Worten:

„Solchen Glauben zu erlangen, hat Gott das Predigtamt eingesetzt, Evangelium und Sakrament geben, dadurch er, als durch Mittel, den heiligen Geist gibt, welcher den Glauben, wo und wenn er will, in denen, so das Evangelium hören, wirket ..."[79]

CA V definiert mit diesen Worten den reformatorischen Begriff des kirchlichen Lehramts. Ihm wenden wir uns jetzt zu.

5.2.2.2. Das allgemeine Priestertum und das kirchliche Lehramt[80]

Der angefochtene Glaube – das christlich-fromme Selbstbewusstsein – entsteht und besteht kraft der erleuchtenden Macht, in der der göttliche Geist die Kommunikation des Evangeliums in ihren sprachlichen wie in ihren übersprachlichen Formen als wahr, als tragfähig, als verlässlich im Leben und im Sterben verstehen und ergreifen lässt. Wir haben den Begriff der Mitgliedschaft verwendet, um diesen Bedingungszusammenhang begreiflich zu machen. Erschließt der göttliche Geist die Kommunikation des Evangeliums in ihren sprachlichen wie in ihren übersprachlichen Formen dem Herzen und Gewissen der Person in ihrer Wahrheit, so führt er sie in die Gemeinschaft des Glaubens, die die Gemeinschaft mit dem Christus Jesus selbst ist. Gottes Geist nimmt die Kommunikation des Evangeliums in der erfahrbaren Kirche dafür in Dienst und dafür in Anspruch, die Einzelnen der Anschauung des Lebens und der Wirklichkeit gewiss zu machen, wie sie das überlieferte Offenbarungszeugnis enthält und wie sie sich in jeder neuen geschichtlichen Situation – inmitten der Erfahrungen des Leids, der Sünde, der Lebens- und Todesangst – bewähren will. Indem Gottes Geist unverfügbar diese Gewissheit stiftet, begründet er die Mitgliedschaft im „Leibe Christi" (Röm 12,5), im „Volke Gottes" (1Pt 2,10), im „Tempel des lebendigen Gottes" (2Kor 6,16). Sofern und solange Gottes Geist kraft seines erleuchtenden Wirkens diese Mitgliedschaft gewährt, wird sie sich manifestieren in der ethischen Signatur der Lebensführung: in der Verantwortung für das Wohl der erfahrbaren Kirche und eben dadurch in der Verantwortung für das *bonum commune* einer Gesellschaft.

Wer kommt als Subjekt dieser Verantwortung in Betracht? Und welche Kompetenz ist dafür notwendig, damit das Evangelium in der Kommunikation des Evangeliums das Gegenüber sei und bleibe?

Mit diesen Fragen gehen wir nun dazu über, das Gefüge der Institutionen eines kirchlichen Lehramts zu beschreiben, das für das erleuchtende Wirken des Geistes Gottes – das, wie gesagt, die Mitgliedschaft in der Gemeinschaft des Glaubens begründet – wünschenswert, vorzugswürdig, verpflichtend und insoweit das Prinzip der Rechts-

---

79 BSLK 57,2–7.

80 Vgl. zum Folgenden bes.: HARALD GOERTZ, Allgemeines Priestertum und ordiniertes Amt bei Luther (MThSt 46), Marburg 1997; WILFRIED HÄRLE, Allgemeines Priestertum und Kirchenleitung nach evangelischem Verständnis, in: DERS., Christlicher Glaube in unserer Lebenswelt (wie Anm. 77), 106–126.

ordnung und der Rechtsgestalt einer Kirche ist (s. u. S. 252ff.). Es wird sich dabei zeigen, dass die reformatorische Erkenntnis des allgemeinen Priestertums aller Getauften und Glaubenden mitnichten die Institutionen eines kirchlichen Lehramts verdrängt. Vielmehr führt die Einsicht in das Zusammen-Wirken von „äußerem Wort" und „innerem Wort", von „äußerer Klarheit" und „innerer Klarheit" der Heiligen Schrift zu einer genuin evangelischen Konzeption des kirchlichen Lehramts, die nach wie vor den grundsätzlichen Dissens zum römisch-katholischen – und womöglich auch zum orthodoxen und zum anglikanischen – Verständnis des priesterlichen Dienstes und der legitimen Ausübung der Kirchengewalt markiert.[81] Es ist ein Merkmal theologischer Kompetenz, diesen Dissens in seiner prinzipientheoretischen Tragweite zu erkennen und ihn zum Gegenstand künftiger Lehrgespräche zu machen.

5.2.2.2.1. Das allgemeine Priestertum[82]

Gemäß der reformatorischen Einsicht in das kanonische Offenbarungszeugnis der Heiligen Schrift (vgl. 1Pt 2,5.9; Apk 1,6; 5,10; 20,6) verleiht die Taufe im Namen des dreieinigen Gottes den Getauften eine spezifische Würde, die ihnen zusammen mit allen Mitgliedern des Leibes Christi in gleicher Weise zukommt. Martin Luther zog für die Bezeichnung dieser Würde das semantische Feld des *Priester-Seins* heran. Er nahm nicht nur die neutestamentliche Erkenntnis ernst, dass der Opferkult im Tempel zu Jerusalem durch das Ereignis der Versöhnung Gottes mit der Welt im Christus Jesus (2Kor 5,19) aufgehoben sei; er formulierte auch die grundlegende Kritik am römischen Verständnis der sakramentalen Ordination zum Diakon, zum Priester und zum Bischof, das in den dogmatischen Konstitutionen des I. und des II. Vatikanischen Konzils seinen konsequenten Abschluss findet. Diese Kritik betrifft nicht nur die Unterscheidung zwischen einem geistlichen Stand und einem weltlichen Stand im Ganzen des Corpus Christianum, die in der sakramentalen Ordination – ebenso wie in den religiösen Gelübden der Ordensmitglieder – ihre Begründung findet; sie richtet sich auch und vor allem gegen das definitive Letztentscheidungsrecht des kirchlichen Lehramts und der kirchlichen Jurisdiktionsgewalt.

Im Einklang mit dem Sprachgebrauch des Neuen Testaments hat Luther die Unterscheidung zwischen einem geistlichen Stand und einem weltlichen Stand innerhalb des Corpus Christianum als gegenstandslos betrachtet. Ist es Gottes Geist, der die Wahrheit des überlieferten, des dargereichten, des interpretierten Offenbarungszeugnisses dem Herzen und Gewissen der Person erschließt, so begründet allein sein Wirken diejenige Gewissheit, die in die Gemeinschaft des Glaubens, der Liebe und der Hoffnung und so in die Erfahrung des Heilen, des Ganzen, des Vollkommenen führt. Indem die befreiende Wahrheit des Evangeliums durch Gottes Geist hier und heute offenbar und gegenwärtig wird, kommt dem Leben des Glaubens in der Glaubensgemeinschaft der Kirche – trotz seiner noch bestehenden Verstrickung in die Macht der Sünde, der Lebens- und der Todesangst – grundsätzlich das Prädikat des *Geistlichen* zu: des Lebens aus dem Geist Gottes (vgl. Gal 5,25). Und dieses Leben aus dem Geist Gottes beweist sich und bewährt sich in der Verantwortung, welche die Mitglieder der Glaubensgemeinschaft der Kirche

---

81 Dieser Dissens wird bedauerlicherweise gar nicht diskutiert bei JÜRGEN MOLTMANN, Kirche in der Kraft des Geistes (wie Anm. 28).

82 Vgl. zum Folgenden bes.: HARALD GOERTZ, Art. Allgemeines Priestertum: RGG^4 1, 316–317; DERS./WILFRIED HÄRLE, Art. Priester/Priestertum II/1. Allgemeines Priestertum. Systematisch-theologisch: TRE 27, 402–410; PAUL FREDERICK BRADSHAW/GISBERT GRESHAKE/HERMANN WIEH, Art. Priester/Priestertum III. Christliches Priesteramt: ebd. 414–434.

für die Erhaltung des Lebens in der Sphäre des Privaten wie in der Sphäre des Sozialen – in der Familie und in der Ehe wie in der Ökonomie, in der politischen Herrschaft und im Bildungswesen – im Hinblick auf die Kommunikation des Evangeliums wahrnehmen werden. Die Prädikate des Geistlichen und des Weltlichen charakterisieren gleichursprünglich das christliche Leben in seinen beiden wesentlichen Relationen, dem Gottesverhältnis und dem Weltverhältnis der Person (s. u. S. 322f.). Trotz mancher Lehrdifferenzen im Einzelnen prägt diese Anschauung des Verhältnisses zwischen dem Geistlichen und dem Weltlichen die lutherische wie die reformierte Reformation.

Die metaphorisch gemeinte Bestimmung des „Priester-Seins" bezeichnet aufs Genaueste das Leben des Glaubens aus dem Geist Gottes in dieser Welt.[83] Unter dem „allgemeinen Priestertum" ist demnach einerseits die Würde und die Vollmacht zu verstehen, die jedem Mitglied der Glaubensgemeinschaft im Hinblick auf die Kommunikation des Evangeliums in seinen sprachlichen wie in seinen übersprachlichen Formen zukommt; und es ist andererseits darunter die Verantwortung dafür zu verstehen, im Alltag des privaten und des öffentlichen Lebens und im Umgang mit den Nächsten von dieser Vollmacht auch – in der Fürbitte wie im Gespräch, in der Seelsorge wie in der Erziehung – den angemessenen Gebrauch zu machen. Um willen der Vertiefung und der Verbreitung eines Lebens aus dem Geiste Gottes in dieser Welt bezeichnet das Priester-Sein in der übertragenen Bedeutung des Ausdrucks die originäre religiös-ethische Mündigkeit, die allen Mitgliedern der Glaubensgemeinschaft der Kirche zusteht. Diese religiös-ethische Mündigkeit aller Mitglieder der Glaubensgemeinschaft der Kirche konkretisiert sich insbesondere in ihrer Fähigkeit, die öffentliche Kommunikation des Evangeliums – und damit die Wahrnehmung des kirchlichen Lehramts – auf ihre Schriftgemäßheit hin zu überprüfen.[84] Da diese Fähigkeit sich ihrerseits einem Unterricht und damit einem Bildungsgeschehen katechetischer, religions- und gemeindepädagogischer Art verdankt, führt uns die Besinnung auf die metaphorische Bezeichnung des „Priester-Seins" zu den dringenden Aufgaben der kirchlichen Praxis hier und heute.

5.2.2.2.2. Das kirchliche Lehramt[85]

Damit das allgemeine Priestertum aller Getauften und Glaubenden – das Leben des Glaubens aus dem Geist Gottes in dieser Welt, das sich *last but not least* in evangelischer Urteilsfähigkeit konkretisiert – erhalten, verteidigt und gefördert werde, bedürfen wir eines Gefüges von Institutionen, die das Gegenüber des Evangeliums selbst zu allen kommunikativen Prozessen des Evangeliums in der Glaubensgemeinschaft der Kirche wahren. Es ist die oft so schmerzliche und oft so inspirierende kirchengeschichtliche

---

83 Vgl. bes. MARTIN LUTHER, WA 6; 370,10f.: „alsampt gleych geystlich priester fur Gott"; WA 6; 566,27f.: „… omnes nos aequaliter esse sacerdotes, hoc est, eandem in verbo et sacramento quocunque habere potestatem" („… dass wir alle in gleicher Weise Priester seien, d. h. dass wir dieselbe Vollmacht im Wort und in welchem Sakrament auch immer haben").

84 Diese Pointe des allgemeinen Priestertums kommt zur Sprache bei MARTIN LUTHER, Daß eine christliche Versammlung oder Gemeine Recht und Macht habe, alle Lehre zu urteilen und Lehrer ein- und abzusetzen, Grund und Ursache aus der Schrift (1523), WA 11; 408–416. – Wir übersehen nicht, dass das II. Vatikanische Konzil seinerseits vom „gemeinsamen Priestertum" gesprochen hat. Freilich hat es das „gemeinsame Priestertum" neben das „hierarchische Priestertum" gestellt und damit von dessen sakramental begründeter Vollmacht abhängig gemacht (DH 4126).

85 Vgl. zum Folgenden bes. CARL HEINZ RATSCHOW, Art. Amt/Ämter/Amtsverständnis VIII. Systematisch-theologisch: TRE 2, 593–622, sowie den Gesamtartikel „Amt": RGG^4 1, 422–439.

Erfahrung, dass mit dem Gegenüber des Evangeliums selbst zu allen kommunikativen Prozessen des Evangeliums die Glaubensgemeinschaft der Kirche in ihrem „Zusammensein mit der Welt" steht und fällt. Um dieses notwendige Gefüge der Institutionen in reformatorischer Perspektive zu beschreiben, gehen wir aus von einer denkbar knappen Skizze des römisch-katholischen Verständnisses.

Nach dem Selbstverständnis der römischen Tradition des Christentums gründet die Kirche auf dem – durch den Christus Jesus selbst geschaffenen – Amt der Apostel.[86] Geschaffen ist dieses Amt dadurch, dass ihm der Christus Jesus die Fülle der offenbarten Heilswahrheit anvertraut mit dem Auftrag, sie treu zu bewahren und sie den Menschen vorzulegen mit dem Ansinnen, die offenbarte Heilswahrheit mit dem der Wahrheit Gottes geschuldeten Gehorsam als Weg zum Heil mit Verstand und Gewissen anzunehmen. Dieses Selbstverständnis schließt die folgenden Implikationen ein:

Erstens wird das apostolische Amt, auf dem die Kirche gründet, in der Geschichte durch die verschiedenen Grade der sakramentalen *Weihe* übertragen. Diese verschiedenen Grade der sakramentalen Weihe führen zur Gliederung des apostolischen Amtes in das diakonische, in das priesterliche (presbyterale) und in das bischöfliche (episkopale) Amt, also zum *hierarchischen Amt*. Wegen der sakramentalen Weihe wird für die Geschichte des kirchlichen Lebens und für dessen kirchenrechtliche Ordnung die Unterscheidung zwischen dem geistlichen Stand und dem weltlichen Stand konstitutiv.

Zweitens: Mit den verschiedenen Graden der Weihe sind verschiedene geistliche Kompetenzen verbunden. Während die Weihe zum priesterlichen (presbyteralen) Amt in ihrem Kern die Befugnis überträgt, der Feier der Eucharistie vorzustehen und in ihr das Messopfer gültig zu vollziehen, überträgt die Weihe zum bischöflichen (episkopalen) Amt die Befugnisse der autoritativen Lehrgewalt und der disziplinären Jurisdiktionsgewalt in der jeweiligen Ortskirche, der Diözese.

Drittens: Die Weihe zum bischöflichen (episkopalen) Amt integriert in die Gemeinschaft der Bischöfe. Damit wird jedenfalls für das lateinische Christentum die Frage akut, in welchem Verhältnis die Lehr- und Jurisdiktionsgewalt der Gemeinschaft der Bischöfe in der Gesamtkirche zum Primatsanspruch stehe, den der Bischof von Rom – zwar keineswegs von Anfang an, aber jedenfalls seit Gregor I., d. Gr., – als Nachfolger des Petrus und der dem Petrus geltenden Verheißung (Mt 16,16-19) erhebt. Als Ergebnis eines nahezu tausend Jahre langen Ringens zwischen der Idee des Konziliarismus und der Idee des Papalismus in der Leitung der Gesamtkirche hat das I. Vatikanische Konzil dieses Verhältnis im Sinne der unmittelbaren und direkten Kirchengewalt des Papstes definiert, die sich namentlich in der Unfehlbarkeit seiner Entscheidungen *ex cathedra* in Sachen der Glaubens- und der Sittenlehre sowie in seiner höchsten Jurisdiktionsgewalt manifestiert. Zwar strebte das II. Vatikanische Konzil nach einer Verbindung zwischen der Leitungsgewalt des Papstes und der Leitungsgewalt des Bischofskollegiums; aber es bleibt abzuwarten, in welcher Weise diese Verbindung künftig reale Gestalt gewinnen wird.

Viertens: Es darf nicht unerwähnt bleiben, dass das Papstamt unter den Bedingungen einer entstehenden Weltgesellschaft – insbesondere dank des Einsatzes der letzten Päpste Johannes XXIII., Paul VI. und Johannes Paul II. – in der globalen, medial vernetzten Weltöffentlichkeit eine überragende Bedeutung gewonnen hat. Es repräsentiert ein weltkirchliches Selbstbewusstsein des modernen römischen Katholizismus, das jedenfalls im deutschen Protestantismus nicht seinesgleichen hat; und so entwickelt es zielstrebig und

---

86 Vgl. hierzu WILFRIED HÄRLE, Art. Apostolizität: RGG^4 1, 653–654.

prinzipienfest sein eigenes Projekt einer ökumenischen Bewegung. Ob und wie sich das Modell einer Kirchengemeinschaft auf der Linie der Leuenberger Konkordie diesem Projekt gegenüber wird behaupten können, ist eine offene Frage.

Wir dürfen festhalten, dass das römische Verständnis des apostolischen Amtes eine ganz entscheidende Konsequenz für das Verständnis der Art und Weise besitzt, in der die Wahrheit Gottes – die befreiende Wahrheit des Evangeliums vom Heilswillen Gottes des Schöpfers im Christus Jesus, die die Person in die Gemeinschaft des Glaubens, der Liebe, der Hoffnung und schließlich in die Selbstverantwortung vor Gott führt – offenbar und also gegenwärtig wird. Im römischen Sinne kommt es dem apostolischen Amt und seinen Inhabern nicht etwa nur zu, die befreiende Wahrheit des Evangeliums, wie sie im Kanon der Heiligen Schrift ursprünglich bezeugt ist, im Vertrauen auf die Verheißung des Heiligen Geistes in ihren verschiedenen sprachlichen und übersprachlichen Formen zu kommunizieren. Vielmehr rückt das apostolische Amt und sein Anspruch, für die Erkenntnis und für die Glaubwürdigkeit der zu tradierenden Wahrheit der Heilsoffenbarung – und gar auf unfehlbare Weise – einzutreten, seinerseits in den Rang eines Glaubensgegenstandes ein, zu dessen freiwilliger Anerkennung jeder Mensch in seinem Gewissen verpflichtet ist. Eben wegen dieses Anspruchs zieht die Kritik und die Infragestellung des unfehlbaren kirchlichen Lehramts – nicht nur in seiner papalistischen, sondern auch in seiner konziliaristischen Gestalt – geradezu unvermeidlich den Vorwurf und die Anklage der *Häresie* auf sich (s. o. S. 30f.).

Es war die kirchen- und theologiepolitische Leistung Johann Ecks in der Leipziger Disputation von 1519, Luthers Kritik an den verheerenden seelsorglichen Folgen des Ablasshandels als Angriff auf die Unfehlbarkeit des kirchlichen Lehramts und damit als der Häresie verdächtig aufgedeckt zu haben. Luther sah sich deshalb dazu herausgefordert, dem durch die Tradition des lateinischen Christentums verbürgten Letztentscheidungsrecht des kirchlichen Lehramts die Alternative entgegen zu stellen, die das Gegenüber des Evangeliums selbst zu allen kommunikativen Prozessen des Evangeliums *und zugleich* zu den notwendigen Funktionen des kirchlichen Lehr- und Leitungsamtes wahrt. Diese Alternative musste sich nicht nur bewähren in den stürmischen Anfängen der reformatorischen Bewegung; sie hat ihre grundsätzliche Bedeutung auch und gerade in der erfahrbaren Kirche, die unter den Bedingungen der euro-amerikanischen Moderne im Religionssystem der Gesellschaft existiert. Wir heben drei *essentials* dieser Alternative hervor.

Erstens: Das Gegenüber des Evangeliums selbst – des apostolischen Kerygmas der Heiligen Schrift vom Nahe-Kommen des Reiches Gottes im Christus Jesus Gottes des Schöpfers – zu den wesentlichen Vollzügen der Kommunikation des Evangeliums erfordert eine spezifische Verantwortung, für die wir mit CA V den Begriff des „Predigtamts" – des „ministerium ecclesiasticum" – verwenden (vgl. 2Kor 3,6.8). Diese spezifische Verantwortung verdrängt nicht und beschränkt nicht das allgemeine Priestertum aller Getauften und Glaubenden. Ihre Funktion ist es vielmehr, jedenfalls in allen öffentlichen Situationen einer Gemeinde – exemplarisch im Gottesdienst, im Unterricht und in den Kasualhandlungen – für die angemessene Darstellung und Vergegenwärtigung des Wahrheitsgehalts des Evangeliums Sorge zu tragen.[87] Wird diese Verantwortung durch die Ordination im Namen einer Kirchengemeinschaft übertragen, so kommt doch der Berufung in das „Predigtamt" – in das „ministerium ecclesiasticum" – kein sakramentaler

---

[87] Vgl. bes. MARTIN LUTHER, WA 6; 408,13–17; WA 12; 189,17ff, sowie WILFRIED HÄRLE, Allgemeines Priestertum und Kirchenleitung nach evangelischem Verständnis (wie Anm. 77).

Charakter zu.[88] Die Wahrnehmung der Verantwortung für das *reine Lehren* und für das *rechte Darreichen* der Sakramente (CA VII) erfüllt die notwendigen Bedingungen, unter denen Gottes Geist die Gewissheit des Glaubens und das Leben des Glaubens in der Liebe, in der Hoffnung und in der religiös-ethischen Mündigkeit der Einzelnen erweckt.

Zweitens: Die Wahrnehmung der spezifischen Verantwortung für das Gegenüber des Evangeliums zu den wesentlichen Vollzügen der Kommunikation des Evangeliums setzt eine spezifische Kompetenz voraus, die wir die *theologische Kompetenz* nennen wollen. Diese Kompetenz beruht auf einer wissenschaftlichen Bildung, die das Studium der Theologie an den theologischen Fakultäten vermitteln möchte. Ich verstehe unter dieser Kompetenz die Fähigkeit, eine jeweils aktuelle praktische Aufgabe in der Kommunikation des Evangeliums zu lösen; und zwar im Lichte des Verstehens des kanonischen Offenbarungszeugnisses und seiner Wirkungsgeschichte und zugleich kraft eigener Einsicht in dessen Relevanz.

Es ist hier nicht der Ort, eine Theorie der evangelischen Theologie zu skizzieren.[89] Wir wollen uns im Rückgriff auf den „Grundriss der Prinzipienlehre" (s. o. S. 47ff.) vielmehr damit begnügen, wenigstens die folgenden Merkmale einer wissenschaftlich-theologischen Bildung hervorzuheben, die für die kompetente Wahrnehmung des „Predigtamts" – des „ministerium ecclesiasticum" – im Sinne der Reformation notwendig sind.

Zunächst zielt die wissenschaftlich-theologische Bildung auf die Fähigkeit, an der exegetisch-philologischen Erforschung des genuinen Sinnes des biblischen Offenbarungszeugnisses teilzunehmen.

Sodann wird sich die Teilnahme an der exegetisch-philologischen Erforschung vertiefen durch die Fähigkeit, die Grundworte des biblischen Offenbarungszeugnisses – Gott, Schöpfung, Freiheit, Sünde, Versöhnung, Geist, Glaube, Gute Werke, Kirche, Reich Gottes – in ihrem inneren Zusammenhang zu sehen und in begrifflich-kategorialer Form zu entfalten. Diese systematische Fähigkeit wird sich von der Bestimmung der Dogmatik im Studium der römisch-katholischen Theologie dadurch unterscheiden, dass sie die hermeneutische Grundentscheidung der reformatorischen Bewegung – die Pflege des Buchstabens im Vertrauen auf die Verheißung des Geistes – als wahr zu anerkennen in der Lage ist.

Und schließlich wird sich die wissenschaftlich-theologische Bildung auszeichnen durch die Fähigkeit der Diagnose und der Prognose, die vom Begriff der Religion und vom Verständnis der sozio-kulturellen Lage des Christentums jedenfalls in den posttraditionalen Gesellschaften geleitet ist: jener Lage, die die Fähigkeit verantwortlicher Selbstbestimmung für zahlreiche Zeitgenossinnen und Zeitgenossen massiv gefährdet!

Die wissenschaftlich-theologische Bildung, die für die kompetente Wahrnehmung des „Predigtamts" – des „ministerium ecclesiasticum" – notwendig ist, zielt mithin nicht nur auf exegetisch-philologische, sondern auch auf geschichtliche und systematische Kompetenz.

Drittens: Die Wahrnehmung der Verantwortung für das Gegenüber des Evangeliums zu den wesentlichen Vollzügen der Kommunikation des Evangeliums bedarf auch in den Kirchengemeinschaften der Reformation der *Aufsicht*. Das ist deshalb der Fall, weil es

---

[88] Daher haftet dem kirchlichen Amt in den Kirchen der Reformation nach römisch-katholischem Urteil ein „defectus ordinis" an (vgl. UR 22). – Die Handauflegung im Ordinations-Gottesdienst gilt als Segensbitte und ist nicht etwa als ein Äquivalent zur sakramentalen Weihe zu verstehen. Vgl. hierzu auch REINHARD BRANDT, Art. Ordination IV. Dogmatisch: RGG[4] 6, 622–625.

[89] Ich darf dafür verweisen auf mein Buch: Die Theorie der christlichen Gewißheit (wie Anm. 26).

nach aller kirchen- und lebensgeschichtlichen Erfahrung gar nicht auszuschließen ist, dass die notwendigen Bedingungen eines *reinen Lehrens* und eines *rechten Darreichens* der Sakramente (CA VII) aus welchen Gründen und Motiven auch immer verfehlt, verletzt, verraten werden. Der Kirchengemeinschaft als ganzer obliegt daher – unbeschadet der individuellen Lehrfreiheit der ordinierten Amtsträger – eine gemeinschaftliche Lehrverantwortung. Sie ist in den evangelischen Kirchen in der Bundesrepublik Deutschland durch Kirchengesetze geordnet, die sich vor allem auf die Verkündigung im Pfarramt beziehen.[90] Diese gemeinschaftliche Lehrverantwortung ist näherhin der Gegenstand der Theologischen Ethik, der Kirchentheorie und des Kirchenrechts. Für die dogmatische Besinnung sei jedoch das Folgende festgehalten:

Die gemeinschaftliche Lehrverantwortung einer Kirchengemeinschaft für den Inbegriff des „äußeren Wortes" als der notwendigen Bedingung des „inneren Wortes" holt nicht etwa zu guter Letzt das Letztentscheidungsrecht des autoritativen Lehramts im Sinne der römischen Tradition ein, sondern ist vielmehr als dessen schlüssige und konsequente Alternative zu verstehen. Sie wird konkret in jenem unabgeschlossenen und unabschließbaren *Lehrgespräch*, in dem der Wahrheitsgehalt des Evangeliums im Offenbarungszeugnis der Heiligen Schrift und in den Lehrbekenntnissen der Kirche kontinuierlich ausgelegt und gegenüber den mannigfachen Provokationen in der gesellschaftlichen Lebenswelt vergegenwärtigt und verteidigt wird. In diesem unabgeschlossenen und unabschließbaren Lehrgespräch werden wir eine „*zusammenstimmende* Leitung der christlichen Kirche" im Sinne Schleiermachers anstreben.[91] Die zusammenstimmende Leitung der Kirchengemeinschaft zielt auf tragfähige Konsense, die angesichts der divergierenden theologischen Richtungen und Positionen und angesichts der gegensätzlichen sozialmoralischen Milieus im deutschen Protestantismus nur in geduldigen und langwierigen Dialogen zu erreichen sind. In diesem kontinuierlichen Lehrgespräch werden die ordinierten Amtsträger, die Religionslehrer, die Mitglieder der theologischen Fakultäten und die Kirchenleitungen im engeren Sinne des Begriffs im Interesse des allgemeinen Priestertums aller Getauften und Glaubenden – hoffentlich in der Zukunft mehr und intensiver als bisher – zusammenwirken.

5.2.2.3. Die Ordnung der Kirche[92]

Wir haben uns darauf besonnen, dass die Gewissheit der Wahrheit des Evangeliums – jene Gewissheit, kraft derer die Blindheit der Sünde für Gottes Schöpfer-Sein wie angefochten und wie fragmentarisch auch immer überwunden wird – allein in der

---

90 Vgl. hierzu EILERT HERMS/RENÉ PAHUD DE MORTANGES/MICHAEL GERMANN, Art. Lehrbeanstandungs-/Lehrzuchtverfahren: RGG^4 5, 195–200; MICHAEL GERMANN, Art. Lehrverpflichtung/Lehrfreiheit III. Evangelisch: ebd. 215.

91 FRIEDRICH SCHLEIERMACHER, KD^2 § 5 (Hervorhebung K.S.). Vgl. hierzu auch WILFRIED HÄRLE, Allgemeines Priestertum und Kirchenleitung nach evangelischem Verständnis (wie Anm. 77), 121, der den Begriff des Zusammenstimmenden mit Hilfe des Begriffs der „Konsistenz" erschließt.

92 Zu dem vielschichtigen Thema der Ordnung der erfahrbaren Kirche, das hier nicht weiter entfaltet werden kann, vgl. bes. MICHAEL PLATHOW, Lehre und Ordnung im Leben der Kirche heute, Göttingen 1982; DERS., Art. Kirchenordnungen III. Praktisch-theologisch: TRE 18, 707–713; KARLA SICHELSCHMIDT, Art. Kirchenordnungen II. Kirchenrechtlich: RGG^4 4, 1263–1264; EILERT HERMS, Art. Kirchenordnungen III. Dogmatisch; IV. Ethisch: ebd. 1264–1266; DERS., Die Ordnung der Kirche, in: Erfahrbare Kirche (wie Anm. 66), 102–118; DERS., Kirche und Kirchenverfassung in reformatorischer Sicht, jetzt in: Kirche – Geschöpf und Werkzeug des Evangeliums (wie Anm. 64), 353–383.

Kommunikation des Evangeliums entsteht und besteht, sofern sie Gottes Geist dem Herzen und Gewissen eines Menschen als die Wahrheit der eigenen Lebensgeschichte und damit als evident erschließt. Wir haben auf die wesentlichen Vollzüge der Kommunikation des Evangeliums geachtet, die in der Institution des Gottesdienstes *am ersten Tag der Woche* ihr sachgemäßes Zentrum haben; und wir haben im Lichte und mit Hilfe des Leitbegriffs der erfahrbaren Kirche darauf aufmerksam gemacht, dass Gottes Geist jene Mitgliedschaft in der Gemeinschaft des Glaubens stiftet, die Gottes Versöhnungs- und Vollendungswillen in Dankbarkeit, in Freude und im Gotteslob bezeugt (vgl. Ps 146; 150; Röm 11,33-36) und die zugleich dem schöpferischen Willen Gottes zur Gemeinschaft mit Gottes Ebenbild – und damit dem Mandat Gottes des Schöpfers – gerecht zu werden sucht. Im Leitbegriff der erfahrbaren Kirche sind die Bestimmungen der „unsichtbaren" – der „verborgenen" – und der „sichtbaren" Kirche miteinander vermittelt. Wem immer durch Gottes Geist die Wahrheit des Evangeliums von Gottes Versöhnungs- und Vollendungswillen im Christus Jesus als Wahrheit der eigenen Lebensgeschichte offenbar wird, wird die Verantwortung für die Pflege der Institutionen der „sichtbaren" Kirche – bis hin zur Pflege und zur Weiterentwicklung des Kirchenbaus[93] – entdecken und auf sich nehmen.

Nach reformatorischer Einsicht kommt die Verantwortung für die Pflege der Institutionen der „sichtbaren" Kirche der Glaubensgemeinschaft je an ihrem geschichtlichen Ort als ganzer zu. Wir haben dies als die entscheidende Pointe der metaphorischen Bezeichnung des allgemeinen Priestertums aller Getauften und Glaubenden hervorgehoben. Nun ist die Existenz der Glaubensgemeinschaft – das Leben in der Gewissheit des Glaubens – notwendig dadurch bedingt, dass das Evangelium selbst das Gegenüber zu den wesentlichen Vollzügen der Kommunikation des Evangeliums sei und bleibe. Aus diesem Grund spricht CA V vom „Predigtamt" – vom „ministerium ecclesiasticum" – als einer von Gott selbst eingesetzten Institution, die regelmäßig und die sicher erwartbar das Evangelium selbst sprachlich und übersprachlich darreicht. Freilich: in welcher Weise die von Gott selbst eingesetzte Institution zu praktizieren und zu realisieren sei – das ist nach reformatorischer Einsicht die Sache *menschlichen Rechts* und nicht die Sache *göttlichen Rechts*. Um die soziale Gestalt des Glaubens in der erfahrbaren Kirche zu verstehen und um sie gegebenenfalls zu reformieren, blicken wir jetzt in der gebotenen Kürze auf die Rechtsordnung der Kirche.

Als Glaubensgemeinschaft und um der Glaubensgemeinschaft willen bedarf die Kirche einer Ordnung. Wie jede Ordnung dient auch die Ordnung der Kirche der *geregelten Kommunikation und Interaktion*. Anders als andere Ordnungen dient die Ordnung der Kirche jener religiösen Kommunikation und Interaktion, die wir als die notwendige Bedingung dafür erkannten, dass es kraft des göttlichen Geistes Gewissheit der Wahrheit des Evangeliums und damit die Überwindung der Blindheit für Gottes Schöpfer-Sein gebe. Wir werden noch darauf zu sprechen kommen, dass dieses Ereignis das entscheidende Motiv der christlichen Verantwortung für das Gefüge der sozialen Institutionen und Organisationen darstellt (s. u. S. 293f.). Weil die Ordnung der Kirche diesem Ereignis zu dienen bestimmt ist, unterscheidet sie sich von anderen Ordnungen durch die Gegenstände, die sie regelt; weil die Ordnung der Kirche einem politischen Gestaltungswillen im weiten Sinne des Begriffs entspringt und weil sie legitimerweise auch Sanktionen vorsieht, hat sie mit allen anderen Ordnungen des Sozialen den Charakter des

93 Vgl. hierzu jüngst HANNS CHRISTOF BRENNECKE, Auf der Suche nach einer sichtbaren Identität. Protestantischer Kirchenbau zwischen Sakralität und Profanität, in: ZThK 107 (2010), 31–63.

Rechts gemein (s. u. S. 433f.). Auch die aus der Reformation hervorgegangenen Kirchengemeinschaften kommen nicht umhin, nach dem Ende der staatlichen Kirchenhoheit und des landesherrlichen Kirchenregiments von jenem Selbstordnungs- und Selbstverwaltungsrecht Gebrauch zu machen, das ihnen von Verfassungs wegen garantiert ist.[94]

Das Selbstordnungs- und Selbstverwaltungsrecht der evangelischen Kirchengemeinschaft erstreckt sich *erstens* auf die Ordnung des kirchlichen Lehramts (s. o. S. 248f.). Wir haben von den notwendigen Bedingungen gesprochen, die erfüllt sein müssen, damit das Evangelium in den wesentlichen Vollzügen der Kommunikation des Evangeliums das Gegenüber sei und bleibe, dessen geistgewirktes Verstehen und Ergreifen das allgemeine Priestertum – die religiös-ethische Mündigkeit der Getauften und Glaubenden – entstehen und bestehen lässt. Diese notwendigen Bedingungen – die wissenschaftlich-theologische Bildung der ordinierten Amtsträger, die Berufung in ein kirchliches Lehramt und die Form der Aufsicht über die öffentliche Verkündigung – bedürfen der Rechtsform. Zwar wird diese Rechtsform die persönliche Verantwortung der ordinierten Amtsträger und damit deren Lehrfreiheit schützen; aber sie wird diejenigen normativen Texte in Erinnerung rufen, die nach dem Konsens der Kirchengemeinschaft maßgebliche Darstellungen des Wahrheitsgehalts des Evangeliums und deshalb Kriterien einer formalen rechtlichen Überprüfung jeder öffentlichen Lehre sind.

Hat das Selbstordnungs- und Selbstverwaltungsrecht der evangelischen Kirchengemeinschaft um der Freiheit eines Christenmenschen willen in der Ordnung des kirchlichen Lehramts seinen Schwerpunkt, so betrifft es *zweitens* ihre Organisation. Die evangelische Kirchengemeinschaft gibt sich eine Grundordnung oder eine Verfassung, die die wesentlichen Merkmale ihrer Rechtsform regelt. Es würde hier zu weit führen, diese wesentlichen Merkmale en détail zu erörtern.[95] Wir heben nur den wichtigen Gesichtspunkt hervor, dass die Grundordnung oder die Verfassung der evangelischen Kirchengemeinschaft nach einer langen und problematischen Verfassungsgeschichte die *Synode* als das wichtigste Organ der Kirchenleitung konstituiert.[96] Die synodale Verfassung räumt den Laien maßgebliche Mitwirkungsrechte in allen kybernetischen Entscheidungen über die Belange des kirchlichen Lebens ein. Diese Mitwirkungsrechte konkretisieren das allgemeine Priestertum aller Getauften und Glaubenden, das allen Mitgliedern der Glaubensgemeinschaft die Verantwortung für die erfahrbare Kirche überträgt.

Die Ordnung des kirchlichen Lehramts und die synodale Verfassung der Organisation der evangelischen Kirchengemeinschaft stehen natürlich nicht unverbunden nebeneinander; sie sind vielmehr wechselseitig aufeinander bezogen. Wenn die Ordnung des kirchlichen Lehramts das Gegenüber des Evangeliums zu allen wesentlichen Vollzügen der Kommunikation des Evangeliums zu wahren sucht, so sorgt sie mit den Mitteln des menschlichen Rechts für die notwendigen Bedingungen, unter denen allein sich die Verantwortungsfähigkeit der Mitglieder der Glaubensgemeinschaft für die Leitung der evangelischen Kirchengemeinschaft bilden wird. Diese Verantwortungsfähigkeit wird sich darin zeigen, dass alle kybernetischen Entscheidungen – auch und gerade die in der

94 Vgl. zum Folgenden bes. CHRISTOPH LINK, Rechtstheologische Grundlagen des evangelischen Kirchenrechts, in: ZEvKR 45 (2000), 73–87; KARLA SICHELSCHMIDT, Art. Kirchenordnungen II. Kirchenrechtlich: RGG[4] 4, 1263–1264; EILERT HERMS, Art. Kirchenordnungen III. Dogmatisch; IV. Ethisch: ebd. 1264–1266; DERS., Die Ordnung der Kirche, jetzt in: Erfahrbare Kirche (wie Anm. 67), 102–118.

95 Vgl. hierzu bes. den Gesamtartikel „Kirchenverfassung“: RGG[4] 4, 1307–1360.

96 Vgl. hierzu REINER PREUL, Art. Synode III/2. Neuzeit seit Schleiermacher: TRE 32, 576–579; WOLF-DIETER HAUSCHILD/REINHARD BRANDT/MICHAEL GERMANN/HEINZ OHME, Art. Synode I.–IV.: RGG[4] 7, 1970–1977.

gegenwärtigen Lage der evangelischen Kirchen in der Bundesrepublik Deutschland schmerzlichen und schwierigen Entscheidungen – auf die Begegnung mit dem Christus Jesus Gottes des Schöpfers bezogen sind, die in der gottesdienstlichen Versammlung der einzelnen Gemeinde ihre erfahrbare soziale Grundform findet.

5.2.3. Die Kirche in der Gesellschaft[97]

Gottes Geist – so suchten wir zu zeigen – ruft die individuelle Gewissheit der Wahrheit des Evangeliums vom Christus Jesus Gottes des Schöpfers als Wahrheit der eigenen Lebensgeschichte hervor. Indem er diese Gewissheit entstehen und bestehen lässt und so die Blindheit der Sünde für Gottes Schöpfer-Sein überwindet, integriert er einen Menschen in die Gewissheitsgemeinschaft mit dem Christus Jesus selbst und führt ihn in die Glaubensgemeinschaft *en Christo* (ἐν Χριστῷ) mit allen Schwestern und Brüdern. Dieser erweckenden, belebenden, erleuchtenden Macht des göttlichen Geistes ist die Kommunikation des Evangeliums, die in der gottesdienstlichen Versammlung der Gemeinde *am ersten Tag der Woche* ihr Zentrum hat, zu dienen bestimmt. Und zwar deshalb, weil nach der Erkenntnis des Glaubens schon Gottes schöpferisches Wollen, Walten, Reden und Rufen die selbstverantwortliche Mit-Wirkung der geschaffenen Person mit Gottes Wirken intendiert (s. o. S. 142ff.). Auch die Überwindung der menschlichen Blindheit für Gottes Schöpfer-Sein, auch die Vollendung des schöpferischen und des versöhnenden Wirkens nimmt den legitimen Spielraum menschlicher Freiheit für Gottes Wege, Werke und Gedanken in Anspruch.

Indem die Gewissheit des Glaubens, die Energie der Liebe, die Geduld der Hoffnung und die Fähigkeit zur Selbstverantwortung vor Gott – wie angefochten und wie fragmentarisch auch immer – kraft des göttlichen Geistes in den wesentlichen Vollzügen der Kommunikation des Evangeliums entsteht und besteht, sind die Glaubenden schon immer wechselseitig verbunden in der Glaubensgemeinschaft. Wenn wir die Glaubensgemeinschaft mit Eilert Herms als die *erfahrbare Kirche* bezeichnen, heben wir zwei Gesichtspunkte hervor, die nicht nur sorgfältig zu unterscheiden, sondern auch aufs Engste aufeinander zu beziehen sind. Nur mit Hilfe dieser beiden Gesichtspunkte werden wir das Dasein der Kirche in der Gesellschaft und für die Gesellschaft angemessen verstehen.

Einerseits gibt sich auch die evangelische Kirche – als Gemeinschaft einzelner Gemeinden wie als Bund einzelner Kirchengemeinschaften – eine Grundordnung oder eine Verfassung von kirchenrechtlicher Qualität. Darin begründet sie die Ordnung eines kirchlichen Lehramts, das die Bedingungen dafür zu erfüllen strebt, dass in den wesentlichen Vollzügen der Kommunikation des Evangeliums das Evangelium selbst das Gegenüber sei und bleibe, das durch Gottes Geist an den Herzen und Gewissen seiner Hörerinnen und Hörer wirksam werden will. Darin errichtet sie aber auch die Grundsätze einer Ordnung ihrer kybernetischen Entscheidungen, die samt und sonders der öffentlichen Auslegung und der öffentlichen Vergegenwärtigung des Evangeliums dienen sollen. Zu diesen Grundsätzen einer Ordnung der kybernetischen Entscheidungen zählt insbesondere die maßgebliche Mitwirkung der Laien gemäß der presbyterialen und der synodalen Verfassung. In dieser Mitwirkung der Laien an der Pflege der kirchlichen

---

[97] Vgl. zum Folgenden: WOLFHART PANNENBERG, Ethik und Ekklesiologie. Ges. Ausätze, Göttingen 1977; REINER PREUL, Kirchentheorie (wie Anm. 10), § 7: Kirche als Institution in der modernen Gesellschaft (128–177); KONRAD STOCK, Die Theorie der christlichen Gewißheit (wie Anm. 26), 99–125; bes. 119–125.

Institution und Organisation konkretisiert sich ein gewichtiger Aspekt des allgemeinen Priestertums aller Getauften und Glaubenden.

Andererseits aber kann die Ethosgestalt des Glaubens unmöglich auf die ethische Wahrnehmung der kirchlichen Ordnung beschränkt sein. Die Mitglieder der Glaubensgemeinschaft existieren nämlich – wie die ordinierten Amtsträger, die Religionslehrer, die Mitglieder der wissenschaftlich-theologischen Einrichtungen und die Inhaber kirchenleitender Funktionen auch – in den Beziehungen der privaten wie der öffentlichen Sphäre des Lebens: in der Familie, der Ehe, der Liebe und der Freundschaft ebenso wie in den Subsystemen der Ökonomie, der Herrschaft, des Bildungswesens, der Wissenschaft und der Technik. In allen diesen Beziehungen gilt es, dem Mandat Gottes des Schöpfers gerecht zu werden und auf die mannigfachen Grund- und Einzelentscheidungen in einer Weise Einfluss zu nehmen, die inspiriert und orientiert ist am Ideal des *bonum commune* (s. u. S. 322f.). Der „Grundriss der Theologischen Ethik" wird exemplarisch erkunden, ob und wie die Mitglieder der kirchlich verfassten Glaubensgemeinschaft an der Bestimmung und an der Realisierung des *bonum commune* in ihrer jeweiligen gesellschaftlichen Lebenswelt mitzuwirken in der Lage sind. Sie ist Ethik des christlichen Gesamtlebens, das über die Grenzen der Kirchlichkeit weit hinausreicht.

Die ekklesiologische Besinnung mündet daher sinnvoller- und notwendigerweise in die Unterscheidung zwischen dem Leben der Kirche und dem christlichen Gesamtleben.

Unter den politischen Bedingungen des deutschen Verfassungs- und Staatskirchenrechts ist die Kirche – sei es die einzelne Kirchengemeinde, sei es eine Gemeinschaft einzelner Kirchengemeinden, sei es ein Bund von Kirchengemeinschaften – ein Rechtssubjekt oder eine juristische Person, die zu anderen Rechtssubjekten oder juristischen Personen in die Beziehungen des Vertrags und des Rechtsgeschäfts zu treten befähigt ist. Demgegenüber führen die Mitglieder der Glaubensgemeinschaft ihr Gesamtleben nicht nur in der Kirche, sondern auch und vor allem in der jeweiligen gesellschaftlichen Lebenswelt. Sie werden in der privaten wie in der öffentlichen Sphäre ihres Lebens bestrebt sein, diejenige Selbstverantwortung vor Gott zu praktizieren, die die Frucht der Wahrheitsgewissheit des Glaubens ist. Sie werden darin von der religiös-ethischen Mündigkeit Gebrauch machen, die wir als die Pointe des Priestertums aller Getauften und Glaubenden erkannten. Vermöge dieser religiös-ethischen Mündigkeit nehmen sie teil an den ökonomischen, an den politischen, an den wissenschaftlich-technischen Beratungs- und Entscheidungsprozessen im Alltag des öffentlichen Lebens, ebenso wie sie eine Gestalt des privaten Lebens in Familie, Ehe, Liebe und Freundschaft suchen werden, die dem Mandat Gottes des Schöpfers entspricht.

Natürlich macht das Leben der Kirche – die Kommunikation des Evangeliums in ihren wesentlichen Vollzügen gemäß der Ordnung des kirchlichen Lehramts und seiner theologischen Kompetenz – stets das christliche Gesamtleben in der Sphäre der Privatheit wie in der Sphäre der Öffentlichkeit zum Thema. Nach den Erfahrungen des Kirchenkampfs in der nationalsozialistischen Gewaltherrschaft haben die evangelischen Kirchen in der Bundesrepublik Deutschland mit Recht den *Öffentlichkeitsauftrag* konzipiert, der eine wesentliche Lebensäußerung der Kirche darstellt.[98] Dieser Öffentlichkeitsauftrag wird umso klarer und deutlicher wahrgenommen werden, je mehr er sich an den Kriterien orientiert, die aus der Sicht des Glaubens für die Strukturen der gesellschaftlichen Lebenswelt gültig sind. Wir werden im „Grundriss der Theologischen Ethik" den Versuch unternehmen, solche Kriterien zu formulieren.

---

[98] Vgl. hierzu MARTIN HONECKER, Art. Öffentlichkeit: TRE 25, 18–26; HANS-RICHARD REUTER, Art. Öffentlichkeitsauftrag der Evangelischen Kirche: RGG^4 6, 491–493.

5.3. Die Hoffnung auf Gottes ewiges Reich[99]

In der Gemeinschaft des Glaubens, wie sie in der Kommunikation des Evangeliums und in deren kirchlicher Ordnung ihre soziale Gestalt gewinnt, ist die individuelle Person kraft des göttlichen Geistes in die Gewissheitsgemeinschaft mit dem Christus Jesus selbst integriert. In dieser sozialen Gestalt kehrt sie regelmäßig ein in die Ursprungssituation des Glaubens; und sie darf darauf vertrauen, dass ihr darin Gottes Geist je und je die befreiende Wahrheit des Evangeliums erschließe, die die Blindheit der Sünde für Gottes Schöpfer-Sein überwindet. In dieser sozialen Gestalt partizipiert sie – von Gottes Geist geleitet – am *Gemeingeist* der Kirche: sie nimmt im Maße ihrer Begreifungskraft teil an den Prozessen der christlichen Überlieferung, des Unterrichts, der Erziehung und der Diakonie; und sie sucht gemeinsam mit anderen ihre Verantwortung für ihre Gesellschaft in ihrer jeweiligen sozialen Position wahrzunehmen. Die Gewissheit des Glaubens, die sich in der Glaubensgemeinschaft der Kirche bildet, vermag ein Selbstverständnis und eine Lebensführung zu prägen, die „mit Lust und Liebe" dem Mandat Gottes des Schöpfers Gottes gerecht zu werden strebt.

Nun sind die Mitglieder der Glaubensgemeinschaft allerdings mit harten und mit härtesten Anfechtungen konfrontiert. Sie werden der Erfahrung des Gewissens nicht ausweichen, in der sie sich ihrer bleibenden Verstrickung in den Unheilszusammenhang der Sünde bewusst sind; sie haben – zumal in den Zeiten der Verfolgung und des Leidens unter der ökonomischen Ausbeutung und unter den politischen Gewalt-Regimen – zu kämpfen mit der Verborgenheit des göttlichen Heils-Sinnes; sie sind sich des beschämenden Zurückbleibens hinter dem Auftrag des Auferstandenen bewusst, der nach Mt 28,18-20 die Gemeinschaft der Apostel für seine weltweite, weltgeschichtliche Selbstvergegenwärtigung in Anspruch nimmt; und sie gehen wie wir Menschen alle auf den Sterbeprozess zu, der dem Leben in dieser Welt ein Ende – nach der Anschauung vieler Zeitgenossinnen und Zeitgenossen ein definitives, ein absolutes Ende[100] – setzt.

Schuld, Unrecht, Unvermögen, Krankheit, Tod: diese Erfahrungen scheinen dafür zu sprechen, dass das Weltgeschehen, in welchem wir für einen kurzen Augenblick auftauchen, trotz aller Erfahrungen der Liebe und der Treue, des Glücks und der Schönheit und entgegen allen subjektiven Sinngebungen, in die wir Menschen uns in aller Geschichte flüchten, objektiv sinnlos ist (Theodor Lessing). Schon Paulus sprach von denen, „die keine Hoffnung haben" (1Thess 4,13).

Haben wir in der Gemeinschaft des Glaubens, in der wir den Erfahrungen des Schuldig-Werdens und des Unrechts, der Lebens- und der Todesangst nicht ausweichen können, dennoch eine *Hoffnung*? Worin hat diese Hoffnung ihren Grund? Worauf richtet sie sich? Wie ist sie zu verstehen und wie ist sie denen, die keine Hoffnung haben, gewinnend nahezubringen? Was genau meinen wir, wenn wir von einer Vollendung unse-

---

99 Vgl. zum folgenden bes.: GIOVANNI FILORAMO/HANS-PETER MÜLLER/ANDREAS LINDEMANN/GERHARD SAUTER/HARTMUT ROSENAU/LUCO J. VAN DEN BROM, Art. Eschatologie I.–VII.: RGG[4] 2, 1542–1575; PAUL ALTHAUS, Die letzten Dinge. Lehrbuch der Eschatologie, Gütersloh 1961[8]; WOLFHART PANNENBERG, Systematische Theologie. Bd. III (wie Anm. 3), 569–694; KONRAD STOCK (Hg.), Die Zukunft der Erlösung. Zur neueren Diskussion um die Eschatologie (VWGTh 7), Gütersloh 1994; GERHARD SAUTER, Einführung in die Eschatologie, Darmstadt 1995; JÜRGEN MOLTMANN, Das Kommen Gottes. Christliche Eschatologie, Gütersloh 1995.

100 Vgl. bes. NORBERT ELIAS, Über die Einsamkeit der Sterbenden (Ges. Schriften Bd. 6), Frankfurt a.M. 2002. Elias spricht hier nur den *common sense* zahlreicher Intellektueller der Moderne aus.

res Lebens jenseits des Todes und durch den Tod hindurch sprechen – von einer Vollendung, die uns noch bevorsteht?

Mit diesen Fragen treten wir an das Thema der systematischen Besinnung heran, das wir im Anschluss an den theologiegeschichtlich eingebürgerten Begriff die *Eschatologie* zu nennen gewohnt sind. Dabei wollen wir uns die besondere Schwierigkeit nicht verhehlen, die uns dieses im apostolischen Kerygma der Heiligen Schrift und im Bekenntnis der Kirche fest verankerte prophetische Lehrstück bereitet (5.3.1.). Diese besondere Schwierigkeit muss uns dazu bewegen, Grundlinien einer sachgemäßen Interpretation der christlichen Hoffnungssprache zu skizzieren, die sich aus der Idee des Höchsten Gutes ergeben (5.3.2.). Im Lichte der Idee des Höchsten Gutes werden wir es schließlich wagen können, aus den verschiedenen eschatologischen Bildern, Metaphern und Symbolen der Heiligen Schrift den Begriff des eschatischen Geschehens – des Geschehens der erfüllten, der vollendeten Gemeinschaft mit Gott selbst in der Teilhabe an Gottes ewigem Leben – zu entwickeln (5.3.3.).

5.3.1. Die Aufgabe der Eschatologie[101]

Das apostolische Kerygma des Neuen Testaments beschreibt im Kontext des Alten Testaments die Situation des Glaubens an den Christus Jesus – das christlich-fromme Selbstbewusstsein in der sozialen Gestalt der Kirche – mit Hilfe und im Lichte von Sprachbildern und Gedanken, die wir „eschatologisch" nennen. Indem sich das apostolische Kerygma für diese Beschreibung auf die eschatologischen Erwartungen der Glaubensgeschichte Israels einlässt (vgl. Apg 2,16-21; 2Kor 6,16b-18), steht es im Gegensatz zu einer möglichen Alternative: zur religionsgeschichtlich wirkungsmächtigen Anschauung einer *Reinkarnation* oder einer *Seelenwanderung* – welcher Couleur auch immer. Ihr gegenüber hält es die Erwartungen einer Zukunft des Heils, des Friedens, der Gotteserkenntnis (Jes 11,9) fest, die JHWH selbst, der Gott Israels, dem Volke Gottes bereiten und die jedenfalls nach dem Motiv der Völkerwallfahrt universalen Charakter haben wird. Es bekräftigt die Zukunftsgewissheit, der die Schrift – das Alte Testament – auch und gerade und erst recht nach der Krise des babylonischen Exils Ausdruck verleiht.[102] Diese Zukunftsgewissheit richtet sich – unter der stillschweigenden Voraussetzung, dass die Bedingungen der Erfahrung in dieser Weltzeit und damit ihre schöpferische Konstitution dauern werden – auf die Zeit eines endgültigen und unzerstörbaren Neuen Bundes (vgl. Jes 54,10; Jer 31,31-34; Ez 36,26-28), in der die Gemeinschaft des Volkes Gottes von Generation zu Generation fortbestehen wird. Diese Zukunftsgewissheit ist der Verstehenshorizont des apostolischen Kerygmas.

Allerdings: wenn das apostolische Kerygma des Neuen Testaments die Situation des Glaubens an den Christus Jesus – das christlich-fromme Selbstbewusstsein in der sozialen Gestalt der Kirche – mit Hilfe und im Lichte der eschatologischen Erwartungen Israels beschreibt, so markiert es doch zugleich eine tiefe Differenz. Es stellt die vielgestaltige Antwort der primären Offenbarungszeugen dar, denen sich in den Ursprungssituationen des Glaubens – den österlichen Erscheinungen des Christus Jesus – durch Gottes Geist die befreiende Wahrheit des Evangeliums erschloss. Kraft dieses Offenbarungsgeschehens gilt ihnen das Leben in der befreienden Wahrheit, die der Christus

---

[101] Vgl. zum Folgenden bes. WOLFHART PANNENBERG, Systematische Theologie. Bd. III (wie Anm. 3), 569–598, sowie WILFRIED HÄRLE, Dogmatik (wie Anm. 3), 602–610.

[102] Vgl. WERNER H. SCHMIDT, Zukunftsgewißheit und Gegenwartskritik. Studien zur Eigenart der Prophetie (Biblisch-Theol. Studien 51), Neukirchen-Vluyn 2002[2].

Jesus mit seinem Lebenszeugnis vom Nahe-Kommen des Reiches Gottes des Schöpfers in ihm selbst verkündigt und die in den Situationen der österlichen Erscheinungen zur Gewissheit wird, als die Erfüllung jener eschatologischen Erwartungen, und zwar für „die Juden vornehmlich und auch die Griechen" (Röm 1,16): „Siehe, jetzt ist die angenehme Zeit, siehe, jetzt ist der Tag des Heils!" (2Kor 6,2 in Aufnahme von Jes 49,8; vgl. Röm 15,8-12). Wir haben den Gegenstand des apostolischen Kerygmas – das Christusgeschehen – ausführlich entfaltet (s. o. S. 192ff.).

Das Verständnis des Lebens in der befreienden Wahrheit des Evangeliums als Leben in der Erfüllung der eschatologischen Erwartungen Israels – der Erwartung des endgültigen, des bleibenden, des ewigen Heils, des Höchsten Gutes in dieser Weltzeit – markiert im Verhältnis zur Glaubensgeschichte Israels in zweifacher Hinsicht eine tiefe Differenz:

Erstens bezieht das apostolische Kerygma die Erfahrung des Heilen, des Ganzen, des Vollkommenen auf das Geschehen des göttlichen Versöhnungswillens. Wird es durch Gottes Geist als wahr gewiss, dass in der Geschichte und in dem Geschick des Christus Jesus Gott selbst „der Welt Sünde trägt" (Joh 1,29), so beruht die Lebensform des Glaubens – das radikale Urvertrauen auf Gottes Schöpfer-Sein, das Lieben und das Hoffen – schlechthin auf der Gewissheit der Versöhnung, der Verzeihung, der Vergebung, der Rechtfertigung. Indem das apostolische Kerygma das christlich-fromme Selbstbewusstsein als das *Versöhnungsbewusstsein* bezeugt, charakterisiert es die Existenz des Christus Jesus selbst und die Gemeinschaft mit ihm als das „eschatologische Ereignis".[103] Es intendiert durchaus – um es mit dem geläufigen Schlagwort zu sagen – eine *präsentische Eschatologie* (vgl. bes. Joh 5,24).

Zweitens aber transzendiert das apostolische Kerygma des Neuen Testaments die Zukunftsgewissheit, die wir im *mainstream* der eschatologischen Erwartungen der Glaubensgeschichte Israels finden. Es nimmt das unerhörte Motiv der apokalyptischen Bewegung auf: die schöpferische Überwindung des Todesgeschicks (vgl. Jes 25,6-8; 26,19; Dan 12,2) und damit das Leben in der ewigen Gemeinschaft mit Gott selbst jenseits des Todes und durch den Tod hindurch. Dieses Motiv war nicht nur in der Verkündigung des Christus Jesus (vgl. Mk 12,18-27 parr.) und in seiner Zukunftsgewissheit (vgl. Mk 14,25) wirksam; es bedingt auch – wie wir gesehen haben (s. o. S. 187ff.) – die geistgewirkte Interpretation der österlichen Erscheinungen des Gekreuzigten als des auferstandenen und zur Rechten Gottes erhöhten HERRN. Im Lichte und mit Hilfe dieses Motivs erwartet das christlich-fromme Selbstbewusstsein – das Leben aus dem Geist und aus der Wahrheit des Evangeliums, wie es in der Glaubensgemeinschaft der Kirche Gestalt gewinnt – nichts Geringeres als die *kommende Welt* (vgl. Hb 2,5; Apk 21,1 aufgrund von Jes 65,17; 66,22): die Auferstehung der Toten (vgl. 1Kor 15, 20-26), das ewige Leben (vgl. 2Kor 5,1), die Gottesruhe (Hb 3,7-4,10), die Welt, in der „Gerechtigkeit wohnt" (2Pt 3,13). Das apostolische Kerygma intendiert zweifellos gerade wegen und aufgrund der präsentischen Eschatologie eine *futurische Eschatologie*: es charakterisiert das Leben des Glaubens in der Kraft der Liebe und im vernünftigen Gottesdienst im Alltag dieser sozialen, geschichtlichen Welt (vgl. Röm 12,1) wiederum als ein Leben in der Hoffnung, als ein Leben in der Erwartung einer noch ausstehenden, einer jenseitigen Erfüllung und Vollendung, die alles Begreifen sprengt. Scheint sie doch möglich zu sein dann und nur dann, wenn die Bedingungen unserer Erfahrung von Wirklichkeit radikal gewandelt werden.

---

[103] Vgl. ANDREAS LINDEMANN, Art. Eschatologie III. Neues Testament (wie Anm. 103), 1553–1560; 1555.

Aus alledem folgt: Die systematische Besinnung auf die Hoffnung, die dem in dieser Weltzeit angefochtenen Glauben – dem christlich-frommen Selbstbewusstsein in der sozialen Gestalt der Kirche in ihrem Zusammensein mit dieser Welt – eingestiftet ist, hat eine zweifache Aufgabe zu bewältigen.

Erstens wird die systematische Besinnung darzulegen suchen, in welcher Weise das christliche Versöhnungsbewusstsein – das Bewusstsein, im Leben aus dem Geist und aus der Wahrheit des Evangeliums schon jetzt Anteil zu gewinnen an der Erfüllung der Gottesverheißungen für Israel (vgl. Röm 9,4.8f.) – und die christliche Erwartung einer zukünftigen Herrlichkeit des Lebens jenseits des Todes und durch den Tod hindurch (vgl. Röm 5,2) aufeinander bezogen und miteinander vermittelt sind. Sie wird den Zusammenhang zu beschreiben suchen zwischen der gegenwärtigen Erfahrung des Heilen, des Ganzen, des Vollkommenen und der radikalen Zuversicht auf Gottes absolute Zukunft, die die gegenwärtige Erfahrung des Heilen, des Ganzen, des Vollkommenen bewahrt und rettet, läutert und vollendet (vgl. Röm 4,18).

Zweitens aber wird die systematische Besinnung dazu anleiten, das besondere Erkenntnis- und Darstellungsproblem zu erfassen, das das prophetische Lehrstück aufwirft; und sie wird eine Antwort auf die Frage geben, was die Bilder, die Symbole und die Metaphern der biblischen Hoffnungssprache meinen und wie sie in der zweifachen Gesprächssituation der Kirche in der Gesellschaft und für die Gesellschaft (s. o. S. XVIII) zu vergegenwärtigen sind.

Nach alledem sehen wir die besondere Aufgabe der Eschatologie im Ganzen der Dogmatik und der Theologischen Ethik darin, das Zum-Ziele-Kommen unserer individuellen Lebensgeschichte in der Gewissheitsgemeinschaft mit dem Christus Jesus selbst nach seinen verschiedenen Aspekten zu entfalten. Indem die „Lehre von den letzten Dingen“ als Lehre von der Hoffnung des Glaubens das Zum-Ziele-Kommen der individuellen Lebensgeschichte in der Gewissheitsgemeinschaft mit dem Christus Jesus selbst thematisiert, macht sie Aussagen über das vollendende Wollen und Walten Gottes des Schöpfers, das allein dies Zum-Ziele-Kommen wirklich werden lassen kann. Wir werden die gesuchte Antwort auf die Frage, wie die Hoffnungssprache der Bibel in der zweifachen Gesprächssituation der Kirche in der Gesellschaft und für die Gesellschaft zu vergegenwärtigen ist, dann und nur dann finden, wenn wir *Gottes zukünftige Ewigkeit* als den Grund und Ursprung menschlicher Vollendung verstehen und verständlich machen können.

Im Folgenden orientieren wir uns für die Lösung dieser Aufgabe an den methodischen Gesichtspunkten, die für die Eschatologie der Glaubenslehre Friedrich Schleiermachers gültig sind.[104]

Schleiermacher bringt die vier „prophetischen Lehrstücke“ – Wiederkunft Christi, Auferstehung des Fleisches, Jüngstes Gericht, ewige Seligkeit – unter dem Oberbegriff der „Vollendung der Kirche“ zur Sprache (§§ 157–163 [II, 408–440]). Sie handeln nicht von verschiedenen eschatischen Ereignissen oder gar von deren Reihenfolge, sondern von dem einen „Zustand der Vollendung“ (II, 400) und von dessen verschiedenen Aspekten. Auf diesen einen „Zustand der Vollendung“ richtet sich die dem christlich-

---

[104] Vgl. FRIEDRICH SCHLEIERMACHER, GL^2 § 159 (II, 416–421); Nachweise aus diesem Abschnitt sind im Text notiert. – Vgl. hierzu EILERT HERMS, Schleiermachers Eschatologie nach der zweiten Auflage der Glaubenslehre, jetzt in: DERS., Menschsein im Werden. Studien zu Schleiermacher, Tübingen 2003 (= Studienausgabe 2006), 125–149. Ferner: KIRSTEN HUXEL, Unsterblichkeit der Seele versus Ganztodthese? – Ein Grundproblem christlicher Eschatologie in ökumenischer Perspektive, in: NZSTh 48 (2006), 341–366; bes. 348–351.

frommen Selbstbewusstsein eingestiftete Hoffnung, weil sie die Aufhebung des Gegensatzes von Kirche und Welt erwartet, der die Gemeinschaftsgestalt des Glaubens in ihrer geschichtlichen Existenz bestimmt (ebd.). Im „Zustand der Vollendung" kommen das Leben der individuellen Person in der Gemeinschaft mit dem Christus Jesus und das gemeinsame Wollen und Wirken des gemeinschaftlichen Lebens der Glaubenden zugleich und miteinander zum Ziel.

Nun stehen Aussagen über den „Zustand der Vollendung" vor einer scheinbar unüberwindlichen Schwierigkeit. Sie beziehen sich auf eine Zukunft, von der die Glaubenslehre – eben als Lehre von dem Grund und Gegenstand des Glaubens oder des christlich-frommen Selbstbewusstseins – wegen ihrer völligen Analogielosigkeit gar nichts wissen kann, weil sie als solche gar kein Gegenstand eines Glaubenssatzes ist (409f.). Sie sind jedoch nicht etwa gegenstandslos. Sie intendieren vielmehr etwas, was im Bewusstsein der kirchlich geordneten Glaubensgemeinschaft durchaus seinen Sitz im Leben hat: nämlich in der Form des Gebets um die Aufhebung des Gegensatzes von Kirche und Welt bzw. des Widerstreits des Fleisches gegen den Geist. Indem sich das Gebet – hier ist vor allem an das Vaterunser zu denken – auf die Vollendung des Christusgeschehens in der Kirche richtet, bezeugt und manifestiert es die Zukunftsgewissheit des Glaubens. Ist die Glaubensgemeinschaft in diesem Gebet seiner „vollständigen Erhörung" (II, 410) gewiss, so ist ihr damit der sprach- und erkenntniskritische Fingerzeig dafür gegeben, dass die eschatologischen Bilder, Symbole und Metaphern der christlichen Frömmigkeit ihren Zusammenhang finden in der Erwartung der *Wiederkunft Christi* (§ 160 [II, 421-423]). Ihr gilt die Hoffnung des Glaubens in seiner geschichtlichen Existenz.

Wir haben damit in aller Kürze den Ansatz der Methode vorgestellt, mit deren Hilfe und in deren Licht Schleiermacher den Gegenstandsbezug der eschatologischen Bilder, Symbole und Metaphern freilegen will.

Nun könnte sich gegen diesen Ansatz das kritische Bedenken richten, dass die Erwartung der Wiederkunft Christi den Charakter eines ethischen Postulats oder eines utopischen Ideals habe, ohne dass die Glaubenslehre etwas über die Bedingungen zu sagen wüsste, unter denen es den „Zustand der Vollendung" tatsächlich geben kann und gibt.

Diesem möglichen kritischen Bedenken gegenüber gilt es zu beachten, dass Schleiermacher – wenn auch nur mit wenigen Worten – die Hoffnung des Glaubens auf Christi Wiederkunft entschieden in die Erwartung einer „neue(n) Form des Daseins" (II, 421) einzeichnet: einer Form des Daseins, zu der die Kirche in dieser Weltzeit nur „durch einen Sprung" gelangt, den man als einen „Akt der königlichen Gewalt Christi" (II, 423) ansehen dürfe. Schleiermacher gibt uns damit andeutend zu verstehen, dass sich die Bilder, Symbole und Metaphern der christlichen Hoffnungssprache auf diejenige Vollendungsgestalt beziehen, die schon der Sinn und die ursprüngliche Intention Gottes des Schöpfers ist. Die Vollendung der kirchlich geordneten Gemeinschaft der Glaubenden mit dem Christus Jesus selbst durch den Tod und durch das Ende dieser Weltzeit hindurch – die Vollendung des Gesamtlebens der Gnade – ist möglich deshalb und nur deshalb, weil es kraft des göttlichen Vollendungshandelns eine vollendete Welt geben wird. Auf diese durch Gott selbst und durch Gott allein vollendete Welt richtet sich die Hoffnung des Glaubens und der Liebe.

Dass die Hoffnung auf die Vollendung der Kirche die Erwartung des göttlichen Vollendungswirkens voraussetzt und einschließt, hat Schleiermacher selbst in seiner Darstellung der prophetischen Lehrstücke – wie gesagt – nur mit wenigen Worten angedeutet. Größere Klarheit und Bestimmtheit gewinnen diese Andeutungen, wenn man sie in Beziehung setzt zur Theorie des ethischen Lebens aus Schleiermachers letzter Arbeitsphase, die den Begriff des Reiches Gottes als den Begriff des Wirklich-Seins des Guten zu verstehen lehrt. Diese Theorie des ethischen Lebens bietet den entscheidenden Schlüssel für die angemessene Interpretation der christlich-religiösen Hoffnungssprache. Das wird deutlich werden, wenn wir sie aufnehmen, um mit ihrer Hilfe die Aporie zu überwinden, die Rudolf Bultmanns Lehre vom „eschatologischen Augenblick" erzeugte.

5.3.2. Geschichte und Eschatologie

Wir haben im Anschluss an die methodischen Bemerkungen, mit denen Schleiermacher die Darstellung der prophetischen Lehrstücke begründet, den Gegenstandsbezug der biblischen Hoffnungssprache bestimmt. Ihre Bilder, Symbole und Metaphern beziehen sich – so dürfen wir hier resümieren – auf die jenseitige, die transzendente Vollendung unserer diesseitigen und immanenten Lebensgeschichte: jener Lebensgeschichte in der Gemeinschaft mit dem Christus Jesus selbst, die uns in der Form der Wiedergeburt und der Umkehr widerfährt und die uns in den Lebenszusammenhang der Kirche, in ihre geschichtliche Existenz und in ihren Gemeingeist integriert (s. o. S. 197ff.). Wenn es eine jenseitige, eine transzendente Vollendung dieser unserer diesseitigen und immanenten Lebensgeschichte mit ihren Brüchen, Leiden, Verfehlungen und Ängsten gibt, dann gibt es sie allein kraft des Vollendungswillens und kraft des Vollendungswirkens des Gottes, der schon als der Schöpfer unserer selbst und dieses Weltgeschehens dazu entschlossen ist. Es gibt sie – diese Vollendung – also nur in jener Zukunft, die die jeweilige Gegenwart unserer Lebensgeschichte in und mit ihrer Zeiterfahrung in einem kategorialen Sinne transzendiert.

Wenn wir die Hoffnungssprache des apostolischen Kerygmas im Lichte eines Begriffs der Vollendung interpretieren, befinden wir uns im kritischen Gespräch mit Rudolf Bultmanns existentialer Interpretation. Wir vergegenwärtigen uns deren Grundgedanken, die aus den Debatten der deutschsprachigen evangelischen Theologie weithin verschwunden sind; und wir werden gegen diese Interpretation den Einwand erheben, dass sie den Zusammenhang zwischen der Lebensgeschichte der Person in der Glaubensgemeinschaft der Kirche und der transzendenten Zukunft ihrer ewigen Vollendung nur unzureichend verstehen lässt. Das Ergebnis unseres kritischen Gesprächs mit Bultmanns existentialer Interpretation der neutestamentlichen Eschatologie wird sein, dass es eben die Idee des Höchsten Gutes ist, die uns die Identität der Person in dieser Weltzeit und in der Zeit der Ewigkeit erhoffen lässt. Im Lichte dieser Idee werden wir zeigen, dass die urchristliche Erwartung der Parusie des Christus Jesus in Herrlichkeit in allernächster Zeit (vgl. Röm 13,11.12) nicht etwa eine Täuschung war. Diese Erwartung will vielmehr in der geschichtlichen Zeit der Kirche die Motivation dafür erzeugen, „die Werke der Finsternis" abzulegen und „die Waffen des Lichtes" anzulegen (Röm 13,12) und so dem Wirklich-Werden des Guten zu dienen. Von diesem Ergebnis wird dann unsere Skizze der Eschatologie ausgehen, mit der der „Grundriss der Dogmatik" ans Ziel gelangt.

Bultmann hat den wesentlichen Ertrag seines lebenslangen Bemühens um die angemessene Interpretation des apostolischen Kerygmas in den Gifford Lectures des Jahres 1955 vorgelegt, die unter dem Titel „Geschichte und Eschatologie" im Jahre 1958 in deutscher Sprache erschienen sind.[105]

---

[105] RUDOLF BULTMANN, Geschichte und Eschatologie (deutsche Übersetzung aus dem Englischen von EVA KRAFFT), Tübingen 1958. Belege aus diesem Werk sind im Folgenden im Text notiert. Vgl. hierzu auch RUDOLF BULTMANN, Geschichte und Eschatologie im Neuen Testament (1954), jetzt in: DERS., GV III, 91–106 (deutsche Übersetzung aus dem Englischen von

In diesen Vorlesungen will Bultmann die Frage nach Sinn und Bedeutung der eschatologischen Bilder, Symbole und Metaphern der Bibel dadurch beantworten, dass er sie in den Rahmen des Verstehens von Geschichte stellt. Deshalb gibt er einen prägnanten Überblick über die Stationen des abendländischen Geschichtsdenkens seit Euseb von Caesarea. Dieses Geschichtsdenken ist nach Bultmann jener echten Eschatologie verpflichtet, die die Apokalyptik erfindet, indem sie die Motive des vielgestaltigen kosmologischen Mythos historisiert (24–30; 30–36). Von einer Historisierung des Mythos ist zu sprechen, weil die apokalyptische Vision ein Ende der Geschichte prophezeit – ein Ende, das zugleich Gottes Gericht und Gottes Heil bedeutet und das deshalb radikal die Verantwortung des Einzelnen für sein Leben vor Gott einschärft (35f.). Im Bewusstsein, dass dieses Ende nahe sei, existiert in Aufnahme der eschatologischen Verkündigung Jesu die urchristliche Gemeinde, und so versteht sie sich deshalb „nicht als geschichtliches, sondern als eschatologisches Phänomen" (42) – als die „eschatologische Gemeinde" (41) des Neuen Bundes, die mit ihrem Heiligkeits- und Liebesethos in der Geschichte der noch bestehenden Welt jedenfalls kein geschichtliches Subjekt ist. Sie lebt schon jetzt in ihrer Gegenwart in der Gewissheit des Heils, und nur so erwartet sie das eschatische Endgeschehen, wie es die apokalyptische Vision des Urchristentums prophezeit.

Dieses Ende indessen – die Parusie des Christus Jesus in Herrlichkeit – ereignet sich gerade nicht (44.65)!

Dieser unbezweifelbare Sachverhalt hatte für das Verstehen dessen, was das Begriffswort „Geschichte" meint, eine nach Bultmanns Ansicht überaus problematische Konsequenz. Die „eschatologische Gemeinde" wird nämlich zur Kirche: zu einer „weltgeschichtlichen Größe" (46), die eine Geschichte hat und eine Ordnung und Struktur ihrer Kommunikation entwickelt (44–46). Ihrem weltgeschichtlichen Selbstverständnis korrespondiert alsbald der Ansatz einer Kirchengeschichtsschreibung, in der eine „teleologische Geschichtsbetrachtung" (68) zu Tage tritt: ein Verständnis des geschichtlichen Geschehens, dem Gott selbst einen Sinn und eine Richtung gibt, und zwar gerade – wie Augustin in *De civitate Dei* zeigen will – durch die Existenz der Glaubensgemeinschaft der Kirche (vgl. 69f.). Freilich ist dieses Verständnis des geschichtlichen Geschehens, seiner Einheit und seines Richtungssinnes, gegen seine vielgestaltige Säkularisierung nicht gefeit; und so zeichnet Bultmann – gewiss in groben Strichen – die dramatische Transformation nach, die aus dem christlichen Gedanken einer eschatischen Vollendung des geschichtlichen Geschehens den „optimistischen Glauben an den immer größer werdenden Glückszustand der Menschheit" macht (83): einen Glauben, den Bultmann 1955 im Zusammenbrechen sieht (vgl. 83.85).

Es wird nicht triftig begründet, warum mit dem Zusammenbrechen des aufgeklärten Fortschrittsglaubens auch die teleologische Geschichtsbetrachtung erledigt sei, die in der lukanischen Apostelgeschichte ihr kanonisches Vorbild hat, und warum wir die „Frage nach dem Sinn der Geschichte" überhaupt preisgeben sollen (84–101). Jedenfalls nimmt Bultmann seine Analyse zum Anlass, das überaus strittige Begriffswort „Geschichte" in Anknüpfung an Wilhelm Dilthey und in kritischer Nähe zu Martin Heidegger zurückzuführen auf die „Geschichtlichkeit des menschlichen Seins" (178).

Dieser Begriff will das Phänomen des menschlichen Person- oder Selbst-Seins angemessen erfassen. Dieses Phänomen ist dann und nur dann angemessen erfasst, wenn man das menschliche Person- oder Selbst-Sein als das Leben je in der Gegenwart charak-

---

EVA KRAFFT). – Zur Begründung meiner Darstellung darf ich verweisen auf KONRAD STOCK, Das Ethos des Glaubens nach Rudolf Bultmann, jetzt in: DERS., Die Gegenwart des Guten (wie Anm. 5), 198–213.

terisiert, das wesentlich in willentlichen Entscheidungen auf die Zukunft gerichtet und in diesem Sinne als ein „Zukünftigsein" (168) oder als ein „Sein aus der Zukunft" (181) zu bestimmen ist. Der erklärte Verzicht auf jede teleologische Geschichtsbetrachtung gibt überhaupt erst den Blick dafür frei, dass der Mensch selbst – verstehe: die je individuelle Person – eben wegen dieser Seinsart „das Subjekt der Geschichte" (167) ist. Deshalb muss das willentliche Entscheiden je in der Gegenwart als „Freiheit zu verantwortlicher Tat" (178) verstanden werden. Freiheit ist als solche der vorethische Grund dafür, dass die Person in einer Situation der Wahl zwischen Gut und Böse, zwischen Realisierung und Verfehlung ihrer selbst existiert! Die Erkenntnis der Geschichtlichkeit des menschlichen Person- oder Selbstseins gibt uns deshalb allererst den hermeneutischen Schlüssel in die Hand, der uns die authentische Aussageintention der eschatologischen Bilder, Symbole und Metaphern des Neuen Testaments verstehen lässt.

Diese ihre authentische Aussageintention ist es nämlich – dafür beruft sich Bultmann auf die Theologie des Paulus und vor allem des Johannesevangeliums (46–53; 53–58) –, das „eschatologische Ereignis" (180.181) zu beschreiben. Das eschatologische Ereignis aber ist nichts anderes als der Christus Jesus selbst, nichts anderes „als die Tat Gottes, in der er der alten Welt [verstehe: der durch den Willen zur Selbstbehauptung bestimmten Existenz (179)] ihr Ende gesetzt hat." (180). Wo immer die Verkündigung dieses Ereignisses Glauben findet und damit ein Leben in der radikalen Freiheit (179), ein „Leben aus der Gnade Gottes" (181) begründet: da ist *„das eschatologische Geschehen"* in paradoxer Weise Gegenwart inmitten des Geschichtsprozesses (180). So verwirklicht sich im Selbstverständnis des Glaubens je und je „der eschatologische Augenblick" (183.184); und die Lebenspraxis dieses neuen Sich-Verstehens manifestiert sich in der Liebe als dem „reine(n) Sein für die anderen" (181). Bultmanns existentiale Interpretation der eschatologischen Sprache des Neuen Testaments kommt zum Ziel, indem sie das reformatorische Verhältnis von Glaube und Liebe beschreiben möchte.

Heißt das, dass Bultmann die Glaubensgemeinschaft der Kirche dazu bewegen will, auf die Erwartung eines Zustands der Vollendung jenseits des Todes und durch den Tod hindurch überhaupt zu verzichten? Zu dieser Frage hat Bultmann sich – wenn ich recht sehe – nur wortkarg und enigmatisch geäußert. Seine konsequente Kritik an einer „Verdiesseitigung des Jenseitigen"[106] will einem Selbstverständnis dienen, das ganz und gar aus Gottes Zukunft lebt. Mehr und anderes als die Offenheit für jene Zukunft, „die Gott im Tode schenkt"[107], braucht der Glaube und sein Ethos nicht. Wir können resümieren, dass Bultmanns Leidenschaft für die präsentische Eschatologie einer *docta ignorantia*, einem nichtwissenden Wissen um die „Zukunft des kommenden Gottes"[108] korrespondiert.

Kann sich die dogmatische Besinnung auf den Wahrheitsgehalt des christlichen Glaubens an Gott den Vollender mit Bultmanns Interpretation des eschatologischen Geschehens zufrieden geben? Nun, diese Interpretation beruht auf einem abstrakten Begriff der Geschichtlichkeit des ethischen Lebens, der einer konkreten Entfaltung dessen, worauf der Glaube in der Glaubensgemeinschaft der Kirche hofft, im Wege steht.

Erstens nimmt Bultmann nicht hinreichend deutlich ernst, dass die Geschichtlichkeit des menschlichen Lebens – das „Zukünftigsein" (168) – notwendig bezogen und angewiesen ist auf das gesamte Gefüge des präpersonalen Geschehens des Universums.

---

[106] RUDOLF BULTMANN, Die christliche Hoffnung und das Problem der Entmythologisierung, jetzt in: DERS., GV III, 81–90; 88.
[107] Ebd. 90.
[108] Ebd.

Wenn wir in der primären Gewissheit des individuellen Freiheitsgefühls das „Zukünftigsein" des Lebens realiter erleben, so erleben wir es stets und zugleich – und zwar mit jedem Atemzug! – als eingebettet in den Naturzusammenhang, in dem die leibhafte, die geschlechtlich differenzierte Gestalt als Fundament und Medium des frei-willentlichen Handelns und Entscheidens verwurzelt ist. Auch das „Leben aus der Gnade Gottes" (181) lebt – wie alles Geschaffene – von den transzendentalen Bedingungen, in denen uns Gottes schöpferisches Wort verborgen gegenwärtig ist (s. o. S. 118ff.). Wie die Interpretation der christlichen Hoffnungssprache in der alten und der neuen Liberalen Theologie verzichtet Bultmann darauf zu entfalten, was genau wir uns unter der Chiffre der „Zukunft des kommenden Gottes" denken können.

Zweitens kommt in Bultmanns Begriff der Geschichtlichkeit des menschlichen Lebens die Tatsache zu kurz, dass das verantwortliche Handeln sich in den Institutionen der sozialen, geschichtlichen Welt abspielt. Nach reformatorischer Erkenntnis konkretisiert sich die Gewissheit des Glaubens in einer Lebensform und einer Ethosgestalt, die sich der Pflege, der Förderung und der Erneuerung der Institutionen widmet: nicht nur der kirchlichen, sondern auch der weltlichen! Wenn es wahr ist – und dem Glauben an den Christus Jesus ist es durch Gottes Geist als wahr gewiss –, dass Gott Zukunft schenkt, so bezieht sich Gottes Zukunft just auf die Wirkungsgemeinschaft, in der wir Menschen alle in dieser Weltzeit miteinander kommunizieren und interagieren.

Drittens: Es ist alles andere als sachgemäß, zwischen der „Geschichtlichkeit des menschlichen Seins" und der teleologischen Betrachtung des in den Naturzusammenhang eingebetteten geschichtlichen Geschehens einen ausschließenden Gegensatz zu behaupten. Vielmehr wird das „Leben in der radikalen Freiheit" (179), das „Leben aus der Gnade Gottes" (181) die menschheitliche, die weltgeschichtliche Tragweite der Erscheinung des Erlösers entdecken, die nach dem Spruch der Engel auf dem Felde bei Bethlehem die „große Freude" ist, „die allem Volk widerfahren wird" (Lk 2,10). Wie die Hoffnung des Glaubens darauf ausgerichtet ist, dass diese menschheitliche, weltgeschichtliche Tragweite der Erscheinung des Erlösers erfahrbar werde, so motiviert sie auch die Mitglieder der Glaubensgemeinschaft der Kirche zu den mannigfachen Initiativen der *Mission*.[109]

Es ist Schleiermachers späte Theorie des ethischen Lebens, die uns hilft, die Hoffnung des Glaubens auf die Parusie des Christus Jesus in Herrlichkeit angemessen zu erklären und zu vergegenwärtigen.[110] Wir heben nur das Wichtigste hervor.

Erstens: Das Leben der geschaffenen Person ist – als ein Leben in Entscheidungen und Handlungen – stets ein Leben in Kommunikation und Interaktion mit andern Individuen des Menschengeschlechts. Wir sind uns dessen wohl bewusst, dass wir es nicht als naturales Leben führen können, sondern es auf dem Fundament und im Medium der natürlichen Leibhaftigkeit als ethisches Leben führen müssen. Wir hatten schon in der Besinnung auf den Wahrheitsgehalt des christlichen Glaubens an Gott den Schöpfer gezeigt, dass das geschaffene Freiheits- oder Vernunftwesen nicht anders als in seiner Bestimmtheit für seinesgleichen und für Gottes Schöpfungssinn am Leben ist; wir hatten allerdings auch gezeigt, dass die Bestimmtheit des geschaffenen Freiheits- oder

---

[109] Vgl. hierzu ANDREAS GRÜNSCHLOSS, Art. Missio Dei: RGG^4 5, 1271–1272; sowie den Gesamtartikel „Mission": ebd. 1272–1298.

[110] Ich orientiere mich im Folgenden an der Interpretation von EILERT HERMS, Reich Gottes und menschliches Handeln, jetzt in: DERS., Menschsein im Werden (wie Anm. 104), 101–124. Herms legt seiner Darstellung vor allem die späten Texte Schleiermachers zur Theorie des ethischen Lebens in den Akademievorträgen der letzten Lebensjahre zugrunde.

Vernunftwesens für seinesgleichen und für Gottes Schöpfungssinn nicht anders als im Naturzusammenhang des ungeheuren präpersonalen Weltgeschehens existiert (s. o. S. 100ff.). Es ist die theologische Lehre vom Menschen als des leibhaften Freiheits- oder Vernunftwesens, die für die Explikation der Hoffnungsgewissheit des Glaubens maßgeblich ist.

Zweitens: Wir können dieses ethische Leben genauer erkennen, wenn wir es anhand der Leitbegriffe der Gesinnung oder der Tugend, der Pflichterfüllung und schließlich der Güter – der Resultate des ethischen Lebens, die sich im Begriff des Höchsten Gutes zusammenfassen lassen – betrachten. Unter den verschiedenen Gütern, die sich im Begriff des Höchsten Gutes zusammenfassen lassen, verstehen wir die Folgen oder die Wirkungen, die die Kommunikation und Interaktion aller individueller Mitglieder des Menschengeschlechts zeitigt. Auf diese Folgen oder Wirkungen zielt das ethische Leben ab, und durch sie erhält es – einbezogen in den Richtungssinn des naturalen Weltgeschehens – seinen eigenen Richtungssinn und seine Zielstrebigkeit.

Nun kommen die Folgen oder Wirkungen, die wir als Güter bezeichnen, nicht blindlings zustande. Sie sind vielmehr dadurch bedingt, dass alle Akteure in ihrer Wirkungsgemeinschaft miteinander und aufeinander beseelt sind von dem Willen zu gesinnungstreuer, innengeleiteter Erfüllung ihrer Pflichten. Diese Bedingung aber wird weder durch den natürlichen Wachstumsprozess als solchen – etwa durch das Erwachsen-Werden und das Altern – noch durch die kulturellen Traditionen von Normen, Regeln, Rechten und Geboten erfüllt. An ihr wird vielmehr deutlich, dass sich das ethische Leben stets in der Alternative von Sittlichkeit und Unsittlichkeit befindet und dass es – wie uns die Geschichte lehrt – immer wieder auf das Brutalste scheitert. Das Ziel des ethischen Lebens in der Wirkungsgemeinschaft aller Akteure ist deshalb dann und nur dann zu erreichen, wenn die reale Gefahr und das reale Problem des Unsittlichen durch die Sittlichkeit des ethischen Lebens aufgehoben wird. Dass die Aufhebung des Unsittlichen durch die Sittlichkeit des ethischen Lebens in der Erscheinung des Christus Jesus schon geschehen ist und daraufhin in der Glaubensgemeinschaft der Kirche – wie angefochten und wie fragmentarisch auch immer – geschieht: das ist die besondere religiös-ethische Erfahrung, die die Person in der Kommunikation des Evangeliums tatsächlich macht, sofern es ihr durch Gottes Geist als Wahrheit der eigenen Lebensgeschichte erschlossen wird.

Drittens: Wegen seines Richtungssinnes und seiner Zielstrebigkeit tendiert der Prozess des ethischen Lebens – die Wirkungsgemeinschaft aller Akteure des Menschengeschlechts von Generation zu Generation in der Realisierung des Höchsten Gutes – „auf eine Vollendung, die nicht mehr in ihn selber fällt".[111] Wenn wir die Vollendung dieses Prozesses als etwas Wirkliches bestimmen, dann müssen wir offensichtlich das Ende jeder Realisierung des Höchsten Gutes in dieser Weltzeit und zugleich deren bleibende und ewige Vergegenwärtigung erfassen. Ein Zustand der Vollendung ist darum nach Schleiermacher nur als die ewige *Darstellung* des Höchsten Gutes zu denken, das die Wirkungsgemeinschaft der Akteure je in ihrer Geschichte hervorgebracht hat. Die eschatologischen Bilder, Symbole und Metaphern jedenfalls der biblischen Überlieferung bringen die Erwartung des Eschaton als solcher ewiger Darstellung zum Ausdruck.

Im Lichte dieser Theorie des ethischen Lebens wird nun endlich klar, was es mit der Vollendung der Kirche – dem Rahmenbegriff von Schleiermachers Eschatologie (s. o. S. 260f.) – auf sich hat. In der Gemeinschaft des Glaubens an den Christus Jesus und in der Wirkungsgemeinschaft, die durch Gottes Geist beseelt ist, richtet sich die Hoffnung

---

[111] EILERT HERMS (wie Anm. 104), 114.

nicht nur auf die Fortdauer der Person jenseits des Todes und durch den Tod hindurch, sondern auch auf die Bewahrung ihrer Werke, die sie in der Kommunikation und Interaktion mit andern vollbracht hat. Anders als noch in Schleiermachers „Glaubenslehre" ist deshalb der Begriff des Reiches Gottes derjenige Begriff, der für den Gegenstandsbezug der christlichen Hoffnungssprache am meisten angemessen ist. Um es mit Eilert Herms zu sagen: „Schleiermachers Begriff des Reiches Gottes ist deshalb der Begriff der Sittlichkeit des ethischen Lebens, weil er eben nicht *nur* ein Begriff des ‚Reiches Gottes *auf Erden*', sondern auch des *ewigen* Reiches Gottes ist. Und als solcher ist Schleiermachers Ethik nicht nur eine großartige Exegese von Mt 5,13, sondern vor allem eine in der Theologie überhaupt beispiellose Exegese von Apk 14,13: ‚Selig sind die Toten, die im Herrn sterben von jetzt an. Ja, spricht der Geist, sie sollen ruhen von ihren Mühsalen; denn ihre Werke folgen ihnen nach.' "[112]

Wir halten fest:
Die Sprache der christlichen Hoffnung, wie sie uns im apostolischen Kerygma des Neuen Testaments vorgegeben ist, hat das *eschatische Geschehen* der Vollendung zum Gegenstand, das sich in dieser Weltzeit jeder Erfahrung entzieht. Eben deshalb sind die Bilder, die Symbole und die Metaphern, deren sich die Sprache der christlichen Hoffnung bedient, durchaus angemessen. Sie bedürfen freilich einer sorgfältigen Interpretation, die diesen ihren Gegenstandsbezug in Gedanken fasst. Eine solche Interpretation wird von der Absicht geleitet sein, zwischen der Vielfalt der biblischen Bilder, Symbole und Metaphern einen Zusammenhang aufzudecken und damit auch der genuinen Funktion der eschatologischen Paränese in den theologischen Konzeptionen des Neuen Testaments gerecht zu werden.

Der kritische Vergleich zwischen der Interpretation der christlichen Hoffnungssprache bei Rudolf Bultmann und ihrer Interpretation bei Friedrich Schleiermacher führt uns zu dem Ergebnis, dass die konkrete ethische Theorie am ehesten geeignet ist, uns das eschatische Geschehen der Vollendung imaginativ vorzustellen und gedanklich zu erschließen. Unter dem Begriff der konkreten ethischen Theorie verstehe ich die vollständige Besinnung auf das ethische Leben der leibhaft existierenden Person in ihrem menschheitlichen Zusammenhang. Vollständig nenne ich diejenige Besinnung, die nicht nur auf das Eingebunden-Sein aller selbstbewusst-freien Entscheidungen in das natürliche Weltgeschehen und in dessen Richtungssinn achtet, sondern auch das Ganze aller selbstbewusst-freien Entscheidungen nach den grundlegenden Gesichtspunkten der Pflichten, der Tugenden und der Güter thematisiert. Ihr Leitbegriff ist der Begriff des Höchsten Gutes, der uns die Erwartung des ewigen Reiches Gottes zu entfalten hilft.

Freilich: wenn wir uns das eschatische Geschehen mit Hilfe des Begriffs des Höchsten Gutes – des Wirklich-Seins im Sinne des Wirklich-geworden-Seins des Guten – vorstellen und erschließen wollen, kommt alles darauf an, zwischen der Vollendung des Gottesverhältnisses der Person und der Vollendung ihres Weltverhältnisses zu unterscheiden und zu vermitteln. Das eschatische Geschehen, in dem wir Menschen alle zum Ziele zu kommen bestimmt sind, ist nämlich einerseits prägnant zu charakterisieren als das Schauen Gottes „von Angesicht zu Angesicht" (1Kor 13,12; vgl. Mt 5,8), das Sein in der Gemeinschaft mit Gottes transzendentem Wesen – wir halten dies als die Pointe des „eschatologischen Augenblicks" im Sinne Bultmanns fest (s. o. S. 264); andererseits aber wird das eschatische Geschehen das Geschehen einer Vollendung sein, die unserer je

[112] EILERT HERMS (wie Anm. 104), 124.

individuellen Lebensgeschichte in ihrem wesentlichen Zusammenhang mit der Geschichte des Menschengeschlechts widerfährt. Deshalb bringt das Offenbarungszeugnis der Heiligen Schrift den Gegenstand und Inhalt der christlichen Hoffnung in der Form des Jubels und der Freude wie bei einem Hochzeitsfest zur Sprache (vgl. Apk 19,6-7), und es lehrt uns zugleich, die Aufhebung des Gegensatzes zwischen dem Unsittlichen und dem Sittlichen zuversichtlich zu erwarten.

Im Folgenden skizzieren wir die Lehre von der christlichen Hoffnung. Diese Lehre will die Glaubensgemeinschaft der Kirche in ihrer zweifachen Gesprächssituation (s. o. S. XVIII) anleiten zur „Verantwortung vor jedermann, der von euch Grund fordert der Hoffnung, die in euch ist" (1Petr 3,15). In dieser Skizze suchen wir – im Vorgriff auf die ausgeführte Eschatologie – zu zeigen, wie die Motive der Auferstehung, des Gerichts, des Reiches Gottes und der Seligkeit miteinander und gemeinsam die wesentlichen Aspekte des *Vollkommenen* bezeichnen, das *kommen wird* (1Kor 13,10). Unter dem Vollkommenen, das kommen wird, verstehen wir das Leben in der Gemeinschaft mit Gottes ewigem Leben, die als solche die Tendenzen, Interessen und Intentionen der geschichtlichen Existenz retten und bewahren, reinigen und verklären wird. Das Begreiflich-Unbegreifliche des eschatischen Geschehens kommt wohl nirgends klarer zum Ausdruck als in dem paulinischen Gedanken, dass dann „Gott sei alles in allen" (1Kor 15,28; vgl. Röm 11,36).

5.3.3. Die Parusie des Christus Jesus in Herrlichkeit: Die Teilhabe an Gottes ewigem Leben[113]

Das letzte Buch des Doppel-Kanons der Heiligen Schrift, die Offenbarung des Johannes, endet mit dem eigenartigen Spruch, der das Wort Jesu, des HERRN, und die Antwort des Zeugen zusammenfügt: „Ja, ich komme bald. Amen, ja komm, HERR Jesus!" (Apk 22,20). In ihm ist die urchristliche Gebetsbitte aufgenommen: „Marana tha" (1Kor 16,22). Nach unserer hermeneutischen Vorbereitung wenden wir uns nun der Aufgabe zu, die christliche Hoffnung auf die Vollendung unserer geschichtlichen Existenz in der Teilhabe an Gottes ewigem Leben zu entfalten. Wir hüten uns davor, zwischen ihren verschiedenen Motiven – der Auferstehung (5.3.3.1.), dem Gericht (5.3.3.2.), dem Reiche Gottes (5.3.3.3.) und der Seligkeit des ewigen Lebens (5.3.3.4.) – einen zeitlogischen Zusammenhang zu konstruieren. Wir betrachten diese verschiedenen Motive vielmehr als die wesentlichen Aspekte der Parusie des Christus Jesus in Herrlichkeit: des Vollendungswillens Gottes des Schöpfers und Versöhners.

5.3.3.1. Der Tod und die Auferstehung zum ewigen Leben

Wir haben in unserem bisherigen Gedankengang gezeigt, dass wir die Sprache der Hoffnung, die sich uns in den eschatologischen Bildern, Symbolen und Metaphern des Neuen Testaments im Kontext der biblischen Überlieferung im Ganzen mitteilt, im Rahmen einer Theorie des ethischen Lebens interpretieren können: freilich im Rahmen einer solchen Theorie, die ihrerseits in der Erkenntnis des ursprünglichen Schöpferwillens Gottes und seines Richtungssinnes verankert ist. In dieser Sprache gibt das apostolische Kerygma seine religionsgeschichtlich besondere und einzigartige Antwort auf die uns Menschen alle bewegende Frage: *Wohin führt der Tod*?

---

[113] Vgl. zum Folgenden bes. FRIEDRICH BEISSER, Hoffnung und Vollendung (HST 15), Gütersloh 1993; CHRISTOPH AUFFARTH/CHRISTOPHER ROWLAND/HARTMUT ROSENAU, Art. Parusie I. III.: RGG^4 6, 962–966

Nun war und ist mit dieser Antwort in der Geschichte der kirchlich verfassten Glaubensgemeinschaft und in ihrem theologischen Denken stets der Versuch verbunden, auch den Tod zu verstehen. Indem wir uns darauf beziehen, beginnen wir mit einigen Gedanken zum Verständnis des Todes in der Sicht des Glaubens. Es wird sich dabei zeigen, dass das Verständnis des Todes in der Sicht des Glaubens – sehr im Unterschied zum Wirrwarr in den philosophischen Debatten[114] – geeignet ist, auch die Wahrnehmung der ethischen und der praktisch-theologischen Aufgaben zu orientieren, vor die uns das Sterben, die Sterbebegleitung, die Bestattung und die Seelsorge an Trauernden stellt. Insofern gehört es zur Seelsorge, die die Glaubensgemeinschaft der Kirche je an ihrer Gesellschaft üben wird, in der medialen Öffentlichkeit – etwa an Allerseelen und am Ewigkeitssonntag – den Trost stark zu machen, den das Verständnis des Todes im Lichte des Glaubens gewährt.

Aber wie können wir es überhaupt wagen, den Tod verstehen zu wollen? Ist uns seine Eigen-Art nicht gänzlich verborgen und verschlossen in dem tiefen Schweigen, das ihn umgibt? Ist uns nicht höchstens dessen physische oder organismische Außenseite, das langsame oder das plötzliche Erlöschen der vitalen Lebensfunktionen, erfahrbar? Stehen wir nicht, was das Verhältnis des Todes zum Person-Sein des Menschen betrifft, vor einer unüberschreitbaren Grenze der Erkenntnis?[115]

Die biblische Überlieferung gibt uns für die Beantwortung dieser Fragen kaum eine Hilfe an die Hand.[116] Zwar kommt es in der Glaubensgeschichte Israels über die frühe Überzeugung von der Gottesferne des Todes (vgl. Jes 38,18f.; Ps 6,6) hinaus schließlich zur Erkenntnis Gottes als des HERRN über Leben und Tod (vgl. Ps 139,8) – zu jener Erkenntnis also, die das Todesgeschick im Vertrauen auf Gott ertragen und vielleicht sogar überwinden lässt; aber mehr als die nüchterne Einsicht in das definitive Ende des gelebten Lebens hat die Bibel Israels nicht zu bieten. Wenn die apokalyptische Hoffnung auf die Auferstehung der Toten im Lichte der österlichen Erscheinungen des Christus Jesus zur Hoffnung des christlichen Glaubens auf den Sieg Gottes über den Tod (1Kor 15,54f.) und damit auf die schöpferische Überwindung des menschlichen Todesgeschicks wurde, so hütet sie sich doch davor, über das Im-Tode-Sein der geschaffenen Person zu sprechen. Der Apostel Paulus versteht das Sterben – vielleicht in Anspielung an die mythische Rede vom Tode als des Schlafes Bruder – schlicht als ein „Entschlafen“ (1Kor 15,51; vgl. Eph 5,14), dem das Erwachen in Gestalt des „Daheim-Seins bei dem HERRN“ (2Kor 5,8) verheißen ist.

Freilich lässt die nüchterne Zurückhaltung, die das biblische Offenbarungszeugnis hinsichtlich des Im-Tode-Seins der geschaffenen Person übt, die Frage entstehen, ob und in welcher Weise zwischen dem gelebten Leben in dieser Weltzeit und der erhofften Zukunft in der Gemeinschaft mit Gottes ewigem Leben jenseits des Todes und durch ihn hindurch Identität bestehen könne und bestehen werde. Paulus begnügt sich in der Debatte mit der Gemeinde zu Korinth damit, zugleich die Identität des individuellen Selbst-

---

114 Vgl. die Hinweise bei MICHAEL GROSSHEIM, Art. Tod V. Philosophisch: RGG[4] 8, 434–437. – Anders verhält es sich bei jenem Philosophieren, das das theologische Problembewusstsein ernst nimmt: etwa bei HANS-EDUARD HENGSTENBERG, Der Leib und die letzten Dinge, Dettelbach 1996[3], bei JOSEF PIEPER, Tod und Unsterblichkeit, München 1979, oder bei GEORG SCHERER, Art. Tod VIII. Philosophisch: TRE 33, 629–635.

115 Wir konzentrieren uns im Folgenden auf das Verhältnis des Todes zum geschaffenen Person-Sein des Menschen; eine „Theologie des Todes“ muss der ausführlichen Darstellung der Systematischen Theologie vorbehalten bleiben.

116 Vgl. zum Folgenden die Hinweise von WALTER DIETRICH/SAMUEL VOLLENWEIDER, Art. Tod II. Altes und Neues Testament: TRE 33, 582–600.

Seins der Person und die Differenz zwischen ihrer irdischen und ihrer himmlischen, ihrer verweslichen und ihrer unverweslichen Leibhaftigkeit einzuschärfen (1Kor 15,42-29). Wie können wir dieses Zugleich verstehen? Wie können wir verstehen, dass die Identität des individuellen Selbst-Seins der Person in ihrem Im-Tode-Sein gewahrt bleibt?

Das theologische Denken in der Glaubensgemeinschaft der Kirche hat diese Frage nach einigem Zögern damit zu beantworten gesucht, dass es die Lehre Platons von der Unsterblichkeit der Geist-Seele rezipierte und mit der biblischen Auferstehungshoffnung kombinierte.[117] Zwar hat die christliche Theologie den philosophischen Gedanken der Unsterblichkeit der Geist-Seele ganz entscheidend umgeformt, indem sie die Seele stets als die Seele der individuellen Person und damit als die Wesensform des Leibes verstand; aber sie zog daraus die Konsequenz, den Tod als die Auflösung jener Einheit zwischen dem zur Verwesung bestimmten Leib und der ihrer geschaffenen Natur nach unverweslichen Seele aufzufassen. Damit erzeugte sie das Folgeproblem, einen wie auch immer gearteten *Zwischenzustand* – bzw. eine wie auch immer geartete *Zwischenzeit* – zwischen dem Tod der Person und der zukünftigen Auferstehung annehmen zu müssen: eine Annahme, die sich in der lateinischen Christentumsgeschichte wegen der Verehrung der Märtyrer und der Heiligen, aber auch wegen der Glaubenstradition des Purgatoriums[118] nahelegte. Dass die Identität des individuellen Selbst-Seins im Sinne des christlichen Glaubens an Gott den Schöpfer das Im-Leibe-Sein der Person wesentlich einschließt (s. o. S. 127f.), ist in dieser Glaubenstradition zu kurz gekommen.

Aus diesem Grunde hat die deutschsprachige evangelische Theologie des 20. Jahrhunderts mit allem Nachdruck den ausschließenden Gegensatz zwischen dem Gedanken der Unsterblichkeit der individuellen Seele und der biblischen Erwartung einer Auferstehung der Person in der Einheit von Seele und Leib behauptet.[119] Infolgedessen tendierte sie dazu, vom „Ganztod" der Person und von ihrer ganzheitlichen Vernichtung im Tode zu sprechen. Obwohl sie sich dafür nur auf den nüchternen Realismus des biblischen Todesverständnisses berufen wollte, zollte sie damit – wie Kirsten Huxel zeigte – auch der philosophischen Kritik an den tradierten Formen der Lehre von der Seele ihren Tribut: einer Kritik, die inzwischen längst zu einer Psychologie ohne Seele geführt hat.[120] Von ärztlicher Seite wurde demgegenüber mit Recht gefragt, ob solche schneidige Radikalität nicht geradezu eine neurotische Todesangst begünstige.[121] Ist es das, was die Kommunikation des Evangeliums in der Seelsorge an Sterbenden und Trauernden zu sagen hat?

Diese wenigen Beobachtungen zeigen, dass das Verstehen des Todes und des Im-Tode-Seins der Person nicht anders zu gewinnen ist als aus dem Verstehen des menschlichen Person-Seins: also aus der theologischen Lehre vom Menschen und aus ihren Einsichten in das Verhältnis von Seele und Leib (s. o. S. 130f.). Mag auch die theologische Lehre von der Unsterblichkeit der individuellen Seele der Person in ihrer überlieferten Form an einem substantialen Vor- und Missverständnis kranken, so gibt es

---

117 Vgl. hierzu WOLFHART PANNENBERG, Systematische Theologie. Bd. III (wie Anm. 3), 614–618; MATTHIAS HEESCH, Art. Unsterblichkeit II. Dogmatisch: TRE 34, 386–392.

118 Vgl. hierzu HERBERT VORGRIMLER, Art. Purgatorium: RGG[4] 6, 1828–1831.

119 Vgl. zum Folgenden den luziden Aufsatz von KIRSTEN HUXEL, Unsterblichkeit der Seele versus Ganztodthese? (wie Anm. 109).

120 Dass und wie der philosophische Diskurs nach langer Sendepause sich wieder dem Problembegriff „Seele" zuwendet, dokumentiert der Band: Über die Seele. Hg. von KATJA CRONE, ROBERT SCHNEPF und JÜRGEN STOLZENBERG (stw 1916), Berlin 2010.

121 Vgl. JOACHIM E. MEYER, Die Vergänglichkeit des Menschen. Psychotherapeutische Fragen an die Theologie, in: EvTh 41 (1981), 57–65.

dennoch gute Gründe, sie im Lichte einer relationalen Deutung des menschlichen Person-Seins zu erneuern. Wir haben innerhalb der Lehre vom christlichen Glauben an Gott den Schöpfer diese relationale Deutung in Umrissen gezeichnet (s. o. S. 125ff.) und greifen hier auf sie zurück.

Mit dem Begriffswort „Person" in seiner Anwendung auf die menschliche Weise, am Leben zu sein, meinen wir eine Struktur oder ein Gefüge von Relationen. Diese Struktur oder dieses Gefüge ist uns gegeben in der eigentümlichen Art und Weise, in der wir uns selbst je in der Gegenwart unseres lebendigen Daseins erleben. In dieser Gegenwart erleben wir uns selbst in der Struktur oder in dem Gefüge einer dreifachen Bezogenheit: in der Bezogenheit auf uns selbst, in der Bezogenheit auf die andere menschliche Person und schließlich in der Bezogenheit auf jenen Grund und Ursprung unseres Bezogen-Seins auf uns selbst und auf die andere menschliche Person, den wir mit dem Begriffswort und dem Namen „Gott" bezeichnen. Auf diese dreifache Bezogenheit im Rahmen des natürlichen Weltgeschehens und seiner Richtung erlebend, sprechend, handelnd zu reagieren – darin besteht nach christlichem Verständnis die geschichtliche und eben damit die ethische Aufgabe des individuellen Person-Seins. Zwischen ihrem Anfang im Mutterleib und ihrem irdischen Ende im Tod hat es die individuelle Lebensgeschichte mit der verantwortlichen Wahrnehmung des Mandats Gottes des Schöpfers zu tun (s. o. S. 142ff.). Deutlicher als dies dem Philosophieren Platons möglich war, sehen wir heute, dass die Erfüllung dieses Auftrags schlechthin an die Leibhaftigkeit des menschlichen Person-Seins gebunden ist. In der relationalen Deutung des menschlichen Person-Seins vermögen wir die Verklammerung von Seele und Leib, von Freiheit und Natur zu verstehen, die in der Geschichte der philosophischen Theorien des ethischen Lebens weithin unverstanden bleibt.

In den Grenzen unserer Begreifungskraft lässt uns nun die relationale Deutung des menschlichen Person-Seins einen Blick tun in das Verständnis des Todes und in den Abgrund des Im-Tode-Seins. Ist es nämlich wahr, dass sich die individuelle Lebensgeschichte im Erleben jener konstitutiven Bezogenheiten und im sprachlich-praktischen Umgang mit ihnen vollzieht, dann bricht mit dem physischen oder organismischen Verlöschen der vitalen Lebensfunktionen allerdings jede Erlebnis- und Handlungsfähigkeit ab. Insofern sagen wir mit Eberhard Jüngel[122] und mit Wilfried Härle[123], dass der Tod die Person in die letzte und äußerste Passivität führe. Im Status dieser letzten und äußersten Passivität ist die Person jedoch nicht nichts. Sie existiert ja als der bedeutungsvolle Andere in der Trauer, in der umsichtigen Fürsorge für ein würdiges Grab, in der Erinnerung an eine gemeinsame Geschichte und im geschichtlichen Gedenken an ihre mehr oder minder wirkungsmächtige – heilvolle oder unheilvolle – Rolle in der sozialen Welt der kulturellen Institutionen. Und sie existiert, wie wir im Lichte der Anschauung des Lebens und der Wirklichkeit im Glauben sagen dürfen, in der Kraft des göttlichen Gedenkens; sie existiert in der Präsenz, in der dem göttlichen Grund und Ursprung aller Dinge alle zeitlichen Ereignisse und Erscheinungen gegenwärtig sind und bleiben: auch und gerade dann, wenn es keine endlichen Subjekte des geschichtlichen Erinnerns mehr geben sollte. In dieser zweifachen – freilich asymmetrischen – Bezogenheit stellt sich uns in der Anschauung des Lebens und der Wirklichkeit im Glauben das Im-Tode-Sein der Person dar.

Weil das personale Selbstbewusstsein und weil die Selbstbeziehung der Person an die Einheit ihrer Seele und ihres Leibes gebunden sind, können wir schwerlich von der

---

[122] Vgl. EBERHARD JÜNGEL, Tod (Themen der Theologie, Bd. 8), Stuttgart 1993^3, 116.
[123] Vgl. WILFRIED HÄRLE, Dogmatik (wie Anm. 3), 633.

Unsterblichkeit der individuellen Seele jenseits des Endens und Verwesens ihrer leibhaften Erscheinungsweise sprechen. Auf der anderen Seite nimmt die „Ganz-Tod-These" die Tatsache nicht genügend ernst, dass die individuelle Person – das selbständige und selbstbezügliche Relat in ihren Relationen zu ihrem Grund und Ursprung in Gott und zu ihresgleichen – eben *als* diese individuelle Person auf das Zum-Ziele-Kommen in ewiger Gemeinschaft mit Gott hin geschaffen ist. Deshalb vermuten wir zwar, dass der Tod tatsächlich die Einheit der Seele und des Leibes trenne und so dem Selbstbewusstsein und der Selbstbeziehung der Person – ihrer Selbstpräsenz, ihrem Sich-gegenwärtig-Sein – die naturale Basis und das Medium aller ihrer personalen und sozialen Beziehungen entziehe; aber wir sind der zuversichtlichen Hoffnung, dass die Person in ihrer Selbstpräsenz, in ihrem Sich-gegenwärtig-Sein, in der Kraft des göttlichen Gedenkens *als sie selbst bewahrt* ist. Eben dieses Bewahrt-Sein in der göttlichen Selbst-Präsenz meint der metaphorische Begriff des Schlafs oder des „Ruhens bis zum jüngsten Tage" (vgl. EG 397,3). Die Identität der Person bleibt im Kontinuum der Treue Gottes erhalten.[124]

Wir haben im Lichte eines relationalen Begriffs des menschlichen Person-Seins ein Verständnis des Todes zu skizziert, das uns nun auch das apostolische Kerygma von der *Auferstehung der Toten* nachvollziehen lässt (vgl. bes. 1Kor 15, 12-58). Es verkündigt nichts Geringeres als die schöpferische Überwindung des Todesgeschicks, die den österlichen Zeugen der Erscheinungen des Christus Jesus zur Gewissheit wurde (1Kor 15,4-11; 20-28). Indem wir die Lehre von der Unsterblichkeit der Seele in ihrer platonischen wie in ihrer aristotelischen Form in Frage stellen, gelangen wir mit Paulus zur Hoffnung auf die zukünftige Unsterblichkeit der individuellen Person im Ganzen ihrer personalen Beziehungen (1Kor 15,53f.).

Der Gedanke der zukünftigen Unsterblichkeit aber impliziert sinnvoller- und notwendigerweise ein Erwachen des Selbstbewusstseins – der Selbstbeziehung, der Selbstpräsenz oder des Sich-gegenwärtig-Seins –, wenn anders wir gehaltvoll von der Identität der Person reden wollen. Der Gedanke der zukünftigen Unsterblichkeit der Person impliziert aber ebenso sinnvoller- und notwendigerweise ihre Leibhaftigkeit. Und zwar deshalb, weil der Leib – im Lichte des christlichen Glaubens an Gott den Schöpfer gesehen (s. o. S. 130f.) – als die notwendige Bedingung jedweder Kommunikation und Interaktion zwischen personalen Wesen zu verstehen ist. Anders gesagt: der Leib ist die notwendige Bedingung unseres gemeinsamen In-der-Welt-Seins und als solcher die notwendige Bedingung einer individuellen Lebensgeschichte.

Wenn wir daher die Auferstehung der Toten als ihre uns jetzt und hier immer noch bevorstehende Erhebung zu zukünftiger leibhafter Unsterblichkeit begreifen, dann meinen wir damit das Leben eines leibhaft vermittelten Selbstbewusstseins, einer leibhaft vermittelten Selbstpräsenz: eines Selbstbewusstseins oder einer Selbstpräsenz, in der uns unsere je individuelle Lebensgeschichte präsent ist. Im Rahmen der eschatologischen Bilder, Symbole und Metaphern der Bibel spielt – anders als in der Geschichte der philosophischen Lebenslehren bis auf diesen Tag – die Leibhaftigkeit der künftigen Unsterblichkeit eben deshalb eine entscheidende Rolle, weil an ihr die Geschichtlichkeit der Person im Allgemeinen und die Geschichte der Glaubensgemeinschaft als des einen

---

[124] Im Sinne dieses Gedankens können wir auf Bultmanns wortkarge Interpretation der „Zukunft im Tode" (s. o. S. 264) und auf die Hypothese einer „Auferstehung im Tode" verweisen, die die neuere deutschsprachige römisch-katholische Theologie vertritt (vgl. hierzu KIRSTEN HUXEL [wie Anm. 124], 343f.). – Vgl. zum Folgenden auch THEODOR MAHLMANN, Auferstehung der Toten und ewiges Leben, in: KONRAD STOCK (Hg.), Die Zukunft der Erlösung (wie Anm. 103), 108–131; bes. 126ff.; CHRISTOPH SCHWÖBEL, Art. Auferstehung I. Auferstehung der Toten 5. Dogmatisch: RGG^4 1, 919–921.

Leibes im Christus Jesus (vgl. Röm 12,5) im Besonderen haftet. Hoffen wir in der Glaubensgemeinschaft der Kirche auf das Zum-Ziele-Kommen, auf die Vollendung und auf die Verklärung unserer selbst, so bezieht sich diese Hoffnung eben auf unsere je individuelle Lebensgeschichte im Ganzen aller unserer personalen Beziehungen: sie ist es, die zum „geistlichen Leib" (1Kor 15,44) gelangen wird. Weil dem Glauben inmitten aller Anfechtung, inmitten aller Todesangst und inmitten aller Trauer um die Toten diese Hoffnung vor Augen steht, wird er mit den Worten des Psalms sprechen:

„Wenn mir gleich Leib und Seele verschmachtet, so bist du doch, Gott, allezeit meines Herzens Trost und mein Teil." (Ps 73,26).

5.3.3.2. Die Vollendung und das Gericht[125]

Wir haben gesehen, dass sich die Hoffnung des Glaubens in der Glaubensgemeinschaft der Kirche auf das Geschehen des göttlichen Vollendungswillens richtet, das uns als Sinn und Ziel der Wege und der Geschichte Gottes in und mit der geschaffenen Wirklichkeit bewusst ist (s. o. S. 258ff.). „… und er selbst, Gott, wird mit ihnen sein" (Apk 21,3): um dieses zukünftig-ewigen Mit-uns-Seins Gottes willen erwartet die Hoffnung des Glaubens die Auferstehung zum ewigen Leben jenseits des Todes und durch den Tod hindurch. Wenn sie um dieses zukünftig-ewigen Mit-uns-Seins Gottes willen von *Auferstehung* spricht, so tut sie das wegen der Identität der individuellen Person, wie sie in ihrer Lebensgeschichte und damit in allen ihren Interaktionsbezügen geworden ist. In jenem zukünftig-ewigen Mit-uns-Sein Gottes – in jenem „Zelt Gottes bei den Menschen" (Apk 21,3) – ist die unverwechselbare Lebensgeschichte der Person gerettet, bewahrt und verklärt.

Nun ist die unverwechselbare Lebensgeschichte der Person allerdings in jenen Unheilszusammenhang verstrickt, für den die biblische Sprache den Begriff der Sünde geprägt hat (s. o. S. 147ff.). In der Gewissheit der Wahrheit des Evangeliums sind wir uns dessen stets bewusst, dass wir die Umkehr aus diesem Unheilszusammenhang – die Wiedergeburt, die Rechtfertigung, die Heiligung des Lebens – nicht etwa der sittlichen Selbstmacht der praktischen Vernunft verdanken, sondern vielmehr allein der Erscheinung des Christus Jesus und der Gemeinschaft mit ihm in der sozialen Gestalt der Kirche (s. o. S. 216f.). Insofern ist und bleibt der Glaube in dieser Weltzeit angefochtener Glaube; und in der Erfahrung des Gewissens ist uns das Unvermögen schmerzlich bewusst, dem schöpferischen Willen Gottes – dem Mandat Gottes des Schöpfers – als der Grundnorm eines selbstverantwortlichen Lebens gerecht zu werden. Die reformatorische Predigt und das reformatorische Lehrbekenntnis haben diese Selbsterfahrung des Glaubens auch und gerade in der Situation der Wahrheit ergreifend zum Ausdruck gebracht.

Schärfer und deutlicher, als die reformatorische Beschreibung der christlichen Existenz als eines Lebens in der Umkehr dies vermochte, sind wir heute entsetzt über der Tatsache, dass der Unheilszusammenhang der Sünde – wo er zum Tun des Bösen, zur willkürlichen Gewaltanwendung und zum Vernichtungswillen in geradezu teuflisch organisierter und perfekter Form wird – in aller Geschichte unendliches, unbegreifliches, unschuldiges Leid erzeugt. Von aller Geschichte und zumal von der Geschichte der

---

125 Vgl. zum Folgenden bes.: FRIEDRICH SCHLEIERMACHER, GL^2 §§ 160.162 (II, 421ff.; 429ff.); WOLFHART PANNENBERG, Systematische Theologie. Bd. III (wie Anm. 3), 654–672; JÜRGEN MOLTMANN, Das Kommen Gottes (wie Anm. 103), 262–284; WILFRIED HÄRLE, Dogmatik (wie Anm. 3), 639–645; KLAUS SEYBOLD/ROGER DAVID AUS/EGON BRANDENBURGER/HELMUT MERKEL/EBERHARD AMELUNG, Art. Gericht Gottes I.–V.: TRE 12, 459–497; KONRAD STOCK, Art. Gericht Gottes V. Dogmatisch: RGG^4 3, 735–738; GERHARD SAUTER, Art. Jüngstes Gericht II. Dogmatisch: RGG^4 4, 711–712.

Neuzeit und der neuesten Zeit gilt: „Die Stimme des Blutes deines Bruders schreit zu mir von der Erde“ (Gen 4,10). Dem himmelschreienden Unrecht war auch der christliche Glaube in der Glaubensgemeinschaft der Kirche und ihrer Geschichte offensichtlich nicht gewachsen. Indem wir uns diese Geschichte erinnernd vergegenwärtigen, sind wir genötigt zum Bekenntnis der Schuld. Es gehört zur Selbsterfahrung der Person in der Situation der Glaubensgewissheit und in der Glaubensgemeinschaft der Kirche, ihrer Verstrickung in eine Geschichte des Unrechts und des Leids eingedenk zu sein.

Dieses Eingedenken wird uns verstehen lassen, dass das apostolische Kerygma des Neuen Testaments – der Botschaft des Christus Jesus vom Kommen der Gottesherrschaft in ihm selbst getreu (vgl. Mt 10,15; 12,36) – in den Kontexten der Mission und der Katechese die apokalyptische Prophetie eines *Weltgerichts* rezipiert hat (vgl. Röm 2,5-11; Mt 16,27; Joh 5,28f.; Hebr 6,2; Apk 20,11-15).[126] Unter dem „Tag des Zorns und der Offenbarung des gerechten Gerichtes Gottes“ (Röm 2,5) versteht das apostolische Kerygma in verschiedenen Varianten jenes später so genannte *Jüngste Gericht*: diejenige eschatische Situation, in der der allwissende Gott die Unwahrheit, die Ungerechtigkeit, die Bosheit, derer die Person in ihrer individuellen Lebensgeschichte schuldig ist, aufdeckt und kraft seiner gesetzgebenden und richterlichen Gewalt verurteilt. Eben die Anschauung, dass jene in der Sprache des Rechts vorgestellte eschatische Situation einer moralischen, einer ethischen Verantwortung der Person vor Gott unumgänglich und notwendig sei, bildet den Horizont des apostolischen Kerygmas von der befreienden Wahrheit des Evangeliums (vgl. 1Thess 1,10). Sie gab und sie gibt der Kommunikation des Evangeliums ihren Ernst und ihre Dringlichkeit.[127]

Nun bedarf die Vorstellung eines Jüngsten Gerichts, so wie sie in den verschiedenen Zeugnissen der apostolischen Überlieferung enthalten ist, einer besonders behutsamen Interpretation.

Wir stoßen nämlich innerhalb des Neuen Testaments nicht allein auf die Ankündigung eines universalen, eines menschheitlichen Weltgerichts, in dem das Urteil des göttlichen Richters über ewige Pein oder ewiges Leben entscheidet (vgl. bes. Mt 25,31-46; Apk 20,11-13); wir lesen auch von dem eschatischen Gericht des Christus Jesus über die Glaubensgemeinschaft der Kirche, in dem die Person gerettet wird, indem ihr Werk verbrennt (1Kor 3,11-15; 2Kor 5,10). Und schließlich und vor allem mündet die grandiose Prophetie des Paulus über das Geschick Israels (Röm 9-11) – was die Glaubensgemeinschaft der Kirche und was die christliche Eschatologie weithin übersehen und verschwiegen hat – in die Hoffnung, dass „das ganze Israel gerettet werden (wird), wie geschrieben steht“ (Röm 11,25-27; vgl. Jes 59,20; Jer 31,33). Das apostolische Kerygma von der befreienden Wahrheit des Evangeliums enthält in der Vielzahl seiner Texte jedenfalls keine konsistente Lehre von der eschatischen Situation eines Jüngsten Gerichts, geschweige denn eine befriedigende Interpretation. Wie lässt sich in den Grenzen unserer Begreifungskraft eine solche Interpretation entwickeln?

Wir sprechen in dieser „Einleitung“ konsequent vom angefochtenen Glauben in der Glaubensgemeinschaft der Kirche und damit vom christlich-frommen Selbstbewusstsein in der hier und jetzt noch unaufgehobenen Ambivalenz des Unsittlichen und des Sittli-

---

126 Zum Motiv des „letzten Gerichts“ in der Religionsgeschichte vgl. in Kürze SIGURD HJELDE, Art. Gericht Gottes I. Religionsgeschichtlich: RGG^4 3, 731–733.

127 Vgl. KONRAD STOCK, Gott der Richter. Der Gerichtsgedanke als Horizont der Rechtfertigungslehre, in: EvTh 40 (1980), 240–256. – Seltsamerweise wird der Ernst und die Dringlichkeit der Idee der Selbstverantwortung vor Gott und Gottes Forum als harter Kern der imaginativen Vorstellung eines Weltgerichts verharmlost und vergleichgültigt bei JÜRGEN MOLTMANN, Das Kommen Gottes (wie Anm. 99), bes. 272f.

chen. Die Hoffnung des Glaubens auf die endgültige Vollendung der individuellen Lebensgeschichte in allen ihren kommunikativen und interaktiven Beziehungen wirft deshalb sinnvoller- und notwendigerweise die Frage auf, wie die fragmentarischen und die verfehlten, die gescheiterten und die verwerflichen Momente der individuellen Lebensgeschichte in der Situation der endgültigen Vollendung – im Schauen Gottes von Angesicht zu Angesicht (1Kor 13,12) – vorkommen. Wenn es diese Situation gibt – und es gibt sie, wie wir zeigen werden (s. u. S. 276ff.), kraft der schöpferischen Anteilgabe an der Ewigkeit des ewigen Lebens Gottes –, dann schließt sie die Vergegenwärtigung auch dieser dunklen Schattenseiten des Lebens ein; wenn es diese Situation gibt – und es gibt sie –, schließt sie das Erkennen des Verdrängten, des Verschwiegenen und des Verborgenen ein (vgl. Röm 2,16); wenn es diese Situation gibt – und es gibt sie –, dann schließt sie die Verantwortung für seine Lebensgeschichte ein, die ein Mensch seinem Gott schuldet.[128]

Im Lichte eines Begriffs des Höchsten Gutes dürfen wir sagen, dass die Verantwortung, die ein Mensch seinem Gott schuldet, sich auf die Lebensführung der Person im Ganzen und in ihrem Zusammenhang mit der Geschichte des Menschengeschlechts erstreckt. Weder lässt sich diese Verantwortung auf die Sphäre eines privaten Ethos im Unterschied zu den öffentlichen Sphären einer angeblich reinen Sachlichkeit beschränken; noch lässt sie sich auf die Lebensführung des Einzelnen zuspitzen ohne Rücksicht auf die ethischen Bildungs- und Traditionsprozesse einer Kultur. In dem Gedanken einer Verantwortung, die wir Gott schulden, ist Inviduelles und Allgemeines, Subjektives und Objektives, privates Ethos und Ethos der Kultur miteinander vermittelt. In dieser Vermittlung wird der sittliche Ernst gewahrt, den die Anschauung eines Jüngsten Gerichts oder eines Weltgerichts – und zwar nicht nur im christlichen Verständnis des Lebens und der Wirklichkeit – zur Sprache bringt. Wenn das apostolische Kerygma die befreiende Wahrheit des Evangeliums im Rahmen und vor dem Hintergrund der apokalyptischen Gerichtserwartung verkündigt, so will es damit genau den sittlichen Ernst einschärfen, der dem Leben gemäß dem göttlichen Gemeinschaftswillen zukommt. Dieser göttliche Gemeinschaftswille, der dem christlichen Verständnis des Höchsten Gutes seinen Inhalt gibt, ist wahrhaftig kein Scherz; in ihm hat vielmehr das Gute, das in menschlicher Lebensführung wirklich werden soll, seinen Grund.

Ist die Vorstellung einer Situation des göttlichen Urteils über das Ganze der menschlichen Lebensführung also mit Recht eine Quelle letzter Angst, die – mit Martin Luther zu reden, der solche Angst mit besonderer Schärfe und Klarheit bezeugt – „mich zu verzweifeln trieb“ (EG 341,3) und die in der Bild- und Kirchenbaugeschichte jedenfalls des lateinischen Christentums eine so erschütternde Rolle spielt?[129]

Das war und das ist jedenfalls immer dann der Fall, wenn die Erwartung eines Jüngsten Gerichts oder eines Weltgerichts den Zusammenhang mit der Hoffnung auf die Vollendung des göttlichen Schöpferwillens und des göttlichen Schöpferwirkens verliert; wenn man also die Idee einer letzten Verantwortung für die individuelle Lebensgeschichte als ganze gegenüber der Gewissheit des Heilswillens Gottes des Schöpfers isoliert. Nehmen wir jedoch die Idee einer letzten Verantwortung für die individuelle Lebensgeschichte im Kontext der Gewissheit des göttlichen Heils-Sinnes ernst, so dür-

---

[128] Wenn FRIEDRICH NIETZSCHE im Zusammenhang seiner Hypothese von der Entstehung des schlechten Gewissens das „Richtertum Gottes“ als „eine Art Willens-Wahnsinn in der seelischen Grausamkeit“ denunziert (Zur Genealogie der Moral, 2. Abhandlung: „Schuld“, „Schlechtes Gewissen“ und Verwandtes, in: Werke in drei Bänden, hg. von KARL SCHLECHTA, Bd. 2, München 1977[8], 833), so ist dies nur die logische Konsequenz seiner Destruktion moralischer Verantwortung überhaupt!

[129] Vgl. PETER K. KLEIN, Art. Jüngstes Gericht III. Kunstgeschichtlich: RGG[4] 4, 712–714.

fen wir wohl – in stillschweigender Kritik an manchen Trends der christlichen Frömmigkeitsgeschichte – sagen:

Das Motiv der Gerichtserwartung, in deren Rahmen das apostolische Kerygma die befreiende Wahrheit des Evangeliums zur Sprache bringt, ist als ein sinnvolles und notwendiges Implikat der christlichen Hoffnung zu verstehen, die sich auf die zukünftige Vollendung des göttlichen Gemeinschaftswillens richtet. Wenn wir in dieser zukünftigen Vollendung die Rettung, die Bewahrung, die Verklärung unserer je individuellen Lebensgeschichte erhoffen, so wird ihre entfremdete Gestalt darin nicht etwa zum Vergessen und zum Verschwinden gebracht. Ihr steht vielmehr ein „Erinnern, Wiederholen, Durcharbeiten" (Sigmund Freud) bevor, das uns – mit aller Vorsicht formuliert – an ein therapeutisches Verfahren denken lässt. Mit Wolfhart Pannenberg gesagt: „Die Glaubenden gehen dem Gericht mit Zuversicht entgegen, weil Jesus Christus ... der Maßstab des Gerichts sein wird."[130] In der Glaubensgemeinschaft der Kirche erwarten wir Gottes Richten als Aspekt des göttlichen Vollendungswillens: als „Akt der Gnade".[131]

5.3.3.3. Gottes ewiges Reich[132]

In unserer systematischen Besinnung auf die Hoffnung, die uns in der Glaubensgemeinschaft der Kirche gerade angesichts des Leidens, des Scheiterns und des Todes in dieser Weltzeit hält und trägt, sind wir davon ausgegangen, dass die eschatologischen Bilder, Symbole und Metaphern der Heiligen Schrift insgesamt das eschatische Geschehen bezeichnen: das Geschehen des göttlichen Vollendungswillens, in dem die individuelle Lebensgeschichte im Ganzen des natürlichen wie des geschichtlichen Weltprozesses zu ihrem Ziel gelangt. Um die Sprache der christlichen Hoffnung angemessen zu interpretieren, haben wir uns an der Theorie des ethischen Lebens orientiert. Mit ihrer Hilfe und in ihrem Licht lässt sich verstehen und verständlich machen, dass wir in der Glaubens-

---

130 WOLFHART PANNENBERG, Systematische Theologie. Bd. III (wie Anm. 3), 663. Pannenbergs Erwägungen leiten übrigens – in Aufnahme der Gedanken von JOSEPH RATZINGER, Eschatologie – Tod und ewiges Leben, Regensburg 1990[6] – an zu einer wichtigen Korrektur der römisch-katholischen Lehre vom Fegefeuer in der Situation eines Zwischenzustands zwischen Tod und Vollendung.

131 Vgl. EBERHARD JÜNGEL, Das jüngste Gericht als Akt der Gnade, in: DERS., Anfänger. Herkunft und Zukunft christlicher Existenz, Stuttgart 2003, 37–73. – Zu bibelwissenschaftlichen Ansätzen zu dieser Sicht, die freilich dogmatisch noch wenig geklärt sind, vgl. BERND JANOWSKI, JHWH der Richter – ein rettender Gott, jetzt in: DERS., Die rettende Gerechtigkeit. Beiträge zur Theologie des Alten Testaments 2, Neukirchen-Vluyn 1999, 92–114; JAN ASSMANN/ BERND JANOWSKI/MICHAEL WELKER, Richten und Retten. Zur Aktualität der altorientalischen und biblischen Gerechtigkeitskonzeption, ebd. 220–224; BERND JANOWSKI, Art. Gericht Gottes II. Altes Testament: RGG[4] 3, 733–734. – Wir werden uns erst in der ausgeführten Systematischen Theologie zu der Frage äußern können, ob und in welcher Weise die Hoffnungsgewissheit des Glaubens mit der Erwartung einer ewigen Verdammnis verträglich ist. Vgl. FRIEDRICH SCHLEIERMACHER, GL[2] § 163 (II, 437–440): Anhang: Von der ewigen Verdammnis, sowie CHRISTINE J. JANOWSKI, Allererlösung. Annäherungen an eine entdualisierte Eschatologie (Neukirchener Beiträge zur systematischen Theologie, Bd. 23/1.2). Neukirchen-Vluyn 2000.

132 Vgl. zum folgenden bes. WOLFHART PANNENBERG, Systematische Theologie. Bd. III (wie Anm. 3), 625–654: Reich Gottes und Ende der Zeit; CHRISTOPH SCHWÖBEL, Art. Reich Gottes IV. Theologiegeschichtlich und dogmatisch: RGG[4] 7, 209–215; V. Sozialethisch: ebd. 215–217. – JÜRGEN MOLTMANN, Das Kommen Gottes (wie Anm. 99), beschränkt sich in dem zentralen Kapitel III: „Reich Gottes. Geschichtliche Eschatologie" (150–284) seltsamerweise auf eine ideen- und mentalitätsgeschichtliche Darstellung und dringt zu einer sachgemäßen Vermittlung von Geschichte und Reich Gottes nicht vor.

gemeinschaft der Kirche der Teilhabe am Höchsten Gut jenseits des Todes und durch den Tod hindurch entgegengehen: der Gemeinschaft mit dem dreieinigen und dreifaltigen Gott, die die hier und jetzt unvorstellbare Gemeinschaft zwischen uns Menschen ermöglicht und begründet.

Lässt sich diese begriffliche Bestimmung des Inhalts und des Gegenstandes christlicher Hoffnungsgewissheit, die ja sinnvoller- und notwendigerweise von Bildern, Symbolen und Metaphern Gebrauch macht, noch genauer entfalten? Lässt sich insbesondere das Verhältnis, in dem wir das Geschehen des göttlichen Vollendungswillens zur Werdegeschichte der Person in dieser Weltzeit denken dürfen, angemessen erkennen?[133] Was genau meint der Begriff der Vollendung?

Für die Beantwortung dieser Fragen gibt Schleiermachers Unterscheidung zwischen *wirksamem Handeln* und *darstellendem* Handeln eine wichtige Hilfe an die Hand.[134]

Dieser Unterscheidung zufolge fasst der Begriff des wirksamen Handelns die Handelnsarten des sprachlich symbolisierenden bzw. des erkennenden Handelns und des organisierenden bzw. des gestaltenden Handelns zusammen. In diesen beiden Handelnsarten vollzieht sich die individuelle Lebensgeschichte der Person, indem sie das, was ihr zu erleben und zu verstehen gegeben wird, in der Kommunikation und in der Interaktion mit ihresgleichen im Rahmen einer Handelnsordnung realisiert. In ihrer Lebenszeit in den Gang der Geschichtsprozesse mitwirkend und erleidend einbezogen, ist sie dazu bestimmt, am „Wirklich-Werden des Guten“ teilzunehmen.[135] Ob und in welcher Weise sie tatsächlich dieser ihrer Bestimmung gerecht wird, am Wirklich-Werden des Guten teilzunehmen, liegt nach der biblischen Anschauung des Lebens und der Wirklichkeit gerade nicht an ihrer sittlichen Selbstmacht. Sie – die Person in ihrer individuellen Lebensgeschichte – wird dieser ihrer Bestimmung vielmehr dann und nur dann gerecht, wenn sie in der Gemeinschaft mit dem Christus Jesus selbst in der Glaubensgemeinschaft der Kirche in ihrem Innersten, in ihrem Herzen, in ihrem Gewissen und damit in ihrer ethischen Orientierung vom Höchsten Gut tatsächlich ergriffen ist (s. u. S. 321ff.).

Diese Gemeinschaft mit dem Christus Jesus selbst in der Glaubensgemeinschaft der Kirche kommt zustande – wie wir gesehen haben (s. o. S. 214ff.) – kraft der erleuchtenden Macht des Geistes Gottes in der Kommunikation des Evangeliums. Sie hat ihr Zentrum im Ensemble der gottesdienstlichen Institutionen, in denen sich – handlungstheoretisch gesprochen – stets *darstellendes Handeln* vollzieht. Was in der Kommunikation des Evangeliums mit diesem ihrem Zentrum zur Darstellung gelangt, das ist die Existenz des Menschen, der „bis zum Tode, ja zum Tode am Kreuz“ (Phil 2,8) in urbildlicher Weise für das Kommen des Reiches Gottes existiert (s. o. S. 195f.). Indem sich uns, den Mitgliedern der Glaubensgemeinschaft der Kirche, Sinn und Bedeutung dieser Darstellung erschließt, wird unser Selbstverständnis und unsere Lebensführung – wie angefochten und wie fragmentarisch immer – von dem *Trachten nach dem Reich Gottes* (Mt 6,33) geprägt sein, das sich uns in dieser Darstellung mitteilt. In, mit und unter dieser Darstellung werden wir in die Gemeinschaft integriert, die Gottes Versöhnungswille stiftet.

---

133 Dass das Verhältnis des Reiches Gottes zur Geschichte in dieser Weltzeit und insbesondere auch zur Geschichte der kirchlich verfassten Glaubensgemeinschaft nur als Gegensatz zu bestimmen sei, hat sich als verhängnisvolle Fehlorientierung der frühen dialektischen Theologie herausgestellt, die die Entwicklung einer sachgemäßen Lehre von der sozialen Gestalt des Glaubens und einer theologischen Sozialethik schwer behinderte.

134 FRIEDRICH SCHLEIERMACHER, GL^2 § 163,1 (II, 434).

135 Vgl. EILERT HERMS, Das Wirklichwerden des Guten: Das Kommen des Reiches Gottes. Zum Verhältnis von Güterlehre und ontologischem Fundament der Ethik, in: WILFRIED HÄRLE/REINER PREUL (Hg.), Reich Gottes (MJTh XI), Marburg 1999, 85–102.

Wenn uns der Versöhnungswille Gottes des Schöpfers, wie er im Christus Jesus Fleisch wurde (Joh 1,14), im darstellenden Handeln der Kommunikation des Evangeliums mit ihrem Zentrum in den gottesdienstlichen Institutionen begegnet, so hat das für die ethische Orientierung des Lebens eine doppelte Konsequenz:

Erstens, in der Glaubensgemeinschaft der Kirche als der im Christus Jesus mit Gott dem Schöpfer versöhnten Gemeinschaft nimmt Gott die Möglichkeiten und die Kräfte, die Initiativen und die Funktionen der individuellen Person für das Kommen des Reiches Gottes, für das Wirklich-Werden des Guten, tatsächlich in Anspruch. Und zwar nicht etwa nur im Bereich des darstellenden Handelns, in dem die Kommunikation des Evangeliums in Familie, Schule und Kirche für die Bildung des Herzens und der Gesinnung vonstatten geht; sondern auch in den Bereichen, in denen wir Menschen in der Erkenntnis und in der Gestaltung der Natur wie der Geschichte miteinander wirksam handeln. Die mit Gott dem Schöpfer versöhnte menschliche Gemeinschaft realisiert sich in dieser Weltzeit in der Sorge für die Güter und im Kampf gegen die Übel: darin werden ihre Mitglieder schon hier und jetzt Lebenssinn finden.

Zweitens: Unsere geschichtliche Erfahrung lehrt, dass die Gemeinschaft, die Gottes Versöhnungswille konstituiert, der fortdauernden Ambivalenz des Unsittlichen und des Sittlichen in dieser Weltzeit nicht enthoben ist. Sie bringt auch in den großen und geschichtsmächtigen Lebenswerken ihrer Mitglieder bestenfalls Fragmente hervor; sie kann – wie sich an den inneren Widersprüchen, an der Eitelkeit und an der Torheit ihrer Mitglieder zeigt – die Herrschaft des Geistes über das Fleisch nicht von sich aus etablieren; und sie erliegt immer wieder, wie eine kritische Kirchengeschichtsschreibung nicht aufhören wird zu untersuchen, den leisen Versuchungen und den brutalen Gewaltpotentialen ihrer gesellschaftlichen Lebenswelt. Eine Vollendung der Gemeinschaft, die kraft der Darstellung des Christus Jesus gestiftet wird – ein Offenbarwerden des Reiches Gottes in Herrlichkeit (vgl. Jes 24,23) und ein Wirklich-Sein des Guten – ist uns in dieser Weltzeit zutiefst verborgen und vielleicht zutiefst fragwürdig. So gewiss es in der Christusgemeinschaft der Kirche in dieser Weltzeit Erfahrungen des Ganzen, des Heilen, des Vollkommenen gibt, so gewiss ist die individuelle Lebensgeschichte in ihr ein Wandeln „im Glauben und nicht im Schauen" (2Kor 5,7).

In dieser Lage spricht die Hoffnung des Glaubens – sie ist ja stets die paradoxe Hoffnung der Glaubensgemeinschaft der Kirche (vgl. Röm 4,18) – weder dem moralischen Endzweck aller Pflichterfüllung im Sinne der Ethiko-Theologie Immanuel Kants noch der Utopie einer klassenlosen Gesellschaft noch dem messianischen Tiefsinn das Wort. Wenn sie mit dem metaphorischen Begriffswort „Reich Gottes" das Geschehen des göttlichen Vollendungswillens meint, dann streckt sie sich sehnsuchtsvoll und doch zugleich geduldig (vgl. Röm 8,24-25) auf eine Form des göttlichen Wirkens aus, die das Gute einer individuellen Lebensgeschichte im Ganzen und im Zusammenhang der geschichtlichen Prozesse zur Darstellung bringt.

Dass das Geschehen des göttlichen Vollendungswillens das Gute einer individuellen Lebensgeschichte zur Darstellung bringt, schließt den Gedanken eines *Endes der Geschichte* – unter welchen kosmischen Umständen und Zuständen auch immer – ein.[136] Freilich gewinnt der Gedanke eines Endes der Geschichte erst im Lichte der Unterscheidung zwischen wirksamem Handeln und darstellendem Handeln seine präzise Bedeutung. In der transzendenten Sphäre des Reiches Gottes hört das wirksame Handeln im sprachlichen Erkennen und im praktischen Gestalten des Seienden in dieser Weltzeit

---

[136] Vgl. WOLFHART PANNENBERG, Systematische Theologie. Bd. III (wie Anm. 3), 632–641.

ebenso auf wie der Dienst an der darstellenden Vergegenwärtigung des Christus Jesus. Allerdings wird dies alles nicht in die Nacht der Vergessenheit versinken; denn im Trachten nach dem Guten im Verhältnis zu Gott dem Schöpfer und Versöhner wie im Verhältnis je zu unseren Nächsten in der gemeinsamen geschichtlichen Welt manifestiert sich ja das Selbstverständnis und das Selbstverhältnis der Person, das durch die Gnade der Wiedergeburt und der Umkehr neu begründet ist (s. o. S. 201ff.). Also hoffen wir angesichts des Endes unserer je individuellen Lebensgeschichte keineswegs nur „auf Gott“[137]; wir hoffen vielmehr auf jenes göttliche Wirken, welches unser Wirken in dieser Weltzeit dauernd vergegenwärtigt und – von allen seinen Verfehlungen gereinigt und befreit – in seiner bleibenden Bedeutsamkeit erkennen lässt.

Allein in dieser ewigen Darstellung des Guten unserer je individuellen Lebensgeschichte liegt denn auch der Grund ihrer Vollkommenheit. Im Gegensatz zu den neuzeitlichen Ideen einer moralischen Vervollkommnung des Menschengeschlechts – etwa bei Gotthold Ephraim Lessing – ist es im Lichte der biblischen Anschauung des Lebens und der Wirklichkeit klar, dass Vollkommenheit für uns fehlbare und sich tatsächlich selbst verfehlende Wesen kein realistisches Lebensziel sein wird. Nach Paulus muss „das Vollkommene kommen“ (1Kor 13,10). Das Kommen des Vollkommenen widerfährt der individuellen Lebensgeschichte der Person dadurch, dass ihr der Sinn erkennbar wird, den ihr begrenzt und fragmentarisch Gutes im Ganzen der Geschichte Gottes auf Gottes Ziel hin hat. Dass wir uns dessen ewiger Darstellung erfreuen und in ihr „leuchten“ dürfen[138], ist ein Akt der Gnade.

Wenn wir hier das metaphorische Begriffswort „Reich Gottes“ als die ewige Darstellung interpretieren, in der uns das Vollkommen-Sein unserer je individuellen Lebensgeschichte in dieser Weltzeit widerfährt, so führt diese Interpretation zuletzt zu der Frage, in welcher Weise wir das Verhältnis von Ewigkeit und Zeit verstehen können. Mit Recht sagt Wolfhart Pannenberg: „Das Verhältnis von Zeit und Ewigkeit ist das Schlüsselproblem der Eschatologie.“[139] Wir haben bereits in der Lehre vom christlichen Glauben an Gott den Schöpfer das Verhältnis von Gottes Ewigkeit und unserer zeitlichen Erfahrung der Zeit dieser Welt berührt (s. o. S. 114ff.). Daran knüpfen wir jetzt an.[140]

Mit dem Begriffswort „Ewigkeit“ bringen wir die *ursprüngliche Reflexivität* zur Sprache, die dem göttlichen Wesen eignet. Darunter verstehen wir den Sachverhalt, dass Gott als der lebendige Gott – im Gegensatz zu allen Götzen und Idolen – sich selbst erschlossen und sich selbst gegenwärtig ist.

Gottes Sich-gegenwärtig-Sein ist genauer als das dauernde, das bleibende Sichgegenwärtig-Sein zu denken. Eben in diesem dauernden, in diesem bleibenden Sich-

---

137 Dies ist die Meinung von HANS-JOACHIM BIRKNER, Eschatologie und Erfahrung, in: HAYO GERDES (Hg.), Wahrheit und Glaube (FS. Emanuel Hirsch zu seinem 75. Geburtstag), Itzehoe 1963, 31–41; 41, unter Berufung auf EMANUEL HIRSCH, Das Wesen des reformatorischen Christentums, Berlin 1963, 174ff. („Nacht der Bildlosigkeit“). – Soweit der hochverdiente Begründer der Kritischen Gesamtausgabe der Werke Schleiermachers diese Meinung mit dem Schwinden der weltanschaulichen Voraussetzungen einer universalgeschichtlichen Eschatologie untermauert, nimmt er die von Gott geschaffenen und von Gott zu vollendenden transzendentalen Bedingungen nicht ernst genug, die unsere Erfahrung von Wirklichkeit allererst möglich machen!

138 PAUL GERHARDT, EG 529,11.

139 WOLFHART PANNENBERG, Systematische Theologie. Bd. III (wie Anm. 3), 641. Vgl. überhaupt 641–654: Das Reich Gottes als Eintritt der Ewigkeit in die Zeit.

140 Vgl. zum Folgenden bes. EILERT HERMS, Art. Zeit V. Systematisch-theologisch: TRE 36, 533–551.

gegenwärtig-Sein vermag der lebendige Gott einen Anfang zu setzen. Und zwar in zweifacher Hinsicht:

Erstens vermag der lebendige Gott in diesem dauernden, in diesem bleibenden Sich-gegenwärtig-Sein überhaupt einen Anfang zu setzen, einen Anfang seines Wirkens für eine kontingente Wirklichkeit, für eine Welt des Werdens und des Prozedierens in einem eigentümlichen Richtungssinn: In Gottes dauerndem, in Gottes bleibendem Sich-gegenwärtig-Sein vermag Gott zu *erwählen* (s. o. S. 88ff.). Kraft des göttlichen Erwählens konkretisiert sich Gottes dauerndes und bleibendes Sich-gegenwärtig-Sein in einer ursprünglichen Zielbestimmtheit. Gottes ewiges Leben schließt Gottes Aus-Sein auf das eschatische Ziel des Reiches Gottes und damit zukünftige Ewigkeit ein.

Und *zweitens* vermag der lebendige Gott kraft dieses Erwählens ein Wesen von der Seinsart des Menschen als des Ebenbildes Gottes zu schaffen, das ausgezeichnet ist durch *geschaffene Reflexivität*. Darunter verstehen wir den Sachverhalt, dass auch der Mensch sich selbst in einem Sich-gegenwärtig-Sein erlebt, in welchem er – gewiss in begrenzter und in abhängiger Weise – Mögliches wirklich werden und so im Rückblick auf vergangene Entscheidungen zukünftige Situationen seines Lebens in einer gemeinsamen geschichtlichen Welt herbeiführt. In dieser seiner Zeitlichkeit erlebt und erfährt der Mensch die Zeit der Welt, selbst wenn diese seine Zeitlichkeit im Tode erlischt.

Aus alledem dürfen wir folgern:
Mit dem metaphorischen Begriffswort „Reich Gottes" bezeichnen wir jene eschatische Situation der Vollendung, in der es definitive Gemeinschaft zwischen Gott selbst in Gottes dauerndem und bleibenden Sich-gegenwärtig-Sein und dem geschaffenen Ebenbilde Gottes in seinem begrenzten und abhängigen Sich-gegenwärtig-Sein gibt. Ist die eschatische Situation der Vollendung eine Situation definitiver Gemeinschaft, so können wir jene zukünftige Ewigkeit schwerlich als Ende oder als Aufhebung der Zeit verstehen; denn die Zeitlichkeit, die sich in unserem begrenzten und abhängigen Uns-gegenwärtig-Sein zeigt, ist ja die Bedingung, unter der allein uns Vollendung und Vollkommenheit zuteil werden kann. In der Situation des ewigen Reiches Gottes wird dem geschaffenen Ebenbilde dieses Sich-gegenwärtig-Sein dauernd und bleibend gewährt. Deshalb ist es ja allererst möglich, dass wir uns in der ewigen Darstellung unserer je individuellen – von all ihren Verfehlungen gereinigten und befreiten – Lebensgeschichte wechselseitig erkennen und wiedererkennen. Indem wir die Zeitlichkeit des geschaffenen Ebenbildes in ihrer Grundform als Selbstpräsenz auffassen, sprechen wir mit guten Gründen von der Zeitlichkeit des ewigen Lebens, des Lebens in Gottes ewiger Gegenwart, das in jedem Hier und Jetzt in dieser Weltzeit *zukünftig* ist.

Das wird vollends deutlich werden, wenn wir uns dem letzten Aspekt des eschatischen Geschehens zuwenden: der Seligkeit.

5.3.3.4. Seligkeit[141]

Der angefochtene Glaube – das christlich-fromme Selbstbewusstsein in der Glaubensgemeinschaft der Kirche – führt endlich und zuletzt in die Hoffnung auf die *Seligkeit*

---

[141] Vgl. zum Folgenden: FRIEDRICH SCHLEIERMACHER, GL^2 §163 (II, 433–437); PAUL ALTHAUS, Art. Seligkeit: RGG^3 5, 1686–1688; MEDARD KEHL, Art. Anschauung Gottes: $LThK^3$ 1, 706–710; WOLFGANG BEINERT/LEO SCHEFFCZYK/JOSEF SUDBRACK, Art. Seligkeit I.–VII.: $LThK^3$ 9, 437–443; GISBERT GRESHAKE, Art. visio beatifica: $LThK^3$ 10, 810; KONRAD STOCK, Grundlegung der protestantischen Tugendlehre, Gütersloh 1995, 146–159; DERS., Art. Seligkeit III. Dogmengeschichtlich und dogmatisch: RGG^4 7, 1180–1183; Art. Seligkeit IV. Ethisch: ebd. 1183–1184.

des Lebens in der ewigen Gemeinschaft mit Gott im Reiche Gottes. Die Rechenschaft über die Hoffnung, wie wir sie in der Eschatologie abzulegen suchen, kommt darin zum Ziel, dass sie den Charakter des seligen Lebens betrachtet. Das ist im Übrigen auch deshalb angebracht, weil die deutschsprachige evangelische Theologie im 20. Jahrhundert und die von ihr geprägte Verkündigung der Kirche den Aspekt des vollendenden göttlichen Wirkens, den wir mit dem Begriffswort „Seligkeit" bezeichnen, weitgehend aus den Augen verlor.

Von der Seligkeit des ewigen Lebens im Reiche Gottes sprechen wir angesichts der geschichtlichen Erfahrung, dass der angefochtene Glaube – das christlich-fromme Selbstbewusstsein – in dieser Weltzeit unter der fortbestehenden Ambivalenz des Sittlichen und des Unsittlichen, des Guten und des Bösen leidet und über die Verborgenheit des göttlichen Heils-Sinnes erschrickt. Solches Leiden und Erschrecken macht uns deutlich, dass die vollendete Gemeinschaft mit Gott selbst – das letzte Ziel der individuellen Lebensgeschichte im Ganzen des Menschengeschlechts – noch aussteht. Zwar weiß sich der Glaube in der Glaubensgemeinschaft der Kirche auf dem „Weg zur ewigen Seligkeit" (EG 1,5); aber er ist auf diesem Wege doch noch immer mit der Blindheit für Gottes Schöpfer-Sein geschlagen, die sich in den Grund- und Erscheinungsformen der Sünde manifestiert (s. o. S. 153ff.).

Von der Seligkeit des ewigen Lebens im Reiche Gottes sprechen wir aber auch in kritischer Auseinandersetzung mit abstrakten Deutungen des Höchsten Gutes, denen notgedrungen eine abstrakte Fassung der *Glückseligkeit*, des *Glücks* und der *Freude* korrespondiert (s. u. S. 319ff.). Solche abstrakte Deutungen des Höchsten Gutes – wie sie sich etwa in der Ethiko-Theologie Immanuel Kants und Johann Gottlieb Fichtes auf der einen Seite, in zahlreichen Beiträgen zur philosophischen Theorie des Glücks[142] auf der anderen Seite finden – zu erkennen und ihre defizitären Bestimmungen der Seligkeit offen zu legen, ist ein wesentliches Merkmal theologischer Kompetenz, die den Wahrheitsgehalt der christlichen Hoffnung zu entfalten versteht.

Wenn wir uns in der zweifachen Gesprächssituation der Kirche in ihrer Gesellschaft (s. o. S. XVIII) über die Seligkeit des ewigen Lebens im Reiche Gottes verständigen wollen, greifen wir ein zentrales Motiv des apostolischen Kerygmas des Neuen Testaments und der darin aufbewahrten Frohbotschaft des Christus Jesus auf. Nicht nur verheißen die Seligpreisungen der Bergpredigt nach Matthäus den Menschen reinen Herzens, dass sie „Gott schauen" werden (Mt 5,8); auch der Apostel Paulus und die johanneische Schule bezeichnen die Ganz-Erfüllung des Lebens in der transzendenten Sphäre des eschatischen Geschehens – doch wohl im Anschluss an die Gebetssprache des Psalters (vgl. Ps 17,15; 42,3) – als ein „Sehen von Angesicht zu Angesicht" (1Kor 13,12) bzw. als ein Sehen Gottes, „wie er ist" (1Joh 3,2).

Inwiefern ist Gott zu schauen? Und inwiefern liegt darin unaussprechliche und unerschöpfliche Seligkeit?

Die Geschichte des theologischen Denkens hat – jedenfalls seit Augustin[143] – diese Fragen zu beantworten gesucht im Lichte und mit Hilfe der Bestimmung der kategorialen Eigen-Art des Höchsten Gutes, das dem Menschen als dem geschaffenen Person-Sein seine Freude und seinen Frieden gewährt (s. o. S. 125ff.; s. u. S. 321f.). Wenn wir den Namen und das Begriffswort „Gott" im Lichte und mit Hilfe dieser Bestimmung erklären, verstehen wir darunter keine Steigerungsform der einzelnen privaten oder sozialen Güter, die das gemeinsame Leben möglicherweise unter Gottes vorsehendem und len-

---

142 Vgl. bes. MARTIN SEEL, Versuch über die Form des Glücks, Frankfurt a.M. 1995.

143 AUGUSTINUS, De vita beata, 4,34; DERS., De civitate Dei, XXII, 29f.

kendem Wirken hervorzubringen vermag; und wir verstehen darunter ebenso wenig das sittliche Ideal des Lebens oder den Augenblick der ästhetischen Erfahrung. Vielmehr erschließen wir uns im Lichte und mit Hilfe dieser Bestimmung Gottes gottheitliches Wesen, das sich in der Urentscheidung der Wahl der Gnade zur endgültigen Gemeinschaft mit dem Ebenbilde Gottes bestimmt und diese Urentscheidung auf dem Weg des schöpferischen und des versöhnenden Wirkens wahr und wirklich macht (s. o. S. 88ff.). Deshalb ist das Wirklich-Werden dieser Gemeinschaft das Gut schlechthin, dem alle Güter des geschichtlichen Lebens im Rahmen dieses ungeheuren Weltgeschehens und in dessen Richtungssinn zu dienen bestimmt sind.

Dass Gottes Gemeinschaft mit dem Ebenbilde Gottes das Gut schlechthin sei: das ist und bleibt auch dem Glauben in der Glaubensgemeinschaft der Kirche unter der Gewalt der Sünde und in der Angst des Todes noch verborgen. Wenn dieses Gut schlechthin die Anziehungskraft entfalten soll, die jedem Gut zu eigen ist, so entfaltet es diese seine Anziehungskraft nicht anders als in den mannigfachen Formen der Kommunikation des Evangeliums in ihrer sprachlichen und übersprachlichen Gestalt. Erst das eschatische Geschehen jenseits des Todes und durch den Tod hindurch wird dieses Gut schlechthin als *eschaton orekton* (ἔσχατον ὀρεκτόν) – als das in Wahrheit Erstrebenswerte – erscheinen lassen und so dem Selbsterleben der geschaffenen Person vergegenwärtigen.[144] Gott wird geschaut, Gott wird von Angesicht zu Angesicht gesehen, indem der Geist der Wahrheit dem endlichen Geist dieses Gut schlechthin endgültig und in Ewigkeit erschließt. Das eschatische Geschehen ist als solches das *Licht der Herrlichkeit.*[145] Wir dürfen deshalb mit Friedrich Schleiermacher unter dem Schauen Gottes „die vollkommenste Fülle des lebendigsten Gottesbewußtseins“[146] verstehen, die uns in dieser Weltzeit noch nicht gegeben ist.

Wird Gott geschaut, wird Gott von Angesicht zu Angesicht gesehen, so ruft dies Licht der Herrlichkeit die höchste Freude hervor. Seliges Leben ist das Leben in der höchsten Freude. Solche höchste Freude quillt aus der ungetrübten Gewissheit, dass Gott dem individuellen Wesen der Person in radikalem Wohlgefallen und in treuer Liebe nahe ist und ewig nahe bleibt.

5.4. Fazit

Wir sind nicht allein am Ziel unserer dogmatischen Besinnung auf den Wahrheitsgehalt des christlichen Glaubens an Gott den Vollender, sondern auch am Ziel unserer ganzen dogmatischen Besinnung angelangt. Bevor wir uns der Aufgabe widmen, die Ethosgestalt des Glaubens in der Sphäre des privaten wie in der Sphäre des öffentlichen Lebens zu betrachten, halten wir inne und halten wir unsere Erkenntnis in der gebotene Kürze fest. Indem wir uns der Ausführungen über die sachgemäße Gliederung der Dogmatik erinnern (s. o. S. 59ff.), beleuchten wir die Position und das Profil der vorliegenden „Einleitung in die Systematische Theologie“.

Erstens: Der „Grundriss der Dogmatik“ hat seinen Schwerpunkt und sein Schwergewicht in der Lehre vom christlichen Glauben an Gott den Vollender (§ 5). In dieser Lehre besinnen wir uns auf die notwendigen Bedingungen, die erfüllt sein müssen, damit

---

144 Vgl. MAXIMOS DER BEKENNER, PG 90, 1165 A/B.

145 Vgl. MARTIN LUTHER, De servo arbitrio: WA 18, 785 (= LDStA Bd. 1 [wie Anm. 71], 657).

146 FRIEDRICH SCHLEIERMACHER, GL^2 § 163,1 (II, 436).

es in der Gegenwart des Lebens zur Gewissheit der Wahrheit des Evangeliums von Gottes Liebe im Christus Jesus, unserem HERRN, komme (Röm 8, 39). Die notwendige Bedingung dafür und zugleich die hinreichende ist *Gottes Geist*: die erhellende und erleuchtende Macht der Wahrheit, die den Inbegriff des Evangeliums als die Wahrheit für die eigene Lebensgeschichte entdecken und ergreifen lässt (5.1.). Es ist dringend zu wünschen und zu hoffen, dass die Wahrnehmung der verschiedenen theologischen Berufe und der kirchenleitenden Funktionen mehr als bisher Gottes Geist als diese notwendige und zugleich hinreichende Bedingung eines Lebens im Glauben, in der Liebe und in der Hoffnung ernst nehme; denn nur das gründliche Bewusstsein der je gegenwärtigen Macht des göttlichen Geistes vermag die mannigfachen Fehlentwicklungen in der Tradition der Glaubenswahrheit – die bigotten, die verklemmten, die gesetzlichen, die biblizistischen – zu verhindern und zurechtzubringen.

Damit ein Mensch durch Gottes Geist den Inbegriff des Evangeliums als die Wahrheit für die eigene Lebensgeschichte entdecken und ergreifen kann, gibt es die Kommunikation des Evangeliums in der Kirche als der sozialen Gestalt des Glaubens (5.2.). Wir haben uns die wesentlichen Vollzüge der Kommunikation des Evangeliums – den Gottesdienst, die mündliche Verkündigung, die Taufe und das Abendmahl – vergegenwärtigt. In diesen wesentlichen Vollzügen begegnet uns das Evangelium – das Christusgeschehen – nicht unmittelbar; es begegnet uns vielmehr in der Fülle menschlicher Worte und Gedanken, menschlicher Symbole und Rituale, menschlicher Kunstpraxis und Kirchenarchitektur, die in dem apostolischen Kerygma der Heiligen Schrift des Alten und des Neuen Testaments ihren Kanon hat. In dieser reichen Fülle begegnet uns das Evangelium als „äußeres Wort“, um dessen „äußere Klarheit“ sich zu mühen die Sache menschlicher Verantwortung ist. Wir haben schon in der Prinzipienlehre gezeigt, dass jedenfalls nach reformatorischer Erkenntnis die menschliche Verantwortung für das „äußere Wort“ und dessen „äußere Klarheit“ als solche das „innere Wort“ und dessen „innere Klarheit“ nicht erschwingen noch erzwingen kann und dass sie dennoch auf die Verheißung des Geistes hoffen darf (s. o. S. 31f.).

Die Kommunikation des Evangeliums zielt auf die religiös-ethische Mündigkeit, die Luther mit dem metaphorischen Begriff des allgemeinen Priestertums aller Getauften und Glaubenden bezeichnet hatte. Wir aktualisieren diesen Begriff, indem wir in der „Einleitung in die Systematische Theologie“ die Fähigkeit der Selbstverantwortung vor Gott durchweg als Leitbild gegenwärtigen Christ-Seins hervorheben. Die Fähigkeit, das Leben in der Selbstverantwortung vor Gott zu führen, wird konkret sowohl in der Fähigkeit, die wesentlichen Vollzüge der Kommunikation des Evangeliums zu beurteilen, als auch in der Fähigkeit, die Grund- und Einzelentscheidungen des privaten wie des sozialen Alltags im Lichte des Evangeliums zu erwägen und zu treffen.

Um dieser Fähigkeit willen gibt es auch in den Kirchengemeinden und in den Kirchengemeinschaften, die aus der Reformation hervorgegangen sind, eine *Ordnung des kirchlichen Lehramts*, die mit Recht im Zentrum der Kirchenverfassung steht. Es ist zu wünschen und zu hoffen, dass alle kybernetischen Entscheidungen, die in den Presbyterien, den Kirchengemeinderäten und den Synoden in erheblichem Maße von Laien mitgetragen und mitverantwortet werden, geleitet sind von dem Bewusstsein der dienenden Funktion, die dem kirchlichen Lehramt für das christliche Leben in der Selbstverantwortung vor Gott im Alltag der gesellschaftlichen Lebenswelt zukommt.

Nun ist und bleibt die Gewissheit der Wahrheit des Evangeliums, die sich durch Gottes Geist den wesentlichen Vollzügen des „äußeren Wortes“ verdankt, in dieser Weltzeit zutiefst angefochten. Sie ist und bleibt nicht nur der Blindheit der Sünde für Gottes Schöpfer-Sein und der Angst des Todes ausgesetzt; sie wird auch der menschheitlichen und der weltgeschichtlichen Tragweite des Christusgeschehens bei weitem nicht gerecht. So nimmt die Gewissheit der Wahrheit des Evangeliums in der Glaubensgemeinschaft der Kirche ihre Zuflucht bei Gott:

> „HERR, du bist unsere Zuflucht für und für. Ehe denn die Berge wurden und die Erde und die Welt geschaffen wurden, bist du, Gott, von Ewigkeit zu Ewigkeit." (Ps 90,1).

Sie hofft auf das Leben jenseits des Todes und durch den Tod hindurch in ewiger Gemeinschaft mit Gott selbst, die nichts Geringeres als das Ziel der Wege und Gedanken Gottes ist und die Fragmente unserer geschichtlichen Existenz zum Ganzen fügen wird (5.3.).

Zweitens: Wird einem Menschen in der Glaubensgemeinschaft der Kirche durch Gottes Geist das Evangelium als Wahrheit des eigenen Lebens aufgedeckt, so wird er damit in die Christusgemeinschaft – in die Gemeinschaft mit dem Christus Jesus Gottes des Schöpfers – integriert. Sie ist der Gegenstand der dogmatischen Besinnung auf den Wahrheitsgehalt des christlichen Glaubens an Gott den Versöhner (§ 4), die ihrerseits ihr Zentrum in der Darstellung der Existenz des Christus Jesus hat (4.2.).

In der Darstellung der Existenz des Christus Jesus – seiner Frohbotschaft vom Nahe-Kommen des Reiches Gottes in ihm selbst, die im Tode am Kreuz auf Golgatha „vollbracht" ist (Joh 19,30) und in den Erscheinungen des Gekreuzigten als des Auferstandenen in ihrer Wahrheit offenbar wird – ist allerdings vorausgesetzt das Bewusstsein der Sünde und des Schuldig-Werdens, von dem uns die Erfahrung des Gewissens Kunde gibt (4.1.). Wir haben uns darum bemüht, die mannigfachen Grund- und Erscheinungsformen der Sünde in der Geschichte von ihrer Wurzel in der *Begierde* herzuleiten, die das ursprüngliche Begehren der geschaffenen Person nach dem Guten radikal verkehrt. Indem wir diese radikale Verkehrung im Anschluss an das theologische Denken des Johannes-Evangeliums und des Apostels Paulus als die Blindheit für Gottes Schöpfer-Sein interpretierten, erkannten wir die genuine Revelanz des „Wortes von der Versöhnung" (2Kor 5,19). Es bedarf der Gewissheit des göttlichen Versöhnungswillens und Versöhnungswirkens, damit uns die in Gottes schöpferischem Reden und Rufen verborgene Gegenwart des schöpferischen Ursprungs aller Dinge und damit Sinn und Ziel des eigenen Geschaffen-Seins erfahrbar und erkennbar werde.

Dass uns in den Vollzügen der Kommunikation des Evangeliums durch Gottes Geist tatsächlich die in Gottes schöpferischem Wort verborgene Gegenwart des schöpferischen Ursprungs aller Dinge und damit Sinn und Ziel des eigenen Geschaffen-Seins erfahrbar und erkennbar werde, wird unserer Interpretation zufolge Ereignis im Leben mit Gott (4.3.). Wir haben es als die – gewiss fragmentarische und angefochtene – Erfahrung des Heilen, des Ganzen, des Vollkommenen beschrieben. Sie konkretisiert sich in der Lebensführung, die der Bestimmtheit der geschaffenen Person für die geschaffene Person und der Bestimmtheit der geschaffenen Person für Gottes Gemeinschaft mit dem Ebenbilde Gottes gerecht zu werden sucht. Um die politischen Rahmenbedingungen einer solchen Lebensführung im weitesten Sinne des Wortes möglich zu machen, engagiert sich die Glaubensgemeinschaft der Kirche in der Mitgestaltung der sozialen Institutionen und Organisationen, die dann das Thema des „Grundrisses der Theologischen Ethik" sein wird.

Drittens: Die Wahrheitsgewissheit des Glaubens, die sich durch Gottes Geist in der Kommunikation des Evangeliums bildet, kann sich nur bilden unter der Voraussetzung und unter den Bedingungen des ungeheuren Weltgeschehens und seines Richtungssinnes. Nur unter dieser Voraussetzung und nur unter diesen Bedingungen können Wesen von der Seinsart des Menschen entstehen und bestehen, deren männlicher oder weiblicher Leib im Ganzen dieses Sonnensystems und dieser Erdatmosphäre wurzelt und deren personales Selbstbewusstsein für das Ganze der natürlichen wie der geschichtlichen Phänomene offen ist. Im angefochtenen Glauben – im christlich-frommen Selbstbewusstsein – ist daher der Glaube an Gott den Schöpfer stets vorausgesetzt und mitenthalten (§ 3).

Wenn die dogmatische Besinnung dessen Wahrheitsgehalt erschließt, so interessiert sie sich natürlich weder für das Weltbild einer Religionskultur im Kontext des Alten Orients als solches noch macht sie sich vom Stand der derzeitigen naturwissenschaftlichen und anthropologischen Forschung abhängig. Sie konzentriert sich vielmehr auf die Anschauung des Lebens und der Wirklichkeit als *Gottes Wirklichkeit*, von der das Offenbarungszeugnis der Heiligen Schrift Kunde gibt (3.1.); und sie entfaltet diese Anschauung des Lebens und der Wirklichkeit, indem sie Gottes Schöpfer-Sein sowohl als Grund und Ursprung der transzendentalen Bedingungen des Weltgeschehens (3.2.) als auch als Grund und Ursprung des geschaffenen Person-Seins (3.3.) zu verstehen sucht. Sie zielt damit auf die Erkenntnis des Menschen als des Ebenbildes Gottes, die nicht nur für die Lehre vom Glauben an Gott den Versöhner, sondern auch für die Lehre vom Glauben an Gott den Vollender und darüber hinaus für die Besinnung auf die Ethosgestalt des Glaubens von grundlegender Bedeutung ist (3.4.).

Viertens: Unsere dogmatische Besinnung auf die verschiedenen Aspekte des angefochtenen Glaubens – des christlich-frommen Selbstbewusstseins – hat sich auf der Basis des „Grundrisses der Prinzipienlehre“ (s. o. S. 31f.) stets darum bemüht, den inneren sachlogischen Zusammenhang zwischen dem Gegenstand des Glaubens und dem Grund des Glaubens aufzuzeigen. Ich sprach daher ganz konsequent von dem, was dem Glauben in der Glaubensgemeinschaft der Kirche durch Gottes Geist erschlossen und daraufhin *als wahr gewiss* ist. Ich habe damit – wie ich meine – die sachgemäße Alternative zu jener Form des dogmatischen Denkens vorgelegt, die sich – wie das dogmatische Denken bei Karl Barth und in seiner Schule – ausschließlich für den Gegenstand und gar nicht für den Grund des Glaubens interessiert. Allerdings legt es meine Darstellungsweise nahe, den christlichen Glauben an Gott in einem eigenen Paragraphen zum Thema zu machen, statt ihn in die Betrachtung der verschiedenen Aspekte des Glaubens zu integrieren (§ 2). Die systematisch-theologische Besinnung braucht nämlich einen eigenständigen Platz, an dem sie für die zweifache Gesprächssituation der Kirche in der Gesellschaft Rechenschaft ablegt über Sinn und Bedeutung der christlichen Rede von Gott. Indem der „Grundriss der Dogmatik“ den verschiedenen Aspekten der geschichtlichen, der letztgültigen Selbsterschließung Gottes für Gottes Ebenbild nachgeht, bildet er die Brücke zum „Grundriss der Theologischen Ethik“.

Teil III:
Grundriss der Theologischen Ethik

Einführung[1]

Die Glaubensgemeinschaft der Kirche hat ihren Grund in der Gewissheit der Wahrheit des Evangeliums. In dieser Wahrheit – in der Wahrheit des biblischen Zeugnisses vom Versöhnungswillen und vom Versöhnungswirken Gottes des Schöpfers im Christus Jesus und dessen Ausrichtung auf Gottes Vollendungswillen und Vollendungswirken – ist die christliche Anschauung des Lebens und der Wirklichkeit konzentriert. Wird diese Wahrheit in den mannigfachen Gestalten der Kommunikation des Evangeliums – in Wort und Sakrament – verstehbar gegenwärtig und wird sie kraft des Geistes Gottes zur individuellen Gewissheit, so versetzt sie die Person in die Gemeinschaft mit dem Christus Jesus selbst und zugleich in die Gemeinschaft mit allen, die der Wahrheit des Evangeliums teilhaftig wurden und teilhaftig werden (Gal 3,28). In dieser Gemeinschaft weiß sich die Person vom Unheilszusammenhang der Sünde und von der Angst des Todes befreit (Joh 16,33); und so eröffnet ihr die Gewissheit des Glaubens das Leben in der Ordnung der Liebe und in der Energie der Hoffnung auf die zukünftige, die ewige Vollendung ihrer fehlbaren, ihrer versuchlichen, ihrer sterblichen Existenz (1Kor 15,53–55).

Es war die Intention des „Grundrisses der Dogmatik“, im Lichte und im Rahmen der „Prinzipienlehre“ die christliche Anschauung des Lebens und der Wirklichkeit, wie sie im Selbstzeugnis des Christus Jesus ursprünglich gegeben und in der Geschichte der kirchlichen Überlieferung und der kirchlichen Lehrbekenntnisse tradiert wird, in konsistenter und kohärenter Weise zu entfalten. In dieser Entfaltung haben wir ein besonderes Augenmerk auf die Beschreibung der Sozialgestalt des Glaubens – der Kirche – gelegt; denn eben in ihrem Zusammenhang und nur in ihrem Zusammenhang vollzieht sich die Bildungsgeschichte der Person, die von der christlichen Anschauung des Lebens und der Wirklichkeit bedingt und bestimmt wird. Was das Sein und was die Bestimmung des Menschen überhaupt ausmacht – im völligen Vertrauen auf die Gnade Gottes des Schöpfers dieses irdische Leben in der Ordnung der Liebe und in der Hoffnung auf die zukünftige, die ewige Vollendung in der Anteilhabe an Gottes ewigem Leben zu führen: in der kirchlichen Kommunikation des Evangeliums in Wort und Sakrament begegnet es dem

---

1 Vgl. zum Folgenden bes.: PAUL L. LEHMANN, Ethik als Antwort. Methodik einer Koinonia-Ethik (1963), dt. München 1966; ERNST WOLF, Sozialethik. Theologische Grundfragen, Göttingen 1975; MARTIN HONECKER, Einführung in die Theologische Ethik, Berlin/New York 1990 (Lit.!); DIETZ LANGE, Ethik in evangelischer Perspektive. Grundfragen christlicher Lebenspraxis, Göttingen 1992; MARTIN HONECKER, Grundriß der Sozialethik, Berlin/New York 1995 (Lit.!); JOHANNES FISCHER, Handlungsfelder angewandter Ethik: eine theologische Orientierung, Stuttgart 1998; WOLFGANG ERICH MÜLLER, Evangelische Ethik, Darmstadt 2001; JOHANNES FISCHER, Theologische Ethik. Grundwissen und Orientierung, Stuttgart 2002; SVEND ANDERSEN, Einführung in die Ethik. Unter Mitwirkung von NIELS GRÖNKJAER/KEES VAN KOOTEN NIEKERK/TROELS NÖRAGER/LARS REUTER, Berlin/New York 2005[2]; STEFAN GROTEFELD/MATTHIAS NEUGEBAUER/JEAN-DANIEL STRUB/JOHANNES FISCHER (Hg.), Quellentexte theologischer Ethik. Von der Alten Kirche bis zur Gegenwart, Stuttgart 2006; JOHANNES FISCHER/STEFAN GRUDEN/ESTHER IMHOF/JEAN-DANIEL STRUB, Grundkurs Ethik. Grundbegriffe philosophischer und theologischer Ethik, Stuttgart 2008[2]; ULRICH H. J. KÖRTNER, Evangelische Sozialethik, Göttingen 2008[2].

einzelnen Menschen, um im Herzen und im Gewissen einzuwurzeln und von daher seine Lebensführung ganzheitlich zu prägen.

Der „Grundriss der Dogmatik" expliziert daher selbst und als solcher eine spezifische *Lebenslehre* – diejenige Lebenslehre, die Paulus in die prägnanten Chiffren „vernünftiger Gottesdienst" (Röm 12,1) und „Wandeln im Geist" (Gal 5,25) gefasst hat. Diese Lebenslehre beruht auf der Erkenntnis des schöpferischen Wollens als des letzten tragenden Grundes eines uns Menschen allen zugemuteten geschöpflichen Sollens; sie nimmt allerdings auch die Erfahrung des Widerspruchs zwischen dem geschöpflichen Wollen und der selbstverantwortlichen Erfüllung des schöpferischen Wollens und damit die individuelle und die gemeinschaftliche Verfehlung des schöpferischen Wollens in die Beschreibung der christlichen Existenz auf (vgl. Mk 14,66–72; Röm 2,14.15; 7,15). So zeigt sie – die Lebenslehre der Dogmatik –, wie sich das Leben des Glaubens, der Hoffnung und der Liebe aus der Gesinnung der Person und ihrer tiefen innerlichen Übereinstimmung mit dem schöpferischen Wollen Gottes ergibt, die allerdings in dieser Weltzeit immer nur im Werden ist – und d. h.: die sich in dieser Weltzeit nach wie vor in den Situationen der Anfechtung, des sinnwidrigen Leids und der allgemeinen Gewalt- und Konfliktbereitschaft bewegt.

Nun vollzieht sich das Leben des Glaubens, der Hoffnung und der Liebe im Alltag der sozialen, geschichtlichen Welt. In diesem Alltag gilt es, die Übereinstimmung mit Gottes schöpferischem Wollen – mit dem Mandat Gottes des Schöpfers (s. o. S. 142ff.) – in der verantwortlichen Gestaltung und Mitgestaltung aller Lebensverhältnisse einer Gesellschaft jeweils neu zu suchen. Die Lebenslehre der dogmatischen Besinnung zielt daher sinnvoller- und notwendigerweise auf eine Theorie der christlich-religiösen Lebenspraxis, die angesichts der unabweisbaren Entscheidungssituationen im Raum des Privaten wie im Raum des Öffentlichen zu einer begründeten ethischen Orientierung und zu einer nachvollziehbaren ethischen Urteilsbildung anleitet. Sie zielt auf eine Theologische Ethik, die wir im Einklang mit der Darstellung des „Grundrisses der Prinzipienlehre" auf dem Boden der reformatorischen Erkenntnis der Relation von Offenbarung und Glaube entwickeln wollen (s. o. S. 31f.). Die Erkenntnis dieser Relation hat selbst fundamentalethischen Rang, der sich nicht nur im Gespräch mit der römisch-katholischen Morallehre, sondern auch im Gespräch mit den herausragenden philosophischen Lebenslehren in älterer wie in neuerer Zeit zu bewähren hat.

Weil die Theologische Ethik die Lebenslehre voraussetzt, die in der dogmatischen Besinnung auf den Grund und auf den Gegenstand des Glaubens schon zur Sprache kommt, wird sie sachgemäß nur als der unverzichtbare *dritte Teil der Systematischen Theologie* entworfen werden können. Die dogmatische Besinnung auf das Leben des Glaubens, der Hoffnung und der Liebe in der gewiss stets angefochtenen Übereinstimmung mit Gottes schöpferischem Wollen bleibt abstrakt und unvollständig, wenn sie nicht in eine Theologische Ethik im Sinne einer Lehre von der christlich-religiösen Lebenspraxis in der jeweiligen sozio-kulturellen Gesamtlage einer Gesellschaft mündet.[2] Umgekehrt laufen die Konzeptionen einer „ethischen Theologie" Gefahr, jenes Verständnis des Lebens und der Wirklichkeit im Unklaren zu lassen oder gar zu verschweigen, in dessen Licht und Horizont das Leben des Glaubens, der Hoffnung und der Liebe

---

[2] Diese kritische Einschätzung bezieht sich auf nicht wenige der anspruchsvollen und bedeutenden Beiträge zur Dogmatik in der deutschsprachigen evangelischen Theologie des 20. Jahrhunderts, insbesondere auf die Beiträge Gerhard Ebelings, Wolfhart Pannenbergs, Eberhard Jüngels, Gerhard Sauters und Oswald Bayers.

allererst plausibel und erstrebenswert wird.[3] Angesichts des schwierigen Verhältnisses zwischen der Dogmatik und der Ethik in der neueren Theologiegeschichte und angesichts des unbefriedigenden und besorgniserregenden Zustands, in dem die evangelischen Kirchen in der Bundesrepublik Deutschland sich – was die kirchliche Lehre und was die Aufsicht über die kirchliche Lehre anbelangt – befinden, plädiere ich mit allem Nachdruck für das Programm einer Systematischen Theologie, das die Dogmatik und die Ethik im Interesse der Freiheit eines Christenmenschen im präzisen Sinne des Begriffs integriert (s. o. S. XXII).

Als die Theorie des christlichen Ethos in dieser unserer Gegenwart steht die Theologische Ethik vor großen Herausforderungen, die sie miteinander anzunehmen und zu bewältigen hat, will sie die anspruchsvolle Aufgabe der ethischen Orientierung und Beratung in der Kirche für die Gesellschaft wirklich erfüllen.

Sie hat *erstens* auf die verschiedenen Ethosgestalten zu achten, die schon das Offenbarungszeugnis der Heiligen Schrift des Alten und des Neuen Testaments selbst umfasst; und sie hat im Gespräch mit den anderen theologischen Disziplinen – insbesondere im Gespräch mit den Bibelwissenschaften – zur Interpretation der Texte beizutragen, die die verschiedenen Ethosgestalten des frühen Christentums in ihrer jeweiligen Quellensprache überliefern.[4]

Zweitens hat die Theologische Ethik das Bewusstsein dafür zu schärfen, dass sich die verschiedenen Ethosgestalten, die das Offenbarungszeugnis der Heiligen Schrift selbst umfasst, nicht unmittelbar und nicht direkt auf die Lebensführung der Mitglieder der Glaubensgemeinschaft in der sozio-kulturellen Umwelt hochentwickelter und ausdifferenzierter Gesellschaften übertragen lassen; sie hat also – insbesondere im Gespräch mit der Kirchlichen Zeitgeschichte und mit der Praktischen Theologie – zum Verstehen der „Zeichen der Zeit" beizutragen, wie die Kirchliche Zeitgeschichte und wie die Praktische Theologie umgekehrt auf die Prinzipien- und Kategorienlehre der Theologischen Ethik angewiesen sind und diese nur zu ihrem Schaden ignorieren können.

Zu diesem Verstehen der „Zeichen der Zeit" gehört es nun – *drittens* – anzuerkennen, dass sich seit dem Humanismus der Renaissance-Epoche und seit der Aufklärung der euro-amerikanischen Moderne ein philosophischer Ethik-Diskurs etablierte, der – im Rückgriff auf die Lebenslehren des antiken Philosophierens und auch im scharfen Widerspruch zu den christlichen Ethosgestalten – eine rein vernünftige Begründung der individuellen Moral, der sittlichen Normen und der Prinzipien des Gemeinwohls intendiert. Die Theologische Ethik ist daher gehalten, im kritischen Gespräch mit diesem Diskurs ihre Sicht des Verhältnisses von praktischer Vernunft und Offenbarung, von vor- und außerchristlicher Moralität und christlich-religiöser Sittlichkeit darzustellen.

Viertens schließlich hat die Theologische Ethik im Anschluss an die Prinzipienlehre (s. o. S. 47ff.) und im Kontext der Dogmatik eine wissenschaftliche Form zu entwickeln.

---

3 Vgl. bes. TRUTZ RENDTORFF, Ethik. Grundelemente, Methodologie und Konkretionen einer ethischen Theologie. Bd. I/II, Stuttgart Berlin Köln Mainz 1980/1981; 1990².

4 Für die bibelwissenschaftliche Erforschung der Ethosgestalten im Alten und im Neuen Testament – insbesondere der ethischen Konkretionen der Verkündigung Jesu von Nazareth – sei verwiesen auf: RUDOLF SMEND, Art. Ethik III. Altes Testament: TRE 10, 423–435; WOLFGANG SCHRAGE, Art. Ethik IV. Neues Testament: ebd. 435–462; ECKART OTTO/FRIEDRICH WILHELM HORN, Art. Ethik III. Biblisch: RGG⁴ 2, 1603–1610; MICHAEL WOLTER, Die ethische Identität christlicher Gemeinden in neutestamentlicher Zeit, jetzt in: DERS, Theologie und Ethos im frühen Christentum. Studien zu Jesus, Paulus und Lukas (WUNT 236), Tübingen 2009, 121ff. – Es empfiehlt sich freilich nicht, den Begriff der Ethik bereits für die Quellensprachen der biblischen Überlieferung zu verwenden.

Sie bedarf einer wissenschaftlichen Sprache, die es ihr erlaubt, in der Auseinandersetzung mit den verschiedenen Richtungen des philosophischen Ethik-Diskurses das sittliche Sein der Person und damit die Aufgabe des sittlichen Handelns – also die endliche, geschaffene Freiheit und die Wahrnehmung der Verantwortung, die in der endlichen, geschaffenen Freiheit des Mensch-Seins gründet – angemessen zu bestimmen. Mit Hilfe dieser wissenschaftlichen Form dient sie letzten Endes auch der Interpretation der Quellensprache, in der uns die Ethosgestalten des frühen Christentums überliefert sind, ebenso wie der Aktualisierung und Fortschreibung des reformatorischen „Neubaus der Sittlichkeit“ (Karl Holl).[5]

Es muss der ausgeführten Darstellung der Theologischen Ethik vorbehalten bleiben, diese vier großen Herausforderungen anzunehmen. Im Rahmen dieses „Grundrisses der Theologischen Ethik“ wollen wir uns konzentrieren auf den zuletzt genannten Punkt: wir suchen eine Antwort auf die Frage, in welcher wissenschaftlichen Form die ethische Theorie entwickelt werden muss, damit sie in der Lage ist, in kritischer Beziehung auf den Stand und auf den Weg der philosophischen Ethik-Diskurse die prägende, die handlungsorientierende Kraft der Wahrheitsgewissheit des Glaubens in der Situation der hochentwickelten, der ausdifferenzierten Gesellschaften der euro-amerikanischen Moderne plausibel zu machen.

Um dieses Programm in elementarer und in exemplarischer Weise vorzustellen, gehen wir aus von einer ethischen Prinzipienlehre, welche die wichtigsten Kategorien der Theologischen Ethik einführen und bestimmen wird.

Diese Prinzipienlehre wird zuallererst die Eigen-Art der Theologischen Ethik in ihrem Verhältnis zur Dogmatik charakterisieren und auf die letztgenannte Herausforderung der Theologischen Ethik – ihre Pflicht zu einer angemessenen wissenschaftlichen Form – hinführen.

Diese Hinführung wird uns vor Augen bringen, dass jene unausweichliche, jene uns vorgegebene und geradezu auferlegte Grund-Situation, derer wir Menschen alle uns unmittelbar bewusst sind – die Grund-Situation, je in der Gegenwart unseres Lebens im Rahmen des natürlichen Weltgeschehens und im Verhältnis zu anderen Wesen unseresgleichen und im Verhältnis zu Gott dem Schöpfer selbstbewusst-frei *handeln* und d. h. sprachlich-kommunikative und praktisch-organisierende Entscheidungen treffen zu müssen, für deren Folgen wir einzustehen haben – genau das Thema ist, das niemand wird bestreiten können und auf das sich jede Theorie des Ethischen wird beziehen müssen (§ 1).[6]

Indem wir uns auf diese Grund-Situation besinnen, erschließen wir uns diejenigen Prinzipien, die aus der Sicht des christlichen Glaubens und der kirchlichen Glaubenslehre für das verantwortungsbewusste Handeln in den Entscheidungssituationen des priva-

---

5 Vgl. KARL HOLL, Der Neubau der Sittlichkeit, in: DERS., Gesammelte Aufsätze zur Kirchengeschichte I. Luther, Tübingen 1923[2.3], 155–287.

6 Wir werden – im Einklang mit unserer Darstellung der theologischen Lehre vom Menschen (s. o. S. 125ff.) – weiter unten den transzendentalen Charakter betonen, den diese Beschreibung der primären Gewissheit des individuellen Freiheitsgefühls in Anspruch nimmt (s. u. S. 310ff.). Der transzendentale Charakter dieser Beschreibung gilt natürlich auch in solchen empirischen Situationen, in denen Menschen wegen ihrer körperlichen, seelischen oder geistigen Behinderung nur in eingeschränkter Art und Weise oder so gut wie gar nicht in der Lage sind, das sittliche Sein der Person eigenverantwortlich zu realisieren. Er lässt uns insbesondere verstehen, dass die empirischen Situationen der Behinderung durchaus ein Spektrum sprachlicher Willensbekundungen einschließen können, die für Betreuer, Begleiter und Pfleger verbindlich und verpflichtend sind.

ten wie des öffentlichen Lebens maßgeblich sind (§ 2). Im Lichte dieser Prinzipien werden wir die materiale Ethik in die Pflichtenlehre (§ 3), in die Tugendlehre (§ 4) und in die Güterlehre (§ 5) gliedern.[7]

Es wird sich in der Ausführung dieser Gliederung zeigen, dass die Güterlehre, die das Ethos des Glaubens im Raum des privaten wie im Raum des öffentlichen Lebens darzustellen hat, den Schwerpunkt der Theologischen Ethik bildet.

Indem wir diesem Schwerpunkt der Theologischen Ethik – der Güterlehre – in unserer Darstellung gerecht zu werden suchen, werden wir den *Gemeingeist* der Christusgemeinschaft, wie sie jeweils kirchlich geordnet ist, in ihrer jeweiligen gesellschaftlichen Lebenswelt erkunden: und zwar in individualethischer, in organisationsethischer und in sozialethischer Hinsicht.

Wir werden aber auch – im Einklang mit dem christlichen Bewusstsein der Sünde und der Sündenschuld, wie es in der Gewissheit der Wahrheit des Evangeliums stets mitenthalten ist – nicht übersehen, dass sich der Gemeingeist der kirchlich geordneten Christusgemeinschaft in dieser Weltzeit nicht anders artikulieren und realisieren wird als im Austausch mit dem Geist und mit dem Ungeist ihrer jeweiligen gesellschaftlichen Lebenswelt. Dieser Austausch findet – jedenfalls in den Gesellschaften der euro-amerikanischen Moderne – im Medium der politischen Willensbildung des Volkes statt, für die die Öffentliche Meinung in ihren Institutionen und in ihren Organisationen schlechterdings bestimmend ist.

Als Theorie der Ethosgestalt des christlichen Glaubens will die Theologische Ethik – die dritte Subdisziplin der Systematischen Theologie – die Mitglieder der kirchlich geordneten Christusgemeinschaft insgesamt und die Inhaber kirchenleitender Ämter und Funktionen ganz besonders dazu rüsten, die christliche Sicht der Selbstverantwortung der Person vor Gott für die Erfüllung des Mandats Gottes des Schöpfers sowohl gewinnend als auch protestierend zu artikulieren (s. o. S. 142ff.). Nach allem, was die dogmatische Besinnung auf den Wahrheitsgehalt des christlichen Glaubens an Gott den Schöpfer erbracht hat, gibt es ein genuines Kriterium, das über die sittliche Qualität der menschlichen Lebensführung in den Bereichen des privaten wie des öffentlichen Lebens entscheidet.

Dieses Kriterium ist uns in der Erkenntnis jenes Mandats Gottes des Schöpfers erschlossen, das die selbstbewusst-freie Weise des individuellen Handlungsvermögens der Person für ihre Bestimmtheit für Gott in Anspruch nimmt. Das Mandat Gottes des Schöpfers nimmt die Person – und zwar in ihren interpersonalen und intersubjektiven Beziehungen im Geschlechtsverhältnis wie in den institutionellen Formen der Freiheit – in Anspruch für die Erhaltung des Menschengeschlechts unter den notwendigen Bedingungen der präpersonalen Prozesse des Weltgeschehens; und es nimmt die Person darüber hinaus in Anspruch dafür, das Evangelium vom Versöhnungswillen und vom Versöhnungswirken Gottes des Schöpfers zu überliefern, zu verbreiten und zu vergegenwärtigen – jene befreiende Wahrheit, die die Verachtung und Verkennung des schöpferischen Willens Gottes aufhebt und überwindet und eben damit auch die Angst des Todes tragen und ertragen lässt (s. o. S. 201ff.). Der „Grundriss der Theologischen Ethik", wie er hier entfaltet wird, möchte die evangelischen Kirchen in der Bundesrepublik Deutschland dazu bewegen, dieses Kriterium in den Institutionen und Organisationen der Öffentlichen Meinung entschiedener, provokativer und einladender als bisher zur Sprache zu bringen.

---

[7] Soweit ich sehe, ist diese Gliederung in der neueren deutschsprachigen evangelischen Theologie nur befolgt worden von RICHARD ROTHE, Theologische Ethik. Bd. I–III, Wittenberg 1845–1848; Bd. I–V, Wittenberg 1867–1871[2].

Die ethische Reflexion auf die sittliche Qualität der menschlichen Lebensführung in der Sicht des Glaubens stößt mitten im Leben und schließlich am Ende des Lebens in dieser Weltzeit an ihre Grenzen. Sie stößt an ihre Grenzen in den Situationen des Leidens – des Leids der Krankheit, der Behinderung, der Ausgrenzung, der Ächtung –, und sie stößt erst recht an ihre Grenzen in den Situationen, in denen wir *das Leben lassen* müssen. So gewiss der „Grundriss der Theologischen Ethik" ethische Brennpunkte erörtert, die des gesammelten Erkenntnis- und Entscheidungsvermögens gesunder Zeitgenossinnen und Zeitgenossen bedürfen, so gewiss wendet er sich dagegen, das jederzeit präsente Todesbewusstsein zu verschweigen und zu verdrängen. Wie der „Grundriss der Dogmatik" will der „Grundriss der Theologischen Ethik" letzten Endes deutlich machen, dass der christliche Glaube an Gott den Schöpfer, den Versöhner und den Vollender eine prägnante *ars moriendi* ist. Eine Orientierung im Leben und für das Leben, die nicht als solche letztlich Hilfe im Sterben und Trost im Sterben ist, ist nichts wert.

§ 1 Begriff und Aufgabe der Theologischen Ethik

Im Ganzen einer Systematischen Theologie – und damit im Zusammenhang der systematischen Besinnung auf das Wahrheitsbewusstsein des Glaubens und auf die kirchenleitende Funktion der öffentlichen Lehre – will die Theologische Ethik die Ethosgestalt des Glaubens im privaten wie im öffentlichen Leben betrachten. Um uns nun mit der besonderen Aufgabe der Theologischen Ethik im Ganzen einer Systematischen Theologie vertraut zu machen, beginnen wir mit einer Bestimmung des Verhältnisses von Dogmatik und Theologischer Ethik (1.1.). Diese Bestimmung erinnert an das reformatorische Verständnis der kirchenleitenden Funktion der öffentlichen Lehre und legt daher den kritischen Vergleich mit den Intentionen der Moraltheologie im Rahmen römisch-katholischer Theologie nahe (1.2.). Im Anschluss daran heben wir die formale Differenz hervor, die wir zwischen einer theologischen Theorie des Ethischen und einer philosophischen Theorie des Ethischen entdecken können (1.3.). Endlich führen wir den Begriff des *Handelns* ein, von dem die wissenschaftliche Form der Theologischen Ethik ihren Ausgang nimmt (1.4.).

1.1. Das Ethos des Glaubens und die theologische Theorie. Zum Verhältnis von Dogmatik und Theologischer Ethik[1]

Das Begriffswort „Ethos" ist aus dem Griechischen entlehnt. Es bezeichnet eine *Sitte* – also einen Inbegriff von Normen, von Regeln oder Maximen des sprachlichen und des praktischen Handelns –, die in einer geschichtlich gewordenen Gemeinschaft in Geltung stehen und deren Befolgung die Mitglieder einer Gemeinschaft gegenseitig erwarten; es bezeichnet aber auch die *Gewohnheit* – also die freie Anerkennung solcher Normen, Regeln oder Maximen, die die notwendige Bedingung dafür ist, sie aus eigener Einsicht in das Richtige und in das Gute zu befolgen. Das Begriffswort „Ethos" weist somit auf zwei Aspekte unserer Lebensführung in einer geschichtlich gewordenen Gemeinschaft hin: *zum einen* auf den Aspekt einer inhaltlich bestimmten Ordnung des Kommunizierens und des Interagierens, und *zum andern* auf den Aspekt der individuellen Aneignung im Laufe einer Lern- und Bildungsgeschichte. Dabei versteht es sich von selbst, dass die individuelle Aneignung einer geschichtlich vorgegebenen, einer inhaltlich bestimmten Ordnung des Kommunizierens und des Interagierens durchaus auch kritische und innovative Impulse einschließt – sowohl in den privaten Lebensbereichen der Familie, der Ehe, der Liebe und der Freundschaft als auch in der Ordnung der Wirtschaft, des politisch gesetzten Rechts, der Wissenschaft und der Technik. Auch die Verfassung einer religiösen Kommunikation wie die der Kommunikation des Evangeliums in Wort und Sakrament, in Unterricht und Seelsorge lässt übrigens ein ethisches Interesse erkennen und ist insofern Gegenstand der ethischen Reflexion.

---

[1] Vgl. zum Folgenden bes.. KONRAD STOCK, Art. Sitte/Sittlichkeit: TRE 31, 318–333; EILERT HERMS, Art. Ethos: RGG^4 2, 1640–1641; KIRSTEN HUXEL, Art. Sitte II. Ethisch: RGG^4 7, 1353–1354.

Von den verschiedenen Gebräuchen, Konventionen, Üblichkeiten und Komments der Sittengeschichte unterscheidet sich die Ordnung eines Ethos dadurch, dass sie bezogen ist auf eine Gewissheit hinsichtlich des Höchsten Gutes unserer Existenz in dieser Weltzeit und dass sie dieses Höchste Gut in ihren einzelnen Entscheidungen und Schritten zu erreichen strebt (s. u. S. 321ff.). Im Spektrum der verschiedenen Deutungen des Höchsten Gutes ist jedenfalls das Ethos des christlichen Glaubens – und zwar im Kontext der Glaubensgeschichte Israels – von der Gewissheit geprägt, dass dieses Höchste Gut und damit die Bestimmung des Mensch-Seins letzten Endes in der frei-willentlichen Wahrnehmung des Mandats Gottes des Schöpfers besteht, die in der Anschauung Gottes, in der Gemeinschaft mit Gottes ewigem Leben jenseits des Todes und durch den Tod hindurch ihre Fülle und Vollendung findet (s. o. S. 280ff.). In dieser Hinsicht können wir das Ethos, wie es der christliche Glaube in seiner Geschichte ausbildet, mit dem Ethos anderer religiöser Traditionsprozesse wie dem des jüdischen und des islamischen formal vergleichen, während es zahlreichen Ethosgestalten in der moralischen Kommunikation der Öffentlichen Meinung zutiefst und radikal widerspricht.

Um nun die Eigenart und die besondere Leistung der Theologischen Ethik vorzustellen, die sie von der Eigenart und von der besonderen Leistung der Dogmatik unterscheidet, wollen wir im Einklang mit unserer bisherigen Darstellungsweise an das grundlegende Verhältnis erinnern zwischen der Wirklichkeit des angefochtenen Glaubens – des christlich-frommen Selbstbewusstseins – und dem Inbegriff der kirchlichen Lehre, wie wir es im „Grundriss der Prinzipienlehre" eingeführt und bestimmt hatten (s. o. S. 43ff.). Niemand dürfte in älterer und in neuerer Zeit dieses grundlegende Verhältnis klarer und deutlicher erfasst haben als Friedrich Schleiermacher, an dessen Gedankengang wir uns hier anschließen wollen.[2] Er hat angesichts des kirchen- und theologiegeschichtlich zu beobachtenden Schwankens hinsichtlich der richtigen Zuordnung von Dogmatik und Theologischer Ethik nach wie vor besonderes Gewicht.[3]

Zum einen begegnet uns das Ethos des christlichen Glaubens in der Form der kirchlichen Überlieferung sowie der festgestellten und von Rechts wegen in den mannigfachen kirchlichen Gemeinschaften geltenden Lehre – angefangen von den paränetischen Partien des biblischen Doppel-Kanons über die Auslegung des Dekalogs in Luthers Katechismen bis hin zu den Bestimmungen der Barmer Theologischen Erklärung und zu den Ansätzen einer ethischen Orientierung in den Denkschriften und in den Verlautbarungen der Evangelischen Kirche in Deutschland.[4] Alle diese Texte verstehen sich – oder haben sich jedenfalls angemessen zu verstehen – als Aussagen über die Wirklichkeit des Glaubens als der Gewissheit der Wahrheit des Evangeliums, über deren Grund und deren

---

2 Dieser Gedankengang findet sich vor allem in der „Allgemeinen Einleitung" der Vorlesungen über die christliche Sitte (CS 1–96). – Zu Schleiermachers Sittenlehre vgl. die grundlegende Untersuchung von HANS-JOACHIM BIRKNER, Schleiermachers christliche Sittenlehre im Zusammenhang seines philosophisch-theologischen Systems, Berlin 1984. Schleiermachers Konzeption ist zuletzt eingehend interpretiert worden von EILERT HERMS, Schleiermachers Christliche Sittenlehre, in: WILFRIED HÄRLE/BERND-MICHAEL HAESE/KAI HANSEN/EILERT HERMS (Hg.), Systematisch Praktisch. FS. Reiner Preul (MThSt 80), Marburg 2005, 113–172.

3 Vgl. hierzu die präzise Skizze von HANS-JOACHIM BIRKNER, Das Verhältnis von Dogmatik und Ethik: HCE I, 281–296.

4 Trotz der fundamentaltheologischen Differenz, die wir bereits im „Grundriss der Prinzipienlehre" zwischen der römisch-katholischen und der reformatorischen Sicht der Autorität des kirchlichen Lehramts festgestellt hatten (s. o. S. 29ff.), hat die Theologische Ethik natürlich auch die Texte ernst zu nehmen, in denen das römisch-katholische Lehramt das Ethos des Glaubens zur Sprache bringt, insbesondere die Texte der Soziallehre oder der Sozialverkündigung seit der Enzyklika „Rerum novarum" von Papst Leo XIII.

Gegenstand die kirchliche Lehre in ihrer streitbefangenen Geschichte Auskunft gibt. Insofern waltet – ganz im Gegensatz zur Intention einer „ethischen Theologie" – in der Geschichte der kirchlichen Überlieferung und der kirchlichen Lehre ein ursprünglicher Zusammenhang zwischen den Aussagen über die Wirklichkeit des Glaubens und den Aussagen über die Lebensführung in der Kraft des Glaubens, der Liebe und der Hoffnung, die sich in der Verantwortung für das Leben im Raum des Privaten wie im Raum des Öffentlichen bewährt. Dieser ursprüngliche Zusammenhang ruft aus gutem Grund die systematische Konzeption hervor, welche die Disziplinen der Dogmatik und der Theologischen Ethik möglichst integrieren möchte. Sie macht mit der Erkenntnis ernst, dass die „christliche Sittenlehre... auch Glaubenslehre" ebenso wie die „christliche Glaubenslehre auch Sittenlehre" ist.[5]

Zum andern ist nun allerdings zu bedenken, dass sich die Wirklichkeit des angefochtenen Glaubens – des christlich-frommen Selbstbewusstseins der Person in ihrer Lebensgeschichte und in ihrem Lebensgeschick – in Intentionen manifestiert, die sich aus ebenso gutem Grunde unterscheiden lassen. *Einerseits* nämlich strebt der Glaube in der Glaubensgemeinschaft der Kirche nach immer tieferer Erkenntnis des Grundes, dem er sich verdankt – bis hin zur Erkenntnis des dreieinigen und dreifaltigen Gottes; *andererseits* aber strebt der Glaube in der Glaubensgemeinschaft der Kirche nach einer Lebensform, welche jenen Grund des Glaubens in den einzelnen Entscheidungen des Alltags in den Räumen des Privaten wie des Öffentlichen auch bezeugt. Der angefochtene Glaube – das christlich-fromme Selbstbewusstsein der Person – empfindet also eine doppelte Intention. Wegen dieser doppelten Intention – wegen des Interesses an der immer tieferen Erkenntnis unseres Verhältnisses zu Gott selbst und wegen des Impulses zu einer ganzheitlichen Lebensform, die dem ursprünglichen Willen Gottes zur Gemeinschaft mit dem Ebenbilde Gottes und dem Mandat, das darin gründet, entspricht – gibt es mit Recht eine inhaltliche Differenz zwischen der Geschichte der kirchlichen Glaubenslehre und der Geschichte der kirchlichen Sittenlehre, die sich in den systematischen Konzeptionen einer gesonderten wissenschaftlichen Darstellung der Dogmatik und der Theologischen Ethik niederschlägt.[6]

---

5 FRIEDRICH SCHLEIERMACHER, CS 12. – Gewichtige Beispiele dieser Konzeption: THOMAS VON AQUINO, Summa Theologiae; JOHANNES CALVIN, Inst. 1559 (bes. III, 6–8); MARTIN KÄHLER, Die Wissenschaft der christlichen Lehre von dem evangelischen Grundartikel aus im Abrisse dargestellt, Leipzig 1905[3] (Neuauflage Neukirchen-Vluyn 1966); KARL BARTH, KD I/2 (§ 22,3); II/2 (§§ 35–39); III/4; IV/4 (KARL BARTH GA II, Zürich 1971); PAUL TILLICH, STh I – III.

6 Vgl. FRIEDRICH SCHLEIERMACHER, CS 23: „Welche sind nun ihrem Inhalte nach Säze, die in engerem Sinne die dogmatischen sind? Diejenigen offenbar, welche das Verhältniß des Menschen zu Gott, aber als Interesse ausdrükken, wie es seinen verschiedenen Modificationen nach in Vorstellungen ausgeht. Und welche sind ihrem Inhalte nach die ethischen Säze in dem Gebiete der Frömmigkeit? Diejenigen, welche ganz dasselbe ausdrükken, aber als innern impetus, der in einen Cyklus von handlungen ausgeht." (im Original gesperrt!). – Schleiermacher selbst schwebte diese systematische Konzeption vor, die bedauerlicherweise nicht zur Ausführung gelangte. Wichtige kritische Fragen an Schleiermachers systematische Konzeption des Zusammenhangs von Glaubenslehre und Sittenlehre finden sich bei EILERT HERMS, Schleiermachers Christliche Sittenlehre (wie Anm. 2), bes. 133–134. – Außer an Schleiermacher soll aus der neueren protestantischen Theologiegeschichte erinnert werden an FRANZ HERMANN REINHOLD VON FRANK, System der christlichen Sittlichkeit. Erste Hälfte, Erlangen 1884, Zweite Hälfte, Erlangen 1887 (als dritter Teil der Dogmatik nach dem „System der christlichen Gewissheit" [Erlangen 1870–1873] und dem „System der christlichen Wahrheit" [Erlangen 1878–1880]).

Aus alledem ergibt sich eine erste Bestimmung der Theologischen Ethik als Disziplin der Systematischen Theologie, die auf die Relation von Glaube, Überlieferung, Lehre und wissenschaftlich-theologischer Form Rücksicht nimmt. Mit dieser ersten Bestimmung der Theologischen Ethik treten wir – grob gesprochen – in Gegensatz zu zwei gewichtigen Tendenzen der neueren evangelischen Theologie: wir treten in Gegensatz zu der Tendenz, die Systematische Theologie auf die Dogmatik zu reduzieren und sie auf diesem Wege ihrer orientierenden Kraft für die Entscheidungssituationen zu berauben, in denen das Leben in der Freiheit des Christenmenschen nun einmal faktisch steht; wir treten aber auch in Gegensatz zu der Tendenz, die genuine Funktion der Dogmatik – die wissenschaftliche Besinnung auf das Wahrheitsbewusstsein des Glaubens und auf dessen Erkenntnisinteresse – zugunsten einer theoretischen Besinnung auf den Lebensvollzug des Glaubens in den Bereichen des privaten wie des öffentlichen Lebens zu vernachlässigen oder gar grundsätzlich in Frage zu stellen.

Demgegenüber sagen wir:
Als Disziplin der Systematischen Theologie steht die Theologische Ethik wie die Dogmatik in einem explikativen Verhältnis zur Wirklichkeit des angefochtenen Glaubens – des christlich-frommen Selbstbewusstseins der Person – in der Glaubensgemeinschaft der Kirche. Sie hat insofern ihrerseits dogmatischen Charakter, als sie die ethischen Sätze der kirchlichen Lehre zum Gegenstande hat, die ja den impulsiven, den handlungsleitenden und handlungsmotivierenden Charakter der Gewissheit des Glaubens darzustellen suchen. Die Theologische Ethik ist daher wie die Dogmatik im Gegensatz zu den verschiedenen Modellen der philosophischen Theorie des Ethischen bezogen auf die geschichtlich-kontingenten Ursprungssituationen des Glaubens in den österlichen Erscheinungen des Gekreuzigten als des Auferstandenen, die das Kerygma der Heiligen Schrift berichtet und bezeugt (s. o. S. 28f.); und sie beweist sich und bewährt sich so als Sachwalterin der christlichen Ethosgestalt in den moralischen, den rechtlichen und den politischen Konflikten ihrer jeweiligen Gegenwart.[7] Ihre inhaltliche Differenz zur systematischen Disziplin der Dogmatik besteht dann genau darin, dass sie sich der Lebensführung aus der Gewissheit der Wahrheit des Evangeliums und damit der Realisierung jener Freiheit widmet, zu der uns der Christus Gottes des Schöpfers kraft seines Geistes befreit (vgl. Gal 5,1).

1.2. Theologische Ethik und römisch-katholische Moraltheologie

Nach unserer bisher entwickelten Einsicht steht die systematische Disziplin der Theologischen Ethik in einem explikativen – und damit in einem kritisch-konstruktiven – Verhältnis zu den ethischen Sätzen der Botschaft des Christus Jesus, des apostolischen Kerygmas, der kirchlichen Lehre und der kirchlichen Verkündigung. Mit ihren ethischen Sätzen wollen die Botschaft des Christus Jesus, das apostolische Kerygma, die kirchliche Lehre und die kirchliche Verkündigung in den verschiedenen Formen der Kommunikation des Evangeliums dem Leben in der Wahrheit und der Realisierung der Freiheit dienen, wie sie nur die individuelle Person in den Räumen des Privaten wie des Öffentlichen je in ihrer Gegenwart erstreben kann. Sie dienen damit der Selbstverantwortung

[7] Die Theologische Ethik schreibt daher die reformatorische Lehre von den Guten Werken (vgl. bes. MARTIN LUTHER, Von den guten Werken. 1520 [BoA 1, 227–298]) unter den Bedingungen des gegenwärtigen Zeitalters fort.

des Einzelnen vor Gott, die heute unter tiefgreifend veränderten sozio-kulturellen Bedingungen als das lebenspraktische Ideal der reformatorischen Botschaft von der Freiheit eines Christenmenschen aufzunehmen und fruchtbar zu machen ist.

Mit diesem explikativen und kritisch-konstruktiven Verhältnis zu den ethischen Sätzen der Botschaft des Christus Jesus, des apostolischen Kerygmas, der kirchlichen Lehre und der kirchlichen Verkündigung in der jeweiligen Gesamtlage einer Gesellschaft befindet sich die Theologische Ethik in großer Nähe zur Funktion, die der Moraltheologie im Rahmen der römisch-katholischen Kirche und ihrer Theologie zukommt. Wir wollen uns daher im Folgenden in aller Kürze die Gemeinsamkeit und die Differenz zwischen der Theologischen Ethik, die sich an der reformatorischen Beschreibung des Verhältnisses von Offenbarung und Glaube orientiert, und der Moraltheologie vergegenwärtigen, die sich als Teil des Lehramts im Sinne der römisch-katholischen Kirche versteht.

Nach römisch-katholischem Selbstverständnis ist es der Christus Jesus als der Offenbarer des göttlichen Heilswillens selbst, der die Kirche mit dem Amt der Lehre, der treuen Überlieferung des Inhalts dieser Offenbarung, beauftragt und betraut.[8] Gegenstand dieser Lehre ist das „Wort Gottes", wie es ursprünglich im apostolischen Kerygma verlautbart ist und wie es in den Sätzen der Glaubenslehre und der Moral immer tiefer und immer klarer dem Menschen zu frei-willentlichem Gehorsam vorgelegt wird.

Unter diesen Sätzen zeichnen sich zwei Klassen durch ihre strikte Verbindlichkeit aus: *zum einen* die Klasse der Sätze, durch die das Lehramt den Inhalt der Offenbarung *unfehlbar* vorlegt – sei es in der ordentlichen Verkündigung, wie sie das Kollegium der Bischöfe praktiziert, sei es in der solennen und außerordentlichen Weise, in der der Papst als Bischof der universalen Kirche einen Satz der kirchlichen Lehre als Dogma definiert; *zum andern* aber die Klasse der Sätze, in denen das Lehramt den Inhalt der Offenbarung *authentisch* – d. h. im Unterschied zu einer privaten Ansicht autoritativ und mit dem Anspruch auf allgemeine Geltung – vorlegt. Anders als der bewusste Widerspruch gegen ein definiertes Dogma gilt die Kritik an authentischen Sätzen des Lehramts nicht als häretisch, zumal authentische Sätze grundsätzlich überholbar oder perfektibel sind.

Weil die im Christus Jesus geschehene Offenbarung des göttlichen Heilswillens die Einsicht in die dem Menschen schlechthin von Gott dem Schöpfer zugemutete sittliche Ordnung der Interaktion einschließt, steht dem Lehramt auch die Kompetenz zu, authentische Sätze über die verpflichtenden Normen einer Lebensführung im Gehorsam des Glaubens bzw. authentische Sätze über die situationsgerechte Anwendung solcher Normen vorzulegen.[9] Von dieser Kompetenz hat das Lehramt der römisch-katholischen Kirche – mit Rücksicht auf das Institut der Beichte und das Sakrament der Buße – denn auch konsequent Gebrauch gemacht, bis hin zu den päpstlichen Lehrschreiben über die Empfängnisverhütung und bis hin zu den Entscheidungen über das ausnahmslose Verbot des Duells oder des Abbruchs einer Schwangerschaft. Aufgabe der Moraltheologie im römisch-katholischen Verständnis war es daher, auf dem Boden einer allgemeinen Theorie des sittlichen Handelns in spezieller Hinsicht die authentischen Sätze des Lehramts über die normgerechte christliche Existenz zu begründen und detailliert zu entfalten. Sie war die Theorie des dem Lehramt – als dem legitimen Interpreten des göttli-

---

8 Vgl. zum Folgenden PETER NEUNER, Art. Lehramt IV. Katholisch: RGG[4] 5, 188–190.

9 Ich orientiere mich für die folgende Skizze an FRANZ BÖCKLE, Fundamentalmoral, München 1978[2], bes. 322–331 (Kirche und sittliche Norm); eine erweiterte Fassung dieses Textes findet sich bei FRANZ BÖCKLE, Die Kirche und ihr Lehramt, in: HCE I, 269–281. Vgl. auch KLAUS DEMMER, Art. Moraltheologie: TRE 23, 295–302 (Lit.), sowie bes. EBERHARD SCHOCKENHOFF, Grundlegung der Ethik. Ein theologischer Entwurf, Freiburg i.Br. 2007.

chen Heilswillens und des darin aufgehobenen sittlichen Naturrechts – geschuldeten Gehorsams.

Mit und seit dem II. Vatikanischen Konzil scheint sich in der römisch-katholischen Moraltheologie nun allerdings ein vorsichtiger und behutsamer Wandel abzuzeichnen. Zwar verteidigt sie natürlich nach wie vor die Kompetenz des kirchlichen Lehramts, auch und gerade auf dem Forum der gesellschaftlichen Öffentlichkeit und ihrer moralischen Diskurse die universalen Normen des sittlichen Handelns zur Geltung zu bringen, die das Lehramt zu erkennen beansprucht; aber sie macht doch nachdrücklich darauf aufmerksam, dass die ethische Urteilsbildung und die ethische Entscheidung letzten Endes die Sache der gewissenhaften Prüfung ist, wie sie nur die individuelle Person je für sich selbst zu leisten vermag. Das gilt zumal für die Anwendung derjenigen Prinzipien, die das Lehramt seit der bahnbrechenden Enzyklika von Papst Leo XIII. „Rerum novarum“ in seiner Sozialverkündigung für die der Bestimmung des Mensch-Seins entsprechende Gestalt der gesellschaftlichen Ordnung formulierte (s. u. S. 325f.).[10] Wir dürfen darauf gespannt sein, welche neuen und verheißungsvollen Wege der Kommunikation und der Kooperation zwischen der römisch-katholischen Moraltheologie und der evangelisch-theologischen Ethik dieser Wandel noch eröffnen wird. Freilich bleibt abzuwarten, ob das Lehramt in der Lage sein wird, eine allgemeine Moraltheologie zuzulassen oder gar zu fördern, die die individuelle Selbstverantwortung der Person vor Gott und damit den möglichen und schwierigen Spielraum der Freiheit eines Christenmenschen im Blick hat.

Nun haben wir bereits im „Grundriss der Prinzipienlehre“ gezeigt, dass die reformatorische Bestimmung des Verhältnisses von Gottes Wort und Glaube, von „äußerem Wort“ und „äußerer Klarheit“ und „innerem Wort“ und „innerer Klarheit“ sehr wohl die Aufgabe der Lehre und damit den Auftrag zu einer Ordnung der Lehre einschließt und nicht etwa vergleichgültigt (s. o. S. 41ff.). Die Aufgabe einer kirchlichen Lehre, die die Botschaft des Christus Jesus und die das apostolische Kerygma im Kontext des Alten Testaments nach seinem Sinn und seiner Bedeutung zu erfassen und für die jeweilige Gegenwart einer Glaubensgemeinschaft zu erschließen sucht, betrifft ausdrücklich auch die Ethosgestalt des Glaubens in ihrer jeweiligen sozio-kulturellen Bedingtheit und Bestimmtheit. Wir sehen daher eine wichtige Gemeinsamkeit zwischen der römisch-katholischen Moraltheologie und der evangelisch-theologischen Ethik darin, dass beide Disziplinen je in ihrem Kontext die ethische Orientierungskraft des Glaubens an den Christus Jesus Gottes des Schöpfers zur Geltung bringen wollen, wie sie im geschichtlichen Vollzug der Lehre und der Verkündigung jeweils zur Sprache kommt und wie sie mit Rücksicht auf ganz unerwartete und neuartige Entscheidungssituationen – etwa mit Rücksicht auf die ethischen Probleme der modernen Hoch-Technologien und ihrer militärischen Verwendung – auch zur Sprache kommen muss. Diese Gemeinsamkeit macht es seit kurzem möglich, gemeinsame Worte und Verlautbarungen der Deutschen Bischofskonferenz und des Rates der Evangelischen Kirche in Deutschland zu veröffentlichen.

Über dieser erfreulichen Gemeinsamkeit sei allerdings die bis auf weiteres noch andauernde Differenz nicht vergessen, die – wie schon angedeutet – in der Wahrnehmung der einzelnen Entscheidungssituation begründet ist. Während die Autorität des Lehramts im Sinne des römischen Katholizismus sich grundsätzlich auf die sittlich gebotene Entscheidung eines jeden Einzelfalls erstreckt, werden die kirchlich verfassten Glaubensgemeinschaften auf dem Boden der Reformation für die ethische Wahrnehmung der ein-

---

[10] Vgl. den präzisen Überblick bei ARNO ANZENBACHER, Art. Katholische Soziallehre: RGG^4 4, 885–888.

zelnen Situation nur einen Rat erteilen oder eine Empfehlung geben können: zumal dann, wenn die einzelne Entscheidungssituation Entscheidungen über Ordnungen, Strukturen und Verfahren wirtschaftlicher, politischer, wissenschaftlicher und technischer Natur zum Inhalt hat, die die Verhandlung und gegebenenfalls auch den Kompromiss mit Menschen anderweitiger Überzeugungen – wie z. B. einer freimaurerischen, einer naturalistischen oder einer atheistischen Überzeugung – erfordern. Die Evangelische Kirche in Deutschland hat daher nach dem Zweiten Weltkrieg aus gutem Grund die Form der Denkschrift entwickelt, die aus eingehender Beratung hervorgeht und die nun dennoch nicht die Entscheidung selbst ersetzen will und kann: jene Entscheidung, die letzten Endes nur das einzelne Mitglied der kirchlichen Glaubensgemeinschaft in der Wahrnehmung seiner Selbstverantwortung vor Gott – und dies schließt ein: im Gebrauch seines christlichen Sachverstandes – treffen kann.[11] Die evangelisch-theologische Ethik wird auf diese Beratungsprozesse einzuwirken suchen, und zwar gerade durch ihre wissenschaftliche Form.

1.3. Theologische Ethik und Philosophische Ethik

Die Theologische Ethik unterscheidet sich von den Texten, in denen die kirchlich verfassten Glaubensgemeinschaften in ihrer Geschichte das Ethos und den spezifischen Handlungscharakter des Glaubens zur Sprache bringen, durch ihre wissenschaftliche Form. Wie die Dogmatik will sie im Rahmen und auf dem Grunde der Prinzipienlehre eben durch ihre wissenschaftliche Form die Inhaber kirchenleitender Funktionen dazu befähigen, die Quellen der kirchlichen Sittenlehre zu verstehen, auszulegen und in Ansehung ganz unerwarteter und neuartiger ethischer Herausforderungen – wie z. B. in Ansehung der Herausforderungen der modernen Hoch-Technologien – situationsgerecht fortzuschreiben. So trägt sie bei zur ethischen Urteilsbildung in der Glaubensgemeinschaft, und so kann sie eben dadurch ausstrahlen in die ethische Urteilsbildung der gesellschaftlichen Öffentlichkeit.

Mit dieser ihrer wissenschaftlichen Form partizipiert die Theologische Ethik an dem Unternehmen einer ethischen Theorie überhaupt, das in der Geschichte der europäischen Kulturen von Sokrates angestoßen und von Aristoteles in seiner Kritik am Philosophieren Platons begründet wurde.[12] Wir können hier natürlich nicht auf die immensen Wechselwirkungen zwischen der philosophischen und der theologischen Theorie des Ethischen seit Justin dem Märtyrer bis hin zur Moralphilosophie Immanuel Kants und bis hin zur Rechtsphilosophie Georg Wilhelm Friedrich Hegels eingehen; wir wollen vielmehr nur die formale Differenz erläutern, die de facto zwischen der philosophischen und der theologischen Theorie des Ethischen besteht. Die Erkenntnis dieser formalen Differenz wird es uns möglich machen, den spezifischen Handlungscharakter des Glaubens an den Christus Jesus Gottes des Schöpfers in der angemessenen wissenschaftlichen Form darzustellen.

Die tiefe formale Differenz zwischen der philosophischen und der theologischen Theorie des Ethischen wird uns erkennbar, weil jede Anleitung zu einem guten oder einem gerechten Leben – jede Lebenslehre – nicht nur eine Bestimmung des Guten und des Höchsten Gutes, sondern auch eine Beschreibung der dauernden Bedingungen oder

---

11 Vgl. hierzu HENNING SCHRÖER, Art. Denkschriften, kirchliche: TRE 8, 493–499 (Lit.); CHRISTIAN ALBRECHT, Art. Denkschriften I. II.: RGG^4 2, 664–666.

12 Vgl. zum Folgenden den Überblick von MICHAEL MOXTER, Art. Ethik VI. Als philosophische Disziplin: RGG^4 2, 1624–1631; ANNEMARIE PIEPER, Einführung in die Ethik (UTB 1637), Tübingen 1991^2.

der Strukturmomente menschlicher Existenz in sich schließen wird. Zwischen der Beschreibung eines Weges zu dem der menschlichen Existenz entsprechenden erstrebenswerten und vorzugswürdigen Lebensziel und den fundamentalanthropologischen Einsichten in die dauernden Bedingungen oder in die Strukturmomente menschlicher Existenz besteht offensichtlich ein intimer Zusammenhang. Deshalb lässt sich die tiefe formale Differenz zwischen der philosophischen und der theologischen Theorie des Ethischen idealtypisch wie folgt charakterisieren:

In ihrer Geschichte entwirft die philosophische Theorie des Ethischen Bestimmungen des Guten und des Höchsten Gutes, die – im Lichte der Ethosgestalt des Glaubens geurteilt – abstrakt sind (s. u. S. 319ff.): sei es, dass sie im Sinne von Aristoteles den innergeschichtlichen Zielzustand einer politischen Gemeinschaft der Freien und der Gleichen um der Freundschaft willen auszeichnet; sei es, dass sie im Sinne der verschiedenen Schulen der Stoa die Moralität des individuellen Lebens auch in den Erfahrungen des Leidens und des Unglücks hervorhebt; sei es, dass sie im Sinne des Utilitarismus die Übereinstimmung zwischen dem individuellen Wohlergehen und dem Wohlergehen jedenfalls des künftigen Menschengeschlechts erstrebt; sei es, dass sie im Sinne Friedrich Nietzsches und seiner Destruktion der tradierten Sitte die Selbsterhaltung im je eigenen Machtgefühl als Höchstes Gut versteht. Selbst wo die philosophische Theorie des Ethischen den transzendenten Charakter des Höchsten Gutes entdeckt, wie dies im Denken Platons und Kants der Fall ist, vermag sie nicht zu zeigen, in welcher Weise und unter welchen Bedingungen jenes in Wahrheit Höchste Gut für unser menschliches Begehren, Streben und Wollen tatsächlich als interessant und attraktiv erscheinen kann.

In diesem Mangel ist denn auch die durchgehende Form der philosophischen Theorie des Ethischen begründet, die die reale Ambivalenz der menschlichen Existenz – den nicht zu leugnenden Widerstreit von Gut und Böse – durch die Anstrengung des vernünftigen Wollens zu überwinden fordert. In ihren verschiedenen Varianten rechnet die philosophische Theorie des Ethischen – jedenfalls diesseits der naturalistischen Positionen – mit der Freiheit des vernünftigen Wollens. Sie achtet aber nicht darauf, dass wir uns in der primären Gewissheit des individuellen Freiheitsgefühls des Gegeben- und Gewährt-Seins dieser Freiheit innerhalb des Naturgeschehens und damit unseres Grundverhältnisses zu ihrem schöpferischen Ursprung unmittelbar bewusst sind; und so verstellt sie sich die Einsicht, dass jener schöpferische Ursprung unserer geschaffenen Freiheit nur von sich selbst her Sinn und Ziel des Lebens in der Gemeinschaft mit ihm selbst entdecken und damit die Bestimmung des Mensch-Seins wirklich werden lässt. Insofern bezeugt die philosophische Theorie des Ethischen in ihrer Geschichte genau den Sachverhalt, den unter den Lehrern der reformatorischen Bewegung vor allem Martin Luther im Anschluss an Paulus als das „Sein unter dem Gesetz“ im theologischen Sinne des Begriffs eingeschärft hatte.[13]

Demgegenüber geht die theologische Theorie des Ethischen in ihrer Geschichte stets und konsequent von dem geschichtlichen Ereignis aus, in welchem Gott der schöpferische Urgrund aller Dinge – die Hoffnungen der Glaubensgeschichte Israels erfüllend und überbietend (vgl. Mt 1,23) – die Gemeinschaft mit Gott selbst, die Teilhabe an Gottes Reich als das in Wahrheit Höchste Gut der menschlichen Existenz erschließt: sie geht vom Offenbar-Werden der Wahrheit des Lebenszeugnisses Jesu von Nazareth in den österlichen Erscheinungen des Gekreuzigten als des Erhöhten und des Auferstandenen aus, in denen sich die Bestimmtheit der geschaffenen Person für Gott erschließt (s. o. S. 187ff.). Die theologische Theorie des Ethischen anerkennt das geistgewirkte Selbstverständnis des Glaubens, der sich in diesem Ereignis mit Gott versöhnt, von Gott ge-

[13] Vgl. hierzu CHRISTOPH SCHWÖBEL, Art. Gesetz und Evangelium: RGG^4 3, 862–867.

rechtfertigt, geheiligt und erlöst weiß; und sie leitet infolgedessen zu einer Lebensführung an, die von der Gewissheit des Glaubens, von der Glut der Liebe, von der Kraft der Hoffnung geprägt ist und die sich nicht nur in der Verantwortung für das Leben der kirchlichen Gemeinschaft, sondern auch in der Verantwortung für die Wohlordnung der familialen Beziehungen und der Gesellschaft insgesamt manifestiert (vgl. Gal 5,25). Sie leitet an zum „Sein unter der Gnade" (Röm 6,14), zum Leben jenseits der Verzweiflung, des Überdrusses und des Leichtsinns.

Dem Selbstverständnis des Glaubens zufolge erschließt sich das von Gott dem schöpferischen Urgrund aller Dinge gewollte und gewählte Ziel des Lebens des Ebenbildes Gottes – das Mitwirken mit Gottes Wirken und dessen Vollendung in der ewigen Gemeinschaft mit Gott im Reiche Gottes (s. o. S. 276ff.) – und damit das in Wahrheit Höchste Gut der menschlichen Existenz in einem geschichtlichen Ursprung und in dessen Überlieferungsgeschichte. Die theologische Theorie des Ethischen bringt dieses Selbstverständnis des Glaubens nun in Zusammenhang mit einer spezifischen Erkenntnis des menschlichen Frei-Seins oder Vernünftig-Seins, die von der philosophischen Theorie des Ethischen – zwar nicht notwendig, wohl aber faktisch und konsequent – vernachlässigt und verachtet wird.[14] Dieser Erkenntnis zufolge ist das menschliche Frei-Sein oder Vernünftig-Sein nämlich so beschaffen, dass es einer solchen Erschließung seines Sinnes und Zieles durchaus bedürftig, aber durchaus auch fähig ist.

Wir haben diese Erkenntnis immer wieder im Rückgriff auf Schleiermachers Darstellung des unmittelbaren Selbstbewusstseins formuliert, die wir als Theorie der wesentlichen Religiosität des Mensch-Seins und eben damit auch des für das Mensch-Sein wesentlichen religiösen Gemeinschaftslebens auffassen (s. o. S. 12ff.; s. u. S. 310ff.).[15]

Diese Darstellung will *erstens* im Rahmen einer fundamentalanthropologischen bzw. einer psychologischen Analyse verständlich machen, dass alle Aktionen unseres Wissen-Wollens und unseres Handeln-Wollens in einer mit anderen Lebewesen unseresgleichen geteilten geschichtlichen, sozialen Welt ihren Möglichkeitsgrund in der primären Gewissheit des individuellen Freiheitsgefühls haben, eben dafür frei oder vernünftig zu sein.

Zweitens aber will diese Darstellung verständlich machen, dass die primäre Gewissheit des individuellen Freiheitsgefühls für alle Aktionen unseres Wissen-Wollens und unseres Handeln-Wollens in einer mit anderen Lebewesen unseresgleichen geteilten Umwelt de facto motivierenden Charakter hat. Und zwar deshalb, weil die primäre Gewissheit des individuellen Freiheitsgefühls, frei oder vernünftig zu sein, jederzeit als *Antrieb* wirksam ist.

Wozu und wofür sich die primäre Gewissheit des individuellen Freiheitsgefühls motiviert findet: das sagt die Analyse als solche freilich nicht. Sie beschreibt nur jenen Ort innerhalb der dauernden Bedingungen oder Strukturmomente menschlicher Existenz: jenen Ort, den unter den verschiedenen Anschauungen des Lebens und der Wirklichkeit nun eben auch die Frömmigkeit des christlichen Glaubens – notwendigerweise verbreitet und vermittelt durch die Geschichten der Erziehung, der Bildung und der religiösen Kommunikation – prägt und bestimmt.

---

14 Die Endphase dieser Geschichte der Vernachlässigung und Verachtung ist bereits im Gange mit dem Anspruch der modernen Neurobiologie, einen strengen Determinismus zu begründen, der das menschliche Frei-Sein oder Vernünftig-Sein überhaupt für unmöglich erklärt.

15 Ich orientiere mich im Folgenden an Schleiermachers „Allgemeiner Einleitung" zur „Christlichen Sitte" (CS 1–96; bes. 22), die den motivierenden Charakter der das unmittelbare Selbstbewusstsein jeweils bestimmenden Frömmigkeit – der Transzendenzgewissheit – stärker zur Geltung bringt, als dies in der Einleitung zu GL^2 der Fall ist; vgl. hierzu EILERT HERMS, Schleiermachers Christliche Sittenlehre (wie Anm. 2), 129.

Im Gegensatz zur philosophischen Theorie des Ethischen findet die theologische Theorie des Ethischen daher zu ihrer wissenschaftlichen Form, indem sie auf dem Grunde dieser ihrer fundamentalanthropologischen, ihrer psychologischen Analysis des Gefühls, frei oder vernünftig zu sein – dieser primären Gewissheit des individuellen Freiheitsgefühls –, eine Antwort auf die Frage gibt, in welcher Weise und auf welchem Wege die geschaffene Person von der Gewissheit des Höchsten Gutes – des Woraufhin und des Worumwillen ihres Lebens in dieser Weltzeit – tatsächlich ergriffen und erfüllt wird. Sie beruft sich dafür auf die Einsicht der dogmatischen Besinnung auf die Wirklichkeit des Glaubens, der – vermittelt durch die mannigfachen Formen der regelmäßigen Kommunikation des Evangeliums – in der Gemeinschaft mit dem Christus Jesus selbst und der befreienden Wahrheit, die er bringt, stets jenen Antrieb erlebt, den die normativen und die präskriptiven Äußerungen der kanonischen Paränese zur Sprache bringen wollen: „Denn welche der Geist Gottes treibt, die sind Gottes Kinder" (Röm 8,14).

Die Theologische Ethik leitet daher aus der Stellung der kanonischen Paränese und aus deren Grund im Indikativ der Treue, der Gerechtigkeit, der Liebe Gottes (Röm 3,3; 5,1; 8,35) ein grundsätzliches Argument für die Debatten über die Theorie des Ethischen überhaupt ab. Dieses Argument besagt, dass die menschliche Lebensführung notwendigerweise geleitet ist von einer konkreten Gewissheit hinsichtlich des Guten, zu der wir uns nicht etwa frei entscheiden können; vielmehr ergreift sie uns in schlechthin passionaler Weise, indem sie ihre ganz besondere Anziehungskraft entfaltet, die sich dann nicht nur in der Ordnung der Liebe (s. o. S. 206ff.), sondern auch im Interesse am vernünftigen Recht, in den Präferenzen für sinnvolle Fortschritte der Wissenschaft und der Technik, in der Begeisterung für die Künste und nicht zuletzt in der liebevollen Sorge um die Gestalt der Kirche zeigen wird. Belehrt durch die Selbsterkenntnis des Glaubens, möchte die Theologische Ethik in den allgemeinen und öffentlichen Debatten über die Theorie des Ethischen das sachgemäße Verhältnis zwischen der Anziehungskraft des Höchsten Gutes, die nur zu erleiden ist, und dem Inbegriff unserer freien, selbstbestimmten Entscheidungen vertreten. Sie vertritt hier die genaue und konkrete Deutung der Realisierung der menschlichen Freiheit, die sich in Luthers Auseinandersetzung mit Erasmus von Rotterdam über die Unfreiheit des Willensvermögen findet und die mit einem Determinismus nicht zu verwechseln ist (s. o. S. 131).[16]

1.4. Die wissenschaftliche Form der Theologischen Ethik[17]

Wir eilen nun zum Ende dieses ersten Paragraphen und führen die verschiedenen Bemerkungen zusammen, in denen wir die wissenschaftliche Form der Theologischen Ethik als erstrebenswert und als notwendig behauptet haben. Gemäß den Einsichten, die wir in der Prinzipienlehre gewannen (s. o. S. 47ff.), entlehnen wir die wissenschaftliche Form

---

[16] Vgl. hierzu EILERT HERMS, Art. Servum arbitrium I. II.: RGG^4 7, 1233–1235; DERS., Art. Willensfreiheit VI. Ethisch: RGG^4 8, 1576–1577.

[17] Vgl. zum Folgenden bes. FRIEDRICH SCHLEIERMACHER, Ethik, 218–225: IV. Gestaltung der Sittenlehre; TRUTZ RENDTORFF, Ethik. Grundelemente, Methodologie und Konkretionen einer ethischen Theologie. Bd. I, Stuttgart Berlin Köln Mainz 1980^1, 18–29; sowie meine Darstellung in: KONRAD STOCK, Die Theorie der christlichen Gewißheit. Eine enzyklopädische Orientierung, Tübingen 2005, 244–268: Theologische Ethik. – Bedauerlicherweise lässt JÜRGEN MOLTMANN, Ethik der Hoffnung, Gütersloh 2010, wie überhaupt in seinem theologischen Werk jedes Interesse an der wissenschaftlichen Form der Theologischen Ethik vermissen.

der Theologischen Ethik nicht aus den unübersichtlichen und verwirrenden Debatten in den Institutionen der älteren und der neueren Philosophie, geschweige denn der Theorie der Wissenschaft; wir suchen vielmehr einen eigenständigen methodischen Weg, auf dem wir die Ethosgestalt des Glaubens in den Räumen des Privaten und des Öffentlichen unter den Bedingungen der hochentwickelten und ausdifferenzierten Gesellschaft der euro-amerikanischen Moderne für die Glaubensgemeinschaft der Kirche und für deren Lebenszeugnis in der allgemeinen moralischen Kommunikation darstellen können. Wir finden diesen Weg, indem wir ausgehen von der Besinnung auf das Phänomen des *verantwortlichen Handelns*, das wir uns unter den drei konstitutiven Gesichtspunkten der *Pflicht*, der *Tugend* und der *Lebensgüter* erschließen wollen.

Dieser Weg ist vorgezeichnet in Schleiermachers Entwürfen und Abhandlungen zur ethischen Theorie[18], die Schleiermacher selbst in den Vorlesungen über die christliche Sittenlehre allerdings nicht verwenden wollte. Er wird es möglich machen, die biblischen Bestimmungen des Gegensatzes von Sünde und Gerechtigkeit in einer kohärenten Begriffssprache zu erschließen; im Tun der Rede Jesu, wie sie die Bergpredigt des Evangeliums nach Matthäus bezeugt (vgl. Mt 7,24), und in der Erfüllung des Gesetzes des schöpferischen Gotteswillens – des in und mit dem menschlichen Person-Sein uns Menschen allen aufgetragenen Mandats Gottes des Schöpfers – in der Liebe (Röm 13,10) ist eben die Möglichkeit und die faktische Notwendigkeit des verantwortlichen Handelns vorausgesetzt.

Mit dem deutschen Begriffswort „Handeln" charakterisieren wir – in Analogie zur Weise des göttlichen Lebens – ein wesentliches und bleibendes Strukturmoment der Weise, in der der Mensch am Leben ist und die ihn von den Bewegungen und den Prozessen des Naturgeschehens ebenso wie vom instinktgeleiteten Verhalten der Tiere unterscheidet. Wir beziehen uns mit diesem Begriffswort auf das Phänomen, das uns von einem frühen Zeitpunkt unserer leib-seelischen Entwicklung an durch uns selbst erschlossen ist: darauf nämlich, dass wir uns unseres Frei-Seins und damit unseres Vernünftig-Seins unmittelbar bewusst sind (s. o. S. 12ff.; s. u. S. 310ff.). Kraft dieses unmittelbaren Bewusstseins unseres Frei-Seins, unseres Vernünftig-Seins, ist es uns möglich und notwendig, in der jeweiligen Gegenwart unseres Lebens hier und jetzt eine Wahl, eine Entscheidung zu treffen, in der wir dieses unmittelbare Bewusstsein des Frei-Seins, des Vernünftig-Seins realisieren und vermöge unserer Leibhaftigkeit ins Werk setzen. Wir bezeichnen den Inbegriff aller dieser uns möglichen und notwendigen Wahlen oder Entscheidungen als *Handlungen*.[19]

Nun meint das Begriffswort „Handeln" ein Strukturmoment der menschlichen Weise, am Leben zu sein, das für alle Glieder des Menschengeschlechts grundsätzlich identisch ist. Wir sind daher in jeder einzelnen Entscheidung, die wir in unserer jeweiligen Gegenwart über uns selbst treffen, ursprünglich und wesentlich bezogen auf solche einzelnen Entscheidungen, die jeweils andere in ihrer jeweiligen Gegenwart über sich selbst treffen. So sprechen wir dem Frei-Sein oder dem Vernünftig-Sein, dessen wir uns unmittelbar bewusst sind, einen intersubjektiven, einen kommunikativen Charakter zu (s. o. S. 134ff.). Aus diesem Grunde ist es uns zugemutet, die Realisierung unserer je eigenen Freiheit mit der Realisierung der je anderen Freiheit zu vermitteln; es ist uns zugemutet,

---

[18] Vgl. hierzu bes. EILERT HERMS, Reich Gottes und menschliches Handeln, jetzt in: DERS., Menschsein im Werden. Studien zu Schleiermacher, Tübingen 2003 (= Studienausgabe 2006), 101–124.

[19] An einer vollständigen Besinnung auf das Phänomen des menschlichen Handelns fehlt es jedenfalls bei den Beiträgen zu einer philosophischen Theorie des Ethischen, die sich – wie die angelsächsische Metaethik – auf eine Logik der moralischen Argumentation beschränken.

das wechselseitige Bezogen-Sein der je eigenen Freiheit und der je anderen Freiheit zu achten und zu anerkennen. Wir sehen darin die durch Gottes schöpferisches Walten aufgestellte Grund-Norm, die gegenüber allen partikularen Sitten, Gebräuchen, Konventionen und Komments universale Gültigkeit in Anspruch nimmt. Sie ist der harte Kern des Doppelgebots der Liebe, das Martin Luther als den wesentlichen Gehalt des sittlichen Naturrechts aufgefasst hat, wie es im Offenbar-Werden des Heilswillens Gottes des Schöpfers verstehbar und verpflichtend gegenwärtig wird.[20]

Das wechselseitige Bezogen-Sein der je eigenen Freiheit und der je anderen Freiheit ist nun natürlich keineswegs beschränkt auf *face-to-face*-Situationen des privaten Lebens in der Liebe und in der Freundschaft. Vielmehr erstreckt es sich auf alle diejenigen Situationen, in denen wir in einer gemeinsamen sozialen und geschichtlichen Umwelt – in ihrem ökonomischen, in ihrem politischen, in ihrem wissenschaftlich-technischen Alltag – das uns von Gott gegebene bewusste Leben zu erhalten, zu verteidigen und auf ein uns jeweils vorschwebendes erfüllendes Ziel hin zu vervollkommnen suchen. Es gliedert sich daher grundsätzlich in die beiden Handelnsarten, die wir mit Schleiermacher als das symbolisierende oder das erkennende und als das organisierende oder das bildende Handeln unterscheiden dürfen (s. o. S. 17f.).

In diesen beiden Handelnsarten müssen und werden Lebewesen von der Seinsart des Menschen zusammenwirken: es gibt menschliches Handeln realiter nur in der sprachlichen Kommunikation und in der praktischen Interaktion. Und indem wir Menschen in diesen beiden Handelnsarten zusammenwirken, suchen wir Zustände zu erreichen und herbeizuführen, die unserer Sicht des Wesens und der Bestimmung des Mensch-Seins dienlich und entsprechend sind. Unser Handeln in den Handelnsarten der sprachlichen Kommunikation und der praktischen Interaktion hat – wie auch das Dulden und das Unterlassen von Handlungen – unweigerlich *Folgen*. Weil unser Handeln im Alltag der sozialen, geschichtlichen Welt – wie auch unser Dulden und Unterlassen von Handlungen – unweigerlich Folgen hat, verstehen wir das *Verantwortlich-Sein* als wesentliches Merkmal des menschlichen Frei-Seins, des menschlichen Vernünftig-Seins.[21]

Hat unser menschliches Handeln in den beiden Handelnsarten der sprachlichen Kommunikation und der praktischen Interaktion unweigerlich Folgen, für die wir verantwortlich sind, so werden wir den Begriff des menschlichen Handelns grundsätzlich nach drei gleichursprünglichen Aspekten zu bestimmen haben. Ob und in welcher Weise diese drei Aspekte des Begriffs des menschlichen Handelns in der Realität des menschlichen Zusammenlebens in einer Gesellschaft tatsächlich gegeben sind: das wird über die Qualität jener künftigen Zustände entscheiden, die wir jeweils hier und jetzt in unserer Gegenwart erreichen und herbeiführen wollen.

Erstens richten sich das sprachliche Kommunizieren und das praktische Interagieren in einer Gesellschaft stets auf Ziele, die den Akteuren als erstrebenswert und vorzugswürdig gewiss sind. Die Theorie des Ethischen wird daher eine Güterlehre vortragen, die auf dem Grunde einer Anschauung des Lebens und der Wirklichkeit das Spektrum oder das Gefüge jener Ziele bestimmt, die wir im Zusammenwirken mit anderen verfolgen wollen. In der Bandbreite der ethischen Theorien wird die theologische Theorie des Ethischen entschieden dafür argumentieren, dass diese Ziele – nämlich: das empirische Wissen hinsichtlich des Naturgeschehens und des geschichtlichen Prozesses, die Erhaltung und die Sicherung des Lebens in der ökonomischen Nutzenstiftung, die rechtliche

---

20 Vgl. MARTIN LUTHER, Auslegung des ersten und zweiten Kapitels Johannis [1537/1538]: WA 46; 538–789; 661.

21 Vgl. hierzu EILERT HERMS, Art. Folge/Folgeträchtigkeit des Handelns: RGG^4 3, 176–177.

Ordnung des Zusammenlebens kraft politischer Souveränität – in einem subsidiären Verhältnis stehen zur religiösen Kommunikation in der Glaubensgemeinschaft der Kirche, in der sich die Wahrheit des Evangeliums je und je durch Gottes Geist erschließt. Dies eben deshalb, weil die religiöse Kommunikation, in der sich uns die Wahrheit des Evangeliums je und je durch Gottes Geist erschließt, just jene ewige Bestimmung des Mensch-Seins zur Gemeinschaft mit Gottes ewigem Leben zur Sprache bringt, die dem Zusammenleben in dieser Weltzeit Sinn und Tiefe verleiht. Indem die Theologische Ethik das subsidiäre Verhältnis zwischen der gemeinsamen Verantwortung für die Lebensgüter und der Gewissheit des stets angefochtenen Glaubens in der Erwartung jenes Höchsten Gutes geltend macht, entwirft sie auf der Basis des Menschen- und Grundrechts der Religionsfreiheit die spezifisch christliche *Güterlehre*.

Zweitens: Nun bedürfen die sprachliche Kommunikation und die praktische Interaktion bestimmter Regeln, wenn sie die Ziele des Zusammenlebens in einer Gesellschaft tatsächlich erreichen und herbeiführen sollen. Solche Regeln wollen ganz allgemein sicher stellen, dass wir in Entscheidungssituationen – wie z. B. schon in den einfachen Situationen des Straßenverkehrs oder der Diskussion – wechselseitig Rücksicht nehmen auf die Art und Weise, in der wir jeweils unsere Ziele erstreben. Insbesondere benötigen wir solche Regeln, um auf den Handlungsfeldern der verschiedenen sozialen Lebens- und Leistungsbereiche, aber auch in den Organisationen des heilenden und des helfenden Handelns bis hin zu unseren Engagements in der Entwicklungshilfe gemeinsame Ziele verfolgen können. Für die Bestimmung solcher Regeln greifen wir auf den tradierten Begriff der Pflicht zurück und verstehen die *Pflichtenlehre* als einen wesentlichen Aspekt der Theologischen Ethik: sie hat die Koordination und Kooperation zwischen handelnden und handeln-müssenden Personen zum Gegenstand.

Drittens: Allerdings wissen wir aus geschichtlicher Erfahrung, dass die Fähigkeit, die Lebensgüter in den Formen der Koordination und Kooperation tatsächlich zu bewahren, zu verteidigen, zu erreichen und zu vervollkommnen, alles andere als selbstverständlich ist. Sie ist uns nicht naturwüchsig gegeben; sie bildet sich vielmehr, wenn sie sich bildet, im Rahmen einer Erziehungs- und Lerngeschichte, in der sich uns die Erkenntnis dessen, was für das Mensch-Sein in Wahrheit vorzugswürdig und erstrebenswert ist, erschließt oder aber nicht erschließt. Für diese Fähigkeit, die sich in der je individuellen Wahrnehmung der Verantwortung für die Wohlordnung einer Gesellschaft erweist, greifen wir auf den Begriff der Tugend zurück. Die Theologische Ethik hat auch die Gestalt einer christlichen *Tugendlehre*. Sie wird die notwendige und hinreichende Bedingung dafür formulieren, dass es ein Lebensinteresse am Gemeinwohl einer Gesellschaft und an deren Gerechtigkeit gibt. Weil sich dieses Lebensinteresse nur im Rahmen jener religiös-weltanschaulichen Kommunikation bildet, innerhalb derer sich auch die Einübung in die Wahrheit des Evangeliums bewegt, schließt die Theologische Ethik als Tugendlehre ausdrücklich an die Beschreibung an, die wir im „Grundriss der Dogmatik" von der Mitgliedschaft in der Kirche gaben (s. o. S. 242ff.).

Insgesamt suchen wir im „Grundriss der Theologischen Ethik" die grundlegenden Einsichten fortzuschreiben, die Friedrich Schleiermacher in den Entwürfen zur philosophischen Ethik und in den großen Akademie-Abhandlungen vorgetragen hat und die nach ihm vor allem Richard Rothe für die Darstellung der Theologischen Ethik fruchtbar machte. Pflichtenlehre, Tugendlehre und Güterlehre sind als die wesentlichen *Aspekte* einer Darstellung der Ethosgestalt zu bedenken, die die Mitglieder der kirchlich verfassten Glaubensgemeinschaft in ihrer gesellschaftlichen Koexistenz und Kooperation mit den Mitgliedern anderweitiger Überzeugungsgemeinschaften werden leben und bewähren wollen.

1.5. Fazit

Wir haben den Begriff und die Aufgabe der Theologischen Ethik im Verhältnis zur Aufgabe der Dogmatik (1.1.), im Verhältnis zur römisch-katholischen Moraltheologie (1.2.) und im Verhältnis zu den philosophischen Theorien des Ethischen entwickelt (1.3.). Im Anschluss daran haben wir gezeigt, dass die Theologische Ethik ihre wissenschaftliche Form gewinnt, wenn sie von der Besinnung auf das Phänomen des verantwortlichen Handelns ausgeht und die Überfülle ihrer Gegenstände und Probleme unter den drei konstitutiven Gesichtspunkten der Pflicht, der Tugend und der Lebensgüter darstellt (1.4.). Diese wissenschaftliche Form wird nicht nur – wie wir guter Hoffnung sind – zur Interpretation und zur Vergegenwärtigung der biblisch bezeugten Ethosgestalten im Alten und im Neuen Testament hilfreich sein; sie wird auch die Gespräche mit der römisch-katholischen Moraltheologie und mit den philosophischen Theorien des Ethischen befördern und beflügeln können.

Bevor wir nun im nächsten Paragraphen die Grundsätze der Theologischen Ethik entfalten, rufen wir uns die Begründung dafür in Erinnerung, dass wir ihren Schwerpunkt in der Güterlehre sehen. Wir haben diese Begründung schon im „Grundriss der Prinzipienlehre" gegeben, indem wir – angeregt von Schleiermachers Ideen zu den „vollkommenen ethischen Formen"[22] – eine reine, eine kategoriale Theorie des Sozialen skizzierten (s. o. S. 17ff.). Diese reine, diese kategoriale Theorie des Sozialen hat für das Selbstverständnis der Theologischen Ethik und für ihre orientierende Kraft im Leben der kirchlich verfassten Glaubensgemeinschaften eine zweifache Bedeutung.

Einerseits lässt sie uns verstehen, dass die Themen einer verantwortlichen Lebensführung sich auf das *Handeln in sozialen Institutionen* beziehen – auf das Leben in den vorpolitischen Institutionen der Familie und der Ehe ebenso wie in den Subsystemen der Ökonomie, des Staates und des Rechts und schließlich der Wissenschaft und der Technik, in die die Mitglieder der christlichen Glaubensgemeinschaft als leibhafte Freiheits- und Vernunftwesen unausweichlich einbezogen sind. Mit Rücksicht auf das Handeln in sozialen Institutionen und in deren organisierten Formen hat die Theologische Ethik daher *Sozialethik* zu sein.[23]

Andererseits aber wird sich die Theologische Ethik als Sozialethik an einem Grundbegriff des Guten orientieren, der eine ganz bestimmte Füllung des Begriffs des Höchsten Gutes einschließt. Sie kommt mit der Morallehre des römisch-katholischen Lehramts und mit der römisch-katholischen Moraltheologie trotz unbestreitbarer Gegensätze darin überein, dass das Höchste Gut im biblisch-christlichen Sinne im *Heil der Seele* – in ihrer anfechtungslosen, ewigen Gemeinschaft mit Gott selbst und so in ihrer Vollkommenheit – zu suchen und zu finden ist (s. o. S. 280ff.). Auch und gerade auch in ihren sozialethischen Betrachtungen wird die Theologische Ethik dazu anleiten, die Kriterien der ethischen Urteilsbildung hinsichtlich der Wohlordnung der privaten wie der öffentlichen Sphären unseres Lebens an dem *individualethischen Interesse* am Selbstzweck der Vollkommenheit auszurichten[24] – am Schauen Gottes von Angesicht zu Angesicht (1Kor 13,12; Phil 3,12), in welchem Leid, Geschrei und Schmerz überwunden sein werden (Apk Joh 21,4).

---

[22] Vgl. FRIEDRICH SCHLEIERMACHER, Ethik, 80–131: Von den vollkommenen ethischen Formen.

[23] Das bleibt bedauerlicherweise unberücksichtigt bei DIETZ LANGE, Ethik in evangelischer Perspektive. Grundfragen christlicher Lebenspraxis, Göttingen 1992.

[24] Vgl. MICHAEL MOXTER, Art. Vollkommenheit (Gottes/des Menschen) I.–III.: RGG^4 8, 1199–1202.

§ 2 Grundsätze der Theologischen Ethik

Es ist die Aufgabe der Theologischen Ethik im Ganzen der Systematischen Theologie, die Ethosgestalt des Glaubens zu erörtern, wie sie die Mitglieder der Glaubensgemeinschaft der Kirche im Alltag ihrer Lebensführung – im Raum des privaten wie im Raum des öffentlichen Lebens – zu praktizieren suchen. Ihr Gegenstand ist ein religiöses Ethos; die Weise, in der dieser Gegenstand der Theologischen Ethik gegeben ist, ist die *Gewissheit des Guten* im Selbst der Person, wie sie der Wahrheitsgewissheit des Glaubens korreliert. Die individuelle Wahrnehmung der Verantwortung vor Gott für das Wirklich-Werden des Guten, zu der die Theologische Ethik anzuleiten strebt, versteht sich daher selbst als die konkrete Sittlichkeit, die in dem angefochtenen Glauben, im christlich-frommen Selbstbewusstsein der Person ihre Quelle hat. Die Theologische Ethik intendiert eine ethische Theorie, die die religiös-weltanschauliche Kommunikation als einen konstitutiven Bereich des menschlichen Zusammenlebens ernst nimmt und die aus diesem Grunde von der Kommunikation des Evangeliums in der Bildungsinstitution der Kirche und der Kirchen genuine Impulse zur Gestaltung nicht nur der Sphäre des Privaten, sondern auch der öffentlichen Angelegenheiten erwartet. In dieser Intention, die prägende Kraft des Glaubens und der Glaubensgemeinschaft für die Gestaltung des privaten Lebens ebenso wie der öffentlichen Angelegenheiten der Gesellschaft aufzuzeigen, kommen die römisch-katholische Moraltheologie und die evangelisch-theologische Ethik im Ansatz überein.

Wir müssen uns jedoch darüber im Klaren sein, dass diese Intention in der moralischen Kommunikation der öffentlichen Meinung, im ethischen Diskurs der Handlungswissenschaften und schließlich in den verschiedenen Schulen und Richtungen der Praktischen Philosophie weithin auf Desinteresse und auf Unverständnis stößt. Hier richten sich die Hoffnungen und die Erwartungen, die angesichts der enormen Herausforderungen in Wirtschaft und Staat, in Wissenschaft und Technik der ethischen Reflexion und Urteilsbildung gelten, auf die Verfahren, in denen die praktische Vernunft das ethisch Richtige meint erkennen und entscheiden zu können. Hier gewinnen aber auch solche Konzeptionen des Moralischen an Einfluss, die auf die Erkenntnis- und Entscheidungskraft der praktischen Vernunft entschieden verzichten und statt dessen in der individuellen Lebensführung und in der Gestaltung der öffentlichen Angelegenheiten eine rein naturgesetzliche, eine blinde Kausalität am Werke sehen.[1] Dass die menschliche Weise, am Leben zu sein, die Weise des geschaffenen Frei-Seins ist und dass dies geschaffene Frei-Sein das Verantwortlich-Sein *vor Gott* als dem schöpferischen Ursprung des geschaffenen Frei-Seins begründet – dieser Grundgedanke des christlich-religiösen Ethos, in dem es mit den Ethosgestalten des Judentums bleibend verbunden ist[2], muss heutzuta-

---

[1] Vgl. hierzu den Überblick von WERNER WOLBERT, Art. Naturalistische Ethik: TRE 24, 113–118.

[2] Vgl. die wenigen, doch treffenden Hinweise von JOSEPH DAN, Art. Ethik IV. Judentum 2. Mittelalter und Neuzeit: RGG^4 2, 1611. – Bedauerlicherweise mangelt es bei FERDINAND DEXINGER, Art. Judentum: TRE 17, 331–377, an einer Darstellung des ethischen Denkens zumal im deutschsprachigen Judentum der Moderne (Moses Mendelssohn, Abraham Geiger, Hermann Cohen, Leo Baeck, Martin Buber, Franz Rosenzweig), das auch in dem umfangreichen Beitrag von TRUTZ RENDTORFF, Art. Ethik VII. Ethik der Neuzeit: TRE 10, 481–517, verschwiegen wird.

ge allererst errungen und verteidigt werden. In dieser doppelten Gesprächslage wird das eingehende Studium des ethischen Denkens im Judentum eine wichtige Hilfe sein.

Um der Aufgabe und der Zielsetzung der Theologischen Ethik willen hat die Prinzipienlehre der Ethik daher auszugehen von der Besinnung auf die *Grundlagen* unserer individuellen Lebensführung in der gemeinsamen geschichtlichen, sozialen Welt. Sie hat in einem fundamentalanthropologischen Interesse zu zeigen, wie jedenfalls der christliche Glaube und die kirchliche Glaubenslehre das menschliche Dasein als ein sittliches Subjekt-Sein versteht, das als solches die Bedingung der Möglichkeit sittlicher Handlungsfähigkeit in der Kommunikation und Interaktion mit seinesgleichen bildet (2.1.). Die ethische Prinzipienlehre erinnert damit an die Lehre vom Sein des Menschen als des Ebenbildes Gottes (s. o. S. 121ff.); und ihre ausgeführte Gestalt wird sich natürlich auch auf den Zusammenhang von metaphysischer und ethischer Theorie einlassen müssen, wenn anders der vernünftige Gebrauch der endlichen, der geschaffenen Freiheit sich unter den uns schlechthin unverfügbar gegebenen Bedingungen des Raumes und der Zeit und ihres invarianten Richtungssinnes realisiert und nur aus diesem Grunde überhaupt die Chance besitzt, gewollte und gewählte Ziele zu verwirklichen. Auf der Basis einer angemessenen Beschreibung des sittlichen Subjekt-Seins der Person wird sich sodann der ethische Grundbegriff des Guten entwickeln lassen, der zur Bestimmung des Höchsten Gutes und damit zu der christlichen Beantwortung der Frage nach dem Sinn und Ziel oder nach dem Selbstzweck des selbstbewusst-freien Lebens führt (2.2.). Diesem Verständnis des Sinnes und des Zieles und damit des Selbstzwecks unserer Existenz in dieser Weltzeit ordnen wir die Prinzipien der Barmherzigkeit, der Gerechtigkeit, der Solidarität und der Subsidiarität zu, mit deren Hilfe wir ganz allgemein die Ethosgestalt des Glaubens in der Sphäre des Privaten – in der Familie, der Liebe, der Ehe und der Elternschaft – wie in den öffentlichen Subsystemen der Gesellschaft charakterisieren (2.3.). Schließlich gilt es zu zeigen, dass die uns Menschen allen als leibhaften Freiheits- und Vernunftwesen aufgetragene Verantwortung nur auf dem Wege der Bildung der Gesinnung wahrgenommen werden kann: die Theologische Ethik wird deshalb dafür werben, die sittliche Autonomie der Person zum Ziel aller Lern- und Bildungsprozesse in den Institutionen der Glaubensgemeinschaft zu erklären – in der Hoffnung, dass dieses Lern- und Bildungsziel in die moralische Kommunikation der Gesellschaft ausstrahle (2.4.).

Insgesamt werden wir zeigen, dass die Theologische Ethik, die die Ethosgestalt des Glaubens in den Sphären des privaten wie des öffentlichen Lebens in wissenschaftlicher Form zu verstehen und zu begleiten strebt, einen singulären Typus im gesamten Spektrum der Theorien des ethischen Lebens darstellt. Und zwar deshalb, weil sie die Motive einer deontologischen Ethik und einer teleologischen Ethik im Lichte einer spezifischen Güterethik aufeinander bezieht und miteinander verknüpft.[3]

2.1. Das sittliche Sein der Person[4]

Es darf als zugestanden gelten, dass jede ethische Theorie eine normative Funktion in Anspruch nehmen will. Sie hat zu tun mit Normen, mit Regeln und mit Maximen, nach denen wir das Leben, das uns als die reine Gabe Gottes des Schöpfers schlechthin unverfügbar gegeben ist, im Raum des Privaten wie im Raum des Öffentlichen führen und

---

[3] Vgl. hierzu WILFRIED HÄRLE, Art. Deontologie: RGG^4 2, 668–669; EILERT HERMS, Art. Teleologie VI. Ethisch: RGG^4 8, 126–127.

[4] Vgl. FRIEDRICH SCHLEIERMACHER, Ethik, 304.

gestalten sollen; und sie sucht eine Antwort auf die Frage zu geben, ob und inwiefern diese Normen, Regeln und Maximen *richtig* und somit *vorzugswürdig* sind. Jede ethische Theorie befasst sich also mit der Begründung und mit der Kritik von Sachverhalten, die wir in *präskriptiver Weise* – als Bezeichnung eines gebotenen bzw. eines verbotenen Redens und Handelns – zur Sprache bringen, und zwar gegebenenfalls über den Kreis des rechtlich gebotenen oder verbotenen Redens und Handelns hinaus.

Steht diese normative Funktion der ethischen Theorie auf sich selbst? Oder bedarf sie einer Begründung, die sich auf das Verständnis des Seins der handelnden Person bezieht?

Der philosophische Ethik-Diskurs gebraucht seit David Hume das Argument, es sei ein „naturalistischer Fehlschluss", wenn man die Sachverhalte, die wir in präskriptiver Weise zur Sprache bringen, mit Hilfe von Aussagen über das Mensch-Sein und über die besondere Weise des Menschen, am Leben zu sein, begründe.[5] Obwohl sich dieses Argument weiter Verbreitung und meist gedankenloser Wiederholung erfreut, ist es doch alles andere als stichhaltig. Es verkennt nämlich die entscheidende Differenz, die zwischen den Regeln oder den Gesetzmäßigkeiten des Naturgeschehens und den Regeln, Normen und Maximen besteht, die für Entscheidungssituationen gelten, in denen jedenfalls wir Menschen alle uns befinden. Solche Entscheidungssituationen gibt es nur für Wesen, die sich in einer noch genauer zu bestimmenden Weise ihres Frei-Seins, ihres Vernünftig-Seins bewusst sind. Wenn wir die normative Funktion der ethischen Theorie auf die Grunderfahrung des menschlichen Daseins in Entscheidungssituationen zurückbeziehen, dürfen wir sie in jener deskriptiven Funktion verankern, die den Zusammenhang des Daseins und des Guten und damit den Zusammenhang des Daseins und des Sollens zu erhellen sucht. Erst die Erkenntnis dieser ihrer deskriptiven Funktion, die jene Grunderfahrung des menschlichen Daseins zu erhellen sucht, wird es uns in der Güterlehre der angewandten Ethik möglich machen, die Institutionen und die Organisationen des Zusammenlebens im Lichte der Frage kritisch zu bewerten, ob sie der Bestimmung, die mit dem Frei-Sein, dem Vernünftig-Sein der menschlichen Person gegeben ist, tatsächlich dienen oder nicht.

Wir knüpfen daher an die fundamentalanthropologische Betrachtung an, die wir dem Grundbegriff des Handelns widmeten (s. o. S. 134ff.), und wollen uns – im Einklang mit der Tradition der römisch-katholischen Moraltheologie und der evangelisch-theologischen Ethik[6] – das Sein der endlichen, der geschaffenen Freiheit nach zwei Gesichts-

---

[5] Vgl. hierzu DIETZ LANGE, Ethik in evangelischer Perspektive. Grundfragen christlicher Lebenspraxis, Göttingen 1992, 219ff.; EILERT HERMS, Sein und Sollen bei Hume, Kant und Schleiermacher, jetzt in: DERS., Menschsein im Werden. Studien zu Schleiermacher, Tübingen 2003 (= Studienausgabe 2006), 296–319; DERS., Art. Sein/Sollen: RGG[4] 7, 1143–1144.

[6] Vgl. zum Folgenden: GUSTAV ERMECKE, Die natürlichen Seinsgrundlagen der christlichen Ethik, Paderborn 1986[2]; HELMUT THIELICKE, Theologische Ethik. I. Bd., Tübingen 1981[5], 239–441: Das Schöpfungsgebot und die Gottebenbildlichkeit der Person; KARL BARTH, KD III/4, § 52: Ethik als Aufgabe der Lehre von der Schöpfung; FRANZ BÖCKLE, Fundamentalmoral, München 1978[2], 39–48: Wahlfreiheit als Voraussetzung; JOHANNES GRÜNDEL, Die Kategorie der Schöpfung, in: HCE 1, 407–421; KLAUS DEMMER, Deuten und Handeln. Grundlagen und Grundfragen der Fundamentalmoral, Freiburg i.Br. 1985; TRUTZ RENDTORFF, Ethik. Grundelemente, Methodologie und Konkretionen einer ethischen Theologie. Bd. I, Stuttgart Berlin Köln Mainz 1980, 35f.; DIETZ LANGE, Ethik in evangelischer Perspektive (wie Anm. 5), 305–367: Menschliche Grunderfahrungen; ARNO ANZENBACHER, Christliche Sozialethik. Einführung und Prinzipien (UTB), Paderborn/München/Wien/Zürich 1998, 178–196: Personalität; MARTIN HONECKER, Wege evangelischer Ethik. Positionen und Kontexte (Studien zur theol. Ethik 96), Freiburg (Schweiz)/Freiburg/Wien 2002, 29–99: I. Anthropologische Grundlagen.

punkten vor Augen bringen. Wir charakterisieren es – *erstens* – als sittliches Sein; und wir leiten – *zweitens* – aus der Einsicht in das sittliche Sein der menschlichen, der geschaffenen Person die Bestimmung jener Grund-Norm ab, die in Entsprechung zum Sein der menschlichen, der geschaffenen Person für Gott (s. o. S. 140f.) die kategorische Aufgabe solcher Wesen bildet, die im Ganzen des ungeheuren Weltgeschehens durch sittliches Sein ausgezeichnet sind. Mit diesen beiden Gedankenschritten greifen wir das Ergebnis unserer Darstellung des christlichen Glaubens an Gott den Schöpfer auf, die das Mandat verständlich machen wollte, das Gottes schöpferisches Wollen, Walten, Reden und Rufen dem Menschen faktisch auferlegt und das aus diesem Grunde die Voraussetzung für die dramatische Geschichte der Sünde, der Versöhnung, der Kirche und der Vollendung im ewigen Reiche Gottes bildet (s. o. S. 142ff.).

Erstens: Die Ethosgestalt des Glaubens, wie sie uns – im Kontext der Glaubensgeschichte Israels – in ihrem Ursprung im Selbstzeugnis und im Selbstverständnis des Christus Jesus entgegentritt, ist wie alle Gestalten eines ethischen Lebens bezogen auf einen uns Menschen allen schlechthin und unverfügbar vorgegebenen *Grund*. Wir verstehen diesen uns schlechthin und unverfügbar vorgegebenen Grund als das menschliche Person-Sein, das sich uns in den mannigfachen Möglichkeiten des menschlichen Freiheitsgebrauchs, der menschlichen Handlungsmacht, zeigt. Solcher Freiheitsgebrauch, solche Handlungsmacht beruht auf der unmittelbaren Gewissheit, frei bzw. vernünftig zu sein – auf jenem Sich-als-frei-Verstehen oder auf jenem Sich-als-vernünftig-Verstehen, wie wir es den vorpersonalen Stufen des Lebens keinesfalls zuschreiben können. Zwar ist die unmittelbare Gewissheit der menschlichen Person, frei bzw. vernünftig zu sein, an den Leib des menschlichen Organismus und damit an die Regeln des Naturgeschehens gebunden; aber sie ist – wie wir im Widerspruch zu den verschiedenen Positionen des Naturalismus und des Behaviorismus behaupten – als Bedingung der Möglichkeit realer Selbstbestimmung aus dem naturgesetzlich geregelten Weltgeschehen nicht im Geringsten ableitbar. Sie existiert – wie allerdings erst der Glaube an Gott den Schöpfer, wie er in der Gewissheit der Wahrheit des Evangeliums vorausgesetzt und mitenthalten ist, weiß (s. o. S. 98ff.) – durch Gottes schöpferisches Wollen, Walten, Reden und Rufen und *von diesem her*. Im Übrigen dient die Einsicht in den transzendentalen Sachverhalt der unmittelbaren Gewissheit – der Gewissheit nämlich, frei bzw. vernünftig und darin von Gottes schöpferischem Wollen, Walten, Reden und Rufen her zu sein – auch dazu, das Gespräch mit dem Verständnis von Natur und von Naturrecht zu führen, das in den moralischen Entscheidungen des römisch-katholischen Lehramts herrschend geworden ist (s. o. S. 298ff.).[7]

Alle Gestalten des ethischen Lebens in ihrer religions- und kulturgeschichtlich zu beschreibenden Vielfalt setzen jene unmittelbare Gewissheit der menschlichen Person voraus, frei bzw. vernünftig zu sein. Indem die Person dieses Frei-Sein bzw. dieses Vernünftig-Sein kraft ihrer Handlungsmacht und d. h. willentlich gebraucht, bewegt sie sich in den Beziehungen der sprachlichen (symbolisierenden) Kommunikation und der wirksamen (organisierenden) Interaktion mit ihresgleichen. Dass das menschliche Person-Sein – jedenfalls von einem sehr frühen Zeitpunkt der psycho-sexuellen Entwicklung an – die Gegenwart des Lebens unmittelbar als Gegenwart des bewussten und willentlichen

---

7 Vgl. hierzu ANSELM HERTZ, Das Naturrecht, in: HCE 1, 317–338; MARTIN HONECKER, Wahrheit und Freiheit im Spannungsfeld des Pluralismus, jetzt in: DERS., Evangelische Christenheit in Politik, Gesellschaft und Staat (TBT 90), Berlin/New York 1998, 265–284; DERS., Natur als ethischer Maßstab, ebd. 285–300.

Handelns und Entscheidens in diesen Beziehungen versteht: das meinen wir, wenn wir es als *sittliches Sein* bezeichnen.[8]

Zweitens: Nun ist das sittliche Sein der menschlichen, der geschaffenen Person, wie wir es eben beschrieben haben, ein Allgemeines und ein Identisches. Wer immer uns in der Gestalt eines männlichen oder weiblichen Menschenwesens begegnet, begegnet uns als *unseresgleichen* und repräsentiert dies Allgemeine und Identische in individueller Weise: also in der Weise einer geschlechtsspezifisch, altersspezifisch und kulturspezifisch geprägten individuellen Lebensgeschichte. Indem wir uns selbst in der Leibhaftigkeit des Körpers unmittelbar als frei und als vernünftig erschlossen sind, ist uns auch das andere männliche oder weibliche Menschenwesen unmittelbar als frei und als vernünftig erschlossen: am einfachsten und am elementarsten in der sprachlichen Anrede, die auf Antwort wartet. Es – das andere männliche oder weibliche Menschenwesen – zeigt sich uns im Möglichkeitsraum des Person-Seins jeweils als *andere Individualität*. Zur deskriptiven Funktion der ethischen Theorie gehört es daher, einen Begriff von Intersubjektivität zu entwickeln, der das Moment des Allgemeinen oder des Identischen und des Individuellen zusammenschließt.[9] Mit Hilfe und im Lichte dieses Begriffs wird dann die Theologische Ethik sowohl in der Pflichtenlehre als auch in der Tugendlehre als auch in der Güterlehre zeigen können, dass dem geschaffenen Person-Sein des Menschen das Gebot einer universellen Kommunikation und Solidarität entspricht, die über die Koexistenz in den verschiedenen sozialen Relationen der Familie, der Ehe und der partikularen Gesellschaft hinausreicht: mit dem sittlichen Sein der Person ist eine universale Norm gegeben, die wir als ethisches Kriterium allgemeiner Normen, individueller Maximen und einzelner Weisungen verwenden werden.

Indem wir das sittliche Sein der menschlichen Person als die Bezogenheit und als die Beziehung zwischen Wesen interpretieren, die füreinander individuelle Andere sind, gelangen wir zur Bestimmung jener Aufgabe und jener Zumutung, die mit dem sittlichen Sein der menschlichen Person als solchem gegeben ist. Es gilt, die unmittelbare Gewissheit der menschlichen Person, frei bzw. vernünftig zu sein, in der Weise wechselseitig zu realisieren, die die unmittelbare Gewissheit jeder menschlichen Person, frei bzw. vernünftig zu sein, achtet und anerkennt. Wir sehen also in der Beschreibung des sittlichen Seins der menschlichen Person den *Grund* einer Norm, die wir mit den Bestimmungen der *Egalität* – der Gleichheit aller Menschen vor Gott – und der *Reziprozität* – der wechselseitigen Verpflichtung, einander zu achten und sich miteinander zu verständigen – erfassen. Die ethische Urteilsbildung über die einzelnen Handlungsweisen und über die Interaktionsordnungen in der geschichtlichen, sozialen Welt, zu der die normative Funktion der ethischen Theorie anleiten möchte, wird sich an dieser Norm der Intersubjektivität orientieren. Sie ist der harte Kern einer normativen Idee der Humanität.[10]

---

8 Rudolf Bultmann hat diesen Sachverhalt im Dialog mit Martin Heidegger mittels der synonymen Termen „Sein-Können", „Erschlossenheit der Existenz" und „Geschichtlichkeit des Daseins" in den Blick genommen; vgl. meine Darstellung in: KONRAD STOCK, Das Ethos des Glaubens nach Rudolf Bultmann, jetzt in: DERS., Die Gegenwart des Guten. Schriften zur Theologie (MThSt 96), Marburg 2006, 198–213.

9 Vgl. hierzu KONRAD STOCK, Gottes wahre Liebe. Theologische Phänomenologie der Liebe, Tübingen 2000, 214–220: Der Begriff des Andern, wo ich im Anschluss an Friedrich Schleiermacher die Kategorie der Intersubjektivität als Rahmen für das Verständnis des Gebots der Nächstenliebe einführe und bestimme.

10 Vgl. hierzu EILERT HERMS, Art. Humanität: TRE 15, 661–682; THOMAS ZIPPERT/SVEND ANDERSEN, Art. Humanität (Menschlichkeit): RGG[4] 3, 1947–1950.

Nun kommt es heutzutage im Spektrum der verschiedenen Prägungen der Idee der Humanität darauf an, mit diesem Begriffswort jenes Ideal und damit jenes Ziel zu bestimmen, das wir in dieser Weltzeit zu erreichen und zu verwirklichen suchen; und zwar im vollen Bewusstsein der Ambivalenz jenes menschlichen Frei- oder Vernünftig-Seins, wie es den Mitgliedern der Glaubensgemeinschaft im angefochtenen Glauben und demgemäß in den Einsichten der biblisch-kirchlichen Lehrgestalten bis hin zu ihren künstlerischen Ausdrucksformen – im Kirchenbau, in der Kirchenmusik, im Kirchenlied – stets präsent ist. Seinen präzisen christlichen Gehalt wird jenes Ideal und jenes Ziel bekommen, wenn wir es im Lichte der verschiedenen Arten des Guten und der Güter charakterisieren. Dieser Aufgabe wenden wir uns jetzt zu.

2.2. Das Gute – die Güter – das Höchste Gut[11]

Im Zusammenspiel der theologischen Disziplinen und im Gespräch mit ihren verschiedenen Bezugswissenschaften ist die Theologische Ethik diejenige Teil-Theorie der Systematischen Theologie, die das christliche Ethos – das Handeln der Mitglieder der Glaubensgemeinschaft der Kirche in den privaten Räumen der Familie, der Liebe, der Freundschaft, der Ehe und in den öffentlichen Räumen ihrer Gesellschaft – zum Gegenstande hat. Das Ethos des Glaubens strebt danach, der Aufgabe des „vernünftigen Gottesdienstes" (Röm 12,2) gerecht zu werden, und zwar in der prüfenden Suche nach dem Willen Gottes, der auf „das Gute und Wohlgefällige und Vollkommene" (ebd.) gerichtet ist. Wollen wir dieses Ethos in seiner Eigen-Art und in seiner Besonderheit im Verhältnis zu anderen Ethosgestalten und im Verhältnis zu anderweitigen Theorien des ethischen Lebens verstehen, so müssen wir uns auf der Basis unserer Einsicht in das sittliche Sein der menschlichen, der geschaffenen Person nun der Frage zuwenden, wie wir Sinn und Bedeutung des Guten bestimmen können.

In unserer Alltagssprache gebrauchen wir das Begriffswort „Gut" sowohl im substantivischen als auch im adjektivischen Sinne.

Im substantivischen Sinne verstehen wir darunter ein *Gut* – wie etwa das „Hab und Gut", ein Guthaben, ein Landgut, ein Rechtsgut, ein Gedankengut, ein Kulturgut –, das wir in den Zusammenhang der verschiedenen Arten von Gütern einordnen können. Was immer wir als ein Gut bezeichnen, betrachten wir als etwas, was es uns möglich macht, unser bedürftiges und gefährdetes Leben in seinen wesentlichen Beziehungen zu erhalten, zu verteidigen und im Hinblick auf ein Woraufhin des Lebens zu vervollkommnen. Den verschiedenen Arten der Güter, die wir für uns selbst und in Gemeinschaft mit anderen handelnd und besorgend erstreben, liegt also die Gewissheit zugrunde, dass das Leben selbst – das Leben der je individuellen Person, das sich vermöge ihres Zeitbewusstseins jeweils hier und jetzt in der Form von Entscheidungen über ihre künftigen Möglichkeiten

---

[11] Vgl. zum Folgenden bes.: HELMUT KUHN, Das Sein und das Gute, München 1962; KONRAD STOCK, Grundlegung der protestantischen Tugendlehre, Gütersloh 1995, § 3: Gottes Güte. Eine Theorie des Sollens (58–90); BEATRIX HIMMELMANN/NOTGER SLENCZKA/EILERT HERMS, Art. Gut/Güter: RGG^4 3, 1336–1339. – Eine systematische Besinnung auf die mehrfache Bedeutung des Guten vermisst man nicht nur bei TRUTZ RENDTORFF, Ethik. Bd. I^1 (wie Anm. 6), sondern auch bei DIETZ LANGE, Ethik in evangelischer Perspektive (wie Anm. 5). Vor allem aber fehlt es an einer solchen Besinnung bei JÜRGEN MOLTMANN, Theologie der Hoffnung. Untersuchungen zur Begründung und zu den Konsequenzen einer christlichen Eschatologie (BevTh 38), München 1964, und im umfangreichen theologischen Gesamtwerk dieses Autors.

vollzieht – ein Gut ist.[12] Es in diesem seinem Charakter als Gegenwart des Handelns und Entscheidens nach dem Maße und in den Grenzen menschlicher Sorge zu erhalten und zu vervollkommnen, ist die Funktion der Strebensziele, derer wir uns gewiss sind.

Aus dieser Grundbestimmung des Gut-Seins lassen sich nun – mit Eilert Herms[13] – verschiedene Arten von Gütern ableiten.

In formaler Hinsicht können wir unterscheiden: Güter, die wir erstreben, um das bedürftige und gefährdete Leben der individuellen Person selbst zu erhalten, zu verteidigen und zu vervollkommnen; Güter, die wir erstreben, um das Zusammenleben in einer partikularen Gemeinschaft – wie z. B. in einer Ehe und in einer Familie, in einer politisch verfassten Gesellschaft, in einer Assoziation der Kunst und der Kunstpraxis, in einer kirchlich geordneten Glaubensgemeinschaft, in einer Organisation des Helfens – zu erhalten, zu verteidigen und zu vervollkommnen; und schließlich Güter, die wir erstreben, um das Zusammenleben aller partikularen Gemeinschaften in einer zukünftigen Weltgesellschaft zu erhalten, zu verteidigen und zu vervollkommnen.

In materialer Hinsicht können wir unterscheiden: materielle Güter, die wir erstreben, um die Leibhaftigkeit des personalen Lebens in den verschiedenen partikularen Gemeinschaften zu erhalten, zu verteidigen und zu vervollkommnen; rechtliche Güter, die wir erstreben, um die Handlungsfähigkeit der Person in den verschiedenen partikularen Gemeinschaften und damit ihre Achtung zu erhalten, zu verteidigen und zu vervollkommnen; und schließlich sittliche Güter, die wir erstreben, um angesichts der Gefahr der Anomie, der Verwahrlosung und der Gewaltbereitschaft die Verantwortungsfähigkeit und die Gemeinschaftsfähigkeit der Person in den verschiedenen partikularen Gemeinschaften zu erhalten, zu verteidigen und zu vervollkommnen. Eben um der Verantwortungsfähigkeit und um der Gemeinschaftsfähigkeit der Person willen – also um der *Tugenden*, der *Tüchtigkeiten* in den Lebensverhältnissen des Privaten und des Öffentlichen willen – hat übrigens die Kommunikation des Evangeliums in der Glaubensgemeinschaft der Kirche, wie sie im „Grundriss der Dogmatik" beschrieben wurde, an sich selbst den Charakter eines sittlichen Guts. In ihrer ausgeführten Gestalt wird eine künftige Systematische Theologie, die als Wissenschaft wird auftreten können, auch und gerade den ethischen Charakter der ihrem Auftrag entsprechenden Kommunikation des Evangeliums in der Glaubensgemeinschaft der Kirche mit allem Nachdruck unterstreichen (s. o. S. 252ff.).[14]

Wir leiten die verschiedenen formalen und materialen Güter ab aus der Grundsituation des Gut-Seins: des Guts der allerdings bedürftigen und gefährdeten Gegenwart der

---

12 Vgl. DIETRICH BONHOEFFER, Ethik, jetzt in: DBW 6, Gütersloh 1998², 245: „Die Frage nach dem Guten findet uns immer in einer bereits nicht mehr rückgängig zu machenden Situation vor: wir leben... Nicht was an sich gut ist, sondern was unter der Voraussetzung des gegebenen Lebens und für uns als Lebende gut ist, ist unsere Frage."

13 Vgl. EILERT HERMS, Art. Gut/Güter III. Ethisch (wie Anm. 3), 1338f.

14 Mit Recht ist daher das Wesen und die Verfassung der Kirche in ihrem Verhältnis zur privaten Sphäre wie zu den öffentlichen Funktionsbereichen des Lebens ein integrierender Teil der Theologischen Ethik; vgl. EMIL BRUNNER, Das Gebot und die Ordnungen. Entwurf einer protestantisch-theologischen Ethik, Tübingen 1932; TRUTZ RENDTORFF, Ethik. Grundelemente, Methodologie und Konkretionen einer ethischen Theologie. Bd. II, Stuttgart Berlin Köln Mainz 1981, 34ff.; 52ff.; 71ff.; 87ff.; 100ff.; MARTIN HONECKER, Grundriß der Sozialethik, Berlin/New York 1995, Kap. VIII: Kirche in der Gesellschaft (629–707). – Auch dieses Thema fehlt bedauerlicherweise bei DIETZ LANGE, Ethik in evangelischer Perspcktive (wie Anm. 5), bei WOLFHART PANNENBERG, Grundlagen der Ethik. Philosophisch-theologische Perspektiven (Kleine Vandenhoeck-Reihe 1577), Göttingen 1996, und natürlich bei JÜRGEN MOLTMANN, Ethik der Hoffnung, Gütersloh 2010.

menschlichen, der geschaffenen Person in ihrem Lebensverhältnis zu den Andern in den verschiedenen Gemeinschaftsarten. Aus dieser Ableitung gewinnen wir nun auch das Verständnis für den angemessenen Gebrauch des Adjektivs „gut“. „Gut“ im adjektivischen Sinne nennen wir Dinge, Ereignisse, Situationen und Handlungsweisen, die es uns möglich machen, jene Güter in formaler wie in materialer Hinsicht zu erreichen und ihre Dauer – soviel an uns und in unserer Macht steht – zu gewährleisten. Ohne die Beziehung auf die Güter, die wir aus der Besinnung auf die allgemeine Grund-Situation des menschlichen, des geschaffenen Person-Seins ableiten, hängt der adjektivische Gebrauch von „gut“ – das zeigt der kritische Vergleich mit den ethischen Theorien des Utilitarismus[15], des Intuitionismus[16] und des Emotivismus[17] – in der Luft. Ohne die Beziehung auf die Güter, die wir aus der Besinnung auf die allgemeine Grund-Situation des menschlichen, des geschaffenen Person-Seins ableiten, ist uns aber auch die evaluative Bewertung des personalen und des sozialen Handelns und dessen ethische Kritik unmöglich.

Wir haben damit eine Einsicht in das angemessene Verhältnis zwischen der substantivischen und der adjektivischen Verwendungsweise des Ausdrucks „Gut“ erreicht, die wir in der gebotenen Kürze zusammenfassen wollen, bevor wir uns der Frage zuwenden, ob und in welcher Hinsicht der substantivische und der adjektivische Gebrauch des Guten mit der Idee eines Höchsten Gutes zu tun hat:

„Gut“ und damit vorzugswürdig und erstrebenswert sind in einer gegebenen Situation solche Handlungsweisen und solche intendierten Folgen, die das Spektrum der formalen wie der materialen Güter wahren, fördern und erneuern; wohingegen wir solche Handlungsweisen und solche intendierten Folgen als „schlecht“ und als „böse“ bewerten, die das Spektrum der formalen wie der materialen Güter gefährden oder gar zerstören. Insofern steht das ethische Urteil über das Schlechte und das Böse einer Handlungsweise stets in Relation zu der Gewissheit hinsichtlich des Spektrums der formalen wie der materialen Güter. Ist diese Gewissheit überhaupt nicht vorhanden oder ist sie nur in abstrakter, egozentrischer, ungebildeter Weise entwickelt und erschlossen, so wird die Handlungsweise und die Lebensführung der Person unter der Macht der Begierde unvermeidlich zum Bösen *geneigt* sein, und zwar zum Bösen unter dem Schein des Guten (s. o. S. 156f.).

Indem wir nun den Gegensatz, den wir mit den Adjektiven „gut“ und „schlecht“ bzw. „gut“ und „böse“ bezeichnen, auf das Spektrum der formalen wie der materialen Güter beziehen, rufen wir uns ins Bewusstsein, dass alle diese Güter die *Folge* oder das *Resultat* unseres kommunikativen und interaktiven Handelns und Entscheidens sind.

---

15 Zu dieser von Jeremy Bentham begründeten, von John Stuart Mill und von Henry Sidgwick entfalteten und verteidigten ethischen Theorie vgl. bes. OTFRIED HÖFFE (Hg.), Einführung in die utilitaristische Ethik, Tübingen 2003[3]; STEPHAN LAMPENSCHERF, Art. Utilitarismus: TRE 34, 460–463; FRIEDRICH LOHMANN, Art. Utilitarismus: RGG 8[4], 860–861. Der einheitliche Grundzug des Utilitarismus besteht darin, die wünschenswerten und vorzugswürdigen Folgen – das Glück – zum Kriterium der moralischen Qualität des Handelns zu erheben, nicht aber die Achtung und die Anerkennung der Grund-Situation des Gut-Seins: der geschaffenen Freiheit der Person. Deshalb ist die utilitaristische Spielart der Theorie des Ethischen vor totalitären Tendenzen nicht gefeit, was sich nicht zuletzt auch an den beiden großen totalitären Ideen des Politischen im 20. Jahrhundert – der sozialistischen und der nationalsozialistischen – zeigen lässt!

16 Nach GEORGE EDWARD MOORE, Principia Ethica (engl. 1903), dt. Stuttgart 1970, ist das Urteil, etwas sei gut, in sich selbst begründet, weil wir des Guten *intuitiv* gewiss sind.

17 Nach ALFRED J. AYER und CHARLES LESLIE STEVENSON drücken moralische Urteile lediglich die faktischen Interessen- und Wertgefühle individueller Personen aus.

Freilich sind sie nur dessen mögliche und vorzugswürdige und keineswegs dessen zwingende und notwendige Folge! Die Prinzipienlehre der Theologischen Ethik wird vielmehr der geschichtlichen Erfahrung eingedenk sein, dass das Zusammenspiel unserer kommunikativen und interaktiven Handlungen und Entscheidungen jederzeit gefährdet und bedroht ist von den destruktiven Tendenzen, in denen sich das Sündig-Sein der menschlichen, der geschaffenen Person manifestiert (s. o. S. 156f.). Die Grund-Situation des Guten – das Gut der Gegenwart des Lebens in der menschlichen Form der Freiheit und des vernunftgemäßen Wählens, Handelns und Entscheidens – ist der geschichtlichen Erfahrung zufolge die *Situation der Alternative* zwischen Selbstgefährdung und Erhaltung, zwischen Selbstzerstörung und Vervollkommnung, zwischen dem Aus-Sein auf die Übel und dem Aus-Sein auf die Güter. Wir verstehen diese Alternative, wenn wir sie im Lichte der Frage betrachten, was uns Menschen im Zusammenspiel der kommunikativen und der interaktiven Handlungen jeweils als das *Höchste Gut* vorschwebt und wie sich uns das Höchste Gut erschließt, das im Vergleich zu allen möglichen Zielbestimmungen und Zwecksetzungen das Höchste Gut in Wahrheit und damit den *Selbstzweck* unserer menschlichen Lebensform der Freiheit und des vernunftgemäßen Wählens, Handelns und Entscheidens darstellt.

Es konstituiert – wie wir gezeigt haben – das sittliche Sein der Person, sich selbst unmittelbar als frei und als vernünftig zu verstehen und darin von der transzendenten Ursprungsmacht her zu sein, die das Gut des personalen Lebens in Entscheidungen und Handlungen und dessen relative Dauer schlechthin gibt und gewährt (s. o. S. 310ff.). Im Spektrum der religiösen und der weltanschaulichen Gemeinschaften lehrt jedenfalls der christliche Glaube, dieses unserem personalen und sozialen Handeln schlechthin vorgegebene Gut als die *Gabe* des weltjenseitigen Schöpfers aller Dinge und seiner Güte zu erkennen, dessen Sinn und Intention in den österlichen Erscheinungen des Christus Jesus offenbar wird (s. o. S. 98ff.).[18] Vom schöpferischen Grund aller Wirklichkeit, von seinem Wollen, Walten, Reden und Rufen gegeben, ist das menschliche Person-Sein dazu berufen und dazu bestimmt, in dieser Weltzeit in der Gemeinschaft mit Gott selbst zu existieren und auf die Vollendung dieser Gemeinschaft jenseits des Todes und durch den Tod hindurch zuzugehen. Gestützt auf die Frömmigkeitssprache der Psalmen und angeregt durch die philosophische Frage nach der Idee des Guten sprechen wir von dieser Gemeinschaft mit Gott selbst in dieser Weltzeit und von ihrer ewigen Vollendung als dem in Wahrheit *Höchsten Gut* (s. o. S. 143). Um der Teilhabe an diesem Höchsten Guten willen ist das Gut des personalen Lebens und die Verantwortung für die formalen wie für die materialen Güter von Gott – von dem dreieinigen und dreifaltigen Gott in Gottes Selbstbestimmung zur Gemeinschaft mit dem Ebenbilde Gottes (s. o. S. 88ff.) – *gewollt*: der Glaube versteht – weil ihm der Sinn des Lebens in den jeweiligen Ursprungssituationen des Glaubens durch „äußeres Wort“ und „inneres Wort“ erschlossen ist – das Dasein des endlichen Freiheitswesens als souveräne Manifestation eines schöpferischen Wollens, das als solches das Kriterium und den Maßstab unseres ethischen Urteilens bildet![19]

Im Kontext der Glaubensgeschichte Israels – wie sie bereits im 1. Gebot des Dekalogs und dann in überaus eindrücklicher Weise im Psalter zur Sprache kommt – entdeckt der christliche Glaube mithin die kategoriale Eigen-Art des Höchsten Gutes; und wir verstehen die Geschichte des Christentums in seinen vielfachen konfessionellen Tradi-

---

[18] Vgl. KONRAD STOCK, Grundlegung der protestantischen Tugendlehre (wie Anm. 11), 58–90.

[19] Vgl. hierzu bes. KARL BARTH, KD III/1, § 42: Das Ja Gottes des Schöpfers.

tionen dann am besten, wenn wir sie als ein konfliktreiches und unabgeschlossenes Ringen um die angemessene Erkenntnis der Beziehung zwischen dem in Wahrheit Höchsten Gut und dem Inbegriff der lebensdienlichen Güter zu verstehen suchen. Dieses konfliktreiche und unabschließbare Ringen ist nicht zuletzt deshalb so schwer und auch so schmerzhaft, weil es in einer untergründigen und eben deshalb ungeklärten Korrelation zu jenen Deutungen des Höchsten Gutes steht, die wir den Traditionen der philosophischen Theorie des Ethischen verdanken.

Wir werden uns daher im Folgenden für einige typische Deutungen der Idee des Höchsten Gutes in den Traditionen der philosophischen Theorie des Ethischen interessieren, um angesichts des erwähnten konfliktgeladenen und offenen Ringens um eine angemessene Erkenntnis der Beziehung zwischen dem in Wahrheit Höchsten Gut und dem Inbegriff der lebensdienlichen Güter in der Geschichte des Christentums ein zustimmungsfähiges Modell zu entwerfen. Wir wollen darauf hinaus zu zeigen, dass das Gebetswort des 73. Psalms – „Wenn ich nur dich habe, so frage ich nichts nach Himmel und Erde. Wenn mir gleich Leib und Seele verschmachtet, so bist du doch, Gott, allezeit meines Herzens Trost und mein Teil“ (Ps 73,25f.) – sehr wohl das Grundanliegen der Theologischen Ethik als der lebenspraktischen Besinnung auf den Wahrheitsgehalt des christlichen Glaubens an Gott und der kirchlichen Glaubenslehre artikuliert.

Wir haben – im Rückgriff auf die Darstellung, die wir im „Grundriss der Dogmatik“ unternahmen (s. o. S. 143) – die Gemeinschaft mit Gott selbst als diejenige Bestimmtheit des Höchsten Gutes angesprochen, die sich der Glaubensgemeinschaft in den Ursprungssituationen des Glaubens erschloss.

Wenn nun die Prinzipienlehre der Theologischen Ethik – im Einklang mit dem Selbstverständnis des Glaubens und der kirchlichen Glaubenslehre – das Leben in der Form der menschlichen Freiheit, kraft derer wir uns jederzeit in der Situation der Alternative zwischen der Verfehlung und der Erreichung ihres Sinnes befinden, auf das in Wahrheit Höchste Gut als ihre Bestimmung und damit auch als ihr Kriterium bezieht, so spricht sie damit der Idee des Höchsten Gutes eine *kategoriale Eigen-Art* im Unterschied und im Verhältnis zum Inbegriff der formalen wie der materialen Güter zu, die wir als mögliche und vorzugswürdige Folgen unseres kommunikativen wie unseres interaktiven Handelns bestimmt haben.

Diese kategoriale Eigen-Art des Höchsten Gutes, das sich der Glaubensgemeinschaft in den Ursprungssituationen des Glaubens als solches erschloss, suchen wir im Folgenden genauer zu charakterisieren.

Unter der Idee des Höchsten Gutes verstehen wir *zum einen* das Woraufhin und Worumwillen, den Selbstzweck unserer Existenz in dieser Weltzeit, der eine spezifische Ordnung und Richtung aller dieser Güter impliziert; mit der Idee des Höchsten Gutes verbinden wir *zum andern* aber auch das geschichtliche Geschehen, in dem der Selbstzweck unserer Existenz in dieser Weltzeit – die Bestimmtheit der Person zur Mitwirkung mit Gottes Wirken und deren Vollendung in der unbedrohten, anfechtungslosen, eschatischen Gemeinschaft des Reiches Gottes – die Person im Zentrum ihres Selbst-Seins ergreift und ihre *Gesinnung* heilsam neu bestimmt.

Die Theologische Ethik will im Lichte dieser zweifachen Bestimmung der Idee des Höchsten Gutes begreiflich machen, dass die kirchliche Verkündigung und dass die kirchliche Glaubenslehre, die das Kommen des Reiches Gottes im Christus Jesus bezeugt, eben die Gesinnung möglich macht, die der Gesinnung des Christus Jesus (Phil 2,5) entspricht; und sie will auf dieser Basis zur vernünftigen Kritik befähigen an jenen Traditionen des ethischen Denkens, die die kategoriale Eigen-Art des Höchsten Gutes so oder so verkennen.

Damit benennen wir die beiden Fragen, die wir im Folgenden beantworten wollen.

Erstens: Inwiefern kommt der Idee des Höchsten Gutes für die Lebensführung der Person in der Sphäre des Privaten wie in den Funktionsbereichen des öffentlichen Lebens eine orientierende Bedeutung zu?

Und *zweitens*: welche vernünftige Kritik vermag der Glaube und vermag die von der Theologischen Ethik unterstützte Glaubensgemeinschaft der Kirche zumal in ihrer Sprechern und Repräsentanten an jenen Traditionen des ethischen Denkens zu üben, die die kategoriale Eigen-Art des Höchsten Gutes so oder so verkennen?

Zur ersten Frage: Ist die Gemeinschaft mit Gott selbst – das Leben des Glaubens in der Ordnung der Liebe und in der Kraft der Hoffnung – das Höchste Gut für das menschliche Person-Sein, so hat sie den Charakter des Selbstzwecks. Sie wird in der Gewissheit des Glaubens als um ihrer selbst willen anziehend und erstrebenswert erlebt. Wenn die Kommunikation des Evangeliums in den kirchlichen Sozialgestalten des Glaubens den selbstzwecklichen Charakter der Gemeinschaft mit Gott selbst zur Sprache bringt, so spricht sie damit den verschiedenen Arten der formalen wie der materialen Güter diese kategoriale Eigen-Art eo ipso ab. Sie bewertet jede Form, das Höchste Gut mit den verschiedenen Arten der formalen wie der materialen Güter gleichzusetzen oder gar mit ihnen zu vertauschen – wie das im Streben nach ökonomischem Erfolg, nach sportlichem Ruhm, nach politischem Einfluss, nach ekstatischen Erlebnissen geschieht –, als einen gefährlichen Widerspruch zu jenem Sinn und zu jener Bestimmung des menschlichen Person-Seins, die uns in der Glaubensgemeinschaft der Kirche tatsächlich erschlossen ist. Und sie vermag dieses ethische Urteil durch die Erinnerung an die katastrophalen Fehlentwicklungen der Geschichte und durch die Analyse seelischer Verwahrlosung in dieser unserer Gegenwart auch unter Beweis zu stellen.

Wenn sich nun in der religiösen Kommunikation des Evangeliums das Höchste Gut der Gemeinschaft mit Gott selbst durch Gottes Geist als Woraufhin und Worumwillen, als Selbstzweck unserer Existenz in der Gesinnung und im Gewissen der Person tatsächlich erschließt, so begründet es unsere Sorge und unsere Verantwortungsfähigkeit für die geschichtlichen Formen, Regeln und Strukturen, in denen wir in unserer jeweiligen Kultur oder Gesellschaft die verschiedenen Arten der formalen wie der materialen Güter zu erreichen suchen.

Das monastische wie das asketische Ideal mag in der Geschichte des Christentums dazu beigetragen haben, die Ordnung der Kultur oder der Gesellschaft nicht selbst zum Thema einer ethischen Urteilsbildung zu machen; und die evangelikale Bewegung in der euro-amerikanischen Moderne mag weitestgehend auf ein Engagement zugunsten des äußerlichen Rechts und des äußerlichen Friedens verzichten. Demgegenüber hat jedoch sowohl die lutherische wie die reformierte Reformation das Ideal einer *Wohlordnung der Gesellschaft* umrissen, die das Erreichen der formalen wie der materialen Güter zur Erhaltung, zur Verteidigung und zur Vervollkommnung der personalen Handlungs- und Entscheidungsgegenwart begünstigt und nicht etwa behindert. Auf diese Intention der Lehre von den zwei Regierweisen Gottes kommen wir noch zurück (s. u. S. 322f.).

Zur zweiten Frage: Inwiefern führt die Erkenntnis der kategorialen Eigen-Art des Höchsten Gutes zur vernünftigen Kritik an den Traditionen des ethischen Denkens der Praktischen Philosophie?

Nun, sie macht uns aufmerksam auf unzureichende inhaltliche Bestimmungen des Guten; und sie macht uns deutlich, dass die Traditionen des ethischen Denkens der Philosophie die reale Anziehungskraft dessen, was „das einige ewige Gut ist"[20], unklar und unangemessen beschreiben. Wir wollen diese Kritik erhärten im Blick auf Aristoteles, Friedrich Nietzsche und Immanuel Kant.[21]

In entschiedener Kritik an Platons Lehre von der Idee des Guten, wie sie hauptsächlich im Dialog „Symposion" vorgetragen wird, entwickelt *Aristoteles* in der „Nikomachischen Ethik" eine Darstellung der Eudaimonie, des guten oder des glückseligen Lebens.[22] Diese Darstellung geht aus von der Analyse des Strebens, das im formalen Sinne überhaupt auf ein uns vorschwebendes Gut ausgerichtet ist. Im sittlichen Sinne gut will Aristoteles dagegen nur diejenigen Ziele gelten lassen, die der Vernunftnatur des Menschen und seiner Bestimmung zum Leben in der Polis unter Freien und Gleichen entsprechen. Von den geschriebenen wie von den ungeschriebenen Gesetzen der Polis angeleitet, ist es nach Aristoteles dem Menschen möglich, ein Leben in den Tugenden bzw. den Tüchtigkeiten zu führen, in denen er – und zwar in der Beherrschung seiner Leidenschaften – das um seiner selbst willen Gute und darin eben die Eudaimonie erreicht. Die ethische Theorie identifiziert das Höchste Gut als das Ideal eines selbstbeherrschten Lebens in den Grenzen der einem Menschen zugemessenen Lebenszeit. Nur die theoretische Existenz des Philosophen vermag diese Grenzen zu überschreiten, weil sie jenem Denken der Gottheit am nächsten kommt, kraft dessen der unbewegte Beweger den Kosmos des Bewegten bewegt.

Während das teleologische Modell des Aristoteles dem Höchsten Gut als dem Ideal des selbstbeherrschten Lebens wegen seiner Verankerung in der Vernunftnatur des Menschen immerhin den Charakter eines objektiv vorgegebenen Zielzustandes zuerkannte, blieb es maßgeblichen Autoren der euro-amerikanischen Moderne vorbehalten, jedes objektive Telos als den Ausdruck eines lebensfeindlichen Widerwillens gegen das Leben selbst zu denunzieren. Insbesondere *Friedrich Nietzsche* hat in seinem Spätwerk eine Sicht der Wirklichkeit entwickelt, derzufolge jedenfalls das menschliche Dasein – reduziert auf das Ausleben der alles beherrschenden Triebe – sich als der „Wille zur Macht" und damit als der Kampf um die Steigerung der je eigenen Macht vollzieht. Unter dem Höchsten Gut ist nach dieser Sicht der Dinge das je eigene Machtgefühl zu verstehen, das sich schrankenlos genießt.[23]

Eine bis auf den Grund gehende Kritik dieser Anschauung des Höchsten Gutes kann hier nicht geleistet werden. Nietzsches Gesamtwerk lässt ihre destruktiven Züge mit brutaler Klarheit erkennen. Es ist ganz außerstande, ein kritisch-orientierendes Verhältnis zu den Institutionen sehen zu lassen, in denen wir die Güter des wirtschaftlichen Nutzens, der rechtlichen Ordnung, des wissenschaftlichen Wissens und der technischen Verfahren produzieren. Im Übrigen sind Nietzsches Schriften und ihre Rezeption die einzige Form, in der die Anschauung des Höchsten Gutes als des je eigenen Machtgefühls ihre Anziehungskraft gewinnen kann. Es war und ist vorherzusehen, dass die kommunikative Verbreitung dieser Sicht des Höchsten Gutes dazu führt, keinerlei Verantwortung für die lebensdienliche Gestaltung dieser Institutionen wahrzunehmen. Inso-

---

20 MARTIN LUTHER, Großer Katechismus: BSLK 563,13.

21 Vgl. zum Folgenden bes. EILERT HERMS, Art. Höchstes Gut: RGG^4 3, 1808–1812.

22 ARISTOTELES, Nik. Ethik I,6 (1094a); vgl. zum Folgenden bes. die Interpretation von OTFRIED HÖFFE, Ethik als praktische Philosophie – Die Begründung durch Aristoteles, jetzt in: DERS., Ethik und Politik. Grundmodelle und -probleme der praktischen Philosophie (stw 266), Frankfurt a.M. 1979, 38–83.

23 Vgl. die sorgfältige Darstellung bei MARGOT FLEISCHER, Art. Nietzsche, Friedrich: TRE 24, 506–524; ferner GÜNTER FIGAL, Art. Nietzsche, Friedrich: RGG^4 6, 310–314.

fern trägt die Wirkungsgeschichte Nietzsches Erhebliches zur Desorientierung der religiös-weltanschaulichen Sphäre in der Moderne bei.

Gegenüber der Beschränkung der Idee des Höchsten Gutes auf das objektive Telos – auf das Ideal des selbstbeherrschten Lebens – bei Aristoteles und erst recht gegenüber ihrer Auflösung in den Genuss des jeweiligen Machtgefühls im Sinne Nietzsches wahrt *Immanuel Kant* die kategoriale Eigen-Art des Höchsten Gutes in einer Weise, die an das Problembewusstsein in Platons Lehre von der transzendenten Idee des Guten und in ihrer theologischen Wirkungsgeschichte erinnert. Kant zeichnet den Begriff des Höchsten Gutes ein in den Zusammenhang der erkenntniskritischen Antwort auf die Frage nach dem Geltungsgrunde oder der Verbindlichkeit des Sittengesetzes. Er findet diesen Geltungsgrund in der Wirklichkeit der Freiheit selbst, die sich in der Selbstgesetzgebung der Vernunft konstituiert. Aus der Besinnung auf die Akte der sittlichen Autonomie, die die verschiedenen Aussageformen des kategorischen Imperativs erfassen wollen, ergibt sich nun jene Idee, „die die Vernunft a priori von sittlicher Vollkommenheit entwirft, und mit dem Begriffe eines freien Willens unzertrennlich verknüpft.“[24] Diese Idee benennt das innere Prinzip der Moralität, die Gesinnung eines Handelns aus Pflicht: eben den guten Willen.[25] Da nun dieser gute Wille *für uns* – im Unterschied zum Gut-Sein Gottes selbst – stets nur das pflichtgemäße Ziel des Strebens ist, und da die Entsprechung zwischen dem pflichtgemäßen Erstreben eines guten Willens und dem Genuss der Eudaimonie *für uns* in dieser Weltzeit faktisch aussteht, verweist die Idee des Höchsten Gutes auf die unendliche, auf die transzendente Erfüllung, die der Gehalt der Idee der Unsterblichkeit und der Idee der Existenz Gottes ist.

Kant gibt der Idee des Höchsten Gutes offensichtlich eine Form, die den eschatischen Charakter der Seligkeit des Lebens in der unverborgenen Gottesschau, wie ihn die christliche Theologie als das Hoffnungsgut des angefochtenen Glaubens entfaltet (s. o. S. 280ff.), in das Postulat der praktischen Vernunft aufzuheben beansprucht. Er wahrt insofern gegenüber dem teleologischen Modell des Aristoteles und erst recht gegenüber der Reduktion des Höchsten Gutes auf das jeweilige Machtgefühl bei Friedrich Nietzsche jenen Grund, in dem die Gewissheit des angefochtenen Glaubens gründet: Gottes Sein, Wollen und Wirken, das dem geschaffenen Person-Sein sein Ziel gesetzt hat.

Freilich wirft Kants Anspruch seinerseits Fragen auf. Weder lässt uns Kant verstehen, auf welchem Wege und in welchen Bildungsprozessen uns die Idee des Höchsten Gutes realiter ergreifen und motivieren kann; noch setzt er die Idee des Höchsten Gutes in die angemessene Beziehung zu dem gesamten Spektrum der formalen wie der materialen Güter, das von ihr her eine kritische Orientierung empfangen würde.

Nach alledem hat die Theologische Ethik ihre guten Gründe, unbeirrt ihre ethische Theorie zu entfalten, die das Ethos des Glaubens als die freie und freudige Wahrnehmung einer Verantwortung für den Inbegriff der formalen wie der materialen Güter beschreibt. Diese Verantwortung findet ihr Kriterium in der Gewissheit, dass dieser Inbegriff der formalen wie der materialen Lebensgüter, um die wir uns in dieser Weltzeit sorgen, dem Höchsten Gut der Mitwirkung mit Gottes Wirken zu dienen bestimmt ist, auf das wir bereits in der primären Gewissheit des individuellen Freiheitsgefühls verwiesen sind. Es ist – wie wir gesehen haben (s. o. S. 276ff.) – die unverwechselbare Eigen-Art der Hoffnung des Glaubens, in der Seligkeit des ewigen Lebens in der Gemeinschaft

---

24 IMMANUEL KANT, Grundlegung zur Metaphysik der Sitten, zitiert nach: IMMANUEL KANT, Werke in sechs Bänden. Hg. von WILHELM WEISCHEDEL, Darmstadt 1975, Bd. IV, 11–102; 36.

25 „Es ist überall nichts in der Welt, ja überhaupt auch außer derselben zu denken möglich, was ohne Einschränkung für gut könnte gehalten werden, als allein ein *guter Wille*.“ (ebd. 18).

mit Gott selbst alle die problematischen und fragmentarischen Intentionen bewahrt und gerettet zu finden, die wir in dieser Weltzeit dem Dienst Gottes widmen. Insofern eignet der Theologischen Ethik, die die Ethosgestalt des Glaubens sowohl in der privaten wie in der öffentlichen Sphäre des Lebens theoretisch zu bestimmen sucht, ein wohltuend tröstlicher Charakter.

Wir haben uns darum bemüht, die beiden essentiellen Fragen zu beantworten, die sich im Blick auf die Idee des Höchsten Gutes stellen. Die Antwort, die wir fanden, macht es uns nun möglich, auf eine möglicherweise ungewohnte und überraschende Weise die genuine Aussage-Intention der reformatorischen „Zwei-Reiche-Lehre" oder „Zwei-Regimenten-Lehre" zu erhellen. Diese Erhellung ist umso dringender, als diese Lehre im Verlaufe ihrer Wirkungs- und Rezeptionsgeschichte sehr verdunkelt wurde.

Zwischen dem Leben des Glaubens in der Liebe und in der Hoffnung auf das Höchste Gut und der Sorge für die Wohlordnung der Gesellschaft besteht ein kritisch-affirmatives Verhältnis. Es war und es ist die richtige Intention der reformatorischen „Zwei-Reiche-Lehre" oder „Zwei-Regimenten-Lehre" – wie sie vor allem von Martin Luther entwickelt wurde –, dieses kritisch-affirmative Verhältnis sowohl im Sinne der Unterscheidung als auch im Sinne der Beziehung von Gottes „geistlicher" und von Gottes „weltlicher" Regierweise einzuschärfen.[26]

Diese Lehre will nicht nur dazu anleiten, das Verhältnis zwischen dem Rechtssetzungsrecht des politischen Souveräns und der Kommunikation des Evangeliums in den sozialen Gestalten der Kirche sachgemäß zu ordnen; sie betrifft – wie Luthers Schriften zur Einrichtung des Schul- und Bildungswesens ebenso wie Luthers Gutachten zur Ökonomie im Zeitalter der Renaissance zeigen – im Grundsatz vielmehr das Ganze der formalen wie der materialen Güter, die die Mitglieder der Gesellschaft in ihren kommunikativen wie in ihren interaktiven Handlungen hervorzubringen streben.

Die reformatorische Lehre von den zwei Reichen oder den zwei Regierweisen Gottes will verständlich machen, dass die Sorge und die Verantwortung für die Wohlordnung der Gesellschaft letzten Endes keinen selbstzwecklichen Charakter besitzt; sie bringt vielmehr das Lebensinteresse an den notwendigen Voraussetzungen und Rahmenbedingungen jener Kommunikation des Evangeliums zur Geltung, in der sich kraft des göttlichen Geistes die Gewissheit des Glaubens und das Leben des Glaubens in der Liebe und in der Hoffnung auf das Höchste Gut der Gemeinschaft mit Gott selbst als dem wahren Selbstzweck unserer Existenz bildet. Nicht nur Bonhoeffers Unterscheidung zwischen den „letzten Dingen" und den „vorletzten Dingen"[27], sondern auch das Motiv der „Königsherrschaft Christi", das polemisch einem Missverständnis der Zwei-Reiche-Lehre entgegengesetzt wurde[28], entspricht durchaus der Reflexionsgestalt der Zwei-Reiche-Lehre: für die christliche Anschauung des Lebens und der Wirklichkeit wird

---

26 Zu der allerdings heftig umstrittenen Bedeutung der „Zwei-Reiche-Lehre" vgl. bes.: ULRICH DUCHROW, Christenheit und Weltverantwortung. Traditionsgeschichte und systematische Struktur der Zweireichelehre, Stuttgart 1970; WILFRIED HÄRLE, Luthers Zwei-Regimenten-Lehre als Lehre vom Handeln Gottes, in: DERS./REINER PREUL (Hg.), Vom Handeln Gottes (MJTh I), Marburg 1987, 12–32; HANS-WALTER SCHÜTTE, Zwei-Reiche-Lehre und Königsherrschaft Christi, in: HCE I, 339–353; EILERT HERMS, Art. Zwei-Reiche-Lehre/Zwei-Regimenten-Lehre I. II.: RGG^4 8, 1936–1941.

27 Vgl. DIETRICH BONHOEFFER, Ethik (wie Anm. 12), 137–162: Die letzten und die vorletzten Dinge.

28 Vgl. ERNST WOLF, Königsherrschaft Christi und lutherische Zwei-Reiche-Lehre, jetzt in: DERS., Peregrinatio Bd. II: Studien zur reformatorischen Theologie, zum Kirchenrecht und zur Sozialethik, München 1965, 207–229.

zwischen der Sorge und der Verantwortung für die strukturellen Verhältnisse einer Gesellschaft und der Kommunikation des Evangeliums, in der sich das Leben des Glaubens in sittlicher Autonomie zu bilden vermag, eine *subsidiäre Beziehung* bestehen.

Wir werden in der Güterlehre der Theologischen Ethik immer wieder auf die subsidiäre Beziehung zurückkommen, die zwischen dem Leben des Glaubens in der Liebe und in der Hoffnung auf das Erscheinen des Reiches Gottes als des Höchsten Gutes und der Verantwortung für den Frieden und für die Wohlordnung der Gesellschaft vor Gott besteht. In der Entfaltung dieser subsidiären Beziehung werden wir allerdings über die Ansätze hinausgehen, die die Reflexionsgestalt der Zwei-Reiche-Lehre im Jahrhundert der Reformation gefunden hat; und zwar deshalb, weil die Güterlehre, die wir entfalten werden, auf der theoretischen Einsicht in das Gefüge der sozialen Lebens- und Leistungsbereiche in den modernen, den hochentwickelten und ausdifferenzierten Gesellschaften beruht.

Wir werden damit aber auch die kritisch-polemische Alternative zu den Bemühungen um eine „Wertethik" formulieren, wie sie etwa von Max Scheler und von Nicolai Hartmann entworfen wurde, um den moralischen Relativismus zu überwinden, den sie als unvermeidliche Konsequenz der „Umwertung aller Werte" im Sinne Friedrich Nietzsches ansahen.[29] Denn der fundamentalethische Begriff des Wertes – er sollte an die Stelle des Begriffs des Guten treten – krankt zum einen daran, dass er im Gegensatz zur Sphäre des Faktischen, des Wissens und der Forschung die Sphäre des Geltens, des Gebotenen und des Gesollten bezeichnet; wir haben diesen Gegensatz erst gar nicht aufgerissen, indem wir uns auf das uns immer schon gegebene Gut des geschaffenen Frei- und Vernünftig-Seins besannen (s. o. S. 310ff.). Zum andern aber vermag die philosophische Wertethik nicht zu zeigen, inwiefern das Reich der Werte für unser Streben und Entscheiden als orientierend und als anziehend empfunden wird und inwiefern es sich als eine bestimmte und kontingente Folge des menschlichen Zusammenlebens und Zusammenwirkens einstellt. Schließlich übersieht die philosophische Wertethik eben jene subsidiäre Beziehung, die wir in der Teilhabe an der Existenz des Glaubens in der Glaubensgemeinschaft der Kirche zwischen dem Inbegriff der Lebensgüter dieser Weltzeit und dem Höchsten Gut erkennen.

Aus diesen Gründen begegnen wir dem Versuch, den von Hause aus ökonomischen Begriff des Werts zum fundamentalethischen Grundbegriff zu machen, mit unverhohlener Skepsis.[30]

2.3. Barmherzigkeit – Gerechtigkeit – Solidarität – Subsidiarität

In unserer fundamentalethischen Besinnung auf die Grundsätze der Theologischen Ethik haben wir uns bisher darüber verständigt, dass das uns Menschen allen gegebene selbstbewusst-freie und deshalb verantwortliche Leben an sich selbst – und das heißt: durch

---

[29] Vgl. hierzu bes. MATTHIAS HEESCH, Art. Wert/Werte II. Fundamentaltheologisch; III. Ethisch: RGG[4] 8, 1469–1472; DERS., Art. Wertethik: ebd. 1477–1478.

[30] Vgl. HARTMUT KRESS, Ethische Werte und der Gottesgedanke, Stuttgart 1990; DERS., Art. Wert II. Theologisch: TRE 35, 653–657. – Natürlich hat diese Skepsis nichts zu tun mit dem Plädoyer von EBERHARD JÜNGEL, Wertlose Wahrheit. Christliche Wahrheitserfahrung im Streit gegen die „Tyrannei der Werte", jetzt in: DERS., Wertlose Wahrheit. Zur Identität und Relevanz des christlichen Glaubens. Theologische Erörterungen III (BevTh 107), München 1990, 90–109 – einem Plädoyer, welches das gesamte Gebiet der Güterlehre aus der theologischen Theorie des Ethischen hinauswirft.

Gottes schöpferisches Sein, Wollen und Wirken – ein Gut ist. Nun war und ist dieses Gut jederzeit gefährdet und bedroht: von Armut und von Krankheit, von Anomie und von Gewaltbereitschaft, von Katastrophen der Natur und der Sozialgeschichte und nicht zuletzt von Lebensüberdruss, Verzweiflung und tiefsitzender ideologischer Verblendung. Die Mitglieder der Glaubensgemeinschaft der Kirche werden sich daher von den konkreten leibhaften, ökonomischen, rechtlichen und seelisch-geistigen Nöten herausgefordert fühlen, in denen uns der Andere als der *Nächste* begegnet[31]; und sie werden sich zu Aktionsformen zusammenschließen, die das selbstbewusst-freie und deshalb seinerseits verantwortliche Leben des Nächsten in solchen Gefahren retten und bewahren und aus solchen Gefahren befreien wollen. Sie werden kraft ihres Gemeingeists namentlich auch die strukturellen Verhältnisse einer gesellschaftlichen Lebenswelt zum Gegenstand ihrer Sorge und ihrer Verantwortung machen, wenn diese die Entwicklung einer eigenen, gebildeten, reflektierten Handlungsfähigkeit behindern und bedrohen. Das große Thema der Entwicklungshilfe lässt auf Schritt und Tritt erkennen, wie individuelles Leid und Missbrauch ökonomisch-politischer Macht miteinander verschränkt sind.

In der Geschichte des Christentums ist es bis in die Anfänge der euro-amerikanischen Moderne der Name der *Barmherzigkeit*, der den Inbegriff des spontanen helfenden Handelns bezeichnet. Gustaf Wingren hat die Barmherzigkeit im Anschluss an Knud Ejler Løgstrup als eine der „souveränen Daseinsäußerungen" charakterisiert, in denen ursprünglich und letztlich Gott der Schöpfer selbst zu Handlungsweisen inspiriert, „die das Leben fördern und einer Zunahme der Zerstörung entgegenwirken."[32] Das Gleichnis vom barmherzigen Samariter, der sich spontan von der Not des unter die Räuber Gefallenen ergreifen und bestimmen lässt, hat jene Erkenntnis Gottes zum Hintergrund, die schon das Alte Testament als Gottes Barmherzigkeit zur Sprache bringt (Mt 22,35-40 parr.). Die Geschichte der christlichen Liebestätigkeit zeigt, wie das spontane helfende Handeln immer wieder in institutionelle und organisatorische Gründungen überging und übergeht.[33]

Nun hat die euro-amerikanische Moderne im Lichte des Begriffs der *Gerechtigkeit* gegenüber den politischen Feudalsystemen wie gegenüber dem ökonomischen Elend, das die Anfänge der Industrialisierung bewirkten, ein umfassendes Prinzip der Rechtssetzung entwickelt.[34] Dieses Prinzip der Rechtssetzung – das im Übrigen wichtige Motive der antiken politischen Philosophie und des biblischen Bundes-Denkens aufnimmt – zielt nicht nur auf Verfahren legitimer politischer Herrschaft, die willkürliche und private Gewalt begrenzen und erschweren; es erweitert sich auch zur Idee einer politischen Gesetzgebung, die den rechtlichen Anspruch auf soziale Sicherheit begründet und auf dem Wege der öffentlichen Verwaltungen die Hilfe für die in ihrer Existenz benachteiligten und bedrohten Mitglieder der Gesellschaft organisiert. Das Interesse an politischer Gerechtigkeit verbindet sich mit dem Interesse an sozialer Gerechtigkeit, auch wenn zwischen den Gruppen, den Schichten und den Milieus der Gesellschaft und ihren politischen Parteien beileibe kein Konsens in der inhaltlichen Bestimmung des Gerechten besteht.

Erst eine ausgeführte Theologische Ethik wird zeigen können, welchen Beitrag die Mitglieder der kirchlich verfassten Glaubensgemeinschaft und deren ethische Theorie

---

31 Zum Begriff des „Nächsten" vgl. bes.: EDWARD NOORT/REINHARD NEUDECKER/HORST BALZ/HERMANN RINGELING, Art. Nächster I.–IV.: TRE 23, 713–731 (Lit.).

32 GUSTAF WINGREN, Art. Barmherzigkeit IV. Ethisch: TRE 5, 232–238; 235; vgl. KNUD EJLER LØGSTRUP, Auseinandersetzung mit Kierkegaard, München 1968, 134ff.

33 Vgl. hierzu bes. den Gesamtartikel Diakonie I.–V.: TRE 8, 621–683.

34 Vgl. in Kürze AXEL TSCHENTSCHER, Art. Gerechtigkeit (Juristisch): EStL (NA 2006) 724–732; HEINRICH BEDFORD-STROHM, Art. Gerechtigkeit (Theologisch): ebd. 732–741.

zum allgemeinen Diskurs über die inhaltliche Bestimmung des Gerechten leisten. Auf jeden Fall dürfen wir unter dem Gerechten – im Unterschied zur Tugend der Gerechtigkeit (s. u. S. 356f.) – die ethische Qualität eines Gemeinwesens verstehen, die allerdings von Generation zu Generation neu gesehen, gewollt und verwirklicht werden muss. Die ethische Qualität eines Gemeinwesens zeigt sich insbesondere darin, dass das Gesetzes-Recht und dass die Verwaltungen die solidarische Hilfe gewährleisten, die den Mitgliedern der Gesellschaft im Falle der Not, der Krankheit, der Arbeitslosigkeit und der Pflegebedürftigkeit zusteht; sie zeigt sich also darin, dass die menschenwürdige Teilhabe an den Lebensgütern auch in den Grenzsituationen des Lebens möglich wird und bleibt (s. u. S. 400ff.). Wie immer wir die inhaltliche Bestimmung des Gerechten ermitteln, begründen und verwirklichen: im Lichte des Glaubens und der Glaubenslehre betrachtet ist sie der inhaltlichen Bestimmung des Guten nicht etwa vorgeordnet, sondern vielmehr zu- und eingeordnet.

Allerdings lassen die Geschichte der euro-amerikanischen Gesellschaften und die Geschichte der sozialphilosophischen Theorie in ihrem Zusammenhang erkennen, wie schwer ein angemessenes Verhältnis zwischen der Idee der politischen Gerechtigkeit und der Idee der sozialen Gerechtigkeit zu denken und zu praktizieren ist. Die römisch-katholische Soziallehre hat daher mit Recht – vorbereitet und begleitet vom christlichen Solidarismus Heinrich Peschs, Gustav Gundlachs und Oswald von Nell-Breunings – seit der Enzyklika „Rerum novarum" von Papst Leo XIII. das Prinzip der *Solidarität* entwickelt, das die umfassende Verpflichtung zum Interesse an der Wohlordnung des Gemeinwesens formuliert.[35]

Freilich wird das Prinzip der Solidarität in der Gesetzgebung, in der Verwaltung und in der realen Lebenspraxis der Gesellschaft dann und nur dann lebendig werden und lebendig bleiben, wenn es Formen und Institutionen der moralischen Kommunikation gibt, in denen sich das solidarische Gesinnt-Sein als eine konkrete Gestalt der sittlichen Autonomie der Person bilden kann, was sich beileibe nicht von selbst versteht. Insofern führt uns das Gespräch über die Grundsätze der Theologischen Ethik zu unseren abschließenden Bemerkungen zum Phänomen und zum Begriff der Gesinnung, deren lebenslange und lebensgeschichtliche Bildung in der Sozialverkündigung der kirchlichen Gemeinschaften in dieser unserer Gegenwart womöglich unterbelichtet ist.

Bevor wir uns dem Phänomen und dem Begriff der Gesinnung zuwenden, wollen wir eine wichtige Ergänzung der Prinzipien der Gerechtigkeit und der Solidarität ins Auge fassen: das Prinzip der *Subsidiarität.*[36] Dieses Prinzip – zum ersten Male vorgetragen in der Enzyklika „Quadragesimo anno" von Papst Pius XI. – verband das Prinzip der Solidarität mit einer wichtigen Regel, die die Kompetenz des Staates auf dem Gebiet der sozialen Gesetzgebung und Verwaltung zu begrenzen suchte. Zwar war diese Regel unbedachterweise mit dem Modell einer berufsständischen Ordnung der Gesellschaft verknüpft; aber sie lässt sich von der Verknüpfung mit einer unrealistischen Sicht des Sozialen durchaus lösen und im Sinne einer pragmatischen Zuständigkeitsregel verstehen, die jedenfalls in der Gesellschaft der Bundesrepublik Deutschland auch praktiziert wird. In dieser Form will sie den Respekt und die Hilfe für die Arbeit der freien Wohl-

---

35 Vgl. hierzu in Kürze KARL GABRIEL, Art. Soziallehre, kath.: EStL (NA 2006), 2220–2229 (Lit.); ARNO ANZENBACHER, Christliche Sozialethik (wie Anm. 6), 196–210.

36 Vgl. zum Folgenden: OTFRIED HÖFFE, Vernunft und Recht. Bausteine zu einem interkulturellen Rechtsdiskurs (stw 1270), Frankfurt a.M. 1998, 220–239: Subsidiarität als Staatsprinzip; WALTER SCHÖPSDAU, Art. Subsidiarität (Theologisch): EStL (NA 2006), 2422–2426; ARNO ANZENBACHER, Christliche Sozialethik (wie Anm. 6), 210–224.

fahrtsverbände und der weitverzweigten diakonischen Einrichtungen einfordern, die sich – als intermediäre Organisationen – im Rahmen der Sozialgesetzgebung des Staates für die Gerechtigkeit und für die Solidarität des Gemeinwesens engagieren. In der von vielen aufmerksamen Beobachtern wahrgenommenen Krise des Sozialstaats wird dieser Arbeit in der Zukunft größte Bedeutung zukommen (s. u. S. 403f.).

Auf diesem Wege kehren wir zum Grundsatz der Barmherzigkeit zurück. Wir haben die Barmherzigkeit als Inbegriff des spontanen helfenden Handelns eines Menschen verstanden, der – von der Not des Anderen als des Nächsten berührt und ergriffen – dessen eigene Handlungsfähigkeit retten und bewahren will. Solche Barmherzigkeit ist durch den Grundsatz der Gerechtigkeit mitnichten überholt. Sie wird die souveräne Daseinsäußerung im Sinne von Knud Ejler Løgstrup bleiben, in der uns wie in einer Maske Gottes Barmherzigkeit selbst begegnet. Indem die Mitglieder der kirchlichen Glaubensgemeinschaften in den Institutionen der Kommunikation des Evangeliums dieser Barmherzigkeit eingedenk bleiben, leisten sie ihren unverzichtbaren Beitrag zur Integration der Gesellschaft. Dieser Beitrag wird *in the long run* aufs Schwerste gefährdet sein, wenn die Kommunikation des Evangeliums in den Medien der kirchlichen Öffentlichkeit bei einer wachsenden Zahl der Mitglieder der Gesellschaft auf taube Ohren stößt. Dieses Problem erkennt neuerdings auch Friedrich Wilhelm Graf.[37]

2.4. Die Gesinnung. Zum Problem einer Gesinnungsethik

Wir sind davon ausgegangen, dass jede ethische Theorie eine normative Funktion besitzt. Sie zielt auf eine ethische Urteilsbildung, die sich entweder auf bevorstehende Entscheidungen in einer aktuellen Handlungssituation oder aber auf vergangene Entscheidungen bezieht, die die aktuelle Handlungssituation zur Folge haben. Nun ist diese normative Funktion – wie wir gesehen haben (s. o. S. 310ff.) – allerdings mit einer deskriptiven Aufgabe verbunden, und zwar in zweifacher Weise.

Zum einen erscheint uns die aktuelle Handlungssituation nicht anders als im Kontext einer sozio-kulturellen Lebenswelt mit ihren Institutionen und mit ihren ökonomischen, rechtlichen, wissenschaftlichen und technischen Regelmäßigkeiten, die jede ethische Urteilsbildung in Betracht zu ziehen hat.

Zum andern aber beruht die ethische Urteilsbildung auf jener Grund-Situation, die wir in einem fundamentalanthropologischen Sinne als die Situation des geschaffenen Frei-Seins oder Vernünftig-Seins bestimmten.

Die normative Funktion, wie sie die ethische Theorie der Theologischen Ethik praktizieren möchte, ist daher nicht nur an die möglichst klare und genaue Kenntnis einer empirischen Gesamt-Lage gebunden; sie setzt auch jenes Verständnis des Mensch-Seins – seines Ursprungs in Gottes schöpferischem Walten, seines Wesens und seiner Bestimmung – voraus, in dessen Horizont wir überhaupt einen inhaltlich präzisen Begriff des Guten finden konnten. Die subsidiäre Beziehung, die wir mittels der Reflexionsgestalt der reformatorischen Zwei-Reiche- oder Zwei-Regimenten-Lehre zwischen dem Streben nach dem Höchsten Gut und der Sorge und der Verantwortung für das Spektrum der formalen wie der materialen Güter in dieser Weltzeit behauptet haben, schließt an die Einsicht in das Gut-Sein unseres Lebens in geschaffener Freiheit oder in geschaffener Vernunft an.

---

37 Vgl. FRIEDRICH WILHELM GRAF, Was wird aus den Kirchen?, in: F.A.Z. Nr. 77 (1. April 2010), 35–36.

Nun spiegelt jedenfalls die theologische Theorie des Ethischen die demütigende Erfahrung, dass sich die sittliche, die ihrem Wesen und ihrer Bestimmung gemäße Realisierung der geschaffenen Freiheit oder der geschaffenen Vernunft keineswegs von selbst versteht. Wie wir in der Besinnung auf das vielgestaltige Bewusstsein der Sünde zeigten – auf jenes Bewusstsein, das auch und gerade in der Gewissheit des Glaubens stets präsent ist –, befinden wir Menschen alle uns im Widerstreit von Gut und Böse: in einem Widerstreit, der nicht allein den Frieden in der Sphäre des Privaten, sondern vor allem auch den Frieden in den öffentlichen Räumen des gesellschaftlichen Lebens und eben damit die gemeinsame Hervorbringung der formalen wie der materialen Güter gefährdet und zu zerstören droht (s. o. S. 165ff.). Deshalb ist es die alles entscheidende Frage, in welcher Weise sich im Selbst der Person – in ihrem Selbstinteresse – jene stetige und beharrliche Ausrichtung auf das Gute bildet, die das innere Motiv aller ihrer einzelnen Entscheidungen darstellt: auch der politischen Entscheidungen im weiten Sinne des Begriffs über die Ordnungen, die Strukturen, die Organisationsformen, die Ziele einer Gesellschaft.

Diese Frage findet ihre maßgebliche christliche Antwort im kanonischen Offenbarungszeugnis der Heiligen Schrift, das in vielfältiger Art und Weise den Glauben als die je individuelle Gewissheitsgemeinschaft mit dem Christus Jesus selbst und daher mit allen Christgläubigen zu verstehen lehrt (s. o. S. 206). Indem diese Gewissheitsgemeinschaft in unser aller Situation des Widerstreits von Gut und Böse durch Gottes Geist begründet und erhalten wird, ist sie die bleibende und hinreichende Bedingung dafür, dass sich im Selbst der Person das *innere Prinzip der Sittlichkeit* bilde. Die Theologische Ethik greift daher auf die dogmatische Entfaltung des christlichen Glaubens an Gott den Versöhner zurück, wenn sie die christliche Ethosgestalt, das christliche Gesamtleben in der privaten wie in der öffentlichen Sphäre, aus der Bestimmtheit der Gesinnung ableitet. Welchen Aspekt der menschlichen Weise, das uns gegebene Gut des Frei-Seins oder des Vernünftig-Seins zu erhalten, zu verteidigen und zu vervollkommnen, meinen wir mit dem Begriffswort „Gesinnung"?

Das deutsche Begriffswort „Gesinnung" – eine Substantivierung, die erst seit dem letzten Drittel des 18. Jahrhunderts belegt ist[38]- geht wohl auf Luthers Übersetzung des semantischen Feldes *φρόνημα/φρονεῖν* (*phronäma/phronein*) zurück (vgl. Röm 8,5; Phil 2,5; 3,19). Es bezeichnet die kontinuierliche Richtung unseres Sinnens, Trachtens, Strebens oder Aus-Seins auf eine zukünftige Möglichkeit und damit auf ein Ziel unserer Handlungen und Handlungsgefüge, das uns als gut und deshalb als erstrebenswert vor Augen steht. Es hebt als ein wesentliches Merkmal unserer menschlichen Weise des Lebens dies hervor, dass unsere Handlungen und Handlungsgefüge und schließlich unsere Lebensentwürfe fundiert sind in einer Grundentscheidung, die denn auch motivierende Kraft besitzt. Im Anschluss an die neuere Debatte über das Phänomen der Intentionalität bzw. der Intention lässt sich das Verhältnis zwischen der Grundentscheidung und dem Gefüge der Handlungen und Handlungsketten eines Lebens deutlicher erfassen. Das hat im Übrigen zur Folge, dass wir nicht nur den lehrmäßigen Gegensatz zwischen der scholastischen und der reformatorischen Lehre von der Rechtfertigung der sündigen Person, sondern auch die Alternative zwischen dem philosophischen und dem theologischen Begriff der sittlichen Autonomie angemessen verstehen können.[39]

---

[38] Vgl. DWb 4121f.

[39] Vgl. zum Folgenden bes.: KONRAD STOCK, Grundlegung der protestantischen Tugendlehre (wie Anm. 11), § 2: Erinnern – Empfinden – Lieben. Eine Theorie der affektiven Erfahrung (31–57); HANS-HELMUTH GANDER/EILERT HERMS, Art. Intention/Intentionalität I. II.: RGG^4 4, 186–189.

In jedem expliziten Gesinnt-Sein, in jeder expliziten Grundentscheidung ist jenes Begehren vorausgesetzt und mitenthalten, das wir als Lebewesen erleben, die sich selbst unmittelbar als frei und als vernünftig erschlossen sind. In diesem ursprünglichen Begehren, das wir je und je in unseren Affekten, Emotionen und Stimmungen empfinden, suchen wir unmittelbar die Dauer, die Stetigkeit und schließlich die wirkliche Erfüllung unseres Daseins in dieser unserer Gegenwart. Um dieser Dauer, um dieser Stetigkeit, um dieser wirklichen Erfüllung willen sind wir von Gütern angezogen und wehren wir uns gegen die Übel und Gefahren, die jene Selbsterschlossenheit zu schädigen oder gar zu vernichten drohen.

Nun ist es das große Thema und das große Problem unserer Lebensgeschichte, den Lebensentwurf zu finden und zu wählen, von dem wir uns die Befriedigung jenes Begehrens nach Dauer, nach Stetigkeit, nach wirklicher Erfüllung unseres Daseins je in unserer Gegenwart erhoffen. Ein solcher Lebensentwurf ist deshalb von grundlegender Bedeutung, weil er nichts anderes ist als die Wahl eines Zieles. Er ist die selbstbestimmte Intention, die unsere Handlungen und Handlungsgefüge orientiert *und* motiviert und die sich in der Wahl der Mittel und der Wege – notfalls auch in der Form des Kampfes gegen Gegen-Intentionen – durchhält.

Allerdings kommt das Gesinnt-Sein, das jenem ursprünglichen Begehren nach Dauer, nach Stetigkeit, nach wirklicher Erfüllung unseres Daseins seinen bestimmten Gehalt und seine Richtung gibt, nicht frei-willentlich zustande. Der Selbsterfahrung des Glaubens in der Glaubensgemeinschaft der Kirche ist es vielmehr klar, dass die Grundentscheidung der Person für den Gehalt, der das ursprüngliche Begehren nach Dauer, nach Stetigkeit, nach wirklicher Erfüllung des Daseins in Wahrheit zu befriedigen vermag, nur die verstehende und bejahende Antwort auf die durch Gottes Geist gewirkte Gewissheit hinsichtlich des Höchsten Gutes ist. Sie stellt sich ein, falls sie sich einstellt, als Antwort auf das „innere Wort" bzw. auf die „innere Klarheit" der Heiligen Schrift. Insofern ist und bleibt die Kommunikation des Evangeliums in den verschiedenen Institutionen des Gottesdienstes im engeren Sinne des Begriffs und in der ganzen kirchlich-religiösen Zeichenpraxis – also das „äußere Wort" und das Bemühen um die „äußere Klarheit" der Heiligen Schrift – die notwendige Bedingung dafür, dass das „geistliche Gesinnt-Sein" in den Schicksalen einer Lebensgeschichte Bestand hat und dem „fleischlichen Gesinnt-Sein" widersteht (vgl. Röm 8,5-9). Weil der Glaube jene Grundentscheidung ist, die der durch Gottes Geist gewirkten inneren Gewissheit hinsichtlich des Höchsten Gutes antwortet, ist er auch jenes innere Prinzip der Sittlichkeit, das die Entscheidungen über die einzelnen Mittel und die einzelnen Wege orientiert und motiviert. Luther hat diesen Sachverhalt mit klaren Worten auf den Punkt gebracht:

> „Das erste und höchste aller edlen guten Werke ist der Glaube an Christus, wie er sagt Joh 6 ...: das ist das göttlich gute Werk, daß ihr an den glaubt, den Gott gesandt hat... Denn in diesem Werk müssen alle Werke gehen und ihrer Gutheit Einfluß gleich wie ein Lehen von ihm empfangen ...".[40]

Was die dogmatische Besinnung im „Grundriss der Soteriologie" zu erfassen suchte (s. o. S. 201ff.), hat demnach grundsätzliche Konsequenzen für die ethische Theorie, wie sie die Theologische Ethik vertritt.

Die Einsicht in die Konstitution der Gesinnung, die wir im Rückgriff auf das Phänomen des ursprüngliche Begehrens gewonnen haben, ermöglicht und verlangt nun eine kritische Prüfung des Modells der *Gesinnungsethik*.[41]

---

40 MARTIN LUTHER, Von den guten Werken (1520): BoA 1, 227–298; 229.

41 Vgl. zum Folgenden KONRAD STOCK, Art. Gesinnungsethik: RGG^4 3, 871–872.

Der Begriff der Gesinnungsethik ist verschieden verwendet worden.

In Max Webers Theorie der Evolution ethischer Modelle bezeichnet er die besondere Ethosgestalt der Reformation, die sich von der Gesetzesethik der scholastischen Naturrechtslehre unterscheide und von der Verantwortungsethik der Aufklärung überboten werde, weil diese sich von der Begründung in einem göttlichen Wollen emanzipiere.[42]

In einer gewissen Spannung dazu macht der Begriff aufmerksam auf ein Grundproblem der Moralphilosophie Immanuel Kants, das sich aus Kants Bestimmung des Höchsten Gutes als der unendlichen, der transzendenten Entsprechung zwischen dem guten Willen und der Glückseligkeit ergibt (s. o. S. 321). In der Tat zeigt sich nach Kant die Güte oder die Vernunft des Wollens darin, dass sich das Wollen auf das „Gesetz" bezieht – auf das „Grundgesetz", das „praktische Gesetz", das „Sittengesetz". Ob sich das Wollen in einer gegebenen Situation wirklich auf das Sittengesetz bezieht oder nicht vielmehr auf das bloße sinnliche Vergnügen oder auf die bloß private Neigung – das lässt sich nun daran überprüfen und danach beurteilen, ob das Handeln einer allgemeinen Regel folgt, die für alle freien und vernünftigen Wesen gültig ist. Kant hat diese Regel in den verschiedenen Sprachformen des kategorischen Imperativs zum Ausdruck gebracht, die vor allem auf die Verallgemeinerungsfähigkeit einer individuellen Maxime unseres Wollens abheben: „Handle so, daß die Maxime deines Willens jederzeit zugleich als Prinzip einer allgemeinen Gesetzgebung gelten könne."[43] Weil sich jedoch die Person zum Handeln unter der Regel des kategorischen Imperativs lebenslang erziehen muss, begegnet ihr das Sittengesetz jederzeit in der Form des Sollens. Sittlich ist Kant zufolge daher die Gesinnung, die der Regel des kategorischen Imperativs in ihren einzelnen Handlungen *aus Pflicht* – und also aus dem Gefühl der Achtung – gehorcht. Sittliche Autonomie beweist sich und bewährt sich in solchen einzelnen Handlungen, zu denen sich der Mensch kraft dieser sittlichen Gesinnung entschließt.

Wir gehen hier nicht auf die Schwierigkeiten ein, die sich aus dieser Theorie des Moralischen für Kants Interpretation des Christentums und damit für das Verhältnis von Religion und Sittlichkeit überhaupt ergeben.[44] Wir weisen nur auf die empfindlichen Mängel hin, die an dieser Konzeption einer Gesinnungsethik haften. Wir sehen übrigens auch von der Frage ab, ob das formale Kriterium der strengen Verallgemeinerungsfähigkeit bloß als solches – wie Kant es annimmt – zu einer inhaltlichen Bestimmung des Guten hinreicht. Jedenfalls wird der Typus der Gesinnungsethik, wie ihn Kant entwickelt, vor der Aufgabe versagen, in einer aktuellen Situation zur richtigen Entscheidung anzuleiten und dabei auch die möglichen, die intendierten wie die nicht-intendierten Folgen zu bedenken. Weder schließt dieser Typus der Gesinnungsethik die empirische Deskription der allgemeinen Lage ein, auf die sich einzelne Entscheidungen beziehen; noch stützt er sich auf eine ontologische Deskription der endlichen Freiheit oder der endlichen Vernunft, die sich in der primären Gewissheit ihres Wesens als geschaffene Freiheit oder als geschaffene Vernunft bewusst ist (s. o. S. 310ff.). Weil diese beiden deskriptiven Funktionen einer Theorie des Ethischen zu kurz kommen, bleibt eine Gesinnungsethik, wie sie Kant entworfen hat, abstrakt.[45]

---

42 Vgl. die Darstellung von WOLFGANG SCHLUCHTER, Die Entwicklung des okzidentalen Rationalismus, Frankfurt a.M. 1979.

43 IMMANUEL KANT, KpV A 54.

44 Vgl. hierzu insgesamt IMMANUEL KANT, Die Religion innerhalb der Grenzen der bloßen Vernunft (1793). Hg. von KARL VORLÄNDER (PhB 45), Hamburg 1956[6] (– 1961).

45 Zur diesbezüglichen Kritik an einer abstrakten Gesinnungsethik vgl. MAX SCHELER, Der Formalismus in der Ethik und die materiale Wertethik: Neuer Versuch zur Grundlegung eines ethischen Personalismus (GW; Bd. 2, hg. von MARIA SCHELER), Bonn 2008.

Nun hat Max Weber in einer wirkungsvollen kleinen Schrift – „Politik als Beruf" – dem Typus der Gesinnungsethik den Typus einer Verantwortungsethik entgegengesetzt.[46] Während der Typus einer Gesinnungsethik dazu führe, dass man in einer aktuellen Situation vornehmlich nach der Übereinstimmung zwischen einer Entscheidung und einer sittlichen Norm frage, sei der Typus der Verantwortungsethik vornehmlich von der Maxime geleitet, dass man die vorhersehbaren Folgen einer Entscheidung abzuschätzen und für die vorhersehbaren Folgen einer Entscheidung einzustehen habe. Zwar hat Weber selbst zwischen dem Typus einer Gesinnungsethik und dem Typus einer Verantwortungsethik eher ein Verhältnis der Ergänzung angenommen[47]; aber er hat weder im historischen noch im systematischen Sinne bedacht, dass die Gesinnung der Person sich jenen Bildungsprozessen verdankt, in denen ihr eine inhaltliche Bestimmung des Sittlichen als des *Gemeinwohldienlichen* begegnet und sie in ihrem ureigenen Lebensinteresse, in ihrem Lebenstrieb, in ihrem Grundaffekt ergreift und prägt. Wenn Weber gegenüber dem Typus der Gesinnungsethik auf die Verantwortung für die vorherzusehenden Folgen unseres Handelns verweist, so mangelt es ihm doch an der Einsicht in die Bedingungen, unter denen sich die reale Fähigkeit verantwortlichen Handelns bildet.

Gemäß der Selbstbesinnung des Glaubens auf seinen Gegenstand und seinen Grund und damit auf sein eigenes Wesen entsteht und besteht die reale Fähigkeit verantwortlichen Handelns im Zusammen-Wirken zwischen dem Inbegriff der menschlichen Offenbarungszeugnisse und der erleuchtenden Macht des Geistes Gottes, der in die Wahrheit führt (s. o. S. 214ff.). Es ist daher das große und das allbeherrschende Thema der Verantwortung, wie sie die Glaubenden in der Glaubensgemeinschaft der Kirche wahrnehmen werden, just für das Ensemble der Institutionen – in der Familie, in der Schule und in den Kirchengemeinden – Sorge zu tragen, in denen die Gesinnung der Person entsteht und reift (s. o. S. 247f.). Denn nur in diesen Institutionen ereignet sich, was der Psalmist erbittet: „Schaffe in mir, Gott, ein reines Herz, und gib mir einen neuen, beständigen Geist." (Ps 51,12).

2.5. Fazit

Wir haben in gedrängter Kürze die Grundsätze entwickelt, mit deren Hilfe und in deren Licht die Theologische Ethik die Mitglieder der Glaubensgemeinschaft der Kirche zur ethischen Orientierung und zur ethischen Urteilsbildung hinsichtlich ihres Lebens in der Sphäre des Privaten wie in den öffentlichen Subsystemen der Gesellschaft anzuleiten sucht.

Diese Grundsätze sind samt und sonders fundiert in der Beschreibung des sittlichen Subjekt-Seins der Person, das die Bedingung der Möglichkeit dafür bildet, dass wir die Kommunikation und Interaktion mit unseresgleichen in egalitärer und in reziproker Form als sittliche Aufgabe verstehen können und verstehen müssen (2.1.).

In diesem sittlichen Subjekt-Sein der Person erkennen wir die Grund-Situation des Gut-Seins überhaupt, die wir dem schöpferischen Walten Gottes und der darin gewählten und gewollten Bestimmung des Mensch-Seins verdanken: wir leiten aus ihr das Gefüge jener Güter ab, derer wir um der Erhaltung, um der Verteidigung und schließlich um der

[46] MAX WEBER, Politik als Beruf (1919), jetzt in: Max Weber-Gesamtausgabe (MWG), Bd. I/17, Tübingen 1992; zur Interpretation vgl. WOLFGANG HUBER, Sozialethik als Verantwortungsethik, jetzt in: DERS., Konflikt und Konsens. Studien zur Ethik der Verantwortung, München 1990, 135–157; 137ff.

[47] Vgl. WOLFGANG HUBER, Sozialethik als Verantwortungsethik (wie Anm. 46).

Vervollkommnung und Vollendung dieses Gut-Seins in der Teilhabe am Höchsten Gut der Gemeinschaft mit Gott selbst bedürfen. Weil nach dem Selbstverständnis des Glaubens die gemeinschaftliche Sorge für die Lebensgüter der Teilhabe am Höchsten Gut der Gottesgemeinschaft zu dienen hat, sehen wir zwischen dem Interesse an den weltlichen Lebensgütern und der Kommunikation des Evangeliums ein subsidiäres Verhältnis, wie es die verschiedenen Reflexionsgestalten der Zwei-Reiche-Lehre angemessen beschreiben wollen (2.2.).[48]

Nun war und ist das Gut des uns von Gott gegebenen selbstbewusst-freien und somit verantwortlichen Lebens und dessen Vollkommenheit und Vollendung in der Teilhabe am Höchsten Gut der Gottesgemeinschaft jederzeit gefährdet und bedroht. Wir haben deshalb an die Prinzipien der Barmherzigkeit, der Gerechtigkeit, der Solidarität, der Subsidiarität erinnert, mit denen wir die Handlungsweisen charakterisieren, zu denen wir uns in Situationen der Not und des Konflikts gerufen und verpflichtet wissen. Es ist die einheitliche Intention dieser Handlungsweisen, in den Grenzen des Menschenmöglichen die bedrohte und gefährdete Handlungsfähigkeit zu schützen und zu regenerieren. Wenn die Prinzipien der Gerechtigkeit, der Solidarität und der Subsidiarität in den euro-amerikanischen Gesellschaften von Verfassungs wegen einen Rechtsanspruch an das Gesetzes-Recht und an die Verwaltung bezeichnen, so ist damit der Grundsatz der Barmherzigkeit beileibe nicht überholt. Er bleibt vielmehr – zumal unter den Vorzeichen einer Krise des Sozialstaats – die Leitlinie für das spontane helfende Handeln des Einzelnen wie für die Arbeit der intermediären Organisationen, die für die Integration und den Zusammenhalt einer hochkomplexen, ausdifferenzierten Gesellschaft von allergrößter Bedeutung sind (2.3.).

Allerdings werden wir – gemäß dem Selbstverständnis und der Selbsterfahrung des angefochtenen Glaubens – keinesfalls erwarten können, dass sich die Sorge und die Verantwortung eines Menschen für das Spektrum der formalen wie der materialen Lebensgüter im Lichte einer Leidenschaft für das Höchste Gut naturwüchsig oder auf dem Wege des empirischen oder des technischen Wissens oder gar auf dem Wege des formalen vernünftigen Argumentierens bilde. Vielmehr entsteht diese Sorge und diese Verantwortung dann und nur dann, wenn wir im Laufe unserer Lebensgeschichte in der Tiefe unseres Selbst-Seins zu einer Grundentscheidung bewogen werden, die unsere Handlungen und Handlungsgefüge im Einzelnen wie im Ganzen steuert. Sie – diese Grundentscheidung – wirkt, weil und indem sie regelmäßig und dauerhaft von der Gewissheit hinsichtlich des in Wahrheit Guten gespeist wird. Sie wirkt als die Bestimmtheit der Gesinnung als des inneren Prinzips der Sittlichkeit. Deshalb gehört es zu den Intentionen der Mitglieder der Glaubensgemeinschaft, für die Institutionen der kirchlichen Kommunikation des Evangeliums Sorge zu tragen, in denen sich nach Gottes Verheißung just die Gewissheit hinsichtlich des in Wahrheit Guten und damit die Gesinnung der Person und ihre sittliche Autonomie bilden wird (2.4.).

---

48 Um der wünschenswerten Deutlichkeit willen sei hier angemerkt, dass die Politische Theologie – so wie sie jedenfalls 1984 skizziert wurde von JÜRGEN MOLTMANN, Politische Theologie – Politische Ethik, München/Mainz 1984 – dieses subsidiäre Verhältnis zwischen dem Interesse an der Wohlordnung der privaten wie der sozialen Beziehungen und der Kommunikation des Evangeliums bedauerlicherweise auflöst zugunsten einer sakramental beschworenen Identifikation zwischen Unbedingtem und Bedingtem: „Man muß einen Schritt weiter gehen und das Unbedingte im Bedingten, das Letzte im Vorletzten und das Eschatologische im Ethischen entdecken, ebenso wie man das Blut und den Leib Christi im Brot und im Wein der Eucharistie gegenwärtig glaubt. Dann wird die reale Geschichte (sic!) zum Sakrament (sic!) der christlichen Ethik (sic!).“ (163). Quod Deus bene vertat!

§ 3 Pflichtgemäßes Handeln. Theologische Ethik als Pflichtenlehre[1]

Es ist das große einheitliche Thema der Theologischen Ethik, in ihrer inhaltlichen Differenz zu der dogmatischen Besinnung auf den Gegenstand, auf den Grund und auf die kommunikative Form des Glaubens (s. o. S. 53f.) die Handlungsweisen näher zu bestimmen, in denen sich das christlich-fromme Selbstbewusstsein der Person äußern wird. Diese Handlungsweisen sind – nach allem, was wir hinsichtlich der ursprünglichen Sozialität des Mensch-Seins erkannten (s. o. S. 16ff.) – natürlich nicht beschränkt auf jene *Sorge um sich*, wie sie im Anschluss an die Lebenslehren der Antike von Michel Foucault erneut erfolgreich propagiert wurde[2]; vielmehr konkretisieren sie das Frei-Sein, das Vernünftig-Sein, das der Person durch Gottes schöpferisches Walten gewährt und aufgegeben wird, in den interpersonalen Beziehungen innerhalb der Sphäre des Privaten – in der Familie, der Ehe, der Liebe und der Freundschaft – wie in der öffentlichen Sphäre der verschiedenen sozialen Subsysteme. Unter Einschluss jener berechtigten Selbstsorge suchen die Mitglieder der Glaubensgemeinschaft ihr Leben in diesen interpersonalen Beziehungen in der Weise zu führen, die letzten Endes dem Ideal der Wohlordnung der Gesellschaft – also dem *bonum commune* – dient. Das Ideal der Wohlordnung der Gesellschaft gehört – wie wir gesehen haben (s. o. S. 321ff.) – zu den notwendigen Bedingungen, unter denen sich in der religiösen Kommunikation der Kirche das Höchste Gut der Gottesgemeinschaft als die Erfüllung unseres fehlbaren, versuchlichen und sterblichen Lebens und so als dessen wahrer Sinn erschließt.

Wir dürfen für die Zwecke dieses „Grundrisses" von jenen Handlungsweisen einmal absehen, mit denen wir die Verantwortung für die berechtigte Selbstsorge wahrnehmen. Demgegenüber richten wir unsere Aufmerksamkeit auf die ebenso schlichte wie elementare Tatsache, dass unsere Handlungsweisen sowohl in der privaten Sphäre der Familie, der Ehe, der Liebe und der Freundschaft als auch in der öffentlichen Sphäre der sozialen Subsysteme ganz wesentlich und ganz notwendig auf die Handlungsweisen Anderer bezogen und mit ihnen vermittelt sind. Indem wir uns in allen diesen interpersonalen Beziehungen als frei bzw. als vernünftig erleben, erleben wir schon immer die Aufgabe einer *Koordination* aller sprachlichen und praktischen Handlungen. Wir setzen daher ein mit dem Versuch, die Erfahrung des alltäglichen Verpflichtet-Seins zu beschreiben, auf die sich das Begriffswort „Pflicht" bezieht und die in der Moralsprache wie in der

---

1 Vgl. zum Folgenden bes.: WOLFGANG KERSTING/ANTON HÜGLI, Art. Pflicht usw.: HWP 7, 405–460; GÜNTHER KEIL/HARTMUT KRESS, Art. Pflicht I. II: TRE 26, 438–449; RALF STROH, Art. Pflicht: RGG^4 6, 1246–1248; Art. Pflichtenkollision: ebd. 1248–1249; Art. Pflichtethik: ebd. 1249.

2 Vgl. MICHEL FOUCAULT, Die Sorge um sich. Sexualität und Wahrheit. Bd. 3 (stw 718), Frankfurt a.M. 1993^3; WILHELM SCHMID, Philosophie der Lebenskunst. Eine Grundlegung (stw 1385), Frankfurt a.M. 2007^{10}. – Man lasse nur einmal die begeisterten Rezensionen dieses Buches in den Feuilletons der deutschen Zeitungen auf sich wirken, um den eisigen Wind zu spüren, der der Kommunikation des Evangeliums und ihrer bildenden Kraft in der gegenwärtigen gesellschaftlichen Lebenswelt ins Gesicht bläst!

Rechtssprache immer schon vorausgesetzt ist (3.1.). Die Erfahrung des alltäglichen Verpflichtet-Seins hat der christliche Glaube stets in jenem *Sittengesetz* verankert, welches der Dekalog in maßgeblicher Weise zur Sprache bringt. Deshalb werden wir den Grund unseres alltäglichen Verpflichtet-Seins im Anschluss an Luthers Auslegung des Dekalogs in Gottes Sittengesetz suchen und diesen Grund gegenüber der Theorie des moralischen Sollens verteidigen, die sich in Kants Lehre von der praktischen Vernunft findet (3.2.). Schließlich wollen wir Kriterien formulieren, mit deren Hilfe wir in den einzelnen Entscheidungssituationen unseres Lebens erkennen können, worin jeweils jetzt das pflichtgemäße Handeln besteht. Wir nehmen damit das berechtigte Moment der situationsethischen Fragestellung auf, die – im Gegensatz zur Kasuistik in ihrer römisch-katholischen Prägung – die Letztverantwortung der einzelnen Person für das Pflichtgemäße ihres Handelns einschärft[3] (3.3.).

3.1. Die Erfahrung des Verpflichtet-Seins

Das deutsche Begriffswort „Pflicht" bedarf im Rahmen der Theologischen Ethik einer sorgfältigen Erklärung. *Zum einen* deshalb, weil es in der Geschichte der kirchlichen Sittenlehre stets die bindende Kraft des göttlichen Gebietens und Verbietens zum Ausdruck brachte und so den Anlass dafür bot, die theologische Theorie des Ethischen grundsätzlich als Ethik des Gebots, als Ethik des Gehorsams und damit als Pflichtethik zu entwerfen.[4] *Zum andern* deshalb, weil die philosophische Theorie des Ethischen, wie Immanuel Kant sie begründete und entfaltete, das sittliche Handeln als das Handeln „aus Pflicht" dem Handeln „aus Neigung" – und d. h. um der Befriedigung, des Glücks oder des Erfolges willen – entgegensetzte (s. u. S. 338ff.). *Und schließlich* deshalb, weil die neuere Ideengeschichte wirkungsmächtige Positionen kennt, die das Phänomen eines elementaren Verpflichtet-Seins überhaupt in Abrede stellen oder in waghalsiger Weise destruieren.[5]

Wir wollen daher die Beschreibung des pflichtgemäßen Handelns, wie es die Ethosgestalt des Glaubens in den Institutionen des privaten und des öffentlichen Lebens auszeichnet, vorbereiten mit einer Analyse der verschiedenen Formen des alltäglichen Verpflichtet-Seins. Die Analyse des alltäglichen Verpflichtet-Seins wird uns dazu führen, das Streben nach dem Inbegriff der formalen und der materialen Güter, den die Güterlehre der Theologischen Ethik skizziert, als die Sache des gemeinsamen pflichtgemäßen

---

3 Vgl. hierzu FRIEDRICH LOHMANN, Art. Situationsethik: RGG^4 7, 1358–1360 (mit berechtigter Kritik).

4 Besonders nachdrücklich KARL BARTH, KD II/2, § 36,1: Das Gebot Gottes und das ethische Problem (564–603). – Zwar versteht Barth die Theologische Ethik auf dem Boden der energischen Verhältnisbestimmung von „Evangelium" und „Gesetz" ganz grundsätzlich als „Ethik der Gnade" (II/2,598); aber das Gesetz der Gnade findet eben seine reale Erfüllung in der Form des frei-willentlichen „Gehorsams" (II/2,599), der im Gehorsam des Christus Jesus sein Urbild hat. Das Motiv des frei-willentlichen Gehorsams beherrscht denn auch Barths Versöhnungslehre (KD IV/1–3). Zu einer Darstellung des Bedingungsverhältnisses zwischen der Gewissheit des Glaubens und der Erfüllung des göttlichen Gebots, die Luthers Auslegung im Großen Katechismus vergleichbar wäre, ist Barth bedauerlicherweise nicht gelangt.

5 Vgl. bes. ARTHUR SCHOPENHAUER, Die Welt als Wille und Vorstellung (1819), FRIEDRICH NIETZSCHE, Morgenröte. Gedanken über die moralischen Vorurteile (1886), in: FRIEDRICH NIETZSCHE, Werke in drei Bänden (hg. von KARL SCHLECHTA), Bd. 1, München 1977^8, 1009–1279.

Handelns zu verstehen – jenes Handelns freilich, das zutiefst gefährdet und bedroht ist von der Dynamik des pflichtwidrigen Handelns.[6]

Die elementare Form, in der wir das alltägliche Verpflichtet-Sein erleben, taucht im Verhältnis der Mutter und sodann des Vaters zu ihrem neugeborenen Kinde auf. Indem die Mutter und sodann der Vater ihr neugeborenes Kind in seiner völligen Angewiesenheit auf Hilfe und Schutz, auf Fürsorge und liebevolle Hinwendung erblicken, wird sich in ihnen unwillkürlich das Bewusstsein einer zunächst einseitigen, asymmetrischen Pflicht einstellen, im umfassenden Sinne für das Kindeswohl zu sorgen (s. u. S. 362ff.).

Das Verhältnis der Mutter und sodann des Vaters zu ihrem neugeborenen Kind ist freilich nur der besondere, der ausgezeichnete Fall des alltäglichen Verpflichtet-Seins. Über diesen Fall hinaus weisen die Situationen, in denen wir einander unausdrücklich oder ausdrücklich ein *Versprechen* geben. Im Versprechen – wie etwa im Versprechen einer Freundschaft, einer Liebe, einer Verlobung – schließen wir einen *Bund*, äußern wir die Absicht und Entscheidung, die je eigene Lebensgeschichte mit der je anderen Lebensgeschichte zu verbinden; und wir verstehen das Versprechen als einen Grund, dem wir in der Form der Treue Beständigkeit und Dauer geben. Das Versprechen ist der ausgezeichnete Fall einer – durch Sympathie gestifteten – wechselseitigen Verpflichtung; es bringt ein *Willensverhältnis* zum Ausdruck, das gehalten und erfüllt sein möchte.[7]

Auch unser Alltag in der sozialen, geschichtlichen Welt ist von den mannigfachen Erfahrungen des Verpflichtet-Seins und des Verpflichtet-Werdens durchzogen (s. u. S. 433f.). Schon die elementare Form der wirtschaftlichen Interaktion – das lebensweltliche Gebilde des Vertrags – stellt eine Übereinkunft dar, deren Partner sich wechselseitig zum Tausch bestimmter ökonomischer Leistungen verpflichten, die sich in ihrem jeweiligen Besitz oder Verfügungsrecht befinden. Darüber hinaus wählen wir, indem wir uns für einen Beruf entscheiden, einen sei es geringen sei es anspruchsvollen Grad des Mit- und Zusammenwirkens in der wirtschaftlichen Nutzenstiftung und in der Bewältigung der ökonomischen Probleme einer Gesellschaft. Dass wir mit der Wahl eines Berufs in eine Fülle von Verpflichtungen eintreten, gilt natürlich auch für alle die Handlungsfelder, auf denen wir an den Prozessen des Wissens und der Wissenschaften ebenso wie an den Prozessen der Ausbildung und der technischen Entdeckungen und Erfindungen teilnehmen. Ja, selbst das schöpferische Tun der freien Künstler und der Interpreten eines Kunstwerks steht vor der Frage, in welches Verhältnis es sich zu anderer künstlerischer Subjektivität setzen will, und stellt insofern vor die ethische Wahrnehmung einer Verantwortung.[8]

Erst recht entdecken wir das alltägliche Verpflichtet-Sein, wenn wir bedenken, in welcher konsequenten Weise das auf politischer Willensbildung beruhende Gesetzes-Recht und dessen Umsetzung in den Organisationen der Verwaltung die wirtschaftliche Interaktion der Gesellschaft, aber auch die Einrichtungen des öffentlichen Schul- und Bildungswesens und nicht zuletzt die unvermeidliche Sorge um die Sicherheit der tech-

---

6 Im Folgenden greife ich die allerdings höchst interpretationsbedürftigen Thesen auf, die sich finden bei FRIEDRICH SCHLEIERMACHER, Ethik, 297–324: Pflichtenlehre. Letzte Bearbeitung (vermutlich 1814/17). Vgl. ferner RICHARD ROTHE, Theologische Ethik. Dritter Band (hg. von HEINRICH JULIUS HOLTZMANN), Wittenberg 1870², 351–453: Der Begriff der Pflicht.

7 Zum Begriff des Willensverhältnisses vgl. bes. CARL STANGE, Einleitung in die Ethik II. Grundlinien der Ethik, Leipzig 1923², 11ff.

8 Der Begriff der ethischen Wahrnehmung wurde eingeführt und umsichtig bestimmt von BERND HARBECK-PINGEL, Ethische Wahrnehmung. Eine systematisch-theologische Skizze (Beiträge zur Theologie und Religionsphilosophie 2), Aachen 1998.

nischen Erfindungen und Entdeckungen umfassend regelt. Legitimiert und normiert durch die Verfassung, erlegt das politische Herrschaftssystem der euro-amerikanischen Moderne den Mitgliedern der Gesellschaft umfassende *Rechtspflichten* auf, ebenso wie es selbst von umfassenden und einklagbaren *Rechtsansprüchen* in Beschlag genommen wird. Während wir in der Sphäre des privaten Lebens die Erfahrung des Verpflichtet-Seins auf das ungeschriebene Versprechen gründen, schreibt im wahrsten Sinne des Wortes der politische Souverän die Überfülle der Verpflichtungen in kodifizierter Form vor, deren Befolgung er notfalls auf dem Wege der verschiedenen Gerichtsbarkeiten erzwingt. Rechtspflichten wie Rechtsansprüche sind Ausdruck eines wiederum asymmetrischen Willensverhältnisses zwischen dem politischen Souverän und den Mitgliedern der von ihm regierten Gesellschaft. In diesem asymmetrischen Willensverhältnis betrifft der Begriff der Rechtspflicht allerdings nicht allein das rechtliche Verpflichtet-Sein der Mitglieder der Gesellschaft, sondern auch das Verpflichtet-Sein des politischen Souveräns durch die Gebote und Normen der Verfassungsurkunde, nach denen sich die Staatswillensbildung zu vollziehen hat (s. u. S. 427ff.). Hätte sich Friedrich Nietzsche das ganze Ausmaß der Rechtspflichten und der Rechtsansprüche in den Gesellschaften der euro-amerikanischen Moderne vor Augen geführt, so hätte er gewiss noch bissiger das Leben in der „socialen Zwangsjacke" beklagt.

Schließlich erscheint uns eine spezifische Weise des Verpflichtet-Seins, sofern wir – kraft der Teilhabe an der Wahrheit des Evangeliums durch Gottes Wort und Gottes Geist – Mitglied der kirchlich verfassten Glaubensgemeinschaft sind (s. o. S. 242ff.).[9] Diese spezifische Weise begegnet uns in der gelebten Ordnung einer Kirche: in der Ordnung des Gottesdienstes, in der Ordnung des Bekenntnisses und *last but not least* in der Lebensordnung. In dem Gefüge dieser Ordnungen haben wir es mit den Strukturentscheidungen zu tun, die die jeweilige kirchliche Tradition in ihrer Geschichte für das Entstehen und Bestehen des Gottesverhältnisses der Person – für ihr Leben mit Gott im Glauben, in der Hoffnung, in der Liebe und so für ihre Selbstverantwortung vor Gott – getroffen hat und immer wieder neu zu treffen hat.

Diese Strukturentscheidungen sind der jeweils menschliche Versuch, dem grundlegenden Willensverhältnis gerecht zu werden, das Gott der Schöpfer, Gott der Versöhner, Gott der Vollender zwischen sich selbst und uns Menschen allen errichtet hat. Wenn auch die kirchliche Gemeinschaft Regeln der Interaktion beschließt, die zu befolgen ihre Mitglieder wechselseitig voneinander erwarten dürfen, so ist ihr letzter Zweck das Heil der Seele, das die Person im Leben mit Gott zu finden bestimmt ist. Wegen dieses letzten Zweckes steht denn auch die Erfüllung der Kirchenpflichten in einem grundsätzlichen Verhältnis zu den verschiedenen Weisen des Verpflichtet-Seins im Alltag des privaten wie des öffentlichen Lebens. In ihr nämlich – in der Erfüllung der Kirchenpflichten bis hin zur Wahrnehmung eines kirchlichen Amtes oder Ehrenamtes und bis hin zur finanziellen Unterstützung – wirken wir an den notwendigen Bedingungen dafür mit, dass die Gemeinschaft mit Gott selbst als das in Wahrheit Höchste Gut des Menschen ihre kritische, ihre orientierende und ihre motivierende Kraft in der Sorge für das *bonum commune* der Gesellschaft und in der berechtigten Selbstsorge entfalte.

Die Erfahrung des Verpflichtet-Seins, wie sie im Raum der kirchlich verfassten Glaubensgemeinschaft entsteht, ist nun der Nährboden für einen ausgezeichneten Fall

---

9 Vgl. zum Folgenden bes. EILERT HERMS, Art. Kirchenordnungen III. Dogmatisch: RGG[4] 4, 1264–1266; IV. Ethisch: ebd. 1266; MARTIN HONECKER, Recht in der Kirche des Evangeliums (Jus Ecclesiasticum 85), Tübingen 2008, bes. 369–533.

des pflichtgemäßen Handelns: für das Handeln aus Selbstverpflichtung. Wir finden es bezeugt und realisiert in den Lebensentwürfen und in den Lebensgeschichten Henri Dunants, Elsa Brandströms, Mathilde Wredes, Albert Schweitzers – um nur diese Namen hervorzuheben –, die ihre Kraft und ihre Phantasie für ein „unmittelbar menschliches, wenn auch noch so unscheinbares Dienen“[10] einsetzen. Diese Lebensentwürfe und Lebensgeschichten haben darin exemplarischen Charakter, dass sie in der unbeschreiblichen Not einen Anruf hören, der je mir selbst gilt. Sie folgen einer Regel der *Gewissenspflicht.*

Wir haben uns die verschiedenen Aspekte und die verschiedenen Ebenen der alltäglichen Erfahrung des Verpflichtet-Seins vor Augen geführt. Im Lichte dieser Erfahrung können wir verstehen, dass sich der Begriff der Pflicht und dass sich die Erfüllung unserer Pflichten auf die richtige, die angemessene Gestalt des Verhältnisses zwischen Wesen von der Seinsart des Person-Seins bezieht, und nicht etwa – wie in der philosophischen Theorie des Ethischen bei Kant – auf die Überwindung eines Widerspruchs zwischen Sinnlichkeit und Sittengesetz, zwischen bloßer Selbstliebe und Moralität.[11] Innerhalb der Grenzen, die mit dem asymmetrischen Verhältnis zwischen Eltern und Kindern einerseits und mit dem asymmetrischen Verhältnis zwischen dem göttlichen Wollen und dem geschaffenen Wollen andererseits gegeben sind, nehmen wir Pflichten wahr, indem wir uns mit unserem Eigenen in die verschiedenen Typen der Gemeinschaft mit Anderen begeben und indem wir umgekehrt das Eigene der Andern anerkennen, aufnehmen und aneignen. Das pflichtgemäße Handeln zwischen Wesen von der Seinsart des geschaffenen Person-Seins dürfen wir uns denken sowohl im synchronen Sinne – als Gestalt eines Willensverhältnisses zwischen Gleichzeitigen – als auch im diachronen Sinne – als Gestalt eines Willensverhältnisses, in dem sich eine jeweilige Generation kritisch und bewahrend auf das Handeln früherer Generationen bezieht.[12] Im pflichtgemäßen Handeln intendieren wir – nicht nur auf dem Gebiete des privaten Lebens, sondern auch und gerade auf den Gebieten des öffentlichen Lebens – Formen des gemeinschaftlichen Handelns, die just die individuelle Eigen-Art erkennen lassen.

Nun zeigen uns die verschiedenen Aspekte und Ebenen der Erfahrung unseres alltäglichen Verpflichtet-Seins, dass das gemeinschaftliche Handeln selbstbewusst-freier Wesen keinesfalls willkürlich oder beliebig, sondern vielmehr aufgegeben und geboten ist. Es steht deshalb im ausschließenden Gegensatz zum pflichtwidrigen Handeln. Dieses Geboten-Sein hat seinen Grund in dem, was wir – in Analogie zum Inbegriff des Naturgesetzes – das *Sittengesetz* nennen. Weil die philosophische Theorie des Ethischen im Anschluss an Immanuel Kant die Geltung des Sittengesetzes in der praktischen Vernunft selbst und als solcher verankert hat, scheint der Grund dieser Geltung, wie ihn das christlich-fromme Selbstbewusstsein von seiner ursprünglichen biblischen Gestalt an im schöpferischen Willen Gottes erkannte, obsolet geworden zu sein. Deshalb hat die Theologische Ethik eine Antwort auf die Frage zu geben, inwiefern die Suche nach Formen des gemeinschaftlichen Handelns, die just die individuelle Eigen-Art der Handelnden gelten lassen, in jenem ursprünglichen Willensverhältnis begründet ist, das Gott selbst zwischen sich und uns Menschen allen errichtet hat.

---

10 ALBERT SCHWEITZER, Aus meinem Leben und Denken (1931), Hamburg 1956, 72. Vgl. hierzu KONRAD STOCK, Pneumatologie und ethische Theorie, jetzt in: DERS., Die Gegenwart des Guten. Schriften zur Theologie (MThSt 96), Marburg 2006, 28–40.

11 So die Grundfigur in Kants philosophischer Theorie des Ethischen; vgl. IMMANUEL KANT, KpV A 40f.

12 Es gibt insofern auch die Pflicht des geschichtlichen Gedenkens.

3.2. Gottes Sittengesetz[13]

Die Theologische Ethik vermag auf diese Frage eine Antwort zu geben, weil die Mitglieder der Glaubensgemeinschaft der Kirche schon immer auf der Suche nach konsensfähiger Lehre und nach konsensfähiger Erkenntnis hinsichtlich des ursprünglichen Willens sind, den Gott selbst in seinem schöpferischen Walten kund tut. Diese Suche nach konsensfähiger Lehre und nach konsensfähiger Erkenntnis hat ihre Quelle in der Darstellung, die das apostolische Kerygma des Neuen Testaments im Rückgriff auf die Tradition der Prophetie (vgl. bes. Jes 44,1-5; Jer 31,31-34; Ez 36,26f.) und in kritischer Beziehung auf das Ideal des Toragehorsams Israels gefunden hat.

In dieser kritischen Beziehung hält das apostolische Kerygma einen zweifachen Sachverhalt fest.

Erstens können wir das alltägliche Verpflichtet-Sein, wie wir es als selbstbewusstfreie Wesen erleben, nach seinem Inhalt und nach seiner Substanz in dem Gebot der Liebe zusammenfassen (vgl. Mt 22,34-40 parr.; Joh 13,34f.; Röm 13,8-10; Gal 5,14) – und zwar so, dass die Beachtung und Befolgung des politisch gesetzten Rechts dem Gebot der Liebe dienend zugeordnet ist (Röm 13,1-7).

Und *zweitens* gibt es nur die eine hinreichend Bedingung, die erfüllt sein muss, damit es in der Lebensgeschichte selbstbewusst-freier Wesen zur kontinuierlichen und konsequenten Überwindung eines pflichtwidrigen Handelns komme: das „Anziehen des HERRN Jesus Christus“ (Röm 13,14) oder ganz schlicht den Glauben im Sinne der Gewissheit der Wahrheit des Evangeliums (Gal 5,6); denn diese Gewissheit bringt in ein und demselben Atemzug die Erkenntnis des ursprünglichen Gotteswillens und den Grundentschluss in der Gesinnung der Person mit sich, diesen ursprünglichen Gotteswillen *zu fürchten und zu lieben.*[14]

In den Kirchengemeinschaften, die aus der lutherischen Reformation hervorgegangen sind, ist dieser zweifache Sachverhalt in der Weise rezipiert worden, in der ihn Martin Luther im Kleinen und im Großen Katechismus interpretiert hat.[15]

Luther hat *erstens* das alltägliche Verpflichtet-Sein der selbstbewusst-freien Person anhand der Zehn Gebote zur Sprache gebracht. Es ist die unerhört eindrucksvolle Pointe seiner Auslegung, den Inhalt und die Substanz des 1. Gebots ins Zentrum der Frage nach Sinn und Bedeutung des Dekalogs im Ganzen zu rücken. In Luthers Einsicht in die Ordnung, die zwischen dem Inhalt und der Substanz des 1. Gebots und den anderen Geboten des Dekalogs besteht, spiegelt sich die fundamentalanthropologische Erkenntnis wider, die das grundsätzliche Verhältnis zwischen der Bezogenheit der Person auf Gott und der Bezogenheit der Person auf ihresgleichen in der Sphäre des privaten wie des öffentlichen Lebens betrifft.

Die Auslegung des 1. Gebots rückt deshalb ins Zentrum, weil dessen Inhalt und Substanz das Herz der Person – ihr Begehren und Streben, ihr Aus-Sein und ihr Lebens-

---

[13] Vgl. zum Folgenden KONRAD STOCK, Grundlegung der protestantischen Tugendlehre, Gütersloh 1995, § 3: Gottes Güte. Eine Theorie des Sollens (58–90).

[14] Vgl. MARTIN LUTHER, Kleiner Katechismus: Auslegung der Zehn Gebote (BSLK 507,35–510,21).

[15] MARTIN LUTHER, Kleiner Katechismus: BSLK 501–541; DERS., Großer Katechismus: BSLK 545–733. Nachweise sind im Folgenden im Text notiert. – Luthers Katechismen stehen in zahlreichen Kirchengemeinschaften als Bekenntnisschriften von Rechts wegen in Geltung. Freilich bedürfen sie der steten Bemühung um konsensfähige Fortbildung und Fortschreibung mit Rücksicht auf den Wandel der sozio-kulturellen Gesamtlage des Christentums.

interesse – angeht: das Selbst, wie es sich realiter in seiner Beziehung auf Gott und in seiner Beziehung auf den Andern zeigt. Dem Selbst der Person ist deshalb Glaube, Vertrauen, „herzliche Zuversicht alles Guten" (571,44f.) zu Gott geboten, weil allein Gottes ursprünglicher Wille alle zeitlichen und erst recht alle ewigen Güter sein und werden lässt (565,25ff.). Weil nach der Gotteserkenntnis des Glaubens Gott „ein ewiger Quellbrunn ist, der sich mit eitel Güte übergeußet und von dem alles, was gut ist und heißet, ausfleußt" (565,41-566,2), werden allein Glaube, Vertrauen, Zuversicht – insbesondere auch in auswegloser Not – als Weisen des Empfangens und des Wartens dem Sein und Wesen Gottes gerecht (vgl. Jes 7,9; 44,6). Und weil nach der Gotteserkenntnis des Glaubens Gott in ewiger schöpferischer Güte allem Seienden Sein, Leben und Zukunft gewährt, sind Glaube, Vertrauen, Zuversicht genau die Weisen, kraft derer wir voneinander Gutes zu nehmen und kraft derer wir einander Gutes zu geben vermögen. Das Gebot des Glaubens, des Vertrauens und der Zuversicht zu Gott beruht in seiner präskriptiven Form auf jenem deskriptiven Sachverhalt.

Luther bleibt jedoch – *zweitens* – bei der Begründung des göttlichen Gebietens und Verbietens, wie es der Dekalog konzentriert zur Sprache bringt, im deskriptiven Sachverhalt des Schöpfer-Geschöpf-Verhältnisses nicht stehen. Vielmehr greift er die Antwort des apostolischen Kerygmas auf die Frage nach der hinreichenden Bedingung auf, unter der allein es in der Lebensgeschichte der Person zur Überwindung ihres tiefsitzenden Hanges zu abstrakten, zu egozentrischen, zu pflichtwidrigen Handlungsweisen kommen wird. Weil die präskriptive Form, in der uns Gottes Sittengesetz im Dekalog in konzentrierter Deutlichkeit begegnet, letzten Endes nur die Sünde und damit die reale sittliche Schwachheit der Person zum Vorschein bringt, bedarf es eben des – durch Gottes Wort und Gottes Geist erzeugten – Christusglaubens, wie ihn das Glaubensbekenntnis vorlegt als den Inbegriff dessen, „was wir von Gott gewarten und empfahen mussen" (646,7-8).

Ist diese Bedingung wirklich und nicht etwa nur zum Schein erfüllt, so gewinnt die menschliche Erkenntnis des göttlichen Sittengesetzes eine adhortative, eine orientierende Funktion – so gewiss sie damit ihre kritisch-richtende Funktion nicht preisgibt.[16] Diese ihre adhortative und orientierende Funktion zielt darauf, zu solchen Handlungsweisen zu bewegen und zu reizen, die sowohl in der Sphäre des privaten wie in der Sphäre des öffentlichen Lebens eben jene Güter erstreben, die das Gut des uns Menschen allen gegebenen selbstbewusst-freien Lebens erhalten und verteidigen und so dessen ewiger Bestimmung zum Leben mit Gott dienen. Die menschliche Erkenntnis des göttlichen Sittengesetzes will Handlungsweisen fördern, die im Lichte des *einigen ewigen Guts* (563,13) unter den noch waltenden Bedingungen der Sünde, des Leidens und der Angst des Todes auf die Lebensgüter in dieser Weltzeit, und zwar in ihrer Gänze, ausgerichtet sind.

Indem sich Theologische Ethik auf die Bemühungen der gegenwärtigen kirchlichen Gemeinschaften bezieht, in sachgerechter Auslegung der reformatorischen Lehrbekenntnisse das Verpflichtet-Sein der Person durch Gottes Sittengesetz verständlich zu machen, vermag sie in den öffentlichen Diskursen über das Problem des moralischen Sollens eine klare Position zu vertreten.

Diese Diskurse sind nach wie vor – in Aufnahme und in Kritik – beeinflusst und geprägt von dem Begriff des Sittengesetzes und des moralischen Handelns als des Handelns aus Pflicht, wie ihn Immanuel Kant im Rahmen der „Kritik der praktischen Vernunft" und auf dem Wege zur „Metaphysik der Sitten" entwickelte. Sie sind selbst dann

---

[16] Zum großen und schwierigen Fragenkreis der Lehre Luthers von Gesetz und Evangelium vgl. bes. WILFRIED JOEST, Gesetz und Freiheit. Das Problem des tertius usus legis bei Luther und die neutestamentliche Parainese, Göttingen 1961[3].

davon beeinflusst und geprägt, wenn sie Kants religionsphilosophische These nicht mehr ernst zu nehmen in der Lage sind, dass die Moral zwar nicht durch die Idee des göttlichen Gesetzgebers zu begründen sei – dass sie aber „unumgänglich zur Religion (führe), wodurch sie sich zur Idee eines machthabenden moralischen Gesetzgebers außer dem Menschen erweitert, in dessen Willen dasjenige Endzweck (der Weltschöpfung) ist, was zugleich der Endzweck des Menschen sein kann und soll."[17] Wir wollen beide Aspekte in Kants philosophischer Theorie des Ethischen genauer unter die Lupe nehmen.

Erstens: Kant bestreitet ganz entschieden, dass die Moralität der Person – ihre sittliche Gesinnung – einer religiösen Begründung und einer religiösen Hilfe bedürftig sei. Ihre Moralität besteht vielmehr in ihrer Autonomie, in ihrer freien Selbstverpflichtung auf das Sittengesetz. Was unter dem Sittengesetz zu verstehen sei, das findet – wie die „Kritik der praktischen Vernunft" zu beweisen unternahm – die praktische Vernunft in der Besinnung auf sich selbst. In der Besinnung auf sich selbst sucht die praktische Vernunft eine Antwort auf die Frage, ob es überhaupt – einmal abgesehen von den tatsächlichen Ansprüchen dieser oder jener Sitten und Gebräuche – „konstitutive Prinzipien a priori" gebe, die für das vernünftige Wollen überhaupt in Geltung stehen.[18] Sie findet diese Antwort im Gesetz der Freiheit, im Wesen und in der Weise der Freiheit, sich selbst zu bestimmen. Dieses Sich-selbst-Bestimmen der Freiheit kann nun weder auf irgendeinen materialen Gehalt noch auf irgendeinen Zweck oder auf irgendein Worumwillen bezogen sein; denn darin wäre ja die Freiheit im Widerspruch zu ihrem Wesen als ein Bestimmt-Sein-durch-Anderes missverstanden. Soll dieser Widerspruch im Wesen der Freiheit vermieden werden, so muss das Gesetz der Freiheit streng im formalen Sinne gedacht werden: als „bloße Form der allgemeinen Gesetzmäßigkeit der danach zu nehmenden Maximen"[19], wie Kant sie in den verschiedenen Fassungen des kategorischen Imperativs zur Sprache brachte.

Zweitens: Nun ist sich Kants philosophische Theorie des Ethischen dessen natürlich wohl bewusst, dass die im Wesen der Freiheit begründete Form der Selbstbestimmung nach jener Regel allgemeiner Gesetzmäßigkeit sich in der Sphäre des menschlichen Zusammenlebens keineswegs von selbst versteht. Hier gibt es sie nur als die je aktuelle und je situative Entscheidung, in der die leibhafte Person das Gesetz der Freiheit gegen ihre Neigungen, ja gegen ihren „Hang(e) zum Bösen"[20] durchzusetzen hat. In dieser je aktuellen, je situativen Entscheidung hat die leibhafte Person dem Gesetz der Freiheit zu gehorchen. Sie hat also – im Unterschied zu einem vollkommenen oder heiligen Willen – *aus Pflicht* zu handeln, und sie bedarf für dieses Handeln aus Pflicht nur des Motivs – der „Triebfeder" – der Achtung und keineswegs der göttlichen Hilfe.[21]

Allerdings will nun der Kant der Religionsschrift von 1793 zeigen, dass diese Theorie des Ethischen den Sinn und die Bedeutung der religiösen Symbolik zumal des Christentums beileibe nicht erledigt. Die religiöse Symbolik zumal des Christentums kommt

---

17 IMMANUEL KANT, Die Religion innerhalb der Grenzen der bloßen Vernunft (1793). Hg. von KARL VORLÄNDER (PhB 45), Hamburg 1956^{6}, 6f.

18 IMMANUEL KANT, Kritik der Urteilskraft (1790), A V.

19 IMMANUEL KANT, Die Religion innerhalb der Grenzen der bloßen Vernunft (wie Anm. 17), 3.

20 Vgl. IMMANUEL KANT, Die Religion innerhalb der Grenzen der bloßen Vernunft (wie Anm. 17), 28–41: Von dem Hange zum Bösen in der menschlichen Natur.

21 Vgl. IMMANUEL KANT, Grundlegung zur Metaphysik der Sitten (1785), jetzt in: IMMANUEL KANT, Werke in sechs Bänden. Hg. von WILHELM WEISCHEDEL, Bd. IV: Schriften zur Ethik und Religionsphilosophie, Darmstadt 1956^{4}, 7–102; 26: „Pflicht ist die Notwendigkeit einer Handlung aus Achtung fürs Gesetz." (im Original gesperrt). Wie diese Achtung zustande komme – darüber sagt Kant freilich nichts!

nämlich einem berechtigten Interesse der praktischen Vernunft entgegen. Zwar bedarf die Besinnung der praktischen Vernunft auf das mit dem Wesen der Freiheit gegebene Gesetz keiner weiteren Begründung als der aus ihren konstitutiven Prinzipien; aber die praktische Vernunft stellt mit vollem Recht die Frage, ob das ohne jede Rücksicht auf mögliche Zwecke begründete Handeln unter dem Gesetz der Freiheit nicht dennoch wünschenswerte und erstrebenswerte Zwecke nach sich ziehen werde. Sie stellt in einer – wie wir gesehen haben (s. o. S. 321) – abstrakten Weise die Frage nach der Einheit von Moral und Glückseligkeit; und es ist diese Frage, die in der Idee des Höchsten Gutes, wie sie namentlich die religiöse Symbolik des Christentums zu bieten hat, ihre befriedigende Antwort erfährt. Deshalb gilt: „Moral also führt unumgänglich zur Religion."[22]

Hat nun Kants wirkungsvolle Bestimmung des Sittengesetzes die biblische Erkenntnis des ursprünglichen Gotteswillens, wie Luther sie in der Auslegung des Dekalogs zur Sprache brachte, etwa widerlegt?

Nun, Kants Bestimmung des Sittengesetzes ist jedenfalls äußerst voraussetzungsreich. Ihre Kritik wird deshalb unumgänglich zur Kritik dieser ihrer Voraussetzungen führen. Wir wollen uns an dieser Stelle auf eine kritische Beobachtung konzentrieren, die das Verhältnis zwischen Kants Aussagen über die praktische Vernunft und ihre konstitutiven Prinzipien a priori als solche und Kants Aussagen über die Verpflichtungskraft des sittlichen Gesetzes für die leibhafte Person betrifft.[23]

Kants Aussagen über die praktische Vernunft und ihre konstitutiven Prinzipien a priori als solche verstehen sich jedenfalls selbst nicht anders denn als Aussagen über einen Gegenstand jenseits der durch Naturgesetze geregelten Erfahrungswelt. Von diesem Gegenstand behauptet Kant, dass er unserer – der philosophischen – Erkenntnis erkennbar gegeben sei und dass er deshalb der Gegenstand wahrer und wahrheitsfähiger Aussagen sein könne. Doch dieser Gegenstand – die praktische Vernunft und ihre konstitutiven Prinzipien des vernünftigen Wollens überhaupt – kann doch nur deshalb Gegenstand wahrer und wahrheitsfähiger – und d. h.: bestreitbarer und widerlegbarer! – Aussagen sein, weil er uns in der Besinnung auf das unmittelbare Bewusstsein, frei oder vernünftig zu sein (s. o. S. 312), selbst gegeben und erschlossen ist.

In diesem unmittelbaren Bewusstsein, frei oder vernünftig zu sein, sind wir nun aber nicht allein bezogen auf anderes unmittelbares Selbstbewusstsein, das sich in der Entscheidung für einzelne Handlungen und Handlungsweisen manifestiert; wir sind auch – ob wir das nun wahrhaben wollen oder nicht – bezogen auf den transzendenten, schöpferischen Grund und Ursprung jener Wirklichkeit, in der es leibhaftes Person-Sein und damit endliches Freiheitsbewusstsein gibt. Was wir im unmittelbaren Selbstbewusstsein – ob wir das nun wahrhaben wollen oder nicht – erleben, ist die Bestimmung zur Selbstbestimmung, und zwar zur gemeinsamen, zur vermittelten, zur reziproken Selbstbestimmung. Das reine, das vernünftige, das auf das Gute gerichtete Wollen können wir im Widerspruch zu Kant nur als die nähere Bestimmung Gottes als des schöpferischen Grundes und Ursprungs selbst verstehen.

Mit dem Begriff des Sittengesetzes bezeichnen wir daher das reine, das vernünftige, das auf das Gute gerichtete Wollen, das im Sein und Wesen Gottes selbst gründet. Diesem Wollen eignet die Verpflichtungskraft, die Luther in der Auslegung des Dekalogs exemplarisch zu erkennen suchte. Es errichtet die grundlegende Norm für das Willens-

---

22 IMMANUEL KANT, Die Religion innerhalb der Grenzen der bloßen Vernunft (wie Anm. 17), 6,
23 Vgl. zum Folgenden bes. EILERT HERMS, Sein und Sollen bei Hume, Kant und Schleiermacher, jetzt in: DERS., Menschsein im Werden. Studien zu Schleiermacher, Tübingen 2003 (= Studienausgabe 2006), 296–319; bes. 301ff.

verhältnis, das zwischen Wesen von der Seinsart des leibhaften Person-Seins – und damit zwischen Wesen, die das Bewusstsein des vernünftigen Frei-Seins unmittelbar erfüllt – bestehen muss, wenn deren kommunikatives und interaktives Handeln die Lebensgüter gemeinsam soll erstreben können. Diese grundlegende Norm bildet denn auch den kritischen Maßstab für alle diejenigen Verpflichtungen, die uns in tyrannischer oder in despotischer Weise aufgezwungen werden; ebenso wie für die schauerlichen Illusionen, in denen Menschen sich hinsichtlich ihrer Pflicht befinden: es war verwerflich und es war selbstwidersprüchlich, wenn sich Adolf Eichmann für die Organisation des Holocaust auf seine Pflicht berief.[24]

Die Kriterien dieses Willensverhältnisses seien nun unter vier Gesichtspunkten betrachtet. Dabei machen wir selektiven Gebrauch von Gedanken, die Schleiermacher in den verschiedenen Entwürfen zur Pflichtenlehre vorgetragen hat. Wir erwarten uns von diesen Gedanken eine erhebliche Verdeutlichung unserer Erkenntnis des ursprünglichen, des schöpferischen Gotteswillens.

3.3. Kriterien pflichtgemäßen Handelns

Wir haben unseren Versuch, den Begriff des pflichtgemäßen Handelns präzise zu bestimmen, mit einer Annäherung an die verschiedenen Erfahrungen des Verpflichtet-Seins im Alltag eröffnet. Diese verschiedenen Erfahrungen beziehen sich auf die jeweiligen Entscheidungssituationen des privaten wie des öffentlichen Lebens, in denen wir unter den möglichen Handlungsoptionen eine bestimmte auszuwählen und durch uns selbst zu realisieren haben: beginnend mit der Wahl zwischen Reden und Schweigen, zwischen Tun und Lassen. In den verschiedenen Entscheidungssituationen des privaten wie des öffentlichen Lebens erleben wir auf jeden Fall die Zumutung zu handeln; und zwar nicht etwa in beliebiger oder in willkürlicher Weise, sondern mit Rücksicht auf die uns Menschen allen gemeinsame Grund-Situation, die wir im Lichte unserer Analyse des unmittelbaren Bewusstseins, frei und also vernünftig zu sein, gedeutet haben (s. o. S. 312). In jeder einzelnen Entscheidungssituation ist uns Menschen jeweils die Entscheidung zwischen dem pflichtwidrigen und dem pflichtgemäßen Handeln zugemutet.

Es ist daher die Aufgabe der Theologischen Ethik, auf der Basis ihrer Einsicht in den Grund des sittlichen Gesetzes als der Regel für das Willensverhältnis zwischen Wesen von der Seinsart des leibhaften Person-Seins für diese Entscheidung Kriterien zu formulieren. Diese Kriterien sollen der ethischen Urteilsbildung der Mitglieder der kirchlichen Glaubensgemeinschaften dienen, nicht zuletzt in Situationen der scheinbaren oder der tatsächlichen Kollision der Pflichten; und sie mögen auf diese Weise ausstrahlen in die ethische Urteilsbildung einer Gesellschaft im Ganzen. Wir wollen diese Kriterien finden in konsequenter Rücksicht auf die Grund-Situation des menschlichen In-der-Welt-Seins, wie sie im Lichte des Glaubens und der Glaubenslehre zu sehen und zu verstehen ist.

Erstens: Pflichtgemäß ist menschliches Handeln dann und nur dann, wenn den Akteuren die Grund-Situation des menschlichen In-der-Welt-Seins tatsächlich vor Augen steht. Wir haben diese Grund-Situation im Lichte des Glaubens und der Glaubenslehre verstanden als die Situation des leibhaften Freiheits- und Vernunftwesens, dessen letztes Ziel und dessen Höchstes Gut das Leben mit Gott, die Gemeinschaft mit dem ewigen

---

[24] Vgl. hierzu HANNAH ARENDT, Eichmann in Jerusalem. A Report on the Banality of Evil (am. 1963), dt. München 1986.

Leben seines schöpferischen Ursprungs ist und das aus diesem Grunde in seiner Lebensgeschichte dazu bestimmt ist, zum Innewerden dieses Höchsten Gutes heranzuwachsen und heranzureifen. Pflichtgemäß ist menschliches Handeln daher dann und nur dann, wenn die Akteure in ihren Regelentscheidungen und in ihren Einzelentscheidungen auf die notwendigen Bedingungen achten, unter denen sich das Innewerden des Höchsten Gutes in der Lebensgeschichte eines Menschen durch Gottes Wort und Gottes Geist ereignen wird. Ökonomische, rechtlich-politische, kulturelle und technische Lebensverhältnisse, die den Weg zum individuellen Innewerden des Höchsten Gutes in der Lebensgeschichte eines Menschen systemisch behindern und erschweren, sind deshalb aus der Sicht des Glaubens und der Glaubenslehre als Ergebnis pflichtwidrigen Handelns zu verurteilen und zu bekämpfen. Insofern leitet Systematische Theologie die Mitglieder der kirchlich verfassten Glaubensgemeinschaften auch zur Kritik der Lebensverhältnisse einer gesellschaftlichen Gesamtlage an.

Zweitens: In der Epoche der euro-amerikanischen Moderne konkretisiert sich die Grund-Situation des Mensch-Seins in der hochentwickelten Form, in der die notwendigen Funktionsbereiche des öffentlichen Lebens im Rahmen einer politisch gesetzten Rechtsordnung ausdifferenziert sind (s. u. S. 385ff.). Dementsprechend ist das menschliche Handeln – über die private Sphäre der Familie und der Ehe, der Liebe und der Freundschaft hinaus – ökonomisches Handeln, politisches Handeln, Handeln in Ausbildungs- und Forschungsinstitutionen und technisches Handeln zugleich und simultan. Wir schließen uns infolgedessen der weitsichtigen Erkenntnis Schleiermachers an, dass „der Begriff jeder pflichtmäßigen Handlung die ganze Idee der Sittlichkeit in sich enthält.“[25] Weil die Akteure ihre Regelentscheidungen und ihre Einzelentscheidungen im wechselseitigen Verhältnis zu allen anderen Akteuren in jedem dieser Pflichtgebiete zu treffen haben, lässt sich ihre Verantwortung nicht etwa nur auf eines dieser Pflichtgebiete beschränken. Sie lässt sich übrigens ebenso wenig reduzieren auf die Gebiete des helfenden Handelns, der Diakonie und der Entwicklungshilfe, wie dies die öffentliche Meinung zumal der evangelischen Kirchengemeinschaften in der Bundesrepublik Deutschland meint. Pflichtgemäß sind vielmehr nur solche Handlungsweisen, die das Gleichgewicht der Pflichtgebiete intendieren; wohingegen solche Handlungsweisen als pflichtwidrig zu beurteilen und zu bekämpfen sind, die faktisch oder prinzipiell die Vorherrschaft eines der Pflichtgebiete – etwa der Wirtschaft und ihres eingeschränkten Begriffs von Zweckrationalität – über die anderen verfolgen.

Drittens: Wir haben die Grund-Situation des Mensch-Seins bestimmt als die Situation eines Willensverhältnisses, das sich in der Sphäre der Privatheit wie in der Sphäre des ausdifferenzierten öffentlichen Lebens nach den entsprechenden Regeln der Koordination vollzieht. Diese Regeln der Koordination ergeben sich natürlich nicht aus einer Eigengesetzlichkeit der Pflichtgebiete[26]; sie sind vielmehr das jeweilige Resultat kontingenter – also auch veränderbarer – Regelsetzungen (s. u. S. 433f.). Weil diese Regelsetzungen die Vermittlung zwischen dem Wollen der Akteure zu erreichen suchen, ist es gewiss ein Merkmal pflichtgemäßen Handelns, sie tatsächlich zu befolgen und damit die Gleichheit aller Mitglieder eines Gemeinwesens anzuerkennen. Weil die Vermittlung zwischen dem Wollen der Akteure immer wieder zwischen den Milieus, den Schichten, den Überzeugungsgemeinschaften strittig und umkämpft ist, ist es in entsprechender Weise ein Merkmal pflichtgemäßen Handelns, auf die konsequente Reform der Regel-

---

25 FRIEDRICH SCHLEIERMACHER, Ethik, 169.

26 Zum Problem der Eigengesetzlichkeit vgl. MARTIN HONECKER, Art. Eigengesetzlichkeit: RGG^4 2, 1131–1133.

setzungen zu dringen. Wir werden in der Güterlehre Gesichtspunkte der ethischen Orientierung benennen, die nicht nur das uns zugemutete Befolgen der in Geltung stehenden Regeln, sondern auch die konsequente Reform der Regelsetzungen betreffen, und zwar in allen Pflichtgebieten.

Viertens: Die Grund-Situation des Mensch-Seins zeichnet sich nun dadurch aus, dass das unmittelbare Selbstbewusstsein – das Bewusstsein des vernünftigen Frei-Seins, das individuelle Freiheitsgefühl der Person – zugleich ein Individuelles und ein Allgemeines ist. Wie dies unmittelbare Selbstbewusstsein uns Menschen alle vereinzelt, so verbindet es uns mit allen Wesen, die uns in menschlicher Gestalt begegnen. Aus diesem Grunde ist es uns aufgegeben, in der Geschichte unseres Lebens eine spezifische *Balance* zu finden: nämlich die Balance zwischen Handlungsweisen, die dem individuellen Charakter unseres Selbst-Seins Ausdruck verleihen, und solchen Handlungsweisen, die dem allgemeinen Charakter unseres Selbst-Seins Rechnung tragen. Während wir dem individuellen Charakter unseres Selbst-Seins überwiegend in der Beziehungsform der Liebe und der Freundschaft (s. u. S. 365ff.) und in den einsamen Entschlüssen zu einem solidarischen Helfen und Heilen gerecht zu werden suchen – vom Teilnehmen an den Erfahrungen der Kunst müssen wir hier absehen –, wird sich der allgemeine Charakter unseres Selbst-Seins überwiegend in der Beachtung und in der konsequenten Verbesserung der Regeln zeigen, die in den Institutionen und den Organisationen des öffentlichen Lebens herrschen. Pflichtgemäß ist nach alledem eine Lebensweise, die sowohl dem individuellen Charakter als auch dem allgemeinen Charakter des menschlichen Selbst-Seins sein Recht gibt. Lebensformen und Gemeinschaftsbegriffe, die die fundamentale Differenz zwischen dem Individuellen und dem Allgemeinen verkennen oder gar systemisch vernichten wollen – wie zum Beispiel die Gemeinschaftsbegriffe des Marx'schen Sozialismus und des Nationalsozialismus – sind von daher gesehen als pflichtwidrig und als destruktiv zu verurteilen und zu bekämpfen.[27]

3.4. Fazit

In unserer Begründung der wissenschaftlichen Form der Ethik haben wir gezeigt, dass der Begriff des pflichtgemäßen Handelns einen wesentlichen Aspekt des geschichtlichen Zusammenlebens in den verschiedenen Typen des Gemeinwesens bezeichnet (s. o. S. 304ff.). Am Begriff der Pflicht als an dem Inbegriff des pflichtgemäßen Handelns in allen Pflichtgebieten gilt es daher festzuhalten, auch wenn die theoretische Besinnung auf die Ethosgestalt des Glaubens gerade nicht die reduzierte Form einer Pflichtethik wird annehmen können.

Wir haben uns an den Begriff des pflichtgemäßen Handelns angenähert, indem wir uns an die verschiedenen Erfahrungen eines alltäglichen Verpflichtet-Seins erinnerten (3.1.). Wir haben diese Erfahrung so geschildert, wie es der christlich-religiösen Erkenntnis des Guten und wie es der Bestimmtheit des Höchsten Gutes als der Gemeinschaft mit Gott selbst entspricht (s. o. S. 318f.). Ein gehaltvoller Begriff des pflichtgemä-

[27] In der gegenwärtigen sozialphilosophischen Debatte ist es vor allem Axel Honneth, der im Rückgriff auf das komplexe Gefüge des Begriffs der Anerkennung bei Georg Wilhelm Friedrich Hegel die Bedingungen einer Balance des individuellen und des sozialen Seins der leibhaften Person erkundet – bedauerlicherweise ohne von Schleiermachers inspirierenden Theorien des Selbstbewusstseins und der sozialen Realität Notiz zu nehmen. Vgl. bes. AXEL HONNETH, Das Ich im Wir. Studien zur Anerkennungstheorie (stw 1959), Berlin 2010.

ßen Handelns wird stets in der Erkenntnis des Guten und der Bestimmtheit des Höchsten Gutes verankert sein.

Die christlich-religiöse Erkenntnis des Guten und des Höchsten Gutes ist denn auch der Grund dafür, dass nach der tiefschürfenden Auslegung des Dekalogs bei Martin Luther dem endlichen, dem fehlbaren, dem sterblichen Wesen Mensch die Zuversicht des Glaubens in radikaler Weise aufgegeben ist. Nach Luthers Auslegung ist es allein die Zuversicht des Glaubens, die dem Sein, Wesen und Willen Gottes gerecht wird; und sie – ja sie allein! – ist denn auch die hinreichende Bedingung dafür, dass unsere gemeinsamen und reziproken Handlungsweisen auf die Lebensgüter ausgerichtet sind, die ihrerseits zu den notwendigen Bedingungen eines Wachsens und Reifens im „Trauen und Gläuben des Herzens“[28] gehören. Wo und wann sich diese Zuversicht durch Gottes Wort und Gottes Geist wirklich ereignet, entbindet sie daher die „Lust und Liebe zu allen Gepoten Gottes“[29], ohne die das pflichtgemäße Handeln nicht ein Handeln aus Freiheit wäre. Im Gegensatz zu Kants formaler Bestimmung des Sittengesetzes weiß die Glaubensgemeinschaft als die Gewissheitsgemeinschaft mit dem Christus Jesus selbst den normativen Kern aller Willensverhältnisse zwischen uns Menschen im ursprünglichen Willen Gottes selbst – im Mandat Gottes des Schöpfers (s. o. S. 142ff.) – begründet (3.2.).

Wir haben uns an Schleiermachers Gedanken zum Begriff des pflichtgemäßen Handelns orientiert, um gegenüber Luthers Dekalog-Auslegung notwendige und wünschenswerte Verdeutlichungen zu erzielen. Wir gingen jeweils auf die Grund-Situation des menschlichen In-der-Welt-Seins zurück, wie sie im Licht des Glaubens und der Glaubenslehre zu verstehen ist; und wir fanden auf diesem Wege jedenfalls vier Kriterien, mit deren Hilfe wir – soweit wir an der Wahrheitsgemeinschaft des Glaubens wie zweifelnd und wie angefochten auch immer Anteil haben – in den einzelnen Entscheidungssituationen unseres Lebens unser pflichtgemäßes Handeln prüfen, wählen und bestimmen können. Darin zeigt sich und bewährt sich jene Autonomie, zu der der Glaube verhelfen möchte und *Deo adiuvante* verhilft (Gal 5,1.13). Sie konkretisiert sich in Prozessen gemeinsamer, vermittelter, reziproker Selbstbestimmung[30], und zwar hinsichtlich des Guten in allen Pflichtgebieten des privaten wie des öffentlichen Lebens (3.3).

Die ausgeführte Theologische Ethik wird zu zeigen haben, dass es nicht zuletzt, sondern vielmehr zuerst die *Kirchenpflichten* sind, die – im Sinne des Priestertums aller Getauften und Glaubenden (s. o. S. 247f.) – der konsensuellen Wahrnehmung und Beobachtung der Mitglieder der Glaubensgemeinschaft anbefohlen sind; und zwar deshalb, weil die jeweils aktuelle Kommunikation des Evangeliums – die Suche nach authentischer Vergegenwärtigung der Wahrheit, die in jene sittliche Autonomie führt – die notwendige Bedingung eines wirklich pflichtgemäßen Handelns in allen Pflichtgebieten ist. Die ausgeführte Theologische Ethik wird die ethische Pointe der Ekklesiologie – der Lehre, die die Sozialgestalt des Glaubens und den von der Sozialgestalt des Glaubens ausstrahlenden Gemeingeist bedenkt (s. o. S. 240ff.) – detailliert und bereichert durch geschichtliche Erinnerung entfalten.

---

[28] MARTIN LUTHER, Großer Katechismus: BSLK 560,16f.

[29] MARTIN LUTHER, Großer Katechismus: BSLK 661,36f.

[30] Vgl. hierzu WILFRIED HÄRLE, Autonomie – ein viel versprechender Begriff, in: DERS., Menschsein in Beziehungen. Studien zur Rechtfertigungslehre und Anthropologie, Tübingen 2005, 213–241. – Dass Autonomie in dem präzisen und emphatischen Sinne solcher gemeinsamer und vermittelter Selbstbestimmung uns nicht bereits naturwüchsig gegeben ist, sondern eines spezifischen Bildungsprozesses bedarf: in dieser Erkenntnis zeigt sich eine bemerkenswerte Nähe zwischen den theologischen und (einigen) philosophischen Theorien des Ethischen.

Allerdings: wir wissen aus geschichtlicher Erfahrung, dass eine Gestaltung aller Willensverhältnisse zwischen uns Menschen, die dem ursprünglichen Gotteswillen entspricht und die dem Weg zum Höchsten Gut des Lebens mit Gott im Glauben, in der Liebe und in der Hoffnung zu dienen bestimmt ist, immer wieder in bestürzender und beschämender Weise scheitert. Wir haben deshalb schon in der dogmatischen Besinnung auf das Bewusstsein der Sünde zu verstehen gesucht, warum zumal in der Geschichte der euro-amerikanischen Moderne die hoffnungsvollen Ansätze zu einer Wohlordnung der Gemeinwesen immer wieder von den destruktiven Dynamiken des Kolonialismus, des Rassismus, des Nationalismus, des Antisemitismus gehemmt, behindert und zerstört wurden (s. o. S. 164). Wir werden uns auch den Erinnerungen stellen müssen, die die Verstrickung auch der christlichen Glaubensgemeinschaften in diese destruktiven Dynamiken präsent halten. Das pflichtgemäße Handeln, wie es der Grund-Situation des menschlichen In-der-Welt-Seins und damit dem ursprünglichen Gotteswillen gerecht wird, ist – wie uns die eigene Lebensgeschichte demonstriert – immer wieder hart umkämpft und schwer bedroht. Umso wichtiger ist es, eine Antwort auf die Frage zu finden, wie wir jene sittlichen Kräfte verstehen können, ohne die das pflichtgemäße Handeln in dem beschriebenen Sinne überhaupt nicht zustande kommt. Wir suchen diese Antwort in dem folgenden Paragraphen: Theologische Ethik als Tugendlehre.

§ 4 Die handlungsfähige Person. Theologische Ethik als Tugendlehre

In unserem „Grundriss der Theologischen Ethik“ nähern wir uns mit schnellen Schritten jenem umfangreichen Paragraphen, in welchem wir zur ethischen Orientierung der Mitglieder der Glaubensgemeinschaft hinsichtlich ihrer Lebensführung sowohl in der Sphäre des Privaten als auch in der Sphäre des Öffentlichen anleiten wollen: wir nähern uns der Güterlehre – dem Schwerpunkt und dem Schwergewicht der Theologischen Ethik. In dieser Güterlehre werden wir zu zeigen suchen, in welcher Weise die Mitglieder der Glaubensgemeinschaft ihrer Verantwortung vor Gott in den Lebensformen des Privaten – in der Familie, in der Liebe, in der Ehe, in der Erziehung – und in den Subsystemen einer hochkomplexen, ausdifferenzierten Gesellschaft gerecht zu werden streben, weil sie und sofern sie in ihrer individuellen Gesinnung und in ihrem Gemeingeist den Grundsätzen der christlich-religiösen Erkenntnis des Guten treu sein und treu bleiben wollen (s. o. S. 321ff.).

Nach diesen Grundsätzen ist es die Bestimmung des Mensch-Seins, das uns gegebene Gut des selbstbewusst-freien Lebens zwischen der Geburt und dem zeitlichen Tod in den gemeinsamen Erkenntnis- und Gestaltungsprozessen zu erhalten, zu verteidigen und im Leben mit Gott – in der Zuversicht des Glaubens, in der Kraft der Liebe und in der Energie der Hoffnung – zu vervollkommnen. Nur die gemeinsamen Erkenntnis- und Gestaltungsprozesse, in denen die individuelle Eigen-Art des Einzelnen und der allgemeine Charakter des selbstbewusst-freien Lebens zugleich und simultan geachtet wird, haben die begründete Chance, von Generation zu Generation diejenigen Lebensgüter zu erreichen, auf deren Basis und in deren Schutz das Höchste Gut, das Wachsen und Reifen der Person zur Gemeinschaft mit Gott selbst, erfahrbar sein wird. Deshalb haben wir Kriterien entwickelt, in deren Licht und mit deren Hilfe wir prüfen können, ob unsere Entscheidungen in einer einzelnen Situation jeweils pflichtgemäß oder aber pflichtwidrig sind (s. o. S. 343ff.). Der Begriff der Pflicht birgt – zumal in unserer interpersonalen oder intersubjektiven Fassung – ein erhebliches kritisches und selbstkritisches Potential.

Jedoch: die individuelle Eigen-Art, in der das einzelne Menschenleben an den gemeinsamen Erkenntnis- und Gestaltungsprozessen eines Gemeinwesens teilzuhaben und teilzunehmen bestimmt ist, ist mit der interpersonalen, der intersubjektiven Form des Pflichtbegriffs – also mit dem konkreten Begriff des pflichtgemäßen Handelns – noch keineswegs zureichend verstanden. Zu dieser individuellen Eigen-Art gehören vielmehr solche Wesenszüge, die sich im Laufe einer individuellen Lebensgeschichte ausbilden und die die Handlungsweisen der Person in ihren verschiedenen Willensverhältnissen mit Anderen entscheidend prägen: das freundliche, das hilfsbereite, das aufgeräumte – oder im Gegensatz dazu das abweisende, das herrschsüchtige, das mürrische Wesen eines Menschen. Wir dürfen das Gefüge solcher Wesenszüge mit dem Begriff des *Temperaments* bzw. mit dem Begriff des *Charakters* zusammenfassen; und wir widmen dem Phänomen, auf das sich diese Begriffe beziehen, jetzt unserer Aufmerksamkeit, weil der Inbegriff der Lebensgüter und weil die Wohlordnung einer Gesellschaft dann und nur dann ein erstrebtes, ein gesuchtes, ein gewolltes Ziel sein wird, wenn das Temperament oder der Charakter der Gesellschaftsmitglieder von positiver oder konstruktiver und nicht etwa von negativer oder destruktiver Qualität ist.

Unter den mannigfachen Wesenszügen, die im Temperament oder im Charakter eines Menschen vereint sein mögen, heben wir nun diejenigen Wesenszüge hervor, die die ethische Begriffssprache seit alters *Tugenden* nennt und die sie den negativ qualifizierten Wesenszügen, den *Lastern* (s. o. S. 157ff.), entgegensetzt. Die theoretische Besinnung auf die Ethosgestalt des Glaubens schließt mit guten Gründen eine Tugendlehre ein. Freilich ist uns nicht nur das Begriffswort „Tugend", sondern auch das Phänomen der positiv qualifizierten Wesenszüge der Person seit geraumer Zeit sowohl von kirchen- und theologiegeschichtlich bedingten Vorurteilen als auch vom Desinteresse der philosophischen Theorie des Ethischen nachhaltig verstellt. Deshalb wollen wir damit beginnen, jenes Phänomen der positiv qualifizierten Wesenzüge der Person in der alltäglichen Erfahrung freizulegen (4.1.). Wir schließen daran einen kurzen theoriegeschichtlichen Überblick an, der uns die Aufgabe ans Herz legen will, dessen Ertrag zu sichern und die Tugenden im präzisen Sinne des Begriffs als Momente individueller Handlungs- und Verantwortungsfähigkeit zu verstehen (4.2.). Diese Aufgabe werden wir in einer kleinen Skizze der klassischen Kardinaltugenden in Angriff nehmen, die natürlich eine ausgeführte Darstellung nach sich ziehen muss (4.3.).

4.1. Individuelle sittliche Kraft

In der griechischen Quellensprache des Neuen Testaments begegnet das Begriffswort „Tugend" (ἀρετή [*aretä*]) in seiner Anwendung auf das ethische Leben in der christlichen Glaubensgemeinschaft tatsächlich nur nebenbei (Phil 4,8; 2Petr 1,5). Dieser spärliche Befund mag die massiven kirchen- und theologiegeschichtlichen Vorurteile noch verstärkt haben, die jedenfalls der deutschsprachige Protestantismus im Banne der „Theologie des Wortes Gottes" seit dem Ende des Ersten Weltkriegs gegen die ethische Besinnung auf Tugenden hegt. Freilich haben diese Vorurteile dazu beigetragen, dass der deutschsprachige Protestantismus – sehr im Gegensatz zum römischen Katholizismus hierzulande und weltweit – das Phänomen individueller sittlicher Kraft und Handlungsfähigkeit in Predigt, Unterricht, Seelsorge und Denkschrift kaum mehr zur Sprache bringen kann.[1] Damit aber verliert er die Aufgabe und das orientierende Interesse einer *Individualethik*, einer *Ethik des individuellen Lebens* überhaupt aus den Augen. Auch die energischen Bemühungen der jüngsten Zeit um eine spezifisch protestantische Tugendlehre haben es bei weitem noch nicht vermocht, die aktuellen ethischen Debatten, geschweige denn die systematische Entfaltung der Theologischen Ethik zu bestimmen.[2] Eine kohärente Antwort auf die Frage, wie wir die individuelle Fähigkeit der Person zum pflichtgemäßen Handeln in der Sphäre des Privaten wie in den Bereichen des öffent-

---

1 So fehlt es an einer systematischen Besinnung auf die Tugenden nicht nur im Gesamtwerk von Karl Barth, sondern auch bei Jürgen Moltmann, Wolfhart Pannenberg, Trutz Rendtorff, Eberhard Jüngel und Gerhard Sauter – um nur die *crème de la crème* der deutschsprachigen evangelischen Theologie im 20. Jahrhundert zu erwähnen.

2 Vgl. bes. EILERT HERMS, Virtue. A Neglected Concept in Protestant Ethics, jetzt in: DERS., Offenbarung und Glaube. Zur Bildung des christlichen Lebens, Tübingen 1992, 124–137; KONRAD STOCK, Grundlegung der protestantischen Tugendlehre, Gütersloh 1995. – Wie wenig diese Anstöße bisher bewirkten, zeigt sich in den systematischen Darstellungen der Theologischen Ethik von JOHANNES FISCHER, Theologische Ethik. Grundwissen und Orientierung, Stuttgart 2002; und von ULRICH H. J. KÖRTNER, Evangelische Sozialethik, Göttingen 2008².

lichen Lebens verstehen und bilden können, liegt dem deutschsprachigen Protestantismus und seiner wissenschaftlichen Theologie noch immer fern.

Dieser Tatbestand ist suboptimal. Er behindert und erschwert es, die religiöse Praxis der Glaubenskommunikation im Leben der Kirche bewusst als den Ort und als die Gelegenheit einer spezifischen *Selbstbildung* zu nutzen: einer Selbstbildung, die wir in den regelmäßig wiederholten Szenen der Begegnung mit dem Christus Jesus selbst im Medium des Evangeliums in Wort und Sakrament, in Lied und Gebet an uns vollziehen lassen. Indem wir hier immer wieder in die Ursprungssituation des Glaubens einkehren, dürfen wir darauf vertrauen, von den heilenden und heilsamen Impulsen des Geistes Gottes angerührt zu werden, die inmitten der Krisen, der Konflikte und der Brüche unserer Lebensgeschichte unsere Fähigkeit zu verantwortlichem Handeln stärken und erneuern.

Wir wollen deshalb zuallererst fragen, ob und wie sich denn in unserem Alltag individuelle sittliche Kraft zeigt. Damit werden wir übrigens auch die Brücke schlagen zur frömmigkeitsgeschichtlichen und zur biographischen Forschung, die in der ausgeführten Gestalt der Theologischen Ethik ihre Beachtung finden und damit hoffentlich zur Kooperation zwischen den theologischen Disziplinen namentlich in der Ethik des individuellen Lebens führen wird.[3]

Die Sprachen des Menschengeschlechts – und unter ihnen natürlich auch die hebräische des Alten Testaments, die griechische des Neuen Testaments – schließen eine Fülle von Sprachzeichen ein, die im adjektivischen Gebrauch Eigenschaften eines Subjekts benennen. Neben den Sprachzeichen – wie „groß“ oder „klein“, „dick“ oder „schlank“, „schnell“ oder „langsam“ –, mit denen wir Eigenschaften einer individuellen Körpergestalt bezeichnen, interessieren uns hier vor allem solche Sprachzeichen, mit denen wir Eigenschaften der geistig-seelischen Natur eines Menschen, Merkmale der personalen Identität charakterisieren. Während die Eigenschaften einer individuellen Körpergestalt in einem gewissen Grade angeboren sind, vermuten wir mit guten Gründen, dass die Eigenschaften der geistig-seelischen Natur eines Menschen in irgendeinem Sinne erworben oder gepflegt, geschult oder intensiviert sein werden.

Solche in irgendeinem Sinne erworbenen, gepflegten, geschulten und intensivierten Eigenschaften der geistig-seelischen Natur eines Menschen zeigen und bewähren sich im Umgang mit den Problemen des technischen Handelns und in der Lösung technischer Aufgaben: zum Beispiel in der gründlichen, der sorgfältigen, der pünktlichen Art und Weise, in der wir in der Sphäre des privaten wie in den Subsystemen des öffentlichen Lebens auf die Naturbedingungen des Menschen – etwa auf die Versorgung mit Wasser, mit Nahrung und mit Energie – Einfluß nehmen. Vor allem aber zeigen und bewähren sich die Eigenschaften der geistig-seelischen Natur eines Menschen in der Art und Weise, in der wir – sei es in der Sphäre des privaten, sei es in den Subsystemen des öffentlichen Lebens – an den interpersonalen, den intersubjektiven, den sozialen Pflichten mitwirken: sie zeigen und bewähren sich nicht allein in der freundlichen Bestimmtheit eines Erziehungsstils, sondern auch in der Nachhaltigkeit des ökonomischen Interesses, in der Rechtlichkeit des herrschaftlichen Handelns, in der Lernbereitschaft und in der Kritikfähigkeit in den Ausbildungs- und den Forschungsprozessen.

Last but not least zeigen und bewähren sich die Eigenschaften der geistig-seelischen Natur eines Menschen in der Art und Weise, in der wir – sei es in partizipativer, sei es in leitender Funktion – an dem Geschehen der religiösen Kommunikation über die Wahrheit des Evangeliums und über dessen gestaltende Kraft für den Alltag des Lebens teilnehmen.

---

[3] Vgl. hierzu ANSGAR JÖDICKE/JOHN D. BARBOUR/FRIEDRICH SCHWEITZER, Art. Biographie I.–IV.: RGG[4] 1, 1601–1605.

Von den Inhabern leitender Funktionen in der Glaubensgemeinschaft der Kirche – im Pfarramt und im Lehramt, in Synoden und in Kirchengemeinderäten – erwarten wir sehr wohl die Fähigkeiten der Lebensnähe in der Verkündigung, der intellektuellen Wachheit im kirchlichen und schulischen Unterricht und des empathischen Gesprächs in den verschiedenen Situationen der Seelsorge. Und von den Mitgliedern der Glaubensgemeinschaft insgesamt erhoffen wir sehr wohl die Fähigkeiten des Mutes, der Ausdauer und der Beharrlichkeit, in den Entscheidungssituationen des privaten wie des öffentlichen Lebens die jeweiligen Pflichten im Sinne und im Lichte der individuellen Glaubensgewissheit wahrzunehmen und just auf diesem Wege die Wohlordnung der Lebensgüter anzustreben.

Was wir in der dogmatischen Besinnung über das Verhältnis von „äußerem Wort" und „innerem Wort", von „äußerer Klarheit" und „innerer Klarheit" der Heiligen Schrift ausgeführt haben (s. o. S. 239f.), schließt unter dem Gesichtspunkt der notwendigen Bedingungen für die individuelle Wahrheitsgewissheit der Person die Tugenden der religiösen Kommunikation selbstredend ein. Darauf achtete die Tradition der Pastoraltheologie[4], und darauf achtet die Tradition der Pastoralpsychologie[5] – bisher bedauerlicherweise ohne erkennbare Verknüpfung zwischen der Theorie der Seelsorge und der Theorie der Ethosgestalt des Glaubens und deshalb ohne erkennbare Verknüpfung zwischen der Psychologie des pastoralen Handelns und der Psychologie des Glaubenslebens. Zu dieser längst überfälligen Verknüpfung möchte ich mit diesem „Grundriss der Theologischen Ethik" einen energischen Anstoß geben.

Wir haben exemplarisch nachgewiesen, dass die verantwortliche Wahrnehmung unserer Pflichten in den verschiedenen Pflichtgebieten des privaten wie des öffentlichen Lebens Eigenschaften der geistig-seelischen Natur eines Menschen erfordert, die uns allererst in die Lage versetzen, die Ziele unseres pflichtgemäßen Handelns – die Wohlordnung des Gemeinwesens als eine der notwendigen Bedingungen unseres Lebens mit Gott im Glauben, in der Liebe und in der Hoffnung und zugleich die Wohlordnung der religiösen Kommunikation der Kirche – mit Aussicht auf Erfolg anzustreben. Solche Eigenschaften unserer geistig-seelischen Natur zeigen und bewähren sich in der Erkenntnis technischer Probleme und in der Lösung technischer Aufgaben: wir dürfen sie dann als *Fertigkeiten* verstehen. Vor allem aber zeigen und bewähren sie sich in der Erkenntnis ethischer Probleme und in der Art und Weise unserer Entscheidungen in ethischen Situationen: wir dürfen sie als *Tugenden* verstehen. Dass die sittliche Qualität der Tugenden auch für die sittliche Qualität der Fertigkeiten maßgeblich ist, liegt wohl auf der Hand: so hebt etwa die Sorgfalt und die Umsicht, mit der man ein Verbrechen plant und durchführt, natürlich den verwerflichen und strafbaren Charakter dieses Tuns nicht auf.

Erst eine ausgeführte Theologische Ethik wird im Kontext der dogmatischen Besinnung und im Gespräch mit einer Psychologie der Persönlichkeit eine kohärente Antwort auf die Frage geben können, wie wir uns die Entwicklung und wie wir uns die Konstanz jener Eigenschaften unserer geistig-seelischen Natur denken können, die wir unter den Oberbegriff der Tugenden subsumieren.[6] Nach unserer begriffenen Selbsterfahrung gibt es die Tugenden, die sich im pflichtgemäßen Handeln und in dessen Zielorientierung

4 Vgl. GERHARD RAU/UDO FRIEDRICH SCHMÄLZLE, Art. Pastoraltheologie I.–III.: RGG[4] 6, 996–1001.

5 Vgl. JÜRGEN ZIEMER, Art. Pastoralpsychologie: RGG[4] 6, 993–996.

6 Vgl. hierzu den Überblick von HANS-JÜRGEN FRAAS, Art. Persönlichkeit/Persönlichkeitspsychologie: RGG[4] 6, 1138–1140.

– der Wohlordnung der Lebensgüter eines Gemeinwesens als eine der notwendigen Bedingungen des Lebens mit Gott selbst im Glauben, in der Liebe und in der Hoffnung und die Wohlordnung der religiösen Kommunikation der Kirche – zeigen und bewähren, nicht ohne Akte der Selbsterziehung, der Selbstbeherrschung und der Selbstdisziplin. Insofern verdanken sie sich jenem Grundakt der Selbstbestimmung, der alle einzelnen selbstbestimmten Handlungsweisen trägt und hält. Unsere begriffene Selbsterfahrung sagt uns allerdings zugleich, dass eben jene Tugenden, die sich im pflichtgemäßen Handeln und in dessen Zielorientierung zeigen und bewähren, durchaus den Charakter des Unwillkürlichen, des Leichten, des Spontanen und des Stetigen an sich tragen. Sie verdanken sich der Lust und der Freude an dem, was sein soll.

Wir wollen uns die Eigenart der Eigenschaften unserer geistig-seelischen Natur, die wir als Tugenden verstehen, mit Hilfe einer theoriegeschichtlichen Skizze vor Augen bringen. Sie wird uns das Problem verdeutlichen, das die Theologische Ethik noch zu lösen hat.

4.2. Zur Geschichte der Tugendlehre[7]

Eine ethische Theorie, die die Besinnung auf das Wesen der Tugenden in den Mittelpunkt stellt, wurde im Anschluss an den Kampf des Sokrates gegen die Sophistik von Platon und von Aristoteles begründet. Platon versteht die Tugend als die sittliche Selbstgestaltung des Lebens, die sich dem Licht der Idee des transzendenten Höchsten Gutes, der Idee des in Wahrheit Guten, verdankt. Die Erkenntnis dieser Idee wirkt sich nach Platon darin aus, dass die Grundfunktionen der menschlichen Seele sich in den ihnen entsprechenden Tüchtigkeiten der Besonnenheit, des Mutes und der Weisheit konkretisieren. Weil die Erkenntnis des Höchsten Gutes und nur sie die Tugend der Gerechtigkeit hervorruft, ist sie es, die die Tugenden der Besonnenheit, des Mutes und der Weisheit in ein Gefüge innerer Harmonie bringt. Platon hat damit zum ersten Mal in der Geschichte des ethischen Denkens das „Geviert" der *Kardinal-Tugenden* skizziert.

Aristoteles, der Schüler Platons, hat die Existenz einer Idee des transzendenten Höchsten Gutes in Zweifel gezogen. Seine Tugendethik geht demgegenüber von der Erfahrung aus, dass alle Menschen nach Gutem im formalen Sinne des Begriffs streben und dass sie im Erreichen eines Zieles, eines Worumwillen, das gute Leben im Sinne der Eudaimonia suchen. Weil das Mensch-Sein ausgezeichnet ist durch die Teilhabe am Logos, an der Vernunft, empfängt der formale Sinn des Guten als des jeweiligen Strebeziels von daher seine materiale Bestimmtheit: das Strebeziel des durch Vernunft ausgezeichneten Lebewesens kann nur in einem normativen Sinne das vernünftige Leben sein. In dem Maße, in dem ein Mensch sich von dem Strebeziel des vernünftigen Lebens – und zwar im Hinblick auf das Lebensverhältnis der Freundschaft wie auf die Mitbestimmung in den politischen Angelegenheiten – leiten lässt, bildet er Tugenden aus.

[7] Vgl. zum Folgenden bes.: PETER STEMMER/ROLF SCHÖNBERGER/OTFRIED HÖFFE/CHRISTOF RAPP, Art. Tugend: HWP 10, 1532–1570 (Lit.!); JEAN-CHRISTOPHE MERLE, Art. Tugendlehre: ebd. 1570–1572; JEAN PORTER, Art. Tugend: TRE 34, 184–197 (Lit.!); NOTGER SLENCZKA, 'Virtutibus nemo male utitur' (Augustin). Die aristotelische Tradition der Tugendethik und die protestantische Ethik. Zugleich ein Beitrag zum Verständnis der Unfreiheit des freien Willens, in: HERMANN DEUSER/DIETRICH KORSCH (Hg.), Systematische Theologie heute. Zur Selbstverständigung einer Disziplin (VWGTh 23), Gütersloh 2004, 170–192; KONRAD STOCK, Art. Tugenden: RGG[4] 8, 650–654; Art. Tugendethik: ebd. 654.

Während sich das Strebeziel des vernünftigen Lebens am reinsten in den „dianoetischen" Tugenden der theorieförmigen Weisheit und der praxisleitenden Klugheit zeigt, ergeben sich die „ethischen" Tugenden nur auf dem Weg der lebenslangen Einübung in die geltende Sitte, die das richtige Verhältnis der vernünftigen Seele zu ihren unvernünftigen Affekten und Leidenschaften finden lässt. Wegen dieser lebenslangen Einübung in das Rechte, wie es die geltende Sitte bestimmt, werden die ethischen Tugenden zu dauerhaften *Haltungen* (ἕξις [*hexis*], habitus).

Wir hatten schon gesehen, dass das Offenbarungszeugnis der Heiligen Schrift den Tugendbegriff im Sinne des ethischen Denkens der griechisch-römischen Antike nur nebenbei gebraucht (s. o. S. 347). Dennoch hat natürlich das Ideal des verinnerlichten Toragehorsams, wie es sowohl die Botschaft der Prophetie als auch Israels Geschichtsschreibung formuliert, eine geistig-seelische Verfassung der Mitglieder des Volkes Gottes im Blick, die dem Interesse des antiken ethischen Denkens an den Tugenden der vernünftigen Person durchaus entspricht. Vor diesem Hintergrund ist es zu verstehen, dass das apostolische Kerygma des Neuen Testaments das Offenbar-Werden der Wahrheit des Evangeliums in einer Weise beschreibt, die das unumkehrbare Grund- und Folgeverhältnis zwischen der Gewissheit des Glaubens und dem Leben in der Liebe und in der Hoffnung hervorhebt (Röm 13,8; 1Kor 13,13; Gal 5,6). Weil dieses unumkehrbare Grund- und Folgeverhältnis sich dem Geist Gottes des Vaters und des Sohnes als dem Geist der Wahrheit verdankt, sind die Mitglieder der Glaubensgemeinschaft aufgerufen zum „Wandeln im Geist" (Gal 5,16.25), das sich in den verschiedenen Erscheinungsweisen der „Frucht des Geistes" (Gal 5,22) konkretisiert. Mit Hilfe der Metapher „Frucht" will der Apostel Paulus an dieser Stelle deutlich machen, dass eben die Ursprungssituation des Glaubens – das Innewerden des Gekreuzigten als des Auferstandenen und in die ewige Lebenseinheit mit Gott selbst Erhöhten (Gal 1,12.16) – jenes Grundgefühl der *Freude* hervorruft, das sich in unseren mannigfachen Begegnungen mit anderen beweisen und bewähren wird (Phil 4,4). Schon das Offenbarungszeugnis der Heiligen Schrift hat auf diese Weise das Anliegen der antiken Tugendethik integriert.

Es war daher nur folgerichtig, dass die theologischen Schulen in der Spätantike seit Athenagoras und Clemens von Alexandrien auch den Begriff der Tugend übernahmen, um mit dessen Hilfe eine Korrelation zwischen den Gnadengaben des Heiligen Geistes und der Ausbildung der verschiedenen Tüchtigkeiten des privaten wie des öffentlichen Lebens zu beschreiben. Namentlich Augustin erhob den Begriff der Tugend zum soteriologischen Leitbegriff, der das Wirksam-Werden der Christus-Offenbarung im Leben der Glaubenden – die Befreiung vom Hochmut der Sünde durch die in der Demut des menschgewordenen Sohnes erscheinende Liebe Gottes des Vaters – zusammenfasst. Augustin war es denn auch, der die kategoriale Eigen-Art des Höchsten Gutes – der Gemeinschaft mit Gottes ewigem Leben als der Bestimmung unserer sterblichen Existenz – und deren Differenz zum Inbegriff der Lebensgüter dieser Weltzeit erkannte (s. o. S. 321ff.) und von daher die Kardinal-Tugenden als Elemente des Lebens in der Ordnung der Liebe zu schätzen lehrte.

Augustins theologische Tugendlehre ist für das ethische Denken in der Geschichte des lateinischen Christentums deshalb wirksam geworden, weil sie die kirchliche Entscheidung seines Streits mit Pelagius über die menschliche Willensfreiheit und die göttliche Gnade bestimmte. Auf der Basis dieser Entscheidung sucht die Theologie der frühen und der hohen Scholastik die richtige Zuordnung zwischen den „theologischen" bzw. den „göttlichen" Tugenden – nämlich den durch die Erkenntnis der Liebe Gottes bewirkten Tugenden des Glaubens, der Liebe und der Hoffnung – und den Kardinal-Tugenden – der Klugheit, der Gerechtigkeit, der Tapferkeit und des Maßes – sowie den erworbenen

Tugenden zu finden. Ihre für das römisch-katholische Christentum maßgebliche Gestalt hat Thomas von Aquino im Rahmen einer sorgfältigen Rezeption der ethischen Theorie des Aristoteles formuliert – einer Rezeption freilich, die im Anschluss an Augustin den Zweifel dieses Philosophen an der Idee des transzendenten Höchsten Gutes nachdrücklich zurückweist.

Daher sieht Thomas das Gefüge der Tugenden in der Bestimmung der menschlichen Freiheit zum Höchsten Gut der Seligkeit in ewiger Gemeinschaft mit Gott selbst verankert. Im Lichte dieser Bestimmung entwickelt Thomas eine Psychologie, die die Affekte des Begehrens und des Abwehrens und insbesondere das radikale Ergriffen-Sein der Liebe als Basis jeden menschlichen Freiheitsgebrauchs positiv würdigt. Und schließlich skizziert Thomas einen Begriff des habituellen Handelns – also des Gehabens[8] und der Gewohnheit (ἔθος [*ethos*]) –, der den angenehmen, den spontanen, den zuverlässigen Charakter einer freien Realisierung des Guten verständlich machen will. Unter diesen psychologischen Prämissen bringt Thomas das Kernstück des apostolischen Kerygmas als die „Eingießung" der Gnade Gottes (vgl. bes. Röm 5,5) zur Sprache. Weil die Begegnung der Person mit der im Christus Jesus erscheinenden Liebe Gottes, wie sie sich im Gehorsam gegenüber dem kirchlichen Offenbarungszeugnis und seiner Autorität ereignet, das innere Handlungsprinzip, den Willen zum Tun des Guten konstituiert, wird die jener göttlichen Liebe antwortende menschliche Liebe zur *Mutter* aller kardinalen und aller erworbenen Tugenden. Die römisch-katholische Lehre vom Wirksam-Werden der Gnade Gottes des Schöpfers im Christus Jesus für die dem Willen Gottes entsprechende Selbstbestimmung der Person spricht sich daher aufs Deutlichste aus in dem Grundsatz: *fides caritate formata*.[9]

Eben diesen Grundsatz haben die theologischen Sprecher der Reformation als das Indiz einer völligen Verkehrung des Evangeliums vernichtend kritisiert. Sie setzen dem Begriff des habituellen Handelns und konsequenterweise der meritorischen Deutung des Glaubenslebens eine Neubesinnung auf das Verhältnis von Offenbarung und Glaube entgegen, die das tugendethische Interesse der römisch-katholischen Gnaden- und Rechtfertigungslehre zu sprengen scheint. Dennoch bleiben sie natürlich der Darstellung des apostolischen Kerygmas verpflichtet, die das unumkehrbare Grund- und Folgeverhältnis zwischen der Glaubensgerechtigkeit einerseits und dem Leben in der Liebe, in der Hoffnung, in der Geduld und in der Dankbarkeit andererseits verstehen lassen will (s. o. S. 205ff.).[10] Darüber hinaus suchen sie mit der Lehre von Gottes geistlicher und Gottes weltlicher Regierweise den inneren Zusammenhang zu wahren zwischen dem Leben mit Gott, in dem die Person in der Tiefe ihres Herzens und Gewissens ihrer ewigen Bestimmung inne wird, und der Verantwortung für die „bürgerliche Gerechtigkeit" einer Wohlordnung des Gemeinwesens, die das Böse der Sünde und der Laster durch politisch gesetztes Recht bekämpft (s. o. S. 322f.). So bietet die reformatorische Theologie durchaus

---

[8] Mit dem deutschen Begriffswort „Gehaben" übersetzt man das lateinische Begriffswort „habitus", mit dem die scholastische Theologie ihrerseits das griechische Begriffswort „ἕξις" [*hexis*] übersetzte. – Vgl. hierzu NOTGER SLENCZKA/KONRAD STOCK, Art. Habitus I. II.: RGG⁴ 3, 1365–1366.

[9] „Der durch die Liebe geformte Glaube" ist rechtfertigender Glaube. – Wir werden allerdings zugestehen, dass das kirchliche Lehramt und dessen theologische Entfaltung das Verhältnis der drei „göttlichen" oder „theologischen" Tugenden überaus sorgsam zu beschreiben trachtet.

[10] Vgl. hierzu noch einmal WILFRIED HÄRLE, Glaube und Liebe bei Martin Luther, jetzt in: DERS., Menschsein in Beziehungen. Studien zur Rechtfertigungslehre und Anthropologie, Tübingen 2005, 145–168.

einen genuinen – allerdings noch kaum erforschten und begriffenen – Ansatzpunkt zu einer theologischen Tugendlehre.

Eine solche Tugendlehre wird ihre wissenschaftliche Form gewinnen, wenn wir den Einsichten folgen, die Friedrich Schleiermacher im Rückgriff auf die Tugendethik Platons und Aristoteles' und in eingehender Kritik der Lehre von den Tugendpflichten in Kants „Metaphysik der Sitten" vorgetragen hat. In seinen Beiträgen zur ethischen Theorie ordnet Schleiermacher den Begriff der Tugend und den Kanon der Tugenden – Weisheit, Liebe, Besonnenheit, Beharrlichkeit – in das Gefüge der Güterlehre und der Pflichtenlehre ein, das er aus der Besinnung auf das Handeln-Können und Handeln-Müssen der endlichen, der leibhaften Person deduziert (s. o. S. 304ff.). In diesem Rahmen bezeichnet der Begriff der Tugend diejenige „Kraft, aus welcher die einzelnen Handlungen hervorgehen"[11] – sofern sie nämlich geleitet sind vom Wissen um jene Ordnung der Güter, die wir nur in der Wahrnehmung des pflichtgemäßen Handelns und d. h. in gemeinsamen Willensverhältnissen anzustreben in der Lage sind. Freilich ist in seinem philosophisch-theologischen Gesamtwerk die Ausführung der Tugendlehre doch Fragment geblieben; und zwar deshalb, weil es letzten Endes an der Vermittlung zwischen dem Begriff des Höchsten Gutes in der ethischen Theorie als solcher und der Darstellung des „Wollens des Reiches Gottes"[12] in der „Glaubenslehre" und in der „Sittenlehre" zu fehlen scheint.

Unser kurzgedrängter Überblick will deutlich machen, dass der Begriff der Tugend und dass die Analyse der einzelnen Tugenden – zumal im Kontrast zum Gegenbegriff des Lasters – auf eine notwendige Bedingung unseres ethischen Lebens hinweist: auf die innere, die geistig-seelische Verfassung der Akteure, ohne die es das pflichtgemäße, das verantwortungsbewusste Handeln im Interesse der Wohlordnung eines Gemeinwesens nicht geben wird. Deshalb ist es sehr zu begrüßen, dass die philosophische Theorie des Ethischen die ätzende Kritik der Tugend im Sinne Friedrich Nietzsches[13] nicht das letzte Wort sein lässt, sondern mit ganz neuem Nachdruck nach den subjektiven oder den individuellen Bedingungen fragt, unter denen ein wahrhaft erfüllendes Lebensziel tatsächlich auch erreichbar sein würde.[14] Eine theologische Theorie des Ethischen wird allerdings nicht nur gegenüber jeder Isolierung einer Tugendlehre von den großen Themen der sozialethischen Güterlehre skeptisch sein; sie wird auch – eingedenk der biblischen Erkenntnis der Tiefe der Sünde, die das Bewusstsein der Sünde auch und gerade im christlich-frommen Selbstbewusstsein verifiziert – das philosophische Vertrauen in die sittliche Selbstmacht der Person nicht teilen können. Ungeachtet des relativen Gegensatzes zwischen einer Tugendlehre im Rahmen der römisch-katholischen Moraltheologie und einer Ethik des individuellen Lebens in der Perspektive der reformatorischen Erkenntnis kommt die theologische Theorie des Ethischen doch darin überein, dass sie die individuelle sittliche Kraft eines Menschen – die Handlungs- und Verantwortungsfähigkeit in der

---

11 FRIEDRICH SCHLEIERMACHER, Ethik, 6.

12 FRIEDRICH SCHLEIERMACHER, GL^2 § 121,3 (II, 254).

13 Vgl. FRIEDRICH NIETZSCHE, Der Antichrist. Fluch auf das Christentum, in: Werke in drei Bänden, hg. von KARL SCHLECHTA, München 1977^8, 1161–1235; 1165f.: „*Nicht* Zufriedenheit, sondern mehr Macht; *nicht* Friede überhaupt, sondern Krieg; *nicht* Tugend, sondern Tüchtigkeit (Tugend im Renaissance-Stile, *virtù*, moralinfreie Tugend)."

14 Vgl. bes. ALASDAIR MACINTYRE, After Virtue (1981), dt.: Der Verlust der Tugend, Frankfurt a.M. 1987; MARTHA C. NUSSBAUM, The Fragility of Goodness: Luck and Ethics in Greek Tragedy and Philosophy, Cambridge 1986; DIES., Gerechtigkeit oder Das Gute Leben (es 1739), Frankfurt a.M. 1999. – Natürlich ist es außerordentlich zu bedauern, dass die philosophische Debatte in Sachen Tugendlehre von der theologischen Theoriegeschichte so gut wie keine Notiz nimmt.

Sphäre des privaten wie in den Subsystemen des öffentlichen Lebens – letzten Endes an Gottes Selbstvergegenwärtigung im Christus Jesus und in dessen Geist für den der Versöhnung und Befreiung bedürftigen Menschen bindet. Das sei nun in der gebotenen Kürze gezeigt.

4.3. Die kardinalen Tugenden

Eine systematische Besinnung auf die Tugenden im Sinne der je individuellen Handlungs- und Verantwortungsfähigkeit in der Sphäre des privaten wie in den Subsystemen des öffentlichen Lebens wird nach wie vor ihr Vorbild sehen dürfen in der klassischen moraltheologischen Darstellung der Summa Theologiae des Thomas von Aquino.[15] In dieser Darstellung entfaltet Thomas diejenige Korrelation zwischen den „theologischen" oder den „göttlichen" Tugenden und den „Kardinal-Tugenden" sowie den übrigen erworbenen Tugenden, die ihm insgesamt als das Wirksam-Werden der ewigen Gnade Gottes gilt, die in der Person des Christus Jesus um des Heils und der Seligkeit des Menschengeschlechts willen Mensch wird.

Nun brauchen wir an dieser Stelle die Frage nicht zu entscheiden, ob der Begriff der Tugend als solcher angemessen sei, um sowohl die Eigen-Art des Lebens mit Gott im Glauben, in der Hoffnung und in der Liebe als auch die individuellen Fähigkeiten eines verantwortungsbewussten Handelns zu charakterisieren. Zwischen der Eigen-Art des Lebens mit Gott und den individuellen Fähigkeiten eines verantwortungsbewussten Handelns besteht nach Thomas deshalb eine Korrelation, weil es in beiden Kontexten jeweils um das *bonum hominis* geht: um das erfüllende und beseligende Ziel, um das Woraufhin und Worumwillen des menschlichen In-der-Welt-Seins.

Nach der thomanischen Interpretation des Höchsten Gutes ist Gott selbst und Gott allein das Höchste Gut, weil Gott die ursprüngliche, die reine Wahrheit und nichts als die Wahrheit ist (q 1 a 1c), an der in Ewigkeit Anteil zu bekommen die Möglichkeiten des geschaffenen Person-Seins des Menschen schlechthin vollendet. Im Lichte dieses Grundgedankens entfaltet Thomas den inneren Zusammenhang von Glaube, Hoffnung und Liebe als die Einheit der Momente, in denen wir – der Autorität des kirchlichen Offenbarungszeugnisses gehorsam – von jenem Höchsten Gut tatsächlich angezogen und ergriffen sind. Dieses tatsächliche Angezogen- und Ergriffen-Sein konkretisiert sich in der Art und Weise, in der wir in der Form des *rectum iudicium* – des richtigen und sachgemäßen ethischen Urteils – alle einzelnen Entscheidungen unserer Lebensführung auf dieses Ziel hin treffen (q 2 a 3 ad 2). Auch die aus reformatorischer Perspektive notwendige und berechtigte Kritik am Autoritätsprinzip des Thomas wird nicht übersehen dürfen, dass diese Lehre die eschatische Dimension des christlich-frommen Selbstbewusstseins – die Lebensgewissheit der geduldigen und zuversichtlichen Erwartung einer Vollendung unseres Daseins jenseits des Todes und durch den Tod hindurch – radikal ernst nimmt (s. o. S. 280ff.).

Entgegen einem weit verbreiteten, leichtfertigen und bornierten Vorurteil bringt diese prinzipielle Treue zur glühenden Erwartung des jenseitigen, des ewigen Reiches Gottes

[15] THOMAS VON AQUINO, STh 2–2. Nachweise aus diesem Werk sind im Folgenden im Text notiert. – An Thomas orientierte sich vor allem auch der katholische Philosoph Josef Pieper in seinen einfühlsamen Interpretationen der Tugenden; vgl. JOSEF PIEPER, Werke. Bd. 4: Schriften zur Phil. Anthropologie und Ethik: Das Menschenbild der Tugendlehre. Hg. von BERTHOLD WALD, Hamburg 2006[2].

in Jesu eigenem Lebenszeugnis keineswegs eine Geringschätzung oder eine Vergleichgültigung der Sorge und des Kampfes um die Lebensverhältnisse in dieser Weltzeit mit sich. Das beweisen zumal die Partien, in denen Thomas die Kardinal-Tugenden der Klugheit („prudentia“: q 47–56), der Gerechtigkeit („iustitia“: q 58–122), der Tapferkeit („fortitudo“: q 123–140) und des Maßes („temperantia“: q 141–170) untersucht. Denn diese Untersuchung wird zusammengehalten vom Leitbegriff des *bonum commune* (q 47 a 10c; ad 1): des gemeinen Wohls im Sinne der vorzugswürdigen und erstrebenswerten äußeren Bedingungen, unter denen sich durch Gottes Gnade die Umkehr der Person zum *bonum hominis* in seiner Wahrheit und Klarheit ereignen wird. Auch wenn wir in der Güterlehre den Leitbegriff des gemeinen Wohls des Gemeinwesens sehr viel detaillierter fassen werden, schließen wir uns im Folgenden doch der thomanischen Grundeinsicht an: die kardinalen Tugenden entstehen und bestehen im Charakter eines Menschen dadurch und nur dadurch, dass ihm eine inhaltliche Überzeugung hinsichtlich des *bonum commune* zu eigen wird.

Diese inhaltliche Überzeugung hinsichtlich des *bonum commune* versteht sich allerdings nicht von selbst. Lebens- und entwicklungsgeschichtlich muss sie in der Auseinandersetzung mit jenen destruktiven Neigungen und Haltungen errungen werden, die wir unter den Begriff der Laster als einer spezifischen Erscheinung der Sünde subsumieren (s. o. S. 157ff.). Klugheit und Gerechtigkeit, Tapferkeit und Maß zeichnen deshalb die Handlungsweise eines Menschen aus, der das eigene Lebensinteresse – anstatt es bis zur Gewaltanwendung auszuleben – in den Gemeinschaften des privaten Lebens wie in den Anerkennungsverhältnissen des öffentlichen Lebens sucht und findet. Einheit und Verschiedenheit der kardinalen Tugenden lassen sich aus diesem ihrem Gegensatz gegen die destruktiven Neigungen und Haltungen der Person erkennen, die jede denkbare Gestalt des *bonum commune* gefährden. Wie den „theologischen“ oder den „göttlichen“ Tugenden die Gewissheit der Gnade Gottes des Schöpfers und seines zielstrebigen Wollens zugrunde liegt, so ergeben sich die kardinalen Tugenden in ihrer zuverlässig erwartbaren, habituellen Seinsweise aus dem Wohlwollen, das uns mit anderen hinsichtlich der Gestaltung der irdischen Lebensverhältnisse verbindet (q 47 a 1 ad 1).

4.3.1. Klugheit

Die Fähigkeit zu verantwortungsbewusstem Handeln in der Gestaltung der irdischen Lebensverhältnisse zeigt sich zuvörderst in der Tugend der *Klugheit*. Mit diesem Begriffswort charakterisieren wir die Handlungsweise eines Menschen, der die wahrscheinlichen oder die vorhersehbaren Folgen einer gegenwärtigen Entscheidung für zukünftige Entscheidungssituationen abzuschätzen vermag. Die Klugheit bedarf also eines praktischen Wissens hinsichtlich der erstrebenswerten, der vorzugswürdigen Gestalt der zukünftigen Entscheidungssituationen. Nach den Grundsätzen der Theologischen Ethik hat dieses praktische Wissen die Autonomie der Person – die notwendigen Bedingungen, unter denen sich die Fähigkeit zur Selbstverantwortung vor Gott ereignet – zum zentralen Inhalt (s. o. S. 330f.).

Nun liegen die wahrscheinlichen oder die vorhersehbaren Folgen einer gegenwärtigen Entscheidung für zukünftige Entscheidungssituationen selten klar und eindeutig zu Tage. Deshalb beweist sich und bewährt sich die Klugheit in den Situationen der Beratung, die ein unverzichtbarer Bestandteil rationaler gegenwärtiger Entscheidungssituationen sind. In den Situationen der Beratung kann und wird sich die Klugheit beweisen und bewähren, indem sie auch und gerade unter dem Zeitdruck einer jetzt geforderten Entscheidung jenes praktische Wissen hinsichtlich der erstrebenswerten, der vorzugswürdigen Gestalt zukünftiger Entscheidungssituationen zur Geltung bringt. Indem die Klugheit in die Situationen der Beratung eben das Verhältnis zwischen diesem praktischen Wissen und den wahrscheinlichen oder den vorhersehbaren Folgen einer gegenwärtigen Entscheidung einbringt, sorgt sie für die Handlungs- und Verantwortungsfähigkeit der Person auch angesichts des Dunkels jeder Zukunft. Sie wehrt damit nicht zuletzt auch jene Illusionen der politischen Willensbildung ab, die sich sämtlich aus dem Irrtum speisen, dieses Dunkel jeder Zukunft sei von endlichen Subjekten beherrschbar.

4.3.2. Gerechtigkeit

Die Fähigkeit zu verantwortungbewusstem Handeln in der Gestaltung der irdischen Lebensverhältnisse zeigt sich – zweitens – in der Tugend der *Gerechtigkeit.*[16] Mit diesem Begriffswort charakterisieren wir die Handlungsweise eines Menschen, dessen Wollen auf die Achtung, die Bewahrung und die Entwicklung des Rechts gerichtet ist. Wir lassen uns zu dieser Definition von der thomanischen Darstellung inspirieren, die der Analyse der Gerechtigkeit eine kurzgefasste Rechtslehre vorausschickt und in ihrem Rahmen die Momente des Naturrechts, des positiven Rechts und des Völkerrechts unterscheidet (q 47). Deshalb ist es nicht verkehrt, die Gerechtigkeit vornehmlich an der Handlungsweise derer festzumachen, die in repräsentativer Funktion Recht zu setzen und Recht zu sprechen haben; denn es ist nach Ulpians klassischer Definition das Wesensmerkmal der gerechten Handlungsweise, einem jeglichen sein Recht – *ius suum unicuique* – zuzuteilen (q 58 a 1c). Die gerechte Handlungsweise zeigt sich und bewährt sich also darin, dass sie den Andern jeweils als Subjekt, als Träger und als Adressaten von Rechten achtet.

Wenn nun Thomas die Gerechtigkeit auf das Gefüge von Naturrecht, positivem Recht und Völkerrecht bezieht, so legt er sie damit gerade nicht auf ein Verständnis des Rechts im Sinne des Rechtspositivismus fest (s. u. S. 430). Vielmehr zeigt sich und bewährt sich die Gerechtigkeit in den Initiativen zur Fortbildung und der Entwicklung des Rechts: einer Fortbildung und Entwicklung, die wiederum geleitet ist vom praktischen Wissen hinsichtlich der erstrebenswerten und vorzugswürdigen Gestalt von Entscheidungssituationen (s. u. S. 447f.). In diesen Initiativen wird die Gerechtigkeit ihre kritische Kraft letzten Endes auch darin demonstrieren, dass sie den Tendenzen der Vermachtung in der Rechtspflege und den Einflussnahmen der Verbände und der Lobbies auf die Fortbildung und Entwicklung des Rechts der Gesellschaft wirksam Widerstand leistet.

Aber wir können die Gerechtigkeit natürlich nicht beschränken auf die Fähigkeit zu verantwortungsbewusstem Handeln in den repräsentativen Funktionen des politisch gesetzten Rechts. Das politisch gesetzte Recht kann ja seine Wirkungskraft nur entfalten, soweit und sofern die Mitglieder einer Gesellschaft überhaupt gesonnen und geneigt sind, einander in den lebensweltlichen Verhältnissen der Familie, der Ehe, der Liebe und der Elternschaft und darüber hinaus in den Strukturen des öffentlichen Lebens zu respektieren. Dieser Respekt gilt letzten Endes der Menschenwürde der Person von ihrem innerweltlichen Lebensbeginn an bis zu ihrem innerweltlichen Lebensende (s. u. S. 429f.). Dieser Respekt ist der Person als dem durch Freiheit ausgezeichneten und zur Verantwortung der Freiheit vor Gott bestimmten Lebewesen *geschuldet* (q 122 a 6c). Verstehen

---

[16] Vgl. hierzu bes. WILFRIED HÄRLE, ‚Suum cuique' – Gerechtigkeit als sozialethischer und theologischer Grundbegriff, jetzt in: DERS., Christlicher Glaube in unserer Lebenswelt. Studien zur Ekklesiologie und Ethik, Leipzig 2007, 282–293.

wir die Gerechtigkeit in diesem allgemeinen, weiten und grundsätzlichen Sinne, so wird auch deutlich, dass die Gerechtigkeit, die die Wahrnehmung einer repräsentativen Funktion regiert und qualifiziert, ihre schlechterdings notwendige Basis hat im Willen der Leute, gerecht zu sein.[17]

4.3.3. Tapferkeit

Die Fähigkeit zu verantwortungsbewusstem Handeln in der Gestaltung der irdischen Lebensverhältnisse zeigt sich – drittens – in der Tugend der *Tapferkeit.*[18] Mit diesem Begriffswort charakterisieren wir die Handlungsweise eines Menschen, der gegen alle die Hindernisse ankämpft, die die Handlungs- und Verantwortungsfähigkeit der Person jetzt und in der wahrscheinlichen oder vorhersehbaren Zukunft minimieren (vgl. q 123 a 1c). Wir wollen also die Tapferkeit nicht beschränken auf das Engagement in außerordentlichen Situationen – etwa in Situationen des bewaffneten Konflikts, des Einsatzes im Dienst der Polizei und der Feuerwehr oder in der Lebensrettung. Ebenso wenig wollen wir die Tapferkeit beschränken auf die Teilnahme an Bewegungen des Widerstands gegen Regime der Gewaltherrschaft, der Verfolgung und der Staatsverbrechen. Vielmehr zeigt sich und bewährt sich die Tapferkeit auch und gerade dann, wenn es darum geht, die Sphäre der religiösen Kommunikation über den Sinn und über die Bestimmung des menschlichen Lebens gegen die Trends der ökonomischen, der politischen und der wissenschaftlich-technischen Gleichschaltung zu verteidigen und in ihrer unveräußerlichen Leistungskraft zu erhalten. Denn in dieser Sphäre – in der Sphäre der geistlichen Regierweise Gottes – und nur in ihr bildet sich im Zusammenspiel von „äußerem Wort" und „innerem Wort", von „äußerer Klarheit" und „innerer Klarheit" des biblischen Offenbarungszeugnisses jene Gemeinschaft mit Gott selbst, die sich in der Handlungs- und Verantwortungsfähigkeit der Person für die Wohlordnung des Gemeinwesens konkretisiert.

4.3.4. Maß

Die Fähigkeit zu verantwortungsbewusstem Handeln in der Gestaltung der irdischen Lebensverhältnisse zeigt sich endlich – viertens – in der Tugend des *Maßes* oder der *Besonnenheit.* Mit dem Begriffswort „Maß" oder „Besonnenheit" charakterisieren wir die Handlungsweise eines Menschen, der der naturalen, der technischen und der geschichtlich-kulturellen Grenzen menschlicher Handlungsfähigkeit eingedenk bleibt und das verantwortungsbewusste Handeln in diesen Grenzen und nicht etwa über sie hinaus befördert.

Die klassische Tradition der Tugendlehre hatte das Maß oder die Besonnenheit vor allem als die Fähigkeit beschrieben, dem sinnlichen Antriebserleben und den destruktiven Leidenschaften Zügel anzulegen, weswegen Thomas im Zusammenhang der Analyse des Maßes oder der Besonnenheit auch auf das Fasten (q 147), auf die Esslust (q 148), auf Nüchternheit und Trunkenheit (q 149; q 150) und auf die sexuelle Libido (q 151–q 153) zu sprechen kommt.

---

17 Auf diese Zusammenhänge achtet EILERT HERMS, Die „Theologische Schule". Ihre Bedeutung für die Selbstgestaltung des evangelischen Christentums und seine sozialethische Praxis, jetzt in: DERS., Erfahrbare Kirche. Beiträge zur Ekklesiologie, Tübingen 1990, 157–189.

18 Vgl. hierzu bes. PAUL TILLICH, Der Mut zum Sein (am. 1952), dt. Stuttgart 1953, 7–27: Sein und Mut; KARL ALFRED BÜHLER, Art. Tapferkeit: HWP 10, 894–901.

Nun ist es gewiss nicht verkehrt, unter dem Gesichtspunkt des Maßes und der Besonnenheit das verantwortungsbewusste Handeln der Person im Verhältnis zu ihrem ureigenen leibhaften Leben einzuschärfen – zumal die Lebensverhältnisse in den Gesellschaften der euro-amerikanischen Moderne die selbstverantwortliche Sorge um die Erhaltung der Gesundheit dringlich machen und zumal hier die Suchtkrankheiten und die Abhängigkeiten von Drogen jeglicher Art rasant im Steigen begriffen sind.[19] Insofern hat das Maß oder die Besonnenheit bereits nach dieser ihrer klassischen Analyse die unersetzliche therapeutische Funktion, den Gefahren der geistig-seelischen Selbstaufgabe und des sozialen Beziehungsverlusts zu wehren und so der Fähigkeit zu verantwortungsbewusstem Handeln zu dienen.

Jedoch: wir wollen das Maß oder die Besonnenheit nicht auf die wohlverstandene therapeutische Funktion im Selbstverhältnis der Person beschränken. Denn in der öffentlichen Meinung der euro-amerikanischen Gesellschaften dominieren Erwartungen an ökonomische Entwicklungen, an technische Errungenschaften, an sportliche Siege und an rechtlich-politische Gestaltungsmöglichkeiten, die jedes Maß verlieren (vgl. Gen 11,1-4). Sie verlieren deshalb jedes Maß, weil sie das Todesbewusstsein nicht wahrhaben wollen, das mit unserer Zeiterfahrung untrennbar verbunden ist; und weil sie sich von solchen Lebensgütern – und von ihren Symbolen in den öffentlichen Räumen: etwa dem Eiffel-Turm zu Paris, der anlässlich der Weltausstellung im Jahre 1889 den Triumph moderner Technik und Ingenieurs-Kunst demonstrieren sollte – restlose Erfüllung versprechen, die nicht das Höchste Gut in seiner Wahrheit und Klarheit sind. Indem das Maß bzw. die Besonnenheit zumal in den verschiedenen Organisationen des öffentlichen Lebens die Grenzen menschlicher Handlungsfähigkeit bewusst macht, sorgt sie für Nüchternheit im übertragenen Sinne des Begriffs.

4.4. Fazit

In der begriffenen Selbsterfahrung wird uns deutlich, dass das Streben nach den Lebensgütern und nach der Wohlordnung aller irdischen Lebensverhältnisse nachhaltig und entscheidend bedingt ist durch die individuelle Eigen-Art der handelnden Subjekte. Aus diesem Grunde hat die systematische Entfaltung der Theologischen Ethik das größte Interesse daran, die individuelle Eigen-Art der handelnden Subjekte zu verstehen und die möglichen Methoden zu erkunden, sie zu leiten, zu prägen und zu bilden. Also schließt die Theologische Ethik notwendigerweise einen Gedankengang ein, der den Charakter oder das Temperament der individuellen Person und damit die Ethik des individuellen Lebens zum Thema hat. Ohne individualethische Erkenntnis ist und bleibt die Theologische Ethik – das beweist der ethische Diskurs jedenfalls im deutschsprachigen Protestantismus und das beweist der Stand der Ethik in ihrer wissenschaftlichen Form – abstrakt.

Wir haben uns für die Besinnung auf die individuelle Eigen-Art der handelnden Subjekte am Phänomen der Tugenden und an der Theorietradition der philosophischen und theologischen Tugendlehre orientiert. Um angesichts der desolaten Lage auf dem Gebiet der individualethischen Erkenntnis überhaupt einen Zugang zum Verständnis dieses Themas zu bahnen, haben wir zuallererst exemplarisch nachgewiesen, dass die Eigenschaften der geistig-seelischen Natur eines Menschen allerdings die Handlungsweisen in der Wahrnehmung der verschiedenen Pflichten gründlich prägen und bestimmen (4.1.).

---

[19] Vgl. hierzu JOSEF N. NEUMANN, Art. Gesundheit I.–II.: RGG^4 3, 876–878; DERS., Art. Sucht: RGG^4 7, 1827–1830.

Im Lichte dieses Nachweises haben wir uns dann in einer kurzen Skizze der Theorietradition der Tugendlehre zugewandt. Wir haben insbesondere die Korrelation auf uns wirken lassen, die schon die christliche Theologie der Spätantike zwischen den „theologischen" oder den „göttlichen" Tugenden – den Gnadengaben der Gemeinschaft mit Gott selbst im Glauben, in der Hoffnung und in der Liebe – und den kardinalen Tugenden entdeckt. Zwar teilen wir den reformatorischen Protest gegen den univoken Gebrauch des Tugendbegriffs in der römisch-katholischen Moraltheologie, wie sie Thomas von Aquino klassisch begründet hat; aber wir nehmen dennoch an, dass auf dem Boden der reformatorischen Lehre von der Gerechtigkeit des Glaubens eine individualethisch konzipierte Tugendlehre möglich und notwendig ist (4.2.).

Für die Skizze dieser Tugendlehre ließen wir uns anregen von der thomanischen Analyse der kardinalen Tugenden der Klugheit, der Gerechtigkeit, der Tapferkeit und schließlich des Maßes oder der Besonnenheit. Und zwar deshalb, weil Thomas diese relativ freien, freudigen, leichten und spontanen Handlungsweisen konsequent auf das Ideal des *bonum commune* – der Wohlordnung des Gemeinwesens – ausrichtet: auf das Ideal, das jedenfalls zu den notwendigen Bedingungen gehört, unter denen wir Menschen alle des *bonum hominis* – des Höchsten Gutes der Gemeinschaft mit Gott selbst – teilhaftig werden. Wir haben daher diese Tugenden als die verschiedenen Formen interpretiert, in denen sich die Fähigkeit zu verantwortungsbewusstem Handeln in der ethischen Erkenntnis und in der ethischen Entscheidung einer Einzelsituation darstellt (4.3.). Daraus erhellt auch die wesentliche Zwischenstellung der Tugendlehre zwischen der Lehre vom pflichtgemäßen Handeln und der Lehre von den Gütern des privaten wie des öffentlichen Lebens.

Im Ganzen einer ausgeführten Theologischen Ethik wird natürlich auch das kritische Gespräch mit den verschiedenen Typen der antiken Tugendethik und mit ihren aktuellen Fortschreibungen zu führen sein. In diesem kritischen Gespräch wird die Theologische Ethik *en détail* zu zeigen haben, dass die Tugenden als Formen des verantwortungsbewussten Handelns weder verwaltet noch verordnet noch erzwungen werden können. Sie verdanken sich – im Lichte der christlichen Anschauung des Lebens und der Wirklichkeit gesehen – weder der politisch-moralischen *correctness* noch der freien sittlichen Selbstmacht; sie verdanken sich vielmehr der Anziehungskraft, die das Ideal der Wohlordnung des Gemeinwesens im Horizont der Frage nach dem Höchsten Gut des Menschen ausübt. Ihre Genese und ihre Dauer steht im Zusammenhang der geistig-seelischen Bildungsprozesse, zu denen die religiöse Kommunikation des Evangeliums in den Institutionen der kirchlich verfassten Glaubensgemeinschaft ihren unverwechselbaren Beitrag leistet.

§ 5 Das Wirklich-Werden des Guten. Theologische Ethik als Güterlehre

Die Theologische Ethik hat ihren Schwerpunkt und ihr Schwergewicht in ihrer Güterlehre. Sie stützt sich auf die Einsichten der ethischen Kategorienlehre, die die Momente des pflichtgemäßen Handelns und der Gesinnung – bzw. der Tugend – dem Begriff des Guten und der Güter zuordnet; und sie untersucht im Lichte dieser Kategorienlehre jenen Gemeingeist der christlichen Glaubensgemeinschaft, der die Lebensführung ihrer Mitglieder in Hinsicht auf das Wirklich-Werden des Guten im Alltag der sozialen, geschichtlichen Welt orientiert. So dient sie angesichts der enormen moralischen Herausforderungen der Gegenwart der internen Verständigung der Kirche; und so ermutigt sie die Mitglieder der Glaubensgemeinschaft, für die christliche Sicht des Lebens und der Wirklichkeit auch in den moralischen Diskursen der gesellschaftlichen Öffentlichkeit zu werben.

Die Theologische Ethik, die die Ethosgestalt des christlichen Glaubens in ihrer jeweiligen sozio-kulturellen Umwelt zum Gegenstande hat, orientiert sich an den Einsichten der theologischen Lehre vom Menschen: an der Einsicht in die Mehrdimensionalität des menschlichen Lebens im Selbstverhältnis, im Weltverhältnis und im Ursprungsverhältnis der Person; und an der Einsicht in die Bestimmung des Mensch-Seins, an der Realisierung des Heilswillens Gottes des Schöpfers im Christus Jesus teilzuhaben. Wie die Theologische Ethik die Ethosgestalt des christlichen Glaubens in ihrer jeweiligen sozio-kulturellen Umwelt zum Gegenstande hat, so unterscheidet sie sich auch in ihrer ethischen Urteilsbildung von anderweitigen Moral- und Lebenslehren, die insbesondere an der Einsicht in das Ursprungsverhältnis der Person verachtend vorübergehen und die infolgedessen auch eine defizitäre Bestimmung des Mensch-Seins verbreiten. Die Theologische Ethik will – zugespitzt gesagt – zeigen, dass der christliche Glaube – die Gewissheit der Wahrheit des Evangeliums und die aus dieser Gewissheit geborene Liebe und Hoffnung, die uns in die Glaubensgemeinschaft der Kirche führt – ein genuines Potential für das Verstehen der moralischen Konfliktlagen und für die verantwortliche Suche nach den richtigen Entscheidungen besitzt, wie sie in dieser Weltzeit unabweisbar und unvermeidlich sind.

5.1. Das Ethos des Glaubens in der Familie, der Liebe, der Ehe und der Erziehung

Wir Menschen alle leben ein Leben, das uns schlechthin gegeben und eben damit auferlegt ist (s. o. S. 142f.).[1] Aus der Verschmelzung einer männlichen Samenzelle und einer weiblichen Eizelle – ob nun in utero oder in vitro – entstehend und mit der Geburt in den

---

[1] Zu den ethischen Problemen des Lebensbeginns, auf die ich in diesem „Grundriss“ ebenso wenig eingehen kann wie auf die ethischen Probleme angesichts des Endes des irdischen Lebens in dieser Weltzeit, vgl. bes. MARTIN HONECKER, Grundriß der Sozialethik, Berlin/New York 1995, 92–119; 120–133.

Lebenszusammenhang einer Familie und ihrer Geschichte und ihres Geschicks hineingeworfen, ist es uns zugemutet, das Gut des uns von Gott dem Schöpfer gegebenen Lebens in einem langen Wachstums-, Entwicklungs-, Reifungs- und Bildungsprozess auf das von Gott dem Schöpfer vorgesehene Ziel einer ewigen Bestimmung hin zu erhalten, zu verteidigen und in den mannigfachen Aufgaben, Pflichten und Konflikten der sozialen, geschichtlichen Welt zu vervollkommnen. Es ist uns zugemutet, diese ewige Bestimmung als das Höchste Gut dieser unserer irdischen Existenz zu verstehen und unsere bewusste und verantwortliche Lebensführung in allen ihren Phasen im Lichte dieser Lebensgewissheit zu gestalten.

Nun gilt uns diese Zumutung als geschlechtsbestimmten Naturwesen, die doch von allem Anfang an angewiesen sind auf die Güter der personalen Beziehungen und der Wohlordnung des Gemeinwesens: auf die liebevolle Freude unserer Mutter und unseres Vaters an unserem schieren kostbaren Dasein; auf das Hineinwachsen in die Sitte einer Familie und in die Gemeinschaft einer Sprache; und schließlich auf das gute Werk der Erziehung, das uns die selbsttätige und selbstverantwortliche Teilhabe an der Kultur einer Gesellschaft und an der Wahrheitsgemeinschaft des Glaubens und seiner Lebensgewissheit erschließt. Eben als geschlechtsbestimmte Naturwesen sind wir „zu der herrlichen Freiheit der Kinder Gottes" (Röm 8,21) geboren, die alle uns erfahrbare Natur und Kultur transzendiert und der alle uns erfahrbare Natur und Kultur zu dienen bestimmt ist (s. o. S. 318ff.).

Es ist nach reformatorischer Erkenntnis Sinn und Bestimmung des Lebens der Familie und der Ehe, dem neugeborenen Menschen in den prägenden Lebensphasen der Kindheit und der Jugend alle Förderung zuteil werden zu lassen, die ihn den Weg des Lebens in freier Selbstverantwortung vor Gott – eben in der sittlichen Autonomie des zur Freiheit geborenen Naturwesens – gehen lässt. Diese Erkenntnis gilt es in einer Epoche der sozialen Evolution zu bewähren, in der das Leben der Familie und der Ehe – und damit allerdings auch der Reifungs- und Bildungsprozess des Kindes und des jungen Menschen überhaupt – erheblichen Spannungen und nie gekannten Krisen ausgesetzt ist. Zu den Faktoren dieser Spannungen und dieser Krisen zählt nicht zuletzt die mentalitätsgeschichtlich hochbedeutsame Entdeckung der personalen Liebe, die im Bewusstsein der Epoche ein überaus zerbrechliches Verhältnis von Liebe und Ehe begründet. Den kirchlich verfassten Glaubensgemeinschaften und der Theologischen Ethik ist es daher aufgegeben, ihre Zeitgenossenschaft durch eine radikale Besinnung auf das Verhältnis von Familie, Liebe und Ehe unter Beweis zu stellen. Zu einer solchen radikalen Besinnung, aus der sich dann die mannigfachen einzelnen Entscheidungen ergeben werden – etwa die Entscheidungen in den ethischen Problemen der Familienplanung, des Abbruchs einer Schwangerschaft, der Trennung oder der Scheidung einer Ehe, der homosexuellen Liebe und der homosexuellen Lebenspartnerschaft und nicht zuletzt des Sorgerechts – wollen die folgenden Gedanken anleiten.

Wir suchen daher zuerst eine Antwort auf die Frage, wie wir das Verhältnis zwischen der vorpolitischen Institution der Familie und der politisch verfassten Ordnung einer Gesellschaft bestimmen können, damit die sittliche Autonomie der Person auch in der sachgemäßen Wahrnehmung ihrer sozialen Funktionen möglich werde (5.1.1.). Wir setzen unsere Darstellung fort mit einer Beschreibung des Phänomens der personalen Liebe, die das Verhältnis von Sexus und Eros erschließen möchte, so wie es sich der Anschauung des Lebens und der Wirklichkeit in der Perspektive des Glaubens zeigt (5.1.2.). Im Lichte dieser Beschreibung werden wir sodann das Rechtsinstitut der Ehe würdigen (5.1.3.) und das gute Werk der Erziehung als Thema der ethischen Reflexion erörtern (5.1.4.). Insgesamt muss es das Anliegen der Theologischen Ethik sein, die

Schlüsselfunktion des Bildungsprozesses in der privaten Sphäre der Familie und der Ehe für die Selbstverantwortung der Person für die Wohlordnung der Gesellschaft *vor Gott* nachdrücklich zu Bewusstsein zu bringen (5.1.5.).

5.1.1. Die Familie[2]

Mit Hans-Günter Krüsselberg wollen wir die Familie definieren als „jene spezifische Rechts-, Wirtschafts- und Lebensgemeinschaft, deren Leistungen und Verhaltensregeln ausgerichtet sind auf die Sicherung der Handlungs- und Überlebensfähigkeit von Kindern und für sie verantwortliche(n) Eltern …“.[3] Diese Definition entspricht der geschichtlichen Erfahrung, dass die Familie auch in den Gesellschaften der euro-amerikanischen Moderne, in denen sich der Prozess der Differenzierung der sozialen Subsysteme vollzieht, nach wie vor ihre genuine und unveräußerliche Funktion besitzt. Sie mag hier ihre traditionale Funktion als ökonomische, als politische, als bildende wie als kultisch-religiöse Gemeinschaft weitgehend an die Organisationen der sozialen Subsysteme abgegeben haben; und sie mag aus diesem Grunde – eben als die „Gattenfamilie“ oder als die „Kernfamilie“ oder als die „Kleinfamilie“ der Moderne – besonderen Spannungen und Schwierigkeiten ausgesetzt sein: dennoch muss und wird sie ihren Bestand gegenüber der Gesellschaft als ganzer behaupten. Wegen der *Geburtlichkeit* der Person (Hannah Arendt) ist das Leben der Familie – übrigens auch im Falle der Adoption – noch immer der natürliche Ort, an dem das individuelle Leben der Person und ihre Entwicklung und Reifung seinen Anfang nimmt. Im Lebenszusammenhang der Familie wächst das Kind[4] in die Sprache, in die Sitte und in das Alltagswissen einer Kultur hinein; und in ihrem Haushalt erlangt es bis zu seiner beruflichen und ökonomischen Eigenständigkeit die Fürsorge und die Obhut, unter der seine Bedürfnisse befriedigt werden können. Umgekehrt bietet das Leben der Familie dem Kind die Chance, Solidarität mit der Verwandtschaft und insbesondere mit der älteren Generation zu üben und in den Formen einer *oral history* an ihrer erlebten und erlittenen Geschichte teilzunehmen. Nicht zuletzt ist es die Familie, die die Pflegebedürftigkeit, die Krankheit, das Leiden und das Sterben ihrer Mitglieder trägt und erträgt. Sie ist eine Gemeinschaft sui generis in der Feier der Feste wie in der Trauer; und eben als diese Gemeinschaft tritt sie bei den religiösen Begehungen – auch und gerade bei den religiösen Begehungen in der Kommunikation des Evangeliums – in Erscheinung. Daran knüpft übrigens die Konzeption des Familiengottesdienstes sinnvollerweise an.[5]

---

2 Vgl. zum Folgenden bes.: HCE Bd. 2, Freiburg/Basel/Wien – Gütersloh 1978, Zweiter Teil: Ehe und Familie (117–209); SIEGFRIED KEIL, Art. Familie: TRE 11, 1–23 (Lit.!); DIETER BECKER/ERHARD S. GERSTENBERGER/CAROLYN OSIEK/BIRGIT KLEIN/WERNER HEUN/ANDREAS GESTRICH/BERND WANNENWETSCH/DON S. BROWNING/CHRISTIAN GRETHLEIN/RAINER LACHMANN, Art. Familie I.–X.: RGG[4] 3, 16–26; HEINHARD STEIGER, Verfassungsgarantie und sozialer Wandel – Das Beispiel von Ehe und Familie: VVDStRL 45, 55–93; FRANZ-XAVER KAUFMANN, Zukunft der Familie im vereinten Deutschland, München 1995; HANS-GÜNTER KRÜSSELBERG, Ethik, Vermögen und Familie, Stuttgart 1997; ROSEMARIE NAVE-HERTZ (Hg.), Kontinuität und Wandel der Familie in Deutschland. Eine zeitgeschichtliche Analyse, Stuttgart 2002.

3 HANS-GÜNTER KRÜSSELBERG, Art. Familie: ESL (NA 2001), 468–473; 468f.

4 Vgl. bes. REINALD EICHHOLZ, Art. Kinder: ESL (NA 2001), 824–831.

5 Vgl. hierzu GEORG KUGLER, Familiengottesdienst, Gütersloh 1971; DERS./HERBERT LINDNER, Neue Familiengottesdienste Bd. II, Gütersloh 1973; Bd. III, Gütersloh 1979; Bd. IV, Gütersloh 1980.

Mit alledem erbringt die Familie für die Kultur einer Gesellschaft eine Leistung, die schlechterdings nicht zu ersetzen ist. Die familienwissenschaftliche Terminologie hat für diese Leistung den Begriff der Bildung des *Humanvermögens* gefunden.[6] Wegen dieser Leistung kommt der sozialen Institution der Familie insgesamt ein vorpolitischer Charakter zu. Weil die Subsysteme der modernen Gesellschaft auf diese Leistung schlechterdings angewiesen sind, haben sie den vorpolitischen Charakter der Familie zu respektieren und nicht etwa zu nivellieren oder gar gleichzuschalten. Daher schärft die Güterlehre der Theologischen Ethik die Unterscheidung von Familie und Gesellschaft – durchaus in Entsprechung zur römisch-katholischen Soziallehre und Moraltheologie[7] – nachdrücklich ein. Sie beschreibt das Ethos der Person in der Glaubensgemeinschaft der Kirche als ein solches, das zu allererst das Dasein der Familie und ihre Leistung zu schützen, zu fördern und zu entwickeln trachtet und das sich ihrer mannigfachen inneren Konflikte annimmt, wie sie inzwischen Gegenstand der systemischen Schulen in der Familientherapie und Thema der Familienberatung geworden sind.[8] Indem die Güterlehre der Theologischen Ethik – im Anschluss an die sozialtheoretischen Einsichten Friedrich Schleiermachers[9] – auf den Zusammenhang zwischen der Geburtlichkeit und der Familiarität der Person aufmerksam macht, bringt sie ein Thema zur Sprache, vor dem die diensthabenden Moral- und Sozialphilosophien – jedenfalls die nach Georg Friedrich Wilhelm Hegel[10] – die Augen fest geschlossen halten.

Wo immer die politische Sphäre der Gesellschaft ihre Rechtsordnung kraft ihrer Verfassung an den Grund- und Menschenrechten orientiert (s. u. S. 430), gibt sie der Existenz der Familie aus gutem Grunde eine Garantie, ebenso wie sie die Ehe unter den Schutz der Verfassung und des Staates stellt.[11] Mit dieser Garantie erkennt sie die Familie als jene soziale Institution an, die sich selbst gestaltet und entwickelt. Aus dieser Anerkennung ergibt sich das Verbot, das selbstverantwortliche Leben der Familie – in der Vielfalt der modernen Familienformen – zu beeinträchtigen, ebenso wie das Gebot, es auf dem Wege der Gesetzgebung und der Verwaltung in dieser seiner vorpolitischen Funktion zu erhalten und fördern.

---

[6] Vgl. z. B. BUNDESMINISTERIUM FÜR FAMILIE, SENIOREN, FRAUEN UND JUGEND (Hg.), Fünfter Familienbericht, Familien und Familienpolitik im geeinten Deutschland – Zukunft des Humanvermögens, Bonn 1994. – Diesen Begriff hat vor allem entfaltet HANS-GÜNTER KRÜSSELBERG, Humanvermögen. Ein Blick auf die Quelle des gesellschaftlichen Wohlstandes (Oldenburger Universitätsreden 174), Oldenburg 2007.

[7] Vgl. JOHANNES PAUL II., Enzyklika „Familiaris Consortio" (AAS 74, 1982, 81–191).

[8] Vgl. hierzu bes. HORST-EBERHARD RICHTER, Patient Familie, Reinbek b. Hamburg 1970; MICHAEL WIRSCHING/HELM STIERLIN, Krankheit und Familie. Konzepte – Forschungsergebnisse – Therapie, Stuttgart 1982; HELM STIERLIN, Von der Psychoanalyse zur Familientherapie (dtv 15097), München 1992 (Lit.!). – Zur Familienberatung in evangelischer und römisch-katholischer Trägerschaft vgl. die Hinweise bei SIEGFRIED KEIL, Art. Familie (wie Anm. 2), 16–18.

[9] Vgl. FRIEDRICH SCHLEIERMACHER, Ethik, 81–93: Von den Geschlechtern und der Familie.

[10] Vgl. GEORG FRIEDRICH WILHELM HEGEL, Grundlinien der Philosophie des Rechts, hg. von JOHANNES HOFMEISTER (PhB 124a), Hamburg 1955, §§ 158–181. – Freilich knüpft Hegels Philosophie des Rechts an die antike Unterscheidung von Oikos und Polis an und überlässt damit dem Staat die Sorge für die substantielle Sittlichkeit, ohne den genuinen Ort der Bildung zur Sittlichkeit in der religiös-weltanschaulichen Kommunikation zu beachten. Insofern ist auch Hegels These vom „Übergang der Familie in die bürgerliche Gesellschaft" (§ 181) entschieden zu widersprechen.

[11] Vgl. Art. 6 GG (sowie Art. 16 der Allgemeinen Erklärung der Menschenrechte; Art. 12 der Europäischen Menschenrechtskonvention); vgl. hierzu bes. WERNER HEUN, Art. Familie V. Juristisch (wie Anm. 2), 18–19.

Freilich erkennen wir erst langsam das ganze Ausmaß der Aufgaben, die sich für die politische Sphäre der Gesellschaft aus dieser Anerkennung ergeben.[12] Im Bewusstsein der Tatsache, dass die Familie in der Vielfalt der modernen Familienformen – und nur sie! – ihrer jeweiligen Gesellschaft die Chance der Bildung ihres Humanvermögens gewährt, werden jedenfalls die Mitglieder der Glaubensgemeinschaft der Kirche in ihren verschiedenen Funktionspositionen – und zumal in ihren politischen Funktionspositionen – auf einen umfassenden Familienlastenausgleich hinwirken. Ein solcher Familienlastenausgleich ist ein programmatisches Projekt, das für das politische Wollen und Planen weitreichende Konsequenzen haben muss und haben wird.[13] Auch die politischen Initiativen, die die Volksparteien der Bundesrepublik Deutschland um der gleichen und gerechten Bildungschancen aller Bürger willen planen, verdienen im Zusammenhang mit diesem Projekt die engagierte Unterstützung und Beteiligung all derer, die in der Glaubensgemeinschaft der Kirche verbunden sind. Freilich wird man davor warnen müssen, dass diese politischen Initiativen ihren subsidiären Charakter zugunsten der Familie vergessen und unter der Hand die unersetzliche vorpolitische Funktion der Familie selbst auf dem Wege der Verwaltung verstaatlichen: also zum Gegenstand der politischen Willensbildung und des Rechtssetzungsrechts einer Mehrheit auf Zeit machen.

Wenn dies schon im Innenverhältnis der Gesellschaft gilt, so gilt es erst recht für alle die Ziele, die wir unter dem Leitbegriff der *Nachhaltigen Entwicklung* im Verhältnis zwischen den Gesellschaften verfolgen wollen. Sowohl die Entwicklungspolitik des Staates als auch die vielfältigen Entwicklungsinitiativen der kirchlichen wie der privaten Hilfs-Organisationen haben am Dasein der Familie in ihrer unersetzlichen Funktion für die Gesellschaft anzusetzen. Die Theologische Ethik wird in ihrer Güterlehre dafür werben, dass die sozialtheoretische Einsicht in die grundsätzliche Unterschiedenheit von Familie und Gesellschaft Konsequenzen auch für das politisch-strategische Handeln auf dem Gebiete der Entwicklung hat.

Nun werden wir auf keinen Fall übersehen dürfen, dass die unersetzliche Funktion der Familie, in ihrem Innenverhältnis das Humanvermögen des Gemeinwesens zu bilden, erheblichen Gefahren und Problemen ausgesetzt ist. Zu diesen Gefahren und Problemen gehört der sexuelle Missbrauch der Kinder und zumal der Mädchen seitens ihrer Eltern und Verwandten[14]; zu diesen Gefahren und Problemen gehört die schwer zu kontrollierende physische und psychische Gewaltanwendung im Verband der Familie; zu diesen Gefahren und Problemen gehört vor allem auch die geistig-seelische Deformation, die den begeisterungsfähigen Kindern und Jugendlichen durch die religiös-weltanschauliche Borniertheit ihrer Familie – wie z. B. durch ihren blinden Nationalismus – in ihrer jüngeren Geschichte widerfahren ist und widerfährt.

Angesichts solcher Gefahren und Probleme versteht sich die spezifische Leistung der Familie – die Bildung des Humanvermögens eines Gemeinwesens – beileibe nicht

---

12 Vgl. zum folgenden bes. FRANZ-XAVER KAUFMANN, Zukunft der Familie im vereinten Deutschland (wie Anm. 2); HANS-GÜNTER KRÜSSELBERG, Ethik, Vermögen und Familie (wie Anm. 2).

13 Vgl. die „Mindestanforderungen" an die Familienpolitik der Zukunft bei HANS-GÜNTER KRÜSSELBERG, Art. Familienpolitik: ESL (NA 2001), 473–477.

14 Wir dürfen dabei nicht verdrängen noch vergessen, dass gerade das moralische Milieu der studentischen Protestbewegung von „1968" sich für die Emanzipation der kindlichen Sexualität engagierte und gewaltfreie sexuelle Beziehungen zwischen Kindern und Erwachsenen als Befreiung von den Repressionen des christlichen Ethos bejubelte. Vgl. aus gegebenem Anlass MANFRED LÜTZ, Die Kirche und die Kinder: F.A.Z. Nr. 35 (11.02.2010), 31.

von selbst.[15] Vielmehr ist diese Leistung fundiert in jener Lebensgewissheit, in der sich die religiöse Moralität, die Frömmigkeit der Familie zeigt. Deshalb besteht zwischen der Kommunikation des Evangeliums in der Öffentlichkeit der Glaubensgemeinschaft – im Gottesdienst, im Unterricht, in der Erwachsenenbildung und in der Familienberatung – und dem inneren Geist, der Willensrichtung oder der Gesinnung der Familie ein besonders enger Zusammenhang. Im Lichte des Evangeliums werden wir nicht nur anerkennen können, dass auch und gerade das Leben der Familie – ebenso wie der Ehe – vom Sündig-Sein des Menschen in seinen verschiedenen Erscheinungen geprägt ist (s. o. S. 147ff.); im Lichte des Evangeliums werden wir auch erwarten, dass die mannigfachen Formen der Glaubenskommunikation eben den inneren Geist, die Willensrichtung oder die Gesinnung der Familie auf jene sittliche Autonomie, auf jenes Leben in der Selbstverantwortung vor Gott ausrichten, die das Ideal der christlichen Ethosgestalt ist.

Von der Realisierung dieses Ideals handelt die Theologische Ethik in ihrer Güterlehre, die insgesamt die Prinzipien der ethischen Urteilsbildung im Sinne der Freiheit des Christenmenschen konkretisiert. Wenn sich die synodalen und presbyterialen Leitungsgremien der evangelischen Kirchengemeinschaften und wenn sich die Inhaber theologischer Berufe der öffentlichen Verantwortung der Kirche in der Gesellschaft und für die Gesellschaft annehmen, werden sie mehr als bisher die Schlüsselfunktion der Familie für die Handlungs- und Verantwortungsfähigkeit ihrer Mitglieder in den Leistungsbereichen einer gesellschaftlichen Lebenswelt erkennen und vertreten müssen. Und wenn die Praktische Theologie als die theologische Teiltheorie, die es mit dem Handeln der Kirche in der Gesellschaft zu tun hat, sich mehr als bisher an der Theologischen Ethik und an ihrer Güterlehre orientiert, wird sie anders als bisher die Bedeutung der Familie als Lernort für das Wirklich-Werden des Guten verstehen, darstellen und konzeptualisieren können.[16]

5.1.2. „Liebe als Passion“[17]

Aus den verschiedenen Formen der Freundschaft und der Sympathie ragt die Erfahrung der Liebe wegen ihres Ernstes und wegen ihrer Entschiedenheit hervor. Vermutlich nicht in aller Geschichte, gewiss aber unter den sozio-kulturellen Bedingungen der euro-amerikanischen Moderne ist die Erfahrung der Liebe und ihrer Leidenschaft seit dem Zeitalter der Aufklärung, der Empfindsamkeit und des Sturm und Drang zur großen Sehnsucht der Menschen geworden. Sie erscheint als das Erfüllende des Lebens

---

15 Das übersieht gründlich HANS-GÜNTER KRÜSSELBERG, Humanvermögen (wie Anm. 2).

16 Anders als dies der Fall ist bei RAINER LACHMANN, Art. Familie X. Praktisch-theologisch (wie Anm. 2), 23–26, gilt es also, den Gegensatz von „Familienreligiosität“ und „institutionalisierter Kirchlichkeit“ als Abstraktion zu durchschauen!

17 Vgl. zum Folgenden bes.: JOSEF PIEPER, Über die Liebe, jetzt in: DERS., Werke in acht Bänden, Bd. 4. Schriften zur Philosophischen Anthropologie und Ethik: Das Menschenbild der Tugendlehre, hg. von BERTHOLD WALD, Hamburg 2006^2, 296–414; NIKLAS LUHMANN, Liebe als Passion. Zur Codierung von Intimität, Frankfurt a.M. 1990^5; GÜNTER MECKENSTOCK, Liebe, in: WILFRIED HÄRLE/REINER PREUL (Hg.), Gute Werke (MJTh VI), Marburg 1993, 63–93; GÜNTER DUX, Geschlecht und Gesellschaft. Warum wir lieben. Die romantische Liebe nach dem Verlust der Welt, Frankfurt a.M. 1994; KONRAD STOCK, Gottes wahre Liebe. Theologische Phänomenologie der Liebe, Kap. VII: Die Innigkeit der Liebe und die Leidenschaft (279–313); EILERT HERMS, Liebe, Sexualität, Ehe. Unerledigte Themen der Theologie und der christlichen Kultur, jetzt in: DERS., Zusammenleben im Widerstreit der Weltanschauungen. Beiträge zur Sozialethik, Tübingen 2007, 391–431.

schlechthin, und wo sie unerwidert bleibt oder wo sie scheitert und zerbricht, beschert sie uns ein tiefes und hoffnungsloses Unglück. Die Theologische Ethik hat in ihrer Güterlehre allen Anlass, aus ihrer Perspektive an der verstehenden Beschreibung des Phänomens der Liebe teilzunehmen und das Ethos der Liebe in das Ethos des Glaubens in der Glaubensgemeinschaft der Kirche einzuzeichnen – nicht nur, um den sentimentalen Sinnanspruch einer „irdischen Religion der Liebe" richtig zu stellen[18], sondern auch, um das andauernde Vorbeischweigen an der Macht des Eros in Kirche und Theologie zu brechen. Die verstehende Beschreibung des Phänomens der Liebe wird schließlich erkennen lassen, warum wir in der Darstellung der Sphäre des Privaten den Zusammenhang von Ehe, Elternschaft und Erziehung so stark hervorheben und damit dem *common sense* einer selbstverständlichen Einheit von Liebe und Ehe – dem Wunschbild einer vollkommenen Liebeseinigkeit – entschieden widersprechen.

Richtet sich unser Begehren und unsere Sehnsucht auf die Erfahrung der Liebe und ihrer Leidenschaft, so richtet sie sich auf ein Gut, das wir suchen und erstreben, weil es – im Zusammenhang der Güter und ihrer Ordnung – einen schmerzlichen Mangel unserer Lebensgegenwart auszufüllen verspricht. Wie können wir dieses Gut und wie können wir das Glück und die Befriedigung, die wir von ihm erwarten, genauer erfassen? Wir suchen diese Frage zu beantworten, indem wir der Reihe nach das Verhältnis von Sexualität und Sexus (5.1.2.1.), das Verhältnis von Sexus und Eros (5.1.2.2.) und schließlich das Verhältnis von Eros und Agape (5.1.2.3.) in den Blick nehmen (s. o. S. 131ff.).[19]

5.1.2.1. Sexualität und Sexus

Günter Dux hat vorgeschlagen, aus entwicklungslogischen Gründen zwischen der Erwartung des reifen erwachsenen Menschen an eine Lebensform der Intimität und der Erfahrung der Liebe im Sinne eines „Überwältigt-Sein(s) durch die schiere Existenz des Andern" zu unterscheiden. Für diese Unterscheidung scheint zu sprechen, dass wir im Erwachsenenalter eine Verbindung erstreben, die wir mit Dux ein „Junktim von Sexualität und Intimität" nennen können, während sich die Erfahrung der Liebe und ihrer Leidenschaft nicht ohne weiteres in jeder Lebensgeschichte ereignen mag.[20] Freilich operiert Dux – wie übrigens auch Niklas Luhmann in seinem vielgelesenen Essay – mit einem schwachen Begriff von Intimität; und zwar deshalb, weil er das männliche und das weibliche Person-Sein – das individuelle Selbst-Sein, das sich als dazu bestimmt erlebt, das Leben im Verhältnis zu anderem individuellen Selbst-Sein im Lichte einer Anschauung des Lebens und der Wirklichkeit überhaupt zu führen (s. o. S. 12ff.) – dramatisch unterbestimmt. Demgegenüber suchen wir die Sehnsucht nach dem Gut der Liebe und ihrer Leidenschaft zu erhellen mit Hilfe eines starken Begriffs von In-

---

18 Vgl. hierzu ULRICH BECK/ELISABETH BECK-GERNSHEIM, Das ganz normale Chaos der Liebe (st 1725), Frankfurt a.M. 1990, 222–266.

19 Im Folgenden greife ich zurück auf meinen Aufsatz: „... ohne eigne Bildung keine Vollendung in der Liebe". Die Erfahrung der Liebe zwischen Innigkeit und Öffentlichkeit, jetzt in: KONRAD STOCK, Die Gegenwart des Guten. Schriften zur Theologie (MThSt 96), Marburg 2006, 75–89. – Man sehe es mir nach, wenn ich das Ethos der homosexuellen Liebe ebenso wie das Ethos der homosexuellen Lebenspartnerschaft erst im Zusammenhang der ausgeführten Güterlehre zur Sprache bringen werde; vgl. hierzu: HARTMUT KRESS, Homosexualität III. Ethisch: RGG^4 3, 1884–1887.

20 Vgl. GÜNTER DUX, Geschlecht und Gesellschaft (wie Anm. 17), 83–92; 109; 267ff.

timität: eines Begriffs, der die *Intimität der Liebe* und damit das Verhältnis von *Sexus* und *Eros* zu entfalten geeignet ist.[21]

Der Eros, der als solcher stets ein Verhältnis zum Sexus ist, verlangt nun eine doppelte, eine miteinander korrespondierende Beschreibungsweise. *Erstens* eine Beschreibungsweise, die das Verhältnis von Sexus und Eros zu verstehen sucht, und *zweitens* eine Beschreibungsweise, die den Grund des erotischen Erlebens selbst zu verstehen sucht. Da wir uns für das Verhältnis von Sexus und Eros interessieren, ist es in der Sache unerheblich, mit welcher Beschreibungsweise wir beginnen. Da jedoch in der Geschichte der Erotik und in ihrer gegenwärtigen theoretischen und ästhetischen Darstellung das Verhältnis von Sexus und Eros fundamental unklar ist[22], macht es doch wohl guten Sinn, genau mit dieser Frage zu beginnen. Wenn ich diese beiden miteinander korrespondierenden Beschreibungsweisen in einem phänomenologischen Sinne aus der Sicht der christlichen Glaubenslehre zu entwickeln suche, dann beruht das auf der Voraussetzung, dass die christliche Glaubenslehre – hier ihre Entfaltung in der Theologischen Ethik – die gedankliche Besinnung auf den Weg des *in Wahrheit guten Leben* ist, als welches sich der Glaube selbst versteht. Zu diesem Weg des in Wahrheit guten Leben gehört auch der verantwortliche Umgang mit der Sexualität des Lebens, das Gott der Schöpfer dem Ebenbilde Gottes gewährt und auferlegt. Die Kritik an manchen Formen, in denen man in der bisherigen Geschichte des Christentums – vor allem in ihren asketischen, monastischen und puritanischen Formen – diesen verantwortlichen Umgang mit der Sexualität des uns von Gott gegebenen Lebens zu bestimmen suchte, ist damit natürlich nicht aus-, sondern eingeschlossen. Wenn Wilhelm Herrmann von der „herrliche(n) Gabe des Geschlechtstriebes“ redet[23], so dürfen wir das wohl als eine Seltenheit vermerken.

Bezeichnet das Begriffswort „Sexualität“ die männliche oder die weibliche Geschlechtsbestimmtheit des menschlichen Leibes, dann fragt es sich, in welcher Weise uns der Sexus – das möglicherweise seinerseits geschlechts- und kulturspezifische Verlangen nach sexueller Kommunikation – präsent ist. Ist er uns grundsätzlich und letztlich nur dadurch präsent, dass wir auf die Geschlechtsbestimmtheit des eigenen Leibes achten, so ist er uns – in der psychosexuellen Entwicklung von frühester Kindheit an angelegt und

---

[21] Im Folgenden verwende ich den – m. W. erst im 19. Jahrhundert gebildeten – Ausdruck „Sexualität“ für die Geschlechtsbestimmtheit des Menschen, für die Geschlechtsdifferenz zwischen männlichem und weiblichem Person-Sein, die für die Reproduktion der Menschengattung unabdingbar ist und deshalb auch nur wider besseres Wissen als Resultat einer Konstruktion angesehen werden kann. Unter dem Ausdruck „Sexus“ werde ich das Verlangen nach sexueller Kommunikation verstehen, die über den Geschlechtsverkehr hinaus eine Vielzahl von „Codierungen“ kennt. Anstatt von „männlicher Sexualität“ oder „weiblicher Sexualität“ wäre besser von „männlichem Sexus“ und „weiblichem Sexus“ zu sprechen. „Männlicher Sexus“ und „weiblicher Sexus“ beruht infolgedessen stets auf einem Verhältnis zur männlichen und zur weiblichen Sexualität, und dieses Verhältnis wiederum ist nicht allein bedingt und geprägt durch die „Sitte“ (das „Ethos“) einer Kultur bzw. einer Gesellschaft, sondern vor allem auch durch das Verstehen des Lebens und der Wirklichkeit, das in der Sitte oder dem Ethos einer Kultur bzw. einer Gesellschaft zum Ausdruck gelangt. – Vgl. zum Folgenden bes. MARTIN HONECKER, Grundriß der Sozialethik (wie Anm. 1), 198–229: Sexualität als ethisches Thema; ULRICH H. J. KÖRTNER, Art. Sexualität II. Theologisch und anthropologisch: RGG^4 7, 1247–1248; Art. Sexualität IV. Ethisch: ebd. 1250–1253.

[22] Das zeigen exemplarisch die Beiträge in: HORST ALBERT GLASER (Hg.), Wollüstige Phantasie. Sexualästhetik der Literatur (Reihe Hanser 147), München 1974; DERS. (Hg.), Annäherungsversuche. Zur Geschichte und Ästhetik des Erotischen in der Literatur (Facetten der Literatur 4), Bern – Stuttgart – Wien 1993.

[23] WILHELM HERRMANN, Ethik, Tübingen 1904^3, 165.

vorbereitet und in der psychosexuellen Phase der erwachsenen Genitalität ausgebildet[24] – in doppelter Weise gegeben.

Einerseits ist er uns gegeben als das Verlangen, uns selbst und damit das Gut, das unsere eigene Lebensgegenwart darstellt, in der Zeugung oder der Reproduktion neuen menschlichen Lebens fortzupflanzen. Das elementare Verlangen, das eigene Leben im Geschlechtsakt auf das Dasein neuen menschlichen Lebens und einer kommenden Generation zu beziehen, Kinder zu haben und das eigene Leben in die Verantwortung der Elternschaft zu stellen, gehört aus der Sicht der christlichen Glaubenslehre zum Wesen und zur Bestimmung des Menschen als eines Lebewesens, dessen Leib das Fundament und das Medium der Freiheit zu sein bestimmt ist. Dieses Verlangen ist durch die explosive Vermehrung des Menschengeschlechts unter den Bedingungen der euro-amerikanischen Moderne keineswegs obsolet geworden, sondern ist als Ausdruck seelischer Gesundheit ernst zu nehmen. Insofern hat Erik H. Erikson recht, wenn er die *Generativität* als eine wesentliche Stufe der Identitätsentwicklung bezeichnet.[25] In ihr – also genau in dem Verlangen nach Väterlichkeit und Mütterlichkeit – sehen wir das eigene Leben auf eine Zukunft bezogen, die wir nach menschlicher Weise möglich machen und die doch in keinster Weise durch uns selbst beherrschbar ist. Im Verlangen nach der Zeugung neuen Lebens ist uns ein – wie auch immer näher bestimmtes – Lebensvertrauen präsent.

Andererseits aber geht das Verlangen nach sexueller Kommunikation über das generative Verlangen nach der Zeugung neuen Lebens weit hinaus. Es zielt auf ein gesteigertes Selbsterleben, das ein Erleben von vitaler Kraft und von Entgrenzung zusammenschließt. Sein Triebziel ist nur indirekt, wie Sigmund Freud gemeint hat, „die Aufhebung des Reizzustandes an der Triebquelle" eines naturalistisch reduzierten und vom Person-Sein der Person abgeschnittenen „Es"[26]; es richtet sich vielmehr auf Situationen eines eigentümlichen „Verweilens"[27]. In ihnen werden mannigfache Formen der Berührung und Liebkosung imaginiert und phantasiert, erwartet und getauscht. Und sie sind es, die in das ekstatische Erleben orgastischer Potenz münden, das sich nur mit anderem ekstatischen Erleben – wie etwa mit dem Tanz – in seiner Dynamik und in seiner Intensität vergleichen läßt. Die Theologische Ethik wird in Kenntnis der nach wie vor erschütternden Erfahrungen in der psychotherapeutischen Praxis die Mitglieder der Glaubensgemeinschaft dazu ermutigen, im sexuellen Geschehen sich als Lust-Subjekt zu verstehen und auszuleben.

Erst wenn wir diese beiden Momente, in denen wir mit dem Verlangen nach sexueller Kommunikation vertraut sind, richtig erfassen, lässt sich die Frage beantworten, in welcher Weise der Eros das Verlangen des Sexus neu bestimmt.

5.1.2.2. Sexus und Eros

Die Erfahrung der Liebe versteht sich nicht von selbst. Sie ist ein kontingentes kulturelles Phänomen. Sozialgeschichtlich gesehen gehen ihr die mannigfachen Rechtsformen der Ehe voraus, die ihrerseits an die primäre Sozialform der Familie gebunden sind.

---

24 Vgl. ERIK H. ERIKSON, Identität und Lebenszyklus, Frankfurt a.M. 1971, 116.214f.

25 ERIK H. ERIKSON (wie Anm. 24), 117f.

26 SIGMUND FREUD, Triebe und Triebschicksale (1915), zitiert nach: SIGMUND FREUD, Studienausgabe. Bd. III: Psychologie des Unbewußten, Frankfurt a. M. 1975, 75–102; 86.

27 Vgl. LUCE IRIGARAY, Ethik der sexuellen Differenz (es NF 362), Frankfurt a.M. 1991, 247; bemerkenswerterweise entwickelt in Form einer Lektüre von Emmanuel Lévinas, Totalität und Unendlichkeit.

Zwar macht die Eheschließung das Liebesverhältnis der Ehepartner nicht geradezu unmöglich. Jedoch der literarische Liebesdiskurs, der für die europäischen Kulturen mit Sappho einsetzt und über die römische Erotik in den Minnesang des Mittelalters und dessen weitreichende Folgewirkungen eingeht, hat sich gerade am Missverhältnis von Ehe und Liebe entzündet. Sapphos Dichtung beschreibt das liebende Hingerissen-Sein als ein Ereignis unter der Herrschaft Aphrodites. Die höfische Lyrik des Mittelalters setzt dem familialen und dem ökonomischen Zweck der Ehe eine fiktive Gegenwelt entgegen, in der das wechselseitige Wohlgefallen eines Mannes und einer Frau aneinander allererst möglich ist. Und die romantische Deutung der reinen Liebesehe richtet sich ebenso gegen die galanten Spiele der Verführung in der Welt des Adels wie gegen die vertragstheoretische Deutung der Ehe in der entstehenden Bourgeoisie. Es gibt eine Geschichte der „Entdeckung der personalen Liebe" (Walter Haug). Sie steht – vorbereitet durch die reformatorische Aufhebung der Differenz zwischen einem geistlichen und einem weltlichen Stande durch die Figur der „Freiheit eines Christenmenschen"[28] – in engem Zusammenhang mit der frühmodernen Häuslichkeit und mit der Kultivierung der Gefühle als des privaten Widerlagers gegenüber den öffentlichen Rollen der Person, die man darin erstrebt; und sie regt eine reflektierte Verständigung über das erscheinende Wesen der Liebe an, die es nicht in allen Kulturen zu geben scheint und die auf die Erfahrung der Liebe zurückwirkt. Natürlich ist darin auch eingeschlossen, dass es kulturelle – insbesondere durch die technologischen Neuerungen der massenmedialen Kommunikation bedingte – Wandlungsprozesse geben könnte, in denen die Entdeckung der personalen Liebe für zahlreiche Zeitgenossen wieder verschwindet.

Vor dem Hintergrunde dieser wenigen Beobachtungen können wir nun die Erfahrung der Liebe und ihrer Leidenschaft, auf die sich unser Verlangen und unsere Sehnsucht richten, genauer erfassen; und zwar in dreifacher Hinsicht.

Erstens: Alle Erfahrung der Liebe taucht in einem Prozess des Suchens auf, der ausdrücklich in der Phase der Pubertät und der frühen Adoleszenz einsetzt. Zwar ist dieser Prozess des Suchens gebunden an das Reifen des männlichen oder des weiblichen Geschlechtsorganismus und insofern auch an die Übernahme einer Geschlechtsidentität; aber er fällt doch damit nicht zusammen. In diesem Prozess des Suchens geht es vielmehr – mit einem programmatischen Begriff Johann Gottfried Herders und Friedrich Hölderlins gesagt[29] – um „Selbstheit": um das je meinige individuelle Wesen. Unsere Überlegungen zum kategorialen Begriff des menschlichen, des geschaffenen Person-Seins (s. o. S. 125ff.) machen es uns möglich, den Sachverhalt des je meinigen individuellen Wesens konkret zu fassen. Unter dem individuellen Wesen der Person verstehe ich das *Selbstgefühl*, das einen Menschen beseelt und bestimmt und das in seinem Leib – vorzüglich in seinem Blick, in seiner Stimme und in seiner Haltung, in seinem Lebensstil – zum Ausdruck kommt. Dieses Selbstgefühl ist nicht leer; es ergibt sich vielmehr letztlich aus der Sicht des Lebens oder aus der Perspektive, in der wir uns im Ganzen der Wirklichkeit verstehen, also aus einer *Lebensgewissheit*. Sie orientiert nicht nur unseren bewussten Umgang mit den Dingen, die Wahl und die Ausübung eines Berufs oder die Entscheidung für eine Konzeption des Politischen; sie bedingt auch unser Erleben und damit die Art und Weise der einzelnen Emotionen. Im Anschluss an Debatten der Identitätstheorie können wir auch sagen: unter dem individuellen Wesen der Person verstehen

---

[28] Vgl. MARTIN LUTHER, Sendschreiben an den Papst Leo X. Von der Freiheit eines Christenmenschen: WA 7; 3-38.

[29] Vgl. die Darstellung bei DIETER HENRICH, Hegel und Hölderlin, in: DERS., Hegel im Kontext (es 510), Frankfurt a.M. 1967, 9–40.

wir das unübertragbare, unverwechselbare *Selbstbild*, ein Bild des eigenen Sinnes und der eigenen Bestimmung, das uns im Laufe eines lebenslangen Werdens vorschwebt.[30]

In einem Selbstgefühl, in dem sich uns das individuelle Wesen eines Menschen zeigt, sind nun zunächst die einzelnen Sympathien und Antipathien begründet, die wir unwillkürlich innerhalb des sozialen Lebens mit seinen Kommunikationen und Kooperationen entwickeln.[31] Solcherlei Sympathien und Antipathien gehen nie aufs Ganze; sie wahren stets eine gewisse Distanz und gehen mit dem Gefühl des Anders-Seins oder des Fremd-Seins einher. Sie gelten nicht dem individuellen Wesen eines Menschen, sondern dieser oder jener – uns gefallenden oder missfallenden – Eigenschaft.

Anders als die Sympathie des alltäglichen Lebens ist dagegen die Liebe – mit einem schönen Ausdruck Robert Musils gesagt – „das reine Gefallen zweier Menschen aneinander“[32] oder – mit einem Ausdruck von Eilert Herms gesagt – das „radikale Wohlgefallen“[33]. Dies reine, dies radikale Wohlgefallen gilt dem Selbstbild, dem individuellen Wesen eines anderen Menschen und seiner individuellen Leibhaftigkeit. Die alte, von Josef Pieper aufgegriffene Grundbestimmung des Liebens als eines *Gutheißens* aufnehmend können wir sagen: Lieben ist zu allererst die passive Erfahrung, die „Passion“, von dem individuellen Wesen eines anderen Menschen, wie es sich in seiner Gegenwart leibhaft zeigt, ergriffen und hingerissen zu sein. Darin geht die Erfahrung der Liebe über das Glück des strahlenden Blicks der Mutter und des Vaters, in dem sie wurzelt und auf das sie verweist, entschieden hinaus.

Zweitens: Nun ist dieses Ergriffen- und Hingerissen-Sein vom individuellen Wesen eines Anderen offensichtlich kontingent, und zwar doppelt kontingent. Es ereignet sich, wenn es sich ereignet, nur in einem spezifischen Wechselverhältnis. In ihm entdecken die Liebenden wechselseitig, dass das individuelle Wesen des geliebten Anderen *je im Lichte* des eigenen individuellen Wesens faszinierend ist und deshalb die Erfüllung des ursprünglichen Begehrens verspricht, das unserem endlichen, geschaffenen Person-Sein eingestiftet ist (s. o. S. 127). Deshalb ist der Liebe die Hoffnung auf das Gut einer gemeinsamen Lebensgeschichte eingebrannt, in der der je meinige Werdeprozess notwendig mit dem Werdeprozess des geliebten Andern vermittelt ist. Die Liebe wächst, vertieft und bildet sich in solchen Augenblicken des Entdeckens als das einzigartige dialogische Verhältnis des Liebesgesprächs, in dem die Liebenden gerade nicht ineinander verschmelzen, sondern einander gegenüber sind und bleiben.

Wir dürfen die Liebe demnach als die Lebens- und Beziehungsform verstehen, in der alle einzelnen Aktionen des Alltags – Kochen, Telefonieren, Essen, Reisen, Schlafen – getragen sind von der Leidenschaft für das individuelle Wesen des Andern, wie es uns im Medium seiner Leibhaftigkeit in Erscheinung tritt. Und zwar von einer solchen Leidenschaft, die „das weitere Werden des eigenen Personseins mit dem weiteren Werden des anderen Personseins in einer gemeinsamen Geschichte zu verbinden“[34] sucht. Deshalb können wir auch sagen, dass die Liebe eine Bildungsgeschichte sei, in der die Bildung des je eigenen Wesens – sein Reifer-Werden im Geschick der eigenen Lebensgeschichte – bedingt ist durch die Bildung des je anderen Wesens. Dieser Liebe eignet

---

[30] Vgl. hierzu KONRAD STOCK, Religion und Identität, in: GÖRGE K. HASSELHOFF/MICHAEL MEYER-BLANCK (Hg.), Religion und Rationalität (Studien des Bonner Zentrums für Religion und Gesellschaft, Bd. 4), Würzburg 2008, 347–364.

[31] Vgl. hierzu MAX SCHELER, Wesen und Formen der Sympathie, Bonn 1926[3].

[32] ROBERT MUSIL, Der Mann ohne Eigenschaften, Frankfurt a.M. 1978, 284.

[33] EILERT HERMS, Liebe, Sexualität, Ehe (wie Anm. 17), 402ff.

[34] EILERT HERMS, Liebe, Sexualität, Ehe (wie Anm. 17), 404.

Dauer, Ernst und Endgültigkeit; und sie ist es, die dem männlichen und dem weiblichen Sexus und dem Verlangen nach sexueller Kommunikation die Bewandtnis verleiht, Ausdrucksform und Körpersprache der Liebe zu sein.

Drittens: Nun gehört zum individuellen Wesen eines Menschen, wie es uns in seiner Leibhaftigkeit in Erscheinung tritt, die tiefe Ambivalenz, die das Thema der christlich-frommen Selbstbewusstseins ist. Wir alle bilden je unser individuelles Wesen in einem geschichtlich-gesellschaftlichen Zusammenhange aus, der sowohl konstruktive Möglichkeiten – wie z. B. die Geltung der Menschenrechte oder die Rechtsstaatlichkeit – als auch destruktive Erfahrungen bereit hält – wie z. B. das „Kriegserlebnis" des Ersten und des Zweiten Weltkriegs, Flucht, Vertreibung, Tod des Vaters oder des Kindes, und was sich sonst an Konflikten und an traumatischen Erinnerungen erwähnen lässt. Ferner sind wir alle geprägt von der Möglichkeit und von der Realität der Laster – der Traurigkeit, des Neides, der Habgier oder der Unbeherrschtheit –, die auch in der Gewissheit des göttlichen Versöhnungswillens nicht einfach verschwinden. Schließlich können wir nicht vorhersehen, welche Unfälle, Schicksale und Krankheiten uns in der Intimität der Liebe noch beschieden sind. Insofern bewegt sich das reale Gefallen zweier Menschen aneinander nicht in der utopischen Welt der unberührten Natur oder der außergeschichtlichen Landschaft Arkadiens, wie dies die Epochen der erotischen Literatur vielfach phantasiert haben; es bezieht sich vielmehr auf die unabweisbare Auseinandersetzung mit dem, wonach wir nicht gefragt sind und was dennoch unsere Lebensgeschichte zeichnet. Es gehört zum Wesen der realen Liebe, auch die Trauer zu tragen und einander Trost und Lebensmut zu geben.

5.1.2.3. Eros und Agape[35]

Nun kommt der Intimität der Liebe in der Sicht des christlichen Glaubens – des christlich-frommen Selbstbewusstseins – noch eine weitere Bewandtnis zu. Diese weitere Bewandtnis hat ihre biblische Quelle in den wenigen poetischen Bildern, in denen das *Hohe Lied* die Erfahrung der Liebe in einen Zusammenhang mit der Gottesgewissheit bringt. Um die poetische Beschreibung der Liebe und ihrer Leidenschaft im Hohen Lied hermeneutisch zu erschließen, erinnern wir an den Begriff des menschlichen Person-Seins, der ausdrücklich das Moment des Gottesverhältnisses, des Bezogen-Seins auf Gottes transzendente Ursprungsmacht und auf ihre schöpferische, versöhnende und vollendende Liebe einschließt (s. o. S. 140f.).[36]

In der Situation des angefochtenen Glaubens, des christlich-frommen Selbstbewusstseins, sind wir ja dessen gewiss, dass Jesus von Nazareth als *wahrer Gott und wahrer Mensch* den schöpferischen Willen jener transzendenten Ursprungsmacht repräsentiert, die unser aller Dasein schöpferisch sein lässt und in ihrer Barmherzigkeit trägt und erträgt (s. o. S. 210f.). Diesem schöpferischen Sein-Lassen liegt weder bloße Willkür noch blinde Schicksalhaftigkeit zugrunde. Ihm liegt zugrunde eine jeweils individuelle schöpferische Wahl, in der je ich selbst dazu bestimmt bin, in der Gemeinschaft mit Gott selbst das Höchste Gut meines Lebens zu finden. In dieser Gemeinschaft mit Gott selbst wird dem vergänglichen und vorübergehenden Leben Dauer und Verweilen zuteil, schon jetzt in dieser Weltzeit und dann in der Zeit der Ewigkeit.

---

35 Vgl. zur Theoriegeschichte: KONRAD STOCK, Art. Eros III. Eros und Agape (caritas): RGG⁴ 2, 1467–1468.

36 Vgl. zum Folgenden KONRAD STOCK, „Das schönste der Lieder Salomos", jetzt in: DERS., Die Gegenwart des Guten (wie Anm. 19), 90–99.

Eine Auslegungsgeschichte von nahezu 1800 Jahren hat den literalen Sinn des Hohen Liedes durch eine allegorische bzw. durch eine typologische Interpretation verfremdet, um seine kanonische Stellung zu bewahren und zu rechtfertigen. Erst seit dem Übergang vom 18. zum 19. Jahrhundert haben die jüdische und die christliche Bibelwissenschaft – den Anregungen Johann Gottfried Herders folgend – die genuine Bedeutung des Hohen Liedes als einer Komposition von Liebesliedern und als eines schmalen Zeugnisses hebräischer Erotik rekonstruiert. Welche Konsequenzen aber können wir aus der Tatsache, dass der Kanon der Heiligen Schrift erotische Texte einschließt, für die Deutung der Liebe in der Sicht und im Rahmen der religiösen Gewissheit des Glaubens ziehen?

Das 8. Kapitel des Hohen Liedes enthält die folgenden Verse: „Lege mich wie ein Siegel an dein Herz, wie einen Ring an deinen Arm. Denn stark wie der Tod ist die Liebe, Leidenschaft hart wie die Unterwelt; ihre Gluten sind Feuersgluten, ihre Flammen wie Flammen Gottes. Große Wasser können die Liebe nicht löschen, Ströme sie nicht überfluten." (8,6-7).

In der Komposition des Hohen Liedes kommt allein dieses Lied ausdrücklich auf die Gottesgewissheit Israels zu sprechen: die Flammen der Liebe sind *Flammen Gottes*. Diese Metapher bündelt eine Reihe von Vergleichen und von Assoziationen, die über die mannigfachen Codierungen eines Liebestraums, wie sie sich in dem Hauptbestand der Texte finden, weit hinaus geht. Wir stoßen hier auf harte und auf radikale Metaphern. Das Siegel am Herzen und der Ring am Arm signalisiert eine Erfahrung des Entschiedenen und des Endgültigen. Tod und Unterwelt verweisen auf uns unwiderruflich gesetzte und insofern machtvolle Grenzen. Feuersglut und unauslöschliches Wasser kennzeichnen die Liebe als eine bezwingende Macht. Nicht im Sinne der Liebe als einer „Nachreligion" oder einer „Liebsten-Liebe", wie sie Ulrich Beck als das besondere Merkmal der erotischen Sehnsucht in unserer Gegenwart charakterisiert hat[37], sondern als die Leidenschaft der personalen Liebe, in der die Liebenden eben durch ihre Begegnung je zu sich gelangen.

Damit aber ist die erotische Erfahrung der signifikante Schlüssel aller menschlichen Erfahrung, nämlich der Erfahrung von *Passionalität.* Sie gleicht den elementarischen Gewalten der natürlichen Umwelt, weil diese den Grundzug menschlichen Daseins besonders drastisch und besonders unwidersprechlich zu verstehen geben. Sie ist eine Flamme Gottes, insofern sie uns das Wesen der Wahrheit zeigt, wie es in der religiösen Gewissheit zum Ausdruck kommt. Denn das Wesen der Wahrheit ist es, uns im Modus des *Erleidens* zu ergreifen und nur im Kontinuum dieses Erleidens sprach-, handlungs- und verantwortungsfähig sein zu lassen. Wer immer dieses elementare Erleiden bestreiten wollte, wer immer die Eigenart der religiösen Gewissheit in das bloße moralische Sollen aufheben wollte, dürfte die Erfahrung der Liebe in ihrer Eigenart schwerlich verstanden haben.

Das Hohe Lied steht deshalb mit Recht im Kanon der Heiligen Schriften des Judentums und des Christentums, wie immer es hineingekommen sein mag. Es macht uns auf eine *Analogie* aufmerksam, die zwischen der Wahrheitsgewissheit des Glaubens und der erotischen Erfahrung – und wenn die erotische Erfahrung der Schlüssel aller Erfahrung ist: aller Erfahrung – besteht. Die Wahrheitsgewissheit des Glaubens nämlich kann sich selbst nicht anders verstehen denn als begründet und erschlossen durch die Wahrheit Gottes, von der sie ergriffen und auf die sie gerichtet ist. Es ist die Wahrheit der *agape* (ἀγάπη), der unbedingten, der radikalen Liebe Gottes, die ihrem Wesen nach *reines Gefallen* an unserem wie immer auch problematischen, fragwürdigen, entfremdeten und

37 ULRICH BECK, in: ULRICH BECK/ELISABETH BECK-GERNSHEIM, Das ganz normale Chaos der Liebe (wie Anm. 18), 222–266.

sterblichen Leben ist. Sie stiftet, wenn sie uns in der Kraft des göttlichen Geistes offenbar wird, eine spezifische Intimität, die sich im Leben in der Ordnung der Liebe realisiert und die neben der Nächsten- und der Feindesliebe bis in ihre diakonische Zuspitzung hinein auch die Sprache der Anbetung, des Gotteslobes, der Gottesfreundschaft und der künstlerischen Expression kennt (s. o. S. 208). Die Intimität der irdischen Liebe ist dergestalt das Gleichnis, in dem sich Gottes himmlische Liebe spiegelt, wo immer sie erlebt wird; und deshalb ist das Phänomen der irdischen Liebe das bildspendende Element aller unserer Versuche, Gottes himmlische Liebe zu verstehen. Im Phänomen der irdischen Liebe – im Glanz im Auge des geliebten Anderen und im wechselseitig strahlenden und leuchtenden Angesicht der Liebenden[38] – wird nämlich nichts Geringeres erlebt als das, was nach der Verheißung Gottes des Schöpfers das Heilsereignis des Versöhnungs- und des Vollendungsgeschehens ist.

5.1.2.4. Fazit

In ihrer Güterlehre erkundet die Theologische Ethik das Gut der Intimität der Liebe und ihrer Leidenschaft als eine Lebens- und Beziehungsform eigenen Sinnes. Sie wird das Verlangen und die Sehnsucht nach der Intimität der Liebe und ihrer Leidenschaft – aber auch ihr Glück und ihren Schmerz – dann und nur dann phänomengerecht verstehen lassen, wenn sie von einem starken Begriff von Intimität ausgeht, wie wir dies in Grundzügen getan haben. Sie beschreibt den Eros als das reine, das radikale Gefallen zweier Menschen aneinander, das sich in passionaler Weise ereignet und das die Hoffnung auf das Gut einer gemeinsamen Lebensgeschichte weckt.

Dieser Eros bestimmt denn auch den Sexus, dessen Dynamik in der Sexualität des männlichen und des weiblichen Person-Seins verwurzelt ist. Der Eros hebt das Verlangen nach sexueller Kommunikation über das generative Interesse und über die Organlust des sexuellen Geschehens hinaus, indem er die sexuelle Kommunikation zum expressiven Zeichen, zur Körpersprache der Leidenschaft macht. Im Gegensatz zur Liebestheorie von Günter Dux vermag die Theologische Ethik zu zeigen, dass der Sexus keineswegs des Sinnes und der Bedeutung entbehrt; vielmehr hat er seinen Sinn und seine Bedeutung genau darin, eben die Ausdrucksform eines reinen, eines radikalen, eines realen Gefallens zu sein. Eben diese wohlverstandene Sublimierung des Sexus mutet die Glaubensgemeinschaft der Kirche denn auch einer sozio-kulturellen Umwelt zu, in der das sexuelle Interesse ungezählter, vor allem männlicher Zeitgenossen seit geraumer Zeit – nämlich auf den Geschäftsfeldern der Pornographie und der Prostitution – menschenverachtende Züge angenommen hat und auf diese Weise nur die Leere und die *tristesse* des alltäglichen Lebens kompensiert.

Belehrt von den Liebesliedern des Hohen Liedes haben wir es schließlich gewagt, in der Erfahrung der Liebe das Gleichnis der wahren, der unbedingten, der radikalen Liebe Gottes zu sehen. Sie verweist auf Gottes Liebe, in der uns – wird sie uns durch „äußeres Wort" und „inneres Wort", durch menschliches Offenbarungszeugnis und göttlichen Geist erschlossen – Gottes eines und einziges Wesen begegnet (1Joh 4,16). Und sie eignet sich als das bildspendende Element und als die ausdrucksstarke Metapher für die Begegnung mit Gottes einem und einzigen Wesen, weil die Gewissheit des Glaubens in analoger Weise des radikalen Wohlgefallens Gottes inne ist und das Leuchten des göttlichen Angesichts in den vermittelten Szenen der gottesdienstlichen Feiern regelmäßig zu erleben bekommt (vgl. Num 6,24-26).

---

[38] Vgl. hierzu bes. EILERT HERMS, Liebe, Sexualität, Ehe (wie Anm. 17), 399.409.

5.1.3. Die Ehe und die Elternschaft[39]

Im Rahmen der Güterlehre der Theologischen Ethik wenden wir uns nun der Frage zu, welches Verständnis der Ehe sich aus der Perspektive des christlichen Glaubens und für die Mitglieder der kirchlich verfassten Glaubensgemeinschaft – jedenfalls nach reformatorischen Prinzipien – wohl ergebe. Natürlich suchen wir auf diese Frage eine Antwort zu finden, die der Lebenssituation der Mitglieder der Glaubensgemeinschaft in der soziokulturellen Phase einer reflexiven Moderne gerecht wird. Mit der gesuchten Antwort hoffen wir auch einen Beitrag zur ethischen Orientierung des Traugesprächs und der Ehe- und Familienberatung in kirchlicher Trägerschaft zu leisten und nicht zuletzt auch den oft überforderten Mitarbeitern in der Verwaltung der staatlichen Kinder- und Jugendhilfe Anregungen zu geben. Schließlich wäre es hoch willkommen, wenn das Verständnis der Ehe, das wir hier entwickeln wollen, in die moralische Kommunikation der gesellschaftlichen Öffentlichkeit ausstrahlen würde, die an der immer noch wachsenden Zahl zerrütteter und geschiedener Ehen schwer zu tragen hat.

In aller Geschichte begegnet uns die Ehe – in welcher Form auch immer sie geschlossen und geführt werden mag – als eine *rechtliche Institution*, und zwar zunächst als eine familienrechtliche Institution. Auch das Alte Testament bezeugt die Praxis, nach der die Ehe zwischen den Familien eines Mannes und einer Jungfrau vereinbart wird, damit sich die Existenz der Familien auf legitime Weise in der jeweils nächsten Generation fortsetze und in ökonomischer Hinsicht gesichert werde. Als die öffentlich anerkannte Form der Geschlechtsgemeinschaft dient hier die Ehe der Geschichte der Familien und damit ihrer schieren Überlebensfähigkeit; und die strenge strafrechtliche Sanktion des Ehebruchs – als eines Verstoßes gegen den Gotteswillen (vgl. Ex 20,24; Dtn 5,18) – ist von der Funktion der Ehe für die Ressourcen der Familie her zu verstehen und zu würdigen. Über das geistig-seelische Innenverhältnis einer Ehe sagt das Alte Testament nur selten etwas aus (vgl. Gen 24,67; 29,18).

Als ein Rechtsinstitut ist die Ehe in den Gesellschaften der Moderne seit der Einrichtung der zivilen Eheschließung zum Gegenstand eines staatlichen Eherechts geworden – in der Bundesrepublik Deutschland beispielsweise der Gegenstand der §§ 1297–1588 BGB, die vor allem das eheliche Güterrecht und das Scheidungsrecht regeln. Die Ehe genießt hier zusammen mit der Familie die Institutsgarantie der Verfassung (Art. 6 Abs. 1 GG). Freilich bezieht sich diese Institutsgarantie nicht mehr auf die privatrechtliche Beziehung zwischen Familien. Sie gilt einem subjektiv-öffentlichen

---

[39] Vgl. zum Folgenden bes.: KARL BARTH, KD III/4, § 54,1.2 (127–320); CARL HEINZ RATSCHOW/JOSEF SCHARBERT/ZEEV W. FALK/BO REICKE/HENRI CROUZEL/LEENDERT BRINK/MAURICE E. SCHILD/HERMANN RINGELING/ALBERT STEIN: Art. Ehe/Eherecht/Ehescheidung: TRE 9, 308–362; TRUTZ RENDTORFF, Ethik. Grundelemente, Methodologie und Konkretionen einer ethischen Theologie. Bd. 2, Stuttgart Berlin Köln Mainz 1981, 55–59; 76.78; MARTIN HONECKER, Grundriß der Sozialethik (wie Anm. 1), 153–179; BERND WANNENWETSCH, Die Freiheit der Ehe. Das Zusammenleben von Frau und Mann in der Wahrnehmung evangelischer Ethik, Gütersloh 1993; ANDREAS NEHRING/ECKART OTTO/WILLOUGHBY HOWARD DEMING/ROLF SCHÄFER/ROSEMARIE NAVE-HERZ/HARTMUT KRESS/HANS-GÜNTER GRUNER/MARTIN PETZOLT/DIETRICH PIRSON/RICHARD PUZA/DON S. BROWNING/DAGMAR BÖRNER-KLEIN/KONRAD DILGER, Art. Ehe I.–X.: RGG^4 2, 1069–1090; JOHN WITTE, Vom Sakrament zum Vertrag. Ehe, Religion und Recht in der abendländischen Tradition (Öffentliche Theologie Bd. 15), dt. Gütersloh 2008. – Man sehe es mir nach, wenn ich die nichteheliche Lebensgemeinschaft und die eingetragene Lebenspartnerschaft – aber auch das ethische Problem der Ehescheidung – erst in der ausgeführten Theologischen Ethik werde besprechen können.

Freiheitsrecht, dessen Rechtsfolgen über das Eherecht hinaus auch die verschiedenen Gebiete des Öffentlichen Rechts – vom Steuerrecht bis hin zur Sozialgesetzgebung – betreffen. Das gegenseitige Versprechen, das einer zivilen Trauung und in deren Folge einer kirchlichen Trauung zugrunde liegt, begründet „die persönlichen Rechtsbeziehungen der Ehegatten zueinander“[40], für die das staatliche Eherecht Vorschriften aufstellt, die natürlich das Gelingen und damit das Gut der Ehe nicht garantieren und nicht erzwingen können. Das Gelingen und damit das Gut der Ehe beruht vielmehr entscheidend auf dem Verständnis der ehelichen Lebensgemeinschaft in der Lebensanschauung der Eheleute. Ohne gemeinsame Ebenen in der Lebensanschauung der Eheleute – also z. B. in der Wahrheitsgewissheit des Glaubens – dürften Krisen und Konflikte im Innenverhältnis einer Ehe nur schwer zu heilen und zu überwinden sein.

Der sozio-kulturelle Wandel hat es mit sich gebracht, dass neben die Ehe die Lebensform der nichtehelichen Lebensgemeinschaft mit eheähnlichen Funktionen getreten ist, für die der Gesetzgeber – zum Teil nach heftigen rechtspolitischen Debatten – inzwischen bestimmte materiell-rechtliche Regeln verabschiedet hat. Wird die Ehe unter den Bedingungen der Moderne zu einem subjektiv-öffentlichen Freiheitsrecht, und schließt das subjektiv-öffentliche Freiheitsrecht auch das Recht ein, zwischen der Ehe und der nichtehelichen Lebensgemeinschaft zu wählen, so hat die Güterlehre der Theologischen Ethik eine Antwort auf die Frage zu suchen, welches Eheverständnis sich für sie im Lichte des christlichen Glaubens betrachtet nahe legt. Eine solche Antwort ist zumal deshalb wichtig und dringlich, weil das Scheitern vieler Ehen mit den maßlosen Glückserwartungen der Ehepartner an die Liebe zusammenzuhängen scheint.[41] Die gesellschaftliche Öffentlichkeit darf von der Glaubensgemeinschaft der Kirche und von der wissenschaftlichen Theologie ein neues Nachdenken über das Verhältnis von Ehe und Liebe erwarten, zumal ja keine andere Instanz dafür in Sicht ist. Wir heben nur das Wichtigste hervor.

Erstens: Gestützt vor allem auf Eph 5,32, aber auch angeregt von den apostolischen Mahnungen zu einer der Liebe des Christus Jesus entsprechenden Liebe des Mannes zu seiner Frau (vgl. Eph 5,21.25-31), hat das lateinische Christentum die Ehe in den Zusammenhang der Sakramente eingeordnet. Indem das römisch-rechtliche Prinzip des ehebegründenden Konsenses aufgenommen wurde, hat Thomas von Aquino diesen Konsens geradezu als die „Form“ – den Wesensgehalt – des Sakraments zu verstehen gelehrt, das auf seine Weise das Heilsgeschehen der Menschwerdung des Sohnes Gottes konkretisiert.[42] Auf dieser sakramentalen Deutung der Ehe zwischen getauften Gliedern der Glaubensgemeinschaft fußt denn auch bis auf den heutigen Tag das kanonische Eherecht im römischen Katholizismus mit allen seinen Bestimmungen über die Gültigkeit der Ehe, über ihre Unauflöslichkeit und über die kirchenrechtlichen bzw. die disziplinären Folgen einer Scheidung. Das II. Vatikanische Konzil hat diese sakramentale Deutung der Ehe dadurch erweitert und vertieft, dass es über den lange Zeit dominierenden Ehezweck der Zeugung und der Erziehung der Kinder hinaus die Geschlechtsgemeinschaft selbst als elementaren Ausdruck der liebenden Hingabe der Eheleute an-

---

40 1. EheRG Art. 12 Abs. 1.

41 Vgl. ULRICH BECK/ELISABETH BECK-GERNSHEIM, Das ganz normale Chaos der Liebe (wie Anm. 18).

42 Vgl. THOMAS VON AQUINO, STh Suppl. q 42 a 1 ad 1. – Das sakramentale Verständnis der Ehe gewinnt seine definitive Gestalt auf dem Konzil von Lyon 1274 (DH 860). Vgl. insgesamt WALTER KASPER, Zur Theologie der christlichen Ehe, Mainz 1977.

einander zu verstehen lehrte.[43] Damit hat es auch die im Wesentlichen naturrechtliche Begründung der römisch-katholischen Sexualmoral – wie sie nach wie vor die lehramtlichen Entscheidungen zur Empfängnisverhütung und zur Familienplanung prägt[44] – nicht unerheblich modifiziert.

Gegen die sakramentale Deutung der Ehe, aber ebenso markant gegen den Pflichtzölibat des geweihten Priesteramtes und gegen das Keuschheitsgelübde der monastischen Bewegung hat Martin Luther die Formel aufgestellt, die Ehe sei „ein äußerlich leiblich (oder weltlich) Ding" und die Hochzeit sei ein „weltlich Geschäft".[45] Wie es auch sonst dem Sprachgebrauch der Lehre von Gottes zwei Regierweisen entspricht (s. o. S. 322f.), bezieht sich diese Formel natürlich auf den Zusammenhang des Handelns, kraft dessen Gott der Schöpfer die Wirklichkeit der Schöpfung in ihrer eigenen Dynamik und Zielstrebigkeit sein lässt und sie auch angesichts der Bedrohung durch die Macht des Bösen auf Gottes Versöhnungs- und Vollendungswillen im Christus Jesus hin erhält. Indem uns Sinn und Ziel des schöpferischen Wollens und Waltens Gottes im Christusgeschehen offenbar wird – indem wir also an der Wahrheitsgewissheit der Glaubensgemeinschaft partizipieren –, erschließt sich uns die Ehe demnach in einer doppelten Bewandtnis, die sorgfältig zu unterscheiden ist.

Zum einen gilt die Ehe in einem ursprünglichen Sinne als die von Gott dem Schöpfer geheiligte und gesegnete Ordnung, in der das männliche und das weibliche Mensch-Sein kraft der Geschlechtsgemeinschaft und ihrer Lust und Attraktivität an der Folge der Generationen mitwirkt und so in Gottes Schöpferwirken und Schöpferwalten einbezogen ist (vgl. Gen 1,28a). Luther sieht diesen ursprünglichen Schöpfungssinn menschlicher Generativität umfangen von dem Verhältnis der Liebe, der Zuneigung und der Treue zwischen Mann und Frau, das einer Rechtsgestalt gar nicht bedarf. Innerhalb dieses Verhältnisses der Liebe, der Zuneigung und der Treue hat die wechselseitige sexuelle Anziehungskraft gleichsam paradiesischen Charakter, den das Gebot des Zölibats und den das Keuschheitsgelübde des religiösen Standes zutiefst verkennt. Luther hat im Rahmen seines Entwurfs einer Dreiständelehre den vorrechtlichen Status einer von wechselseitiger Liebe, Treue und Zuneigung umfangenen Geschlechtsgemeinschaft in Beziehung zum Status der religiösen Kommunikation gesetzt und das Verhältnis dieser beiden Status – Impulse des Christentums in der Spätantike aufnehmend – als Gegenstand einer göttlichen *Stiftung* verstehen wollen.[46]

Zum andern aber übersieht Luther beileibe nicht, dass auch der ursprüngliche Schöpfungssinn menschlicher Generativität, wie er in das Verhältnis der Liebe, der Zuneigung und der Treue eingebettet ist, der Bedrohung durch die Macht des Bösen – durch die

---

[43] II. Vaticanum, Konstitution „Gaudium et Spes", 47–52. Das Konzil erinnerte sich damit an das Eheverständnis des Christentums in der Spätantike, wie es etwa Origenes, Augustin und Johannes Chrysostomus entwickelt hatten (vgl. HENRI CROUZEL, Art. Ehe/Eherecht/Ehescheidung V. Alte Kirche [wie Anm. 39], 326–328).

[44] PIUS XI., Enzyklika „Casti conubii" (DH 3700–3724); PIUS XII., Enzyklika „Humani generis" (DH 3875–3899).

[45] MARTIN LUTHER, WA 30 III; 74,3; 75,14; 205,12; vgl. WA 32; 376,38; vgl. ferner Luthers Auslegung des 6. Gebots im Großen Katechismus: BSLK 610–616; sowie DERS., Ein Traubüchlin für die einfältigen Pfarrherrn: BSLK 528–534. Vgl. hierzu bes. GERTA SCHARFFENORTH, Den Glauben ins Leben ziehen … Studien zu Luthers Theologie, München 1982, 122–202: Im Geist Freunde werden. Die Beziehung von Mann und Frau bei Luther im Rahmen seines Kirchenverständnisses.

[46] Vgl. MARTIN LUTHER, WA 26; 504f., sowie REINHARD SCHWARZ, Luthers Lehre von den Drei Ständen und die drei Dimensionen der Ethik, in: LuJ 45 (1978), 15–34.

Sünde und das Sündenbewusstsein – ausgeliefert ist. Unter dieser obwaltenden Bedingung bedarf das ursprüngliche Geschlechts- und Liebesverhältnis einer Rechtsgestalt, für die Luther ein im Ansatz öffentlich-rechtliches Modell vor Augen hat; und es bedarf einer kontinuierlichen geistlich-pastoralen Beratung, damit der anarchische und zügellose sexuelle Trieb eingehegt und gebändigt und damit die Gefahr der inneren Zwietracht in der Ehe im Interesse der Nachkommenschaft bewältigt werde. Obwohl Luther in der Geschlechtsbestimmtheit, in der Sexualität der geschaffenen Person stets den Hinweis auf die ursprüngliche göttliche Gabe einer Einheit von Sexus und Eros erblickt, kommt er nun allerdings auf die skeptische Sicht des Neuen Testaments und der abendländischen Christentumsgeschichte auf *das ganz normale Chaos der Liebe* in der Geschichte jenseits von Eden zurück: „es ist besser freien als von Begierde verzehrt werden" (1Kor 7,9). Eben vor dem Hintergrund dieser skeptischen Sicht schärft Luthers „Traubüchlein" die gottgegebene Würde des rechtlich geordneten Ehestandes und dessen Freude mit weitreichenden mentalitäts- und sozialgeschichtlichen Folgen ein.[47] Die üblen Erscheinungen des internationalen Sextourismus, der unkontrollierten Internet-Pornographie und der erzwungenen Prostitution beweisen jedenfalls den Menschen guten Willens zur Genüge, dass diese überaus nüchterne Sicht des Begehrens nach sexueller Befriedigung – sowohl ein Element des göttlichen Segens als auch ein Ausdruck schwerer Selbstgefährdung bis an den Rand des Unmenschlichen zu sein – ihre unverkürzte Aktualität besitzt.

Zweitens: Die reformatorische, die Impulse des Christentums in der Spätantike aufnehmende Sicht des ursprünglichen Schöpfungssinnes der Geschlechtsgemeinschaft – der Einheit wechselseitiger sexueller Anziehungskraft und inniger Liebe und Treue – kam zu ebenso nachhaltiger wie problematischer Wirkung in der bürgerlichen Aufklärung des 18. Jahrhunderts. Angefeuert von der Entdeckung der vereinigenden Kraft der Sympathie bildet sich hier – nicht zuletzt bedingt durch die Kritik an der bloßen Rechtsgestalt der Ehe wie an der Libertinage der höfischen Welt – die Vision einer Begründung der Ehe auf die Liebe heraus. Friedrich Schlegels Roman „Lucinde" kann als klassischer Text der romantischen Liebesidee gelten, in der die wahre Liebe eben die unauflösliche Ehe ist und deshalb gar keiner Rechtsgestalt bedarf, zumal sie ohne Perspektive auf das Kind imaginiert wird.[48] Wir haben gute Gründe anzunehmen, dass diese Liebesidee – massenhaft verbreitet im Film, im Fernsehen und im Schlager – unter den sozio-kulturellen Bedingungen der reflexiven Moderne der Sehnsucht und der Glückserwartung der Menschen zutiefst entspricht. Zugleich scheint diese Liebesidee in wachsendem Maße die Zerwürfnisse und die Zerrüttung der Ehen und das Misstrauen gegenüber ihrer Rechtsform auszulösen. Angesichts dieser Entwicklung hat die Theologische Ethik daher in ihrer Güterlehre nach dem sachgemäßen Verhältnis von Liebe und Ehe zu fragen: ist doch die Liebe wie jede Form der Sympathie ein Ereignis, dessen Bestand und dessen Dauer niemand in der Hand hat.

Machen wir von dem subjektiv-öffentlichen Freiheitsrecht des neuzeitlichen Verfassungsstaates Gebrauch, eine Ehe einzugehen, so geben wir einander – auf welche Weise immer wir zu diesem Entschluss gekommen sein mögen und auf welche Weise immer wir diesen Entschluss veröffentlichen und begehen wollen – auf jeden Fall ein wechselseitiges *Versprechen*. Allein dieses Versprechen ist denn auch der anerkannte Grund einer zivilen Trauung. Mit diesem Versprechen beginnen wir eine gemeinsame Lebensgeschichte, wie

---

47 MARTIN LUTHER (wie Anm. 45).

48 Der Text ist zugänglich in: FRIEDRICH SCHLEGEL, Dichtungen, hg. und eingeleitet von HANS EICHNER (Krit. Friedrich-Schlegel-Ausgabe, 5. Bd., 1. Abteilung), München/Paderborn/Wien/Zürich 1962, 1–92.

sie inniger und ganzheitlicher nicht vorzustellen ist. Ist nun auch das Element dieser gemeinsamen Lebensgeschichte das *Bett*: die zärtliche Umarmung, das Küssen, Streicheln, Herzen und Schmusen und schließlich die Befriedigung des sexuellen Begehrens, so ist dem Bett doch zugeordnet der *Tisch*: der alltägliche Haushalt mit seinen Aufgaben, Mühen, Sorgen und Verantwortungen. Das wechselseitige Versprechen bezieht sich darauf, über den Zauber einer Verliebtheit hinaus den Andern – die andere Frau, den anderen Mann – in seinem individuellen Person-Sein zu verstehen und in seinem Lebensgeschick zu begleiten und zu tragen. Dieses Verstehen, Begleiten und Tragen kommt wechselseitig zum Ausdruck im Blick und in der Stimme eines Wohlwollens, das sich selbst in Krisen und Konflikten bewährt, solange jenes konstitutive Versprechen in Kraft ist.

Hegel hat daher mit Recht – kritisch gegenüber der rein erotischen Neigung – die eheliche oder die geistige Liebe als den privaten Modus eines Lebens in wechselseitiger Anerkennung beschrieben und dafür den schönen Begriff der Innigkeit gebraucht.[49] Und Schleiermacher hat jedenfalls in den Vorlesungen über die „Christliche Sitte“ mit Recht dargetan, dass die gemeinsame Lebensgeschichte einer Ehe als ein Bildungsprozess zu begreifen ist, in dem wir uns in der Begegnung miteinander für die Zukunft einer Familie – und damit für die Fülle der ethischen Verantwortung vor Gott – öffnen.[50] Hegel wie Schleiermacher geben der Theologischen Ethik einen anspruchsvollen Begriff von Intimität an die Hand, der für die Kasualie der kirchlichen Trauung ebenso wie für die Eheberatung im Raum der Kirche und für die christliche Erziehung von erheblicher Bedeutung ist.

Beruht die gemeinsame Lebensgeschichte eines Mannes und einer Frau – zentriert um Tisch und Bett – auf der Kraft des wechselseitigen Versprechens und konkretisiert sie sich in jener dialogischen Form, in der wir uns aneinander und miteinander bilden, so ist die Rechtsgestalt der Ehe auf jeden Fall geboten und auf jeden Fall vorzugswürdig im Blick auf die gemeinsame – sei es natürliche, sei es soziale – Elternschaft.[51] Mit der Existenz des leiblichen oder des adoptierten Kindes gehen ein Mann und eine Frau – so gewiss die Existenz des Kindes ein tiefes Glück bedeutet, das wir im wagenden Vertrauen auf Gottes schöpferische Güte empfangen – eine Verpflichtung ein und nehmen sie eine Verantwortung auf sich, die das Wohl und das Recht des Kindes und seine künftige Lebensgeschichte im ganzheitlichen Sinne betrifft. Die Existenz des leiblichen oder des adoptierten Kindes versetzt die Eltern in die Rechte und in die Pflichten einer *Erziehungsgemeinschaft*, in der wir – wie der Glaube weiß und lehrt – an Gottes schöpferischem Walten und an dessen Heilssinn partizipieren.

Nun ist die spontane Wahrnehmung dieser Rechte und Pflichten und ihre verantwortliche Ausübung nicht ohne weiteres sicher erwartbar, weil die gemeinsame Lebensgeschichte der Eltern auch zu Bruch gehen und weil die Atmosphäre der Innigkeit scheitern kann. Eben wegen der Lebensgeschichte des Kindes – wegen seines Wohls und seines Rechts[52] – kann die Theologische Ethik den Rechtscharakter der Ehe und die daran geknüpften Vorschriften des Sorgerechts (BGB §§ 1626–1711) nur bestätigen.[53]

---

[49] Vgl. GEORG WILHELM FRIEDRICH HEGEL, Grundlinien der Philosophie des Rechts (wie Anm. 10), § 161 (150); § 164 (152ff.).

[50] FRIEDRICH SCHLEIERMACHER, CS 336–365.

[51] Vgl. hierzu INGO RICHTER, Art. Elternrecht: RGG⁴ 2, 1234–1240.

[52] Zur Lage der Kinder in den modernen Gesellschaften vgl. bes. die Denkschrift der EKD: „Aufwachsen in schwieriger Zeit. Kindheit in Gemeinde und Gesellschaft“ (1995); HELMUT HANISCH, Art. Kind/Kindheit IV. Sozialethisch; V. Sozialwissenschaftlich-pädagogisch und praktisch-theologisch: RGG^4 4, 970–971; 971–972.

[53] Zum Problem der Ehescheidung vgl. bes. die klugen Ausführungen von ALBERT STEIN, Art. Ehe/Eherecht/Ehescheidung IX. Praktisch-Theologisch: TRE 9, 355–362; bes. 358ff.

Aus alledem folgt: es ist der kirchlichen Öffentlichkeit und es ist vor allem der Theorie und der Praxis der kirchlichen Trauung nicht zu raten, die Ehe – wie es weithin geschieht – nur als das Institut der Innigkeit und der Liebe anzusehen. Gewiss wird die Kommunikation des Evangeliums in allen ihren Formen – nicht zuletzt in der Gemeindepädagogik und im Religionsunterricht – diejenige Intimität zu verstehen und zu fördern suchen, die das Innenverhältnis einer ganzheitlichen und umfassenden Lebensgemeinschaft auszeichnet. Sie wird jedoch der prekären Lage der Ehe unter den soziokulturellen Bedingungen der reflexiven Moderne vor allem dadurch aufhelfen, dass sie die Rechtsgestalt der Ehe entschieden an der Absicht auf gemeinsame Elternschaft orientiert und in der Absicht auf gemeinsame Elternschaft den ethisch zureichenden Grund ihrer lebenslangen Dauer sieht. Damit wirbt die Kommunikation des Evangeliums in der erfahrbaren Kirche auch für jenes Vertrauen in den ursprünglichen Schöpfungssinn der Geschlechtsgemeinschaft, ohne das es keine Haltung und Gesinnung der Offenheit für die Lebensgeschichte einer jungen Generation wird geben können. Es ist zu hoffen, dass diese Haltung und Gesinnung der Offenheit für die Lebensgeschichte einer heranwachsenden Generation in die Kultur der Gesellschaft ausstrahlt, zumal diese Haltung und Gesinnung für das Verständnis der stahlharten Themen der Wirtschaft und des Rechts, der Wissenschaft und der Technik von höchster Bedeutung ist.

Drittens: Nun kommt in der seelsorglichen Situation und in der Ehe- und Familien-Beratung immer wieder ein Problem zur Sprache, das keineswegs so selten ist und das nun doch in der Tradition der Theologischen Ethik meist schamhaft übergangen wird. Wir reden hier nicht von einer flüchtigen Affäre oder von einem kurzen Urlaubs-Flirt. Wir reden vielmehr von der „Liebe als Passion“: von jener Erfahrung eines reinen, radikalen, realen Gefallens zweier Menschen aneinander, die uns unwiderstehlich ergreifen kann auch neben einer ehelichen Liebe und womöglich im Konflikt mit ihr. Die Theologische Ethik ist im Interesse der Seelsorge und der Beratung aufgefordert, zum Nachdenken darüber anzuleiten, ob und wie das Zusammenbestehen einer ehelichen Liebe und einer Liebes-Geschichte ethisch gerechtfertigt sein kann, ohne dass diese sofort als Untreue, als Betrug oder als Ehebruch diffamiert wird. Die Theologische Ethik ist zumal deshalb dazu aufgefordert, weil nicht wenige Ehen am Konflikt zwischen der ehelichen Liebe und der Liebes-Geschichte zerbrechen.

Nun stellt das Zusammenbestehen einer ehelichen Liebe und einer Liebes-Geschichte ganz ohne Zweifel eine erhebliche Konflikt-Situation dar. Wie immer wir die Motive für eine Eheschließung und für das Begehren einer kirchlichen Trauung bestimmen können: die Ehe beruht ja auf dem wechselseitigen Versprechen, miteinander eine Lebensgemeinschaft einzugehen, wie sie – in guten wie in bösen Tagen – umfassender und ganzheitlicher nicht gedacht werden kann: zumal dann, wenn sie die gemeinsame Elternschaft und damit die Verantwortung einer Erziehungsgemeinschaft begründet. Wegen dieses Versprechens empfinden wir die Liebes-Geschichte eines Ehegatten als eine Bedrohung jener Intimität, die wir uns von der Lebensgemeinschaft der Ehe erwarten und erhoffen. Umgekehrt wird die Liebes-Geschichte eines Ehegatten, der das die Ehe konstituierende Versprechen ernst nimmt und selbst von ehelicher Liebe erfüllt ist, in der Erfahrung des Gewissens heftige Schuldvorwürfe auslösen, die dann wohl auch immer wieder das Gestehen-Wollen nahelegen. Welchen Rat kann die Theologische Ethik für diese Konflikt-Situation geben, zumal sie dafür keine befriedigende Orientierung an der Tradition der ethischen Urteilsbildung findet?

Wir haben die Gründe dafür genannt, dass die Theologische Ethik ihren Schwerpunkt und ihr Schwergewicht in der Güterlehre hat. Im Lichte dieser Grundentscheidung verstehen wir die Lebensgemeinschaft in der Rechtsgestalt der Ehe und die in ihr begründete gemeinsame Elternschaft als ein Gut, das wir als die geschlechtsbestimmte individuelle Person, die wir sind, zutiefst begehren. Im Lichte dieser Grundentscheidung verstehen wir allerdings auch die „Liebe als Passion“ – die Erfahrung eines reinen, radikalen, realen Wohlgefallens aneinander – als ein Gut, das sich, wie wir gesehen haben, auf eine schlechthin passionale Weise ereignet. Zwischen diesen Gütern – zwischen der ehelichen Liebe in ihrer langlebigen und unaufgeregten Alltäglichkeit und der Erfahrung der Leidenschaft des Eros – waltet offensichtlich eine Analogie. Ist auch die „Liebe als Passion“ ein begehrenswertes Gut, so ist auch sie im Spektrum der Güter unseres Zusammenlebens und zumal als Gleichnis der wahren Liebe Gottes ethisch gerechtfertigt.

Wenn die Lebensgemeinschaft einer ehelichen Liebe und die Liebes-Geschichte in einem analogen Sinne Güter sind, dann werden eine Ehe und eine Liebes-Geschichte auf die Dauer dann und nur dann zusammenbestehen können, wenn die Liebes-Geschichte als Geheimnis gewahrt bleibt.[54] Weil wir Menschen faktisch der Eifersucht, der Wut und der Angst vor dem Verlassen-Werden ausgesetzt sind, wird die Theologische Ethik dazu raten, eine Liebes-Geschichte zu verschweigen und auch alles zu unterlassen, was zu ihrer Ausforschung führen könnte. Das Modell der „offenen Ehe“, wie es unter dem Vorwand rücksichtsloser Aufrichtigkeit propagiert wird, wird aus leicht verständlichen Gründen scheitern. Das Zusammenbestehen einer Ehe und einer Liebes-Geschichte bedarf vielmehr in hohem Maße der Rücksicht, des Taktes und der größten Diskretion. Diese Rücksicht, dieser Takt und diese Diskretion sind es, die sowohl der Ehe als auch der Liebes-Geschichte den notwendigen Schutz gewähren. Sie sind die Bedingung, unter der wir einer ehelichen Liebe und einer Liebes-Geschichte die Treue bewahren, die ihnen zukommt.

5.1.4. Die Erziehung[55]

Wir sind davon ausgegangen, dass die Rechtsgestalt der Ehe auf jeden Fall geboten ist und vorzugswürdig ist im Blick auf die gemeinsame – sei es natürliche, sei es soziale – Elternschaft. So gewiss die Rechtsgestalt der Ehe das geistig-seelische Innenverhältnis der Ehegatten und dessen Innigkeit nicht garantiert, so gewiss ist sie ethisch begründet und gerechtfertigt, sofern sich das gemeinsame Leben der Ehegatten als das Leben einer *Erziehungsgemeinschaft* konkretisiert. Sind in der Geschlechtsgemeinschaft einer Ehe Kinder gewünscht, gewollt, gezeugt und geboren, so ist damit die Aufgabe und die Verantwortung begründet, dem Kind eine Erziehung im umfassenden Sinne angedeihen zu lassen. Die Theologische Ethik, die in der Güterlehre ihren Schwerpunkt und ihr Schwergewicht hat, wird daher eine Antwort auf die Frage suchen, wie sich die Aufgabe und die Verantwortung der Erziehung im Lichte des christlichen Glaubens darstellt. Sie besteht darauf, dass das kommunikative und interaktive Feld, das wir Erziehung nennen, zu allererst ein Thema der ethischen Theorie sei, und sie sucht von diesem Grundgedanken aus das Verhältnis zur Geschichte und zum gegenwärtigen Problembewusstsein der

---

[54] Das verkennt EILERT HERMS, Liebe, Sexualität, Ehe (wie Anm. 17), 427f., der im Übrigen mutig darauf hinweist, dass die „Liebe als Passion“, wie wir sie beschrieben haben, in unserer Lebensgeschichte keinen exklusiven Charakter besitzt.

[55] Vgl. hierzu bes.: TRUTZ RENDTORFF, Ethik. Bd. 2 (wie Anm. 39), 90–92; KARL ERNST NIPKOW, Moralerziehung. Pädagogische und theologische Antworten, Gütersloh 1981; DERS., Art. Erziehung: TRE 10, 232–254; REINER PREUL, Erziehung bei Luther – Luthers Bedeutung für die Erziehung, in: DERS., Luther und die Praktische Theologie. Beiträge zum kirchlichen Handeln in der Gegenwart (MThSt 25), Marburg 1989, 47–70; DERS., Erziehung als „gutes Werk“, in: WILFRIED HÄRLE/REINER PREUL (Hg.), Gute Werke (MJTh V), Marburg 1993, 95–115; DERS., Art. Erziehung VI. Ethisch: RGG^4 2, 1521–1524.

Pädagogik angemessen zu bestimmen. Als Thema der Theologischen Ethik ist die Erziehung grundlegend von Martin Luther verstanden worden, dessen Erziehungslehre in den letzten Jahren vor allem von Reiner Preul aufgenommen und im Verhältnis zur gegenwärtigen wissenschaftlichen Pädagogik entfaltet wurde. An seinen Beiträgen wollen wir uns im Folgenden orientieren, und zwar in vier Punkten.

Erstens: Im Lichte des christlichen Glaubens – des christlich-frommen Selbstbewusstseins der Person als Mitglied der Glaubensgemeinschaft der Kirche – ist die Erziehung nach Martin Luther „auff erden das aller edlist theurist werck".[56] Sie ist dasjenige gute Werk, dessen Gelingen die Fähigkeit der Person begründet, ihr Leben dem Dienst Gottes – dem Wirklich-Werden des Guten in allen seinen Hinsichten – zu widmen. Aus der Anschauung des Lebens und der Wirklichkeit, an der der Glaube in aller Vorläufigkeit und Angefochtenheit partizipiert, ergibt sich demnach ein ganz bestimmtes *Erziehungsziel* und ein ganz bestimmter *Erziehungsstil.*

Das Ziel der Erziehung besteht darin, den Kindern und der Jugend ein Leben in der Gewissheit des Glaubens und damit in dem Engagement der Liebe und in der Kraft der Hoffnung zu erschließen und sie eben auf diesem Boden mit allen Kenntnissen und Kompetenzen vertraut zu machen, die sie letzten Endes auch für die leitenden Positionen in der Kultur einer Gesellschaft tüchtig und nützlich machen. Nach Luther ist die Erziehung der Kinder und der Jugend ein Dienst, welchen die Eltern und damit die ältere Generation insgesamt Gott selbst und Gottes Wirken in der Versöhnung und in der Vollendung seines schöpferischen Wollens und Waltens leisten. Das gute Werk der Erziehung vollzieht sich also in jenem Horizont, den Luthers Lehre von den beiden Regierweisen Gottes zu beschreiben sucht. Wie sich die Eltern und damit die ältere Generation insgesamt darin als „cooperatores Dei" – als Mitarbeiter Gottes – erweisen, so ist dieses Werk darauf ausgerichtet, ein Leben in der Mitwirkung mit Gottes Wirken menschlich möglich zu machen. Im Lichte des Glaubens geurteilt nehmen die Eltern und damit die ältere Generation insgesamt in der Erziehung ihre Verantwortung für das allgemeine Priestertum aller Getauften und Glaubenden wahr (s. o. S. 247f.). Insofern konkretisiert sich in Luthers Erziehungsdenken die tiefe Einsicht in die Schlüsselstellung der Auslegung des 4. Gebots im Kleinen und im Großen Katechismus: die Kommunikation des Evangeliums im Ensemble der gottesdienstlichen Institutionen zielt auf diejenige alltägliche Kommunikation des Evangeliums, die sich zuvörderst in der Erziehung bewährt.[57]

Mit diesem Ziel des erzieherischen Handelns im privaten Raum einer Ehe und einer Familie – der Lebensführung in der Gewissheit des Glaubens – ist ein bestimmter Erziehungsstil verbunden. Diesen Erziehungsstil können wir genauer charakterisieren, wenn wir ihn mittels der Unterscheidung von funktionalen oder informellen und intentionalen oder formellen Aspekten des Erziehungsgeschehens erfassen. Mit dem Begriff der funktionalen oder der informellen Erziehung nehmen wir den Sachverhalt in den Blick, dass alle einzelnen Initiativen, Worte und Maßnahmen im Verhältnis zum Kind und zur jüngeren Generation die Art und Weise zum Ausdruck bringen, in der den (sei es natürlichen, sei es sozialen) Eltern die Wahrheit einer Glaubensweise – einer Anschauung des Lebens und der Wirklichkeit – erlebnismäßig vertraut ist. Solche erlebnismäßige Vertrautheit mit einer bestimmten Perspektive von Lebenssinn wird so oder so den Umgang prägen, in dem sich die intentionale oder formelle Erziehung abspielt.

Die Aufgabe einer Erziehungsgemeinschaft im privaten Raum einer Familie ist es infolgedessen nach reformatorischer Einsicht nicht nur, dass das erwachende *Freiheits-*

---

56 MARTIN LUTHER, WA 10/II; 301.
57 MARTIN LUTHER, Großer Katechismus: BSLK 586–605.

gefühl des Kindes und das Kindesrecht geachtet und respektiert werde; der Erziehungsstil wird vielmehr auch der Erfahrung des Glaubens verpflichtet sein, dass die Gewissheit des Glaubens und damit die Lebensführung aus Glauben sich letztlich dem erleuchtenden Wirken Gottes des Heiligen Geistes selbst verdankt. In beiden Hinsichten kennzeichnet es den christlichen Erziehungsstil, sich der unausweichlichen Selbstbegrenzung des erzieherischen Handelns bewusst zu sein und – nicht zuletzt in den Krisen und Konflikten einer Entwicklungsgeschichte – auf die Führung des göttlichen Geistes zu vertrauen.

Zweitens: Die sachgemäße Wahrnehmung der elterlichen Verantwortung für die Erziehung der Kinder zu einer Lebensführung in der Gewissheit des Glaubens, im Engagement der Liebe und in der Kraft der Hoffnung ist – wie wir immer wieder sehen werden – der elementare und undelegierbare Beitrag, den die Erziehungsgemeinschaft einer Ehe im privaten Raum der Familie für das Wirklich-Werden des Guten im Ganzen und für das Ganze eines Gemeinwesens leistet. Die Theologische Ethik weist im Rahmen ihrer Güterlehre diesem elementaren und undelegierbaren Beitrag geradezu eine Schlüsselfunktion in der Sorge der kirchlich verfassten Glaubensgemeinschaft für die Wohlordnung des sozialen Lebens in den Gemeinwesen einer Gesellschaft zu. Sie hat das Elternrecht und die Elternpflicht der Erziehung zu einer Lebensführung in der Gewissheit des Glaubens gegenüber den Trends eines hedonistischen Laissez-faire-Stils und einer sozialtechnologischen Bevormundung entschieden zu verteidigen; und angesichts der bedrückenden Erfahrung aus der Realität der Schule – der Erfahrung nämlich, in welchem problematischen Zustand sich die häusliche und familiale Erziehung vielfach befindet – wird sie dafür werben, dass sich die Erziehungsgemeinschaft der christlichen Ehe auf jenen ganzheitlichen Sinn von Erziehung besinnt. Was Religionspädagogik, Gemeindepädagogik und kirchliche Erwachsenenbildung hier zu helfen und zu entwickeln suchen, hat in den Einsichten der theologischen Güterlehre seinen realen Bezugspunkt.[58]

Wenn die Theologische Ethik in ihrer Güterlehre die sachgemäße Wahrnehmung der elterlichen Verantwortung für die Erziehung der Kinder zu einer Lebensführung in der Gewissheit des Glaubens einschärft, so macht sie von den religionstheoretischen und von den fundamentalanthropologischen Argumenten Gebrauch, die wir bereits in der Prinzipienlehre entwickelt hatten (s. o. S. 10ff.). Mit Hilfe dieser Argumente sucht sie den Streit und die Verständigung mit solchen Erziehungslehren und mit solchen Bildungstheorien, die meinen, dass die religiöse Erziehung – die uns Menschen mögliche und aufgetragene Einführung der Kinder und der jungen Generation in die Kommunikation des Evangeliums – jedenfalls keine wesentliche Dimension des erzieherischen Handelns sei und dass es jedenfalls in den öffentlichen Bildungseinrichtungen eine religionsneutrale, angeblich allgemeine moralische Erziehung zu praktizieren gelte.

Diese Meinung verkennt den fundamentalen Sachverhalt, der mit dem menschlichen Person-Sein ursprünglich gegeben ist (s. o. S. 125ff.) und von dessen klarer Erfassung jedes sachgemäße Ethos der Erziehung und jede sachgemäße Erziehungs- und Bildungslehre ausgeht. Für Wesen von der Seinsart des menschlichen Person-Seins ist es nämlich notwendig, das Gut des ihnen von Gott gegebenen Lebens in der Kommunikation und Interaktion mit den Anderen ihresgleichen zu erhalten, zu verteidigen und im Lichte einer bestimmten Sicht des Lebenssinnes zu vervollkommnen. Sie kommen nicht umhin, alle Grund- und Einzelentscheidungen ihrer Lebensführung im Lichte einer Sicht des

---

[58] Wie sehr es diesen praktisch-theologischen Subdisziplinen an einer Orientierung an der Güterlehre der Theologischen Ethik mangelt, zeigt der jüngste Beitrag zur Sache von MICHAEL DOMSGEN, Zur Bedeutung familialer Beziehungen für Theorie und Praxis der Gemeindepädagogik. Grundlegende Perspektiven, in: ZThK 106 (2009), 477–500.

Sinnes und des Zieles, im Lichte eines Worumwillen und eines Höchsten Gutes und also im Lichte einer Bestimmung ihres Lebens zu erwägen und zu treffen – zumal angesichts der Tatsache der Endlichkeit, die uns in der Erfahrung unserer Lebenszeit zwischen Geburt und zeitlichem Tod präsent ist. Wesen von der Seinsart des menschlichen Person-Seins sind durch sich selbst und in formaler Hinsicht darauf angewiesen, an einer inhaltlich bestimmten Anschauung des Lebens und der Wirklichkeit orientiert zu sein, wie sie in den mannigfachen religiös-weltanschaulichen Traditionen und in ihrer Zeichenpraxis mitgeteilt und überliefert wird.

Es gibt mithin das Recht und die Pflicht der christlichen Erziehung als einer Erziehung zur Lebensführung in der Gewissheit des christlichen Glaubens, weil das menschliche Erleben und Handeln sich grundsätzlich im Horizont einer Überzeugung bewegt, die als Kriterium aller Grund- und Einzelentscheidungen fungiert. Das gute Werk der Erziehung, die das Kind bzw. die junge Generation auf alters- und entwicklungsgerechte Weise in der Perspektive des Glaubens zu aufgeklärter und reflektierter Handlungsfähigkeit anleitet, ist auch und gerade vor dem Forum einer selbstkritischen Pädagogik gerechtfertigt. Ja, das christliche Verständnis der Ziele und der Stile des erzieherischen Handelns mag dem allgemeinen pädagogischen Diskurs deutlich machen, dass das Gelingen des erzieherischen Handelns letztlich nicht in unserer Macht steht.

Drittens: Nun kann die Erziehungsgemeinschaft einer Ehe im privaten Raum einer Familie die Aufgabe der Erziehung, wie wir sie bisher beschrieben haben, nicht vollständig bewältigen. Weil sich das selbstbewusste und selbstverantwortliche Leben der nachwachsenden Generation notwendigerweise in allen Subsystemen einer Gesellschaft abspielt, gibt es über die Verantwortung einer Erziehungsgemeinschaft hinaus die Bildungsverantwortung, die der Gesellschaft im Ganzen zukommt.[59] Sie hat ein System der Schulen, der Fachhochschulen und der Hohen Schulen einzurichten, auszustatten und in formaler Hinsicht zu ordnen, die der nachwachsenden Generation alle Kenntnisse und Fähigkeiten erschließt, die sie für ihr sittlich autonomes, für ihr selbstbewusstes und selbstverantwortliches Leben – also für ihr Leben *vor Gott* – braucht.

Freilich: die Art und Weise, in der in den modernen Gesellschaften der Staat – also die jeweils dominierende politische Mehrheit und ihre Schul- und Bildungsverwaltung – das öffentliche Bildungswesen beherrscht, muss in sozialethischer Hinsicht schweren Bedenken begegnen. Hier sorgt der Staat nicht nur in formaler Hinsicht für die allgemeine Gleichheit der Bildungschancen; hier stellt er vielmehr Rahmenrichtlinien und Curricula auf, in denen der notwendige Zusammenhang zwischen der lebens- und handlungsorientierenden Grundgewissheit der Person und den Kenntnissen und Fähigkeiten für die verschiedenen sozialen Positionen verhängnisvoll verkannt wird. Dieser Zusammenhang wird jedenfalls verkannt, wenn der Staat selbst die Inhalte eines Lebenskundeunterrichts ohne Rücksicht auf die religiösen Traditionen einer Anschauung des Lebens und der Wirklichkeit vorschreibt; dieser Zusammenhang wird aber auch verkannt, wenn im Spektrum der verschiedenen Fächer – sowohl der naturwissenschaftlichen als auch der kulturwissenschaftlichen! – die Frage nach der lebens- und handlungsorientierenden Grundgewissheit der Subjekte, die das Fach bestimmen, in einem technokratischen oder in einem naturalistische Sinne übergangen und totgeschwiegen wird. Aus der Sicht der Güterlehre einer Theologischen Ethik ist die Herrschaft des Staates über das öffentliche Bildungswesen in jeder Hinsicht unsachgemäß, und es ist vorherzusehen und vorherzu-

[59] Vgl. hierzu EILERT HERMS, Anforderungen des konsequenten weltanschaulich/religiösen Pluralismus an das öffentliche Bildungswesen, jetzt in: DERS., Zusammenleben im Widerstreit der Weltanschauungen (wie Anm. 17), 342–373; 361ff.

sagen, dass sie langfristig desorientierend wirken wird.[60] Die Theologische Ethik kann den politischen Parteien nur raten, sich für die inhaltliche Ausgestaltung der öffentlichen Bildungsverantwortung auf die Grundsätze zu besinnen, die Schleiermacher für die Selbstorganisation der Gemeinschaft des Wissens aufgestellt hat.[61]

Viertens: Wir kehren noch einmal zurück zum Thema der sachgemäßen Wahrnehmung der elterlichen Verantwortung für die Erziehung der Kinder und der jungen Generation zu einer Lebensführung in der Gewissheit des Glaubens, wie wir sie oben beschrieben haben. Wie die Dinge liegen, bedürfen Eltern aus mannigfachen Gründen mehr denn je einer Anleitung zu jenem ganzheitlichen Sinn von Erziehung und Bildung. Diese Anleitung hat ihren primären Ort im Kommunikationszusammenhang der erfahrbaren Gemeinde, auch wenn sie dort mit nicht geringen Schwierigkeiten konfrontiert ist. Den Projekten der kirchlichen Erwachsenenbildung und der Gemeindepädagogik ist daher mit vollem Recht daran gelegen, die Mitglieder der älteren Generation auf dem Weg zu derjenigen religiösen Mündigkeit zu begleiten, anzuregen und zu beraten, aus der die sachgemäße Wahrnehmung der elterlichen Verantwortung hervorgeht. Diese Projekte und ihre wissenschaftliche Förderung im Rahmen der Praktischen Theologie schließen sinnvoller- und notwendigerweise an die Güterlehre einer Theologischen Ethik an.[62] In ihnen kommt der Gemeingeist der kirchlich verfassten Glaubensgemeinschaft zur Geltung.

Diese religiöse Mündigkeit erwächst aus der Aufmerksamkeit auf die je eigene Glaubensgeschichte und damit auf die Bildung und Erziehung, die wir Gott selbst verdanken. Sie existiert in den elementaren Sprachformen des Glaubens: im Lied, im Gebet, in der Andacht. Hier gewinnt sie die individuelle Ausdruckskraft, die im Gespräch mit den Kindern und mit der Jugend zu bewähren ist. Insofern konkretisiert die Güterlehre der Theologischen Ethik, was im Rahmen der Dogmatik über die Frömmigkeit des angefochtenen Glaubens – des christlich-frommen Selbstbewusstseins – auszuführen ist.

5.1.5. Fazit

Wir haben die Güterlehre der Theologischen Ethik damit eröffnet, das Ethos des Glaubens in der privaten Sphäre des Lebens in der Familie, in der Liebe, in der Ehe und in der Erziehung zu charakterisieren.

Wir gingen aus von der Erkenntnis, dass die soziale Institution der Familie, in deren Sorge auch die Schließung einer Ehe fällt, im Laufe einer langen geschichtlichen Entwicklung in den Gesellschaften der euro-amerikanischen Moderne ihre genuinen Funktionen an die Organisationsformen der sozialen Subsysteme abgegeben hat. Mag ihr Zusammenhalt aus diesem Grunde auch besonderen Spannungen und Schwierigkeiten ausgesetzt sein, so ist und bleibt doch ihre Leistung für die Kultur ihrer jeweiligen Gesellschaft schlechterdings durch nichts zu ersetzen. Sie ist und bleibt in der Vielfalt der modernen Familienformen der lebensgeschichtliche Ort, an dem sich das „Humanvermögen" einer Gesellschaft im prägnanten Sinne dieses Ausdrucks bildet. Aus diesem Grunde muss das Leben der Familie von den verschiedenen Leistungsbereichen der Gesellschaft selbst und ihrer Öffentlichkeiten unterschieden bleiben. Das Ethos des Glaubens wird sich hier für diejenige Bestimmung der Bildung des „Humanvermögens" engagieren, die

---

60 Das kühne Gedankenexperiment, das EILERT HERMS (wie Anm. 59) zur Behebung dieses Übelstandes entwickelt, hat wohl keine reelle Realisierungschance!

61 Vgl. FRIEDRICH SCHLEIERMACHER, Ethik, 107–116.

62 Vgl. hierzu bes.: CHRISTIAN GRETHLEIN, Gemeindepädagogik, Berlin/New York 1994; NORBERT VOGEL, Art. Erwachsenenbildung: RGG^4 2, 1473–1478.

sich im schlechthin guten Werk der Erziehung konkretisiert. Denn das schlechthin gute Werk der Erziehung, wie es die Lebensgewissheit des Glaubens versteht, folgt dem Leitbild der sittlichen Autonomie – des Lebens in der Selbstverantwortung vor Gott –, das sich in der Mitwirkung und in der Mitgestaltung aller Leistungsbereiche der sozialen, geschichtlichen Welt bewährt. Insofern sprechen wir von der Schlüsselfunktion der Bildungsprozesse, die sich in der privaten Sphäre der Familie ereignen.

Von dieser Sicht der elementaren Bildungsfunktion der Familie ist unsere Darstellung des Ethos des Glaubens in der Ehe geprägt. Diese Darstellung nimmt Rücksicht auf den mentalitätsgeschichtlichen Trend, der das Rechtsinstitut der Ehe in die romantische Idee der wahren Liebe und der vollkommenen Liebeseinigkeit verwandelt. Angesichts der bedrückenden Zahl zerrütteter und gescheiterter Ehegeschichten plädieren wir demgegenüber für eine nüchterne Deutung der Ehe als einer Lebensform der Innigkeit, die auf dem wechselseitigen Versprechen beruht. Weil und sofern sie als Geschlechtsgemeinschaft für die Zeugung, für die Geburt, für die Lebensgeschichte des Kindes und damit für die nachwachsende Generation im Ganzen offen ist, wird die Glaubensgemeinschaft der Kirche und wird die Theologische Ethik die Institutsgarantie der Verfassung und damit die Rechtsgestalt der Ehe nachdrücklich verteidigen.

Wie die Freundschaft[63] so bedarf auch die personale Liebe als die Lebens- und Beziehungsform in der Einheit von Sexus und Eros der besonderen Aufmerksamkeit der Glaubensgemeinschaft und der Theologischen Ethik. Ist sie doch jenes Gut, das wir vor allen anderen Gütern dieser Weltzeit als das am meisten Freude bereitende Gut am meisten begehren und dessen passionale Erfahrung wir doch am wenigsten bewirken können. Indem wir die Lebens- und Beziehungsform der personalen Liebe in der Einheit von Sexus und Eros nach dem Vorbild des Hohen Liedes als Entsprechung zur Erfahrung der Liebe Gottes verstehen, weisen wir sie ein in das Leben des Glaubens in der Ordnung der Liebe und bewahren sie damit vor jenen Illusionen, die mit den sentimentalen Wünschen einer Liebes-Religion verbunden sind.[64]

Zwischenbetrachtung: Das Leitbild der erstrebenswerten Ordnung der Gesellschaft in der Sicht des christlichen Glaubens

Die Theologische Ethik hat ihren Schwerpunkt und ihr Schwergewicht in der Lehre von den Gütern, die wir als Mitglieder der kirchlich verfassten Glaubensgemeinschaft in der sprachlich-gedanklichen Kommunikation und in der praktischen Interaktion miteinander und mit den Mitgliedern anderweitiger Überzeugungsgemeinschaften in dieser Gesellschaft zu realisieren trachten. Damit die Theologische Ethik die Intentionen und die Realisierungschancen des gelebten Glaubens in diesen Kommunikationen und Interaktionen reflektieren kann, ist sie auf eine reine, auf eine kategoriale Theorie der Gesellschaft angewiesen. Diese Theorie lehrt uns das Gefüge der Institutionen und der Organisationen zu verstehen, in dem sich alle Kommunikation und alle Interaktion im Alltag

---

63 Vgl. hierzu bes.: HEINZ-HORST SCHREY, Art. Freundschaft: TRE 11, 590–599; HANS-HELMUTH GANDER, Art. Freundschaft IV. Philosophisch: RGG^4 3, 352; GERHARD VOWINCKEL, Art. Freundschaft V. Sozialwissenschaftlich: ebd. 353–355; WALTER SPARN, Art. Freundschaft VI. Systematisch-theologisch: ebd. 355–356.

64 Den Begriff des Lebens in der Ordnung der Liebe habe ich entfaltet in: KONRAD STOCK, Gottes wahre Liebe (wie Anm. 17), Kap. VI: Die Ordnung der Liebe (195–278).

bewegt. Wir haben eine solche reine oder kategoriale Theorie der Gesellschaft – im Anschluss an die Ideen Friedrich Schleiermachers und unter Aufnahme ihrer detaillierten Weiterentwicklung bei Eilert Herms – bereits in der Prinzipienlehre vorgestellt (s. o. S. 16ff.) und greifen jetzt darauf zurück.[65]

Im Einklang mit unser aller Lebenserfahrung haben wir dafür plädiert, die Institution der Familie und das in ihr verwurzelte Rechtsinstitut der Ehe den Subsystemen der Gesellschaft und ihren Organisationen zumal in ihrer modernen, ausdifferenzierten Form vorzuordnen. Wir haben sie als die unersetzliche vorpolitische Sphäre bezeichnet, in der das neugeborene Kind und die heranwachsende Jugend die Erfahrung des vorbehaltlosen Geliebt- und Anerkannt-Seins zu machen die Chance hat und in der sich ihm eine Sprache, eine Sitte und ein Lebensgefühl erschließt, das alle Aktionsweisen im öffentlichen Leben trägt. Und wie im Gefühl der mütterlichen und der väterlichen Liebe die Liebesfähigkeit des Menschen verankert ist, so verdankt er der Familie und der Elternschaft der Mutter und des Vaters die Erziehung, die ihn zur sittlichen Autonomie, zur Selbstverantwortung seines Lebens vor Gott führen will. Das Ethos der Familie und der Ehe, wie es in der kirchlich verfassten Gemeinschaft des Glaubens auf eine gewiss immer wieder schwierige, mit Scheitern bedrohte und angefochtene Weise zu pflegen ist, konkretisiert sich im guten Werk der Erziehung (s. o. S. 380ff.).

Nun existieren die Mitglieder einer Familie und die Partner einer Ehe – zumal unter den Bedingungen der euro-amerikanischen Moderne – notwendigerweise in den großen öffentlichen Leistungsbereichen oder Subsystemen, die miteinander eine Gesellschaft oder eine Kultur konstituieren. Wir definieren diese großen öffentlichen Leistungsbereiche oder Subsysteme als diejenigen Institutionen, in denen individuelle Personen durch ihr kommunikatives (symbolisierendes) und durch ihr interaktives (organisierendes) Handeln Güter erstreben, die für die Erhaltung, für die Verteidigung, für die Vervollkommnung des Lebens im Lichte seiner Bestimmung schlechthin wesentlich sind.

Dass diese Definition im Rahmen einer ausgeführten Güterlehre natürlich um das Moment des darstellenden, des expressiven Handelns zu ergänzen und zu erweitern ist, sei hier als Merkposten benannt. Eine vollständige Systematische Theologie wird sich auch der ästhetischen Erfahrung und ihrer Kommunikation in den verschiedenen Gattungen der *Kunst* zu widmen haben.

Gegenüber einem restriktiven Verständnis des Begriffs der Güter, wie es unüberlegterweise in der Beschreibung der Wirtschaft und im Diskurs der Wirtschaftswissenschaften Platz gegriffen hat, wird jedenfalls die Theologische Ethik von allem Anfang an mit Nachdruck einschärfen, dass alles kommunikative und alles interaktive Handeln in den öffentlichen Institutionen der Gesellschaft oder der Kultur Güter intendiert und darum Übel- oder Missstände zu vermeiden, zu bekämpfen und zu überwinden sucht. Neben den Gütern, welche wir durch wirtschaftliche Interaktion hervorbringen, wird die Theologische Ethik daher auch die Güter bedenken, die wir durch rechtlich-politische Interaktion hervorbringen; und neben den Gütern, die wir in den Lehr- und Lernprozessen des öffentlichen Bildungswesens und die wir in der Erforschung der natürlichen und der geschichtlichen Welt hervorbringen, richtet sich die ethische Aufmerksamkeit auf alle diejenigen Kommunikationsformen, in denen die ethische Orientierung der Person – ihr

---

[65] Erstaunlicherweise fehlt eine solche reine oder kategoriale Theorie der Gesellschaft nicht nur in den ethischen Partien der Kirchlichen Dogmatik Karl Barths und in den Beiträgen zu einer messianischen Theologie bei Jürgen Moltmann, sondern auch in jener Sozialethik, die sich ausdrücklich als Güterlehre präsentiert: im „Grundriß der Sozialethik“ von Martin Honecker (wie Anm. 1).

Lebenssinn und ihre Sicht der menschlichen Bestimmung und damit des *Höchsten Gutes* – entstehen kann. Die Genese der christlichen Bestimmtheit ethischer Orientierung im Geschehen des Wortes Gottes – also im Bedingungsgefüge von „äußerem Wort" und „innerem Wort" – bildete denn auch den Fokus unseres „Grundrisses der Dogmatik", in welchem die Verschränkung der dogmatischen und der ethischen Besinnung am deutlichsten zu sehen ist (s. o. S. 282ff.).

Die Güterlehre der Theologischen Ethik macht es sich entschieden zur Aufgabe, eine Antwort auf die Frage zu finden, wie wir den inneren sachlogischen Zusammenhang dieser verschiedenen Güterarten verstehen und in den Institutionen des kommunikativen wie des interaktiven Handelns intendieren können. Indem sie eine konsistente und kohärente Antwort auf diese Frage entwickelt, nimmt sie in den moralischen Diskursen der Gegenwart eine einsame Sonderstellung ein. Weder isoliert sie die ethische Betrachtung der verschiedenen sozialen Institutionen voneinander, wie dies typischerweise in der Etablierung von „Bereichsethiken" der Fall ist; noch beschränkt sie sich – wie die philosophischen Theorien des Ethischen – auf die Fragen einer Normenbegründung unter peinlicher Vermeidung aller Fragen, die es mit der Normenbefolgung zu tun haben. Gerade in ihrer Güterlehre wird jedenfalls die Theologische Ethik eine *integrative Ethik* im genauen Sinne des Wortes sein können. Indem sie von der christlichen Erkenntnis der Eigen-Art des Höchsten Gutes ausgeht, wie sie in der Dogmatik begrifflich präzisiert und entfaltet wird, entwirft sie ein Bild des *Gemeinwohls*, der *Wohlordnung*, der *Gerechtigkeit*, das im Sinne einer regulativen Idee gerade für den Zusammenhang der verschiedenen Güterarten – für ihre Beschreibung und für ihre ethische Beurteilung – in Geltung steht.

Wenn sich die Güterlehre der Theologischen Ethik auf die Beschreibung und auf die Beurteilung des Gefüges der sozialen Institutionen einlässt, so knüpft sie an das Ethos des Glaubens im guten Werk der Erziehung an. Wir haben im Anschluss an die wegweisenden Beiträge von Reiner Preul gezeigt, dass sich das gute Werk der Erziehung – sein Stil und sein Ziel – auf die aufgeklärte, auf die reflektierte Handlungsfähigkeit der Person im Ganzen ihrer Lebensführung richtet (s. o. S. 381ff.). Aufgeklärt und reflektiert nennen wir die Handlungsfähigkeit der Person auch und gerade in ihrer Teilnahme an den sozialen Institutionen, wenn sie geleitet und getragen ist von der Gewissheit der Wahrheit des Evangeliums: von dem lebens- und weltbejahenden Vertrauen auf das Wirken und Walten Gottes des Schöpfers und auf dessen Ziel in der unbedrohten ewigen Gemeinschaft mit ihm jenseits des Todes und durch den Tod hindurch. Aufgeklärt und reflektiert nennen wir mithin die Handlungsfähigkeit der Person, sofern sie von der Gewissheit dieses Zieles als ihres Höchsten Gutes erfüllt, getröstet und bewegt ist. Die Theologische Ethik sucht in ihrer Güterlehre zu erkunden, welche Erwartungen an das Gemeinwohl, an die Wohlordnung, an die Gerechtigkeit einer sozialen Formation und damit an den Inbegriff der sozialen Güter sich aus dieser Sicht des Höchsten Gutes – des Woraufhin und Worumwillen unseres Lebens in dieser Weltzeit – ergeben.

Natürlich kommen mit diesem Erkenntnisinteresse erhebliche Anforderungen auf die Theologische Ethik zu. Das sachgemäße Handeln in den sozialen Institutionen der Ökonomie, der rechtlich geordneten politischen Herrschaft, des öffentlichen Bildungswesens, der Wissenschaft und der Technik ist ja – jeweils bedingt, gefördert oder auch korrumpiert von den gewaltigen sozio-politischen Kämpfen und Konflikten der modernen Gesellschaften – das große Thema jener Wissenschaftsbetriebe, die wir der Kürze halber unter der Chiffre der *Sozialwissenschaften* zusammenfassen dürfen. Ohne gründliche, lernbereite und langfristige Dialoge mit den Vertretern dieser Wissenschaften wird das Erkenntnisinteresse der Theologischen Ethik nicht zum Ziel gelangen. Wenn wir uns hier um deren Grundlegung und um deren Grundriss bemühen, so sind wir uns der Grenzen dieses Unterfangens wohl bewusst. Umgekehrt hat die Theologische Ethik eben wegen ihrer integrativen Perspektive in solchen Dialogen ihrerseits die Chance, eingefahrene und festgefahrene Erkenntnismuster in der Arbeit der sozialwissenschaftlichen Fächer aufzudecken und auf diese Weise zu ihrer Korrektur anzuregen. Diese Chance gilt es um des Gemeinwohls, um der Wohlordnung, um der Gerechtigkeit der Gesellschaft willen zu nutzen. Indem die Theologische Ethik als Lehre von den sozialen Gütern diese Chance ergreift, bewegt sie sich in den Bahnen eines *christlichen Utilitarismus*.[66]

5.2. Das Ethos des Glaubens im Subsystem der Wirtschaft[67]

Wir Menschen alle kommen nackt zur Welt. Um das Leben, das uns schlechthin gegeben und schlechthin auferlegt ist – das Leben in leibhafter Personalität –, zu erhalten, zu verteidigen und im Lichte einer Sicht der menschlichen Bestimmung – ihres Woraufhin und Worumwillen, ihres Höchsten Gutes – zu führen und zu vervollkommnen, sind wir von allem Anfang an bis zu seinem Ende in dieser Weltzeit angewiesen auf *Lebensmittel*, die wir uns im denkbar weitesten Sinne vor Augen führen wollen. Solche Lebensmittel sind: Nahrung, Kleidung, Wohnung, Grund und Boden, Produktionsmittel, technische Geräte und Waffen, Verkehrswege und Verkehrsmittel, Heilmittel und Versorgung für den Fall der Krankheit und Vorsorge für den Fall der Not und für das Alter. Zu diesen Lebensmitteln im weiten und genauen Sinn des Wortes rechnen wir darüber hinaus auch die Materialien, die Gebäude und die sächliche Ausstattung, die wir für die Organisation der politischen Herrschaft und des Rechtswesens, für das öffentliche Schul- und Bildungswesen und für die Erforschung des natürlichen und des geschichtlichen Geschehens brauchen. Nicht nur der Sport und die Unterhaltung, sondern auch das Leben der verschiedenen Künste und nicht zuletzt die Formen der religiös-weltanschaulichen Orientierung und der Diakonie bedürfen jeweils einer Einrichtung, die aus der ökonomischen Sphäre einer Gesellschaft – aus der Realwirtschaft – zu beziehen ist. Und schließlich ist die wirtschaftliche Interaktion innerhalb einer Gesellschaft und zwischen den Gesellschaften vermittelt durch die Leistungen des Geld- und des Finanzsystems, auf dessen Grundlage und mit dessen Hilfe nicht nur die privaten Haushalte, sondern auch die Haushalte der Öffentlichen Hände und aller übrigen Wirtschaftssubjekte ihre Ein-

---

66 Vgl. hierzu jetzt FRANK AHLMANN, Nutz und Not des Nächsten. Grundlinien eines christlichen Utilitarismus im Anschluß an Martin Luther (Kieler Theologische Reihe 8), Berlin u. a. 2008.

67 Vgl. zum Folgenden bes.: ARTHUR F. UTZ (Hg.), Die Katholische Soziallehre und die Wirtschaftsordnung, Bonn 1991; Gemeinwohl und Eigennutz. Wirtschaftlliches Handeln in Verantwortung für die Zukunft. Eine Denkschrift der EKD. Hg. vom Kirchenamt der EKD, Gütersloh 1992^{2}; DANIEL DIETZFELBINGER, Art. Wirtschaftsethik: ESL (NA 2001) 1785–1790; TRUTZ RENDTORFF, Ethik. Bd. 2 (wie Anm. 39), 26–31; 46–49; 64–68; 81–85; 95–98; 109–114; 128–131; 154–158; 171–175; ARTHUR RICH, Wirtschaftsethik. Bd. 1: Grundlagen und theologische Perspektive, Gütersloh 1991^{4}; Bd. 2: Marktwirtschaft, Planwirtschaft, Weltwirtschaft aus sozialethischer Sicht, Gütersloh 1990; MARTIN HONECKER, Grundriß der Sozialethik (wie Anm. 1): Kap. VI. Wirtschaft (429–522); GÜNTER MECKENSTOCK, Wirtschaftsethik, Berlin/New York 1997, 147–212: Begriff der Wirtschaft; JOCHEN GERLACH, Das Zuordnungsverhältnis von Ethik und Ökonomik als Grundproblem der Wirtschaftsethik, in: WILHELM KORFF U. A. (Hg.), Handbuch der Wirtschaftsethik. Bd. 1: Verhältnisbestimmung von Wirtschaft und Ethik, Gütersloh 1999, 834–871; 876–883; DERS., Ethik und Wirtschaftstheorie. Modelle ökonomischer Wirtschaftsethik in theologischer Analyse (LLG 11), Gütersloh 2002; EILERT HERMS, Die Wirtschaft des Menschen. Beiträge zur Wirtschaftsethik, Tübingen 2004; DERS., Art. Wirtschaftsethik: RGG^{4} 8, 1621–1624.

nahmen erzielen und ihre Ausgaben bestreiten. Die einfache Lebenserfahrung zeigt uns, dass und in welcher Weise das Subsystem der Wirtschaft unsere sozialen Beziehungen in allen Lebensbereichen einer Gesellschaft oder einer Kultur berührt: es steht zu ihnen allen in *Interdependenz.*

Was wir im Folgenden vorlegen, kann nur eine allergröbste Skizze der Grundbegriffe der Ökonomie sein, in der die Mitglieder der christlichen Glaubensgemeinschaft mit den Mitgliedern der Gesamtgesellschaft im Ganzen hier und heute als Wirtschaftssubjekte koexistieren (5.2.1.). Diese Beschreibung setzt die historische Erforschung der revolutionären und konfliktträchtigen Prozesse voraus, die die industrielle Form der Produktion ökonomischer Güter zur dominierenden Form gemacht haben.[68] Sie will verstehen lassen, dass die wirtschaftliche Interaktion in allen ihren einzelnen Leistungen und Gegenleistungen auf rechtlichen Bedingungen beruht, die ihrerseits der Gegenstand des zivilen Rechts, der Rechtsgeschäftslehre und des Wirtschaftsrechts inklusive des Wirtschaftsstrafrechts im Ganzen sind (5.2.2.). Sie will darüber hinaus darauf aufmerksam machen, dass die verschiedenen Funktionen der Realwirtschaft – die Produktion und die Verteilung der ökonomischen Güter, die öffentlichen und die privaten Dienstleistungen, die soziale Sicherheit in Zeiten der Arbeitslosigkeit, der Krankheit und des Alters – auf die Stabilität des Geldwerts angewiesen sind, die ihrerseits einer geeigneten Notenbankverfassung bedarf (5.2.3.). Sie will ferner zeigen, dass es grundsätzlich dem christlichen Verständnis der Staatsziele und der Staatsaufgaben entspricht, auf dem Wege der Gesetzgebung und der Leistungsverwaltung im Sinne des Prinzips der Solidarität für die soziale Sicherheit insbesondere der lohnabhängigen Wirtschaftssubjekte zu sorgen (5.2.4.). Und sie will schließlich diejenige Ethosgestalt im Wirtschaftsprozess charakterisieren, die der christlichen Anschauung des Lebens und der Wirklichkeit gemäß ist (5.2.5.).

5.2.1. Grundbegriffe der Ökonomie

5.2.1.1. Bedarf und Bedürfnis

Wir haben damit begonnen, den Begriff der Lebensmittel in seiner ganzen Spannweite zu veranschaulichen. In dieser Spannweite nimmt er Bezug auf die schlichte Tatsache, dass unser aller Leben – das Leben in leibhafter Personalität – von Tag zu Tag auf die Erhaltung und auf die Sicherung seiner schieren Existenz angewiesen ist. Mit der schieren Existenz von Wesen, die sich als bestimmt zu selbstbestimmter Lebensführung im Lichte einer Sicht des Guten verstehen und verstehen müssen, sind also verschiedene *Bedarfe* gegeben. Diese Bedarfe variieren; nicht nur zwischen den verschiedenen Kulturen der sozialen Evolution, sondern auch innerhalb einer Kultur und sogar in der Lebensgeschichte eines Menschen. Was wir innerhalb einer Kultur und in der Lebensgeschichte eines Menschen jeweils als Bedarf verstehen, wollen wir mit dem Begriff des *Bedürfnisses* bezeichnen.[69] Wir interagieren miteinander im Subsystem der Wirtschaft, um alle die ökonomischen Bedürfnisse zu befriedigen, derer wir uns jeweils bewusst sind und zu deren Steigerung wir uns kritisch verhalten müssen. Mit dieser Formulierung sei daran erinnert, dass es über die ökonomischen Bedürfnisse hinaus weitere Bedürfnisse geben kann und gibt, die keineswegs durch ökonomisches Handeln und Leisten zu stillen sind. Diese Einsicht hat Konsequenzen für die Definition von Wirtschaft wie für den Dialog mit den Vertretern der verschiedenen Wirtschaftswissenschaften.

---

68 Vgl. in Kürze GERHARD VOSS, Art. Industrie, Industriegesellschaft, Industrialisierung: ESL (NA 2001) 718–722.

69 Vgl. GERHARD SCHERHORN, Art. Bedarf, Bedürfnis: ESL (NA 2001) 161–164.

5.2.1.2. Wirtschaft: Eine Definition

Im Horizont der jeweiligen ökonomischen Bedürfnisse, die wir denn auch als Antrieb empfinden und die wir in unserer Lebensführung zu befriedigen suchen, nennen wir Wirtschaft mit Eilert Herms den Inbegriff derjenigen menschlichen Tätigkeiten, „deren Ziel die Bereitstellung und Verteilung aller Mittel ist, die nicht nur für die Gewährleistung des *Lebens und Überlebens* der Gattung im Naturzusammenhang erforderlich sind, sondern für die Gewährleistung eines *guten* Lebens.“[70] Mit Hilfe dieser Definition können wir den Sachverhalt erfassen, dass über die Produktion und die Verteilung der ökonomischen Güter im primären wie im sekundären Sektor hinaus auch der rapide wachsende Bereich der Dienstleistungen des tertiären Sektors zum Subsystem der Wirtschaft gehört; mit ihrer Hilfe können wir aber auch berücksichtigen, dass wir mit der Erzielung eines Einkommens in den Subsystemen der politischen Herrschaft und des Rechtswesens, des öffentlichen Schul- und Bildungswesens, der religiös-weltanschaulichen Gemeinschaften und ihrer diakonischen Einrichtungen und nicht zuletzt im Leben der Kunst, der Unterhaltung und des Sports immer auch in den Wirtschaftsprozess verflochten sind (s. o. S. 388f.). Ja, auch der Wirtschaftsfaktor des Tourismus[71], die schwer zu greifende Schattenwirtschaft und die nach wie vor bestehende und wahrscheinlich in der Zukunft wachsende Subsistenzwirtschaft fallen unter die vorgeschlagene Definition.

5.2.1.3. Die wirtschaftliche Art des Nutzens

Indem wir in der Teilnahme am Prozess des Wirtschaftens unsere jeweiligen – wie gesagt: variablen und variierenden – Bedürfnisse zu befriedigen suchen, sind wir auf einen *Nutzen* aus[72], und zwar unter den Bedingungen tatsächlicher oder drohender Knappheit an Ressourcen, an wirtschaftlichen Gütern und an Geldkapital. Angesichts der Geschichte des Begriffs des Nutzens und angesichts seiner gegenwärtigen Verwendung empfiehlt es sich allerdings, klipp und klar zu sagen, dass die ökonomische Art des Nutzens – des Nutzens, den wir uns von ökonomischen Leistungen erwarten – beileibe nicht die einzige Art des Nutzens ist, so wenig sich die Bedingungen tatsächlicher oder drohender Knappheit auf den Prozess des Wirtschaftens beschränken lassen.[73] Nutzen im Sinne des Dienlich-Seins-Für, der Ermöglichung eines selbstbestimmt-freien Lebens – eines Lebens in sittlicher Autonomie im Lichte einer Sicht des Höchsten Gutes –, erwarten wir auch von der sachgemäßen Ordnung der politischen Herrschaft, von der sachgemäßen Ordnung des öffentlichen Schul- und Bildungswesens und nicht zuletzt von der sachgemäßen Kommunikation des Evangeliums in der Sphäre aller religiös-weltanschaulichen Überzeugungen. Erst im Kontext der verschiedenen Arten jenes Nutzens, die miteinander die Mittel für das selbstbestimmt-freie Leben im Lichte einer Sicht des Höchsten Gutes bilden, gewinnt der ökonomische Begriff des Nutzens seine klare Bestimmtheit. Solche klare Bestimmtheit wird es auch erlauben, berechtigte Intentionen des Utilitarismus in den Kontext der Güterlehre einer Theologischen Ethik einzuzeichnen (s. o. S. 388).

---

70 EILERT HERMS, Ethik und Ökonomik, jetzt in: DERS., Die Wirtschaft des Menschen (wie Anm. 67), 67.

71 Vgl. hierzu JÖRG HÜBNER, Art. Tourismus: ESL (NA 2001) 1606–1609.

72 Vgl. zum Folgenden JOACHIM VON SOOSTEN, Art. Nutzen: ESL (NA 2001) 1147–1150.

73 Darauf macht nachdrücklich aufmerksam EILERT HERMS, Ethik und Ökonomik (wie Anm. 67), 54–78; 62f.; 67ff.

5.2.1.4. Der Begriff Arbeit

Um nun die ökonomische Art des Nutzens zu erzielen, um also die Mittel für den Unterhalt des uns gegebenen und auferlegten Lebens im Interesse eines guten Lebens in ihrem ganzen Umfang zu produzieren, zu erwerben, zu kaufen oder zu verkaufen, sind wir auf *Arbeit* angewiesen: auf Arbeit, die jedenfalls im primären wie im sekundären Sektor der Realwirtschaft die Natur der Erde in Gebrauch nimmt, aneignet, eben „verarbeitet".[74] In einfachen Worten sagt das schon die jahwistische Schöpfungserzählung (Gen 2,15). Angesichts der komplizierten Geschichte des Arbeitsbegriffs und angesichts der gegenwärtig – jedenfalls in den hochentwickelten Industriegesellschaften – zu beobachtenden Veränderungen des Arbeitsmarktes gilt es heute zuvörderst, gewisse Beschränkungen in der Beschreibung von Arbeit zu erkennen und zu überwinden. Die industrielle Revolution hatte jedenfalls die Folge, unter dem Begriff der Arbeit einen – wenn nicht den entscheidenden – Produktionsfaktor innerhalb des sekundären Sektors zu verstehen, nach welchem sich denn auch der Wert der produzierten Güter bemessen lässt. Von diesem Verständnis der Arbeit ist die Geschichte und die Organisation der Arbeiterbewegung, aber auch die Konfliktpartnerschaft von Arbeitgebern und Arbeitnehmern und ihre Regelung im Arbeits- und im Streikrecht sowie im Partizipationsrecht nach wie vor geprägt. Es hat übrigens auch zu problematischen Unterscheidungen zwischen Kopfarbeit und Handarbeit, zwischen Disposition und Produktion geführt.

Nun haben wir schon oben darauf aufmerksam gemacht, dass wir nicht nur im Subsystem der verschiedenen Sektoren der Wirtschaft, sondern auch in den übrigen Funktionsbereichen der Gesellschaft ein Einkommen zu erzielen suchen (s. o. S. 390) – sei es aus Lohn oder aus Gehalt, sei es aus Gagen, Honoraren oder Tantiemen, sei es aus Renten oder aus Pensionen, sei es schließlich auch aus Erträgen und Gewinnen. Das spricht dafür, ein Verständnis von Arbeit zu entwickeln, welches den Typus der lohnabhängigen Tätigkeit in den Betrieben und den Unternehmen des primären und vor allem des sekundären Sektors entschränkt und im Sinne der reformatorischen Bestimmung des „status oeconomicus" und des Berufs erweitert.[75] Dieses entschränkte und erweiterte Verständnis von Arbeit legt sich zumal deshalb nahe, weil wir aller Voraussicht nach Produktionsverfahren entgegengehen, die in wachsendem Maße strukturelle Arbeitslosigkeit in lohnabhängigen Beschäftigungsverhältnissen nach sich ziehen werden.[76]

Es dürfte daher aktuell geboten sein, unter dem Ausdruck „Arbeit" den Inbegriff der Tätigkeiten zu verstehen, die es den Mitgliedern eines privaten Haushalts möglich machen, alle diejenigen Mittel für eine selbstbestimmt-freie Lebensführung – für das Leben in sittlicher Autonomie oder in der Verantwortung vor Gott – zu erwerben, anzueignen oder anzuschaffen, die im Interesse eines guten Lebens zu ihrem ökonomischen Nutzen

---

[74] Vgl. zum Folgenden bes.: WERNER CONZE/MANFRED RIEDEL, Art. Arbeit: GGB I (1972), 154–215; HORST DIETRICH PREUSS/MICHAEL BROCKE/HENNEKE GÜLZOW/JACQUES LE GOFF/KARL-HEINZ ZUR MÜHLEN/MARTIN HONECKER/GÜNTER BRAKELMANN, Art. Arbeit I.–VIII.: TRE 3, 613–669; TRAUGOTT JÄHNICHEN, Art. Arbeit: ESL (NA 2001) 56–67; GÜNTER KEHRER/JÜRGEN EBACH/GÜNTER BRAKELMANN/HANS RUH/SEVERIN MÜLLER, Art. Arbeit I.–VI.: RGG[4] 1, 678–687. – Es gehört übrigens zu den rätselhaften Einseitigkeiten Søren Kierkegaards, in fundamentalanthropologischer Absicht zwar den „Begriff Angst", nicht aber den „Begriff Arbeit" entfaltet zu haben.

[75] Vgl. hierzu bes. GUSTAV WINGREN, Luthers Lehre vom Beruf, München 1952.

[76] Vgl. hierzu die Überlegungen von EILERT HERMS, Zukunft der Erwerbsarbeit – Zukunft der Gesellschaft, in: DERS., Die Wirtschaft des Menschen (wie Anm. 67), 284–303. – Zum Problem der Arbeitslosigkeit vgl. bes.: HERMANN SAUTTER, Art. Arbeitslosigkeit: RGG[4] 1, 698–701; SIEGFRIED KATTERLE, Art. Arbeitslosigkeit: ESL (NA 2001) 83–87.

nötig sind. Diese Definition ist offen für die mannigfachen neuen Formen einer Subsistenzwirtschaft in Stadt und Land[77], die einen strukturellen Wandel in der Arbeitsmarktverfassung indizieren. Und sie erlaubt es, auch die Tätigkeiten im Handwerk und im tertiären Sektor, vor allem aber auch in den Bereichen der politischen Herrschaft und des Rechts, des Bildungswesens und der Wissenschaft, der Kirche und der Künste und nicht zuletzt jedenfalls des professionellen Sports als Formen der Arbeit zu erfassen – wie wir ja beispielsweise von einer wissenschaftlichen Arbeit oder von der Arbeit an einem Roman oder an einer Oper oder an einem Film sprechen.[78] In diesem weiten und umfassenden Sinne dürfen wir – im Gegensatz zu den feudalen, wenn auch gewiss noch immer fortbestehenden Besitzverhältnissen – in der menschlichen Arbeit die Quelle aller Eigentumsrechte als Verfügungsrechte sehen. Dass das Wesen der Arbeit – wie Karl Marx in seiner berühmten Kritik an Hegels „Phänomenologie des Geistes" behauptet hatte – geradezu als die „Selbsterzeugung des Menschen" aufzufassen sei[79]: das ist nun freilich eine kategoriale Entgleisung, die sich in der sozialistischen Ökonomie und Ökonomik auf das Verhängnisvollste ausgewirkt hat und die – wie wir noch zeigen werden (s. u. S. 406f.) – dem christlichen Verständnis des Mensch-Seins und der erstrebenswerten Ordnung der Gesellschaft zutiefst widerspricht.

Wenn wir dafür plädieren, den Begriff der Arbeit als der Quelle von Eigentums- oder Verfügungsrechten über die Tätigkeitsformen in den Sektoren des Wirtschaftslebens hinaus zu entschränken, so übersehen wir keineswegs die besondere Härte, Schwere, Öde und Eintönigkeit, unter der sich namentlich die Arbeit im primären und im sekundären Sektor vollzogen hat und – insbesondere auch in den Ökonomien der Schwellen- und Entwicklungsländer – immer noch vollzieht. Trotz aller technisch bedingten Fortschritte in der Organisation der Arbeitsprozesse behält der Begriff der *entfremdeten Arbeit* daher sein Recht und seine kritisch-diagnostische Kraft. Mit ihm charakterisieren wir jedenfalls solche Arbeitsverhältnisse, die die freie Selbstverantwortung der Person auch und gerade im Bereich des technisch-produzierenden Handelns systematisch behindern oder gar unmöglich machen. Die auf die Arbeitslehre Frederick W. Taylors zurückgehende Einrichtung des *Fließbands* in den Fabriken Henry Fords steht als sinnfälliges Zeichen für eine Arbeitsorganisation, die zur Quelle psychischer Deformation geworden ist und werden muss.

Es ist anzuerkennen, dass jedenfalls in den hochentwickelten Industriegesellschaften rechtlich-politische Regelungen entworfen und durchgesetzt wurden, die die Problematik der entfremdeten Arbeit lösen wollen. Zu ihnen zählt in allererster Linie das umfangreiche Arbeitsrecht[80], das seit geraumer Zeit denn auch ein wichtiges Teilgebiet innerhalb der Rechtswissenschaften geworden ist. Zu ihnen zählt insbesondere auch die Gesetzgebung über die Mitbestimmung und über die Betriebsverfassung, die der Vertretung der Arbeitnehmerschaft bestimmte Möglichkeiten der Partizipation zuspricht.[81] Alle diese Regelungen – sie gehen vor allem auch auf Initiativen der Gewerkschaften zurück – wollen der Idee einer Humanisierung der Arbeitswelt zum Durchbruch verhelfen. Freilich ändern alle

---

77 Vgl. GERHARD SCHERHORN, Art. Subsistenz, Subsistenzwirtschaft: ESL (NA 2001) 1567–1570.

78 Mit KARL VALENTIN zu reden: Kunst ist schön, macht aber viel Arbeit.

79 KARL MARX, Ökonomisch-philosophische Manuskripte (1844), jetzt in: MEW, Erg.Bd. I, Berlin 1968, 574. Vgl. 546: „die ganze sogenannte Weltgeschichte ist nichts anderes als die Erzeugung des Menschen durch die menschliche Arbeit."

80 Vgl. hierzu ULRICH PREIS/MICHAEL GOTTHARDT, Art. Arbeitsrecht: ESL (NA 2001) 92–110.

81 Vgl. hierzu GERHARD LEMINSKY, Art. Mitbestimmung: ESL (NA 2001) 1089–1096. – Wie sich die deutsche Gesetzgebung in europäisches Recht umsetzen lassen wird, ist derzeit noch eine offene Frage.

diese Bestimmungen nichts an der Tatsache, dass das lohnabhängige Arbeitsverhältnis den Entscheidungen des Unternehmens – und damit den Entscheidungen des Managements und letztlich den Entscheidungen der Eigentümer des Unternehmenskapitals – unterliegt. Damit sind wir auf individualethische, auf organisationsethische und auf sozialethische Fragen hingewiesen, auf die wir noch zurückkommen werden (s. u. S. 407ff.).

5.2.1.5. Der Markt, der Wettbewerb und die Ordnung des Marktes[82]

Aus der alltäglichen Anschauung leibhafter ökonomischer Interaktion in einem Laden oder auf einem öffentlichen Platz entlehnt, verwenden wir den Ausdruck „Markt" in einem übertragenen Sinne für jegliches Zusammentreffen von Wirtschaftssubjekten, die im Interesse ihres ökonomischen Nutzens entweder als Anbieter oder als Nachfrager auftreten. In allen Formen solchen Zusammentreffens vollzieht sich ein *Tausch*, der seit der Erfindung des Geldes und zumal seit der Einführung von Kreditgeld zu hoher Effizienz gelangt ist. In solchen Tauschaktionen kann grundsätzlich alles gehandelt werden, was ein „privates Gut" ist, was also einem Wirtschaftssubjekt gehört und was von anderen Wirtschaftssubjekten gesucht wird: nicht allein die Erzeugnisse des primären und des sekundären Sektors, sondern auch die Arbeitsleistungen in diesen Sektoren, die vielfältigen Dienstleistungen (bis hin zu Pflegediensten), die Anteile an Unternehmungen (die Aktien) und die Werke der Kunst. Auch für den Tausch von Geldkapital (Geld, das nicht durch Investitionen gebunden ist) gibt es Märkte. Märkte sind grundsätzlich dezentral.

Es ist nun allerdings geschichtliche Erfahrung, dass – im Gegensatz zu der deistisch geprägten Überzeugung von der „unsichtbaren Hand" – die Koordination zwischen Anbietern und Nachfragern auf den verschiedenen Märkten aus mannigfachen Gründen schief laufen kann: es gibt das Marktversagen. Und es ist ebenso geschichtliche Erfahrung, dass die Tauschaktionen zwischen den Wirtschaftssubjekten in jeder Hinsicht auf politisch gesetzte und politisch durchzusetzende Rahmenbedingungen angewiesen sind.

Zu diesen Rahmenbedingungen rechnen wir in allererster Linie den Rechtsschutz (s. u. S. 397ff.). Alle Tauschaktionen auf den verschiedenen Märkten stellen Rechtsgeschäfte dar (BGB §§ 104–186), die Schuldverhältnisse begründen (BGB §§ 241–432) und deren Erfüllung gegebenenfalls einzuklagen ist. Alle Tauschaktionen auf den verschiedenen Märkten sind abhängig von der Infrastruktur und von der Inneren Sicherheit, die wir vom Staat erwarten. Alle Elemente des Marktes – der Wettbewerb zwischen den Anbietern, die Aushandlung angemessener Löhne und Gehälter nach dem Prinzip der Tarifautonomie, die Stabilität des Geldwerts – sind Gegenstand des staatlich gesetzten Rechts und damit Gegenstand politischer Willensbildung, die zwischen den politischen Parteien strittig sein kann. Vollzieht sich die Allokation der wirtschaftlichen Güter auf Märkten, so können Märkte ohne solche Rahmenbedingungen gar nicht funktionieren.

Zu den fundamentalen Rahmenbedingungen der wirtschaftlichen Interaktion gehört nun insbesondere – jedenfalls in der Bundesrepublik Deutschland – die Entscheidung für das Programm einer Sozialen Marktwirtschaft. Wie es von Alfred Müller-Armack, Wilhelm Röpke, Walter Eucken und anderen konzipiert worden ist, beruht es auf den leidvollen Erfahrungen der kriegsbedingten staatlichen Wirtschaftslenkung, der zentralen Planwirtschaft und der Verarmung weiter Schichten der Bevölkerung seit dem Ersten Weltkrieg und der Weltwirtschaftskrise zwischen 1929 und 1932. Dieses Programm will

---

[82] Vgl. zum folgenden bes.: CHRISTIAN WATRIN, Art. Marktwirtschaft, Soziale: ESL (NA 2001) 995–998; DERS., Art. Marktwirtschaft: ESL (NA 2001) 999–1001; HERMANN SAUTTER, Art. Markt/Märkte: RGG^4 5, 838–839; DERS., Art. Marktwirtschaft: ebd. 839–841.

die Leistungsfähigkeit einer Marktverfassung und den Gedanken des sozialen Ausgleichs und der sozialen Sicherheit in den Risiken der Wirtschaftsprozesse miteinander verknüpfen. Es plädiert dafür, die Potentiale des Wettbewerbs gegen alle möglichen Verzerrungen zu verteidigen, die politische Ordnung des Rechts der Wirtschaft zu pflegen und die Stabilität des Geldwerts zu erhalten, um auf diesen Grundlagen ein nachhaltiges System sozialer Sicherheit finanzieren zu können.

Wie mit dem Ausdruck „Markt" so übertragen wir mit dem Ausdruck „Wettbewerb" den Namen für ein lebensweltliches Gebilde – etwa für den sportlichen Kampf oder für den Wettstreit in der Kunst oder im Film – auf die Rivalität, die zwischen Anbietern von ökonomischen Gütern und Dienstleistungen um die Gunst der Nachfrager, also um den Abschluss von Geschäften besteht.[83] Wenn wir von der geschichtlichen Erfahrung ausgehen, dass plan- oder verwaltungswirtschaftliche Konzeptionen einer Wirtschaftsordnung über kurz oder lang zum Scheitern verurteilt sind und wenn wir dementsprechend die grundrechtliche Garantie der unternehmerischen Freiheit auch ethisch akzeptieren, so gibt es zur Funktion des Wettbewerbs im Wirtschaftsleben keine Alternative. Sie ist geradezu als die Funktion eines Entdeckungsverfahrens für neue Lösungen ökonomischer Probleme beschrieben worden.[84] Allerdings reagiert die Geschichte der staatlichen Wettbewerbspolitik und des nationalen wie des europäischen Wettbewerbsrechts auf die Tatsache, dass die Praxis des Wettbewerbs nicht von sich aus rechtsförmig und moralbestimmt ist, sondern mannigfache Erscheinungen der Unlauterkeit und des Verstoßes gegen die guten Sitten kennt. Wenn das politisch gesetzte Recht solche Erscheinungen zu begrenzen und zu behindern sucht, verweist es von sich aus auf die ethische Aufgabe der Selbstbegrenzung der Wirtschaftssubjekte, die sich rechtlich-politisch nicht erzwingen lässt (s. u. S. 405f.).[85]

Ob und in welcher Weise das Element des sozialen Ausgleichs und der sozialen Sicherheit sich unter Krisenbedingungen weiterentwickeln und realisieren lässt, werden wir noch diskutieren (s. u. S. 403ff.).

5.2.1.6. Das Eigentum[86]

Wie der Begriff der Arbeit so hat auch der Begriff des Eigentums eine komplizierte Geschichte durchlaufen. Sie war und sie ist geprägt von normativen Gesichtspunkten und Bestimmungen, die sich teils der biblischen Überlieferung – insonderheit dem Alten

---

83 Vgl. zum folgenden WOLFGANG KERBER, Art. Wettbewerb, Wettbewerbspolitik: ESL (NA 2001) 1755–1764; ULRICH IMMENGA, Art. Wettbewerbsrecht: ebd. 1764–1768.

84 Vgl. FRIEDRICH AUGUST VON HAYEK, Der Wettbewerb als Entdeckungsverfahren, Kiel 1968.

85 Mit dem Element des Wettbewerbs ist natürlich überhaupt auf die Werbung – auf die Werbewirtschaft als Teil des Wirtschaftslebens – und insbesondere auf die ethisch problematischen Erscheinungen der „Kult-Werbung" (jüngstes Beispiel: BMW ist FREUDE) verwiesen, die erst in einer ausgeführten Güterlehre diskutiert werden können.

86 Vgl. zum Folgenden bes.: JÜRGEN EBACH/ZEEV W. FALK/HELMUT MERKEL/ERIC OSBORN/HANS-JÜRGEN GOERTZ/GÖRAN LANTZ/JÜRGEN BLÜHDORN, Art. Eigentum I.–X.: TRE 9, 404–460 (Lit.!); GERHARD BREIDENSTEIN, Das Eigentum und seine Verteilung, Stuttgart/Berlin 1968; DANIEL DIETZFELBINGER, Art. Eigentum, sozialethisch: ESL (NA 2001) 313–317; LUTZ VAN RADEN, Art. Eigentum, zivil- und verfassungsrechtlich: ebd. 317–321; MARTIN HONECKER, Konzept einer sozialethischen Theorie. Grundfragen evangelischer Sozialethik, Tübingen 1971, 129–146; DERS., Grundriß der Sozialethik (wie Anm. 1), 471–487; DERS., Art. Eigentum IV. Kirchen- und theologiegeschichtlich, ethisch: RGG^4 2, 1147–1152; ARNO ANZENBACHER U. A., Wandlungen im Verständnis und in der Begründung von Eigentum und Eigentums-Ordnung, in: WILHELM KORFF U. A., (Hg.), Handbuch der Wirtschaftsethik. Bd. 1 (wie Anm. 67), 50–87 (Lit.).

Testament –, teils den philosophischen Lebenslehren der Antike, teils dem Römischen Recht verdanken. In dieser Geschichte ist stillschweigend vorausgesetzt, dass das Begriffswort „Eigentum“ ein dingliches Recht bezeichnet: ein Recht an beweglichen, aber auch an unbeweglichen Sachen – an Grund und Boden, an Immobilien, an Produktionsstätten und Produktionsmitteln –, das ein Eigentümer auf welche Weise auch immer erworben hat.[87]

Die Theoriegeschichte des Eigentums beschäftigt sich denn auch mit der Frage, auf welchem Wege es in der Geschichte der Menschengattung überhaupt zur Entstehung eines Verfügungs- und Nutzungsrechtes an beweglichen wie an unbeweglichen Sachen gekommen und aus welchen Gründen und in welchen Grenzen das Rechts-Institut des Eigentums ethisch legitim oder gar erstrebenswert und vorzugswürdig sei. Nicht nur die scholastische Begründung einer Ordnung des Privateigentums[88], sondern auch die reformatorischen Ansätze zu einer Ethik des „status oeconomicus“ unter dem Gesichtspunkt der Nützlichkeit und der solidarischen Hilfe gehen davon aus, dass es zum Wesen und zur Bestimmung des menschlichen Daseins gehört, um der Erhaltung, der Verteidigung und der Vervollkommnung des Lebens willen über ökonomische Güter verfügen und sie mit anderen ökonomischen Gütern tauschen zu können.[89] Insofern weist das Rechts-Institut des Eigentums zurück auf das Verständnis des Mensch-Seins als bestimmt zu freier Selbstbestimmung, zu sittlicher Autonomie im Lichte einer Idee des Höchsten Gutes.

Im Zusammenhang unserer Skizze der Grundbegriffe der Ökonomie kommt es nun darauf an zu sehen, dass das Rechts-Institut des Eigentums unter den Bedingungen der industriellen Produktionsweise, aber auch wegen der Ausbildung des tertiären Sektors eine erhebliche Veränderung erfahren hat und noch erfährt. Wir haben uns auf diese Veränderung bereits eingestellt, als wir den Vorschlag unterbreiteten, den Begriff der Arbeit zu entschränken und ihn auf alle Tätigkeiten zu beziehen, durch die wir im Ganzen des sozialen Lebens am Prozess der wirtschaftlichen Nutzenstiftung teilnehmen (s. o. S. 390). In dieser unserer Gegenwart erfährt das Rechts-Institut des Eigentums wenigstens in zweifacher Hinsicht einen tiefgreifenden Wandel. In diesen beiden Hinsichten erfassen wir die Alternative zu dem politischen Prinzip des Marxismus-Leninismus – der Aufhebung des Privateigentums an Produktionsmitteln und ihre Vergesellschaftung –, wie sie das Projekt der Sozialen Marktwirtschaft formuliert und wie sie unter bestimmten Bedingungen ethisch erstrebenswert und vorzugswürdig ist (s. o. S. 393f.).

Erstens: Verglichen mit der Eigentums-Debatte in vorindustrieller Zeit, die – wie gesagt – vornehmlich am Verfügungsrecht über bewegliche und unbewegliche Sachen orientiert war, werden wir heutzutage das Begriffswort „Eigentum“ auf ein weites Spektrum ökonomischer Güter beziehen dürfen, auf die uns ein Anspruch zusteht. Zu diesem weiten Spektrum rechnen wir das geistige Eigentum an wissenschaftlichen Leistungen, an den Werken der verschiedenen Kunstgattungen und an den technischen Erfindungen: also das Eigentum an immateriellen Gütern, das für bestimmte und begrenzte Zeiträume der ökonomischen Nutzung Dritter entzogen sein soll. Zu diesem weiten Spektrum rechnen wir darüber hinaus vor allem auch die Rechte, die uns das staatliche Handeln auf dem Gebiet der Sozialen Sicherheit einräumt und die wir notfalls einklagen können. Schließlich dürfen wir auch die individuellen Anteile an Versicherungen, an Genossen-

---

87 Erzwungener Verkauf oder entschädigungslose Enteignung – wie im Projekt der „Arisierung“ der Wirtschaft des Deutschen Reiches seit 1938 geschehen – bleibe hier außer Betracht.

88 Vgl. THOMAS VON AQUINO, STh 2–2 q. 66.

89 Vgl. hierzu auch WOLFHART PANNENBERG, Anthropologie in theologischer Perspektive, Göttingen 1983, 404–415.

schaften oder an Kapitalgesellschaften unter das Begriffswort „Eigentum" subsumieren. Wenn das Grundgesetz der Bundesrepublik Deutschland das Rechts-Institut des Eigentums garantiert (Art. 14 GG), so gilt diese Garantie für sämtliche Funktionen, in denen uns das Eigentum heutzutage begegnet. Sie schließt übrigens Enteignungen keineswegs aus, bindet sie aber an strenge gesetzliche Regeln (Art. 14 Abs. 3 GG) und gebietet dafür eine angemessene Entschädigung.

Zweitens: Wenn das Rechts-Institut des Eigentums in seinen mannigfachen Funktionen die grund- und verfassungsrechtliche Garantie genießt, so ist es offensichtlich wie das wirtschaftliche Leben im Ganzen auf eine politisch gesetzte und durchgesetzte rechtliche Rahmenordnung angewiesen (s. u. S. 397ff.). Ohne solche rechtliche Rahmenordnung würden alle diese Verfügungsrechte in der Luft hängen, immer in Gefahr, gewaltsam oder mit List und Tücke entwendet zu werden. In diesem Zusammenhang wird verständlich, dass die grund- und verfassungsrechtliche Garantie dem Eigentum in seinen verschiedenen Funktionen im Umkehrschluss eine soziale Bindung oder eine Sozialpflichtigkeit zumutet (Art. 14 Abs. 2 GG). Der rechtliche Schutz des wirtschaftlichen Lebens und der soziale Ausgleich zwischen den Klassen, den Schichten oder den Gruppen einer Gesellschaft; das öffentliche Schul- und Bildungswesen; die innere und die äußere Sicherheit: all dies sind Leistungen, ohne die es auch nicht möglich wäre, Eigentumsverhältnisse zu begründen, zu erhalten und gegebenenfalls zu stiften und zu vererben. Insofern ist die Rechtspflicht der sozialen Bindung des Eigentums – sie wird vor allem greifbar in der Steuerpflicht[90] – auch ethisch gut begründet. Dass die Steuergesetzgebung des modernen Leistungs- und Verwaltungsstaates die auch ethisch gut begründete Steuerpflicht in höchst reformbedürftiger Weise regelt, das steht auf einem anderen Blatt.

Nun wird die Güterlehre einer Theologischen Ethik die solidarische und subsidiäre Verpflichtung des Eigentums – zumal des Eigentums an großen Vermögen – nicht auf die loyale Erfüllung der Steuerpflicht beschränken. Vielmehr wird sie im Lichte ihrer Bestimmung des Höchsten Gutes den Umgang mit dem Eigentum und das Verhältnis zum Eigentum zum Thema einer individualethischen Betrachtung machen (s. u. S. 407f.). Sie wird also davon ausgehen, dass die Gewissheit des Glaubens die Person in eine letzte Distanz zu den ökonomischen Gütern bringt, über die wir individuelle Verfügungsrechte haben; und zwar deshalb, weil die Gewissheit des Glaubens in der Erfahrung der Liebe und in der Kraft der Hoffnung auf die Vollendung dieses unseres Lebens über diese Weltzeit hinaus und durch den Tod hindurch aus ist. Die Theologische Ethik wird aus diesem Grunde in der Glaubensgemeinschaft der Kirche dafür werben, dass deren Mitglieder ihre individuellen Verfügungsrechte über das Maß der Steuerpflicht hinaus verwenden, um – zumal in den Gesellschaften der Dritten Welt – die Not des Nächsten zu beheben und um auch dort für lebensdienliche Verhältnisse zu kämpfen. Und sie wird – mit oder ohne Zustimmung der ökonomischen Elite – in der gesellschaftlichen Öffentlichkeit darauf aufmerksam machen, dass die Fixierung auf das Eigentum – zumal auf das Eigentum an Geldvermögen – eine psychische Deformation zur Folge hat, die ihrerseits zum Desinteresse an einer erstrebenswerten und vorzugswürdigen Gestalt sozialer Ordnung führt.[91]

---

90 Vgl. hierzu KARL-HEINRICH HANSMEYER, Art. Steuer, Steuerpolitik: ESL (NA 2001) 1550–1553.

91 Hier wird sich eine Koalition ergeben mit den Gedanken, die entwickelt hat ERICH FROMM, Haben oder Sein. Die seelischen Grundlagen einer neuen Gesellschaft (am. 1976), dt. München 2004[32] (!).

5.2.2. Das Recht in der Wirtschaft

Wir haben elementare Grundbegriffe der wirtschaftlichen Interaktion entwickelt und dabei stillschweigend angenommen, dass die wirtschaftliche Nutzenstiftung sich in einem Rahmen rechtlicher Normen abspielt. Diese Annahme wollen wir nun in der gebotenen Kürze erläutern; wir wollen darauf aufmerksam machen, dass der Wirtschaftsprozess einer komplexen rechtlichen Ordnung bedarf, die letzten Endes politisch gesetzt, garantiert und nach bestimmten Prinzipien auch veränderbar ist. Der Wirtschaftsprozess bedarf einer komplexen rechtlichen Ordnung, weil er sich in jeder Hinsicht in Rechtsverhältnissen zwischen den Wirtschaftssubjekten vollzieht und weil es zu den Aufgaben des Staates gehört, die Konflikte zwischen den Wirtschaftssubjekten zu schlichten und die Verstöße gegen geltendes Recht zu ahnden. Konfrontiert mit der Tatsache der Wirtschaftskriminalität im kleinen wie im großen und im größten Maßstab, wird die Güterlehre einer Theologischen Ethik auch das Wirtschaftsstrafrecht und die Einrichtung von Wirtschaftsstrafkammern bei den Landgerichten würdigen.[92]

Alle einzelnen Schritte im Wirtschaftsleben – angefangen vom Kauf einer Curry-Wurst oder einer Eintrittskarte über die Begründung eines Arbeitsverhältnisses oder die Anmietung einer Wohnung bis hin zu Investitionen in die private Altersvorsorge oder in einen neuen Produktionsstandort – haben rechtlichen Charakter. In ihnen treten Wirtschaftssubjekte als Partner eines sei es informellen sei es formellen *Vertrags* auf. Ein solcher Vertrag hat seinen Grund im Einverständnis der vertragsschließenden Parteien, und er entfaltet eine weitreichende Bindungswirkung. Sind die vertragsschließenden Parteien auch grundsätzlich frei, Verträge auszuhandeln und abzuschließen, so ist doch namentlich die Bindungswirkung in den zivilrechtlichen Codices – wie etwa in dem BGB – sorgfältig geregelt. Die Rechtswissenschaft erörtert die Elemente des Vertrags im Rahmen der Rechtsgeschäftslehre, und sie kommt in diesem Zusammenhang auch auf das Problem des Machtungleichgewichts der Vertragspartner und auf das Postulat des gerechten Vertrags zu sprechen.[93]

Nun ist die wirtschaftliche Vertragsfreiheit und insbesondere die grundrechtlich garantierte Unternehmerfreiheit (Art. 2; Art. 12; Art. 14 GG) über das allgemeine Vertragsrecht hinaus in umfassender Weise rechtlich normiert. Zu dem Gefüge der Rechtsnormen, die hier zu beachten und zu befolgen sind, zählen nicht nur die Bestimmungen des Unternehmensrechts über die verschiedenen Rechtsformen, in denen Unternehmen als juristische Personen agieren können; zu ihnen zählen auch die sozialpolitisch motivierten Vorschriften, die dem Schutz des Verbrauchers wie der Gesundheit der Arbeitnehmer und der Angestellten dienen sollen. Wir wollen hier vor allem auch an diejenigen Gesetze erinnern, die gegen die Beschränkungen des Wettbewerbs gerichtet sind und die dafür besondere Aufsichtsbehörden vorsehen – wie z. B. in Deutschland das Bundeskartellamt. Hier soll den Gefahren einer „Vermachtung" namentlich im sekundären Sektor des Wirtschaftslebens vorgebeugt werden.

Im Anschluss an das lebensweltliche Gebilde des Vertrags als einer bindungswirksamen Form des Austauschs wirtschaftlicher Güter und Dienstleistungen hat sich – wie wir nur in gröbsten Strichen exemplarisch zeigen konnten – eine umfassende Verrechtlichung des Subsystems der Wirtschaft entwickelt. Wir müssen es uns versagen, diesen

---

[92] Im Folgenden stütze ich mich auf MARTIN NETTESHEIM, Art. Wirtschaftsrecht: RGG[4] 8, 1631–1633; sowie auf MANFRED ERNST MÖHRENSCHLAGER, Art. Wirtschaftskriminalität: ESL (NA 2001) 1801–1802.

[93] Vgl. hierzu bes. JAN SCHAPP, Grundfragen der Rechtsgeschäftslehre, Tübingen 1986.

geschichtlichen Befund durch weitere Hinweise auf europäisches und internationales Wirtschaftsrecht zu ergänzen. Er macht auf alle Fälle deutlich, dass das Subsystem der Wirtschaft in hohem Maße abhängig ist von den politischen Institutionen der Gesetzgebung, der Verwaltung und der Rechtsprechung. Von ihnen wird erwartet, dass sie die Gesichtspunkte des Gemeinwohls zur Geltung bringen und diejenige Verlässlichkeit und Vertrauenswürdigkeit erzeugen, ohne die nicht einmal das einfachste Rechtsgeschäft zustande käme. Wie hat die Güterlehre der Theologischen Ethik diesen Trend zur umfassenden Verrechtlichung der Ökonomie zu bewerten?

Wir greifen vor (s. u. S. 432ff.). Ganz ohne Zweifel gehört es zu den Aufgaben des staatlichen Handelns, der wirtschaftlichen Nutzenstiftung einen rechtlichen Rahmen zu geben, auf dessen Sicherheit und auf dessen Erwartbarkeit man sich verlassen kann. Und ebenso gehört es zu den Aufgaben des staatlichen Handelns, Verfahren zu entwickeln, die die Bereitschaft zu arglistiger Täuschung und Betrug, zum Missbrauch wirtschaftlicher Macht und zu Geschäften auf den Märkten der Pornographie, der Prostitution und des Rauschgifts in die Schranken weist. Dennoch werden wir den Trend zur umfassenden Verrechtlichung des Wirtschaftslebens als das Symptom eines mangelhaften und abstrakten Verstehens des Lebens und der Wirklichkeit, als das Symptom einer schweren und tiefen Krise bewerten müssen. Die Rechtsordnung, die der Staat dem Wirtschaftsleben gibt, kann die Bereitschaft zu Betrug und Täuschung, zum Missbrauch wirtschaftlicher Macht und zu verwerflichen Geschäften zwar erschweren und behindern; aber begrenzt und überwunden werden wird diese Bereitschaft letztlich nur kraft jener Selbstbegrenzung der Wirtschaftssubjekte – kraft ihres inneren „Nein“ –, das sich ihrem *gebildeten Selbstinteresse* verdankt.[94]

Nun verfügt weder das Wirtschaftsleben noch das Gefüge der politischen Institutionen über die notwendigen und hinreichenden Bedingungen, unter denen dies gebildete Selbstinteresse im Selbstgefühl und in der Gesinnung der Wirtschaftssubjekte entstehen kann. Diese notwendigen und hinreichenden Bedingungen haben ihren Ort vielmehr in jener Kommunikation, in der es um „die letzten Dinge“ geht: um eine Sicht des guten Lebens und um die Lebensführung im Horizont des Höchsten Gutes. Die regelmäßige Vergegenwärtigung des Evangeliums wird in ihren verschiedenen Formen und Institutionen die Lebensführung im Horizont des Höchsten Gutes – nämlich der Erfahrung der Liebe Gottes im Erscheinen des Christus Jesus und des Lebens in der Ordnung der Liebe, die die Blindheit der Sünde für Gottes Schöpfer-Sein überwindet – begründen und tragen können.

Es ist aus diesen Gründen der Systematischen Theologie als Ganzes aufgegeben, den sozialen Ort der Glaubensgemeinschaft der Kirche in der Gesellschaft präsent zu halten und theoretisch zu begreifen; nur sie und sie allein vermag dies im Gefüge der theologischen Fächer zu leisten. Indem sie den sozialen Ort der Glaubensgemeinschaft der Kirche in der Gesellschaft präsent hält und theoretisch expliziert, entfaltet sie, was im Gemeingeist der Glaubensgemeinschaft auch und gerade in Hinsicht auf das ökonomische Handeln erstrebenswert und vorzugswürdig ist. So hilft sie den Mitgliedern der Glaubensgemeinschaft je in ihrer sozialen Situation, die Wirtschaftssubjekte und die Sachwalter der politischen Institutionen daran zu erinnern, dass Vertragstreue, Rechtsloyalität, Lauterkeit und Sorgfalt letzten Endes solche Tugenden sind, die sich auf keine andere Weise als in der Teilnahme an den Institutionen der religiös-weltanschaulichen Kommunikation bilden. Um dieser Tugenden willen, die das politisch gesetzte Recht bei aller

---

94 Ich folge damit einem zentralen Argument der Beiträge zur Wirtschaftsethik von EILERT HERMS (vgl. z. B.: Private Vices – Public Benefits? Eine alte These im Lichte der Neuen Institutionen-Ökonomik, jetzt in: DERS., Die Wirtschaft des Menschen [wie Anm. 67], 178–197; 196f.).

seiner faktischen Notwendigkeit nicht garantieren kann, ist eben die religiös-weltanschauliche Kommunikation – und in ihrer Sphäre die Kommunikation des Evangeliums – selbst als ein Gut zu respektieren, zu fördern und zu pflegen. Auf diese Bestimmung des Verhältnisses zwischen dem Recht in der Wirtschaft und dem Ethos in der Wirtschaft kommen wir noch zurück (s. u. S. 411f.).

5.2.3. Das Geld und die Stabilität des Geldwerts[95]

Wir sind davon ausgegangen, dass sich die ökonomische Interaktion in der Kultur einer Gesellschaft nicht auf die Prozesse innerhalb des primären, des sekundären und des tertiären Bereichs einer Volkswirtschaft beschränkt. Vielmehr bedürfen auch die Leistungen, die wir innerhalb der politisch verfassten Rechtsordnung und der Verwaltung, innerhalb des Schul- und Bildungswesens und der Wissenschaft, innerhalb der religiösen Glaubens- und Überzeugungsgemeinschaften und der Kunst erwarten und erbringen, einer sächlichen und einer finanziellen Ausstattung. Je mehr die Kultur einer Gesellschaft nicht nur von der Teilung der Arbeit in der Produktion der ökonomischen Güter, sondern auch von der Gliederung der Fähigkeiten und der Kompetenzen in allen ihren Funktionsbereichen bestimmt ist, desto mehr bedarf sie eines Tauschmittels. Dieses Tauschmittel ist das Geld, wie wir es nach einer langen geschichtlichen Entwicklung vom Sachgeld über das Metallgeld heute als Papiergeld oder als Giralgeld bzw. als elektronisches Geld kennen. Mit Hilfe des Geldes zahlen wir den Preis, den wir für den Wert eines Produkts, einer Dienstleistung, einer Sicherheit für den Fall der Not, der Krankheit und des Alters, aber auch für die Kosten einer Ausbildung, einer beruflichen Position, einer religiösen Unterweisung oder eines Kunstgenusses zu entrichten bereit sind. Und mit Hilfe des Geldes finanzieren wir – in der Form der Steuern, der Beiträge, der Prämien und der Abgaben – alle die notwendigen Aufgaben, welche die einzelnen Funktionsbereiche der Gesellschaft für die selbstbestimmt-freie Lebensführung der Person im Lichte einer Sicht des Höchsten Gutes zu bewältigen haben.

Dem Geld kommen also verschiedene Funktionen zu. Es dient nicht nur als Zahlungsmittel, sondern es indiziert zugleich den Wert, den eine Sache, eine Dienstleistung, eine Sicherheit für uns hat; es informiert uns über den Preis, den wir für den Wert einer Sache, einer Dienstleistung, einer Sicherheit zu zahlen haben; es erlaubt es uns zu sparen, Guthaben zu unterhalten, Rücklagen zu bilden und also für ökonomische Möglichkeiten in der vorhersehbaren Zukunft zu sorgen; und es macht es uns möglich zu investieren und zu leihen, zu schenken, zu spenden, zu stiften und zu vererben. Für unsere Teilhabe an der Realwirtschaft nicht nur, sondern auch an den Leistungen der übrigen Subsysteme und nicht zuletzt für unser diakonisches und solidarisches Engagement hat das Geldwesen und damit die Finanzwirtschaft, die es in der Organisation der Banken vermittelt, eine entscheidende instrumentelle Bedeutung.

Aus diesem Grunde ist es – wie wir nach allen Erfahrungen mit Inflation verstehen werden – von erheblichem politischem und ethischem Interesse, den Wert des Geldes dauerhaft stabil zu halten.

Der Wert des Geldes ist deshalb ein Problem, weil das Geld in seiner heutigen Form als Papiergeld, als Giralgeld oder als elektronisches Geld der Deckung bedarf. Diese

95 Vgl. zum Folgenden bes.: GUNTER STEINMANN, Art. Geld, Geldsystem, Geldpolitik: ESL (NA 2001) 530–538; DERS., Art. Inflation: ebd. 722–725; HANS TIETMEYER, Art. Geld I. Allgemein, begrifflich, geschichtlich: RGG^4 3, 597–599; Art. Geld III. Soziologisch, volkswirtschaftlich, ethisch: ebd. 599–602; MARTIN HONECKER, Art. Geld II. Historisch und ethisch: TRE 12, 278–298; GÜNTER MECKENSTOCK, Wirtschaftsethik (wie Anm. 67), 258–273.

Deckung besteht nicht in den einzelnen Erzeugnissen oder Leistungen als solchen, sondern in der Wertschöpfung, die eine Volkswirtschaft als ganze – auch mit ihren außenwirtschaftlichen Beziehungen – hervorbringt und die in ihrem Preisniveau repräsentiert ist. Wegen dieser ihrer Relation zur Wertschöpfung einer Volkswirtschaft im Ganzen bleibt eine Geldmenge nicht gleich; sie kann vielmehr aufgrund der Fortschritte in der Produktivität, aufgrund neuer Dienstleistungen und aufgrund der Steigerung der Einkommen aus Löhnen, Gehältern, Renten, Dividenden, Zinsen und Gewinnen „wachsen". Sie wächst, indem die Notenbank oder die Zentralbank neues Geld ausgibt und den Geschäftsbanken zur Verfügung stellt.

Nun ist die Geldschöpfung nicht von sich aus stabil. Ihre Stabilität kann vielmehr bedroht werden durch Maßnahmen und Entscheidungen, die hauptsächlich der Staat aus – durchaus diskutablen und beachtenswerten – wirtschafts- und sozialpolitischen Gründen trifft: aus Gründen, die uns übrigens auch auf die Gegensätze zwischen den wirtschaftswissenschaftlichen Schulen – dem Keynesianismus und dem Monetarismus – verweisen und die uns letztlich auf die Grundspannung zwischen den individuellen Verfügungsrechten und der sozialen Verpflichtung der Person zurückführen. Nur eine ausgeführte Wirtschaftsethik als Teil einer Güterlehre wird diese Gründe angemessen diskutieren können. Soviel aber leuchtet ein, dass das übermäßige Wachstum der Geldmenge – also eine galoppierende Inflation – wichtige und ethisch gerechtfertigte Ziele der ökonomischen Interaktion und ihrer politischen Steuerung gefährdet. Sie „schädigt die Funktionsfähigkeit von Wirtschaft und Gemeinwesen."[96]

Das ökonomische Subsystem bedarf daher einer Geldverfassung, die geeignet und in der Lage ist, die aus ethischen Gründen erstrebenswerte und vorzugswürdige Stabilität des Geldwerts zu hüten und gegebenenfalls auch gegenüber den Finanzplanungen der politischen Parteien des Staates durchzusetzen. Als die entscheidende Instanz einer solchen Geldverfassung erweist sich die Zentralbank, und zwar gerade in ihrer politisch gewollten und politisch garantierten Unabhängigkeit, wie sie zuletzt mit der Gründung der Europäischen Zentralbank festgeschrieben wurde. Allerdings reicht die Unabhängigkeit der Zentralbank – wie die dramatischen Ereignisse der Jahre 2008 und 2009 bewiesen haben – als solche bei weitem nicht hin, um katastrophale Entgleisungen des Bankensystems zu verhindern; nur strenge Aufsicht über die Politik der Geschäftsbanken – die ja mit anvertrauten Geldern handeln – wird es möglich machen, in der Zukunft jenen bodenlosen Leichtsinn und jene unvorstellbare Habgier zu erschweren, die erste Adressen der Geldwirtschaft hier an den Tag gelegt haben.

5.2.4. Soziale Sicherheit[97]

Zu den wesentlichen Aufgaben und Zielen der wirtschaftlichen Interaktion gehört es letzten Endes, Vorsorge treffen zu können für die Fälle der Not, der Krankheit, der temporären oder der dauernden Arbeitslosigkeit, des Alters und der Pflegebedürftigkeit und

96 HANS TIETMEYER, Art. Geld III (wie Anm. 95), 601.

97 Vgl. zum Folgenden bes.: Die soziale Sicherung im Industriezeitalter. Eine Denkschrift der Kammer für soziale Ordnung der Evangelischen Kirche in Deutschland. Hg. vom Rat der Evangelischen Kirche in Deutschland (1973), jetzt in: Die Denkschriften der Evangelischen Kirche in Deutschland. Bd. 2: Soziale Ordnung. Mit einer Einführung von EBERHARD MÜLLER, Gütersloh 1978, 113–158; DIETER CANSIER, Art. Sicherheit, soziale: RGG[4] 7, 1297–1298; STEFAN MUCKEL, Art. Sozialhilfe: RGG[4] 7, 1488–1489; EILERT HERMS, Sozialgesetzgebung aus der Sicht evangelischer Sozialethik, in: DERS., Die Wirtschaft des Menschen (wie Anm. 67), 304–326.

endlich für den Fall des Todes: also für alle diejenigen *Risiken*, die auch nach der christlichen Sicht des Lebens und der Wirklichkeit der geschaffenen Person auferlegt sind.

In aller Geschichte war es die Funktion der Familie, ihren Mitgliedern den Schutz zu gewähren, der solche Risiken überstehen und ertragen lässt. Nun lässt bereits das Alte Testament erkennen, dass die Familie unter bestimmten sozio-politischen Bedingungen diese ihre ureigene Funktion nicht mehr zu erfüllen vermag. Deshalb richtet sich hier die dringende Erwartung an JHWH, für die Barmherzigkeit oder das Erbarmen namentlich gegenüber den Armen, den Schwachen, den Witwen und den Waisen, ja sogar gegenüber dem Vieh Sorge zu tragen.[98] Das Alte Testament ist denn auch zur maßgeblichen Quelle eines Programms sozialer Solidarität in der Not geworden.

Erst recht sind die Vorsorge- und die Schutzfunktionen der Familie schwer erschüttert worden in der Phase der Frühindustrialisierung, die zumal für die lohnabhängige Arbeiterschaft eine sich ausbreitende Massenarmut mit sich brachte. Auf die „soziale Frage" reagierte – beispielsweise im Deutschen Reich während der Kanzlerschaft Otto von Bismarcks – der Staat – also das politische Teilsystem der Gesellschaft –, indem er zwischen 1883 und 1889 eine Kranken-, eine Unfall- und eine Altersversicherung gesetzlich regelte und damit die Grundlagen für ein System Sozialer Sicherheit legte, das wir heute als ein unveräußerliches und unaufgebbares Staatsziel erachten und dessen mannigfache Einzelgesetze etwa für die Bundesrepublik Deutschland im *Sozialgesetzbuch* zusammengefasst sind.[99] Nach dem Grundgesetz (Art. 20; Art. 28) versteht sich der Staat der Bundesrepublik Deutschland als Sozialstaat.[100] Und die Ausführung und die Optimierung des Sozialstaatsgebots ergibt sich aus der Konzeption der verschiedenen Sozialversicherungen: der Arbeitslosenversicherung, der Gesetzlichen Rentenversicherung, der Gesetzlichen Krankenversicherung, der Gesetzlichen Pflegeversicherung und schließlich der Unfallversicherung.[101] Für Rechtsstreitigkeiten aus diesen verschiedenen Versicherungsverhältnissen, die ja allesamt einen Leistungsanspruch begründen, hat der Staat eine eigene Sozialgerichtsbarkeit geschaffen, die freilich vor dem Missbrauch durch ungezählte Klagen auf der Basis der Prozesskostenhilfe nicht gefeit ist.

Das System der Sozialen Sicherheit, wie es in der Bundesrepublik Deutschland entwickelt wurde, droht nun nach Ansicht weitblickender Beobachter in eine schwere Krise zu geraten.[102]

Erstens sind wir nach längeren Phasen der Vollbeschäftigung mit einer Arbeitslosigkeit konfrontiert, die sich als ziemlich unabhängig von dem Verlauf der wirtschaftlichen Konjunkturen erweist. *Zweitens* nimmt – wie schon erwähnt (s. o. S. 390) – in dem Bereich der Schatten- und der Subsistenzwirtschaft, aber auch in der Begründung selbständiger Existenzen die Zahl der atypischen Beschäftigungsverhältnisse zu, die keine Beiträge zu den gesetzlichen Versicherungen leisten. *Drittens* befinden wir uns in einer demographischen Entwicklung, die nach den heute möglichen Prognosen das zahlenmäßige Verhältnis zwischen der jüngeren und der älteren Generation und damit zwischen den Beiträgern und den Empfängern sozialer Leistungen dramatisch verschlechtern wird. Die ethische Basis des Systems Sozialer Sicherheit – die Übertragung eines selbstverständlichen solidarischen Generationenvertrags innerhalb der Familie auf die

---

98 Vgl. hierzu HORST DIETRICH PREUSS, Art. Barmherzigkeit I. Altes Testament: TRE 5, 215–224; bes. 220f.

99 Vgl. hierzu TRAUGOTT WULFHORST, Art. Sozialgesetzbuch: ESL (NA 2001) 1458–1459.

100 Vgl. hierzu LOTHAR WIEDEMANN, Art. Sozialstaat: ESL (NA 2001) 1486–1491.

101 Vgl. hierzu und zum folgenden WERNER SESSELMEIER, Art. Sozialversicherung: ESL (NA 2001) 1491–1507.

102 Vgl. zum folgenden bes. WERNER SESSELMEIER (wie Anm. 101), 1505–1507.

Gemeinschaft einer Gesellschaft – und deren rechtlich-politische Ausgestaltung droht ins Wanken zu geraten, weil die öffentlichen Haushalte ihre Zuschüsse zu den gesetzlichen Versicherungen nur noch um den Preis wachsender Staatsverschuldung werden finanzieren können. Übrigens ist auch die Effizienz der sozialen Leistungsverwaltung der Überprüfung und der Kontrolle bedürftig.

In dieser Lage ist die Güterlehre einer Theologischen Ethik gefragt, was sie im Lichte ihrer Prinzipien zum Verstehen und gegebenenfalls zur Lösung des Problems beizutragen hat. Sie wird sich für die Beantwortung dieser Frage stützen können auf die geschichtliche Erfahrung, die wir im Gesundheitswesen mit der freigemeinnützigen Trägerschaft des Krankenhauses und der Pflegeeinrichtungen – sowohl der Kirchen als auch der Freien Wohlfahrtsverbände – machen. Sie wird also im Gegensatz zur Politisierung und zur Ökonomisierung des Sozialen – wie sie die Europäische Union betreibt – den Ausbau der „intermediären Organisationen" zwischen „Markt" und „Staat" befürworten.[103] Indem sie ihre geschichtliche Erfahrung in Erinnerung und einer überaus vergesslichen Öffentlichkeit zu Bewusstsein bringt, intendiert die Güterlehre einer Theologischen Ethik nicht nur nachhaltige Korrekturen in der Theorie des Sozialen – namentlich in der notwendigen Debatte mit den diensthabenden Soziologien; sie wird auch wegen ihrer unaufgebbaren Rückbindung an die Einsichten der Dogmatik zeigen können, dass das solidarische Handeln in den Risiken des Lebens seine immer wieder sich erneuernde Quelle in der Liebe und in der Hoffnung des Glaubens und damit in der Kommunikation des Evangeliums hat (s. o. S. 325f.).

Wir gehen hier im Vorgriff auf die Darstellung des Ethos des Politischen (s. u. S. 412ff.) davon aus, dass der Staat als der souveräne Gesetzgeber die Aufgabe und die Kompetenz besitzt, auch für das solidarische Handeln der Gemeinschaft einer Gesellschaft eine von Rechts wegen gültige Ordnung der Sozialen Sicherheit zu beschließen und durchzusetzen.[104] Es entspricht dem Prinzip der Solidarität, die wir Menschen alle einander schulden, dass die Gemeinschaft einer Gesellschaft ihre Mitglieder vor menschenunwürdiger Armut zu bewahren und dass sie für die Risiken des Lebens eine erwartbare Sicherheit zu gewährleisten hat. Indem der Staat dafür mit einer von Rechts wegen gültigen Ordnung der Sozialen Sicherheit Sorge trägt, konkretisiert er seine genuine Aufgabe, angesichts der menschlichen Gewaltbereitschaft (s. o. S. 163f.) den *äußeren Frieden* herrschen zu lassen, der nach aller geschichtlichen Erfahrung eine notwendige Bedingung einer individuellen, selbstbestimmt-freien Lebensführung im Lichte einer Sicht des Höchsten Gutes darstellt; denn das Erleben schwerer sozialer Ungerechtigkeit und menschenunwürdiger Armut lässt – die einzelnen Hungerrevolten beweisen es ebenso wie die Theorien des Klassenkampfs und wie die Aufrufe zur Gewalt im „Kommunistischen Manifest" von 1848 – auch an der Friedensaufgabe des Staates zweifeln und verzweifeln. Insofern sind die bisherigen politischen Initiativen, die das Sozialstaatsgebot des Grundgesetzes in der Form der Sozialgesetzgebung zu erfüllen trachten, ethisch gut begründet.

---

103 Vgl. hierzu die Hinweise bei REINHARD TURRE, Art. Krankenhaus: ESL (NA 2001) 904–909; JÜRGEN BOMBOSCH, Art. Pflegegeld, Pflegekosten, Pflegeversicherung: ebd. 1230–1237.

104 Vgl. zum folgenden bes. EILERT HERMS, Sozialgesetzgebung aus der Sicht der Sozialethik, in: DERS., Die Wirtschaft des Menschen (wie Anm. 67), 304–326; DERS., Sozialethische Überlegungen zum Alterssicherungssystem, ebd. 350–364. – Es ist im Übrigen zu anerkennen, dass das Prinzip der Solidarität, wie es in der römisch-katholischen Soziallehre seit der Enzyklika „Rerum Novarum" (1891) von Papst Leo XIII. und seit der solidaristischen Schule um Gustav Gundlach SJ und Oswald von Nell-Breuning SJ entwickelt wurde, auf die deutsche Sozialgesetzgebung nachhaltigen Einfluss ausübte.

Freilich zwingt uns die vorhersehbare – bzw., was die Krankenversicherung und die Pflegeversicherung anbelangt, bereits vorhandene – Krise des Systems der Sozialen Sicherheit, die Effizienz dieser bisherigen politischen Initiativen grundsätzlich in Frage zu stellen.[105] Zur unausweichlichen Debatte über eine grundlegende Transformation dieses Systems wird die Güterlehre der Theologischen Ethik die nachfolgenden Gesichtspunkte beizutragen haben. Sie beruhen auf der Erkenntnis, dass das Prinzip der Solidarität sinnvoller- und notwendigerweise mit dem Prinzip der Subsidiarität zu verschränken ist.

Erstens: Bekanntlich sieht die deutsche Sozialgesetzgebung – außer im Fall der Gesetzlichen Pflegeversicherung – eine Versicherungspflicht nur für Personen vor, die sich in Ausbildung oder in lohnabhängiger Erwerbstätigkeit befinden. Die Leistungen aus den verschiedenen Versicherungen beruhen im Wesentlichen auf der Beitragspflicht der Arbeitnehmer und der Arbeitgeber, die durch die Zuschüsse der öffentlichen Haushalte zu ergänzen sind. Dagegen steht es den Beziehern höherer und hoher Einkommen – höheren Angestellten, Beschäftigten im tertiären Sektor, Beamten und nicht zuletzt den Eigentümern großer Vermögen – von Rechts wegen frei, ob und in welcher Weise sie sich gegen die Risiken des Lebens versichern wollen. Diese Regel begründet allerdings ein Missverhältnis, das man als ungerecht empfinden muss. Sie entlässt nämlich einen nicht geringen Teil – und zwar eben den „besser" verdienenden Teil – der Gemeinschaft einer Gesellschaft aus der Solidarität, die dem christlichen Verständnis des Mensch-Seins zufolge allen Mitgliedern der Gesellschaft in den Risiken des Lebens geschuldet ist. Deshalb sprechen ethische Gründe dafür, eine rechtliche Regelung zu finden, die die Beitrags- und Versicherungspflicht aller Einkommen vorsieht. Diese Regelung intendiert eine *Grundsicherung*, auf die der Kreis der versicherten Personen denn auch einen Rechtsanspruch hat.

Zweitens: Nun hebt das Prinzip der Solidarität natürlich nicht die Zumutung auf, das uns gegebene und auferlegte Leben in selbstbestimmt-freier und damit in selbstverantwortlicher Weise zu führen (s. o. S. 310ff.). Wie wir die Risiken des Lebens letztlich selbst zu erleiden haben, so haben wir letztlich selbst für sie auch vorzusorgen. Die Solidarität der Gemeinschaft einer Gesellschaft mit allen ihren Mitgliedern und zumal mit ihren schwachen, leidenden, kranken, leistungsunfähigen Mitgliedern kann im Sinne personaler Selbstverantwortung nur *subsidiären* Charakter haben. Aus diesem subsidiären Charakter des solidarischen Handelns leiten wir die Empfehlung ab, dass die Beitrags- und Versicherungspflicht aller Einkommen zu ergänzen ist um die vielfältigen privaten Vorsorgemaßnahmen, zumal die privaten Versicherungsunternehmen nach aller Erfahrung effizienter zu wirtschaften in der Lage sind als die Träger der gesetzlichen Versicherungen. Es muss der Phantasie des Steuerrechts überlassen bleiben, solche notwendigen privaten Vorsorgemaßnahmen in der steuerlichen Betrachtung gebührend zu berücksichtigen und dadurch attraktiv zu machen.

Drittens: Wir haben das System der Sozialen Sicherheit als eine wesentliche Aufgabe der Wirtschaft einer Gesellschaft definiert, die dafür allerdings auf eine rechtliche Rahmenordnung angewiesen ist. Nun unterscheidet sich die Aufgabe der Sozialen Sicherheit von den übrigen Funktionen des Ökonomischen vor allem dadurch, dass sie sich

---

[105] Anregungen dazu enthält auch das gemeinsame Votum der evangelischen Kirchen und der römisch-katholischen Kirche in Deutschland: Verantwortung und Weitsicht. Gemeinsame Erklärung des Rates der Evangelischen Kirche in Deutschland und der Deutschen Bischofskonferenz zur Reform der Alterssicherung in Deutschland, 2000.

auf den Menschen in den Grenzsituationen und in den Gefährdungen des personalen Daseins bezieht: auf Situationen und auf Konstellationen, in denen das leibhafte, das seelische, das geistige Selbst der Person zuletzt hilflos, gebrechlich, verwirrt und unzurechnungsfähig werden kann. In solchen letzten Situationen und Konstellationen wird offenbar, dass wir Menschen in den Risiken des Lebens einer „ganzheitlichen Solidarität" zutiefst bedürftig sind[106], die uns in der Ganzheit unseres Lebens trägt und die uns – letztlich in den einfachen Gesten und Gebärden liebevoller Zuwendung – ein Vertrauen in das Leben auch angesichts des Leidens und des Todes gewährt.

Wenn die deutsche Sozialgesetzgebung seit den Bismarck'schen Gesetzen dem Staat nicht nur die Kompetenz der rechtlichen Ordnung, sondern darüber hinaus auch die Verwaltung der Sozialleistungen – durch die verschiedenen Versicherungsträger, Agenturen, Ämter, Behörden und Einrichtungen – in die Hand gibt, so kompromittiert sie das verfassungsmäßige Gebot des Sozialstaats jedenfalls in doppelter Weise:

Einerseits zwingt sie die Verwaltung dazu, auch auf dem Gebiet des solidarischen Handelns „das Essentiale eines modernen Gemeinwesens"[107] zu sein und alle anderen denkbaren Organisationsformen zu vernachlässigen.

Und *andererseits* ist sie eben wegen ihrer Rechtsförmigkeit gar nicht in der Lage, diejenige „ganzheitliche Solidarität" zu gewährleisten, die uns Menschen allen zumal in den Grenzsituationen und in den Gefährdungen des personalen Daseins unentbehrlich ist. Es zeigt sich hier, dass das bestehende System Sozialer Sicherheit die Familie und eben auch die intermediären Organisationen ihrer genuinen Funktion zu entfremden und zu enteignen droht. Die modernen Erosionserscheinungen der familialen Institution (s. o. S. 362ff.) sind denn auch als Indiz und als Symptom dieses Trends zu werten.

In dieser Lage wird die Güterlehre der Theologischen Ethik dafür plädieren, nicht nur die Ökonomisierung, sondern auch die Politisierung des solidarischen Handelns entschieden zu bekämpfen und entschlossen zu überwinden. Sie wird dafür werben, dass sich die Leistungsverwaltung des Staates aus den Aufgaben des solidarischen Handelns peu à peu zurückzieht und im subsidiären – also vor allem im finanziellen und im logistischen – Sinne für die Familie und für die intermediären Organisationen – für die Organisationen der Diakonie, der Caritas, des Roten Kreuzes, der Arbeiterwohlfahrt und der anderen freigemeinnützigen Verbände – tätig bleibt. In solchen und vermutlich nur in solchen Organisationen werden sich denn auch die Menschen finden, die die Aufgaben des solidarischen Handelns, wie sie wegen der *condition humaine* unveräußerlich sind, in einem Geist und einer Gesinnung der liebevollen Zuwendung auch und gerade *in extremis* zu erfüllen vermögen.

Die Glaubensgemeinschaft der Kirche versteht sich jedenfalls als ein Leben, in dem die regelmäßige Vergegenwärtigung des Evangeliums die äußeren, die notwendigen Bedingungen für den Geist und für die Gesinnung der liebevollen Zuwendung gewährt (s. o. S. 330). Indem sie – unbeirrt von den Moden und den Trends des Zeitgeists – treu zu ihrem Auftrag steht, Sinn und Bedeutung des Evangeliums regelmäßig zu vergegenwärtigen, vermag sie in ihrem Gemeingeist kritisch und stimulierend einzuwirken auf den Geist der Zeit. Theorien über die „gelebte Religion" oder über die kleinen Transzendenzen im Alltag, wie sie derzeit in der Praktischen Theologie gespielt werden, erweisen sich in diesen Fragen als ausgesprochen kontraproduktiv.

---

[106] So EILERT HERMS, Sozialgesetzgebung aus der Sicht der Sozialethik (wie Anm. 67), 323.

[107] So WOLFGANG HEYDE, Art. Verwaltung: ESL (NA 2001) 1705–1707; 1706.

5.2.5. Gesichtspunkte ethischer Orientierung[108]

Die Güterlehre der Theologischen Ethik möchte eine Antwort auf die Frage finden, welche ethische Orientierung die reflektierte Selbstbesinnung auf das Wesen des Glaubens in den sozialen Gestalten der Glaubensgemeinschaft für die Mitwirkung im Prozess der wirtschaftlichen Nutzenstiftung zu bieten hat (s. o. S. 389). Sie geht dabei von der schlichten Tatsache aus, dass die Mitglieder der christlichen Glaubensgemeinschaft und dass die Organisationen der Glaubensgemeinschaft – ihre Gemeinden, Kirchenkreise, Landeskirchen, Kirchengemeinschaften und Anstalten – stets auch *Wirtschaftssubjekte* sind. Sie sind auf den verschiedenen Ebenen in den Prozess des Wirtschaftens verflochten: als Lohnabhängige, als Gehaltsempfänger oder als Empfänger von Transferleistungen, als Selbständige und als Konsumenten in den privaten Haushalten, aber auch als Inhaber einer leitenden Position im Ganzen des Wirtschaftslebens: als Unternehmer oder als Manager, als Mitglied einer Gewerkschaft oder als Sprecher eines Wirtschaftsverbandes, als Verwalter eines öffentlichen oder eines kirchlichen Haushalts oder *last but not least* als Mitarbeiter in der freigemeinnützigen Wohlfahrtspflege und in den Organisationen der Entwicklungshilfe. Sie – die Mitglieder der Glaubensgemeinschaft – wirken aber auch mit an den politischen Entscheidungen über die weitere Entwicklung des Rechts in der Wirtschaft und an den Programmen für die wirtschaftspolitischen Pläne und Initiativen der Kommunen, der Länder, der Nationen und der Staatengemeinschaften. Auf allen diesen Ebenen kommunizieren und interagieren sie mit solchen Mitgliedern ihrer Gesellschaft, die sich zu anderweitigen Überzeugungen bekennen oder aber ein ethisches Interesse am Gemeinwohl der Gesellschaft tunlichst vermeiden, verschweigen und verdrängen. Je genauer wir uns die Komplexität des wirtschaftlichen Prozesses vor Augen führen und je mehr wir uns der Tiefenschärfe einer wirtschaftsgeschichtlichen Betrachtung öffnen, desto schwieriger und desto vielschichtiger stellt sich uns die Aufgabe einer wirtschaftsethischen Orientierung dar.

Als Teil der Güterlehre der Theologischen Ethik ist eine wirtschaftsethische Orientierung nur möglich im geduldigen und lernbereiten Dialog mit den Wirtschaftswissenschaften und mit den Beiträgen zu einer Wirtschaftsethik, wie sie seit geraumer Zeit innerhalb der Wirtschaftswissenschaften selbst erarbeitet wurden.[109] In diesem Dialog wird die Theologische Ethik schon in methodischer Hinsicht deutlich machen müssen und deutlich machen können, dass ihre Wahrnehmung der Ökonomie der Anschauung des Lebens und der Wirklichkeit verpflichtet ist, die sich dem Glauben und der Glaubensgemeinschaft – dem christlich-frommen Selbstbewusstsein – in immer wieder angefochtener Weise als wahr erschloss und als wahr erschließt: nämlich jener Anschauung des Lebens und der Wirklichkeit, die uns das eigene Leben – das Leben der je individuellen Person in ihrer Gemeinschaft mit allen Wesen ihresgleichen – als die Gabe Gottes des Schöpfers – des unbedingt vertrauenswürdigen Grundes unseres Daseins in der Welt

---

[108] Vgl. zum Folgenden bes.: DANIEL DIETZFELBINGER, Art. Wirtschaftsethik: ESL (NA 2001) 1785–1790; UTE HERRMANN, Vielgestaltigkeit als Wettbewerbsvorteil. Ansätze Evangelischer Wirtschaftsethik von 1970–1995 (Entwürfe zur christlichen Gesellschaftswissenschaft, Bd. 16), Berlin/Hamburg/Münster 2005.

[109] Hier sind vor allem zu erwähnen: HORST STEINMANN/ALBERT LÖHR, Grundlagen der Unternehmensethik, Stuttgart 1994²; FRANZ BÖCKLE/KARL HOMANN (Hg.), Aktuelle Probleme der Wirtschaftsethik (Schriften des Vereins für Socialpolitik, N. F. Bd 211), Berlin 1992, PETER ULRICH, Integrative Wirtschaftsethik. Grundlagen einer lebensdienlichen Ökonomie, Bern/Stuttgart/Wien 2008⁴; DANIEL DIETZFELBINGER, Aller Anfang ist leicht. Unternehmens- und Wirtschaftsethik für die Praxis, München 2004⁴.

– zu verstehen lehrt: als die Gabe, die uns über die Selbstverfehlung der Sünde hinaus und durch den Tod hindurch auf eine ewige Bestimmung hin konstituiert (s. o. S. 90f.). Wir haben diese ewige Bestimmung genauer entfaltet als die Erfahrung der wahren, der radikalen Liebe Gottes, die uns bereits in dieser Weltzeit in die Gemeinschaft eines Volkes Gottes integriert und uns dazu bereit und dazu fähig macht, das Mandat Gottes des Schöpfers in freier Selbstverantwortung zu befolgen. Das Leben, das von der Erfahrung der wahren, der radikalen Liebe Gottes in der Erscheinung des Christus Jesus geprägt ist und das für diese Erfahrung Zeit und Muße hat, ist dem christlich-frommen Selbstbewusstsein zufolge schon hier und jetzt das *gute Leben*: das Leben, das *um seiner selbst willen* und also als das Höchste Gut liebens- und erstrebenswert ist (s. o. S. 319).[110]

Im Dialog mit den Entwürfen zu einer Wirtschaftsethik im Zusammenhang der Ökonomik kommt einer solchen Formulierung – sie darf wohl, unerachtet ihrer reformatorischen Prägung, als gemeinchristlich gelten – für die Begründung aller Aussagen über die erstrebenswerte und vorzugswürdige Weise des wirtschaftlichen Handelns erhebliche Bedeutung zu. Sie rekurriert natürlich auf die Wahrnehmung der Ökonomie, wie sie sich in der Heiligen Schrift des Alten und des Neuen Testamentes findet[111]; und sie macht natürlich die normativen Einsichten fruchtbar, die etwa Martin Luther in der Auslegung des 7. Dekalog-Gebots im Großen Katechismus in die Achtung des zeitlichen Guts des Nächsten und in das Handeln „unsern Nähisten zu Nutz und Freundschaft“[112] gewann. Insofern stützt sie sich auf jene normativen Regeln und Grundsätze, welche das biblische Offenbarungs- und Glaubenszeugnis – insbesondere auch die Frohbotschaft Jesu von Nazareth – für die sachgemäße Weise wirtschaftlichen Handelns und für die angemessene Form der wirtschaftlichen Nutzenstiftung entwickelt hat. Aber die letzte Begründung wirtschaftsethischer Aussagen im Kontext einer theologischen Güterlehre liegt nicht in diesen normativen Regeln und Grundsätzen bloß als solchen, sondern eben in der Anschauung des Lebens und der Wirklichkeit, die sie selber trägt.[113] Eben diese Anschauung des Lebens und der Wirklichkeit macht einen spezifisch christlichen *Utilitarismus* möglich und in der Wirtschaftsgeschichte fruchtbar, wie sie denn auch geeignet ist, dysfunktionalen Trends des Wirtschaftslebens theoretisch und praktisch entgegenzutreten.[114]

Weil und sofern die Mitglieder der Glaubensgemeinschaft in der Kultur ihrer Gesellschaft – wie fragmentarisch, wie fehlbar und wie widersprüchlich auch immer – diese Perspektive zu leben und zu bezeugen trachten, sucht die Theologische Ethik in ihrer Güterlehre eine Ethosgestalt zu beschreiben, die grundsätzlich dem dienenden, dem subsidiären Charakter des wirtschaftlichen Prozesses Rechnung trägt.[115] Wenn es in den

---

110 Vgl. zum Folgenden bes. EILERT HERMS, Theologische Wirtschaftsethik. Das Problem ihrer bibeltheologischen Begründung und ihres spezifischen Beitrags zum wirtschaftsethischen Diskurs, jetzt in: DERS., Die Wirtschaft des Menschen (wie Anm. 67), 133–162.

111 Vgl. hierzu ECKART OTTO, Art. Wirtschaft III. Wirtschaft und Religion 3. Biblisch: RGG^4 8, 1612–1614 (Lit.).

112 MARTIN LUTHER, Großer Katechismus: BSLK 616–624.

113 In dieser Einsicht kommt es zu einer weitreichenden Verständigung zwischen einer Wirtschaftsethik auf der Linie der reformatorischen Erkenntnis des rechtfertigenden Glaubens und den Prinzipien der Solidarität und der Subsidiarität in der römisch-katholischen Soziallehre.

114 Vgl. hierzu jetzt FRANK AHLMANN, Nutz und Not des Nächsten. Grundlinien eines christlichen Utilitarismus im Anschluß an Martin Luther (wie Anm. 66). – In diesem Zusammenhang verdient auch Würdigung die Arbeit der Evangelischen Unternehmerschaft; vgl. hierzu STEPHAN KLINGHARDT, Art. Unternehmer, Evangelische: ESL (NA 2001) 1647–1649.

115 Dasselbe gilt für die politisch gesetzte Rechtsordnung, für das Subsystem des öffentlichen Bildungswesens und der Technik und für die massenmediale Kommunikation der Öffentlichkeit.

Finanzkrisen der Gegenwart und der vorhersehbaren Zukunft heißt: „die Wirtschaft dient dem Menschen", so wird der Gemeingeist der christlichen Glaubensgemeinschaft diesen Slogan präzisieren: die Teilhabe an der wirtschaftlichen Nutzenstiftung ist nicht schon an sich selbst der Selbstzweck des Lebens oder der Genuss des Höchsten Gutes, sondern sie dient dem guten Leben und dessen Erfüllung und macht es ökonomisch möglich. Sie – die Teilhabe an der wirtschaftlichen Nutzenstiftung – gehört zu den notwendigen Bedingungen jener individuelle Lebensführung, die durch die Erfahrung der wahren, der radikalen Liebe Gottes des Schöpfers in der Erscheinung des Christus Jesus schon hier und jetzt der Liebe, der Hoffnung und der sittlichen Autonomie der Selbstverantwortung vor Gott teilhaftig wird und darin durch Gottes Geist den Genuss des Höchsten Gutes findet, das jenseits des Todes und durch den Tod hindurch vollendet wird.

Die Mitglieder der Glaubensgemeinschaft werden daher darauf aus sein, der Dominanz des wirtschaftlichen Erfolgs im Lebensgefühl der Person und in der Kultur der Gesellschaft, wie sie die Dynamik der modernen Produktions- und Distributionsverhältnisse hervorbringt, entschieden zu widerstehen und zu widersprechen. Und sie werden darauf dringen, dass das Subsystem der Wirtschaft nicht nur durch das politisch gesetzte Recht geordnet, geregelt und beaufsichtigt werde, sondern auch – unter dessen Voraussetzung – durch die öffentliche moralische Kommunikation, an der die Mitglieder der Glaubensgemeinschaft partizipieren. Sie werden also ein ethisches Interesse am Gemeinwohl, an der Lebensdienlichkeit, an der Gerechtigkeit der Strukturen eines Gemeinwesens entwickeln, in welchen sich dann auch die Haltung eines rationalen, eines ehrbaren Wirtschaftens ergeben wird.

Diesen Grundgedanken wollen wir in der gebotenen Kürze in individualethischer, in organisationsethischer und in sozialethischer Hinsicht entfalten. Mit dieser Gliederung nehmen wir Rücksicht auf den Sachverhalt, dass sich die wirtschaftliche Interaktion sowohl in individuellen Handlungen als auch in organisierten Handlungen vollzieht, die miteinander einer rechtlichen Ordnung bedürfen.

5.2.5.1. Individualethische Betrachtung[116]

Das Leben des Glaubens in der Glaubensgemeinschaft der Kirche ist stets auch das Leben eines Wirtschaftssubjekts, das in die verschiedenen Funktionen des Wirtschaftens involviert ist und das für eine der verschiedenen Positionen in den Organisationen der Wirtschaftssubjekte und im Ganzen des Wirtschaftsprozesses Verantwortung trägt. Das Leben des Glaubens wird sich in den Handlungssituationen der Wirtschaft dadurch kenntlich machen und dadurch auszeichnen, dass es sich der Versuchung oder der Gefahr zu entziehen sucht, in der Arbeit, im Eigentum an Sachen oder an Geld, im finanziellen Erfolg und in den Verfügungsrechten über handelbare private Güter die Erfüllung und den Sinn des Lebens zu sehen. Es wird eine Lebensführung pflegen und einen Lebensstil entwickeln, dessen Zielstrebigkeit bestimmt ist von der schon gegenwärtigen Erfahrung des Höchsten Gutes; und deshalb werden dessen einzelne ökonomische Entscheidungen an der schon gegenwärtigen Erfahrung des Höchsten Gutes auch ihr Maß und ihre Selbstbegrenzung finden. Es wird infolgedessen danach trachten, die Dinge der Ökonomie zu gebrauchen, „als gebrauchten sie sie nicht" (1Kor 7,31). Und dieses Leben des Glaubens ist möglich und ist – wie fragmentarisch und wie angefochten auch immer – wirklich, weil und sofern es auf der Gewissheit beruht, von Gott dem Schöpfer – dem

[116] Die folgende individualethische Skizze wäre zu ergänzen um die Darstellung der Verantwortung, die uns als Mitgliedern eines privaten Haushalts obliegt.

unbedingt vertrauenswürdigen Grund unseres gemeinsamen Daseins in dieser Welt – in der Erscheinung des Christus Jesus trotz unseres Sündig-Seins und in unserem Sündig-Sein schlechthin geliebt, geachtet, anerkannt zu sein. Wo diese Gewissheit des Glaubens herrscht, erzeugt sie immer neue Impulse und Initiativen des Achtens und des Liebens, des Schützens und des Helfens.

Es ist die wohlverstandene Relativität des Ökonomischen, die die Person in der Glaubensgemeinschaft der Kirche dazu bereit und dazu fähig macht, sich die *Option für die Armen* anzueignen und sich für alle die Projekte zu engagieren, die dafür kämpfen – sei es innerhalb der je eigenen Gesellschaft, sei es in den mannigfachen Initiativen für eine nachhaltige Entwicklung in den Gesellschaften der Dritten Welt –, diese Option ökonomisch, rechtlich, politisch und kulturell durchzusetzen.[117] Und es ist die wohlverstandene Relativität des Ökonomischen, die die Person in der Glaubensgemeinschaft der Kirche dazu ermutigt, sich in organisationsethischer und in sozialethischer Hinsicht eben für die Verfahren und für die Ordnungen einzusetzen, die dem Kriterium der Lebensdienlichkeit des Ökonomischen genügen (s. u. S. 411f.). Wem es gegeben ist, in der Kommunikation des Evangeliums kraft des Geistes Gottes an der bereits gegenwärtigen Erfahrung der wahren, der radikalen Liebe Gottes teilzuhaben, wird einer Gesinnung offen sein, wie wir sie im Rahmen der Tugendlehre beschrieben haben (s. o. S. 346ff.). Diese Gesinnung zeigt sich in einem individuellen – den Konsum, die Daseinsvorsorge und schließlich die Widmung eines eventuellen Nachlasses betreffenden – *Wirtschaftsstil*, der für das gute Leben der nächsten Generation in ihrer unbedingten Solidarität mit den nächsten Generationen in den Gesellschaften weltweit Sorge trägt. Wem die wirtschaftliche Interaktion in allen ihren Funktionen durch Gottes Geist zu einem „weltlichen Ding" im wahrsten und genauesten Sinne des Wortes wird, ist zu ökonomischer Rationalität in der präzisen Bedeutung des Ausdrucks in der Lage und wird den mannigfachen Erscheinungen des ökonomisch Irrationalen – wie sie sich insbesondere in den hochtechnologischen Groß-Projekten zeigen – standhaft zu widerstehen suchen.

5.2.5.2. Organisationsethische Betrachtung[118]

Der Güterlehre der Theologischen Ethik ist es – zweitens – aufgetragen, eine ethische Orientierung für die Praxis des Unternehmens zu entwickeln, das – wie wir gesehen haben – im Ganzen des wirtschaftlichen Prozesses eine dominierende Rolle spielt. Dies nicht nur deshalb, weil sie das Gespräch mit jenen Beiträgen zur Unternehmensethik suchen wird, die sich im Rahmen der Wirtschaftswissenschaften der Moralbestimmtheit des unternehmerischen Handelns widmen; sondern vor allem auch deshalb, weil jedenfalls große Unternehmen oder Konzerne – Unternehmen mit mehreren Betriebsstätten und Tochtergesellschaften – seit geraumer Zeit Programme einer Unternehmenskultur propagieren, die dem Management wie der Belegschaft ein partikulares Ethos vorschreiben oder – zugespitzt gesagt – vorgaukeln wollen, das mit der Ordnung des Rechts und mit der Ethosgestalt einer religiös-weltanschaulichen Wahrheitsgewissheit wie der des christlichen Glaubens nicht ohne weiteres kompatibel ist. Freilich ist zuzugeben, dass die

---

[117] Vgl. hierzu HEINRICH BEDFORD-STROHM, Vorrang für die Armen. Auf dem Wege zu einer theologischen Theorie der Gerechtigkeit, Gütersloh 2001; DERS., Art. Armut: ESL (NA 2001) 113–116.

[118] Vgl. zum Folgenden bes.: CHARLES S. MCCOY, Management of Values. The Ethical Difference in Corporate Policy and Performance, Boston 1985; JOACHIM FETZER, Art. Unternehmensethik: ESL (NA 2001) 1643–1647; DAVID W. MILLER, Art. Unternehmensethik: RGG[4] 8, 804–805; JOSEF WIELAND, Art. Unternehmenskultur: RGG[4] 8, 807 (Lit.).

theologisch-ethische Reflexion der Praxis eines Unternehmens – also eine organisationsethische Betrachtung – weithin noch in den Anfängen steckt.

Wir fragen daher: Welche Ordnung der Unternehmens- und Geschäftspolitik ist aus der Sicht des christlichen Glaubens erstrebenswert und vorzugswürdig, weil sie dem Kriterium der Lebensdienlichkeit des wirtschaftlichen Handelns verpflichtet ist?

Es ist das Interesse eines erwerbswirtschaftlichen Unternehmens, zumal in Zeiten der rasanten Globalisierung der Wirtschaft die Insolvenz oder den Konkurs zu vermeiden und auf Dauer am Markt zu bleiben und also zukunftsfähig zu sein. Nun dürfte sich die Qualität des Unternehmens nicht etwa nur anhand der Rentabilität des eingesetzten Eigenkapitals bemessen und bewerten lassen. Jedenfalls macht der *Stakeholder Value-Ansatz* darauf aufmerksam, dass man das Unternehmen in seinen verschiedenen Relationen zu betrachten hat, die sämtlich einer ethischen Reflexion fähig und bedürftig sind, weil sie die Lebensdienlichkeit des Wirtschaftens im Ganzen betreffen.[119]

Zu diesen Relationen gehört zuvörderst das Verhältnis der Unternehmensleitung auf den verschiedenen Ebenen des Managements zu den Mitarbeitern. Erstrebenswert und vorzugswürdig ist hier ein Führungsstil, der das Person-Sein, die Arbeitskraft und den Sachverstand der Mitarbeiter achtet und anerkennt. Dieser Führungsstil wird sich dadurch auszeichnen, dass er innerhalb des Unternehmens auf die Akzeptanz der Lohn- und Gehaltsstruktur und auf die Gleichheit der Chancen bedacht ist; und er wird dafür Sorge tragen, dass Konflikte zwischen dem Management wie zwischen den Mitarbeitern – nicht zuletzt auch, was absichtliche Schädigungen des Unternehmens von Seiten seiner Mitarbeiter betrifft – zur Sprache zu bringen und friedlich beizulegen sind.

Das Unternehmen steht darüber hinaus in den Beziehungen zu seinen Lieferanten und zu seinen Kunden. Erstrebenswert und vorzugswürdig ist hier eine Unternehmens- und Geschäftspolitik, die in der Produktgestaltung und im Marketing das Problem der Kinderarbeit in den Schwellen- und Entwicklungsländern vor Augen hat und die sich mit dem Phänomen der Korruption und mit dem Unwesen der mafiosen Organisationen auseinandersetzt.

Und schließlich stellt das Unternehmen einen gewichtigen Faktor im Naturverhältnis der Gesellschaft dar. Erstrebenswert und vorzugswürdig ist hier eine Unternehmens- und Geschäftspolitik, die nicht allein die Regeln des Umweltrechts befolgt, sondern die von sich aus ein Interesse daran entwickelt, die natürlichen Ressourcen schonend und nachhaltig zu nutzen. Hier ergeben sich auch wichtige Verknüpfungen zu der wissenschafts- und technikethischen Frage, in welcher Weise in den Forschungs- und Entwicklungsabteilungen der Unternehmen jene Verantwortlichkeit ermöglicht und praktiziert wird, die sich aus dem ambivalenten Charakter des technischen Handelns selbst ergibt (s. u. S. 461ff.).

Betrachten wir das Unternehmen mit Hilfe des Stakeholder Value-Ansatzes, so kommt heraus, dass alle ökonomischen Planungen und Entscheidungen als solche stets und zugleich das *Rücksichtnehmen auf andere und auf anderes* gebieten. In dieser Rücksichtnahme zeigt sich eine Klugheit, die sich bestimmt nicht dem ökonomischen Wissen bloß als solchem verdankt. Sie bildet sich vielmehr allein in einer Lebensgeschichte, die von der Erfahrung des unbedingten Geachtet- und Geliebt-Seins geprägt ist, wie sie die Wahrheitsgewissheit des christlichen Glaubens in den Institutionen der kirchlichen Überlieferung exemplarisch bezeugt und wie sie daraufhin zum Grunde sittlicher Autonomie in der Wahrnehmung der gebotenen Verantwortung vor Gott wird. Zwar kann der Autor einer Theologischen Ethik nicht an die Stelle der Akteure eines erwerbswirtschaftlichen

---

[119] Vgl. zum Folgenden bes. GUSTAV BERGMANN, Art. Shareholder Value: ESL (NA 2001) 1402–1403.

Unternehmens treten; aber er kann doch dafür argumentieren, dass die beschriebene Klugheit des unternehmerischen Handelns die Transaktionskosten niedrig hält und so dem nachhaltigen und langfristigen Gewinn zugute kommt.[120]

5.2.5.3. Sozialethische Betrachtung

Das Subsystem der Wirtschaft ist schließlich auch der Gegenstand der sozialethischen Urteilsbildung, die nach der erstrebenswerten und vorzugswürdigen *Verfassung* der ökonomischen Interaktion fragt. Hier gehen wir davon aus, dass sich die freie marktwirtschaftliche Ordnung gegenüber der zentralen plan- oder verwaltungswirtschaftlichen Ordnung der Ökonomie faktisch als überlegen erweist; vor allem deshalb, weil eine zentrale planende und lenkende Behörde unmöglich über die Fülle der Informationen verfügen kann, die für die verschiedenen Wirtschaftssubjekte – die privaten Haushalte, die Höfe, die Geschäfte, die Unternehmen, die Banken, die öffentlichen Haushalte – und für deren wirtschaftlichen Nutzen jeweils maßgeblich sind. Vor allem aber spricht gegen die plan- oder verwaltungswirtschaftliche Ordnung der Ökonomie die geschichtliche Erfahrung, dass sie mit einer diktatorischen Form der politischen Herrschaftsordnung steht und fällt: sie beruht letztlich auf Waffengewalt. Weil die Theologische Ethik, wie ich sie hier vertrete, das Menschenbild des christlichen Glaubens zugrunde legt – die Bestimmung der Person zu freier und eben damit zu verantwortlicher Selbstbestimmung vor Gott dem Schöpfer und für Gott den Schöpfer, auch was die Sorge für den Lebensunterhalt im weiten Sinne des Begriffs betrifft –, wird sie die freie marktwirtschaftliche Ordnung auch ethisch gerechtfertigt finden.

Allerdings muss sich die sozialethische Urteilsbildung auch auf die unbestreitbaren Folgeprobleme der freien marktwirtschaftlichen Ordnung zumal im Spätkapitalismus beziehen. Wie es die freie marktwirtschaftliche Ordnung nur im Rahmen einer Ordnung des politisch gesetzten Rechts geben kann, so ist es eine Aufgabe der Gemeinschaft einer Gesellschaft, diese Folgeprobleme wenn nicht zu meistern so doch erträglich zu gestalten. Erstrebenswert und vorzugswürdig ist die freie marktwirtschaftliche Ordnung also nur unter bestimmten Bedingungen und Restriktionen. Zu diesen Bedingungen und Restriktionen zählt nicht nur eine strenge und wirksame Aufsicht über den Wettbewerb und über das Bankensystem, sondern auch die Koalitionsfreiheit der Gewerkschaften. Vor allem aber zählt dazu die konsequente Sorge für das System Sozialer Sicherheit, das auch in Zeiten der vorhersehbaren Krise zumal den schwächeren Mitgliedern der Gesellschaft in den Risiken des Lebens solidarisch Beistand leistet. Alles in allem kommt es darauf an, den unbezweifelbaren Wohlstand, den die freie marktwirtschaftliche Ordnung erwerben lässt, für einen gerechten Ausgleich zwischen Reichtum und Armut innerhalb einer Gesellschaft, aber auch im Verhältnis der „reichen“ und der „armen“ Gesellschaften dieser Erde zu nutzen.

Zielt die sozialethische Urteilsbildung hinsichtlich der Ökonomie auf eine marktwirtschaftliche Ordnung unter solchen Bedingungen und Restriktionen, so plädiert sie offensichtlich für einen Begriff der Erfahrung des Sozialen, der die wirtschaftliche Interaktion in ihrem subsidiären Charakter für die Sphären der Rechtsordnung, des öffentlichen Bildungswesens, der Wissenschaft und der Technik, der massenmedialen Information und schließlich der moralischen und der religiösen Kommunikation zu sehen erlaubt

---

[120] Vgl. hierzu auch die kritische Diskussion der Neuen-Institutionen-Ökonomik bei EILERT HERMS, Private Vices – Public Benefits?, jetzt in: DERS., Die Wirtschaft des Menschen (wie Anm. 67), 194ff.

(s. o. S. 385ff.). Sie widersetzt sich auf das Entschiedenste dem Projekt eines „ökonomischen Imperialismus“. Sie möchte jedenfalls den Mitgliedern der Glaubensgemeinschaft, die in den verschiedenen sozialen Positionen mit Fragen der Gestaltung der Ökonomie befasst sind, diesen subsidiären Charakter nahebringen. Und sie hofft, dass es auf diesem Wege schließlich gelingen wird, die Geldbestimmtheit im Lebensgefühl einer dominierenden Mehrheit der Gesellschaft zu begrenzen und zu überwinden.

5.2.5.4. Fazit

Wir sind von einer Definition der Wirtschaft ausgegangen, welche die wirtschaftliche Nutzenstiftung im weitesten Sinne des Begriffs zu den notwendigen Bedingungen einer Lebensführung rechnet, die sich dem guten Leben, dem um seiner selbst willen erstrebenswerten und vorzugswürdigen Leben widmet. Wir haben den Begriff des guten Lebens so gefüllt, wie es dem christlich-frommen Selbstbewusstsein entspricht: wohl wissend, dass wir diesen Begriff in einem kulturellen Kontext artikulieren, der bis hin zu den Idealen in der Sphäre des Sports, der Unterhaltung und der ästhetischen Erfahrung ganz andere und ganz gegensätzliche Orientierungen kennt. Im Lichte der christlichen Anschauung des Lebens und der Wirklichkeit, wie sie das Thema der dogmatischen Besinnung ist, haben wir die Einsicht in den subsidiären Charakter der wirtschaftlichen Interaktion entwickelt, welche die Basis bildet für alle anderen Weisen der Kommunikation und Interaktion in einer Gesellschaft. Ihr ethisches Kriterium ist das Kriterium der *Lebensdienlichkeit*.

In ihrer Güterlehre wendet sich die Theologische Ethik an die Mitglieder der Glaubensgemeinschaft der Kirche, die samt und sonders am Subsystem der Wirtschaft der Gesellschaft je an ihrem lebensweltlichen Ort und in den verschiedenen Positionen der Ökonomie partizipieren. Sie nimmt ihnen ihr wirtschaftliches Handeln und Entscheiden, sie nimmt ihnen ihre Sorge und ihr Risiko nicht im Geringsten ab. Sie behauptet aber auf dem Hintergrunde des Gesprächs mit der Ökonomik die ethische Relevanz des Wirtschaftsstils, des Wirtschaftsrechts und der Wirtschaftsordnung; und sie sucht die Mitglieder der Glaubensgemeinschaft der Kirche für die ethische Wahrnehmung ihrer ökonomischen Existenz zu beraten.[121] Dass diese Beratung zugleich an die gesamtgesellschaftliche Öffentlichkeit adressiert ist und dass sie die entschiedene Kritik machtvoller Trends in der Ökonomie und in der Ökonomik unserer Zeit einschließt, liegt wohl auf der Hand.

Im Interesse einer solchen Beratung der Mitglieder der Glaubensgemeinschaft haben wir drei Gesichtspunkte skizziert: einen individualethischen, einen organisationsethischen und einen sozialethischen Gesichtspunkt. Diese drei Gesichtspunkte verweisen aufeinander und sind miteinander verschränkt.

In individualethischer Hinsicht haben wir gezeigt, dass jedenfalls der christliche Glaube – die geistgewirkte Gewissheit, im Christus Jesus von Gott dem schöpferischen Grund des Weltgeschehens schlechthin geachtet und geliebt zu sein – zu einer Lebensführung der sittlichen Autonomie, der Selbstverantwortung vor Gott fähig macht, welche die ökonomische Aufgabe des Lebens in einem wohlverstandenen Sinne relativiert. Sie relativiert sie auf das gute Leben in der Teilhabe am Höchsten Gut des Menschen und in der Hoffnung auf dessen endgültige Erfüllung, wie sie die biblischen Symbole der Vollendung zur Sprache bringen. Das regelmäßige Eingedenken dessen, was die kirchlich verfasste Glaubensgemeinschaft im Kontext der Glaubensgeschichte Israels und im Gespräch mit dem zeitgenössischen Judentum unter dem in Wahrheit guten Leben versteht, wird die Mitglieder der

---

121 Für den Begriff der ethischen Wahrnehmung sei nochmals verwiesen auf BERND HARBECK-PINGEL, Ethische Wahrnehmung. Eine systematisch-theologische Skizze (Beiträge zur Theologie und Religionsphilosophie Bd. 2), Aachen 1998.

Glaubensgemeinschaft dazu bewegen und dazu befähigen, ihren individuellen Wirtschaftsstil zu finden. Dieser individuelle Wirtschaftsstil schließt insbesondere ein das ganz persönliche Engagement in den Organisationen, die sich dem Kampf gegen das Elend des Hungers, der Armut und der Rechtlosigkeit verschrieben haben.

Damit nun in den Institutionen der Kommunikation des Evangeliums solcher Glaube entstehen und bestehen kann, sind wir auf eine Ordnung des Wirtschaftsprozesses angewiesen. Sie ist Gegenstand der sozialethischen Urteilsbildung. Wir haben dafür argumentiert, dass die freie marktwirtschaftliche Ordnung der Ökonomie dann und nur dann ethisch erstrebenswert und vorzugswürdig ist, wenn sie ihrerseits geregelt, geordnet und beaufsichtigt wird von den Institutionen des politisch gesetzten Rechts. Freilich zeigt uns die alltägliche Erfahrung, dass die Institutionen des politisch gesetzten Rechts – so notwendig und erstrebenswert sie sein mögen – die ethische Selbstbestimmung und Selbstbegrenzung der Wirtschaftssubjekte letztlich nicht erzwingen können. Die rechtlich geordnete Wirtschaft lebt davon, dass sie von Menschen praktiziert wird, die vermöge ihres reifen Selbstinteresses ihre subsidiäre Funktion verstehen und gestalten. Also hängt die Lebensdienlichkeit der ökonomischen Sphäre ganz entscheidend davon ab, dass es in der Kultur der Gesellschaft – über die Gebiete des Rechts, des allgemeinen Bildungswesens und der Technik hinaus – jene Sphären gibt, in der wir die Erfahrung eines unbedingten Geachtet- und Geliebt-Seins machen: die vorpolitische Sphäre der Familie (s. o. S. 362ff.) und die Sphäre der Glaubensgemeinschaft im Religionssystem der Gesellschaft. Im Felde dieser Erfahrung und nur in ihm wird sich auch die sozialethische Urteilsfähigkeit der Person in ihren *epistemic communities* bilden.

Wie sich die Lebensführung in der Gewissheit des Glaubens im Interesse an einer lebensdienlichen Ordnung der ökonomischen Interaktion bewährt, so wird sie in den einzelnen Planungen und Entscheidungen des wirtschaftlichen Alltags konkret. Wir haben exemplarisch einige Gesichtspunkte organisationsethischer Natur genannt, um vor dem Hintergrund der problematischen Suche nach einer Unternehmenskultur die Grundgedanken einer Güterlehre auf die besondere Praxissituation des erwerbswirtschaftlichen Unternehmens anzuwenden. Es muss einer vollständigen Theologischen Ethik vorbehalten bleiben, diese Grundgedanken auch auf andere reale Praxissituationen – wie z. B. auf die Praxissituationen des privaten Haushalts, der öffentliche Wirtschaft und nicht zuletzt der diakonischen Werke – anzuwenden.

5.3. Das Ethos des Glaubens im Subsystem des Staates[122]

Wir haben auf die elementare Tatsache geachtet, dass wir Menschen alle eine ökonomische Existenz zu führen haben. Nun sind wir schon in der Erklärung der ökonomischen Grundbegriffe und in der Beschreibung der verschiedenen Funktionen der Wirtschaft

---

[122] Vgl. zum Folgenden bes.: TRUTZ RENDTORFF, Ethik. Bd. 2 (wie Anm. 39), 21–26; 43–46; 59–64; 78–81; 92–95; 106–109; 124–128; 143–154; 167–171; MARTIN HONECKER, Grundriß der Sozialethik (wie Anm. 1), 297–428: Politik als Ordnung des Zusammenlebens in Frieden, Gerechtigkeit und Freiheit; DERS., Art. Politik und Christentum: TRE 27, 6–22 (Lit.); HEINRICH DE WALL, Art. Staat I. (Juristisch): ESL (NA 2001), 1523–1529; MARTIN HONECKER, Art. Staat II. (Theologisch): ebd. 1529–1536; THOMAS WÜRTENBERGER, Art. Gewaltenteilung: ebd. 607–609; EILERT HERMS/MANFRED HUTTER/ROLF SCHIEDER/RONALD THIEMANN/ROSWITHA BADRY/KONRAD STOCK, Art. Politik I.–IV.: RGG[4] 6, 1449–1462; WILHELM BLEEK/ARMIN ADAM/RALF STROH, Art. Politikwissenschaft: ebd. 1462–1467; EILERT HERMS, Art. Souveränität: RGG[4] 7, 1461–1462; DERS., Art. Staat I.–V.: ebd. 1632–1641; DERS., Politik und Recht im Pluralismus, Tübingen 2008.

darauf gestoßen, dass die wirtschaftliche Interaktion, in der wir die Mittel zu einer Lebensführung im Lichte einer Sicht des Höchsten Gutes erwerben, in sich selbst rechtlichen Charakter hat: wir tauschen in ihr Leistungen und Gegenleistungen im Sinne eines – sei es stillschweigenden sei es ausdrücklich bezeugten und beurkundeten – lebensweltlichen Rechtsgebildes, des Vertrags. Darüber hinaus haben wir gesehen, dass die Ökonomie jedenfalls in den hochentwickelten Gesellschaften der euro-amerikanischen Moderne auf eine von Rechts wegen gültige Rahmenordnung angewiesen ist. Zu den Zielen und den Aufgaben dieser von Rechts wegen gültigen Rahmenordnung gehört es nicht nur, jene innere und äußere Sicherheit zu gewährleisten, in der der wirtschaftliche Austausch überhaupt erst gedeihen kann; zu diesen ihren Zielen und Aufgaben gehört es insbesondere auch, die schweren Kämpfe und Konflikte, die sich an den massiven Erfahrungen sozialer Ungerechtigkeit im Zeitalter der Industrialisierung entzündeten, durch ein System Sozialer Sicherheit zu einem gewissen Ausgleich zu bringen. Wie der Lebensbereich der Ökonomie – wie wir noch zeigen werden – auf das Subsystem der Wissenschaft und der Technik, aber auch auf Formen der moralischen Kommunikation angewiesen ist, so ist er angewiesen auf eine Rechtsordnung, die kraft politischer Souveränität gesetzt und notfalls durchgesetzt wird. Unsere ökonomische Existenz ist von vornherein bezogen auf unsere politische Existenz, wie unsere politische Existenz bezogen ist auf unsere ökonomische Existenz.

Von der Güterlehre der Theologischen Ethik ist daher eine Antwort auf die Frage zu erwarten, in welcher Weise die Mitglieder der kirchlich verfassten Glaubensgemeinschaft die Verantwortung wahrnehmen werden, die mit unserer politischen Existenz gegeben ist, und worin die erstrebenswerte und vorzugswürdige Ordnung des Politischen aus der Sicht des christlichen Glaubens besteht.[123] Diese Antwort betrifft natürlich nicht allein die politische Kompetenz für die Ordnung der ökonomischen Sphäre des menschlichen Zusammenlebens, sondern sie erstreckt sich auch auf alle anderen Gegenstände der staatlichen Rechtssetzung und der Rechtsprechung bis hin zu den Gegenständen des Staatskirchenrechts und des erst in den Kinderschuhen daherkommenden Religionsrechts.

Wie bei den anderen Themenfeldern der Güterlehre braucht die Theologische Ethik des Politischen einen langen Atem.

Sie hat sich *erstens* zu vergegenwärtigen, dass schon die Heilige Schrift des Alten und des Neuen Testaments bewegt ist von der Frage nach dem Grunde legitimer politischer Herrschaft und nach dem sachgemäßen Verhältnis zwischen dem irdischen, dem äußeren, dem weltlichen Frieden, der Loyalität und Rechtstreue gegenüber dem Souverän erfordert, und dem „Frieden mit Gott durch unsern HERRN Jesus Christus" (Röm 5,1), der die Person in die Gemeinschaft des Glaubens, der Liebe und der Hoffnung integriert. Zwar lässt die Heilige Schrift so gut wie keine materialen Bestimmungen einer erstrebenswerten und vorzugswürdigen Ordnung legitimer Herrschaft erkennen – das lakonische Jesus-Logion in der Erzählung vom Zinsgroschen (Mk 12,17 parr.) setzt die Herrschaft des römischen Kaisers ebenso undiskutiert voraus wie die berühmte Paränese des Paulus im Brief an die Gemeinde zu Rom (Röm 13,1-7) –; aber sie ruft ganz prinzipiell zum Widerstand gegen jede Art des Stadtkults und des Staatskults auf, der die Glaubensgemeinschaft zwangsläufig mit

[123] Ich verwende in diesem Abschnitt die Termen „Politik" und „politisch" als Bezeichnungen für das Handeln, das die Organisation eines Staates errichtet, bzw. für das staatliche Handeln selbst – wohl wissend, dass die Wort- und Begriffsgeschichte dazu berechtigt, diese Termen für alle Handlungsweisen in den Subsystemen der Gesellschaft zu verwenden, die auf kollektive Willensbildung zielen; vgl. hierzu EILERT HERMS, Art. Politik I. II. (wie Anm. 122), 1449–1453.

Verfolgung überziehen wird (vgl. bes. Apk 19,11-16). Sie gibt damit den Anfangsimpuls für die Geschichte des christlich-politischen Denkens, die – von Augustins „De civitate Dei" über Thomas von Aquino bis hin zu Luthers Schrift „Von weltlicher Obrigkeit", Calvins Institutio und Schleiermachers Sittenlehre – um die relative Autonomie des staatlichen Handelns im Interesse eines selbstbestimmt-freien Lebens in der Gemeinschaft des Glaubens, der Liebe und der Hoffnung kreist.

Zweitens: Die Theologische Ethik des Politischen wird die biblische Grundeinsicht in die relative Autonomie einer Herrschaftsordnung, die dem irdischen, dem äußeren, dem weltlichen Frieden innerhalb einer Gesellschaft und zwischen den Gesellschaften zu dienen hat, in ein aufmerksames, lernbereites und kritisches Verhältnis setzen zur Geschichte der philosophischen Theorie des Politischen als Teil der Ethik, wie sie von Platon und von Aristoteles begründet wurde: zu einer Geschichte freilich, die nur in ihrem Wechselverhältnis mit der Geschichte staatlicher Herrschaftsformen und – jedenfalls im Rahmen der Geschichte des Christentums – mit den Ordnungen des Verhältnisses von geistlicher Gewalt und weltlicher Gewalt begriffen werden kann. Wir können diese Geschichte einer philosophischen Theorie des Politischen hier unmöglich rekonstruieren. Es geht in ihr grundsätzlich um die Beantwortung der Frage, aus welchen Gründen die öffentliche Gewalt und ihr jeweiliger Inhaber die Anerkennung und damit den Gehorsam der Bürger legitimerweise erwarten darf. Mit der Beantwortung dieser Frage geht jedenfalls in den hochentwickelten, den ausdifferenzierten Gesellschaften der euro-amerikanischen Moderne einher die Bestimmung der Funktion des Staates in ihrem Verhältnis zum sozialen System einer Gesellschaft im Ganzen und damit die Bestimmung der „Grenzen der Wirksamkeit des Staates" (Wilhelm von Humboldt). Wenn sich die Güterlehre der Theologischen Ethik auf die Geschichte der philosophischen Theorie des Politischen bezieht, so wird sie zu entschiedener Kritik an einem Staatsverständnis anleiten, das über der theologischen Begründung der öffentlichen Gewalt die Normen der Staatsverfassung und damit das Prinzip der Gewaltenteilung übersieht[124]; sie wird aber auch den verschiedenen Varianten einer „Politischen Theologie" entgegentreten, die die verantwortliche Teilnahme der Mitglieder der Glaubensgemeinschaft an der politischen Willensbildung und an der Ausübung legitimer Herrschaft ebenso übersieht wie den Kampf der Parteien um die Herrschaft auf Zeit.[125]

Um eine sachgemäße Antwort auf die Frage nach dem Ethos des Glaubens im Subsystem des Staates zu gewinnen, gehen wir aus von einer Analyse des Phänomens der Macht, das wegen der Bereitschaft der ihrer wahren Bestimmung entfremdeten Person zur Gewalt einer Ordnung unter der Herrschaft des Rechts bedarf, wie sie von Theorien und Programmen des Anarchismus prinzipiell in Frage gestellt wird (5.3.1.). Daraufhin

---

124 Die „ordnungstheologische" Richtung in der deutschsprachigen evangelischen Ethik des Politischen im 20. Jahrhundert hat die rechtsdogmatisch wirksamen Vorschriften der Verfassung wegen ihrer Fixierung auf den „starken" bzw. auf den „autoritären" Staat bedauerlicherweise konsequent missachtet; vgl. etwa: PAUL ALTHAUS, Staatsgedanke und Reich Gottes, Langensalza 1931[4]; FRIEDRICH GOGARTEN, Politische Ethik. Versuch einer Grundlegung, Jena 1932; WALTER KÜNNETH, Politik zwischen Dämon und Gott. Eine christliche Ethik des Politischen, Berlin 1954.

125 Vgl. DOROTHEE SÖLLE, Politische Theologie. Auseinandersetzung mit Rudolf Bultmann, Stuttgart/Berlin 1971; JOHANN BAPTIST METZ, Glaube in Geschichte und Gesellschaft. Studien zu einer praktischen Fundamentaltheologie, Mainz 1978[2], bes. 44–74; JÜRGEN MOLTMANN, Politische Theologie – Politische Ethik, München/Mainz 1984. – Demgegenüber skizziert einen klärenden Begriff politischer Theologie MARTIN SCHUCK, Art. Politische Theologie: RGG[4] 6, 1471–1474.

werden wir einen präzisen Begriff des säkularen Staates entwickeln, der Sinn und Bedeutung des Prinzips der religiös-weltanschaulichen Neutralität des demokratischen Verfassungsstaates klären will (5.3.2.). Im Anschluss an den „Staat des Grundgesetzes" wollen wir dann zeigen, dass eine im Sinne des Glaubens und der Glaubenslehre erstrebenswerte und vorzugswürdige Staatsgewalt einer Verfassung – und einer Verfassungsgerichtsbarkeit – bedarf, die die Würde des Mensch-Seins und die Menschen- und Grundrechte jederzeit gesetzeskritisch zur Geltung zu bringen fordert (5.3.3.). Daran schließen wir eine Betrachtung an, die das Recht des säkularen Staates erörtert und die auf die Grenzen dessen aufmerksam macht, was sachgemäßerweise Gegenstand der staatlichen Gesetzgebung sein kann (5.3.4.). Innerhalb des Spielraums, den die Verfassung für die Lösung der legitimen Staatsaufgaben gewährt, werden wir auf die besondere Rolle achten, die die Parteien in der politischen Willensbildung der Gesellschaft spielen (5.3.5.). Grundlinien einer ethischen Orientierung, die die politische Verantwortung vor Gott charakterisieren wollen, fassen unsere Überlegungen zusammen (5.3.6.).

Es ist den Grenzen einer „Einleitung in die Systematische Theologie" geschuldet, dass die Probleme der internationalen Ordnung, zu denen nicht zuletzt die internationale Strafgerichtsbarkeit wie auch das neue Paradigma einer Lehre vom gerechten Frieden gehören, hier ausgeblendet werden müssen. Sie bleiben einer ausgeführten Güterlehre der Theologischen Ethik vorbehalten.

5.3.1. Macht – Gewalt – Herrschaft[126]

Dem Staat kommt nach der christlichen Anschauung des Lebens und der Wirklichkeit im Ganzen der Kultur einer Gesellschaft eine besondere und dennoch begrenzte Funktion zu. Um diese Funktion zu verstehen, beginnen wir unseren Gedankengang mit der Besinnung auf die Phänomene, die wir mit den sozialanthropologischen Grundbegriffen der Macht, der Gewalt und der Herrschaft zu erfassen suchen. Diese Besinnung ist schon deshalb angebracht, weil uns die sprach- und begriffsgeschichtlichen Befunde das weite Spektrum der Bedeutungen erkennen lassen, in dem man diese Termini gebraucht. In stillschweigender Auseinandersetzung mit vielen unsachgemäßen Verwendungsweisen werden wir im folgenden zu zeigen suchen, dass das deutsche Begriffswort „Macht" ein wesentliches Implikat des Phänomens der endlichen, der geschaffenen Freiheit bezeichnet – nämlich des Handelns als eines *Verwirklichens* (5.3.1.1.). In jedem Gemeinwesen bedarf es deshalb einer Machtordnung, und zwar deshalb, weil wir uns jederzeit der unwillkürlichen Bereitschaft bewusst sind, Macht in gewaltsamer Weise durchzusetzen (5.3.1.2.). Aus diesem Grunde ist es in der Sicht des Glaubens und der Glaubenslehre legitim, Institutionen der „Herrschaft" einzurichten, mit der Aufgabe, auf dem Wege der Rechtssetzung und der Rechtsdurchsetzung für die innere wie für die äußere Sicherheit eines Gemeinwesens zu sorgen und dafür notfalls auch Gewaltmittel bis hin zum physischen Zwang anzudrohen und zu gebrauchen (5.3.1.3.). Indem wir von dieser phänomenologischen Analyse ausgehen, gewinnen wir im Gegenüber zu den Extremen der Anarchie und der Despotie bzw. der Terrorherrschaft die sachgemäße Verhältnisbestimmung von Staat und Recht und werden daraufhin die Gründe und die Kriterien für die Legitimität der staatlichen Gewalt entwickeln können.

---

[126] Vg. zum Folgenden bes.: JOACHIM MEHLHAUSEN (Hg.), Recht – Macht – Gerechtigkeit (VWGTh 14), Gütersloh 1998; FRIEDRICH SCHWEITZER (Hg.), Religion, Politik, Gewalt (VWGTh 29), Gütersloh 2006.

5.3.1.1. Macht[127]

Um zur sachgemäßen Verhältnisbestimmung von Staat und Recht zu gelangen, richten wir unsere Aufmerksamkeit zuallererst auf das Phänomen der Macht; nicht zuletzt deshalb, weil die Erhellung dieses Phänomens durch eine berühmte Definition in die Irre geführt wurde – nämlich durch die Definition Max Webers: „Macht bedeutet jede Chance, innerhalb einer sozialen Beziehung den eigenen Willen auch gegen Widerstreben durchzusetzen, gleichviel worauf diese Chance beruht."[128] Irreführend ist diese Definition, weil sie das Begriffswort „Macht" in einer Weise einführt und bestimmt, die die spezifische Differenz zwischen Macht und Gewalt und die spezifische Differenz zwischen Gewalt und Herrschaft von vornherein verwischt. Das zeigt sich, wenn wir uns unvoreingenommen dem Phänomen zuwenden, das wir als Phänomen der Macht erleben und verstehen.

In einem nicht-metaphorischen und nicht-poetischen Sinne verwenden wir das Begriffswort „Macht", um einen wesentlichen Grundzug allen menschlichen Handelns als eines selbstbewusst-freien Handelns zu charakterisieren: nämlich seine *Machtförmigkeit.* Machtförmig ist das selbstbewusst-freie Handeln des Menschen zum einen deshalb, weil es darauf aus ist, ein Ziel oder einen Inhalt des bewussten Wollens tatsächlich auch zu realisieren; machtförmig ist das selbstbewusst-freie Handeln des Menschen zum andern deshalb, weil dieses Allgemeine des Realisierens sich nicht anders als in realer Ungleichheit vollzieht. Akteure können je in der Gegenwart ihres Lebens – und damit je in einem Moment des Stärker- oder des Schwächer-Werdens, des Gesund-Seins oder des Krank-Seins und des Leidens – Mögliches nur wirklich werden lassen, indem sie Gebrauch machen von verschieden starken körperlichen Kräften, von verschieden ausgeprägter Intelligenz und Sprachkraft, von verschieden nachhaltigen Gedächtnisleistungen und Erfindungen und schließlich von verschieden gewichteten sozialen Positionen und Organisationen.

Das Allgemeine der menschlichen Handlungsfreiheit begegnet uns daher nicht anders als in der Mannigfaltigkeit besonderer Handlungspositionen – wie z. B. der Berufe – und individueller Handlungsmacht. Es zeigt sich uns in den verschiedenen Graden eines *Könnens*, mit dem wir im Interesse unserer Selbsterhaltung in einem guten Leben – im Leben in sittlicher Autonomie oder in der Selbstverantwortung vor Gott – eine Aufgabe oder eine Funktion im Ganzen einer Gesellschaft wahrnehmen. Wir sprechen daher sachgemäß von jeweils individueller Wahrnehmung und Ausübung sozialer Macht.

Wenn unsere individuelle Wahrnehmung und Ausübung sozialer Macht stets auch im Interesse unserer Selbsterhaltung in einem guten Leben steht, so hat sie jedenfalls eine ökonomische Basis. In der individuellen Wahrnehmung und Ausübung sozialer Macht nehmen wir teil an den Prozessen wirtschaftlicher Interaktion, in der die Akteure

---

[127] Vgl. zum Folgenden bes.: HANNAH ARENDT, Macht und Gewalt (am. 1970), dt. München 1970; MICHAEL KUCH, Wissen – Freiheit – Macht. Kategoriale, dogmatische und (sozial-)ethische Bestimmungen zur begrifflichen Struktur des Handelns (MThSt 31), Marburg 1991; KONRAD STOCK, Gottes wahre Liebe (wie Anm. 17), 241–250; VOLKER GERHARDT/HEINZ-HORST SCHREY, Art. Macht I. II.: TRE 21, 648–657 (Lit.!); WOLFGANG HEYDE, Art. Macht: ESL (NA 2001), 983–988; GEORG ZENKERT/GIJSBERT VAN DEN BRINK/EILERT HERMS/ALFRED SEIFERLEIN, Art. Macht: RGG^4 5, 640–644; EILERT HERMS, Gewalt und Freiheit, jetzt in: DERS., Politik und Recht im Pluralismus (wie Anm. 122), 1–22.

[128] MAX WEBER, Wirtschaft und Gesellschaft. Grundriß der verstehenden Soziologie, hg. von JOHANNES WINCKELMANN, Köln/Berlin 1972^5, 28.

in der Aneignung und in der Beherrschung des Naturgeschehens im Lichte einer Vision der menschlichen Bestimmung die Mittel zum Leben und zum Unterhalt des Lebens im denkbar weitesten Sinne zu erwerben und zu verteilen trachten (s. o. S. 389ff.). Schon die Prozesse wirtschaftlicher Interaktion zeigen uns den relationalen Charakter sozialer Macht. Sie sind nicht denkbar ohne die Formen der Kommunikation und der Kooperation, in denen die Akteure die technischen Herausforderungen unseres Naturverhältnisses meistern – etwa die Herausforderung, Sümpfe trocken zu legen, Boden urbar zu machen, Brücken oder Häuser zu bauen – oder neue Produktionsmittel – wie z. B. die Maschine – und neue Techniken der Energiegewinnung zu entwickeln. Weiterhin vollzieht sich der wirtschaftliche Austausch – wie wir gesehen haben (s. o. S. 397f.) – in der Form der lebensweltlichen Rechtsgebilde der Vereinbarung und des Vertrags, in denen stets eine Willensübereinkunft zwischen den vertragsschließenden Parteien zum Ausdruck kommt. Und schließlich bilden sich zumal in hochentwickelten Gesellschaften Assoziationen der sozialen Macht – wie z. B. die Verbände der Gewerkschaften, der Gewerblichen Wirtschaft, der Verbraucher, des Sports, des Natur- oder des Denkmalschutzes und schließlich auch die kirchlichen Verbände: des Diakonischen Werkes oder des Deutschen Caritasverbandes[129] –, die ihre Interessen, ihre Ziele und ihre Willensinhalte jedenfalls in ihrem Innenverhältnis in Formen der Übereinstimmung und der Willenskonvergenz artikulieren. Die individuelle Wahrnehmung und Ausübung sozialer Macht ist also nicht von vornherein gegen ein Widerstreben gerichtet, sondern manifestiert sich zuvörderst in der Suche nach Übereinstimmung: sie schließt ausdrücklich Wege der Beratung und der gemeinsamen Beschlussfassung ein.

Allerdings: ist menschliches Handeln machtförmig, so bewegt es sich und wird sich stets bewegen auf einem Felde des realen *Machtungleichgewichts*. Geprägt von solchem realen Machtungleichgewicht sind insbesondere die Prozesse der wirtschaftlichen Interaktion. Geschichtliche Erfahrung lehrt denn auch, dass namentlich das Streben nach wirtschaftlicher Dominanz, nach Grund und Boden und nach Geld- und Sachvermögen unter bestimmten Rahmenbedingungen zu Prozessmustern der Gewalt tendiert und dass die Konkurrenz der Gesellschaften um ökonomische Ressourcen und um Märkte zum Kriege geführt hat und zum Krieg zu führen droht: *Macht schlägt um in Gewalt*. Um die besondere und begrenzte Funktion des Staates in der Gesellschaft zu erkennen und um die spezifische Verantwortung des Glaubens für den Staat und für das staatliche Handeln vor Gott zu erkennen, müssen wir daher das Phänomen der Gewalt verstehen.

Wir befinden uns damit vor einem Schlüsselproblem nicht nur der Theologischen Ethik, sondern der Systematischen Theologie im Ganzen und ihrer Funktion für die Verkündigung und für die Lehre der Kirche hier und heute. Indem wir dem Umschlagen von Macht in Gewalt, wie es uns in aller Geschichte begegnet, auf den Grund gehen, bahnen wir uns nicht nur einen Weg zur Erkenntnis der souveränen staatlichen Gewalt, ihrer Beziehung auf die Ambivalenz sozialer Macht und ihrer notwendigen Selbstbegrenzung; wir fragen darüber hinaus auch nach den notwendigen und hinreichenden Bedingungen für den Gewaltverzicht und für die Gewaltbegrenzung im Selbstbewusstsein der sozialen Akteure und erreichen damit die Sphäre einer kulturellen Macht, in der die Kommunikation des Evangeliums in der Glaubensgemeinschaft der Kirche den Zusammenschluss mit anderweitigen friedensfähigen und friedensstiftenden Überzeugun-

---

129 Vgl. hierzu KLAUS LEFRINGHAUSEN, Art. Verbände: ESL (NA 2001) 1664–1668; JÜRGEN GOHDE, Art. Verbände, gesellschaftliche: RGG^4 8, 935–936; DERS., Art. Verbände, kirchliche: ebd. 936–937.

gen sucht. Dass diese Kommunikation des Evangeliums immer auch die geschichtliche Erinnerung an die Pogrome, an die Gräuel, an die Verfolgungen einschließen wird, für die zumal das abendländische Christentum im Zeitraum zwischen den Kreuzzügen und den Konfessionskriegen der frühen Neuzeit Verantwortung trägt, muss offen und mit Erschrecken ausgesprochen werden.

Es liegt mir außerordentlich daran, verständlich zu machen, dass die Gewissheit der Wahrheit des Evangeliums und die erneute radikale Besinnung auf die Weise ihres Zustande-Kommens – also auf das je gegenwärtige Wesen des Geistes der Wahrheit (s. o. S. 214ff.) – angesichts der faktischen Gewaltbereitschaft des Menschen friedensstiftende und friedensfördernde Bedeutung hat. Eben um dieser friedensstiftenden und friedensfördernden Bedeutung willen gilt es denn auch, die kirchlichen Organisationsformen der Institutionen des Evangeliums zu pflegen und zu erhalten und ihren spezifischen Beitrag zu kultureller Macht zu respektieren (s. o. S. 417), anstatt sie zu vergleichgültigen und in die Spiele einer diffusen Alltagsreligiosität aufzulösen.

5.3.1.2. Gewalt[130]

Wir kamen schon im Rahmen unserer Darstellung des christlichen Glaubens an Gott den Versöhner ausführlich auf das Phänomen der Gewalt als einer Grundform der Sünde zu sprechen (s. o. S. 163f.). Wir kommen nun darauf zurück. Zum einen deshalb, weil wir damit Anschluss finden an die Geschichte jener Konzeption der staatlichen Gewalt, die in der gewaltbegrenzenden Funktion des Staates dessen ethische Legitimität entdeckt. Zum andern deshalb, weil gerade die Moderne Ideen und Theorien der Gewalt hervorgebracht hat, die sie als revolutionäre Gewalt, als vitalistische Gewalt oder als terroristische Gewalt ausdrücklich rechtfertigen, feiern und verherrlichen. Wenn das christliche Ethos im erklärten Gegensatz dazu im Subsystem des Staates die politische Verantwortung für die Aufgaben des Schutzes, der Sicherheit und des äußeren Friedens vor Gott einschließt (s. u. S. 472), dann beruht das auf einem radikalen, auf einem vertieften Verstehen des Phänomens der Gewalt: nämlich auf einem solchen Verstehen, das mit der qualitativen Differenz von tierischer Aggression und menschlicher Gewaltbereitschaft rechnet.

In der Situation des angefochtenen Glaubens – des christlich-frommen Selbstbewusstseins und des in ihm noch immer eingeschlossenen Sündenbewusstseins – sind wir nämlich damit vertraut, dass das menschliche Dasein sich faktisch im Widerspruch zu seinem geschaffenen Wesen und der damit verbundenen welttranszendenten, ewigen Bestimmung bewegt: also im Widerspruch zu jenem Gut, welches allein als Höchstes Gut in Betracht kommt. Das Dasein in diesem Widerspruch manifestiert sich nicht zuletzt auch – mit Eilert Herms zu reden – als „Mißbrauch menschlicher Macht".[131] Sol-

---

130 Vgl. zum folgenden bes.: KURT RÖTTGERS, Art. Gewalt: HWP 3, 562–560; FALK WAGNER, Zur theologischen Kritik der Gewalt. Ein Beitrag zum Verhältnis von dogmatischer und ethischer Urteilsbildung, in: ZThK 78 (1981), 320–344; WOLFGANG LIENEMANN, Gewalt und Gewaltverzicht. Studien zur abendländischen Vorgeschichte der gegenwärtigen Wahrnehmung von Gewalt, München 1982; EILERT HERMS, Gewalt und Recht in theologischer Sicht, in: DERS., Gesellschaft gestalten. Beiträge zur evangelischen Sozialethik, Tübingen 1991, 125–145; HEINZ-HORST SCHREY/MANFRED MOSER, Art. Gewalt/Gewaltlosigkeit I. II.: TRE 13, 168–184; WOLFGANG LIENEMANN/WOLFGANG KERSTING/JAN-R. SIECKMANN/UDO FRIEDRICH SCHMÄLZLE, Art. Gewalt I.–V.: RGG[4] 3, 882–886.

131 EILERT HERMS, Gewalt und Recht in theologischer Sicht (wie Anm. 130), 133.

cher Missbrauch menschlicher Macht wird zahlreiche Varianten annehmen können: spontane, subtile oder von langer Hand geplante und vorbereitete. Letzten Endes zielt er darauf ab, das Grundgebot der Gottes- und der Nächstenliebe, das Grundgebot der Achtung der Menschenwürde und die Regeln der gemeinsamen Realisierung der wünschenswerten und der vorzugswürdigen Ziele des menschlichen In-der-Welt-Seins zu brechen und den Anderen – die individuelle Person in ihrem Eigen-Sein und in ihrer sozialen Rolle: als Kind oder als Frau, als Angehöriger einer Minderheit oder als Untergebener – zum Ding zu machen, zu dem „obskuren Objekt der Begierde" (Luis Buñuel), mit dem man nach Belieben und schließlich eben mit der Zufügung von Schmerzen und mit Mord und Totschlag verfährt. Wie auch andere Grundformen der Sünde gewährt Gewalt eine eigentümlich perverse Befriedigung. Gewaltsamkeit der individuellen und der sozialen Handlungssubjekte ist somit jener Widerspruch zum Wesen und zur Bestimmung des Mensch-Seins, der im Nicht-wahr-haben-Wollen des Sinnes unserer Endlichkeit seine Wurzel hat. Anders als die verschiedenen Aggressions- und Gewalt-Theorien kann sich die Theologie auf ein Verständnis dieser Wurzel berufen, das uns in der begriffenen Selbsterfahrung des Glaubens – als Versuchung und Gefahr – stets präsent sein und präsent bleiben wird.

Wurzelt die Bereitschaft zur Gewalt letztlich in der Unwahrheit des personalen Selbstbewusstseins, so ist auf jeden Fall eine Ordnung des Zusammenlebens erstrebenswert und vorzugswürdig, die den Gebrauch der Mittel der Gewalt erschwert, verhindert und minimiert, indem sie legitimerweise ein Monopol des Gewaltgebrauchs in Anspruch nimmt. Wir wollen eine solche Ordnung mit dem Begriffswort „Herrschaft" bezeichnen.

Nun lehrt uns die geschichtliche Erfahrung allerdings, dass auch die im engeren Sinne politische Herrschaft ihrerseits der Versuchung und der Gefahr ausgesetzt ist und bleibt, die legitime Drohung mit Gewalt und die legitime Anwendung von Gewalt zu missbrauchen: sei es im Innenverhältnis einer Gesellschaft in der Form schwerer Menschenrechtsverletzungen von Seiten der Polizei und der Verwaltung, sei es im Verhältnis zwischen Gesellschaften in der Form des Krieges.[132] Es ist deshalb natürlich nicht damit getan, auf der Linie der Theorie des Gewaltmonopols von Thomas Hobbes lediglich die legitime Macht des absoluten Souveräns zum Zwang zu betonen[133]; wir haben vielmehr zu bedenken, dass die Ordnung der Herrschaft wesentlich im *Recht der Rechtssetzung* besteht, dessen Erringung und dessen Ausübung ihrerseits strenger und genauer Regeln bedarf. Schon der Begriff politischer Herrschaft ist daher so genau zu bestimmen, dass er die autoritären oder gar die diktatorischen Formen der politischen Herrschaft – die Erscheinungen der Tyrannis – als Fehlformen erkennen läßt.[134] Gegen sie kommt auf jeden Fall ein Recht auf Widerstand in Betracht.[135]

---

132 Vgl. hierzu HEINZ-HORST SCHREY, Art. Krieg IV. Historisch/Ethisch: TRE 20, 28–55 (Lit.!); HANS-RICHARD REUTER, Art. Krieg I. Sozialwissenschaftlich: RGG^4 4, 1765–1767; DERS., Art. Krieg VI. Christentum: ebd. 1770–1772.

133 Vgl. THOMAS HOBBES, Leviathan oder Stoff, Form und Gewalt eines kirchlichen und bürgerlichen Staates. Hg. und eingeleitet von IRING FETSCHER. Übersetzt von WALTER EUCHNER (stw 462), Frankfurt a.M. 1991^4, 17. Kapitel: Von den Ursachen, der Erzeugung und der Definition des Staates (131–135).

134 An einer solchen genauen Bestimmung fehlt es übrigens – auch das ist exemplarisch in Erinnerung zu rufen – bei FRIEDRICH GOGARTEN, Politische Ethik (wie Anm. 124).

135 Vgl. hierzu JÜRGEN MIETHKE/CHRISTOPH STROHM/HANS-RICHARD REUTER, Art. Widerstand/Widerstandsrecht I.–III.: TRE 35, 739–774.

5.3.1.3. Herrschaft

Wir sind davon ausgegangen, dass das Begriffswort „Macht“ – im Gegensatz zur wirkungsvollen Definition Max Webers – ein Phänomen bezeichnet, mit dem wir im Erleben menschlicher Freiheit als personaler Handlungsfreiheit vertraut sind: nämlich das Phänomen des Handelns, das ein Ziel oder einen Willensinhalt realisieren will, und zwar durchaus in Formen wechselseitiger Beziehung, Beratung und Entscheidung. Es hat sich allerdings auch gezeigt, dass der machtförmige Charakter menschlicher Freiheit das Problem eines realen Machtungleichgewichts – zumal auf dem Gebiet der wirtschaftlichen Interaktion – entstehen läßt. Aus diesem Grunde ist gewaltsames Phantasieren und gewaltsames Handeln möglich, und diese Möglichkeit droht stets wirklich zu werden, wenn und solange die individuelle Person in ihren sozialen Gruppen und Verbänden von der Blindheit für Gottes Schöpfer-Sein und damit von der Unwahrheit hinsichtlich des Wesens und der Bestimmung des Mensch-Seins geprägt ist. Dann schlägt Macht um in Gewalt. Luther hat für dieses Umschlagen von Macht in Gewalt den Ausdruck „Reich der Welt“ gefunden; und er hat in seiner Lehre von den *ordinationes* Gottes die Ordnung der *politia* – im Sinne einer „weltlichen“ Regier- oder Handlungsweise Gottes – im Anschluß an Röm 13,1-7 genau auf die Bewältigung dieser jederzeit drohenden Gefahr bezogen, und zwar im Interesse der „geistlichen“ Regier- oder Handlungsweise Gottes, die allein jene gewalterzeugende Blindheit für Gottes Schöpfer-Sein, jene Unwahrheit hinsichtlich des Wesens und der Bestimmung des Mensch-Seins von innen her, vom Selbst der Person her zu überwinden vermag.[136]

Sind nun die Mitglieder eines Gemeinwesens faktisch mit dem Konflikt- und mit dem Vernichtungspotential vertraut, das in der Machtförmigkeit endlicher Freiheit ermöglicht ist, so haben sie ein elementares Bedürfnis nach Sicherheit.[137] Dieses Bedürfnis zielt im Kern auf *Rechtssicherheit.* Unter dem Begriffswort „Recht“ verstehe ich hier einen Inbegriff – und insofern eine Ordnung – von Regeln, die kraft des *Rechtssetzungsrechts* einer souveränen Herrschaftsinstanz in Geltung stehen (s. u. S. 432ff.). Sie sind sanktionsbewehrt, sofern die souveräne Herrschaftsinstanz über das Gewaltmonopol und damit um der Beachtung des gesetzten Rechts willen – also um des Rechtsgehorsams willen – über die Befugnis zu zwingen und zu strafen verfügt. Schon die Verträge, die zum Zweck des Tausches und der Übereignung kaufbarer Objekte geschlossen werden, und damit die Bereiche des Privatrechts – des Sachenrechts und des Schuldrechts – sind bezogen und sind angewiesen auf die Regeln des zwingenden Rechts, um Gültigkeit und Bestand zu erhalten.[138] Erst recht erstreckt sich die Befugnis der souveränen Herrschaftsinstanz darauf, den öffentlich-rechtlichen und den strafrechtlichen Bestimmungen ausreichende Achtung zu verschaffen.

Wir verstehen also unter dem Begriffswort „Herrschaft“ jene asymmetrische Beziehung zwischen dem jeweiligen Inhaber des Rechtssetzungsrechts in welcher sozialen

---

136 MARTIN LUTHER, Von weltlicher Obrigkeit, wie weit man ihr Gehorsam schuldig sei (1523), in: BoA 2, Berlin 1959, 360–394; vgl. auch JOHANNES CALVIN, Inst. 1559, IV, 20: De politica administratione (Bd. V, 471–502).

137 Vgl. hierzu FRANZ-XAVER KAUFMANN, Sicherheit als soziologisches und sozialpolitisches Problem. Untersuchungen zu einer Wertidee hochdifferenzierter Gesellschaften, Stuttgart 1970; sowie die wichtige Analyse von EMIL ANGEHRN, Das Streben nach Sicherheit. Ein politisch-metaphysisches Problem, in: HINRICH FINK-EITEL/GEORG LOHMANN (Hg.), Zur Philosophie der Gefühle (stw 1074), Frankfurt a.M. 1993, 218–243.

138 Vgl. die Lehre vom Vertrag bei JAN SCHAPP, Grundfragen der Rechtsgeschäftslehre, Tübingen 1986, bes. 83ff.

Formation auch immer und dessen Anerkannt-Sein bei denen, die dem Rechtssetzungsrecht unterworfen sind.[139] Wir treffen diese so zu definierende Herrschaft wohl in aller Geschichte als eine der *condition humaine* geschuldete soziale Tatsache an; und eben auf sie bezieht sich der lapidare Satz des Paulus: „Denn es ist keine Obrigkeit ohne von Gott; wo aber Obrigkeit ist, ist sie von Gott verordnet“ (Röm 13,1).

Jene asymmetrische Beziehung, die das Begriffswort „Herrschaft“ meint, ist nun nicht nur ein Implikat des biblisch-christlichen Verständnisses des Mensch-Seins; sie ist auch Gegenstand einer Geschichte der Theorie der Souveränität, in der die maßgeblichen Beiträge von Jean Bodin, Thomas Hobbes, John Locke, Jean-Jacques Rousseau, Thomas Jefferson und Georg Friedrich Wilhelm Hegel wirksam geworden sind. Sie haben dazu beigetragen, dass sich die Erwartungen der Menschen an legitime Herrschaft in der euroamerikanischen Neuzeit auf den *Staat* beziehen; und sie haben Entwicklungen des politischen Denkens im engeren Sinne des Wortes angestoßen, deren Ergebnis der nach Grundsätzen einer *Verfassung* organisierte Staat ist. Worauf sich das Rechtssetzungsrecht des Staates auf dem Boden und nach den Grundsätzen der Verfassung erstreckt, geht aus den Bestimmungen der Verfassung über die Ordnung, über die Ziele und über die Aufgaben des Staates hervor. Diesem Thema wenden wir uns nun zu, und zwar im Interesse der aktuell ganz brennenden Frage nach den „Grenzen der Wirksamkeit des Staates“ (Wilhelm von Humboldt).

5.3.2. Der säkulare Staat[140]

Wir hatten schon in der Prinzipienlehre (s. o. S. 16ff.) und in der Einführung in den „Grundriss der Theologischen Ethik“ (s. o. S. 289ff.) gezeigt, dass unsere Selbstbesinnung auf die Ethosgestalt des Glaubens des Rahmens einer Kategorienlehre bedarf, die die spezifische Verantwortung der Mitglieder der Glaubensgemeinschaft der Kirche für das Ganze des sozialen Lebens und für dessen Wohlordnung vor Gott verstehen lässt. Nach dieser Kategorienlehre, die natürlich die geschichtliche Entwicklung zu den Möglichkeiten einer offenen Gesellschaft widerspiegelt, sprechen wir der politischen Herrschaftsordnung eine bestimmte und begrenzte Funktion im Gemeinwesen einer Gesellschaft und auf deren Territorium zu. Im Folgenden wollen wir nun Prinzipien der politischen Herrschaftsordnung entwickeln, wie sie dem christlichen Verständnis des Mensch-Seins angemessen sind. Wir gehen dafür aus von dem Begriff des säkularen Staates, weil dieser Begriff die Ziele und die Aufgaben ebenso wie die sachgemäßen Grenzen staatlichen Handelns in einer offenen Gesellschaft kenntlich macht. Wir können hier nicht eingehen auf die Riesen-Debatte über das Konzept der Säkularisierung[141]; wir wollen allerdings mit der genauen Bestimmung des Begriffs und der Funktion des säkularen Staates die Rede oder vielmehr das Gerede von einer säkularen Gesellschaft grundsätzlich in Zweifel ziehen, weil die Gesellschaft – in welchem Land und unter welchen

---

139 Vgl. hierzu und zum Folgenden EILERT HERMS, Art. Souveränität: RGG⁴ 7, 1461–1462.

140 Vgl. zum folgenden bes.: KIRCHENAMT DER EKD (Hg.), Evangelische Kirche und freiheitliche Demokratie. Der Staat des Grundgesetzes als Angebot und Aufgabe, Göttingen 1985; EILERT HERMS, Art. Obrigkeit: TRE 24, 723–759 (Lit.); WALTER DIETRICH/ROMAN HEILIGENTHAL/FERDINAND DEXINGER/MARTIN HONECKER/WOLFGANG KERSTING, Art. Staat/Staatsphilosophie: TRE 32, 4–61; EILERT HERMS, Art. Staat I.–IV.: RGG⁴ 7, 1632–1641.

141 Vgl. hierzu ULRICH BARTH, Art. Säkularisierung I. Systematisch-theologisch: TRE 29, 603–634; sowie zuletzt MARTIN LAUBE, Theologie und neuzeitliches Christentum. Studien zu Genese und Profil der Christentumstheorie Trutz Rendtorffs (BHTh 139), Tübingen 2006, bes. 345–382.

geschichtlichen Voraussetzungen auch immer – Mitglieder verschiedener Religions- und Weltanschauungsgemeinschaften umfasst. Es dient daher der ehrlichen und realistischen Wahrnehmung eines religiös-weltanschaulichen Pluralismus, wenn wir uns um den Begriff und um die Funktion des säkularen Staates bemühen.[142]

5.3.2.1. Der theologische Begriff des säkularen Staates

Mit dem theologischen Begriff des säkularen Staates halten wir das Ergebnis einer langen und konfliktreichen Geschichte des Verhältnisses von Religion und Herrschaft, von geistlicher Gewalt und weltlicher Gewalt seit der „Konstantinischen Wende" im Imperium Romanum fest. Es besteht in der verfassungsmäßigen Garantie des Menschen- und Grundrechts der Religionsfreiheit, der Glaubens- und Gewissensfreiheit, und dementsprechend im Prinzip der religiös-weltanschaulichen Neutralität des Staates.[143]

Anders als dies in der byzantinischen Konzeption eines universalen christlichen Kaisertums der Fall ist, streben die Kirche und die Theologie des lateinischen Westens eine grundsätzliche Unterscheidung zwischen den Kompetenzen der kirchlichen Autorität und der politischen Herrschaft an. Sie widersetzen sich freilich nicht der Erhebung des Christentums zur Reichsreligion im Edictum Theodosianum (380), und sie nehmen durchaus die Gewalt- und Zwangsmittel der politischen Herrschaft für die bischöfliche und für die päpstliche Jurisdiktion in Anspruch. Insofern bereiten sie die Idee einer „respublica christiana" in der Epoche des hohen und des späten lateinischen Mittelalters vor, die das Papsttum wie das Königtum bzw. das Kaisertum als die zwei irdischen Repräsentanzen des zur Rechten Gottes erhöhten Christus Jesus versteht.[144]

Über die genaue Zuordnung dieser beiden Repräsentanzen entbrennt im Gefolge des Investiturstreits eine langwierige Auseinandersetzung zwischen der „kurialistischen" Lehre, die die Subordination der politischen Herrschaft unter die geistliche Autorität des Papsttums behauptet (so die Bulle „Unam Sanctam" von Papst Bonifatius VIII., 1302), und der „antikurialistischen" Position, welche die relative Eigenständigkeit der weltlichen Herrschaftsordnung unter Berufung auf das Naturrecht untermauert. Wenn sich diese Position auch mit der Goldenen Bulle von 1356 und mit dem Wiener Konkordat von 1448 im Recht des Heiligen Römischen Reiches Deutscher Nation durchsetzt, so

---

142 Es ist vor allem das Anliegen und das besondere Verdienst von EILERT HERMS, Die weltanschaulich/religiöse Neutralität von Staat und Recht aus sozialethischer Sicht, in: DERS., Politik und Recht im Pluralismus (wie Anm. 122), 170–194, die theoretischen und die ethischen Konsequenzen für Staat und Recht aus der realen Lage des legitimen religiös-weltanschaulichen Pluralismus zu ziehen, wie sie von den diensthabenden Staats- und Rechtsphilosophien – etwa von OTFRIED HÖFFE, Politische Gerechtigkeit. Grundlegung einer kritischen Philosophie von Recht und Staat, Frankfurt a.M. 1987, oder von JÜRGEN HABERMAS, Faktizität und Geltung. Beiträge zur Diskurstheorie des Rechts und des demokratischen Rechtsstaats, Frankfurt a.M. 1994[4] – überhaupt nicht in den Blick genommen werden.

143 Vgl. zum Folgenden: ERNST RUDOLF HUBER/WOLFGANG HUBER, Staat und Kirche im 19. und 20. Jahrhundert. Dokumente. Bd. I–V, Berlin 1973–1995; HANS-GEORG THÜMMEL/KARL-HERMANN KANDLER/HARM KLUETING/HARRY OELKE/MARK VALERI/FERDINAND R. GAHBAUER/AXEL FRHR. VON CAMPENHAUSEN/FRIEDEMANN MERKEL/MARTIN SCHUCK, Art. Kirche und Staat I.–IV.: RGG[4] 4, 1038–1052; KONRAD STOCK, Art. Politik IV. Politik und Theologie: RGG[4] 6, 1460–1462; MARTIN MORLOK/SEBASTIAN ROSSNER, Art. Kirche und Staat (Juristisch): EStL (NA 2006) 1144–1157; MICHAEL BASSE, Art. Kirche und Staat (Theologisch): ebd. 1157–1169.

144 Vgl. hierzu OSKAR KÖHLER, Art. Corpus Christianum: TRE 8, 206–216; HEINRICH DE WALL, Art. Corpus christianum: RGG[4] 2, 466–468.

bleibt sie dennoch konsequent innerhalb der Lehre von der Heilsnotwendigkeit des Papstgehorsams, wie sie sich aus dem römisch-katholischen Begriff des Glaubens als eines Gott geschuldeten frei-willentlichen Gehorsams ergibt. Sie stellt infolgedessen weder die Kirchenadvokatur der weltlichen Herrschaftsordnung – mit ihren Konsequenzen für das Ketzerrecht und für die Verfahren der Inquisition – noch die Wahrnehmung einer politischen Funktion durch geistliche Fürsten und die Existenz der geistlichen Reichsstände in Frage.

Gegenüber der hoch- und spätmittelalterlichen Idee einer „respublica christiana" stellt die theologische Ethik des Politischen, wie sie insbesondere von Martin Luther entworfen wurde, einen entscheidenden Freiheitsgewinn dar. Sie beruht auf der Einsicht, dass die Wahrheitsgewissheit des Glaubens in der Sphäre des Gewissens allein kraft der erleuchtenden Macht der Wahrheit Gottes selbst zustande kommt und deshalb grundsätzlich der kirchlichen wie der politischen Befugnis zu zwingen entnommen ist (s. o. S. 248ff.). Inspiriert von dieser Einsicht entwickelt Luther – in der Obrigkeitsschrift wie in den Schulschriften und in den sozialethischen Gutachten – die Unterscheidung zwischen den Aufgaben einer politischen Herrschaftsordnung, in deren Wahrung eines äußerlichen Friedens sich Gottes „weltliche" Regierweise vollzieht, und den Aufgaben der Kommunikation des Evangeliums, in der sich Gottes „geistliche" Regierweise vollzieht: jene Regierweise, die nicht zuletzt die Mitglieder der Glaubensgemeinschaft der Kirche zur inneren Gewaltbegrenzung fähig und bereit macht. Die politische Herrschaftsordnung wird damit zum Gegenstand der Weltverantwortung des Glaubens, auch wenn Luther selbst – anders als Calvin – weder über den sachgemäßen Zugang zu politischer Herrschaft noch über die Amtsenthebung des tyrannischen Herrschers nachgedacht hat.

Aus wenigstens zwei Gründen kam der reformatorische Entwurf eines christlichen Ethos des Politischen in der geschichtlichen Entwicklung hin zum frühmodernen National- und Fürstenstaat seinerzeit nicht zum Tragen.

Zum einen gab der Augsburger Religionsfriede von 1555 den Ständen des Heiligen Römischen Reichs Deutscher Nation das Ius reformandi in die Hand – mit der Folge, dass in Entsprechung zu dem ungebrochenen Staatskirchentum in den katholischen Territorien (Frankreich; Habsburgische Erblande; Bayern) auch in den evangelischen Territorien das Modell des einheitlichen Konfessionsstaats unter dem jeweiligen landesherrlichen Kirchenregimant Einzug hielt. In der Vorgeschichte des Dreißigjährigen Krieges, die von der wachsenden Konfrontationsbereitschaft der konfessionell festgelegten Reichsstände – insbesondere der römisch-katholischen und der reformierten – geprägt war, ging die Erinnerung an Luthers grundlegende Einsicht verloren.

Zum andern offenbarte der Dreißigjährige Krieg, dass die politischen Herrschaftsordnungen der Kriegsparteien längst im Begriffe waren, sich als *Staaten* im präzisen modernen Sinne zu verstehen und zu verhalten: als zentral regierte und organisierte politische Mächte, die aus Gründen der Staatsräson oder der Staatsnotwendigkeit ein dynastisches bzw. ein hegemoniales Interesse entfalteten und dafür auch den Krieg als Mittel staatlichen Handelns einzusetzen bereit und in der Lage waren. Begünstigt wurde dieses für die frühe Neuzeit typische Staatsverständnis von derjenigen Theorie der Souveränität, die Jean Bodin in seinem Hauptwerk „Les six livres de la République" (1576) vorgetragen hatte. Sie spricht dem Fürsten unbeschränkte Hoheitsrechte im Inneren des Gemeinwesens wie im Verhältnis zur Staatengesellschaft zu, bricht aber mit dem überkommenen Verständnis einer dem äußerlichen Frieden dienenden politischen Herrschaftsordnung; und so eröffnet sie eine Konzeption des Staates, die ihn – nicht nur in seiner absolutistischen, sondern auch in seiner konstitutionellen Verfassung – als das hoheitliche Gegenüber zur Gesellschaft und als deren letztbestimmende Steuerungsinstanz begreift.

Die reformatorische Sicht der Unterscheidung zwischen der bestimmten und begrenzten Aufgabe einer politischen Herrschaftsordnung und der Kommunikation des Evangeliums, die die menschliche Gewaltbereitschaft innerlich begrenzt, konnte mithin erst unter zwei Voraussetzungen geschichtlich wirksam werden: unter der Voraussetzung eines Rechts der Glaubens- und Bekenntnisfreiheit und unter der Voraussetzung eines Modells politischer Herrschaft, das im Widerspruch zum unbeschränkten Hoheitsrecht des Fürsten mit der Freiheit als dem Selbstbestimmungsrecht der Mitglieder eines Gemeinwesens rechnet. Zwischen dem Menschen- und Grundrecht der Religionsfreiheit (Art. 4 Abs. 1; Art. 4, Abs. 2 GG) und der Herleitung der Staatsgewalt vom Volk und seiner Souveränität (Art. 20 Abs. 2 GG) besteht insofern eine innere Korrespondenz, die allerdings sowohl im römischen Katholizismus als auch im Protestantismus der Neuzeit lange nicht erkannt und anerkannt wurde.

5.3.2.2. Die Religionsfreiheit

Für den theologischen Begriff des säkularen Staates ist die Geltung des Menschen- und des Grundrechts der *Religionsfreiheit* von grundlegender Bedeutung.[145] Auch wenn seine Wurzeln in der reformatorischen Einsicht in die letztlich unverfügbare Bildung der Wahrheitsgewissheit des Glaubens liegen, konnte es doch erst im Zuge denkwürdiger revolutionärer Umwälzungen positiviert werden. Nachdem der Westfälische Friede von 1648 den Geltungsbereich des Augsburger Religionsfriedens auf die Anhänger der reformierten Reformation erweitert und nachdem die Glorious Revolution von 1688 den Mitgliedern des katholischen Bekenntnisses und den Dissenters Toleranz gewährt hatte, war es die Unabhängigkeitserklärung der nordamerikanischen Kolonien von 1776 und die französische Erklärung der Menschen- und Bürgerrechte von 1789, die dieses Recht als subjektiv-öffentliches Recht verbriefte. Es ging von da aus ein in zahlreiche nationalstaatliche Verfassungen – freilich nur der „westlichen“, der christlichen und der liberalen Politik-Kulturen – wie in die internationalen Menschenrechtspakte, die eben deshalb keineswegs allgemeine Anerkennung genießen.

Das subjektiv-öffentliche Menschen- und Grundrecht der Religionsfreiheit ist als ein negatives Statusrecht gegen den Staat gerichtet. Es impliziert die religiös-weltanschauliche Neutralität des Staates als der „Heimstatt aller Bürger“.[146] Es verbietet es dem Staat und seinen Institutionen, im Rahmen seines Rechtssetzungsrechts und auf dem Wege der Verwaltung eine bestimmte Religion als Staatsreligion zu privilegieren oder den Mitgliedern der Gesellschaft eine staatseigene und staatstragende Weltanschauung – etwa die Weltanschauung des dialektischen und des historischen Materialismus oder des Nationalsozialismus oder des Laizismus – zur Pflicht zu machen. Und es trägt ihm damit auf, die Religionsgesellschaften und die Weltanschauungsgemeinschaften seines Gebiets in rechtlicher Hinsicht gleich zu behandeln, soweit sie wegen ihrer inhaltlichen Überzeu-

---

[145] Vgl. zum folgenden DOROTHEE SCHLENKE/ULRICH KRONAUER/CHRISTOPH LINK/MARTIN OHST/ JOHN WITTE/JOHN ROXBOROGH/BRIAN STANLEY, Art. Religionsfreiheit: RGG^4 7, 308–315; HELMUT GOERLICH, Art. Glaubens- und Bekenntnisfreiheit (Juristisch): EStL (NA 2006) 835–843; ERICH GELDBACH, Art. Glaubens- und Bekenntnisfreiheit (Theologisch): ebd. 843–847.

[146] So BVerfGE 19, 206/216. Das Bundesverfassungsgericht beruft sich dafür auf Art. 3,1; 3,3; 33,3; 140 GG i. V. mit Art. 137,1; 137,3 WRV. – Vgl. auch CHRISTOPH LINK, Art. Neutralität: RGG^4 6, 252–253; und bes. EILERT HERMS, Die weltanschaulich/religiöse Neutralität von Staat und Recht aus sozialethischer Sicht, jetzt in: DERS., Politik und Recht im Pluralismus (wie Anm. 122), 170–194.

gungen und Bekenntnisse zur friedlichen Koexistenz und Kooperation innerhalb der souverän gesetzten Rechtsordnung fähig sind. Insofern bildet das Prinzip der religiös-weltanschaulichen Neutralität des Staates das Rückgrat der Religionsfreiheit. Es formuliert die Obliegenheit eines nationalen Staates wie einer Staatengemeinschaft – hier ist vor allem an die Europäische Union zu denken –, die Religionsfreiheit zu achten und zu schützen.

Nun besteht die Religionsfreiheit nicht etwa nur in der negativen Freiheit, keine Religion und keine Weltanschauung zu haben oder für irgendeine religiös-weltanschauliche Überzeugung, die man hegen mag, keine Erklärung und keine öffentliche Rechenschaft leisten zu müssen; sie besteht auch und vor allem in der positiven Freiheit, sich zu einer Religion oder zu einer Weltanschauung zu bekennen, in ihrer sozialen Gestalt und Organisationsform Mitglied zu sein und insbesondere die eigene Lebensführung an ihren Grundsätzen zu orientieren. Die positive Religionsfreiheit enthält die Garantie – nicht etwa nur die Garantie der Kultusfreiheit im engeren Sinne des Wortes, also der Freiheit der gottesdienstlichen Versammlung oder der öffentlichen Andachtsformen wie etwa der Fronleichnamsprozession, sondern auch und vor allem die *Garantie der Lebensform* –, die sich der religiös-weltanschaulichen Gewissheit – in unserem Falle also: der Gewissheit der Wahrheit des Evangeliums – verdankt.

Haben wir damit den Sinngehalt des Menschen- und Grundrechts der Religionsfreiheit zutreffend benannt, so können wir im Lichte dieses Sinngehalts auch das Prinzip der religiös-weltanschaulichen Neutralität des Staates und des vom Staat gesetzten Rechts genau bestimmen: genauer jedenfalls als dies in Theorie und Praxis des staatlichen Handelns in der Bundesrepublik Deutschland – und nicht nur in ihr – derzeit der Fall ist. Die Güterlehre der Theologischen Ethik wird nämlich darauf dringen, den realen Pluralismus der religiösen und der weltanschaulichen Überzeugungen ernst zu nehmen, der sich der Garantie der Religionsfreiheit in ihrem positiven Sinne verdankt.

Wir greifen vor. Der demokratische Verfassungsstaat der Bundesrepublik Deutschland, auf den wir noch zu sprechen kommen werden, bindet gemäß der Präambel des Grundgesetzes und nach dessen Grundrechtsteil den Inbegriff des staatlichen Rechtssetzungsrechts an das „Bewußtsein der Verantwortung vor Gott" und an die Achtung der unantastbaren Menschenwürde (Art. 1 GG), die im Bewusstsein der Verantwortung vor Gott ihren Grund hat. Allein schon diese Vorschrift des Grundgesetzes zeigt, dass nach dem Selbstverständnis der Verfassung von einer religiös-weltanschaulichen Neutralität des Staates in einem abstrakten, wertfreien, unbeschränkten Sinne nicht die Rede sein kann. Bereits das Prinzip der religiös-weltanschaulichen Neutralität beruht ja auf der wertgesteuerten Erkenntnis, dass das Rechtssetzungsrecht der Staatsgewalt die Sphäre des Gewissens und des unmittelbaren Selbstbewusstseins der Person nicht zu bestimmen vermag. Erst recht zeigt uns die Programmatik der politischen Parteien, dass die politische Willensbildung sich de facto in einem Horizont von Überzeugungen hinsichtlich des Wesens und der Bestimmung des Mensch-Seins vollzieht (s. u. S. 438ff.). Und schließlich sind die wesentlichen Aufgaben und Ziele des staatlichen Handelns – insbesondere das Sozialstaatsprinzip – einem Verständnis von Solidarität verpflichtet, das unbestreitbar religiös-weltanschauliche Wurzeln hat. Die ethische Normierung des staatlichen Handelns, wie sie im Grundrechtsteil der Verfassung vorgeschrieben ist, geht aus den vor-rechtlichen und vor-politischen Überzeugungen des Verfassungsgebers hervor und ist aus diesem Grunde nicht im Sinne eines reinen Rechtspositivismus zu erklären.

Nun könnte man die ethische Normierung des staatlichen Handelns, wie sie mit dem Prinzip der religiös-weltanschaulichen Neutralität des Staates gegeben ist, aus einem einheitlichen ethischen Konsens der Gesellschaft ableiten wollen, der jedenfalls für die Gestaltung der öffentlichen Angelegenheiten des Gemeinwesens in Anspruch zu nehmen sei. Man könnte sich darauf berufen, dass jedes Gemeinwesen der Kohärenz bedarf; und man könnte dafür argumentieren, dass diese Kohärenz – und zwar gerade aus Gründen der Religionsfreiheit – nur noch auf allgemein einsichtigen und allgemein verbindlichen Urteilen praktischer Vernunft beruhe. Man könnte also das theoretische Modell der „civil religion" oder der „public philosophy" aus seinem nordamerikanischen Kontext bzw. man könnte die Idee der „foi laïque" aus ihrem französischen Kontext auf die Normierung des Rechtssetzungsrechts in Deutschland übertragen und etwa die „Grundwerte" der Verfassung als die unvermeidliche Zivilreligion einer offenen Bürgergesellschaft jenseits der religiösen und der weltanschaulichen Traditionen betrachten.[147] Mit der Hypothese, dass es allgemein einsichtige und allgemein verbindliche Urteile der praktischen Vernunft gebe, räumt man dann allerdings den Sachwaltern des Staates und des Rechts erhebliche Gestaltungsmöglichkeiten zumal auf dem Gebiet der Familien-, der Bildungs- und der Wissenschaftspolitik ein. Das Bundesverfassungsgericht hat sich diese Hypothese bereits ausdrücklich zu eigen gemacht und zu verstehen gegeben, dass es auf dem Boden dieser Hypothese seine verfassungsrechtliche Kompetenz gebrauchen werde.[148]

Wir haben diese Hypothese bereits in unserer Grundlegung in Zweifel gezogen (s. o. S. 308). Überdies legt sie es nahe, die religiös-weltanschauliche Überzeugung allenfalls auf die Gestaltung des privaten Lebens zu beschränken und ihr eine eigene bestimmende Orientierungskraft für alle öffentlichen Angelegenheiten abzusprechen. Sie setzt sich also in Widerspruch zum Sinngehalt der Religionsfreiheit. Deshalb ist nun nach einer Bestimmung der religiös-weltanschaulichen Neutralität des staatlichen Rechtssetzungsrechts zu suchen, welche die Gleichheit im Recht – die Einheitlichkeit der Rechtsordnung – und die reale Unterschiedenheit der ethischen Orientierungen miteinander vermittelt. Diese Bestimmung ist zu finden, wenn man konsequent das Subsystem des Staates und des Rechts als einen spezifischen Funktionsbereich der Gesellschaft als ganzer begreift: als den Funktionsbereich, der seinerseits bezogen und angewiesen ist auf die moralische Kommunikation in der gesellschaftlichen Öffentlichkeit.

Wir sind hier in der glücklichen Lage, unsere Intention an einem aktuellen Beispiel verdeutlichen zu können. Nicht nur kennt die Bundesrepublik Deutschland seit dem Ende der 1970er Jahre Ethik-Kommissionen, die zu den ethischen Fragen auf dem Gebiet der klinischen Versuche und Experimente am Menschen Empfehlungen aussprechen; die Bundesregierung hat auch im Zusammenhang der Embryonenschutz-Gesetzgebung einen Nationalen Ethik-Rat berufen, der die rechtliche Behandlung der Forschung an menschlichen Embryonen ethisch zu bewerten hat. Es verdient hervorgehoben zu werden, dass das deutsche Embryonenschutzgesetz vom 13.12.1990 eine rechtliche Sanktion ausspricht, die letzten Endes mit der christlichen Interpretation der Menschenwürde übereinstimmt. Die ethische Normierung staatlichen Handelns repräsentiert in diesen Fällen offensichtlich eine *gelingende moralische Verständigung* in der Gesellschaft: eine Verständigung, die im Verfahren der Gesetzgebung respektiert wird.

---

147 Vgl. zu diesem weiten Themenfeld bes. NIKLAS LUHMANN, Grundwerte als Zivilreligion, in: DERS., Soziologische Aufklärung, Bd. 3, Neuwied 1981, 293–308; EILERT HERMS, Zivilreligion. Systematische Aspekte einer geschichtlichen Realität, in: ThQ 183 (2003), 97–127; ROLF SCHIEDER, Art. Civil religion: RGG[4] 2, 381–384; DERS., Art. Zivilreligion: TRE 36, 715–720.

148 Das geht klipp und klar hervor aus der Begründung der sog. „Kruzifixentscheidung" vom 16. 05.1995; vgl. hierzu EILERT HERMS, Die Begründung des Kruzifixbeschlusses des Bundesverfassungsgerichts vom 16. Mai 1995, jetzt in: DERS., Politik und Recht im Pluralismus (wie Anm. 122), 195–207.

Indem wir diese Fälle verallgemeinern, ziehen wir für die genauere Bestimmung der religiös-weltanschaulichen Neutralität des staatlichen Handelns, die wir als das Rückgrat der Religionsfreiheit bezeichnet haben, eine doppelte Konsequenz.

Zum einen ist die ethische Normierung des staatlichen Rechtssetzungsrechts der sinnvolle und notwendige Gegenstand der moralischen Kommunikation, an dem die verschiedenen religiös-weltanschaulichen Traditionen teilzunehmen berechtigt und verpflichtet sind. Würden die Organe der politischen Herrschaftsordnung diese ethische Normierung von sich aus in die Hand nehmen, würden sie in die Rolle des aufgeklärten absolutistischen Monarchen zurückfallen und die bestimmte und begrenzte Funktion des staatlich-rechtlichen Subsystems in der Gesellschaft und für die Gesellschaft missverstehen.

Zum andern aber mutet es die moralische Kommunikation über die ethische Normierung des staatlichen Rechtssetzungsrechts den verschiedenen religiös-weltanschaulichen Traditionen zu, sich je aus ihrer Sicht eine Urteil über die erstrebenswerte und vorzugswürdige Gestalt der rechtlichen Normierung zu bilden. Was diese Zumutung betrifft, so befinden sich die großen kirchlichen Organisationen des Christentums auf dem Gebiet der Bundesrepublik Deutschland jedenfalls seit dem Ende des 2. Weltkriegs in einem deutlichen und begrüßenswerten Vorsprung; und zwar wegen der entschiedenen Fortbildung der katholischen Soziallehre und wegen der Wahrnehmung eines Öffentlichkeitsauftrags im Rahmen der Evangelischen Kirche in Deutschland (s. u. S. 443). Dieser Vorsprung ist nicht zuletzt dem rechtlichen Status einer Körperschaft des öffentlichen Rechts geschuldet, der von den kirchlichen Organisationen des Christentums die Rechenschaft über die Existenz des Glaubens und über dessen Ethosgestalt auf dem Forum der gesellschaftlichen Öffentlichkeit verlangt. Ein vergleichbares Ansinnen hat die Gesellschaft allerdings auch an die unübersehbar zahlreichen religiös-weltanschaulichen Assoziationen zu richten, die dem Nachlassen der christlichen Binde- und Orientierungskraft korrespondieren. Es muss das Anliegen eines künftigen *Religionsrechts* sein, deren moralisches Schweigen über die Wohlordnung der Gesellschaft zu brechen.[149]

5.3.3. Die Verfassung des säkularen Staates

Wir haben in unserem bisherigen Gedankengang – im Rückgriff auf die reformatorische Unterscheidung zwischen der bestimmten und begrenzten Aufgabe einer politischen Herrschaftsordnung und der Kommunikation des Evangeliums – einen präzisen Begriff der religiös-weltanschaulichen Neutralität des Staates entwickelt. Indem wir uns auf die Geschichte der Entstehung einer demokratischen Herrschaftsordnung bezogen, wie sie nur unter revolutionären Kämpfen gegen die Herrschaftsordnungen des Feudalismus und des Absolutismus durchzusetzen war, haben wir die Orientierung der modernen Staatlichkeit an der Idee der Herrschaftslimitation entdeckt: nämlich an dem Prinzip, die Ausübung legitimer Herrschaft – also der staatlichen, der öffentlichen Gewalt – an den Akt der Zustimmung der Beherrschten zu binden. Und wir sind darauf aufmerksam geworden, dass die demokratische Herrschaftsordnung sich grundsätzlich in der Errichtung und in der Fortentwicklung einer Rechtsordnung realisiert, die durch *Gesetz* zustande kommt. Die demokratische Herrschaftsordnung setzt daher die Geltung von Menschen- und Grundrechten voraus, die das Verhältnis zwischen der individuellen Freiheit der Mitglieder eines politischen Gemeinwesens und dem Rechtssetzungsrecht der staatlichen

---

[149] Vgl. hierzu in Kürze RÜDIGER STOTZ, Art. Religionsrecht: RGG^4 7, 376–377.

Gewalt bestimmen[150]; und sie unterliegt ihrerseits einer Organisation der Herrschaft, die wir als Gewaltenteilung verstehen – als die Aufgliederung der staatlichen Kompetenzen, Recht durch Gesetz zu setzen, Gesetzesrecht anzuwenden bzw. durchzusetzen und schließlich die legislative Setzung und die exekutive Anwendung und Durchsetzung des Gesetzesrechts in den verschiedenen Gerichtsbarkeiten zu prüfen, zu beurteilen und gegebenenfalls für nichtig zu erklären.[151]

Über das Verhältnis zwischen der individuellen Freiheit der Mitglieder eines politischen Gemeinwesens und dem Rechtssetzungsrecht der staatlichen Gewalt existieren nun in demokratischen Herrschaftsordnungen ebenso wie über die Organisation der staatlichen Kompetenzen Grundbestimmungen, die den Rang und den Charakter einer *Verfassung* haben. Gibt es die ethisch verantwortliche und ethisch gerechtfertigte Ausübung staatlicher oder öffentlicher Gewalt, und gibt es darum die ethisch verantwortliche und ethisch gerechtfertigte Mitwirkung der Mitglieder der Glaubensgemeinschaft an der Ausübung staatlicher oder öffentlicher Gewalt, so bemisst sich dies vor allen Dingen an den Grundbestimmungen der Verfassung und an ihrer Ausstrahlung in das einfache Recht.[152]

Eine Verfassung unterscheidet sich von den Bestimmungen des einfachen Rechts dadurch, dass sie – und zwar im Allgemeinen in der Form der geschriebenen Verfassung! – das Fundament einer Herrschaftsordnung durch das Recht errichtet. Die Verfassung stellt daher die Urkunde einer Staatsgründung dar. Indem sie von einer verfassungsgebenden Versammlung oder – wie zum Beispiel im Fall des Grundgesetzes der Bundesrepublik Deutschland – von einem Parlamentarischen Rat verabschiedet und daraufhin dem Volk oder den bereits gewählten Repräsentationen des Volkes zur Abstimmung vorgelegt wird, löst sie die Ideen ein, die die politische Theorie der frühen Neuzeit mit der fiktiven Szene eines Herrschafts- bzw. eines Gesellschaftsvertrags entwickelt hatte. Sie formuliert eine Grundordnung, über die in einer Gesellschaft im wesentlichen Konsens – und zwar rechtlicher, die Legitimität einer Rechtsordnung betreffender Konsens – besteht. Die Friedensfunktion des rechtlichen Konsenses hinsichtlich einer Grundordnung für das Rechtssetzungsrecht bewährt sich und hat sich zu bewähren genau dann, wenn die politische Willensbildung in einer Gesellschaft zu entgegengesetzten Lösungen der Staatsaufgaben tendiert. Eben die Differenz zwischen dem rechtlichen Konsens hinsichtlich einer Grundordnung des Rechtssetzungsrechts und der politischen Willensbildung zu verkennen, war und ist die friedensgefährdende Erbschaft des *Contrat social* von Jean-Jacques Rousseau.

Die Theologische Ethik will in ihrer Güterlehre zeigen, dass die Ethosgestalt des Glaubens – des Glaubens, der die Einzelnen in die Christusgemeinschaft und so in die Glaubensgemeinschaft der Kirche integriert – auch eine unveräußerliche politische Dimension besitzt. Wenn die Lebensführung des Glaubens in der Glaubensgemeinschaft der Kirche auch eine politische Verantwortung einschließt, dann bezieht sich diese politische Verantwortung zuallererst auf die Existenz und auf die Geltung einer Verfassung, die wegen ihrer fundamentalen Bestimmungen angesichts der möglichen und der wirkli-

150 Solche Menschen- und Grundrechte wurden bekanntlich zum ersten Mal kodifiziert in der „Bill of rights" des Staates Virginia vom 12.06.1776 und in der „Déclaration de droits de l'homme et du citoyen" von 1789. – Vgl. hierzu bes. HEINZ EDUARD TÖDT/WOLFGANG HUBER, Menschenrechte. Perspektiven einer menschlichen Welt, Stuttgart/Berlin 1978[2].

151 Zum Begriff, aber auch zu den Problemen der Gewaltenteilung – nicht zuletzt auch in der parlamentarischen Demokratie – vgl. WERNER HEUN, Art. Gewaltenteilung: EStL (NA 2006) 800–804; REINHOLD ZIPPELIUS, Art. Gewaltenteilung: RGG[4] 3, 886–887.

152 Vgl. zum Folgenden bes.: MARTIN MORLOK, Art. Verfassung: EStL (NA 2006) 2556–2562 (mit weiterer Lit.).

chen politischen Konflikte in einer Gesellschaft friedensstiftende Funktion besitzt. Wir suchen daher zuallererst eine Antwort auf die Frage, aus welchen Gründen die Verfassung – wie sie uns exemplarisch im Grundgesetz der Bundesrepublik Deutschland vorliegt – ethisch vorzugswürdig und ethisch gerechtfertigt ist. Um diese Antwort zu finden, wagen wir in gedrängter Kürze eine Interpretation des Artikels 1 des Grundgesetzes.

Art. 1 Abs. 1 des Grundgesetzes lautet: „Die Würde des Menschen ist unantastbar. Sie zu achten und zu schützen ist Verpflichtung aller staatlichen Gewalt." Aus dieser unmittelbar ersten Bestimmung zieht der Verfassungsgeber in Abs. 2 die folgende Konsequenz: „Darum bekennt sich das deutsche Volk zu unverletzlichen und unveräußerlichen Menschenrechten als Grundlage jeder menschlichen Gemeinschaft, des Friedens und der Gerechtigkeit in der Welt." Eine sorgfältige Interpretation dieser Bestimmungen ist der Theologischen Ethik schon deshalb geboten, weil die Auslegung der Verfassungsurkunde in der neueren rechtswissenschaftlichen Kommentierung recht bedenkliche Züge angenommen hat, die voraussichtlich nicht ohne Folgen für die Rechtsordnung bleiben werden.[153]

Es ist unschwer zu erkennen, dass Art. 1 Abs. 1 einen inneren sachlogischen Zusammenhang zur Sprache bringt. Der Verfassungsgeber geht zuallererst zurück auf einen Sachverhalt, der in allen nachfolgenden Bestimmungen der Verfassungsurkunde *als vorgegeben anerkannt* wird. Dieser in allen nachfolgenden Bestimmungen der Verfassungsurkunde als vorgegeben anerkannte Sachverhalt heißt hier die „Würde des Menschen". Darunter haben wir mit Rücksicht auf die Sprach- und Begriffsgeschichte dieser Wendung diejenige Relation zu verstehen, in der der jeweilige Träger dieser Würde im Verhältnis zu allen anderen Trägern dieser Würde steht, die insoweit deren „Adressaten" sind. Der Ausdruck „Würde" hebt hervor und zeichnet aus einen maßgeblichen Aspekt des Mensch-Seins, des Seins desjenigen Seienden in der überwältigenden Mannigfaltigkeit des Seienden, das wir mit dem Ausdruck „Mensch" bezeichnen.

Ohne nun den Sinn und die Bedeutung der „Würde des Menschen" genauer zu entfalten und ohne auf einen Grund für diesen als vorgegeben anerkannten Sachverhalt zu rekurrieren, versteht der Verfassungsgeber jenen maßgeblichen Aspekt des Mensch-Seins, den er „Würde des Menschen" nennt, als „unantastbar", ebenso wie er in Abs. 2 die Menschenrechte als „unverletzlich" und „unveräußerlich" charakterisiert.

Diese Aussage ist wohl gar nicht anders denn als indikativisch oder als deskriptiv gemeint zu erfassen. Sie formuliert ganz offensichtlich die Begründung für die in Abs. 1 Satz 2 zur Sprache gebrachte elementare Verpflichtung aller staatlichen Gewalt – also nicht etwa nur der staatlichen Gewalt der zu errichtenden Bundesrepublik Deutschland –, in allen ihren Handlungen eben jene Würde des Menschen zu achten und zu schützen. Sie leitet diese elementare Verpflichtung aller staatlichen Gewalt also keineswegs aus einem Willensakt des Verfassungsgebers ab, der dann vom Volk bzw. von seinen Repräsentanten akzeptiert worden und der womöglich in anderen geschichtlichen Lagen auch wieder aufzuheben wäre; sie leitet diese elementare Verpflichtung aller staatlichen Gewalt vielmehr von jenem *Verpflichtet-Sein* ab, das in und mit der Würde-Relation des Mensch-Seins an und für sich gegeben ist. Eben deshalb fußt die Grundordnung, die der

---

[153] Vgl. zum folgenden bes. WILFRIED HÄRLE, Menschenwürde – konkret und grundsätzlich, jetzt in: DERS., Menschsein in Beziehungen. Studien zur Rechtfertigungslehre und Anthropologie, Tübingen 2005, 379–410; DERS., Würde. Groß vom Menschen denken, München 2010; EILERT HERMS, Menschenwürde, jetzt in DERS., Politik und Recht im Pluralismus (wie Anm. 122), 61–124; DERS., Art. Würde des Menschen: RGG^4 8, 1736–1739; WOLFGANG HUBER, Art. Menschenrechte/Menschenwürde: TRE 22, 577–602.

Verfassungsgeber bis in alle einzelnen organisatorischen Bestimmungen hinein errichtet, letzten Endes auf einem *Bekenntnis*, in welchem das Volk der Verfassung – hier: das deutsche Volk – jene an und für sich gegebene Würde-Relation des Mensch-Seins als vorgegeben anerkennt; und zwar über die Grenzen seiner eigenen geschichtlichen Existenz hinaus „in der Welt" und für alle Zeiten.

Wenn Art. 1 Abs. 3 die Grundrechte, wie sie dann in Art. 2 bis 19 aufgeführt werden, als „unmittelbar geltendes Recht" zur Norm des einfachen Rechts erhebt und damit die normative Intention des Art. 1 Abs. 1 und 2 zur Wirkung bringt, so zieht er damit nur die staatsrechtliche Konsequenz aus dem Sachverhalt, der uns im Sein des Menschen unantastbar, unverletzlich, unveräußerlich begegnet und deshalb zwanglos in einer deskriptiven Aussage zu formulieren ist.[154] Auf sie verweist die „Ewigkeitsgarantie" des Art. 79 GG, die eine Änderung jenes inneren sachlogischen Zusammenhangs für alle Zeiten ausschließt und die darum nur auf dem Wege eines Verfassungsstreichs – also mit der revolutionären Eroberung der staatlichen Gewalt – aufzuheben wäre. Solcher revolutionären Eroberung der staatlichen Gewalt vorzubeugen und wirksam entgegenzutreten, ist denn auch die legitime Aufgabe des Verfassungsschutzes und seiner Behörden[155], in denen mitzuwirken eine ethisch gerechtfertigte Berufsentscheidung auch der Mitglieder der Glaubensgemeinschaft der Kirche ist.

Das Grundgesetz bindet also in Art. 1 die verschiedenen Funktionen der Rechtsordnung des Staates, die sich in den Bestimmungen des einfachen, des positivierten Rechts konkretisieren, an einen Sachverhalt, der alle Bestimmungen des einfachen, des positivierten Rechts zu normieren und damit auch – in den Verfahren der Verfassungsgerichtsbarkeit – zu richten geeignet ist. Es anerkennt die mit dem Mensch-Sein an und für sich gegebene Würde-Relation als Quelle eines *vorpositiven Rechts*. Es gibt damit der Rechtswissenschaft wie dem Gespräch der Theologischen Ethik mit der Rechtswissenschaft eine entscheidend wichtige Weisung, welche die ethische Qualität der Rechtsordnung und damit die Verantwortung für die Rechtsordnung betrifft.

Einerseits ist von Art. 1 des Grundgesetzes her der Ansatz und die Denkrichtung des Rechtspositivismus und der Reinen Rechtsschule in Zweifel zu ziehen.[156] Nach diesem Ansatz und nach dieser Denkrichtung ist das Verhältnis zwischen der Verfassung und der praktisch-politischen Erzeugung rechtlicher Normen lediglich als das Verhältnis zwischen einer rechtlichen Grundregel und der Vielzahl genereller und individueller Einzelregeln zu verstehen, die kraft des Rechtssetzungsrechts des Souveräns in Geltung stehen und letztlich wegen dessen Gewaltmonopol auch im Volk der Gesellschaft wirksam sind. Von einem kritisch-normativen Widerlager gegen die Inhalte des gesetzten Rechts kann hier keine Rede sein, wie denn auch im Stufenbau der Rechtsordnung, wie ihn der Rechtspositivismus beschreibt, eine inhaltlich urteilende Verfassungsgerichtsbarkeit gar nicht vorgesehen ist. Diesem Ansatz und dieser Denkrichtung gegenüber werden wir betonen, dass die Legalität des Rechts zwar eine notwendige, jedoch noch keine

---

154 Deshalb entbehren Redeweisen, die von der „Antastbarkeit" oder vom „Ausverkauf" der Menschenwürde handeln oder die die „Verletzungen" der Menschenrechte anprangern, einer letzten Genauigkeit!

155 Vgl. hierzu LOTHAR MICHAEL, Art. Verfassungsschutz: EStL (NA 2006) 2567–2571.

156 Vgl. hierzu JAN SIECKMANN, Art. Rechtsphilosophie: EStL (NA 2006) 1903–1912; JOACHIM HRUSCHKA, Art. Rechtspositivismus: RGG^4 7, 125. – Zur philosophischen Kritik des Rechts- und Staatspositivismus vgl. bes. OTFRIED HÖFFE, Politische Gerechtigkeit (wie Anm. 142), Erster Teil: Der Standpunkt der politischen Gerechtigkeit. Zur Kritik des Rechts- und Staatspositivismus (37–187).

hinreichende Bedingung des richtigen Rechts darstellt, das deshalb auch anerkannt und befolgt zu werden verdient.

Andererseits aber wirft Art. 1 des Grundgesetzes ein neues Licht auf die klassische Debatte über die Frage, ob jenes vorpositive Recht als Quelle und Kriterium des positivierten Rechts als *Naturrecht* im Sinne eines inhaltlich bestimmten natürlichen Sittengesetzes zu verstehen sei (s. o. S. 310ff.).[157] Erst eine ausgeführte Theologische Ethik wird diese Frage entwickeln und entscheiden können. Sie wird sich in jenem größeren Zusammenhang auf jeden Fall kritisch verhalten zu jenen Positionen in der Geschichte des naturrechtlichen Denkens, die mit einer allgemein einsichtigen und ungebrochenen Erkenntnis eines natürlichen und als solchen auch vernünftigen Sittengesetzes rechnen, die aus diesem Grunde normative Konsequenzen für die Ordnung des Rechts hat und haben muss.[158]

Gegen diese Positionen spricht nämlich nicht nur die reformatorische Einsicht, dass uns Sinn und Intention eines natürlichen und als solchen auch vernünftigen Sittengesetzes erst in der Gewissheit der Wahrheit des Evangeliums – also in der Christusgemeinschaft der Kirche – einleuchte; gegen diese Positionen spricht auch die geschichtliche Erfahrung, dass gerade auf dem Boden des Menschen- und Grundrechts der Religionsfreiheit verschiedene inhaltliche Bestimmungen eines natürlichen und als solchen auch vernünftigen Sittengesetzes möglich und wirksam sind – also verschiedene Ethosgestalten, die uns Menschen im Gewissen binden und verpflichten. Die Figur eines Naturrechts muss mit seiner wohlverstandenen Geschichtlichkeit vermittelt werden, nicht zuletzt auch deshalb, um die Tatbestände der abscheulichen Verbrechen gegen die Menschlichkeit verstehen und verurteilen zu können.

Wenn Art. 1 des Grundgesetzes jenes vorpositive Recht, wie es der Verfassung selbst und damit ihrer Rechtsordnung in und mit dem Mensch-Sein und seiner Würde an und für sich vorgegeben ist, als Quelle und Kriterium des positivierten Rechts anerkennt, so bezieht sich diese Anerkennung offensichtlich nicht auf einen inhaltlich bestimmten naturrechtlichen Satz. Das sehen wir gerade daran, dass der Verfassungsgeber selbst den Sachverhalt der „Würde des Menschen" nicht inhaltlich entfaltet, sondern ihn – doch wohl als stillschweigendes Zitat aus der „Allgemeinen Erklärung der Menschenrechte" der Vereinten Nationen von 1948 – als einen zu verstehenden und zu interpretierenden Sachverhalt stehen lässt. Der Verfassungsgeber öffnet ganz bewusst einen legitimen Spielraum für solche Interpretationen jenes Sachverhalts, die sich sämtlich innerhalb der Grenzen bewegen, die das Gebot der Achtung und des Schutzes zieht. Im Spielraum dieser Interpretationen kommt der stoischen, der christlichen und der Kant'schen Erhellung des Phänomens des Mensch-Seins von Rechts wegen gleiche Geltung zu. Diese Variationen einer Erhellung des Phänomens des Mensch-Seins miteinander ins öffentliche Gespräch zu bringen und anderweitige Anschauungen des Mensch-Seins in dieses öffentliche Gespräch einzuschließen: das ist wohl die angemessene Weise, die Enge zu überwinden, zu der die Rechtswissenschaft in der Auslegung des Verfassungstextes derzeit tendiert.

Wir kommen zum Schluss. Wir suchten zu zeigen, dass das Grundgesetz der Bundesrepublik Deutschland auf exemplarische Weise die Verfassung des säkularen Staates errichtet. Das Grundgesetz tut das, indem es die Organisation der Rechtsordnung des Staates und damit die verschiedenen Funktionen des einfachen, des positivierten Rechts

---

[157] Vgl. zum Folgenden bes.: JAN SIECKMANN, Art. Naturrecht (Juristisch): EStL (NA 2006) 1608–1612; MATTHIAS HEESCH, Art. Naturrecht (Theologisch): ebd. 1612–1620; EILERT HERMS, Die Begründung des Naturrechts aus evangelisch-theologischer Sicht, in: DERS., Politik und Recht im Pluralismus (wie Anm. 122), 125–169, bes. 151ff.; 160ff.;

[158] Diese Position hat bekanntlich die Verfassungsgerichtsbarkeit der frühen Bundesrepublik Deutschland geprägt.

auf die Rechtsgeltung der Menschen- und der Grundrechte zurückbezieht. Sie formulieren dasjenige vorpositive Recht, die individuelle Freiheitssphäre der Person in ihrer unaufhebbaren Beziehung zur individuellen Freiheitssphäre der Person des Andern, die alle staatliche Gewalt eben in ihrer Rechtssetzung zu achten und zu schützen hat und deren Geltung notfalls rechts- und gesetzeskritisch auf dem Wege der verfassungsgerichtlichen Prüfung wieder herzustellen ist.

Das Grundgesetz sieht nun freilich die Rechtsgeltung der Menschen- und der Grundrechte ihrerseits begründet und verankert in einem Sachverhalt, den es als allen Bestimmungen der Rechtsordnung vorgegeben anerkennt: im Sachverhalt der Würde, die dem Mensch-Sein an und für sich zukommt. Diese Anerkennung aber hat ganz offensichtlich ethischen Charakter. Sie trifft eine Grundentscheidung im Hinblick auf die gesamte Rechtsordnung, die sich nicht anders als im Lichte einer Anschauung des Lebens und der Wirklichkeit gewinnen, treffen, verstehen und bewerten lässt. In jener Grundentscheidung, die sich nicht anders als im Lichte einer Anschauung des Lebens und der Wirklichkeit gewinnen, treffen, verstehen und bewerten lässt, haben wir den ethischen Konsens des Verfassungsgebers vor uns, in dem sich eine Pluralität von Anschauungen des Lebens und der Wirklichkeit wiederfinden konnte und wiederfinden kann. Letzten Endes wegen dieser Grundentscheidung verdient es die Verfassung, als ethisch vorzugswürdig und als ethisch gerechtfertigt anerkannt und von den Mitgliedern der kirchlichen Glaubensgemeinschaft sorgsam gehütet und gegen ihre Feinde mit aller Kraft und allem Nachdruck verteidigt zu werden.

5.3.4. Das Recht des säkularen Staates

Um zur ethischen Orientierung der Glaubensgemeinschaft der Kirche in ihrer politischen Existenz zu gelangen, haben wir uns auf das Bedürfnis nach einer Herrschaftsordnung bezogen (s. o. S. 420f.). Es gibt dieses Bedürfnis; denn die Mitglieder sozialer Formationen sind in aller Geschichte mit dem Konfliktpotential vertraut, das in der Machtförmigkeit ihrer endlichen Freiheit wurzelt. Konkretisiert sich diese Freiheit in den Lebensgütern – in den wirtschaftlichen Gütern, in den Gütern des Wissens und der Technik, in den Darstellungen der Kunst und schließlich in der Praxis der religiösen Kommunikation –, so ist sie eben wegen dieses Konfliktpotentials angewiesen auf Rechtssicherheit. Für die ethische Orientierung der Glaubensgemeinschaft der Kirche in ihrer politischen Existenz bemühen wir uns daher um den Begriff des *Rechts*.[159]

---

[159] Vgl. zum Folgenden bes.: HANS-RICHARD REUTER, Rechtsethik in theologischer Perspektive. Studien zur Grundlegung und Konkretion (Öffentliche Theologie 8), Gütersloh 1996; JAN SIECKMANN, Art. Recht (Juristisch): EStL (NA 2006) 1882–1891; HANS-RICHARD REUTER, Art. Recht (Theologisch): ebd. 1891–1900; ECKART OTTO/MICHAEL WOLTER/STUART GEORGE HALL/THEO MAYER-MALY/HANS-RICHARD REUTER/ARNO BARUZZI, Art. Recht/Rechtstheologie/Rechtsphilosophie I.–VI.: TRE 28, 197–256; FRITZ LOOS/PETER ANTES/ECKART OTTO/GOTTFRIED SCHIEMANN/ANDREAS LINDEMANN/MARTIN SCHUCK/WOLFGANG HUBER/THOMAS RAISER, Art. Recht I.–VIII.: RGG[4] 7, 84–98; EILERT HERMS, Die Begründung des Naturrechts aus evangelisch-theologischer Sicht, in: DERS., Politik und Recht im Pluralismus (wie Anm. 122), 125–169; EBERHARD SCHOCKENHOFF, Zur Lüge verdammt? Politik, Medien, Justiz, Wissenschaft und die Ethik der Wahrheit, Freiburg i.Br. 2000, 353–442; JÜRGEN HABERMAS, Faktizität und Geltung (wie Anm. 142); OTFRIED HÖFFE, Politische Gerechtigkeit (wie Anm. 142); WOLFGANG HUBER, Gerechtigkeit und Recht. Grundlinien christlicher Rechtsethik, Gütersloh 2006[3]. – Es kann nur mit Bedauern vermerkt werden, dass Søren Kierkegaard sich nicht nur nicht mit dem Begriff „Arbeit“, sondern nicht einmal mit dem Begriff „Recht“ ernstlich beschäftigt hat.

5.3.4.1. Der Begriff Recht

Unter dem Begriffswort „Recht" dürfen wir das jeweilige System verbindlicher Regeln oder Normen verstehen, welches das Zusammenleben in einem Gemeinwesen ordnet. In den verschiedenen Rechtskreisen, die die Geschichte kennt, mag das System verbindlicher Regeln oder Normen aus verschiedenen Gründen in Geltung stehen. In jedem Falle verweist es auf ein *Rechtssetzungsrecht*, dem wir zunächst in den Gewohnheitsrechten, dann vor allem – wie im römischen Recht und in seiner Auswirkung im englisch-amerikanischen Rechtskreis – in der Rechtsbildung des Richters und der Rechtsgelehrten und schließlich im Gesetzes-Recht des demokratischen Verfassungsstaates begegnen. Es entspricht der geschichtlich gewordenen Komplexität der modernen Gesellschaften, dass das System verbindlicher Regeln und Normen des Zusammenlebens in wachsendem Maße das Ergebnis eines komplizierten Gesetzgebungsverfahrens ist, an welchem vom Entwurf bis zur Beratung und Entscheidung zahlreiche Instanzen beteiligt sind. Das ändert allerdings nichts daran, dass das Rechtssetzungsrecht von einer souveränen Herrschaftsinstanz ausgeübt wird, die ihre gesetzlichen Bestimmungen ausdrücklich oder unausdrücklich mit Sanktionen bewehrt und ihnen letztlich dadurch Achtung und Befolgung verschafft. Auch der demokratische Verfassungsstaat, der nach den Grundsätzen der Gewaltenteilung organisiert ist, schließt die Befugnis zu zwingen und gegebenenfalls zu strafen ein, wie sie der Polizei und den verschiedenen Gerichtsbarkeiten übertragen ist (s. u. S. 435ff.).

Im Gegensatz zu den verschiedenen Spielarten des Anarchismus behauptet die Theologische Ethik die faktische Notwendigkeit einer Herrschaftsordnung, die in der Setzung und gegebenenfalls in der Durchsetzung des Rechts besteht.[160] Allerdings werden wir die Frage, nach welchen Kriterien wir die ethische Qualität einer Rechtsordnung bewerten wollen, nicht etwa der bloßen Willkür oder – auf der Linie des Rechtspositivismus und der Reinen Rechtsschule – der puren Dezision des Souveräns überlassen. Es ist jedenfalls ein dankbar zu begrüßender Freiheitsgewinn der euro-amerikanischen Verfassungsgeschichte, dass das Rechtssetzungsrecht des Souveräns in dem Prinzip der *Legitimität* begründet wird und damit nicht allein – wie wir noch zeigen werden (s. u. S. 439f.) – begrenzt, sondern auch rechts- und gesetzeskritisch orientiert wird.

Die Verfassungsgeschichte der euro-amerikanischen Neuzeit knüpft nun das legitime Rechtssetzungsrecht des politischen Souveräns an die grundsätzliche Zustimmung der Mitglieder einer – territorial begrenzten – Gesellschaft. Diese Zustimmung wird nicht in die fiktive Szene eines ursprünglichen Herrschafts- oder Gesellschaftsvertrags verlegt; sie wird vielmehr realiter in einer *Wahl* vollzogen, die einer Mehrheit die Herrschaft auf Zeit überträgt.[161] Die Ausübung dieser Herrschaft durch Recht und Gesetz wird nicht nur durch das System der Menschen- und Grundrechte eingeschränkt; sie wird auch einem streng geregelten, gerichtlich nachprüfbaren und revidierbaren Verfahren unterworfen, durch das der politische Wille einer Mehrheit allgemeine Rechtskraft erlangt. Die Bindung des Rechtssetzungsrechts an den Prozess ihrer Anerkennung ist schon als solche ein Sachverhalt von ethischer Qualität.

Auf dem Hintergrunde dieser verfassungsgeschichtlichen und staatsrechtlichen Entwicklung ist es zu verstehen, dass in modernen Gesellschaften – in „Bürgergesellschaften"

---

160 Zur philosophischen Kritik des Anarchismus vgl. bes. OTFRIED HÖFFE, Politische Gerechtigkeit (wie Anm. 142), Zweiter Teil: Herrschaftsfreiheit oder gerechte Herrschaft? Zur Kritik des Anarchismus (189–377).

161 Allerdings lässt sich das verfassungs- und staatsrechtliche Prinzip der allgemeinen, freien und gleichen Wahl nur auf dem Wege einer ziemlich komplizierten Wahlsystematik realisieren, die ihrerseits ethisch-politische Fragen aufwirft; vgl. hierzu DIETER NOHLEN, Art. Wahlen, Wahlsysteme: EStL (NA 2006) 2676–2680.

– das Gesetzes-Recht dominiert, das nunmehr ältere Rechtsquellen wie etwa das Gewohnheitsrecht übergreift und das auch das gesamte Zivilrecht mehr und mehr kodifiziert und durch die Einrichtung einer zivilen Gerichtsbarkeit garantiert. Dominiert hier das Gesetzes-Recht, so ist es die Aufgabe einer Rechtsethik, einer ethischen Theorie des Rechts, Erwartungen an die Qualität des Gesetzes-Rechts zu formulieren – Erwartungen, die sich auf die erstrebenswerte und vorzugswürdige Gestalt des Gesetzes-Rechts beziehen und die sich auch angesichts des Kampfes um die Herrschaft auf Zeit durchhalten müssen.

Eine Rechtsethik, eine ethische Theorie des Rechts, wird aus diesem Grunde in ein Gespräch mit der *Philosophie des Rechts* eintreten. Um dieses Gespräch aufzunehmen und – nach längerem Schweigen – wieder in Gang zu bringen, knüpfe ich hier an die Philosophie des Rechts von *Jan Schapp* an.[162] Und zwar deshalb, weil Schapp zu den inzwischen seltenen Autoren gehört, die die Moralität des öffentlich-rechtlichen Gesetzes und damit seine ethische Vorzugswürdigkeit vor dem Hintergrunde des christlichen wie des Kant'schen Freiheitsbegriffs zu verstehen suchen.

5.3.4.2. Die Moralität des Öffentlichen Rechts

Es ist die wesentliche Funktion des Öffentlichen Rechts, das Verhältnis zwischen der Rechtsgemeinschaft einer Gesellschaft und allen ihren Mitgliedern im Sinne einer wechselseitigen Verpflichtung zu regeln. Indem sich die Mitglieder einer Gesellschaft als Rechtsgemeinschaft konstituieren, begründen sie die Pflicht der durch ihre Institutionen, Organe und Behörden repräsentierten Rechtsgemeinschaft, allen ihren einzelnen Mitgliedern und ihren Lebensgütern umfassenden rechtlichen Schutz zu gewähren. Dieser Schutz besteht nicht etwa nur in der zivil- oder strafrechtlichen Generalprävention, die die abstrakte Selbstdurchsetzung der Mitglieder einer Gesellschaft gegeneinander – die private Gewalt und Willkür nicht nur der Einzelnen, sondern auch der Verbände – erschweren und verhindern soll; dieser Schutz besteht vor allem darin, dass der politische Souverän die Koexistenz und die Kooperation der Mitglieder einer Gesellschaft durch geeignete Interaktionsordnungen ermöglicht und normiert – also zum Beispiel schon durch eine Straßenverkehrsordnung, durch eine Bebauungsordnung oder durch ein Planungsrecht. Um dieser Schutzverpflichtung der Rechtsgemeinschaft einer Gesellschaft willen gehen die Mitglieder einer Gesellschaft ihrerseits die Verpflichtung ein, das staatliche Handeln durch Steuern und Abgaben zu finanzieren und damit in seiner Handlungsfähigkeit aufrecht zu erhalten.[163] Erstrebenswert und vorzugswürdig sind also solche Gestalten des Gesetzes-Rechts, die auch das Verhältnis zwischen dem politischen Souverän – dem Staat im präzisen Sinne des Begriffs – und den Mitgliedern der Rechtsgemeinschaft einer Gesellschaft als ein *Rechtsverhältnis* begreifen lassen, innerhalb dessen auch dem Staat Rechtspflichten erwachsen.[164]

Wurzelt der Begriff des Rechtsverhältnisses zwischen der Rechtsgemeinschaft einer Gesellschaft und ihren Mitgliedern in der Ideengeschichte des politischen Liberalismus, so kommt doch dem Gesetzes-Recht aus rechtsethischer und rechtsphilosophischer Sicht noch eine weitere Gestaltungsaufgabe zu. Sie ergibt sich – wie wir schon gesehen haben

---

162 Vgl. bes.: JAN SCHAPP, Freiheit, Moral und Recht. Grundzüge einer Philosophie des Rechts, Tübingen 1994; DERS., Über Freiheit und Recht. Rechtsphilosophische Aufsätze 1992–2007, Tübingen 2008.

163 Zum Themenkreis der Steuer und des Steuerrechts vgl. ROLF ECKHOFF, Art. Steuer, Steuerrecht: EStL (NA 2006) 2372–2383.

164 Vgl. hierzu JAN SCHAPP, Das subjektive Recht im Prozeß der Rechtsgewinnung, Berlin 1977, bes. 144ff.; DERS., Über die Freiheit im Recht, jetzt in: DERS., Über Freiheit und Recht (wie Anm.162), 1–33.

(s. o. S. 400ff.) – aus dem Bedürfnis nach einem Netz der sozialen Sicherheit, das uns in Zeiten der Krankheit, der Not, der Arbeitslosigkeit und der Pflegebedürftigkeit auffängt; sie ergibt sich darüber hinaus aber auch aus den geschichtlichen Erfahrungen sozialer Ungerechtigkeit, in denen zumal das Proletariat die ökonomischen Machtungleichgewichte hautnah erlebte. Insofern hängt der Rechtsfriede im Innenverhältnis einer Gesellschaft entscheidend davon ab, ob es gelingt, zwischen den konfligierenden Lebensinteressen der Schichten oder der Gruppen – inzwischen machtvoll durch Verbände organisiert und repräsentiert – einen Ausgleich zu erzielen. Das Öffentliche Recht hat deshalb die Aufgabe, die Rechtsgemeinschaft zum Subjekt der Daseinsvorsorge und zum Subjekt des Ausgleichs zwischen den konfligierenden Lebensinteressen ihrer Mitglieder zu machen. Sie errichtet eine Leistungsverwaltung, welche die Daseinsvorsorge durchaus in der Form subjektiver Rechtsansprüche regelt; und sie sucht Wege der ökonomischen Verteilungsgerechtigkeit zu beschreiten, die sich vor allem auch in steuerrechtlichen Bestimmungen zeigen (s. o. S. 403). Erstrebenswert und vorzugswürdig ist also eine Konkretion des Gesetzes-Rechts, die das liberale Prinzip des Rechtsverhältnisses zwischen der Rechtsgemeinschaft und ihren Mitgliedern mit dem Prinzip des Sozialstaats verbindet.[165] Dass diese subjektiven Rechtsansprüche einer Krise des Prinzips des Sozialstaats zutreiben, haben wir in unseren Gedanken über das Ethos des Glaubens im Subsystem der Wirtschaft bereits diskutiert (s. o. S. 403ff.).

Nun bedarf eine Theorie des Öffentlichen Rechts, über dessen ethische Vorzugswürdigkeit es neue Gespräche zwischen der Philosophie des Rechts und der Theologischen Ethik hoffentlich wird geben können, über die beiden eben skizzierten Gegenstände hinaus weiterer Ergänzungen und Entfaltungen. Sie betreffen das Problem des Strafrechts und der Rechtsstrafe (5.3.4.3.); und sie betreffen vor allem auch die Frage, in welchem Umfang und in welchen Grenzen das Öffentliche Recht ein Kulturverwaltungsrecht einschließen darf (5.3.4.4.).

5.3.4.3. Das Strafrecht und die Rechtsstrafe[166]

Seit dem lapidaren Satz des Paulus – „denn sie (sc. die Obrigkeit) trägt das Schwert nicht umsonst: sie ist Gottes Dienerin, eine Rächerin zur Strafe über den, der Böses tut" (Röm 13,4) – hat die Rechtsstrafe in der Geschichte der theologischen Theorie politischer Herrschaft stets besondere Aufmerksamkeit gefunden. Im Rahmen dieser Geschichte konnten Deutungen der Rechtsstrafe und des Strafzwecks entstehen, die – sei es im Sinne der „Vergeltungstheorie", sei es im Sinne der „Sühnetheorie" der Strafe – eine Art der

---

165 Zum Begriff und zur aktuellen Problematik des Sozialstaats vgl. FRANZ-XAVER KAUFMANN, Varianten des Wohlfahrtsstaats. Der deutsche Sozialstaat im internationalen Vergleich, Frankfurt a.M. 2003; MARKUS KOTZUR, Art. Sozialstaat (Juristisch): EStL (NA 2006) 2245–2252; TRAUGOTT JÄHNICHEN, Art. Sozialstaat (Theologisch): ebd. 2252–2256.

166 Vgl. zum Folgenden bes.: Strafe. Tor zur Versöhnung? Eine Denkschrift der EKD zum Strafvollzug. Hg. vom Kirchenamt im Auftrag des Rates der EKD, Gütersloh 1990; ELLEN STUBBE, Art. Gefangenenfürsorge/Gefangenenseelsorge: TRE 12, 144–148 (Lit.!); JOACHIM TRACK, Art. Strafe V. Kirchengeschichtlich und systematisch-theologisch: TRE 32, 207–220 (Lit.!); HELMUT FRISTER, Art. Strafe (Juristisch): EStL (NA 2006) 2393–2397; JOACHIM TRACK, Strafe (Theologisch): ebd. 2397–2402; DIETER DÖLLING, Art. Strafrecht: ebd. 2402–2406; CORNELIUS PRITTWITZ, Art. Strafvollzug: ebd. 2406–2409; TRUTZ VON TROTHA/ELLEN STUBBE, Art. Gefängniswesen I. II.: RGG^4 3, 526–530; MARTIN SCHUCK, Art. Strafe III. Dogmatisch und theologiegeschichtlich: RGG^4 7, 1755–1757; FRITZ LOOS, Art. Strafrecht III. Geltendes Strafrecht: ebd. 1763–1767; WOLFGANG HUBER, Gerechtigkeit und Recht (wie Anm. 159), 385–434; EILERT HERMS, Die lebenslange Freiheitsstrafe. Überlegungen aus der Sicht der evangelischen Sozialethik, in: DERS., Politik und Recht im Pluralismus (wie Anm. 122), 208–219.

Entsprechung zwischen göttlichem Recht und menschlichem Recht, zwischen göttlichem Urteil und menschlichem Urteil intendierten. Wenn wir jedoch die Herrschaftsordnung ernst nehmen, wie sie der „Staat des Grundgesetzes" zu praktizieren hat, müssen wir für die ethische Beurteilung des Strafens einen Begriff der Rechtsordnung zugrunde legen, der auch der Rechtsstrafe einen säkularen Sinn gibt; wir werden den Zweck der Rechtsstrafe infolgedessen nur noch im Sinne der sog. „relativen Straftheorie" bestimmen können.

Wir haben die Funktion des Rechts des säkularen Staates ganz allgemein darin erblickt, die Rechtsgüter zu ermöglichen, zu gewährleisten und zu schützen, die sowohl den Mitgliedern der Rechtsgemeinschaft als auch der Rechtsgemeinschaft selbst und als solcher zukommen; und wir haben den Begriff der Rechtsgüter zurückgeführt auf die immateriellen – Leben, Freiheit, Ehre, sexuelle Selbstbestimmung – wie auf die materiellen Lebensgüter der Person – Eigentum, Vermögen, soziale Sicherheit –, die um der individuellen Lebensführung im Lichte einer Sicht des Höchsten Gutes willen von der Rechtsgemeinschaft zu achten, zu anerkennen und zu schützen sind. Ist es die Funktion des Rechts des säkularen Staates ganz allgemein, Regeln der Koordination für die Mitglieder der Rechtsgemeinschaft in den verschiedenen Lebensbereichen der Gesellschaft zu setzen, so gründet eben darin auch die Legitimation, um dieser Rechtsgüter willen Sanktionen gegen den Bruch und gegen die Verletzung der rechtlichen Regeln anzudrohen und gegebenenfalls zu verhängen und zu vollziehen.

Die Strafe, wie sie der demokratische Verfassungsstaat nur noch als Freiheits- oder als Geldstrafe und nicht mehr als Leibes- oder als Todesstrafe zu praktizieren vermag, steht daher in Relation zur Pflicht der staatlichen Gewalt, den Rechtsfrieden immer wieder herzustellen und der Rechtsordnung Achtung und Befolgung zu verschaffen. Um dieses Zweckes willen und nur um dieses Zweckes willen müssen wir der staatlichen Gewalt aus ethischen Gründen das öffentliche Gewaltmonopol und damit die Befugnis zusprechen, durch die Organisation der Gerichtsbarkeit, der Polizei und des Strafvollzugs wirksam zu zwingen. Die Erwartung der Mitglieder der Rechtsgemeinschaft an die Rechtssicherheit für die eigene Lebensführung impliziert aus guten Gründen, dass die staatliche Gewalt für die Unwiderstehlichkeit der Rechtsordnung sorge und auf diese Weise den privaten, den willkürlichen Gewaltgebrauch der Mitglieder der Rechtsgemeinschaft gegeneinander erschwere, behindere und minimiere.

Indem wir somit den Zweck der Strafe im säkularen Staat in die Funktion der Rechtsordnung des säkularen Staates überhaupt einzeichnen, führen wir hier die Ansätze der reformatorischen Rechtslehre fort, die – noch im Rahmen der Herrschaftsidee des Heiligen Römischen Reiches Deutscher Nation und somit noch vor der wirksamen Durchsetzung des absoluten Staates der frühen europäischen Neuzeit – den äußeren Frieden einer Rechtsgemeinschaft als die „weltliche" Regierweise Gottes verstanden hatte (s. o. S. 420).

Nach der Rechts- und Gesetzeslage, wie sie in der Bundesrepublik Deutschland in Geltung steht, ist die Rechtsstrafe – sowohl was ihre rechtsdogmatischen Grundlagen als auch was ihre Vollziehung anbelangt – durch das Strafgesetzbuch (StGB), die Strafprozessordnung (StPO) und das Strafvollzugsgesetz (StVollzG) sorgfältig geregelt, zumal insbesondere die Freiheitsstrafe einen gravierenden Eingriff des Staates in die Grundrechte der Person darstellt.

Wir dürfen uns allerdings nicht verhehlen, dass die Praxis der Freiheitsstrafe und damit das „Leben unter Strafe"[167] sowohl für die Sachwalter des staatlichen Strafverfahrens als auch für die Strafgefangenen ganz erhebliche ethische und seelsorgliche Fragen

[167] Vgl. bes. YORICK FÖRSTER/JOACHIM WEBER/ARNE WINKELMANN (Hg.), Leben unter Strafe. Kritische Kriminologie von der Gefängnisarchitektur bis zum Haftalltag am Beispiel der Vollzugsanstalt Mannheim, Aachen 2009.

aufwirft. Zwar zielen das Strafgesetzbuch und das Strafvollzugsgesetz – unter Voraussetzung des Schuldprinzips und der generellen wie der speziellen Prävention – ausdrücklich auf die Resozialisierung der Täter (vgl. § 2 S. 1 StVollzG); aber es gilt inzwischen als kriminologisch gesicherte Erkenntnis, dass diese rechtspolitische Idee gescheitert ist: der Strafvollzug selbst steht dieser Zielsetzung im Wege, und die finanziellen Mittel und die menschlichen Kompetenzen dafür sind in Zeiten ungebremster Staatsverschuldung Mangelware. Die ausgeführte Güterlehre der Theologischen Ethik wird zu diskutieren haben, in welcher Weise der Strafanspruch der staatlich verfassten Rechtsgemeinschaft in Zukunft zu verknüpfen ist mit solchen Formen eines Täter-Opfer-Ausgleichs, wie sie in den vorstaatlichen Formen einer Rechtsgemeinschaft praktiziert werden konnten: übrigens auch im kasuistischen Recht des Alten Testaments. Und sie wird Formen der Kommunikation und der Kooperation mit der Praktischen Theologie und mit der Diakoniewissenschaft zu erkunden haben, die die ethische und die pastorale Wahrnehmung der Grenzsituation des Verbrechens und des sozialen Ausschlusses werden leisten können.[168]

5.3.4.4. Das Problem der Schulpolitik

Nun ist allerdings das Recht des säkularen Staates mit den bisher besprochenen Gegenständen des Rechtssetzungsrechts bei weitem noch nicht vollständig bestimmt. Wir wollen vielmehr darauf achten, dass der Staat der modernen, der ausdifferenzierten Gesellschaft legitimerweise die Tendenz besitzt, die Interaktion seiner Bürgerinnen und Bürger auf den verschiedenen Lebensgebieten und in den verschiedenen Funktionsbereichen durch Rechtsordnungen umfassend zu regeln. Wir haben schon gesehen, dass namentlich die Wirtschaft der Gesellschaft über die Schutzverpflichtung des Staates für die Ausübung der privaten Autonomie hinaus durch eine Fülle von Rechtsvorschriften und Berichtspflichten normiert ist (s. o. S. 397ff.). Darüber hinaus ist es im Zuge einer längeren Rechtsentwicklung dazu gekommen, dass dem Staat – in der Bundesrepublik Deutschland hauptsächlich den Ländern – ein Kulturverwaltungsrecht bzw. ein Bildungsverfassungsrecht zugesprochen wird. Im Rahmen dieses Themas müssen wir uns hier in aller Kürze – und im Vorgriff auf spätere Gedanken (s. u. S. 453ff.) – vor allem dem Recht des öffentlichen Schul- und Bildungswesens zuwenden.[169]

Das Grundgesetz der Bundesrepublik Deutschland bestimmt: „Das gesamte Schulwesen steht unter der Aufsicht des Staates" (Art. 7 Abs. 1 GG – in Aufnahme von Art. 126 WRV). Nach dem Politikverständnis der maßgeblichen Parteien und nach der Rechtsprechung des Bundesverfassungsgerichts bezieht sich diese Bestimmung nicht

---

168 Nur anmerkungsweise kann ich hier aufmerksam machen auf die Entwicklung eines internationalen Strafrechts und einer internationalen Strafgerichtsbarkeit, von der zu hoffen ist, dass sie auf die Dauer den massiven Kriegsverbrechen und den Verbrechen gegen die Menschlichkeit wirksam entgegentritt; vgl. hierzu KAI AMBOS, Art. Verbrechen gegen die Menschlichkeit: EStL (NA 2006) 2532–2536. – Die römisch-katholische Kirche – als *Weltkirche* – und der Ökumenische Rat der Kirchen werden diese Entwicklung nachhaltig zu fördern und zu unterstützen haben!

169 Vgl. zum Folgenden allgemein: LOTHAR MICHAEL, Art. Kultur (Juristisch): EStL (NA 2006) 1353–1357; MICHAEL KILIAN, Art. Kulturpolitik: ebd. 1367–1370; sowie bes. CHRISTINE LANGENFELD, Art. Schule, Schulrecht: ebd. 2104–2110 (Lit.). Zum Programm und zur Rechtsgeschichte des „Kulturstaats" vgl. DIETER GRIMM, Kulturauftrag des Staates, jetzt in: DERS., Recht und Staat der bürgerlichen Gesellschaft (st 1358), Frankfurt a.M. 1987, 104–137; MARTIN SCHUCK, Staatstheorie und Wirklichkeitsverständnis. Studien zu den kategorialen Voraussetzungen des Staatsdenkens deutscher Juristen aus theologischer Sicht am Beispiel der Kulturstaatsdebatte (MThSt 61), Marburg 2000.

allein auf die äußere Organisation des Schulwesens, auf die Rechtsstellung der Lehrkräfte und auf die Planung der einzelnen Fächer; sie erstreckt sich vielmehr auch auf Bildungs- und Erziehungsziele, die – wie etwa die Toleranz, die Friedensliebe oder die demokratische Gesinnung – ganz offensichtlich ethischer Natur sind und die aus diesem Grunde den Zusammenhalt der Gesellschaft und ihre integrative Kraft gewährleisten sollen.

Nun hat das Bundesverfassungsgericht gewiss im Grundrecht auf die freie Entfaltung der Persönlichkeit eine Grenze gegenüber der Schulhoheit des Staates gesehen[170]; und es hat zwischen dem Elternrecht, wie es Art. 6 Abs. 2 GG garantiert, und der Schulhoheit des Staates nach Art. 7 Abs. 1 GG ein „Nebeneinander grundsätzlich gleichgeordneter Erziehungsträger“[171] angenommen. Gleichwohl fehlt es sowohl in der Bildungspolitik der Parteien als auch in der herrschenden Meinung in der Auslegung der Verfassungsurkunde an der klaren Einsicht in das Verhältnis zwischen jenem Wissen, das uns in technischer Hinsicht orientiert, und jenem Wissen, das uns in ethischer Hinsicht orientiert; und so fehlt es denn auch an einem genauen Verstehen der Bedingungen, unter denen sich Tugenden oder Gesinnungen überhaupt bilden können (s. o. S. 346ff.). Wegen dieses Mangels tendiert die staatliche Schulpolitik – unerachtet der Tatsache, dass der Religionsunterricht zumeist noch ordentliches Lehrfach ist – dazu, die Beziehungen zur Kirche als einer „Bildungsinstitution“ im präzisen Sinne des Begriffs zu lockern und zu lösen. Sie vernachlässigt damit allerdings auch in langfristig folgenreicher Weise die kommunikativen Situationen, in denen uns das Wissen, das uns ethisch orientiert, erlebnismäßig nahe kommt: also die Lernorte des Glaubens, die als solche die Möglichkeit und die Verheißung in sich bergen, Lernorte der sittlichen Autonomie, des Lebens in der Selbstverantwortung vor Gott, zu sein.[172]

Wir kommen daher im Kontext der Theologischen Ethik zu dem Urteil, dass sich die Rechtsordnungen des Staates für das Subsystem der Wirtschaft und für das öffentliche Schul- und Bildungswesen ganz verschieden bewerten lassen müssen. Während die Rechtsordnungen des Staates für das Subsystem der Wirtschaft diejenige Rechtssicherheit konkretisieren wollen, die wir im Sinne eines äußeren Friedens vom politischen Souverän erwarten, tendieren die Rechtsordnungen des Staates für das öffentliche Schul- und Bildungswesen dazu, über das technisch orientierende Wissen hinaus auch ethisch orientierendes Wissen vermitteln zu wollen, zu dem der Staat als säkularer Staat – also die jeweilige Schulverwaltung – gar keinen Zugang hat. Die theologische Reflexion auf die Ethosgestalt des Glaubens wird diese – in einer langen Konfliktgeschichte zwischen Schule und Kirche verwurzelte – Tendenz im Lichte ihrer Einsicht in die Konstitution orientierender und motivierender Lebensgewissheit nachhaltiger Kritik unterwerfen und ihr gegenüber den präzisen und umfassenden Sinn der Erziehung und der Bildung des Selbstbewusstseins der Person betonen (s. o. S. 380ff.; s. u. S. 451ff.).

5.3.5. Die politische Willensbildung

Um das Ethos des Glaubens im Funktionsbereich des Staates und um die politische Verantwortung zu charakterisieren, die den Mitgliedern der Glaubensgemeinschaft vor Gott für den Staat obliegt, sind wir von dem Begriff des säkularen Staates ausgegangen

---

170 BVerfG 45, 400 (417).

171 CHRISTINE LANGENFELD. Art. Schule, Schulrecht (wie Anm. 169), 2109.

172 Vgl. hierzu bes. REINER PREUL, Die soziale Gestalt des Glaubens. Aufsätze zur Kirchentheorie (MThSt 102), Leipzig 2008: Die Kirche als Kommunikationssystem und Bildungsinstitution in der Öffentlichkeit (65–202).

(5.3.2.) und haben uns sodann auf die Prinzipien besonnen, in deren Licht die Verfassungsgeber – wie wir am Beispiel des Grundgesetzes der Bundesrepublik Deutschland zeigten – das Fundament für die Rechtsordnung eines säkularen Staates errichteten (5.3.3.). Im Anschluss daran haben wir im Gespräch mit der Philosophie des Rechts auf eine exemplarisch gemeinte Weise wesentliche Merkmale der Rechtsordnung besprochen, für die der Glaube in der Glaubensgemeinschaft der Kirche vor Gott Verantwortung trägt (5.3.4.).

Nun impliziert die Verfassungsurkunde auf dem Hintergrund der geschichtlichen Vielzahl von Staatsformen die Entscheidung für diejenige Herrschaftsordnung, die wir *Demokratie* nennen. Unter den mannigfachen Staatsformen zeichnet sich die Herrschaftsordnung der Demokratie in der euro-amerikanischen Moderne dadurch aus, dass sie allen Mitgliedern der Gesellschaft grundsätzlich das Recht der Teilhabe an der politischen Willensbildung gewährt, wie sie sich im Verfahren des Gesetzes-Rechts – also im kritischen Zusammenwirken der legislativen, der exekutiven und der rechtsprechenden Gewalt – konkretisiert.

Das Recht der Teilhabe an der politischen Willensbildung einer Gesellschaft besteht grundsätzlich im aktiven und im passiven Wahlrecht. Zur Wahl stehen aber politische Parteien an, die sich um das Mandat zur Ausübung der demokratischen Herrschaft auf Zeit bewerben. Ohne dass wir hier auf die Entstehungsgeschichte der Demokratie, auf ihre verschiedenen Formen und auf ihre aktuelle Problematik eingehen können[173], müssen wir uns daher über die besondere Funktion der Parteien im Prozess der politischen Willensbildung der Gesellschaft Rechenschaft geben, um vor diesem Hintergrunde die Mitwirkung der Mitglieder der Glaubensgemeinschaft in den Parteien – und zwar ihre Möglichkeiten wie ihre Grenzen – zu erörtern. Wir werden sehen, dass wir es hier mit einem zentralen Thema der ethischen Urteilsbildung zu tun haben, das freilich in der älteren und neueren Theologischen Ethik des Politischen – insbesondere auch in der „Politischen Theologie" – ziemlich vernachlässigt ist.[174]

Art. 21 Abs. 1 GG bestimmt: „Die Parteien wirken an der politischen Willensbildung mit." In dieser Bestimmung kommt die Geschichte der rechtlichen Legalisierung der Parteien zum Ziel, die mit dem Entstehen der parlamentarischen Regierungssysteme aufs engste verbunden ist. In der Bundesrepublik Deutschland sind die rechtlichen Grundlagen, auf denen sich die spezifische Funktion der Parteien abspielt, im Parteiengesetz von 1967 umfassend geregelt.

---

173 Vgl. hierzu bes.: MANFRED G. SCHMIDT, Art. Demokratie (Juristisch): EStL (NA 2006) 325–336; TRAUGOTT JÄHNICHEN, Art. Demokratie (Theologisch): ebd. 336–342; PIA LETTO-VANAMO/EILERT HERMS, Art. Demokratie: RGG^4 2, 649–652.

174 Vgl. jedoch immerhin TRUTZ RENDTORFF, Ethik. Bd. 2 (wie Anm. 39), 124–128. – Vgl. zum Folgenden bes.: DIETER LANGEWIESCHE/HANS VORLÄNDER, Art. Liberalismus I. II.: TRE 21, 73–83; MICHAEL SCHNEIDER, Art. Sozialdemokratie: TRE 31, 488–497; JOSEF BECKER, Art. Zentrum: TRE 36, 644–648; UWE VOLKMANN, Art. Opposition: EStL (NA 2006) 1687–1691; MARTIN MORLOK, Art. Parteien: ebd. 1742–1749; ROLAND STURM, Art. Parlament, Parlamentarismus: ebd. 1731–1738; GANGOLF HÜBINGER/HEINRICH OBERREUTER/JEAN-M. MAYEUR/NOTGER SLENCZKA/FRIEDRICH WILHELM GRAF, Art. Parteien I.–V.: RGG^4 6, 949–957; GÜNTER BUCHSTAB, Art. Christlich-demokratische Parteien: RGG^4 2, 260–262; TRAUGOTT JÄHNICHEN, Art. Kommunismus (und Bolschewismus) I. II.: RGG^4 4, 1522–1530; BARTHOLD C. WITTE, Art. Liberale Parteien: RGG^4 5, 308–310; JÜRGEN SCHMUDE, Art. Sozialdemokratie: RGG^4 7, 1467–1470. – Ich nehme in der folgenden Skizze dankbar auf: EILERT HERMS, Kirchen (Religions- und Weltanschauungsgemeinschaften) und politische Parteien. Zusammenspiel und Arbeitsteilung aus der Sicht der evangelischen Sozialethik, in: DERS., Politik und Recht im Pluralismus (wie Anm. 122), 220–284.

Diese Regelungen erkennen an, dass das Prinzip der Volkssouveränität als der Quelle einer demokratischen Herrschaftsordnung durch das Recht beileibe keine Identität zwischen Regierung und Regierten stiftet, wie dies die geschichtsblinde „Konservative Revolution" zur Zeit der Weimarer Republik ebenso wie die basisdemokratische Kritik „roter" wie „grüner" Provenienz erträumte und erträumt. Vielmehr herrschen in einem Volk aus mannigfachen geschichtlichen Gründen divergierende und konfligierende Meinungen, Erwartungen und Überzeugungen, die die Ausübung seiner souveränen öffentlichen Gewalt betreffen. Soll das Volk in der Wahrnehmung des aktiven und des passiven Wahlrechts diese seine souveräne öffentliche Gewalt gebrauchen, ist es offensichtlich angewiesen auf Organisationen, welche diese divergierenden und konfligierenden Meinungen, Erwartungen und Überzeugungen versammeln und in den jeweiligen Wahlen zur Abstimmung stellen. Es ist also angewiesen auf Parteien, welche die politischen Zielvorstellungen artikulieren und für sie die Chance zu erkämpfen suchen, sie gegebenenfalls durch ihre Mehrheit im Prozess der Rechtssetzung zur Geltung zu bringen.

Weil die demokratische Herrschaftsordnung die Differenzen und Konflikte der politischen Zielvorstellungen im Volk zu respektieren hat, ist die Existenz politischer Parteien für sie unabdingbar und ist die grundsätzliche Verdrossenheit über die politischen Parteien ethisch problematisch. Für die ethische Urteilsbildung ist vielmehr allein die Frage ausschlaggebend, ob und wie die politischen Zielvorstellungen, wie sie mit den Organisationen der Parteien zur Wahl und zur Entscheidung anstehen, ihrerseits in einer ethischen Orientierung verwurzelt sind. Die ethische Urteilsbildung einer theologischen Güterlehre wird sich daher auf das Verhältnis zwischen den jeweiligen politischen Zielvorstellungen und der jeweiligen ethischen Orientierung konzentrieren. Über dieses Verhältnis geben die politischen Programme der Parteien Auskunft.

Das Parteiengesetz von 1967 bestimmt: „Die Parteien legen ihre Ziele in politischen Programmen nieder." (PartG § 1 Abs. 3). In der Bundesrepublik Deutschland lösten die größeren Parteien – CDU, CSU, SPD, FDP, Bündnis 90 / Die Grünen, Die Linke – diese Bestimmung ein, indem sie ihren jeweiligen ordnungspolitischen Zielen – ihrer jeweiligen Vision einer Wohlordnung der Gesellschaft – grundsätzliche Aussagen über ihr Verständnis des Mensch-Seins voranstellten, meist in eine Paraphrase von Art. 1 Abs. 1 GG gekleidet. Sie bewegen sich damit de facto in dem Schema, das wir als gültig für jede ethische Urteilsbildung erkannten (s. o. S. 330f.): sie ordnen ihre jeweiligen Lösungen der Probleme des Gemeinwesens, die mit den Mitteln der Rechtsordnung zu finden sind, in den Horizont ethischer Überzeugungen ein, welche die Güte und die Wohlordnung des Gemeinwesens betreffen; und sie leiten diese ihre ethischen Überzeugungen letztlich her aus einem Bild des Mensch-Seins und der menschlichen Bestimmung in der Welt – aus einem Bild also, dessen inhaltliche Konturen nirgend anders als in dem Funktionsbereich der religiös-weltanschaulichen Kommunikation zu gewinnen sind, in dem wir auch der Kommunikation des Evangeliums in ihrer spezifischen sozialen Gestalt der Kirche begegnen (s. o. S. 240ff.).

Geben nun die politischen Programme der Parteien darüber Auskunft, dass und wie sie ihre maßgeblichen ethischen Überzeugungen in sozialen Formen der religiös-weltanschaulichen Kommunikation gewinnen?[175] Das ist – ausgenommen bei den Grund-

---

175 Vgl. zum Folgenden: (1) Freiheit und Sicherheit. Grundsätze für Deutschland. Das Grundsatzprogramm der CDU (Hamburg 2007), 3–14: Präambel; Kap. I: Wir christliche Demokraten. (2) Chancen für alle! In Freiheit und Verantwortung gemeinsam Zukunft gestalten. Grundsatzprogramm der CSU (2007), 25–43: Christliche Werte. Eigenverantwortung. Zusammenhalt. (3) Hamburger Programm. Das Grundsatzprogramm der SPD, 12–19: 2. Unsere

satzprogrammen der CDU und der CSU, die auf das christliche Verständnis des Mensch-Seins und seiner Verantwortung vor Gott und damit auf die religiöse Kommunikation der erfahrbaren Kirche verweisen – durchaus nicht der Fall. Vielmehr fehlt es meist an einem klaren Bewusstsein dafür, dass die Mitglieder der Partei für die Bildung der ethischen Überzeugungen, die ihre ordnungspolitischen Ideen tragen und stützen, auf eine Sphäre der Kommunikation angewiesen sind und angewiesen bleiben, die sich von der Sphäre des wissenschaftlichen Wissens wie von der Sphäre der Kunst nachhaltig unterscheidet.

Infolgedessen mangelt es den politischen Programmen der Parteien auch zumeist an einer klaren Bestimmung des Verhältnisses, in dem sich ihre notwendige politische Funktion zu den Funktionen der Religions- und der Weltanschauungsgemeinschaften und unter ihnen eben auch der Kirchen befindet. Es bleibt weitgehend im Dunkeln, dass die jeweilige Politik einer Partei – sofern sie überhaupt den Anspruch erhebt, eine wenn auch relative und partikulare Sicht des Gemeinwohls der Gesellschaft zu entwerfen und zu realisieren – abhängig ist von der erhellenden Kraft, die wir den verschiedenen Bildern des Mensch-Seins und seiner Bestimmung und unter ihnen eben insbesondere der christlichen Sicht des Mensch-Seins und seiner ewigen Bestimmung zur Gemeinschaft mit Gott verdanken. Eben weil die Programme der Parteien – wie gesagt: ausgenommen die Programme der CDU und des CSU – diese Abhängigkeit geradezu systematisch verschweigen, fällt es ihnen äußerst schwer, die Reichweite und damit die Grenzen des staatlichen Handelns im Verhältnis zu der Kommunikation über Sinn und Bestimmung des menschlichen Lebens in den Religions- und Weltanschauungsgemeinschaften und unter ihnen eben auch in den Kirchen angemessen zu bestimmen. Nirgends tritt dieses Manko deutlicher zu Tage als in den verschiedenen Konkretionen der Staatszielbestimmung des Kulturstaats. Darauf kommen wir zurück (s. u. S. 460f.).

Wir haben gesehen, dass das Prinzip der Souveränität des Volkes, das sich in der Wahrnehmung des aktiven und des passiven Wahlrechts periodisch realisiert, die demokratische Funktion der Parteien unabdingbar macht. Wenn es nun nach der Bestimmung des Grundgesetzes die Sache der Parteien ist, an der politischen Willensbildung *mitzuwirken*, wie sie der Souveränität eines in divergierende und konfligierende politische Optionen faktisch getrennten Volkes entspricht, so hat die Theologische Ethik in ihrer Güterlehre eine Antwort auf die Frage zu geben, in welcher Weise die Glaubensgemeinschaft in der sozialen Gestalt der Kirche auf die politische Willensbildung des Volkes der Gesellschaft Einfluss nehmen kann. Sie wird sich dabei auf die Texte beziehen, in denen sich die Evangelische Kirche in Deutschland[176] und die Römisch-Katholische Kirche[177] zu dieser Frage maßgeblich geäußert haben. Wie konkretisiert sich die Verantwortung für die politische Willensbildung des Volkes der Gesellschaft, die den Mitgliedern der Glaubensgemeinschaft – dem Volk Gottes – vor Gott zukommt? Wir versuchen eine dreifache Antwort.

Erstens: Wie die Mitglieder der Glaubensgemeinschaft der Kirche sämtlich eine ökonomische Existenz führen, so führen sie sämtlich eine politische Existenz im engeren Sinne des Wortes (s. o. S. 412ff.). Sie bilden jedenfalls in der Bundesrepublik Deutsch-

---

Grundwerte und Grundüberzeugungen. (4) Die Mitte stärken. Deutschlandprogramm der FDP (2009), 2–4: Präambel. (5) Die Zukunft ist grün. Grundsatzprogramm von Bündnis 90/Die Grünen (2002), 9–15: Präambel; I: Unsere Werte. – Ein neues Grundsatzprogramm der Partei „Die Linke" befindet sich im Prozess der Beratung.

176 KIRCHENAMT DER EKD (Hg.), Evangelische Kirche und freiheitliche Demokratie. Der Staat des Grundgesetzes als Angebot und Aufgabe, Göttingen 1985. Vgl. dazu bes. MARTIN HONECKER, Grundriß der Sozialethik (wie Anm. 1), 330–333.

177 PÄPSTLICHER RAT FÜR GERECHTIGKEIT UND FRIEDEN, Kompendium der Soziallehre der Kirche (lat. 2004), dt. Freiburg i.Br. 2006.

land noch immer einen beträchtlichen Teil des Volkes, von dem die souveräne öffentliche Gewalt ausgeht, die sich auf dem Fundament der Verfassung in den Entscheidungen des Rechtssetzungsrechts einer Mehrheit auf Zeit konkretisiert. Die Mitglieder der Glaubensgemeinschaft der Kirche partizipieren also an der politischen Souveränität des Volkes; und sie übernehmen nicht nur politische Mandate in Parlamenten und in Räten, sondern sie verfolgen auch Karrieren und üben auch Berufe aus in allen Zweigen der staatlichen Organisation – des Öffentlichen Dienstes und der Gerichtsbarkeit – bis hin zur Arbeits- und zur Finanzverwaltung, zur Fürsorge, zur Polizei, zum Militär und zum Strafvollzug. In allen diesen Positionen und Stellen werden sie darauf bedacht sein, der geltenden Rechtsordnung Achtung zu verschaffen – jener Rechtsordnung nämlich, unter deren Schutz und Schirm Menschen verschiedenen Glaubens und verschiedener Sinnperspektiven in äußerlichem Rechtsfrieden und in äußerer Sicherheit zusammenleben können. Und sie werden ferner darauf aus sein, diese geltende Rechtsordnung im Lichte eines Begriffs der gesellschaftlichen Wohlordnung weiterzuentwickeln – einer Wohlordnung, die insgesamt dem Erkennen und Erfassen der ewigen Bestimmung des Mensch-Seins zu dienen bestimmt ist (s. o. S. 330f.). Die Mitglieder der Glaubensgemeinschaft werden also zuallererst für sich selbst die politische Dimension ihrer Existenz in ihrer ganzen Reichweite zu verstehen haben als eine der notwendigen Bedingungen, unter denen die Kommunikation des Evangeliums in ihren verschiedenen Formen vor sich geht, damit sich kraft des göttlichen Geistes die Lebensform des Glaubens in der Liebe und in der Hoffnung bilde. Und sie werden diese Sicht des Politischen in die Prozesse der Öffentlichen Meinung einzuspeisen suchen, die für die politische Willensbildung der Leute – nicht zuletzt auch durch systematische Themenunterdrückung in den Medien – von erheblicher Bedeutung sind.[178]

Zweitens: Eignet dem christlichen Gesamtleben – im Unterschied zur Kirche als der sozialen Gestalt und der notwendigen Organisationsform der Glaubensgemeinschaft (s. o. S. 240ff.) – unvermeidlich diese politische Dimension im engeren Sinne des Wortes, so eignet ihm damit ein positiv-kritisches Interesse an der politischen Willensbildung der Parteien und an der Art und Weise, in der sie diese ihre politische Willensbildung im Prozess der Rechtssetzung auch zu realisieren suchen. Dieses positiv-kritische Interesse nimmt die unabdingbare Funktion politischer Parteien in einer demokratischen Herrschaftsordnung ernst. Es wird diese unabdingbare Funktion der politischen Parteien gegen die Einflussnahmen und gegen die Übergriffe verteidigen, die von den machtvollen Verbänden und von ihrer Lobby-Arbeit ausgehen. Es wird aber auch von den Parteien fordern, in ihren Programmen klipp und klar über das Verhältnis zwischen ihren politischen – also durch Gesetzes-Recht einzulösenden – Optionen und ihren ethischen Überzeugungen Auskunft und Rechenschaft zu geben; es wird vor allem darauf dringen, dass die Parteien selbst – wie dies, wie gesagt, in den Grundsatztexten der CDU und der CSU durchaus der Fall ist – die Existenz und die notwendige Funktion der Religions- und Weltanschauungsgemeinschaften und unter ihnen eben auch der Kirchen in der Gesellschaft verstehen. Es muss der Verantwortung des einzelnen Christenmenschen überlassen bleiben, ob dieses positiv-kritische Interesse an der politischen Willensbildung der Parteien auch zur Mitgliedschaft in einer Partei führt.[179] Tut er es, so wird er hoffentlich die hohlen Schlagworte überwinden, mit denen die Parteien um Zustimmung werben müssen.

---

[178] Vgl. hierzu HANS MATHIAS KEPPLINGER, Art. Öffentliche Meinung: EStL (NA 2006) 1638–1644; HANS-RICHARD REUTER, Art. Öffentliche Meinung: RGG^4 6, 487–489.

[179] Natürlich existieren im Spektrum der Parteien auch de facto verfassungswidrige Parteien, in denen sich die Mitgliedschaft eines Christenmenschen verbietet.

Drittens: Weil dem christlichen Gesamtleben der Glaubenden über seine ökonomische Dimension hinaus unvermeidlich auch diese politische Dimension im engeren Sinne des Wortes eignet, haben die Kirchen als die sozialen Organisationsformen der Glaubensgemeinschaft und haben die Inhaber der kirchenleitenden Ämter – im weiten und prägnanten Schleiermacher'schen Sinne des Begriffs theologischer Kompetenz – die Aufgabe und die Pflicht, dieses Gesamtleben zu fördern, zu begleiten und zu orientieren. Allerdings setzt die ordentliche Erfüllung dieser Aufgabe und dieser Pflicht voraus, dass den Kirchen und den Inhabern der kirchenleitenden Ämter selbst eine präziser Begriff der notwendigen Funktion vor Augen steht, die die Kommunikation des Evangeliums für die ethische Orientierung der Glaubenden und damit für ihre politische Existenz tatsächlich besitzt.

Freilich: Ob die Art und Weise, in der die Evangelische Kirche in Deutschland seit dem Ende des Zweiten Weltkriegs ihren „Öffentlichkeitsauftrag" wahrgenommen hat[180], von einem solchen präzisen Begriff geleitet war, wird man bezweifeln dürfen. Im Vorgriff auf die gründliche Kritik an dem Modell der Denkschriften, wie sie in einer ausgeführten Darstellung der Güterlehre einer Theologischen Ethik am Platze ist, gehen wir hier von dem Gedanken aus, dass die Darreichung des Evangeliums in den verschiedenen Formen der kirchlichen Kommunikation schon als solche öffentlich ist und Öffentlichkeit stiftet (s. o. S. 218ff.). Wie die Öffentlichkeit der kirchlich verfassten Glaubensgemeinschaft zur ethischen Orientierung der Glaubenden hinsichtlich der politischen Dimension ihres Lebens anleiten kann, sei nun im Folgenden erörtert.

5.3.6. Gesichtspunkte ethischer Orientierung[181]

Wir haben den Funktionsbereich des säkularen Staates in den modernen, den ausdifferenzierten Gesellschaften in den wichtigsten Grundlinien skizziert. Wir haben uns in dieser „Einleitung in die Systematische Theologie" bewusst darauf beschränkt, das Verhältnis zwischen der Verfassung und der Rechtsordnung des Staates im Inneren der Gesellschaft zu charakterisieren; und wir werden auf die Themen der internationalen und intersozialen Beziehungen zwischen den Gesellschaften bis hin zu Fragen der Kriegsverhütung und der konsequenten Abrüstung – also auf das ungeheuer große Problem einer „vernünftigen Weltfriedensordnung"[182] und einer *global governance* – bei späterer Gelegenheit zurückkommen müssen.

---

180 Vgl. hierzu: HANS-GERNOT JUNG, Rechenschaft der Hoffnung. Ges. Beiträge zur öffentlichen Verantwortung der Kirche (MThSt 35), Marburg 1993; WOLFGANG HUBER, Art. Öffentlichkeit und Kirche: ESL (NA 2001) 1165–1173; DERS., Art. Kirche und Politik: EStL (NA 2006) 1139–1144; GÖTZ KLOSTERMANN, Art. Öffentlichkeitsanspruch der Kirche (Juristisch): ebd. 1661–1663; HERMANN BARTH, Art. Öffentlichkeitsanspruch der Kirche (Theologisch): ebd. 1663–1669; HANS-RICHARD REUTER, Art. Öffentlichkeitsauftrag der Evangelischen Kirche: RGG[4] 6, 491–493. – Die jüngste kirchliche Verlautbarung ist: Das rechte Wort zur rechten Zeit. Eine Denkschrift des Rates der Evangelischen Kirche in Deutschland zum Öffentlichkeitsauftrag der Kirche, Gütersloh 2008.

181 Vgl. zum Folgenden bes. EILERT HERMS, Theologie und Politik. Die Zwei-Reiche-Lehre als theologisches Programm einer Politik des weltanschaulichen Pluralismus, in: DERS., Gesellschaft gestalten (wie Anm. 130), 95–124; DERS., Art. Politik II. Sozialethisch: RGG[4] 6, 1451–1453; KIRSTEN HUXEL, Gewissen und Politik. Fundamentalanthropologische Erwägungen zur Ethik des Politischen, in: FRIEDRICH SCHWEITZER (Hg.), Religion, Politik und Gewalt (wie Anm. 126), 642–665.

182 Vgl. bes. CARL FRIEDRICH VON WEIZSÄCKER, Möglichkeiten und Probleme auf dem Weg zu einer vernünftigen Weltfriedensordnung, München Wien 1982.

Unsere Darstellung ging aus von dem theologischen Sinn des Begriffs des säkularen Staates, der auf dem Boden der Anerkennung der Würde des Menschen den Frieden zwischen den Mitgliedern der verschiedenen Religions- und Weltanschauungsgemeinschaften und ihrer individuellen und sozialen Handlungsmacht durch die Herrschaft des Rechts zu gewährleisten hat. Im Lichte dieses Begriffs des säkularen Staates zielte unsere Darstellung auf die politische Willensbildung im Rahmen der faktisch notwendigen Arbeit der Parteien. An dieser mitzuwirken und auf sie Einfluss zu nehmen, sind in der Gesamtlage eines religiös-weltanschaulichen Pluralismus auch und gerade die Mitglieder der Glaubensgemeinschaft der Kirche beauftragt und berechtigt. Für deren jeweils höchstpersönliches politisches Engagement im engeren Sinne des Begriffs heben wir abschließend einige Gesichtspunkt ethischer Orientierung hervor, mit denen wir den Ertrag unserer Darstellung sichern wollen. Wie die Gesichtspunkte ethischer Orientierung, die die ökonomische Existenz betreffen, konvergieren sie in der Erkenntnis, dass die individuelle Selbstverantwortung der Person vor Gott undelegierbar ist. Was die Güterlehre der Theologischen Ethik als Teil der akademischen Forschung und Lehre für sie beizutragen hat, wird allerdings nicht im Geringsten an die Stelle dessen treten können, was hier und jetzt in der verantwortlichen Freiheit eines Christenmenschen und in deren seelsorglicher Beratung geschehen kann und geschieht.[183]

5.3.6.1. Individualethische Betrachtung[184]

Wir sind von der Erkenntnis ausgegangen, dass die dem Menschen von Gott gegebene Freiheit den Umschlag individueller und sozialer Macht in Gewalt möglich macht und dass das menschliche Zusammenleben aus diesem Grunde einer Herrschaftsordnung bedarf, die äußerlichen Frieden und Sicherheit gewährt (s. o. S. 420f.). In der Geschichte solcher Herrschaftsordnungen bringt die Herrschaftsordnung des demokratischen Verfassungsstaates einen enormen Freiheitsgewinn – ist sie doch auf der Anerkennung der Würde des Mensch-Seins und damit auf der Achtung der Menschen- und Grundrechte errichtet und gibt sie doch die reale Chance, die Ausübung der staatlichen, der öffentlichen Gewalt verlässlich zu regeln und wirksam zu begrenzen. So gewährt der demokratische Verfassungsstaat im Zusammenspiel mit den anderen Institutionen eines Gemeinwesens in ausgezeichneter Weise die notwendige Bedingung dafür, dass sich in der freien und öffentlichen Kommunikation des Evangeliums jene Lebensform des Glaubens, der Liebe und der Hoffnung bilde, die über unser Dasein in dieser Weltzeit hinaus im ewigen Leben in der Gemeinschaft mit Gott selbst das Höchste Gut zu finden und zu genießen zuversichtlich erwartet.

Das Ethos des Glaubens schließt aus diesem Grunde – nicht zuletzt belehrt durch die geschichtliche Erinnerung an das verhängnisvolle Scheitern des demokratischen Verfassungsprojekts von Weimar im Jahre 1933 – das Ethos demokratischer Gesinnung ein: das je individuelle Lebensinteresse am sicheren Bestand und an der konsequenten Fortentwicklung eines geordneten und begrenzten Rechtssetzungsrechts auf Zeit. Dieses Lebensinteresse wird sich zuallererst realisieren in der alltäglichen Loyalität gegenüber dem Gesetzes-Recht – und zwar auch dann, wenn dieses Gesetzes-Recht den politischen Willen jener Mehrheit repräsentiert, der gegenüber man sich in der Minderheit

---

[183] Ich verstehe die folgenden Gedanken als Fortschreibung der 5. These der Theologischen Erklärung der Bekenntnissynode von Barmen 1934.

[184] Vgl. zum Folgenden bes. WOLFGANG HUBER, Recht und Gerechtigkeit (wie Anm. 159), 478–495.

befindet. Das Ethos demokratischer Gesinnung schließt das Ethos rechtlich-politischer Toleranz ein.

Darüber hinaus wird sich das Ethos demokratischer Gesinnung – über die Wahrnehmung des aktiven und des passiven Wahlrechts hinaus – manifestieren in der bewussten Teilnahme an den Prozessen der politischen Willensbildung im engeren Sinne des Begriffs, und zwar auf allen Ebenen politischer Entscheidung. Die Grundsätze und die Kriterien solcher bewusster Teilnahme sind ein entscheidend wichtiges Thema der kirchlichen Öffentlichkeit und ihrer theologischen Beratung und Begleitung. Sie lassen sich in der Erkenntnis zusammenfassen, dass das staatliche Handeln der Wohlordnung des gesellschaftlichen Lebens zu dienen hat, die wiederum zu den notwendigen Voraussetzungen eines Lebens in sittlicher Autonomie, in freier Verantwortung vor Gott, in zuversichtlicher Erwartung des Höchsten Gutes ewiger Gemeinschaft mit Gott gehört. Wenn es in der Öffentlichkeit der Kirche in Zukunft mehr, als dies in der Nachkriegsgeschichte des deutschen Protestantismus der Fall war, zu Schritten der Verständigung hinsichtlich dieser Erkenntnis kommt, kann und muss der unvermeidliche Streit über die sachgemäßen, die angemessenen, die problemlösenden Maßnahmen des Gesetzes-Rechts ertragen und ausgehalten, aber auch ohne persönliche Kränkungen und Verletzungen geführt werden.

Allerdings: das Ethos des Glaubens im Subsystem des Staates wird die alltägliche Loyalität gegenüber dem Gesetzes-Recht, das den jeweiligen politischen Willen einer Mehrheit repräsentiert, nicht unkritisch und nicht bedenkenlos aufbringen. Vielmehr wird es sich darin erweisen und bewähren, dass es den jeweiligen politischen Willen einer Mehrheit auf dem Forum des Gewissens kritisch prüft. Kommt diese kritische Prüfung zu dem Resultat, dass das Gesetzes-Recht gegen den Geist und Sinn der Menschen- und der Grundrechte verstößt, so wird das Ethos des Glaubens Wege und Formen der Zivilcourage suchen, die gegen solche Verstöße öffentlich Protest erheben. An dieser Stelle knüpft die individualethische Betrachtung an die Debatte über den bürgerlichen Ungehorsam an.[185] Freilich wird diese Debatte – mehr als dies bisher der Fall war – mit der rechts- und gesetzeskritischen Funktion der Verfassungsgerichtsbarkeit zu vermitteln sein.

5.3.6.2. Organisationsethische Betrachtung[186]

Der geschichtlichen Entwicklung seit Renaissance und Reformation entsprechend bezeichnet das Begriffswort „Staat" in den modernen, ausdifferenzierten Gesellschaften der euro-amerikanischen Neuzeit ein hochkomplexes Gebilde, in welchem die legislative, die exekutive und die rechtsprechende Gewalt kritisch zusammenwirken und in dem – wie wir gesehen haben (s. o. S. 438ff.) – die Parteien für die politische Willensbildung unabdingbar sind. Nun sind die Instanzen der staatlichen, der öffentlichen Gewalt – namentlich die Verwaltungen und die Gerichtsbarkeiten, die Polizei und das Militär –, aber auch die Schulen und die Parteien als Organisationen verfasst; und in deren Stellen und in deren Positionen üben nicht wenige Mitglieder der kirchlich verfassten Glaubensgemeinschaft ihren Beruf im Interesse ihres ökonomischen Nutzens aus und leisten ihre Dienste. In diesen Stellen und in diesen Positionen wird sich das demokratische Lebens-

---

[185] Vgl. KONRAD STOCK, CIVILCOURAGE. Gedanken zum ethisch-politischen Vermächtnis Dietrich Bonhoeffers, jetzt in: DERS., Die Gegenwart des Guten. Schriften zur Theologie (MThSt 96), Marburg 2006, 215–224.

[186] Vgl. hierzu FRIEDRICH SCHWEITZER, Art. Organisation: RGG^4 6, 641–643.

interesse, wie es vom Ethos des Glaubens eingeschlossen wird, in einer selbstbewusst-kritischen Haltung zeigen.

Diese vom theologischen Sinn des Begriffs des säkularen Staates inspirierte selbstbewusst-kritische Haltung wollen wir hier wenigstens in zweifacher Hinsicht genauer charakterisieren:

Erstens wird es in den Stellen und Positionen innerhalb der Organisationen des Staates und der Parteien darauf ankommen, eine fachlich-rechtliche Kompetenz zu pflegen, die der Mitgliedschaft aller Bürgerinnen und Bürger im Funktionsbereich des Politischen im engeren Sinne des Begriffs verpflichtet ist. Diese fachlich-rechtliche Kompetenz wird davon profitieren, dass die Mitglieder der Glaubensgemeinschaft – zumal in hohen und in höchsten Ämtern – von dem Verständnis des Politischen bestimmt sind, das der dem Glauben und der Glaubenslehre entsprechenden Vision einer Wohlordnung des Sozialen entspricht. Auch der Kampf zwischen den politischen Parteien um die Mehrheit auf Zeit wird – was die Mitglieder der Glaubensgemeinschaft angeht – nicht im Stil der Feindschaft oder der Gegnerschaft, sondern im Stil der Konkurrenz und des Wettbewerbs zu führen sein.

Zweitens aber wird es das demokratische Lebensinteresse der Mitglieder der Glaubensgemeinschaft in den Organisationen des Staates und der Parteien auszeichnen, eben die Unterscheidung zu pflegen und zu praktizieren zwischen dem Sinn und Ziel der Rechtsordnung – der Garantie des äußerlichen Friedens und der äußerlichen Sicherheit – und der Begründung jener Lebensperspektive, die uns als solche Quelle und Prinzip ethischer Orientierung – und damit nicht zuletzt auch Quelle und Prinzip der demokratischen Gesinnung selbst ist. Es wird also aus rechtsdogmatischen und aus rechtsethischen Gründen die Eigensphäre der Kommunikation des Evangeliums in dem Ensemble der gottesdienstlichen Begehungen und des katechetischen Unterrichts ernst nehmen, die die uns Menschen mögliche und aufgetragene Bedingung der Lebensform des Glaubens, der Liebe und der Hoffnung ist; und es wird aus der regelmäßigen Besinnung auf das Menschenbild des Glaubens, wie es uns das Evangelium vom Christus Jesus Gottes des Schöpfers präsent hält, immer wieder die Kraft gewinnen, auch schwierigen und schwierigsten beruflichen Situationen – etwa im Dienst der Polizei, des Strafvollzugs und des Militärs – gewachsen zu sein.

Alles in allem zielt das demokratische Lebensinteresse, das sich in der kompetenten Wahrnehmung der Verantwortung in der Organisation des Staates und des Parteienspektrums durch Christenmenschen zeigt, auf jene reflektierte Handlungsfähigkeit aus der Gewissheit des Glaubens ab, für die der Schutz und die Pflege des Rechts eine unerlässliche notwendige Bedingung ist. Zur Bildung und zur Pflege dieses demokratischen Lebensinteresses in der Wahrnehmung der rechtlichen und der politischen Funktionen anzuleiten und zur regelmäßigen Besinnung auf dessen Grund und auf dessen Ziel einzuladen: das ist die wohlverstandene politische Dimension des pastoralen Amtes und insbesondere der Seelsorge.

5.3.6.3. Sozialethische Betrachtung

In unserer individualethischen wie in unserer organisationsethischen Betrachtung haben wir die sozialethische Betrachtung, die sich der demokratischen Herrschaftsform des säkularen Staates und seinen wohlbestimmten Staatszwecken und Staatsaufgaben widmet, bereits vorausgesetzt. Wir haben *en détail* gezeigt, dass für das Ethos des Glaubens im Subsystem des Staates jene Herrschaftsform erstrebenswert und vorzugswürdig ist, deren Verfassung auf dem Anerkannt-Sein der Würde des Mensch-Seins errichtet ist und die aus diesem Grunde die Menschen- und Grundrechte garantiert, die das Rechtssetzungsrecht einer Mehrheit auf Zeit unter allen Umständen zu achten und zu schützen hat. Für das Ethos des Glaubens ist diese Herrschaftsform deshalb erstrebenswert und vorzugswürdig – und damit allerdings auch in den heraufkommenden globalen Macht-Konstellationen wert, verteidigt zu werden –, weil sie mit der wohlverstandenen religiös-weltanschaulichen Neutralität des Staates und damit mit der Religionsfreiheit das Selbstgestaltungsrecht der Kirche anerkennt, das zu den notwendigen Bedingungen eines guten Lebens in der Erwartung des weltjenseitigen Höchsten Gutes der anfechtungslosen Gottesgemeinschaft gehört. Es ist die individuelle Teilnahme an der politischen Willensbildung des Volkes der Gesellschaft, und es ist die spezifische berufliche Mitwirkung in den Organisationen der politischen Sphäre im engeren Sinne des Begriffs, die langfristig und auf die Dauer eben die demokratische Herrschaftsform als solche auch unter neuen geschichtlichen Bedingungen am Leben erhalten werden. Im Engagement für diese Herrschaftsform beweist sich und bewährt sich die Verantwortung des Glaubens vor Gott.

Unsere Beschreibung der Ethosgestalt des Glaubens im Subsystem des säkularen Staates fußt allerdings auf einer anthropologischen und ethischen Kategorienlehre (s. o. S. 310ff.), die im Vergleich mit den politikwissenschaftlichen, den rechtswissenschaftlichen und den staatsrechtlichen Diskursen alles andere als selbstverständlich ist. Indem wir uns auf diese Kategorienlehre zurückbeziehen, zeigt sich uns die eminente und weitreichende Bedeutung der ethischen Theorie für die politische Praxis des Christenmenschen im Zusammenhang der Glaubensgemeinschaft der Kirche. Diese Kategorienlehre lässt uns nämlich zuvörderst sehen und verstehen, dass jedenfalls die demokratische Herrschaftsform und ihre ausgefeilte Organisation von der Gesellschaft als ganzer und von ihren verschiedenen Funktionsbereichen *unterschieden* sein und bleiben muss. Dann und nur dann, wenn der Inhaber der souveränen öffentlichen Gewalt und wenn das Volk der Gesellschaft in seiner Willensbildung diese Unterscheidung wirklich ernst nimmt – also die Unterscheidung zwischen der Wirtschaft und dem Recht, zwischen der Wissenschaft samt ihrer technischen Verwendung und dem Recht, zwischen der religiös-weltanschaulichen Kommunikation und dem Recht –, vermag das Recht der demokratischen Herrschaftsform die Interaktion der Bürgerinnen und der Bürger in diesen Lebensformen zum Gegenstand seiner Ordnungskompetenz zu machen. Es ist die primäre Aufgabe einer Theologischen Ethik des Politischen im engeren Sinne des Begriffs und es ist die vordringliche Konkretion der rechtlich-politischen Verantwortung der kirchenleitenden Instanzen, dem Volk der Gesellschaft und seinen souveränen Sachwaltern die Grenzen der staatlichen Regelungskompetenz immer wieder plausibel zu machen.

5.3.6.4. Fazit

Wenn sich die Theologische Ethik im Rahmen dieser „Einleitung in die Systematische Theologie" mit dem Ethos des Glaubens im Subsystem des Staates befasst, so hat dies exemplarischen Charakter. Die Theologische Ethik des Politischen im engeren Sinne des Begriffs hat zuallererst das *soziale Gut* zu verstehen und verständlich zu machen, das in der Geschichte der mannigfachen Herrschaftsformen nun eben mit der demokratischen Herrschaftsordnung gegeben ist – mit einer Ordnung also, die sich am Begriff des säkularen Staates und an den Prinzipien einer Verfassung orientiert, die auf der Anerkennung der Würde des Mensch-Seins errichtet ist.

Die Theologische Ethik des Politischen im engeren Sinne des Begriffs lehrt eine an diese Verfassung gebundene Herrschaftsordnung als ein erstrebenswertes und vorzugswürdiges soziales Gut zu verstehen, weil sie das für die Ordnung des Zusammenlebens überhaupt unabdingbare Rechtssetzungsrecht einer Mehrheit auf Zeit einem streng geregelten Verfahren und einer konsequenten Kontrolle unterwirft und weil zuletzt auch die Sanktionen, zu denen die öffentliche Gewalt befugt ist, der Garantie eines äußerlichen Friedens und einer äußerlichen Sicherheit zu dienen bestimmt sind. Indem die Theologische Ethik des Politischen diese Herrschaftsordnung als ein erstrebenswertes und vorzugswürdiges soziales Gut zu verstehen lehrt, hebt sie nicht nur den Freiheitsgewinn hervor, den diese Herrschaftsordnung in Gestalt der Menschen- und Grundrechte und insbesondere in Gestalt der Religionsfreiheit mit sich bringt; sie leitet auch die Mitglieder der Glaubensgemeinschaft der Kirche und darüber hinaus die Mitglieder der Gesellschaft insgesamt dazu an, für die Erhaltung, für die Verteidigung, für die sachgemäße Fortentwicklung dieses Gutes vor Gott Verantwortung zu übernehmen. Geht doch dieses Gut aus der politischen Willensbildung und aus der politischen Interaktion der Gesellschaft insgesamt hervor und bedarf es doch aus diesem Grunde der besonderen Sorge und des besonderen Engagements der Mitglieder der kirchlich verfassten Glaubensgemeinschaft.

Wie die Dinge liegen, ist die politische Willensbildung im Volk der Gesellschaft hinsichtlich des sozialen Gutes einer demokratischen Herrschaftsordnung auf dem Boden der Anerkennung der Würde des Mensch-Seins in vielfacher Weise gefährdet: nicht nur durch die soziale Macht einflussreicher Verbände, sondern auch durch die Techniken der Massenmedien und der Unterhaltungsindustrie, die die politischen Diskurse im engeren Sinne des Begriffs auszuzehren und zu ersticken drohen.

In dieser Lage wird die Theologische Ethik des Politischen die Mitglieder der Glaubensgemeinschaft dazu bewegen, Prozesse der Verständigung in Gang zu halten und in Gang zu bringen über die Form und über die Qualität des staatlichen Rechtssetzungsrechts – wohl wissend, dass diese Prozesse der Verständigung ausgehen von umstrittenen Bestimmungen des Guten und des Gerechten. In diesen Prozessen der Verständigung werden die Mitglieder der Glaubensgemeinschaft – darin beraten und gestärkt durch die leitenden Instanzen der Kirche und der Kirchen – den Grundgedanken der reformatorischen Lehre vom Verhältnis von Rechtfertigung und Recht geltend machen.[187] Dieser Grundgedanke lautet:

Die Ausübung staatlicher Herrschaft durch das Recht ist erstlich und letztlich als eine der notwendigen Bedingungen dafür zu gestalten, dass die Person in der Kommunikation des Evangeliums zur Lebensform des Glaubens, der Liebe und der Hoffnung auf das Höchste Gut ewiger Gottesgemeinschaft gelange.

5.4. Das Ethos des Glaubens im Subsystem der Wissenschaft und der Technik

In der Entfaltung einer Güterlehre, in der die Theologische Ethik ihren Schwerpunkt hat, haben wir bisher die Ethosgestalt des Glaubens – die Lebensführung der Mitglieder der Glaubensgemeinschaft in ihrer kirchlichen Gestalt – in der Sphäre des Privaten und in der ökonomischen und der politischen Dimension des öffentlichen Lebens betrachtet. Hier gingen wir jeweils aus von einer Beschreibung wesentlicher Züge des ökonomischen und

---

[187] Vgl. hierzu zuletzt KONRAD STOCK, Rechtfertigung und Recht, in: Festschrift für Jan Schapp zum siebzigsten Geburtstag. Hg. von PATRICK GÖDICKE, HORST HAMMEN, WOLFGANG SCHUR, WOLF-DIETRICH WALKER, Tübingen 2010, 463–471.

des staatlich-rechtlichen Subsystems einer Ordnung des Gemeinwesens, in der die Mitglieder der Glaubensgemeinschaft unter der Geltung des Menschen- und des Grundrechts der Religionsfreiheit notwendigerweise mit den Mitgliedern anderweitiger Überzeugungsgemeinschaften zu kommunizieren, zu koexistieren und zu kooperieren haben; und wir suchten jeweils Gesichtspunkte einer ethischen Orientierung zu entwickeln, die das reflektierte, das verantwortliche Handeln der Mitglieder der Glaubensgemeinschaft in der Lösung der ökonomischen Grundaufgabe und in der Teilnahme an der politischen Willensbildung einer Gesellschaft im engeren Sinne des Begriffs charakterisieren.

Es ist der Leitgedanke dieser ethischen Orientierung, das verantwortliche Handeln der Mitglieder der Glaubensgemeinschaft als die Wahrnehmung jener *Verantwortung vor Gott* zu begreifen, die uns Menschen allen an und für sich als Wesen von der Seinsart des geschaffenen Person-Seins auferlegt ist (s. o. S. 142ff.). Die Wahrnehmung jener allgemein menschlichen Verantwortung vor Gott, wie sie der Existenz des Glaubens eigentümlich ist, wird konkret in einer bestimmten Form der Gestaltung und der Mitgestaltung des *bonum commune*, des gemeinen Wohls; sie wird konkret in der Sorge für die öffentlichen Güter – und zwar just angesichts der drohenden und wachsenden Möglichkeiten, sie nachhaltig zu gefährden oder gar unwiederbringlich zu zerstören. Diese bestimmte Form der Gestaltung und der Mitgestaltung des bonum commune speist sich letztlich aus der Hoffnung auf das Höchste Gut der ewigen Gottesgemeinschaft über den Tod hinaus und durch den Tod hindurch: aus jener Hoffnung gegen alle Hoffnung (Röm 4,18), die die Wahrheitsgewissheit des Glaubens und die Kraft der Liebe auszeichnet (s. o. S. 258ff.). Vor allen einzelnen Beratungen über einzelne Maßnahmen der ökonomischen und der politischen Problemlösung ist es die unveräußerliche Sendung der kirchlichen Glaubensgemeinschaft sowie der theologischen Forschung und Lehre, je in ihrer soziokulturellen Situation diesen inhaltlich bestimmten Lebenssinn zu vergegenwärtigen, dem die Wirtschaft und die Staatsgewalt einer Gesellschaft zu dienen bestimmt sind.

Nun ist die Aufgabe einer Güterlehre der Theologischen Ethik mit der Beantwortung der Frage, worin das verantwortliche Handeln auf den Gebieten der Ökonomie und des staatlich gesetzten Rechts aus der Perspektive des Glaubens an den Christus Gottes des Schöpfers bestehen wird, natürlich nicht erledigt. Wir sind uns vielmehr darüber im Klaren, dass jede Gesellschaft Formen, Verfahren und Institutionen entwickeln wird, in denen sie *Wissen* erwirbt und der jeweils nachfolgenden Generation weiterzugeben sucht: Wissen, das sich auf die Erscheinungen des Naturgeschehens und seiner Regeln bezieht, und Wissen, das der Erhaltung des menschlichen Lebens und der äußeren Bedingungen einer verantwortlichen Lebensführung im Lichte eines inhaltlich bestimmten Lebenssinnes dient.

Diese in aller Geschichte sich stellende soziale Grundaufgabe, Wissen zu erwerben und weiterzugeben, hat in der euro-amerikanischen Moderne eine bisher beispiellose Lösung gefunden: nämlich durch die Entwicklung der *Wissenschaft* und durch die konsequente Anwendung und Nutzung natur- und ingenieurwissenschaftlicher Erkenntnisse in der *Technik* – und zumal in den neuesten und weitreichendsten Hoch-Technologien, der Nuklear-Technik, der Gen-Technik und der Informations-Technik.

Die Güterlehre der Theologischen Ethik geht nun davon aus, dass auch das Subsystem der Wissenschaft und der Technik als ein *Gut* zu verstehen ist, das die Mitglieder einer Gesellschaft um ihres schieren Daseins und um der Lebensführung in der Perspektive eines Höchsten Gutes willen kommunikativ und interaktiv hervorzubringen haben. Es ist daher ihr Ziel zu erkunden, in welcher Weise die Mitglieder der Glaubensgemeinschaft an den sozialen Prozessen der Wissenschaft und der Technik partizipieren werden, wenn sie dies in der Verantwortung vor Gott – um des Genießens jenes Höchsten Gutes willen, das in der ewigen Gottesgemeinschaft jenseits des Todes und durch den Tod hindurch zu finden ist – zu tun gedenken.

Um dieses Ziel zu erreichen, erinnern wir in aller Kürze an den sozialtheoretisch zu bestimmenden Zusammenhang zwischen den Subsystemen der Wirtschaft, des staatlichen Rechtssetzungsrechts, des Wissens und der religiös-weltanschaulichen Kommunikation, auf den sich diese „Einleitung in die Systematische Theologie" überhaupt bezieht (s. o. S. 16ff.). Diese Erinnerung ist auch deshalb von größter Wichtigkeit, weil sie die sozialtheoretischen Grundannahmen der herrschenden Sozialphilosophien – Max Weber, Talcott Parsons, Niklas Luhmann, Jürgen Habermas – korrigieren wird (5.4.1.). Daraufhin wollen wir skizzieren, was genau wir mit dem Begriffswort „Wissen" meinen (5.4.2.). Wir wenden uns sodann der Institution der Wissenschaft in ihren modernen Organisationsformen zu (5.4.3.) und blicken endlich der tiefen Ambivalenz der Technik zumal in den neuesten und weitreichendsten Hoch-Technologien ins Auge (5.4.4.). Wir schließen mit Gesichtspunkten der ethischen Orientierung, die zur verantwortlichen Handlungsweise der Mitglieder der Glaubensgemeinschaft im Subsystem der Wissenschaft und der Technik anleiten wollen (5.4.5.).

5.4.1. Das Verhältnis von Wirtschaft, staatlichem Rechtssetzungsrecht, Wissen und religiös-weltanschaulicher Kommunikation

Nach seinem Selbstverständnis eignet dem christlichen Glauben – der Gewissheit der Wahrheit des Evangeliums – ethisch orientierende und ethisch motivierende Kraft. Sie eignet ihm, weil und sofern ihm das Offenbarungsgeschehen den Sinn und das Ziel des schöpferischen und des versöhnenden Wirkens Gottes erschließt – das Höchste Gut der ewigen Gemeinschaft mit Gott selbst jenseits des Todes und durch den Tod hindurch – und so die Lebensform des Glaubens, der Liebe und der Hoffnung begründet. Von dieser Perspektive des Sinnes und des Ziels ihres Daseins in dieser Welt sind die Mitglieder der christlichen Glaubensgemeinschaft – gewiss inmitten der Anfechtungen, der Zweifel, der Krisen und der Widersprüche der eigenen Lebensgeschichte – beseelt. Mit ihrer Verschränkung zwischen dem Thema der Dogmatik und dem Thema der Theologischen Ethik sucht diese „Einleitung in die Systematische Theologie" eben die ethisch orientierende und ethisch motivierende Kraft jener Wahrheitsgewissheit darzustellen, die den harten Kern der Religion des Christentums nicht nur in ihrer reformatorischen bzw. ihrer protestantischen Spielart bildet: sie – diese „Einleitung" – sucht also die Sittlichkeit der Religion des Christentums darzustellen, wie sie sich in der sittlichen Autonomie des Christenmenschen und seines Gesamtlebens zeigt.

Nun haben wir uns schon im „Grundriss der Prinzipienlehre" darauf besonnen, dass wir die Religion des Christentums dann und nur dann in wissenschaftlicher Form entfalten können, wenn wir sie in dem theoretischen Rahmen, in dem philosophischen Horizont vorstellen, der sie in ihrer geschichtlichen Besonderheit und Einzigartigkeit mit anderen Erscheinungen der Religions- und Weltanschauungsgeschichte doch vergleichbar macht (s. o. S. 22ff.).

Wir haben diesen theoretischen Rahmen, diesen philosophischen Horizont gewonnen, indem wir unsere Aufmerksamkeit auf das alltägliche Leben und damit auf das Ganze der menschlichen Lebensführung richteten. In diesem unserem Alltag sind wir damit vertraut, dass wir als endliche, als leibhafte Freiheitswesen unser Leben dann und nur dann als ein Gut erhalten und gestalten können, wenn wir in einem wie auch immer gewordenen und begrenzten Gemeinwesen in den Handlungsarten des Organisierens und des Symbolisierens, der praktischen Interaktion und der sprachlichen Kommunikation, verschiedene *Grundfunktionen* erfüllen.

Als Grundfunktionen der öffentlichen Sphäre des Lebens haben wir bisher die ökonomische und die politische Interaktion im engeren Sinne des Begriffs erörtert. Während die ökonomische Interaktion dazu da ist, alle die wirtschaftlichen Güter, Dienstleistungen und Sicherheiten hervorzubringen, die das menschliche Leben im Austausch mit seinen Naturbedingungen erhalten, ist es die Sache der politischen Interaktion im engeren Sinne des Begriffs, angesichts der realen Gefahr des Missbrauchs menschlicher Macht durch eine Herrschaftsordnung denjenigen Schutz und diejenige Erwartungssicherheit zu gewähren, ohne die auch keine ökonomische Interaktion gedeihen kann. Insofern besteht schon zwischen der ökonomischen und der politischen Interaktion ein sachlogisch begründeter Funktionszusammenhang.

Nun lehrt uns die begreifende Erfahrung des Alltags, dass der Funktionszusammenhang, in dem sich die Mitglieder eines Gemeinwesens bewegen, noch sehr viel weiter reicht. Es kann ja den Funktionszusammenhang zwischen der ökonomischen und der politischen Interaktion überhaupt nur geben im Medium einer gesprochenen Sprache, wie wir sie uns in der vorsozialen und vorpolitischen Institution der Familie aneignen. Das Medium der gesprochenen Sprache einer Sprachgemeinschaft aber speichert die verschiedenen Ebenen des Wissens, das eine Sprachgemeinschaft womöglich im Austausch mit anderen Sprachgemeinschaften erwirbt und weitergibt. Wenn es daher einen Fortschritt im Funktionszusammenhang zwischen der ökonomischen und der politischen Interaktion geben sollte – einen Fortschritt im Austausch mit den Naturbedingungen des menschlichen Lebens ebenso wie einen Fortschritt in der Form und in der Qualität der Herrschaftsordnung und der Rechtssetzung –, so ist ein solcher Fortschritt den Veränderungen und Erweiterungen des Wissens einer Gesellschaft geschuldet. Es liegt daher in der Natur der Sache, Institutionen und Organisationen des Wissens zu schaffen und auch sie in die Obhut eines politisch gewollten und gesetzten Rechts zu nehmen.

Freilich repräsentiert die Sprache einer Sprachgemeinschaft nicht allein jenes Wissen der empirischen und der begrifflich-kategorialen Art, mit dessen Hilfe wir Zusammenhänge des natürlichen wie des geschichtlichen Geschehens zu verstehen suchen; sie repräsentiert auch solche Überlieferungen und solche Überzeugungen, die – unter der Voraussetzung des formalen „Gefühls der schlechthinnigen Abhängigkeit", der formalen Transzendenzgewissheit der Person (s. o. S. 12ff.) – eine inhaltliche Perspektive auf den Sinn und auf die Bestimmung des Mensch-Seins zum Ausdruck bringen. In ihren Mythen und in ihren Erzählungen, in ihren Riten und in ihren Liturgien, in ihren Gebeten und in ihren Auslegungen Heiliger Schriften, in ihren Festen und in ihren Feiern kommen die geschichtlich variierenden Weisen zur Sprache, in denen eine religiöse Überzeugungsgemeinschaft das Gottesverhältnis der Person und eben damit das Höchste Gut – das Woraufhin und Worumwillen der geschichtlichen Existenz des Menschen – erfasst. Indem die Verfassung die religiös-weltanschauliche Neutralität des säkularen Staates gebietet, erkennt sie – ganz im Gegensatz zu zahlreichen Schulen und Richtungen der Sozialphilosophie und der Soziologie – die religiös-weltanschauliche Kommunikation als eigene und als wesentliche Sphäre der geschichtlich-sozialen Welt des Menschen an.

Aus welchem Grunde aber wollen wir behaupten, dass die religiös-weltanschauliche Kommunikation, wie sie sich im Medium der gesprochenen Sprache und ihrer Geschichte vollzieht, notwendigerweise und wesentlich in den Funktionszusammenhang einer Gesellschaft gehört? Aus welchem Grunde wollen wir behaupten, dass auch und gerade in der Epoche des säkularen Staates und unter der Geltung des Menschen- und des Grundrechts der (negativen und positiven) Religionsfreiheit von einem *Religionssystem* der Gesellschaft gesprochen werden muss, das seinerseits in wechselseitigen Beziehungen zu den Subsystemen der Wirtschaft, des Staates und der Wissenschaft steht?

Wir kommen hier zurück auf früher dargelegte Gedanken (s. o. S. 385ff.). Zwar steht das Subsystem der Wissenschaft und der Technik in einem wechselseitigen Funktionszusammenhang mit den Lebensbereichen der Wirtschaft und des politisch gewollten und gesetzten Rechts; aber das Wissen der empirischen und der begrifflich-kategorialen Art, ohne welches weder Wirtschaft noch Recht gedeihen wird, intendiert doch im Prozess der Forschung und der Lehre nur jene „Tatsachenwahrheit“[188] bzw. jene „Sachverhaltswahrheit“[189], die sich ausschließlich und allein auf die notwendigen äußeren Bedingungen des guten Lebens und auf die gemeinsame Verfolgung einer Vision der äußeren Gerechtigkeit und des äußeren Friedens erstreckt. Es intendiert insofern Einsichten, die das Zusammenleben in der Kultur einer Gesellschaft in technischer Hinsicht orientieren (s. u. S. 455). Demgegenüber handelt die Sprache, in der sich die religiös-weltanschauliche Kommunikation vollzieht, von jenem Sinn, von jenem Woraufhin und Worumwillen, in dem das gute Leben und die Erfüllung unseres Daseins nach der Einsicht einer religiösen Überzeugungsgemeinschaft an und für sich besteht. Sie handelt also von einer Tradition der „Wirklichkeitswahrheit“ bzw. der „Lebenswahrheit“[190], die eben als solche ethisch orientierende Funktion besitzt. Und zwar deshalb, weil sie uns – unserer Verstrickung in die Blindheit der Sünde für Gottes Schöpfer-Sein zum Trotz – jenen Sinn, jene Erfüllung unseres Daseins tatsächlich erstreben lässt, sofern uns ihre Botschaft durch Gottes Geist in unserem Selbst, in unserem Innersten, in unserem Gewissen ergreift.

Unter dem Schutz des Menschen- und des Grundrechts der Religionsfreiheit existiert mithin auch in den hochentwickelten Gesellschaften der euro-amerikanischen Moderne ein Religionssystem, dessen Mitglieder in den Funktionsbereichen der Wirtschaft, des politisch gewollten und gesetzten Rechts und schließlich der Wissenschaft und der Technik auf jenen Sinn und auf jenes Ziel hin leben und handeln, das ihnen als Erfüllung ihres Daseins gewiss ist. Innerhalb dieses Religionssystems schließt nun jedenfalls – wie wir im „Grundriss der Dogmatik“ zeigten (s. o. S. 147ff.) – die „Wirklichkeitswahrheit“ bzw. die „Lebenswahrheit“ des christlichen Glaubens und der Glaubenslehre die besondere Erkenntnis ein, dass wir Menschen alle im „Wahn der Freiheit“[191], im Selbstmissverständnis der geschöpflichen Kreativität, im Hang zum Missbrauch unserer Handlungsmacht befangen sind, solange uns der gottgegebene Sinn und das gottgegebene Ziel unserer geschichtlichen Existenz nicht in der geistgewirkten Begegnung mit dem Evangelium vom Christus Jesus Gottes des Schöpfers neu erschlossen wird (vgl. Joh 1,1-4; 3,3; Röm 1,20-21). Trotz der radikalen Differenz, in der sie sich zur Glaubensgeschichte Israels befindet, steht diese Erkenntnis des christlichen Glaubens doch in ungebrochener Kontinuität zu den realistischen Einsichten des Alten Testaments in die *condition humaine* (s. o. S. 157ff.).

Wenn wir diese Erkenntnis, die im Religionssystem einer Gesellschaft ihren unverwechselbaren sozialen Ort besitzt, auf die Funktionszusammenhänge zwischen der Wirtschaft, dem Recht sowie der Wissenschaft und der Technik anwenden, dann und nur

---

188 So WILFRIED HÄRLE, Das christliche Verständnis der Wahrheit, in: WILFRIED HÄRLE/REINER PREUL (Hg.), Wahrheit (MJTh XXI), Leipzig 2009, 61–89; 76.

189 So PETER DABROCK, „Was heißt: die Wahrheit sagen“ in fundamentaltheologischer Perspektive?, ebd. 91–129; 95.

190 Mit WILFRIED HÄRLE (wie Anm. 188), 76 bzw. mit INGOLF U. DALFERTH, Die Wirklichkeit des Möglichen, Tübingen 2003, 176–178. – Das Verhältnis zwischen der Sprache, in der die religiös-weltanschaulichen Überzeugungsgemeinschaften je ihre „Wirklichkeitswahrheit“ bzw. ihre „Lebenswahrheit“ repräsentieren, und der Sprache, in der sich die verschiedenen Gattungen der *Kunst* zum Ausdruck bringen, muss an dieser Stelle leider unerörtert bleiben.

191 FRIEDRICH LOY, Gottes Vaterhaus. Vier Predigten über das Gleichnis vom verlorenen Sohn, München 1946, 5–10.

dann erscheinen diese Funktionszusammenhänge in der grundlegenden Alternative zwischen dem Lebensdienlichen und dem Lebensgefährlichen, zwischen dem Konstruktiven und dem Destruktiven, zwischen dem Sittlichen und dem Unsittlichen. Diese in aller Geschichte vorhandene Alternative ist jedenfalls durch das Projekt der neuesten und weitreichendsten Hoch-Technologien – der Nuklear-Technologie, der Gen-Technologie und der Informations-Technologie – aufs Äußerste verschärft und zugespitzt, weil wir deren objektive Gefahren nur schwer abschätzen können. Wie wir diesen objektiven Gefahren begegnen können, wie die Mitglieder der Glaubensgemeinschaft je in ihrer Gesellschaft zur Wahl des Lebensdienlichen, des Konstruktiven und des Sittlichen beitragen können – das ist die Frage, die in der Entfaltung des Ethos des Glaubens im Subsystem der Wissenschaft und der Technik zu beantworten ist.

Um zur Beantwortung dieser Frage zu gelangen, empfiehlt es sich, in gedrängter Kürze nach einem angemessenen Begriff des *praktischen*, des *handlungsleitenden Wissens* zu suchen.

5.4.2. Wissen und Handeln

Nach einer langen Vorgeschichte befinden sich die Mitglieder der modernen, der ausdifferenzierten Gesellschaften in einem Funktionsbereich der Wissenschaft und der Technik, der einen ungemein hohen und dichten Grad an Organisation erreicht hat: sei es kraft der Entscheidungen staatlicher Souveräne, sei es durch Akte der Selbstorganisation im Funktionsbereich der Wirtschaft. Will die Theologische Ethik in ihrer Güterlehre erkennen, in welcher Weise das Ethos des Glaubens auch im Funktionsbereich der Wissenschaft und der Technik konkret zu werden vermag, muss sie zuvörderst den Versuch unternehmen, das Phänomen des *Wissens* zu erhellen. Sie wird sich also auf das Gebiet der Theorie des Wissens begeben müssen; sie wird auf diesem Gebiet zeigen wollen, dass das Wissen, das wir in einer Sprachgemeinschaft zu erwerben, zu überliefern und in praktisch-technischer Hinsicht anzuwenden suchen, grundsätzlich bezogen und grundsätzlich angewiesen ist auf ethisches Wissen, in dessen Licht allein wir den Prozess des Wissens und dessen praktisch-technische Anwendung und Nutzung *bewerten* und *beurteilen* können (s. o. S. 330f.; s. u. S. 466ff.).

Weil sich in einer Theorie des Wissens zeigen lässt, dass auch der Funktionsbereich der Wissenschaft und der Technik grundsätzlich bezogen und grundsätzlich angewiesen ist auf ethisches Wissen, wird unsere Darstellung dafür plädieren, genau die Bildungsinstitutionen zu pflegen und zu stärken, die uns ein ethisches Wissen gewinnen und verinnerlichen lassen. Dieses Plädoyer schließt denn auch folgerichtig eine Kritik der staatlichen Bildungs- und Kulturpolitik – exemplarisch in der Bundesrepublik Deutschland – ein. Weil es der Theologischen Ethik auf diese kritische Pointe ankommt, dürfen wir uns wohl auf die notwendigsten Gesichtspunkte beschränken, die in einer Theorie des Wissens zu bedenken sind; insbesondere die Fragen, die der Konstitution des Wissens in der Sphäre des unmittelbaren Selbstbewusstseins gelten, müssen bei anderer Gelegenheit erörtert werden.[192]

[192] Vgl. zum Folgenden bes.: MICHAEL KUCH, Wissen – Freiheit – Macht (wie Anm. 127), 5–39: Handeln und praktisches Wissen; EILERT HERMS, Die Ethik des Wissens beim späten Schleiermacher, jetzt in: DERS., Menschsein im Werden. Studien zu Schleiermacher, Tübingen 2003 (= Studienausgabe 2006), 1–48; KONRAD STOCK, Die Theorie der christlichen Gewißheit. Eine enzyklopädische Orientierung, Tübingen 2005, 11ff.: Die Idee des Wissens; RAINER ENSKAT, Art. Wissen: RGG[4] 8, 1642–1643.

Mit dem Begriffswort „Wissen“ bezeichnen wir den Inbegriff und die Intention unserer *symbolisierenden Handlungen* (s. o. S. 17f.). Im Medium einer gesprochenen Sprache, im Medium ihres Zeichensystems suchen wir – beginnend mit den ersten Sätzen des kleinen Kindes – die Fülle der Gegenstände zu erfassen, die uns auf der Basis der natürlichen Lebensbedingungen in unserer jeweiligen sozio-kulturellen Umwelt begegnen; und wir suchen sie mit dem Ziel zu erfassen, uns in unserer jeweiligen sozio-kulturellen Umwelt zu orientieren und im Laufe einer Entwicklung und einer Bildungsgeschichte zu bewusster, reflektierter Handlungsfähigkeit zu gelangen. Alle Formen des Lehrens und des Lernens sind auf eine Lebenspraxis ausgerichtet, die wir im Gemeinwesen einer Gesellschaft und darüber hinaus im Verkehr mit den Mitgliedern anderer Gesellschaften dieser Erde selbst zu verantworten haben. Wissen ist nicht Selbstzweck; es dient der verantwortlichen Lebensführung der Person.

Nun beziehen wir uns mit dem Inbegriff unserer symbolisierenden Handlungen auf ganz verschiedene Gegenstände und Gegenstandsarten. Ohne jetzt auf die formalen Gegenstände der Logik und der Mathematik einzugehen, wollen wir hier vor allem auf den Unterschied achten, in dem uns die Gegenstände des Naturgeschehens und die Gegenstände der geschichtlich-sozialen Welt begegnen. Diese Gegenstände mögen uns zuallererst in der Weise eines einzelnen Ereignisses oder eines einzelnen Faktums begegnen – wie zum Beispiel in dem Satz: „es beginnt zu schneien“, oder in dem Satz: „dieses Buch kostet fünfzig Euro“. Genauigkeit und Konkretheit gewinnen unsere Aussagen über einzelne Ereignisse oder über einzelne Fakten allerdings erst dann und nur dann, wenn wir sie auf Aussagen über Regeln, Gesetzmäßigkeiten, Ordnungen zu beziehen vermögen.

Solche Beziehung von Aussagen über einzelne Ereignisse oder über einzelne Fakten auf Aussagen über Regeln, Gesetzmäßigkeiten, Ordnungen stellt sich nun allerdings auf dem Gebiet des Naturgeschehens und auf dem Gebiet des geschichtlich-sozialen Geschehens in charakteristisch verschiedener Weise dar.[193]

Was das Gebiet des Naturgeschehens anbelangt, suchen wir offensichtlich diejenigen Regeln, Gesetzmäßigkeiten, Ordnungen zu verstehen, nach denen gegenwärtige Zustände in neue veränderte Zustände des physischen Weltprozesses übergehen. Wir suchen also das einzelne Ereignis – „es beginnt jetzt zu schneien“ – als Folge einer allgemeinen Regel oder einer allgemeinen Gesetzmäßigkeit zu erkennen, die wir gewiss in hypothetischer Weise in die Form einer naturgesetzlichen Theorie zu bringen vermögen. Und wir verbinden mit der gewiss hypothetischen Erklärung dieses einzelnen Ereignisses die Erwartung, auf ihrem Grunde auch Prognosen aufzustellen über mögliche zukünftige Ereignisse des physischen Weltprozesses – wie zum Beispiel in der allabendlichen Wettervorhersage. Insofern zielen schon die symbolisierenden Handlungen, die die Ereignisse des Naturgeschehens in bewusste Erfahrung bringen wollen, auf die organisierenden Handlungen, durch die wir das Gut des gemeinsamen sozio-kulturellen Lebens zu bewahren, zu erhalten, zu verteidigen und zu vervollkommnen suchen: wenn es nach der Prognose beginnen wird zu schneien, empfiehlt es sich, unser Verhalten darauf einzurichten. Freilich gilt hier, dass die Regeln, die Gesetzmäßigkeiten, die Ordnungen, unter denen es beginnen wird zu schneien, unserer menschlichen Macht entzogen sind. Sie sind *für uns* in Kraft, und wir können gar nicht anders als sie schlicht gelten zu lassen.

---

[193] Für die folgende Argumentation verweise ich insbesondere auf die kritische Interpretation der Methodenlehre von Friedrich August von Hayek bei EILERT HERMS, Theoretische Voraussetzungen einer Ethik des wirtschaftlichen Handelns. F. A. v. Hayeks Anthropologie und Evolutionstheorie als Spielraum wirtschaftsethischer Aussagen, jetzt in: DERS., Gesellschaft gestalten (wie Anm. 130), 146–215.

Was nun das Gebiet des geschichtlich-sozialen Geschehens anbelangt, so stellen sich hier die Dinge naturgemäß erheblich komplexer dar. Zwar stößt unser erkennendes Interesse auch auf diesem Gebiet immer auf einzelne Ereignisse: also auf einen einzelnen Kaufvertrag, auf eine einzelne politische Entscheidung, auf ein einzelnes Urteil, auf eine einzelne Unterrichts- oder Studieneinheit, auf ein einzelnes Forschungsprojekt, auf eine einzelne Lesung des „Romanzero" von Heinrich Heine; aber diese einzelnen Ereignisse kommen doch zustande als das Ergebnis eines gemeinsamen organisierenden Handelns, das aus Entscheidungen der endlichen Freiheit und ihrer relativen Machtförmigkeit hervorgeht (s. o. S. 416ff.). Und alle diese einzelnen Ereignisse, die ihre Existenz Entscheidungen der endlichen Freiheit und ihrer relativen Machtförmigkeit verdanken, sind ihrerseits dadurch bedingt, dass die Akteure sie im Wissen um bestimmte Regeln und Gesetzmäßigkeiten der sozialen Interaktion realisieren. Sie ergeben sich – unbeschadet ihrer Individualität – aus der Anerkennung einer Interaktionsordnung, die ihrerseits zum Gegenstand historischer Erzählung und Forschung werden mag; sie können freilich auch gezielt und absichtsvoll daraufhin gewählt sein, eine in Geltung stehende Interaktionsordnung in einem einzelnen Element zu verändern oder sie insgesamt zu transformieren oder gar gewaltsam umzustürzen.

Wenn sich unser Wissen auf das Gebiet des geschichtlich-sozialen Geschehens bezieht, wird es mithin genau und konkret dadurch und nur dadurch, dass es die Zusammenhänge zwischen den einzelnen Ereignissen und dem Prozess der Interaktionsordnungen – und insbesondere auch dem Prozess ihrer geplanten und gewollten systemischen Veränderungen – in Erfahrung bringt. Indem wir diese Zusammenhänge beschreiben, beschreiben wir die einzelnen Ereignisse im Lichte solcher Regeln und Gesetzmäßigkeiten, die *durch die handelnden Akteure selbst* in Kraft stehen. Anders gesagt: indem wir diese Zusammenhänge beschreiben, achten wir auf das praktische, das handlungsleitende Wissen, wie es den Akteuren im Prozess ihrer Interaktionen mehr oder weniger deutlich vor Augen steht. Und indem wir diese Zusammenhänge in einer gegebenen Gegenwart beschreiben, intendieren wir wiederum Prognosen über künftige Prozesse in der geschichtlich-sozialen Welt.

So wenig nun unser Wissen auf dem Gebiete des Naturgeschehens Selbstzweck ist, so wenig ist auch unser Wissen auf dem Gebiete der geschichtlich-sozialen Welt Selbstzweck: hier wie dort ermöglicht und gebietet es die alltägliche Orientierung der Person im Leben eines Gemeinwesens. Freilich sind wir schon durch unseren einleitenden Gedankengang (s. o. S. 291ff.) darauf vorbereitet, die beiden Typen oder Arten je für sich ins Auge zu fassen, die wir auf dem Gebiet der geschichtlich-sozialen Welt unter den Begriff des praktischen, des handlungsleitenden Wissens subsumieren.

Einerseits bedürfen wir in der geschichtlich-sozialen Welt jener Art des praktischen, des handlungsleitenden Wissens, die uns dazu befähigt, in der Kultur einer Gesellschaft einfache und einfachste, vor allem aber auch anspruchsvolle und anspruchvollste berufliche Positionen zu übernehmen – Aufgaben der Führung und der Leitung in den verschiedenen Lebensbereichen: von der Versorgung im Fall der Krankheit bis hin zur Pflege der fremden Sprachen und zur Lenkung eines Betriebs oder einer Bank. Wegen der Ausrichtung des praktischen, des handlungsleitenden Wissens auf das nötige *Können* in den verschiedenen sozialen Rollen und Funktionen dürfen wir hier mit Eilert Herms von *technisch orientierendem Wissen* sprechen.[194] Um Missverständnissen vorzubeugen, sei hier unterstrichen, dass wir es hier natürlich mit einem prägnanten Begriff des Technischen zu tun

[194] Vgl. z. B. EILERT HERMS, Die Evangelische Kirche in der Technologiegesellschaft der Neunziger Jahre, jetzt in: DERS., Gesellschaft gestalten (wie Anm. 130), 349–379; 351ff. u.ö.

haben, wie er uns beispielsweise auch aus der Technik der Gesprächsführung vertraut ist. Er verweist auf die sachliche Kompetenz, die jemand in seinem Tun an den Tag legt.

Andererseits: der Inbegriff des Wissens, das uns die notwendige sachliche Kompetenz für unsere Berufe, Rollen und Funktionen gewährt, enthält für sich allein noch keine zureichende Antwort auf die Frage, wie wir denn die erstrebenswerte und vorzugswürdige Gestalt eines Gemeinwesens, also das Gemeinwohl seiner Mitglieder bestimmen wollen. Diese Frage findet ihre Antwort zuallererst in der Sprache des Rechts und des Gesetzes, die die verschiedenen Traditionen und Quellen versammelt, deren Befolgung und deren Anerkennung die öffentliche Gewalt notfalls zu erzwingen befugt ist (s. o. S. 432ff.). Angesichts der möglichen und angesichts der tatsächlichen Konflikte zwischen den Mitgliedern eines Gemeinwesens formuliert die Sprache des Rechts und des Gesetzes solche Regeln des praktischen, des handlungsleitenden Wissens, welche die äußere Ordnung der Interaktion zwischen den Mitgliedern eines Gemeinwesens mit ihren sachlichen Kompetenzen repräsentieren: wir dürfen dafür beispielsweise auf die Vorschriften des BGB, der Straßenverkehrsordnung, auf das rasant wachsende Corpus des Umweltrechts oder auf die internationalen Konventionen zum Klimaschutz verweisen.

Nun haben wir schon gesehen, dass die Sprache des Rechts und des Gesetzes solche Regeln des praktischen, des handlungsleitenden Wissens keineswegs allein und ausschließlich mit dem Rechtssetzungsrecht eines politischen Souveräns zu begründen vermag (s. o. S. 434f.). Sie war und sie ist vielmehr unter bestimmten geschichtlichen Voraussetzungen bezogen und angewiesen auf den Gang einer religiös-weltanschaulichen Kommunikation und damit auf deren Sprache und auf deren Zeichenpraxis. Unter den verschiedenen Traditionen der religiös-weltanschaulichen Kommunikation zeichnet sich jedenfalls die christliche Tradition dadurch aus, dass sie geleitet und geprägt ist von einem Wissen hinsichtlich des Mensch-Seins, seines Wesens, seiner Würde, seiner Bestimmung. Wie wir uns im „Grundriss der Dogmatik" klar zu machen suchten, konzentriert sich dieses Wissen auf die Interpretation der menschlichen Freiheit als des Wesensmerkmals der Gottebenbildlichkeit der Person, die in Gottes schöpferischem Reden und Rufen gründet. Und nun ist es genau dieses Wissen, das gegenüber dem Rechtssetzungsrecht eines politischen Souveräns und gegenüber dessen Kompetenz, das technisch orientierende Wissen der Akteure eines Gemeinwesens wirksam zu koordinieren, ein inhaltlich bestimmtes Kriterium aufstellt. Es repräsentiert – wieder mit Eilert Herms zu sprechen – ein *ethisch orientierendes Wissen*: es bringt in der Perspektive der christlichen Anschauung des Lebens und der Wirklichkeit jene Grund-Norm zur Sprache, der die rechtliche Ordnung der Interaktion zwischen den Mitgliedern eines Gemeinwesens und ihrer praktisch-technischen Kompetenzen zu genügen hat.

Wir halten fest:
Um eine Antwort auf die Frage zu finden, wie denn das Ethos des Glaubens im Subsystem der Wissenschaft und der Technik konkret zu werden vermag, sind wir von einer Analyse des Zusammenhangs von Wissen und Handeln, also von der Bestimmung des praktischen, des handlungsleitenden Wissens ausgegangen. Wir sahen, dass bereits das Wissen vom natürlichen Weltgeschehen, das einzelne Ereignisse als Folge einer allgemeinen Regel oder einer allgemeinen Gesetzmäßigkeit erkennen möchte, im Dienste der Erhaltung unseres Lebens in dieser Weltzeit und damit im Dienste einer selbstbestimmt-freien Lebensführung im Ganzen der sozialen Funktionszusammenhänge steht. Erst recht bringen wir kommunikativ und interaktiv das Wissen von der Art des technisch orientierenden Wissens hervor, mit dessen Hilfe wir die verschiedenen Rollen und Funktionen im Ganzen der geschichtlich-sozialen Welt ausfüllen. Um dieses technisch orientierende

Wissen in einer dem gemeinen Wohl einer Gesellschaft – nämlich ihrem äußerlichen Frieden und ihrer äußerlichen Gerechtigkeit entsprechenden Weise – zu praktizieren, bedarf es freilich eines Wissens um das jeweils geltende Recht. Dieses Wissen um das jeweils geltende Recht könnte sich wohl im Sinne des Dezisionismus mit dem Faktum eines politischen Rechtssetzungsrechts begnügen. Demgegenüber konvergieren entscheidend wichtige Traditionen eines ethischen Orientierungswissen – zum einen die von Sokrates begründete Tradition des Philosophierens, zum anderen die Tradition des biblisch-christlichen Glaubenswissens – in der Erkenntnis, dass das Mensch-Sein des Menschen als des endlichen, leibhaft existierenden Freiheitswesens, seine Würde und seine Bestimmung das Kriterium darstellt, in dessen Licht wir die ethische Qualität der verschiedenen Arten des praktischen, des handlungsleitenden Wissens auf dem Gebiet des Rechts bewerten und beurteilen.

Wollen wir diese Erkenntnis in der Gestaltung des Subsystems der Wissenschaft und der Technik lebendig erhalten, so bedarf es dafür einer Institution der Bildung, in deren organisatorischen Formen wir uns über die Begründung und über die lebenspraktischen Folgen des ethischen Orientierungswissens Rechenschaft geben. Diese Institution der Bildung ist zwar – wie auf die Subsysteme der Wirtschaft und des Staates so auch – auf das Subsystem der Wissenschaft und der Technik bezogen; aber sie muss ihm gegenüber ihre eigenen Erkenntnisquellen und ihre eigenen Lehr- und Lernprozesse behaupten, wenn sie jenes Kriterium sein und bleiben will. Insofern zeigt sich uns auch von der Theorie des Wissens her die unveräußerliche Funktion, die innerhalb des Religionssystems der Gesellschaft der Existenz des Glaubens und der Pflege der biblisch-christlichen Überlieferung in der Kirche zukommt (s. o. S. 240ff.).[195]

Diese unveräußerliche normativ-kritische Funktion, die innerhalb des Religionssystems der Gesellschaft dem ethisch orientierenden Wissen des christlichen Glaubens und der Glaubenslehre zukommt, werden wir hartnäckig und freimütig jener kritischen Analyse entgegenhalten, mit der sich die Güterlehre der Theologischen Ethik im Übrigen eng berührt: der Analyse von Jürgen Habermas, Technik und Wissenschaft als 'Ideologie'.[196] Und zwar deshalb, weil die Analyse von Jürgen Habermas auf einer Theorie der Gesellschaft beruht, die die Bedeutung der Bildungsinstitution der Kirche innerhalb des Religionssystems für die Gesellschaft nicht verstehen will und die aus diesem Grunde die faktische Existenz der Kirchen einfach nicht zur Kenntnis nimmt (s. o. S. 242ff.). Die „Theorie des kommunikativen Handelns" ist aus Gründen, die die Motivation und den effektiven Antrieb der Person betreffen, bestimmt nicht dazu in der Lage, die Wirksamkeit der Bildungsinstitution der Kirche für die Gesellschaft zu ersetzen.[197]

5.4.3. Wissenschaft als Institution und Organisation

Die Güterlehre der Theologischen Ethik geht davon aus, dass die Mitglieder der christlichen Glaubensgemeinschaft in ihrer kirchlichen Verfassung auf vielfältige Weise im Subsystem der Wissenschaft und der Technik mit den Mitgliedern anderweitiger Über-

---

[195] Vgl. hierzu bes. REINER PREUL, Kirchentheorie. Wesen, Gestalt und Funktionen der Evangelischen Kirche, Berlin/New York 1997, § 7: Kirche als Institution in der modernen Gesellschaft (128–177); DERS., Die soziale Gestalt des Glaubens (wie Anm. 172): Die Kirche als Kommunikationssystem und Bildungsinstitution in der Öffentlichkeit (65–202).

[196] JÜRGEN HABERMAS, Technik und Wissenschaft als 'Ideologie', in: DERS., Technik und Wissenschaft als 'Ideologie' (es 287), Frankfurt a.M. 1969³, 48–103.

[197] Diese Einschätzung wird bei späterer Gelegenheit zu begründen und zu entfalten sein.

zeugungsgemeinschaften – bis hin zur agnostischen und zur atheistischen Überzeugungsgemeinschaft – koexistieren. Nun ist diese Koexistenz auf dem Gebiet der Wissenschaft und der Technik geregelt und normiert durch das *Recht* – nämlich durch das Schulrecht (s. o. S. 437f.), durch das Wissenschaftsrecht[198] und durch das Technikrecht.[199] Die ethische Orientierung, die wir erstreben, wird sich deshalb auf die Frage beziehen, in welcher Weise die politische Willensbildung das Recht der Schule, das Recht der Wissenschaft und das Recht der Technik pflegen und entwickeln sollte. Eine Antwort auf diese Frage setzt nun allerdings voraus, dass wir das Verständnis der Wissenschaft und dass wir das Verständnis der Technik so bestimmen, wie es der Sicht des Glaubens und der Glaubenslehre entspricht. Indem wir uns auf diese Aufgabe konzentrieren wollen, bereiten wir jene Darstellung des christlichen Ethos im Subsystem des Wissens, der Wissenschaft und der Technik vor, die einer ausgeführten Güterlehre vorbehalten bleibt.

Erstens: Wollen wir uns im Interesse der politisch-rechtlichen Normierung und der ethischen Beurteilung ihrer sozialen Lebenspraxis um das angemessene Verständnis der Wissenschaft bemühen, so finden wir in ihrer Geschichte ein Methodenideal, das angesichts der realen Vielfalt der Wissenschaften und angesichts ihrer sozialen Wirksamkeit hoch problematisch ist. Dieses Methodenideal geht nach der einleuchtenden Darstellung von Jürgen Mittelstraß zurück auf die Epoche der griechischen Wissenschaft.[200]

Ausgehend von den Fragestellungen der Geometrie und der Astronomie sucht die griechische Wissenschaft nach der Synthese von theoretischer Form und Beweis. Sie zielt mit dieser Synthese auf eine exakte Naturwissenschaft, die jedenfalls die Bewegungen der Gestirne, aber auch die mechanischen, die statischen und die optischen Ereignisse mit Hilfe allgemeiner, theoretischer Aussagen zu erklären erlaubt. Dass Wissenschaft im Sinne des beweisenden Wissens von den Erscheinungen des Naturgeschehens möglich ist, wird namentlich von Aristoteles mit einer Theorie der Wissenschaft begründet, die logische, methodologische und metaphysische Aussagen umfasst. Zwar spitzt sich mit den Anfängen der Frühen Neuzeit das Methodenideal der griechischen Naturwissenschaft insofern zu, als es mit aller Konsequenz auf eine Theorie der Beobachtung und des Experiments bezogen wird; aber es bleibt die wissenschaftliche Intention, Naturgesetze zu formulieren, die das Naturgeschehen als solches über jeden Zweifel erhaben und mit dem Anspruch auf intersubjektive Gültigkeit beschreiben. Es dürfte nach wie vor der *common sense* der *scientific community* in den verschiedenen Naturwissenschaften sein, Wissen im Sinne logischer Notwendigkeit und intersubjektiver Gültigkeit zu produzieren: nämlich „auf systematische Begründungen bezogenes und strengen Überprüfungspostulaten unterliegendes Wissen“[201]. Solches strenge wissenschaftliche Wissen erwarten die modernen Gesellschaften – jedenfalls ihre Eliten – insbesondere von der Grundlagenforschung, deren Institutionen sich enormer finanzieller Unterstützung seitens des ökonomischen und des politischen Subsystems erfreuen können.

Zweitens: Nun umfasst allerdings nach heutigem Sprachgebrauch der Begriff der Wissenschaft nicht etwa nur diejenigen Institutionen, die sich dem strengen Methodenideal der antiken wie der neuzeitlichen Naturwissenschaften verpflichtet wissen; er um-

---

198 Vgl. GEORG SANDBERGER, Art. Wissenschaftsrecht: RGG⁴ 8, 1655–1658.

199 Vgl. hierzu bes. MARTIN SCHULTE, Art. Technik, Technikfolgen: EStL (NA 2006) 2443–2449.

200 Vgl. zum Folgenden JÜRGEN MITTELSTRASS, Art. Wissenschaft/Wissenschaftsgeschichte/Wissenschaftstheorie I. Philosophisch: TRE 36, 184–200; ders., Die Möglichkeit von Wissenschaft, Frankfurt a.M. 1974.

201 JÜRGEN MITTELSTRASS (wie Anm. 200), 184.

fasst darüber hinaus auch alle diejenigen Erkenntnisbemühungen, die sich auf die Erscheinungen der geschichtlich-sozialen Welt des Menschen richten: seiner Kultur im allgemeinen und im weiten Sinne des Begriffs. In diesem allgemeinen und weiten Sinne des Begriff trug ja schon die Philologie und Hermeneutik der Epen Homers und trug die systematische Reflexion des Römischen Rechts bei Gaius wissenschaftlichen Charakter. Jeder Blick in die Vorlesungsverzeichnisse der Hohen Schulen und der Universitäten von heute zeigt, dass es schlechterdings keine Gründe gibt, irgendwelche Gegenstände der Kultur im allgemeinen und im weiten Sinne des Begriffs aus den Verfahren auszuschließen, für die man den Titel der Wissenschaft in Anspruch nimmt: so gibt es ja inzwischen sogar eine Sportwissenschaft und eine Theaterwissenschaft.

Wir brauchen hier die Frage nicht zu diskutieren, ob und inwieweit jenes strenge Methodenideal selbst auf dem Gebiete der Naturwissenschaften wirklich noch Bestand hat.[202] Wir ziehen vielmehr aus der Geschichte der Erkenntnisbemühungen, die sich der Kultur des Menschen widmen, die Konsequenz, dass wissenschaftliches Wissen selbst und als solches in hohem Maße *relativen Charakter* trägt und tragen muss.[203] Es steht in einem Zusammenhang mit der Geschichte und mit dem Diskussionsstand eines Faches; es steht – wie wir vor allem schon im Blick auf die Ökonomik, im Blick auf die Rechtswissenschaft und auf die Wissenschaft von der Politik bemerkten – in einem Zusammenhang mit den Erwartungen und mit den Anforderungen, die die Funktionsbereiche des sozialen Lebens hegen und erheben müssen; und es steht schließlich im Zusammenhang mit Meinungen und Überzeugungen, die dem Subjekt des wissenschaftlichen Wissens in seiner Lebensgeschichte und in seiner Lebenserfahrung zugewachsen sind. In allen diesen Zusammenhängen lassen sich mithin Motive und Interessen namhaft machen, die den Prozess der Forschung und der Lehre bestimmen, vorantreiben und wohl auch immer wieder in die Irre gehen lassen. Das wissenschaftliche Wissen zeigt sich selbst als ein Handeln: eben als symbolisierendes Handeln endlicher und fehlbarer Subjekte, das seine verschiedenen Gegenstände nur in einem unabschließbaren Prozess des Verstehens erreicht.

Aus den Befunden der Wissenschaftsgeschichte und der Wissenschaftstheorie geht jedenfalls eines klipp und klar hervor: das Projekt einer *wissenschaftlichen Weltanschauung* – wie es etwa in der Idee einer Universalwissenschaft bei René Descartes, im Positivismus von Auguste Comte, im Materialismus von Ludwig Büchner und von Karl Marx oder in der Theorie der Psychoanalyse von Sigmund Freud begegnet –: dieses Projekt war und ist zum Scheitern verurteilt. Dieses Projekt meint die über jeden Zweifel erhabenen und intersubjektiv gültigen Resultate wissenschaftlicher Erfahrung einerseits und die Einsicht in das Sein des Menschen und in die Bestimmung der geschichtlichen Existenz andererseits bruchlos miteinander kombinieren zu können; ja es meint wohl gar, diese Einsicht mit den Resultaten wissenschaftlicher Erfahrung zwingend begründen und damit aus dem Streit heraushalten zu können. Klären wir uns aber auf über den realen Prozess der wissenschaftlichen Erfahrung und geben wir uns Rechenschaft über die Genese einer jeden ethischen Orientierung unseres Lebens, so erweist sich diese Meinung als eine blanke Illusion. Die Theologische Ethik wird dieser Illusion in ihrer Güterlehre entgegentreten, weil sonst das Wissen und die Institutionen der Wissenschaft gar nicht als Gegenstände unserer sozialen Verantwortung erkennbar werden könnten.

---

202 Vgl. hierzu CHRISTIAN BERG/NANCEY MURPHY, Art. Naturwissenschaften II. Methoden: RGG^4 6, 143–146.

203 Vgl. zum Folgenden bes. EILERT HERMS, Das Selbstverständnis der Wissenschaften heute und die Theologie, in: DERS., Kirche für die Welt. Lage und Aufgabe der evangelischen Kirche im vereinigten Deutschland, Tübingen 1995, 349–387.

Drittens: Das Grundgesetz der Bundesrepublik Deutschland enthält im Anschluss an die Weimarer Reichsverfassung in Art. 5 Abs. 3 die Garantie der Freiheit der Wissenschaft, der Forschung und der Lehre als eines Grundrechts.[204] Es gebietet damit der öffentlichen Gewalt, ein subjektiv-öffentliches Recht zu achten und vor den unzulässigen Behinderungen und Eingriffen staatlicher Instanzen zu schützen. Insofern fällt die Praxis der Wissenschaft, der Forschung und der Lehre, wie sie in den Institutionen der Universitäten und der Hohen Schulen stattfindet, in den Kreis der privaten Autonomie im Sinne der liberalen Rechtsstaatstradition. Das Grundgesetz anerkennt die Verantwortung der wissenschaftlichen Subjekte für ihre Themenwahl, für ihre Theoriebildung und für ihre Methoden.

Nun finden Wissenschaft, Forschung und Lehre natürlich in den Institutionen statt, die dafür Geld und Räume, Bibliotheken und Geräte, Ausstattungen und Kommunikationsmittel zur Verfügung stellen. Nachdem in der Geschichte der Hohen Schulen und der Universitäten das Modell der Forschungsuniversität sich als erfolgreich etabliert hatte, war und ist es weithin die öffentliche Gewalt des Staates, die die Institutionen des wissenschaftlichen Betriebs gewährleistet.[205] Dem entspricht die rechtsdogmatische Erkenntnis, dass die Garantie des Grundrechts der Freiheit der Wissenschaft, der Forschung und der Lehre auch in einem objektiv-rechtlichen Sinne zu verstehen und anzuwenden sei. Dieser objektiv-rechtliche Sinn hat nun allerdings dazu geführt, dass die jeweiligen gesetzgebenden und ausführenden Instanzen – in der Bundesrepublik Deutschland zunächst die Länder und sodann der Bund – mehr und mehr die Organisation der wissenschaftlichen Institutionen durch ein detailliertes Wissenschaftsrecht bestimmen, das vor allem Hochschulrecht ist.[206]

Dieses Wissenschaftsrecht ist nun wiederum aufs engste verzahnt mit dem Projekt einer umfassenden Wissenschaftspolitik. Diese geht weit über die Aufgaben hinaus, die den staatlichen Instanzen mit der Finanzierung, mit der Unterhaltung und mit der rechtlichen Ordnung des wissenschaftlichen Betriebs zugewiesen sind. Georg Sandberger hat die Intentionen solcher Wissenschaftspolitik präzise benannt: „Wiss.(enschaftspolitik) soll den technischen, wirtschaftlichen und gesellschaftlichen Fortschritt sichern, Akzeptanz für notwendige Veränderungen des polit.(ischen), ökonomischen und gesellschaftlichen Systems vermitteln, zu gesellschaftlich und ethisch verantwortlichem Handeln erziehen, Konzepte für die Bewältigung der negativen ökologischen und sozialen Folgen von Wiss.(enschaft) und Technik liefern, kulturelle Traditionen pflegen und überliefern, um daraus neue Impulse für unser Denken zu vermitteln."[207]

Diese Definition geht weit über die objektiv-rechtliche Dimension der Freiheitsgarantie des Grundgesetzes hinaus, die sich der Natur der Sache gemäß darauf erstreckt und auch darauf beschränkt, die Funktionsfähigkeit des Subsystems der Wissenschaft in rechtlicher Hinsicht sicherzustellen. Mit geradezu brutaler Klarheit bringt der Autor auf den Punkt, was hinsichtlich der Funktion der Wissenschaft in der Gesellschaft der Konsens der politischen Eliten im engeren Sinne des Begriffs zu sein scheint.

Diesem Konsens wird die Güterlehre der Theologischen Ethik entschieden und mit aller Schärfe widersprechen. Er bringt nämlich dem Rechtssetzungsrecht des Staates

---

204 Vgl. zum Folgenden bes. HANS-HEINRICH TRUTE, Art. Wissenschaftsfreiheit: EStL (NA 2006) 2759–2765.

205 Das Modell einer Katholischen Universität macht freilich darauf aufmerksam, daß es *auch anders* geht!

206 Vgl. hierzu GEORG SANDBERGER, Art. Wissenschaftsrecht: RGG^4 8, 1655–1658.

207 GEORG SANDBERGER, Art. Wissenschaftspolitik: RGG^4 8, 1652–1655; 1652.

hinsichtlich der Funktion der Wissenschaft in der Gesellschaft Erwartungen entgegen, die nach den bisher entwickelten Einsichten der Theologischen Ethik der Sache nach gegenstandslos und im Übrigen wohl auch verfassungswidrig sind. Er übersieht, dass der „gesellschaftliche Fortschritt" – was immer wir darunter material verstehen wollen – legitimerweise nur aus dem Willensbildungsprozess des Volkes der Gesellschaft hervorgehen kann: aus jenem Willensbildungsprozess, der unter der Geltung des Menschen- und des Grundrechts der Religionsfreiheit zwischen den Mitgliedern der verschiedenen Überzeugungsgemeinschaften umstritten und der deshalb in formaler Hinsicht als Suche nach Konsens zu praktizieren ist (s. o. S. 438ff.). In jenem Willensbildungsprozess hat denn auch das, was aus der Perspektive des Glaubens und der Glaubenslehre als gesellschaftlicher Fortschritt zu definieren und anzustreben ist, seinen verfassungsrechtlich garantierten und geschützten Ort. Indem die Mitglieder der Glaubensgemeinschaft der Kirche sich für die christliche Bestimmtheit des gesellschaftlichen Fortschritts engagieren, nehmen sie ihre Verantwortung für die begrenzte Funktion der Wissenschaft im Ganzen des gesellschaftlichen Lebens wahr (s. u. S. 466ff.), und zwar *vor Gott*. Unsere Beschreibung des wissenschaftlichen Wissens, das in der euro-amerikanischen Moderne geradezu zu einer Produktivkraft der sozialen Praxis wurde, will der präzisen Bestimmung dieser Verantwortung dienen: sie gibt die Gründe dafür an, dass diese Verantwortung sich nicht etwa auf die persönlichen Tugenden der wissenschaftlichen Subjekte – auf ihre Sorgfalt, Ehrlichkeit und Unbestechlichkeit – beschränkt, sondern dass sie auch die rechtliche Ordnung der wissenschaftlichen Institutionen und schließlich die besondere Leistung des wissenschaftlichen Wissens im Rahmen einer ethisch-normativen Sicht des gemeinen Wohls betrifft.

5.4.4. Technik als Institution und Organisation[208]

Wir haben bisher im Anschluss an eine kurze Besinnung auf den Zusammenhang von Wissen und Handeln unsere Aufmerksamkeit auf das Subsystem der Wissenschaft im Ganzen des gesellschaftlichen Lebens gerichtet. Wir gingen aus von einem Begriff der Wissenschaft, der gegenüber dem strengen Methodenideal, wie es von einer Theorie der Naturwissenschaften in Anspruch genommen wird, die Vielfalt und die wohlverstandene Relativität aller jener Erkenntnisbemühungen betont, die unter diesem Titel in den Institutionen der Hohen Schulen und der Universitäten stattfinden. Für das Ethos des Glaubens im Subsystem der Wissenschaft ist es – wie wir gesehen haben – nicht nur unerlässlich, das hochmütige Projekt einer wissenschaftlichen Weltanschauung als blanke Illusion zurückzuweisen; wir werden auch Grundsätze des Wissenschaftsrechts und insbesondere der Wissenschaftspolitik kritisch in Frage stellen müssen, wenn die Verantwortung, die der Glaube für die Wissenschaft *vor Gott* trägt, eine reelle Chance haben soll.

Nun gehört es zu den wesentlichen Merkmalen der euro-amerikanischen Moderne seit dem 17. Jahrhundert, eine enge wechselseitige Beziehung zwischen den Naturwissenschaften und den bahnbrechenden technischen Erfindungen und Entdeckungen zu entwickeln. Dieses Wechselverhältnis zwischen der naturwissenschaftlichen Forschung und der Konstruktion neuer technischer Geräte und Instrumente – wie z. B. der Uhr, des

---

[208] Vgl. zum Folgenden bes.: ELISABETH GRÄB-SCHMIDT, Technikethik und ihre Fundamente. Dargestellt in Auseinandersetzung mit den technikethischen Ansätzen von Günter Ropohl und Walter Christoph Zimmerli (TBT 118), Berlin/New York 2002; HANS LENK/MATTHIAS MARING, Art. Technik I. Philosophisch: TRE 33, 1–9; CHRISTIAN BERG/HUBERT MEISINGER/JAN C. SCHMIDT/EILERT HERMS, Art. Technik/Technologie I.–V.: RGG^4 8, 102–111.

Fernrohrs, des Mikroskops, des Quecksilberbarometers, der Batterie – erfuhr eine in aller bisherigen Geschichte noch nie dagewesene Dynamik mit den Anfängen der Industrialisierung der Ökonomie.

Diese Dynamik wirkt sich aus in der technischen Durchdringung aller Lebensverhältnisse und aller Kommunikations- und Interaktionsformen in der Kultur der Gesellschaft: man denke nur an die verschiedenen Verkehrstechniken, an die Elektrotechnik, an die Telefonie. Die technische Durchdringung aller Lebensverhältnisse hat es möglich gemacht, auf dem Wege einer konsequenten Nutzung, Anwendung und Verknüpfung natur- und ingenieurwissenschaftlicher Hypothesen die gegenwärtigen Hoch-Technologien – die Nuklear-, die Informations-, die Gen-Technologie – zu entwickeln, die völlig unerwartete Probleme der Sicherheit aufwerfen und deren nicht-intendierte Folgen überaus schwer abzuschätzen sind. Jeder reflektierte Blick auf die eigene Existenz läßt uns erkennen, dass die Technik und dass ihre konsequente Verknüpfung zu den großen Technologien kein besonderes Subsystem des sozialen Lebens darstellt. Sie zählt vielmehr wie die Sprache zu den notwendigen Medien unseres Zusammenlebens überhaupt. Jede genauere Analyse zeigt uns aber auch, dass diese technische Durchdringung aller unserer Lebensverhältnisse von den großen Institutionen der technischen Wissenschaft und der technischen Forschung ausgeht: nicht nur in den Technischen Universitäten und Hochschulen, sondern auch in den wissenschaftlich-technischen Gesellschaften wie etwa der Fraunhofer-Gesellschaft und in den Forschungs- und Entwicklungsabteilungen der großen Unternehmungen.

So ist die Technik für die Gesellschaften der euro-amerikanischen Moderne – und ihrer globalen Verbreitung – geradezu die Luft des Lebens geworden, an der wir alle partizipieren; gleichzeitig hat das technische Wissen, Können und Erfinden seinen besonderen sozialtheoretisch zu bestimmenden Ort, an dem die handelnden Akteure angesichts der unbestreitbaren Risiken und Schadenspotentiale der Hoch-Technologien zu besonderer rechtlicher und ethischer Verantwortung aufgerufen sind.[209]

Um nun zu einer Antwort auf die Frage zu gelangen, in welcher Weise der Glaube in der Glaubensgemeinschaft der Kirche mit dem ethischen Problem der Technik umgehen wird, bemühen wir uns zu allererst um eine dem Phänomen des Technischen in seiner kultur- und sozialgeschichtlichen Vielfalt genügende Definition.[210]

Offensichtlich tun wir gut daran, das Begriffswort „Technik“ als Bezeichnung für einen wesentlichen, für einen „durchgehenden Aspekt aller institutionalisierten menschlichen Interaktion“[211] zu verwenden. Das Phänomen des Technischen wäre nur unzureichend erfasst, wenn wir es an der Herstellung und am Gebrauch einzelner Artefakte, Geräte, Instrumente oder Waffen veranschaulichen würden. Das Phänomen des Technischen wird uns vielmehr erst dann und nur dann deutlich, wenn wir es auf die Erfindung, auf die Wahl und auf den Gebrauch aller solcher *Mittel* beziehen, ohne die weder unser organisierendes Handeln noch unser symbolisierendes Handeln möglich wäre. Nicht nur die Sphäre der Wirtschaft – die Produktion und die Verteilung der wirtschaftlichen Güter und die Stiftung wirtschaftlichen Nutzens –, sondern auch die Sphäre der politischen Herrschaft mit ihrem Ziel des äußerlichen Friedens und der äußerlichen Sicherheit kann

---

[209] Vgl. die Hinweise auf die sozialtheoretische Debatte bei JAN C. SCHMIDT, Art. Technik/Technologie IV. Gesellschaftstheoretisch (wie Anm. 208), 109.

[210] Vgl. zum Folgenden bes. EILERT HERMS, Art. Technik/Technologie V. Ethisch (wie Anm. 208), 110–111.

[211] EILERT HERMS (wie Anm. 208), 110.

ohne Technik gar nicht existieren[212]; und nicht nur die Sphäre des alltäglichen Wissens, der allgemeinen Bildung und der Wissenschaft, sondern auch die Sphäre der religiös-weltanschaulichen Kommunikation entwickelt und vollzieht sich im Medium technischer Verfahren, für die die Gutenberg'sche Erfindung des Buchdrucks mit beweglichen Lettern nur ein besonders herausragendes Beispiel ist. Ja, auch die Aufführung einer Tragödie, einer Oper oder einer Symphonie wäre ohne die Techniken der Bühne, des Instrumentenbaus, der Schauspielkunst oder des Gesangs undenkbar. Also ermöglicht der Inbegriff der technischen Verfahren nicht etwa nur die Befriedigung jener Bedürfnisse, die mit der menschlichen Existenz als Existenz natürlicher, leibhafter Freiheitswesen gegeben sind; er ist vielmehr dazu bestimmt, der Lebensform des Menschen überhaupt, dem verantwortlichen Gebrauch der endlichen Freiheit und damit seiner Bestimmung zu sittlicher Autonomie zu dienen. Eine Kritik der Hoch-Technologien der euro-amerikanischen Moderne, die diese durchgehende technische Bestimmtheit aller menschlichen Lebensführung übersehen würde, wäre in jeder Hinsicht deplaziert und in der gesellschaftlichen Öffentlichkeit wirkungslos.[213]

In der Geschichte der Techniken, die wie die Sprache dazu bestimmt sind, der Lebensform des Menschen überhaupt, dem verantwortlichen Gebrauch der endlichen Freiheit und damit seiner sittlichen Autonomie zu dienen, markiert nun allerdings die euro-amerikanische Moderne eine dramatische Zäsur. Auf diese dramatische Zäsur beziehen sich die skeptischen Deutungen des technischen Wissens und des technischen Könnens – wie sie Autoren wie Günther Anders, Max Horkheimer, Helmut Schelsky, Carl Friedrich von Weizsäcker und andere vorgetragen haben – mit vollem Recht.

Waren die bahnbrechenden technischen Entdeckungen und Erfindungen – wie etwa die Entwicklung des Automobils und des Flugzeugs – von einem ebenso naiven wie begeisterten Fortschrittsglauben getragen[214], so setzt mit dem Beginn des 20. Jahrhunderts die kritische Besinnung darauf ein, dass das technische Handeln und dessen Verwertung in der industriellen Produktionsweise mit hohen *Risiken* behaftet ist, wie sie in den vorneuzeitlichen Epochen der sozialen Evolution unvorstellbar waren. Diese Risiken betreffen zum einen das planetarische Ökosystem der Erde insgesamt und damit die natürlichen Lebensbedingungen der Pflanzen, der Tiere und der Menschengattung; sie betreffen zum anderen aber auch die soziale Ordnung der Kulturen und den Zusammenhalt der Gesellschaften, weil die vorhersehbaren Schäden und Beeinträchtigungen des

---

212 Insofern schließt alle bisherige Kultur- und Sozialgeschichte faktisch auch – *horribile dictu* – eine Geschichte der Militärtechnik ein, deren konsequente Begrenzung das besondere Thema und das besondere Problem einer internationalen politischen Verantwortung im Sinne einer „Weltinnenpolitik" ist.

213 Eine solche aus diesem Grunde deplazierte und wirkungslose Kritik trägt vor MICHAEL TROWITZSCH, Art. Technik II. Ethisch und praktisch-theologisch: TRE 33, 9–22; DERS., Technokratie und Geist der Zeit. Beiträge zu einer theologischen Kritik, Tübingen 1988. Trowitzsch begnügt sich – im Anschluss an Karl Barth und vor allem im Anschluss an die Deutung der Technik bei Martin Heidegger – damit, den Charakter der Technokratie als Ausdruck eines absoluten Willens zur Macht zu diagnostizieren, ohne auch nur mit einer Silbe die Verfahren der Technikfolgenabschätzung und der rechtlich-politischen Normierung sowie die Motive der Verantwortung *in* den Institutionen und Organisationen der Technik präsent zu halten. Dass auch Mitglieder der Glaubensgemeinschaft der Kirche in diesen Institutionen und Organisationen existieren, ist dem Autor offensichtlich nicht bewusst.

214 Glanzvolles und umstrittenes Realsymbol dieses Fortschrittglaubens: der Eiffelturm zu Paris (1889), der die Kathedrale Notre-Dame um ein Vielfaches überragt und ganz absichtlich überragen soll!

planetarischen Ökosystems der Erde – wie sie sich in der globalen Erwärmung des Klimas besonders drastisch zeigen – erhebliche Konflikte und womöglich Kriege in den und zwischen den Gesellschaften dieser Erde nach sich ziehen werden.

Die ethische Orientierung, zu der die Güterlehre einer Theologischen Ethik beitragen will, wird sich in dieser Lage auf die Arbeit der Umweltforschung beziehen, die nicht nur in den Institutionen der Wissenschaft, sondern auch in den Organisationen der Ökologischen Bewegung geleistet wird.[215] Sie wird also das Gespräch mit jenen Ansätzen ökologischer Forschung suchen, die die Fortschritte des technischen Wissens und des technischen Könnens nach ihren vorhersehbaren Folgen für die Bewahrung der komplexen Ökosysteme, aber auch für die nachhaltige Entwicklung im Kampf gegen Hunger, Armut und Krankheit bewerten und beurteilen. Sie wird allerdings, um überhaupt einen Spielraum der Verantwortung im Subsystem der Wissenschaft und der Technik entdecken zu können, auf den unhintergehbaren Sachverhalt des *Risikos* hinweisen; und sie wird von daher eine Antwort auf die Frage suchen, unter welchen Bedingungen wir überhaupt mit der Fähigkeit des Menschen rechnen können, die Risiken des technischen Handelns und der technischen Institutionen zu beherrschen.

Mit dem Begriffswort „Risiko" verweisen wir auf den allgemeinen Sachverhalt, dass alles menschliche Handeln im Zusammenspiel der sozialen Institutionen auf Ziele oder Zwecke ausgerichtet ist, die sich als dessen *Folgen* oder *Resultate* verstehen lassen. In allen unseren Interaktionen – in den wirtschaftlichen ebenso wie in den rechtlich-politischen und in den wissenschaftlichen – gehen wir insofern stets ein Risiko ein, als wir die Folgen oder Resultate unserer Handlungsweisen nicht vollständig überblicken können und als sie unter Umständen Nachteile und Schäden nach sich ziehen, die niemand wünscht und die niemand erwartet.[216]

Wenn nun alles menschliche Handeln im Zusammenspiel der sozialen Institutionen dem Risiko nachteiliger und schädlicher Folgen ausgesetzt ist, so gilt dieser allgemeine Sachverhalt in ganz besonderem Maße von dem technischen Handeln und von den technischen Institutionen der euro-amerikanischen Moderne. Und zwar aus zwei Gründen. *Zum einen* deshalb, weil die Anwendung und Entwicklung des technischen Wissens und des technischen Könnens in der industriellen Produktionsweise zu bisher unvorstellbaren Emissionen resistenter Stoffe – wie etwa der verschiedenen Schwermetalle und Gase – in die natürliche Umwelt führt. Und *zum anderen* deshalb, weil das technische Wissen und das technische Können in revolutionärer Weise Gebrauch macht von den naturwissenschaftlichen Erkenntnissen hinsichtlich des Aufbaus der Materie, der atomaren Kerne und der Gene des pflanzlichen, des tierischen und des menschlichen Lebens. Das technische Handeln und die technischen Institutionen sind in dieser Epoche charakterisiert durch eine ungeheure Breite und Tiefe des Eingriffs in die Prozesse der Natur und eben

---

215 Hier ist vor allem auf das Öko-Institut in Freiburg i.Br., auf das Wuppertal-Institut sowie auf das Ökoforum zu verweisen; vgl. SIEGFRIED TIMPF, Art. Ökologische Bewegung: RGG[4] 6, 500–504.

216 Vgl. zum Folgenden bes. JOCHEN RINGEL, Art. Risiko, Risikogesellschaft: ESL (NA 2001) 1346–1351; ELISABETH GRÄB-SCHMIDT, Art. Risiko: RGG[4] 6, 526–528; EILERT HERMS/ARNO ANZENBACHER, Technikrisiken – Zum Beispiel Kernenergie, jetzt in: EILERT HERMS, Zusammenleben im Widerstreit der Weltanschauungen (wie Anm 17), 247–267. – Wir dürfen diese Bedeutung des Begriffsworts „Risiko" wohl auch auf Ereignisse der Kirchen- und der Theologiegeschichte anwenden: so stellt Karl Barths „Römerbrief" ebenso wie Emanuel Hirschs „Christliche Rechenschaft" ein Risiko dar, an dessen langfristigen Folgewirkungen der Protestantismus schwer zu tragen hat!

auch in die natürlichen Lebensbedingungen des Menschen als des verantwortlichen Freiheitswesens.

Mit dem technischen Handeln und mit dessen Institutionen ist mithin auf eine neuartige Weise das Problem der *technischen Sicherheit* aufgeworfen.[217]

Einerseits verfolgt das technische Handeln in dessen Institutionen das Interesse, Zwecke und Ziele im Umgang mit den Prozessen der Natur und in der Gestaltung des sozialen Lebens auf sichere und effektive Weise zu erreichen – etwa den Zweck und das Ziel, die Fruchtbarkeit des Ackerlandes zu steigern oder die geeigneten Instrumente für die Rettung eines schwer verletzten und schwer gefährdeten Lebens auf den Intensivstationen der Klinik zu entwickeln. Andererseits aber ist jede bisher bekannte und entwickelte Technik mit unerwünschten und unerwarteten Nebenfolgen sowohl in der natürlichen Umwelt als auch in den Lebensbedingungen einer Gesellschaft behaftet. Und zwar deshalb, weil sich das technische Handeln in dessen Institutionen prinzipiell unter den Bedingungen eines Nicht-Wissens vollzieht, die sich nicht übersteigen lassen. Mit Elisabeth Gräb-Schmidt sprechen wir aus diesem Grunde von der unaufhebbaren „Ambivalenz der Technik“[218]. Ist aber technische Sicherheit prinzipiell – also wegen der wesentlichen Merkmale technischen Handelns in dessen Institutionen – begrenzt, so erhebt sich die Frage, in welcher Weise eine Gesellschaft mit dem Risiko umzugehen vermag, das mit den unaufhebbaren Grenzen technischer Sicherheit gegeben ist.

Diese Frage wird eine zweifache Antwort finden müssen.

Sie betrifft *erstens* die Aufgabe des Staates, mit den Mitteln der Rechtsordnung – also auf dem Wege der Gesetzgebung, der Verwaltung, der Überwachung und gegebenenfalls der Strafverfolgung – für ein Sicherheitsrecht zu sorgen.[219] Ein solches politisch gewolltes und gesetztes Sicherheitsrecht wird nicht nur dafür Sorge tragen, dass die Anlagen der industriellen Wirtschaft und der Energiegewinnung mit ihren technischen Mitteln Normen und Standards der Risikobegrenzung genügen; es wird auch verbieten und verhindern müssen, dass das technische Handeln in den technischen Institutionen langfristig wirksame schädliche Stoffe freisetzt, deren Entsorgung nicht beachtet und nicht gelöst ist. Unter diesem letzten Gesichtspunkt verdient die politische Entscheidung für die friedliche Nutzung der Kernenergie in zahlreichen Gesellschaften scharfe Kritik.[220]

Allerdings wird sich das politisch gewollte und gesetzte Sicherheitsrecht immer nur auf den jeweiligen Stand der Technik beziehen können. Es kann nicht an die Stelle der technischen Innovationen treten, die – wie wir gesehen haben – ein Wissen und ein Können prinzipiell in den Grenzen eines Nicht-Wissens entwickeln. Deshalb bedarf es – *zweitens* – einer ethischen Besinnung, die sich nicht außerhalb, sondern vielmehr innerhalb der wissenschaftlichen und der technischen Institutionen in ihrer verschiedenen organisatorischen Formen vollzieht. Die wichtigsten Gesichtspunkte einer solchen ethischen Besinnung seien abschließend vorgestellt.

---

217 Vgl. zum folgenden bes. ELISABETH GRÄB-SCHMIDT, Art. Sicherheit, technische: RGG^4 7, 1298–1299.

218 ELISABETH GRÄB-SCHMIDT (wie Anm. 217), 1299.

219 Vgl. hierzu MARTIN SCHULTE, Art. Technik, Technikfolgen: EStL (NA 2006) 2443–2449, bes. 2445–2448.

220 Vgl. hierzu MATHIAS BINSWANGER, Art. Energiepolitik: RGG^4 2, 1277–1278; sowie KLAUS MICHAEL MEYER-ABICH, Art. Kerntechnik: RGG^4 4, 933–934.

5.4.5. Gesichtspunkte ethischer Orientierung[221]

Wir sind von der Erkenntnis ausgegangen, dass menschliches Leben – das Leben der gottebenbildlichen Person in ihrer ursprünglichen Bestimmtheit für das Zusammen-Sein mit ihresgleichen und für Gott – von Grund auf und von Anfang an sprachlich verfasst ist. Es existiert wesentlich in der Einheit von Sprechen und Verstehen, von Sprechen und Denken als einer Bedingung seiner Möglichkeit. Vermöge dieser Einheit entwickelt jede Kultur Formen, Verfahren und Institutionen, in denen sie Wissen zu erwerben, zu erweitern, zu vertiefen und von Generation zu Generation zu überliefern sucht. Weil die Prozesse des Wissens selbst eine Form des Handelns sind – nämlich des symbolisierenden bzw. des kommunikativen Handelns –, sind sie auf jeden Fall ein Gegenstand der ethischen Reflexion und der ethischen Urteilsbildung und keinesfalls „wertfrei".

In den Gesellschaften der euro-amerikanischen Moderne ist die soziale Praxis, im Medium einer Sprachgemeinschaft Wissen zu erwerben und zu überliefern, nach einer langen Institutionengeschichte zu einem eigenen Subsystem der Gemeinwesen geworden. Hier hat sich unter ganz bestimmten geschichtlichen – vor allem auch unter ganz bestimmten politischen – Faktoren die kulturelle Macht des wissenschaftlichen Wissens durchgesetzt und in den Institutionen der Hohen Schulen und der Universitäten sowie in den unübersehbar weit und tief vernetzten Formen der *scientific communities* den Rang einer sozialen Tatsache erreicht. Ihr verdanken wir insbesondere ein natur- und ein ingenieurwissenschaftliches Wissen, das auf eine in aller Geschichte beispiellose Weise technische Entdeckungen und Erfindungen möglich machte und möglich macht, ohne die weder das ökonomische noch das politische Subsystem noch die Lebensbereiche der Kunst und der Religion existieren könnten.

Wenn wir die euro-amerikanische Moderne als die Epoche einer wissenschaftlich-technischen Zivilisation charakterisieren, so machen wir uns damit die ungeheuere Effektivität des technischen Handelns und seiner wissenschaftlichen Begründung in der Kultur der Gesellschaft bewusst. Es greift zumal in den jüngsten Hoch-Technologien – der Nuklear-Technik, der Gen-Technik und der Informations-Technik – tief in die Naturbedingungen des menschlichen Lebens und in dessen soziale Ordnung ein und wirft in radikaler Weise die Frage auf, ob und wie wir deren vorhersehbare und erwartbare Folgen und Gefahren rechtzeitig erkennen und ihre möglichen und wahrscheinlichen Schäden rechtzeitig begrenzen und erträglich halten können. Es ist dies die Frage, ob und wie die Mitglieder einer wissenschaftlich-technischen Zivilisation der Verantwortung für das wissenschaftliche Wissen und für dessen Anwendung im technischen

---

221 Vgl. zum Folgenden bes.: HANS-RUDOLF MÜLLER-SCHWEFE, Technik und Glaube, Göttingen 1971; HANS JONAS, Technik, Medizin und Ethik. Praxis des Prinzips Verantwortung (st 1514), Frankfurt a.M. 1987; TRUTZ RENDTORFF, Ethik. Bd. 2 (wie Anm. 39), 32–34; 68–71; 131–135; HANS LENK (Hg.), Wissenschaft und Ethik, Stuttgart 1991; BEROALD THOMASSEN, Wissenschaft zwischen Neugierde und Verantwortung, Frankfurt a.M. 1991; FRANZ-XAVER KAUFMANN, Der Ruf nach Verantwortung. Risiko und Ethik in einer unüberschaubaren Welt (Herder Spektrum 4138), Freiburg – Basel – Wien 1992; MARTIN HONECKER, Grundriß der Sozialethik (wie Anm. 1), 547–566; CHRISTIAN LINK, Art. Wissenschaftsethik: ESL (NA 2001) 1822–1828; EVE-MARIE ENGELS, Art. Wissenschaftsethik: RGG[4] 8, 1649–1651; CHRISTIAN SCHWARKE, Art. Wissenschaftsethik: EStL (NA 2006) 2754–2759; DERS., Die Kultur der Gene. Eine theologische Hermeneutik der Gentechnik, Stuttgart – Berlin – Köln 2000; EILERT HERMS, Verantwortung in Wissenschaft, Technik und Gesamtkultur aus evangelischer Sicht, jetzt in: DERS., Zusammenleben im Widerstreit der Weltanschauungen (wie Anm. 17), 221–246; DERS., Art. Technikethik: RGG[4] 8, 111–112.

Handeln fähig sind und fähig werden oder ob sie sich der unerhörten Dynamik der technischen Entwicklungen bewusst- und willenlos ausliefern werden.

Wir haben mit Entschiedenheit bestritten, dass sich die Fähigkeit zu solcher Verantwortung aus dem wissenschaftlichen Wissen selbst ergebe (s. o. S. 453ff.); ebenso entschieden bezweifeln wir, dass sie sich allein aus der mit Hoffnung gepaarten selbstlosen Furcht ergebe, zu der eine philosophische Theorie des Ethischen aufrufen und anleiten möchte.[222] Vielmehr will die Theologische Ethik in ihrer Güterlehre zeigen, dass die Mitglieder der Gesellschaft zur Wahrnehmung solcher Verantwortung jedenfalls dann fähig werden, wenn sie diejenige Lebenswahrheit prägt, die die verschiedenen Güter des Sozialen dem Sinn, dem Woraufhin und dem Worumwillen der geschichtlichen Existenz des Menschen – also der sittlichen Autonomie und deren Vollendung in dem Genießen des Höchsten Gutes – dienend zugeordnet sieht. Zur Wahrnehmung der Verantwortung für die wissenschaftlich-technische Welt wird fähig, wer die verschiedenen Güter des Sozialen als notwendige, aber eben nur als notwendige Bedingungen des in Wahrheit guten Lebens zu verstehen lernt. Zur Wahrnehmung der Verantwortung für die wissenschaftlich-technische Welt wird fähig, wer sie als *Verantwortung vor Gott* versteht.

Wegen dieser – im „Grundriss der Dogmatik" entfalteten – fundamentalanthropologischen Erkenntnis (s. o. S. 142ff.) wird jedenfalls die Kommunikation des Evangeliums, wie sie im Subsystem der Religion der Gesellschaft vor sich geht, *öffentliche Relevanz* in Anspruch nehmen.

Die Kommunikation des Evangeliums in der Glaubensgemeinschaft der Kirche will die Wahrnehmung solcher Verantwortung evozieren. Sie möchte die Gewissheit einer spezifischen Lebenswahrheit menschlich möglich machen: nämlich die durch Gottes Geist geschaffene Gewissheit des Glaubens, die sich in der Kraft der Liebe und in der lebendigen Hoffnung auf das Höchste Gut der ewigen Gottesgemeinschaft jenseits des Todes und durch den Tod hindurch äußert und die sich um der Ausbreitung und um des Aufbaus dieser Lebenswahrheit willen für die Wohlordnung der Gesellschaft engagiert (s. o. S. 319). Sind die Mitglieder der kirchlich verfassten Glaubensgemeinschaft – wenn auch bedrängt und irritiert von ihren Anfechtungen, von ihren Zweifeln, von ihren Leiden und von ihren höchstpersönlichen Lebenskonflikten – von dieser Lebenswahrheit getragen und beflügelt, so werden sie von sich aus im Zusammenwirken mit den Mitgliedern anderweitiger Überzeugungsgemeinschaften auch die Verantwortung für das wissenschaftliche Wissen und für dessen Anwendung im technischen Handeln – einschließlich seiner wirtschaftlichen Nutzung – auf sich nehmen.

Die folgende ethische Orientierung will diese Verantwortung im Einzelnen erkunden. Wie bei der Beschreibung unserer ökonomischen und unserer politischen Verantwortung geht sie davon aus, dass sich das Nachdenken über die wissenschaftlich-technische Sphäre des menschlichen Verantwortlich-Seins nicht auf die private Lebensführung beschränken lässt. Weil die Mitglieder der Glaubensgemeinschaft der Kirche durch ihre Berufe, ihre Rollen und Funktionen in die Prozesse der Wissenschaft und der Technik integriert und involviert sind, gilt es über die individualethische Betrachtung hinaus auch eine organisationsethische Betrachtung anzustellen. Endlich erstreckt sich das menschliche Verantwortlich-Sein für die Folgen des wissenschaftlich-technischen Handelns auf dessen sachgemäße rechtliche Ordnung und Gestaltung und auf den Geist einer Gesellschaft, der sich – durchaus im Kampf gegen die mannigfachen Formen eines

222 Das ist die Pointe des bedeutenden Werkes von HANS JONAS, Das Prinzip Verantwortung. Versuch einer Ethik für die technologische Zivilisation, Frankfurt a.M. 1979, bes. 391–393.

Ungeists der Zeit – dem Maß des Menschlichen verpflichtet weiß[223]: darauf wird eine sozialethische Betrachtung eingehen.

5.4.5.1. Individualethische Betrachtung

Wie in das Subsystem der Wirtschaft und wie in das Subsystem des Staates sind die Mitglieder der Glaubensgemeinschaft der Kirche zusammen mit den Mitgliedern anderweitiger Überzeugungsgemeinschaften je ihrer Gesellschaft auch in das Subsystem der Wissenschaft und damit in deren technische Anwendung und in deren wirtschaftliche Nutzung involviert. Ihre Selbstverantwortung vor Gott für die lebensdienliche Gestaltung, für das *Gut* dieses Subsystems – und eben damit auch ihr Kampf gegen alle Erscheinungen einer Technokratie im tyrannischen Sinne des Begriffs – bezieht sich daher zuvörderst auf ihren individuellen Lebensstil und auf die Art und Weise, in der sie an der Bildung öffentlicher Konsense hinsichtlich der wissenschaftlich-technischen Sphäre des sozialen Lebens mitwirken.

Dieser individuelle Lebensstil und diese Einflussnahme auf die Bildung öffentlicher Konsense wird sich von wenigstens zwei Kriterien leiten lassen:

Erstens werden sich die Mitglieder der Glaubensgemeinschaft in ihrer Teilnahme an der wissenschaftlich-technischen Sphäre des sozialen Lebens an dem Grund-Gedanken orientieren, dass die Errungenschaften dieser Sphäre nicht der Selbstzweck unseres geschaffenen Person-Seins sind. Sie sind vielmehr – im Lichte des Glaubens und der ihm erschlossenen Sicht des Wesens und der Bestimmung unseres geschaffenen Person-Seins gesehen – darauf ausgerichtet, das Erreichen dieser Bestimmung zu befördern und zu unterstützen. Der Faszination, die von der wissenschaftlich-technischen Sphäre des sozialen Lebens ausgeht und die in solchen Realsymbolen wie dem Eiffel-Turm zu Paris oder den Formel-1-Rennen zum Ausdruck kommt, werden sie sich entziehen; sie werden aber mit einem tiefen Gefühl der Dankbarkeit die Verbesserung der Lebensbedingungen und die Entwicklungs- und die Heilungschancen begrüßen, die die spezifische Leistung jener Sphäre sind. Die Arbeiten an einer intelligenten Energieversorgung, aber auch die Initiativen der Diakonie, der Ärztlichen Seelsorge und der Entwicklungshilfe machen ja von den Fortschritten des wissenschaftlich-technischen Handelns einen wahrhaft segensreichen Gebrauch. Das Ethos des Glaubens hat keinen Grund, den kritischen Gedanken oder die Idee des Fortschritts zu diskreditieren.[224]

Zweitens: Die Mitglieder der Glaubensgemeinschaft werden allerdings in ihrem individuellen Lebensstil und in ihrem Beitrag zur öffentlichen Konsensbildung das unhintergehbare Risiko und die unausweichliche Ambivalenz des wissenschaftlich-technischen Handelns ernst nehmen. Sie werden gegenüber jedem naiven Technikoptimismus – wie er noch für Francis Bacon typisch war – auf das biblische Menschenbild verweisen, das die Geneigtheit der geschaffenen Person zum Missbrauch ihrer Freiheit und ihrer Macht unbestechlich einschärft (vgl. Gen 11,1-9). Sie werden daher angesichts der Reichweite und angesichts der ungeheuren Wirkungsmöglichkeiten des wissenschaftlich-technischen Handelns – wie sie uns insbesondere in den nuklearen Rüstungspotentialen drohen – mit ihren Stimmen in der öffentlichen Meinung je ihrer Gesellschaft auf dessen strenge, konsequente und lückenlose Kontrolle drängen.

---

[223] Vgl. hierzu WERNER MARX, Gibt es auf Erden ein Maß?, Frankfurt a.M. 1986.

[224] So auch WOLFGANG HUBER, Fortschrittsglaube und Schöpfungsgedanke. Überlegungen zur Verantwortung der Wissenschaft, jetzt in: DERS., Konflikt und Konsens. Studien zur Ethik der Verantwortung, München 1990, 195–207; 200.

Alles in allem werden die Mitglieder der Glaubensgemeinschaft hinsichtlich ihres individuellen Lebensstils und hinsichtlich ihrer Mitbestimmung in der öffentlichen Meinung die Tugend des *Maßes*, der *Besonnenheit* pflegen, die in den Kreis der kardinalen Tugenden gehört (s. o. S. 354ff.).

5.4.5.2. Organisationsethische Betrachtung

Von der Verantwortung, die wir Menschen alle für unseren individuellen Lebensstil und für den Einfluss auf die Bildung öffentlicher Konsense hinsichtlich des wissenschaftlich-technischen Handelns und seiner wirtschaftlichen Nutzung tragen, lässt sich nun diejenige Verantwortung unterscheiden, die uns in unseren Berufen, Rollen und Funktionen in den Institutionen der Wissenschaft und der Technik – nicht zuletzt auch in den Forschungs- und Entwicklungsstäben der Unternehmungen – zukommt.[225] Sofern die Mitglieder der Glaubensgemeinschaft der Kirche in diesen Berufen, Rollen und Funktionen existieren, werden sie darauf aus sein, die Kriterien, die wir in einer individualethischen Betrachtung fanden, grundsätzlich auf ihr Handeln in den wissenschaftlich-technischen Organisationsformen zu übertragen. Sie werden also keinesfalls den wissenschaftlich-technischen Fortschritt als den Selbstzweck unserer geschichtlichen Existenz einschätzen, sondern ihn in seiner Bedeutung für die Wohlordnung ihrer Gesellschaft und damit letztlich für das Erkennen und Erfassen des Höchsten Gutes unserer geschichtlichen Existenz bewerten und beurteilen. Und sie werden damit in den wissenschaftlich-technischen Organisationsformen selbst Widerstand leisten gegen das epochale Selbstmissverständnis einer „technologischen Zivilisation" (Hans Jonas).

Infolgedessen werden sie in ihren einzelnen Positionen ihr wissenschaftliches Interesse und ihre technische Entdeckungs- und Erfindungsgabe für jene Erweiterung der menschlichen Handlungsmöglichkeiten einsetzen, von denen wir uns Lösungen in der Suche nach ökonomischem Nutzen, aber auch Fortschritte im Kampf gegen den Hunger und gegen die Krankheit erwarten dürfen. Sie werden aber auch ein waches Bewusstsein für den unaufhebbar riskanten Charakter des technischen Handelns und zumal der Hoch-Technologien haben; und sie werden deshalb bereits im Prozess des Forschens und Entwickelns selbst – also auch in der Kommunikation und Interaktion innerhalb der Institutionen der Wissenschaft und der Technik – die Frage präsent halten, ob und in welcher Weise die Risiken und Gefahren einer Technik für das Naturgeschehen und für die soziale Ordnung noch beherrschbar sind. Sie werden sich *innerhalb* des Betriebs der Wissenschaft und der Technik kraft ihrer fachlichen und professionellen Kompetenz für die ethische Bewertung und Beurteilung der wissenschaftlich-technischen Verfahren und ihres ökonomischen Nutzens einsetzen. Diese ethische Bewertung und Beurteilung aber wird sich letztlich an der Frage orientieren, ob ein wissenschaftlich-technisches Verfahren mit dem Anerkannt-Sein der Menschenwürde noch vereinbar ist oder nicht.

5.4.5.3. Sozialethische Betrachtung

Die „technologische Zivilisation" (Hans Jonas), die in allernächster Zukunft alle Gesellschaften dieser Erde erreichen und bestimmen wird, wirft auf eine in aller bisherigen Geschichte unvorstellbare Art und Weise das Problem der menschlichen Verantwortung für die Folgen des wissenschaftlich-technischen Handelns und damit für das Subsystem

[225] Nach FRANZ-XAVER KAUFMANN, Der Ruf nach Verantwortung (wie Anm. 221), 7, haben wir hier auf die Eigenart *organisierter Handlungen* zu achten.

der Wissenschaft und der Technik im Ganzen der verschiedenen Kulturen auf.[226] Wir müssen daher schließlich auf die Frage zu sprechen kommen, wie die Mitglieder der Glaubensgemeinschaft – angeleitet von den Trägern der kirchlichen Lehramts und von der wissenschaftlichen Theologie – auf die rechtlich-politische Ordnung des Subsystems der Wissenschaft und der Technik Einfluss nehmen können, wenn dieses Subsystem auch in Zukunft angesichts der wahrscheinlichen und unvermeidlichen Risiken und Gefahren – wie sie die Technikfolgenabschätzung untersucht[227] – als Gut erstrebt, gestaltet und verteidigt werden soll.

Erstens: Erstrebenswert und vorzugswürdig ist im Sinne der Güterlehre der Theologischen Ethik zuallererst ein öffentlicher Diskurs über das sachgemäße kategoriale, das grundbegriffliche Verständnis des Sozialen. Es ist das Ziel eines solchen Diskurses, das Verhältnis von Wissenschaft und Gesellschaft bzw. von Technik und Gesellschaft klarer und deutlicher zu bestimmen, als dies in wissenschaftsethischen bzw. in technikethischen, aber auch in soziologischen und in sozialwissenschaftlichen Beiträgen zur Sache der Fall ist (s. o. S. 450ff.).[228] Die Güterlehre der Theologischen Ethik geht für diesen Diskurs von einem Verständnis der sozialen Realität aus, das sowohl die Unterschiede als auch die Beziehungen beachtet zwischen den Lebensbereichen der Wirtschaft, des staatlichen Rechtssetzungsrechts, des wissenschaftlich-technischen Handelns und der religiös-weltanschaulichen Kommunikation: jener Sphäre, in der sich auch die Kommunikation des Evangeliums in der Sozialgestalt der Kirche bewegt. Nur eine solche Kategorienlehre wird es uns möglich machen, die Verantwortung des Staates – und damit der politischen Willensbildung im engeren Sinne des Begriffs – für die rechtliche Ordnung zu bestimmen, die den Institutionen der Wissenschaft und der Technik unter dem dominierenden Gesichtspunkt der Sicherheit aufzuerlegen ist; nur eine solche Kategorienlehre wird uns aber auch erkennen lassen, dass wir das epochale Selbstmissverständnis der „technologischen Zivilisation“ (Hans Jonas) nicht anders denn durch die Lebensgewissheit des Glaubens und seine Perspektive eines guten Lebens werden begrenzen und überwinden können. Dass eben diese Lebensgewissheit des Glaubens und seine Perspektive eines guten Lebens fruchtbare und verheißungsvolle Allianzen wird eingehen können mit dem neu erwachten Interesse in Philologie und Literaturwissenschaft, ist ein gutes Zeichen dieser Zeit.[229]

Zweitens: Die Güterlehre der Theologischen Ethik wird im Lichte ihrer Kategorienlehre der politischen Förderung und Planung wissenschaftlich-technischer Initiativen und Innovationen skeptisch und zurückhaltend gegenüber stehen. Zwar ist es unbestreitbar,

---

226 Das signalisiert insbesondere auch OTFRIED HÖFFE, Moral als Preis der Moderne. Ein Versuch über Wissenschaft, Technik und Umwelt (stw 1046), Frankfurt a.M. 1993. Höffe lässt im Übrigen – nämlich in seiner Interpretation der „Antigone“ des Sophokles – mit erfrischender Klarheit erkennen, dass die tatsächliche Wahrnehmung solcher Verantwortung an Bedingungen gebunden ist, die das Subsystem der Wissenschaft und der Technik als solches nicht erschwingen kann. Ob das Philosophieren selbst jene „moralische Sensibilität“ (287) freisetzt, die nach Höffe der Preis der Moderne ist, wollen wir hier – zumal angesichts der inneren Disparatheit des Philosophierens in der Bandbreite zwischen Arthur Schopenhauer und Michel Foucault – dahinstehen lassen.

227 Vgl. ORTWIN RENN, Art. Technikfolgenabschätzung: ESL (NA 2001) 1593–1595.

228 Vgl. hierzu bes. NIELS BECKENBACH, Art. Technik und Gesellschaft: ESL (NA 2001) 1586–1593.

229 Vgl. hierzu OTTMAR ETTE, ÜberLebenswissen. Die Aufgabe der Philologie, Berlin 2004; DERS., Literaturwissenschaft als Lebenswissenschaft. Eine Programmschrift im Jahr der Geisteswissenschaften, in: Lendemains 32 (2007), 7–32; DERS./WOLFGANG ASHOLT, Literaturwissenschaft als Lebenswissenschaft (editions lendemains, Bd. 20), Tübingen 2010.

dass das politische Handeln um seiner Aufgabe und seiner Zwecksetzung willen der wissenschaftlich-technischen Beratung bedarf: etwa was die dringenden Vereinbarungen der Staatengemeinschaft über den Klimaschutz anbelangt. Aber nicht wenige politisch gewollte und durchgesetzte Projekte – etwa die Entwicklung der Atombombe und der Wasserstoffbombe, die friedliche Nutzung der Kernenergie, die Gesetze über die Entwicklung Erneuerbarer Energien – wecken doch erhebliche Zweifel daran, ob das rechtlich-staatliche Subsystem der Gesellschaft gut beraten ist, wenn es als Auftraggeber jener Leistungen fungiert, die nur im Subsystem der Wissenschaft und der Technik zu erbringen sind. Die Mitglieder der Glaubensgemeinschaft werden demgegenüber dafür votieren, dass sich das rechtlich-staatliche Subsystem der Gesellschaft strikt darauf beschränkt, das Organisationsrecht für die Institutionen der Wissenschaft und der Technik auszubauen und im Übrigen ein konsequentes Sicherheitsrecht weiter zu entwickeln, wie dies beispielsweise im Energieumweltrecht der Fall ist. Nur auf diese Weise dürfte es möglich sein, der Versuchung zur Korruption über die Mittel der Strafandrohung und der Strafverfolgung hinaus erfolgreich entgegenzuwirken[230]; und nur auf diesem Wege dürfte es gelingen, die Entscheidungen des staatlichen Rechtssetzungsrechts in der politischen Willensbildung zu verankern, die die Mitglieder der Gesellschaft insgesamt zu verantworten haben.

Drittens: Carl Friedrich von Weizsäcker hat in der Dankesrede, die er am 13. Oktober 1963 aus Anlass der Verleihung des Friedenspreises des Börsenvereins des Deutschen Buchhandels hielt, den Weltfrieden als die notwendige Bedingung der wissenschaftlich-technischen Welt der vorhersehbaren Zukunft bezeichnet; zugleich hat er den Weltfrieden als das Resultat einer außerordentlichen moralischen Anstrengung verstanden und dafür eine „Ethik der technischen Welt" gefordert.[231] Der große engagierte Gelehrte macht in dieser seiner Dankesrede darauf aufmerksam, dass wir die ethische Orientierung des wissenschaftlich-technischen Handelns, wie wir sie hier und heute suchen, auf den größeren Zusammenhang einer entstehenden Weltgesellschaft beziehen müssen, die aller Voraussicht nach vor schweren und vor schwersten Konflikten steht. Wegen dieses größeren Zusammenhangs wird eine Wissenschafts- und Technikethik nicht etwa nur als eine Bereichsethik neben anderen fungieren können; sie wird vielmehr ein integrierender Bestandteil einer umfassenden Sozialethik sein, die auch das Ethos des ökonomischen und auch das Ethos des politischen Handelns im engeren Sinne des Begriffs zum Thema hat. Auf dem Grunde ihrer Kategorienlehre arbeitet die Theologische Ethik einer solchen umfassenden Sozialethik vor. Dass ihre detaillierte Entfaltung und Verbreitung – auch und gerade nach den Ansätzen von Carl Friedrich von Weizsäcker, Hans Jonas, Otfried Höffe und anderen – noch aussteht, liegt wohl auf der Hand.

Freilich wird die Theologische Ethik unter Berufung auf ihre Erkenntnisquellen nachdrücklich bestreiten, dass sich das Ethos, das die „Ethik der technischen Welt" fordert, letzten Endes einer außerordentlichen moralischen Anstrengung verdankt. Sie wird in dieser nur zu berechtigten Forderung die Erfahrung des Gesetzes im theologischen Sinne finden (s. o. S. 167ff.), das uns Menschen alle in der Differenz von Wollen und Vollbringen trifft (vgl. Röm 7,18). Aber die Theologische Ethik versteht sich nicht als eine Ethik des Gesetzes; sie sucht vielmehr jene Ethosgestalt zu beschreiben, die sich in der konsequenten Kommunikation des Evangeliums bildet (s. o. S. 218ff.). Indem die

---

230 Vgl. hierzu MANFRED KULESSA, Art. Korruption: ESL (NA 2001) 902–904; ULRICH VON ALEMANN, Art. Korruption: EStL (NA 2006) 1331–1333.

231 CARL FRIEDRICH VON WEIZSÄCKER, Bedingungen des Friedens, jetzt in: DERS., Der bedrohte Friede. Politische Aufsätze 1945–1981 (dtv 10182), München 1983, 125–137; 135.

Glaubensgemeinschaft in den Gesellschaften dieser Erde vom Geist des Christus Jesus als ihrem Gemeingeist erfüllt und getrieben ist, leistet sie ihren unverwechselbaren und hoffentlich nicht unwirksamen Beitrag zum Ethos einer „technischen Welt“. Sie für diesen Beitrag mehr und mehr zu unterweisen, ist die dringliche sozialethische Aufgabe eben jener Organisationen, die die weltweite Christenheit in ihren kirchlichen Sozialgestalten zu leiten oder zu repräsentieren berufen sind: insbesondere der römisch-katholischen Bischofssynode unter der Gewalt des Papstes und des Ökumenischen Rats der Kirchen. Ein sozialethischer Entwurf, der die realen Möglichkeiten und die Konkretionen des Ethos des Glaubens in der weltweiten „technischen Welt“ erkunden würde, ist allerdings noch nicht in Sicht.[232]

5.4.5.4. Fazit

Zusammen mit dem Subsystem der Wirtschaft und zusammen mit dem Subsystem des Staates stellt das Subsystem des wissenschaftlich-technischen Handelns einen dringlichen und wesentlichen Gegenstand aller menschlichen Verantwortung in der öffentlichen Sphäre des Lebens dar: hat doch gerade dieses Subsystem in der Epoche der euro-amerikanischen Moderne einen Weg und eine Entwicklung genommen, die ungeheuere Effektivität entfaltet und die zumal in den Hoch-Technologien tief in die Naturbedingungen des menschlichen Lebens auf dieser Erde und damit auch in dessen soziale Ordnung einzudringen beginnt. Es ist daher kein Wunder, dass zahlreiche scharfsinnige und weitblickende Autoren angesichts der vorhersehbaren und erwartbaren Gefahren und Risiken des wissenschaftlich-technischen Handelns zur außerordentlichen moralischen Anstrengung oder zur „Besinnung auf das ‘Bild des Menschen’“[233] aufrufen. Wenn die Güterlehre der Theologischen Ethik das Ethos des Glaubens im Subsystem des wissenschaftlich-technischen Handelns skizziert, dann nimmt sie diese Aufrufe bitter ernst; sie möchte allerdings die Träger kirchenleitender Ämter und Funktionen im weiten Sinne des Begriffs klarer und genauer zur ethischen Urteilsbildung anleiten, als dies in der moralischen Kommunikation der öffentlichen Meinung der Fall zu sein pflegt.

Erstens unterscheidet die Güterlehre der Theologischen Ethik zwischen der individualethischen, der organisationsethischen und der sozialethischen Betrachtung. Sie will mit Hilfe dieser Unterscheidung die verschiedenen Hinsichten erfassen, in denen sich dem Ethos des Glaubens die allgemein menschliche Verantwortung für das wissenschaftlich-technische Handeln in der Kultur der Gesellschaften und im Verkehr der Gesellschaften weltweit darstellt. Die allgemein menschliche – also die im Wesen der menschlichen Freiheit begründete – Verantwortlichkeit für das wissenschaftlich-technische Handeln stellt sich eben nicht allein für alle Mitglieder einer Gesellschaft im Blick auf ihren individuellen Lebensstil und im Blick auf ihre Partizipation an den notwendigen Konsensen eines Volkes; sie stellt sich vielmehr auch in zugespitzter und verschärfter Weise für alle, die direkt und indirekt in die Institutionen der Wissenschaft und der Technik involviert sind. Und sie betrifft schließlich die politische Verantwortung für die Ordnung eines Rechts, das den Kriterien der Natur- und der Sozialverträglichkeit des wissenschaftlich-technischen Handelns Achtung verschafft. Was die Güterlehre der Theologischen Ethik über das Ethos des Glaubens im Subsystem des wissenschaftlich-technischen Handelns zu sagen hat, will in allen drei Hinsichten gelten.

---

[232] Das zeigen die Hinweise von CHRISTOPH SCHWÖBEL, Art. Ökumene II. Ethisch: RGG 6^4, 510–511.

[233] HANS JONAS, Warum die moderne Technik ein Gegenstand für die Philosophie ist, jetzt in: DERS., Technik, Medizin und Ethik (wie Anm. 221), 15–41; 40.

Zweitens: Gegenüber allen abstrakten Appellen wird die Güterlehre der Theologischen Ethik daran erinnern, dass schon die Wahrnehmung politischer Verantwortung für eine Ordnung des Rechts im Subsystem des wissenschaftlich-technischen Handelns – und zwar im „internationalen Mehrebenensystem" von Völkerrecht, Europarecht und nationalem Recht[234] – vom Ethos des Glaubens ausgeht und von ihm geprägt ist. Wer in der Glaubensgemeinschaft der verfassten Kirche durch Gottes Geist an der Lebensgewissheit des Glaubens partizipiert, wird sich im Zusammenwirken mit den Mitgliedern anderweitiger Überzeugungsgemeinschaften in der Entwicklung dieser Rechtsordnung engagieren – wohl wissend, dass die Ordnung des Rechts nichts anderes zu gewährleisten vermag als die Rechtskonformität des wissenschaftlich-technischen Handelns.

Drittens schließlich dient die Güterlehre der Theologischen Ethik dem Ethos des Glaubens im Subsystem des wissenschaftlich-technischen Handelns, indem sie die Mitglieder der Glaubensgemeinschaft – und eben auf diesem Wege die Mitglieder der Gesellschaft überhaupt – die Wahrnehmung der menschlichen Verantwortung für das wissenschaftlich-technische Handeln als Wahrnehmung ihrer Verantwortung *vor Gott* erkennen läßt. *Vor Gott* soll heißen: unsere Sorge für das menschliche Maß des wissenschaftlich-technischen Handelns ist insgesamt dem Leitgedanken einer Wohlordnung der Gesellschaft und damit der Erhaltung, der Gestaltung und der Verteidigung ihrer öffentlichen Güter verpflichtet. Für diese Wohlordnung tritt der Glaube in der Glaubensgemeinschaft der Kirche ein, weil er sie als eine der notwendigen Bedingungen des wahrhaft guten Lebens versteht: des Lebens in der Gewissheit des Glaubens, die sich in der Kraft der Liebe und in der lebendigen Hoffnung auf das Höchste Gut der ewigen Gottesgemeinschaft jenseits des Todes und durch den Tod hindurch manifestiert.

---

[234] Vgl. den informativen Überblick von HANS-JOACHIM KOCH, Art. Umweltschutz (Juristisch): EStL (NA 2006) 2486–2494; 2488ff.

Schlussbetrachtung

Wir sind glücklich am Ziel dieser „Einleitung in die Systematische Theologie" angelangt. Bevor wir sie – für kurze oder für längere Zeit – aus der Hand legen, blicken wir zurück und suchen ihren Ertrag zu sichern.

Das Studium der Systematischen Theologie wäre völlig missverstanden, wenn man es nach den verschiedenen Examina beiseite legen oder gar vergessen würde. Es ist und bleibt vielmehr der Kern und Stern der theologischen Kompetenz, die für die verantwortliche und befriedigende Ausübung eines theologischen Berufs auf den verschiedenen Praxisfeldern der kirchlich verfassten Glaubensgemeinschaft in ihrer jeweiligen gesellschaftlichen Lebenswelt unabdingbar ist. Es ist und bleibt der Kern und Stern der theologischen Kompetenz, weil es das lebenslange *Bilden einer eignen Überzeugung* (Friedrich Schleiermacher) vom Wahrheitswert des biblischen Offenbarungszeugnisses und dessen vielstimmiger Tradition in der Geschichte des Christentums bis auf diesen Tag ermöglicht, fördert und begleitet. Ohne die eigene Einsicht in den Wahrheitswert des biblischen Offenbarungszeugnisses und dessen Rezeption in den solennen Gestalten des kirchlichen Lehrbekenntnisses ist die hohe und anspruchsvolle Aufgabe, die Kommunikation des Evangeliums in allen öffentlichen Situationen verantwortlich zu leiten, nicht angemessen zu erfüllen. In der Beziehung des systematisch-theologischen Denkens auf die Praxis des kirchenleitenden Handelns – im Pfarramt und im Unterricht, in der Erwachsenenbildung und in der Öffentlichkeitsarbeit, in der kirchlichen Publizistik und in den Synoden – liegt denn auch das Kriterium meiner manchmal stillschweigenden, manchmal offen geführten Auseinandersetzung mit den wissenschaftlichen Beiträgen zu dieser Disziplin in älterer und in neuerer Zeit.

Damit der praktische, der handlungsleitende und handlungsorientierende Zweck des lebenslangen Bildens einer eignen Überzeugung deutlich werde, fassen wir unseren Gedankengang in folgenden Punkten zusammen.

I

Der christliche Glaube – das christlich-fromme Selbstbewusstsein – ist die Gewissheit der Wahrheit des Evangeliums von Gottes Liebe im Christus Jesus unserem HERRN (Röm 8,39). Er unterscheidet sich darin nicht nur von andern religiösen Glaubensweisen wie der des frommen Judentums und des Islam, sondern auch und erst recht von reflektierten Weltanschauungen wie der der Anthroposophie oder der Freimaurerei. Wenn sich die Mitglieder der christlichen Glaubensgemeinschaft auf das Wesentliche ihrer Glaubensweise besinnen, stoßen sie auf den inneren sachlogischen Zusammenhang zwischen dem Gegenstande und dem Grund, zwischen dem Woran und dem Wodurch des Glaubens. Sie sind sich *einerseits* dessen bewusst, dass ihnen in der Kommunikation des Evangeliums Gott selbst – die geschichtliche, letztgültige Selbsterschließung des Schöpfers aller Dinge – begegnet; *andererseits* sind sie sich dessen bewusst, dass jeder menschliche Versuch, die Wahrheit des Evangeliums als Wahrheit für das eigene Leben auszulegen und zu vergegenwärtigen, auf die Verheißung des göttlichen Geistes und auf dessen erhellende und erleuchtende Kraft angewiesen ist und bleibt. Der Apostel Paulus hat die Einheit dessen, was Gegenstand des Glaubens, und dessen, was Grund des Glaubens ist, prägnant artikuliert.

II

Nun ist die Gewissheit der Wahrheit des Evangeliums von Gottes Liebe im Christus Jesus, unserem HERRN, wirklich als die stets angefochtene und fragmentarische Gewissheit eines einzelnen Menschen. Als solche ist sie lebensbedeutsam; und zwar in zweifacher Hinsicht.

Einerseits geschieht in der Gewissheit der Wahrheit des Evangeliums die lebenslange Überwindung der Blindheit der Sünde für Gottes Schöpfer-Sein. Wenn auch die Blindheit der Sünde für Gottes Schöpfer-Sein in dieser Weltzeit unaufhebbar ist, so öffnet die Gewissheit der Wahrheit des Evangeliums doch den Blick für Sinn und Ziel des Lebens und damit für die Bestimmung des Menschen: für die Gemeinschaft mit seinesgleichen und für die Gemeinschaft mit Gottes schöpferischem, versöhnendem und vollendendem Wollen und Wirken. Aus diesem Grunde zeigt sich uns das Leben des Glaubens – sofern es tatsächlich das Leben des geistgewirkten Glaubens und nicht etwa das Leben in dessen autoritären, geheuchelten, geistlosen Fehlformen und Missgestalten ist – als Leben in der „Erneuerung des Sinnes" (Röm 12,2). Die Erneuerung des Sinnes, die konkret wird in der Fähigkeit zu lieben und zu hoffen, wird zuletzt auch hilfreich sein, wenn ein Mensch die Grenzsituationen des Lebens – Armut, Einsamkeit, Leid, Krankheit, Sterben – zu bestehen hat. Sie lässt Herz und Mut gesunden.

Andererseits führt die Gewissheit der Wahrheit des Evangeliums, die die Erneuerung des Sinnes generiert, in die individuelle Selbstverantwortung vor Gott für das Gestalten und das Mitgestalten der privaten und der öffentlichen Angelegenheiten im Kontext der gesellschaftlichen Lebenswelt. Sie – die Wahrheitsgewissheit des Glaubens – wird keineswegs nur effektiv in den mannigfachen Initiativen des diakonischen Dienens hierzulande und des helfenden Handelns in den Brennpunkten der Entwicklung weltweit; sie wird vielmehr auch wirksam in der nachhaltigen Sorge für die Institutionen der Privatheit – der Familie, der Ehe, der Liebe und der Freundschaft – ebenso wie für die Institutionen der Ökonomie, der Rechtsordnung, des Bildungswesens und der Wissenschaft und schließlich der Technik im öffentlichen Leben der Gesellschaft. Es ist aus diesem Grunde das besondere Anliegen der Kirche, das Menschen- und Grundrecht der Religionsfreiheit, das die Verfassung garantiert, gegenüber den drohenden An- und Übergriffen zu verteidigen; denn damit wird der genuine Raum verteidigt, in dem allein die Bildung der Gesinnung und des Gewissens vor sich geht, welche die individuelle Selbstverantwortung vor Gott ermöglicht und verlangt.

III

Weil die Gewissheit der Wahrheit des Evangeliums in dieser zweifachen Hinsicht lebensbedeutsam ist, beruht die verantwortliche Leitung aller öffentlichen Situationen seiner Kommunikation auf einem konzentrierten und fundierten Wissen, zu dem uns im Zusammenhang des theologischen Studiums allein das Studium der Systematischen Theologie verhilft. Dieses Studium lässt uns nämlich drei elementare Sachverhalte in ihrem inneren sachlogischen Zusammenhang verstehen, die für die Kommunikation des

Evangeliums in welcher Situation auch immer wichtig sind und die uns auch vertraut sein werden, wenn wir nur einiger Selbstbeobachtung fähig sind. Übrigens gibt uns der Zusammenhang dieser drei elementaren Sachverhalte auch ein Kriterium an die Hand, mit dessen Hilfe wir die streitbefangene Geschichte der Systematischen Theologie beschreiben und vor allem auch beurteilen können.

Erstens: Wie alle Menschen wissen und erleben sich die Mitglieder der Glaubensgemeinschaft dazu berufen und dazu bestimmt, ihr Leben *selbständig zu führen*. Sie wissen und erleben sich als personale Wesen, die das ihnen gewährte Leben in sprachlichen und praktischen Handlungen erhalten, verteidigen und vervollkommnen müssen. Wir haben immer wieder aufgezeigt, dass diese selbständige, selbstbewusst-freie Lebensführung notwendigerweise vermittelt ist durch Regeln, durch Strukturen, durch Ordnungen und Organisationen. Die öffentliche Kommunikation des Evangeliums kann daher nicht umhin, die Aufgabe und die Zumutung der reflektierten Selbstbestimmung in allen Bereichen des privaten wie des öffentlichen Lebens zu thematisieren. Und wem die Aufgabe der verantwortlichen Leitung dieser Kommunikation übertragen wird, bedarf dafür eines gründlichen *ethischen Wissens*, das die verschiedenen Aspekte der Ethosgestalt des Glaubens in der gegenwärtigen gesellschaftlichen Lebenswelt umfasst. Der „Grundriss der Theologischen Ethik“ führt in dieses ethische Wissen ein, und zwar sowohl in seine deskriptiven als auch in seine normativen Aspekte. Beiträge zur Systematischen Theologie, die nicht in dieses ethische Wissen einführen, sind in meinen Augen abstrakt und defizitär.

Zweitens: Wie alle Menschen wissen und erleben sich die Mitglieder der Glaubensgemeinschaft dazu berufen und dazu bestimmt, das Leben in den sprachlichen Kommunikationen und in den praktischen Interaktionen miteinander im Lichte einer Gewissheit zu führen, die das Ganze des Lebens betrifft. Das ist deshalb der Fall, weil wir das selbstbewusst-freie Leben, das uns zu führen auferlegt ist, unmittelbar als das Leben verstehen, das uns von einer transzendenten Macht über den Ursprung und über das Ziel des ungeheuren Weltgeschehens gewährt ist. Deren Wesen, Eigen-Art und Sinn suchen die religiösen Traditionen in der Geschichte des Menschengeschlechts ebenso wie die reflektierten Weltanschauungen zu erfassen. Lebensbedeutsam ist diese Gewissheit deshalb, weil sie Transzendenzgewissheit – welcher Art auch immer – ist.

Aus dem Spektrum der religiösen Traditionen und der reflektierten Weltanschauungen ragt der christliche Glaube – die Gewissheit der Wahrheit des Evangeliums – im Kontext der Glaubensgeschichte Israels einsam hervor. Wie sie alle teilt er eine Transzendenzgewissheit mit, die eine Antwort auf die Frage nach dem Woher und dem Wohin des Mensch-Seins in dieser ungeheuren Welt im Werden gibt; anders als sie alle beruht er auf den Ursprungssituationen, in denen sich das Wesen, die Eigen-Art, der Sinn jener transzendenten Macht authentisch erschließt. In diesen Ursprungssituationen – den österlichen Erscheinungen des Gekreuzigten als des Auferstandenen – wird Wesen, Eigen-Art und Sinn jener transzendenten Macht durch Gottes Geist als „Gnade und Wahrheit“ (Joh 1,14), als radikale Liebe (1Joh 4,16) und als ewige Treue (EG 361,3) zu Gottes Ebenbild gewiss. Sie zeigt und sie beweist sich darin, dass Gott der Schöpfer angesichts des Leids der Endlichkeit und angesichts der Blindheit der Sünde für Gottes Schöpfer-Sein im Christus Jesus sich als der versöhnende und vollendende Gott erschließt: als das „Lamm, welches der Welt Sünde trägt!“ (Joh 1,29).

In der Vielheit ihrer Schriften bezeugt die Heilige Schrift des Alten und des Neuen Testaments die Selbsterschließung der uns in ihrem Wesen, in ihrer Eigen-Art, in ihrem Sinn verborgenen transzendenten Macht im Christus Jesus durch den Heiligen Geist als Inbegriff des Evangeliums. Wem die Aufgabe übertragen wird, die Kommunikation des

Evangeliums in allen öffentlichen Situationen des kirchlichen Lebens verantwortlich zu leiten, bedarf dafür – über das elementare Verständnis des katechetischen Unterrichtens hinaus – eines gründlichen *dogmatischen Wissens*. Das dogmatische Wissen wird sich – durchaus in Entsprechung zum Programm und zum Verfahren der Rechtsdogmatik – orientieren an dem positiven Begriff des Dogmas als der christlichen Lebenslehre. Es wird deshalb den inneren sachlogischen Zusammenhang umfassen zwischen dem christlichen Begriff von Gott, dem christlichen Begriff des göttlichen Schöpfer-Seins, dem christlichen Begriff der Versöhnung Gottes mit dem unter der Blindheit der Sünde leidenden Ebenbild und schließlich dem christlichen Begriff der Vollendung, der in die Hoffnung auf die Erfüllung des Lebens und der Liebe jenseits des Todes und durch den Tod hindurch einweist.

Der „Grundriss der Dogmatik" führt in dieses dogmatische Wissen ein, das als solches auch die Prinzipien und die Kriterien begründet, denen die Lebensführung aus der Kraft des Glaubens in der Sphäre der Privatheit wie in den Funktionsbereichen des öffentlichen Lebens zu entsprechen sucht. Beiträge zur Systematischen Theologie, die das ethische Wissen in der Ausübung eines kirchen- und gemeindeleitenden Amtes gegenüber dem dogmatischen Wissen isolieren, sind nach meiner Ansicht abstrakt und defizitär.

Drittens: Unter den Bedingungen der euro-amerikanischen Moderne und im Banne ihrer langfristigen Grund- und Tiefenwirkung ist es in der gesellschaftlichen Öffentlichkeit zweifelhaft und fragwürdig geworden, dass die Entscheidungen, in denen wir das Leben in der Wechselwirkung mit anderen gestalten und mitgestalten, in einer handlungsleitenden Gewissheit verwurzelt seien, die in ihrem harten Kern – sei es abstrakte, sei es konkrete – Transzendenzgewissheit ist. Die alte Parole „Religion ist Privatsache" steht für solche Zweifel und Fragen. In spiegelbildlicher Verkehrung dieser Parole suchen die Mitglieder der Glaubensgemeinschaft zwar – zumal dann, wenn sie mit Ernst und Leidenschaft den Öffentlichkeitsauftrag der Kirche in der „Risikogesellschaft" (Ulrich Beck) betonen – die Lebensbedeutsamkeit des Glaubens einzuschärfen; aber sie haben aus kirchen- und sozialgeschichtlichen Gründen große Mühe, sich untereinander über das Wesen des Christentums in reformatorischer Perspektive zu verständigen und im Interesse der Lebensdienlichkeit der sozialen Regeln, Ordnungen und Strukturen miteinander Koalitionen zu schmieden. Zwischen den Lagern und den Milieus des konfessionellen, des pietistischen, des freisinnigen und des evangelikalen Protestantismus gibt es – wie mir scheint – nach wie vor tiefe Gräben und unausgetragene Differenzen. Diese Lage ist im religiös-weltanschaulichen Pluralismus der Gegenwart alles andere als optimal. Und zwar deshalb, weil sie die Mitglieder der Glaubensgemeinschaft der Kirche daran hindert und darin lähmt, nicht nur die ethischen, sondern auch die dogmatischen Herausforderungen im *stahlharten Gehäuse der Moderne* (Max Weber) zu erkennen und sich ihnen zu stellen. Was die Kirchengemeinschaften, die aus der Reformation hervorgegangen sind, den Zeitgenossinnen und Zeitgenossen im säkularen Staat über den Wahrheitswert des biblischen Offenbarungszeugnisses zu sagen haben, bleibt vielfach ungesagt und bewegt sich allzu oft auf einem beschämend dürftigen Niveau.

Wir haben immer wieder die zweifache Gesprächssituation erwähnt, in der die Kommunikation des Evangeliums in der kirchlich verfassten Glaubensgemeinschaft vor sich geht. Wem die Aufgabe übertragen wird, die Kommunikation des Evangeliums in allen öffentlichen Szenen des kirchlichen Lebens verantwortlich zu leiten, wird sowohl in ethischer als auch in dogmatischer Hinsicht solche Prozesse der Verständigung im Innenverhältnis und im Außenverhältnis erstreben. Dafür bedarf es eines gründlichen *prinzipientheoretischen Wissens*, das uns in die Kunst der Gesprächsführung einweist.

Das prinzipientheoretische Wissen hat zuvörderst das Verhältnis von „Religion und Lebensführung" in einem reinen, kategorialen Sinne zum Gegenstand. Wir werden uns über die Ethosgestalt des Glaubens hier und heute im Innenverhältnis der Glaubensgemeinschaft und im Außenverhältnis zur gesellschaftlichen Öffentlichkeit dann und nur dann mit Aussicht auf Erfolg verständigen können, wenn wir uns überhaupt über die Funktion der Religion und über die Funktion des Religionssystems im Zusammenleben einer Gesellschaft im Klaren sind.

Das prinzipientheoretische Wissen hat darüber hinaus die Bedingungen zum Gegenstand, die erfüllt sein müssen, damit sich jene Transzendenzgewissheit bilde, die die Gewissheit der Wahrheit des Evangeliums ist. Wir haben immer wieder an die reformatorische Einsicht in das fundamentale Verhältnis erinnert zwischen den notwendigen Bedingungen des Offenbarungszeugnisses, die in die Verantwortung des Menschen fallen, und der hinreichenden Bedingung der Erleuchtung durch den göttlichen Geist. Diese Einsicht ist nicht nur für die Gespräche mit der römisch-katholischen Tradition des Christentums von überragender Bedeutung; es gilt sie auch offensiv zu vertreten gegenüber allen Bildungskonzeptionen im Bereich der politischen Herrschaft und in der politischen Willensbildung, die von einem abstrakten Begriff der menschlichen Vernunft geleitet sind.

Das prinzipientheoretische Wissen hat zu guter Letzt die wissenschaftliche Form zum Gegenstand, die für das dogmatische wie für das ethische Wissen maßgeblich sein wird. Die wissenschaftliche Form des dogmatischen und des ethischen Wissens ist deshalb unabdingbar, weil sie und nur sie dazu befähigt, das Offenbarungszeugnis in der Wirkungs- und Rezeptionsgeschichte des Christentums unter den Bedingungen der gegenwärtigen gesellschaftlichen Lebenswelt auszulegen und zu vergegenwärtigen. Die Aufgabe, den Wahrheitswert des Offenbarungszeugnisses in der zweifachen Gesprächssituation der Kirche in ihrer gesellschaftlichen Lebenswelt auszulegen und zu vergegenwärtigen, ist nämlich nicht dadurch zu erfüllen, dass man die biblischen Quellensprachen wiederholt und in sozialmoralische Appelle umformt. Sie ist vielmehr nur dadurch zu erfüllen, dass man die *Phänomene* zu verstehen und zu erhellen sucht, auf die sich schon die biblischen Quellensprachen beziehen: die Phänomene des Lebens, des Selbstbewusstseins, des Gewissens, der Geschichte, der Zeit, der Macht, der Ordnung des Sozialen, der Liebe und der Hoffnung. Wem die Aufgabe übertragen wird, die Kommunikation des Evangeliums in der zweifachen Gesprächssituation der Kirche in ihrer gesellschaftlichen Lebenswelt verantwortlich zu leiten, wird die Arbeit an der Bibel nicht anders leisten können als in der lebenslangen Arbeit am Verstehen und an der Erhellung der Phänomene des Mensch-Seins, wie sie der Glaube sieht und zu sehen lehrt.

Der „Grundriss der Prinzipienlehre" führt in dieses prinzipientheoretische Wissen ein, ohne welches das ethische und das dogmatische Wissen nicht wirklich zur *eignen Überzeugung* werden kann, sondern angelesene und angehörte Meinung bleibt. Beiträge zur Systematischen Theologie, die in ihrer dogmatischen wie in ihrer ethischen Darstellung nicht konsequent, geduldig und beharrlich diese wissenschaftliche Form erstreben, sind nach meiner Ansicht abstrakt und defizitär.

IV

Vorliegende „Einleitung in die Systematische Theologie" wirbt mit dem prinzipientheoretischen, dem dogmatischen und dem ethischen Wissen, das sie erschließen möchte, für die Idee der *öffentlichen Theologie.* Öffentliche Theologie nimmt die reformatorische

Einsicht in das Priestertum aller Getauften und Glaubenden in jeder Hinsicht ernst. Wir haben diese Einsicht auf den Begriff der religiös-ethischen Mündigkeit der Mitglieder der Glaubensgemeinschaft gebracht. Ihre religiös-ethische Mündigkeit konkretisiert sich nicht nur in der Fähigkeit, die öffentliche Lehre in den verschiedenen Formen und Situation der Kommunikation des Evangeliums auf ihre Evangeliumsgemäßheit zu prüfen und zu beurteilen; sie beweist sich und bewährt sich gleichermaßen in der Selbstverantwortung für die lebensdienliche Gestalt der Institutionen des privaten wie des öffentlichen Lebens.

Denn: wer immer durch Gottes Geist in die Gewissheitsgemeinschaft mit dem Christus Jesus selbst und so in die Gewissheitsgemeinschaft der Schwestern und der Brüder *en Christo* (ἐν Χριστῷ) versetzt wird, existiert zugleich in welcher Weise auch immer in den Funktionsbereichen der Wirtschaft, der politischen Herrschaft, des Bildungswesens, der Wissenschaft und der Technik; ganz zu schweigen von den Lebensbereichen der Medien und der Unterhaltung, des Sports und der Kunst, die wir im Rahmen dieser „Einleitung" so gut wie gar nicht in den Blick nehmen konnten.

Als öffentliche Theologie macht die Systematische Theologie den Trägern des ordinierten Amtes und den verschiedenen Instanzen der Kirchenleitung im engeren Sinne des Begriffs diese Weite der religiös-ethischen Mündigkeit bewusst. Sie dient dem Dasein der Kirche für ihre jeweilige Gesellschaft; und indem sie das Kriterium aller Sorge für die Güter des privaten wie des öffentlichen Lebens in der Hinordnung auf das Höchste Gut der Gottesgemeinschaft in Zeit und Ewigkeit erkennt, übt sie in die Seelsorge ein, derer wir Menschen alle jederzeit gar sehr bedürftig sind.

Abkürzungsverzeichnis

AAS	Acta Apostolicae Sedis. Commentarium officiale, Rom 1909ff.
ApolCA	Apologie der Confessio Augustana
BoA	Luthers Werke in Auswahl. Unter Mitwirkung von Albert Leitzmann hg. von Otto Clemen, Bd. 1–4, Berlin 1959^{5}
BSLK	Bekenntnisschriften der evangelisch-lutherischen Kirche, hg. vom Deutschen Evang. Kirchenausschuß, Göttingen 1998^{12}
CA	Confessio Augustana
CIC	Codex Iuris Canonici, Rom 1917; 1983 (= AAS 75,2)
CS	Friedrich Schleiermacher, Die christliche Sitte nach den Grundsäzen der evangelischen Kirche im Zusammenhange dargestellt. Hg. von Ludwig Jonas (SW I/12), Berlin 1843
DBW	Dietrich Bonhoeffer Werke. Hg. von Eberhard Bethge u. a. Bd. 1–16, München (Gütersloh) 1986–1998
DH	Henricus Denzinger, Enchiridion symbolorum definitionum et declarationum fidei et morum. Kompendium der Glaubensbekenntnisse und kirchlichen Lehrentscheidungen, verbessert hg. von Peter Hünermann, Freiburg i.Br. u. a. 1991^{37}
DWb	Deutsches Wörterbuch, begründet von Jacob Grimm/Wilhelm Grimm. Bd. 1–16, Leipzig 1854–1954; Neuausgabe 1965ff.
ESL (NA 2001)	Evangelisches Soziallexikon. Neuausgabe. Hg. von Martin Honecker, Horst Dahlhaus, Jörg Hübner, Traugott Jähnichen, Heidrun Tempel, Stuttgart 2001
EStL (NA 2006)	Evangelisches Staatslexikon. Neuausgabe. Hg. von Werner Heun, Martin Honecker, Martin Morlok, Joachim Wieland, Stuttgart 2006
Ethik	Friedrich Schleiermacher, Ethik (1812/13) mit späteren Fassungen der Einleitung, Güterlehre und Pflichtenlehre. Auf der Grundlage der Ausgabe von Otto Braun hg. und eingeleitet von Hans-Joachim Birkner (PhB 335), Hamburg 1981
FC	Konkordienformel
GGB	Geschichtliche Grundbegriffe. Historisches Lexikon zur politisch-sozialen Sprache in Deutschland, hg. von Otto Brunner u. a., Stuttgart 1972ff.
GL^{2}	Friedrich Schleiermacher, Der Christliche Glaube nach den Grundsätzen der evangelischen Kirche im Zusammenhange dargestellt. 1./2. Bd, Hg. von Martin Redeker, Berlin 1960 (zitiert nach § [ggf. Leitsatz = L], Band und Seitenzahl)
GV	Rudolf Bultmann, Glauben und Verstehen. Ges. Aufsätze, Bd. 1–4, Tübingen 1933–1965
HCE	Handbuch der christlichen Ethik, hg. von Anselm Hertz u. a., Bd. 1–3, Freiburg i.Br. 1978–1982; aktualisierte Neuausgabe Bd. 1–3, Freiburg i.Br. 1993

HK	Heidelberger Katechismus. Revidierte Ausgabe 1997. Hg. von der Evang.-reformierten Kirche in Deutschland, Neukirchen-Vluyn 1997
Inst. 1559	Johannes Calvin, Institutio christianae religionis (1559), in: Joannis Calvini Opera Selecta. Edd. Petrus Barth/Guilelmus Niesel, Vol. III–V, München 1957–1974
KD	Karl Barth, Die kirchliche Dogmatik, Bde. I/1–IV/4, Zürich 1932–1967
KD^1	Friedrich Schleiermacher, Kurze Darstellung des theologischen Studiums zum Behuf einleitender Vorlesungen, Berlin 1810
KD^2	Friedrich Schleiermacher, Kurze Darstellung des theologischen Studiums zum Behuf einleitender Vorlesungen, zweite umgearbeitete Auflage 1830, zit. nach: Kritische Ausgabe von Heinrich Scholz, Leipzig 1910 (Nachdruck Darmstadt 1961 u.ö.)
KpV	Immanuel Kant, Kritik der praktischen Vernunft
KrV	Immanuel Kant, Kritik der reinen Vernunft
LK	Leuenberger Konkordie (Wilhelm Hüffmeier [Hg.], Konkordie reformatorischer Kirchen in Europa, Frankfurt a.M. 1993)
LThK^3	Lexikon für Theologie und Kirche. Bde. 1–11, Freiburg 1993–2001
MEW	Karl Marx/Friedrich Engels, Werke, Berlin 1956–1983
RGG^4	Religion in Geschichte und Gegenwart. Bd. 1–8, Tübingen 1998–2007
STh	Thomas von Aquino, Summa Theologiae (zitiert nach pars, quaestio und articulus)
STh	Paul Tillich, Systematische Theologie. Bd. I–III, dt. Stuttgart 1956–1966
TRE	Theologische Realenzyklopädie. Bd. 1–34 u. Gesamtregister I–II, Berlin/New York, 1977–2007
WA	Martin Luther, Werke. Kritische Gesamtausgabe („Weimarer Ausgabe"), Weimar 1883ff.

Die Dokumente des Zweiten Vatikanischen Konzils (siehe: LThK^2, Bde. 12–14, 1966–1968)

GS	Gaudium et spes. Pastorale Konstitution über die Kirche in der Welt von heute vom 07.12.1965
UR	Unitatis redintegratio. Dekret über den Ökumenismus vom 21.11.1964

Begriffsregister

Abendmahl
Jesu letztes Mahl 231
Mahlgemeinschaft 229f.
reale Gegenwart des Christus Jesus 238–240
symbolische Zeichenhandlung 232
Taufe, Abendmahl und Glaube 239f.
Abendmahlslehre
Huldrych Zwingli 235
Leuenberger Konkordie 237
Martin Luther 235–237
römisch-katholische 233f.
Abhängigkeitsgefühl 13
Allgegenwart 76, 97, 107, 111–113, 120, 234, 236
Anerkennung 18, 29f., 39, 46, 152, 160, 164, 167f., 172, 174, 203, 205, 217, 232, 240, 250, 295, 355, 363f., 378, 414, 424, 431–433, 444, 447f., 455f.
Angst 30, 60, 116, 149, 161f., 164f., 191, 193, 195, 197, 200, 202, 204, 207–209, 214, 217, 223, 226, 240, 275, 282f., 289, 293, 338, 380
Anschauung 5, 25, 27, 59, 67f., 72, 91, 93–95, 112, 119, 127, 140–142, 162, 167f., 172, 176, 179, 185, 213, 218, 221, 223, 225, 233, 238, 243f., 246, 248, 257f., 271, 274f., 277, 279f., 285, 289, 296, 303, 306, 320, 322, 359, 361, 366, 375, 381, 383, 389, 393, 405f., 411, 415, 422, 424f., 431f., 439, 441f., 444, 450, 456, 459, 461, 464, 466, 475, 477
Anthropologie 122–125
Anziehungskraft des Höchsten Gutes 304
Arbeit 12, 17f., 36, 43, 90, 99, 139, 221, 262, 276, 325f., 331, 374, 381, 388f., 391–395, 397, 399–401, 403–407, 409, 432, 435, 439, 442, 444, 464, 468, 471, 475, 479, 482
ars moriendi 294
Atheismus 63, 67–69
Aussage 11f., 45f., 61f., 82, 85, 98, 103, 105f., 110, 115, 124, 154, 181, 196, 201, 260f., 296f., 311, 340, 406, 440, 454, 458
äußere Klarheit, innere Klarheit der Heiligen Schrift 283, 328
äußeres Wort, inneres Wort 5, 131, 239, 283, 317, 373
Autonomie der Person 310, 325, 355, 361
Barmherzigkeit 73, 94, 207f., 241, 310, 323f., 326, 331, 371, 401
Bedarf und Bedürfnis 389
Bedürfnis nach Sicherheit 420
Begehren 91, 130, 133, 149, 153f., 156–160, 165, 168, 214, 284, 302, 328, 337, 352, 366, 370, 377–379
Begierde 149, 153f., 156–162, 165, 171, 210, 284, 316, 377, 419
Begriffssprache
kohärent 7, 22, 45, 48f., 122, 142, 179, 289, 305, 347, 349, 387
konsistent 7, 22, 48f., 274, 289, 387
Beruf 3, 6, 8, 26f., 29f., 32f., 35, 48f., 53, 60, 62, 65, 68, 79, 89, 98f., 135, 139, 145, 171, 180, 182, 186, 201f., 204, 216, 242, 244, 250, 254, 264, 270, 279, 283, 304, 317, 325, 330, 334, 362, 365, 369, 391, 399, 416, 419, 422, 424, 426, 430, 442, 445–447, 455f., 467, 469, 471f., 475, 477
Besonnenheit 350, 353, 357–359, 469
Bestimmtheit des Menschen 157
Bestimmung des Guten 301, 325, 329

Bewusstsein der Sünde 29, 34, 95, 123, 144, 146, 150, 153f., 166f., 169, 177, 193, 204f., 210, 284, 293, 327, 345, 353
Bewusstsein der Versöhnung 123, 140, 170
Bibel 5f., 9, 34–39, 41, 43–46, 48, 63, 65, 77, 89, 99, 101, 106, 119, 123f., 153, 177, 260, 263, 269, 272, 291, 372, 479
  Biblizismus 38, 46
  Vergegenwärtigung der Heiligen Schrift 43
Bild Gottes 121, 125, 130, 140, 143
Bildungs- und Erziehungsziele 438
Bitte um den Heiligen Geist 45
bonum commune 158, 246, 256, 332, 335, 355, 359, 449
bonum hominis 354f., 359
Böse, das 152, 157, 171
  Ende des Bösen 149, 173, 179
Bund 16, 40, 62, 83, 210, 252, 255f., 258, 263, 291, 293, 324f., 334, 342, 364, 374, 393, 396f., 401, 425–429, 431, 436–441, 453, 460
Charakter 346f.
Christologie 60, 152, 171, 173f., 177, 185, 191–196
Christus Jesus 5f., 8, 10f., 14, 22f., 25, 28–30, 33–35, 39, 42f., 46, 50, 59–61, 64, 73, 77, 80, 82–87, 89, 93, 95, 97, 101f., 105, 107, 111, 113, 121, 126, 134, 139, 144–147, 151–154, 161f., 166f., 170f., 173f., 176–178, 183–212, 217, 219–242, 244, 246f., 249f., 253, 255, 257–266, 268f., 272–274, 277–279, 281, 283f., 289, 298–301, 304, 312, 317f., 327, 344, 348, 352, 354, 360, 375f., 398, 406–408, 411, 422, 446, 452, 472, 475–477, 480
Demokratie 439
Dogma 30, 49f., 55–59, 478
Dogmatik
  Gegenstand der Dogmatik 55, 58
  Gliederung der Dogmatik 59–61, 282
Egalität 313
Ehe 132f., 209, 213, 248, 256, 308, 310, 313–315, 332, 342, 346, 356, 361–363, 365f., 368f., 374–386, 476
  sakramentale Deutung der Ehe 375f.
Eigentum 394–396
Einheit Gottes und des Menschen Jesus 177
Einkommen 390f., 400, 403
Ekklesiologie 59, 171, 196, 199–201, 212f., 344
Elternrecht 382, 438
Endlichkeit 76, 84, 96f., 116, 186, 208, 214, 223, 233, 383, 419, 477
Entfremdung von Gottes Schöpfer-Sein 146
Erbsünde 149, 151f.
Erfahrung des Gewissens 60, 79, 150, 153, 167–169, 171, 193, 204f., 257, 273, 284, 379
Erfahrung von Gegenwart 78–81, 238
Erhöhung zur Rechten Gottes 194
Erinnerung 33, 53, 55, 83f., 101, 127, 130, 176, 186, 204, 221, 225, 229, 231, 238, 243, 254, 271, 308, 319, 344f., 371, 402, 418, 423, 444, 450
Erwählung 61, 80, 89, 109, 166
Erwartungssicherheit 137, 451
Erziehung 17, 131, 141, 148, 152, 248, 257, 303, 307, 346, 348, 360f., 366, 375, 378–387, 438
  Erziehungsgemeinschaft 378–383
  Erziehungsstil 348, 381f.
  Erziehungsziel 381, 438
Eschatologie 60, 175, 201, 214, 258–260, 262–264, 266, 268, 274, 279, 281
  futurische 259
  präsentische 259, 264
Eschaton
  ewige Darstellung des Höchsten Gutes 266
Ethik des individuellen Lebens 347f., 353, 358
ethisch orientierendes Wissen 438, 456
ethische Beratung 16
Ethische, das 21, 24, 33, 49f., 193, 292, 295, 298, 301–304, 306, 308,

318, 327, 329, 333, 336, 339, 347, 353, 387, 467
ethische Normierung staatlichen Handelns 426
ethische Orientierung 278, 300, 386, 405, 408, 432, 443, 458, 464, 467, 471
ethische Qualität eines Gemeinwesens 325
ethische Relevanz des Wirtschaftsstils 411
ethische Theorie 267, 292, 309–311, 320f., 325f., 328, 350, 434
ethische Urteilsbildung 41, 126, 300f., 313, 326, 341, 410, 440
Ethos 20, 42, 136, 143, 207f., 256, 275, 295f., 298, 307f., 363, 402, 414, 427
 des christlichen Glaubens 4, 7, 9, 22, 53, 59, 91, 93, 118, 136, 142–145, 171, 187, 200, 264f., 284, 312, 318, 327, 374f., 408–410, 413
Ethosgestalt des Glaubens 140, 241, 246, 256, 282, 285, 295, 300, 302, 305, 309f., 312, 322, 333, 343, 347, 349, 421, 428, 438, 447f., 477, 479
Ethosgestalten 291f., 296, 308f., 314, 431
Eucharistie 219, 229, 249
Eudaimonia 56, 124, 207, 350
evangelikale Bewegung 319
Evangelium 216f.
 Evangelium der Freiheit 134
 Kommunikation des Evangeliums 218, 240
ewiges Leben 67, 72, 218, 226, 274, 276, 280
Ewigkeit als Zeit Gottes 117f.
 zeitigende Zeit 118
Existenz en Christo 202–205
Fähigkeit der Selbstverantwortung vor Gott 283
Fähigkeit verantwortlichen Handelns 330
Familie 19f., 79, 132, 138, 209, 213, 229, 248, 256, 278, 295, 308, 310, 313–315, 330, 332, 342, 346, 356, 360–365, 368, 374, 376, 378f., 381–386, 401, 404, 412, 426, 451, 476
Familiengottesdienst 362
Familienlastenausgleich 364
Fixierung auf das Eigentum 396
Fortschrittsglaube 263, 463
forum internum, forum externum 168
Freiheit 12–19, 29, 34, 46, 48f., 53, 60–62, 64, 66, 69f., 77, 79, 91, 95, 108, 121f., 126f., 129–131, 134–137, 139–141, 143–146, 155f., 158, 162, 165, 187, 189, 200f., 203–205, 211, 214f., 226, 231, 238, 244, 251, 254f., 264–266, 271, 292f., 298–300, 302–306, 308, 310–312, 317f., 321, 326f., 329, 339–341, 343f., 361, 365, 375, 377, 382, 394, 420, 423–425, 427f., 432–434, 436, 444, 448, 450, 452, 455–457, 460, 463, 465, 468, 472
 befreiende Wahrheit des Evangeliums 107, 111, 113, 135, 172, 198–201, 215, 220, 231, 247, 250, 257f., 275f.
 Entscheidungs- und Handlungsfreiheit 135
 kommunikative Freiheit 135
Freiheitsgebrauch 136, 312, 352
Frei-Sein 130, 135, 303, 305f., 309, 311f., 326f., 332, 341, 343
Frei-Sein, Vernünftig-Sein 130, 135, 303, 305f., 309, 311f., 326f., 332, 341, 343
Freude 66, 100, 129, 144, 160, 177, 181, 197, 205, 221, 223, 229, 235, 253, 265, 268, 281f., 350f., 361, 377, 385
Friede mit Gott 203
Frömmigkeit 4, 11–15, 39, 53, 61, 65, 67, 69, 72f., 76f., 82, 94f., 100, 106, 119, 142, 152, 174, 178, 200, 202, 225, 233, 241, 261, 276, 303, 317, 365, 384
Führungsstil 409
fundamentum fidei, fundamentum caritatis et spei 25
Funktionszusammenhang 451

Furcht 158, 161f., 174, 467
Gabe des wahren und des ewigen Lebens 232
Garantie der Lebensform 425
Geburtlichkeit der Person 362
Gefüge von Naturrecht, positivem Recht und Völkerrecht 356
Gefühl der Scham 133, 150
Gefühle 14, 129f., 369
Gegenwart 6, 9, 23, 25, 46, 59, 71f., 78–81, 83, 95, 113–120, 122, 126–130, 133–135, 137, 139–141, 143, 155, 158, 181–184, 202, 209, 212, 215, 230f., 233–238, 262–264, 271, 280, 283f., 292, 298, 305f., 312, 317, 328, 370, 416, 455, 478
Gegenwart als Grundform der Zeit 115f., 118, 120, 127
Gehorsam 6, 31f., 44, 168, 184f., 203, 249, 299f., 333, 352, 414, 423
Geist, Geist Gottes, Heiliger Geist 5, 22, 28–35, 37, 39, 44, 57–61, 65, 75–77, 80f., 83–91, 107, 110f., 118, 121, 126, 139, 145, 153, 165f., 171, 173, 184, 190, 194, 199f., 203, 207–216, 220, 224, 226–228, 235, 238–248, 250, 255, 257–261, 266f., 270, 283–285, 289f., 304, 307, 319, 328, 338, 351, 354, 365, 382, 407f., 418, 452, 467, 472f., 475, 477, 479f.
Geld 388–390, 393f., 396, 399f., 407, 411, 417, 436, 460
Gemeingeist 85, 145, 153, 166f., 169, 216, 243, 257, 262, 293, 324, 344, 346, 360, 384, 398, 404, 407, 472
Gemeinschaft der Bischöfe 249
Gemeinschaft der Heiligen 212
Gemeinschaft des Leibes Christi 199
Gemeinschaft mit Gott 10, 21, 28f., 49, 75, 77, 80, 82, 98, 118, 121–123, 126, 130, 139f., 147, 159, 161f., 188, 194f., 208f., 212, 214, 232, 253, 258f., 267–269, 272, 281, 284, 296, 302f., 307f., 317–319, 322, 331, 335, 343, 346, 351f., 357, 359, 371, 441, 444f., 450, 476
Gemeinschaft mit Gottes ewigem Leben 29, 82, 118, 147, 194, 214, 268f., 296, 307, 351
Generativität 195, 368, 376
Gerechtigkeit 59, 64, 73, 99, 154, 186, 209, 236, 259, 304f., 307, 310, 323–326, 331, 350–352, 355–357, 359, 387f., 407, 429, 452, 457
Gesamtleben der Person 20
geschaffene Bedingungen 140
geschaffenes Person-Sein 122, 125f., 140
Geschichte 4–6, 8, 11–15, 17, 20, 22, 24f., 27, 29–36, 38, 40f., 43f., 46, 48–50, 53, 55f., 58–60, 62–67, 69, 71, 73f., 76, 78f., 82f., 85–91, 93f., 96–100, 102–106, 109f., 113, 115–119, 121–125, 129f., 132, 134f., 137f., 140, 142f., 146, 148–153, 156, 158, 160, 162–169, 171–176, 179–181, 183–186, 188–200, 202–207, 212f., 215, 217–225, 227, 229, 233, 238, 240f., 249, 251, 253–255, 257–260, 262–264, 266, 268–281, 283f., 289, 291, 295–297, 301–303, 307, 312f., 317–319, 321f., 324f., 328, 331, 333–338, 342f., 345f., 348, 350f., 361f., 364–367, 369–374, 377–380, 382, 384f., 389–392, 394f., 401, 406, 409, 411, 413f., 417f., 421–423, 427, 429, 431–435, 437–439, 444f., 447, 449–454, 458–460, 462–464, 466, 469, 475, 477, 479, 482
Geschlechtlichkeit des Mensch-Seins 132
Geschlechtscharaktere 132
Gesellschaft 3f., 7–10, 12f., 15–17, 19–24, 26, 28, 33, 35–37, 42f., 46f., 49f., 53, 57, 59f., 68, 70, 88, 101f., 105, 123f., 126, 128, 131, 133, 135, 138–140, 143–145, 148–150, 153, 159f., 164, 166–168, 172, 178, 182, 184, 188, 192, 196f., 199, 201, 203, 207f., 210, 212–214, 216–220, 224, 242, 244–246, 249–252, 255–257, 260,

269, 278, 281, 283, 285, 290–293, 299–301, 303, 305–307, 309f., 313–315, 319, 322–327, 330–332, 334f., 341f., 346f., 356, 358, 360–367, 370f., 374f., 378f., 381–389, 391f., 395f., 398f., 401–403, 405–421, 423–430, 433–443, 445, 447–449, 451–455, 457f., 460–473, 475–480
Gesetz der Freiheit 339f.
Gesetzes-Recht 17, 139, 325, 331, 334, 433–435, 439, 442, 444f.
Gesinnung 20, 24, 33, 49, 75, 91, 99, 144, 153f., 168f., 204, 213, 266, 278, 290, 310, 318f., 321, 325–331, 337, 339, 346, 360, 365, 379, 398, 404, 408, 438, 444–446, 476
  Gesinnt-Sein 19, 203, 208, 325, 328
Gesinnungsethik 326, 328–330
Gewalt 163f., 418f.
Gewaltenteilung 414, 428, 433
Gewaltmonopol 163f., 419f., 430, 436
Gewissen 20, 24, 31, 33, 43, 46, 49, 58, 60f., 79, 96, 146, 149f., 153, 167–171, 193, 200f., 204f., 208, 226, 240, 242, 246f., 249f., 253, 255, 257, 273, 277, 284, 290, 319, 336, 352, 379, 422f., 425, 431, 445, 452, 476, 479
Gewissenspflicht 336
Gewissheit *s. auch Transzendenzgewissheit*
  Gewissheit der Wahrheit des Evangeliums 4f., 7, 22, 28, 30f., 34, 43f., 46, 48, 57, 86, 89, 94, 96f., 101, 109, 122, 131, 137, 139, 144, 167, 169f., 174, 183, 207, 212f., 222, 225, 227, 242, 244f., 252f., 255, 273, 283f., 289, 293, 296, 298, 312, 337, 360, 387, 418, 425, 431, 450, 475–477, 479
  Gewissheit des Glaubens 4, 10, 25f., 28–30, 34, 36f., 57f., 61, 69, 73, 77, 85f., 89, 94, 100, 106, 113, 117f., 125, 129, 134, 137, 141f., 154, 167, 170, 185, 188, 202, 210, 212, 215f., 227f., 235, 251, 253, 255–257, 261, 265f., 284, 289, 292, 298, 303, 309, 319, 322, 327, 351, 372f., 375, 381f., 384f., 396, 408, 412, 423f., 446, 449, 467, 470, 473, 476
  Gewissheit des Heilswillens Gottes des Schöpfers 243, 275
  Gottesgewissheit 22f., 28f., 34–36, 39–42, 45f., 50, 62–65, 67, 70, 80, 83, 86, 88–90, 96, 100f., 117, 124, 150, 170, 179f., 182–185, 188f., 191, 194, 205, 228, 371f.
  primäre Gewissheit des je individuellen Freiheitsgefühls 5, 18, 27, 29, 40, 46, 62, 64, 66, 88, 126f., 143, 150, 155, 303
  Wahrheitsgewissheit 16, 31f., 57f., 94, 118, 129, 137, 154, 227f., 244, 256, 284, 292, 309, 349, 372, 375f., 408f., 423f., 449f., 476
Gewissheitsgemeinschaft 10, 173, 183f., 189, 198–200, 202–206, 208–211, 217, 224f., 227, 239f., 255, 257, 260, 327, 344, 480
Gewohnheit 139, 295, 352, 433f.
Glaube
  Glaube und Wissen 97f., 102
  Glaubensgemeinschaft 3f., 6–12, 16f., 20–24, 26, 33–39, 41–46, 48, 50, 56f., 59f., 62, 66f., 69, 80–82, 85, 88f., 93, 95, 97f., 102, 108, 113, 121, 123f., 126, 131f., 134, 137–143, 145f., 148, 153, 162f., 166f., 169, 171–173, 185, 189f., 192f., 196f., 199, 201f., 205, 208–211, 214, 218, 221, 224, 228, 231, 241, 243–245, 247–249, 253–257, 259, 261–266, 268–270, 272–274, 276–278, 280–282, 284f., 289, 291, 297f., 300f., 305, 307–310, 314f., 318f., 323f., 326, 328, 330–332, 335,

337, 341f., 344–347, 349, 351, 359–361, 363–366, 368, 373–376, 381f., 384f., 389, 396, 398, 404–408, 411–414, 417, 421, 423, 428, 430, 432, 438f., 441–450, 453, 457, 461f., 467–473, 475, 477–480
Glaubensgeschichte Israels 40, 62, 65f., 79, 82, 91, 96f., 105f., 113, 117f., 121, 124, 140, 143, 148, 173, 181, 192, 196f., 238, 258f., 269, 296, 302, 312, 317, 411, 452, 477
Wahrheitsgehalt des Glaubens 8, 87, 91, 179, 188, 192f., 196
Wirklichkeit des Glaubens 3f., 25, 89, 296f., 304
Glaubenssätze 8f., 11, 23f., 47, 105
Gnadenwahl 86, 88–92, 109, 118, 136, 162, 173
Gottes Alleinwirksamkeit 109
Gottes Allmacht 76, 107f., 113
Gottes Allwissenheit 76, 109, 113
Gottes Dreifaltigkeit 85
Gottes Eigenschaften 73f.
Gottes Entscheidung über sich selbst 87
Gottes Ewigkeit 73, 76, 112–118, 120, 224, 229, 231f., 238, 240, 279
Gottes Geist *s. Geist, Geist Gottes, Heiliger Geist*
Gottes Gemeinschaftswille als Gottes Wesen 76
Gottes geschichtliche Selbsterschließung 30, 46, 73, 76, 147, 240f.
Gottes Gnade 59, 197
Gottes Gnadenwahl 86, 88–92, 109, 136, 162
Gottes himmlische Liebe 373
Gottes Leben 37, 67, 69–73, 75, 80, 92
Gottes Ohnmacht 107
Gottes Person-Sein 77–81, 192
Gottes schöpferische Eigenschaften 76
Gottes schöpferische Gegenwart 73
Gottes schöpferisches Wollen 95f., 101f., 104f., 125, 156, 177, 179, 181, 183, 188, 216, 255, 312
Gottes Sein für andere 80, 192
Gottes Selbstbezüglichkeit 192
Gottes Sittengesetz 333, 337f.
Gottes transzendente Ursprungsmacht 371
Gottes trinitarische Namen 65
Gottes ursprünglicher Wille 338
Gottes Wirklichkeit 37, 62, 93, 142, 244, 285
Gottes Wirklichkeit als „Wort“ 37
Gottes zukünftige Ewigkeit 260
Gottesbeweise 14, 68
Gottesdienst 218–220
Gottesgewissheit 22f., 28f., 34–36, 39–42, 45f., 50, 62–65, 67, 70, 80, 83, 86, 88–90, 96, 100f., 117, 124, 150, 170, 179f., 182–185, 188f., 191, 194, 205, 228, 371f.
Gottesgewissheit Israels 34, 179f., 182, 189, 194, 372
Gottesverhältnis der Person 11, 73, 451
Grundgesetz 396, 431
Grundrecht der Religionsfreiheit 424, 476
Gut
absolutes Gut des freien Füreinander-Seins 87
das in Wahrheit Höchste Gut 143, 225, 242, 302f., 318, 335, 425
Höchstes Gut 75, 93, 131, 140, 154f., 206, 308, 314, 317, 319f., 322, 331f., 346, 354, 358, 361, 371, 406, 444, 448–451, 467, 473, 480
Gut, das Gute 17, 19, 21, 23, 70, 73, 75f., 87, 91, 116f., 127, 129–134, 136, 139, 155–160, 165f., 169, 193, 205f., 214, 266f., 275, 277–279, 281f., 284, 302–304, 308–311, 314–332, 338, 340–346, 359–361, 365f., 368, 370f., 373, 375, 380, 382, 385, 393, 395f., 398f., 449f., 469f., 480
Arten von Gütern 314f.
materielle, rechtliche, sittliche Güter 112, 315, 395, 436, 447f.
Güterlehre 17, 19–21, 23, 136, 139, 167, 208, 293, 306–308, 311, 313, 323, 343, 346, 353, 355, 360, 363–366, 373–375, 377, 379f.,

382–384, 386f., 390, 396–398, 400, 402–406, 408, 411–415, 425, 428, 437, 440f., 443f., 448f., 453, 457–460, 464, 467, 470, 472f., 481
Gutes Leben 350, 406, 408, 411, 452
Gut-Sein 158, 315, 321, 326, 330f.
Haltungen 157, 159, 351, 355
Handeln 13, 17, 49, 62, 67, 78–80, 84–88, 90, 106, 109, 115, 118, 136f., 140, 143, 154, 198, 208, 210, 221, 265, 277f., 292, 295, 303, 305–308, 311, 313–318, 324, 326, 329–334, 336–350, 352–360, 365, 381–383, 386f., 389, 392, 395, 402f., 411, 415–417, 420f., 423, 425–427, 449, 453, 455–457, 462, 464–473, 475f.
  Handelnsarten 13, 17, 56, 79f., 84–88, 118, 277, 306
Heil der Seele 6, 308, 335
Heilige Schrift 34, 36, 38f., 41–43, 45f., 62, 72f., 123, 174, 188, 413, 477
Heilige Schriften 34
Heilsweg 196–198, 202, 205, 209
hermeneutische Theorie 223
Herrschaft 8, 19f., 33, 42, 99–101, 114, 116, 119, 178f., 181, 186, 198, 212, 221, 248, 256, 278, 324, 335, 369, 383, 387f., 390, 392, 410, 413–416, 419–424, 427f., 432–436, 439f., 442, 444, 446–448, 451, 462, 479f.
Hoffnung, Hoffnungsgewissenheit 3, 12, 23, 28, 43, 60f., 73, 84, 91, 95, 118, 133f., 170, 181, 187–190, 201, 209, 212, 214, 216f., 229, 240, 257–262, 265–269, 272–278, 280f., 289, 308–310, 346, 351f., 354, 359, 370, 373, 407, 411, 413, 444, 446, 448f., 467, 473, 478f.
Humanisierung der Arbeitswelt 392
Humanvermögen 363f., 384
Ideal der Wohlordnung der Gesellschaft 332
Idee des Höchsten Gutes 21, 32, 258, 262, 318f., 321f., 340, 395
In-der-Welt-Sein 94f., 101, 104, 138, 272, 341, 344f., 354, 419
Individualethik 347
individuelles Freiheitsgefühl 13, 66, 108, 150, 156
Interdependenz 23, 32, 50, 204, 389
Intersubjektivität 116, 313
Intimität 132f., 160, 366f., 371, 373, 378f.
Investiturstreit 422
Israel 5, 34, 38, 40, 62–66, 79, 82, 89, 91, 93, 96f., 99–101, 105f., 113, 117–119, 121, 124, 140, 143, 146, 148, 153, 157, 173, 179–182, 189f., 192, 194, 196f., 223, 238, 258–260, 269, 274, 296, 302, 312, 317, 337, 351, 372, 411, 452, 477
ius suum unicuique 356
Jesu Frohbotschaft 180f., 194
Jesu Gottesgewissheit 29, 34, 182–184
Kardinallaster 158
Katechumenat 225f., 228
Kategorienlehre 10, 15, 22, 291, 360, 421, 447, 470f.
kategorische Aufgabe 312
Kerygma, apostolisches 8, 25, 29f., 40, 62, 129, 184, 192, 196f., 207, 212, 216, 222f., 227, 231, 244, 258f., 268, 272, 274–276, 298, 300, 337, 351
Kirche 240f., 256, *s. auch Gewissheitsgemeinschaft*
  „sichtbare“ / „verborgene“ Kirche 241
  „erfahrbare Kirche“ 242–246, 254f.
  Kirche für die Welt 16, 233, 241
  Kirche in der Gesellschaft 255f.
  Kirche und Glaubensgemeinschaft 11f.
  kirchliches Lehramt 98, 174, 248–251
  Mitgliedschaft in der Kirche 243
  Ordnung der Kirche 252–255
  soziale Gestalt des Glaubens 240
  theologische Kompetenz 251
  Vollendung der Kirche 12, 260f., 266
Kirchenleitung 217, 252, 254, 480
Kirchenpflichten 335, 344

Klugheit 351, 355f., 359, 409f.
Kontingenz des Weltgeschehens 119
Kopräsenz 115
Kritik der praktischen Vernunft 175, 338f., 482
Interesse der praktischen Vernunft 340
Laster 149, 153, 157–162, 165, 347, 352f., 355, 371
Leben
Anschauung des Lebens *s. Anschauung*
Leben der kirchlich verfassten Glaubensgemeinschaft 38, 45, 308
Leben des Glaubens 77, 81, 93, 146, 153, 185f., 210, 231, 235, 247f., 251, 259, 290, 319, 322f., 385, 407, 476
Leben in der Wechselwirkung mit Anderen 13, 15, 69, 478
Lebensform 16, 22, 28f., 34–36, 43–45, 47, 58, 89f., 95, 118, 137, 143, 154, 199, 206f., 232, 244, 259, 265, 297, 317, 343, 346, 366, 375, 385, 425, 442, 444, 446–448, 450, 463
Lebensgeschichte 12–14, 25, 31, 34, 43, 53, 59, 86, 89, 93, 116, 119, 129f., 134f., 146, 149, 156, 158, 160, 163, 166, 175, 189f., 193f., 203–205, 213, 219f., 223, 225, 229, 240, 253, 255, 260, 262, 266, 268, 271–281, 283, 297, 313, 328, 331, 334, 336–338, 342, 345f., 348, 366, 370f., 373, 377–379, 385, 389, 409, 450, 459
Lebenswelt, gesellschaftliche 3, 7, 10, 13, 15f., 23, 35–37, 43, 49f., 59f., 88, 99, 131, 140, 145, 167, 171, 192, 196, 199, 208, 210, 224, 246, 252, 256, 278, 283, 293, 324, 326, 334, 356, 365, 394, 397, 411, 413, 417, 475–477, 479
Sitz im Leben 42, 95, 243, 261
Leben-Jesu-Forschung 174 176, 191
Lebensdienlichkeit 411
Lebenseinheit 171f., 177f., 184f., 187, 189–192, 194f., 211, 351
Lebensführung 4, 6, 8, 10, 18, 20, 22–28, 30, 40, 43, 45, 47f., 60, 69, 71, 116, 119, 126, 130, 133, 137, 139–141, 145, 147, 156, 158, 160, 165, 168, 197, 209, 212, 220, 246, 257, 275, 277, 284, 290f., 293–295, 297–299, 303f., 308–310, 316, 319, 346, 354, 360f., 381–384, 387, 389–391, 398f., 402, 407, 411–413, 425, 428, 436, 448–450, 454, 456, 463, 467, 477–479
Lebensgewissheit 180f., 354, 361, 365, 369, 385, 438, 470, 473
Lebenslehre 49f., 56, 122, 124f., 146, 207, 272, 290f., 301, 332, 360, 395, 478
Lebensmittel 388f.
Lebenstrieb 127–131, 144, 155f., 158, 165, 181, 195, 197, 205f., 209, 214, 229, 330
Lehre vom Menschen 104, 106, 122–125, 135, 137, 215, 266, 270, 360
Leibhaftigkeit 95, 101, 105, 126, 128, 130, 189, 237, 265, 270–272, 305, 313, 315, 370f.
Leid der Endlichkeit 76, 84, 96, 186, 214, 223
Leitungsgewalt des Papstes 249
Leuenberger Konkordie 217, 230, 250, 482
Licht der Herrlichkeit 282
Liebe
Doppelgebot, Gebot der Liebe 207, 212, 337
Erfahrung der Liebe 134, 365f., 368–371, 373, 385, 396, 398
Eros und Agape 371–373
Intimität der Liebe 133, 367
Leben in der Ordnung der Liebe 207f.
Liebe als Gottesliebe 208
Sexus und Eros 368–371
Macht 107f., 416–418
Machtförmigkeit 416, 420, 432, 455
Machtordnung 415

Machtungleichgewicht 435
Mahlgemeinschaft 28, 181f., 219f., 229–235, 237, 239f.
Mandat Gottes des Schöpfers 97, 144, 242, 406
Markt 393–395, 402, 409
Martyrium 184, 186, 189
Maß 357f.
Maßlosigkeit 159f.
Mensch
  geschaffenes Person-Sein 122, 125f., 140
  Mensch-Sein 10, 97, 102f., 122–126, 130–132, 137, 140, 134 41, 147, 292, 296, 300, 302f., 326, 330, 332, 342f., 346, 350, 395, 415, 420f., 429–432, 440–442, 444, 446–448, 451, 456f., 477, 479
Mensch-Sein
  Bestimmung des Menschen zur Gemeinschaft mit Gott 77, 139, 159
Missbrauch menschlicher Macht 419
Missionsauftrag 29, 35
Mitgliedschaft 227, 243–246, 253, 307, 442, 446
Mittel 7, 17f., 50, 93, 108, 110, 164, 178f., 182, 212, 230, 246, 254, 328, 350, 369, 390f., 413, 417, 419, 422f., 437, 440, 458, 462, 465, 471
Moralität der Person 339
Moraltheologie, römisch-katholische 300, 308, 311, 353, 359
Mythos 64, 66, 99, 149, 179, 263
Nachfolge 183, 200, 202, 227, 249
naturalistischer Fehlschluss 311
Naturrecht 300, 306, 312, 329, 356, 422, 431
Naturverhältnis 409, 417
Naturzusammenhang 95, 104, 108, 141, 155, 179, 183, 215, 243, 265f., 390
Neid 158–160, 371
Nichtglauben 159, 213
Nutzen 208, 306, 320, 334, 390 393, 395, 397f., 405–407, 410f., 445, 462, 469
Offenbarung
  Gottes Offenbar-Sein im Werk der Schöpfung 120, 142
  Offenbarungsgeschehen 5, 13, 22, 25f., 29–33, 35, 38, 44f., 48, 56, 68f., 83, 105, 124, 139–141, 176, 198, 200, 202, 258, 450
  Offenbarungskritik 26, 48, 177, 209
  Offenbarungstrinität 84, 88
  Offenbarungszeugnis 5f., 29, 31–35, 37, 44, 53, 56f., 73, 93, 114, 117, 121, 123, 134, 137, 145, 151, 154, 157, 174, 203, 206f., 209f., 215, 240, 242, 246f., 251f., 268f., 285, 291, 327, 330, 351f., 354, 357, 373, 475, 478f.
Ökonomie 20, 82, 84–86, 88, 137, 248, 256, 308, 322, 387, 389, 392, 395, 398, 405–407, 410–413, 449, 462, 476
Ökonomie des göttlichen Handelns 84f.
Ordnung der Schöpfung 142, 146, 155, 159f., 162, 165, 168f., 172, 191
Organisation 16, 19f., 104, 133, 138f., 211, 214, 219, 244, 253f., 256, 284, 293, 307, 311, 315, 326f., 331, 334, 341, 343, 358, 362, 364, 384–386, 388, 391–393, 399, 402, 404f., 407–409, 411f., 416, 418, 425, 427f., 431, 436, 438, 440, 442f., 445–447, 450f., 453, 457, 460f., 463f., 467, 469, 471f., 477
Orientierungswissen 457
Ostern 28, 184, 187
Papstgehorsam 423
Partei 324, 364, 384, 393, 397, 400, 414f., 417, 423, 425, 437–442, 444–446
Parteiengesetz 439f.
partikulares Ethos 408
Passion, passive Erfahrung 215, 365, 370, 372, 379f.
Passionalität 372
personale Liebe 385

Person-Sein 66, 70, 77–81, 86f., 92, 95f., 98, 100f., 104–106, 114, 116, 119, 121, 123–126, 128, 130–133, 135–138, 140f., 143, 154–156, 161f., 177, 181, 183, 185, 192, 194, 197, 203–206, 229, 269–272, 281, 285, 305, 310–314, 316f., 319, 321, 336, 340f., 354, 366, 368–371, 373, 378, 382f., 409, 449, 468
Perversion des ursprünglichen Begehrens 156f.
Pflege der Ökonomie des Hauses 137
Pflicht, Pflichten 9, 30, 133, 179, 266f., 278, 292f., 305, 307f., 313, 321, 329, 332–334, 336, 338f., 341–344, 346, 348f., 353, 358, 361, 376, 378, 383, 424, 434, 436, 443, 481
Pflichtenlehre 293, 307, 313, 332, 341, 353, 481
Pflichtethik 333, 343
Pflichtgebiete 342–344, 349
pflichtgemäßes Handeln 344
Phänomen 4, 12, 16, 22, 27, 32, 46–49, 67, 70–72, 78–81, 103f., 108, 110, 115, 122, 124, 126, 129f., 134–136, 138, 146f., 149–151, 154–158, 161–163, 165–169, 171, 188f., 204f., 210, 236, 238, 263, 285, 305, 308, 325, 327f., 333, 346f., 358, 361, 366–368, 373, 392, 409, 414–418, 420, 431, 453, 462, 479
philosophische Theorie des Ethischen 49, 302, 333, 336, 339, 353, 467
philosophischer Ethik-Diskurs 291
Politik, politische Willensbildung 320, 330, 364, 394, 396, 399f., 405, 409, 412–416, 422, 424, 426, 429, 431f., 435, 437–439, 441, 443, 447, 453, 459–461, 463, 465
Priestertum, allgemeines 199, 248, 250, 254, 381
primäre Gewissheit *s. Gewissheit*
Prinzip der Legitimität 433
Prinzip der Rechtssetzung 324
Prinzip der Solidarität 325, 402f.
Prinzip der Subsidiarität 325, 403
Prinzip der Volkssouveränität 440
Prinzipienlehre 1, 3–7, 16, 22f., 25, 27, 30, 33, 36, 41–44, 47, 53, 58f., 62–64, 69, 78, 83, 89, 91, 94, 101, 110, 122f., 126, 136, 163, 184, 198, 203, 212, 214, 222, 227f., 231, 242, 251, 283, 285, 289–292, 296, 300f., 304, 308, 310, 317f., 382, 386, 421, 450, 479
Programm einer wissenschaftlichen Theologie 7
Raum, Räumlichkeit 104, 107, 111–114, 120
Realität 112, 164, 200, 232f., 237, 306, 371, 382, 470
Recht 18, 20, 57, 115, 138f., 148f., 163, 168f., 212, 242, 245, 247, 253f., 256, 274, 295, 308, 314, 324f., 334f., 337, 342, 356, 363f., 374–379, 383, 386, 389, 393–399, 403–405, 407, 410, 412–415, 419–421, 424–440, 443–452, 458, 465, 476
Rechtfertigung 95, 144, 152, 163, 168, 170, 174, 198, 200, 202, 259, 273, 327, 352, 448
Rechtsansprüche 335, 435
Rechtsfriede 435f., 442
Rechtsgemeinschaft 434–437
Rechtspflichten 335, 434
Rechtssetzungsrecht 419f., 427f.
Rechtssicherheit 420, 432, 436, 438
Rechtsstrafe 435f.
Rechtsverhältnis 397, 434f.
reformatorische Bewegung 6, 44f., 56, 215, 230, 234
Regel 7, 16, 36, 38, 42, 44–47, 89, 95, 115, 136, 138f., 153, 165, 168, 234, 245, 266, 295, 307, 310–312, 319, 335, 342f., 375, 396, 406, 409, 419f., 433, 436, 449, 454–456, 477f.
Regelsetzungen 342f.
Reich Gottes, Herrschaft Gottes 101, 178–181, 209, 251, 277–280
reines Gefallen 372
Religionsfreiheit 4, 50, 68, 138, 245, 307, 422, 424–427, 431, 447–449, 451f., 461, 476

Religionsgemeinschaft 4
Religionssystem 244, 250, 412, 451f., 457, 479
religiöse Überzeugung 19, 26, 32, 43, 451
religiöse Überzeugungsgemeinschaft 26, 32, 43, 451
religiöses Ethos 309
Resozialisierung 437
respublica christiana 422f.
Reziprozität 313
Risiko 217, 219, 394, 401–404, 410, 462–464, 469f., 472
römisch-katholische Auffassung der Bibel
  Autorität der Heiligen Schrift 6, 41
römisch-katholische Lehre 230f., 352
römisch-katholische Soziallehre 325
Sakrament 30, 99, 147, 152, 171, 184, 206, 209, 224, 227–229, 231, 233–237, 246–252, 289, 295, 299, 331, 348, 375f.
sakramentale Weihe 231
sakramentales Mahl, Kultmahl 231, 233
Schaden, Leid 42, 148, 291, 462
Scham 149
Schöpfung (*s. auch Ordnung der Schöpfung*)
  Gottes schöpferisches Wollen, Walten, Reden und Rufen 95f., 101f., 104f., 125, 156, 177, 179, 181, 183, 188, 216, 255, 312
  Gottes Schöpfungssinn 102, 104f., 146, 149, 265f.
  kosmischer Werdeprozess 72
  Lehre von der Schöpfung 94, 106
  Quelle des biblischen Schöpfungszeugnisses 99
  Relation der Existenzbegründung 107, 109
  Schöpfungsmittlerschaft des Christus Jesus 97
  Sinn und Ziel des göttlichen Schöpfer-Seins 97
Schöpfungssinn 102, 105, 107, 143, 146, 149, 171f., 205, 265f., 376f., 379
Schuld 29f., 60, 77, 95f., 124, 144, 148, 150–153, 167, 171f., 185f., 194, 204, 218–220, 223, 257, 274, 284, 379, 393, 420, 437
Schulhoheit des Staates 438
Seele 6, 12, 15, 44, 78, 128, 258, 270–273, 308, 318, 335, 350f.
Sehnsucht 132f., 193, 365f., 369, 372f., 377
Sein in Beziehung 87f., 90
Selbstbewusstsein 10–15, 19–21, 23f., 59–62, 66, 69, 78f., 81–84, 87f., 90f., 94, 100–102, 105–108, 111, 113–115, 117, 126f., 133f., 140, 142, 144f., 149, 153–155, 158, 164–167, 169, 172f., 176–178, 183, 185, 190, 193, 195, 199f., 202f., 205, 209–213, 215f., 220f., 224, 226, 229, 240, 242, 246, 249, 258–261, 271f., 274, 280f., 285, 296–298, 303, 309, 332, 336, 340, 343, 353f., 371, 381, 384, 405f., 411, 417–419, 425, 438, 453, 475, 479
Selbstbild 348, 370
Selbstbildung 348
Selbsterfahrung des Gewissens 96
Selbstgefühl 49, 159, 162, 167, 369f., 398
Selbstsorge 332, 335
Selbsttätigkeit, seelische und geistige 127f., 130, 133, 155, 177
Selbstverantwortung vor Gott 3, 7f., 10, 25, 29, 34, 41, 43, 49f., 53, 95, 97, 126, 134, 143, 145f., 149, 173, 183, 193, 202, 217, 228, 240, 245, 250, 255f., 283, 301, 335, 355, 361, 365, 385, 407, 411, 416, 438, 468, 476
Selbstzeugnis des Christus Jesus 289
Seligkeit 61, 171, 205, 228, 260, 268, 280f., 321, 352, 354
Sexus 132, 361, 366–368, 371, 373, 377, 385
Sicherheit, technische 465
Sicherheitsrecht 465, 471
Sieg über den Tod 190
Sitte 12, 58, 153, 202, 229, 249, 295–297, 301f., 305f., 321, 329,

333, 336–340, 344, 351, 353, 361f., 378, 386, 394, 414, 431, 481
Sittengesetz 153, 321, 329, 333, 336–340, 344, 431
sittliche Autonomie 310, 329, 331, 339, 344, 361, 365
sittliches Sein 292, 312f., 317
sola scriptura 6, 36, 39, 45
Soteriologie 60, 171, 173, 196f., 200–202, 328
Soteriologie, Grundriss der 201f., 328
Souverän 78, 80, 96, 148, 163, 307, 317, 322, 324, 326, 335, 402, 413, 417, 419–421, 423–425, 430, 433f., 438, 440–442, 447, 453, 456
Soziale Sicherheit 324, 389, 400, 436
Sozialethik 123, 308, 471
sozialethische Urteilsbildung 410
Sozialpflichtigkeit 396
Sozialstaat 326, 331, 401f., 404, 425, 435
Spätkapitalismus 410
Sphäre des Privaten, Sphäre des öffentlichen Lebens 3, 16, 93, 133, 136f., 139, 245, 248, 309f., 319, 327, 330, 332, 346f., 366, 448
Sprache 17f., 49, 92, 103, 115, 134, 138, 215, 236, 267, 373, 386, 451f., 454–456
Staat 4, 17, 19f., 42, 148, 156, 163f., 210, 254, 256, 308f., 325f., 331, 335, 357, 363f., 371, 374f., 377, 383, 389, 393–398, 400–402, 404f., 412–419, 421–439, 441–451, 453, 457, 460, 465, 468, 470–472, 478, 481
status integritatis 137, 151
Steuerpflicht 396
Stoa 56, 302
Strafen 436–438
Strafrecht 435–437
Struktur des Selbstbewusstseins 15, 166
subsidiäre Beziehung 323, 326
Sühne 148, 172, 435
Sünde 29, 34, 49, 59–61, 76, 80, 84, 95–97, 107, 121–123, 132, 134, 137, 143f., 146 154, 156–159, 161–167, 169–172, 177, 180–182, 186, 190f., 193, 195–197, 200, 202, 204f., 207f., 210f., 217, 220, 223, 225f., 228, 231, 235f., 241, 243, 246f., 251f., 255, 257, 259, 273, 281–284, 289, 293, 305, 312, 327, 338, 345, 351–353, 355, 377, 398, 406, 418f., 452, 476–478
Sündenfall 132, 148f., 151, 153, 156, 165, 210
symbolische Zeichenhandlung der Mahlgemeinschaft 239
System der Sozialen Sicherheit 401, 403
Tapferkeit 351, 355, 357, 359
Täter-Opfer-Ausgleich 437
Tatsache des Bösen in aller Geschichte 171, 185
Tatsachenwahrheit 452
Taufe 29, 81, 147, 209, 217, 221, 224–229, 239, 241, 243, 247, 283
Taufhandlung 225–229, 232
Taufliturgie 226–229
Tausch 334, 393, 399, 420
Technik 20, 67, 116, 119, 138, 256, 295, 304, 308f., 358, 379, 387, 410, 412f., 417, 432, 448–450, 452f., 456–458, 460–472, 476, 480
Technikfolgenabschätzung 470
technisch orientierendes Wissen 103
Teilhabe am Blut, Teilhabe am Leib Christi 232
Teilhabe am Höchsten Gut 49, 84, 277, 331, 411
Teilnahme an der wissenschaftlich-technischen Sphäre 468
Temperament 346f., 358
Theodizee 186
Theologie 8, 44, 47f., 58, 251, 291, 375, 476–480
  Öffentliche Theologie 479
  Systematische Theologie 3, 16, 24, 40, 44, 53, 55, 58, 87, 89, 96f., 102, 119, 144f., 192, 198, 202, 282f., 298, 315, 342, 386, 415, 417, 443, 447, 450, 475, 479f.
Theologische Anthropologie 125f.
  Bild Gottes 121, 125, 130, 140, 143

theologische Lehre vom Menschen 104, 122f., 125, 137, 266
Theologische Ethik
Aufgabe 166, 295, 308f., 341
wissenschaftliche Form der Theologischen Ethik 295, 304f.
theologische Theorie des Ethischen 302–304, 306, 327, 333, 353
Theorie der christlich-religiösen Lebenspraxis 290
Theorie des christlichen Ethos 291
Theorie des Guten 49f.
Tisch und Bett 378
Tod 21, 29, 60f., 67, 83, 91, 93, 97, 116, 162, 164, 175, 183, 186, 189, 194, 208, 210, 214, 219, 226, 239, 259, 261, 264, 268–273, 276, 280, 282, 284, 289, 294, 317, 354, 372, 387, 449, 467, 473, 478
Tod am Kreuz auf Golgatha 29, 102, 147, 172, 178, 183, 186, 190, 194, 196, 226, 232
Todesbewusstsein 116, 294, 358
transzendental 12f., 61, 104, 106, 113f., 120f., 123–125, 142, 156, 176, 179, 188, 265, 285, 292, 312
Transzendenzgewissheit 14f., 18f., 23, 27–29, 32f., 37, 48, 62, 66, 69, 78, 91, 124f., 451, 477–479
Treue 18, 58f., 61, 73, 94, 142, 145, 168, 192f., 197, 203, 206, 219, 236, 241, 257, 266, 272, 282, 299, 304, 334, 354, 376f., 379f., 398, 413, 477
Trieb 132f., 148f., 320, 339, 368, 377
Trinitätslehre 65, 81–85, 192
Kritik der Trinitätslehre 83
Tugend 157, 266f., 293, 305, 307f., 313, 315, 320, 325, 345–347, 349–360, 398, 408, 438, 461, 469
Kardinaltugenden 56, 267, 315, 320, 347, 349–355, 358f., 398, 438, 461, 469
Tugendlehre 293, 307, 313, 345–347, 350f., 353, 357–359, 408
Überlieferung 9, 40, 56, 63, 67, 95, 98, 114, 123, 168, 174, 184, 191, 195f., 198, 221–225, 257, 266, 268f., 274, 289, 296–299, 303, 394, 409, 451, 457
Umschlagen von Macht in Gewalt 417, 420
Unheilszusammenhang der Sünde 257, 273, 289
universale Norm 313
unmittelbares Selbstbewusstsein 13, 340
Unsterblichkeit 118, 269f., 272, 321
Unternehmerfreiheit 397
Ursprungssituation des Glaubens 5, 13, 22, 25f., 29–33, 35, 38, 44f., 48, 56, 68f., 83, 105, 124, 139–141, 176, 198, 200, 202, 450
Ursünde 151
Utilitarismus 302, 316, 388, 390, 406
Verantwortlich-Sein 40, 78f., 81, 121, 127, 173, 306, 309, 467
Verantwortung für die Gesellschaft 213
Verantwortung vor Gott 24, 62, 169, 182, 309, 346, 378, 391, 409, 415, 425, 441, 445, 449, 467, 473
Verbindlichkeit des Sittengesetzes 12, 321
Verfassung 145, 186, 210, 244, 254–256, 295, 335, 363, 374, 377, 410, 415, 421, 424–433, 436, 438f., 442–447, 451, 457, 476
Verfassung des endlichen Geistes 12, 22
Verheißung 39, 80, 97, 170, 173, 190, 206, 216, 223, 227–229, 235f., 249–251, 283, 331, 373, 438, 475
Verkündigung, mündliche 34, 217, 220–224, 236, 239, 283
christliche Öffentlichkeit 221
Erinnerung und Zuversicht 221
Interpretation des apostolischen Kerygmas 222
Verständigung als Ziel 224
Vernünftig-Sein 303, 305f., 311f., 314, 323, 326f., 332
Vernunftnatur des Menschen 320
Verpflichtet-Sein 332–338, 341, 343, 429
Verrechtlichung der Ökonomie 398
Versöhnungs- und Vollendungswille Gottes 37, 170, 192
Versöhnungsgemeinschaft 186, 190
Versprechen 334f., 375, 377–379, 385

Verstockung 89
Vertrag 18, 256, 334, 397f., 413, 417
Vertragsfreiheit 397
Verzeihung 29, 49f., 144, 205, 259
Verzweiflung 28f., 159–161, 172, 303, 324
Vollendungsgestalt des Volkes Gottes 180–182, 184
Waffengewalt 148, 164, 410
Wahl 63, 90, 127–130, 139, 192, 197, 218, 238, 264, 282, 305, 328, 334, 341, 369, 371, 433, 439–441, 445, 453, 462
Wahrheit 4–9, 11, 16, 20, 22, 25f., 28–34, 36, 38–41, 43–49, 57–59, 63f., 67, 72, 75, 77, 81, 83f., 86f., 89, 91, 93f., 96–98, 101f., 104–107, 109–111, 113, 118f., 121f., 124, 129–131, 134–139, 142–145, 154, 159, 162, 167, 169f., 172–174, 179, 183–185, 187f., 190–196, 198–203, 205, 207–210, 212f., 215, 217, 220, 222, 225, 227f., 231, 234f., 242, 244–247, 249f., 252–260, 264–266, 273–276, 281–285, 289, 292f., 295f., 298, 302–304, 307, 309, 312, 317f., 323, 328, 330f., 335, 337, 340, 344, 348–351, 354f., 358, 360f., 367, 372, 375f., 381, 387, 408f., 411, 418–420, 423–425, 431, 449f., 452, 467, 475–479
Wahrheitsbeziehung 110, 222
Welt des Menschen 104, 451, 459
Weltgericht 274f.
Weltgesellschaft 4, 214, 224, 249, 315, 471
Werk des Menschen 104, 209
Werk Gottes 104
Wert des Geldes 399
Wesen 10, 62f., 68, 73–77, 87–93, 133f., 143, 165, 171, 192, 194f., 198f., 205, 234, 236, 238, 241–243, 270, 272, 280, 339, 346, 369–373, 392, 477f.
Wesenstrinität 84f.
Wettbewerb 393f., 397, 410, 446
Wiedergeburt 200, 202, 225, 228f., 262, 273, 279
Wirklichkeit der Welt 95
Wirklichkeitswahrheit, Lebenswahrheit 452
Wirklich-Werden von Möglichem 115
Wirtschaft 18, 138, 295, 386, 388–394, 397–400, 403, 405–413, 417, 435, 438, 447, 449–453, 457, 462, 465, 468, 470, 472, 480
Wirtschaften 18, 390, 405, 407, 409
Wirtschaftsethik 400, 405f.
Wirtschaftssubjekte 388f., 393f., 397f., 405, 407, 410, 412
Wissen 9–11, 13f., 18–20, 38, 69, 97f., 100, 102–105, 110f., 167, 212, 264, 303, 305f., 323, 331, 353, 355f., 384, 387, 426, 432, 438, 441, 447, 449–472, 476–480
Erfahrungswissen 103–106, 125
technisch orientierendes Wissen 103
Wissenschaft 8, 20, 47, 67, 100, 104, 116, 119, 122, 138, 237, 256, 295, 304f., 308f., 315, 334, 379, 387, 392, 399, 410, 413, 426, 447–453, 456–464, 467–472, 476, 480
wissenschaftliche Form des systematisch-theologischen Denkens 7, 22, 47
wissenschaftliches Wissen 459, 466
Wissenschaftspolitik 426, 460f.
Wohlordnung der Gesellschaft 28, 322f., 332, 362, 427, 440, 467, 473
Wort Gottes 299
Wort vom Kreuz 37
Würde des Erlösers 176, 180, 190, 195
Würde des Menschen 141, 214, 429, 431, 444
Würde des Mensch-Seins 415, 444, 446–448
Wurzel der Sünde 149, 165, 210
Zeit 67, 70f., 86f., 89, 99, 104, 107, 111–120, 127–129, 155, 158, 188, 190, 202, 206, 233, 236, 238, 251, 262, 279f., 290f., 305, 371, 479f.
Erfahrung der Zeit 114–117, 120, 155, 279
Zeitlichkeit 104, 107, 111, 114–116, 120, 129, 238, 280

Zivilreligion 426
Zusammenhang des Fühlens, Denkens, Wollens 127f.
Zusammensein der Kirche mit der Welt 213, 249
Zwei-Naturen-Christologie 174, 177, 191, 194
Zwei-Reiche-Lehre 20, 322f., 331
Zwischenzustand 270
Zynismus, objektiver 172, 185